# Das Land Sternberg.

## Brandenburgische Geschichte

mit besonderer Berücksichtigung

der

## Neumark.

Nach Urkunden bearbeitet

von

Wilhelm Freier.

Zielenzig 1892.

Verlag der Rosenzweig'schen Buchhandlung.

# Vorwort.

In der Lieferungsausgabe erschien das vorliegende Buch unter dem Titel: „Urkundliche Geschichte des Landes Sternberg“.

Um jedoch die betreffenden historischen Verhältnisse möglichst klar zu machen, mußte öfter über die engen Grenzen hinausgegangen und insbesondere auf die Neumark, wol auch auf ganz Brandenburg Rücksicht genommen werden.

Aus diesem Grunde dürfte sich der für das vollständige Werk gewählte Titel rechtfertigen. Hauptsächlich kommt es ja auf den Inhalt an. Findet derselbe auch bei Anderen, als den bisherigen Subskribenten, Beifall, so fühl' ich mich für meine Mühe hinreichend belohnt.

Möge jede böse That, über welche ich nicht schweigen durfte, uns eine ernste Warnung sein; möge aber auch das Gedächtnis der Gerechten, die uns als Vorbilder dienen, stets im Segen bleiben!

Heute vor zweiundachtzig Jahren starb nach langen unverschuldeten Leiden Preußens heißgeliebte Königin Luise am „gebrochenen Herzen“. Schauen sie ihr Ende an und folgen sie ihrem Glauben nach, dann läßt Gott die Deutschen niemals verderben.

**Frankfurt a. d. Oder,** den 19. Juli 1892.

**W. Freier,** Lehrer a. D.

# Inhaltsverzeichnis.

**Einleitung.** I. **Wichtigkeit der Lokalgeschichte,** Seite 3—11. II. **Förderung und Hindernisse.** Häufiger Wechsel der Gutsherren und Pfarrer. Brände. 11 20. III. **Angabe und kurze Kritik der Quellen.** 21—26.

**Allgemeiner Theil.** I. **Wanderung durch das Land Sternberg.** 27—51.

II. **Sagen und alte Geschichten.** Von Waldow. 51. Keusche Nonne. 55. Einfall der Littauer. Klöster. 57. Überfall bei Spiegelberg. 58, 62. Einziehung des Halsgerichts in Frankfurt a. O. 62. Schlösser bei Sternberg. 66; in Lagow. 71. Orgelbauer Rehse. 76. Küstrin, Krebsjauche. 77. Schmagorey. 78. Ermordung des Postillons Sprenger. 79. Handtmanns Sagen. 80. Korritten. 81. Tucheband. 83.

III. **Das Land Sternberg bis zum Jahre 1250** — Die ältesten Bewohner. Wenden. 85. Lech, Popiel. 90. Piast, Miesko, Boleslaus I. 91. Boleslaus II. 92. Boleslaus III. Krummaul, Peter Wlast. 93. Schlesien von Polen getrennt, Konrad. 94. Kloster Leubus. 95. Heinrich der Bärtige, die heilige Hedwig, Trebnitz. 95-100. Heinrich der Fromme, Mongolen. 100—101. Theilung Niederschlesiens. 104. Lebus und Sternberg. 106. Mrotseck, Zielenzig. 108. Tempelherren. 109, 116, 126, 132.

IV. **Das Land Sternberg unter den Askaniern.** — Albrecht der Bär. 113. Johanniter. 116. Otto I. 116. Lehninsche Weissagung. 117. Johann I., Otto III. 118. Theilung der Mark. 119. Otto mit dem Pfeil, Zielenzig. 120, 126. Meseritz. 120, 140. Sternberg. 123. Otto der Lange. 127. Schloß Lagow, Klepzig. 128. Waldemar d. Gr. 132. Vehmgerichte. 138. Die Markgrafen Johann, Waldemar und Heinrich †. 141, 142.

V. **Das Land Sternberg unter den Bayern.** — Die Herzöge Heinrich und Primko. 143. Kaiser Ludwig. 146. Gedemin von Littauen. 148. Reppen 150. Grenzen des Landes Lebus. 152. Sonnenburg. 156. Göritz. 157. Klemens VI., Bannfluch. 159. Der falsche Waldemar. 163. Das treue Frankfurt. 168. Günther von Schwarzburg. 168. Frankfurter Bannbrief. 170. Herzog Ruprecht wider Waldemar. 171. Karls Entscheidung. 172. Schwarzer Tod. 174. Verfolgung der Juden. 176. Geißelbrüder. 177. Schloß Lagow, Johanniter. 179, 184. Zielenzig. 181, 187. Polackenstraße. 40, 183. Ludwig der Römer und sein Bruder Otto übernehmen die Mark. 187. Derfekin von Weißensee, Hans von Waldow, Vogteien Drossen und Zielenzig. 190. Fürstenwalde ein Bischofssitz. 194. Goldene Bulle. 195. Lösung des Bannes. 197. Städtchen Sandow. 198, 322. Theilung der Mark. 199. Vertrag über die Grenzen zwischen Polen, Preußen, der Neumark, dem Lande Sternberg. 201. Ludwig der Römer stirbt. 202. Niederlausitz. 203. Kloster Neuzelle. 205. Brücke bei Fürstenberg a. O. 206. Herzog Friedrich von Bayern, Huldigung. 207. Kriegserklärung. 209. Vertrag zwischen Otto dem Faulen und dem Kaiser Karl. 211.

VI. **Das Land Sternberg unter den Luxemburgern.** — Kommendator Bernhard v. d. Schulenburg. 216. Belehnung. 217. Feldmark Reppen. 217. Landbuch. 218. Adlige Räuber, Schloß Bottschow. 219—220. Kurfürst Sigismund. 220, 227. Karl IV. stirbt. 223. Wenzel, der heilige Nepomuk. 224, 236—238. Verpfändung der Mark, Jobst von Mähren. 228. Das Treiben der kleinen Herren. 229. Vertrag der Städte gegen die Räuber. 230. Zielenzig. 231. Friedensvertrag zu Költschen. 233. Johann von Görlitz vergiftet. 236. Die Neumark kommt an den deutschen Orden. 239. Gebrüder v. Quitzow. 239, 253. Reppen 2c. an die Johanniter verpfändet. 241. Sonnenburg an das Bisthum Lebus. 242. Jobst von Mähren stirbt, Sigismund wird König. 243.

VII. **Das Land Sternberg unter den Hohenzollern bis zum Jahre 1440.** — Friedrichs III. Besitzungen. 245. Friedrich VI. oberster Hauptmann, Verweser und Statthalter von Brandenburg. 247. Huldigung, Eid, Reise. 250. Eroberung der Burgen. 254. Konzil in Kostnitz. 255. Kurwürde erblich. 255. Belehnung. 259. Die Nominalisten wider Hus, den Realisten. 263—271. Hieronymus von Prag. 271. Ziska, Husitenkrieg. 272. Wenzel stirbt. 273. Friedrich Oberfeldherr (Guben, Neuzelle, Krossen, Frankfurt a. O., Fürstenwalde, Bernau. 277—281). Konzil in Basel. 281. Krönung und Tod des Königs Sigismund. 283. Herrenmeister Balthasar von Schlieben. 284. Städteverbindung gegen die Vehmgerichte. 285. Theilung der Mark, Tod des Kurfürsten. 287.

VIII. **Das Land Sternberg unter Friedrich dem Eisernen, Albrecht Achill und Johann Cicero.** — Friedrich lehnt die polnische Krone ab. 289. Schwanenorden. 289. Neumark zurück. 290. Niederlausitz. 291. Streit über Pommern-Stettin. 292. Verpfändungen an die Johanniter. 293. Kurfürst dankt ab und stirbt, seine Wittwe Katharina. 295—296. Albrecht Achill. 296. Vergleiche mit Pommern. 299, 300. Märkischer Krieg, Heinrich XI. von Glogau, Hans von Priebus. 301. Beutnitz, Frankfurt a. O., Drossen, Belitz. 305—306. Friede zu Kamenz. 308. Rathsherren in Glogau. 311. Gebr. von Zobeltitz. 312. Hans stirbt. 313. Albrechts Hausgesetz. 314. Belehnungen, Rechtspflege. 315. Albrechts Tod. 316. Sein Glanz und die Noth des Kurprinzen Johann. 317—318. Weshalb Cicero? 321. Vierziese. 322. Überschwemmungen der Oder. 323. Sorge für die Geistesbildung. 324. Sein Tod und sein letzter Wille. 324. Die Kurfürstin Margarete. 327.

IX. **Das Land Sternberg unter Joachim dem Ersten und dem Markgrafen Hans.** — Charakteristik des Kurfürsten Joachim. 328. Gegen die Raubritter. 329. Die silberne Zeit (1507). 332. Verfolgung der Juden. 333. Abt Tritheim. 334. Universität Frankfurt a. O. 335. Muskulus. 337. Erzbischof Albrecht, Tetzel, Ablaß. 338. Martin Luther. 341. Disputation in Frankfurt, Knipstrow. 345. In Leipzig. 347. Bannbulle verbrannt, Worms. 348. Wartburg, Bibelübersetzung, Verheiratung. 349. Bauernkrieg. 350. Bischöfe von Lebus. 352. Nikolaus von Minkwitz. 353. Reichstag zu Augsburg. 353. Kurfürstin Elisabet. 355. Evangelische Lehre in Krossen, Züllichau. 356, 366. Aberglaube. 357. Theilung der Mark, Joachim stirbt. 359. Markgraf Hans. 360. Verschiedene Abenteuer. 362. Die Reformation, Johanniter. 363. Drossen. 364. Schwiebus. 365. Neuzelle. 367. Abendmahlsfeier in Spandau. 368. Frankfurt a. O., Berlin. 369. Bischof Georg v. Blumenthal. 371. Marienbild in Göritz. 372. Dr. Horneburg. 273. Armut der evangelischen Kirche. 375. Sittenlosigkeit. 379. Das Interim. 381. Reichstag in Augsburg. 382. Streit über die guten Werke. 383. Erbvertrag mit Liegnitz. 384. Joachims II. Tod. 385. Händel mit **Polen.** 386. **Komthur Andreas v.** Schlieben. 387. Herrenmeister Franz Neumann. 388. Hans von Küstrin, sein Geiz. 390. **Berthold von Mandelsloh.** 391. Sein Verfahren gegen Reppen, Drossen, Friedeberg, **Woldenberg.** 392—395. Festungen Küstrin und **Peitz.** 395. **Markgraf Hans stirbt.** 397. **Mutter Käthe.** 397. Rittergutsbesitzer. 399. Privilegium für Zielenzig. 400—405.

X. **Das Land Sternberg unter den Kurfürsten Johann Georg, Joachim Friedrich und Johann Sigismund.** — Verfahren gegen Lippold und die schöne Gießerin. 406. Pariser Bluthochzeit. 406. Thurneysser. 407. Graf Rochus von Lynar. 408. Verordnungen gegen den Luxus, harte Strafen, trotzdem viele Verbrechen. 409. Kanzler Römer und Christoph von Zobeltitz. 413. Streit in Zielenzig. 415. Sündenbekenntnis des Pfarrers Francke. 417 bis 420. Johannes Muskulus. 420. Gegen Heinrich Hamm und andere Geistliche. 421. Frühere Handwerker als Geistliche. 425. Sorge für Schulen (graues Kloster, Joachimsthal). 430. Gehalt der Lehrer in Zielenzig, Sonnenburg, Krossen. 430—432. Bartholomäus Ringwald. 432, 441. Verschuldete Junker. 433. Statistisches aus dem Lande Sternberg, Städte, Dörfer, Besitzer. 435. Ansteckende Krankheiten, englischer Schweiß. 439—443. Feuersbrünste. 443. Händel wegen der sog. vier polnischen Dörfer: Seeren, Tempel, Burschen, Langenpfuhl. 445—456. Fünf Markgrafen als Herrenmeister. 456. Johann Sigismund tritt zur reformirten Kirche über. 457. Dankt ab. 458.

XI. **Das Land Sternberg unter dem Kurfürsten Georg Wilhelm. Der dreißigjährige Krieg.** — Weitere polnische Händel. 458—461. Fenstersturz in Prag. 462. Der Winterkönig. 462. Ernst von Mansfeld, Porcus. 464. Montecuculi, Pallant. 467. Besoldungsverhältnisse im Heere. 468. Stralsund. 469. Friede zu Lübeck, Restitutionsedikt. 469. Christine von Schweden. 471. Gustav Adolf, Waldstein, Tilly. 473. Frankfurt a. O. 474. Georg Wilhelm und der Kurfürst von Sachsen zögern, Zerstörung Magdeburgs. 477. Breitenfeld. 479. Tilly stirbt, Waldsteins Oberkommando. 481. Schlacht bei Lützen, Gustav Adolfs Tod. 482. Feinde im Lande Sternberg rc. 485, 491, 493, 497. Schlacht bei Nördlingen, Friede zu Prag. 489. Wittstock, Bogislav von Pommern, v. Arnim. 490. Landsberg a. W., Sonnenburg, Frankfurt a. O., Döbbernitz, Lagow, Königswalde, Joachimsthal. 493—498. Bernhard von Weimar stirbt. 498. Tod des Kurfürsten Georg Wilhelm. 499. Regierungsantritt seines Sohnes. 500. Sittlichkeit der Brandenburger. 501. Drei unzuverlässige Befehlshaber. 502. Waffenstillstand. 503. Breitenfeld, Torstenson rc. 504. Es ist Friede! 505. Zerstörte Ortschaften, Verluste. 506. Brief des Inspektors Irmisch. 509. Schreiben des Pfarrers Grundemann. 511. Schwedentrank. 513. Andere Roheit und Sittenlosigkeit. 514. Der Rath in Zielenzig wider den Diakonus Chr. Tecler. 515—518.

XII. **Ilow, Schwarzenberg, Burgsdorf.** — Ilow Vater und Sohn. 519. Waldstein und Genossen ermordet. 524. Graf von Schaffgotsch. 531—534. Adam von Schwarzenberg. 534. Er wird Herrenmeister. 540. Konrad v. Burgsdorf 543. Die weiße Frau. 546.

XIII. **Das Land Sternberg unter dem großen Kurfürsten.** — Adolf v. Schwarzenberg verzichtet auf das Herrenmeisterthum. 548. Streit über Mirow und Nemero. 549. Fürst Moritz von Nassau-Siegen. 550. Graf von Waldeck-Pyrmont. 552. Sequestration der Kommende Lagow, Komthur v. Löben. 553. Graf v. Waldeck. 554. Streit der Tuchmacher in Meseritz. 555. Aus den Bestimmungen des westfälischen Friedens. 557. Die Kirchen im Kreise

Schwiebus werden versiegelt, Grenzkirchen. 558—568. Märkischer Kirchenstreit (P. Gerhardt, Reinhart, A. Fromm rc.). 569—585. Rhode und Kalkstein in Preußen. 584. Hexenprozesse. 586—597. Rechtspflege. 597—600. Viele Verbrechen. 601. Heuschrecken. 602. Theurung, Getreidepreise, Luxus. 604—605. Die Polen in der Neumark. 606. Schweden in Brandenburg. 608. Schlacht bei Fehrbellin, Froben, von Zobeltitz, von Treffenfeld. 612—617. Kaspar Sigismund von Knobelsdorf. 617. Der letzte Herzog von Liegnitz stirbt. 619. Luise Henriette. 621. Sophie Dorothea. 622. Kurprinz Karl Emil. 623. Sophie Charlotte von Hannover. 623. Des Kurfürsten Testament. 624. Kreis Schwiebus geht an Brandenburg über. 624. Revers des Kurprinzen. 625. Friedenswerke des großen Kurfürsten. 626—628. Sein Tod. 629.

XIV. **Das Land Sternberg unter Friedrich dem Dritten und Friedrich Wilhelm dem Ersten.** — Rückgabe des Kreises Schwiebus. 631—636. Altranstädter Konvention. 637. Die Königskrone. 638. Eberhard v. Dankelmann. 641. Das dreifache Weh. 645—647. Ein Goldmacher. 646. Pest und Hungersnoth in Littauen und Polen. 647—649. Sophie Charlotte. 650. Sophie Luise. 652. Friedrich I. stirbt. 653. Die Herrenmeister Karl Philipp und Albrecht Friedrich. 654. Die Kommendatoren Otto Freiherr von Schwerin und Prinz Christian Ludwig. 656. Gedicht des Predigers Völcker in Ostrow. 658—661. Gesuch des Karl Sebastian von Rothenburg. 661. Friedrich Wilhelm I. 662. Glanz an anderen Höfen. 665. Geiz des Königs. 666. Soldatenliebhaberei. 667. Exzeß in Wischen. 667—673. Unteroffizier Wallasch in Hochwalde. 673—676. Riesenregiment, Rekrutenkasse. 676. Disputation in Frankfurt a. O. 678. Lehnpferde. 680. Generalhufenrevision. 680—688. Getreide- und Viehpreise, Löhne. 689. Steuerrepartition. 689. Handwerker. 690—694. Juden. 695. Heuschrecken. 696. Raupen. 698. Harter Winter, Überschwemmungen, Hungersnoth. 698—701. Sorge für die Schulen. 701. Duelle, Selbstmörder. 702. Tod des Königs. 704.

XV. **Das Land Sternberg unter Friedrich dem Großen.** — Erziehung. 704. Fluchtversuche. 705. Verurtheilung. 706. In Küstrin. 707. Ruppin und Rheinsberg, Verheiratung. 708. Regierungsantritt. Erster und zweiter schlesischer Krieg. 708. Siebenjähriger Krieg, Übersicht. 709—711. Bemerkungen. 711—712. Traurige Folgen des Krieges. 713. Vermögensverhältnisse der Rittergutsbesitzer im Sternberger Kreise. 713. Verschiedene Notizen. 715—720. Unterstützungen. 721. Entwässerungen, Kolonien, die ersten Ansiedler. 722. v. Brenkenhoff. 723—724. Erste Theilung Polens, Schermeisel. 725. Der Müller Arnold'sche Prozeß. 725—726. Selbst- und andere Morde in Drossen rc. 726. Bayerischer Erbfolgekrieg, Fürstenbund. 727. Friedrichs des Großen Tod. 728.

XVI. **Das Land Sternberg unter Friedrich Wilhelm dem Zweiten und Friedrich Wilhelm dem Dritten.** — Urtheile über Friedrich Wilhelm II. 729. Der Landrath von Kalckreuth und der Kämmerer Rietz. 729. Theilung Polens. 730. Wöllners Religionsedikt. 731. Allgemeines Landrecht. 731. Tod des Königs, Prozeß gegen die Gräfin Lichtenau. 732. Friedrich Wilhelm III.; von Köckeritz. 733. Die Gebrüder von Hirschfeld. 734. Gewaltthaten: Des Kaisers Napoleon. 736; einiger Bauern. 737. Die Königin Luise stirbt; Edikt vom 30. Oktober 1810. 737. Kommendatoren. 738. Der Krieg gegen Rußland. 739. Liebesgaben. 740—743. Angeblicher Ausbruch der Franzosen aus Küstrin. 743. Der Kantor Willmann und der Schulze Hannetzky. 744. Befreiungskriege. 745—748. Theurung. 748. Union. 748. Altlutheraner. 749. Aufhebung der Klöster Neuzelle und Paradies. 750.

Baron von Frauendorf. 750. Viele Brände ꝛc. 751. Harter Winter. 752. Cholera. 753. Uhrmacher Nauendorf. 753. Mord in Kriescht, in Frankfurt a. O. 754. Zollverein. 754. Friedrich Wilhelm III. stirbt. 755.

XVII. **Das Land Sternberg unter Friedrich Wilhelm IV., Wilhelm I., Friedrich III. und Wilhelm II.** — Frohe Hoffnungen. 756. Bücherverbote. 757. Zwei Mordversuche. 757. 1848. Reaktion. 758. Märzschande. 759. Abgeordnete. 760—762. Rechtspflege: Kreis-, Amtsgerichte. 763. Verbrecher. 764. Vier Hinrichtungen. 766. Volksjustiz. 767. Landräthe. 767—768. Steuern. 769. Superintendenten und Kreisschulinspektoren. 769—772. Seminar in Drossen. 772—773. Todtenliste 774—779.

# Berichtigungen.

Seite 53 Zeile 1 u. lies bayerischen statt ayerischen.
„ 58 „ 13 o. „ nach statt uach.
„ 61 „ 3 o. „ Freund statt Freud.
„ 91 „ 16 o. „ nicht anders statt auch anders.
„ 101 Note 5 u. „ der nächste Damm statt der nächste dann.
„ 126 „ 10 o. „ Montecuculi statt Turenne.
„ 186 Zeile 14 o. „ Hand statt Händ'.
„ 240 „ 2 u. „ 1370 statt 1270.
„ 270 Note 2 u. „ in den statt in dem.
„ 347 „ 1 u. „ 1518 statt 1510.
„ 403 Zeile 3 o. „ 25. statt 26. März.
„ 453 „ 8 o. „ 1610 statt 1616.
„ 463 „ 14 o. „ hinter Menschenliebe ein Komma.
„ 468 „ 8 o. „ 24720 statt 29720.
„ 508 „ 12 u. „ 313000 statt 13000.
„ 557 „ 9 o. „ hinter er ein Kolon.
„ 557 „ 12 o. „ Entschädigung statt Entschädiguug.
„ 558 „ 15 o. „ hinter Monteverques ein Komma.
„ 558 „ 1 u. „ vor vom eine Klammer.
„ 559 „ 12 u. „ Kutschlau statt Kutschau.
„ 562 „ 5 o. „ Sebastian statt Sebestian.
„ 568 „ 13 u. „ Thalern statt Thaler.
„ 584 „ 5 u. „ dem Oberburggrafen statt den Oberburggrafen.
„ 640 „ 1 u. „ in statt n.
„ 646 „ 4 u. „ 70000 statt 7000.
„ 656 „ 13 u. „ berühmten statt berühmter.
„ 657 „ 15 o. „ Wiedererstattungs statt Wiedererstattnngs.
„ 662 „ 20 o. „ Kürschner statt Tuchmacher.
„ 705 „ 4 o. „ das Komma hinter Sohne nicht hinter seinem.
„ 705 „ 10 u. „ 1730 statt 1720.
„ 710 „ 4 o. „ Richelieus statt Richeleus.
„ 740 „ 3 u. „ sämmtlich statt sämmtliche.
„ 742 „ 6 u. „ Ordenskammerrath statt Oberkammerrath.
„ 743 „ 13 u. streiche und.
„ 764 „ 6 u. lies Schönfließ statt Neuwedell.
„ 767 „ 6 u. füge hinter Zielenzig hinzu: Auf von Kalckreuth, der am 14. Mai 1816 starb, folgte 1817 der Rittergutsbesitzer von Hollwede auf Görbitsch (Frankfurter Amtsblatt Seite 311).

In Tabelle II. Albrecht III. nicht V.
In Tabelle III. lies unter Nr. 4 Ingelburg statt Ingeburg.
In Tabelle IV. Sigismund starb 1437 nicht 1447.
In Tabelle Va. fehlt bei dem Kurfürsten Friedrich II. das Todesjahr 1471. Größe des Landes 465, nicht 464 Quadratmeilen. Bei dem Könige Friedrich dem Großen das Geburtsjahr 1712.
In Tabelle Vb. Margarete von Baden starb 1457. Hedwig von Polen vermählt 1535 nicht 1536.

## Von Historien insgemein, ihrem Nutz und rechtem Brauch.

Historien sind zweierlei:
geistlich und weltlich mancherlei.
Die geistlichen uns lehren schon
von Gott und der Religion.
Die andern zum gemeinen Leben
viel feiner Lehren von sich geben:
durch Ding', geschehn vor langer Zeit,
bringen sie Klugheit und Weisheit.
Sie lehren fein, wie ein Regent
soll führen recht das Regiment.
Ein Hauptmann soll führen den Krieg,
damit er mög' behalten Sieg.
Ein frommer Vater Weib und Kind
regieren soll, auch sein Gesind',
in Glück und Unglück Jedermann,
sein Leben recht zu stellen an.
Auch andern Nutz sie haben mehr,
welches zu lang zu schreiben wär'.
Derhalben weil sie insgemein
uns geben solche Lehren fein,
die man sich zwar in vielen Sachen
durch rechten Brauch zu Nutz kann machen,
daß nämlich Jedermann im Land
recht brauch' und führ' sein Amt und Stand,
so ist es billig, daß man wohl
Historien durchlesen soll.

us **„Chronica alter preußischer, eiffländischer und curländischer Historien von dem Lande Preußen**
**nd seiner Gelegenheit . . . durch Matthäus Waissel“** von Bartenstein, weiland Pfarrer zu Lantheim.
Gedruckt zu Königsberg in Preußen bei Georgen Osterbergern. Anno 1599.

Wenn in Geschichten wir von Noth und Jammer lesen,
so tröstet Dieses uns: das Alles ist gewesen.

Die Herzen ruhen längst, die das erlitten haben,
und ihre Fehler sind mit ihnen auch begraben.

Doch ihre Lieb' und Treu', ihr Glauben und ihr Muth,
sind die auch hin wie Schaum geschwommen auf der Flut?

Mit nichten! Diese sind am Leben uns geblieben:
denn wozu würde wol Geschichte sonst geschrieben?

Des ganzen Menschen und des Einzelnen Geschichte,
zusammenfassen kannst Du sie in drei Berichte:

Der Mensch, mit der Natur im Frieden, war ein Kind:
das sind die Glücklichen, die es geblieben sind.

Der Mensch, mit der Natur im Kampfe, ward ein Mann,
gewann, verlor, gewann, verlor, gewann, gewann.

Der Mensch, mit der Natur Besiegung, wird ein Greis,
des neuen Friedens Kind, so kreist in sich der Kreis.

Nicht für die Menschheit nur und für den Geist der Welten,
Du mußt auch für Dich selbst Geschichte lassen gelten.

Denn Gleiches ist in Dir, wie in der Welt, die streitet,
ein Streben, das durch Kampf beständig vorwärts schreitet.

Und wie die Geister, die der Zeiten Teppich weben,
stets Neues wirkend, doch des Alten Bild aufheben,

Und nie vergessen, wenn sie sich zu höhern Stufen
erhoben, was mit Fleiß sie auf der niedern schufen:

So Du auch, wenn Du scheinst neuschaffend zu zerstören,
Geschaff'nes, fühlst es doch Dir ewig angehören.

Nur als Du drinnen warst, war drin Dein Thun befangen:
nun erst herausgelangt, siehst Du es unbefangen.

Du siehst, daß mit im Strom zählt jede Einzelwelle,
und auch das Ganze gönnt dem Kleinsten seine Stelle.

Nicht missen möchtest Du auch Das, was Du verfehltest,
wenn es Dir half dazu, daß Du ein Bess'res wähltest.

Friedrich Rückert.

# Einleitung.

## Erstes Kapitel.

## Wichtigkeit der Lokalgeschichte.

Samuel Gotthilf Knispel wählt als Motto seines Vorberichtes zur „Geschichte der Stadt Schwiebus“ ein Wort aus dem römischen Dichter Ovid: „Et pius est patriae facta referre labor“ (Es ist eine fromme Mühe, des Vaterlandes Thaten zu berichten).

Wer sich jemals mit geschichtlichen Studien ernstlich beschäftigt hat, zweifelt nicht im mindesten daran, daß sie viel Zeit und Kraft in Anspruch nehmen; er kennt aber auch die Freude, welche den Forscher aus der Wahrheit Feuerspiegel anlächelt.

Nach Schiller ist die Weltgeschichte das Weltgericht. Warum verstehen so Viele von dem letzteren nichts? Warum sehen sie selbst in wichtigen, folgenschweren Ereignissen des Lebens oft nur bloße Zufälle? Warum suchen sie sich und anderen einzureden, daß ein Verbrecher, wenn er listig wie ein Fuchs handle, zu heucheln verstehe wie ein Pharisäer, leicht seiner wohlverdienten Strafe entrinne? Weil sie von der Historie so wenig wissen. „Ein Wörtlein kann ihn fällen“ – das sehen wir nicht blos bei der fälschlich angeklagten Susanna und dem weisen Daniel – die Geschichte bietet tausend und aber tausend Exempel in Stadt und Dorf. Wo Schmeichler nicht laut genug die Ruhmesposaune blasen konnten, schreibt sie wie im Königssaale in Babylon: Mene, mene, tekel, upharsin (gemessen, gewogen, zu leicht befunden, getheilt).

Wer nicht ganz wüst und gottlos ist, sagt Luther (Band 14 S. 1107–8 der Ausgabe von Walch), der soll billig gern zurückgedenken und lernen, was von solchen hohen und großen Sachen vor Alters durch wahrhaftige Zeugen verzeichnet ist . . . Verachtung solcher Schriften und Erinnerung von Historien und ihrer Ordnung sind nicht allein eine grobe tartarische und kyklopische Barbarei, sondern eine teuflische Unsinnigkeit, dadurch der Teufel wollte gern rechte Gotteserkenntnis weiter und mehr auslöschen".

„Obgleich Beispiele, mit Sorgfalt ausgewählt, an und für sich in der Bildung des Menschen von hohem Nutzen sind, so trägt zu derselben die im Zusammenhange dargestellte Geschichte der Reiche und Begebenheiten insbesondere bei, den Menschen für das Bessere zu erwecken. Es führt zur Frömmigkeit, wenn man die Anfänge, den Fortgang, den Verfall der verschiedenen Religionen betrachtet und bemerkt, wie die Reiche der Erde ursprünglich nicht durch menschliche Klugheit oder Macht, sondern von Gott begründet, wie bei gerechter Regierung und Tugend die Völker aufrecht erhalten und befestigt werden, endlich aber in Folge tyrannischer Regierung, Gottlosigkeit und Laster wieder untergegangen sind. Nicht minder ist es heilsam, die oft geringfügigen Ursachen und Veranlassungen wahrzunehmen, in Folge welcher die Macht von einem Volke auf das andere überging". (Ph. Melanchthon.)

„Es gibt nichts Besseres zur belehrenden Unterhaltung und Bildung, als die Kenntnis von den Veränderungen der Zeit, die, so schmerzhaft dieselben auch für sie sein mochten, welche die Wechsel des Schicksals erlebten, in ihrer Entfaltung den späteren Geschlechtern eine sorgenfreie Erinnerung um so mehr gewährt, als das Mitleid mit fremdem Mißgeschick wohlthuende Gefühle weckt. Außerdem erhebt und bildet die Anschauung großer Beispiele den Geist, veredelt das Herz, spornt den Willen an und lenkt ihn auf edle Zwecke". (Cicero.)

„Durch die Kenntnis der Geschichte legt der Mensch seinem Leben die Lebensalter zu, welche die Menschen vor ihm lebten". (Seneca.)

„Das Studium der Vergangenheit, der Gesetze, der Thatsachen, des öffentlichen Unglücks, der großen Vorbilder, welche unsere Ahnen uns hinterließen, ist jetzt eines der Bedürfnisse unseres Zeitalters. Alle werden dabei gewinnen: Die Kirche, denn oft hat sie den Eifer zu bedauern, der nicht der Wissenschaft entspricht; die Staatsmänner, die Rechtsgelehrten, die Beamten, denn sie werden der wesentlichsten Kraft entbehren, wenn sie in den Verhandlungen mit der Kirche nicht bis auf den Grund der Prinzipien mächtig sind, nach welchen Recht und Anmaßung sich unterscheidet; endlich die öffentliche Ordnung, denn sie wird besser vertheidigt werden. (Dupin.)

In einem ganz ähnlichen Sinne äußert sich Karl von Rotteck (I. 42, 44, 47): „Den Werth und Nutzen der Geschichte fürs geistige Leben des Menschen nachzuweisen, erklärt Pahl mit Recht für ebenso überflüssig, als die Bemühung, die Nützlichkeit der Sonne für das thierische Leben darzuthun . . . Nichts ist demüthigender, als das Gefühl eines Ignoranten in der Geschichte, nichts kläglicher als seine Lage, wenn er über was immer für Dinge im Privat- oder öffentlichen Leben urtheilen soll. Kein Buch, kein Zeitungsblatt weiß er mit Verständnis und Nutzen zu lesen; allenthalben irrt er im Dunkeln; ihm ist die Gegenwart ein Räthsel und die Zukunft völlig verschlossen; Vorurtheile aller Art, der Erziehung und des Standes, des Ortes und der Zeit hemmen seine Geistesthätigkeit; das Gewöhnlichste weiß er nicht zu deuten, und das Außergewöhnliche benimmt ihm die Fassung. — Wie überlegen steht einem Solchen jener gegenüber, der mit der Geschichte vertraut ist! Vor seinen Blicken öffnet sich eine weite und freie Aussicht; von erhabener Stelle überschaut er die Angelegenheiten der Menschen, ihr Thun und Treiben. Kein Ereignis kann ihn befremden, denn keines ist ihm neu. Er entdeckt die geheimen Triebräder und erräth die wahrscheinlichen Folgen der Tagsbegebenheiten; denn die Vergangenheit enthält den Schlüssel zur Gegenwart und den Spiegel der Zukunft. Er weist Allem die gebührende Stellung an, hegt weder für's Alte noch für's Neue, für's Einheimische noch für's Fremde eine parteiische Vorliebe und läßt sich nicht durch politisches und nicht durch religiöses Blendwerk täuschen. Kein besserer Bürger, kein aufrichtigerer Gottesverehrer ist, als er; denn er kennt in dem Staate die Bedingung der Humanität, und die Gottheit erscheint ihm in der Leitung der menschlichen Schicksale, die Unsterblichkeit in der allgemeinen Ahnung der Völker. Aber er wird gleichgültiger für solche politische und religiöse Formen, welche nur einzelnen Orten und Zeiten angehören, und tolerant gegen jene, welche dieselben Wahrheiten in verschiedenem Gewande verehren . . . . Allen Ständen und Klassen, welche auf höhere intellektuelle und moralische Bildung Anspruch machen, ist schon deswegen die Geschichte unentbehrlich; aber die meisten bedürfen ihrer noch aus speziellen Gründen. Bei dem Staatsmanne macht sie beinahe die Summe der erforderlichen Kenntnisse aus; denn die allgemeinen Grundsätze der Staatskunst sind das Resultat der guten und üblen Erfahrungen der Völker in allen Zeiten und die besonderen inneren und äußeren Verhältnisse der einzelnen Staaten, auf welche jene Grundsätze angewendet werden sollen, sind gleichfalls historisch. Der Feldherr, und selbst der untergeordnete Krieger, findet in der Geschichte die vortrefflichsten Muster zur Nachahmung, die eindringlichsten Lehren, die warnendsten Beispiele .... Dem Rechtsgelehrten flößt sie Achtung für's (natürliche und geschriebene) Recht, die Bedingung des wahrhaft menschlichen Daseins, die Basis jedes gesellschaftlichen Vereines ein, lehrt ihn den Geist der Gesetze und Verfassungen oder ihr Verhältnis zu dem jedesmaligen Zustande und Bedürfnisse der Völker kennen, und reicht ihm in den ihr eigens angehörigen alten und fremden Gesetzen und Sitten die wichtigsten, lichtvollsten Vergleichungsgegenstände mit dem heutigen und eigenen dar. Auch dem Arzte muß die Geschichte der Wanderungen, des sukzessiven oder periodischen Erscheinens, des theilweisen oder gänzlichen Verschwindens, der glücklichen oder unglücklichen Heilart von Krankheiten, auch die Bemerkung des Zusammenhangs ihrer Entstehung und Verbreitung mit mancherlei politischen Begebenheiten — als Krieg, Ansiedelung ꝛc. oder mit Einführung gewisser Gebräuche und Sitten — in Nahrung, Kleidung ꝛc. — von großer Wichtigkeit sein ... Sollen wir noch bemerken, daß auch andere, nicht wissenschaftliche Stände durch die Geschichte gewinnen? So lernt der Kaufmann aus ihr den wichtigen Einfluß des Handels auf den Flor und die Kultur der Völker kennen; er sieht in ihr, welches die unentbehrlichsten Tugenden und die gefährlichsten Verirrungen für Handelsstaaten sind, und wird durch diese Ansichten weit genug über den gewöhnlichen Krämergeist erhoben, um seine Privatspekulationen dem Interesse des Vaterlandes unterzuordnen und damit in Harmonie zu bringen. — Aehnliche Belehrung und Veredelung erhalten auch der mechanische Künstler, der Fabrikant, der Landwirth, kurz: ein Jeder aus der Geschichte, der sich belehren und veredeln lassen will. Sie bietet Jedem, jedoch nur dann ihr Füllhorn dar, wenn er mit Sinn und Herz ihr naht."

„An unsrer Väter Thaten mit Liebe sich erbaun, fortpflanzen ihre Saaten, dem alten Grund vertraun; in solchem Angedenken des Landes Heil erneun, um unsre Schmach sich kränken, sich unsrer Ehre freun; sein eignes Ich vergessen in Aller Lust und Schmerz: Das nennt man, wohlermessen, für unser Volk ein Herz!"

Auch diese Worte des wackeren Schwaben Ludwig Uhland leiteten uns, als wir den Plan zu einer **„urkundlichen Geschichte des Landes Sternberg"** entwarfen.

Willst du mit den Thaten deiner Väter dich näher vertraut machen, um den Samen, den sie mit fleißigen Händen ausstreuten, mit kindlicher Liebe, mit männlicher Kraft zu pflegen, um aber auch zu der Einsicht zu gelangen, daß wir ihre Mißgriffe nicht wiederholen dürfen, weil uns ähnliche Schäden treffen würden — du brauchst, lieber Leser, keine bändereichen Weltgeschichten (von Becker, Schlosser, Oncken &c.) zu studiren. Wozu willst du erst ins Weite schweifen, falls das Gute so nahe liegt? „Gar fruchtbar ist der kleinste Kreis, wenn man ihn wohl zu pflegen weiß!“ Fühlst du die tiefe Wahrheit des Dichterwortes: „In der Heimat ist es schön? —“

Frage den Landmann: wo gehst du hin? „Nach Hause, nach Hause! spricht er mit leichtem Sinn.“ Frage deinen treuen, aufrichtigen Freund: wo blüht dein Glück? „Im Hause, im Hause! spricht er mit frohem Blick.“

Gilt es nicht als eine Schande, wenn Jemand von seinen Groß- und Urgroßeltern etwa so viel weiß, wie von dem Könige Dejoces in Medien, dem Kaiser Schi-hoang-ti in China? Standesbeamten ist es jedenfalls öfter begegnet, daß den Betreffenden selbst die Namen der nächsten Vorfahren unbekannt waren.

Arbeitet Jemand auf einem Acker oder in einer Werkstatt; lehrt er von einem Katheder oder von einer Kanzel herab, so sollte er billiger Weise zuweilen fünfundzwanzig, dreißig, fünfzig, siebzig, auch hundert Jahre zurückdenken und sich fragen: Wer war damals hier thätig? Hat er mehr oder weniger als ich erworben? Redete er in „seinem Amte mit Nachdruck, ohn' Verdruß?“

Oftmals wäre einer Familie der Besitz nicht verloren gegangen, wenn sie sich rechtzeitig um die früheren Verhältnisse gekümmert hätte. Prozesse, in denen es sich um Lasten und Abgaben einer Gemeinde handelt, die noch aus grauer Vorzeit stammen, würden ganz unterbleiben oder einen anderen Ausgang nehmen, sobald man mehr von dem alten Herkommen wüßte. Gar Manches, das unsere Väter nach reiflicher Ueberlegung bei Seite schoben, empfehlen die Weltverbesserer der Gegenwart mit beredter Zunge in den Wahl- und anderen Volksversammlungen. Sie rufen mit Stentorstimme: „Vorwärts, immer vorwärts!“ gehen aber im Lichte der Geschichte betrachtet den Krebsgang. Sie spiegeln dem urtheilslosen Volk das Land vor, „da Milch und Honig fließt“, und führen es doch nur in die Wüste, welche ihm besten Falls Heuschrecken bietet.

Der Prediger Franz Winter, früher in Schönebeck an der Elbe, zuletzt in Altenweddingen bei Magdeburg († 22. Dezember 1879), von dessen Fleiße zwei Werke: „Die Prämonstratenser des zwölften Jahrhunderts" und: „Die Zisterzienser des nordöstlichen Deutschlands" rühmlichst zeugen, schrieb 1877 in der evangelischen Kirchenzeitung: „Kein Pastor kann sich des Interesses für die Vergangenheit seiner Gemeinde entsagen, wenn er nicht ein Miethling werden will. Was die Gemeinde ist im Guten und im Bösen, das ist sie geworden. Gute und schlechte Pastoren, gute und schlechte Lehrer, gute und schlechte Ortsobrigkeiten haben ein Stück Verdienst oder Schuld daran. Aber auch glückliche und unglückliche Ereignisse, glücklicher Fortschritt im Gedeihen oder ein Rückschritt darin üben ihren Einfluß, und Das muß der Pastor wissen, wenn er den Hebel zum Wirken nicht am unrechten Orte ansetzen will. Ludwig Harms in Hermannsburg sagt mit Recht: Es ist doch lieblich, wenn man eine Geschichte der Gemeinde aus alten Zeiten hat: das Herz hängt da mit doppelt warmer Liebe an dem Orte und der Gegend, wo man wohnt, und was Vaterlandsliebe ist, das erfährt man da in dem Maße, daß einem das Vaterland unter den irdischen Dingen über Alles geht und man es wirklich mehr liebt als sich selbst, des Vaterlandes Ehre mehr als seine eigene." Und Das sagt das Kind der freilich mit Unrecht verschrieenen Lüneburger Heide! Die Magdeburger Börde, die große Kornwüste, ist wohl eine der unschönsten Landschaften, und doch muß ich gestehen, daß mir in ihr noch kein Weg langweilig geworden ist, weil ich ihre Hügel, Senkungen und Dörfer mit geschichtlichem Blicke betrachte. Die kirchlichen Akten und insbesondere die Kirchenbücher sind Geschichtsquellen . . . ferner die Kirche und der Kirchhof. Wenn beim Kirchengebäude die Schriften schweigen, müssen die Steine reden. In der Kirche, um die Kirche und neben ihr auf dem Kirchhofe stehen alte Grabsteine, die nicht selten von alten Vorgängern und adligen Gutsbesitzern Zeugnis geben. Je älter, desto werthvollere Quellen sind sie für die Geschichte des Ortes. Die alten bemoosten Zeugen reden ja oft in recht unkenntlicher Zunge, aber bei wiederholten Fragen geben sie doch eine Antwort."

In seinem Buche: „Das deutsche evangelische Pfarrhaus" sagt Dr. W. Baur: „Kein anderer Stand ist durch erfolgreiche Nebenbeschäftigung so bekannt, als der geistliche. Es sind dazu weder die theologisch-wissenschaftlichen Leistungen, noch die vielen Volksschriften, welche auf die christliche Gestaltung des Volkslebens einwirken, zu rechnen; denn beide stehen mit dem Berufe des Geistlichen im unmittelbarsten Zusammenhange. Aber in erster Reihe der Nebenbeschäftigungen steht die Erforschung der Ortsgeschichte. In Hessen-Darmstadt ward vor zwanzig Jahren die Anordnung getroffen, daß jeder Pfarrer eine Ortschronik seiner Pfarrei herzustellen habe. Zur Einleitung sollte eine Geschichte des Orts bis zur Gegenwart gegeben und dann in jedem Jahre, was sich Wichtiges ereignet, eingetragen werden. Sofort kam eine große Bewegung in die Archive der Pfarreien. Zwar seufzten die Einen, daß sie den Staub der Vergangenheit aufrühren sollten, die Anderen gingen aber frisch ans Werk, als hätten sie nur auf die Anregung gewartet. Eine große Anzahl sorgfältiger Arbeiten kam zu Stande, und für die Landesgeschichte lieferte die Ortsgeschichte manchen erwünschten Beitrag. Diese Forschung ist auch für die Einwohner des Ortes zur Belebung der Heimatsliebe und des geschichtlichen Sinnes ein Bedürfnis. Doch ist dies nicht der einzige Gewinn, den die Ortschronik bringt. Ein anderer kommt unmittelbar dem geistlichen Amte zu gute: Die Gegenwart der Gemeinde wird aus ihrer Vergangenheit verstanden, die Zusammensetzung der Bevölkerung, der aristokratische Stolz dieser, die bescheidene Stellung jener Familien, die wirthschaftliche Lage und die konfessionelle Gestalt des Ortes. Gelingt es dem Geistlichen, auch die Sagen, Gebräuche, Lieder u. a. m., welche in der Gemeinde heimisch sind, zu erfahren, so wird ihm dieses farbenhelle Bild des Volkslebens, das er gewonnen, eine Ermunterung mehr, mit seiner Predigt ins volle Leben hineinzugreifen." --

Die Gegenwart ist die Tochter der Vergangenheit; deshalb wird sie auch die Mutter der Zukunft. Ein klares, wahrheitsgetreues Bild von jener gewinnen wir nimmermehr, wenn wir sie blos in ihren Hauptzügen betrachten. Wir müssen nothwendiger Weise in das Einzelne gehen. Welche schreckliche Verwüstungen beispielsweise der dreißigjährige Krieg anrichtete, wie er die gesegneten deutschen Länder in lauter „Elender", das deutsche Reich in ein deutsches Arm verwandelte, erkennen wir mit einem Blicke, wenn wir Mauermanns Chronik des Klosters Neuzelle aufschlagen. In derselben finden wir Seite 121—23 eine Uebersicht, aus welcher hervorgeht, daß in den 36 Stiftsdörfern von 983 ansässigen Wirthen und 23 Häuslern nur 193 übrig blieben. Wie grausam die rohen Banden oft einzelne Geistliche behandelten, schildert der alte 63jährige Pfarrer Grundemann in Zielenzig in einer Eingabe an die Ordensregierung, in noch ergreifenderer Weise der Inspektor Mag. Kaspar Irmisch zu Züllichau in einem Briefe an seinen Amtsbruder David Rosenberger zu Buckow.

Die vorliegende „urkundliche Geschichte des Landes Sternberg" enthält viele derartigen Beispiele. Unbefangene Leser werden ohne Mühe aus denselben erkennen: Das Lob der „guten alten Zeit" ist eitel blauer Dunst. Erheben wir einer Seits die Gegenwart nicht über die Gebühr! Pflegen wir aber auch anderer Seits das Gute, das sie uns bietet, nach besten Kräften! So wird uns, wie der Philosoph Hegel betonte, die Geschichte der Fortschritt zum Bewußtsein der Freiheit.

August Holder sagt in seiner lesenswerthen Schrift: „Die Ortschroniken" (Seite 77—78): „Gesetzlich angeordnet sollte aber sein, daß in jeder selbstständigen Gemeinde des ganzen Landes oder Reiches am Schlusse eines jeden Jahres die Behörden des Ortes unter Beiziehung von Sachverständigen ein bestimmtes Schema auszufüllen hätten, das Auskunft verlangte über die geschichtliche Entwickelung des Ortes im abgelaufenen Jahre in äußerlicher, sozialer, volkswirthschaftlicher (gewerblicher und landwirthschaftlicher) geistiger und religiöser Beziehung. Dasselbe müßte natürlich in der Gemeinderegistratur aufbewahrt werden und würde in der Folgezeit gewiß die Bedeutung eines zuverlässigen Quellen- und Nachschlagebuchs erhalten, dessen Inhalt auf die Einwohnerschaft mächtig zurückwirken müßte. Wir hätten in solchen amtlichen Zusammenstellungen über die „werdende Ortsgeschichte" d. h. in diesen beglaubigten Zahlen und zeitgeschichtlichen Schilderungen (um mit Professor Riehl zu reden) Beiträge zur Kunde des Volkswesens nach seinen örtlichen Gruppirungen des Gemeindewesens, der Gestaltungen der Stände und Berufe im kleinen und einzelnen". Wir würden gewiß schon nach wenigen Jahren das Wohlthätige einer gewissen Wechselwirkung zwischen Ortsbevölkerung und Ortsgeschichte in verschiedener Form zu genießen haben. Die Schule und das Leben — beide würden hierbei nicht zu kurz kommen. . . . Die Schule nicht; denn diese würde hier nach Bedürfnis schöpfen und den zukünftigen Bürger im Orte heimisch machen, daß die begrabenen Jahrhunderte in wenig Schulstunden vor ihm wieder aufglühen" (Jean Paul) und er an der Hand der Ortsgeschichte in der Folgezeit sich des Lebens zu Hause von Herzen freue, aber zunächst mit Lust und Eifer hübsch weiter lerne. — Auch das Leben nicht. Der Mann des prattischen

Lebens fände wol gerade in jenen geschichtlichen Aufzeichnungen und Mittheilungen, welche ihm die noch vorhandenen Reste der alten Zeit eigentlich erst recht verständlich machen, die natürlichste Anregung, über die Pflichten und Rechte seiner örtlichen Existenz weiter nachzudenken, um die betreffenden Gesetze (Gemeindeordnung, Gemeindeangehörigkeitsgesetz 2c.) auch nach ihrer kulturgeschichtlichen und pädagogischen Seite mehr verstehen zu lernen. Er hört in der Ortsgeschichte die Ortsgeister reden, die es „ihm angethan" haben — und das gewiß nicht zu seinem Schaden. Es ist ja im Zeitalter der Freizügigkeit durchaus nicht überflüssig, überall, wo man sich aufhält, auch geschwind Einkehr zu halten in der Geschichte des bewohnten Ortes oder Territoriums. „Dadurch fühlen sich die Seelen (die Glieder einer vielgewanderten Familie) nicht getheilt und verwirrt, sondern eher vertieft und erweitert: nur dadurch erhebt sich die Heimatsliebe über das Gebiet einer unklaren animalischen Empfindung, wenn sie immer kräftigere Wurzeln zieht aus genauer Kenntnis des jetzigen und auch des einstigen Zustandes der Heimat" (Haag). — Das Leben, das die Geschichte zeichnet, nimmt zu von innen nach außen, von unten nach oben. Bleibe der werdende und lernende Mensch also zunächst fein „in sich" und verlasse er ja nicht zu bald den sichern und bekannten Boden, auf den ihn Gott gestellt hat, so wird er gewiß — an und mit und gleich der Geschichte wachsen."

---

Zweites Kapitel.

## Förderung und Hindernisse.

Weniger mit Zeitungen, nur ausnahmsweise mit Wochenblättern überschwemmt, zeigten unsere Vorfahren ein reges Interesse für Lokalgeschichte. Wie ein Wunderdoktor seine Pflaster und Kräutertränkchen, bewahrten sie aber die Schreibkunst, für die sie in der Schule Extrahonorar zahlen mußten, nicht wie ein Geheimmittel: zu Nutz und Frommen ihrer lieben Kinder und Enkel zeichneten sie in ihren Bibeln, Gesangbüchern und Kalendern Familiennachrichten, Stadt- und Dorfneuigkeiten schlicht und getreulich auf. Wenn sich dabei auch einige orthographische Fehler einschlichen, so werden wir ihnen diese nicht roth oder blau anstreichen. Die alten ehrwürdigen Pfarrherren trugen in die Kirchenbücher, die sie nicht nach einem bestimmten Formulare zu führen brauchten, mehr als die in ihren Gemeinden vorkommenden Geburten, Trauungen und Sterbefälle ein. Man vergaß auch nie, Aktenstücke in die Thurmknöpfe zu legen.

Kirchenbücher sollten nach der Visitations- und Konsistorialordnung, welche der Kurfürst Johann Georg 1573 erließ, allerwärts geführt werden. „Aus sonderlichen Bedenken und vielen erheblichen Ursachen legen wir allen und jeglichen Pfarrern auf, daß sie ein sonderlich Register halten und darin alle und jede Namen der Personen, so sie und ihre Kapläne oder sonst Jemand von ihretwegen in ihren Kirchen trauen und taufen, registriren, desgleichen die Namen der Todten, so zu ihren Zeiten verstorben, mit Fleiß verzeichnen, auch solche Register in den Kasten, darin sie der Kirche Meß- und andere Bücher legen, wohl verwahren, mit Verwarnung, da sie solche verlassen (unterlassen) würden, daß ein jeder Pfarrer unserm Konsistorio wegen solches seines Unfleißes zehn Thaler Strafe zu erlegen soll schuldig sein".[1])

Die Aufzeichnung geschah leider nicht immer mit der nöthigen Sorgfalt. Wir notiren hier von sehr vielen Beispielen nur einige Kuriosa. 1595 den 24. Junius ist des Kuhhirten Schwester begraben. 1598 den 22. Dezbr. ist Lucia die alte Müllerin begraben. 1631. „Es sind zwar etliche getaufet aber wegen der großen Kriegesgefahr und Sterbensheit nicht aufgezeuchnet worden. Wie sie den auch Mehrertheils Verstorben; Helffs uns Gott neuen jahre". 1633 den 19. Martius des langen Hansen Mutter eine alte abgelebte Frau begraben. 1644 „drei Wochen zu Weihnachten sind des Kriegers Zwillinge Dorothea und Maria auf die Welt gebohren". 1677 den 15. Junius ist die alte Ilse, des Herrn Schultzen Hausweib begraben. 1696 den 21. Januarius ist eine Perschon mit nahmen Hedewig gestorben. 1708 den 3. April ist eine Perschon mit nahmen Elisabeth begraben.[2])

In dem alten Kirchenbuche von Leichholz, Kreis Weststernberg, findet sich folgende charakteristische Notiz: Der Küster hatte vorher eingetragen: „Den 25. Septbr. 1763 Ist des Ehr und geachten Erbmüllers in Leichholtz ein Söhnlein getauft, der Vater heist Meister Gottlieb Schultze; die Mutter heißet Maria

[1]) Mylius, Corpus constitutionum Marchicarum I. 316. [2]) Kirchenbücher von Korritten.

Elisabeth geb. Royn, verehelichte Schultzen: das Kind heist Gottlieb. Die Pathen sind: der Neumüller aus Beutseen [Beutnitzer] Mühle mit Nahmen Christian Roy und Johann George Bullach: Die Frau Geißler Anna Dorothea, die Frau Millern aus Kunersdorffer Mühle, Johanna Friederike geb. Ruban, verehelichte Paulcken, die Frau Partschancken, Maria geb. Illmarin, verehelichte Partschancken, Verwalter zu Leichholz." — Darunter folgende Bemerkung des Pastors: „Bei dem Kerl sind alle Weiber Frauens gewesen." Außerdem folgt noch ein Titel, den wir hier nicht wiedergeben wollen.

Anno 1794. „Da ich mit entsetzen die erschröckliche unordnungen, welche die einfältigen Küster und Schulhalter in Leichholz von jeher mit und in dem Kirchenbuche vorgenommen, gewar werde: so habe ich diesem Übel abzuhelfen, daßelbe mit anhero nach Klein Gander in meine Verwahrung genommen, um von nun alle in Leichholtz vorfallende Amtsverrichtungen, Taufen und Begräbnisse selbst eigenhändig einzutragen, damit ich auch im Stande bin zur gesetzten Zeit nicht nur eine Jahresliste, sondern auch ein Verzeichniß der gebohrenen und gestorbenen männlichen Geschlechts aus dem Dorfe Leichholz zur Conton Revision alljährlich vorschriftsmäßig einzureichen. Klein Gander den 28. Januar 1795.

Karl Wilhelm Glaschke,

p. t. Prediger zu Klein Gander, Döbbernitz und Leichholz."

Die Kirchenbücher der Parochie Spiegelberg sind trotz vielen Mißgeschicks, das über die drei Ortschaften, besonders im dreißig- und im siebenjährigen Kriege hereinbrach, erhalten worden. Bis ungefähr 1707 existirt wenigstens eine Abschrift. Sie liefern uns über mehrere Adelsfamilien — von Zobeltitz, von Rothenburg, von Knobelsdorff — werthvolle Nachrichten. Vom Ende des vorigen Jahrhunderts bis 1822 stoßen wir jedoch auf gewaltige Lücken; ja das Vorhandene ist nicht einmal in allen Punkten zuverlässig. Nach den Visitationsprotokollen war freilich Alles in bester Ordnung.

Sonnenburg besitzt die Kirchenbücher von 1608 ab vollständig. Simon Johann Arnold, 1695—1710 Oberpfarrer und Ordensinspektor daselbst, schrieb auch seitenlange Berichte über die Welthändel ein. Er muß sich, fügt der Superintendent Klingebeil hinzu, dafür besonders interessirt und die Zeitung (Avisen) fleißig gelesen haben; denn er erzählt die Fahrt Peters des Großen über Küstrin und Berlin nach Holland (1697), die Kriegsthaten Eugens und Karls des Zwölften und dergl. mehr. Besonders auch die Krönungsreise Friedrichs des Ersten nach Königsberg i. Pr. und seine Anwesenheit zum Ritterschlage hierselbst noch als Kurfürst am 7. Februar 1694. Ungestümes Wetter verhinderte ihn, von Küstrin zu Wasser herzukommen; deshalb reiste er von dort über Frankfurt und traf, statt am 5., erst am 7. Februar hier ein, feierlich empfangen von der Bürgerschaft im Gewehr, während die Fischer, die Ruder in den Händen, grüne Kränze auf dem Haupte, eben solche Binden um den Leib, zu beiden Seiten der Brücke in ihren Kähnen standen". —

Der Ordensinspektor Arnold schrieb auch: Clerus Sonnenburgensis, ein Werk, das 1706 in Frankfurt a/O. erschien.

Das erste Kirchenbuch von Költschen, die ganze Parochie umfassend, reicht von 1699 bis 1773. Die Bemerkungen der Pastoren Samuel Hellmann († 1732 den 6. Februar) und Christian Kratz († 1774 den 22. Februar) sollen, selbst wenn sie einen scharfen Tadel enthalten, bei unserer urkundlichen Geschichte des Landes Sternberg öfter benutzt werden.

Unregelmäßigkeiten in der Führung der Kirchenbücher traten auch während der Vakanzen ein. Weil sie nicht länger am Hungertuche saugen oder die Belästigung der Patrone und deren Willkür ertragen konnten, wechselten, namentlich in kleineren Parochien, öfter die Pfarrer. In den ersten Jahren nach Einführung der Reformation, etwa bis 1556, bildete Topper mit Kunersdorf eine Parochie. „Es ist aber, heißt es in einer Verhandlung vom 8. Oktbr. 1585, wegen entstandener Uneinigkeit zwischen Hansen von Schlichting (dem Besitzer des letzten Ortes) und dem damals gewesenen Pfarrherrn das Filial davon kommen und derselbe Pfarrherr durch Andreassen von Schlieben, Komthur zu Lagow seligen, gegen Spiegelberg genommen, die Pfarre zum Topper abgebrochen und dahin gebaut und aus der Mater ein Filial gemacht und Korritten dazu gelegt worden". Christoph von Zobeltitz auf Topper eignete sich, wiewol der andere Patron, der Ordenskanzler Balthasar Römer, energisch widersprach und bei dem Kurfürstlichen Verweser in Krossen Beschwerde führte, eine der Kirche gehörige Gärtnerwohnung an. Die Kirchenvorsteher, welche seinen anderen Wünschen nicht nachkommen wollten, schlug er mit einem Knebelspieße.

Die Herren von Burgsdorf ließen entweder die Pfarrstellen unbesetzt oder nahmen unwissende Mönche für geringen Lohn an. Joachim der Zweite schrieb deshalb an sie: „Lieben Getreuen, Uns gelanget an, daß Ihr schon etliche Jahre lang keinen eigenen Pfarrer zu Rathstock gehabt, daß auch Du, Valentin Burgsdorf (auf Podelzig) Dich in der letztgehaltenen Visitation zu Frankfurt geweigert hast, Unsere Kirchenordnung anzunehmen, und meinest, die Pfarre mit einem Mönche zu bestellen, der Unserer Ordnung zuwider ist. Solches haben Wir Uns zu Dir nicht versehen; denn Wir wissen, daß Wir zur Stellung gemeldeter Kirchenordnung selbst viel Fleiß gehabt, auch (gelehrte und fromme) Leute dazu gebraucht, so daß Wir nichts Unchristliches darein gesetzt, wie Uns das viele fromme, gottesfürchtige und gelehrte Leute bezeugen, wie Wir denn auch wollen, daß Unsere Unterthanen nicht anders, denn christlich sollen gelehrt und geführt werden. Ob Du für Dich ein Anderes glauben oder halten wollest, so sollst Du doch Solches nicht in der Gemeinde den armen einfältigen Bauersleuten also mit Deinem Exempel einbilden und öffentlich predigen lassen. Wenn wir denn angeordnet, daß es in der Religion in Unsern Landen an einem Orte und Dorfe wie im andern soll gehalten und gepredigt werden, können Wir nicht leiden, daß Ihr zu Rathstock solltet ein Besonderes für Euch machen, sondern befehlen Euch und wollen, daß Ihr Eure Pfarre mit einem Pfarrer besetzen sollt, der sich zum Predigen und Sakramentreichen Unserer Kirchenordnung allenthalben gemäß verhalte. Würdet Ihr Das nicht thun, so wollen Wir einen dahinsetzen. Darnach wollt Euch endlich richten, und damit Wir wissen, weß Gehorsams Wir Uns in dem von Euch zu versehen haben, begehren Wir Eure sonderliche schriftliche Antwort und sind Euch sonst in Gnaden geneigt". —

Den Magister Georg Held wollte die Frau von der Dahm nicht von Albrechtsdorf wegziehen lassen; sie verschloß ihm deshalb das Thor des Pfarrhofes. Erst als er Rechtshülfe in Sorau nachgesucht hatte, erhielt er die Erlaubnis. Sein Nachfolger Abraham Golz kam 1618 nach dem Orte, mußte aber von der Herrschaft, deren unsittliches Betragen er streng tadelte, viel erdulden und ging schon 1620 nach Kunau bei Priebus. Daß ihn keineswegs übertriebener Eifer leitete, läßt sich aus dem ferneren Verhalten und den Schicksalen der Herren von der Dahm deutlich ersehen. Der eine wurde von den Bauern zu Altöls in Schlesien, die er mißhandelt hatte, erschlagen; der andere fand, weil er den Kirmeßgästen in Tschaksdorf die von ihnen gedingten Spielleute mit Gewalt nehmen wollte, bei der Schlägerei seinen Tod; der dritte brach in Soran den Hals. Georg Jauche erhielt 1620 nur unter der Bedingung das Predigtamt, daß er den Gutsherren den Pfarrgärtner abtrat und die Sitten derselben ungestraft ließ. Er verstummte aber 1621, vielleicht vom Schlage getroffen, auf der Kanzel und blieb lebenslang sprachlos. Da er sein Amt nicht mehr verwalten konnte, baute man ihm in Albrechtsdorf ein Häuschen, in dem er sich mit Branntweinbrennen (!!) kümmerlich nährte. Nach dem Tode seiner Frau ins Niederhospital aufgenommen, starb er dort am 2. Januar 1656. Magister Martin Faber kämpfte mit Mangel und Verdruß von 1622–36, da er wieder in seine Heimat, die Neumärk, zurückkehrte und vier Meilen von Küstrin Pastor ward. Als Christoph Leiske 1643 nach Sommerfeld ging, trat in Albrechtsdorf eine vierjährige Vakanz ein, während welcher der Diakonus Amandus Conradi in Soran zuweilen in einer Versammlung von sechs bis sieben Personen (!!) predigte und das heilige Abendmahl austheilte. 1647 bezog endlich Christian Mellitius die wüste Pfarrwohnung; er fand jedoch Alles so verödet, daß er, um nicht Hungers zu sterben, einen Handel mit Salz und Leinwand treiben mußte. Da er geäußert, die Stelle sei unter allen die schlechteste, hieß es (1653): nun so wandere! Weil er die wendische Sprache, die er erlernen wollte, nach zwei Jahren noch nicht inne hatte, konnte er als Diakonus nicht in Triebel verbleiben. Er wurde 1656 in Polen bei den schwedischen Truppen Feldprediger. Hier soll er in dem blutigen Treffen bei Kostan gefallen sein. Laut anderer Nachrichten nahmen ihn die Tartaren gefangen und verkauften ihn als Sklaven nach Thrakien.[1])

Zwei Ritter Gebrüder von Buxdorf auf Zinnitz und Schlabendorf, Kreis Kalau, veruneinigten sich und lebten in so arger Feindschaft, daß jener zu diesem nicht mehr in die Kirche gehen wollte. Er baute sich daher, der Sage nach, ein eigenes Gotteshaus, stattete die Pfarre aber höchst ärmlich aus. Der Verweser derselben mußte deshalb noch zu Anfange des achtzehnten Jahrhunderts zur Fristung seiner zeitlichen Existenz Sonntag Abends in der Schenke zum Tanz aufspielen: auch hat, so erzählt die Chronik des Dorfes, Seine Hochehrwürden zur Winterszeit

[1]) Conradi (Worbs), Kirchen, Prediger und Schulgeschichte der Herrschaften Soran und Triebel. S. 102–64. 138.

im Dorfe Schweine geschlachtet und ist dann seine Hausehre, sein wackeres Weib, nachgegangen, den Leuten die Wurst zu bereiten. [1]

Diese Schattenbilder aus der „guten alten Zeit“ beweisen wol zur Genüge, daß gerade oftmals in Denen, welche noch am meisten von der Schreibkunst verstanden, die bittere Sorge um des Leibes Nahrung und Nothdurft alle Gedanken an die Ortsgeschichte erstickte.

Fast so häufig wie die Pfarrer, wechselten die Besitzer der Rittergüter. Wie oft mag auch der Nachfolger ärmer als sein Vorgänger gewesen sein! Die Hauptursachen gedenken wir später genauer nachzuweisen. Hier wird nur Folgendes bemerkt. Nach einem Verzeichnisse in Gundlings Adelsatlas waren im Jahre 1724 folgende 32 Familien im Lande Sternberg angesessen:

| Namen: | Besitzungen: |
| --- | --- |
| von dem Borne | Schönow. |
| von Brandt | Zerbow. |
| von Bredow | Leissow und Randen. |
| von Brietzke | Radach. |
| von Burgsdorf | Ziebingen. |
| von Decher | Pinnow. |
| von Diebitsch | Schönwalde. |
| von Eller | Radach. |
| von Falkenhahn | Grabow. |
| von Heydeck | Schönwalde. |
| von Heyden | Klauswalde. |
| von Ilow | Kirschbaum, Leichholz, Radach, Schmagorey, Wildenhagen. |
| von Jena | Döbbernitz. |
| von Kettwich | Gräden und Matschdorf. |
| von Köckeritz | Zohlow. |
| von Lieben | Reichenwalde. |
| von Lossow | Großgandern. |

[1]) Berghaus, Landbuch III. 575.

| Namen: | Besitzungen: |
|---|---|
| von Luck . . . . . . . . . . . | Malsow, Schönow. |
| von Ludwig . . . . . . . . . | Wandern, Kohlow, Kleinlübbichow. |
| von Marwitz . . . . . . . . | Gleißen. |
| von Mörner . . . . . . . . . | Tornow. |
| von Schartewitz . . . . . . . | Schönwalde. |
| von Schlichting . . . . . . . | Kleingandern. |
| von Schlieben . . . . . . . . | Pinnow. |
| Freiherr von Schmettow . . | Herzogswalde und Königswalde, (verpfändet). |
| von Selchow . . . . . . . . | Görbitsch, Großgandern, Lieben. |
| von Staaten . . . . . . . . . | Kemnath. |
| von Stentzsch . . . . . . . . | Schönwalde. |
| von Thierbach . . . . . . . . | Reichenwalde. |
| von Waldow . . . . . . . . | Gleißen, Hammer, Herzogswalde, Költschen, Mittenwalde (jetzt Neudorf) Neuwalde. |
| von Winning . . . . . . . . | Sternberg, Grabow, Hildesheim, Kemnath, Wallwitz. |
| von Winterfeldt . . . . . . . . | Sandow. |

Vier Gutsantheile waren in Schönwalde, drei in Radach, zwei in Gleißen, Grabow, Großgandern, Herzogswalde, Kemnath, Pinnow, Reichenwalde und Schönow, ungetheilt aber die anderen Dörfer. Über Bottschow, Biberteich und Selchow fehlen die Nachrichten. Von jenen zwei und dreißig Adelsfamilien ist gegenwärtig nur noch **eine** im Lande Sternberg angesessen: von Waldow auf Königswalde und Reitzenstein. Wer zählt die werthvollen Urkunden, die bei dem häufigen Besitzwechsel verloren gegangen sind?

Oftmals vernichteten sie auch die Flammen. Wir nennen nur folgende Brände:

Lagow 1569 gänzlich.

Sternberg 2. August 1589 bis auf wenige Häuser; 30. August 1824 größtentheils.

Reppen in der Nacht zum 29. Novbr. 1710 19 Häuser.

Königswalde 1612 die ganze Stadt bis auf den rothen und den weißen Hof und die Mahlmühle; auch 1758, 1781; 1823, 1833.

Sonnenburg 7. Dezember 1596 fünf und siebzig Häuser; auch 1752, 1774, 1780; 14. April 1814 das Dach der Kirche, das Innere des Thurmes mit der Uhr und den schönen Glocken.

Göritz 14. Dezember 1577 „das ganze Städtlein aufgegangen"; am Sonntage und am Mittwoch nach Michaelis 1627 durch Tiefenbachsche, acht Tage nach Johanni 1638 durch Volkmannsche Soldaten veranlaßt; 10. August 1757 85 Wohnhäuser nebst Stallgebäuden und über 60 Scheunen mit Getreide angefüllt; 14. April 1819; 11. April 1831.

Drossen 21. Mai (Himmelfahrtstag) 1517 die ganze Stadt, deren Häuser noch mit Rohr gedeckt waren, bis auf die Pfaffengasse; 2. Mai 1596, alle Urkunden, nur 17 Häuser auf dem Stadthofe blieben verschont; 11. Mai 1614, 52 Häuser; 21. April 1827, 10 Wohnhäuser, 15 Ställe, 7 Scheunen; 26. September desselben Jahres in der Zielenziger Vorstadt 26 (nach And. 36) Wohnhäuser, 11 Scheunen, 53 Ställe; 25. Mai 1829 116 Wohnhäuser, 24 Brau- und Brennereien, 122 Nebengebäude, die Kirche und das Pfarrhaus der reformirten Gemeinde, das Archidiakonatsgebäude, die Synagoge, die Apotheke, das Hospital, das Salzmagazin, 750–800 Menschen obdachslos. Von 1830–38 wiederholt Brände (in dem zuletzt genannten Jahre sogar acht), desgleichen 1840, 42, 43, 45, 47. Auf Antrag des Magistrats wurde 1848 durch die königliche Regierung die Verabreichung des freien Bauholzes aus dem Stadtforste aufgehoben. Seitdem hatten die Feuersbrünste ein Ende!

Zielenzig in der Nacht vom 24. bis 25. März 1822 42 Häuser. Ein Aktenstück aus dem Thurmknopfe enthält die Bemerkung: von 1821–28 war Pluto Regent der Stadt.

Am meisten ist zu beklagen, daß bei dem Bombardement von Küstrin, am 15. August 1758, sehr viel wichtige Akten ein Raub der Flammen wurden. Mehr als ein Mal kam es auch vor, daß die rohe Soldateska, gewöhnlich des Lesens unkundig und dem Trunke ergeben, Kirchenbücher zerriß und die Blätter als Streu für ihre Gäule verwendete.

Wir wollen hier nicht ermitteln, wie groß die Zahl Derer sein mag, welche die Geschichtsforscher hassen, wie Sirach den tollen Pöbel zu Sichem, oder die zu sprechen pflegen: fürs Gewesene gibt man nichts. Jedenfalls gilt auch in dieser Beziehung das Wort: „Natur bringt wunderliche Kauz ans Licht."

Von den mehr als tausend Fragebogen, welche im August 1852 auf Veranlassung des Staatsministers und Oberpräsidenten Eduard Heinrich von Flottwell zum Zwecke der Bearbeitung des Landbuches der Mark Brandenburg durch den Professor Dr. Heinrich Berghaus von den königlichen Landrathsämtern an die Gutsbesitzer, Magistrate ꝛc. versandt wurden, enthielt der Bogen aus Großbeeren nur die mangelhafte Beantwortung der drei ersten Fragen und schloß mit der Bemerkung: „Bis hierher und nicht weiter. Wenn ich alle diese unmöglichen Antworten wirklich ermöglichte, so würde ich gezwungen werden können, wenigstens Geheimer Rath werden zu müssen. Hierzu finde ich keinen Drang. Den 12. Septbr. 1852. Briesen."

Man erzählt von einem Vorgänger des genannten Herrn, Geist von Beeren, auch, daß er einmal im Anschluß an eine Verfügung der königl. Regierung, die Kiefernraupen zu vertilgen, berichtete, er habe dieselbe den Thierlein im Walde vorgelesen und gesehen, daß sie sich sammt und sonders todt lachten.

Der Magistrat in Frankfurt a. O. beantwortete die vorgelegten Fragen gar nicht; ein Gleiches thaten die meisten Rittergutsbesitzer im Kreise Krossen, und auch aus Züllichau-Schwiebus konnte Dr. Berghaus trotz seines Fleißes nur Bruchstücke liefern.

Wo wenig oder gar kein Verständnis für Geschichte vorhanden ist, dürfen wir uns gewiß nicht wundern, wenn man Urnen zerschlagen, Denkmäler völlig verwittern, Leichensteine versenken oder auf andere Weise verschwinden, Gemälde und Inschriften übertünchen ließ.

Der vorstehende Rückblick zeigt, daß einer Seits ein reges Interesse für die Ortsgeschichte bei Hausvätern und Geistlichen zwar vorhanden war, anderer Seits jedoch arge Nachlässigkeiten vorkamen, auch durch Feuer, Feinde und unverzeihliche Gleichgültigkeit Vieles wieder zu Grunde ging.

Drittes Kapitel.

## Angabe und kurze Kritik der Quellen.

Urkundliche Geschichte soll nicht ein bloßes Aushängeschild oder ein Lockvogel für Käufer sein. Soweit es uns irgend möglich ist, gehen wir auf die Quellen zurück und vergleichen sie mit einander. Selbstverständlich dürfen wir nicht blos auf das Land Sternberg sehen: wir müssen öfter auch auf Schlesien und die Mark Brandenburg blicken.

Im Landbuche des Markgrafen Ludwig des Älteren (1337) findet sich Sternberg nicht[1]; das andere vom Kaiser Karl dem Vierten (1375) nennt zwar die Städte und Schlösser Sternberg, Reppen, Drossen, Lagow, Zielenzig, Sandow, Göritz, Rampitz, Sonnenburg, Königswalde, Drenzig, Bottschow, Kolzyn (Költschen) und Radechow (Radach), beschreibt sie indeß nicht.[2]

Wolfgang Jobst (Justus), zur Zeit Joachims des Zweiten und des Markgrafen Hans von Küstrin, Doktor der Medizin und Professor in Frankfurt a/O., entwarf einen kurzen Auszug und eine Beschreibung des ganzen Kurfürstenthums, sammt ihren eingeleipten und zugehörenden Graf- und Herrschaften, Bistumen, Stäten, Flecken, Märkten, Schlössern, Klöstern und fließenden Wassern. Er bezeugt in der Vorrede, daß es ihm „ganz schwerlich und mühsam vorgefallen, solche Arbeit und Fleiß anzuwenden, dieweil von diesen Landen gar wenig Skribenten gefunden, die davon etwas Rühmliches Meldung gethan hätten."

Andreas Engel (Angelus), Pfarrer und Inspektor in Straußberg, ließ 1593 eine kurze Beschreibung der Geschichte, so sich vor und nach Christi Geburt

[1] Herausgegeben und erläutert von Georg Wilhelm v. Raumer. Berlin, Nicolaische Buchh. 1837. Nach einer neu aufgefundenen Handschrift des vierzehnten Jahrhunderts von Dr. L. Gollmert. Frankfurt a O. Trowitzsch. 1862. [2] Das uns vorliegende Exemplar ist „gedruckt zu Frankfurt an der Oder durch Johann Eichhorn Anno 1571."

als über 2000 Jahre im Chur- und Fürstenthum der Mark Brandenburg von Jahr zu Jahr bis 1593 begeben und zugetragen haben — zu Wittenberg erscheinen (Neue, an einigen Stellen verbesserte Auflage 1616). Er gab auch Annalen der Mark Brandenburg (Frankfurt a/O. 1598 Folio) heraus.

Kurz vor Engel schrieb Nikolaus Leutinger, geb. 1547 in Altlandsberg, gestorben 1612 nach vielen Irrfahrten in Osterburg, lateinisch einen Kommentar in dreißig Büchern und fügte demselben eine Topographie der Mark bei. Ausgaben der sämmtlichen Werke, zu denen auch die Briefe, Gedichte und Reden gehören, besorgten gleichzeitig, 1729, der Rektor Küster in Berlin und der Professor Krause in Leipzig.

Von Peter Haftitz (Haftitius), in der letzten Hälfte des sechzehnten Jahrhunderts Rektor der Berliner Schulen, besitzen wir Microchronicon Marchicum, herausgegeben vom Archivrathe Dr. Adolf Friedrich Riedel (Kodex, 4. Abtheilung, 1. Band).

Angelus und Haftitz benutzten sehr häufig Engelbert Wusterwitz' märkische Chronik, die sich nur in diesen Auszügen erhalten hat. Zusammengestellt von Julius Heidemann. Berlin 1878. Die Anmerkungen geben über viele dunkle Punkte Aufklärung. M. Z. (Martini Zeileri) topographia electoratus Brandenburgici et ducatus Pomeraniae, d. i. Beschreibung der Vornembsten und bekantisten Stätte und Plätz in dem Hochlöblichsten Churfürstenthum und March Brandenburg vnd dem Herzogthum Pommern. Frankfurt a. M., Merianische Erben. 1652. Folio.

Auf Veranlassung des ersten preußischen Königs sammelte Johann Christoph Betmann, Doktor der Theologie in Frankfurt a/O., der 1710 eine Historie des Fürstenthums Anhalt herausgegeben hatte, sehr reiches Material zu einer historischen Beschreibung der Kur und Mark Brandenburg. Der Verfasser starb am 6. März 1717. Schon am 23. befahl Friedrich Wilhelm der Erste, das Manuskript an das Königliche Archiv abzuliefern. Alle Bitten der Erben um Rückgabe blieben unberücksichtigt. Sie erfolgte erst 1740 unter Friedrich dem Zweiten. Bernhard Ludwig Betmann, dessen Großvater Friedrich ein Bruder jenes Christoph war, Professor am Joachimsthalschen Gymnasium, lieferte größere und kleinere Zusätze und ließ, vom Könige mit 500 Thalern unterstützt, zwei Theile drucken; drei andere blieben

Manuskript. Sie befinden sich in der Regierungsbibliothek zu Frankfurt a/O. Leider fehlt das Land Sternberg.

Nachrichten über dasselbe, gleichsam eine Ergänzung zu Bekmann, enthält die Beschreibung der adligen Dörfer, welche 1775 von dem Landrathsamte zusammengestellt wurde. Sie gibt bedeutend mehr, als eine ähnliche, aus welcher acht Jahre später der geheime Kalkulator Mieg Stoff zu einer Beschreibung der Provinz Brandenburg nehmen sollte.

Eine Geschichte des ehemaligen Bisthums Lebus und des gleichnamigen Landes besitzen wir von dem Kriegsrathe Siegmund Wilhelm Wohlbrück (3 Theile 1829—32). Sie ist, weil ihr allermeist Urkunden und fleißige Forschungen zum Grunde liegen, sehr zuverlässig, geht aber nur bis 1598 (denn in diesem Jahre erfolgte die Aufhebung des Bisthums). — Wenig Ausbeute gewährt K. A. Kortums historische Nachricht von dem alten Bisthume Lebus (Frankfurt a/O. 1740) und A. B. Michaelis diplomatische Stiftshistorie.

Endlich nennen wir das schon oben erwähnte Landbuch von Dr. Heinrich Berghaus. Dem Verfasser standen viele amtlichen Quellen zu Gebote, und er benutzte sie mit deutschem Fleiße. Zu bedauern bleibt, daß er nicht auch bei Privatpersonen allerwärts das erwünschte Entgegenkommen fand.

Bei der Bearbeitung ihres Werkes: „Berlin und die Mark Brandenburg mit dem Markgrafthum Niederlausitz" fanden W. Riehl und J. Schen nicht blos von den Behörden, sondern allem Anscheine nach auch von den Lehrern Unterstützung. Viele Dörfer sind freilich sehr kurz weggekommen, wenn sich auch mehr findet, als etwa in G. F. L. Neumanns Brennenbuch (Berlin 1834 bei K. Fr. Plahn).

Schon aus dem Verzeichnisse der Subskribenten ist ersichtlich, daß die Sternbergische Kreischronik von Dr. Eduard Ludwig Wedekind (Konrektor an der höheren Bürgerschule in Krossen, später aus diesem Amte entlassen) seiner Zeit verhältnismäßig zahlreiche Käufer fand. Ob sie indeß in jeder Beziehung billigen Anforderungen entsprach, bleibt eine andere Frage. Laut Titel will sie die Geschichte der Städte, Flecken, Dörfer, Kolonien, Schlösser rc. dieses Landestheiles von der frühesten Vergangenheit bis auf die Gegenwart (mithin bis etwa 1850) erzählen. Eine Vergleichung zeigt jedoch aufs klarste, daß die älteren Nachrichten über die „bedeutendern Dorfschaften" (Seite 267—330) fast wörtlich aus Wohlbrück (Theil III.) abgeschrieben sind, neuere aber mit wenigen Ausnahmen fehlen. Dem Bestreben, die letzteren zu erlangen, stellten sich (nach Seite 260) schon bei größeren Orten, wie Göritz und Ziebingen, aller Zusicherungen und Mahnungen ungeachtet, unüberwindliche Schwierigkeiten entgegen. Im allgemeinen wollen wir dies nicht rund weg bestreiten; wir wissen indeß aus längerer Erfahrung: Die Archive bieten noch Vieles, was nicht blos die Gelehrten, sondern, in volksthümlicher Form dargestellt, auch die Bürger und Landleute interessirt; das die Jugend, nach Thaten dürstend, liest mit Lust und das Alter, auf sechzig bis siebzig Jahre zurückblickend, mit Andacht. Wir werden deshalb die Dörfer, die adligen und bürgerlichen Besitzer ꝛc. so viel als möglich berücksichtigen. — Die Notizen über die Städte und Flecken sind bei Dr. Wedekind zerstreut; da ein Register nicht beigefügt wurde, muß man sie mühsam zusammensuchen. An sinnentstellenden Druck- und Schreibfehlern mangelt es keineswegs, wenn sie auch nicht so häufig vorkommen, wie in des Verfassers „Geschichte der Neumark". Nach der dritten Anmerkung Seite 22 hat Schiedlow ebensowenig am rechten Ufer der Oder, wie Krossen am linken gelegen, obgleich Manche dieser Meinung sind. Wer aber jenes Dorf und diese Stadt auch nur ein Mal sah; wer nicht völlig gedankenlos sich in die Fähre setzte resp. über die Brücke ging, weiß ganz bestimmt, daß beide Orte gerade da erbaut sind, wo sie nach Wedekind niemals lagen. Sollen wir etwa glauben, daß bei ihnen neuerdings (durch den gewaltigen Sturm am 14. Mai 1886) eine wunderbare Versetzung stattfand, wie mit dem Hause der Maria in Loretto? — Seite 74 widersprechen Text und Note einander in der Bemerkung über Gräden und Ostretz. Die richtige Lesart lautet übrigens nicht: „Grota, Ostretz", sondern „Groten Ostezetz".[1]) 1350 gehörte Korritten noch den Herren von Wiesenburg; an den Johanniterorden kam es erst 1415, demgemäß kann es als Besitzung des letzteren noch nicht in einer Urkunde vom 24. Dezember 1350 genannt sein. Der in der Anmerkung Seite 118 erwähnte Bürgermeister von Drossen, welcher einige Töpfe voll Brei aus der Hussitenzeit (1477) auf dem Rathhause noch 1596 gesehen haben will, hieß nicht Johann Heimroth, sondern Heinrich. Ist das Jahr richtig, so kann der Genannte nur aus seiner Jugend erzählen; denn das Amt eines Bürgermeisters bekleidet er von 1642—49;

[1]) Riedel, Kodex 1. Abth. Band 19, Seite 137. [2]) Wohlbrück III. Seite 521.

auch sagt er in seinem Hausbuche nichts von vollen Töpfen, vielmehr nur von etwas Brei.[1]) Man sieht hieraus, wie manche Herren zu lesen oder absichtlich aufzuschneiden pflegen. Dem Bürgermeister Jeremias Beil (nicht Berl, S. 153) starben binnen vierzehn Tagen (vom 12.–26. Oktober 1638) die Gattin und sechs Kinder an der Pest.[2]) Das allgemeine Landrecht, zumeist von Carmer (nicht Karmer) bearbeitet, kam seit 1794 (nicht 97) in Anwendung (S. 195). Nach Wedekind (S. 196) war die Schlacht bei Austerlitz am 14. Oktbr., der Unglückstag bei Jena und Auerstädt am 19. Oktbr. 1806. Genug hiermit!

Im Jahre 1885 gab der Lehrer A. F. Knuth eine Chronik der Stadt Drossen heraus. Nach „vorgefundenen Bruchstücken bearbeitet", leidet sie an Wiederholungen. Noch mehr fällt ins Gewicht, daß sie selten den betreffenden Sachen auf den Grund geht, sondern sich mit bloßen Vermuthungen begnügt. Wir lesen z. B. Seite 67: „Nach einer Tradition soll der heute noch so genannte Stadthof früher der Gerichtshof der Stadt und des Kreises gewesen sein, und das soll soviel heißen, daß das Gericht hier seine Sitzungen gehalten hat. Dafür spricht auch der sogenannte Diebesthurm. In diesem hat man vor vielleicht 90 bis 100 Jahren beim Öffnen desselben ein noch an der Mauer angeschmiedetes menschliches Gerippe, wahrscheinlich das eines Deliquenten (Verbrechers) gefunden. Auf dem Stadthofe soll früher auch die Tortur vor dem Sacken und Beilen stattgefunden haben. Auch soll er der Sitz des ehemaligen Erbrichters oder Stadtschulzen gewesen sein." Das Verzeichnis der Kirchen und Schulen, welche zur Zeit des siebenjährigen Krieges zur Inspektion Drossen gehörten, ist schwerlich richtig; denn aus verschiedenen Visitationsprotokollen, die uns vorgelegen haben, geht unzweideutig hervor, daß alle Ortschaften des Herrenmeisterthums Sonnenburg in dem dortigen Oberpfarrer einen besonderen Inspektor hatten. Von 1741–82 ist Theodor Rudolf Campe, bis 1809 Ludwig Rohleder genannt, der am 14. September 1813 starb. Wunderlich erscheint die Vermuthung, daß die Landreiter (reuter) sich später in Landrätheien oder Landrathsämter verwandelten (S. 55). Der Seite 116 genannte (Karl Sigismund) von Kalfreuth besaß Arensdorf (nicht Königswalde), seit 1810 auch das kleine Lehngut in Schönborn bei Züllichau und starb in jenem Orte am 4. März 1816.

[1]) Knuth, Chronik der Stadt Drossen S. 46. [2]) Ebendaselbst S. 46.

Vor ihm verwalteten das Landrathsamt des Sternberger Kreises Hans Friedrich von Winning auf Reichenwalde und Otto Friedrich von Wesenbeck auf Biberteich.

Den „Grundriß einer Chronik von der Hauptstadt Drossen" entwarf auch der Predigtamtskandidat David Friedrich Schönberg; von demselben wurden aber 1735 in Züllichau nur sechs Bogen gedruckt. Ob der Tod oder die geringe Theilnahme des Publikums den Verfasser hinderte, sein Werk zu vollenden, läßt sich nicht mehr feststellen.

Von Georg Bruchmanns Chroniken von Sonnenburg und Göritz (der Verfasser, durch die Katholiken aus Schwiebus vertrieben, bekam 1634 das Diakonat in jener und später durch den Herrenmeister Adam von Schwarzenberg die Pfarrstelle in dieser Stadt, wo er 1666 noch lebte) konnten wir keine gedruckten Exemplare, sondern nur eine (fehlerhafte) Abschrift des zweiten Werkes erlangen.

Der Prediger Sigismund Justus Ehrhardt in Beschine, früher Hauslehrer in Zielenzig und Radach, ein sehr fleißiger Sammler von historischen Nachrichten, erwähnt in seiner schlesischen Presbyterologie (III. 407) des Diakonus Daniel Gottschalk Chronicon Zilentiscanum. Wer kennt aber noch jetzt das Buch? Ging es bei dem großen Brande vom 23.—24. März 1822 oder später sammt anderen wichtigen Dokumenten in den Flammen unter?

Noch vor einigen Jahren existirte eine Chronik von Reppen und Umgegend, verfaßt von dem königlichen Oberförster Muß. Zur Zeit sucht man sie jedoch vergeblich.

Alte Leute, bei denen wir uns im historischen Interesse erkundigten, wollten in geschriebenen Chroniken von Sternberg und Lagow gelesen haben. Man vermuthet, daß auch sie durch den häufigen Besitz- und Beamtenwechsel abhanden gekommen sind.

Über den Johanniterorden, der unter allen Umständen bei dem Lande Sternberg berücksichtigt werden muß, giebt es ältere Schriften von Bekmann, Dithmar, Dienemann (Hasse), neuere von Dr. Wedekind, K. Falkenstein, A. v. Winterfeldt.

Das Verzeichnis der sonst noch benutzten Werke, ca. 70 an der Zahl, folgt später.

# Allgemeiner Theil.

## Erstes Kapitel.

## Eine Wanderung durch das Land Sternberg.

Ehe wir zu den Sagen und der „urkundlichen Geschichte des Landes Sternberg“ übergehen, versuchen wir, den Leser in demselben ein wenig zu orientiren und ihn durch kurze Andeutungen auf das Folgende vorzubereiten. „Wenn Jemand eine Reise thut, so kann er was erzählen; drum nahm ich meinen Stock und Hut und thät das Reisen wählen“. (Matthias Claudius).

„Wer recht in Freuden wandern will, der geh' der Sonn' entgegen; da ist der Wald so kirchenstill, kein Lüftchen mag sich regen. Noch sind nicht die Lerchen wach; nur im hohen Gras der Bach singt leise den Morgensegen.

Die ganze Welt ist wie ein Buch, darin uns aufgeschrieben in bunten Zeilen manch' ein Spruch, wie Gott uns treu geblieben; Wald und Blumen nah und fern und der helle Morgenstern sind Zeugen von seinem Lieben.

Da zieht die Andacht wie ein Hauch durch alle Sinnen leise; da pocht ans Herz die Liebe auch in ihrer stillen Weise; pocht und pocht, bis sich's erschließt, und die Lippe überfließt von lautem, jubelndem Preise.

Und plötzlich läßt die Nachtigall im Busch ihr Lied erklingen; in Berg und Thal erwacht der Schall und will sich aufwärts schwingen, und der Morgenröthe Schein stimmt in lichter Glut mit ein: laßt uns dem Herrn lobsingen!“

Indem wir den ersten Wink des sinnigen Naturfreundes Emanuel Geibel beachten, beginnen wir unsere Wanderung im Osten. Dort ist ja ein ausgedehnter Wald. Er gehört dem Herrn von Waldow, dessen Vorfahren schon 1352 nach der Neumark kamen. Den alten Herrensitz Königswalde haben sie sich trotz manchen Mißgeschickes, das in fünf Hundert Jahren auch über sie hereinbrach, von keinem Feinde entreißen lassen. Die Namen Osterwalde, Neuwalde, Sophienwalde verrathen uns wol etwas von ihrer Lage, aber nichts von ihren Gründern. Der Hammer ist bei dem nach ihm benannten Dorfe schon längst nicht mehr in Thätigkeit; auch die „Gloatmoaker" (Glasmacher) zogen von Waldowstrenk ab. Bären verirren sich nicht mehr, wie 1735 nach der Heide, und der Lärm einer Wolfsjagd läßt sich wol nur höchst selten hören; denn die geschworenen Feinde der Schafe, gegen welche David zuerst seinen Heldenmuth erprobte, haben durch den Willkomm, den man ihnen jederzeit zu bereiten pflegte, vor den deutschen Gauen einen heiligen Respekt, so daß sie sich auf Polen und Rußland beschränken. Dessenungeachtet dürfen wir, wenn auch im „rothen Hirsch" Niemand singt oder musizirt, vom Königswalder Forst nicht rühmen: es ist in demselben stets kirchenstill. Die betreffenden Beamten wissen am besten, warum.

Vom Aukensee bei Gleißen hat der Pastor Handtmann eine Sage erdichtet. Weit mehr Stoff zu schauerlichen Erzählungen bieten unserer Ansicht nach der Schloßberg und die Grabgewölbe, in denen im siebenjährigen Kriege Russen Frevel verübten. Das Mineralbad, warm empfohlen durch zwei Schriftchen, die 1821 und 22 in Berlin erschienen, wird nicht mehr besucht; als ein schönes Denkmal gutsherrlicher Fürsorge bleibt aber die evangelische Kirche, welche der Kommerzienrath Henoch, ein Israelit, erbaute. Vielleicht käme das Bad wieder in Aufnahme, wenn, wie im Jahrhundert der Aufklärung an mehreren anderen Orten, einem Hirtenjungen auf dem vorhin erwähnten Schloßberge der Geist eines Entschlafenen mit einem Wunderstabe erschiene.

Die Beschränkung, daß Juden nur in Schermeisel und Grochow wohnen durften, anderwärts aber die hohe obrigkeitliche Erlaubnis besonders nachsuchen und ein beträchtliches Schutzgeld zahlen mußten, ist mit dem ehrwürdigen Zopf gefallen. Ob jedoch deshalb jener Ort, durch einen Herrn von Kalkreuth zur Stadt erhoben, es vorzog, wieder in die Reihe der Dörfer einzutreten, möchten wir bezweifeln.

Seitdem die Bewohner von Tempel, Langenpfuhl, Seeren und Burschen nicht mehr von polnischen Starosten und ähnlichen Zwerghelden und Zaunkönigen belästigt, ja selbst an Festtagen geplündert werden, gehören sie zu den fetten, wohlhabenden Bauern. Sie essen nicht blos ihr Brot mit Freuden, sondern trinken wol auch ihren Wein mit heiterem Muthe, und laden ihre Nachbarn in Starpel, denen vor Zeiten Vater Grundmann seinen Grüneberger empfahl, zu einem Schoppen ein.

Wenn in Schönow, das durch sein Bier einen Ruf erlangt hat, in Folge der nahen Quelle nicht Alles schön sein sollte, so daß, falls der originelle Pastor Pfundt wiederkehrte, er seine Traurede in den vier Theilen — dem Brautpaare, den Eltern desselben, den geladenen und den ungeladenen Gästen — noch mehr pfeffern müßte, so liegt die Aufforderung, das Gute, Wahre und Schöne nach besten Kräften zu fördern, um so näher — und wenn man dort in fröhlicher Gesellschaft singt: „Wer hat dich, du schöner Wald, aufgebaut so hoch da droben? Wohl den Meister will ich loben, so lang' noch mein Stimm' erschallt", dann mögen diese Verse gleichfalls als Mahnung gelten; denn Josephs von Eichendorf Lied schließt mit den Worten: „Was wir still gelobt im Wald, wollens draußen ehrlich halten; ewig bleiben treu die Alten, bis das letzte Lied verhallt."

Von der Buchmühle aus können wir ganz bequem auf einer Gondel nach Lagow gelangen. Wer aber fürchtet, daß der See, unerwartet vom Sturme heftig bewegt, ihn als Opfer fordert, wähle von Neulagow aus den Landweg. Der alte Lautenbach versperrt ihn mit seiner Jägerkunst nicht mehr. An die ehemalige Bedeutung des Städtchens, jetzt nach Trebschen das kleinste in der Provinz Brandenburg, erinnern noch das alte Schloß und die Reste der Mauern. Durch eine Feuersbrunst verlor der Thurm (am 23. Juni 1842) seine Kuppel, während schon früher eine andere Ritterburg in der Nähe gänzlich zerstört wurde. Dunkle Sagen spielen auf Einzelnes an; die Geschichte jedoch weiß nur wenig zu erzählen. Ein Mal kam es allerdings vor, daß ein Möbelwagen seiner Höhe wegen das polnische Thor nicht passiren konnte, vielmehr vor demselben abgeladen werden mußte. Darüber sollte indeß Niemand witzeln; denn in den Bewohnern Lagows herrscht keine niedere Denkart, sondern ein gesunder Sinn. Durch ihren wackeren Schultheißen erklärten sie seiner Zeit ganz entschieden: Wir bleiben Bürger und wollen als solche die Abgaben willig zahlen! Stammen die Vorfahren des Schloßherrn auch aus Böhmen — er ist ein Deutscher von echtem Schrot und Korn!

Ein Selch oder Sumpf gab dem Dorfe Selchow seinen Namen; jetzt wandern wir jedoch trockenen Fußes durch die Straßen. Auch die grüne Aue sucht man bei dem Dörflein Grunow vergeblich. Die Landhöhe bei Lagow heißt, wiewol sie nur 570 Fuß über der Ostsee und 330 über ihrer nächsten Umgebung liegt, im Volksmunde allgemein der hohe Spiegelberg. Von ihm führt unstreitig das Dorf, das der alte Jobst noch zu den Städten zählt, seinen Namen. Fraglich bleibt aber in der Zusammensetzung die Bedeutung des Wortes Spiegel. Können wir dabei an die weite Umschau, welche der Berg dem Auge gewährt, denken? Oder war er einst die Stätte, auf welcher sich Richter versammelten?[1])

An der Pleiske, welche die Grenze zwischen dem Lande Sternberg und dem Kreise Krossen bildet, wandern wir weiter. Ein Kahn wäre für uns nutzlos, sintemal der Bach hier nicht einmal flößbar ist. In der Entfernung von etwa einer halben Stunde erblicken wir links das Dorf Topper; sein Kirchthurm wenigstens, welchem der Feldmarschall von Manteuffel, der dort sammt seiner Gemahlin und seinem Sohne Hans Karl unter einer tausendjährigen Eiche ruht, eine Spitze aufsetzen ließ, schaut über die Hügel. Der tapfere Degen haßte alles Babylonische. Leider starb er schon am 17. Juni 1885.

Rechts von der Pleiske an einem Höhenzuge, auf dem einst wendische Fischerhütten standen, liegt Teufelsvorwerk. Woher dieser abschreckende Name? In alten Urkunden heißt es Spiegelberger oder Herrenvorwerk. Hier wohnten im ersten Drittel des vorigen Jahrhunderts außer dem Vogte ein „Jagd- und Heidebedienter" Ernst Düvel († 28. Febr. 1734), der vielleicht, weil er gewissen Leuten, die im Walde Mein und Dein sehr schwer unterscheiden können, scharf auf die Finger sah, mehr gehaßt als geliebt wurde, und den man deshalb gern mit dem Fürsten der Finsternis in Verbindung brachte.

Die Pleiske treibt mehrere Mühlen, von denen die Sammtmühle (korrumpirt aus Gesammtmühle: sie gehörte beiden Gutsbesitzern in Topper) der Rest des Dorfes Meißelburg ist. Ohnehin ungesund gelegen und daher oft von Krankheiten heimgesucht, verlor es im dreißigjährigen Kriege durch die Pest wahrscheinlich all' seine

[1]) Sachsenspiegel, das einflußreichste deutschmittelalterliche Rechtsbuch, wahrscheinlich von einem Schöffen aus dem Anhaltischen, Eike von Repgow, vor 1235 verfaßt, war noch im 13. Jahrhundert in ganz Deutschland und darüber hinaus verbreitet. Es zerfällt in Land- und Lehnrecht, entnimmt seine Bestimmungen theilweise aus Reichsgesetzen, besonders aber aus dem Herkommen und der guten Gewohnheit und bildet mit der um 1430 entstandenen Glosse eines Ritters von Buch und zwei Anleitungen zum gerichtlichen Verfahren, dem „Richtsteig Landrechts" und dem „Richtsteig Lehnrechts", die Grundlage des Schwabenspiegels und anderer Rechtsbücher.

Bewohner. Im Kirchenbuche von Topper wird die Meißelburg unterm 21. Juli 1630 zuletzt erwähnt. Der Hammer dagegen existirte noch 1653. Die Wahrheit des Sprüchwortes: „Sammt und Seide löschen das Feuer in der Küche aus" erfuhr allerdings mehr als ein Besitzer jener Mühle.

Leichholz bestand ürsprünglich aus Köhlerhütten, deren schwarze Insassen sich in dem Leichholze kärglich ernährten. Vielleicht bauten sich die Fischer des Ortes Barschsee (gewöhnlich Bärslaug, oder noch mehr entstellt: Bärschlauch) in der Nähe derselben an, als bei einem großen Waldbrande (vor 1400) auch ihre Häuser ein Raub der Flammen wurden. Es mag Jägerlatein sein, wenn man erzählt, daß früher öfter Hunde des Nachts Hirsche, auf deren Rücken Uhu saßen, durchs Dorf verfolgten und auf diese Weise schon vor Lützow durch eine „wilde, verwegene Jagd" die Menschen erschreckten. Soviel steht indeß fest: der Ort erscheint mehrere Jahrhunderte lang gleichsam als eine „Leiche im Holze": ohne Schule, ohne Kirche, von jeglichem Verkehr abgeschlossen, nur öfter von Räuberbanden heimgesucht. Erst seit etwa 1740 gestalteten sich die Verhältnisse in mancher Beziehung günstiger; sie gingen aber in neuerer Zeit in Folge der Entwaldung wieder zurück.

Besser stand es im allgemeinen um Döbbernitz, Großgandern und Sandow, wiewol auch diese durch die Kriege und anderes Unglück von Städten zu Dörfern herabgesunken sind. Sierzig, das im fünfzehnten Jahrhundert schon eine Kirche hatte, als sie noch in Sandow fehlte, ist jetzt nur ein Vorwerk. Welche Vorzüge das Sandower Bier vor dem Schönower, Fürstenwalder und Grätzer besitzt, mögen Andere untersuchen.

Bei der Riesnitzer Neumühle wendet sich die Pleiske etwas mehr nach Norden und mündet bei Aurith in die Oder. Dadurch schneidet sie, weil der Strom die Westgrenze bildet, ein Stück von etwa 4 Quadratmeilen ab. Auf dieser waldreichen Halbinsel liegen Kräsem (Kreesem), Rampitz, Kloppitz, Melschnitz, Grimmnitz, Balkow und Ziebingen. Von den genannten Ortschaften, die, wie schon die Namen beweisen, wendischen Ursprungs sind, ist die erste die kleinste, die letzte die größte. Die Frage: „Woher kommt denn das böse Ding?" beantworteten die Frankfurter Studenten in einem Ständchen: „Aus Rampitz! Aus Rampitz!" Das darf man indeß nicht als baare Münze nehmen, die noch heut' zu Tage gilt; denn die Musensöhne trieben damals ihren „Mumpitz" noch ärger als gegenwärtig, zumal wenn sie sich an einem Pastor, der ihnen ihrer rohen Sitten wegen eine angemessene Rüge ertheilt hatte, rächen wollten.

Ein weiser Mann düftelte heraus, daß, weil man den fruchtbaren Lett- und Lehmboden bei trockener Witterung viel klopfen mußte, das Dorf den Namen Kloppitz führe. Pflegen nicht auch die Geister, welche in der Mitternachtsstunde vom Schloßberge aus ihre Rundreise antreten, die Nachtschwärmer tüchtig zu klopfen? Durch wiederholte Überschwemmungen und große Feuersbrünste litt der Ort bedeutend. Ein Gleiches gilt von Ziebingen, obwol man sich hier bald aufraffte und das Verlorene wiedergewann. Doktor und Apotheker sorgen stets dafür, daß sich keine Krankheit einwurzelt (im Wendischen heißt ziba. ta, die Heiserkeit, der Zips); Manchesterwesten, Friesröcke und Pelze sichern vor Erkältung, und die Gastwirthe verabfolgen bereitwillig eine Lebensessenz, die auch wärmt. Nicht mit Unrecht zählt man Ziebingen zu den Marktflecken. Es blühe bald zur Stadt auf! —

Die Chaussee, welche von Krossen kommt, führt nach Aurith. Die guten Leute hierselbst, von denen sehr viele früher Martin und Marcileis hießen, hänselt man sehr oft mit ihrem Kuckuk und schreibt ihnen allerlei Schildbürgerstreiche zu. Wir haben von beiden aber in keiner Chronik, auch nicht bei Ludwig Tieck, der in Ziebingen seinen „gestiefelten Kater“ schrieb, etwas gefunden: Mauermann erzählt nur[1]) von Zeidlerkompagnien, welche das Kloster Neuzelle, dessen Bewohner sich freilich in den letzten Jahren kein Exempel an den fleißigen Bienen nahmen, vielmehr öfter mit Wellmitzer Schönheiten und Frankfurter Damen in „Siehdichum“ verkehrten, mit Honig versorgten und ihnen auf diese Weise die harten Kasteiungen versüßten.

Bei Aurith mündet, wie schon oben erwähnt wurde, die Pleiske in die Oder und bei Schwetig die Eilang, die bei Sternberg entspringt, sodann auf Umwegen (nicht direkt, wie die Stein- und die Eisenbahn) nach Reppen gelangt und vor Zeiten durch ihre großen Krebse und zarten Fische so viel Bassermannsgestalten anlockte, daß man, um fortan vor diesen sicher zu sein, den Forst an den gestrengen Markgrafen Hans abtrat.[2]) Zwischen Aurith und Schwetig liegen Kunitz und Reipzig, jenes seit 1373, dieses seit 1427 zu Frankfurt gehörig.

[1]) Chronik von Neuzelle. S. 96—97. [2]) Dr. Berghaus, Landbuch III. S. 261.

Die Herzen, welche auf dem Schlachtfelde bei Kunersdorf (am 12. August 1759) zum letzten Male schlugen, ruhen längst, und der Fehler, welchen der sonst höchst besonnene Feldherr beging — er vergaß, daß man einem fliehenden Feinde eine goldene Brücke bauen soll — ist auch „begraben“: vergessen dürfen wir jedoch nicht so leicht, was Christian August Tiedge in seiner „Elegie“ auf den heißen Kampf singt: „Hier sah Friedrich seine Krieger fallen. — Herrscher deiner Welt, du warst so groß: aber doch — das härteste von allen war dein Loos, es war ein Königsloos! Mann des Ruhmes, konnten alle Blüten jenes Kranzes, der dein Haupt umfing, konnt' ihn dir die Musenhand vergüten, diesen Weg, der über Leichen ging? Menschen fielen gleich gemähten Ähren! Ach, sie fielen dir, du großer Mann! Da, da wär es, als dein Herz in Zähren auf den blutbespritzten Lorber rann.“ [1])

In der Nähe der Regierungshauptstadt gehört ein schmaler Landstrich auf dem rechten Oderufer nicht zum Kreise West-Sternberg. Der Strom bildet dann aber bis oberhalb Göritz die Grenze gegen Lebus. Schlagen wir, da der „Kornbusch“ nicht wie der Buchenwald anlockt, bei unserer Wanderung die Landstraße ein, so kommen wir nach Trettin, Leissow, Gohlitz, Frauendorf und Ötscher. Den Namen von Nr. 1 leitet Berghaus von dem wendischen Derno, to und Dern, ten = der Rasen, dernaty = rasig, mit wenig Wahrscheinlichkeit ab. Hyn ist ein wendisches Adverbium (Umstandswort); es bedeutet: da. Leissow, sagt der Chronist Bruchmann, heißt ein Fuchs, Gohlitz der Knecht und Frauendorf so viel, als „unserer lieben Frauen, der Mutter Marien Dorf.“ Für Ötscher finden wir früher die Formen Özer, Otzer, Quetzar und für Göritz Goriez, Goriee, Goriza. Gora bedeutet Berg, Anhöhe, und Goriza ist die Verkleinerungsform.

In dem Wendischen wurzeln auch die Ortsnamen Läßig, Spudlow, Stenzig, Tschernow, wie wir später näher nachweisen werden. Hier stehe nur die Bemerkung, daß Säpzig einen Ort bezeichnet, wo viele Rüben wachsen; die Frauen jedoch, welche auf den Jahrmärkten vorzüglichen Meerrettich feil bieten, sind aus Tschernow (auf deutsch: schwarz). Riehl und Schen behaupten indeß: der Ort heiße Tscharnow = Heudorf, weil sich dort viele Wiesen befinden. Darüber kein Streit!

[1]) Müller, Preußens Ehrenspiegel S. 164.

Dem Namen nach strahlt in Sonnenburg das Licht. Die Königin des Himmels wählte die Stadt zu ihrer Residenz, und ihrem Beispiele mögen seiner Zeit die Herrenmeister gefolgt sein. Seit Aufhebung des Johanniterordens (1810) ist jedoch Manches erblaßt und in den Staub gesunken. Nur die Ritterschläge erinnern an die Vergangenheit, von der man freilich auch schon sagen mußte: „Es war nicht Alles Gold, was glänzt.“ — Von der christlichen Liebe gibt das Krankenhaus ein unzweideutiges Zeugnis. Gar mancher Arme erlangte in demselben die Gesundheit, den einzigen und schon darum den größten Schatz seines Lebens wieder. Kehrten verhältnismäßig so viele gebessert aus der Strafanstalt zurück? Wie nach Rom führen gleichfalls zu ihr tausend Wege; alle aber sind, wenn auch in anderer Beziehung, stets schmutzig, wie die Straßen und Gassen im Warthebruche zur Regenzeit. Die Krebse haben sich zwar erheblich vermindert; ob dies indeß von der Zahl der Verbrecher gilt, bedarf einer näheren Untersuchung.[1])

Friedrich der Große entriß in dem Warthebruche (von 1767—82) dem Wasser eine reiche Beute (95,201 Morgen), und die Kapitalien, welche er freudig hergab, tragen bis heutigen Tags hohe Zinsen. Den Geist der Zeit, dem das Deutsche

[1]) Krebse, schreibt Bekmann I. 582, finden sich zwar durchgehends in der Mark, am häufigsten aber in den Ausflüssen der Warthe bei Priebrow, Kriescht, Pyrehne, Vietz, Sonnenburg, auch weiter bei Küstrin, Oderberg und Wrietzen, und sie werden von dort nicht blos binnen Landes, sondern auch auswärts nach Leipzig, Dresden, Magdeburg, Braunschweig und andere vornehme Örter geführt, wobei jedoch zu merken, daß die Gewitter denselben höchst schädlich sind und sie, von denselben befallen, meistentheils sterben. Sie finden sich auch an den gedachten Orten in solchem Überflusse, daß man zu Colerus Zeiten sechs Schock schöne große Krebse um zwei Dreier d. i. sechs meißnische Pfennig gekauft, ingleichen daß hundert Schock um ein Dütchen (zwei meißnische Groschen drei Pfennig) gekauft wurden. Colerus erzählt weiter, daß man zu Küstrin von 100 Schock Krebsen 1 Schock als Zoll zu geben pflegte, und er versichert, derselbe habe in einem Jahre 325,000 Schock eingetragen. Rechnet man außer den 32½ Million Schock versteuerter Krebse noch die durch andere Orte gegangenen und die unverzollt gebliebenen, so erwächst eine Schwindel erregende Anzahl. Nach 1701 kaufte man 2—3 Schock für 6 Pfennig, und in den Jahren 1717—19 hatte man sich daran so übersättigt, daß man die Schweine damit fütterte. Die Oder war bei der großen Dürre ungewöhnlich klein; die Fische und Krebse suchten deshalb jede Tiefe, und der Hitze wegen krochen die Krebse aus dem Wasser auf das Land ins Gras, ja, wie Bekmann berichtet, auf die Bäume unter das Laub und wurden von da wie Obst herabgeschüttelt.

nicht behagte, weil „es nicht weit her war", charakterisiren viele Namen der Kolonien, Etablissements ꝛc. Nur einige fand man im lieben Vaterlande: Neudresden, Freiberg, Altona, Mannheim, Stuttgart, Breisach. Viel schöner klangen ja: Beaulieu, Anapolis, Ceylon, Florida, Hampshire, Havannah, Jamaika, Korsika, Malta, Pensylvanien, Philadelphia, Quebeck, Saratoga, Savannah, Sumatra, New-York. Trotz aller orthographischen Übungen in der Schule schießt Mancher dabei auffällige Böcke, die er leider nicht wie etwa einen Achtzehnender verwerthen kann. Bei Dammbusch und Birklauch braucht man nicht mit der Diogeneslaterne nach dem Ursprunge der Namen zu suchen; auch Frauen-, Weiber-, Baudachs-, Bostanien-, Mierſenwerder lassen sich wol ohne große Mühe erklären. Das Andenken von Personen, die uns jedoch nicht in allen Fällen genauer bekannt sind, ehrte man in: Friedrich der Große (Großfriedrich), Brenkenhofsfleiß, Schartowsthal, Scheiblersburg, Luisa, Ulrika, Ulrikenthal, Ernestinenberg, Hedwigsaue, Beatenwalde, Maryland, St. Johannes, Charlestown, Yorkstown. Woxfelde führt seinen Namen von dem Wox, der, wie die Klemente, der Ledling und die Mehlke, ein Arm der Warthe war. Zweifelhaft bleiben uns Priebrow und Glauschdorf. Wir möchten ausrufen: „Wer kennt die Völker, zählt die Namen, die alle hier zusammen kamen?"

An der Steinbahn von Küstrin (Sonnenburg) nach Posen liegen Limmritz und Kriescht. Jenes Dorf, ursprünglich von wendischen Fischern bewohnt, kommt schon im Jahre 1400 unter dem Namen Lommeritz vor. Nach der Entwässerung des Warthebruchs mußte man sich aber zumeist mit Ackerbau und Viehzucht beschäftigen, und man hat, besonders bei den glänzenden Kirmeßfesten, sich hinreichend überzeugt, daß ein fetter Gänse- und ein saftiger Rinderbraten mindestens eben so wohl schmecken, als ein mit pikanter Sauce bereitetes Gericht Hechte. Kriescht hob sich in diesem Jahrhundert mächtig. Schwerlich glauben es die meisten, daß der Ort 1804 nur 70 Feuerstellen und 377 Einwohner zählte. Hinterließen die Bienen, mit denen sich 1461 noch achtzehn Zeidler in der „Krisutzer Heide" beschäftigten, die im genannten Jahre indeß nur eine Tonne (sonst acht Tonnen) Honigzins abliefern konnten, den Kindern ihrer treuen Pfleger etwa ein Geheimmittel, in kurzer Zeit wohlhabend zu werden?

Költschen, das ca. ½ Meile von der erwähnten Chaussee liegt, wird schon 1375 im Landbuche Karls des Vierten genannt. Ob es damals ein Schloß hatte, oder zu den Flecken gehörte, können wir jetzt nicht mehr feststellen. Die alten Gebäude, in der Regel mit Rohr gedeckt, wiesen freilich mehr auf ein Dorf, als auf eine Stadt hin. Fünf große Feuersbrünste (1640, 1720 16. September, 1751 29. März, 1798 5. Mai und 1866 19. Juli) richteten grausige Verheerungen an. Kann sich Költschen auch nicht mit Kriescht messen, so bleibt es doch unstreitig ein ansehnlicher Ort, und es würde ohne Zweifel noch besser um seine Bewohner stehen, wenn sich verschiedene Vorgänge, über welche schon die Pastoren Samuel Hellmann und Christian Kratz oftmals klagten, nicht öfter wiederholten.

Die Namen Neuwalde und Neudorf beweisen keineswegs, daß diese Ortschaften etwa vor einhundert Jahren gegründet worden sind. Die erste kommt, wenigstens als Vorwerk, schon 1581 vor, und die zweite, bis zu einem großen Brande 1724 Mittel- oder Mittenwalde genannt, entstand durch die Fürsorge des Herrn Karl Adolf von Waldow wie ein Phönix aus der Asche.

Als wir uns nach den Merkwürdigkeiten von Rauden erkundigten, rief ein Greis voll Verwunderung aus: „Haben Sie noch nichts von dem berühmten Jochspillenmarkte gehört?" Gehört wol, aber welche Bewandtnis hat es mit dieser sonderbaren Messe? „Ja, da fragen Sie mich zu viel!" — Auch die gelehrten Sagen- und Geschichtsschreiber, nicht einmal Haudtmann, ertheilen darüber Auskunft; sie bemerken nur, daß nach einer Urkunde von 1593 der Bach Rauden zwischen dem gleichnamigen Dorfe und Kriescht die Grenze hielt; sie vermuthen ferner, daß Kudnaz und Rughi, erwähnt in einem Lehnbriefe, welchen der Markgraf Ludwig von Brandenburg am 10. August 1336 vom Erzbischofe Otto von Magdeburg erhielt, Kriescht und Rauden seien.

Daß Ortsnamen im Laufe der Zeit sich ändern, sehen wir an Arensdorf, das ehemals Adamsdorf hieß. So wenig jedoch bei Königs- und bei Herzogswalde die betreffenden Fürsten sich nachweisen lassen, so schwer dürfte es auch halten, den bezüglichen Adam und Arend (Arnold) zu ermitteln. Aus Mechow (Urkunde von 1410) wurde Mekow, Meckow, Meckow, Mäckow. In der Nähe liegt der See Meeck, 70 Morgen groß.

Langenfeld erklärt sich wol ebenso leicht wie Langenpfuhl. Schade, daß der berühmte Dichter Bartholomäus Ringwald in einer sehr wirren, zerfahrenen Zeit lebte! Mit schwarzen Farben schildert er uns die Pest. Er klagt über die

Treulosigkeit der damaligen Generation: „Gott ist allein, der Glauben hält, sonst ist kein Glaub' mehr in der Welt. . . . Sieh' dich wol vor, die Zeit ist bös', die Welt ist falsch und sehr gottlos. Willst du der Welt viel hangen an, ohn' Schand' ohn' Schad' kommst nicht davon!" – Von dem Gesinde sagt er: „Ein frommer Knecht zu dieser Frist ein Wunderthier auf Erden ist" – ein Wort, in welches, ohne daß sie sich über die Hauptquellen des Übels recht klar werden, auch jetzt noch viele Dienstherren einstimmen. Ringwald ließ die „Warnung des treuen Eckart" 1582 zum ersten und 1589, in „einem sehr hitzigen, unfruchtbaren und hochbetrübten Jahre, in welchem sich auch sonst viel Brandschaden hin und wieder zugetragen, zum zweiten Male ausgehen. Er prophezeite, 1584 werde der jüngste Tag anbrechen und veröffentlichte 1585 „die lautere Wahrheit, darinnen angezeigt, wie sich ein weltlicher und geistlicher Kriegsmann in seinem Berufe verhalten soll. Allen Ständen nützlich und zur jetzigen Zeit fast [sehr] nöthig zu lesen." Will man dem wackeren Ringwald, der 1530 in Frankfurt a. O. geboren wurde, nicht ein Denkmal errichten?

Wir kommen nun zur Kreisstadt Zielenzig. Pastor Handtmann erzählt in seinen neuen Sagen (S. 196), daß der Name aus ne zelenge (auf deutsch: keine Ansiedelung!) entstanden sei. Seite 260 gibt er eine andere Sage zum besten, die in dem Worte gipfelt: „zieh, Lenze, zieh!" — – Uns wundert, daß ein poetisches Genie noch nicht daran gedacht hat, eine näherliegende Ableitung des Namens zu suchen. Wir erlauben uns, ihm' hier einen unmaßgeblichen Wink zu ertheilen. Der polnische Graf Mrochko (er gilt als der Gründer des Dorfes, in welchem sich in kurzer Zeit deutsche Ansiedler niederließen, so daß es sich zur Stadt erweiterte) rief seinem deutschen Leibjäger, der häufig „pudelte", voll Entrüstung zu: „zielens sich!" und dieser erlegte nun drei Hirsche mit einem Schusse. Daher der Name Zielenzig.[1]) — Wer die erste von diesen Sagen glaubt, bezahlt einen, wer auch die andere für richtig hält, zwei, und wer an der letzten mäkelt, drei Thaler, und zwar zum Besten der wohlthätigen Stiftungen, die in der lieben Stadt

[1]) Der Namen Zielenzig ist etwas ungewiß. Wenn aber die alten Wenden Griechisch gekonnt hätten, so würde eine nicht unebene Abstammung dieses Wortes von dem Griechischen Σάλαγξ Salanx, das ist eine Lachß-Fohre, können genommen werden, als welche Creaturen hier in ziemlicher Menge gefangen werden. Bekmann, Lebus, Seite 36.

erblühen. Außerdem wünschen wir, daß sich für sie möglichst bald eine reiche Quelle öffne, z. B. ein Legat von 200000 Mark. Auf diese Weise erlangte sie die Mittel zum Bau eines schönen Gotteshauses. Sie darf nie darauf rechnen, daß ihr der Werth des Kirchensilbers, welches der Herrenmeister Veit von Thümen zur Zeit der Reformation annektirte, mit Zinsen und Zinseszins je erstattet werde.

Bei Breesen streiten sich die Gelehrten, ob es nicht richtiger sei, Bräsen zu schreiben. Vielleicht ist beides inkorrekt; denn im Jahre 1286 kam Bresin mit Zielenzig an die Tempelherren und 1350 an den Johanniterorden. Man hätte also 1886 ein Jubiläum feiern können. Im Oberwendischen heißt brĕz (Bräß) die Birke, brjazyna Birkenwald. Das Dorf Briesen bei Kottbus nennen die Wenden Brjasinna (Brjazyna), und ebenso heißt das Dorf Bröſa bei Bautzen. Bresinchen (bei Frankfurt a. O., Guben) ist die Diminutiv- oder Verkleinerungsform des bereits verdeutschten Breesen.[1])

Führt Reichen im vollen Sinne des Wortes seinen Namen mit der That, so können sich die Bewohner höchst glücklich schätzen. Sie werden dann nicht von dem Proletariat — der „Armutei“ wollte Jemand verdolmetschen — belästigt, das vielen Gemeinden erhebliche Ausgaben verursacht, so daß sie vom Steuererlasse kaum etwas spüren. Wir lesen jedoch: „Nach dem Schoßregister von 1461 war das Dorf zur Zeit größtentheils wüst, und es wohnten darin nur die Richenawer, welche zwei Freihöfe zu Lehndienst besaßen, Hentze Grabel, der einen Bauernhof zinsfrei bewohnte, ein Schulze und ein Hüfner.[2]) Diese Notizen beweisen nicht blos: Selbst in Reichen kann man arm werden; sie führen auch auf die Vermuthung: man nannte den Ort nach seinem Gründer (dem ersten Lehnschulzen?).

Ostrow ist gleichsam die Vorstadt, die nächste Kornkammer für Zielenzig. Aus diesem Verhältnisse ergiebt sich naturgemäß manches Andere. Die Schwiebuser Chronik erzählt: „Da am 19. September 1674 ein neuer Rathmann gesetzt werden

---

[1]) M. Münschner, „Vossische Zeitung“ 1886, Sonntags-Blatt Nr. 32, vergl. auch Nr. 367.

[2]) Wohlbrück III. 527. Besitzer des Lehngutes nebst Zubehör (820 Morgen) ist gegenwärtig Herr Hauptmann Karney, unterm 13. April 1881 zum Landrathe des Kreises Ost-Sternberg ernannt.

sollte, sich aber unter den Katholischen kein tüchtiges Subjektum zu finden schien, so holte man dieserwegen den Kirchschreiber zu Stentsch, Johann Chr. Harren, in die Stadt und machte ihn zum Rathmanne. Er blieb aber nur ein Jahr in diesem Posten und trat sodann seinen vorigen Dienst wieder an. Als sich die Bauern in der Schenke über seine Rückkunft verwunderten, sagte er zu ihnen: „Besser ein Schreiber auf dem Dorfe und hat Brot, als ein Rathsherr in der Stadt und leidet Noth!" [1]) — Sollte es nicht mehrere Bauern in Ostrow geben, die mit wohlhabenden Bürgern in Zielenzig nicht tauschen?

Tauerzig, behauptete ein nobler Herr, müßte eigentlich Trauerzig heißen. Wir schüttelten bedenklich den Kopf; denn an ihm war auch nicht eine Spur von Kummer und Gram zu bemerken. Als wir ferner die stattlichen Häuser, die reichen Gärten, die fruchtbaren Felder ansahen, steigerten sich unsere Zweifel, und wir möchten einem anderen Herrn (dem Anscheine nach war es ein lustiger Studio, ein Philosoph nach Hegel, also nicht nach Arthur Schopenhauer) beistimmen, der unsere Fragen mit einem Reimchen beantwortete: „Im schönen Dorfe Tauerzig kann Niemand traurig sein. Wer dennoch klagt, der dauert mich, ihm sind die Freuden Pein."

Auf dem Gange zum Nachbardörflein fiel uns unwillkürlich der Vers ein: „O Wandern, Wandern, meine Lust!" Sehr bald überzeugten wir uns jedoch von unserem Irrthume. 188 Einwohner! Zur Zeit der Reformation hatte der Ort eine Kirche; gegenwärtig kostete es jedoch jahrelange Mühe, bevor nur eine Schule mit einem seminaristisch gebildeten Lehrer ins Leben trat. Die Königliche Regierung gewährte bereitwillig einen Zuschuß von 450 Mark. Unstreitig trugen verschiedene Mißverhältnisse zum Verfalle des Ortes bei. Es mag nicht blos ein Müllergeselle gesprochen haben: „Herr Meister und Frau Meisterin, laßt mich in Frieden weiter ziehn!" auch die Laßgärtner baten wol öfter die „gnädigen Herren", die, nebenbei bemerkt, häufig wechselten, in ähnlicher Weise. Ohne daß sich Kiesel in Edelsteine verwandeln, kann doch bald die Zeit kommen, in der man singt: „Nichts geht über Wandern, über Wandern in der Welt — edler Wein in den Kellern, in der Kasse viel Geld!" —

---

[1]) Knispel, Seite 218.

Ernst Moritz Arndt schreibt: „O Leipzig, freundliche Lindenstadt!“ (Lipa die Linde.) Wenn auch gegen diese weit zurückstehend, bleibt Lindow doch immer ein Dorf, in dem es sich ganz bequem lebt, zumal wenn man es versteht, sich immer nach der Decke zu strecken. Vor 70—80 Jahren existirte hier freilich ein Herr, der in mehr als einer Beziehung dem oben (Seite 20) erwähnten Geist von Beeren glich und deshalb den Behörden viel zu schaffen machte; auch tauchte später ein Mann auf, der Außerordentliches von seinen Heldenthaten und seinen einflußreichen Vettern zu erzählen und leichtgläubige Zuhörer in fieberhaftes Erstaunen zu setzen wußte. Seiner Angabe nach kämpfte er (nota bene schon mit sieben Jahren!) aufs muthigste gegen die Franzosen, und 1848 genoß er die Ehre, von einer Hoheit zum Frühstück eingeladen und mit dem köstlichsten Braten, der im Ofenrohr stand, bewirthet zu werden. Bekanntlich verschwinden Kometen bald, und da dies auch hier geschah, so geht seitdem Alles in Lindow ruhig seinen Gang; die Leutchen sind ein Herz und eine Seele.

Betreten wir Groß-Kirschbaum, so müssen wir uns fragen: Wuchs hier vor mehr als fünfhundert Jahren der Kirschbaum sehr häufig, oder ist der Name auf seinen Gründer zurückzuführen? — Das Vorwerk Dumheit, angeblich in Folge eines Ländertausches, der indeß wenig vortheilhaft erschien, von dem Oberamtmanne Wistinghausen (1799—1804 in Lagow) erbaut, existirt nicht mehr. Es ist zwar noch auf von Witzleben's Kreiskarte (1851) verzeichnet, wird aber mit einem anderen, Bechenhöhe, das der Gutsbesitzer Folger aus Zielenzig etwa 700 Schritt östlich von jenem errichtete, häufig verwechselt. Hoffentlich verschwand mit dem Etablissement auch alle Dummheit aus der ganzen Gegend, indem sie es vorzog, auf der sogenannten Polackenstraße, die von Reppen über Biberteich, Forsthaus Wilhelmshof, Langenpfuhl nach Seeren führt, in der Walpurgisnacht auszuwandern.

Malkendorf hieß früher (Urkunde von 1350) Malutkendorf. Was bedeutet aber der erste Theil des Wortes? Bei Petersdorf kann in dieser Beziehung kein Zweifel obwalten. Im Orte selbst weiß man zwar jetzt manche Anekdote zu erzählen, z. B. über einen Schnellläufer, der sich sogar mit dem inzwischen verstorbenen Käpernick zu messen gedachte; ob jedoch Peter der Zweite mit den silbernen Schlüsseln (die Thaten des Ersten rühmt ein altes Volksbuch) einmal auf dem Schlosse Lagow (vielleicht als Hauptmann) florirte, einen Abstecher durch den Thiergarten machte und inmitten der Ebene, auf welcher das Dorf erbaut ist, ausruhte und über den tiefen Sinn der Worte nachdachte: „Im Schatten kühler Denkungsart, wo Liebe sich mit Linden paart, des Lebens Unverstand mit Wehmuth zu genießen, ist Tugend und Begriff“ — darüber schweigt der neueren Chronisten Höflichkeit. Ganz alte Leute gaben eine Aufklärung, die wenigstens mehr Sinn hat, als jener Vers. Vor vielen hundert Jahren waren die jetzigen Feldmarken eine rauhe Wildnis. Der Besitzer (von Klepzig?) ließ die mächtigen Bäume ausroden und zwei Dörfer anlegen, die er nach seinen beiden Kindern Peter und Malchen (Amalie) nannte.

Malsow und Grabow erinnern in ihrer Endsilbe zwar an eine Aue; welcher Art mag diese aber bei dem ersten Dorfe gewesen sein, zumal wenn die Vermuthung, es sei das in der Grenzbeschreibung vom 10. August 1336 genannte Molossen, richtig ist? Manche bringen mit dem Namen auch Malzsee in Verbindung. Es fragt sich nur, ob nicht eine bloße Abkürzung von Malsower See vorliegt, wie man etwa bei Spiegelberg aus Unkenntnis der Verhältnisse den Bauernsee (alte Schreibweise: Bowersee, Powersee) in Bobersee umgewandelt hat.

Der Name Wallwitz ist jedenfalls nicht von der nächsten Umgebung des Dorfes entlehnt, sondern stammt aus dem Slavischen. Auch darf man die Hügelreihe, welche sich im Osten hinzieht, nicht zu den Schwedenschanzen zählen. Wer wird ohne Weiteres in jedem Erdhügel ein Hünen- oder Riesengrab, und in jedem Berge, auf dem ein größerer Stein mit zwei oder drei Vertiefungen liegt, eine alte Opferstätte der Heiden sehen!

Dem Namen Korritten möchten Einige in neuerer Zeit gern ein **C** aufzwängen, weil sie wahrscheinlich glauben, es hätten vor etwa tausend Jahren im nahen Forste Römer gewohnt, ihr Hauptmann sei der Burggraf Curtius Rufus gewesen, der seinen Palast im alten Kurten erbaute und dort seinen zehn Getreuen Land anwies. Wollen die Herren nicht lieber versuchen, einige Räthsel zu lösen, welche ehrenwerthe Einwohner schon längst beschäftigen? Ich lege nur drei vor. Wie ist es möglich, daß ein Bauer in den Dorfpfuhl watet und sich ersäuft, ohne daß der hintere Theil seiner Stiefel und Beinkleider naß wird? — Auf welche Weise kann ein alter Israelit zwei Mal (1792 und 1817) im Walde erschlagen, beraubt und an Ort und Stelle so „eingekratzt“ werden, daß man noch 1879 Bleiknöpfe nebst Zwirn von seinen Kleidern fand? Wie hebt man beim Kalkofen den großen Franzosenschatz wieder, nachdem durch die Schuld eines vorlauten Burschen der Kasten, welcher ihn birgt, unter gewaltigem Krachen in die Erde gefahren ist? --

Wandern wir nun die Brätzer-Reppener Steinbahn entlang, so kommen wir nach Sternberg. Wenn diese Stadt etwa dem ganzen Lande den Namen gegeben hat, so muß sie unbedingt früher weit bedeutender als jetzt gewesen sein. Wer auch nur oberflächlich auf ihre Umgebung blickt, kommt wahrscheinlich nicht auf die Vermuthung: der Erzbischof Konrad von Magdeburg, ein geborener Graf von Sternberg aus Westfalen, legte zwischen 1266—76 ein Grenzschloß an, nannte es nach seinem Familiennamen und besetzte es auf deutsche Art mit Burgmannen. Letztere waren allerdings hier. Eine Urkunde vom Jahre 1300 nennt die Herren von Strele, die vor 1276 von dem Erzstifte Magdeburg zu Chorit (Korritten) 150 Hufen zu Mann- und 50 Hufen zu Burglehen erhielten. Später finden wir die Familie von Winning.

In Korritten spukt ein „Muschkewitter“ (Moskowiter, Russe), der im siebenjährigen Kriege beim Raube durch den Kirchboden stürzte und den Hals brach; in Sternberg eine böse Schloßfrau, die bald als schwarze, bald als weiße Dame, zuweilen aber auch als Bär erscheint. Schon dies ist gewiß merkwürdig; an's Wunderbare grenzt es aber, daß sich der Repräsentant der Russen, sobald man ihn mit deutschen Zündnadelgewehren auf den Leib rückt, flugs in einen Hund, neuerdings sogar in eine Baßgeige verwandelte. Über die Entdeckungen eines Nachtwandlers, welcher die Seherin von Prevorst, die bei Justinus Kerner in hoher Gunst stand, tief in Schatten stellt, gedenken wir später zu berichten.

Charakteristische Namen tragen einzelne Vorwerke in der Nähe von Sternberg: Mißgunst, Blankenburg, schwarzer Kater, Bierfäßchen, Brotnoth, Hanfsuppe, armes Leben. Da in neuerer Zeit manche Übelstände geschwunden waren, so traten Änderungen ein. Nr. 5 heißt jetzt Friedensburg, Nr. 6 Neiden- oder Neudenburg; Nr. 3 bildet mit dem Chausseehause Korritten ein friedliches Brüderpaar.

Kemnath, ein Filial von Sternberg, eingeschult nach Grabow, gehört (wie Leichholz) nicht zu den ältesten Dörfern; es kommt zuerst in einem Lehnbriefe von

1598 vor. Aller Wahrscheinlichkeit war es ursprünglich nur ein Schlößlein der Herren von Winning, die in der nahen Stadt sechs Rittersitze hatten. (Kemnate, mittelhochdeutsch: Kemenate, ein heizbares Zimmer, ein Saal, ein einzeln stehendes Wohngebäude. Noch jetzt nennt das Volk den Ort gewöhnlich: Die Kemt). Später siedelten sich bei demselben einige Ackerbauer an.

Wenngleich nach dem Schoßregister von 1461 zu Schönwalde blos 23 Hufen gehörten, so zählte es doch zwei, später (um 1720) vier Rittersitze. Daß die Herren, falls sie sonst über unerschöpfliche Geldquellen verfügten, trotzdem herrlich und in Freuden leben konnten, unterliegt wohl keinem Zweifel. Muthmaßlich war aber Schmalhans öfter Hof- und Küchenmeister; denn einer von ihnen lieh aus der Kirchenkasse in Topper 25 Thaler, und diese verlor in Folge seines Bankrotts 5 Thlr. 7 Gr. 6 Pf.[1]) Es war nichts Seltenes, daß man aus den Kirchenkassen borgte. Vielleicht geschah es in dem Glauben, solche Gelder seien besonders segenbringend, gleichsam Heckthaler.

**Pinnow**, **Görbitsch** und **Bottschow** sind slavischen Ursprungs. Botschan heißt im Polnischen der Storch. Meister Adebar, wie ihn die Kinder auch zu nennen pflegen, mag in dem Schlosse der Herren von Lossow stets ein willkommener Gast gewesen sein. Um 1400 ließ sich indeß Peter nebst seinen Söhnen Peter und Hans einfallen, die Bürger von Reppen, Drossen und Frankfurt a. O. „auszupauken"; sie hielten es mit dem goldenen Sprüchlein: „Rauben und Stehlen ist keine Schande; thun es doch die Ersten im Lande!" Die Bürger fühlten sich aber stark genug, ihnen ohne Jobst von Mähren das saubere Handwerk zu legen. Sie zerstörten das Schloß, das auf einer Insel im See (68 Morgen groß) lag, und ließen, nunmehr Hahn im Korbe, in den Kellern auch nicht einmal zum Andenken einige Faß edlen Weines zurück, was der freundliche Gastwirth, der jetzt den Ruinen gegenüber wohnt, schon oft beklagt hat. Bei der Aussöhnung 1402 versprachen die drei Ritter, Niemand in den Landen Lebus und Sternberg wegen des Vorgefallenen in Anspruch zu nehmen, auch ohne Zustimmung der gedachten Städte und Lande die Burg nie mehr aufzubauen. In **Görbitsch**,

---

[1]) Visitations-Protokoll: Aktum Topper, den 25. Oktober 1728. Unterzeichnet: Johann Caspar von Knobelsdorff. Christian Christoph von der Schulenburg, Ordens-Inspektor in Sonnenburg.

seit 1826 der friedlichen und wohlhabenden Familie von Risselmann gehörig, finden wir einen schönen Park und eine sehenswerthe Kirche.

Wildenhagen, Hildesheim, Klein Gandern, Bergen, Reichenwalde, Gräden sind mehr oder weniger von Wald umgeben und darum von dem Verkehr fast abgeschlossen. Die Chaussee, in jüngster Zeit von Ziebingen nach Reppen erbaut, dürfte diesen Übelstand allmählich heben. In Nr. 2 erkennt man das alte Hildebrandsdorf kaum und in Nr. 3 das wendische Gandikow nur mühsam wieder.

In Tornow, einem Filial von Reppen, muß vor etwa hundert Jahren der Kantor Kienast so schön gesungen haben, daß ihm die Besitzerin des Rittergutes, ein Fräulein von Winterfeld, in ihrer Begeisterung die Hand zum Ehebunde reichte.

So ganz vereinzelt, wie ein anderer Fall – eine Prinzessin verliebte sich sterblich in einen stattlichen Hausdiener, welchen die betreffende Schweizerbehörde sodann zum Obersten erhob – steht dieser keineswegs da. Am 19. Mai 1745 wurde der Lehrer Gottlieb Pudor in Költschen mit Fräulein Eleonore von Grünberg getraut. Sie starb am 10. Dezember 1771. „Der Mann wollte oben hinaus; aber es gab sich bald mit der Traurigkeit.“ [1]) Der Lehrer Ferdinand August Heinrich, zuerst in Großkirschbaum, später in Großblumberg, heiratete Jungfrau Marie Antonie Gerlach aus Selchow, die seit 1850 den Namen von Zobeltitz führen durfte. Ja eine sächsische Gräfin (Wittwe) trug kein Bedenken, zu ihrem zweiten Gatten einen Lehrer zu wählen. Wiewol von ihren Brüdern darob gänzlich vergessen, lebte sie doch im Schulhause ebenso glücklich, wie einst im Schlosse. [2])

Reppen, in einer Niederung an der Eilang gelegen, darum öfter in Nebel gehüllt, nimmt sich das von gleichem Mißgeschicke heimgesuchte England zum Vorbilde; es liebt den Fortschritt, fördert die Industrie, bietet willig die Hand zu Besserungsanstalten (Rettungshaus, Arbeiterkolonie Friedrichswille). Was noch fehlt, wird es mit Hülfe der Legate seines wohlthätigen Ehrenbürgers Heinrich Richter gewiß in's Leben rufen. Darum fordert nunmehr Gerechtigkeit und Billigkeit, die sprichwörtliche Redensart: „Das schaut sich an, wie Reppen bei Nacht“ ganz aus dem Lexikon zu streichen.

---

[1]) Bemerkung des Pfarrers Christian Kratz. — [2]) Gustav Nieritz Leben. Seite 175.

Nach dem Schoßregister von 1461 gehörte Neuendorf der Stadt Reppen. 1538 besaß es Lorenz Günther in Frankfurt a. O. Neu gestaltete sich hier Vieles durch die fürsorgliche Markgräfin Katharina, Gemahlin des Markgrafen Hans von Küstrin, die u. A. eine große Brauerei anlegte. Niemand aber glaube, der wohlschmeckende Gerstensaft lockte Tausende an und verursachte so erhebliche Ausgaben, daß der Bürgermeister und die Rathmänner von Reppen 1553 mit ihren Rechnungen vor dem gestrengen Revisor nicht bestehen konnten. Nein, hier lag der Hase auf einer anderen Stelle im Pfeffer.

Wie sich der Name Drenzig von den vielen Viehtränken, die sich auf der Feldmark befinden, ableiten läßt,[1]) mag ein Studiosus aus diesem reichen Dorfe in seiner Doktor-Dissertation begründen und zugleich aus nachbarlicher Freundschaft nachweisen, daß Reppen aus Rappen entstanden ist. (Eine „feine Sage" läßt sich ohne Zweifel bald erfinden.) So lange ich nicht eines Besseren belehrt bin, glaub' ich, daß jenem Namen das wendische Wort drowo zum Grunde liegt. Von demselben wird das Adjektiv drejany, a, e = hölzern, sowie das Substantiv drejanna, der Holzpantoffel, gebildet.

Bischofssee heißen zwei Ortschaften. Die Kolonie ist jetzt größer, als das ursprüngliche Dorf, die Tochter mithin der Mutter über den Kopf gewachsen. Aus dem ersten Theile des Namens könnte man schließen, daß ein Kirchenfürst (von Lebus), wenn nicht Gründer, so doch anfänglich Besitzer gewesen sei. Dies gilt indeß nur von Storkow, das Johann von Broschnitz 1413 behufs Errichtung eines neuen Kollegiatstiftes bei der St. Marienkirche zu Göritz von dem Ritter Heinrich von Ownitz kaufte. Soweit die urkundlichen Nachrichten reichen, gehörte ums Jahr 1400 Biscouvisse einem Jakob Rotz, und 1412 belehnte der Burggraf Friedrich von Nürnberg die Gebrüder Kaspar, Hans und Friedrich Rotsche, die wahrscheinlich Söhne des Vorigen waren, mit Bischoffsehe.

Auch bei Zohlow, Kohlow, Zerbow (an der Steinbahn von Frankfurt nach Drossen belegen), sowie bei Groß- und Klein-Lübbichow, kehren die bekannten Endsilben wieder. All' diese Namen stammen aus dem Slavischen. Kol bedeutet Koth, Lehm- oder fetter Boden. Der Feldhüter heißt noch jetzt bei den Wenden

[1]) Riehl und Schen. Seite 498.

Kolowar. Sserp. die Sichel überhaupt, besonders aber die Getreidesichel. Daher 1400 die Form Szerbow. Luby, a. e = lieb, theuer, werth. Lubochow ist ein Dorf im Kalauer Kreise; Lubusz, Liebusch, Lebus eine angenehme, liebliche Stadt oder Gegend. Aus Radowe wurde im Laufe der Zeit Radow, Rado, Rade, endlich sogar Rahde. Swinar, ursprünglich Sczwyner, hieß schon 1608 Zweinert. Aus klein entstand wol Kleinert, aus zwei aber nicht Zweinert. Hier an die Borstenthiere zu erinnern, entspricht nicht den deutschen Sitten.

Wir kommen nun nach Drossen. Wenn in einem päpstlichen Bannbriefe die Stadt Osna genannt wird, so ist dies noch kein triftiger Grund, den Namen mit dem wendischen Worte Osnova (eine Weberspule oder Weberfeder) in Verbindung zu bringen und deshalb anzunehmen, die ersten Bewohner müßten Leinweber und Tuchmacher gewesen sein. Sehr selten in der Grammatik und Orthographie, öfter nicht einmal in ihrem Brevier hinreichend bewandert, machten die Mönche häufig Fehler und gaben dadurch Anlaß zu allerlei Mißverständnissen. Bekmann behauptet in seiner Beschreibung des Amtes Lebus (Seite 36): Drossen kommt her vom wendischen Worte Droga und in Casibus obliquis Droge, ein Weg, va Droge heißt am Wege, Drossen im Feminino Drosna = wegfertig oder zum Wege gehörig.[1] Verliert die gute Stadt wol einen Heller, wenn die Gelehrten auch über diesen Punkt verschiedener Meinung bleiben? Nein, die Bürger, immer ruhig und besonnen, spalten sich darob nicht in zwei Parteien: in Osnovaner und Droganer, wie 1821 die Schwiebuser vor der Wahl eines Oberpfarrers in Krossener und Landsberger. Gewiß aber deuteten sie es uns übel, sobald wir bestreiten wollten: In alten Zeiten nahm Drossen den ersten Rang im Lande Sternberg ein. Wir unterschreiben gern Dr. Bekmann's Notiz: „Drossena heißt deswegen die Hauptstadt, weil sie fast in der Mitte zwischen den anderen Städten Küstrin, Sonnenburg, Reppen und Zielenzig, auch beinahe eine so weit als die andere von Drossen liegt.“[2]

Im Anfange des neunzehnten Jahrhunderts verlor sie das Landrathsamt. Zielenzig lag für den Herrn von Kalkreuth auf Arensdorf, der es verwaltete, bequemer; vielleicht fielen, wie später, auch andere Gründe in's Gewicht. 1852 erhielt sie

[1] Nominativ: Droga, Genetiv und die folgenden Fälle: Droge. — [2] Knuth, Seite 2.

dasselbe wieder. Dazu kam 1864 das Lehrer-Seminar (eingeweiht am 1. Juli). Früher eine Sandscholle, jetzt ein prachtvoller Garten! Und wie zahlreich strömen die Damen und die Herren zu den Konzerten! „Gesang verschönt das Leben, Gesang erfreut das Herz!" Luther sagt: „Musika ist eine halbe Disziplin und Zuchtmeisterin, so die Leute gelinder und sanftmüthiger, sittsamer und vernünftiger machet. Die bösen Fiedler und Geiger dienen dazu, daß wir sehen und hören, wie eine feine, gute Kunst die Musika sei; denn Weißes kann man besser erkennen, wenn man Schwarzes dagegen hält. Musika hab' ich allezeit lieb gehabt. Wer diese Kunst kann, der ist guter Art, zu allem geschickt. Man muß Musikam von Noth wegen in Schulen behalten. Ein Schulmeister muß singen können, sonst seh' ich ihn nicht an. Man soll auch junge Gesellen zum Predigtamte nicht verordnen, sie haben sich denn in der Schule wohl versucht und geübet." — Für gar manchen Lehrer knüpfen sich an das Seminar, in welchem er den Grund zu seiner Bildung legte, auf der er später weiter bauen konnte, die freundlichsten Erinnerungen. Auf die Karre und den „Seufzerberg" sind freilich die Zöglinge nicht gut zu sprechen. „Doch ist es anders worden in dieser neuen Zeit."

Polenzig gehörte schon 1461 der Stadt Drossen; auch wußte sie den Forst, den wie in Reppen Markgraf Häns für sich beanspruchte, unter dessen Nachfolger wieder zu gewinnen.

Wer die Umgebung von Seefeld und Grunow etwas näher betrachtet, vermag sich die Frage: woher stammen die Namen? leicht zu beantworten. Es ist gar nicht nothwendig, daß er die Erinnerungen des burschikosen Pastors Lossow, der im Reiche der Träume besser, als in der Theologie bewandert war, gelesen hat.

Schwieriger dürfte die Beantwortung bei Gartow und Ögnitz sein. Im Wendischen heißt gardy stolz. Nach dem zweiten Dorfe, das 1354 den Herren von Uchtenhagen zu Sonnenburg gehörte, führt eine Adelsfamilie ihren Namen. Von dem Stammschlosse derselben findet sich jetzt aber keine Spur.

Herr Pastor Handtmann weiß über Mauskow interessante Sagen zu erzählen. Jedermann kann z. B. aus dem Geklapper der Mühle in der Silvesternacht mit Bestimmtheit entnehmen, ob das nächste Jahr wohlfeil oder theuer sein werde. Merkwürdiger Weise trifft auch hier zu: „Wer etwas aus der Heimat hören will, muß in die Fremde gehen"; denn von den älteren Dorfbewohnern kennt

Niemand jene Sagen. Vielleicht sucht ein scharfsinniger Kopf noch zu ermitteln, ob in der erwähnten Mühle einmal ein Geizhals lebte, der während einer bitteren Theurung mit seinen Korn- und Mehlvorräthen so hartherzig zurückhielt, wie der Erzbischof Hatto von Mainz, der, verfolgt von der Rachegöttin (Nemesis), auf dem Schlosse Bingen von den Mäusen gefressen ward.[1]

Trebow gehörte 1354 den Herren von Uchtenhagen, 1461 aber mit Einschluß des Schulzengerichtes Friedrich Nauendorf. Letzteren nahmen zwei Jahre später die Polen bei einem ihrer Einfälle gefangen. Weshalb malte eine schreiblustige Seele diese Affäre nicht zu einer rührenden Novelle aus?

In Radach hauste auf dem Schlosse 1367 Herr Petz von Lossow. 1375 wird daselbe auch noch erwähnt. Doch schon 1413 rechnete man den Ort zu den Dörfern. Seine fünf Rittersitze schmolzen im Laufe der Zeit auf drei, zwei, endlich auf einen zusammen. Daß sich die deutsche Zwergwirthschaft allmählich verlor, wollen wir nicht beklagen.

Öfter stand Kleinkirschbaum mit Radach unter demselben Herrn, und wiewol älter, als das gleichnamige Dorf bei Lagow, zählt es doch viel weniger Einwohner. Muthmaßlich ist hier der Boden mehr für saure, als für süße Kirschen geeignet.

Ob der Ritter, von welchem Heinersdorf seinen Namen führt, zu der schon öfter erwähnten Familie von Uchtenhagen gehörte, vermocht' ich bis jetzt nicht zu ermitteln. Jedenfalls war er seinem Namensvetter, der nach einem bekannten Volksliede der armen Braut das Wort brach und eine reiche Erbin an dem Rhein heiratete, in keiner Beziehung ähnlich.

Schon der Name zeigt unzweideutig, daß Schmagorey slavischen Ursprungs ist. Allem Anscheine nach übertrug man, wie bei Zielenzig denselben von der Umgegend auf den Ort; denn 1446 findet sich Heinrich Grünenberg wohnhaft zur Smagarye. Der Volksmund bildet die fremde Form auch hier um. Gewöhnlich hören wir Schmarei. Wir sollten dem Dorfe schon deshalb eine größere Beachtung schenken, weil aus demselben der berühmteste Mann des Landes Sternberg stammte.

---

[1] Bechstein. Seite 55—56. Eine ganz ähnliche Sage bezieht sich auf den Herzog Popiel von Polen, der auf dem Schlosse im Goplosee bei Kruschwitz seinen Tod fand.

Andere mögen „ein berüchtigter" schreiben; ich werde jedoch nachweisen, daß der Feldmarschall Christian von Ilow (Schiller nennt ihn Illo), der am 25. Februar 1634 in Eger sammt anderen Freunden Waldsteins ermordet wurde, ebensowenig wie der Friedländer zu den Verräthern gehörte. Im Besitze der genannten Familie, deren Erbbegräbnis sich noch auf dem Kirchhofe befindet, blieb das Rittergut fast 250 Jahre. Erst 1782 kaufte Friedrich Gottlieb von der Osten den einen und 85 den anderen Antheil. Wenn er auch der Sage nach in einem abgelegenen Weinkeller des alten Schlosses durch seinen Herrn und Meister Mephistopheles ein jähes Ende nahm, so kann doch jeder nüchterne Mann ohne Grauen und Entsetzen die Räume betreten, und der Herr Landrath Vohtz, ein Freund der Geschichte, dürfte ihm sagen, daß ihn oder einen seiner Angehörigen noch niemals ein böser Geist behelligt hat.

Gegenwärtig tragen die Dörfer Lieben und Buchholz deutsche Namen. Ursprünglich war dies wol nicht der Fall. Der erste Ort heißt wenigstens im Zehntregister von 1400 Lybnow und noch 1570 Liebenow. Der zweite soll nach einer Tradition in den ältesten Zeiten ein Marktflecken gewesen sein; urkundlich steht nur fest, daß er von 1461–1786, also 225 Jahre lang, der Familie von Winning gehörte. In der Nähe desselben befand sich eine Gerichtsstätte. Dem Vorsitzenden standen in der Regel sieben Schöppen zur Seite. Das Schoßregister von 1461, in welchem leider eine größere Zahl von Dörfern des Landes Sternberg fehlt, nennt nur fünf: die Schulzen in Langenfeld, Leissow und Zohlow, sowie zwei Bauern in Drenzig und Kohlow.

Laubow, wahrscheinlich auch zuerst der Name der Gegend, (um 1430 war Heinrich Grunenberg zur Lube wohnhaft), weist in seiner massiven, wohlerhaltenen Kirche noch ein Denkmal aus der Zeit vor der Reformation auf. Der genannte adlige Herr scheint ein Störenfried gewesen zu sein. Er gerieth 1429 mit den Marwitzen und anderen seiner Standesgenossen in Fehde, raubte und brannte, mußte es sich also selbst zuschreiben, daß sie Gleiches mit Gleichem vergalten. 1460 kam das Dorf an die Johanniter.

Alte Überlieferungen sagen zwar, daß einst bei Biberteich die berühmten Wasserbaukünstler, von denen noch der alte Raff so anziehend zu erzählen weiß,[1])

[1]) Raff's Naturgeschichte. Seite 572—77.

sich angesiedelt hatten; man will sogar in sumpfigen, nassen Quellstellen kleine Dämme, welche Reste früherer Biberbauten sein können, gefunden haben.[1]) Wenn Dies richtig ist, so fragt es sich: wann wanderten die Thiere aus? Gingen sie etwa, wie die Weinstöcke unserer Gegend, in dem harten Winter von 1739–40 zu Grunde? Mir wurde blos mitgetheilt, daß ein Besitzer von Biberteich ansehnliche Summen auf eine Sammlung von Schmetterlingen verwendete, für die sich nach seinem Tode nur durch viele Bemühungen ein Käufer fand. Es ist leicht möglich, daß Diejenigen, welche nach dem Kastor (Biber) forschen, auf falscher Fährte sind. Vor 1486 schrieb man nämlich Bevertich, Bebertich. Biber, polnisch: Pober.

In Klauswalde hat sich manche Erinnerung aus grauer Vorzeit erhalten, z. B. von dem Däumickenberge und dem „Küsterdorn", einem Hagebuttenstrauche, bei welchem zwei gallsüchtige Männer vergaßen: zanket nicht auf dem Wege! Über den alten Nikolaus (Klaus), nach dem man muthmaßlich das Dorf benannte, weiß jedoch Niemand etwas. Aus einer Urkunde vom 18. Februar 1335 geht hervor, daß es der Markgraf Ludwig der Ältere dem Pescho von Suebesin (Schwiebus) verlieh. Später war auch hier die Familie von Ilow angesessen.

Wol nur Wenigen dürfte bekannt sein, daß, wenn auch nur auf kurze Zeit, der alte Blücher[2]) zu den Rittergutsbesitzern des Landes Sternberg gehörte. Seiner Schwiegermutter, der Frau von Mehling, zu Gefallen, erwarb er im Jahre 1800 Beelitz, verkaufte dasselbe aber schon 1802 an den Ordensrath Kuhlwein. Am 24. April 1355 belehnte der Markgraf Ludwig der Römer seinen Vogt zu Drossen, Derseken von Wizensee (Tietrich von Weißensee) und dessen Erben mit dem Wagendienste, dem obersten Gerichte und allen anderen Gerechtsamen in den Dörfern Ostrow und Wandern; er verlieh ihm auch, als Lohn seiner treuen Dienste, alle Gerechtsame, Nutzungen und Renten zu Butzsow, Pynnow, Tornow, Belitz ꝛc. In dem zuletzt genannten Orte lebten später berühmte Adelsfamilien: von Lossow, von Schlieben, von Mandelsloh.[3]) Sie und viele andere suchen wir jetzt im Lande Sternberg, in der Provinz Brandenburg vergeblich.

---

[1]) Berghaus III., Seite 288. — [2]) Wigger, Leben Blüchers, Seite 305. — [3]) Klette, Regesten I., Seite 280.

Es ist Alles eitel! Geschlechter sterben aus. Man legt dem Letzten das zerbrochene Wappen in die Gruft. Andere treten an deren Stellen.

Wie wird es nach dreihundert, fünfhundert, tausend Jahren sein? — — —

So sind wir denn glücklich auf unserer Wanderung bis 𝔷 (Beelitz) gekommen! Wir wollen nun über Schönwalde, Reichen und Breesen, die wir schon kennen, nach Zielenzig zurückkehren.

---

## Zweites Kapiel.

## Sagen und alte Geschichten aus dem Lande Sternberg.

Wer die neuere Geschichte seines Landes und Volkes richtig verstehen will, muß nicht blos die mittlere und ältere, sondern auch die Sagen desselben kennen. Diese stammen zumeist aus einer Zeit, in der verhältnismäßig wenig geschrieben, natürlich auch nicht täglich auf den Straßen der Lumpen wegen gepfiffen wurde. Dessenungeachtet verstanden unsere Vorfahren auch schon richtig zu denken und besonnen zu handeln; sie litten nicht so häufig an Gedächtnis- und Charakterschwäche, wie ihre Urenkel, die bei jeder Gelegenheit das Notizbuch zur Hand nehmen müssen und den Mantel nach dem Winde hängen. Wundern darf es uns freilich nicht, daß durch die mündliche Überlieferung Manches verschoben, verdunkelt, wol gar zu einer Karrikatur, einem Zerrbilde umgewandelt wurde. Es hält deshalb oft schwer, den eigentlichen Kern herauszufinden, die verhüllte Wahrheit wieder in's klare Licht zu stellen. Dies darf uns jedoch nicht abschrecken. Auch die Sagen sind und bleiben interessant. Sie beleben die Phantasie, unterhalten angenehm, eröffnen besonders lehrreiche Blicke in das Sinnen und Denken unserer lieben Voreltern.

In den Ruinen der alten Burgen, aus denen die Ritter vor der „faulen Grete" und anderen Donnerbüchsen längst weichen mußten, hausen noch deren Geister, böse, auch gute, schwarze und weiße Frauen. Der Teufel, oder wenn er bereits abgeblitzt ist, seine verschmitzte Großmutter, wendet viel List an, um die Beute zu umstricken. Nur ausnahmsweise tritt Mephistopheles, kenntlich an einem blauen

Hute mit weißer Feder, als Fürsprech auf. Hexen reiten auf Besen und Ziegenböcken, kopflose Nachtjäger auf kopflosen Rappen in wilder Hast durch die Luft, und kopflose Menschen suchen sich und ihr Vieh, indem sie am Walpurgisabende drei Kreuze an die Thüren malen, oder sonst ein Hufeisen auf die Schwellen nageln, gegen das Treiben der Höllengeister möglichst zu schützen. Feste Schlösser, ja ganze Dörfer und Städte, deren Bewohner den Lastern fröhnten, versinken plötzlich in einem See. Gold und Silber verwandelt sich bei dem Habgierigen in Kohlen; der bereits sichtbare Schatzkasten fährt, weil man nicht zu schweigen versteht, mit entsetzlichem Krachen wieder in die Tiefe. Brandstifter, Meineidige und Mörder finden auch im kühlen Schoße der Erde keine Ruhe. Kindern, die sich an ihren Eltern vergriffen hatten, wächst die Hand aus dem Grabe ꝛc. Für die angeführten und ähnliche Fälle enthalten die Sagen viele Belege, nicht blos aus dem Lande Sternberg, der Mark Brandenburg, sondern auch aus anderen deutschen Gauen. Dies zeigen klar und deutlich die Sammlungen von Jakob und Wilhelm Grimm, Ludwig Bechstein, Karl Müllenhof, Tettau und Temme, Gustav Schwab, Professor Dr. W. Schwartz[1]) u. s. w.

Wesentliche Unterschiede treten in den Bauten, den Kleidertrachten, den Mundarten hervor. Woher nun gerade in der angedeuteten Beziehung eine merkwürdige Übereinstimmung? Denken wir weiter nach, so finden wir ohne viele Mühe, daß die Sagen nicht den Märchen der alten abergläubischen Weiber, über die ein gebildeter Mann nur lächelt, gleichstehen. Nein, es liegt ein tieferer Sinn in denselben. Man bemühe sich, den Nagel auf den Kopf zu treffen!

Mehrere Vorgänge in neuerer Zeit veranlassen mich jedoch, zwei Punkte noch besonders hervorzuheben.

1. Wir dürfen eine Erzählung, die ein streit- und schreiblustiger Herr von einem Großmütterchen, einem furchtsamen Nachtwächter oder einem hungrigen und durstigen Handwerksburschen hörte, die er dann noch, damit sie wenigstens etwas wunderbar klinge, in seiner Weise ausschmückte, nicht ohne Weiteres zu den Volkssagen rechnen.

[1]) Sagen und alte Geschichten der Mark Brandenburg. 2. Auflage. Berlin 1886. Wilhelm Hertz. Der Verfasser, früher in Neu-Ruppin und Posen, jetzt Direktor des Königlichen Luisen-Gymnasiums in Berlin, sammelte seit fast fünfzig Jahren mit seinem Schwager Kuhn.

2. Man hüte sich, Sagen nach gewissen einseitigen Theorien zu deuten, ihre historischen Fundamente zu ermitteln, sie z. B. ohne stichhaltigen Grund mit geheimnisvollen Hinrichtungen, mit Menschenopfern in Verbindung zu bringen.

Bevor wir in das Heiligthum der Geschichte treten, wollen wir ein wenig in der Vorhalle derselben weilen. Zuerst erblicken wir die Herren von Waldow.

In dem Hammerfließe, das aus Königswalde kommt und bei Költschen mündet, liegt zwischen der genannten Stadt und Waldowstrenk eine Insel, der Benjaminswerder. Hier durch den dichten Wald und eine Höhle hinreichend geschützt, hausten zur Zeit der bayerischen Markgrafen (1324—73) arge Räuber, die weit und breit das Land in Schrecken setzten. Ein muthiger Mann hörte jedoch von ihnen und erklärte sich zur Zerstörung des verrufenen Nestes bereit. Um sicher gehen und nöthigenfalls verschlossene Thüren öffnen zu können, erlernte er in Zielenzig, soweit es ihm erforderlich schien, das Schlosserhandwerk. Dann wanderte er, mit verborgenen Waffen versehen, als Gesell in jene Gegend, um zunächst zu kundschaften. Er kam gerade zur günstigen Stunde bei der Höhle an; denn sämmtliche Strolche waren abwesend. Nur eine weinende Frau, die den harten Herren das Hauswesen besorgen mußte, traf er. Bald erfuhr er von ihr, daß man sie geraubt habe, ihre Plagegeister aber berüchtigte Strauchdiebe seien, die ungeheuere Schätze aufhäuften. Er versprach ihr, die sich selbstverständlich nach Freiheit sehnte, baldige Hülfe, und bat sie zugleich, inzwischen zu schweigen und geduldig auszuharren. Nun eilte er an den Hof des Markgrafen, schilderte den Sachverhalt und bot seine weiteren Dienste an. In Begleitung der nöthigen Mannschaften zog er wohlgemuth in die heimgesuchte Gegend, paßte die Zeit, in welcher sich die Räuber wieder entfernt hatten, genau ab, zerstörte ihre Behausung, gab der gefangenen Frau die Freiheit und lieferte die gefesselten Übelthäter sammt den vorgefundenen Schätzen an den Landesherrn ab. Dieser bezeigte sich natürlich gegen den muthigen, entschlossenen Mann dankbar. Unter dem Namen von Waldow — die Räuberhöhle war ja tief im Walde verborgen — erhob er ihn in den Adelstand und schenkte ihm ansehnlichen Grundbesitz.

Es bedarf wol keines längeren Beweises, daß diese Erzählung eine Sage ist. Waldau, das Stammschloß der genannten Adelsfamilie, liegt im Norden des alten ayerischen Reichskreises an der Grenze des fränkischen. 942 tritt der Ritter

Dietrich von Waldau unter den Edlen auf und wird zum Könige der Turniergesellschaft in Oberbayern erwählt.[1] In Süddeutschland starb sie 1540 aus. Schon im zehnten Jahrhundert hatte sie sich aber in der Lausitz und seit 1352 auch in der Neumark verbreitet. Hans (Henslin, Hentzel) von Waldow hielt vor 1352 den Bischof Apetzko von Lebus eine Zeit lang gefangen. In einer Urkunde vom 12. März 1353[2]) wird er Vogt zu Drossen und Eberswalde genannt. 1361 heißt er ein Mal Vogt des Landes Barnim und ein ander Mal Vogt zu Strausberg. Die letzten drei Benennungen bezeichnen ohne Zweifel ein und dasselbe Amt. 1353 wurde er von dem Markgrafen Ludwig dem Römer mit der Stadt Reppen und ihren sämmtlichen Einkünften, desgleichen mit der bei ihr belegenen Mühle belehnt.[3]) Eine Urkunde von 1373 nennt ihn schon Besitzer des Hauses und der Stadt Königswalde.[4]) Wir kommen auf die Familie **von Waldow** später zurück.

Einer anderen Sage nach ging in der Nähe des Dorfes Költschen eine Stadt, **Köln** genannt, unter. Ihre Trümmer sieht man natürlich bei hellem Wetter noch im See. — Wer denkt hierbei nicht an Vineta und **Julin**? Jene versank in der Ostsee; auf diese regnete, weil die Bewohner Christus verleugneten und wieder in die heidnischen Greuel zurückfielen, Feuer nieder.[5])

Den **Einfall der Polen und Littauer** in die Neumark, der in den ersten Monaten des Jahres 1326 statt fand, und durch welchen die bezeichnete Landschaft arg verwüstet wurde, haben spätere Chronisten mehrfach ausgeschmückt. **Angelus** erzählt: „Unter den gefangenen Jungfrauen, aus denen die Bojaren (Anführer) die schönsten zu ihrer Lust auslasen, war sonderlich eine vom Adel vortrefflicher Schöne, um welche sich ihrer zween von den vornehmsten Herren fast zankten, auch soweit einer dem andern im Wege stand, daß keiner ohne des andern Tod seinen Willen haben oder vollbringen möchte. Dieses sah ungefähr der Littauen Oberster, Feldhauptmann **David von Garthen**, des Großfürsten **Gedemin** Marschall; den verdroß es sehr, daß um ein gefangen Weibsbild zwei so tapfere Helden (wie er sie

---

[1]) Adelslexikon von **Zedlitz Neukirch**. IV. 307. [2]) **Riedel**, Kodex I. 20, 217. [3]) A. a. O. Seite 140. [4]) **Gercken**, Kodex VI. 581. [5]) **Bechstein**, Sagen. Seite 200—204. Vergleiche: **Volksharfe**. Stuttgart, Köhler. VI. Seite 63!

dafür schätzte; denn das Unrecht, so sie an die Jungfrauen gar unbilliger Weise legen und üben wollten, achtete er gar gering) sich selbst unter einander verderben und um Leib und Seele bringen sollten, legte sich bald dazwischen, sagte, sie sollten ihm die Sache anheimstellen, er wollte den Hader leichtlich entscheiden. Als sie nun beide darin willigten, hieb er mit seinem Säbel die Jungfrau in ihrer Gegenwart mitten von einander und sprach, es möchte nun ein Jeder unter ihnen ein Stück und also zugleich einer so viel wie der andere, von der geliebten Jungfrau hinnehmen. – Ein anderer Bojar unter demselben Haufen hatte eine schöne Jungfrau aus dem Kloster geraubet, und ob er wol bald mit Bitten, bald mit Drohungen an ihr gewesen, daß sie seinen Willen thun sollte, hat er sie dennoch nicht können erweichen. Derwegen hat er sich unterstanden, dieselbe wider ihren Willen mit Gewalt zu schwächen. Da sie nun der Gewalt zu widerstehen viel zu schwach und gering war, bat sie den Barbaren jetzt mit weinenden Augen, bald aber mit Liebkosen, er wolle ihrer Ehre verschonen; so wollte sie ihm dagegen solche Verehrung thun, davon er sich unter allen sterblichen Menschen wol den glücklichsten in der ganzen Welt schätzen möchte. Jenem wurden von diesen Worten die Ohren so weit, daß er aus Wunder fragte, was köstlicher Verehrung das immer sein möchte. Sie antwortete ihm, es sei eine bewährte Kunst: wenn sie ihm dieselbe lehrete, so könnte er die Tage seines Lebens mit keinen Waffen: Schwert, Spieß oder Pfeil, an seinem Leibe verwundet oder versehret werden. Ob er nun wol gänzlich entschlossen war, seinen Willen zu schaffen; jedoch damit er die Kunst erst lernen möchte, verzog er sein Vorhaben und sagte ihr zu, sie bei Ehren zu behalten, wo sie ihm die Kunst, ihrer Verheißung nach, würde lehren. Es sind, sagte sie, wenig verborgene zauberische Worte, die ich dafür spreche, und damit du an solcher Kunst nicht mögest zweifeln, magst du sie an mir selbst erst probiren. Indem kniete sie vor ihm nieder, segnete sich mit dem Kreuze und betete den Vers aus dem 31. Psalm: In manus tuas Domine commendo spiritum meum![1] Diese Worte verstand Jener nicht, sondern meinte, es wären die starken unverständlichen Zauberworte, darauf die ganze Kunst beruhte. Da sprach die Jungfrau ferner mit ausgestrecktem Halse, er sollte nur getrost zuhauen, so würde er gewisse Probe und Bewährung der Kunst befinden.

[1] In deine Hände, Herr, befehl' ich meinen Geist! Psalm 31, 6.

Was geschah? Er rückte ohne ferner Hinterdenken den Säbel und schlug ihr mit dem ersten Streiche das Haupt herab. Da sah er allererst, daß er durch diese List betrogen und sie ihre Ehre lieber als das Leben gehabt hatte. -- Welches Exempel gewißlich der römischen Lukretia [1]) nicht allein wol zu vergleichen, sondern auch mit allem Rechte wol vorzuziehen ist. Denn jene brachte sich selbst um, da sie allbereit von Tarquinio Superbo genothzüchtigt war; diese aber behielt ihre Ehre unverletzt und brachte ihren Feind, der sie schänden wollte, mit Klugheit dazu, daß er sie mit eigenen Händen umbringen und also vor Schande und Schmach bewahren mußte." —

Nach Leutinger ereignete sich der zweite Vorfall im Kloster Himmelstädt. Wie wenig Glauben er verdient, geht schon daraus hervor, daß dieses 1370, mithin vierundvierzig Jahre später, gegründet wurde. Erst 1387 beschlossen die Littauer auf dem Landtage zu Wilna die Einführung des Christenthums. Hieß es seiner Zeit schon: wie kommt Saul unter die Propheten? so liegt hier die Frage nahe: was hat ein David von Garthen unter den Heiden zu schaffen? [2]) —

Der Pfarrer Matthäus Waissel, der die Sage gleichfalls erzählt, fügt noch hinzu: „Da nun die Polen mit den Unchristen die Mark verbrannt hatten, zogen sie wieder heim und trieben mit ihnen sechstausend Christen in die Heidenschaft.

Diesen Jammer hörte ein Edelmann in der Masow (Masovien), Andres Gost genannt. Er wollte das an David, dem Littauer Hauptmann, rächen, oder wollte selbst darum sterben. Da die Littauer von den Polen schieden, zog ihnen Andres nach und gesellte sich zu ihnen auf der Wildnis. David ritt in ein Fließ, sein Pferd zu tränken. Da sprengt Andres zu ihm in das Wasser, ersticht ihn und nimmt die Flucht. Die Heiden jagten ihm heftig nach, aber Gott half ihm davon. [3]) —

---

[1]) Lukretia, die Frau des Römers Kollatinus, wurde von Sextus, dem wüsten Sohne des Königs Tarquinius Superbus (535—510 v. Chr.) geschändet. Im Übermaße des Schmerzes erstach sie sich vor den Augen ihres Vaters und ihres Mannes. Brutus (Lucius Junius), bisher für blödsinnig gehalten, forderte das Volk zur Rache auf. Es schaffte das Königsthum ab und verwandelte Rom in eine Republik. So lautet die Sage.

[2]) Heinel, Geschichte des preußischen Staates, I. 434, meint, der Name dürfte wol verfälscht sein.

[3]) Waissel, Chronik. Königsberg i. Pr. 1599. Seite 114—15.

Ein Ungenannter, der in Nr. 31 des Sonntagsblattes zur „Preußischen Lehrer-Zeitung" 1886 den Traum des Kalifen Merwan, ausgeschmückt von Hugo Klein, gelesen hatte, wollte uns die „Märkische Legende" näher rücken. Er schreibt: „In Göritz bestand ein Nonnenkloster, wie überhaupt der Ort als Residenz der Lebuser Bischöfe und als Wallfahrtsort (wunderthätiges Marienbild) eine gewisse Bedeutung hatte." -- Die Sage von der keuschen Nonne läßt er einen Dichter erzählen, der aber nicht mit einer Silbe der Stadt Göritz gedenkt. Hier, wie im ganzen Lande Sternberg, existirten niemals Klöster. „Wenn hin und wieder behauptet wird, der jetzige Gasthof zum goldenen Löwen in Drossen sei früher ein Nonnenkloster gewesen, so ist dies eine völlige Unwahrheit." [1])

Sonst waren in der Neumark und den angrenzenden Bezirken folgende Orden vertreten: 1. Zisterzienser: Himmelstädt (Himmelstätte), Marienwalde, Semmeritz (Zamberetz), Paradies mit seinem Tochterkloster Priment, Zehden, Reetz, Bernstein, Müncheberg, Günthersberg, Mönchsdorf (Münchsdorf bei Krossen a. O.) und Neuzelle. 2. Augustiner-Eremiten: Friedeberg, Königsberg, Dramburg. 3. Franziskaner (Minoriten): Frankfurt a. O., Arnswalde, Krossen (seit 1274 in Sorau, später aber wieder hergestellt). 4. Dominikaner: Soldin, Krossen (auf dem neuen Markte). 5. Karthäuser: Frankfurt (Gottes Barmherzigkeit), Schievelbein (Gottesfrieden), Landsberg a. W. (vor dem alten Rathhause; eigentlich Serviten, die sich auch Marienknechte nannten). 6. Ursulinerinnen: Landsberg a. W. (Ecke der heutigen Woll- und Poststraße). Kortum nennt zwar ein Nonnenkloster in Lebus; dasselbe bleibt indeß sehr zweifelhaft. Das in einer Urkunde vom Jahre 1228 erwähnte Kloster in Schönfließ war jedenfalls nur eine Terminarie von Königsberg, sowie Liebenau ein Feldkloster von Paradies oder eine Terminarie der Franziskaner in Krossen. Zisterzienser-Nonnen lebten in Zehden und Reetz; ob auch in Dramburg, läßt sich nicht mehr feststellen.

Man beschuldigt gewöhnlich den Bischof Stephan den Zweiten von Lebus, er habe im Auftrage des Papstes Johann des Zweiundzwanzigsten, eines erbitterten Feindes des Hauses Bayern, den Polenkönig Wladislaus gerufen, weshalb die Frankfurter den Dom in Göritz zerstörten und den Prälaten gefangen nahmen.

---

[1]) Dr. Wedekind, Kreischronik Seite 132.

Sollte den letzteren in der That die Rache so verblendet haben, daß er sich in's eigene Fleisch schnitt, daß er einen großen Theil seiner Diözese verwüsten ließ? Weder in den päpstlichen Bullen vom 18. Mai 1342 und vom 2. September 1346, noch in anderen Urkunden, welche diese dunkle Angelegenheit betreffen, ist von der Gefangennehmung des Bischofs auch nicht mit einem Worte die Rede.[1])

Knispel erzählt in seiner Geschichte der Stadt Schwiebus, Seite 37: „Während der Regierung des Herzogs Sigismund von Glogau trug sich in unserer Gegend ein sehr trauriger Fall zu. Ein gewisser Edelmann, dessen Namen die Geschichte nicht meldet, war Anno 1504, Montags in den heiligen Pfingstfeiertagen, zu Frankfurt ohne alles Urtheil und Recht mit dem Schwerte hingerichtet worden. Dieser hatte viele Freunde unter dem Landadel, die auf nichts, als auf Rache bedacht waren. Allein ihre Rache ging zu weit, und unschuldige Personen mußten das Opfer ihrer Wuth werden. Denn als etliche Bürger und Handelsleute von Frankfurt nach Schwiebus auf den Bartholomäus-Jahrmarkt reisten, lauerten die Freunde des Entleibten in ziemlicher Anzahl auf sie, überfielen sie bei Spiegelberg, hieben vielen von ihnen, darunter auch Frauen und Jungfrauen waren, die rechte Hand, ja auch etlichen beide Hände ab; andere erschlugen sie gar und bemächtigten sich bei dieser Gelegenheit eines großen Theils ihrer Waaren. —

So erzählt Schickfuß diese Mordgeschichte,[2]) wobei er den märkischen Geschichtsschreiber, Angelum Justum Leutingerum, anführet." —

Der letzte Satz bleibt mir unverständlich. Jedenfalls ist das den ein Druckfehler, und es soll wol auf die drei Chronisten Angelus, Jobst und Leutinger hingewiesen werden.

Bei Haftitius[3]) heißt es: „In diesem Jahre (1504), am heiligen Pfingstmontage haben die von Frankfurt a. O. einen von Quitzow lassen enthaupten, welche den Frankfurdischen Kaufleuten, als sie gegen Beskow haben zum Markte ziehen wollen, auf den Dienst gewartet und die Satteltaschen hat wollen leichtern. Und da solches durch den Bischof von Lebus, der sonderlich die Hoheit des Festes angezogen hat, dem Kurfürsten ist kundgethan, ist er dadurch bewogen, den Frank-

---

[1]) Wohlbrück I. 449. — [2]) Neue vermehrte schlesische Chronica IV. K. 27. — Seite 164 und 165. — [3]) Riedel. Seite 82.

furdischen das Halsgericht einzuziehen." — Leutinger, der den Edelmann von Borgsdorp (Burgsdorf) nennt, fügt noch hinzu, daß der Bischof von Lebus dieser Hinrichtung wegen die Stadt in den Bann gethan habe. Knispel resp. Schickfuß hält sich hauptsächlich an Bekmann, der seiner „kurzen Beschreibung der alten Stadt Frankfurt a. O." die Chronik von Jobst zum Grunde legte. Die Professoren Sachse und Spieker erwähnen in ihren Geschichtswerken (Seite 44 und 45 resp. 111 und 112) nichts von dem Racheakte bei Spiegelberg, und bei dem Stadtschreiber Staius, den doch die beregte Sache vor allen Dingen interessiren mußte,[1] findet sich keine Notiz über die Hinrichtung. Er sagt nur: „Dies Jahr (1502) sind viel Reuter (Räuber?) über den Bober und die Oder kommen, die Weine zu beschädigen. Darauf der Rath etzliche Reuter auf die Straßen halten müssen, ingleichen Landsknechte, ist aufgegangen 7 Schock 14 Gr. . . . 1505. Auf Verschreiben unseres gnädigsten Herren der Straßenräuber halber etzliche Reuter zu halten, haben die Knechte verzehrt 17 Schock 21 Gr. 6 Pf. — Dies Jahr sind deshalb die obigen Reuter gehalten worden, daß etzliche Bürger von Frankfurth, wie die nach Schwiebussen zum Markte gezogen, von vielen von Adel angerannt worden, welche die überweldigt, eines theils erschlagen, Frauen und Jungfrauen die Hände abgehauen, davon darnach etliche gefangen und hingerichtet worden. Und findt sich aus der Stette Rechnung, daß Frankfurth 100 Knechte ausgeschickt, die haben verzehrt 88 Schock, Besoldung 200 Floren, thut 377 Fl. 8 Gr.

Die Mordgeschichte von 1504 ist in mehr als einem Punkte fraglich. Schon bei Bekmann tritt ein Widerspruch zu Tage. Nach Seite 16 fand der Überfall bei Spiegelberg statt, als etliche Bürger von Frankfurt gegen Schwiebußen in der Schlesien zu Markte zogen; nach Seite 80 geriethen sie auf der Rückreise „in weitere große Ungelegenheit", wie ihnen denn auch den Pfingstabend auf der Rückreise von dem Beeskowschen Jahrmarkte ein Adliger „auf den Dienst gewartet" haben soll. Haftitz und Angelus nennen, wie ich schon oben anführte, den Wegelagerer von Quitzow und erzählen, daß er (Spieker ergänzt: auf dem Markte vor den Brotscharren (dem jetzigen Leinwandhause) enthauptet worden sei; dagegen findet sich in einem (wahrscheinlich 1554 verfaßten) handschriftlichen Aufsatze des

[1]) Memorabilia der Stadt Frankfurt. Riedel. Seite 347—48.

Dr. Kaspar Widerstad oder Witterstad (starb 1561 am 25. Juli als Bürgermeister in Frankfurt a. O.) die Notiz, er habe von Bomsdorf geheißen und sei am Galgen gestorben. Angelus und Leutinger heben außerdem hervor, daß der Bischof von Lebus, damals Dietrich von Bülow, sich durch diese schnelle Exekution persönlich verletzt fühlte, erstlich weil der Hingerichtete sein Schwager gewesen, sodann weil der Stadtrath seine für denselben eingelegte Verwendung unbeachtet gelassen habe.

Dietrich (Theodorikus) von Bülow war ein Sohn des Ritters Friedrich von Bülow auf Wehningen in Sachsen-Lauenburg, fürstlich braunschweigischen und fürstlich mecklenburgischen Rathes, und der Sophie von Quitzow; es fehlt aber der Nachweis, daß auch ein Quitzow, der Straßenräuber, eine Schwester des Bischofs geheiratet habe. Vor allen Dingen möcht' ich fragen: wie kam jetzt ein Quitzow mit „seinen Gehülfen" in die Nähe von Frankfurt a. O.? Konrad, ein Bruder von Dietrich und Johann, denen Kurfürst Friedrich der Erste das saubere Handwerk legte, war allerdings Besitzer von Hohenwalde unweit Müllrose; von einem Taufschmause zurückkehrend, ertrank er jedoch 1410 sammt dreizehn Reitern in der Elbe.[1] 1429 überließ Petrus, Abt des Klosters Neuzelle, das genannte Dorf im Wege eines Tausches dem Markgrafen Johann und wies den Besitzer desselben, Paul Große, mit den Lehen an den Kurfürsten.[2]) 1537 wurde Hohenwalde gleich den übrigen Gütern der Familie Große lebusisches Lehn. Von einem Quitzow ist also nicht mehr die Rede. — Bei einem von Bomsdorf läßt sich eher erklären, daß er Bürgern von Frankfurt „auf den Dienst wartete"; denn das Stammgut dieser Familie liegt etwa 3/4 Meilen südlich von Neuzelle, mithin ca. fünf Meilen von der erwähnten Stadt, und ein Abstecher bis in die Gegend von Müllrose und Beeskow wäre bei einem Raubritter gerade nichts Ungewöhnliches, sintemal der Fuchs selten in unmittelbarer Nähe seines Baues stiehlt.

Kein älterer brandenburgischer Geschichtsschreiber sagt, daß der Bischof von Lebus auch Erzieher des Kurprinzen, nachmaligen Kurfürsten Joachims des Ersten gewesen sei; die Notiz findet sich zuerst bei Pauli, dem Buchholtz, Möhsen, Gallus und Andere folgten. Aus einem von Bekmann, Seite 30—31, vollständig

---

[1]) Wusterwitz (Heidemann). Seite 68—69. — [2]) Wohlbrück III. Seite 303.

mitgetheilten Schreiben geht jedoch hervor, daß der Prälat bei seinem Monarchen in hohem Ansehen stand. Er titulirt ihn wiederholt „seinen Gevatter, Rath und besonderen Freund.“ Unter solchen Verhältnissen wäre es dem geistlichen Herrn wol möglich gewesen, den Kurfürsten so gegen Frankfurt aufzureizen, daß er dem Rathe bisherige Rechte entzog; allein urkundlich läßt sich nachweisen, die Angaben von Haftitz und Andere beruhen wenigstens in Betreff des Jahres 1504 auf einem Irrthume.

Markgraf Waldemar verlieh 1318 in einem „Diplomatis“ das „hohe Gericht“ „den frommen Leuten, seinen Rathmannen in Frankfurt wider alle Räuber, Diebe, Mörder, Ehebrecher und Frauenschänder“, sie seien offenbar oder heimlich, den Biederen zur Hülfe und den Bösen zum Schaden, „die das Gottesgericht nicht fürchten, daß sie doch fürchten das Gericht der Menschen.“ Markgraf Otto nahm das Gericht wieder an sich und übertrug es 1373 dem Bürger Fritz Belkow,[1]) von welchem es die Stadt fünfzehn Jahre später mit Genehmigung des Königs Sigismund erwarb,[2]) und zwar ohne Vorbehalt des Wiederkaufs. Dieser Umstand mag in den folgenden Streitigkeiten mit dem Hause Hohenzollern über die Rechtmäßigkeit des Besitzes nicht ohne Einfluß geblieben sein. Der Markgraf Johann, Sohn und Stellvertreter des Kurfürsten Friedrichs des Ersten, behauptete nämlich, daß die Stadt sich unbefugter Weise das oberste Gericht anmaße. Er lud deren Vertreter vor sein Hofgericht zu Tangermünde. Mit Berufung auf ein landesherrliches Prigilegium weigerten dieselben 1420 sich aber zu erscheinen und wiesen ihr Recht durch einen Brief des Rathes in Magdeburg nach, der sich auf die Privilegien Waldemars und des Markgrafen Friedrich (vom Jahre 1415) stützte. Dem Fürsten genügte dies jedoch nicht, vielmehr berief er 1429 ein außerordentliches Gericht aus den angesehensten Männern des Landes zusammen und brachte bei demselben viele Klagen gegen Frankfurt an. Unter den letzteren befindet sich auch die Anschuldigung, Bürgermeister und Rathmannen hätten sich unterwunden, das oberste Gericht der Stadt, welches doch von Rechts wegen dem Landesherrn gebühre, an sich zu reißen. Als Schadenersatz fordert er 100 Gulden, die Rückgabe des Gerichts und der bezogenen Einkünfte.[3]) So viel bekannt ist, wurde dieser unerquickliche Streit nie

---

[1]) Riedel, Kodex B. 23, Nr. 161. — [2]) A. a O. Nr. 176. — [3]) A. a. O. Nr. 240.

zu Ende geführt. Die Stadt blieb thatsächlich im Besitze des Gerichts, und ihre Abgeordneten empfingen 1441 und 73 in Berlin die Belehnung mit demselben ohne Gabe und Lehnswaare. Unter solchen Verhältnissen läßt es sich leicht erklären, daß der Friede nur kurze Zeit dauerte. Aus einer Verordnung von 1499[1]) geht unzweifelhaft hervor: Kurfürst Johann hatte beide Gerichte schon eingezogen. Die näheren Umstände, unter denen es geschah, sind nicht bekannt. Vielleicht diente die Hinrichtung eines Strauchritters, bei der man Verletzung der üblichen Prozeßformen behauptete, als Vorwand.

Weitläuftige Untersuchungen, die sich Jahre lang hinzogen, widersprachen dem Geiste jener Zeit. Man liebte kurze Prozesse und strenge Justiz. Hier nur noch vier Beispiele: Georg Hakeborn, ein Tischlergesell aus Drossen, hatte in Frankfurt a. O. den Schuhknecht Valentin Kirchner mit einer Büchse erschossen. Er ward am 22. September 1579 beschrieen, in die Unter- und Oberacht gethan und, nachdem ihn vorher ein Barbier besichtigt hatte, enthauptet.[2]) Den 30. September desselben Jahres ist von zwei Dieben das Rathhaus zu Strausberg bestohlen, welche im Stadtkeller in Spandow betreten auf frischer That, gefänglichen sind gegen Berlin geführt und daselbst auf's Rad gelegt.[3]) 1482 wurde Walter von Tschirnhausen auf Kieslingswalde und dessen Knappe Friedrich von Wiedebach gefangen und Tags darauf wegen Straßenraubes zu Görlitz gehängt. – Ein Ritter von Schwanitz auf Nieder-Gerlachsheim setzte sich mit einer in dortiger Gegend hausenden Räuber- und Mordbrennerbande in Verbindung und machte die Gegend bis Zittau unsicher. Er betheiligte sich 1608 am Brande in der genannten Stadt, und zwar, weil sich ein Bürger geweigert hatte, ihm ein Viertel Bier zu borgen. Nach 16 Jahren ermittelte man die Thäter, und sie empfingen ihre wohlverdiente Strafe. Schwanitz büßte am 26. August 1624 sein Leben zu Bautzen. Auf einem Klotze sitzend und mit Ketten angebunden, wurde er bei einem Feuer geröstet.[4])

Die Einziehung des höchsten Gerichts in Frankfurt a. O. geschah also schon vor 1499 durch den Kurfürsten Johann Cicero und nicht erst

[1]) Riedel, Nr. 360. — [2]) Spieker, Seite 168. — [3]) Haftitz, Riedel, Seite 134. — [4]) Mischke, Seite 123 und 164.

1504 durch Joachim den Ersten. 1509 erfolgte indeß die Rückgabe widerruflich. Die Stadt mußte jährlich 130 Gulden zahlen, und der Landesherr behielt sich die Bestätigung der schweren Kriminalstrafen vor. Nach einer Urkunde, gegeben zu „Cölln an der Spree Mittwochs nach Michaeli Christi Unseres lieben Herrn und Seligmachers Gebuhrt tausend fünff hundert und im fünff und fünffzigsten Jahre", überließ Joachim der Zweite gegen eine Entschädigung von fünfzehnhundert Thalern der Stadt wieder das Ober- und Untergericht mit allen Rechten und Nutzungen, gebot auch, daß die Bürger den Rath als ihren Gerichtsherrn anerkennen und sich nicht, wie bisher wol geschehen, an den Hofrath (das Kammergericht) wenden sollten, es wäre denn vorher der Rath oder das Gericht gehört worden.[1])

Im Jahre 1341 belegte zwar der Bischof Stephan der Zweite von Lebus die Stadt, muthmaßlich, weil sie treu zu dem Hause Bayern hielt, mit dem Banne und sie appellirte dagegen an den päpstlichen Stuhl in Avignon. Die betreffende Bulle nimmt bei Bekmann mehr als sechs enggedruckte Folioseiten ein.[2]) Ein zweites Interdikt erging 1350 durch Klemens den Sechsten, bis 1354 Frankfurt und das Land Lebus sich willig fanden, an den Bischof Heinrich 11640 brandenb. Mark Silbers und 554 Floren zu zahlen.[3]) Da die Franziskaner (Minoriten) sich durch den Bann in ihren geistlichen Handlungen nicht stören ließen, spürten die Bürger sehr wenig von den Folgen desselben. Im fünften Kapitel mehr über diesen Fall! Hier sei nur noch hervorgehoben: Ein Bannbrief des Bischofs Dietrich von Bülow, veranlaßt durch die übereilte Hinrichtung eines Ritters (von Quitzow, von Burgsdorff oder von Bomsdorff) am zweiten Pfingsttage (27. Mai) 1504 ist bis jetzt noch nicht aufgefunden worden. Auch dieser Umstand spricht gegen die Richtigkeit der Angaben bei Haftitz, Leutinger rc. Wenn überhaupt einmal verhängt, könnte das Interdikt nur von sehr kurzer Dauer gewesen sein; denn bereits am 26. April 1506 erfolgte mit großem Pompe die Einweihung der Universität.

[1]) Bekmann, Seite 81. Philippi, Geschichte der Stadt Frankfurt, Seite 80.

[2]) Bekmann, Seite 98—104. Buchholtz, Geschichte der Kurmark, IV. Anhang, Seite 92—94. Riedel II., Band 2, Seite 302—313.

[3]) Rechnet man für jene Zeit eine Mark zu 12 Thalern, so ergibt dies die ansehnliche Summe von 139680 Thalern (419040 Mark).

Wir kommen nun zu dem Racheakte, den Freunde des Hingerichteten gegen etliche Bürger und Handelsleute aus Frankfurt, ihre Frauen und Jungfrauen bei dem Dorfe Spiegelberg verübt haben sollen. Nach der Erzählung waren jene Adligen vom Lande in ziemlicher Anzahl; es fehlt indeß eine genauere Bezeichnung der Blutdürstigen. Wir wissen nicht, ob nur an die Vettern von Winning, die damals in Sternberg, Pinnow, Görbitsch rc. hausten, oder auch noch an Fritz von Grünberg auf Balkow, Hans von Lossow auf Bottschow, Hans und Balzer Quitz auf Beelitz, Balzer von Buntsch auf Biberteich, Balzer von Sack auf Gleißen zu denken ist. Von den Burgen der Ritter durfte freilich kein Dichter singen: „In diesen heil'gen Hallen kennt man die Rache nicht!" Im Gegentheil heckte man dort hinter den Humpen manchen Raub- und Mordplan gegen die Bürger, selbst gegen die Fürsten aus. Ich erinnere nur daran, wie Dietrich von Quitzow das „hinterstellige Gesinde" (Gefolge) des Statthalters Günther von Schwarzburg an der Elbe überfiel und plünderte, wie er und sein sauberer Bruder den Herzog von Mecklenburg-Stargard sammt dessen vornehmen Dienern 1407 bei Liebenwalde gefangen nahmen und jenem länger als ein Jahr im Schlosse Plaue einen unheimlichen Kerker als Quartier anwiesen, auch die Befehle des Markgrafen Jobst von Mähren frech verlachten.[1]) Arge Grausamkeiten verübten selbst Fürsten. Hans von Glogau z. B. jagte seine leibliche Schwester in's Elend, ließ seinen eigenen Bruder Balthasar, sechs Rathsherren und Christian von Zobeltitz auf Wartenberg und Kontopp im Hungerthurme verschmachten; auch des letzteren Brüder Kaspar und Bruno als angebliche Wegelagerer am 23. Oktober 1482 mit dem Schwerte hinrichten.[2]) Wahre, edle Ritter zeigten zwar gegen Frauen und Jungfrauen stets Ehrerbietung; verwilderte, zu Straßenräubern herabgesunkene aber kannten kein Erbarmen.

Wenn dies auch im allgemeinen wahr ist, so folgt daraus freilich noch nicht, daß der in Rede stehende Überfall genau so, wie Haftitz, Leutinger, Bekmann und Andere erzählen, stattgefunden hat. Ich will darauf, daß Knispel zuerst sagt: etliche Bürger und Handelsleute zogen von Frankfurt nach Schwiebus, und sodann:

---

[1]) Klöden II., Seite 233. Wusterwitz bei Riedel, Seite 30—31; bei Heidemann, Seite 47—49. — [2]) Geschichte von Glogau I., 254—281.

viele von ihnen wurden verstümmelt — kein großes Gewicht legen; die ganze Umgebung von Spiegelberg (kein Hohlweg, kein dichter Wald) scheint mir für einen solchen Gewaltstreich wenig geeignet. Auf der Straße von Frankfurt nach Schwiebus, ca. zehn Meilen, hätten die Verschworenen anderwärts ein viel günstigeres Terrain gefunden, ihren Racheakt auszuführen. In dem genannten Dorfe, 1504 noch ein Städtchen, bewahrt nicht einmal die Sage eine dunkle Erinnerung an denselben, und wenn ein Berliner Historiettenschreiber bemerkte, am Orte jener Unthat liege noch ein Stein- oder Mordhaufen, so wollte er für neugierige Leser nur etwas fabuliren. Mit gleichem Rechte könnte man behaupten, ein am 8. Mai 1879 in der Nähe von Barschsee (Bärslaug), Jagen 169, im Graben um einen Mordhaufen aufgefundenes Menschengerippe rühre von einem 1504 erschlagenen Frankfurter Bürger her; die ewige Gerechtigkeit, die Frevelthaten oft auf ganz wunderbare Weise an's Licht bringt, habe es zum warnenden Beispiele für die Nachwelt 375 Jahre vor der Verwesung geschützt.

Mancher, der in Dr. Wedekind's Kreis-Chronik (Seite 126—127) die Zerstörung des Schlosses Sternberg, auf dem angeblich Menschenfresser ihr Wesen trieben, gelesen und ohne Weiteres für baare Münze genommen hat, dürfte geneigt sein, die Blutrache bei Spiegelberg den Gebrüdern von Winning in die Schuhe zu schieben. Ein solcher Schluß erscheint indeß sehr voreilig.

Allerdings ertheilte der Kurfürst Joachim der Erste, der bekanntlich gegen Raubritter, selbst wenn sie an seinem Hofe ein Amt bekleideten, keine Nachsicht übte, unterm 27. Oktober 1505 zu Frankfurt a. d. O. dem Komthur Liborius von Schapelow zu Lagow den Auftrag, die Kauf- und die Fuhrleute sammt ihrer Habe und ihren Gütern nach Wunsch auf der Straße durch das Land Sternberg bis nach Meseritz zu geleiten;[1]) er schloß ferner im folgenden Jahre (17. April) zu Kottbus mit dem polnischen Prinzen Sigismund, dem damaligen Besitzer des Herzogthums Glogau- und Statthalter der Lausitz, einen Vertrag zur Unterdrückung und Ausrottung der Landbeschädiger und Friedensstörer:[2]) ob jedoch ein Racheakt gegen Frankfurter Bürger dazu besondere Veranlassung gab, bleibt meines Erachtens eine offene Frage.

---

[1]) Riedel, Kodex B. 19, Seite 169. — [2]) W. Fischer, Geschichte Preußens, Seite 273.

Als Resultat meiner Beleuchtung der „Mordgeschichte von 1504“ dürfte sich Folgendes ergeben:

Zur Zeit des Faustrechtes (am Ende des fünfzehnten und zu Anfange des sechzehnten Jahrhunderts) wurden auch Frankfurter Bürger von adligen Straßenräubern öfters geplündert und mißhandelt. Sie mußten zur Nothwehr greifen. Bei derselben mögen sie wol nicht immer die Formen des Rechtes streng beobachtet haben. Kurfürst Johann, den Bürgern ohnehin nicht hold und auf Erhöhung der Steuern bedacht, entzog 1499 dem Rathe das höchste Gericht. Die Angabe, letzteres sei erst 1504 in Folge der übereilten Hinrichtung eines Ritters geschehen, ist unrichtig, der Bann, ausgesprochen wegen gröblicher Entheiligung des Pfingstfestes, eine Sage. Bei denjenigen Chronisten, welche über die grausame Mißhandlung unschuldiger Frauen und Jungfrauen berichten, finden sich auffällige Widersprüche.[1])

Im Jahre 1506 soll auch die Burg bei Sternberg, die urkundlich zuerst im Jahre 1300 genannt wird,[2]) von Joachim dem Ersten und seinem Bundesgenossen, dem Prinzen Sigismund von Polen, zerstört worden sein. Wie bei dem Benjaminswerder führte hier gleichfalls eine Frau, und zwar eine schöne Müllerin, zur Entdeckung der Frevelthaten: Plünderung und Mord reisender Bürger, Menschenfresserei gleich den Kannibalen. Ganze Braupfannen voll Gold, Silber und Kostbarkeiten, von großen schwarzen Schlangen mit Hundsköpfen bewacht, dürfen selbstverständlich nicht fehlen.[3])

Es leidet keinen Zweifel, daß auf einem Berge, zwischen Sternberg und der Hintermühle belegen und von drei Seiten mit Sumpf umgeben, einst eine Burg stand. Vor etwa fünfundzwanzig Jahren waren die Zugbrücke, die Gräben, der zusammengestürzte Brunnen 2c. noch deutlich zu erkennen. Andere Trümmer wiesen auf eine Zerstörung durch Feuer hin. Diese schließt freilich eine vorangegangene Belagerung nicht unbedingt aus. Von einer solchen hab' ich aber in Urkunden oder

---

[1]) Fischer, Seite 273, spricht von wiederholten Überfällen und grausamen Mißhandlungen.

[2]) Riedel, Kodex B. 20, Seite 196.

[3]) Ausgeschmückt im „Märkischen Kalender“ auf das Jahr 1880 (Zielenzig, Rosenzweig): „Die wunderbare Mär vom Raubschlosse Sternberg und dem daselbst vergrabenen Schatze.“ — Eine ganz ähnliche Sage bezieht sich auf die Burg Leßna bei Lauban. Mischke, Geschichte der Oberlausitz, Seite 143.

in anderen zuverlässigen Quellen bis jetzt nicht die geringste Andeutung gefunden. Der Archidiakonus Joachim Möller (gestorben 1733 in Krossen a. O.), der obige Schauergeschichte in seiner Züllichauer Chronik erzählt, war ein fleißiger Sammler; er sichtete jedoch wenig oder gar nicht. Ferner liegt es auf der Hand, daß in zwei Jahrhunderten die Überlieferung sehr viel vermischt, verwischt und nach Belieben ausschmückt. Darum behaupt' ich: Was Möller über das gottlose Treiben der Vettern von Winning mittheilt, reduzirt sich auf Buschklepperei, die ja in jener Zeit, da man leider noch immer zu sagen pflegte: „Rauben und Stehlen ist keine Schande; thun es doch die Ersten im Lande!" — weit verbreitet war. Ob das Schloß Sternberg durch Feuer oder durch ein feindliches Heer oder durch beides zerstört wurde, läßt sich nicht mehr nachweisen. 1375 gehörte es unmittelbar dem Landesherrn. Die Familie von Strele, von der die 1300 genannten Friedrich, Bernhard und Timon jedenfalls zu den ersten Burgmannen zählten, starb 1384 aus.[1]) 1472 besaßen die Winnige das Städtchen Sternberg, die Dörfer Wallwitz, Pinnow, Görbitsch und einundzwanzig Hufen zu Ziebingen.[2]) Von einem Schlosse ist also nicht mehr die Rede. Demnach muß die Zerstörung im Jahre **1506** auf einem Irrthum beruhen.

Die Stammutter der Ritter von Winning, eine böse Siebzig, soll bei der Erstürmung der Burg auch umgekommen sein, ihr Geist aber als schreckliches Gespenst im langen braunen Kleide und mit langem braunen Schleier in den Ruinen umherirren und die Gegend in stillen Nächten mit entsetzlichem Seufzen und Stöhnen erfüllen. Möller fügt seiner Erzählung noch hinzu: Gerade einhundert Jahre später, in der Todesnacht der sehr verrufenen alten Frau, wagte es ein kühner Abkömmling der Familie, gegen Mitternacht den Schloßberg zu besteigen, um die Ahnfrau zu befragen, wo die Braupfanne geblieben und wie der Schatz zu heben sei. Der Geist erschien, liebkoste seinen Enkel (oder Urenkel), der sich natürlich dagegen gewaltig sträubte und eröffnete ihm zugleich: Eine reine Jungfrau aus dem Geschlechte könne den Schatz in ihrem fünfundzwanzigsten Jahre um 12 Uhr in der Todesnacht heben. Zur Zeit des Chronisten war dies noch nicht geschehen.

---

[1]) Klette, Regesten I., 61—62. — [2]) Riedel, B. 19, Seite 163. (Notiz aus dem Kurmärkischen Lehnskopialbuche.)

Fragen mich etwa die Leser: „Weißt du, obs anders worden in dieser neuen Zeit?“ so muß ich antworten: Ich glaube nicht; denn noch 1860 versicherte ein angesehener Rentner aus Sternberg „bei seiner Ehre“ (!!), daß er, kein Sonntagsjäger, sondern ein furchtloser, unerschrockener Weidmann, einmal in der Nähe des „alten Hauses“ (der Ruinen der früheren Burg) einen großen schwarzen Hund antraf, der, als er einen Schuß auf die Bestie abfeuerte, zwischen ihm und seinem Gefährten, einem andern gewaltigen Nimrod, gleich einem brausenden Sturme hindurch fuhr, so daß beiden alle Glieder wie ein Espenlaub zitterten. Stumm, fast gelähmt wanderten sie nach dem Städtlein zurück, und sie dankten ihrem Gotte, daß ein heftiger, indeß wohlthätiger Schweiß in der Nacht die üblen Folgen beseitigte. Ein alter Lieutenant aus den Freiheitskriegen, der auch nicht im Jägerlatein zu erzählen pflegte, theilte mir mit, er habe an mehreren Morgen zwei Damen, von denen die ältere schwarz, die jüngere schneeweiß gekleidet war, in der Nähe des „alten Hauses“ gesehen, die aber immer auf wunderbare Weise in einem Kiefernwalde verschwanden.

„Um das Jahr 1675 wohnte auf dem Herrenhause zu Sternberg bei dem Flecken gleichen Namens Herr Albrecht von Winning. Es war ein Gebäude aus dem sechzehnten Jahrhundert. Rings um dasselbe zog sich ein parkartiger Garten, über dessen Baumwipfel die mit Kupfer gedeckten Dächer sich hier und da erhoben. Ein schweres Gitter wahrte den Eingang. Vor diesem befand sich ein Graben, über welchen eine kleine Brücke führte. Die Böschungen waren gemauert. — Die Familie von Winning ist sehr alt und kommt schon in den Urkunden Albrechts des Bären vor. Sie hatte sich im Lebuser Kreise ansässig gemacht und großen Grundbesitz erworben. Sternberg befand sich seit Jahrhunderten in ihren Händen. So waren die Winninge echte, gute Märker geworden. Sie boten ein Vorbild echt adligen Lebens . . . Als ein treuer, seinem Kurfürsten von ganzem Herzen ergebener Märker bewies sich Herr Albrecht von Winning, besonders in der drangsalvollen Zeit, als die Schweden in feindseliger Absicht in die Mark einfielen. Er stand an der Spitze der Landesvertheidigung seines Bezirkes und sorgte dafür, daß zum feindlichen Empfang der Schweden Alles gehörig eingerichtet war. Er hatte zu diesem Zwecke seine Bauern zu einer Landmiliz oder einem Landsturme organisirt und sie mit Piken, Hellebarden und Beilen, theilweise auch mit Musketen bewaffnet. Dazu kam noch ein Haufe wackerer Bewohner des Marktfleckens. So ausgerüstet, erwartete man die Ankunft des Feindes, der nicht mehr ferne sein sollte, wie man bereits ausgekundschaftet hatte. Sternberg war verrammelt; alle Straßen waren gesperrt. Der brave Schloßherr hatte seinen Leuten auch eine Fahne verehrt, wie sie von mehreren Bauernschaften bereits angeschafft war. Sie war weiß und zeigte einen grünen Kranz; darin war der brandenburgische Adler zu sehen mit den Buchstaben F. W. Darunter standen die Worte:

„Wir sind Bauern von geringem Guth
Und dienen unserm Gnädigsten
Herrn und Churfürsten mit unserm Bluth."

Der Schloßherr ging musternd und ermunternd durch die Reihen seiner kleinen Schar und ließ Körbe voll Brot und Fleisch nebst Bier, ja Wein austheilen; die Milizen frühstückten behaglich hinter den Verschanzungen und den Verhauen. Als man noch -- so berichtet ein Augenzeuge -- mit dem Essen beschäftigt war, begannen in den benachbarten Dörfern die Glocken zu läuten. Alle standen erwartungsvoll, die Waffen fest umklammert, Herr von Winning mit gezogenem Degen vorn an ihrer Spitze. Jetzt blitzten Küraße und Pickelhauben im Felde; Reiter wurden sichtbar und trabten auf Sternberg zu. Sie kamen immer näher, und bald hielt ein starker Troß vor dem heruntergelassenen großen Schlagbaume. Feuer! kommandirte von Winning, und vier bis fünf Schweden purzelten von den Pferden. Auf so hartnäckigen Widerstand waren die Schweden nicht gefaßt. Sie suchten nun Stellung zu nehmen, als sich auf ein Zeichen der Schlagbaum erhob und von Winning mit dem blanken Degen an der Spitze der Seinigen auf den Feind losstürzte. Dieser vertheidigte sich tapfer; allein die Sternberger stachen, schossen und schlugen mit solcher Wuth auf die Schweden ein, daß diese bestürzt wichen. Die noch im Sattel Gebliebenen wollten nun einen sogenannten Chock auf die Miliz zu machen; aber der Schloßherr sammelte schnell die Leute, welche Spieße und Sensen trugen und ließ sie einen Wall gegen die Reiter machen, während die mit Feuerwaffen versehenen aus der Verschanzung schossen. Nach einer halben Stunde war das Feld gesäubert und der Feind auf der Flucht, mehrere Todte und Verwundete zurücklassend. Es lebe der Kurfürst! rief von Winning, den Hut schwenkend. Seine Leute riefen es donnernd nach. Groß war die Freude; der Feind hatte einen guten Denkzettel erhalten. Man eilte nun den Verwundeten, Freund und Feind, zu Hülfe. Die edle Frau von Winning brachte Leinwand, Salben und Erfrischung . . . Überall Anerkennung; selbst der Kurfürst soll ihm später seine Anerkennung kundgethan haben." [1]) —

In mancher Beziehung gleicht die Erzählung einem neumärkischen Städtebilde von Oskar Schwebel. Ist sie aber auch wahrheitsgetreu? Ich darf mit der Bemerkung nicht zurückhalten: 1675 existirte in Sternberg gar kein Albrecht von Winning. Die Kirchenmatrikel vom 26. September 1693 nennt als Patrone Joachim Friedrich, Gottfried und Samuel von Winning. Der Letztere unterzeichnete auch am 4. September 1680 ein Zeugnis für den „ehrsamen und wohlbenahmten Matthias Lademann", einen Enkel des früheren Pfarrers Christoph Lademann daselbst. Bei dem zweiten Gerichtsherrn ist des beschädigten Papieres wegen der Vornamen unleserlich. Das Klassifikationsprotokoll vom 17. Oktober 1718 führt unter der Vormundschaft von Adam Friedrich Otto von Winning als Besitzer von Sternberg auf Lieutenant Klaus Kaspar, Christoph Friedrich, Sebastian Sigismund, Balzer Ehrenreich und Wolf Ernst von Winning. Eine Bescheinigung vom 6. Dezember 1726, betreffend die Abgabenfreiheit eines Hauses, das dem damaligen Pfarrer Matthias Lademann gehörte, ist auch von Kaspar Samuel von Winning unterzeichnet, während Balzer Ehrenreich fehlt. Der Name Albrecht kommt in allen Urkunden, die ich über die genannte Adelsfamilie aufzutreiben vermochte, niemals vor. — .

Zu kräftigem Widerstande forderte der Kurfürst Friedrich Wilhelm, der 1675 sehr lange am Rheine verweilte, freilich auf; denn unterm 20. Mai schrieb er dem Statthalter, Fürsten Johann Georg von Anhalt-Dessau: „Ich hoffe, von Schweinfurt schon in vierzehn Tagen an der Elbe zu stehen. Edelleuten, Bürgern und Bauern wollen Euer Liebden gleichfalls befehlen, allen Schweden, wo sie solche bekommen können, die Hälse entzwei zu schlagen und kein Quartier zu geben. Gott sei gedankt, daß alle Alliirten nunmehr einig sind, daß kräftig gegen die Schweden agirt werden soll!" —

---

[1]) Deutsches Adelsblatt, herausgegeben von Paul Freiherrn von Roëll. 2. Jahrgang 1884. Seite 487.

Von der Grausamkeit derselben entwerfen einige Geschichtsschreiber die schwärzeste Schilderung;[1]) andere, wie Buchholtz und Stenzel, bezweifeln dies, und der Chronist Loccelius bezeugt dem Obersten Wangelin, daß er in Drossen, überhaupt in der Neumark, die beste Manneszucht gehalten habe. Ferner erzählt G. A. Matthias folgenden charakteristischen Zug: Nicht zufrieden mit dem ihm von seinem Wirthe gereichten Mittagbrote, hatte ein Reiter in Zettitz dasselbe verunreinigt. Der schwedische Befehlshaber (jedenfalls der genannte Wangelin, denn er stand vor Krossen), davon unterrichtet, ließ neben die Schüssel einen Strick legen, mithin dem Kerl die Wahl zwischen dem Galgen und dem Essen des kothigen Mittagsmahles.[2]) —

Soweit sich dies jetzt noch feststellen läßt, gab es um 1675 vier Schlösser in Sternberg, und auch zur Zeit unterscheidet man Grund- und Wasserhof. Außerdem erinnert der Baronshof (1800: Baron von Collas) an den früheren Glanz. Der vierte, links an der Chaussee nach Reppen, ist ein Familienhaus.

Sagen und Gespenstergeschichten knüpfen sich auch an das Schloß Lagow, wo angeblich schon 1285 eine Komthurei errichtet wurde.

Der Geheime Oberfinanzrath und Kammerpräsident Herr von Harlem schrieb an den General Christian von Massenbach, damals auf der Festung Küstrin:

Hochgeschätzter Freund!

Ihrer gütigen Aufforderung vom 10. d. gemäß, theil' ich Ihnen Dasjenige mit Vergnügen mit, was mir auf dem alten Schlosse der Komthurei Lagow begegnet ist.

Vor mehreren Jahren besuchte ich auf einer Reise meinen alten Freund, den Komthur Obristen von Münchow. Er bat mich, auf dem Rückwege die Nacht dort zuzubringen, welches geschah. Er wies mir ein Zimmer in dem Flügel des Schlosses an, wo es eine treffliche Aussicht hatte. In einem großen Nebenzimmer schlief mein Bedienter. Ermüdet von der Reise, schlief ich bald ein, ward durch ein Gepolter geweckt und glaubte, daß ich

---

[1]) Gallus, IV. 154—55. Ohne Angabe einer Quelle sagt Wedekind: „Besonders wurde abermals das Städtchen Sternberg hart mitgenommen." Kreischronik Seite 174. Wie stimmt dies mit jener tapferen Gegenwehr?

[2]) Bürgerbuch, Seite 249.

vielleicht im Schlafe den vor meinem Bette stehenden Stuhl weggestoßen hätte. Das Zimmer war durch ein sanftes rothes Licht erhellt, welches mich befremdete, da ich meiner Empfindung nach nicht so lange geschlafen hatte, daß solches von der Morgenröthe herrühren konnte. Mein Bett stand einige Schritt von einem großen Ofen, und da mein Blick dahin fiel, sah ich vor dem Ofen, mir gegenüber, die Figur eines alten bärtigen Mannes, von mittlerer Größe, in kurzer Ritterkleidung, mit einem kurzen Mantel und einem mit Federn besetzten Barett. Hierdurch aufmerksam gemacht, richtete ich mich im Bette auf, sahe die Figur starr an und rief: „Wer da?“ ohne Antwort zu erhalten. Ich rief meinen Bedienten, der mit zitternder Stimme antwortete, er könne unmöglich aufstehen, er sei mehr todt als lebendig und liege wie im Wasser, und frug, ob ich den erschrecklichen Lärm in meinem Zimmer nicht gehört habe. Während dieses Gesprächs ward das Licht immer schwächer, die Figur, die ich mit keinem Auge verließ, immer unkenntlicher und verschwand mit der Helle ganz, da sich die natürliche Dunkelheit wieder einstellte. Ich schlief darauf ruhig ein und bis an den Morgen fort, ohne weiter gestört zu werden.

Am andern Morgen besah ich die Ordenskirche, welche auf demselben Berge nahe bei dem Schlosse liegt, und die darin befindlichen Monumente, unter welchen auch eins dem ehemaligen Komthur von Grünberg errichtet und mit seinem in Stein gehauenen Bilde geziert ist. Es ist dieselbe Figur, die ich in der Nacht gesehen. Dort konnt' ich über den Mann nichts erfahren, sowie ich auch gegen Niemand von dem, was mir begegnet, äußerte, um unnöthiges Geschrei oder Furcht zu vermeiden.[1])

Nach der Geschichte des Heermeisterthums Brandenburg ist unter dem achzehnten Heermeister, Grafen Martin von Hohenstein, dieser Abraham von Grünberg im Jahre 1570 Komthur zu Lagow gewesen.

Ich kann diesem nichts hinzufügen, als daß ich völlig wachend und meiner bewußt gewesen. Mein Bedienter, ein ganz vernünftiger Mensch,

---

[1]) „Aber mit meinem alten Freunde von Münchow hätt' ich doch gesprochen!“ Anmerkung des Generals von Massenbach.

hat nichts gesehen, ist blos durch Poltern in Schrecken gesetzt worden. Vielleicht hat er auch den Kopf unter das Bett gesteckt. Hätt' ich das Monument in der Kirche vorher gesehen, könnt' ich glauben, daß sich meine Einbildungskraft das Bild eingeprägt hätte; allein ich sah diesen Pater am folgenden Tage.

Gorzin, den 17. März 1820.

von Harlem.

Der General von Massenbach fügte in einem Briefe an den Pfarrer zu Lagow noch die Versicherung hinzu: „In die Glaubwürdigkeit des von Harlem ist kein Zweifel zu setzen. Er ist ein besonnener Mann und verliert nie, auch in der größten Gefahr nicht, diese Besonnenheit. Er liebt die Wahrheit, und nie, in einer Bekanntschaft von beinah zwanzig Jahren, hab' ich ihn auf einem Abwege gefunden. Er ist kein fantastischer, er ist ein ganz besonnener Mann."

Herr von Harlem war Präsident in Posen; von Massenbach, zwar wissenschaftlich gebildet, aber öfters vorlaut, machte sich durch seinen Antheil an der Kapitulation bei Prenzlau (28. Oktober 1806) der preußischen Regierung verdächtig, und sie ließ ihn, da er überdies Nachrichten veröffentlichte, die er nur amtlichen Papieren entnommen haben konnte, in Frankfurt a. M. verhaften; er kam zuerst nach Küstrin, später nach Glatz auf die Festung, bis ihn 1828 der milde König Friedrich Wilhelm der Dritte begnadigte.[1]) In dem Namen des Komthurs irrt von Harlem. Der betreffende Leichenstein, früher in der Halle der Lagower Kirche, seit dem Umbau (1875) unter dem Chore in der Südwand des Gotteshauses, deckte einst die Ruhestätte des Komthurs Andreas von Schlieben, der, wie die Inschrift sagt, am Tage der heiligen drei Könige (6. Januar) 1571 starb. Ihm folgte Abraham von Grünberg der Ältere. Der Obrist Alexander Christoph von Münchow, seit dem 21. September 1797 Komthur der 1767 von Lagow abgezweigten Kommende Burschen, zu der außer dem genannten Dorfe noch Langenpfuhl, Seeren und Tempel gehörten, starb am 31. Oktober 1806 zu Drossen, wo er auch in der Regel sich aufhielt.

---

[1]) Kretzschmar, Friedrich Wilhelm III. I., Seite 403—404.

Wie die Überlieferung Ereignisse auszuschmücken pflegt, zeigt die Lagower Gespenstergeschichte, der vielleicht Narrenpossen übermüthiger Schloßdiener zum Grunde liegen, handgreiflich. Nach einer Mittheilung des Inspektors Erdmann in Sonnenburg, der, wie man mir sagte, eine Zeitlang bei dem Ordensgerichte arbeitete, erzählt Dr. Wedekind in seiner Kreischronik (Seite 187): „Es war eine finstere Herbstnacht des Jahres 1796. Gräßlich heulten die Stürme, dazu erscholl das Geschrei der Eulen, und schwere Regenschauer schlugen an die hohen Bogenfenster der Burg zu Lagow. Damals herrschte daselbst der Komthur von Pannwitz. Bei ihm befand sich ein Major von Barfuß zum Besuche, der ungeachtet des Aufruhrs in der Natur, in Folge einer reichen Abendmahlzeit im rothen Zimmer des Schlosses fest entschlafen war. Da schlug es auf dem nahen Thurme 12 Uhr, und sogleich erbebte von einem furchtbaren Stoße das ganze Schloß in seinen Grundfesten; die Thüren sprangen auf, ein gellender Laut zog durch das Gebäude und sandte aus den gewölbten Gängen einen grausigen Wiederhall zurück. Der Schläfer erwachte, sah sich erschrocken um — sein Diener in dem anstoßenden Zimmer hatte bereits unter dem Bette eine sichere Zuflucht gesucht — und erblickte in dem großen Kamine eine blaue Flamme, die mit jedem Augenblicke heller und feuriger wurde und sich endlich zu einer völligen Reitergestalt ausbildete, an der nichts, selbst nicht das kleinste Spornrad, fehlte. Drei Mal rief der Major die Erscheinung an, die drei Mal nur durch einen tiefen Seufzer antwortete, dann aber wieder in bläuliches Licht zerfloß. Hierauf war Alles vorbei; der Major entschlief wieder und hielt am andern Morgen das Ganze für einen Traum, obgleich auch sein Diener den furchtbaren Stoß, den gellenden Ton und ein entsetzliches Gepolter gehört, auch den erstickenden Schwefelgeruch nachher verspürt hatte. -- Am folgenden Morgen führte der Komthur seinen Gast im Schlosse und der Umgebung desselben umher. Sie gelangten von der Schloßtreppe auf den angrenzenden Kirchhof, und — welcher Schauer überfiel den Major! — gleich der erste Leichenstein, ein in Stein ausgehauener Johanniterritter, zeigt ihm das Bild der nächtlichen Erscheinung, und eine daran befindliche Inschrift gibt an, daß der Ritter gerade in der vergangenen Nacht vor dreihundert Jahren im benachbarten Forste gräßlich ermordet worden war. Der ausgehauene Ritter ist noch heute nach Aufhebung des Kirchhofes in der Mauer an der Kirchthür zu sehen, sammt seinem Bruder im geistlichen Gewande. Der

Major hat nie seinem Freunde von der Erscheinung etwas gesagt, darüber aber ein besonderes Promemoria abgefaßt, welches nach seinem Tode in Küstrin aufgefunden worden ist."

Im Jahre 1796 ruhte der Kommendator, Oberstlieutenant von der Kavallerie a. D. auf Stolpe bei Berlin, Friedrich Wilhelm von Pannwitz längst im Grabe. Er starb den 23. Januar 1790 zu Schönfließ. Auch sein Nachfolger, Friedrich Christoph Freiherr von Seckendorff, ein Katholik, hatte bereits am 29. Juni 1795 zu Weingarthsgreuth bei Erlangen das Zeitliche gesegnet. 1796 war Friedrich Graf von der Schulenburg Komthur. Daß der andere Herr „im geistlichen Gewande", der „edle und ehrenfeste Andreas von Schlieben", am 9. Juni 1568 22 Jahr alt „von dieser Welt geschieden und christlich abgeschieden und in Gott selig entschlafen", ein Bruder des gleichnamigen Komthurs gewesen sei, erscheint im höchsten Grade unwahrscheinlich. Viel näher liegt: er war sein Sohn, der Ehe mit Klara von Schlieben aus Beelitz bei Reppen 1544 entsprossen.

Über einen 1496 im Lagower Forst ermordeten Johanniter ist nichts bekannt. –

Links von der Schloßtreppe befindet sich in der Mauer ein Stein, der jedenfalls früher auch ein Grab deckte. Die Inschrift desselben, in mancher Beziehung räthselhaft, lautet:

„Siehe Leser!
Wer ich bin gewesen?
Frembd gezeuget,
Frembd geboren,
Frembd erzogen,
Frembd gestorben,
Christoff ein Sohn
Hr. Christian Strüff, Pension
zu Tastorff und Fr.
Engeln Burgenhagin.
Gezeiget in Pommern,
Geboren in Preußen 1678,
Erzogen in der Mark,
Gestorben hier 1689,
Jetzt daheim im Vaterland!" —

Da die Inschrift sehr beschädigt ist, so kann ich für die diplomatische Richtigkeit der siebenten, achten und neunten Zeile nicht einstehen. Zweifelhaft bleibt insbesondere, ob der Name Strüff oder Struff heißt. Bei Pension(är) fehlen wahrscheinlich die beiden letzten Buchstaben. Tastorf (Taßdorf) liegt im Kreise Niederbarnim. Engeln ist zwar deutlich zu lesen, gibt aber in Verbindung mit dem folgenden Worte kaum einen Sinn. Vielleicht war Burgenhag der Name ihres Vaters oder ihres Geburtsortes (Burghagen bei Perleberg; im Münsterlande, Kreis Recklingshausen). Welche freundschaftlichen oder welche widrigen Verhältnisse den genannten (unehelichen?) Knaben in elf Jahren soweit im Kurstaate Brandenburg umhergeführt haben — wer vermag Solches heute noch zu ermitteln? Einem erfinderischen Kopfe könnten die wenigen Notizen gewiß reichen Stoff zu einem spannenden Romane liefern.

Mehr als sagenhaft klingt ein Bericht über die Schicksale eines Lagower Bürgers aus neuerer Zeit. Ich lasse deshalb denselben hier folgen.

„Ford're Niemand mein Schicksal zu hören, dem das Leben noch wonnevoll winkt!“ Diese Melodie durfte der Orgelbauer Ernst Theodor Rehse spielen, wenn er ein Instrument glockenrein gestimmt hatte. Geister zu beschwören, die der Acheron besser verschlingt, vermochte er allerdings nicht: auf dem Gebiete seiner Kunst erlangte er auch nicht, wie Sauer in Frankfurt a. O., Lange und Dynse in Berlin, Gottfried Silbermann aus Klein-Bobritsch in Sachsen, einen europäischen Ruf; noch weniger ward ihm seiner Gedichte oder seiner finanziellen Rathschläge wegen das alternde Haupt mit Lorbeer umwunden. Ein höchst merkwürdiger Mann bleibt er trotzdem. In seinem bewegten Leben tritt ein Umstand hervor, der unstreitig an's Wunderbare grenzt. Er hatte nämlich, wie er einmal vor dem Schwurgerichte nachzuweisen suchte, einen Vetter, der nicht blos ganz dieselben Namen führte, der auch, was gewiß noch mehr auffällt, mit ihm an einem Tage und in einer Stadt geboren, sogar mit ihm in derselben Kirche getauft und konfirmirt wurde. Dieser sein Doppelgänger machte sich später arger Vergehungen schuldig, die man leider dem ehrenwerthen Bürger aus Lagow in die Schuhe schob. Nicht immer gelang es ihm, die ägyptische Dunkelheit aufzuhellen, und Menschen, die da glaubten, jene mirakulöse Geschichte sei nur im einsamen Kämmerlein mit Hülfe einer Wassernixe erfunden, erdreisteten sich wol gar, ihm darob harte Vorwürfe zu machen. Gelt, mein lieber Leser, der du im „Kampfe um das Dasein" außer dem grauen Haupte noch deine Ehre gerettet hast, wenn man einen redlichen Deutschen derartig mit Fragezeichen umgittert — wär' es da nicht viel besser, ein Chinese zu sein? Doch alle Wortspiele bei Seite, wo es zutrifft: „Er dreht sich links, er dreht sich rechts; er dreht sich wie ein Kreisel fort, es hilft zu nichts in einem Wort — der Zopf, der hängt ihm hinten!" — Bevor unser Nehse die Kunst, Orgeln zu bauen, in der Provinz Posen erlernte, arbeitete er, wie sein Namensvetter, bei einem Justizkommissarius. Hier erwarb er sich viele Kenntnisse, mit denen er später Solchen, die einen Rechtsanwalt nicht bezahlen können oder wollen, in schwierigen Prozessen, selbstverständlich immer unentgeltlich, Hülfe leistete. Nach manchem Sturme ging er (ob mit seinem Doppelgänger auch an demselben Tage?) am 14. September 1878, 79 Jahr 5 Monat 15 Tage alt, in den Hafen der Ruhe ein. —

Ein reicher Sagenkreis schlingt sich um den Markgrafen Hans (Johann) von Küstrin. Bekanntlich baute er die Festung. Darüber noch ungewiß, wie er sie nennen solle (so erzählt man) bestimmte er: Sie möge nach dem, der zuerst ins Thor einpassire, heißen. Dies sei des „Küsters Trin" (Katharine) gewesen. Daher der Name Küstrin. Nach einer anderen Version sahe der Markgraf, daß ein Bursch seine Braut küßte, und ein Herr aus des Fürsten Umgebung bemerkte: „Da küßt einer seine Trine!"

Diese Namensdeutung steht mit einer anderen auf gleicher Stufe. „Einst trafen Fuchs und Krebs zusammen, die wetteten mit einander, wer am schnellsten laufen könne. Da machten sich beide auf, und Meister Reinecke, seiner Sache ganz gewiß, ging langsam voran. Ohne daß dieser es merkte, kniff ihn der Krebs in die Haare der Ruthe und ließ sich auf solche Weise mitschleifen. Nicht fern vom Ziele, faßte das Krustenthier mit den Scheren zu; vor Schmerz schlug der Fuchs mit seinem Schwanze wüthend um sich und schleuderte jenen, der in diesem Augenblicke losließ, bis ans Ziel. Voll Freuden rief er aus: Krebs juchhe! Als später an dem bezeichneten Orte ein Dorf gebaut wurde, nannte man es zur Erinnerung an die List: Krebsjuchhe. Daraus entstand im Laufe der Zeit: Krebsjauche.[1])

[1]) Nork, Volkssagen, Seite 1026.

Markgraf Hans, hebt Dr. Schwartz in den Sagen (S. 104) hervor, war überhaupt ein gewaltiger Zaubermeister, so daß Einige von ihm erzählen, er habe auch ein Bündnis mit dem Teufel gemacht. Er konnte nämlich durch die Luft und über das Wasser fahren, als wäre es festes Land. So kutschirte er auch einmal durch die Luft nach Freienwalde, und damit es recht schnell gehe, ließ er den Rosselenker tüchtig darauf lospeitschen. Der mag aber wol etwas zuweit ausgeholt haben; denn es bleibt seine Peitsche an einem Pfahle sitzen. Schnell will er vom Wagen springen, um sie wieder loszumachen. Das verbietet ihm aber der Markgraf, indem er meinte, er solle nur ruhig zufahren, es werde ohne Zweifel auch so gehen. Anderen Tags, als sie auf ebener Erde nach Schwedt zurückkehren, zeigte er dem Kutscher seine Peitsche: sie hing an der obersten Spitze eines Kirchthurmes. Das war der Pfahl, an dem sie sitzen blieb! Zum ewigen Andenken soll man die Peitsche dort haben hängen lassen; das Dorf weiß indeß Niemand zu nennen. -- Auf dieselbe Weise büßte er auch seine Schmeerbutte ein, die gleichfalls an dem Kirchthurme eines Dorfes hängen blieb. Da baumelt sie noch! — Ein Mal verlangte Hans, daß der Teufel vor ihm her so schnell eine Chaussee baue, als er fahre. Mephistopheles konnte dem hohen Herrn das Gesuch nicht abschlagen, gerieth aber bei der Ausführung seines Werkes in sehr heftigen Schweiß.

Allbekannt ist, daß Beelzebub wol Manchem, der ihm seine Seele verschrieb, noch Abschub gibt; endlich aber holt er ihn. Davon weiß die Volkssage auch im Lande Sternberg zu erzählen. Im alten Schlosse zu Schmagorey befindet sich ein abgelegener Weinkeller. Diesen besuchte der letzte Burgherr (ob ein Ilow oder v. d. Osten, weiß man nicht genau) sehr oft; nach Gott und Menschen aber fragte er wenig. Eines Tages lag er dort todt, und zwar mit entsetzlich verzerrten Zügen und mit den sichtbaren Spuren der Satanskrallen.

Wie ein Bösewicht auf merkwürdige Weise entdeckt wird, berichtet eine andere Sage. Das Grundstück, auf welchem sich gegenwärtig in Zielenzig der Reiche'sche (vordem Sülzner'sche) Gasthof befindet, gehörte früher einem Bäcker Brauer. An dasselbe knüpft sich jene Sage.

Ein Postillon bekam von dem Postmeister in Zielenzig einen Hund geschenkt, der ihn allemal begleitete, wenn er in seinen Geschäften nach Drossen und wieder zurückfuhr. Einst blieb die Post aus. Der Postmeister wartete; statt des Wagens kommt aber der Hund außer Athem, bellend und heulend. Sobald er den Postmeister erblickt, springt er an ihm herauf und eilt sogleich schreiend den Weg, den er gekommen war, wiederum zurück. Der Postmeister erschrickt, läßt sein Pferd satteln und folgt dem Hunde. Auf dem halben Wege findet er den Postwagen stehen, aber bestohlen und ohne Knecht. Der Hund eilt heulend in die nahen Fichtengebüsche; jener folgt und sieht hier seinen Knecht erschlagen liegen. Die Obrigkeit stellt Monate lang Untersuchungen an, endeckt aber nichts. Endlich ritt einmal der Postmeister, von dem Hunde begleitet, nach Drossen. Als er die eine Straße hinab kam, fiel sein Hund einen vor einem Hause stehenden Kanonier wüthend an, obgleich er sonst auf keinen Menschen losging. Der Soldat fand sich beleidigt und schimpfte; allein der Postmeister, dem die ungewöhnliche Wuth des Hundes auffiel, ging sogleich zum Obersten des dortigen Regiments und bat, den Kanonier verhaften zu lassen. Er selbst begleitete ihn zur Wache. Sowie der Hund den Kanonier erblickte, ward er wiederum wüthend und eilte ohne Verzug die Bodentreppe hinauf. Man folgte ihm, sah ihn in dort liegendem Stroh kratzen und fand beim Nachsuchen noch Sachen, die von dem Postwagen gestohlen worden waren. Nun konnte der Kanonier sein Verbrechen nicht mehr leugnen; er gestand, daß er den Postknecht ermordet und die Post beraubt habe. Der Verbrecher erhielt zu Berlin die Todesstrafe.[1])

Im Jahre 1857 veranlaßte ich den Abdruck der vorstehenden Erzählung im „Politischen Wochenblatte" (Nr. 11). Der damalige Redakteur Karl Range schrieb eine Berichtigung (Nr. 12). Nach derselben steht angeblich Folgendes fest:

Um 1770 wurde der Postillon Sprenger, der wöchentlich zwei Mal die polnische Kariolpost von Zielenzig nach Drossen führte, unweit der Ziegelei bei Klein-Kirschbaum von dem Tischler (Kanonier) Gebhardt, welcher in dem Seitengebäude des oben genannten Grundstückes, mithin nicht in Drossen, wohnte, ermordet und beraubt. Auf die Spur des Missethäters leitete eine Bettlerin, die den Raubmörder zur ungewöhnlich frühen Morgenstunde auf dem Rückwege von Schmagorey betroffen hatte. Der Justizrath Groote entlockte der Frau des Gebhardt, indem er ihr ein Geständnis ihres Mannes vorspiegelte, verschiedene nähere Angaben, so

---

[1]) Zunächst aus dem Gittermann'schen Lesebuche I., Seite 160—61: doch auch in mehreren naturgeschichtlichen Werken.

daß man das unter den Dielen der Stube zwischen Hobelspänen verborgene Geld auffand. Von der Militärbehörde in Berlin zum Tode verurtheilt, starb der Kanonier, nachdem ihm der Scharfrichter vorher die rechte Hand abgehauen hatte, durch den Strang. Am Schlusse der Berichtigung heißt es: „Von einem Hunde, der in diesem Drama eine Rolle gespielt haben soll, ist eine Erinnerung oder Aufzeichnung nirgends mehr vorhanden: auch beruhen alle sonstigen im Gittermannschen Lesebuche über diesen Mord angeführten, von der vorstehenden urkundlichen Darstellung abweichenden Umstände auf Irrthum oder Entstellung.“ —

Von mir nach den Urkunden befragt, räumte Range ein, daß er solche nicht eingesehen, sondern „seine Berichtigung nur nach mündlichen Überlieferungen geschrieben habe.“

Nach einer Notiz der Drossener Chronik[1]) fand der Raubmord, der jedenfalls großes Aufsehen erregte, am 26. Juni 1772 statt. Der Tischler wird hier Gelhart genannt. Von seinem eigenen Kinde verrathen, starb er durch das Rad.

Aus anderen sicheren Quellen füg' ich noch hinzu, daß der Bürgermeister, Justizrath Groote (nicht Grothe), vorher Auditeur, sein Amt in Zielenzig 1772 antrat, und daß der Postmeister, Hauptmann a. D. von Seydlitz, das Burglehn bewohnte und die zu demselben gehörigen Äcker selbst bewirthschaftete.

Herr Pfarrer Handtmann veröffentlicht zwar in seinem Buche[2]) verschiedene neue Sagen aus dem Knödellande, besonders über die Entstehung des Auken- oder Aukensees bei Gleißen, auch eine rührende Erzählung über den Herrenmeister, Prinzen Ferdinand von Preußen. Da ich jedoch, trotz vieler Nachforschungen, für sie nicht die geringsten Anhaltepunkte finden konnte, sogar eine Autorität, auf die sich der Verfasser beruft, bestimmt erklärte, sie wisse von der betreffenden Sache nichts; so muß ich, bis zum klaren Beweise des Gegentheils, annehmen, daß der genannte Herr diese neuen Sagen erdichtete, daß sie einzig und allein ein Gebilde seiner Fantasie sind, keineswegs aber durch Überlieferung sich im Volke fortgepflanzt haben.

---

[1]) Knuth, Seite 85.

[2]) Neue Sagen aus der Mark Brandenburg. Seite 166—175; 194—205.

Wie leicht Teufels- und Gespenstergeschichten Glauben finden und sich aus denselben Sagen bilden können, will ich kurz an drei Beispielen zeigen.

Rechts vom Wege, der von Spiegelberg nach Topper führt, stand einst eine alte hohle Eiche; links liegt eine Hügelreihe, deren sechzehn regelmäßige Einschnitte noch heute deutlich erkennen lassen, daß vor vielleicht ein Tausend Jahren dort wendische Fischer ihre Hütten aufgeschlagen und, wie die vorgefundenen Urnen zeigen, ihren Todten die letzte Ruhestätte bereitet hatten. Das faule Holz leuchtete natürlich öfter. Was sah man aber? Große schwarze Hunde, deren Augen glühten, aus deren Rachen Flammen züngelten, damit Niemand den Schätzen nahe, die sie treu bewachten. Selbstverständlich waren es auch die Geister der Verstorbenen, die einen alten Chorherrn, zumal wenn er gerade aus dem Wirthshause herauskam und die sonst bekannte Straße ihm sehr wunderlich erschien, auf dem Berge vor dem Dorfe in die Lehmgruben stürzten.

Am 5. September 1830 starb in Topper in Folge ihrer Entbindung die Frau des Hütten-Inspektors Karl Zachert. Oftmals bemerkte der Nachtwächter, daß die um ihr zurückgelassenes Kind besorgte Mutter vom Begräbnisplatze zurückkehrte und dann am Eingange des Herrenhofes verschwand. Endlich löste sich das Räthsel. Man stellte fest: der Nachtrath sah am Zaune seinen eigenen Schatten; dieser fiel, weil am besagten Eingange ein Thor fehlte, auf die flache Erde. — Was könnte wol entstanden sein, falls unerwartet der seligen Mutter Geist einmal der schwarzen Dame, die zuweilen einem Hügel unter dem knorrigen Schneider'schen Birnbaume entstieg, begegnet wäre? (Laut einer alten Überlieferung ruhte an dieser Stätte ein adliges Fräulein, die früher, als Gott der Herr sie rief, von der Erde schied. Das Kirchenbuch, in der Zeit des dreißig- und siebenjährigen Krieges freilich sehr lückenvoll, enthält darüber keine Notiz.) Als Hündlein kam der schwarze Geist einst durch eine enge Gasse auf den Nachtwächter zu, verwandelte sich vor seinen Augen aber in eine Menschengestalt. Der erschrockene Greis schlug so heftig nach ihr, daß der Spieß zerbrach.

Während des siebenjährigen Krieges plünderten erweislich die Russen (vom Volke gewöhnlich die „Muschkewitter", Moskowiter, genannt) sehr arg im Dorfe Korritten. Sie erstachen den Bauer Martin Kretschmann, der seine Magd vor Mißhandlungen schützen wollte. Ein Räuber (Schiller sagt zwar: wenn die Räuber zu Haufen kommen, nennt man sie nicht mehr Räuber) der auch auf dem Kirchboden Schätze suchte, fiel dicht vor dem Altare durch und brach den Hals. Öfter gewahrte man Abends an heiliger Stätte einen hellen Schein. Selbstredend war es der Geist des Frevlers, und Mancher hätte es unbedenklich vor Gericht bekundet, wie der Hauptwächter Michael Wermuth.[1]) Der Königliche Förster Schulz, besonnener, als die abergläubischen Bauern, machte indeß durch wiederholte Versuche klar: Das Wasser im Dorfpfuhle reflektirt Licht aus Bauernhäusern nach mehreren Kirchenfenstern. — Laßt darum alle Gespensterfurcht schwinden! Wie hier, verhält es sich in vielen ähnlichen Fällen. Zur Aufregung kommt wol auch ein böses Gewissen.

Wie leicht selbst Gelehrte, die gleich dem Fürsten Heinrich dem Zweiundsiebzigsten von Reuß-Lobenstein-Ebersdorf „auf einem Prinzip herumreiten" und diesem gemäß versuchen, Sagen zu deuten, auf schiefe Ebenen gerathen können, sehen wir unter Anderem aus den Schriften von Georg Friedrich Daumer (der 1858 nach verschiedenen geistigen Schwenkungen zum Katholizismus übertrat) und Friedrich Nork (Korn). Jener erklärt die Berggeister für Seelen solcher Kinder, die christliche Priester im Dunkel der Berghöhlen, in unterirdischen Kapellen zum Opfer brachten. Sie wurden dann wohlthätige Genien der Gegenden und Orte, wo sie ihren Tod erlitten, und wo sich ihre, den Reliquien der Märtyrer gleich geachteten Reste befanden. Kleine Männchen wanderten sonst häufig um Mitternacht aus dem Unterberg (Wunderberg) nach Salzburg, um da in der Domkirche Gottesdienst zu halten (Grimm, Sagen I. 32). Es befand sich also in diesem Berge eine mysteriöse Kultusstätte, wo Kinder geopfert wurden, die späteren Schutzgeister des Ortes und der Umgegend. Daumer vermuthet, daß am 28. Dezember, dem Tage der unschuldigen Kindlein, ehemals die meisten dieser Opfer stattfanden, und daß das heutige Ausfitzeln (die Kinder mit Ruthen aus dem Bette zu treiben) eine stellvertretende Milderung des früheren blutigen Brauches sei.

---

[1]) Im Jahre 1618 stoßen wir in den Annalen Krossens zuerst auf eine Anklage der Zauberei, deren „die alte Fleischerin von Drenow" beschuldigt wurde! Sie erhängte sich aber noch während des Prozesses in ihrem Gefängnisse. Da hat Michael Wermuth, der Hauptwächter, vor versammeltem Rathe ausgesagt, daß sie darauf in Gestalt eines alten Hasen mit Beelzebub, der sich als ein junger angestellt, immer um das Rathhaus gelaufen, und als er dem alten gefolgt, ihn zu schlagen, sei der Spieß zerbrochen, darob er gerufen: „Hilf, Herr Jesu!" worauf die Zauberei verschwunden. Matthias' Bürgerbuch, Seite 211.

Wie die Reliquien der Geopferten (behauptete Nork), so stellte man auch die Gefäße, in welchen, und die Instrumente, mit welchen sie zu Engeln oder Heiligen gemacht wurden, zur Schau aus, offenbar behufs talismanischer (zauberischer) Abwehr aller über den Ort verhängten Übel, weil man wähnte, die Gottheit durch solche Schaustellungen fortwährend an die Gabe erinnern zu müssen, mit der sich die Bürgerschaft von einer vorher bestimmten Plage losgekauft habe. Denn den Menschen schuf Gott nach seinem Bilde; er schrieb ihm also ebenfalls Bestechlichkeit und Vergeßlichkeit, Rachlust und Mordlust zu (sic!).

Aus dem Vorhergehenden erklären sich nun „Die beiden Becken in Tucheband" von selbst: „Das Dorf Tucheband (bei Golzow im Oderbruche) hat eine gemauerte Kirche und einen schönen gemauerten Thurm. An der Kirche auswärts gegen Sonnenaufgang sind zwei messingne Becken eingemauert. Wenn die Sonne darauf scheint, geben sie einen Glanz wie zwei Sterne; eines steht über dem anderen. Davon wird unterschieden erzählt, woher sie kämen. Etliche sagen, es wären zween Brüder aus dem Dorfe entsprossen, so Balbierer worden und sich in fremden Ländern sehr versucht, daß sie in Ruhm kommen und das Dorf Ehre von ihnen gehabt, sie auch selbst hätten ihr Vaterland mit diesen Becken als mit Schildereien beehrt, ihrer Kunst wegen. — Andere meinten, daß eine Jungfer hätt' ein Gestift gemacht und dieselben zum Denkmal desselben setzen lassen. Es scheint, daß sie so alt seien, als das Kirchengebäude, und bei dem Bau hineingemacht seien, weil die beiden runden Löcher, darin sie stehen, stracks müssen also gemauert gewesen sein, wie die Mauer ist aufgeführt worden. Es sind aber vor Alters Wallfahrten dahin gewesen unter dem Papstthum." --

Kuhn erzählt dies (Märkische Sagen Nr. 187) nach dem Frankfurter Matrikelbuche des Superintendenten Heinsius. Auf Grund einer mündlichen Nachricht fügt er hinzu, daß die beiden Becken bis zum Jahre 1794, da eine Reparatur an der Kirche nothwendig wurde, dort vorhanden gewesen, seit dieser Zeit aber verschwunden sind.

In Berlin (indeß auch in Breslau und Lübeck) kennt man folgende Sage: Eines Tages verabredeten mehrere Chorschüler mit einander, daß sie auf den Thurm der Marienkirche steigen und dort aus den Krähennestern die Eier ausnehmen wollten. Diesen Vorsatz führten sie auch aus. Als sie auf dem Thurme ankamen, ward aus einem der Schalllöcher ein Brett geschoben, welches zwei Schüler hielten, der dritte aber kroch auf demselben hinaus, um in den Ritzen und Spalten des Thurmes Nester zu suchen. Er fand auch bald eine große Zahl derselben, gab jedoch seinen Gefährten kein einziges der Eier, und als sie ihn fragten, ob sie ihren Theil nicht erhalten würden, schlug er es ihnen ab, weil er sagte, er habe sich allein der Gefahr ausgesetzt, daher wolle er auch allein die Frucht genießen. Da wurden die andern böse und drohten, das Brett loszulassen, wenn er ihnen nicht augenblicklich einen Theil seiner Beute abgäbe; er jedoch, der vor der Ausführung ihrer Drohung sicher zu sein wähnte, sagte: Das sollten sie nur thun, dann würden sie gewiß nichts bekommen. Aber kaum hatte er das gesagt, so ließen jene das Brett los, und der Chorschüler stürzte von der höchsten Höhe des Thurmes herab. Nun hatte er aber seinen weiten Mantel um, der bis unten hinab zugeknöpft war, so daß sich sogleich der Wind darunter fing, den Fall hemmte und ihn wohlbehalten und unversehrt mitten auf den Markt hinabtrug, wo er zur größten Bewunderung der Leute ankam (Kuhn Nr. 118).

Nork folgert aus dieser Sage: Menschen, insbesondere Chorschüler, wurden von Thürmen gestürzt. Der Mantel deutet auf eine spätere Milderung der grausamen Sitte hin, die man Anfangs in strengerer Weise beobachtete.[1])

Ich glaube, die Leser haben an den merkwürdigen Proben genug. Darum schließ' ich das zweite Kapitel, und zwar mit einem Worte aus dem Wandsbecker Boten (Matthias Claudius):

„Gelehrte treiben oft ihr Spiel
mit dem bewußten Federkiel". —

[1]) Sitten und Gebräuche der Deutschen und ihrer Nachbarvölker. Seite 331, 335, 338—339, 354—355.

## Drittes Kapitel.

# Das Land Sternberg bis zum Jahre 1250.

Gewöhnlich pflegen die alten Chronisten das Volk, dessen Geschichten sie erzählen wollen, bis auf die Sündflut zurückzuführen. Christoph Enzelt z. B. nennt als Stammväter der Deutschen Askenas oder Thuisco, Gomer, Japhet, den dritten Sohn Noahs und seines Weibes Areza (Tythea, Esta).[1])

Ganz abgesehen von anderen Gründen, kann ich hier diesen dunklen Pfad schon deshalb nicht einschlagen, weil eine urkundliche Geschichte geliefert werden soll.

Für unseren Zweck dürfte es vorläufig genügen, wenn ich noch ein Mal darauf hinweise: (Das Schloß) Sternberg kommt zuerst in einer Urkunde vom 14. August 1300 vor. Markgraf Otto der Vierte (mit dem Pfeile) verspricht dem Erzstifte Magdeburg, die Gebrüder Friedrich, Bernhard und Timon von Strele in die ihnen entzogenen Güter bei Müncheberg, in die 200 Hufen in Chorit (Korritten) und in eine Wiese bei Fürstenberg a. O. wieder einzusetzen.[2]) Aus anderen zuverlässigen Quellen ergiebt sich: Das Land Sternberg, östlich von der Oder, war mit Lebus,[3]) westlich von diesem Strome, seit alten Zeiten verbunden. Bis ungefähr 1250 gehörten sie zu Niederschlesien und bis 1163 sammt diesem zu Polen.

---

[1]) Altmärkische Chronica, Seite 20.

[2]) Riedel I., Band 20, Seite 196. Wohlbrück I., Seite 175. Kletke, Regesten I., Seite 61.

[3]) Das Land Lebus, angeblich nach seinen Bewohnern, dem wendischen Stamme der Lebuser benannt, wird urkundlich zuerst 1144 erwähnt. (Wohlbrück I., Seite 8—9.) Die Stadt war niemals Sitz eines Bischofs. Dr. Goltz hat dies in seiner Chronik von Fürstenwalde (Seite 576—84) sehr gründlich nachgewiesen. Von einer Verlegung der Residenz von Lebus nach Göritz, die nach Herrn Oskar Schwebel (Oderzeitung 1887, Nr. 105) der Erzbischof Konrad von Magdeburg auf's eifrigste betrieben haben soll, kann mithin nicht die Rede sein. In den bisherigen „Neumärkischen Städtebildern" tritt überhaupt mehr Fantasie, als Geschichtsforschung zu Tage.

Damit jedoch die ersten tausend Jahre der christlichen Zeitrechnung für unsere Heimat nicht wie ein leerer Beutel erscheinen, in dem selbst die kleinste Kupfermünze fehlt; damit Niemand glaube, es könnte höchstens über die bekannten Knödeln — verrufenen dürfen wir nicht mehr sagen, weil Herr Pastor Handtmann ihren ehrenvollen Ursprung nachgewiesen hat — etwas erzählt werden; so sei es uns gestattet, Einzelnes anzuführen.

Nach Cajus Cornelius Tacitus wohnten die Deutschen am Rheine und an der Donau bis an den nördlichen Ozean und die Weichsel. Er nennt sie Indiginae (dort Entsprossene); denn er hält sie für ein Urvolk, das sich mit andern Stämmen nie vermischt habe.[1])

Nach Claudius Ptolomäus, einem Geographen und Astronomen zu Alexandrien in der ersten Hälfte des zweiten Jahrhunderts, wohnten die Sueven zwischen der Elbe und Weichsel. Zu ihnen sind die Semnonen in der Mittelmark, der Lausitz und in Schlesien, die Longobarden in der Altmark und Priegnitz, die Swardonen und Nuithonen d. h. die Warthe- und Nothes- oder Netzeanwohner zu zählen.

---

[1]) Ich möchte glauben, die eigentlichen Germanen seien Eingeborene, und durchaus nicht mit von fremden Völkern hinzugekommenen Gästen vermischt, weil diejenigen, welche vor Zeiten ihre Sitze wechseln wollten, nicht zu Lande, sondern zu Wasser zogen, und weil der jenseits liegende unermeßliche und so zu sagen feindliche Ozean selten von unserem Gebiete aus mit Schiffen besucht wird. Wer möchte ferner, abgerechnet die Gefahr auf einem schauderhaften und unbekannten Meere, Asien, Afrika oder Italien verlassen und nach Germanien ziehen, das wüst an Boden, rauh an Klima, traurig an Anbau und Aussehen ist und nur seinen Eingeborenen gefallen kann. — Die Germanen feiern in alterthümlichen Liedern, der einzigen Art von Urkunden und Geschichte bei ihnen, den Thuisko, einen Sprößling der Erde, und dessen Sohn Mannus als Stammvater und Gründer des Volkes. Dem Mannus schreiben sie drei Söhne zu, nach deren Namen Diejenigen, welche dem Weltmeere zunächst liegen, Ingävoner, die im mittleren (Germanien) Hermioner, die übrigen Istävoner heißen. Einige behaupten, was man bei dem Alterthume thun kann, mehrere Söhne des Thuisko und mehrere Volksbenennungen, nämlich Marser, Gambriver, Sueven, Vandalen — und dieses sind wirkliche und uralte Namen. Übrigens sei das Wort Germania neu und erst vor kurzer Zeit dem Lande beigelegt worden; es seien nämlich Diejenigen, welche zuerst über den Rhein gegangen und die Gallier vertrieben haben, wie sie jetzt Tungri heißen, damals Germanen genannt worden. So sei der Name einer Volksart, nicht einer Volksgattung allmählich so zur Geltung gekommen, daß Anfangs alle (von den Galliern) aus Furcht wegen des Siegers, bald aber von ihnen selbst mit den vorgefundenen Namen „Germanen" benannt worden seien. — Uber Germaniens Lage, Sitten und Völker, übersetzt und erläutert von Dr. Weishaupt, Kapitel 2, Seite 3—4. Vergl. Tacitus, übersetzt von Dr. Bötticher IV., Seite 164—165.

Die Fragen: Führt Schwiebus, (Suebussin), das nach einer Sage lange vor Rom erbaut sein soll, von den Sueven seinen Namen? Erinnert der Zerwinkel in dessen Nähe an den bösen Gott (Czernybog), Mühlbock aber an den guten (Bielbog)? — mögen Solche beantworten, denen es ein außerordentliches Vergnügen bereitet, stundenlang über einem Räthsel oder einem Rebus zu düfteln.[1])

Die Völkerwanderung, die 374 begann, stürzte das ohnehin schon lange schwankende weströmische Reich vollends um. Wohl oder übel suchten auch die deutschen Stämme eine neue Heimat auf. Die Sueven wandten sich nach Pannonien (Ungarn), Gallien, Spanien und Italien. In dem letzteren Lande gründeten auch 568 die Longobarden unter Alboin ein eigenes Reich, über das aber 774 der eroberungssüchtige Karl der Große das Todesurtheil sprach.

Nach etwa hundert Jahren bevölkerten die Wenden, ein slavischer Stamm aus Asien, die menschenleeren Länder. Es ist wol am besten, wenn ich über sie einige alte Schriftsteller, die ihnen nahe standen, reden lasse. Prokop, ein griechischer Historiker aus Cäsarea in Palästina (um 560 n. Chr.) sagt: „Die Slaven und Anten stehen unter keinem Monarchen, sondern sie haben von alten Zeiten her eine demokratische Regierung; daher berathschlagen sie sich immer gemeinschaftlich. Alles Übrige ist bei beiden Völkern von jeher durch gewisse Gesetze bestimmt. Sie erkennen den Urheber des Blitzes für den einzigen Gott und den Herrn der Welt; ihm opfern sie Ochsen und allerlei andere Thiere. Von dem Schicksale wissen sie nichts, geschweige daß sie ihm eine Gewalt über die Menschen zuschreiben sollten. Wenn ihnen aber auf dem Krankenbette oder dem Schlachtfelde der nahe Tod droht, so geloben sie, Gott, falls er sie beim Leben erhalten würde, ein Opfer zu schlachten. Sind sie der Gefahr entgangen, so opfern sie, was sie versprochen, und glauben, daß ihnen dieses Opfer das Leben gerettet habe. Doch verehren sie auch Flüsse und Nymphen und gewisse andere Geister, denen allen sie opfern; bei diesen Opfern wahrsagen sie auch. Sie wohnen in schlechten und zerstreuten Hütten und ziehen oft von einem Orte zum andern. Wenn sie ins Treffen gehen, so sind sie größtentheils zu Fuß und führen nur kleine Schilde und Wurfspieße; niemals tragen sie einen Harnisch. Andere haben nicht einmal Hemden oder andere Kleidung, sondern

[1]) Knispel, Seite 114. Treu (Schwiebus), Seite 11.

gehen blos in Beinkleidern zum Gefechte. Beide Völker reden einerlei Sprache, die sehr barbarisch klingt. In der äußern Gestalt ist zwischen ihnen nicht der geringste Unterschied, denn sie sind durchgängig lang und stark von Gliedmaßen; ihre Haut ist nicht sehr weiß und ihr Haar nicht gelb und doch auch nicht ganz schwarz, sondern bei allen röthlich. Ihre Speisen sind grob und schlecht zurechtgemacht, wie bei den Massageten, denen sie auch in der beständigen Unreinlichkeit gleichen. Boshaft und tückisch sind sie gar nicht, sondern redlich, und auch dieses ist ein Überrest von den hunnischen Sitten.

Ehemals hatten Slaven und Anten nur einen Namen; sie hießen beide Spori, vermuthlich weil sie sporadisch d. i. zerstreut hier und da in Hütten wohnen, und deswegen nehmen sie ein so großes Land ein, denn sie bewohnen den größten Theil der nördlichen Gegenden der Donau." —

Mauritius (Strategion) berichtet: „Die Slaven und Anten haben einerlei Lebensart und Sitten, lieben die Freiheit und können auf keinerlei Art zur Dienstbarkeit oder zum Gehorsam gebracht werden. Sie sind vorzüglich in ihrem eigenen Lande tapfer und können viel Beschwerden ertragen; sie halten leicht Hitze und Kälte, Blöße und Mangel aus. Gegen Fremde sind sie gütig, sorgen für sie, geleiten sie sicher von einem Orte zum andern, wo sie Verrichtungen haben, und wenn einer, der einen solchen Fremdling beschützen sollte, durch seine Fahrlässigkeit ihm ein Unglück zustoßen läßt, so bekriegt ihn sein Nachbar, weil er es für eine heilige Pflicht hält, den Fremden zu rächen. Ihre Gefangenen behalten sie nicht wie andere Völker beständig in der Knechtschaft, sondern nur auf gewisse Zeit; nach deren Ablauf stellen sie es denselben frei, ob sie sich loskaufen und nach Hause gehen, oder bei ihnen frei und als Freunde bleiben wollen. Sie haben eine Menge Vieh von allerlei Art und Feldfrüchte, die sie auf einen Haufen schütten, vornehmlich Hirse und Brotkorn. Ihre Weiber sind den Männern außerordentlich treu; viele erdrosseln sich freiwillig bei ihrem Tode, um sie nicht zu überleben. Sie wohnen gern in Wäldern, an Flüssen, Sümpfen und Seen, zu denen man nicht leicht kommen kann. Ihre Häuser bauen sie mit verschiedenen Ausgängen, um sich derselben im Nothfalle zu bedienen. Ihre besten Sachen vergraben sie in die Erde und lassen nur die nothwendigen öffentlich sehen, wie Räuber. Sie fechten gern in engen und eingeschlossenen Gegenden, wo sie viel Schlupfwinkel und Gelegenheit zu einem

Hinterhalte haben; ihre Einfälle sind schnell und listig. Eine ihrer größten Künste ist die Art, über einen Fluß zu setzen; sie können länger und besser unter dem Wasser aushalten, als andere Menschen; sie nehmen lange Röhren in den Mund, deren Ende bis an die Oberfläche des Wassers reicht, schöpfen auf diese Weise Luft und bleiben in der Tiefe, daß man sie gar nicht vermuthet. Sieht man etwa die Röhren aus dem Wasser hervorragen, so glaubt man, daß sie da gewachsen sind. Diejenigen aber, denen die Sache bekannt ist, und die sie an dem Rohre erkennen, verstopfen die oberste Öffnung oder reißen das Rohr weg, wodurch die Slaven genöthigt werden, aus dem Wasser herauszukommen. Jeder besitzt zwei Wurfspieße; einige haben außerdem Schilde, die zwar stark genug, aber auch schwer zu handhaben sind. Sie bedienen sich hölzerner Bogen und kleiner Pfeile, die mit einem so starken Gifte bestrichen sind, daß, wenn man nicht sogleich Gegengift oder andere Mittel der Arzneikunst anwendet oder die Wunde ausschneidet, das Gift sich durch den ganzen Körper verbreitet. Sie dulden keinen Beherrscher und hassen sich untereinander, fechten auch weder in Reih' und Glied, noch in ganzen Haufen vereint, noch auf freien und offenen Ebenen." —

Nicht weniger günstig als Mauritius urtheilt auch Widukind, der Geschichtsschreiber der Ottonen, über die Slaven. „Sie sind ein starkes, in der Arbeit ausdauerndes Volk, an die leichteste Nahrung gewöhnt, und was den Unsern eine schwere Last zu sein pflegt, erachten sie gewissermaßen für eine Lust." Anders der Bischof Thietmar von Merseburg († am 1. Dezember 1019): „Das Volk muß man wie Ochsen und faule Esel züchtigen; ohne schwere Strafen kann es nicht beherrscht und das Wohl der Fürsten erhalten werden. Wer eine fremde Frau mißbraucht, wird auf's ärgste verstümmelt.[1]) Wer in den Fasten Fleisch ißt, dem werden die Zähne ausgebrochen; denn die christliche Religion, welche erst neulich in diese

---

[1]) In der Urschrift lautet dieser Satz anders. Die Scham verbietet die wörtliche Wiedergabe desselben. Menzel, Geschichte Schlesiens, Seite 8. — In den „Freimüthigen Bemerkungen" über den sittlichen und kirchlichen Zustand Oberschlesiens (Breslau bei Grüson 1827) findet sich Seite 20 folgende beachtenswerthe Notiz: „Mehrere katholische Geistliche gehen mit einem Kantschu, einer Peitsche oder einem Ochsenziemer versehen in die Kirche und bringen vermittelst derselben das unruhige Volk in Ordnung: im Beichtstuhle selbst theilen sie Ohrfeigen und Stockschläge aus." Wenn dies nicht übertrieben ist, so trifft auch hier wieder zu: „Es geschieht nichts Neues unter der Sonne."

Gegenden eingeführt worden, läßt sich durch dergleichen Zwangsmittel weit besser, als durch Fastenverordnungen der Bischöfe befestigen. Es gibt auch noch andere Gebräuche daselbst, die weder Gott gefallen, noch den Unterthanen nützen, außer daß sie in Schrecken setzen. Doch war es zur Zeit des Heidenthums noch ärger. Jede Frau folgte ihrem verstorbenen Manne im Tode nach; es wurde ihr, nachdem der Mann verbrannt war, der Kopf abgehauen. Die Strafe weiblicher Unzucht war gräßlich."

Die Mittel, welche Karl der Große anwendete, um nicht blos die Sachsen, sondern auch die Wenden zu Christen zu pressen, sind bekannt. Jeder aufrichtige Verehrer Jesu muß sie aber mißbilligen. — Mehr erlangte Heinrich der Erste. —

Sein Sohn Otto stiftete die Bisthümer Havelberg und Brandenburg (946 bis 949). In Polen gelobte der Herzog Mieczyslaw (Miesko), damit (965) seiner Vermählung mit der böhmischen Prinzessin Dombrowka (der Guten) kein Hindernis im Wege stehe, die christliche Religion anzunehmen. Im nächsten Jahre erfüllte er sein Versprechen. Freiwillig oder gezwungen folgte ihm ein Theil seines Volkes. Durch die Siege, welche der Markgraf Gero errungen hatte, war er schon früher ein „Mann" des deutschen Kaisers geworden.

Mit Miesko beginnt eigentlich erst die polnische Geschichte. Vorher finden sich nur Sagen. Lech, der Begründer des ersten Herrscherhauses (550 n. Chr.), erbaute die Stadt Gnesen (polnisch: Gniezno). Ein Nest (Gniazdo) junger Adler soll die Veranlassung zu diesem Namen gegeben haben, von demselben auch im polnischen Reichswappen der weiße Adler im rothen Felde sich herschreiben.

Leschko (Leszko, der Listige) gewann den Thron durch ein Wettrennen, bei dem er immer glücklich den Fußangeln, die im Sande verborgen lagen, auswich. Das Glück machte ihn jedoch nicht übermüthig. Wie der Bischof Willigis von Mainz sich ein weißes Rad im rothen Felde als Wappen wählte, das ihn an den Stand seines Vaters erinnerte, so bewahrte Leschko die Bastschuhe und den alten Mantel, welchen er früher getragen hatte, zum Andenken.[1])

Die Dynastie endete mit Popiel (Pompilius). Auf den Rath seiner herrschsüchtigen deutschen Gemahlin vergiftete er seine Oheime. Allein aus ihren Leichnamen, die er unbeerdigt liegen ließ, entstanden zahlreiche Mäuse. Stets von ihnen arg

[1]) Röpell I., Seite 60—61. Dr. Gruner, Geschichte Polens, Seite 3—4. Vergl. Bechstein, Sagen, Seite 56—57; auch das betreffende Gedicht von August Kopisch.

belästigt, flüchtete er sich sammt seiner Gattin und zwei Söhnen auf einen hohen Thurm im Goplosee bei Kruschwitz, starb jedoch durch ihre Bisse.

Piast, Sohn des Chocisco, ein armer Bauer, der zwei Fremde gastfreundlich aufnahm, ward von diesen so reichlich belohnt, daß man ihm die Krone antrug. Er regierte 24 Jahre lang für seinen Sohn Ziemowit, der von 884—894 selbst das Staatsruder führte.

Semimizl, Piast's Enkel, erzeugte den großen und denkwürdigen Miesko, der nach seiner Geburt sieben Jahre lang blind war. Zur Feier seines Geburtstages lud der Vater der Sitte gemäß seine Grafen und andere Vornehme zu einem stattlichen Gastmahle ein. Aber mitten unter den Freuden desselben seufzte der Fürst ob seines unglücklichen Kindes. Da erscholl plötzlich die wunderbare Mär, der Knabe sei sehend geworden. Dem Vater erschien es kaum glaublich; doch die Mutter führte ihn zu Aller Freude herbei. Der Herzog aber rief die älteren Vertrauten zusammen und fragte, was dies Wunder bedeute. Sie antworteten: Seine Blindheit sei ein Bild von Polens Blindheit, Miesko aber werde es erleuchten und über alle anderen Nachbarvölker erheben. Weil es sich auch so verhielt, konnte es damals auch anders gedeutet werden. Polen war, so lange es den wahren Gott noch nicht erkannt hatte, früher wirklich blind; Miesko jedoch nahm den christlichen Glauben an, und durch diesen ging seinem Volke ein Licht auf.[1])

In jenen poetischen Erzählungen von Leschek, Popiel, Piast und Miesko stellen sich uns die Hauptwendepunkte der Schicksale des eigentlich polnischen Stammes vorhistorischer Zeit dar: Die ursprüngliche Einheit aller Slaven und ihre Sonderung, das Emporkommen eines Herrschergeschlechtes bei den Großpolen und die Einführung des Christenthums.

Mieskos Sohn, Boleslaus der Erste, Chrobry, russisch Chrabry, der Große, der Tapfere (992—1025), ein kühner Geist, bestrebte sich, die Vasallenherrschaft abzuschütteln. Den deutschen Kaiser Otto den Dritten, der, weil er glaubte, im Jahre 1000 müsse die Welt untergehen, eine Wallfahrt nach Gnesen zum Grabe des heiligen Adalbert unternahm, empfing er an der Grenze seines Landes (bei Ilava im Gau Diedesie, Halbau bei Priebus oder Eilau bei Sprottau?). Das weltliche Oberhaupt der Christenheit verlieh dem Herzoge den Königstitel,[2]) beschenkte ihn auch

[1]) Nach Gallus. Röpell I., Seite 80.

[2]) Nach dem Berichte späterer Schriftsteller; die früheren wissen davon nichts. 1025 ließ sich Boleslaus allerdings krönen.

mit dem Spieße des heiligen Mauritius und einem Nagel vom Kreuze Christi. — Im Frieden zu Bautzen (1018) blieb die Lausitz, mit Schlesien vereinigt, in Polens Gewalt.

Der anfänglich sanfte Charakter des Königs Boleslaus des Zweiten (des Kühnen), von 1058—80, scheint unter dem Gesindel, mit dem er sich beständig herumschlug, verwildert zu sein. Seit sieben Jahren führte er Krieg in Rußland, als sich 1075 unter seinen Polen das Gerücht verbreitete, ihre Ehefrauen lebten zu Hause mit Sklaven. Ohne Wissen und Erlaubnis des Monarchen verließen viele das Heer; andere, von Heimweh und Rachsucht ergriffen, folgten ihnen. Boleslaus vermochte den Aufruhr nicht zu beschwichtigen. Jenes Gerücht war leider nicht aus der Luft gegriffen. Durch einschmeichelnde Künste erhielten die meisten Frauen die Verzeihung ihrer Männer; von den Sklaven dagegen entgingen nur wenige dem Tode. Boleslaus hielt ein sehr strenges Gericht: Die Entwichenen büßten entweder mit dem Leben oder mit dem Verluste ihrer Güter; den Frauen ließ er die Säuglinge, welche Sklaven zu Vätern hatten, von der Brust reißen und statt derselben junge Hunde anlegen, die sie sogar öffentlich, wenn sie ausgingen, tragen mußten. Der Bischof Stanislaus Szczepanowski von Krakau mahnte zur Milde, fand aber taube Ohren und drohte deshalb mit dem Banne. Da er einmal, als der König mit seinem Gefolge in die Kirche trat, den Gottesdienst plötzlich abbrach, so stieg die Erbitterung zu solcher Höhe, daß der Monarch am 8. Mai 1079[1]) Befehl ertheilte, den Prälaten gewaltsam vom Hochaltare der Michaeliskirche zu entfernen. Er spaltete ihm mit eigener Hand den Kopf und warf den zerhackten Leichnam den Vögeln des Himmels vor, die aber, wie die Legende berichtet, nichts davon verzehrten, vielmehr die Stücke wieder zusammentrugen. Unter solchen Verhältnissen hätte wol auch ein anderer Papst, als der strenge Gregor der Siebente, über ganz Polen das Interdikt verhängt. Ein allgemeiner Aufstand des Adels nöthigte den König, sein Reich zu verlassen. Er starb nach Einigen 1081 in rasendem Zustande, nach Anderen ein Jahr später in dunkler Zurückgezogenheit zu Ossiach in Oberkärnthen.[2])

Den Thron bestieg sein Bruder Wladislaus der Erste Hermann und 1102 dessen Sohn Boleslaus der Dritte. Heftige Krankheitsanfälle hinterließen

---

[1]) Andere setzen 1074, auch 1077.

[2]) Die Inschrift auf einem Grabsteine in Ossiach ist erdichtet. Glogau I., Seite 23.

in seinem Gesichte Spuren einer Verzerrung der Züge und Muskeln. Dies gab Veranlassung zu dem sonderbaren Beinamen Krzywusty (Krummmaul, Schiefmund). Seinen (unehelichen) Bruder Zbigniew (Sbigneus) räumte er bald aus dem Wege. Den Tribut, welchen der deutsche Kaiser Heinrich der Fünfte forderte, verweigerte er. Bayern, Allemannen, Ostfranken und Rheinländer marschirten darum im September 1109 gegen Polen. Aus der Mark Brandenburg, wo sie Lebus belagerten, brachen sie in Schlesien ein. Unweit Glogau ging Heinrich über die Oder, mußte aber, weil sich die Einwohner in Folge einer scharfen Ermahnung des Herzogs wie Verzweifelte wehrten (sie warfen Feuer und große Steine auf die Maschinen der Feinde, ließen Mühlsteine hinabrollen, zogen die Angreifer mit großen Haken in die Höhe, gossen siedendes Wasser auf sie herab), die Belagerung der genannten Stadt endlich aufheben. Die Schlacht bei Hundsfeld gehört ins Reich der Sagen. 1110 schloß man zu Bamberg Friede.[1]) Boleslaus versprach, den streitigen Tribut zu bezahlen. Er vermählte sich auch mit der deutschen Prinzessin Salome, einer Tochter des Grafen Heinrich von Berg, und sein sechsjähriger Sohn, Wladislaus (der Zweite) ward mit der dreijährigen Nichte des Kaisers, Agnes von Östreich, einer Tochter des Markgrafen Leopold, verlobt. Sieger in siebenundvierzig Schlachten, fand er doch keine Ruhe. Gewissensbisse über die Ermordung des Zbigniew trieben ihn (wiewol er angeblich schon 1112 und 13 an einem französischen Kreuzzuge nach Paläſtina Theil genommen hatte), 1130 zu einer Pilgerfahrt nach Frankreich, und zwar zum Grabe des heiligen Ägidius.

Ein Graf Peter Wlast, vielleicht ein Wende aus einem dänischen Küstenlande an der Ostsee, soll ihn begleitet haben und auf dieser Reise der Grund zu der innigen Freundschaft, welche beide verband, noch fester gelegt worden sein. Graf Peter, sehr reich, Minister, Statthalter von Kalisch und Kruschwitz, zuletzt Landeshauptmann von Schlesien, sagte sich wahrscheinlich im Sonnenglanze des Erdenglückes, daß er seine Güter nicht auf rechtmäßigem Wege erworben. Rom legte ihm eine Buße auf: er müsse sieben Kirchen bauen. Schließlich stieg deren Zahl auf siebenundsiebzig. — Boleslaus sank in tiefe Schwermuth, die nicht lange vor seinem

[1]) Von Boleslav eingeladen, begann der Bischof Otto von Bamberg 1125 die Bekehrung der Pommern.

Tode an völlige Geisteszerrüttung grenzte. In diesem Zustande theilte er Polen unter seine vier älteren Söhne (der fünfte Kasimir lag noch in der Wiege). Dem schon obengenannten Wladislaus sollte der Vorrang und der Oberbefehl in einem allgemeinen Kriege verbleiben, er mit der Hauptstadt Krakau die Provinzen Schlesien, Siradien und Lenczitz, das Übrige aber seine Brüder Boleslaus, Mieslaus und Heinrich erhalten. Als Zeugen zugezogen, beschworen die Geistlichen und die Vornehmsten des Adels das Testament, ein Schritt, der seine Nachfolger von den hohen Herren des Reiches (den Magnaten) abhängig machte. Boleslaus starb 1139. — Von seiner stolzen, ehrgeizigen Gemahlin Agnes aufgestachelt, wollte Wladislaus das Testament seines Vaters anfechten. Der Reichstag, behufs der weiteren Schritte 1142 nach Krakau zusammenberufen, stimmte aber nicht zu. Er ging deshalb eigenmächtig gegen seine Brüder vor, vertrieb sie aus ihren Landestheilen und nahm ganz Polen für sich. Die Geschädigten wandten sich jedoch an den deutschen Kaiser. Peter Wlast, von der Herzogin wegen einer Bemerkung über ihr Liebesverhältnis mit dem deutschen Ritter Tobias, bitter gehaßt (es sollte ihm die witzige Zunge ausgerissen, er auch des Augenlichts beraubt werden), bot ebenfalls seinen Reichthum und seinen anderweitigen Einfluß gegen Agnes auf. Wladislaus mußte 1145 mit seiner Gemahlin und den Kindern die Heimat verlassen; er lebte zu Altenburg, wo er wahrscheinlich 1162 starb.[1]) An seine Stelle trat sein ältester Bruder Boleslaus der Kraushaarige (crispus). Konrad der Dritte und Friedrich der Erste von Hohenstaufen mischten sich zwar in die polnischen Angelegenheiten; der letztere erschien 1157 mit einem Heere, drang bis Posen vor und zwang den König zum Lehnseide; er konnte indeß nur erreichen, daß Wladislaus' drei Söhne 1163 aus ihrer langen Verbannung zurückkehrten und Schlesien erhielten. Sie theilten dasselbe: Boleslaus (der Lange, altus, procerus) nahm mit Breslau den mittleren, Mieslaus (der Schwertberühmte) mit Ratibor den südlichen und Konrad (Krummfuß (loripes), mit Glogau den nördlichen Theil als eigene Herzogthümer in Besitz.

So wurde 1163 Schlesien von Polen, zu dem damals auch noch Pommern und die Neumark gehörte, für immer getrennt. Lebus und Sternberg waren mit Glogau verbunden.[2])

---

[1]) Andere setzen das Jahr 1159 — Holstein, auch Pegau bei Weißenfels.

[2]) Zur leichteren Orientirung der Übersicht diene Tabelle I.

Aus den Jahren 1163—1250 heb' ich nur einzelne Punkte hervor, und zwar solche, welche in der einen oder der andern Beziehung das Leben jener Zeit charakterisiren.

Als die Theilung erfolgte, lag Konrad, von Kindheit an schwächlich und krank, noch gelehrten Studien im Kloster Fulda ob. Nach dem Wunsche seiner Eltern sollte er in den geistlichen Stand treten; er nahm aber 1164 sein Erbtheil Niederschlesien an und wählte Glogau zu seinem Wohnsitze. In deutscher Sitte erzogen, richtete er während seiner vierzehnjährigen Regierung das Hauptstreben darauf, auch das Volk durch dieselbe zu heben. Sein einziges Kind Miesko ertrank. Er selbst entschlief 1178. Ohne Säumen bemächtigte sich Boleslaus der Lange des Herzogthums Glogau. Der Verstorbene, behauptete er, habe ihn zum alleinigen Erben eingesetzt. Kasimir der Zweite von Krakau beugte durch seine Vermittelung einem Bruderkriege vor. Mancherlei Unglücksfälle trübten Boleslaus' letzte Tage. Eine große Feuersbrunst äscherte am 8. Mai 1200 seine Hauptstadt Breslau bis auf den Grund ein und vernichtete alle daselbst vorhandenen Urkunden und Denkmäler der polnischen Herrscher. Im folgenden Jahre starben seine Söhne Jaroslaus, Johann, Konrad und Boleslaus schnell hinter einander. Ehe er ihnen, gebeugt von Gram (am 6. Dezember 1201) zu Lissa, unweit Breslau, folgte, beschenkte er noch das Kloster Leubus reichlich. In der Kirche desselben fand er seine letzte Ruhestätte. Sein Grabmal von Messing befindet sich vor dem Hochaltare. Die Inschrift desselben lautet nach einer alten deutschen Übersetzung:

„Des Vaterlandes Kron' und Zier,
Fürst Boleslaus, ruht allhier.
Sein's Gleichen kriegt nicht Polenland
an Mannheit, Weisheit und Verstand.
Aus diesem Ort, da man vorhin
den Teufel ehrt aus dummen Sinn,
hat er Christo eine Kirche bereit',
deß hat er Ruhm in Ewigkeit!"

Sein Sohn und Nachfolger, Heinrich der Bärtige, mit Hedwig, einer Tochter des Herzogs Berthold V. von Meran, vermählt, nahm jedenfalls schon bei

Lebzeit seines Vaters an der Regierung theil; denn in den handschriftlichen Nachrichten des Glogauer Rathsarchivs findet sich der Vermerk: „Anno 1191 ward Heinrich der Bärtige Herzog über ganz Schlesien.“ [1]) Von 1203—1208 baute er mit einem Kostenaufwande von 30000 Mark (40000 Thalern) das Nonnenkloster Trebnitz. [2]) Auch anderen Stiftungen flossen von ihm und seiner Gemahlin, die einen reichen Brautschatz erhalten hatte, jährlich bedeutende Summen zu. Hedwig war eine edle Frau, eine zärtliche Gattin und würdige Fürstin, die keinen anderen Fehler, als einen übermäßigen Hang zur Andächtelei besaß. Ihre wesentlichen Verdienste um Schlesien bestehen besonders in Herbeirufung deutscher Kolonisten und adliger Familien, in Beförderung einer ordentlichen Polizei und Kultur und in der, selbst durch ihre überspannten Religionsbegriffe mittelbar begünstigten Milderung der rohen Sitten. Sie ließ Schulen errichten, Künstler und Professionisten aufnehmen und die Ordnung und Nahrung in den Städten befördern, verbitterte aber sich und ihrem Gemahl das Leben durch eine Menge Selbstquälereien, in welche sie das Wesen der Heiligkeit und Gottgefälligkeit setzte. [3]) — Durch sie überredet, faßte Heinrich der Bärtige 1212 sogar den Entschluß, sich mit den Angelegenheiten dieser Welt gar nicht mehr zu beschäftigen, sondern fortan sein Leben nur dem Dienste Gottes zu weihen. Zu diesem Behufe theilte er das Herzogthum unter seine drei Söhne.

Es bekam Boleslaus das Land Lebus und die Niederlausitz, soweit sie zu Schlesien gehörte.

Konrad (der Zweite, des Vaters Liebling) Krossen, Sagan und einige Flecken in der Oberlausitz.

Heinrich (der Zweite, der Fromme, von der Mutter bevorzugt) alles Übrige, und somit den größten und schönsten Theil des Landes.

Der Erste, sehr verschwenderisch und ausschweifend, demnach aus der Art geschlagen, verkaufte mehrere Landestheile an den Markgrafen Albrecht den Zweiten

---

1) Geschichte von Glogau, Seite 37.

2) Eine erstaunliche Summe, wenn man berücksichtigt, daß damals 2 Pfennig das Tagelohn eines Arbeiters waren, daß der Scheffel Roggen 4 Kreuzer galt, und ein Bote einen Denar für die deutsche Meile bekam. (Von Kleber und Hellseborn, Kammerdirektor in Breslau.) Von Schlesien vor und seit dem Jahre 1740. Seite 42.

3) K. A. Menzel, Schlesien, Seite 30.

von Brandenburg. Dazu dürfte (nach späteren Urkunden) der „hangende Berg" mit einem Dorfe gleichen Namens gehört haben, den damals der genannte Fürst dem Kloster Lehnin schenkte. Man vermuthet beides im jetzigen Hangelsberger Forst. Er starb schon 1213.

Mit seinem Besitze unzufrieden, wollte Konrad, unterstützt durch slavische Abenteurer („ex diversis Poloniae partibus") den bevorzugten Heinrich befehden. Alle Versuche der Eltern, die „feindlichen Brüder" zu versöhnen, blieben erfolglos. Gegen die tapferen Deutschen zog aber Konrad in dem Treffen bei Steudnitz und Rothkirch (zwischen Liegnitz und Goldberg) den Kürzeren. Er flüchtete zu seinem Vater, der sich damals in Glogau aufhielt, stürzte bald darauf (1214) auf der Jagd in den Beuthen'schen Wäldern unweit des Dorfes Polnisch-Tarnow (?) vom Pferde und brach den Hals.

Um seinen noch lebenden einzigen Sohn sehr besorgt, ergriff Heinrich der Bärtige wieder die Zügel der Regierung. 1224 ertheilte er im Schlosse Lebus dem Kloster Leubus die Zollfreiheit für die Salzfuhr; auch schenkte er demselben mit Trebnitz zu gleichen Theilen vierhundert unbebaute Hufen sammt allen auf denselben befindlichen Seen, Wiesen, Pertinenzien und Nutzungen [1]). Von der Erlaubnis, hier einen Marktplatz anzulegen, machte nur das Kloster Leubus Gebrauch. (In Trebnitz war Gertrud, eine Tochter Heinrichs des Bärtigen, Äbtissin.) So entstand allmählich das Städchen Lebus, das 1750 erst 1153 Einwohner zählte.

Das auf einem Berge an der Oder erbaute feste Schloß, als „castrum magnum Lubussz" 1109 zuerst erwähnt, eroberte der Markgraf Ludwig von Thüringen am 4. August 1225 und übergab es dem Erzbischofe von Magdeburg, zumal dieser behauptete, es sei ihm bereits vom Kaiser Heinrich dem Fünften geschenkt worden.

Heinrich der Bärtige hatte sich nämlich geweigert, thüringschen und meißnischen Kaufleuten den Schaden, welche ihnen Straßenräuber auf der Rückkehr vom Breslauer Jahrmarkte zufügten, zu ersetzen. Lange erfreute sich der Magdeburger Prälat des Besitzes wol nicht. Schon 1229 überwies Heinrich den Tempelherren 250 Hufen Landes in der Gegend zwischen Falkenhagen und Müncheberg. [2]) Neue Wohlthaten, neunzig

---

[1]) Riedel, Kodex 20, Seite 126. Urkunde vom 17. Juli 1224. — [2]) Vergl. Riedel 20, Seite 180 und Wohlbrück I., Seite 60.

Hufen zur Viehweide und zehn Hufen dem Richter, sicherte er dem Städtchen Lebus in einer Urkunde vom 29. Juni 1232 zu. Auf zehn Jahre sollten die Bürger und Kolonisten im ganzen Herzogthume Zollfreiheit genießen und nach Verlauf derselben, wie Krossen, nur den halben Zoll entrichten.[1])

Im Jahre 1227 wurden Leschko der Weise von Polen und Heinrich der Bärtige zu Gonsawa bei Znin von dem pommerschen Statthalter Swantopolk, der gern zum Herzoge ernannt sein wollte, im Bade überfallen. Den Ersteren ermordete der Hinterlistige eigenhändig; den Letzteren deckte jedoch Peregrin von Wiesenburg mit dem eigenen Leibe und starb als Opfer seiner Treue.[2])

Leßko hinterließ einen unmündigen Sohn: Boleslaus (der Keusche, Schamhafte, pudicus). Auf Bitten der Wittwe und der polnischen Stände übernahm Heinrich der Bärtige die Vormundschaft. Diese beanspruchte jedoch Konrad von Masovien, des Verstorbenen Bruder. Nachdem er mehrere Schlachten verloren, mithin durch Gewalt nichts ausgerichtet hatte, griff er zur List. Er ließ seinen Gegner in der Kirche zu Spytkowitz, wo dieser der Messe beiwohnte, überfallen und schenkte ihm erst auf Hedwigs inniges Bitten unter der Bedingung, daß er der Regentschaft Polens eidlich entsage, die Freiheit wieder. Zugleich wurde eine Heirat zwischen Konrads beiden Söhnen und Heinrichs zwei Enkelinnen[3]) verabredet.

---

[1]) Riedel 20, Seite 126—127.

[2]) Glogau 1., Seite 39. Ein ähnliches Bubenstück aus späterer Zeit ist dort Seite 53 und 54 erzählt. „Lutko, Sohn Pakoslaws — Worbs nennt ihn Lutko von Habedank — eines 1276—1280 als Marschall an dem Hofe Heinrichs des Fünften von Breslau erscheinenden Besitzers des Dorfes St. Margareth, welcher wegen eines an einem Edelmanne verübten Mordes die Strafe des Schwertes erdulden mußte, wurde durch Geschenke und Versprechungen gewonnen, den Herzog Heinrich den Fünften von Breslau der Gewalt Heinrichs des Dritten von Glogau zu überliefern. Er vollbrachte die ruchlose That am 9. Oktober 1293, indem er mit Bogusch von Wiesenburg, Jasch von Pfailer und Ludwig, dem Schreiber, den Fürsten, der unweit seines Schlosses zu Breslau badete, überfiel, mit einem schlechten Mantel bekleidete, auf ein bereitstehendes Roß setzte und ihn eiligst nach Sandewalde entführte, wo Heinrich der Dritte schon seiner wartete. Von hier kam der Unglückliche nach Glogau. In seinem abscheulichen Kerker konnte er weder stehen, noch sitzen oder liegen und wurde von Schmutz, Fäulnis und Würmern geplagt. Erst am 9. April 1294 erhielt er seine Freiheit wieder, nachdem er neunzehn Städte und Schlösser abgetreten, 30000 Mark bezahlt und den Verräthern Straflosigkeit zugesichert hatte. Menzel, Seite 54—56.

[3]) Nicht Töchtern, wie Menzel, Seite 32, schreibt. Diese hießen: Agneta, Sophie, und Gertrud.

In Polen klärten sich indeß die trüben Verhältnisse nicht. Boleslaus Geistesschwäche grenzte an Wahnsinn. Papst Gregor der Neunte mischte sich ein und entband Heinrich seines Eides. Trotz der früheren bitteren Erfahrungen folgte er noch ein Mal (1235) dem Rufe des geplagten Volkes. Bei den Verhandlungen, welche endlich zum Frieden führten, räumte man ihm, als dem mächtigsten Fürsten aus piastischem Stamme, willig den Vorsitz ein. An Ansehen, Macht und Land vergrößert, nannte er sich bis an sein Ende „Herzog in ganz Schlesien, Groß- und Klein-Polen." Den oben erwähnten Verlobungen folgten 1236 und 37 die Hochzeiten. Kasimir heiratete Konstantia, Boleslaus Gertrud, Töchter Heinrichs des Zweiten.

Heinrich der Bärtige schenkte 1234 dem Bischofe von Lebus das Dorf Grosburg (drei Meilen von Breslau). Bei der Sekularisation (1598) kam es an die Mark Brandenburg. Die Kurfürsten derselben hatten also von dieser Zeit mitten in Schlesien eine Landeshoheit, und jener Ort wurde in der Folge eine Zufluchtsstätte für die bedrängten Protestanten in dieser Gegend.[1])

Hedwig lebte seit dem Anfange des Jahres 1238 in Krossen. Ihr Gemahl wollte sie besuchen, erkrankte aber unterwegs und starb im Alter von 76 Jahren am 19. März in der genannten Stadt. In der Bartholomäuskirche zu Trebnitz, die er sich zu seiner letzten Ruhestätte gewählt hatte, wurde er vor dem Hochaltare beigesetzt. Seine Grabschrift lautete:

„Dux Henricus, honor Silesiae, quem plangere conor,
Hic jacet, hunc fundans fundum, virtute abundans,
Tutor egenorum, schola morum, virga reorum,
Cui sit ut absque mora locus in requie bonus ora".

Herzog Heinrich, Schlesiens Ruhm, den zu beklagen ich suche,
ruht hier als Gründer dieser Stätte, ein Tugendheld,
ein Beschützer der Armen, ein Vorbild guter Sitten, eine Zuchtruthe der Sünder.
Bete, daß der Platz ihm zur Ruhe gesegnet sein möge ohne Aufhören!

Schickfuß nennt diesen Heinrich „einen gottseligen Fürsten und rechten Vater des Vaterlandes, den Gott sonderlich erwecket und dazu berufen, in diesen Landen barbarische Sitten und Gewohnheiten abzuschaffen und dagegen Gottseligkeit, Zucht

[1]) Von Kleber und Hellseborn I., Seite 43.

und Ehrbarkeit zu pflanzen."[1]) Ein anderes Urtheil über ihn lautet: „Er machte sein Land durch seine Regierung glücklich, indem er weise Gesetze und sanfte Sitten einführte, die Staatsgeschäfte nur Personen von Einsicht und Verdienst vertraute und Verleumder und Schmeichler von sich entfernte. Zärtlich nachgebend gegen seine Gemahlin, liebreich gegen seine Hofbedienten, voll Huld gegen seine Unterthanen, blieb er jederzeit bei seinem Entschlusse stehen, wenn er überzeugt war, daß er den Ruhm seines Hauses mit dem Wohle seiner Bürger vereine."

Hedwig starb am 15. Oktober 1243. Sie ruht wie ihr Mann im Kloster Trebnitz. 1262 wandten sich die Fürsten und Großen in Polen und Schlesien an den Pabst Urban den Vierten, sie heilig zu sprechen. Der Bischof Wladimir von Leslau und der Provinzial der Dominikaner erhielten den Auftrag, die Wunder, welche sich an ihrem Grabe ereignet hatten, zu untersuchen. Es geschah. Selbstverständlich fiel der Bericht günstig aus, und darum erfüllte eine Versammlung vieler Kardinäle in Viterbo am 26. März 1267 den sehnlichen Wunsch jener Herren. Am 17. August fand unter großer Feierlichkeit die Erhebung ihrer Gebeine statt. Am 28. April 1268 legte der Erzbischof Wladislaus den Grundstein zu einer eigenen Hedwigskapelle.[2])

Heinrich der Zweite, der Sohn und Nachfolger des Bärtigen, zeigte sich während seiner kurzen Regierung (von 1238—41) gegen die Geistlichen nicht minder freigebig, wie seine Eltern. Darum nannte man ihn: den Frommen.[3]) Wenn wir aber fromm gleichbedeutend mit pius nehmen und zu dieser Eigenschaft auch ein billiges und versöhnliches Herz rechnen — so müssen wir fragen: Wie reimt sich damit, daß er den unschuldigen Söhnen seines Vetters Wladislaus des Spritzlers, den Heinrich der Bärtige aus Großpolen vertrieben hatte, trotz Hedwigs Bitten das Vatererbe nicht zurückgab? — Erzbischof Willbrand von Magdeburg erhob Ansprüche auf die Städte Krossen und Lebus. Er suchte sie durch Waffen geltend zu machen. Die polnischen Nachrichten melden, der Prälat sei mit großem Verluste zurückgetrieben

---

[1]) Schlesische Chronica II., Seite 16.

[2]) Winter, die Zisterzienser II., Seite 19—28. Bach und Kastner, Trebnitz Seite 90—98.

[3]) Bei Hassel (Ersch' und Gruber's Enzyklopädie II., Band 4, Seite 358): der Vaterliebende. Der Fromme heißt hier Heinrich der Vierte. † 1290.

worden; nach der magdeburgischen Chronik eroberte er jedoch die beiden Städte. Ist das Letztere richtig, so kann der Besitz nicht von langer Dauer gewesen sein.

Sehr bald bestimmte der Einfall der Mongolen oder Tartaren Heinrich den Zweiten, all' seine Streitkräfte aufzubieten.

Unter diesem asiatischen Volke gründete im dreizehnten Jahrhundert Genziskan (Tschingiskan, der König der Könige) eine Monarchie, die sich von dem gelben Flusse in China bis an den Don ausbreitete († 1227). Sein Enkel Batu[1]) eroberte 1237 Rußland, dessen Fürsten sich unterwerfen und einen Tribut entrichten mußten. General Peta drang im Herbste 1240 auch in Polen ein. Herzog Boleslaus der Keusche verzagte vor dem ansehnlichen Heere (es betrug angeblich 500 000 Reiter[2]) und wollte den Feind durch Prozessionen und andere kirchlichen Feierlichkeiten abwehren. Endlich verließ er seine Hauptstadt Krakau und flüchtete nach Ungarn. Nur der Woiwode Wladimir brachte eine kampfmuthige, leider nur kleine Schaar zusammen.

---

[1]) Nicht Balic, wie er bei Wedekind (in Folge eines Druckfehlers?) heißt, Seite 21.

[2]) Pachaly II., Seite 11, streicht eine Null. Nach übertriebenen Nachrichten aus Rußland hieß es, das zahllose Heer der Mongolen nehme einen Raum von zwanzig Tagereisen in der Länge und fünfzehn in der Breite ein. Große Heerden wilder Pferde liefen ihnen nach, und sie selbst seien der Hölle entstiegen, daher in ihrem Äußeren anderen Menschen kaum ähnlich. Näher betrachtet waren sie klein von Wuchs, aber breitschulterig und stämmig gebaut, hatten platte Nasen, stark hervortretende Backenknochen, kleine geschlitzte Augen und geringen Bartwuchs. Ein abgehärtetes, kräftiges Geschlecht, wohnten sie in filzgedeckten Hürden, nährten sich von dem Fleische und der Milch ihrer Heerden. Schon die Russen erkannten die Gefahr, welche ihnen allen in ihrer Vereinzelung drohte. Deshalb forderte der Chan der Palowzer mit den Worten: „Heute haben sie unser Land genommen, morgen nehmen sie das Eurige!" zu gemeinschaftlichem Widerstande auf. — Kaiser Friedrich der Zweite schrieb: „Jetzt ist es Zeit, aus dem Schlafe zu erwachen und des Geistes und Körpers Augen zu öffnen. Siehe, schon ist die Axt an die Wurzel der Bäume gelegt; siehe, schon dringt das Schwert zum Knochen durch, da in alle Welt der Ruf von Denen ausgeht, welche der gesammten Christenheit den Untergang drohen. Schon längst haben wir davon gehört, aber obwol wir das Gehörte fürchteten und da es zu glauben nicht ergötzte, haben wir sowol wegen der weiten Entfernung die Gefahr noch nicht nahe geglaubt, als auch weil noch so viele tapfere Völker und Fürsten uns von der Wuth der herannahenden Tartaren trennten. Aber jetzt, da jene Fürsten gänzlich vernichtet und die übrig gebliebenen zu ewiger Knechtschaft aufbewahrt sind, sind wir die Beute und der nächste dann der Wüthenden. Schon wälzen sie sich gegen die Grenzen des römischen Reiches heran; schon gehen sie, wie allgemein und unzweifelhaft geglaubt wird, damit um, unserer Religion und unseres Glaubens Mutter, die heilige römische Kirche, zu entweihen und die königliche Stadt, unseres Reiches Haupt, mit Macht oder Gewalt zu besitzen." — Röpell I., Seite 466—467.

Wenn sie auch im Frühjahre 1241 zu einer beträchtlichen anwuchs, so ging doch die Schlacht bei Chmelik (18. März) verloren. Hierauf wandten sich die Horden nach Oberschlesien. Miecislaus der Zweite von Oppeln, ohnehin kein Held, konnte es nicht verhindern, daß sie bei Ratibor über die Oder setzten. Nach wenigen Tagen standen sie vor Breslau. Die inbrünstigen Gebete des Priors Czeslaus im Dominikanerkloster stärkten den Muth der Besatzung; ein heftiges Gewitter schreckte die Feinde von weiteren Angriffen auf die Burg zurück.

In der Schlacht bei Wahlstatt (9. April a., 18. April n. St.) fiel Herzog Heinrich der Zweite nach tapferer Gegenwehr und der größere Theil seiner Streitgenossen, Deutsche, Polen und Ordensritter, mit ihm. Im Getümmel hatte man den Ruf: zabiesze. zabiesze! (schlagt todt, schlagt todt!) mißverstanden und denselben für: biesze. biesze! (fliehet, fliehet!) genommen. Daher der panische Schrecken in der christlichen Armee. Des Herzogs Leichnam, von dem rohen Feinde des Kopfes beraubt, wurde an den sechs Zehen des linken Fußes erkannt und in dem von ihm gestifteten Kloster des heiligen Jakob zu Breslau nebst anderen Gefährten seines ruhmvollen Todes, unter diesen auch Poppo, der Anführer der deutschen Ritter, begraben. (Die Notiz, daß die Mongolen Heinrichs Haupt auf einer Pike umhertrugen, jedem erschlagenen Christen ein Ohr abschnitten und damit neun Säcke anfüllten, findet sich nur bei späteren Geschichtsschreibern und verdient sehr wenig Glauben.) Einem Befehle ihres Großchans Oktai gehorchend, traten die Mongolen von Liegnitz aus den Rückgang an, wieviel ihnen der Weg ins Innere von Deutschland durch die Ebene der Lausitz zur Elbe hin offenstand. Sie ging über Ottmachau und Ratibor nach Mähren und von da über die Karpathen nach Ungarn, wo sie sich mit dem Hauptheere vereinigten. Schon Ende Mai hatten sie Schlesien gänzlich geräumt.

Die Mongolenschlacht ist eingehend behandelt von K. A. Menzel,[1]) H. von Kleber und Hellseborn,[2]) Professor Dr. Richard Röpell;[3]) der ganze Einfall noch ausführlicher von Fr. W. Pachaly.[4]) Polnische und schlesische

[1]) Geschichte von Schlesien, Seite 33—40. — [2]) Schlesien vor und seit dem Jahre 1740. I., Seite 44—51. — [3]) Geschichte Polens I., Seite 460—470. — [4]) Sammlung verschiedener Schriften. II., Seite 3—36.

Chronisten, von denen aber der älteste 200 Jahre später lebte, haben sehr viel ausgeschmückt und übertrieben.

Auf Grund der angeführten und anderer Quellen steht fest: Weder bei ihrem Einfalle, noch bei ihrem Rückzuge berührten die Mongolen (Mogollen, Mungeln, Tartern, Tartaren) die Neumark und die angrenzenden Theile Polens. Von ihrem längeren Verweilen zwischen Meseritz und Zielenzig kann demnach nicht die Rede sein. Herr Pfarrer Handtmann will dies zwar beweisen aus Gräberfunden (hohlen Thonkugeln) und aus der Ähnlichkeit der von ihm mitgetheilten Sage über die Entstehung des Ankensees bei Gleißen mit einer anderen, welche der Oberst Przewalski, der Zentralasien bereiste, in Tibet über den See Kukunoor unweit der Hauptstadt Lhassa hörte. Gesetzt, die erste Sage wäre in Gleißen, Zielenzig, Meseritz und Umgegend bekannt — was eben nicht der Fall ist, — so dürfte wol jeder Vorurtheilsfreie zugestehen, daß in ganz entlegenen Ländern Fantasiegebilde, die in mehreren Punkten übereinstimmen, ohne persönlichen Verkehr entstehen können. Öfter wird die Sage von der Doppelehe eines Grafen Ernst (Ludwig) von Gleichen erzählt.[1]) Eine andere derselben sehr ähnlich, lesen wir aus Temme bei Dr. Schwartz über einen von Jagow.[2]) Dürfen wir daraus etwa den Schluß ziehen, daß einmal ein fahrender Ritter oder Sänger aus der Burg Ehrenstein nach Aulosen kam, hier längere Zeit verweilte und durch seine Erzählungen jene Sage übertrug? —

Das Ungewitter, welches durch die Mongolen über Schlesien hereinbrach, zog zwar schnell vorüber; es hinterließ aber, weil seine Zerstörungen heftig und allgemein waren, traurige Folgen selbst für die spätesten Zeiten. Ein verwüstet Land, verbrannte Städte und Dörfer, die Mehrzahl der Bewohner Flüchtlinge oder Sklaven, die kriegstüchtige Jugend als Leichen auf dem Schlachtfelde!! Was früher nur aus Vorliebe geschah, erschien nunmehr nothwendig: die Fürsten riefen Deutsche herbei, welche die verödeten Äcker wieder anbauten. Die Germanisirung Schlesiens schreitet seit dieser Unglücksperiode so mächtig vorwärts, daß sie im Laufe weniger Jahrhunderte beinahe vollendet ist.

---

[1]) Grimm, Nr. 575. Bechstein, Seite 82, 583 u. 589. Nork, Seite 997—1005.

[2]) Sagen der Mark Brandenburg, Seite 176—177.

Niederschlesien, bisher nur von einem Fürsten regiert, wurde nach dem Tode Heinrichs des Frommen getheilt. Er hinterließ fünf Prinzen: Boleslaus, Heinrich, Konrad, Wladislaus und Miesko. Dem ältesten bestimmte man Großpolen zum Erbtheil; der dritte und vierte sollte nach dem Wunsche ihrer Großmutter Hedwig in den geistlichen Stand treten, und sie gingen zu diesem Behufe auf die Hochschulen Paris und Padua. Vorläufig führte die Wittwe, Anna, eine Tochter des böhmischen Königs Ottokar, die Regentschaft, wenn auch Boleslaus derselben nicht ganz fern stand.

Die Polen sahen ihren schwachen Herrscher (Boleslaus den Keuschen), der seit dem Mongoleneinfall sich in den Karpathen verborgen hielt, für todt an. Die Stände Krakaus beriefen deshalb seinen schlesischen Namensvetter zur großherzoglichen Würde. Der Kahle (calvus) auch der Tolle (saevus, polnisch rogatka) genannt, machte sich aber bald sehr verhaßt, insbesondere dadurch, daß er, wie der Geschichtsschreiber Dlugosz sich ausdrückt, „geringe und zerlappte Deutsche" den vornehmen Polen vorzog. Unter diesen Verhältnissen kostete es dem Herzoge von Masovien nur geringe Mühe, Boleslaus gänzlich zu verdrängen.

Unter Vermittelung der Herzogin Anna und des Bischofs Thomas theilte Heinrich der Dritte 1243 Niederschlesien mit seinem Bruder. Er räumte ihm Breslau ein; Liegnitz behielt er selbst und verpflichtete sich, seinen Bruder Wladislaus angemessen zu entschädigen. Ein Gleiches sollte Boleslaus mit Konrad thun. Miesko (Mieczyslaw) erhielt einen Landstrich an der brandenburgischen Grenze, dessen Hauptort Lebus war. Der Letztere starb wahrscheinlich bald. Er wurde, wie der polnische Chronist Boguphal berichtet, in der St. Peterskirche im Thale unter dem Schlosse Lebus begraben. Zum Erzbischofe von Salzburg erwählt, verzichtete Wladislaus. 1248 erfolgte eine neue Theilung. Dem Breslauer fiel Liegnitz und Glogau, desgleichen das Land Lebus zu. Konrad, der in Paris die Neigung zum geistlichen Stande verloren hatte (er sagte, die Priester würden nicht mehr geachtet; das Bisthum Bamberg schlug er aus) verlangte nach der Rückkehr seinen Antheil als weltlicher Fürst. Boleslaus, so hartnäckig, wie geldbedürftig, schenkte ihm jedoch kein Gehör. Darob entstand ein hitziger Streit, dem auch Heinrich nicht fern blieb. Drei Monate hindurch belagert, wehrte zwar Breslau muthvoll den Feind ab; desto ärger floß anderwärts Blut, loderten die Flammen. In der

Stadt Neumarkt verloren achthundert Personen, die sich auf den Kirchhof und in das Gotteshaus geflüchtet hatten, durch Feuer und Schwert ihr Leben. Boleslaus, später von Heinrichs Leuten gefangen genommen, befreite sich durch einen Vergleich. Konrad sollte künftig Mitregent sein. Frieden konnte er indeß nicht halten. Indem er 1249 das Gebiet von Lebus an den Erzbischof Willbrand von Magdeburg und im folgenden Jahre auch an die Markgrafen Johann den Ersten und Otto den Dritten von Brandenburg abtrat, erlangte er neue Mittel zum Kriege, richtete aber gegen Breslau wieder nichts aus. Sein Plan, den verhaßten Theilgenossen Konrad durch Gift oder Meuchelmord aus dem Wege zu schaffen, mißlang. Als er 1250 den Sohn seines Kastellans Mirso in Krossen a. O., Namens Hinko, heimlich gefangen nehmen und ihn seinen deutschen Kriegsknechten als Pfand für den rückständigen Sold überliefern ließ, damit der wohlhabende Vater diese Schuld berichtige, steigerte sich die Erbitterung der Polen dermaßen, daß sie von ihm abfielen, Konrads Partei ergriffen und diesem Krossen nebst anderen festen Örtern des Landes übergaben. Aufs neue trat der Bischof Thomas von Breslau als Vermittler auf. 1252 fand eine Zusammenkunft der feindlichen Brüder und der schlesischen Stände bei Glogau statt. Nach Stenzel erhielt Konrad hier die Gebiete von Glogau, Sagan, Sprottau, Krossen, Freistadt, Steinau, Sandewal, Kosten, Fraustadt, Kargow, Kopaniz, Babimost, (Bomst), Bentschen, Tirschtiegel und Meseritz. Dr. Röpell bemerkt jedoch, daß die östlichen dieser Landestheile, Bentschen ꝛc. bis zur Obra, sicher erst 1296 an die Herzöge von Glogau kamen.[1])

Seit dem Vergleiche von 1252 zählen wir in Niederschlesien drei Fürstenthümer: Breslau, Liegnitz und Glogau. In dem ersten regierte Heinrich der Dritte mit Wladislaus in Eintracht, wie dies die von ihnen gemeinschaftlich ausgestellten Freiheitsbriefe beweisen. Er starb 1266, Konrad 1273 und Boleslaus 1278. Zur Charakteristik des Kahlen sei noch hervorgehoben, daß er, indem er sich verpflichtete, nach Kräften dem im Bann lebenden deutschen Kaiser Friedrich dem Zweiten entgegenzuwirken, beim Papste Innocenz dem Vierten die Erlaubnis nachsuchte, die Fastenzeit vierzehn Tage später, als bisher überall gebräuchlich, zu beginnen. 1248 erhielt er sie. „Da wurde denn, sagt der Chronist Möller, hier tüchtig geschmauset,

[1]) Röpell I., Seite 476—77.

während andere fromme Christen schon fasteten, wie man denn an etlichen Orten ärger geschwärmet, als die Heiden jemals bei ihren Bachusfesten gethan". Boleslaus zweite Gemahlin soll sogar, wie Schickfuß erzählt, heimlich und zu Fuß wieder zu ihrem Vater geflohen sein, als sie die rohe Lebensweise ihres Mannes sah.[1])

Wir scheiden hiermit von den polnischen und schlesischen Fürsten. Nut gelegentlich blicken wir auf einige zurück.

Die Frage: wann und wie kam das Land Lebus sammt Sternberg an Brandenburg (die Askanier)? ist nicht so leicht zu beantworten, als Mancher denkt; denn es schwebt auch noch über diesem Punkte auffällige Dunkelheit. Hören wir zunächst kurz sieben Historiker!

Gallus[2]) hält sich sehr allgemein.

Die Brüder Johann und Otto vergrößerten durch Erwerbung der Ukermark ihre Herrschaft. Nach und nach dehnten sie ihre Besitzungen bis über die Oder hinaus.

Dr. A. Zimmermann sagt: „Auch das Land Lebus ward 1250 mit der Mark durch die Waffen vereinigt".[3])

Bei Wedekind heißt es: „Näheres von diesem Bruderzwiste (zwischen Boleslaus, Konrad und Heinrich) wissen wir zwar nicht; aber das ist ganz gewiß, daß während und wegen dieser Streitigkeiten das ganze Land Lebus an den Erzbischof von Magdeburg und die Markgrafen von Brandenburg verloren ging, welche sich wahrscheinlich im Jahre 1252 in dasselbe theilten".[4])

Wohlbrück: Boleslaus Finanzen waren so erschöpft, daß er verschiedenen deutschen Fürsten, welche ihm Geld vorschossen und Hülfstruppen sandten, Stücke von seinen Besitzungen verkaufen oder verpfänden mußte. Auf diese Art scheint der Erzbischof Willbrand von Magdeburg Herr der Gegend um Müncheberg geworden zu sein, in deren Besitz ihn eine Urkunde vom 30. April 1244 zeigt. Durch sie nahm derselbe nämlich das schlesische Kloster Trebnitz, mit dessen im Lande Lebus, und, wie er ausdrücklich bemerkt, unter seiner Herrschaft gelegenen Dörfern Trebnitz, Jahnsfelde, Buchholz und Gölsdorf dergestalt in seinen Schutz und Schirm, daß er seinen Vasallen und seinen Beamten untersagte, das Kloster in Ansehung

[1]) Matthias, Bürgerbuch, Seite 56. — [2]) Geschichte der Mark Brandenburg I., Seite 178. — [3]) Geschichte des brandenburgisch-preußischen Staates, Seite 9. — [4]) Neumark, Seite 58—59. Fast wörtlich aus Dr. Röppell I., Seite 177. Vergl. Kreis-Chronik, Seite 22—23!

dieser Besitzungen auf einige Art zu beunruhigen oder zu verunrechten.[1] — Von Chronikenschreibern wird noch berichtet, daß der Herzog Boleslaus im Jahre 1249 dem Erzbischofe Willbrand und 1250 den Markgrafen Johann dem Ersten und Otto dem Dritten von Brandenburg seine Rechte an dem Schlosse und dem Lande Lebus abgetreten habe, worauf beide diese erhaltenen Rechte mit den Waffen in der Hand geltend gemacht, gemeinschaftlich das Schloß Lebus belagert und erobert, auch das dazu gehörige Land in Besitz genommen hätten. Ganz ähnlich Wilhelm Fischer.[2]

Eine Abtretung nimmt auch Berghaus,[3] einen Verkauf Julius Löwenberg[4] an.

Sehr ausführlich ist Buchholtz.[5] „Es erweiterten aber unsere Markgrafen ihr Land noch mehr auf der schlesischen und polnischen Seite; denn es verkaufte ihnen Herzog Bolslav in Niederschlesien die beiden Landschaften Lebus und Sternberg, das eine auf dieser (westlichen), das andere auf jener Seite der Oder. Von der Zeit an sind sie unzertrennlich mit der Mark Brandenburg vereinigt gewesen, doch so, daß das erste nun zur Mittel- und das andere zur Neumark gerechnet wird. — So gewiß diese Erwerbung von den Markgrafen Johann und Otto den Dritten gemacht worden (denn darüber sind alle Schriftsteller einig), so dunkel sind doch die eigentlichen Umstände der Gelegenheit und der Zeit davon. Daß es durch einen Kauf geschehen, sagen sie alle, ausgenommen die polnischen und die schlesischen Schriftsteller, die nur von einer Versetzung wissen wollen. Indessen kann beides wahr sein, zumal wenn man die verschiedenen Jahre betrachtet, darin eins von beiden geschehen sein soll. Der eine nimmt das Jahr 1248, der andere 1252 und noch andere 1260 für die Zeit an, welche Zahlen aber so zu vereinigen seien, daß in allen diesen Jahren Traktate deshalb gepflogen worden, da in den ersten beiden nur Herzog Bolslav allein, erst wegen der Verpfändung und hernach wegen des Verkaufs gehandelt, in dem letzten Termine aber die Einstimmung der übrigen schlesischen Herzöge dazu gekommen. Es ist das um desto wahrscheinlicher, weil

---

1) Riedel, Kodex 20, Seite 129. Vergl. Dr. Goltz, Müncheberg, Seite 10. — Wohlbrück I., Seite 30—33. — 2) Fischer, Seite 79. — 3) Landbuch III., Seite 154. — 4) Taschen-Atlas, Seite 45. Auf Seite 4 wird Herzog Bolko als Verkäufer genannt; wahrscheinlich nur ein Schreibfehler. 5) II. Seite 157—58.

man niemals findet, daß sich ein schlesischer Fürst bemühte, diese Länder als Stücke von Schlesien wieder zu bekommen. Und sie konnten auch nicht; denn sie theilten sich gar bald in noch mehr kleine Fürstenthümer und lebten noch dazu in großen Uneinigkeiten, darin sie sich so schwächten, daß alle Gedanken auf eine Einlösung wegfallen mußten, wenn auch blos eine Verpfändung geschehen, welche die märkischen Geschichtsschreiber gleichwol zu leugnen und wirklichen Verkauf zu behaupten, eben soviel Recht haben, da noch nie einige Urkunden darüber zum Vorschein gekommen. -- Eben dieser Mangel läßt auch nicht zu, das eigentliche Jahr dieses Verkaufs zu bestimmen, und es sind mehr willkürlich angenommene, als erweisliche Jahreszahlen, deren wir oben gedacht haben. Indeß muß es zwischen 1244--1253 gewiß geschehen sein; denn im Jahre 1244 war Herzog Bolslav der Kahle zu Liegnitz oder Niederschlesien noch der höchste Regent dieser Länder. Er gab seine Einwilligung dazu, daß ein gewisser Mrotseck, Herr von Zulenche, mit Genehmhaltung seines Bruders, des Propstes Gerlach zu Lebus, dieses sein Erbland, zwischen Lebus und Zantoch gelegen, den Tempelherren vermachte.[1])

Dies Zulenche war nichts anderes, als das Land Sternberg, davon die jetzige Stadt Zulenzig oder Zülenzig der Hauptort gewesen. Die angegebene Lage dieser Herrschaft ist die ganze Breite desselben. Ohne Zweifel war dieser Mrotseck erblos und wie sein Bruder Gerlach wohlbetagt, daß er nicht ferner hoffte, Erben zu zeugen, daß er dergestalt das Seinige an diese Ritter vermacht. Bis hierher waren also die Brandenburger noch nicht Herren von diesem Lande, und daß sie es vom Lande Lebus auch noch nicht gewesen, läßt uns der unglückliche Angriff auf das Schloß dieses Namens im Jahre 1238 und der vielen anderen Beschäftigungen der Markgrafen im magdeburg-meißnischen und pommerschen Kriege nicht glauben. Aber vor 1253 muß gleichwol noch diese Erwerbung geschehen sein und mögen die am besten treffen, die das Jahr 1250 oder 1252 davon annehmen; denn es waren unsere Markgrafen sehr gewohnt, wenn sie ein Land erobert oder sonst erworben, sich alsbald recht fest darin zu setzen und Städte zu bauen. Da sie nun 1253 auch hier thaten, die Stadt Frankfurt a. d. O. gründeten und sie mit Ländereien diesseit

[1]) Riedel, Kodex 19, Seite 124.

und jenseit des Stromes beschenkten,[1]) so ist wol so viel von ausgemachter Gewißheit, daß Markgraf Johann und Otto schon 1252 Herren von beiden Landschaften gewesen und folglich entweder in selbigen oder den beiden nächst vorhergehenden sie an sich gebracht. —

Die Gelegenheit, bei welcher das geschehen, entstand aus dem unruhigen Kopfe Herzogs Bolslavs, der mit seinem Bruder, Herzog Heinrich, zu Breslau allerlei Händel hatte, die er ohne Geld nicht ausführen konnte. Es wird ihm von den schlesischen Schriftstellern selbst ein wunderlicher, ja oft närrischer Charakter beigelegt; daher ist nicht zu verwundern, daß er nach seinem Eigensinn lieber ein Stück seiner Länder an Fremde veräußerte, als seinem Bruder einen Zuwachs gegönnt.

Zur Veräußerung dieser Länder aber scheint uns noch mehr Anderes beigetragen zu haben. Zulenche war, wie gesagt, 1244 dem Tempelorden zu Theil geworden, und dieser hatte noch viel andere Güter seit Kurzem in der Mark und Pommern erhalten,[2]) so daß er auch eine eigene Ballei im Brandenburgischen errichtete; von dieser waren die Markgrafen Patrone und Schutzherren. Wie natürlich ist es da, daß sie denselben unter die Flügel gekrochen, wenn sie erst von den pommerschen und schlesischen Herren allerlei erlangt und hernach wahrgenommen, daß dieselben sich ihrer Schenkungen reuen lassen. Es scheint uns daher das heutige Sternbergische, das dergestalt den Tempelherren vermacht war, mehr von diesen, als den schlesischen Herzögen unseren Markgrafen zur Oberherrschaft angetragen zu sein,

---

[1]) Der Fundationsbrief, datirt Spandau, den 14. Juli 1253 (deutsch bei Spicker, Seite 4—5. Beckmann, Seite 28. Riedel, Band 23, Nr. 1), war schon 1713 im Originale nicht mehr vorhanden. Es existiren nur noch Abschriften der Bestätigung durch den Markgrafen Hermann (1307). Wir dürfen denselben schwerlich so auffassen, daß Godinus (Gottfried) von Herzberg die Stadt erst anlegen sollte. Ursprünglich eine wendische Ansiedelung, hatte der Flecken schon eine christliche (die Nikolai-) Kirche, das Marktrecht ꝛc. Bekmann erzählt (Seite 3—4): Allda ist auch Frankfurt von Sunnone, dem Andern dieses Namens, einem fränkischen Herzoge, des Cleodomiri Sohn, und Sunnonis des Ersten Sohnes Sohn oder Neffe, a. Chr. 149 gebauet unter dem Kaiser Antoninus Pius, und zum Gedächtnis der Franken und ihres Herkommens hat er sie an die Oder gesetzet, auch von den Franken und dem Furte, der vor Zeiten allda gewesen, und daß die Franken ihr Gewerke und Handel allda viel hatten, Frankfurt genennet, das soviel lautet, als der Franken Stadt und Furt." — Geschichtlichen Werth hat diese Notiz etwa soviel, als die Nachricht über die Erbauung von Schwiebus durch die Sarmaten im Jahre der Welt 3295.

[2]) Dazu gehörten Quartschen, Darmietzel, Zechow, Kranzin, Malsow (1241), Nahausen, das Land Küstrin und Bahn. Klette, Regesten I., Seite 1 ff.

worin Herzog Bolslav nach eben dem Leichtsinne, als er das Land an den Orden kommen lassen, gegen ein Stück Geld gewilliget, zumal, da er keine Hausgüter darin gehabt, sondern das Ländchen von den vorigen Besitzern ganz allein und blos unter seinem Schutze als eine freie Standesherrschaft besessen worden. Vielleicht hat Bischof Wilhelm von Lebus auch das Seinige beigetragen, ihn dazu zu vermögen, daß er sich der Oberherrschaft über das Land Lebus begeben, wenn ohnedem die Markgrafen etwas darin besessen; denn er war ein Märkischer von Adel aus dem Geschlecht der von Bredow,[1]) der natürlicher Weise unter dem Schutze seiner angeborenen, eben so großen, wie klugen und gütigen Landesherren, als unter einem so wunderlichen Fürsten, wie Bolslav war, lebte. Doch freilich sind die Muthmaßungen, davon wir in Ermangelung aller Urkunden anderes nichts ganz Gewisses sagen können, so wenig wir im Stande sind, die Summe Geldes zu bestimmen, die Herzog Bolslav bekommen; denn es wird uns dieselbe nirgends genannt". —

Die oben erwähnte Urkunde über die Gründung von Zielenzig lautet in deutscher Übersetzung: „Wir Heinrich von Gottes Gnaden Bischof von Lebus ertheilen, indem wir den Nutzen und das Gedeihen unserer Kirche im Auge haben, mit Zustimmung und Billigung unseres ganzen Kapitels dem Grafen Mrochko und seinen Nachkommen die Erlaubnis, in Sulench deutsche Kolonisten an- und soviel als möglich im ganzen Umkreise Hufen zu besetzen. Indem wir die daselbst nach deutschem Rechte angesetzten Leute von jeder Steuer und den Zehnten, welche nach polnischer Sitte vom Lande erhoben werden, befreien, wollen wir, daß uns und unseren Nachfolgern statt des Dezems von jeder Hufe vier Scheffel Getreide als Zins entrichtet werden, nämlich zwei Scheffel Roggen und zwei Scheffel Hafer, mit Ausnahme der Hufen der Schulzen, für welche weder Zins noch Dezem gegeben werden soll. Aktum Lebus in Jahre 1241.

Zeuge bei Ausfertigung dieser Urkunde war der Präpositus Gerlach, ein Bruder des Mrochko. Letzterer vertrat als Kastellan (von Schiedlow) alle Rechte des Landesherrn: er bot die Szlachta und die Kmeten (den Adel und die Landleute)

[1]) Wohlbrück weist (I., Seite 141—143) aus Urkunden nach, daß der Bischof Wilhelm ein schlesischer Edelmann war. Buchholtz folgt Betmann und dieser Angelus (Lebus, Seite 26). Viel Unklarheit! —

zum Kriege auf, führte sie an, verwaltete die im Bezirke liegenden Güter des Fürsten, ließ die Steuern einziehen rc.

Jedenfalls siedelten sich in kurzer Zeit Deutsche in ausreichender Zahl an. Deshalb finden wir das frühere polnische Dorf Sulench bald unter den Städten. Schon 1244 befand sich Mrochko (Mrotsek) in der Lage, sein Erbgut den Tempelherren zu schenken. In unsere Muttersprache übersetzt, lautet die Urkunde: „Ich Graf Mrotsek habe mit Zustimmung meines Bruders, des Domherrn Gerlach zu Lebus, Gott und der heiligen Jungfrau Maria und dem Tempelorden zum Schutze des heiligen Landes zu Jerusalem mein Erbgut zwischen Lebus und Zantoch gelegen, welches Zulenche heißt, mit der Stadt und den dazu gehörigen Dörfern und mit allem Rechte, wie es mir von meinem Herrn verliehen worden, zur Vergebung meiner Sünden geschenkt. Damit nun aber diese unsere freiwillige, in Gegenwart unseres Herrn, des Herzogs Boleslaus von Schlesien und seiner Barone gemachte Schenkung für richtig erachtet werde, hab' ich gegenwärtige Urkunde mit des Herzogs, meinem und meines Bruders Siegel versehen lassen. Dies ist geschehen zu Breslau im Jahre der Fleischwerdung des Herrn 1244, in Gegenwart des Herzogs Boleslaus, der Herren Heinrich, Bischofs von Lebus, Boguslaus, Kastellans von Nimptsch und vieler Anderer".[1])

Mrochko war im erwähnten Jahre Kastellan in Krossen, 1252 zu Rützen im Wohlauschen und 1263 Palatin[2]) von Oppeln. Ihm gehörte die Herrschaft Grottkau.

Von den Dörfern bei Zielenzig ist leider Nichts bekannt. Wahrscheinlich, bemerkt Dr. Riedel zu der Urkunde von 1244, hatten die Tempelherren in dieser Gegend schon früher eine Niederlassung, da nach Balthasar Königs handschriftlicher Geschichte des Johanniterordens bereits 1232 der Bischof Paulus von Posen demselben Zehentheבungen zu Großdorf (magna villa) überließ.

Wichtig erscheint auch eine Urkunde vom 25. August 1251. Sie lautet in deutscher Übersetzung: „Wir von Gottes Gnaden Boguphalus, Bischof von Posen, machen kund, was wir über die Zahlung des Zehnten von allen Besitzungen der

---

[1]) Riedel, Kodex 19, Seite 124. Wohlbrück I., Seite 69, III., Seite 516. Fehlerhaft bei Buchholtz IV., Seite 72.

[2]) Von palatium, Pfalz, Palast; Palatin, ein Pfalzgraf; in Ungarn der Vizekönig.

Brüder vom Tempelorden, die ihnen in unserer Diözese gehören, mit Zustimmung unsers Kapitels vereinbart haben, dergestalt, daß sie von der flämischen Hufe [1]) sowol vom eigenen, als vom fremden Areal innerhalb ihrer Besitzungen, sei es verpachteter oder noch zu verpachtender Acker (mit Ausnahme des Neulandes eben desselben Gebietes), sei es angebautes oder noch anzubauendes Land, welches sie mit eigenen Mühen und Kosten kultiviren und urbar machen — uns zwei Maß Weizen, zwei Maß Roggen und zwei Maß Hafer geben nach Breslauer Maß. Die Besitzungen aber sind diese: Belawes, Templow, Cemelnow, Colcino, Cron, Cosmino, Bitankowo, Orla, Cemethnici. — Verhandelt in Posen in der Kirche der heiligen Maria im Jahre des Herrn 1251, den 25. August, in Gegenwart der Herren: Meister Johannes, Großmeister des Tempelordens für Deutschland, Böhmen, Mähren und Polen, und der Brüder desselben, nämlich des Meisters Hermann von Öls, des Bruders Johann von Quartschen, des Bruders Tyder, der Brüder Albrecht, Heinrich, Albrecht, Lambertus, unter Vermittelung des Meisters Milo und des Herrn Hermann, Kanonikus von Lebus". [2]) —

Berghaus [3]) vermuthet, Belawes sei das in einer Urkunde von 1232 [4]) genannte Dorf Welikaucz, das Herzog Wladislaus von Polen den Tempelherren schenkte; man könne hierin nur den polnischen Namen — Wielawies oder Wielkowies — von magna villa oder Großdorf erkennen. Kletke weist auf Filene hin. Templow, noch 1537 Templou geschrieben, ist Tempel, Colcino Költschen. Cemelno oder Semelno soll das zu Hammer gehörige Vorwerk Schalm, jetzt Reitzenstein sein. Mir scheint indeß Gymelndorf, richtiger wol: Giemel (wenigstens fand ich diesen Namen in den Akten) näher zu liegen. Wie leicht kann Cemel oder Semel in Giemel sich verwandelt haben!

Angeblich schloß am 19. November 1251 der Herzog Primislaus von Polen mit dem Markgrafen Otto dem Dritten von Brandenburg und dem Hochmeister des deutschen Ordens (Landgrafen Konrad von Hessen und Thüringen) über die Grenzen Polens, der Neumark und des Landes Sternberg einen Vertrag. In dem=

[1]) Eine Häger= oder flämische Hufe = 153 Morgen = 169843 □Ruth. = 39,316 ha. — [2]) Wohlbrück I., Seite 38, III., Seite 490—513. — [3]) Berghaus, Landbuch III., Seite 173. — [4]) Riedel 19, Seite 1.

| Nr. | Namen. | Beinamen. | Sohn von Nr. | Gem… |
|---|---|---|---|---|
| 1. | **Boleslaus III.** | Krummmaul, Krzywusti. | Wladis laus I. | Salome … |
| 2. | **Wladislaus II.**, geb. 1104. | | Nr. 1. | Agnes, Toch… grafen Leopo… reich, … |
| 3. | **Boleslaus**, geb. 1127. | der Lange, der Erha bene, altus, procerus. | 2. | 1. Wenzesla… Prinzessi… 2. Adelheid |

| | |
|---|---|
| 1281 oder 1282. | |
| 1308 oder 1309 in Templin. | Begraben in Chorin. — Im Bann gefangen. |
| 1304 in Schwedt. | Auch im Bann. Ein Sohn, Otto VIII., kommt 1296 in Urkunden zuletzt vor, starb also vor dem Vater. Dieser wurde in Kl. Chorin beigesetzt. |
| Ende 1295. | 1283 einstimmig zum Erzbischofe von Magdeburg gewählt. |
| in den Jahren 1315 bis 1318. | Besaß Sangerhausen und Landsberg. |
| 1292. | Seit 1290 Bischof zu Havelberg. |
| im August 1305, nach And.: 1307. | Hedwig, später mit Johann von Holstein verheiratet, ging nach dessen Tode in ein Kloster des St. Klarenordens. Buchholtz II., 264. |
| 14. August 1319. | Begraben in Chorin. Die Wittwe heiratete am 22. Dezember 1319 Otto den Milden von Braunschweig. |
| 1320 (im Juli, August oder September). | Wahrscheinlich erst nach des Vaters Tode geboren. Buchholtz II., 264. Der Letzte der Stendal'schen Linie. |

| Nr. | Namen. | Beinam… |
|---|---|---|
| 1. | **Albrecht**, geb. 1106 (Andere: 1100). | der Bär, der Schöne |
| 2. | **Otto I.**, geb. 1126. | |
| 3. | **Otto II.**, geb. um 1164. | |
| 4. | **Heinrich.** | |
| 5. | **Albrecht II.** | |
| 6. | **Johann I.** (Stendal.) | |
| 7. | **Otto III.** (Salzwedel.) | der Gütige, der Fromme |
| 8. | **Johann II.** | der Prager. |
| 9. | **Otto V.** | der Lange. |
| 10. | **Albrecht V.** | |
| 11. | **Otto VI.** | Ottiko, der Kleine. |
| 12. | **Hermann.** | der Lange, der Reiche. |
| 13. | **Johann VI.** | der … |

# Tabelle II.

| …en. | Vater. | Gemahlin. | Kinder. | Gestorben, begraben. | Bemerkungen. |
|---|---|---|---|---|---|
| . | Otto der Reiche, † 1122. | Sophie, Gräfin von Reineck. | 7 Söhne, 3 Töchter. | 18. (19.) November 1170, begraben in Ballenstädt. | Belehnt 1134 zu Halberstadt. |
| | Sohn von Nr. 1. | 1. seit 1149 Judith, Tocht. des poln. Herzogs Boleslaus III., die Perle der Polen; 2. Adelheid. | 3 Söhne. | 1184, soll im Kloster Lehnin begraben sein. | Führte schon seit 1147 den Titel eines Markgrafen von Brandenburg. |
| | 2. | Anna von Anhalt. Ob überhaupt vermählt? | kinderlos. | 4. Juli 1205, in Kl. Lehnin begraben. | Gallus I., 166. |
| | 2. | | kinderlos. | 1192. | Graf von Gardeleben (Gardelegen). Domstift Stendal. |
| | 2. | seit 1205 (1210) Mathilde, Tocht. des Markgrafen Konrad von Meissen und der Lausitz. | 2 Söhne, 3 Töchter. | 23. (24.) Februar 1220, in Lehnin beigesetzt. | Zuerst Graf von Arneburg; im Bann. |
| | 5. | 1. Sophie, Tochter Waldemars II. von Dänemark; 2. Hedwig, Tocht. des Herzogs Barnim I. von Pommern; 3. Julia von Sachsen? | 6 Söhne, 4 Töchter. | 4. April 1266, in Chorin beigesetzt. | Sophie starb 1248 zu Flensburg im Wochenbette. |
| . | 5. | seit 1235 mit Beatrix, Tocht. des Königs Wenzeslav von Böhmen. | 4 Söhne, 3 Töchter. | 11. Oktober 1267 (in Neubrandenburg), im Dominikanerkloster zu Strausberg beigesetzt. | |
| | 7. | unverheiratet. | | 1268 (1267) auf einem Turniere in Merseburg schwer verwundet. | Geboren in Prag, auch dort am Hofe seines Großvaters erzogen. |
| | 7. | 1. Katharina von Polen? 2. Judith (Jutta), Tocht. des Grafen Hermann v. Henneberg. | 3 Söhne, 6 Töchter. | 24. Juli 1296. | Zwei Söhne starben vor dem Vater: Otto VII. und Albrecht VII. |
| | 7. | Mathilde, Schwester des Königs Erich Glypping von Dänemark. | 2 Töchter. | 1300 oder 1301. | Besaß Stargard. Zwei Söhne, Otto IX und Hennig, starben vor dem Vater |
| | 7. | Hedwig, Tochter Rudolfs von Habsburg, † 1283? | kinderlos. | 4. Juni 1303 als Mönch in Lehnin. | |
| | 9. | seit 1295 Anna, Tochter Albrechts I. von Österreich. | 1 Sohn, 3 oder 4 Töchter. | im Herbste 1308; Gallus I., S. 231, am 15. April 1317 an Gift. | Erwarb durch Kauf vom Markgrafen Diezmann die Niederlausitz. |
| . | 12. | Katharina, Tochter Heinrichs V., des Eisernen, von Schlesien; vielleicht nur Braut. | | im Dezember 1317? | Der Letzte der Linie Salzwedel. |

selben wird auch Lagow und Reppen genannt. Dieses Schriftstück ist aber unecht, hat darum keine Beweiskraft.[1])

Am 7. März 1252 einigte sich der Erzbischof Willbrand von Magdeburg mit dem Bischofe Wilhelm von Lebus über die Zehnten in dem gleichnamigen Lande und den Orten Seelow, Wuhden, Drossen, Göritz und Bolescowitz. Den 24. April genehmigte der Bischof den Vergleich.[2])

Dies ist die erste Urkunde, in der Drossen (Drosna) und Göritz (Goriza) vorkommen. Jenes wird eine Marktstadt (civitas forensis) genannt.

---

## Viertes Kapitel.

## Das Land Sternberg unter den Askaniern.

Zum Verständnis des Folgenden erscheint eine kurze Übersicht, wie ich sie in Tabelle I. von den schlesischen Fürsten gegeben habe, auch hier, Tabelle II., bei den askanischen nothwendig.

Markgraf Konrad von Plötzkau aus dem Hause Stade, die Sassenblome (Sachsenblume) genannt, fiel kurz vor Weihnachten 1132, von einem Pfeile tödtlich getroffen, vor Monza im Mailändischen. Kaiser Lothar verlieh nun die Mark Nordsachsen (Soltwedel, Salzwedel) dem Grafen Albrecht von Ballenstädt. Da zu dessen Stammschlössern Aschersleben (lateinisch gewöhnlich Ascharia, richtiger Ascaria) gehörte, so heißt das Herrscherhaus auch Askanier.

Die Belehnung erfolgte am 15. April 1134 zu Halberstadt.

---

[1]) Deutsch in Gerken, Kodex III., Seite 253—265. Wedekind, Neumark, Anhang, Seite 4—14. Gerken hat Theil V., Einleitung, die Unechtheit nachgewiesen. Raumer, Neumark, Seite 5. Berghaus III., Seite 342.

[2]) Riedel 20, Seite 184.

Im Herzogthume Sachsen, das Albrecht der Bär[1]) der treuen Freundschaft des Kaisers Konrad des Dritten verdankte, vermochte er sich nicht gegen Heinrich den Stolzen, noch weniger wider dessen Sohn Heinrich den Löwen zu behaupten. Er richtete deshalb seine Blicke auf das Gebiet der Slaven. Es gelang ihm, die Priegnitz zu erobern. Dahin gestellt kann bleiben, ob der Wendenfürst Pribislav, seit 1136 Christ und als solcher den Namen Heinrich führend, der Brennabor (Brandenburg) zum Sitze seiner Herrschaft wählte, schon bei seinem Leben die „hohe Zauche" an Albrecht abtrat und ihm den anderen Theil seiner Besitzungen testamentarisch vermachte. Eine Nachricht, die aber aus späterer Zeit stammt, lautet: „Als er sich seinem Alter und seines Lebens Ende näherte und selbst keine Kinder hatte, befürchtete er, daß das Reich nach seinem Tode in eines heidnischen Königs Hände fallen und das Christenthum wieder unterdrückt werden möchte. Aus Liebe zu Gott, und getrieben von dem Wunsche, seiner Unterthanen ewige Seligkeit zu sichern, entschloß er sich, seine Länder einem christlichen Prinzen zu überlassen. Er machte daher ein förmliches Testament, in dem er seinen guten Freund Albrecht den Bär zum Erben seiner Güter und seines Staates bestimmte. Er vertrat selbst bei dessen ältestem Sohne Otto Pathenstelle, hob ihn aus der Taufe und schenkte ihm den Zauchischen Kreis. Bald darauf starb er.[2]) Seine Gemahlin Petrussa verheimlichte seinen Tod drei Tage, meldete ihn aber sogleich dem Markgrafen Albrecht, damit er unverzüglich kommen und das Wendenland übernehmen möchte, ehe das Volk noch wüßte, daß Pribislav nicht mehr lebe."

Wer die obwaltenden Verhältnisse näher erwägt, glaubt sicher: Auch ohne ein Testament des Pribislav lag es für Albrecht sehr nahe, sein Schwert gegen die Wenden zu kehren, sie seiner Herrschaft zu unterwerfen. Jasso oder Jaczo, ein Neffe des Genannten, der in Köpenick residirte, fiel in Albrechts Gebiet ein, als dieser einige Zeit am Hofe des Kaisers Friedrich Barbarossa weilte, mußte aber

---

[1]) Der Brauch, den Fürsten Beinamen zu geben — sie waren nicht immer ehrenvoll, wie wir u. A. aus der polnischen und schlesischen Geschichte sehen — lag im Geiste der Zeit. Hier ließ man einen Bären gegen einen Löwen kämpfen.

[2]) Die Angaben über Pribislavs Todesjahr schwanken zwischen 1142, 1143 u. 1150.

zurückweichen[1]) und verlor obenein den Rest vom Barnim und das Land Teltow. — Schon 1147 hatte der Reichstag zu Frankfurt a. M. erklärt, daß auch die Mark Brandenburg zu den Reichsfürstenthümern und Albrecht zu den unmittelbaren deutschen Erzfürsten gehöre. Wahrscheinlich wurde mit dieser neuen Würde zugleich das Amt des Erzkämmerers verbunden.

Da am Rheine und in Holland viele Einwohner durch Überschwemmungen Hab und Gut verloren hatten und Albrecht darauf ernstlich bedacht sein mußte, das Deutschthum in seinen Staaten möglichst zur Geltung zu bringen, so rief er von dort Kolonisten herbei, die um so lieber einwanderten, als man sie hier nicht als Fremde behandelte. Die Namen der Städte Genthin — Gent, Niemegk = Nymwegen, Gräfenhaynichen = Gravenhaag, Brück — Brügge u. A. erinnern noch heute an die niederländische Abstammung ihrer ältesten Bewohner. Dagegen leitet man neuerdings Berlin von dem slavischen bor, eine mit Wald bewachsene Gegend, und rolina, Acker, Feld ab. Kolno soll einen auf Pfählen im sumpfigen Lande errichteten oder einen über das Wasser hinausgehenden Hügel bezeichnen. Vergleiche: Költschen!

Albrechts Hauptverdienst ist die allgemeine Einführung der deutschen Sprache und des Christenthums. Man darf aber nicht glauben, daß beides so schnell von Statten ging, wie etwa 1870 und 1871 die Eroberung von Elsaß und Lothringen. Noch lange hingen die Wenden, wenn auch nur im geheimen, an ihren Göttern.

Herr Oskar Schwebel behauptet sogar (Oderzeitung Nr. 127 1887), es seien geschichtliche Zeugnisse dafür vorhanden, daß die Wenden der Altmark noch im sechzehnten Jahrhundert ihre hülflosen Eltern lebendig begraben haben. Eine sichere Quelle nennt er freilich nicht; auch fehlt es in seinen „neumärkischen Städtebildern“ keineswegs an Irrthümern, Übertreibungen und Ausschmückungen. Seine Darstellung erinnert oft lebhaft an den polnischen Geschichtsschreiber Dlugosz.

Im Früjahre 1157 trat Albrecht mit seiner Gemahlin Sophie und dem Bischofe Ulrich von Halberstadt eine Wallfahrt nach Paläſtina an. Sie war nicht

[1]) Sage vom Schildhorn. Dr. Schwartz, Seite 28—30 u. 183—184. Jugendschrift von Ferd. Schmidt.

so nutzlos, wie die meisten Kreuzzüge. Er lernte dort die Tempelherren und Johanniter kennen, Ritterorden, über die später ausführliche Mittheilungen folgen sollen. Hier stehe nur die Bemerkung, daß sie gleich den Mönchen Armut, Keuschheit und Gehorsam gelobt hatten, außerdem es aber für ihre Hauptaufgabe erachteten, die Feinde des Christenthums zu bekämpfen. Dazu bot sich ihnen auch in Brandenburg Gelegenheit.

Als erster Hauptsitz der Tempelherren erscheint die Umgegend von Müncheberg.[1]) Durch den Herzog Ladislav von Pommern bekamen sie 1234 tausend noch unbebaute Hufen bei Quartschen und Küstrin. Man behauptet wol auch, daß sie Soldin angelegt haben. Urkundlich steht nur fest: 1262, den 31. Dezember, verkaufte ihr Meister Widikin einen Hof in dieser Stadt und den See gleichen Namens an die Markgrafen Johann und Otto.[2]) Daß 1244 auch Zielenzig an sie kam, hob ich schon hervor.[3])

Den Johannitern schenkte Albrecht 1160 in dem Städtchen Werben an der Elbe eine Kirche nebst sechs Hufen Ackers in der Wische, einer fruchtbaren Niederung; auch erbaute er ihnen ein Hospital. Von hier aus erweiterten sie später die Besitzungen nach den Grenzen der Mark.

Albrecht dankte 1168 ab. Zwei Jahre später starb er. Als Todestag nennen Einige den 18., Andere den 19. November. Von seinen sieben Söhnen hatten sich zwei, Siegfried und Heinrich, dem geistlichen Stande gewidmet; an die anderen vertheilte er noch bei Lebzeiten seine Erb- und Lehngüter. Die Hälfte derselben erhielt Otto, der älteste, seit 1160 bereits Mitregent. Hermann bekam die Grafschaft Orlamünde, Dietrich Werben, Albrecht Askanien und Ballenstädt, Bernhard die neuerworbenen, vorher slavischen Länder an der mittleren Elbe (Wittenberg, Zerbst, Bernburg 2c.). Der Letztere ist der Stammvater des noch jetzt blühenden Hauses Anhalt.

Otto der Erste regierte vierzehn Jahre mit Kraft und Einsicht. In dem Kampfe zwischen Friedrich Barbarossa und Heinrich dem Löwen stand er treu

---

[1]) Nicht Müncheberg selbst, sondern die Ortschaften Lietzen, Heinersdorf, Tempelberg, Marxdorf und Neuentempel. — [2]) Dr. Goltz, Seite 13. — [3]) Seite 110–11.

auf Seiten des Kaisers. Dieser bestätigte ihn in seiner Würde als Erzkämmerer des deutschen Reiches, verlieh ihm betreffs der Altmark die unmittelbare herzogliche Gewalt und, damit Pommern nicht ganz in die Hände der mächtigen Dänen falle, eine Art Lehnsherrschaft über das Land. Ein Freund der Geistlichen und der Mönche, stiftete Otto 1180 das Kloster Lehnin,[1]) von dem Zisterzienser auch nach Neuzelle, Himmelpfort, Chorin und Paradies übersiedelten.

Von seinen drei Söhnen war Otto der Zweite ein Schwächling, der sich von den Priestern beherrschen ließ; Heinrich der Erste kümmerte sich gar nicht um das Land, sondern widmete sich mönchischen Übungen; nur Albrecht der Zweite, der neun Jahre (seit 1196) mit Otto regierte, zeichnete sich durch Tapferkeit und Edelmuth, sowie durch seine unerschütterliche Treue gegen den deutschen Kaiser Otto den Vierten aus. In vieler Beziehung bleibt es ein Räthsel, wie er zu dem Vertrage vom 24. November 1196 seine Zustimmung ertheilen konnte. Nach demselben nahmen die Markgrafen die Erbgüter ihres Hauses von dem Erzbischofe zu Magdeburg als Lehen, und oft genug stellte man von dieser Seite die Behauptung auf, sie hätten sich dadurch ihrer Reichsrechte und herzoglichen Würde entäußert, seien nur Untervasallen des Reiches. Des Zehntens wegen waren sie mit dem genannten Prälaten in Streit gerathen. Er sprach deshalb den Bann über sie aus. Ob der Wunsch, von demselben befreit zu werden, oder der verkehrte Geist der Zeit, in der weltliche Fürsten es als eine besondere Ehre ansahen, Vasallen eines Erzbischofes zu sein, zu diesem verhängnisvollen Schritte mitwirkte, bleibe dahingestellt.

---

[1]) Die sogenannte „Lehnin'sche Weissagung", angeblich von einem Mönche Hermann um's Jahr 1270 verfaßt, ist ein poetisches Produkt viel späterer Zeit. Sie floß wahrscheinlich aus der Feder des früheren Propstes und Konsistorialrathes Andreas Fromm zu Köln an der Spree. Unter dem großen Kurfürsten in den unerquicklichen märkischen Kirchenstreit verwickelt, zog er es vor, Brandenburg zu verlassen. Seiner Doppelzüngigkeit wegen wies man ihn auch in Sachsen ab. Er ging deshalb nach Prag, fand bei den Jesuiten Aufnahme, trat zur römischen Kirche über. Zum Priester geweiht, wurde er Dekan zu Kemnitz, später zu Leitmeritz. In einem andern Sinne, als der verbissene, abtrünnige Mann es wünschte, erfüllte sich: „Der Hirt erhält die Herde, Deutschland den König wieder zurück; die Mark vergißt jetzt jegliches Übel, wagt es, die Ihren zu pflegen, und ihrer freut sich kein Fremdling." Den „Wölfen" aber, welche nach dem „erlesenen Schafstall" trachten, können wir einen festen Maulkorb umlegen. Vergl. Müller, Preußens Ehrenspiegel, Seite 31—34. Ammon, Gallerie, Seite 350—353. Brandenburg. Schulblatt 1846, Seite 348—357. — 1287—1887, Weissagung ꝛc., Leipzig, litt. Anstalt.

Auf Albrecht den Zweiten folgten seine Söhne Johann der Erste und Otto der Dritte. Der Weisheit ihrer Mutter Mathilde,[1]) einer Tochter Konrads des Dritten, Markgrafen von Meißen und der Lausitz, unter deren Vormundschaft sie bis 1226 standen, müssen wir es hauptsächlich zuschreiben, daß sie der Welt ein seltenes Beispiel rührender Liebe, Treue und Eintracht in der gemeinschaftlichen Regierung gaben. Schon 1228 verwickelten sie sich wegen ihres Schwagers — er hieß Otto das Kind von Braunschweig — mit dem Erzbischofe Albert von Magdeburg und dem Bischofe Ludolf von Halberstadt in einen Krieg. Sie verloren zwei Schlachten; Otto gerieth in einem späteren Kampfe 1238 sogar in Gefangenschaft. Ein Lösegeld von 1600 Mark (220 000 Thlrn.) verschaffte ihm jedoch nach einem halben Jahre die Freiheit wieder. Das Unglück stärkte der Brüder Muth. Sie riefen die Brandenburger zu den Waffen. Bestanden diese zumeist auch nur in Stangen, Prügeln und Knütteln, so trieben die Muthigen doch mit Böhmens und Braunschweigs Hülfe die Feinde aus dem Lande, verwundeten den Erzbischof Willbrand und nahmen seinen streit- und raublustigen Bundesgenossen sammt sechzig Rittern gefangen. Natürlich mußte er jene 1600 Mark wieder zurückzahlen. 1244 schloß man einen für Brandenburg ruhmvollen Frieden. — Über die Erwerbung von Lebus und Sternberg war schon Seite 106 die Rede. Zu gleicher Zeit zwangen die Brüder Barnim den Ersten, Herzog von Stettin, ihnen die Ukermark abzutreten. Auch östlich von der Oder breiteten sie während deß ihre Herrschaft noch weiter aus. Sie eroberten, plünderten und verbrannten 1251 das Schloß Bentschen, entrissen überhaupt den Polen die Landstriche an der Warthe, Netze und Drage — die Neumark im engeren Sinne des Wortes — und erbauten hier Landsberg, später Bärwalde, Neudamm und Königsberg. Ihr Ansehen war zuletzt sehr groß. Selbst die deutsche Kaiserkrone wurde Otto dem Dritten angeboten.[2]) Bereits

---

[1]) Ihr Brautschatz sollen die Orte Kamenz und Ruhland gewesen sein. Sie bildeten bis zu ihrem Tode auch ihr Witthum. Die übrigen Städte und Landschaften (Bautzen, Görlitz, Lauban und Löbau) kamen wahrscheinlich durch Beatrix, Gemahlin Ottos des Dritten, statt des versprochenen Brautschatzes von 10000 Mark an Brandenburg.

[2]) Am 29. Juni 1239 hätte beinahe Lebus die hohe Ehre genossen, Wahlort eines deutschen Kaisers zu sein. Papst Gregor der Neunte schleuderte nämlich gegen Friedrich den Zweiten den Fluch der Kirche und trug dem Herzoge Abel von Schleswig die deutsche Krone an. Otto von Bayern, Wenzlav von Böhmen, Belus von Ungarn und Heinrich der Fromme von

mischten sich aber die Goldfüchse in die Wahl. Man fing an die Stimmen zu erkaufen. Unter solchen traurigen, wirren Verhältnissen hätten schwerlich alle Verdienste der Welt, selbst wenn sie sich auf Otto vereinigt, etwas gegen die Bestechungen seiner Gegner ausgerichtet. Der eine Bewerber um die Krone, Richard von Kornwallis, Bruder des englischen Königs Heinrich des Dritten, brachte, erzählt ein Schriftsteller, zweiunddreißig Wagen, von je acht Pferden gezogen und mit Geld beladen, am Himmelfahrtstage (17. Mai 1257) nach Aachen. Der saubere Erzbischof Konrad von Köln hatte schon früher die Bedingung gestellt, daß der Bewerber jedem Kurfürsten 8000, ihm selbst aber 12000 Pfund Sterling zahle. Ob dieses Vorzuges seines Nachbars erbost, wirkte der Erzbischof von Trier, der für jeden 20 000 Mark beanspruchte, auf Böhmen, Sachsen und Brandenburg ein, und diese Partei wählte am 1. April (Palmsonntag) in Frankfurt a. M. König Alphons den Weisen von Kastilien. Seine Weisheit, eigentlich Astronomie, bekundete er am deutlichsten dadurch, daß er gar nicht nach Deutschland kam. „Nach langem verderblichen Streit endete die kaiserlose, die schreckliche Zeit“ erst durch die Wahl des Grafen Rudolf von Habsburg (1. Oktober 1273).

Die bedeutende Ausdehnung ihres Gebiets und die Sorge für ihre zahlreiche Nachkommenschaft (Johann hatte sechs, Otto vier Söhne, von denen damals die meisten schon wieder verheiratet waren) veranlaßte die beiden Brüder schon im Jahre 1257 oder 58[1]) eine Theilung der märkischen Lande zu verabreden. An die üblen Folgen der deutschen Zwergwirthschaft dachten sie wahrscheinlich nicht. Sie hielten als Hauptgesichtspunkt (Prinzip) die gleichen Einkünfte fest; deshalb zogen sie keine bestimmten Grenzen, würfelten vielmehr in den verschiedenen Provinzen Alles durcheinander. Anfänglich blieben Lebus und Sternberg, auch einige andere Landestheile von dieser merkwürdigen Zerstückelung ausgeschlossen; da sich aber herausstellte, daß Otto an Holzungen, Hütungen und Bodengüte zu kurz gekommen war[2])

---

Großpolen und Schlesien wollten auch gern nach der römischen Pfeife tanzen. Waldemar von Dänemark untersagte aber seinem Sohne, sich in diesen Reigen zu mischen. Wohlbrück I., Seite 28.

[1]) Die Theilungsurkunde ist nicht mehr vorhanden.

[2]) Zu Johanns Antheil gehörte fast die ganze Ukermark, außerdem die zerstreut liegenden Orte Stendal, Tangermünde, Werben, Sandow, Osterburg, Wolmirstädt, Rathenow, Wittstock, Kyritz, Gramzow, Kremmen, Wusterhausen, Königsberg 2c.; das Schloß Lagow und das Dorf Trettin.

das Einkommen eines jeden sollte ca. 1200 Talente Silber, gleich dem Werthe von ebensoviel Wispeln Roggen tragen — so fügte man noch die Vogteien Drossen und Zielenzig hinzu. Sie umfaßten das Land, die Stadt und das Schloß Sternberg, die Schlösser Zielenzig und Sonnenburg, den Flecken Göritz, die Städte Drossen, Reppen und Königswalde, immer mit den dazu gehörigen Dörfern und Landen. — Noch nicht genug! 1266 erfolgte auch die Theilung der Oberlausitz und der Neumark. Jener unterzog sich Otto, dieser Johann. In beiden Fällen konnte der andere wählen. Die Hauptstadt Brandenburg, die Landeshoheit über die drei Bisthümer Brandenburg, Havelberg und Lebus blieben gemeinschaftlich. Vertreter der ganzen Mark dem deutschen Reiche gegenüber, Wahlfürst und Erzkämmerer sollte jedesmal der älteste Markgraf sein.

So bildeten sich die beiden Linien Stendal (Johann) und Salzwedel (Otto)!

Für uns bleibt die letztere am wichtigsten. Das hervorragendste Mitglied der ersteren ist Otto mit dem Pfeile.

Zum Schutze des Landes Sternberg ließ Otto der Fünfte (der Lange) im Jahre 1269 bei Zielenzig eine Burg,[1]) wenn auch nur von Holz, erbauen. Von hier aus unternahm er einen Angriff auf Meseritz,[2]) das blos durch Planken,

---

[1]) Nicht Otto mit dem Pfeile, wie Dr. Wedekind (Kreischronik, Seite 39) schreibt. Wohlbrück I., Seite 409.

[2]) Die Zeit, in welcher das Schloß und später die Stadt Meseritz, so genannt von ihrer Lage zwischen zwei Flüssen, der Obra und Paglitz, begründet worden ist, läßt sich leider nicht genau feststellen. Die früheste geschichtliche Nachricht über eine Abtei Meseritz, findet sich bei Thietmar von Merseburg zum Jahre 1005. Es heißt dort nach der deutschen Bearbeitung von Dr. Laurent, Seite 196: „Als der König (Heinrich der Zweite) von da aufgebrochen und bis zu einer Abtei Namens Mezerici gekommen war, beschloß er, daselbst mit größter Andacht und Feierlichkeit das Jahresfest der thebanischen Legion (22. September) zu begehen. Dabei war er bemüht, zu verhindern, daß weder dem dortigen Münster, noch den Wohnungen der Mönche von den Seinen irgend Schaden zugefügt würde. Von da verfolgte er, immer die nächstgelegenen Gegenden verheerend, den Feind weiter, so daß derselbe in keiner seiner Städte zu übernachten wagte, und machte auf Bitten seiner Großen nicht eher, als zwei Meilen vor der Stadt Posnani Halt.“ Wenn von Seiten der Chronisten bei dieser Gelegenheit nicht gleichzeitig eines so wichtigen Umstandes, wie des Bestehens einer Burg Meseritz Erwähnung geschieht, so läßt sich daraus wol der Schluß ziehen, daß dieselbe in der That erst nach dieser Zeit gegründet worden ist. Ob etwa

mithin nicht durch Gräben, Wälle und Mauern geschützt war. Er verbrannte die Stadt. Dafür rächte sich der Herzog Boleslaus noch in demselben Winter durch einen verheerenden Einfall ins Sternbergische bis zur Oder hin. Auf dem Rückwege kam er am 13. Dezember vor der neuen Burg bei Zielenzig an und bestürmte sie sogleich. „Boleslaus Krieger, erzählt der polnische Chronist Dlugosz, wußten sich derselben zu nähern, indem sie mit ihren Schilden die Köpfe gegen die Steinwürfe und Pfeilschüsse der Besatzung deckten, so daß es ihnen glückte, das Gebäude in Brand zu stecken. Der größere Theil der Besatzung kam in den Flammen um; die anderen fielen mit ihrem Befehlshaber Zabel[1]) den Polen lebendig in die Hände. Nun löschten die Sieger selbst den Brand, um möglicher Weise noch einige Beute zu gewinnen, und zogen dann mit ihren Gefangenen nach Polen". Das brandenburgische Heer, sicher nur aus einigen hundert Mann bestehend, trat ihnen nicht in den Weg.

Öfters wird behauptet, daß, wahrscheinlich zwischen 1266 und 76, der Erzbischof Konrad von Magdeburg unweit der jetzigen Stadt Sternberg ein Grenzschloß erbaut, dasselbe nach seinem Familiennamen benannt und auf deutsche Art mit Burgmannen besetzt habe. Urkundliche Beweise liegen nicht vor. Deshalb äußerte ich oben (Seite 42) meine Zweifel betreffs der Herleitung des Ortsnamens. Leugnen läßt sich nicht, daß in Folge von Schenkungen und von unüberlegten Verträgen in früherer Zeit das Erzbisthum Magdeburg noch verschiedene Rechte und Besitzungen in Brandenburg hatte, und daß es erst zwischen 1284—87 seine Ansprüche aufgab. Richtig ist ferner: Konrad gehörte zur Familie der Grafen von

der verheerende Einfall Heinrichs des Zweiten in das polnische Gebiet den Hauptanstoß zu ihrer Erbauung gegeben hat, bleibt zweifelhaft. Jedenfalls war es aber noch im Laufe des 11. Jahrhunderts dazu gekommen; denn gegen Ende desselben wird bereits zwischen Polen und Pommern um den Besitz des festen Schlosses Miedzyrzecz gekämpft. — Früher wurde als gewiß angenommen, daß die Stadt Meseritz ihren Ursprung dem Herzoge Mestwin von Danzig-Pommern verdanke; seitdem aber Professor H. Wuttke in Leipzig in seinem Städtebuche des Landes Posen die Unechtheit der Stiftungsurkunde vom Jahre 1205, sowie der Bestätigungsurkunde des Königs Sigismund des Ersten von 1507 nachgewiesen hat, bleibt sowol das Jahr der Gründung, wie der Name des Gründers wieder in Frage gestellt. Als Starostei wird Meseritz urkundlich zuerst 1245, als Stadt mit deutscher Bevölkerung 1248 erwähnt. — Dr. Sarg, Materialien zu einer Geschichte der Stadt Meseritz I., Seite 5. — [1]) Zabel = Zacharias.

Sternberg (in Westfalen).[1]) 1266 Domherr und Cellarius (Kellermeister) in Magdeburg, wurde er am 26. Dezember zum Erzbischofe erwählt, erlangte auch die Bestätigung des päpstlichen Legaten; jedoch verstrichen sieben Jahre, es kostete viel Mühe und vermuthlich auch nicht wenig Geld, ehe er vom heiligen Vater Klemens dem Vierten das Pallium (den Bischofsmantel)[2]) erlangte. In dieser Zeit fehlte es nicht an harten Kämpfen mit dem Kapitel. Wie er willkürlich einen Domherrn einsetzen wollte, so wählte dasselbe wider seinen Willen den jungen Markgrafen Erich von Brandenburg zum Domherrn und führte ihn sogar mit bewaffneter Hand bei feierlichem Gesange im Gotteshause ein. Wenn jedoch auch feststünde, daß der genannte Prälat das Schloß erbaute und in der Nähe desselben sich Bürger ansiedelten, so dürfen die jetzigen nicht etwa darauf stolz sein und sagen: wir haben einen Erzbischof zum Gründer; denn Konrad gehörte, wie sein Vorgänger Ruprecht, zu den verschrobenen Geistern, die man in unserem aufgeklärten Jahrhundert Antisemiten nennt.

Herr Oskar Schwebel, der in Nr. 184 der „Frankfurter Oderzeitung" (1887) die Gründung des Schlosses Sternberg so speziell erzählt, als hätte er aus der alten (inzwischen verschwundenen) Chronik, in der ein Augen- und Ohrenzeuge berichtet, geschöpft, urtheilt natürlich anders. Er nennt Konrad einen „würdigen, frommen und thätigen Sohn der rothen Erde". Mild und hoheitsvoll

[1]) In Zedlitz' Adelslexikon V, Seite 434–440, wird die westfälische Linie der Grafen von Sternberg nicht erwähnt. Wol aber kommt Albrecht, Stephans Sohn, aus Mähren vor. Er war Domdechant in Ollmütz, 1358 Bischof von Schwerin, lebte jedoch zumeist am Hofe Karls IV., 1364 Bischof in Leitomischl; 1369 durch päpstlichen und kaiserlichen Einfluß Erzbischof von Magdeburg und Primas des deutschen Reiches. Er starb den 14. Januar 1380.

[2]) Was für einen König die Krone ist, war für einen Erzbischof gewissermaßen das Pallium. Vor Empfang desselben konnte er gültige Amtshandlungen gar nicht vornehmen. Er mußte der päpstlichen Kammer dafür ansehnliche Summen bezahlen. Anfänglich ein ordentlicher weißer Mantel (daher der Name), war es später nur ein drei Finger breiter Streifen, aus weißer Wolle gewebt, und über die Schultern gelegt, von dem sowol über die Brust, wie über den Rücken ein ebenso breites weißes Band herabhängt. Die letzteren bilden mit dem Schulterstreifen ein Kreuz. Außerdem sind noch vier Kreuze, je zwei von Purpur und von schwarzer Farbe, eingewirkt. Gefertigt ist es von Nonnen und zwar aus der Wolle zweier Lämmer, die man zu Rom in der Agneskirche besonders weihte. Nachdem es noch eine weitere Weihe über den Gräbern der Apostel Petrus und Paulus unter Gebet und vielen Zeremonien erhalten, wird es dem Erzbischofe oder seinen Abgeordneten feierlich überreicht. Chronik von Magdeburg I., Seite 223.

blickte er von seinem milchweißen Rosse auf seine Begleiter. Ein herrlicher Kriegsmann wie sie, trug auch er den aus Eisenmaschen zusammengeflochtenen Panzer, die hohen, mit Stahlschuppen belegten Lederstrümpfe und den breiten Gürtel, in welchem das Schwert, der schimmernde, kostbare „Dusing" hing; nur an dem Bischofshute und dem weiten, gestickten Mantel aus Purpurtuch erkannte man den Geistlichen. Von Lebus aus nahm der glänzende Zug seinen Weg über Leissow und Storkow (die alte Polackenstraße!); dann gings weiter an dem zerstörten Jeserin vorüber (dessen Aufbau der Prälat anordnete — daher Bischofssee) nach Lübbichow und Polenzig. Endlich kamen die Herren zu einem lieblichen Orte. Zwischen hohen, grünen Ufern zog sich ein klares Bächlein hin; mächtige Eichen umstanden eine prächtige Wiese, auf welcher an dem hochaufgewachsenen Grase der Thau gleich Millionen von Diamanten erglänzte. „Hier ist gut sein!" sprach Graf Konrad. „Lasset die Rosse weiden, uns aber rüstet das Mahl!" Die Diener brachten einen Teppich, stellten auf denselben des Bischofs Sessel; sein Ministerial, der Schenk von Reindorp, reichte ihm den silberblitzenden Becher mit rothem Weine und trank ihm vor; doch der fromme Mann wartete, bis seine Ritter gleichfalls versorgt waren. Wiewol er nicht so fruchtbares Land, wie bei Magdeburg und in Westfalen fand, glaubte er dennoch, es könne auch hier Gottesfurcht und Mannestreue, Zucht und Ordnung und ein bescheiden ländlich' Wesen erblühen. Und zu diesem Werke, fuhr er fort, sollt ihr helfen, ihr, meine kriegerischen Diener! Ein Gott wohlgefällig Werk des Friedens sollt ihr treiben. St. Maria und St. Moritz werden den Höchsten aber bitten, daß er diesen Theil des Landes Lebus segne. Ich will ihm meinen Namen geben: das Land Sternberg. Beim Rebensaft, bei kaltem Wildpret, Brot und gewürztem Kuchen fühlten sich Alle so „wohlig" auf der grünen Waldwiese. Doch der heißere Strahl der Sonne mahnte zum Aufbruch. An dem „hüpfenden, munteren, fleißigen" Bächlein entlang kamen sie zu drei waldigen Bergen. Auf dem mittleren derselben hatte bereits eine Burg aus Holz gestanden, von den Wenden erbaut, jetzt jedoch zerstört. Diesen Ort weihte der Bischof für eine neue. Wer wagt es, die „edelschöne Poesie" des Herrn Schwebel zu bestreiten? — Wahrlich, ein paar Fäßlein Wein, die niedliche Müllerfrau, die vielen reinen, schönen Fräulein von Winning vergaß er nicht, wol aber die Feldbrille. Wenn nämlich die Gründer alten Stils von dem Berge, auf welchem

16*

die Burg erbaut wurde, vom „alten Hause“ aus, den „Spiegel des Ylangksees wie flüssiges Silber schimmern sahen“, so mußten sie unbedingt eine solche Brille besitzen. Auch standen ihnen sicher, da sie von Korritten nach Lebus noch im Mondschein zurückreiten wollten, die Geister der Walpurgisnacht zur Verfügung. Solche Mirakel können sich blos im „blauen Ländchen“ und an einem „blauen Montage“ ereignen. Doch vielleicht ruft der „ehrenwerthe Meister, gewandt in Rath und That“, der dem Stadtschuldheißen B. empfahl, zur Feststellung der Kältegrade einen „Geometer“ in die Schulstube zu hängen — er ruft, wenn er ferner erfährt, daß auch Baudach bei Krossen zum Lande Sternberg gehört, voll Verwunderung aus: „Hier muß, wie einst bei Frankfurt, eine arge orthographische Unkenntnis obwalten!“ [1]) — Für den Klugen genug! —

Konrad starb am 15. Januar 1277.[2]) Wie gewöhnlich zeigte sich bei der Wahl eines neuen Erzbischofs große Uneinigkeit unter den Domherren. Die eine Partei stimmte für Erich, den Bruder Ottos des Vierten, der mit seinem Vetter, Herzog Albert von Braunschweig zugegen war, die andere für den Grafen Busso (Burchard) von Querfurt, der an den Bürgern eine große Stütze hatte. Man verglich sich endlich; gegen eine Entschädigung von 1000 Mark traten beide Kandidaten zurück. Bald darauf trug Graf Günther von Schwalenberg den Sieg davon. Otto konnte diese Niederlage unmöglich verschmerzen. Er rächte sich an den Bürgern zunächst dadurch, daß er ihnen sieben Wagen mit Tuch wegnehmen ließ. Überhaupt erklärte er ihnen und dem Erzstifte den Krieg. Anfangs lächelte ihm das Glück; er warf die Heereshaufen seiner Gegner bis in die Nähe der Stadt zurück. Auf den hohen Dom derselben zeigend, soll er im kecken Übermuthe ausgerufen haben: dort wollen wir bald unsere Rosse füttern! Kaum erkannte indeß der Prälat die Größe der Gefahr, als er die Fahne des Schutzpatrons von Magdeburg, des heiligen Mauritius (Moritz) ergriff, in einer Prozession die Stadt durchzog,[3]) die Bürger, mehrere Ritter und Fürsten (Otto von Anhalt, Albert von

[1]) Seite 166. Vergl. Spieker. Seite 43.

[2]) Chronik der Stadt Magdeburg (Gruhl), Seite 277—281. Heinel (II., Seite 282) nennt als Todesjahr 1278.

[3]) Außer der Fahne befand sich im Dome zu Magdeburg das Haupt des heiligen Mauritius, das der Herzog von Meran 1220 aus Konstantinopel mitgebracht und auf Für-

Thüringen) zur Vertheidigung begeisterte. Wüthend schlugen diese Ottos Heer, aus Märkern, Pommern, Polen und Böhmen bestehend, bei Frohse zurück. Er selbst wurde nebst dreihundert geharnischten Rittern und Schildknappen gefangen genommen, im Triumphe in die erzbischöfliche Residenz geführt und seiner oben erwähnten Rede wegen in einem hölzernen Käfig dem Volke zur Schau ausgestellt. Aus einer solchen unwürdigen Haft errettete ihn seine treue Gemahlin, die Markgräfin Hedwig. Sie verkaufte ihre sämmtlichen Kostbarkeiten und bestach mit dem Gelde die Domherren. Gegen das Versprechen, in vier Wochen 4000 Mark (ungefähr 56 000 Thaler) zu zahlen, erhielt Otto seine Freiheit wieder. Die Lösungssumme nahm er von einem Schatze, den der alte Rath Johann von Buch in der Kirche zu Angermünde nachwies. Als Otto das Geld bezahlt und sein Roß wieder bestiegen hatte, fragte er den Erzbischof: „Bin ich nun völlig frei?" Allerdings, erwiderte dieser. „Ihr wißt doch keinen Markgrafen zu schätzen", rief der übermüthige Fürst. „Auf einen Streithengst hättet ihr mich mit aufgerichteter Lanze sollen setzen und mit Gold und Silber bis zur Spitze überdecken lassen, dann wär' ich würdig geschätzt worden!" So sprengte er fort. Aus Ärger über das zweideutige Verhalten der Domherren legte Günther sein Amt nieder. „Ihr seid dem heiligen Mauritius und eurem Stifte ungetreu. Ich mag euer Bischof nicht sein!" — Die neue Wahl fiel jedoch auf einen Grafen Bernhard von der Wölpe (an der Weser); Erich ging mithin wieder leer aus. Zum zweiten Male entbrannte nun die Fehde. Otto war aber nicht glücklicher als früher. Bei der Belagerung von Staßfurt verwundete

sprache des Kaisers Friedrich II. dem Erzbischofe geschenkt hatte. Der letztere kam mit der vermeintlich wichtigen Reliquie am Michaelisabende nach der Stadt. Eine große Menge Volk strömte zusammen; es erschien ferner der Bischof Friedrich von Halberstadt mit seiner gesammten Priesterschaft, endlich waren mehr als 600 Geistliche gegenwärtig. Das hohe Fest dauerte drei Tage. Von den Reliquien, welche man sonst (am Sonntage nach dem Frohnleichnams- und am Tage nach dem Mauritiusfeste) im Dome zeigte, nenn' ich noch: das Haupt des heiligen Sebastian, einen Arm des heiligen Vitalis, einen Finger der heiligen Katharina, den Körper des heiligen Florentin (unversehrt und unverwest geblieben seit Kaiser Diokletian, † 313), Überbleibsel vom Kreuze Christi; von dessen Dornenkrone; von der Krippe, in der er einst lag; von den Ruthen, mit denen man ihn geißelte; von dem Schwamm, in dem ihm ein römischer Soldat den Essig reichte rc. Wer krankheitshalber diese Reliquien nicht selbst anschauen konnte, erhielt, wenn er sich nur das Verzeichnis derselben vorlesen ließ, vor und nachher zwei Ave Maria und Vaterunser betete, auch eine milde Gabe an den Dom schickte, vierzig Tage Ablaß. Chronik von Magdeburg (Gruhl) I., Seite 245—247.

ihn ein Pfeil. Die Sage berichtet, daß dessen Spitze über ein Jahr in der Stirn stecken blieb. Somit erklärt sich der Beiname. 1281 reiste Erzbischof Bernhard nach Rom, um sich endlich seine Bestätigung und das Pallium zu holen. Er verschwindet seitdem aus der Geschichte: wir wissen nicht, ob er in der Siebenhügelstadt oder anderwärts (etwa gar durch Meuchelmord) gestorben ist. Vielleicht resignirte er auch.

Fast zwei Jahre blieb der erzbischöfliche Stuhl erledigt, und als endlich 1283 die Domherren einstimmig den Prinzen Erich wählten, nahmen die Bürger eine drohende Stellung an. Er flüchtete darum mittelst eines Strickes durch ein heimliches Gemach und entkam glücklich nach Wolmirstädt. Der Krieg schien unvermeidlich. Zu demselben gehört jedoch (auch schon vor Turenne): erstens Geld, zweitens Geld und drittens wieder Geld. Dieses fehlte auf der einen wie auf der anderen Seite. So blieb wenigstens äußerer Friede. Vom Papste Martin den Vierten erhielt Erich das Pallium. Durch Weisheit, Güte und segensreiche Thätigkeit gewann er auch bald die Liebe der Bürger. Sie brachten, als er bei der Belagerung des Schlosses Hertlingshausen (am Harz) in Gefangenschaft gerathen war, durch eine Kollekte 500 Mark Silber zusammen und kauften ihn los. Otto mit dem Pfeile konnte sich nunmehr beruhigen.

Unterm 27. Oktober 1286 überließ Otto der Fünfte und sein jüngster Bruder Otto der Kleine (Ottiko) den Tempelherren die Stadt Zielenzig mit den Dörfern Langenfeld rc. In deutscher Übersetzung lautet die Urkunde: „Im Namen der heiligen und untheilbaren Dreieinigkeit. Amen. Damit nicht dasjenige, was in der Zeit geschieht . . . . Daher thun wir, Otto und Otto der Jüngere, von Gottes Gnaden Markgrafen zu Brandenburg, kund Allen insgesammt, sowol den Gegenwärtigen, als auch besonders Denen, welche die göttliche Gnade nach dem Laufe der Natur in Zukunft zum Sein erweckt haben wird, daß wir, bewogen durch die aufrichtigste Zuneigung, welche wir gegen den Orden des heiligen Hauses der Tempelritter, insonderheit auch gegen die in demselben Orden dem Herrn dienenden Brüder hegen – zur Ehre Gottes selbst und der ruhmreichen Jungfrau, seiner Mutter, demselbigen heiligen Tempelorden und seinen Brüdern schenken die Stadt Zielenzig, die Dörfer Langenfeld, Breesen, Reichen, Buchholz und Laubow mit allem Zubehör (Äckern, Gehölzen, Wassern, Weiden, Mühlen und Wiesen), nebst allen anderen Einkünften, mit jeglichem Nießbrauch und Nutzen, mit der Anwaltschaft und jeglicher Hoheit und Gerechtigkeit, mit freiem und allseitigem Eigenthumsrechte, ohne jeden Anspruch auf Abgaben, und überhaupt ohne jede Last -- zu immerwährendem Besitz und persönlicher Nutznießung. — Wir fügen noch hinzu, daß die Stadt Zielenzig und die darin Ansässigen für immer ihren eigenen Markt und daß derselbe heilige Tempelorden und seine Brüder das Patronatsrecht für die Kirchen in Zielenzig und den vorgenannten Dörfern für ewige Zeiten in Ruhe und Friede haben sollen. Wir verzichten auf jegliches Recht und jede Hoheit, welche wir ohne Zweifel jetzt in vorgenannten (Orten) besessen haben.

Zur klaren Gewährleistung und offenbaren Sicherheit alles hier Vorbemerkten, damit auch nicht unsern Erben oder irgend welchen Anderen die Ungewißheit Ursache zum Übelwollen gebe, und damit unsere Schenkung Dem gemäß, was oben angeführt ist, stets unverletzt bleibe, haben wir gegenwärtige Urkunde schreiben lassen und zur Bekräftigung unserer Mitwissenschaft befohlen, daß dieselbe durch Anhängung unserer Siegel beglaubigt werde, nachdem die Zeugen, welche gegenwärtig waren, sich unterschrieben: Herr Gernold, Propst in Salzwedel; Bruder Johannes von Belitz aus dem Kloster Lehnin, Herr Rudolf von Anhalt, Herr Otto und Herr Theodorich Sparren, Herr Konrad von Winning, Herr Hermann Botel und Herr Ludekin von Borne und viele andere Glaubwürdige. -- Gegeben in Quartschen am 27. Oktober 1286." --

Zwei ein Viertel Jahr später, unterm 13. Januar 1289, bestätigte der Papst Nikolaus der Vierte diese Schenkung.[1])

Von Otto dem Langen ist eigentlich nicht viel Rühmliches zu sagen. Nach dem Tode Ottokars von Böhmen (er fiel gegen Rudolf von Habsburg am 26. August 1278 in der Schlacht auf dem Marchfelde) Vormund von dessen Sohne Wenzel und Regent des Landes, schaltete er mit übertriebener Strenge und Härte, unterdrückte die Empörungen mit fast beispielloser Grausamkeit. Jedes Mittel, seine Habsucht zu befriedigen, war ihm recht; er scheute sich nicht, Kostbarkeiten aus den Kirchen, den Klöstern, ja selbst aus den Gräbern zu nehmen. Bei schwerer Strafe verbot er das Läuten der Glocken, damit nicht durch sie eine Stadt Hülfe bei einer anderen

---

[1]) Riedel, Band 19, Seite 126.

erlange. Die Bevormundung seines Mündels unterschied sich sehr wenig von einer gefänglichen Haft. Für die Befreiung ihres Königs mußten die böhmischen Stämme eine bedeutende Summe spenden und dieser selbst 5000 Mark Silbers für wohlgeführte Vormundschaft an Otto den Langen zahlen. Als im Februar 1296 Primislav von Polen in Rogodzno, an der Grenze der Neumark, mit fröhlichen Gelagen Fastnacht feierte, sandte er seine Neffen Johann (V.) und Waldemar nebst einer Schar Gewaffneter hin, um den gefährlichen Feind zu überfallen. Es glückte. Man führte den Gefangenen über die Grenze. Eine alte Chronik meldet, daß die Brandenburger ihn unterwegs erschlugen, und zwar, um ihm die Grausamkeit, mit welcher er einst seine Gemahlin Luitgard, die Tochter eines mecklenburgischen Fürsten, auf unbegründeten Verdacht hin von seinen Knechten gräßlich erwürgen ließ, angemessen zu vergelten. Endete aber auch, wie Andere behaupten, der Polenkönig im offenen Kampfe, so ist Ottos Ruhm doch nicht fein, zumal wenn Primislav nach Luitgards Tode mit einer Tochter des Markgrafen Albrecht III. verheiratet, demnach mit den Askaniern verwandt war.

Wie das Schloß Lagow aus der Linie Stendal in andere Hände überging, ist aus der nachstehenden Urkunde (vom 15. April 1299) zu ersehen. Deutsche Übersetzung: „Wir Otto, (mit dem Pfeile) Konrad und Heinrich, von Gottes Gnaden Markgrafen zu Brandenburg und zu Landsberg,[1]) erkennen an, daß wir unserm geliebten Rath und Ritter Herrn Albert von Klepzig und seinen Brudersöhnen, dem Herrn Heinrich von Klepzig und seinen Brüdern, das Schloß Lagow mit den Weinbergen, Hainen, Sümpfen und allem Übrigen, was dazu gehört und dabei liegt, und jeglichem Rechte, welches wir persönlich über das genannte Schloß besessen haben, sowie auch die Einöde (Wüste) Maltow, welche Herr Busso von Barby gehabt und besessen hat, für die Schulden, durch welche wir dem genannten Herrn Albert von Klepzig und seinen Brudersöhnen verpflichtet waren, auf ewige Zeiten zum Besitz in Ruhe und Frieden übertragen haben. — Zeugen dieser Verhandlung sind die Herren Bodo von Ylborch, Otto von Pouch, Heinrich von Wardenberge, Heinrich von Damis, Konrad von Reder, Ritter — — Gegeben und geschehen zu Wolmirstädt im Jahre des Herrn 1299

[1]) Nicht Landsberg a. W. sondern zwischen der Saale und Mulde.

am Donnerstage nach Palmarum durch die Hand Heinrichs von Sturzeberg, unsers Hofkaplans". —

Wir sehen aus dieser Urkunde, daß sich die Markgrafen in Geldverlegenheit befanden. Zumeist hatten wol die Kriege ihre Mittel erschöpft. Sie nahmen auch zu Steuern ihre Zuflucht. Um das Volk nicht zu hart zu drücken, sollten selbst die Geistlichen zahlen. Natürlich kam es darüber zu einem harten Streite. Die Bischöfe von Brandenburg und Havelberg verließen ihre Sprengel, und die Fürsten geriethen unter den Fluch der Kirche. Am 10. Oktober 1303 sandte der Bischof von Bremen ein Schreiben an die märkischen Geistlichen, in welchem er eine päpstliche Bulle, betreffend die Exkommunikation der Markgrafen Otto und Konrad, mittheilt, und die strenge Handhabung des Interdikts befiehlt. Unter Glockengeläut und bei angezündeten Lichtern in den Kirchen solle die öffentliche Bekanntmachung des Bannes erfolgen und jeder Geistliche, der die Sakramente profanire, den apostolischen Befehlen nicht gehorche und den Gottesdienst feiere, selbst exkommunizirt sein. Es war jedoch nicht Otto mit dem Pfeil, sondern sein Namensvetter, der Zweite, von dem die Sage berichtet: Höhnend rief er einst beim Mahle aus: Im Sprichworte heißt es: wenn einer im Bann ist, so sei er so verachtet, daß selbst kein Hund ein Stück Fleisch von ihm nehme. Wohlan, ich will des Sprüchleins Wahrheit erproben!" Er wählte also einen fetten Bissen von seiner Tafel aus und warf ihn dem Hunde zu. Dieser aber beroch denselben nur und schlich davon. Als man das Thier sodann einsperrte und ihm als Nahrung nichts weiter, als das verschmähte Fleisch vorlegte, ließ es den sonst leckeren Bissen unberührt.[1]) Mag diese Anekdote auch blos erfunden sein — sie charakterisirt doch den Geist der guten alten Zeit.

In welch' knorrigem Stile die Päpste öfter an Fürsten zu schreiben pflegten, ergibt sich sehr deutlich aus einem Dekrete Innozenz des Dritten an den Herzog Wladislaw Laskonogi von Polen: — — „Welcher Einfall hat sich Deiner bemächtigt, daß Du Unrecht auf Unrecht häufend nicht Scheu trägst, Dich gegen Gott, gleichsam der Thon gegen den Töpfer, zu empören und Deinen Schöpfer zu beleidigen? Welcher schlechte Wahn, sag' ich, hat Dich, o Herzog, verführt, daß Du, der Du Anderer Führer sein solltest, Dich selbst zum Irrführer machst? Hat Dich darum

[1]) Heinel II., Seite 239. Gallus I., Seite 160—161.

der Herr zum Herzoge eingesetzt, daß Du die Freiheit der Kirche in die Schmach der Knechtschaft verwandelst? — — Hat er Dir darum die Völker untergeben, damit Du Dich mit ihrer Kraft zum Verderben ihrer Diener waffnest? Nimm Deine Sinne zusammen und kehre mit ihnen bei Dir selbst ein! Erkenne genauer, wie groß Deine Macht ist, miß Deine Kräfte und zähle Deine Vorzüge, und siehe zu, ob Du durch Deine Macht Christi Kirche so niedertreten könntest, wenn er Dich nicht selbst durch die Menge der Vorzüge erhoben hätte, ohne welche Du vielleicht den Willen, aber niemals die Macht zur Tyrannei haben könntest! Du hältst Dich vielleicht für gewaltig; aber selbst nach dem eitlen Maßstabe der Welt wirst Du Dich doch nicht für größer halten, als jener mächtige König war, welchen das gerechte Gericht Gottes, den er nicht über sich erkennen wollte, in die Gestalt eines Thieres verwandelte.[1]) — Nicht geringer als Du war Manasse, der König in Israel, welchen die Kraft Gottes in die härteste Knechtschaft stürzte, weil er Gottes Macht zu erkennen verschmähte.[2]) Die Erinnerung an solche Strafe ist schrecklich; aber da ähnliche Schuld auch ähnliche Strafe fürchten muß, so muß Dir die Betrachtung Deiner eigenen Schuld noch viel schrecklicher sein, der Du den Höchsten nicht höher, als Dich selbst erkennst und durch die Gewalt, welche Du der Gnesener Kirche angethan, Dich zum Gegner Gottes und Gott zu dem Deinigen gemacht hast."[3])

Am 2. Juli 1308 verkauften die Markgrafen Otto und Waldemar zu Zielenzig der Stadt Frankfurt a. O. das Dorf Trettin (Dretthyn), mithin die letzte Besitzung der Linie Stendal im Lande Sternberg.[4])

Im Dezember genannten Jahres starb Otto mit dem Pfeile (in Templin?). Wenngleich zumeist kriegslustig, pflegte er doch auch die Künste des Friedens. Auf dem Reichstage in Erfurt 1290 bestimmte einer von seinen Astrologen genau den Eintritt und die Dauer einer Sonnenfinsternis; man verehrte ihn deshalb als einen halben Wundermann.[5]) Sein erster Kriegsbaumeister Gerhard verschaffte ihm durch seine Kunst die größten Vortheile. Er soll besonders im Stande gewesen sein, solche Werkzeuge zu verfertigen, mit denen man Städte und Festungen leicht erobern konnte. Dabei war er freilich im Aberglauben seiner Zeit befangen. Einst erschienen

---

[1]) Anspielung auf Daniel 4, Vers 25—30. — [2]) 2. Chronika 33, Vers 10—13. — [3]) Röpell, Seite 420. — [4]) Riedel, Band 23, Seite 7. — [5]) Sie war am 5. September. Dr. Brinckmeier, Chronologie, Seite 480.

vier Männer in Todtenkleidern und mit Lichtern in der Hand (Mönche, von fremden neidischen Fürsten bestochen?) Nachts in seinem Schlafzimmer, tadelten seine Lebensweise als ein Hindernis der ewigen Seligkeit, bestimmten seinen Todestag, vermahnten ihn zur Buße und ließen, damit er den ganzen Vorfall nicht etwa für einen Traum halte, ein Sterbehemd auf seinem Bette liegen. Kaum gewahrte er dasselbe am andern Morgen, so überfiel ihn eine solche Angst, daß er es anzog, den brandenburgischen Hof verließ, nach Preußen ging und in den deutschen Ritterorden trat. [1])

Otto gehörte zu den Minnesängern. Seine Lieder, von denen sich sieben in der Sammlung des Herrn v. d. Hagen finden, athmen Freude und Liebe. Ich theile einige Proben mit.

Uns kumt aber ein liehter meie,
der machet manig herze fruot.
Er bringet bloumen mangerleie.
Wer gesach je sueßer bluot.
Vogelin doene sind manigvalt,
wol geloubet steht der walt;
das wird vil trurig herze balt.

---

Frowe minne wis min botte alleine:
sage der lieben, die ich von herzen minne,
si ist, die ich mit ganzen trüwen meine:
wie si mir benimt so gar di sinne.
Si mag mir wol hohe froide machen:
wil ir roter munt mir lieplich lachen,
seht, so mous mir alles truren swachen.

Ich bin verwunt von zweierhande leide;
merkent, ob das Froide mir vertribe.
Es valwent liehte bloumen uf der heide,
so lide ich not von einem reinen wibe.
Dü mag mich wol heilen und krenken,
wolde aber sich dü libe bas bedenken,
so weis ich, mir mueste sorge entwenken.

Ich wil nach ihr hulde ringen
alle mine lebenden tage.
Sol mir nicht an ir gelingen,
seht, so stirbt ich sender klage,
si en tröste mich zestunt.
Ir durlühtig roter munt
hat mich uf den tot verwunt.

[2]) Zu uns kommt abermals der helle Mai,
Der machet manche Herzen froh.
Er bringet uns der Blumen mancherlei.
Wer sah die süße Blüte jemals so?
Der Vögel Tön' sind mannichfalt,
Voll frischen Laubes steht der Wald.
Dies füllt manch' traurig Herz mit Muth.

---

Frauenliebe sei mein Wunsch allein!
Sag' der Guten, die ich herzlich liebe,
Daß ich's ehrlich, treulich mit ihr mein'.
Meine Sinne folgen diesem Triebe.
Sie nur kann mir hohe Freude machen:
Will ihr rother Mund mir lieblich lachen,
Seht! so muß mir jede Trauer schwinden.

Wunden fühl' ich durch ein zweifach Leiden.
Glaubt Ihr's, daß dies jede Freud' vertreib'?
Wie die lichten Blumen welken in den Heiden;
So zehrt mich der Gram ob einem reinen Weib.
Sie kann Heil, kann Krankheit schenken;
Aber wollt' die Liebe besser sich bedenken,
O, so würde jede Sorge mir enteilen!

Ich will nach ihrer Huld stets ringen
In allen meinen Lebenstagen.
Doch sollte mir bei ihr es nicht gelingen,
So sterb' ich unter bittern Klagen.
Sie tröst' mich denn noch jetzt zur Stund.
Ihr schön durchsicht'ger rother Mund
Hat bis zum Sterben mich verwund't.

---

[1]) Gallus I., Seite 213. — [2]) In unser jetziges Hochdeutsch übertragen.

Auf Otto mit dem Pfeile folgte, da er kinderlos starb, sein Neffe **Waldemar**. Unter seiner Herrschaft stand die Mark, das Land Sternberg nicht ausgeschlossen, in schönster Blüte. Er war ein tapferer Feldherr, ein einsichtsvoller Staatsmann, ein fürsorglicher Landesvater. Seine Gegner spotteten freilich: „Waldemar valde amarus est“ — ein Wort, das Professor Dr. **Adolf Schottmüller**[1]) umschreibt: „Waldemar zu dieser Frist heißt, was merklich bitter ist. Das ist märkisches Latein, könnte gar nicht besser sein; denn bald Jedermann versteht, wies gemeinet der Poet.“

Das Jahr 1308, in welchem Waldemar den Thron bestieg, war für die **Tempelherren höchst verhängnisvoll**. Wenngleich ihre Hauptfeinde in dem vielgepriesenen Frankreich Tod und Verderben brüteten, und nicht gerade in dem märkischen Sande entsetzlichen Staub aufwirbelten, so müssen wir doch auf diese traurige Katastrophe hier etwas näher eingehen.

Der genannte Ritterorden gelangte nicht blos in Brandenburg, sondern auch in anderen Ländern durch fromme Schenkungen, Eroberungen auf eigene Hand, zweckmäßige Bewirthschaftung seiner Güter, Privilegien der Päpste, zu reichem Besitze. In dem alten Lande Lebus war Lietzen bei Seelow, in der Neumark aber Quartschen an der Mietzel Mittelpunkt ihrer Begüterung und Residenz je eines Komthurs. — **Philipp den Vierten** von Frankreich, genannt der Schöne, richtiger: der Häßliche, gelüstete nach den reichen Schätzen des Ordens; er konnte aber nur durch den von ihm ganz abhängigen Papst **Klemens den Fünften** (den Aufenthalt der heiligen Väter in Avignon von 1305—1376 nennt man die „**babylonische Gefangenschaft**“) zum Ziele gelangen. Auf Veranlassung des letzteren wurde der Großmeister **Jakob Bernhard Molay**, der zu den achtbarsten Mitgliedern der Tempelherren gehörte, aus Kypern nach Frankreich gerufen, angeblich, um einen neuen Kreuzzug mit dem Könige zu besprechen. Als er darauf arglos mit sechzig Rittern und vielem Gelde erschien, ließ sie der habgierige, hinterlistige Fürst, der schon die Juden beraubt hatte, der 1303 in Anagni durch seinen Kanzler Nogaret und durch Colonna den Papst Bonifazius den Achten ohrfeigen ließ, am 13. Oktober 1307 verhaften; außerdem ging er gegen den ganzen Orden im Lande mit empörender

[1]) Preußens Ehrenspiegel, Seite 35.

Ungerechtigkeit und schauerlicher Grausamkeit vor. Wußte er doch schon früher dem heiligen Vater das Versprechen, die Tempelherren gänzlich aufzuheben, abzupressen! In Paris allein erlagen sechsundfünfzig Ritter den Folgen der teuflischen Folterqualen; neunundfünfzig wurden 1309 daselbst bei gelindem Feuer verbrannt. Am Abende des 18. März 1314 starben auch Molay, der Großkomthur von der Normandie, Guido, der Großvisitator Hugo von Peraldo und der Großprior von Aquitanien auf dem Scheiterhaufen. Sie betheuerten bis zum letzten Athemzuge, des Ordens Unschuld und ihres Geständnisses Frevel.[1])

Die Feinde bezichtigten die Tempelherren u. a. der widernatürlichen Geschlechtsliebe — eine Anschuldigung, welche die Lügner auch gegen den weisen, edlen Sokrates erhoben — der Verhöhnung Christi und seines Todes, der Kinderopfer, des heimlichen Muhamedanismus, der Anbetung eines Götzen Baffomet ꝛc.[2])

Vor einhundert Jahren erschien von Friedrich Nicolai, dem Geisterseher und Herausgeber der „deutschen Bibliothek", ein Buch über jene Anklagen, in dem er aus verschiedenen übereinstimmenden Geständnissen die Wahrheit derselben zu beweisen suchte.[3]) Einen anderen Weg wählte 1818 Joseph von Hammer-Purgstall. Er fußte auf Geräthe und Bildwerke, deren Ursprung und Eigenthum man dem Orden zuschreibt. 1880 trug ein Herr Löhrke in Bromberg jene Behauptungen als Resultate der neueren Geschichtsforschung vor.

Ich erinnere hier an die vielen Märchen, welche das Volk über die Freimaurer (z. B. über das Todesloos) erzählt. Haben doch selbst gelehrte Geister auf geschicht-

---

[1]) K. A. Menzel IV., Seite 143, Geschichte der Deutschen.

[2]) Angeblich war der Baffomet ein Bild mit langem Barte und funkelnden, aus Edelsteinen bestehenden Augen.

[3]) Geständnisse, durch die Folter erpreßt, und Protokolle, von hämischen, parteiischen, bestochenen Richtern, die überdies wie hier, nach einem vorgeschriebenen Formulare fragen, aufgenommen, beweisen gar nichts. Auch Selbstbezichtigungen auf dem Todtenbette gleichen in der Regel falschen Münzen; sie sind darum mit der größten Vorsicht aufzunehmen. Wer freilich, wie der tyrannische Georg von Stein, ein früherer Mönch, der Ansicht huldigt: „Dem Papste gebührt es, über Ketzer zu erkennen, nicht Euch Bauern von Breslau — (Menzel, Seite 215. Stenzel I., Seite 231) — der wird sich über unsere Zweifel an der Blutschuld der Tempelherren höchlichst wundern. Überflüssig ist in keinem Falle die Bemerkung, daß die Synode zu Tarragona in Spanien sie völlig freisprach. Vater, synchronistische Tafeln zur Kirchengeschichte, Seite 21.

lichem Gebiete Überraschendes geleistet. Professor Adolf Stahr stellte den Kaiser Tiberius, den ein Römer durch die Worte: „ein Klumpen Thon mit Blut durchknetet“ charakterisirt, in helles Licht; der Konsistorialrath Cosmar rechtfertigte den Minister Adam von Schwarzenberg; Dr. Albert Heising wälzte die Zerstörung Magdeburgs von Tilly (dem deutschen Josua) auf den schwedischen Obersten Falkenberg; in ähnlicher Weise verfährt Anton Gindely in Prag; der Prediger Paulus Cassel beurtheilt Friedrich Wilhelm den Zweiten von Preußen auffällig milder, als der Hofrath Dr. Friedrich Förster auf Grund von Nachrichten, die er aus Archiven schöpfte. Der Engländer Macaulay verkleinerte Friedrich den Großen; der Glaube an Hexen und die schauervollen Prozesse gegen sie fand in der „Gegenwart“ von Paul Lindau einen Vertheidiger, so daß Jemand, der nicht Trugschlüsse von Wahrheit, Übertreibungen und Entstellungen von unzweifelhaften Thatsachen gehörig unterscheidet, leicht zu der Ansicht kommt: Friedrich von Spee, Balthasar Becker (in seiner „bezauberten Welt“), Christian Thomasius, Salomo Semler erwiesen der Welt einen höchst zweideutigen Dienst. Denn es gibt in der That Hexen und Frauen, die „mehr als Brot essen können“.

Ich kehre zu den Tempelherren zurück. Auf der Kirchenversammlung zu Vienne sollten sie (so wünschten es wiederholt der König und sein gehorsamer Diener, der Papst) verdammt werden, und zwar ohne Verhör; es stimmten aber für diesen Antrag nur vier feile Seelen. Dessenungeachtet erfolgte am 2. Mai 1312 durch die Bulle Ad providam Christi vicarii[1]) die Aufhebung des Ordens, „zwar nicht durch ein Endurtheil, weil solches nach den angestellten Untersuchungen und Prozessen von Rechtswegen zu fällen nicht möglich sei, sondern nur im Wege der Vorsorge und aus apostolischer Macht“.

Den Tempelherren warf man Unsittlichkeiten vor. Warum fegte man aber in Avignon nicht vor der eigenen Thür? — Bertrand de Got, als Papst Klemens der Sechste (der dritte Nachfolger des fünften, erwählt am 7. Mai 1342, gestorben 6. Dezember 1342), sagt der Geschichtsschreiber Matthäus Villani, war ein sehr rittermäßiger, aber wenig andächtiger Mann, der schon als Erzbischof (von Bordeaux)

---

[1]) In Fürsorge als Christi Stellvertreter. Oder: Die Fürsorge des Stellvertreters Christi gebietet.

es in Liebeshändeln den jungen Baronen zuvorthat, und als Papst nicht seltener Weiber als Prälaten in seinem Zimmer sah. Seine meisten Gnadenbezeigungen spendete er zu Gunsten einer Gräfin Türenne; auch ließ er sich durch Frauenzimmer bedienen und nicht selten beherrschen. Das Sündenleben zu Avignon war so groß, daß einst ein frommer Karmelitermönch dem Papste und den Kardinälen bei einer feierlichen Messe eine Strafpredigt hielt, die alle in Schrecken setzte, ihm aber den Verlust seines Amtes eintrug.[1] —

Sterbend soll Molay Philipp den Vierten und Klemens den Fünften in Jahresfrist vor Gottes Richterstuhl geladen haben. Merkwürdiger Weise starb dieser schon am 20. April und jener am 29. November 1314. Beide hatten für 200000 Floren Ordensgüter an sich gerissen. Die übrigen sprach man den Johannitern zu, die sie aber theuer genug vom Fürsten auslösen mußten; deshalb bemerkt ein gleichzeitiger Historiker: sie wurden durch diese Schenkung nicht reicher, sondern ärmer.[2] Beachte ferner: Aus dem „Tempel", bisher königlicher Palast, mußte der unglückliche Ludwig der Sechzehnte am 21. Januar 1793 aufs Blutgerüst steigen! —

In anderen Ländern verfuhr man weniger gewaltthätig und schamlos. Auf einer Kirchenversammlung der Erzdiözese von Mainz trat der Komthur von Grumbach, Rhein- und Wildgraf Hugo, von zwanzig bewaffneten Rittern begleitet, mit solcher Entschlossenheit auf, daß die hochwürdigen Väter stutzten und das Schicksal der Ritter sehr mild bestimmten.

Er sprach: „Ich höre, daß ihr hierher gekommen seid, um mich und meine Brüder zum Lohne für unser im heiligen Kriege vergossenes Blut dem Banne und dem Henker zu übergeben. Wisset aber, daß wir uns solches nicht gefallen lassen werden, und daß wir in unserm und unserer unterdrückten Brüder Namen an den Papst appelliren, der an die Stelle des unbarmherzigen und ruchlosen Tyrannen Klemens künftig gewählt werden wird. Jene Gerechten haben unter Qualen und Tod standhaft geleugnet, und Gott selbst hat ihre Unschuld dadurch bewiesen, daß ihre weißen Mäntel und rothen Kreuze vom Feuer nicht verzehrt worden sind."[3]

---

[1] K. A. Menzel IV., Seite 2. — [2] Schlosser, Weltgeschichte, VIII., Seite 18. — [3] Rotteck, Staatslexikon, XII., Seite 9. Menzel, d. Gesch., IV., Seite 140.

In Brandenburg setzte sich der Markgraf Waldemar schon 1308, also im ersten Jahre seiner Regierung, in den Besitz aller Ordensgüter innerhalb seiner Lande, und erst 1318 trat er dieselben auf Grund allgemeiner päpstlicher Verordnung und in Folge eines besonderen Vergleiches (Kremmen 29. Januar 1318)[1]) an die Johanniter ab, jedoch gegen die bedeutende Entschädigung von 1200 Mark Silber (à 46 Thaler nach Klöden, oder 2 Wispel Roggen, den Ertrag einer Hufe, nach Anderer Berechnung). Da sie diese Summe nicht gleich baar bezahlen konnten, so behielt der Markgraf die Stadt Zielenzig, mit Ausnahme des dortigen Ordenshofes, und die Dörfer Langenfeld, Breesen, Reichen, Buchholz und Laubow als Pfand zurück, und die Ritter machten sich verbindlich, falls die festgesetzte Summe nicht innerhalb zweier Jahre abgezahlt sein sollte, die verpfändeten Güter dem Fürsten gänzlich zu überlassen.

In unser jetziges Hochdeutsch übertragen, lautet die wichtige Urkunde: „Wir Waldemar, von der Gnade Gottes Markgraf zu Brandenburg und zu Lausitz, bekennen und bezeugen, daß wir mit dem geistlichen Manne, Bruder Paulus von Mutyna, der Kommendator ist zu Erfurt und zu Topstedt, und ein Statthalter Bruder Leonardus von Tybertus, der ein Visitator ist des Hospitals St. Johannes von Jerusalem in allen Landen diesseit des Meeres, in Deutschland, Böhmen, Dänemark, Schweden und Norwegen, verhandelt haben, daß er und seine Ordensbrüder in unserm besondern Schirm sollen leben, und daß ihre Leute unsere Leute sollen sein, beide innerhalb der Mark und der Gebiete, da wir Gebot und Herrschaft haben, als in dem Herzogthume zu Stettin und in dem Lande der Wenden und Mecklenburg und anderwärts, da man durch unsere Liebe oder Furcht thun und lassen soll und will, und auch daß die Orden und deren Brüder mit dem Gute und Rechte, beides das des Hospitals ist und des Tempels sonst war, bleiben in solcher Freiheit, als sie von dem Stuhle zu Rom und anderweitig ordnungsmäßig sind begnadigt, befreiet und begabet, und auch, daß wir ein rechter Richter sein all' des Unrechts, das ihm und seinen Brüdern und an ihrem Gute, beides was des Hospitals ist oder was des Tempels war, geschehen ist oder noch geschehen könnte, und daß wir ihnen setzen an der Stätte, da wir selbst nicht sein können, andere Richter, denen sie ihre Noth klagen,

---

[1]) Riedel, Band 19, Seite 128—129. Buchholtz IV., Anhang, Seite 14—16.

die ihnen von unsertwegen Recht sprechen, und die Bischöfe, die in unserer Herrschaft sind, bitten wir und gebieten ihnen, soweit sie dazu berechtigt sind, daß sie gerecht richten über Priester und Laien nach des Papstes Gebot und nach ihrer eigenen Gewalt. —

Dagegen hat er seines Ordens wegen und von der Gewalt, die er hat, mit Rath und mit Vollmacht seiner Brüder, der Kommendatoren, deren Namen hernach geschrieben stehen, Bruder Ulrich des Schwans zu Gartow und zu Nemerow, Bruder Gerhards von Bortefelde zu Braunschweig und zu Goslar und Bruder Georgs von Kerkow zu Zachan uns mit gutem Willen gegeben zwölfhundert- undfünfzig Mark brandenburgischen Silbers und Gewichts. Für dies vorgenannte Geld hat er uns zu einem Pfande gesetzt die Stadt Zielenzig mit all' dem Gute und mit den Dörfern, die Markgraf Ottiko[1]) an den Tempelorden brachte, das ist: Langenfeld, Breesen, Reichen, Buchholz, Laubow, mit all' der Nutzung und mit demselben Rechte, als das des Tempels war und nun an ihren Orden gekommen ist, mit all' den Grenzen und was innerhalb der Grenzen liegt, ohne den Hof zu Zielenzig mit alle dem, das dazu gehört an fahrendem oder an anderem Gute.

Dies vorbenannte Gut mögen sie lösen für das benannte Geld von dieser Zeit bis zu Lichtmesse über zwei Jahre. Thäten sie dies nicht, so soll das Gut unser und unserer Nachkommen rechtes Gut bleiben, und das sollen sie uns verzinsen gleicher Weise, als sie dem Erzbischofe von Magdeburg haben verzinset, da sie mit ihm von dem Gute, das des Tempels war, verhandelt haben, daß wir deshalb ohne Anspruch bleiben.

Wenn auch das vorgenannte Gut wird gelöset, so soll es wieder an das Hospital St. Johannes kommen, also wie es des Tempelordens war in der Zeit, da der Meister und die Brüder von dem Tempel zu Paris gefangen wurden.

Zu einer Urkunde all' dieser vorhergeschriebenen Rede haben wir diesen Brief gegeben, besiegelt mit unserem Insiegel und mit unserer Mannen Insiegel, die mit uns von all' dieser vorher geschriebenen Rede gelobet und geredet haben. Das ist Graf Günther von Kevernberg, Droiseke,[2]) Redeke von Redern und Johann von Greifenberg.

---

[1]) Im Jahre 1286. — [2]) Der Familienname fehlt jedenfalls. Dr. Wedekind (Johanniterorden, Seite 73) ergänzt: von Kröcher.

Und wir Günther Graf zu Keverenberg, Troiseke, Redeke und Henning von Greifenberg, Ritter und Mannen unseres vorbenannten Herrn, bekennen mit diesem gegenwärtigen Briefe, daß wir vor ihm gelobet und geredet haben, daß er all' diese vorhergeschriebene Rede fest und stetig halten soll, als sie beschrieben ist, und haben diesen gegenwärtigen Brief zum Beweise mit unsern Insiegeln besiegelt. Dies ist geschehen zu Kremmen, da dieser Brief ist gegeben nach Gottes Geburt tausend Jahr, dreihundert Jahr, achtzehn Jahr, des Sonntags vor Lichtmesse." —

Waldemar zeigte auch sonst das löbliche Streben, Recht und Gerechtigkeit, wie sichs in einem geordneten Staate gebühret, zur Geltung zu bringen. Zu diesem Zwecke befahl er 1313 den Vasallen, Bürgern und Bauern des Landes Lebus die Einrichtung eines Vehmgerichtes. Die Urkunde, nach einem alten Kopialbuche lateinisch bei Wohlbrück (I. 326 28) abgedruckt, lautet deutsch: „Waldemar... Markgraf und Vormund des erlauchten Markgrafen Johann von Brandenburg, (entbietet) all' seinen Lehnsleuten in den Schlössern Sternberg, Lebus und Falkenhagen und in den ihnen anliegenden festgestellten Gebieten, sowie allen Bürgern und Städtern nebst den ihnen benachbarten Landleuten seinen Gruß!

Auf Anregung unserer Getreuen, welche zu dem Frankfurter Gerichtshofe gehören, haben wir uns entschlossen, durch Gegenwärtiges euch in bestimmter Form aufzugeben, daß ihr nach Empfang des Gegenwärtigen auf Anordnung unseres Rechtsbeistandes, des Herrn Heinrich von Werbyn, euch versammeln sollt, um in Einmüthigkeit das Hauptgericht, welches „Veyhemdink" genannt wird, einzurichten, indem ihr dazu geeignete Richter auserwählt, welche solcherlei Gericht den Zeitverhältnissen entsprechend, nachdem ihr alle dazu eingeladen seid, feierlich abhalten sollen. Die Form des Gerichts aber sollt ihr in der Weise wahren, daß, wo auch immer ein anrüchiger Übelthäter in Verbindung mit einer öffentlichen Angelegenheit ertappt worden ist, dieser den Rechtssprüchen, die sich aus euren Untersuchungen ergeben, unterworfen sein soll. Und wenn Jemand unter euch oder irgend welche Andere ihrer Güter beraubt, oder mit anderen Verlusten oder Beschwerden beunruhigt worden sind, so wollen wir, daß jegliches Volk der Erde nicht aufhören soll, diese Buben zu verfolgen, bis sie ergriffen werden. Oder wenn sie nach irgend einem Schlosse, einer Befestigung oder einer Stadt ihre Zuflucht genommen haben, so soll solch' befestigter Ort sammt den Übelthätern selbst geächtet sein. Und wenn

Jemand solche Übelthäter als Gäste bei sich aufnimmt, was sich durch Zeugnis wird beweisen lassen, so soll derselbe am Leben gestraft und all' seiner Güter beraubt werden. Und alle Diejenigen, welche nicht, wie es hier vorgeschrieben ist, die Buben der genannten Gebiete verfolgt haben, und denen es klar bewiesen ist, sollen auf Grund eines Gerichts mit folgenden Strafen belegt werden. Das ganze Dorf soll ohne Ausnahme auf zehn Talente, jeder Bürger und Städter auf ein Talent und jeder Krieger und Waffentragende auf zehn Talente durch unsern Rechtsbeistand oder durch seine Beamten gepfändet werden. – Geschehen und gegeben in Werbelin im Jahre des Herrn 1313 am Tage Pantaleons des Märtyrers (27. Juli).

Übrigens fügen wir zu eurem Vortheile und Nutzen hinzu, daß, wer auch immer gegen einen von euch wegen Ausschreitung klagen wird, sei es nun wegen Raubes oder Diebstahls oder Mordes oder wegen irgend eines Falles, durch den er die Ausschreitung verübt hat, daß über diesen der Richter des betreffenden Ortes (sei er nun Stadt oder Dorf) zwei Urtheile fällen soll, und das dritte, das uns anheim zu geben ist, wird der vorgenannte Herr Heinrich von Werbyn, unser getreuer Rechtsbeistand, in unserm Namen fällen. – Gegeben wie oben." [1])

Beachtenswerth bleibt diese Urkunde auch in anderer Beziehung. Sternberg ist hier zum ersten Male bestimmt als castrum (Schloß) bezeichnet. Das Landbuch Karls des Vierten von 1375 nennt neben dem letzteren auch das Städtchen (oppidum et munitio).

Weitere Bestimmungen über das Vehmgericht traf der Markgraf im Jahre 1318. Er vereinigte dasselbe mit dem Magistrate in Frankfurt dergestalt, daß die Rathmannen vermöge des Eides, den sie dem Fürsten geleistet hatten, die gebornen Schöppen sein sollten.

„Wir Waldemar, von der Gnade Gottes zu Brandenburg und zu Lausitz ein Markgraf, bekennen und bezeugen öffentlich, daß wir den frommen Leuten, unsern Rathmannen zu Frankfurt haben gegeben zu richten auf ihren Eid, den sie uns geschworen haben, über alle Missethäter, die das höchste Gericht verschuldet haben in unserm Lande Lebus, sie sind Räuber, Diebe oder Mörder, die Leute

[1]) Riedel, Kodex 20, Seite 199–200. „Veyhemdink" = Vehmgericht. Vehme (richtiger als: Fehme) von vimen = wyt, Weide und Strick aus Weidenruthen, der zur Vollstreckung des Urtheils diente. Später Vehme überhaupt Strafe, Gericht.

morden um ihr Gut, und über Einbrecher und Frauenschänder, sie sind offenbar oder heimlich. Dies Gericht haben wir gegeben den Biederen zur Hülfe und den Bösen zum Schaden, die das Gericht Gottes nicht fürchten, daß sie doch fürchten das Gericht der Leute.

Dieser Dinge sind Zeuge der edle Mann Graf Günther von Kevernberg und Droiseke, unser Truchseß. Dieser Brief ist gegeben in Spandau nach Gottes Geburt tausend Jahr dreihundert Jahr in dem achtzehnten Jahre, am Sonntage nach dem Tage St. Scholastika, der heiligen Jungfrau."

Die Gerichtsverfassung jener Zeit war sehr einfach. Die erste Instanz bildete der Stadt resp. der Dorfschulze, die auch Ritter zur Rechenschaft ziehen durften; die zweite das Landschöppengericht, das außer dem Vorsitzenden (einem Adligen) aus sieben freien Bauern bestand. Das Sternbergische Schoßregister von 1461, in dem aber eine größere Zahl von Dörfern fehlt, notirt nur fünf: die Richter der Dörfer Langenfeld, Leissow und Zohlow, desgleichen zwei Bauern aus Drenzig und Kohlow (letzterer ein Vierhüfner). Die genannten Orte liegen in einem Striche von drei Meilen zwischen Zielenzig und Frankfurt. Der Landrichter wohnte in Buchholz. Das Schoßregister von 1460 bezeichnet sechs Schulzen (in Görlsdorf, Jahnsfelde, Lietzen, Marxdorf, Münchehofe und Neuentempel) als Landschöppen für das Land Lebus. Die Gerichtsstelle bleibt zweifelhaft.[1]) Näheres über die Verwaltung der Justiz folgt in dem betreffenden Abschnitte des zweiten Theils.

Am 26. Juni 1316 verkaufte der Markgraf Johann mit Waldemars Zustimmung das Schloß und Städtchen Meseritz nebst allen seinen Pertinenzien, Dörfern, Äckern, Holzungen, Wiesen, dem obersten und dem niederen Gerichte, allen Abgaben und Diensten für zweitausend Mark brandenburgischen Silbers und Gewichtes an den Ritter Arnold von Uchtenhagen und dessen Erben. Unter den Zeugen ist der Ritter Petzow von Lossow genannt.[2])

Markgraf Johann, 1307 beim Tode seines Vaters, Hermanns des Langen noch minderjährig, stand unter der Vormundschaft von vier Räthen, zu denen Droiseke von Kröcher und Friedrich von Alvensleben gehörten. Waldemar liebte den Aufwand. Um Mittel für denselben zu gewinnen, veranlaßte er Hermanns

---

[1]) Wohlbrück I., Seite 345. — [2]) Riedel, Kodex I., Band 24, Seite 24.

Wittwe, ihren Sohn an seinen Hof zu geben. Nun ging es auf dessen Kosten. Von der Verwaltung jetzt ausgeschlossen, brachten jene Vier den Prinzen zwar nach Spandau in Sicherheit; allein Waldemar stürmte das Schloß, bemächtigte sich des jungen Markgrafen und verjagte die Räthe; er selbst übernahm die Vormundschaft. Johann trat in seinem dreizehnten Jahre die Regierung an. Die erste Urkunde, welche er am 16. August 1314 auf dem Schlosse der Werbelinschen Heide ausstellte, wurde, weil ihm noch ein Petschaft fehlte, von den vier Räthen Droiseke von Kröcher, Heinrich von Alvensleben, Heinrich Schenk und Ludwig von Wanzleben untersiegelt. Durch seinen scharfen Verstand und seine Herzensgüte erwarb er sich den Beinamen: der Erlauchte. Leider starb er schon am 15. April 1317 (an Gift?).[1] Da er der letzte der Salzwedelschen Linie war, so fielen jetzt alle Besitzungen derselben an die Stendalsche.

Im Jahre 1317 wurde der mehrjährige Krieg, den Fürst Witzlaw zu Rügen gegen Waldemar, weil dieser dem bedrängten Stralsund beistand, angezettelt hatte, durch den Frieden zu Templin beendet. Dänemark, Schweden, Polen, Ungarn, Mecklenburg, Lauenburg, Braunschweig, Meißen, Holstein u. A. vermochten den klugen, kühnen, tapferen Helden nicht zu überwinden. Friedrich mit der gebissenen Wange,[2] Markgraf von Meißen, trat ihm Dresden und die Niederlausitz ab. Gegen Schlesien dehnte er seine Grenzen bis zum Einfluß der Obra in die Oder aus, so daß auch Krossen; Schwiebus, Züllichau ihm unterworfen waren. Unerwartet starb er 1319 in Bärwalde[3]) an einem bösartigen Fieber, und

---

[1]) Zedlitz-Neukirch, A. L. III., Seite 178, nennt den 24. März als Todestag. Über die Vergiftung siehe u. A. Heinel II., Seite 320. Fischer, Seite 102.

[2]) Albert (der Unartige) behandelte nicht blos seinen Vater Heinrich und seinen Bruder Dietrich auf entehrende Weise; in das Hoffräulein Kunigunde von Eisenberg verliebt, haßte er auch seine Gemahlin Margarete, eine Tochter Kaiser Friedrichs des Zweiten. Ein Eseltreiber sollte sie ermorden; dieser verrieth indeß das Bubenstück. Nach einem schmerzlichen Abschiede von den Kindern, bei dem sie ihrem Sohne Friedrich in die Wange biß, entfloh sie am 21. Juni 1270, an einem Stricke aus der Wartburg hinabgelassen, nach Fulda und Frankfurt a. M., wo sie bei den Bürgern zwar freundliche Aufnahme fand, jedoch bald darauf starb. Böttiger, Geschichte Sachsens I., Seite 203.

[3]) Höchst wahrscheinlich, wie Riedel, Kodex II., Band 1, Seite 441—443, nachgewiesen hat, am 14. August, und wie Riehl und Schen, Seite 397, anmerken, in dem jetzt Färber Grothoschen Hause. — Die letzte Urkunde, die wir von Waldemar besitzen, datirt vom 6. August 1319 und betrifft das Dorf Glinik am linken Ufer der Warthe (vielleicht Altensorge). Riedel, Kodex I., Band 18, Seite 376.

bald darauf ruhte seine Leiche in der heiligen Stille der Klosterkirche zu Chorin. Kein Sohn, keine Tochter weinte an seinem Sarge. Nur sein jüngerer Bruder Heinrich (nicht „ohne Land", denn er besaß Sangerhausen und Landsberg)[1] hatte einen Sohn hinterlassen. Angeblich auf Wunsch der neumärkischen Stände führte nun Herzog Wratislaw von Pommern-Wolgast die Vormundschaft über „seinen lieben gnädigen Herrn, den Markgrafen Heinrich von Brandenburg und Landsberg." Als solcher bestätigte er am 29. September den Ständen der Neumark, sowie den Städten Lebus, Frankfurt und Müncheberg, desgleichen den Bewohnern des Landes Lebus ihre gesammten Rechte und Freiheiten. Auf der anderen Seite trat der Herzog Rudolf von Sachsen-Wittenberg als Verfechter der Erbansprüche des sächsischen und anhaltischen Zweiges des ballenstädtischen Herrscherstammes auf. Waldemars Wittwe bedurfte seines Beistandes nicht lange; denn schon am 22. Dezember 1319 vermählte sie sich mit Otto dem Milden von Braunschweig. — Kaiser Ludwig (der Bayer) erklärte am 18. Juli 1320 zu Frankfurt a. M. den Markgrafen Heinrich für mündig. Besondere Erfolge erwuchsen aus diesem Schritte nicht. Bereits im September knickte der schwarze Fürst der Schatten die letzte schwache Blüte der brandenburgischen Askanier.

Wenn etwa die Nachricht: 1280 waren auf einem Berge bei Rathenow[2] neunzehn Markgrafen versammelt; sie beklagten sich, es seien ihrer so viele und keiner habe ein recht fürstlich Auskommen[3] — auf Wahrheit beruht, so sehen wir auch hier, wie ein Baum, dessen reiche Früchte man noch vor Kurzem bewunderte, gar leicht verdorren kann.

---

[1]) Vergl. Heinel II., Seite 291.

[2]) Ein Berg südwestlich von der genannten Stadt, unweit der Siechow'schen und Bammeschen Grenze, heißt noch jetzt der „Markgrafenberg".

[3]) Buchholtz II., Seite 262—263.

## Fünftes Kapitel.

# Das Land Sternberg unter den Bayern.

Kaum hatte Waldemar die Augen geschlossen, so traten von verschiedenen Seiten Fürsten auf, welche entweder die ganze Mark oder einzelne Theile derselben beanspruchten. Es waren die Herzöge von Schlesien, Sachsen, Anhalt, Braunschweig und Pommern, die geistlichen Herren in Magdeburg und Halberstadt ꝛc. Wir fassen zunächst die zuerstgenannten ins Auge.

Aus einer Urkunde vom 10. August 1319 ersehen wir, daß die Herzöge **Heinrich** und **Primko**, Söhne Heinrichs des Getreuen, dem Markgrafen Waldemar, um von ihm, falls er ohne Erben stürbe, die Städte und Lande Sagan, Krossen und Meseritz wiederzuerhalten, Kopanitz (Kopnitz), Brandazendorf (nicht mehr vorhanden), Benzin (Bentschen), Torstetel (Tirschtiegel), Rabiak (Rybozabel bei Tirschtiegel), Züllichau, Schwiebus, Liebenau, das Dorf Witten erblich überließen.

Die Urkunde, wortreich wie die meisten Dokumente jener Zeit, lautet: „In Gottes Namen. Amen. Wir Heinrich und Primko, von Gottes Gnaden Herzöge zu Schlesien und Herren zu Glogau, bekennen und bezeugen in diesem offenen Briefe, daß wir mit dem edlen Fürsten, unserm lieben Oheim Markgrafen Waldemar von Brandenburg haben verhandelt, als hernach geschrieben steht, daß wir all' die Lande, Festen und Grenzen, als hernach geschrieben steht, ihm und seinen Erben gelassen haben mit gutem Willen und haben darauf verzichtet. Erstlich wo der Ober (die Obra) zu Kopnitz und da die unterste Brücke geht nach Kleinglogau mit dem Werder, auf dem die Buden liegen, weiter von Kopnitz den Ober nieder bis an Brandazendorf und dasselbe Haus mit dem Dorfe mit all' seinen Grenzen, die von Alters dazu gelegen sind, das soll bleiben bei unserm Oheim. Weiter von Brandazendorf bis zu Bentschen, also daß Bentschen, Haus und Stadt und was zu der Stadt gehört an Äckern, Waldungen, an Gras, Weide, Honigzins, Fischerei, das soll auch bei unserm Oheim bleiben. Weiter von Bentschen den Ober nieder, als der Fluß geht bis an die Burgwehr von Meseritz, als unseres Oheims Vorfahren gehabt haben, und da wird inbegriffen Tirschtiegel und Rabiak und was dazu gehört auf beiden Seiten des Obers, das soll auch bleiben bei unserm Oheim. Aber vorwärts Kopnitz, den faulen Ober nieder, das soll sein die Grenze zwischen uns beiderseits, also wenn Dörfer auf dem Ufer unsers Oheims von Brandenburg liegen, und ihre Äcker haben an der Seite, da soll Acker, Holz, Gras, Wasser, Weide, Honig und was dazu gehört, folgen den Dörfern. Wenn Dörfer auch auf unserm Ufer liegen und ihren Acker haben an der Seite, da soll Acker, Holz, Gras, Wasser, Weide und was dazu gehört, folgen den Dörfern. Weiter von der Stätte, da der faule Ober in die Oder fällt, bis an die Landesgrenze zu Krossen, das soll unsere Landesgrenze beiderseits sein. Wenn Dörfer liegen auf beiden Seiten der Oder, die sollen bleiben mit allem Rechte und mit den Stücken, gleich den Dörfern, die auf beiden Seiten des Obers liegen, wie vorher geschrieben steht.

Dies sind die Festen, die wir unserm Oheim zu Brandenburg haben gelassen und abgetreten mit gutem Willen. Züllichau, Haus, Schloß und Stadt, frei oder belehnt, wie wir und die Bürger es haben gehabt bis auf diesen Tag. Wir lassen ihm auch Schwiebus, die Stadt und was dazu gehört, und Liebenau, Haus und Stadt, wie es Hinz von Wiesenburg von uns hat gehabt, und auch das Haus zu Witten, wie es Herr Tame von Seydlitz von uns hat gehabt.

Um die vorbenannten Lande und Festen hat uns unser Oheim von Brandenburg und unsern Erben gelassen und verzichtet auf Sagan mit alle dem, das dazu gehört, und soll unser und unserer Erben Gut sein. Er hat auch lassen huldigen Krossen, Haus und Stadt, und all' die Mannen (Vasallen), die dazu gehören, also: ginge er ab ohne Erben, so soll das unser und unserer Erben recht Gut sein. Er hat uns auch lassen huldigen Meseritz mit der Burgwehr. Ginge er ab ohne Erben, das soll auch unser recht Gut sein. Er hat uns auch lassen huldigen all' die vorgeschriebenen Lande und Festen, die wir ihm nun überlassen für (den) Sagan, daß die auch unser recht Gut sollen sein, wenn er abginge ohne Erben. Das sollen die geloben, welche die Häuser und die Stätte innehaben. Setzet aber unser Oheim Andere, die sollen uns dasselbe geloben.

Um die Grenze zwischen Sagan und Görlitz, das haben wir gelassen zu Herrn Dietrich von Seydlitz und zu Herrn Wolfram von Pannwitz von Sprottau, und unser Oheim zu Brandenburg zu Herrn Christian von Gerhardsdorf und zu Herrn

Meinhard von der Luben, die vier sollen das in Treue geloben, daß sie das sollen entscheiden nach dem Allen beiderseits, wie sie sich bestens befragen können mit ihren Eiden, zwischen hier und St. Martinstag, und wie sie das entscheiden, so sollen wir das beiderseits halten.

Das haben wir mit einander in Treue gelobt und haben diesen Brief darüber gegeben, gesiegelt mit unserm Insiegel. Aktum im Jahre des Herrn 1319 am Tage Laurentius.[1])

Trostlose Zustände herrschten in der Mark. Jedermann that, was ihm recht dünkte. Räuberbanden, Stehlmeiser (Stellmeisen) genannt, machten die Straßen sehr unsicher, plünderten ganze Dörfer aus, steckten sie wol gar in Brand. Bei wem sollten die Unglücklichen Schutz finden? Unterm 24. August 1321 schlossen deshalb zwei und zwanzig Städte: Brandenburg, Rathenow, Nauen, Spandau, Berlin, Köln a. d. Spree, Mittenwalde, Köpenick, Bernau, Eberswalde, Landsberg, Strausberg, Müncheberg, Fürstenwalde, Sommerfeld, Guben, Beeskow, Luckau, Görtzke, Belitz und Brietzen — einen Vertrag zum gegenseitigen Beistande, wenn es geschehe, daß Jemand raubend, stehlend, brennend oder mordend an ihnen missethäte.[2])

Wenige Tage nach der oben erwähnten Einigung vom 10. August 1319 starb Waldemar ohne Erben. Das Recht der schlesischen Fürsten auf Sagan, Krossen, Meseritz läßt sich kaum in Zweifel ziehen; Herzog Heinrich ging aber weiter: er beanspruchte, obwol es schon vor siebzig Jahren an Brandenburg und an Magdeburg verkauft war (siehe Seite 106) das ganze Land Lebus rechts und links der Oder.

Von den Johannitern, die allem Anscheine nach die 1250 Mark, für welche sie Zielenzig zum Pfande setzten, noch nicht bezahlt hatten, forderte er diese Summe. Er begnügte sich indeß mit einer geringeren Abfindung, deren Höhe aus der betreffenden Urkunde nicht zu ersehen ist. In deutscher Übersetzung lautet sie: „Im Namen Gottes. Amen. Der Sache zum ewigen Gedächtnis. Wir Heinrich von Gottes

---

[1]) Riedel II., Band 1, Seite 437—438. Statt Lübben ist Liebenau, statt Trossen Krossen zu lesen. Dr. Wedekind, Neumark, Seite 109—111.

[2]) Urkunde bei Buchholtz V., Seite 35—36. Riedel II., Band 1, Seite 467—468. Wedekind hält Görtzig, Gorseke für Göritz. Vielbesser paßt in die Reihe Görtzke, Kreis Jerichow I. Buchholtz II., Seite 443. Riedel II., Band 3, Seite 4.

Gnaden, Herzog von Schlesien und Herr zu Glogau, wünschen zu Aller Kenntnis gelangen zu lassen, daß wir auf inständiges Bitten eines frommen, uns lieben Mannes, des Bruders Gebhard von Bortefelde, vom Orden des St. Johannishospitals in Jerusalem, des Vizeherrenmeisters desselbigen Ordens in Pommern, Thüringen, der Mark und dem Slavengebiete, ihm selbst und seinem obengenannten Orden nach Empfang einer bestimmten Geldsumme schenken, überlassen und zu eigen geben jegliche Gerichtsbarkeit und Herrschaft über die Stadt und das Schloß Zielenzig und die Dörfer Laubow, Buchholz, Reichen, Breesen, Langenfeld und Wandern mit ihren Scheidelinien, Marken und Grenzen, mit den Rechten der Kirchenpatronate, mit dem Huldigungs- oder Lehnsrechte über die in denselben vorhandenen Vasallen, mit dem Rechte auf Steuern und Hebungen, kurz mit jeglichem Rechte auf Leibesdienst oder auch Geldabgabe . . . für ewige Zeiten zum Besitze, indem wir verzichten in Stadt, Schloß und Dörfern auf jegliches Recht, gewöhnliches und außergewöhnliches, geschriebenes oder nicht geschriebenes, bekanntes oder noch zu verkündendes, wie es nach Gewohnheit und Wirklichkeit uns und unsern Erben, Vizeerben oder Nachfolgern nach Belieben zusteht, im Einzelnen und im Ganzen. Zur Beurkundung dieser Sache haben wir Gegenwärtigem unser Siegel anhängen lassen. Geschehen und gegeben zu Königswalde im Jahre des Herrn 1322, am 21. Februar in Gegenwart unserer Getreuen Konrad von Klepitz, Ramnold von Ketelitz, Johann von Sonnenwalde, Otto von Grimmenbach, Matzkow von Dierigow, Johann von Lausitz, Nikolaus von Sanden, unsers ersten Kanzlers und mehrerer anderer Glaubwürdigen." [1])

Nachdem Ludwig, Pfalzgraf bei Rhein und Herzog in Bayern, am 20. Oktober 1314 zum deutschen Kaiser erwählt, seinen Gegner, Friedrich den Schönen, Herzog von Österreich, in der Schlacht bei Mühldorf am 28. September 1322 besiegt, ihn sogar gefangen genommen hatte, trachtete er auch darnach, seine Hausmacht zu stärken und dadurch sein Ansehen zu befestigen. Mit Zustimmung aller dort versammelten Fürsten verlieh er am 24. Juni 1324 auf dem Reichstage zu Nürnberg seinem erstgebornen, etwa elf Jahre alten Sohne Ludwig die Mark Brandenburg,

[1]) Riedel, Kodex I., Band 19, Seite 129. Buchholtz, Geschichte der Kurmark, Band 5, Seite 36. Ludwig von Bayern erkannte diesen Vertrag nicht an, das Geld ward demnach nutzlos ausgegeben.

das Erzkämmereramt und die sonstigen Zubehörungen dieses Fürstenthums; zugleich wies er alle Bewohner an, ihm die Huldigung zu leisten. Am 26. September g. J. ertheilte er ihm auch die Anwartschaft auf Anhalt.

Nach der Ansicht des Papstes Johann des Zweiundzwanzigsten war Herzog Rudolf von Sachsen der rechtmäßige Erbe der Mark; er sah sie keineswegs wie König Ludwig als ein erledigtes Reichslehen an. Ohnehin ein Feind des Hauses Bayern (Wittelsbach), trug er kein Bedenken, die Nachbarstaaten gegen dasselbe aufzuhetzen. Wer die Geschichte der Polen näher kennt, wird sich schwerlich wundern, daß es dem heiligen Vater bei diesem leichtgläubigen Volke zuerst gelang. Wladislav Loktek, 1320 vom Papste mit der Königskrone geschmückt, gedachte, wie es in den Jahrbüchern des Klosters Oliva heißt, der Beleidigungen, welche Polen in früherer Zeit durch den Mord des Königs Przimislav, wie durch Pommerellens Verheerung und Verkauf von den brandenburgischen Markgrafen erlitten hatte. Er wollte jetzt Vergeltung üben, und zwar an dem schuldlosen Lande und an einem Fürsten, der mit seinen Beleidigern nicht einmal verwandt war. Gedemin von Littauen schickte 1200 wilde Reiter, und Johann der Zweiundzwanzigste ertheilte seinen Segen!

Unterm 8. September 1324 erging im Namen des Markgrafen Ludwig, dem einsichtsvolle Männer, von denen die Grafen Berthold und Heinrich von Henneberg, Günther von Lindau, Heinrich von Schwarzburg, Burchard von Mansfeld zu merken sind, zur Seite standen, von Berlin aus ein Aufruf an die Städte Frankfurt a. O. und Müncheberg, an alle Vasallen auf dem Schlosse Lebus und im ganzen Lande: „Zur Vertheidigung der Nationalehre und des Vaterlandes, Gut und Blut zu opfern, ist die Pflicht jedes getreuen Unterthanen. Daher ermahnen, ermuntern und bitten wir euch auf das dringendste, eurer Treue vertrauend, daß ihr im Widerstande gegen die Feinde nicht ermüdet, sondern euch dazu mannhaft bereit haltet und der Furcht in eurem Gemüthe keinen Raum gebet. Dagegen versprechen wir euch, allen Schaden und alle Kosten, die euch durch des Landes Vertheidigung entstehen möchten, zu vergütigen und zu ersetzen, eure Rechte und Freiheiten unerschüttert aufrecht zu erhalten und all' unsere Kräfte, selbst Gut und Blut daran zu setzen, um eure Ehre und euren Wohlstand zu mehren und zu fördern.“ —

Kannte man die Größe der Gefahr, so ist es schwer zu erklären, daß man ernstliche Anstalten zur Gegenwehr unterließ.

Im Juni 1326 brachen Horden von Polen, Littauern, Reussen und Wallachen in das Land Lebus ein, plünderten, verheerten es zu beiden Seiten der Oder und verbreiteten Schrecken bis gen Brandenburg hin. Am meisten mußte das platte Land leiden. Es sollen 140 Dörfer mit ihren Kirchen, auch zwei Mönchs- und zwei Nonnenklöster in Asche gelegt, Greise und Kinder ermordet und über 6000 Männer als Gefangene fortgeführt worden sein. Diese Nachrichten erscheinen übertrieben. Sie stammen aus dem polnischen Geschichtsschreiber Dlugosz. Er pflegt überhaupt auszumalen. Hier hatte er noch besondere Gründe zur Aufschneiderei. Die „Sage von der keuschen Nonne" hab' ich schon oben (Seite 54—57) beleuchtet; außerdem hervorgehoben, daß man den Bischof Stephan den Zweiten von Lebus ohne stichhaltigen Grund beschuldigt, Urheber des Raubzuges zu sein. Den Papst will ich keineswegs reinwaschen. In einer Schrift vom 18. April 1328, die König Ludwig behufs der Absetzung seines erbitterten Gegners anfertigen ließ, heißt es:

„— — und o Schmerz, die menschlichen Ohren weichen zurück — die Beobachtung des Gottesfriedens mit den Ungläubigen auf der Grenze Preußens band er (der Papst) dem Hochmeister der Deutschritter vom Hause der heiligen Maria sehr streng auf die Seele, indem er behauptete, es zu thun zur Ausbreitung des christlichen Glaubens, obwol lügnerisch, da er es geplant hatte zum offenbaren Schaden desselben Glaubens. Denn wie groß wird in Folge dieser verderblichen Lüge gewesen sein der Mord der Gläubigen unter den Kindern, die noch in der Wiege schreien, unter den Männern und Frauen, die von unzähligen Dolchen der Treulosen niedergestreckt und zahlreich auf ewig in die Gefangenschaft weggeführt wurden; und wie groß wird die Klage gewesen sein unter den Nonnen und gottgeweihten Jungfrauen, die man entehrte, unter den Wittwen und Ehefrauen, die man mit auf den Rücken gebundenen Händen gewaltsam gegen die Bäume drückte; wie groß wird obendrein die Entweihung der Kirchen und der Sakramente, besonders des kostbarsten und verehrungswürdigsten heiligen Leibes Christi gewesen sein, wenn sie ihn mit ihren Lanzen selbst durchbohrten, ihn hochhoben und Christum nebst all' seinen Bekennern gotteslästerlich und spöttisch anklagten, indem sie sagten: Siehe, du Christengott, die Mark Brandenburg jammert und klagt unter Thränen über ihre Söhne und Töchter!" [1]) —

Daß eine größere Zahl von Dörfern verwüstet worden ist, läßt sich mit einem Blicke aus der Karte ersehen, welche Georg Wilhelm von Raumer dem von ihm erläuterten Landbuche des Markgrafen Ludwig des Älteren beilegte. Auch dürfen wir die Frage, ob die Mark in früheren Zeiten mehr Dörfer als in späteren hatte, nicht ohne Weiteres abweisen, denn sie ist für die Kulturgeschichte wichtig. Wir müssen jedoch bei der Beantwortung mit vieler Vorsicht zu Werke gehen. Friedrich der Große, unstreitig ein sehr klarer Geist, sagt in einem Kabinetsbefehle (Pyrmont, 28. Mai 1746): „Wann auch Seine Königliche Majestät die Curiosité haben, recht zuverlässig zu wissen, ob vor Alters und vor Anfang des dreißigjährigen Krieges mehr oder weniger Dörfer, als jetzo in der Kurmark gewesen seindt; Als Befehlen Höchstdieselben Dero Kurmärkischen 2c. Kammer hierdurch allergnädigst, die alten Catastra deshalb förderſamst aufzusuchen und nachzuschlagen und vor Höchstdieselben einen summarischen Ertrakt daraus zu formiren und solche mit einer Balance gegen die jetzige Situation einzusenden; Es muß aber gedachte 2c. Kammer bei Fertigung sothanen Extraktes und Balance nicht sowol auf die Namen der Dörfer, als vielmehr auf die Anzahl der darinnen befindlich gewesenen Häuser und Unterthanen reflektiren, damit die daraus zu ziehende Balance um so richtiger werde, denn es sonsten vielleicht sein könnte, daß in denen Zeiten vor und zu Anfange des dreißigjährigen Krieges viele, aber sehr kleine Dörfer gewesen wären, deren verschiedene nach dem dreißigjährigen Kriege in ein Dorf zusammengebauet und dadurch solches um soviel größer, hergegen der Nahmen der Dörfer um soviel weniger geworden." —

Jobst und Angelus, Chronisten, die über 200 Jahre später lebten, erzählen ferner, daß die Frankfurter nebst ihren Kampfgenossen die littauischen und reussischen Horden bei dem Dorfe Tzschetzschnow schlugen und über die Grenzen zurücktrieben,

---

[1]) Wohlbrück I., Seite 550. Lateinisch aus Etienne Baluze's Lebensgeschichte der Päpste in Avignon, 1693 in zwei Bänden erschienen. Ein großer Freund der Geschichte, benutzte der Verfasser fleißig die Bibliothek des Erzbischofs Montchal von Toulouse. Da er aber den hohen Herren nicht schmeichelte, fiel er in Ungnade und verlor sein Amt als Professor des kanonischen Rechts in Paris. Er starb 1718.

hierauf aber den Bischof Stephan, der mit ihnen und den übrigen Eingesessenen des Landes Lebus des Zehnten wegen im Streite lag, der deshalb auch den Polenkönig herbeirief, in seiner Residenz Göritz zur Nachtzeit überfielen, die Domkirche zerstörten, den Prälaten gefangen nahmen, ihn nach Frankfurt führten und ihn erst nach Jahresfrist, nachdem er sich zu einem Vergleiche bequemt hatte, wieder in Freiheit setzten. In einer Klage, welche der Bischof Stephan und sein Domkapitel etwa vierzehn Jahre später bei dem römischen Hofe gegen den Markgrafen Ludwig einreichten, ist aber, wie sich aus der Antwort ergibt, mit keiner Silbe von der Gefangennahme des Prälaten durch die Frankfurter die Rede. (Vergleiche oben Seite 57 und 58.) —

Näheres läßt sich aus zwei päpstlichen Bullen ersehen, die im dritten Theile abgedruckt werden sollen. —

Als Ersatz für den Schaden und die Kosten, welche dem Herzoge Rudolf von Sachsen bei der Regierung der brandenburgischen Lande nach des Markgrafen Waldemar Tode erwachsen waren (er berechnete sechzehntausend Mark Silbers), verkaufte ihm Ludwig die Niederlausitz mit Belitz, Brietzen, Görtzke, Fürstenwalde und Beeskow, aber wiederkäuflich in zwölf Jahren. Die Urkunden datiren vom 25. Mai 1328.[1])

Schon im Jahre 1338 traf man Anstalten, sie wieder einzulösen. Die Stände und verschiedene Städte der Mittelmark brachten eine außerordentliche Steuer auf. Da jedoch die bestimmte Zeit noch nicht verflossen war, so deponirte man die Summe bei dem Rathe von Berlin und Köln, der sie, wie er in seiner öffentlichen Erklärung sagte, „alleyne tu der Nutt der Losinghe des Landes tu Lusitz" (zum Nutzen der Einlösung des Landes zu Lausitz) ausliefern wollte.

Am 28. Juli 1329 bestätigte Markgraf Ludwig die Grenzen der Stadt Newen Reppin (Reppen), überwies ihr die Judensteuer, den Zins von den Gewerken der Tuchmacher (Gewandschneider), Fleischer, Bäcker und Schuhmacher (jährlich 18 Pfennig, 5 Schillinge, 6 Pfennig, 6 Pfennig), desgleichen das Stättegeld auf den Märkten und Jahrmärkten.[2]) Dies ist die erste zuverlässige Urkunde, in welcher Reppen

[1]) Riedel, Kodex II, Band 2, Seite 51—52.

[2]) Urkunde: Dr. Wedekind, Kreis-Chronik, Seite 89—91.

genannt wird; denn der Grenzrezeß von 1251 erscheint zweifelhaft. Außerdem sind erwähnt: Tornow, Botzow (Bottschow), Wildenhagen, Rein= (Reichen=) walde, Gredyn (Gräden), Lübich (Lübbichow). — Kaiser Karl der Vierte bestätigte am Mittwoch nach dem heiligen Leichnamstag (7. Juni) 1374 gleichfalls jene Grenzen.

Bernhard Kober, Albrecht, Gottfried und Hans Gebr. Stangen, sowie Tyle und Konrad Gebr. von Dyssen bekennen unterm 26. Februar 1335, „daß wir gelobet haben und geloben in diesem Briefe, dem hochgebornen Fürsten, unserm gnädigen lieben Herrn Markgrafen Ludwig von Brandenburg, daß die Stadt zu Neu-Reppen, die wir gekauft haben von dem vorgenannten unsern gnädigen lieben Herrn, soll sein des genannten unsers lieben Herrn offenes Schloß zu allen seinen Nöthen auf alle möglichen Fälle. Ginge uns aber dasselbe Schloß ab in unsers Herrn Dienste, ob er uns kriegen hieße, so soll uns unser Herr das Schloß vergütigen und wiederersetzen an anderem Gute, wie seinen Mannen dünket, daß es redlich sei. — In Ermangelung der anderen Insiegel hab' ich Bernhard Kober und ich Albrecht Stange unser Insiegel lassen hängen zu diesem Briefe, der ist gegeben zu Berlin nach Christ Geburt 1335 des Sonntags in der Fasten.“ [1])

Wie lange diese adligen Herren im Besitze der Stadt Reppen blieben, ist nicht bekannt. 1361 findet sich ein Nikolaus Kober in Hasenholz, Kreis Oberbarnim.

Vom 18. Februar 1335 datirt eine Urkunde, in der gleichfalls auf Reppen Bezug genommen ist. Sie lautet: „Ich Pescho von Swebesin [2]) bekenne öffentlich in diesem Briefe, daß ich verhandelt habe mit dem hochgebornen Fürsten, Markgrafen Ludwig von Brandenburg, meinem gnädigen Herrn, daß ich ihm gelobet habe, sein getreuer Diener zu sein, und meine Festen sollen ihm offene Schlösser sein zu all' seinen Nöthen, ausgenommen den König von Polen und den Herzog von Glogau. Wiederum soll er mir meine Rechte vertheidigen, wie anderen seiner Mannen, und hat mir um meine Treue und Dienste verliehen zehn Schock Groschen [3]) jährlicher Rente (Gülte) in seinem Geleite zu Neu=Reppen, die soll mir sein Amtmann geben von diesem Geleite. Wäre aber das ihm von dem Geleite nicht geworden, so

[1]) Riedel, Kodex I, Band 19, Seite 130. — [2]) Peter von Schwiebus. Näheres findet sich über ihn bei Wohlbrück I., Seite 607—608, nicht. — [3]) 600 Thaler, 1800 Mark.

mag ich ihn nicht mahnen. Würden ihm aber zehn Schock oder minder, die soll er mir geben; was darüber fällt, das ist sein. Leget er auch das Geleite anderswo, da soll ich (mit) meiner Rente folgen. Leget er aber das Geleite gar ab durch Nutzen seines Landes, da soll er mir die zehn Schock vergütigen mit anderen Gütern. — Auch hat mir mein vorgenannter Herr verliehen das Dorf zu Klauswalde auf Recht; ist kein Mann, der das anspricht mit Recht vor ihm, so soll ich das mit Recht vertheidigen; und welcher Theil sein Bestes beweiset, den soll mein Herr der Markgraf bei Rechte erhalten. Auch soll er mir zu funfzehn Stück Geldes zu Reppen, die ich als rechtes Erbe beanspruche, die zu Gottesdienst verwandt sind, rechtliches Gehör verstatten. Gewinn' ich die mit Recht nicht, so sollen sie bleiben, da sie Markgraf Waldemar vereignet hat in seinen Briefen. — Wenn aber ich unredlich an meinem vorgenannten Herrn thäte, so ist das vorgenannte Lehn vernichtet und soll mir weiter nicht helfen. Und darüber geb' ich meinem Herrn, dem Markgrafen, diesen Brief versiegelt mit meinem Insiegel, der gegeben ist zu Spandau an dem Sonnabende nach St. Valentins Tage.[1])

In Folge eines Vergleiches, am 28. Juni 1336 zu Wittenberg abgeschlossen, belehnte der Erzbischof Otto von Magdeburg am St. Laurentiustage (10. August) den Markgrafen Ludwig mit der Altmark, dem Lande Lebus und der Lausitz. Diese Urkunde[2]) enthält eine genaue Beschreibung der Grenzen genannter Landschaften.

Wir übertragen die betreffende Stelle in unser heutiges Hochdeutsch, ändern jedoch aus Gründen die Namen der Orte und Gewässer nicht.

„Dies sind die Grenzen des Landes Lebuz. Auf der nach Polenen hin gelegenen Seite der Odere haben sie ihren Anfang an einem Wasser, welches Nothes heißt, an einer Wische, die Guba genannt. Von da gehen sie zu Kudnaz und Rughi bis an den See Wantyne, dann nach Slanite und Preslite, das ist zwischen dem großen Dorfe und Molossen. Auch gehen sie bis zu Poruzadla, dann dahin, wo die Schucha Pilscha in die große Pilsgam fällt, hiernächst bis zu Zirtze und bis zu Rampite. Auf dieser

---

[1]) Riedel, Kodex II, Band 2, Seite 97. — [2]) Riedel, Kodex I, Band 24, Seite 336—338. Wohlbrück I., Seite 34—46. Berghaus III., Seite 154--166.

Seite der Oder beginnen sie zu Konotope und gehen bis an den obern See Tribule, dann über den von Gubin nach Lipa führenden Weg bis zu Powodtitus, hernach bis nach Carasne und Spreawe bis zu Osora, von Osora längs der Mitte des Sprewaflusses bis zu Prelauki, ferner bis zu Letinti, weiter bis zu Coprinnti. Auch gehen sie längs dem Wasser Stobrana bis zu Odrizam. -- Außerdem gehören auch zu dem Lande Lebuz diese Festen und Städte: Chinetz und das Land, das dazu gehört, Kusterin mit all dem Lande, das dazu gehört, Thorim, Ponzin, Ruckowe und Platikow". --

Diese Urbeschreibung stimmt mit einer anderen, die sich in einer Urkunde, datirt Liegnitz, den 20. April 1249,[1]) findet, fast wörtlich überein.

Das Wasser Nothes, von welchem der Grenzzug (auf der Seite von Polenen d. i. Polen) seinen Anfang nimmt, ist die Warthe.[2]) Früher verlor sie bei Zantoch, wo sie sich mit der Netze (polnisch: Notes) vereinigt, ihren Namen. Das slavische Wort Guba bezeichnet eine Meeres-, auch Strombucht, insbesondere die weite Mündung eines Flusses in den andern, hier vielleicht der Klemente in die Warthe. Ob die Vermuthung, Kudnaz sei Kriescht und Rughi das jetzt dem Züllichauer Waisenhause gehörige Dorf Rauden, richtig ist, will ich nicht näher erörtern. Der See Wantyne bei Wandern (Wandryne, Wanderin, Wandrin) wurde im Laufe der Zeit zum größten Theil trocken gelegt; aus dem Überreste, dem Bürgersee, entspringt die Postum, die bei der Kolonie Neudresden in einen Arm der Warthe mündet. Von demselben ging die Grenze über Slanite (Slavite), Preslite und Poruzadla nach der Pilsga (Pleiske). Die beiden ersten Seen sind wahrscheinlich der große und der kleine Bechen, der dritte aber der See bei Lagow. Ruschenie heißt Einsturz, ruschn über den Haufen werfen. Dies führt auf die Vermuthung, daß der tiefe See durch einen Erdfall entstanden ist. Auch seine ganze Umgebung spricht für eine solche Annahme. Molossen hält man für Malsow. Das große Dorf (Großdorf), jetzt nicht mehr vorhanden, und nach dem Frankfurter Bannbriefe von 1350 (wie Gymmelo) schon damals wüst, lag zwischen Tempel und Langenpfuhl.[3])

---

[1]) Klette, Regesten I, Seite 13.

[2]) Der Leser nehme gefälligst eine Spezialkarte von Brandenburg zur Hand.

[3]) Der deutsche Name Großdorf war gewiß eine Übersetzung von magna villa (und dieser von Wulka wes?). Mehr darüber im letzten Kapitel dieses Werkes.

Schucha pilscha, die in die große Pilsga mündet, heißt vielleicht die dürre Pleiske (vom polnischen Wort suchy, trocken, dürr). Der Bach bleibt nicht, wie Wohlbrück und Wedekind glauben, räthselhaft, sondern er ist dasjenige Flüßchen, das aus der Seekette westlich von Lagow kommt (zuweilen auch Bober genannt), und das sich mit dem östlichen Arme zwischen Spiegelberg und dem Herren(Teufels)vorwerke vereinigt. Die Pleiske bildete bis Zirtze (Sierzig) die Grenze des Landes Lebus, jetzt zumeist die Grenze zwischen den Kreisen Krossen, Ost- und Weststernberg. Der Name ist entweder von Plößk (Pliosk): Schwanzstück eines Fisches, oder von Pilza: Schöpfeimer, oder von pilju: sägen — abzuleiten. — Der Name Rampite lebt noch fort in Rampitz. Von dem Dorfe Konotope (Kontop) blieb nur eine Mühle übrig. Sie gehört jetzt zu dem Rampitzer Amtsorte Kräsem (Kreesem). Früher nur ein Vorwerk, seit etwa siebzig Jahren eine zumeist von Fischern bewohnte Kolonie, ist Kräsem vielleicht auf der Feldmark des untergegangenen Dorfes Konotope erbaut. Der See Tribule scheint ein Theil des Oderbettes geworden zu sein. Gubyn, Guben kennt Jedermann, der auch noch nicht im „schönen Lubstthale" lustwandelte und sich an dem unverfälschten Apfelweine erquickte. Von Lipa und Powodtitus findet sich aber keine Spur. Carasne will man in dem Dorfe Karras bei Friedland wiedererkennen. Die Grenze zog sich nun an die Spree hinan und erreichte bei Osora (unbekannt) diesen Fluß. Prelauki mag am Ende des heutigen Hangelsbergischen Forstes gelegen haben. Nunmehr sprang die Grenze nach der Letnici, der Lecknitz über, einem Flusse, welcher früher vom Gute Birkenwerder bis zum Dorfe Kienbaum die Kreise Lebus und Oberbarnim schied. Den Namen Coprinuti oder einen ähnlichen führt jetzt kein Ort in der Gegend der Lecknitz und der Stobberow (Stobrana, Stobraua). Die letztere entspringt im Kagel'schen Bruche, trennt Klein- und Großbuckow (jenes gehörte früher zum Kreise Oberbarnim), durchfließt den See bei Friedland und wendet sich nordwestlich nach Wrietzen hin. Die Odrizam (Oderitz), mit der 1571 die Herren von Schapelow neben den Dörfern Wulkow, Gusow und Platikow belehnt wurden, ist jetzt nur ein wasserloses Flußbett, das sich indeß bis zum Vorwerke Horst unweit Quappendorf noch verfolgen läßt. Da früher die Dörfer Werbig und Langsow der Fischerei wegen eine Abgabe zahlen mußten, so greift man wol nicht fehl, wenn man annimmt: Die Odritza floß, bevor sie sich in die Oder ergoß, südöstlich und schnitt somit die Spitze des nachmaligen Kreises Lebus von dem alten gleichnamigen Lande ab.

Zu dem letzteren gehörten die Ländchen Chinetz (Kienitz) und Küstrin (Küstrin) gar nicht. Sie kamen durch polnische, nicht durch schlesische Herzöge an die Markgrafen von Brandenburg. Nach einer Urkunde von 1367 [1]) befand sich bei Frauendorf unweit Göritz ein Hof oder Feld (allodium sive campus) Pannezyn, und im Kreise Lebus existirt noch heut' zu Tage Platikow, ein Ort, der schon 1229 vorkommt, [2]) der 1820 522, 1864 1319 und 1871 1399 Einwohner zählte. Vielleicht, sagt Wohlbrück, [3]) sind die Namen der Festen Thorim und Ruckowe von den Deutschen in Sternberg und Falkenhagen verwandelt worden. Ich möchte hier wenigstens zwei Fragezeichen setzen.

Bei einer in vielen Punkten dunkeln Grenzbeschreibung liegt es sehr nahe, daß nicht alle Geschichtsforscher Wohlbrück beistimmen.

Nach L. von Ledebur ist Tribule unbedenklich der See bei Treppeln unfern Kobbeln, Lipa (Linde) das Dorf Lindow, Karasne das Vorwerk Karausch bei Ragow (dies kommt aber erst im sechzehnten Jahrhundert vor!), Osora die Ölse, welche im Ölsensee entspringt und bei Beeskow in die Spree mündet. Der Superintendent Worbs dagegen geht von Kontopp bei Grünberg in Schlesien aus. Ohne jeglichen Zweifel hält er Tribule für den Werchensee, den südlichsten bei Treppeln, und Lipa für das Dorf Lindow unweit Frankfurt a. O. Seiner Ansicht nach führte die Straße von Guben damals nicht über Neuzelle und Fürstenberg, sondern über Treppeln und Lindow nach Frankfurt a. O. — Auch Dr. H. Berghaus nimmt Tribule für den Werchensee, aus welchem die Schlaube abfließt, (Werchen Osero Tribule = oberer Tribulesee, im Gegensatz von Nischne Osero Tribule, der untere Tribule- oder große Treppelsee); ferner Lipa für Lindow, 1/3 Meile östlich von Friedland; Powodtitus für eine Gegend an der Ölse (Powod, Anlaß, Gelegenheit; ticho, still, langsam); Osore = Osera, der Schwieloch- oder Schwielungsee, 2 Meilen lang; Prelauki, kein Wohnplatz, vielmehr eine Gegend; Koprinnti, die Köppernitz, ein Abfluß des rothen Luchs

[1]) Gerken VI., Seite 549. — [2]) Wohlbrück I., Seite 59—60. — [3]) Ebendaselbst Seite 46.

(kagelschen Bruches) von Heidekrug bis Liebenberg. Über die Oderitz d. h. kleine Oder (iza, Verkleinerungs- oder Diminutivform) theilt Dr. Berghaus gleichfalls verschiedene Notizen mit.[1])

Mir scheint es nothwendig, auch hier auf einen Übelstand aufmerksam zu machen, den schon Gerken und Dr. Berghaus ernstlich rügten. Der letztere sagt: „Es wird bei allgemeinen, wie bei besonderen Landesvermessungen und Fluraufnahmen wenig oder gar keine Rücksicht genommen auf die Zustände der Vorzeit, die den bei dergleichen Vermessungen beschäftigten Personen völlig unbekannt zu bleiben pflegen. Wäre dies nicht der Fall, so würden sie die Gelegenheit sicherlich wahrnehmen, um die in den Urkunden und anderen zuverlässigen Fundgruben der Geschichte sich darbietenden historischen Dunkelheiten und Zweifel über diese oder jene Örtlichkeit aufzuklären und ins Licht zu stellen, wobei ein Nachforschen der alten Namen von Feld- und Waldstücken, von Flüssen, Bächen, Fließen und Seen, von Bergen und Thälern, die sich in alten Flurbüchern erhalten und selbst im Gedächtnisse der Bewohner, namentlich der Hirten und Jäger, vererbt haben, ein vorzüglicher Wegweiser ist. Von alle Dem pflegt aber bei den Landesaufnahmen im neunzehnten Jahrhundert nicht die Rede zu sein; vielleicht kommt man im zwanzigsten darauf zurück, wenn jene schriftlichen Denkmäler untergegangen und diese Überlieferungen im Munde des Volks verstummt sind.[2]) Eine solche Gefahr liegt um so näher, sobald man auch noch mit der Fabrikation und der Verwendung des vielgepriesenen Holzpapiers fortfährt.

Blicken wir jetzt ein wenig nach Sonnenburg, auf dessen Wichtigkeit ich schon im ersten Kapitel (Seite 34) kurz hindeutete. In einer Urkunde vom 23. April 1295 erwähnt, kommt es 46 Jahre später zum ersten Male als Städtchen vor. „Ludwig ꝛc. an die Gebrüder Hennig und Arnold, genannt von Uchtenhagen u. s. w. Damit ihr ein Schloß oder eine Festung in der Stadt Sonnenburg oder in deren Marken, Grenzen oder Gebieten, wo auch immer in selbigen es euch geeignet erscheinen wird, nach eurem Wohlgefallen errichten, bauen und gründen könnt, so geben und gewähren wir euch dazu vollständige Erlaubnis und meinen sie ertheilen zu müssen. Wir übertragen sogar euch und euren Erben selbige Befestigung unter

[1]) Berghaus III., Seite 165. — [2]) Berghaus III., Seite 155, 162.

dem Titel eines richtigen Lehens zum ewigen Besitze, jedoch mit der ausdrücklichen Bedingung oder der hinzugefügten Klausel, daß ihr mit dem genannten Schlosse uns, sowie unsern und den Aufträgen und Befehlen aller unserer Beamten nach Maßgabe unserer und ihrer einzelnen Nöthe und Bedürfnisse gegen Alle, weß Standes oder Berufes sie auch sein werden, bereitwillig gehorchet und ohne Zuhülfenahme irgend einer beliebigen List treu zu allen Zeiten Beachtung schenkt. Wir wollen auch nicht, daß das genannte Schloß außer uns, unsern Erben und Nachfolgern weder einem unserer Lehensleute noch unserer Unterthanen verkauft oder vertauscht werde, wenn auch euch oder euren Erben Gelegenheit zum Verkauf oder Tausch sich darbieten sollte, weil fern sein möge, wer uns dieselbe Treue, Folgsamkeit und Bereitwilligkeit schulden und zu beweisen je gehalten sein soll.

Das zu Urkund ꝛc. Gegeben zu Spandau im Jahre des Herrn 1341 am Tage nach der Beschneidung des Herrn (2 Januar).[1])

Göritz, lange Zeit nur Schutt und Asche, wurde erst später, wahrscheinlich aber an einer anderen Stelle, wieder aufgebaut. Es lag, vermuthet man, die alte Stadt $1/4$–$1/2$ Stunde mehr östlich, links von der Drossener Straße bis zur Lässiger Steinbahn; das Schloß des Bischofs dagegen nördlich nach Säpzig zu; der Dom $1/4$ Stunde südwärts nach Ötscher, in der Nähe der nach demselben benannten Mühlen. Altes Mauerwerk, in den Jahren 1860–1865 zu Tage gefördert, bildete allem Anscheine nach einst das Fundament des prachtvollen Gotteshauses nebst Zubehör. Ein Kirchenschlüssel, ein Bündel Krücken, von den durch das wunderthätige Marienbild Geheilten zurückgelassen, sprechen nicht minder für eine solche Annahme. Jener wird noch im Pfarramte aufbewahrt; desgleichen der Wachsabdruck eines Siegels (mit nicht lesbarer Inschrift). Nach einer Bemerkung

---

[1]) Riedel, Kodex I., Band 19, Seite 131. Die obigen Bestimmungen über den Besitzwechsel blieben unbeachtet. 1367 gehörte Sonnenburg zwar noch der Familie von Uchtenhagen; doch bereits 1375 trug es der Ritter Otto von Bockenrode vom Landesherrn zu Lehen. Die Vormünder des minorennen Hans v. B. verkauften 1410 das Schloß und die Stadt nebst den Dörfern Priebow, Mauskow, Ögnitz, Gartow und Meeckow an das Bisthum Lebus; jedoch schon nach fünf Jahren veräußerte Johann der Fünfte Sonnenburg nebst Zubehör an den Ritter Heinrich von Ciniẞ (Ögnitz) für 1800 Schock Groschen Prager Münze. Dieser starb ohne Erben, und für 900 Schock böhmische Groschen verkaufte am 18. Mai 1427 der Markgraf Johann den Güterkomplex an die Johanniter. Hans von Uchtenhagen, vermählt mit Sophie von Sparre aus Trampe, starb 1618 als der Letzte seines Stammes.

auf der Rückseite des letzteren fand man es nicht beim Dome, sondern auf dem Bach'schen (jetzt Prenzlow'schen) Lande. Hier dürfte demnach der frühere Schloßplatz zu suchen sein. Das Siegel selbst kam nach Berlin. Das noch vorhandene Becken für das Weihwasser ist eigentlich nur ein ausgehöhlter Feldstein. Professor Dr. Spieker erzählt auch (Frankfurt, Seite 34) von drei Insiegeln aus Bronze, im Sommer 1849 von einem Pflüger in einem verschrumpften Lederbeutel aufgefunden. Seine Angaben über die Lage des Schlosses und der Marienkapelle weichen von den obigen, denen ein Bericht aus Göritz zum Grunde liegt, jedoch wesentlich ab.

Zur richtigen Beantwortung der Frage, ob Göritz nach 1330 an einem anderen Orte aufgebaut worden ist, erscheint es meines Erachtens nothwendig, auch auf den großen Brand zu achten, der am 10. August 1757, Abends nach 7 Uhr, im Hause des Ackerbürgers Jakob Handke, dem zweiten rechts von der Pfarre, ausbrach, bei dem 85 Wohnhäuser nebst den Stallgebäuden und mehr als 60 Scheunen ein Raub der Flammen wurden. Nach demselben entwarf ein Landbaumeister einen neuen Stadtplan. Er steckte gerade Straßen ab und legte einen Marktplatz an; der Kietz kam in die Gärten vor der Stadt; vier Bürgerhäuser baute man an dem Wege nach Ötscher auf — Alles, um zwischen den einzelnen Gebäuden einen größeren Raum zu gewinnen.[1])

Allem Anscheine nach wandte Stephan der Zweite den Frankfurtern wieder seine Gewogenheit nun zu, damit sie ihm ihre schöne Marienkirche zur Kathedrale einräumten. Wenn der Bischof nebst dem Domkapitel in der Stadt einen Wohnsitz nahm, so erwuchsen derselben allerdings große Vortheile. Sie ging wol auch auf den Plan ein; allein der Kaiser, der dem Landesherrn, seinem Sohne, das Patronatrecht erhalten wollte, trat dazwischen. Das noch vorhandene Originaldokument lautet in deutscher Übersetzung:

„Ludwig von Gottes Gnaden, römischer Kaiser, allezeit Mehrer des Reiches, verkündet den weisen Männern des Rathes, den Bürgermeistern und allen Bürgern der Stadt Frankfurt, den stets Getreuen des Reiches, seine Gnade und wünscht

---

[1]) Notiz vom Prediger Johann Gotttrau Keydel, einem Dokumente entnommen, das man am 30. Juni 1771 (5. Trinitatissonntag) in den Thurmknopf legte.

ihnen alles Heil. Es ist unserer Majestät zu Ohren gekommen, daß der Bischof von Lebus die Parochialkirche umwandeln und seinen Lebusischen Stuhl dorthin verlegen will. Da nun diese Verlegung unserm heiligen Reiche und unserm geliebten Sohne, dem Markgrafen Ludwig von Brandenburg, sehr nachtheilig ist, demselben auch das Patronatrecht zukommt, so befehlen wir euch hiermit kraft unserer Kaiserlichen Macht und im Namen unsers geliebten Sohnes und Fürsten, diese Verlegung ohne irgend eine andere Veränderung und Neuerung mit gedachter Kirche auf keine Weise zuzugeben. Solltet ihr diesem Befehle zuwiderhandeln, so werdet ihr meinen und meines Sohnes höchsten Unwillen auf euch laden, und wir würden euer Unternehmen für null und nichtig erklären. Gegeben zu Werden am fünften Tage nach dem Sonntage Kantate im sechzehnten unserer königlichen und im dritten Jahre unserer kaiserlichen Regierung." (11. Mai 1330.)[1])

Diesen Befehl wiederholte Markgraf Ludwig im folgenden Jahre. Auch sein Bruder, von seinem Geburtsorte der Römer genannt, erklärte in der Urkunde vom 14. Januar 1351 ausdrücklich, daß die Parochialkirche der seligen Maria niemals in eine Kathedralkirche umgewandelt werden dürfe. 1354 jedoch legte man den langen Streit durch einen Vergleich bei. Der Bischof Heinrich der Zweite entsagte mit seinem Kapitel allen Ansprüchen und Rechten, die sie „an der Pfarre unserer Browen Kirche tzu Branckenvord haben gehabt. — Und sullen nymmer eynen Tum buven in der Stat zu Branckenvord oder in der Stadt Marzke." —

Es erquickt Herz und Sinn, wenn wir lesen, wie Ludwig von Bayern sich mit Friedrich von Österreich aussöhnte, wie die größte Eintracht zwischen beiden herrschte, beide an einem Tische aßen, in einem Bette schliefen, bis der Habsburger am 13. Januar 1330 in's Grab sank.

Die Bannstrahlen aber, welche Bischöfe und Päpste wiederholt schleuderten, bekundeten sehr deutlich, daß die, welche sich Christi Diener und Statthalter nannten, von dem Worte des Meisters: „Liebet eure Feinde, segnet, die euch fluchen" 2c. keine Ahnung hatten. Man höre und staune, wie Klemens der Sechste am 13. April 1346 im Geiste „der berechneten und rechnenden Raserei"[2]) nach Wieder-

[1]) Spieker, Frankfurt, Seite 35—36.

[2]) K. A. Menzel IV., Seite 230. — Wolfgang Menzel, Seite 430.

holung aller angeblichen Übelthaten Ludwigs erklärte, „derselbe sei schon seit dem gegen ihn ergangenen Urtheilsspruche seines Vorfahren Johann des Zweiundzwanzigsten infam und unfähig gewesen, ein öffentliches Amt entweder selbst zu bekleiden, oder einen Anderen dazu zu bestellen, eine Zeugenschaft zu übernehmen, eine Erbschaft anzutreten, einen letzten Willen zu verordnen. Vor seinem Richterstuhle habe nichts angebracht werden, kein Sachwalter oder Schreiber habe für ihn oder in seinem Namen reden und Urkunden ausfertigen können. Er sei der Wohlthat des Gehörs, der Berufung und der Appellation verlustig, all' seine Güter seien ewig verfallen, all' seine Söhne und Enkel unfähig, geistliche oder weltliche Ämter zu bekleiden. So lange er lebe, solle jeder Christenmensch mit ihm um des zeitlichen und ewigen Heils willen Gemeinschaft meiden, jede Obrigkeit ihn von ihren Grenzen zu treiben bemüht sein; wenn er gestorben, solle ihm das ehrliche Begräbnis versagt werden. Damit aber, so fährt die Bulle fort, besagter Ludwig, der die göttliche Majestät, den apostolischen Stuhl und die allgemeine Kirche so vielfach beleidigt, den christlichen Glauben geschändet, die christliche Freiheit mit Füßen getreten und das Reich auf das gefährlichste mißhandelt hat, nicht blos in die erwähnten Strafen verfalle, sondern auch die Rache Gottes und unseren Fluch vollkommen empfange, so flehen wir die göttliche Allmacht an, seinen Wahnsinn zu Schanden zu machen, seinen Hochmuth zu beugen, ihn mit der Kraft ihrer Rechten niederzuwerfen und in seinem Falle den Händen Derer, die ihn verfolgen, zu überliefern. Es komme über ihn ein Fallstrick, den er nicht kennt, und er falle darein! Verflucht sei er bei seinem Eingange, verflucht bei seinem Ausgange! Der Herr schlage ihn mit Wahnsinn, Blindheit und Tollheit! Der Himmel sende über ihn seine Blitze! Der Zorn des allmächtigen Gottes und der heiligen Apostel Petrus und Paulus, deren Kirche er umstürzen zu können gedacht hat, entbrenne gegen ihn in dieser und der zukünftigen Welt! Der Erdkreis kämpfe gegen ihn! Der Boden öffne sich und verschlinge ihn lebendig! Sein Name müsse in einem Geschlechte vertilgt werden und sein Andenken von der Erde verschwinden! Alle Elemente seien ihm entgegen! Sein Haus müsse wüste gelassen und seine Kinder daraus vertrieben werden, ja vor seinen Augen in die Hände Derer fallen, die sie tödten!" [1])

[1]) Der Schluß enthält die ärgste Gotteslästerung, oder es giebt keine mehr. Gallus I., Seite 286.

Daß der Donner des heiligen Vaters nicht aus Rom, sondern aus Avignon kam, ändert im Prinzip wenig.

Wir dürfen jedoch einen wichtigen Umstand nicht übersehen: Frankreich schürte den Haß! Als sich Papst Benedikt der Zwölfte, ein Mann redlicher und wohlmeinender Gesinnung, auch dem Kaiser, voll Freude darüber, „daß Deutschland, der edle Zweig der Kirche, sich wieder mit seinem Baume vereinigen wolle", die Hand zur Versöhnung bot, erschien eine französisch-neapolitanische Gesandtschaft vor ihm und erklärte: „Er möge nicht einen solchen Erzketzer Denen, die der Kirche so treu wären, vorziehen, und sich hüten, daß man ihn nicht selbst einen Ketzer nenne." Als Benedikt nun fragte, ob denn die Könige verlangten, daß gar kein Kaiser mehr sein solle, erhielt er zur Antwort: Ein Kaiser wol, aber nicht der verdammte Ludwig, der so Vieles gegen die Kirche unternommen habe. So urtheilte diese Sippe über Deutschlands Kaiser, den der Papst „den edelsten Herrn von der Welt" nannte! Daß Benedikt dem Kardinalskollegium von sich selbst sagte: „ihr habt einen Esel erwählt!" scheint kein Hintertreppenwitz zu sein.[1])

Wundern darf es uns nicht, daß, als Ludwig im Januar 1328 den Papst Johann als Simonisten, Ketzer und Majestätsschänder absetzte und den Minoriten Peter Rainalucci aus Corvara, einen Mann von Gelehrsamkeit und unsträflichem Lebenswandel, selbst mit Fischerring und Mantel bekleidete, sich Niemand meldete, um den „Priester Johann von Cahors" zu vertheidigen. Befremden darf es uns aber auch nicht, wenn die wankelmüthigen Römer, nachdem des Kaisers Krieger und Fürsten geschieden waren, sich von dem neuem Papste (Nikolaus dem Fünften, den seine Gegner als „den Sohn der Hölle" bezeichneten) ab- und dem alten wieder zuwendeten.

Auf dem großen Reichstage zu Frankfurt (Mai 1338) erklärten die dort versammelten Fürsten geistlichen und weltlichen Standes, die Reichsfreien und Edeln, die Sendboten der Städte, alle Prozesse Johanns des Zweiundzwanzigsten für nichtig, und wünschten, daß der Kaiser das Interdikt im ganzen Reiche aufhebe und die unbehinderte Abhaltung des Gottesdienstes gebiete.[2]) Ebenso verbanden sich alle

[1]) K. A. Menzel IV., Seite 202. — Böttiger, Deutsche Geschichte III., Seite 158.

[2]) Um seine Rechtgläubigkeit zu beweisen, hatte der Kaiser das Vaterunser, den englischen Gruß und das apostolische Glaubensbekenntnis öffentlich gebetet.

Kurfürsten, mit Ausnahme des böhmischen, am 16. Juli zu Rense durch einen feierlichen Eid, das heilige römische Reich und ihr Kurrecht an seinen und ihren Rechten, Freiheiten und Herkommen nach aller Kraft und Macht zu schützen und zu schirmen wider männiglich, Niemand ausgenommen. Die kaiserliche Gewalt komme nicht vom Papste, sondern von Gott. Wahrer römischer König oder Kaiser sei der von Allen oder der Mehrzahl gewählte Fürst; einer päpstlichen Bestätigung bedürfe er nicht ꝛc. Und was geschah 1346? Am 11. Juli wählten fünf Kurfürsten (von denen sich zwei überdies durch Goldfüchse blenden ließen; Brandenburg und die Pfalz stimmten nicht, in Folge des päpstlichen Bannes) Karl von Mähren zum römischen Könige, der auch am 26. November zu Bonn gekrönt wurde.

Nicht überall zeigte der Fluch der Kirche diese oder ähnliche Wirkungen. Die Frankfurter Bürger ertrugen ihn achtundzwanzig Jahre lang. Allerdings ließen sich hier, wie auch anderwärts, die Franziskaner, Gegner des Papstes Johann, in ihren geistlichen Amtshandlungen nicht stören. Sie lasen Messe, spendeten die Sakramente, besuchten die Kranken, beteten für die Verstorbenen und begruben sie in neugeweihter Erde. Der General des Ordens, Michael von Cesena, flüchtete sammt seinen eifrigsten Brüdern, unter diesen der gelehrte Engländer Wilhelm von Occam, zu Ludwig und bekämpften den ketzerischen Papst.

Sie vermochten freilich die öffentliche Meinung, welche sich ganz entschieden gegen den Kaiser aussprach, als er die Ehe der Margarete von Kärnthen-Tyrol und des böhmischen Prinzen Johann Heinrich durch sein Machtwort trennte, nicht zu ändern. Dieses „schöne, feurige Fräulein", die den Beinamen „Maultasche", wahrscheinlich von einem Schlosse zwischen Meran und Botzen führte,[1]) verband er des Ländererwerbs wegen (sie war eine Erbtochter) mit seinem Sohne, dem Markgrafen Ludwig von Brandenburg.

Es erregte in ihm keine Skrupel, daß der Bischof Ludwig von Freisingen, der die Scheidung und Dispensation statt des Papstes vollzog, auf der Reise nach Tyrol den Hals brach.

---

[1]) Fix, Territorialgeschichte des preußischen Staates, Seite 38. — Pierson, preußische Geschichte, Seite 29. — Auf den großen, übelgestalteten Mund weisen hin: Buchholtz II., Seite 403. Gallus I., Seite 280. — Zweifelhaft lassen die Ableitung des Beinamens Böttiger, Weltgeschichte IV., Seite 329; Schlosser VIII., Seite 164, doch setzt der letztere hinzu: „sie war häßlich wie die Nacht."

Der Kaiser fühlte am 11. Oktober 1347 Mittags heftige Leibschmerzen. Er ritt auf die Bärenjagd, sank aber beim Kloster Fürstenfeld vom Pferde. Ein Schlagfluß, oder Gift aus Feindeshand,[1]) endete sein bewegtes Leben. Unstreitig wäre es ruhiger verflossen, wenn er stets das Ziel fest im Auge behalten und die rechten Mittel angewendet hätte. In seinem Verhalten gegen den Papst glich er aber einem schwankenden Rohre. Wenn auch in vieler Beziehung ein frivoler Geist, trifft **Voltaire** mit dem Worte: „Man kann dem Papste die Füße küssen, muß ihm aber die Hände binden", wol den Nagel auf den Kopf.

Auch Markgraf Ludwig verstand es nicht, sich die Liebe der Brandenburger zu erwerben. Die Bauern und Bürger drückte er mit harten Steuern. Ungern sahen ihn die Adligen, weil er durch seine schöne Gestalt sehr leicht Siege über die Herzen der Frauen errang, und sie warfen ihm vor, er mache diesen Vorzug auf ungebührliche Weise bei den Töchtern des Landes geltend. Ein Zeitgenosse sagt von ihm: „er habe das Land nicht freundlich behandelt", und bei einem Andern heißt es: „Alle fürchteten des Brandenburgers Macht und konnten doch weder ihn demüthigen, noch ihm sich gleichstellen." — Der schlaue Karl von Mähren fand jedoch bald ein Mittel, den trotzigen Markgrafen in harte Bedrängnis zu verstricken und ihn mit Gewalt zur Nachgiebigkeit zu zwingen, und zwar durch eine abenteuerliche Gaukelei, die wol zum Lachen reizen könnte, wäre nicht Blut und namenloses Elend der Preis gewesen, um den man sie zur Schau stellte.

Im Frühjahre 1348 erschien zu Wolmirstädt an den Pforten der Hofburg des Erzbischofs Otto von Magdeburg ein alter Pilger, der in einer wichtigen Angelegenheit den geistlichen Herrn zu sprechen wünschte. Er saß eben bei der Tafel, und darum wollten ihn die Diener nicht stören. Auf seine weitere Bitte reichten sie dem Fremden aber einen Becher mit Wein. Er ließ einen Siegelring hineinfallen. Als der Prälat den goldenen Reif und das Wappen näher betrachtet hatte, rief er aus: „Das ist Markgraf Waldemars Ring!" Eingehende Fragen an den Pilger überzeugten ihn, daß er sich nicht irre. Sein Gewissen, erzählte er, habe ihm, da er mit seiner Gattin in verbotenem Grade verwandt war, keine Ruhe gelassen und darum beschlossen, aller weltlichen Macht und Herrlichkeit zu entsagen

[1]) **Böttiger**, Weltgeschichte IV., Seite 380. — Deutsche Geschichte III., Seite 166. — **Heinrich** III., Seite 767—768.

und in frommer Demuth durch eine Wallfahrt zum heiligen Grabe seine schwere Sünde zu büßen. Seine Krankheit und sein Tod vor neunundzwanzig Jahren sei nur eine von ihm selbst veranstaltete Täuschung gewesen. Statt seiner ruhe eines Anderen Leiche in der Fürstengruft zu Chorin. In Jerusalem habe er jedoch erfahren, daß das Erbe seiner Väter auf unrechtmäßige Weise in fremde Hände gekommen sei. Er kehre zurück, nicht um selbst auf's neue zu herrschen, sondern um sein Eigenthum dem Herzoge Rudolf von Sachsen und den Fürsten von Anhalt wieder zuzuwenden." —

Der Erzbischof entgegnete, es wolle sich nicht geziemen, daß der Markgraf, da ihn Gottes Gnade noch am Leben erhalten, in so dürftiger Gestalt verbleibe und seine fürstliche Herrschaft nicht selbst wieder antrete. „Es würde kein Ansehen haben, wenn der Herzog zu Sachsen die Mark aus Übergabe sollte einnehmen." Er möge sein Eigenthum zurückfordern, um es dann dereinst sterbend seinen rechtmäßigen Erben zu hinterlassen. Der Prälat wolle es an seinem kräftigen Beistande nicht fehlen lassen. —

Gleich einem Lauffeuer verbreitete sich die wunderbare Mär. Viele Herren, geistlichen und weltlichen Standes, Bürger und Ritter strömten herbei, um sich mit eigenen Augen von dem Mirakel zu überzeugen. Und siehe! es war Waldemars Antlitz und Gestalt, seine Sprache, all' seine Eigenheiten, deren man sich noch sehr wohl erinnerte.

„Wie er sich räuspert und wie er spuckt,
Das hat er ihm glücklich abgeguckt!" —

Und es lohnt sich schwerlich der Mühe, näher festzustellen, ob der angebliche Waldemar ein Müller Jakob (Jäkel) Rehbock aus Hundeluft, oder ein Bäcker Meinicke aus Belitz war. Viel wahrscheinlicher ist es, daß die Partei, welche sich zum Sturze der Bayern verbunden, irgendwo einen verschmitzten Mönch ausfindig gemacht und ihn gehörig instruirt hatte.

In neuerer Zeit suchte freilich K. F. von Klöden in einem vierbändigen Werke nachzuweisen, daß damals nicht ein Betrüger auftauchte, sondern der wahre Waldemar zurückkehrte. Seines eisernen Fleißes wegen, von dem auch andere historischen Schriften, z. B. „die Quitzows und ihre Zeit", gleichfalls vier Bände, unstreitig das schönste Zeugnis liefern, acht' ich den Verfasser sehr hoch; ich vermochte aber in keiner Urkunde oder in einer anderen zuverlässigen Quelle eine Nachricht darüber zu finden, daß man jemals im Kloster zu Chorin den betreffenden Sarg geöffnet habe. Nach 29—30 Jahren mußte sich sicher noch ermitteln lassen, ob man die Leiche des Markgrafen Waldemar 1319 beisetzte oder nicht. Für seine Verheiratung mit Agnes ertheilte überdies der Papst Dispens. Woher nun unter diesen Umständen die vorgeblichen Gewissensbisse? Findet sich etwa eine leise Andeutung davon, daß die Gemahlin um das Gaukelspiel wußte? Und warum meldet sich der Pilger gerade bei dem Erzbischofe von Magdeburg? Weshalb nicht in Brandenburg, Havelberg? Weil Jedermann die feindselige Stimmung, welche dort, aber nicht hier gegen das bayerische Fürstenhaus, ja schon gegen die Askanier herrschte, kannte.

Wer gern nach Autoritäten fragt, den verweis' ich auf Dr. Riedel und Ch. Fr. Schlosser, die nur von einem falschen Waldemar sprechen.[1])

Achten wir ferner auf den weiteren Verlauf dieser seltsamen Komödie! —

Soweit der Einfluß des Erzbischofs Otto reichte, fand der angebliche Landesherr leichten Eingang. Stendal, Tangermünde, Salzwedel, Gardelegen und die übrigen Städte der Altmark öffneten ihm die Thore und erhielten dafür ansehnliche Privilegien. Am 17. August erließ er einen Brief an die ganze Mark, in dem er seinen getreuen Städten alle Gerechtigkeiten, Freiheiten, Gnaden und gute Gewohnheiten, die sie von Alters her gehabt haben, zusichert und ihnen die glänzendsten Versprechungen macht. Den benachbarten Fürsten übergab er die von ihnen schon besetzten Landschaften, und den Edelleuten stellte er bedeutende Freiheiten in Aussicht.[2]) —

Inzwischen hatte sich auch der Schirmherr des Usurpators, König Karl der Vierte, von Böhmen aus mit einem Heere in der Mark eingefunden. Nachdem er glaubhaft in Erfahrung gebracht, daß dieser Waldemar wirklich der echte Markgraf von Brandenburg sei, ertheilte er ihm die Belehnung. Die in seinem Lager

---

[1]) Riedel, Kodex II., Band 1, Seite 441—443. — Schlosser, Weltgeschichte VIII., Seite 303, sagt: Es ist namentlich sehr unwahrscheinlich, daß der falsche Waldemar, wie man mitunter behauptet hat, ein Müller Rehbock gewesen sei; allein wie es sich auch mit seiner Person verhalten mag, ein grober Betrug steckte jedenfalls hinter der ganzen Sache.

[2]) Spieker, Frankfurt, Seite 40.

es erstreckte sich von der Komthurei Lietzen über Lebus, Libbenichen und Seelow bis Heinersdorf und von dort bis Tempelberg bei Fürstenwalde — anwesenden Fürsten[1]) hatten nämlich die Echtheit bezeugt und beschworen. Am 2. Oktober wurden auch den Herzögen Rudolf und Otto von Sachsen, sowie den Grafen Albrecht und Waldemar von Anhalt für den Fall, daß (Pseudo-) Waldemar ohne Erben stürbe, die Lehensfolge zugesichert; desgleichen machte Karl allen Einwohnern der Mark Brandenburg und der dazu gehörigen Länder bekannt, daß er als deutscher König den heimgekehrten Waldemar mit denjenigen Landen, die er vor seiner Wallfahrt besessen, wieder belehnt habe, und er befahl allen Bischöfen, Äbten, Äbtissinnen, Fürsten, Fürstinnen, geistlichen und weltlichen Grafen, Gräfinnen, Dienstmannen, Rittern, Bürgern und Bauern, die in den Landen und Herrschaften des hochgeborenen Waldemar, Markgrafen zu Brandenburg und zu Landsberg, wohnhaftig sind oder darein gehören, daß sie dem genannten Fürsten hold, gehorsam und unterthänig seien und ihm dienen mit allen Sachen als ihrem rechten Erbherrn.[2])

Oftmals wird erzählt: Außer den Johannitern fielen nur drei Städte Frankfurt a. O., Spandau und Brietzen, darum Treuenbrietzen vom Markgrafen Ludwig nicht ab. Urkundlich läßt sich jedoch nachweisen, daß auch Mohrin, Bärwalde, Neuwedell, Falkenburg, Belitz, Müncheberg, Mittenwalde, Landsberg a. W., Friedeberg, Woldenberg, Berlinchen, Tankow, Arnswalde, Reetz, Dramburg, Nörenberg und Kallies bei ihrem alten Herrn ausharrten. Dagegen verließen ihn Königsberg, Soldin,[3]) Schönfließ und Lippehne. Ein Gleiches gilt von Spandau, das sogar am 6. April 1349 den Theaterfürsten in seinen Mauern sah. Er hatte nämlich dorthin einen Landtag berufen. Sechsunddreißig Städte sandten ihre Abgeordneten: Alt- und Neustadt Brandenburg, Nauen, Rathenow, Kremmen, Görtzke, Berlin und Kölln, Spandau, Strausberg, Alt Landsberg, Bernau, Neustadt,

---

[1]) Die Urkunde datirt vom 2. Oktober. Riedel II., Band 2, Seite 217—218. Zugegen waren: Rudolf, Herzog zu Sachsen, des heiligen römischen Reiches Erzmarschall, Rudolf der Jüngere, sein Sohn, die Herzöge Johann von Mecklenburg, Barnim von Stettin, Johann von Kärnthen, die Grafen Heinrich und Albrecht von Anhalt, Graf Albrecht von Mühlingen, die Fürsten von Barby, Erzbischof Otto von Magdeburg, Fürstbischof Arneß von Prag, Nikolaus, Hofkanzler und Dekan von Ollmütz, im Namen des Erzbischofs von Mainz, Friedrich, Propst von Berlin. — [2]) Riedel II., Band 2, Seite 217—221. — [3]) Riedel I., Band 19, Seite 215. Riedel I, Band 18, Seite 457.

Köpenick, Stendal, Tangermünde, Alt- und Neu-Salzwedel, Seehausen, Werben, Osterburg, Perleberg, Pritzwalk, Kyritz, Havelberg, Sandau, Freienstein, Prenzlau, Pasewalk, Angermünde, Templin, Zehdenick, Schwedt, Liebenwalde, Strasburg und Fürstenwerder. Diese verpflichteten sich, nach Waldemars Tode und auch bei seinen Lebzeiten keinen andern Herrn bei sich aufzunehmen, er vermöchte denn nachzuweisen, daß er ein besseres Recht darauf habe, als die Herren von Anhalt. Geschehe es aber, heißt es in der Urkunde, daß ein anderer Herr ein besseres Recht auf die Mark nachzuweisen vermöchte, so sollen und wollen wir denselben nicht zum Herrn annehmen, bevor er den vorbesagten Herren von Anhalt und ihren Erben erst ihre Kosten und ihren Schaden abgenommen hat, die und den sie nach dieser Zeit um der Mark willen tragen und nehmen, was sie redlich beweisen mögen. Wenn wir benannte Städte aber den besagten Herren von Anhalt verbleiben und ihnen huldigen und sie zu Herren behalten sollten, so sollen wir der Kosten des Gelöbnisses und des Schadens ledig und los sein. Weiter geloben wir vorbenannte Städte eidlich, den vorbesagten Herren von Anhalt, daß wir ihnen treulich rathen und helfen wollen in allen ihren Nöthen.[1])

Wenn Einige ferner erzählen, daß Markgraf Ludwig der Belehnung seines Gegners, die im Lager bei Heinersdorf erfolgte, von Frankfurts Mauern zugeschaut habe, so verrathen sie dabei große geographische Unkenntnis. Das Dorf liegt $3^1/_2$ Meilen entfernt auf der Hochfläche des Landes Lebus, die Stadt aber im niedern Oderthale. Richtig kann sein, daß, als Karl der Vierte jenes Lager (ungefähr am 7. Oktober 1348) abbrach und Frankfurt enger einschloß, das königliche Zelt auf der Stelle stand, an der man später (1396) das Karthäuserkloster erbaute. Es gelang ihm indeß nicht, die Mauern zu erstürmen. Dreimal schlugen die tapferen Bürger den Feind zurück. Auch die Achtserklärung schüchterte sie nicht ein. Er hob darum schon am 17. Oktober die Belagerung auf und eilte nach Fürstenberg, um sich wenigstens den Besitz der Lausitz zu sichern. Diese hatte der fingirte Waldemar mit den Landen und allen Städten, Festen, Märkten, Dörfern, Herren, Mannen, Lehen, Rittern, Knechten, Schultheißen 2c. am 2. Oktober zu Tempelberg an die Krone Böhmens recht und redlich abgetreten. Überdies nahte auch ein

---

[1]) Riedel, Kodex II., Band 2, Seite 244.

anderer Feind, „der schwarze Tod", der zu jener Zeit ganz Europa mit Schrecken und Entsetzen erfüllte und forderte bereits im Heere einzelne Opfer. „Wegen ihrer unverrückten Treue und geleisteten Dienste" ertheilte Ludwig am 30. September der Stadt Frankfurt die Berechtigung, auf ihrem Gebiete, wann und wo es ihr beliebe, Wind- und Wassermühlen anzulegen, deren Gefälle und Abgaben allein in ihre Kasse fließen sollten; außerdem setzte er, weil sie auf die Unterhaltung der Brücke und der Oderdämme fortwährend große Kosten verwenden müsse, die Orbede, die bis dahin jährlich zweihundert Mark Silbers betragen hatte, auf die Hälfte herab, zugleich mit dem Versprechen, daß diese Abgabe niemals wieder erhöht werden sollte. —

Markgraf Ludwig griff noch zu einem anderen Mittel, das den schlauen Karl an einer sehr empfindlichen Stelle traf: in dem tapfern und ehrenfesten Grafen Günther von Schwarzburg stellte er nebst seiner Partei einen Gegenkönig auf.[2] Vier Kurfürsten wählten ihn am 30. Januar 1349 zu Frankfurt a. M. Um diesen zu schrecken, berief der Böhme alle Vasallen des Reiches auf den Fastensonntag (22. Februar) zu einer allgemeinen Heerfahrt nach Kassel; Günther ließ zum Hohne seines Gegners für denselben Tag daselbst ein großes Turnier ansagen. Jetzt gewann Karl den Pfalzgrafen Rudolf von Bayern dadurch für sich, daß er dessen Tochter Anna zur Gemahlin wählte. Sehr bald traten auch andere Wittelsbacher auf seine Seite. Nur der Markgraf von Brandenburg zögerte noch. Günther, ohnehin schwer erkrankt, entsagte am 24. Mai gegen 20000 Mark Silbers der Krone. Schon am 14. Juni starb er in Folge einer Vergiftung. Ob Karl oder der Mainzer Erzbischof Gerlach Urheber dieses Bubenstückes war, ob der Arzt Freidank oder dessen Diener zu demselben ihre Hand boten, bleibe dahingestellt. Unter allen Umständen ist Günthers Tod ein „feierliches Opfer zum Versöhnungsfeste der Luxemburger und Wittelsbacher."

Am Dienstage vor Pfingsten (26. Mai) wurde zu Eltvil[3]) ein Friedensvertrag geschlossen. Karl gestand dem Markgrafen den Besitz Brandenburgs und

[1]) Spieker, Seite 45. — [2]) König Eduard von England hatte die deutsche Krone nicht angenommen, auch Markgraf Friedrich von Meißen im November 1348 dieselbe abgelehnt; Karl spendete ihm 10000 Mark. Er starb am 18. November 1349. Böttiger I., Sachsen, Seite 249. — [3]) Jetzt Elfeld im Rheingau.

die auf demselben haftende Kurwürde wieder zu, entsagte allen Ansprüchen auf Tyrol und versprach, sowol die Anerkennung der Ehe Ludwigs mit Margarete (Maultasche), als auch die Aufhebung des Kirchenbannes beim päpstlichen Stuhle zu Avignon für ihn zu erwirken. Ludwig dagegen verpflichtete sich, Karl von Böhmen als römischen König anzuerkennen, ihm die Zeichen der Kaiserwürde, die er seit dem Tode seines Vaters in Verwahrung hatte, auszuliefern rc. — Alles aber nur dann, wenn Karl sich noch ein Mal wählen und krönen lasse.[1]) Er gab auch in diesem Punkte nach: am 25. Juli, dem Tage des heiligen Jakobus, krönte ihn und seine Gemahlin der Erzbischof von Köln zu Aachen; und der versöhnte Markgraf von Brandenburg trug als Erzkämmerer das Zepter vor ihm her!

Voll Erstaunen möchten wir fragen: War die feierliche Belehnung des (angeblichen) Waldemar im Lager bei Heinersdorf nur ein Traum? —

Zur weiteren Aufklärung dient nachstehende Notifikation (Anzeige):

„Wir Karl, von Gottes Gnaden römischer König, zu allen Zeiten Mehrer des Reiches und König zu Böhmen, thun kund und offenbaren in diesem Briefe allen Fürsten, Herren, Grafen, Freien, Rittern, Knechten, Städten und insgesammt allen guten Leuten, daß wir den hochgebornen Waldemar, unsern Fürsten und Schwager, für einen Markgrafen zu Brandenburg und zu Landsberg und des heiligen römischen Reiches obersten Kämmerer, nennen, erkennen, halten und haben, und anders Niemand mehr, und nach seinem Tode die hochgebornen Herzöge von Sachsen und die von Anhalt, unsere Oheime, Schwäger und Fürsten, und wer auch anders saget, daß wir Jemand anders, als den vorgenannten Waldemar für einen Markgrafen zu Brandenburg haben und halten, nennen und erkennen, der thut uns nicht recht, denn das ist mit nichten so. Zur Urkunde und zu größerer Sicherheit all' dieser vorgeschriebenen Stücke haben wir diesen Brief besiegelt mit unserm großen königlichen Insiegel.

Gegeben zu Köln an unserer Frauen Tage Wurzcewie (Mariä Himmelfahrt, 15. August)[2]) unserer Reiche des römischen im vierten und des böhmischen im dritten." (1349.)[3])

Noch immer war die Mark der Schauplatz heißer Kämpfe. An seinem Schwager, dem Könige Waldemar von Dänemark, fand Ludwig zwar eine kräftige Stütze.

[1]) Urkunden bei Riedel, Kodex II., Band 2, Seite 251—254. — [2]) Dr. Brinckmeier, Chronologie, Seite 190. — [3]) Riedel, Kodex II., Band 2, Seite 261.

Dieser stimmte zunächst den Herzog Barnim von Pommern um, der die Ukermark erobert hatte, waltete mit Feuer und Schwert arg in Mecklenburg und drang bis Berlin vor, das zu den eifrigsten Freunden des fingirten Waldemar gehörte. Bald aber erschien hier auch der Herzog Albrecht von Mecklenburg. Zu einer Schlacht kam es glücklicher Weise nicht. Man beliebte einen Waffenstillstand und erkor den König Magnus von Schweden zum Vermittler. Überdies ward Albrechts Tochter Ingeburg mit Ludwig dem Römer verlobt.

Da sich die Verhältnisse in Brandenburg für seinen rechtmäßigen Fürsten immer günstiger gestalteten, versuchte der Papst Klemens der Sechste einen Strich durch die Rechnung zu machen. Er zürnte über Karls nochmalige Wahl, die ohne seine Mitwirkung stattfand; auch befahl er diesem, mit den Söhnen des Kaisers Ludwig keinen Frieden zu schließen.[1] Des Markgrafen Ehe mit Margarete hatte er zwar anerkannt; von einer Aufhebung des Bannes wollte er indeß nichts wissen. Der Erzbischof von Magdeburg, dem der Gaukler wegen aufgewandter Kriegskosten und erlittenen Schadens die Altmark mit der Zusicherung, daß sie nach seinem Tode ihm als Eigenthum zufalle, verpfändete, schürte das Feuer. Er verlangte nun Schadenersatz und bestürmte dieserhalb Klemens mit lauten Klagen. Ohne sich lange zu bedenken, schleuderte der Papst abermals seinen Blitz gegen Ludwig und dessen Anhänger und bedrohte Jeden, der ihm noch ferner Gehorsam leisten und Treue erweisen würde, mit den härtesten Strafen (14. Mai 1350).[2] Diese Bulle, unter dem Namen „Frankfurter Bannbrief“ bekannt, verfehlte allem Anscheine nach ihre Wirkung; sie ist jedoch insofern merkwürdig, da wir in ihr die Namen derjenigen Geistlichen, Ritter und Städte finden, welche in ihrer Treue gegen den Markgrafen überhaupt nicht geschwankt, oder wenigstens sich bald eines Besseren besonnen hatten. Ihre Zahl war nicht unbedeutend.

Aus der Aufregung, welche durch die Publikation jenes Briefes entstand, ist wol ein anderer Vorfall, den wir hier nicht übergehen dürfen, am leichtesten zu erklären. Ritter Hans von Waldow, des Markgrafen Ludwig des Römers Marschall, nahm den Bischof Apetzko (seit 1345 Stephans des Zweiten Nachfolger,

---

[1]) Riedel, Urkunde, Kodex II., Band 2, Seite 260. — [2]) Bekmann, Frankfurt, Seite 98—104. Riedel, Kodex II., Band 2, Seite 302—313. Siehe auch Theil III. dieses Werkes.

gestorben 13. April 1352 in Breslau) gefangen. Von einem Frankfurter Bürger, Hermann dem Goldschmiede, lieh er fünfundzwanzig Mark Silbers. Jedenfalls betrug die Summe, durch die er sich löste, mehr.

Auch für Karl gestalteten sich die Verhältnisse so günstig, daß er eines vorgeschobenen Waldemars nicht mehr bedurfte. Der Mohr, der seine Arbeit gethan, konnte nun gehen! Man hielt es aber für rathsam, wenigstens den Schein des Rechts zu retten. Zu diesem Zwecke lud der Böhme den Markgrafen Ludwig, den König Waldemar von Dänemark und mehrere andere Fürsten nach Spremberg zur Berathung ein. Hier beschloß man am 2. Februar 1350, daß der König Magnus von Schweden den Streit zwischen Ludwig einer- und dem Herzoge Rudolf von Sachsen nebst seinen Bundesgenossen andererseits schlichten sollte, sei es durch einen gütlichen Vergleich, oder durch schiedsrichterlichen Spruch. Hierauf versammelten sich die hohen Herren in Bautzen, um ein feierliches Endurtheil über die Mißhelligkeit zwischen dem römischen Könige und dem Markgrafen von Brandenburg zu fällen. Bei einem solchen heiklen Kasus lag es dem Pfalzgrafen bei Rhein, also hier dem Herzoge Ruprecht ob, als Richter zu fungiren. Er erklärte:

„Weil der, welcher sich Waldemar, Markgraf zu Brandenburg nenne, sammt seinen Helfern in dem Streite, den sie mit dem Markgrafen Ludwig um ein Reichsland führen, zum Schaden des Reiches, den König von Schweden zu einem Richter erkoren, auch ohne des Kaisers Wissen, Willen, Gunst und Erlaubnis die Mark Brandenburg unter sich gerissen und getheilet; überdies auch viele ehrenhafte Ritter zu schwören bereit seien, daß jener Waldemar des weiland Markgrafen Konrad zu Brandenburg Sohn nicht sei: so erkenne der Pfalzgraf für Recht, daß der römische König sofort dem Markgrafen Ludwig und seinen Brüdern, Ludwig dem Römer und Otto, die Belehnung über die brandenburgischen Marken ertheile und ihren Lehneid dafür entgegennehme. Auch solle der Kaiser acht Tage nach Ostern einen Gerichtstag zu Nürnberg anberaumen, auf daß durch der Reichsfürsten Gericht entschieden werde, ob Jener, der sich Waldemar nenne, des Markgrafen Konrad Sohn sei, oder nicht. Geschähe es aber, daß der vorgebliche Waldemar auf des Kaisers Ladung vor dem Gerichte sich nicht stellete, so solle dennoch der Markgraf Ludwig sein Recht verfolgen dürfen, gleich als ob Jener zugegen wäre. Der Markgraf aber sei gehalten, dem römischen Könige drei Tage nach der anberaumten Frist des heiligen römischen Reiches Heiligthum auszuliefern, das nach des vorigen Kaisers Tode sich noch in seinen Händen befinde!"

So lautete des Pfalzgrafen Richterspruch! Eine unparteiische Kritik findet gewiß an demselben viel auszusetzen. Man leistete aber willig Folge.

Von den Fürsten des Reiches umgeben, saß Karl der Vierte in Nürnberg zu Gericht, „wie ein römischer König von Rechte thun soll."

Aus naheliegenden Gründen hatte sich weder der Pseudo-Waldemar, noch einer von seinen Anhängern eingefunden.

„Mit voller und ganzer Gewalt" bewies nun der Pfalzgraf bei Rhein vor dem römischen Könige „offenbar im Gericht und mit guter und wahrer Kundschaft", daß der, welcher sich Waldemar, Markgraf von Brandenburg nenne, daran lüge und des verstorbenen Markgrafen Konrad Sohn nicht sei.

Wie nun Karls des Vierten Entscheidung lautete, kann der aufmerksame Leser leicht errathen.

„Wir Karl, von Gottes Gnaden römischer König, zu allen Zeiten Mehrer des Reiches und König in Böhmen, entbieten den hochgeborenen Fürsten Otto und Wilhelm, Herzögen zu Lüneburg, unseren lieben Schwägern und Fürsten, unsere Gnade und alles Gute. Wir thun euch zu wissen, daß wir zu Gericht gesessen haben des nächsten Montags nach dem Sonntage, da man singet Misericordias Domini, auf unserer königlichen Burg zu Nürnberg, und daß die hochgeborenen Ludwig und Ludwig der Römer und auch Otto, Gebrüder, Markgrafen zu Brandenburg, unsere lieben Fürsten und Oheime, vor uns im Gericht, da wir gesessen haben, als ein römischer König zu Recht sitzen soll, mit dem Rechte behauptet haben die Mark zu Brandenburg und zu Lausitz mit all' ihrer Zubehörung, und haben sie auch gesetzt in Nutz und Vertheidigung und haben geboten den hochgeborenen Friedrich und Balthasar Markgrafen zu Meissen, unsern lieben Fürsten und Oheimen, daß sie die vorgenannten Ludwig und Ludwig den Römer und Otto, Markgrafen zu Brandenburg, von unsertwegen als für uns geurtheilt ist mit rechtem Urtheil, in den Besitz der Mark Brandenburg setzen sollen, davon sie mit Unrecht ausgeworfen sind, von deswegen, den man nennet Markgrafen Waldemar zu Brandenburg, weil der hochgeborne Ruprecht, Pfalzgraf bei Rhein und Herzog in Bayern, unser lieber Schwager und Fürst, von derselben Markgrafen wegen mit guter Kundschaft vor uns im Gericht bewiesen hat, daß derselbe Waldemar ungerecht (unecht) ist. Darum gebieten wir euch von Gerichts wegen und von unserer königlichen Gewalt und bei unserer und des Reiches Huld, daß ihr den vorgenannten Ludwig und Ludwig und auch Otto, Markgrafen zu Brandenburg, mit allen Sachen behüflich seid wider denselben Waldemar und seine Helfer, daß sie wieder in den Besitz der vorgenannte Lande gesetzt werden, da sie mit Unrecht von desselben Waldemar wegen ausgeworfen sind. Thätet ihr dies nicht, wir müßten über euch richten, als Recht wäre. Deß' zur Urkund senden wir euch diesen Brief, versiegelt mit unsers Hofgerichts Insiegel, der gegeben ist zu Nürnberg an dem vorgenannten Montage nach Christi Geburt dreizehnhundert Jahr und in dem fünfzigsten Jahre, in dem vierten Jahre unserer Reiche." [1])

Am 12. April forderte Karl der Vierte nach dem vorstehenden Erkenntnisse Jedermann auf, dem Markgrafen Ludwig und seinen beiden Brüdern zur Wiedererlangung der Mark Brandenburg und der Lausitz, die ihnen durch den jetzt als falsch anerkannten Waldemar ungerechter Weise entzogen worden, behülflich zu sein. [2]) Dieser aber verwies in Gemeinschaft mit dem Herzoge Rudolf von Sachsen und den Fürsten von Anhalt die Altmark zur Pfandhuldigung an den Erzbischof Otto von Magdeburg. [3]) Er gehörte also noch nicht zu den gänzlich abgethanenen Größen.

Als Ludwig Ende Juli mit zwölfhundert Lanzen und in Begleitung des Pfalzgrafen Ruprecht in der Mark erschien, auch der Dänenkönig auf seinen Schiffen wieder zweihundert tapfere „Helme" und fünfhundert „Schilde" sandte, endlich auch der Markgraf von Meissen Zuzug leistete, kostete es dennoch bei einzelnen Städten harte Kämpfe. Allen, welche den Pseudo-Waldemar fahren ließen, ertheilte Ludwig feierlich „Sühnebriefe". So scharf wir es tadeln müssen, daß er früher (1334 bis 1343), um in der Altmark festen Fuß zu fassen, mit verschiedenen adligen Herren – von Walsleben, Werdenberg, Sack, Knesebeck, Buch, Alvensleben, Lüderitz, Schulenburg, Brunhorst, Ostherrn, Gardelegen, Bismarck, Oberg – Bündnisse schloß, ihnen sogar die Buschklepperei freistellte, und als Gegenleistung nur im Falle der

---

[1]) Riedel, Kodex II., Band 2, Seite 297–298. — [2]) Ebendaselbst Seite 298–230. — [3]) Urkunde vom 18. April, Seite 299–300.

Noth für sich und sein Volk die Aufnahme in ihre Schlösser forderte,[1]) -- jetzt finden wir nirgends, daß er sein Wort gebrochen und nachträglich sich gerächt habe.

Warf der Fürst einen Blick auf das mühsam behauptete Land -- seine Blüte war dahin, der Handel stockte, die Gewerbe lagen darnieder; nur die Raublust machte sich mit unglaublicher Frechheit breit.

Dazu kam, daß „der schwarze Tod“ wie überall, so auch in der Mark, unbarmherzig mit seiner Sense die Menschen niedermähte. 1333 litt China arg durch furchtbare Überschwemmungen; dann folgten Mißwachs, Regenjahre, vulkanische Ausbrüche, die sich bis nach dem westlichen Europa ausdehnten. Im Spätsommer 1338 ergossen sich von Osten her in meilenlangen Wolken Scharen von Heuschrecken, die in Ungarn, Polen, Österreich, Böhmen, Schlesien und den benachbarten Ländern Alles, was sie auf den Feldern, Wiesen und in Gärten an Früchten vorfanden, rein aufzehrten. Wie sie den Gewittern ähnlich die Sonne verfinsterten, so kündigten sie sich auch aus weiter Ferne durch ein dumpfes Getöse an, bis dann plötzlich der Erdboden von den nagenden und stinkenden Ungeheuern, die auf ihren vier Flügeln schwärzliche Zeichen und auf dem Kopfe einen helmartigen Kamm hatten, bedeckt lag. König Karl von Böhmen, der ein solch Naturschauspiel in Unterösterreich beobachtete, schreibt darüber in seiner Selbstbiographie: „Bei Aufgang der Sonne weckte uns einer von meinen Soldaten aus dem Schlafe mit den Worten: Herr, steht auf, der jüngste Tag ist da, weil alles voll Heuschrecken ist! Wir stiegen sogleich zu Pferde und ritten, weil wir ihr Ende absehen wollten, bis nach Pulkau, wo ihr Ende, sieben Meilen in die Länge, war, aber die Breite konnten wir nicht abschätzen“ 2c.

Am 25. Januar 1348 erschütterte ein Erdbeben ohne Beispiel Italien, Griechenland 2c. Merkwürdige Naturerscheinungen steigerten die Furcht des ohnehin abergläubischen Volkes. Am 20. Dezember genannten Jahres stand bei Sonnenaufgang über dem Palaste des Papstes in Avignon etwa eine Stunde lang eine Feuersäule: sie erschreckte noch mehr, als die Feuerkugel, welche man im August 1348 über Paris gesehen hatte. Die Menschen, welche jene pestartige Seuche, „der schwarze

[1]) Buchholtz II., Seite 388. — Wagner, Denkwürdigkeiten der Stadt Rathenow. Seite 102—103.

Tod", ergriff, fühlten sich auf einmal ganz ermattet; es zeigten sich Beulen von der Größe eines Eies unter den Achseln, dann am ganzen Körper gelbe oder schwarze Flecke an den Armen oder Schenkeln rc.; die innere Hitze machte die Kranken fast rasend, so daß viele im Übermaße des Schmerzes bewußtlos in's Feuer rannten oder sich in's Wasser stürzten. Häufig trat der Tod schon nach wenig Stunden ein, zuweilen erst nach zwei bis drei Tagen.

Über Krossen a. O. enthält eine alte Handschrift folgende Notiz: „Da hat die Pestilenz so grausam grassiret, daß nicht mehr als acht Paar Eheleute und fünf Häuser übrig geblieben, da die Pest nicht hineinkommen. Es haben sich in selben Jahre (1349) hier befunden viele fremde Leute, Juden und Christen, so die Staupe mit sich gebracht. Es sind gestorben alle Todtengräber und die wiederum angenommen nach der Pest Brauch nie nicht bei Verstande. Es sind gestorben alle Bäcker, alle Fleischhauer, alle Mälzer, und ist gewesen eine gar grausamliche Zeit." Der Chronist Möller daselbst berichtet: „Konrad Weinrich gedenket eines jungen Gesellen, so Schuhknecht in Krossen gewesen. Der ist in einem Hause gewesen, darinnen ihrer fünf an der Pest gestorben. Als nun die letzte Person ohne ihn verblichen, da ist die Pest vor ihm wie ein Schwefellicht herumgezogen, und als sie kein Behältnis und bequemen Ort angetroffen, hat sich solch' Gift in einen großen Balken gewendet, darinnen er einen Pflock geschlagen. Hat sich darauf auf die Wanderschaft begeben und ist siebzehn Jahre ausgeblieben. Nachdem er wieder heimgekommen und das Haus von Andern bewohnt gewesen, hat er im Scherze angefangen und gesagt: „Vor siebzehn Jahren hab' ich einen Vogel hier eingesperrt, möchte wol wissen, ob er noch darinnen steckt." Zeucht den Pflock heraus und ist der Erste, der bald krank wird und stirbt, und sind aus demselbigen Hause noch elf Personen gestorben, daraus man sieht, wie lange sich solch Gift aufhalten kann." [1])

In den größeren Städten zählte man die Opfer nur nach Tausenden. Die ordnungsmäßigen Begräbnisse unterblieben; man legte die Leichen schichtenweise in große Gruben, oder ließ sie gar in den Häusern, auf den Straßen, auf dem Felde liegen. Ganze Dörfer und kleine Städte starben aus, und selbst kein Hausthier blieb übrig. Man hat berechnet, daß diese Seuche 25 Millionen, ungefähr den

---

[1]) Matthias, Bürgerbuch, Seite 82.

dritten Theil der Bevölkerung von Europa, hinraffte (was auch von einer anderen gilt, die 1125 ausbrach). Könige, Fürsten, Stadthäupter starben nicht, ein Beweis, wie sehr Unreinlichkeit, Ansteckung zur Verbreitung beitrugen. Statt gründlich nach den Ursachen zu forschen, bezeichnete man ohne Weiteres die Juden als Giftmischer und fiel in blinder Wuth über sie her. Geringe und Vornehme verschworen sich gegen Diejenigen, welche die stets geldbedürftigen Fürsten gern „weise und bescheidene Leute" und ihre „lieben Kammerknechte" nannten.[1])

Wie man in Königsberg (Neumark) verfuhr, läßt sich aus folgendem Berichte ersehen: „Vor allen Christgläubigen, die Gegenwärtiges empfangen werden, bekenne ich und erkenne ich, Johann von Wedel, Advokat (Vogt) des erlauchten Fürsten Herrn Ludwig, Markgraf zu Brandenburg, öffentlich an, daß ich im Namen meines Herrn die Stadt Königsberg aufgesucht und betreten und im Auftrage des Herrn Markgrafen — nachdem ich mir die Bürgermeister selbiger Stadt zu Hülfe genommen — die daselbst sich aufhaltenden Juden mit Feuer verbrannt und all' ihre Güter im Auftrage meines Herrn gänzlich in Besitz genommen und mir angeeignet habe. Deß zur Urkunde hab' ich Gegenwärtigem meine Siegel angehängt. Gegeben im Jahre des Herrn 1351, den 23. Februar."[2])

In Straßburg baute man auf dem Begräbnisplatze der Israeliten ein großes Gerüst auf; 2000 hauchten in den Flammen ihr Leben aus; nur wenigen, die zum Christenthume übertreten wollten, schenkte man dasselbe und nahm ihre Kinder wieder vom Scheiterhaufen, oder entriß einige Jungfrauen, der Jugend und Schönheit wegen, wider ihren Willen dem Tode. Alle Pfänder und Schuldbriefe ließ der hochweise Rath den Betreffenden zurückgeben und das vorgefundene Geld unter die Handwerker vertheilen. Manche, in denen sich aber das Gewissen regte, wollten es nicht annehmen; dem Winke ihrer Beichtväter folgend, schenkten sie es den Klöstern. In anderen rheinischen Städten baute man aus den Grabdenkmälern der Juden und aus den Steinen ihrer verbrannten Häuser verfallene Kirchen und Glockenthürme!! Ich könnte noch viel über solche Greuel mittheilen, breche jedoch ab. „Der schrecklichste der Schrecken, das ist der Mensch in seinem Wahn.

[1]) Riedel, Kodex I., Band 24, Seite 32. — Klette, Regesten I., Seite 155.

[2]) Lateinischer Text. Rehrberg, Seite 129. — Riedel, Kodex I., Band 19, Seite 223.

Nur einige edlere Züge möcht' ich nicht verschweigen. Sonst ein Fanatiker gegen die bayerischen Fürsten, schützte Klemens der Sechste, soviel er vermochte, die Israeliten in Avignon; ferner erließ er zwei Bullen, in denen er sie für unschuldig erklärte und die Völker ermahnte, von einer so grundlosen Verfolgung abzustehen. Auch Karl der Vierte, Ruprecht von der Pfalz, Herzog Albrecht von Österreich nahmen sich ihrer an. Dafür nannte man sie „Judenherren“. Schon früher schenkte ihnen Boleslaus von Polen (1227—1279) in Littauen Religionsfreiheit; noch mehr Rechte gewährte ihnen Kasimir der Große (1333 bis 1370).

Ein anderer Giftpilz, vom „schwarzen Tode“ auf's neue erzeugt, waren die Geißelbrüder. Viele erblickten in dieser furchtbaren Krankheit eine Strafe des Himmels. Nach der Ansicht der Zeit suchten sie durch Bußübungen Gott zu versöhnen. Es bildeten sich zu dem Zwecke abermals jene Gesellschaften. Sie hießen auch Flagellanten (von flagrum, die Peitsche). Ursprünglich in Italien entstanden, griff ihr Treiben rasch um sich; und in großen Haufen durchzogen Männer und Weiber auch die deutschen Länder. Eine blutrothe Fahne, gewöhnlich von Seide, wurde ihnen vorgetragen. Die Büßenden bezeichneten sich auf ihren Kleidern und Hüten mit Kreuzen. Außerdem schlang ein Jeder um den Leib einen Gurt, an dem eine Geißel mit Knoten, oft selbst mit eisernen Häkchen versehen, hinabhing. An einem Orte angekommen, schlossen sie, nachdem sie vorher ihre Oberkleider abgelegt, den Rücken und die Brust entblößt hatten, auf einem freien Platze einen großen Kreis. Hierauf warf sich Einer nach dem Andern mit ausgebreiteten Armen zur Erde, so daß der Körper ein Kreuz darstellte. Dann standen sie wieder auf, nahmen ihre Geißeln und zerfleischten sich mit denselben unter dem gemeinschaftlichen Gesange von Bußliedern den ganzen Leib.[1]) Zuletzt wurde gewöhnlich ein Brief verlesen,

[1]) Ein altes Geißlerlied lautete: „In kurzer Frist Gott zornig ist! Jesus ward gelabt mit Gallen, dafür sollen wir kreuzweis niederfallen. Erhebet euch mit euren Armen, daß sich Gott über uns erbarm'! Jesus, durch deine Namen drei, nun mach uns hier von Sünden frei! Jesus, durch deine Wunden roth, behüt' uns vor dem jähen Tod! Damit er sende seinen Geist und uns das kürzlich leist'.“ — Wer tiefere Blicke in die Zuchtlosigkeit jener Zeit thun will, lese: 1) Der schwarze Tod im vierzehnten Jahrhunderte. Nach den Quellen für Ärzte und gebildete Nichtärzte, bearbeitet von Dr. J. F. C. Hecker, Professor an der Universität zu Berlin. Berlin, 1832, bei Herbig. 2) Die christlichen Geißlergesellschaften. Von Dr. Ernst Günther Förste-

der ernstliche Aufforderungen zur Bekehrung enthielt, und von dem man behauptete, daß ihn ein Engel geschrieben und in der Kirche zu Jerusalem abgegeben habe. Glücklicher Weise verweilten die Geißler nirgends länger als einen Tag; dann ging es weiter von Dorf zu Dorf, von Stadt zu Stadt. Aus Selbstquälern wurden sie sehr bald die Peiniger Anderer und heftige Verfolger der Juden. Papst Klemens der Sechste trat gegen das Anfangs lächerliche, dann ekelhafte und bedauernswerthe und endlich verbrecherische Treiben auf. Viele Bischöfe folgten seinem löblichen Beispiele. Trotzdem dauerte der Orden in Spanien bis 1808. Ja wenn wir 1856 über ein Jubiläum in Neapel (24. April bis 23. Mai) eingehende Berichte lasen, in denen es unter Anderem hieß: „Jetzt erscholl der Ruf: Jacken herunter! und an 200 Männer (Lazzaroni) geißeln sich zu gleicher Zeit, während der Priester Kruzifix und Fackeln schwenkte bis zum Erlöschen der letzteren“ [1]) — dann mußten wir glauben: fast nach einem halben Jahrtausend stehen die Todten, wenn auch durch die lange Ruhe etwas verändert, wieder auf! —

Wie die Johanniter dem falschen Waldemar fern blieben und sich dadurch um Brandenburg, insbesondere um das Land Sternberg, unverkennbare Verdienste erwarben, so sorgten sie auch in dem wilden Kriegstreiben für die Pflege der Verwundeten. Sie und die Tempelherren waren die ersten, welche in der Mark Krankenhäuser errichteten. Wer gedächte hier nicht der Anstalt in Sonnenburg, auf die ich schon Seite 34 hinwies! Selbstverständlich folgt später über sie mehr.

Beschränken wir uns nun, nachdem wir uns lange genug in größeren Kreisen umgeschaut haben, jetzt wieder auf kleinere!

Aus einer Urkunde von 1336 geht hervor, daß die sogenannte Vogtei Drossen Eigenthum des Markgrafen war, wenn auch noch immer unter Oberlehnsherrschaft

mann, Konrektor am Gymnasium zu Nordhausen. Halle, Renger'sche Buchhandlung, 1828. In dem letzteren Werke finden wir unter Anderem einen schlagenden Beweis für die Behauptung, daß die Franzosen schon im 16. Jahrhundert an der Spitze der Zivilisation marschirten. Heinrich III., durch sein unsinniges Privatleben verächtlich geworden, spielte den Frömmler. Mit dem Rosenkranze in der Hand zog er durch die Straßen, lud Parlament und Gerichtshöfe zu Prozessionen ein 2c. Vom religiösen Fanatismus angesteckt, wanderten Weiber und Mädchen schamlos in bloßen Hemden durch die Hauptstadt. Sittenlosigkeit auf der einen, Ruchlosigkeit auf der anderen Seite. Der Dominikaner Jakob Clemens erstach am 1. August 1589 den „Fürsten der Finsternis.“

[1]) Böttiger, Sachsen I., Seite 250.

des Erzbisthums Magdeburg. Es liegen darin das Schloß Sternberg, das Schloß und die Stadt Zielenzig, das Schloß Sonnenburg, das Städtchen Göritz mit einem wunderthätigen Marienbilde, die Stadt Drossen, die Stadt Reppen, das Städtchen Königswalde und das Schloß Lagow.

Bekanntlich ging das letztere bei der oben (Seite 119) erwähnten Theilung an den Markgrafen Johann über. Seine Söhne verkauften es aber 1299 an die Herren von Klepzig, die wahrscheinlich aus dem nahe bei der Stadt Köthen in Anhalt belegenen gleichnamigen Dorfe stammten.

„Wir Otto, Konrad und Heinrich, von Gottes Gnaden Markgrafen zu Brandenburg und Landsberg, erkennen an, daß wir unserm geliebten Rath und Ritter Herrn Albert von Klepzig und seinen Vettern, dem Herrn Heinrich von Klepzig und dessen Brüdern, das Schloß Lagow mit Weinbergen, Hainen, Sümpfen und allem übrigen Zubehör und umliegenden Gebieten und mit jeglichem Rechte, das wir persönlich in dem genannten Schlosse gehabt haben, dazu auch die Wüstung Maltow, welche Herr Busso von Barby gehabt und besessen hat, für die Schulden, mit welchen wir dem genannten Albert von Klepzig und seinen Vettern uns verpflichteten, übertragen haben für ewige Zeiten in der Ruhe des Friedens zum Besitz.

Zeugen dieser Verhandlung sind die Herren Bodo von Ilburg, Otto von Buch, Heinrich von Wartenberg, Heinrich von Dahme, Konrad von Reder, Ritter.

Gegeben und geschehen zu Wolmirstädt im Jahre des Herrn 1299 am Mittwoch nach dem Palmsonntage (15. April) durch die Hand Heinrichs von Straußberg, unsers Hofkaplans." [1])

Nach Dr. Wedekind veräußerten die Ritter von Klepzig das Schloß Lagow an die Johanniter. In seiner Kreischronik sagt er Seite 72: Die Zeit und die näheren Umstände sind unbekannt (vergleiche Wohlbrück I., Seite 595 und 600):

[1]) Lateinisch bei Riedel, Band 19, Seite 127. — Buchholtz V., Anhang, Seite 140. — Wohlbrück I., Seite 401 und 423, und III., Seite 514. Im Originale lauten die Namen: Bodo de Ylborch. Otto de Pouch. Henricus de wardenberge. Henricus de Damis. Conradus de Reder, Henrici de Struceberch. — Zu welchem größeren Güterkomplex die Wüstung Maltow, ohne Zweifel eine Gegend um den See Maltzow (Malzsee), gehört haben mag, läßt sich nicht mehr ermitteln. Busse (Burchard) von Barby (Barebon) besaß, bevor er 1308 als Ordensgeistlicher eintrat, mit seinem jüngeren Bruder Walther die Stadt Zerbst. Wohlbrück I., Seite 424.

dagegen gibt er in der Geschichte des Ordens (Seite 81) das Jahr 1345 an. Es fragt sich, ob die Notiz richtig ist. Eine bezügliche Urkunde konnt' ich weder bei Riedel und Kletke, noch bei Wohlbrück, Dithmar, Dienemann-Hasse und Falkenberg auffinden. Seite 82 bemerkt Wedekind: Die Erstürmung des Schlosses Lagow durch den Ritter von Wesenberg (Wiesenburg), den Besitzer von Liebenau, veranlaßte den Markgrafen, dem Orden die Güter, welche er bisher nur als Lehen besessen hatte, zu verkaufen.

Die Urkunde lautet:

„Wir Ludwig, von Gottes Gnaden, bekennen öffentlich, daß wir mit Rath unsers lieben gestrengen Hauptmanns Friedrich von Lochen und anderer unserer Rathgeber unser Haus Lagow mit alle dem, was dazu gehört, gelassen haben und lassen mit diesem Briefe dem Orden des Spitals St. Johannis von Jerusalem um vierhundert Mark brandenb. Silbers, das uns Bruder Hermann von Werberg und der Orden hundert bezahlen soll, um fünf Wochen nach dem nächsten Andreastage[1]) und um dreihundert Mark unsere (Schuld-) Briefe lösen soll von denen von Wesenberg, die uns und dem Orden das Haus entzogen hatten, so daß wir dasselbe Haus mit allen seinen Zubehörungen, ob wir es selber behalten wollen und Niemand anders lassen, von dem Orden wieder lösen mögen zwischen jetzt und St. Walpurgistag, der nächstens kommt, und weiter über drei Jahre, auf solche Tage, als der Orden die vorgenannten dreihundert Mark uns gibt oder uns gegeben hat, besage der Briefe, welche die von Wesenberg darüber haben, und sollen auch alsdann das Geld dem Orden also gewiß machen, daß es ihm genüget. Wär' es auch, daß wir es binnen der Frist nicht einlösten, es selbst zu behalten um das vorgeschriebene Geld, so soll es der Orden ewiglich behalten mit all' seinen Gütern und Rechten, die dazu gehören. Auch soll das Haus binnen der Zeit, die vorgeschrieben ist, und darnach ewiglich, ob wir es nicht einlösen oder unsere Erben, unser und unserer Erben offen Haus sein gegen Jedermann, wann oder wie oft wir oder unsere Hauptleute oder Vögte dies von dem Orden fordern. Wäre auch, daß der Orden irgend etwas daran verbaute, daß er redlich beweisen möchte, das sollen wir ihm wieder geben mit dem ersten Gelde, mit dem wir das Haus lösten.

[1]) Nach dem 30. November, also am 1. Januar 1351.

Und wäre es, daß wir das Haus lösten, so soll der Orden nach der Zeit alle seine Rechte behalten an dem Hause und an den Gütern, die er zuvor hatte, ehe denn das Haus gewonnen ward, also sollen wir auch die Unsern daran behalten. Auch soll der Orden bei all' den Gütern bleiben, die er vorher zu Zielenzig und zu Großdorf besessen hatte, ehe das Haus Lagow gewonnen ward, und sollen wir ihn ferner dabei beschirmen, befriedigen und bei Rechte behalten, gleich den andern Gütern, die auch der Orden von uns hat.

Darüber zur Bezeugung haben wir unser Insiegel an diesen Brief gehängt. Deß sind Zeugen unser oben genannter Hauptmann, Busso von Wedel der Alte, Betke von der Osten, Greif von Greifenberg, Schenk Bombrecht, Ritter, Gerke Wolf, der alte Henning von Blankenburg, Busso Gruelhut und andere ehrbare Leute genug.

Dieser Brief ist gegeben zu Berlin, nach Gottes Geburt dreizehnhundert Jahre, darnach in dem siebenvierzigsten Jahre, an dem Sonntage, so man singet: populus zyon" (9. Dezember).

Schon oben (Seite 145) bemerkte ich, daß Markgraf Ludwig den Vertrag zu Königswalde, nach welchem der Johanniterorden für die Rückgabe von Zielenzig an den Herzog Heinrich von Schlesien eine bestimmte Geldsumme (Waldemar setzte 1250 Schock Groschen fest) zu zahlen hatte, nicht anerkannte, vielmehr die Stadt in Besitz nahm, das Recht, „sie wieder einzulösen" für verjährt erklärte und sich 1326 vom Rathe und der Bürgerschaft huldigen ließ. Vierundzwanzig Jahre später erfolgte jedoch die Rückgabe, sei es nun, weil der Orden abermals Zahlung leistete, oder, was wahrscheinlicher ist, weil er in dem Waldemarschwindel den Wittelsbachern treu blieb.

Es existiren über diesen Vergleich zwei Urkunden vom 21. Dezember 1350. Die erste lautet:

„Wir Bruder Hermann 2c. bekennen öffentlich mit diesem Briefe für uns und all' unsere Brüder, die unter uns desselben Ordens sind, daß wir gewesen vor den durchlauchtigen Fürsten, unseren lieben, gnädigen Herren, Ludwig und Ludwig, genannt der Römer, Gebrüdern, Markgrafen zu Brandenburg und zu Lausitz, und die haben angesehen manchen großen Dienst, den wir und der Orden ihnen gethan haben, (und haben) uns gelassen die Stadt Zielenzig mit dem Kirchenlehne und allen Gerechtsamen und mit alle dem, das dazu gehört. Deß sollen wir, der Orden, die Bürger von Zielenzig bei allen Gerechtsamen und (aller) Freiheit lassen bleiben, als sie zuvor sind gewesen bei unserer und des Ordens Zeiten und vor Alters. Auch sollen die Bürger den Orden bei allen Gerechtsamen lassen, die er zuvor in der Stadt hatte, ehe sie sich von ihm trennte, und sollen ihm das nimmer lassen entgelten, daß sie unserm vorgenannten Herrn Hermann bis auf diesen Tag unterthänig gewesen sind. So sollen auch die vorgenannten unsere gnädigen Herren uns und dem Orden eine Feste bauen in der Stadt oder davor, da sie früher lag, auf unsere und des Ordens Kosten,[1] wenn wir oder der Orden dies von ihm heischen (fordern), und sollen uns vertheidigen und unsere Rechte gegen Jedermann, wenn uns das noth ist. Ferner soll das Haus (Schloß) und die Stadt Zielenzig unsern genannten gnädigen Herrn und ihren Erben ein offen Schloß sein ewiglich gegen Jedermann, wo und wie oft dies noth ist. Wäre es, daß wir oder der Orden das Haus oder die Stadt verkaufen wollten, so sollen wir und der Orden ihnen oder ihren Erben es zuerst feil bieten, und sollen es lassen, wie es redlich ist. Wäre es (aber), daß sie oder ihre Erben dies nicht kaufen wollten, so mögen wir sie verkaufen anderen Leuten, die es ihnen und ihren Erben zu allen ihren Nöthen gegen Jedermann offen halten sollen, und ihnen und ihren Erben damit dienen, wie der Orden schuldig ist nach dieses Briefes Zusage.

Daß wir und unser Orden den vorgenannten unseren gnädigen Herren und ihren Erben alle vorbeschriebenen Stücke und Sachen und andere Stücke und Artikel, die in dem Briefe beschrieben sind, den sie uns auf die Stadt Zielenzig gegeben haben, stets und ganz halten sollen und wollen, das geloben wir in guter Treue und geben ihnen diesen Brief, besiegelt mit unserm Insiegel.

---

[1] Die Feste, welche 1269 die Polen zerstörten (Seite 121), ist, soviel bekannt, nie wieder hergestellt, der Hügel vielmehr, um die Erinnerung an die wackeren Kämpfer, welche hier verbluten mußten, möglichst wach zu erhalten, später in einen Begräbnisplatz verwandelt worden. Jetzt finden sich indeß nur noch wenige Überreste von verwitterten Leichensteinen. Wenn ich von diesen auf die Kinder schaute, die umhertummelten und von denselben nicht die geringste Notiz nahmen, fielen mir unwillkürlich die Dichterworte ein: „Am Ruheplatz der Todten, da pflegt es still zu sein." — „Wer über Gräber geht und denket nicht an sich, und spricht nicht ein Gebet, thut doppelt freventlich." — „Er hat vergessen, daß im Herrn die Todten leben, und hat vergessen, daß er selbst soll sterben eben." — Heget, pfleget, ehret die letzten Ruhestätten der theuren Vorfahren!" — —

Zeugen sind: Graf zu Lindow, Johannes von Henneberg, Diepold Hele, Bombrecht, Peter von Hele, Ritter; Mörner, Pronotarius und Abel Schuckenreuter und viele andere.

Gegeben zu Frankfurt 1350, am Tage des Apostels Thomas (21. Dezember).

Die zweite Urkunde ist im wesentlichen desselben Inhalts. Die beiden Markgrafen erklären, daß der Orden ihnen und ihrem Rathe mit Briefen und guter Kundschaft, die ihnen genügen, seine Rechte auf Zielenzig nachgewiesen, sie selbst aber Gott, die Gerechtigkeit und manchen Dienst angesehen haben, so daß sie sich veranlaßt fühlten, das frühere Verhältnis wieder herzustellen. Zugleich weisen sie die Rathmannen, den Richter und die Bürger zur Huldigung und zum Gehorsam an und wollen sie nöthigenfalls dazu zwingen. Auch versprechen sie, eine Feste zu bauen, sei es in oder vor der Stadt.

Als Zeugen sind genannt: Graf Johannes von Henneberg, Dipold von Hele, unser Marschall, Wilhelm von Bombrecht, unser Schenk, Otto von Hele, Ritter, Herr Dietrich Mörner (später Propst in Soldin), unser oberster Schreiber, und Abel Schuckenreuter.[1])

An demselben Tage, am 21. Dezember, desgleichen am 24. Dezember, stellte Hermann von Werberg noch zwei Urkunden aus. In diesen erklärte er, daß der Orden seinen Herren, den hochgeborenen Fürsten Ludwig und Ludwig dem Römer, versprochen habe, die Straße, welche von Alters her durch Reppen nach Frankfurt gehe,[2]) nicht hindern zu wollen, im Gegentheil ohne allerlei List sie zu stärken und zu befriedigen. Würde aber Jemand versuchen, die Straßen und die Fahrt der Wagen und der Kaufmannschaft anderswohin zu verlegen, so sollten, um dies abzuwehren, alle Ordensfesten den Markgrafen, ihren Erben und den Bürgern zu Frankfurt gegen einen Jeglichen gütlich immerdar geöffnet sein.

Am 24. Dezember 1350 vereinigten die beiden Markgrafen dem Johanniterorden das Schloß Lagow und entsagten allen ferneren Ansprüchen an dasselbe.

Die Urkunde lautet:

„Wir Ludwig und Ludwig der Römer, von Gottes Gnaden Markgrafen zu Brandenburg und zu Lausitz, des heiligen römischen Reiches oberste Kämmerer,

---

[1]) Riedel, Kodex 19, Seite 133—135.

[2]) Die sogenannte Polackenstraße (Seite 40). Riedel, Band 19, Seite 133 und 135.

Pfalzgrafen bei Rhein, Herzöge in Bayern, bekennen öffentlich in diesem Briefe, daß wir und unsere Erben haben verkauft und verkaufen in diesem Briefe redlich und rechtlich den ehrbaren geistlichen Leuten Bruder Hermann von Werberg und den Brüdern und dem Orden des heiligen Hauses des Hospitals St. Johannes Baptistä (des Täufers) von Jerusalem das Eigenthum und alle Gerechtigkeit, die wir haben gehabt bis an diese Zeit an dem Hause zu Lagow und an den Städtchen und Dörfern, die hernach beschrieben und benannt sind: „Dat oppene Stedeken up dem berge vor Lagow Nygen Lagow, Spegelberg, Berse, Turzic, malutkendorff, paterßdorp, groten Ostezetz, Schonaw, kerßbowen, lindow, Malsow, Hildebrandestorp, Dobernitz, Grabow, Sandow, Gander, Gandekow, Barghe, Wyscok, Tzweek, Cloppot, Brat.“[1] Die vorbenannten Haus Lagow, Städtchen und Dörfer sollen die bezeichneten Brüder und der ansehnliche Orden behalten und besitzen mit all' dem Eigenthume und mit all' den Rechten, wie die von Klepzig haben gehabt, und auch Freiheiten. Ferner sollen die vorbenannten Brüder und der Orden das vorbenannte Haus Lagow,

---

[1]) Jetzige Namen der Ortschaften: Neulagow, Spiegelberg, Barschsee (Bärslaug), Tauerzig, Malkendorf, Petersdorf, Großostschetz (?), Schönow, (Groß-) Kirschbaum, Lindow, Malsow, Hildesheim, Döbbernitz, Grabow, Sandow, Großgandern, Kleingandern, Bergen, Wystock, Sierzig, Kloppitz, Aurith. — Bei Riedel steht: Wyszok, Tzweek: bei Wohlbrück (Band I, Seite 596) und Kletke (Regesten I., Seite 216): Wystock, Tzirzit. Jenes existirt gar nicht mehr, dieses nur noch als Vorwerk von Sandow. Der Ausdruck: „dat oppene Stedeken up dem Berge vor Lagow Nygen Lagow“ (vergleiche auch eine Urkunde vom 5. November 1460. Riedel, Kodex I., Band 24, Seite 173—175. Dithmar, Seite 57—59. Kletke, Regesten II., Seite 247—248) ist nicht recht klar. Fehlt anders kein Komma hinter Lagow, so läßt sich annehmen, daß das jetzige Dorf Neulagow (wie Spiegelberg) damals auch noch zu den (kleinen) Städten gehörte. Vielleicht aber stand Lagow selbst, ehe es 1569 völlig abbrannte, auf dem Berge, wo sich gegenwärtig das frühere Rentamtsgebäude und der neue Kirchhof befinden. Jetzt zwischen den beiden Seen eingepfercht, kann es sich nur nach Osten und Westen etwas vergrößern. — Bei Riedel lautet der Name groten Ostezetz; Berghaus III., Seite 176, und Wohlbrück I., Seite 596, trennen ihn durch ein Komma. Ostezetz kann jedoch nicht Ostrow, groten nicht Gräden oder Korritten sein. Nach einer Urkunde vom 24. April 1355 belehnte Ludwig der Römer seinen Vogt Dietrich von Weißensee zu Drossen mit Ostrow (Östrow), Wandern, Bottschow, Pinnow, Beelitz etc. (Riedel I., B. 19, S. 142, Kletke I., S. 280). Gräden nebst Rampitz, Melschnitz, und Matschdorf kaufte erst 1437 der Herrenmeister Balthasar von Schlieben von Heinrich und Hansen Gebrüder Schenken von Landsberg und Herrn von Tüpze. Dithmar, Seite 51. Über Korriten vergleiche Seite 24 dieser urkundlichen Geschichte! Unrichtig sind bei Wedekind (Ordensgeschichte Seite 82–83) auch die Notizen über Grunow, Neu- oder Großkirschbaum, Lindow, Spiegelberg und Tauerzig.

Städtchen und Dörfer behalten und besitzen mit aller Gerechtigkeit, mit allen Gerichten, des höchsten und des niederen, mit allen Lehnen, geistlichen und weltlichen, mit allen Scheiden, die zu dem benannten Hause zu Lagow, Städtchen und Dörfern zu Recht gehören, mit Äckern, bebauten und unbebauten, mit Holz, mit Heiden, mit Brücken, mit Jagden und mit allem Weidwerke, mit allen Seen, mit allen Wassern, fließenden und stehenden, mit aller Fischerei, mit Mühlen, mit Zöllen, mit allem Erze, mit Weide, mit Wiesen, mit Gras und mit alle dem, das binnen (innerhalb) der Grenzen liegt, über der Erde und in der Erde, oder wo man das gewinnen mag.

Ferner so bekennen wir Ludwig und Ludwig der Römer, Markgrafen zu Brandenburg, die vorbenannten, daß wir entsagen allem Rechte, das wir gehabt haben an dem Hause in Lagow und an den Städtchen und Dörfern, die hier vorbenannt sind, und weisen sie mit aller Herrschaft und Mannschaft und mit aller Gerechtigkeit an den vorhergenannten Bruder Hermann von Werberg und an seinen Orden und lassen sie ledig und los aller Huldigung, Eide und Mannschaft, die sie uns zuvor gethan haben der genannten Güter wegen. Ferner so sollen wir den vorgenannten Bruder und Orden und all' ihr Gut, das in unsern Landen liegt, bei allen Gerechtsamen und Freiheit erhalten, die sie daran beweisen mögen, und sollen sie beschirmen und ihnen behülflich sein gegen Jedermann zu ihrem Rechte. Ferner soll Lagow unser und unserer Erben offenes Haus sein ewiglich zu all' unsern Nöthen wider Jedermann, wann wir und wie oft wir das bedürfen. Darüber zur Urkunde und zum Zeugnisse haben wir unser beider Insiegel gehängt an diesen Brief. Deß sind Zeugen der edle Mann Graf Johann von Henneberg, unser lieber Oheim, und die festen Mannen Friedrich von Lochen, Wilhelm Schenck, Bombrecht, Dipold Hele, unser Marschall, Otto von Hele, Hermann von Wulkow, Ritter, und die ehrbaren Leute Dietrich Mörner, unser oberster Schreiber, Wilken Murow, Ritter, und Falkenhagen, Heinrich Angermünde, Klaus Wale, Kuno Hokemann und gemeine Rathmannen zu Frankfurt und andere ehrbare Leute genug. Der Brief ist gegeben in unserer Stadt Frankfurt nach Gottes Geburt im 1350. Jahre am Freitage des heiligen Christabends.[1])

---

[1]) Riedel, Band 19, Seite 137—138.

Unterm 24. Dezember erklärte sich der Herrenmeister von Werberg für verpflichtet, das Haus zu Lagow, sowie alle anderen Schlösser, welche die Johanniter sonst in der Mark hätten, noch erwerben oder erbauen sollten, den Markgrafen und ihren Erben zu jeder Zeit zu öffnen, wogegen diese Fürsten sämmtliche in der Mark gelegenen Güter des Ordens und dessen Rechte vertheidigen, ihm gegen Jedermann, von dem er Unrecht erleide, behülflich sein und ihn bei aller Freiheit und allen Rechten, die er beweisen möge, erhalten sollte. Wenn ferner die Markgrafen bis Michaelis 1351 beweisen könnten, daß, als der Orden das Haus Lagow von den Herren von Klepzig kaufte, er ihnen die Lehnware von Großgandern bereits überlassen hatte, so soll er verpflichtet sein, die Mannschaften mit diesem Dorfe und Zubehör wieder abzutreten, indeß unbeschadet der Rechte der Frankfurter Bürger Wilhelm von Landsberg, Hermann, Klaus und Hans von Grünberg; andern Falls bleibe Großgandern ewig des Ordens Eigenthum.[1])

Schon 1355 belehnte der Markgraf Ludwig der Römer zur gesammten Händ' Hermann und Klaus, Gebrüder Grüneberg und Kuno, Fritz und Hermann, Gebrüder Hofmann, Bürger zu Frankfurt, mit ihrem Gute zu Gandir, wie sie solches von Alters her besessen hatten.[2])

Kurze Zeit nach jenem Vertrage vom 24. Dezember 1350 erhielt der markgräfliche Landvogt Hermann von Wulkow die Weisung, die Johanniter in die ihnen übergebenen Güter einzuführen.

In deutscher Übersetzung lautet die Urkunde:[3])

„Wir Luwig der Römer, von Gottes Gnaden Markgraf zu Brandenburg und zu Lausitz, des heiligen römischen Reiches Erzkämmerer, Pfalzgraf zu Rhein und Herzog zu Bayern, wünschen dem wackeren Ritter Hermann von Wulkow unsere Gnade und Gunst zuvor! Daß du den gottesfürchtigen Mann, Bruder Hermann von Werberg, den General-Präzeptor (Großkomthur, allgemeinen Gebietiger), vom Hospital St. Johannis des Täufers in Jerusalem, in Sachsen, der Mark, Slavenland und Pommern, und die Brüder desselben Ordens, in den persönlichen Besitz aller Rechte über die Stadt Zielenzig und die Städte Sandow

[1]) Riedel, Band 19, Seite 136. — [2]) Riedel, Band 19, Seite 138. — [3]) Wohlbrück I., Seite 588.

und Lagow, sowie über die Ritter und Kriegsleute und die zu denselben gehörigen Güter zu setzen nicht zögern mögest, ohne irgend welchen Aufschub und ohne Aufforderung des vorgenannten Bruders Hermann nach Maß, Form und Inhalt der Privilegien und der darüber abgefaßten und geschriebenen Urkunden, geben wir deiner Zuverlässigkeit hiermit aufrichtig anheim und in Auftrag.

Gegeben zu Frankfurt, am Tage der Agathe (5. Februar) 1351."

Gleichzeitig ging der Stadt Zielenzig nachstehender Befehl zu.

„Wir Ludwig der Römer, von Gottes Gnaden rc., (wünschen) den einsichtsvollen Bürgermeistern und der gesammten Bürgerschaft zu Zielenzig unsern aufrichtig geliebten Getreuen, unsere Gnade und volle Gunst. Daß ihr die Eide der Treue und der Huldigung dem gottesfürchtigen Bruder Hermann von Werberg, dem General-Präzeptor vom Hospital St. Johannis in Jerusalem, und dem vorbenannten Orden und seinen Brüdern mit Gehorsam und Unterthänigkeit, wozu ihr uns verbunden und verpflichtet gewesen seid — wir verzichten durch Gegenwärtiges ausdrücklich — nach Form, Maß und Wortlaut unserer Urkunden und unserer Privilegien, welche wir demselben Bruder Hermann und dem vorgenannten Orden verliehen und auszufertigen aufgetragen haben, nicht zögern möget, es zu leisten und zu erfüllen, heißen und befehlen wir hiermit Allen und Einzelnen insgesammt und besonders ausdrücklich.

Gegeben zu Frankfurt im Jahre des Herrn 1351 am Tage der heiligen Agathe."

Gerade ein Jahr nach dem 24. Dezember 1350 schlossen die Markgrafen Ludwig der Römer und dessen Bruder Otto einer-, sowie Ludwig der Ältere andererseits zu Luckau einen Vertrag, nach welchem letzterer die Mark Brandenburg und die Lausitz an jene und ihre Erben abtritt und dafür Oberbayern empfängt.

Derselbe lautet:

„Wir Ludwig von Gottes Gnaden Markgraf zu Brandenburg und zu Lausitz, des heiligen (römischen) Reiches oberster Kämmerer, Pfalzgraf bei Rhein, Herzog in Bayern und in Kärnthen, Graf zu Tyrol und zu Görtz und Vogt der Gotteshäuser Agley, Trient und Brixen, bekennen für uns und unsere Erben, daß wir recht und redlich nach unserer Getreuen und unserer Rathgeber Rath getheilt haben mit den hochgeborenen Fürsten Ludwig dem Römer und Otto, Markgrafen zu Brandenburg, unsern lieben Brüdern, gänzlich mit gutem Willen und mit wohlbedachtem Muthe, als hernach geschrieben steht, also daß unsere Brüder sollen behalten die Mark zu Brandenburg, das Land zu Lausitz, das Land über der Oder, mit allen Fürstenthümern und Lehen, die mit den Herzögen von Stettin und mit allen Lehen und bei Namen mit den Lehen zu Rügen und Pommern, die da je zu der Mark zu Brandenburg gehört haben und mit allen Herrschaften über all' die wendischen Herren mit allen Rechten, wie sie auf uns gekommen sind und wir sie besessen haben bis auf diesen heutigen Tag mit Grafen, Grafschaften, mit Burgen, Städten, Herren, Freien, Dienstmannen, Rittern und Knechten, Bürgern und Bauern, mit allen Pfandschaften, sie sind von dem Reiche oder von wem sie sind, mit allen Angefällen, mit allen Lehen, geistlichen und weltlichen, mit allen Nutzungen, Ehren und Würden, mit allen Freiheiten und Rechten, besonders mit allen Sachen und Zubehörungen, wie die genannt sind oder wo die gegeben sind, die zu den vorgenannten Landen zu Recht und nach alter guter Gewohnheit gehören, besucht und unbesucht, mit Eigen und Eigenschaften. Wäre auch, daß unsere Frau Mutter, die Kaiserin, (mit Tode) abginge, was Gott nicht wolle, so soll all' ihr Gut, das in Oberbayern gelegen ist und dazu gehört, das sie in dem Gebirge oder anderswo (besitzt), es sind Burgen oder Städte, Land oder Leute, geistlich oder weltlich, fallen an uns und unsere Erben ledig und los ohne all' ihre Widerrede. Wäre auch, daß sich gebührte zu kiesen die Kur an dem Reiche,[1] die unsers vorgenannten lieben Bruders ist der Mark Brandenburg wegen, so sollen wir mit unsern genannten lieben Brüdern (nur) ein Mann sein, und sollen mit einander einmüthiglich, er mit uns und wir mit ihm kiesen, dieweil wir leben und nicht länger, und desselben hat er sich begeben durch Freundschaft und brüderliche Liebe gegen uns allein, und nicht gegen unsere Erben, die sich keines Rechts daran versehen sollen, dieweil unsern vorgenannten lieben Brüder leben und ihre rechten Erben.

Und wir Ludwig, Markgraf zu Brandenburg, der Ältere, bekennen, daß wir weisen und gewiesen haben mit diesem gegenwärtigen Briefe all' unser Land, Leute und Gut in der Mark zu Brandenburg, über der Oder und über der Elbe und das

[1] Die Wahl eines Kaisers vorzunehmen.

Land Lausitz mit Fürstenthümern und Lehen, mit allen Herrschaften, wie zuvor geschrieben steht, daran wir Theil hätten, an unsere vorgenannten Brüder, Markgraf Ludwig den Römer und Markgrafen Otto und an ihre rechten Erben, also daß wir nicht wollen und sollen nimmer Anspruch an diesen vorgenannten Landen und Gütern haben, dieweil unsere vorgenannten Brüder und ihre Erben leben und sind, es wäre denn, daß unsere vorgenannten Brüder ohne eheliche Leibeserben abgingen, so sollen die vorgenannten Lande, Fürstenthümer und Herrschaften an uns und unsere Erben wieder erblich fallen, als an ihre rechten Herren. Desgleichen wäre, daß wir vorgenannter Markgraf verschieden oder abgingen ohne eheliche Erben, so sollen auch die vorhergeschriebenen Lande, Fürstenthümer und Herrschaften zu Oberbayern ohne jegliche Hinderung und Irrung wieder fallen an unsere vorgenannten Brüder und an ihre Erben, als an ihre rechten Erbherren. — Und daß wir alle vorgenannten Stücke und Artikel mit einander und ein jeglicher besonders stets, ganz und unverrückt halten wollen und sollen, das geloben wir mit guter Treue und ohne alle Gefährde für uns und unsere Erben, und haben auch darauf einen Eid zu den Heiligen geschworen. Und darüber sind (Zeugen) gewesen: Die edlen Mannen Graf Günther zu Schwarzburg der Jüngere, Graf Heinrichs Sohn, Jahn von Buch, Herr zu Garsedow, und die festen Mannen Friedrich von Lochen, Wolfhard Satzenhofer, unser Hofmeister, Johannes von Hausen, Kammermeister, Konrad von Freiberg, Peter von Bredow, Betke von der Ost, Marquard Lauterbeck, Ritter, und auch Dipold Katzenstainer und andere ehrbare Leute genug. —

Gegeben zu Luckau nach Christi Geburt dreizehnhundert Jahr, darnach in dem einundfünfzigsten Jahre, des Samstags (Sonnabends) vor dem heiligen Christabend (24. Dezember 1351)."

Durch einen Vertrag, auch abgeschlossen an demselben Tage und Orte, verpflichtete sich Ludwig der Römer, unter gewissen Bedingungen, seinen Brüdern mit einhundert Mann in der Mark Hülfe zu leisten. Außerdem sicherte man die gegenseitigen Rechte noch durch verschiedene Nebenverträge. In einem derselben erklärt Ludwig, in seiner Eigenschaft als ältester des Hauses, den Römer zum Vormundes des jungen Otto, „bis dieser zu seinen Tagen kommen wird." Er verheißt demselben ferner, im Falle er durch ihren Bruder Wilhelm Rechte an Niederbayern oder sonst erwerben sollte, ihn zu unterstützen, bis er zum Besitze seines Theils gelange.

Wiederum überträgt der Römer, wenn er ohne männliche Nachkommen und ehe Otto großjährig ist, sterben sollte, die Vormundschaft dem älteren Ludwig.[1])

Auf die Frage: Warum zog sich Ludwig der Ältere nach Bayern zurück? wird öfter geantwortet: Man hatte ihm das Leben in Brandenburg arg verleidet.

S. Buchholtz dagegen sagt: „Es geschah dies ohne Zweifel, damit er auf der Nähe von Tyrol bliebe, das er seiner Gemahlin wegen hatte, und um der beschwerlichen Reisen überhoben zu sein, da er nun anfing, die Stärke der Jugend zu verlieren. Ohnedem liebte er auch wol Oberbayern mehr, als die Mark, und Fürsten sind immer gewohnt, Länder, die sie von ihren Voreltern erbten, höher zu schätzen als neu erworbene. Überdies mußte Ludwig 1351 nach Holland eilen, um seiner Mutter, die mit dem anderen Bruder, Herzog Wilhelm, im harten Streite lag, möglichst beizustehen.[2])

Unter dem Römer änderte sich im Lande Sternberg Mehreres, das wir nicht mit Stillschweigen übergehen dürfen. Bisher stand es mit Lebus immer unter der Verwaltung eines Vogtes. 1352 bestätigte er aber für dasselbe einen besonderen Landvogt: den festen Mann Dersekin von Weißensee, einen polnischen Edelmann, der wahrscheinlich seinen Namen von dem unweit Tempel belegenen Dorfe führte. In erster Linie verhalfen ihm zu diesem Amte muthmaßlich die Geldvorschüsse, welche er dem Markgrafen leistete. Bald fiel er jedoch in Ungnade; man warf ihm unter Anderem vor, er habe die Dörfer Masdorp, Budechow und Gabelentz (Matzdorf, Baudach und Gablenz bei Gassen in der Niederlausitz), die ihm Ludwig der Ältere am 16. Oktober 1348 in der damals belagerten Stadt Frankfurt zu Lehen gab, verkauft.

Der Ritter Hans (Henslin, Hentzel) von Waldow, der vor 1252 den Bischof Apetzko von Lebus eine Zeit lang gefangen hielt (Seite 170), der in dem

[1]) Riedel, Kodex II., Band 2, Seite 338–342. [2]) Kaiser Ludwig von Bayern, ein Sohn Ludwigs des Ernsthaften und seiner Gemahlin Mechtilde (einer Tochter Rudolfs von Habsburg) war zwei Mal verheirathet: 1. Beatrix von Schlesien-Glogau; 2. Margarete von Holland und Seeland. Kinder: Ludwig; Mechtilde, Gemahlin des Markgrafen Friedrich von Meissen; Stephan; Ludwig (der Römer); Wilhelm, Albrecht, Otto. Buchholtz II., Seite 446.

gedachten Jahre in drei Urkunden (vom 4. und 10. Juli und 15. August) als Marschall des brandenburgischen Fürsten genannt ist, erhielt unterm 8. November die Vogtei Drossen und Zielenzig.

„Wir Ludwig Römer 2c., bekennen öffentlich, daß wir dem ehrbaren Ritter **Hans von Waldow**, unserm lieben Getreuen, befohlen haben und befehlen, die **Vogtei** über der Oder zu **Drossen** und zu **Zielenzig** und was zu Recht zu dieser Vogtei gehört, so daß er die inne haben und (ihr) vorstehen soll nach seiner Treue, als wir ihm glauben, geloben ihm auch, daß wir ihm davon Nichts nehmen oder setzen wollen, wir haben ihm denn erst berichtigt all' des Schadens und der Kosten, die er darauf (verwendet) hatte und die er vor Redlichen beweisen möchte.

Datum Berlin, Anno 1352, den 8. November."

Schon am 7. November machte der Markgraf den Bewohnern der Vogtei Drossen und Zielenzig bekannt, daß er den Ritter **Henselin von Waldow** zu ihrem Vorgesetzten ernannt habe. Er betonte nachdrücklich: **Diesem allein** sollten sie gehorchen und sich weder um Derfekin, noch um einen Andern kümmern. Wahrscheinlich standen dem „ehrenfeste Manne" noch Ansprüche zu, und er wollte wol, ohne vollständig befriedigt zu sein, nicht freiwillig zurücktreten. Jetzt von der Sonne des Glücks beschienen, wurde Hans von Waldow seiner vielen treuen Dienste wegen am 8. November auch mit allen Gütern seines Amtsvorgängers in der Art belehnt, daß sie nach dem Tode des Inhabers an ihn fallen sollten. Ebenso erhielt er die Anwartschaft auf **Königswalde**, das damals noch ein Ritter von **Sunnenwald** (Sonnenwalde) besaß. Der Vorname desselben fehlt; es fragt sich daher, ob es der in der Urkunde vom 21. Februar 1322 (Seite 145) genannte **Johann** war.

Aus demselben Jahre (1352) stammt auch folgende Urkunde ohne Datum:

„Wir **Ludwig Römer** 2c., bekennen öffentlich, daß wir den festen Mannen, Rittern und Knechten, die angesessen sind in unserm Lande über der Oder, da **Drossen** unsere Stadt innen liegt, und die Rathmannen und die Gemeinden derselben Stadt, unsern lieben Getreuen, fest und ganz halten wollen Alles, was sie beweisen mögen mit Briefen und handschriftlichen Zusicherungen der alten Fürsten, Markgrafen zu Brandenburg, denen Gott Gnade (schenke)! unserer Vorfahren, oder mit unsers lieben Bruders, Markgrafen Ludwig des Älteren, handschriftlichen

Zusicherungen und Briefen, oder mit biederen Leuten, da sie Recht zu haben und wollen ihnen das bessern und nicht ärgern (verkümmern).

Datum Anno 1352."

**Dietrich von Weißensee** muß es gelungen sein, sich zu **rechtfertigen**. Er wies nach, daß er Matzdorf, Baudach und Gablenz nur seiner dringenden Noth wegen verkauft habe und zwar an Christian von Der. Aus diesem Grunde bestätigte der Markgraf nicht blos „dem ehrenfesten Manne Dersekin von Weißensee" all' seine Briefe, welche derselbe von Ludwig dem Älteren empfangen hatte und versprach sie, ohne Bruch zu halten, sondern er belehnte auch am 2. Februar den festen Mann Christian von Der und seine Erben mit den oben genannten Gütern nebst allen Rechten, Freiheiten und Zubehör.[1]

Hans von Waldow, in einer Urkunde vom 12. März 1353 noch Vogt von Drossen und Eberswalde genannt, erhielt ferner als Lehen: 1) Mitte April eine **Mühle zu Reppen**, die bis zu dieser Zeit mit vier Hufen Land, einem Vorwerk und einer Schäferei dem Stadtrichter gehörte, die wöchentlich fünf Scheffel Roggen ablieferte; 2) am 24. Juni für seine getreuen Dienste und seinen treuen Gehorsam das ganze Städtchen mit Äckern, Holzungen, Wiesen, Heiden und allen Nutzungen; der Markgraf sicherte sich aber das Öffnungsrecht.

Die fortwährende große **Geldnoth** der bayerischen Markgrafen erhellt aus ihren vielen **Verpfändungen** zur Genüge. Am 1. Juli 1353 bekam **Heinrich Rakow** in Landsberg a. W. dafür, daß er das ihm verpfändete Leibpferd des Fürsten frei wieder zurückgegeben, das oberste Gericht der Stadt auf so lange, bis er oder seine Erben zehn Mark brandenburgischen Silbers daraus bezogen haben würden. Der Römer entnimmt laut einer Urkunde vom 16. Juli für vierzig Mark leichter Pfennige von **Henning** und **Konrad**, Gebrüder von **Marwitz** ein Pferd. Zum Ersatz weist er ihnen und ihren Erben 8 Pfund neuer brandenburgischer Pfennige jährlicher Einkünfte im Dorfe Gennin an, welche dort vom Brückenzins als rechtes Lehen erhoben werden. Den Rest sollen sie in der Bede von Lorenzdorf und Beiersdorf

[1]) Riedel, Kodex I., Band 19, Seite 140. Am 26. Februar 1335 hatten Bernhard Kober, die Gebrüder Albrecht, Gottfried und Hans, die Stangen geheißen, sowie Tyle und Konrad Gebrüder von Dissen Reppen von dem Markgrafen gekauft: a. a. O. Seite 130.

(gleichfalls im Kreise Landsberg gelegen) vom neumärkischen Vogte Otto von Schlieben ungehindert erhalten.[1])

Der Heißsporn Bischof Apetzko von Lebus starb am 13. April 1352 und fand im hohen Chore des Breslauer Domes die letzte Ruhestätte. Sein Nachfolger Heinrich der Zweite, ein friedliebender Prälat, wünschte im Kirchsprengel sichern und ruhigen Aufenthalt und darum mit Frankfurt, überhaupt mit dem Landesherrn, ein gutes Vernehmen. Ludwig der Römer und der Rath der Stadt boten gern die Hand. Beide Parteien wählten den Herzog Heinrich von Glogau zum Schiedsrichter. Die Streitigkeiten betrafen besonders die Stadt Drossen, das Städtchen Fürstenfelde,[2]) die Zehnten im Bisthume Lebus, das Patronat über die St. Marien-Pfarrkirche in Frankfurt und einen ansehnlichen Ersatz für Schaden und Kosten. Schon am 14. März 1354 konnte man zu Krossen einen Vergleich abschließen. Heinrich der Zweite leistete Verzicht auf Drossen und Fürstenfelde, die früher zum Lebuser Sprengel gehörten, ebenso auf die Hälfte des Zehnten, die dem Markgrafen zufiel. Jene empfing er zum rechten Lehen. Ferner ließ der Prälat seine Ansprüche auf die Marienkirche fallen. Betreffs der Kosten einigte man sich auf 12000 Mark brandenb. Silbers. Von diesen sollte Ludwig die eine Hälfte durch liegende Gründe innerhalb des Kirchenkreises, die andere aber durch Baarzahlungen in neun Jahren (in je sechs Monaten 350 Mark) tilgen. Dem

---

[1]) Engelin, Chronik von Landsberg, Seite 30. — Riedel, Band 24, Seite 60.

[2]) Nach einer Urkunde vom 5. März 1252 (Riedel, Band 20, Seite 183—184) besaß das Bisthum Lebus in der Mark Brandenburg: Seelow (Dorf, erst 1308 Stadt), das Dörflein Bodin (Wuhden, Kreis Lebus, hatte 1885 302 Einwohner), Osna (Drossen), Göritz, Boleskowitz (oder Goleskowitz; die Buchstaben B und G lassen sich in den Urkunden jener Zeit oft schwer unterscheiden.) Wohlbrück sagt (I., 87, 475): ein jetzt unbekannter Ort. — G. W. v. Raumer (Neumark Brandenburg im Jahre 1337) glaubt, Fürstenfelde habe zur wendischen Zeit Boleskowitz geheißen. (Vergl. auch Seite 81 der Kreischronik von Wedekind). — Eine andere Urkunde vom 3. Februar 1317 (Riedel, Band 20, Seite 201) zählt auf: Selowe. Goritz. Sabyz. Spudlowe, Stamek. Seweld. Swiner. magnum Radowe et parnum Radowe, Lesk. Golitz. Quezar (Seelow, Göritz, Säpzig, Spudlow, Stenzig, Seefeld, Zweinert, Groß- und Klein-Rahde, Läßig, Gohlitz, Ötscher). Hier fehlen demnach Drossen und Boleskowitz. Man nimmt an, daß sie inzwischen gegen die zehn Dörfer vertauscht wurden, der Prälat aber Lehnsherr blieb, da man gesetzlich geistliche Stifte nicht verkaufen oder sonst veräußern durfte. Mit dem Aussterben des Hauses Anhalt betrachtete aber das Bisthum wahrscheinlich diese Lehen als erledigt und wollte sie deshalb einziehen. Die bayerischen Markgrafen waren natürlich anderer Ansicht.

Bischofe ging das Geld durch den Magistrat in Frankfurt bei der allgemeinen Finanznoth natürlich nicht pünktlich zu. Am 6. März 1372, mithin achtzehn Jahre nach jenem Vergleiche, erhielt Peter der Erste noch 40 Schock Groschen auf die 6000 Mark.[1])

Am 17. Juni stellten beide Theile zu Frankfurt Versicherungsurkunden über ihre Verbindlichkeiten aus. Vom Bischofe darum gebeten, hatte der Papst inzwischen in die Aufhebung des Bannes gewilligt. Zehn Tage später vollzog sie der Archidiakonus Nikolaus vom Kollegiatstifte zu Liegnitz, der zugleich Domherr im Lebuser Kapitel war, feierlich auf dem Kirchhofe zu St. Marien. Schon in der Bulle vom 2. September 1346 genehmigte Klemens der Sechste, den Bischofssitz von Lebus nach irgend einem andern Orte der Diözese zu verlegen. Heinrich wählte nun Fürstenwalde, hielt sich jedoch auch öfter in Frankfurt auf, wie viele Kauf- und Pachtkontrakte, Lehnbriefe und Schenkungen, die er daselbst ausstellte, beweisen.

Wer trug die Schuld an dem unerquicklichen, nutzlosen Hader?

Folgende Urkunde dürfte auch interessiren: „Wissen sollen 2c. daß wir Ludwig der Römer 2c. die fürsichtigen Bürgermeister und die gesammte Bürgerschaft von Drossen, unsern lieben Getreuen, für den Zeitraum von neun Jahren, in denen sie zahlen sollen dem ehrwürdigen Vater in Christo, dem Bischofe Heinrich von Lebus und seinem Kapitel, eine Geldsumme der Versöhnlichkeit und der Eintracht wegen, welche lange zwischen dem Herrn Bischofe, seinem Kapitel und dem erlauchten Fürsten, dem Markgrafen Ludwig, unserm theuren Bruder, und uns bestand, von der Entrichtung und Zahlung unseres jährlich Zinses und unserer Steuer aus der genannten Bürgerschaft und Dessen, was sie von unseren Juden während der neun Jahre einnehmen können, (nämlich) zwei Mark Silber, zur freien Verfügung entbinden, sie entlassen haben und sie ferner frei und ledig lassen, auf daß sie mit desto größerer Freiheit und Geneigtheit dem genannten Bischofe und Kapitel die obengenannte Summe zahlen können. — Gegeben zu Frankfurt im Jahre 1354 am Tage nach Frohnleichnam (13. Juni).

[1]) Spieker, Frankfurt, Seite 50—51. — Wohlbrück I., Seite 475—499.

Desgleichen haben eine ähnliche Formel die Bürgermeister von Zielenzig auf neun Jahre über acht Talente (Pfunde), von denen der Herr sie freiläßt, wie oben, unter Hinzufügung der Juden.[1])

In dem Vergleiche, welchen der Markgraf Ludwig mit dem Bischofe Heinrich am 17. Juni 1354 zu Frankfurt abschloß, heißt es u. a.: „Dieselben vorgenannten Festen Fürstenwalde und Lebus sollen uns, unsern vorgenannten Brüdern (Ludwig und Otto) und unseren Erben offen sein zu all' unsern Nöthen gegen Jedermann, Niemand ausgenommen, wenn wir Dies bedürfen, und sollen und wollen in guter Treue sie und ihr Gut beschirmen, frieden und vertheidigen, als (ob) es uns selber (gehörte) und unser Gut wäre; aber daß wir, unsere Brüder und unsere Erben dem vorgenannten Bischofe und Kapitel anweisen von denen von Uchtenhagen Sonnenburg, Haus und Städtchen, und die Dörfer Peybero, Mechow, Grysewitz, Cynitz, Trebbow, Henrichsdorp, Cernow (Hals) und Gartow, und ihm das überantworten ledig und los, als die von Uchtenhagen gehabt haben.“[2])

Im Jahre 1356 erließ Karl der Vierte, den ein Jahr früher (5. April) Innocenz der Sechste in Rom zum Kaiser gekrönt hatte, ein für Deutschland wichtiges Reichsgrundgesetz, die goldene Bulle, benannt von seiner goldenen Siegelkapsel. Die wichtigsten Bestimmungen desselben sind folgende: Nach Erledigung des Thrones soll der Kurfürst von Mainz die anderen Kurfürsten binnen

---

[1]) Lateinisch bei Riedel, Band 19, Seite 141. – Wohlbrück I., Seite 577.

[2]) Vollständig: Riedel, Band 20, Seite 225—227. Beckmann, Frankfurt, Seite 108 bis 110. Buchholtz IV., Anhang, Seite 106—110. Goltz, Fürstenwalde, Seite 41—46. — Kletke bemerkt (I., 269): „Die Namen der in der Urkunde genannten Ortschaften sind in den Abdrücken bei Bekmann und Buchholtz sehr fehlerhaft:“ ganz korrekt (muß ich hinzufügen) leider auch nicht bei ihm und Riedel. Das Original hat: Mechow, Cynitz (nicht Cechow, Hornitz). Wohlbrück III., Seite 452—453. Jetzt heißen die Ortschaften: Priebrow, Meeckow, Kriescht, Ögnitz, Trebow, Heinersdorf, Tschernow, Gartow. Hals steht nicht im lateinischen Texte der Urkunde (Riedel, Band 20, Seite 229), hat meines Wissens auch nie existirt. Sehen wir auf andere Urkunden, z. B. Wohlbrück III., Seite 442, so könnte es Mauskow sein. Außer dem Bereiche der Möglichkeit liegt es nicht, daß man bei undeutlicher Schrift Hals statt Maus . . . las. — In der Kopie eines „Katalogs der regierenden Meister St. Johanns Ordens der Baley Brandenburg“, fand sich unter Nr. 11 bei Thomas Runge die Notiz: „ist ins Meister Amt kommen 1535 und a. 1564 (nahm) ihn Gott schrecklich hin.“ Im Originale steht aber nicht schrecklich, sondern seligklich.

drei Monaten nach Frankfurt am Main berufen. Dort müssen sie schwören, die Wahl ohne eigennützige Absicht zu vollziehen, auch nicht eher auseinander zu gehen, bevor sie zu Stande gekommen ist. Mehrheit der Stimmen gilt ebensoviel als Einhelligkeit. Der Erzbischof von Köln krönt den Kaiser zu Aachen. Während dieser Zeit verwaltet der Pfalzgraf am Rhein in den Ländern des fränkischen und der Herzog von Sachsen in jenen des sächsischen Rechtes das Amt eines Reichsverwesers. Das Wahlrecht steht ausschließlich den sieben Kurfürsten zu, und zwar drei geistlichen: den Erzbischöfen von Mainz, Trier und Köln, und vier weltlichen: dem Könige von Böhmen, dem Pfalzgrafen am Rheine, dem Herzoge von Sachsen-Wittenberg und dem Markgrafen von Brandenburg. Die Kurwürde haftet nicht blos auf dem Besitze der Reichserzwürde, sondern auch immerdar auf dem Besitz des ungetheilten Kurlandes, das bei den weltlichen nach dem Rechte der Erstgeburt erblich ist. Außerdem erhalten die Kurfürsten das „jus de non evocando" d. h. das Recht, nach welchem ihre Unterthanen und Stände sich von ihren Gerichten nicht auf die kaiserlichen berufen dürfen; nur bei verweigerter Rechtshülfe ist letzteres gestattet. — Beugte die „goldene Bulle" auch vielen Streitigkeiten bei den Königswahlen vor, so vollendete sie doch auch die Zertheilung des deutschen Reiches in verschiedene Staaten.[1])

---

[1]) Näheres bei Pfister III., Seite 229—232. K. A. Menzel, deutsche Geschichte V. Seite 33 - 38. W. Menzel, Seite 439 - 440. Somit gehörten auch die Markgrafen von Brandenburg, wenngleich in letzter Stelle, zu den „sieben glänzenden Leuchten des Reiches, die in Einigkeit die sieben Gaben des heiligen Geistes sind." Doch können die Letzten die Ersten werden! Die „goldene Bulle", auf den Reichstagen zu Nürnberg am 10. Januar 1356 und zu Metz am 25. Dezember desselben Jahres, zumeist nach den Wünschen des prachtliebenden Karl festgestellt, bestimmte auch die Dienste der sieben Kurfürsten bei der Krönung ꝛc. näher. „Wie der Sterne Chor um die Sonne sich stellt, umstanden geschäftig den Herrscher der Welt, die Würde des Amtes zu üben": Der Erzmarschall (Herzog von Sachsen) ritt, sobald der Neuerwählte auf seinem Throne saß, in einen hochaufgeschütteten Haufen Hafers, füllte mit demselben ein Maß und übergab es einem Knechte für die Rosse des Monarchen; die drei Erzbischöfe verrichteten bei dem glanzvollen Mahle die Gebete und empfingen als Erzkanzler der Reiche Deutschland, Burgund und Italien die Siegel (Trier saß dem Könige stets gegenüber, Mainz zu seiner Rechten, wenn der Akt in seiner Diözese stattfand, sonst Köln); der Erzkämmerer (Markgraf von Brandenburg) überreichte zwei Becken voll Wassers nebst einem kostbaren Handtuche zum Waschen, bezw. Abtrocknen der Hände; der Erztruchseß (Pfalzgraf bei Rhein) setzte vier Schüsseln mit Speisen auf die Tafeln des hohen Herrn; der Erzschenk (König von Böhmen) bot ihm einen Becher voll Weins mit Wasser gemischt. (Selbstverständlich waren das Maß, die Becken und der Pokal aus Silber.) Bei feierlichen Aufzügen trug der Herzog von Sachsen das Reichsschwert, der Pfalzgraf bei Rhein den Reichsapfel, der Markgraf von Brandenburg das Reichszepter.

Die oben erwähnte Lösung des Kirchenbannes betraf nur die Stadt Frankfurt. Auf der Mark, ihren Fürsten und deren Bundesgenossen ruhte noch das Interdikt. Im Frühlinge 1358 verzog sich indeß auch diese schwarze Wolke. Am 23. März beauftragte Innocenz der Sechste den Erzbischof von Prag nebst den Bischöfen von Breslau und Kamin, den Markgrafen Ludwig den Römer, seine Anhänger und die gesammte Mark vom Bann zu befreien. [1]) Daß der Kaminer Prälat zu den „Bundesgenossen" gehörte, scheint man in Rom ganz übersehen zu haben. Er selbst trug auch weiter keine Bedenken, sondern vollzog seinen Auftrag zu Havelberg in Gegenwart der Bischöfe von Lebus und Brandenburg mit der üblichen Feierlichkeit.

Schon früher verduftete der „abenteuerliche Pilger von Wolmirstädt." 1355 am Dienstage nach Okuli (10. März) schrieb er an die beiden Städte Brandenburg und Görzke, die letzten in der Mark, die ihm treu geblieben waren, entließ sie ihres Eides, dankte ihnen „fleißiglich" für ihre Anhänglichkeit und verwies sie mit ihrer Huldigung selbst an den durchlauchtigen Fürsten Ludwig den Römer und seinen Bruder Otto. Es ist dies die letzte Urkunde, in welcher der vorgeschobene Gaukler als „Waldemar, von Gottes Gnaden Markgraf zu Brandenburg" auftritt. [2]) Die eigene Ehre der Fürsten von Anhalt erheischte es, einen Mann, den sie vor aller Welt für ihren Oheim ausgegeben hatten, bis an seinen Tod, der angeblich schon 1356 erfolgte, zu versorgen, ihm auch ein standesmäßiges Begräbnis (in einer besonderen Kapelle) zu gewähren. [3])

Am 2. Juni 1360 belehnte Ludwig der Römer einen Bürger in Drossen, der den klangvollen Namen Cune Dunctmigut führte, mit zwei Bauernhufen im Dorfe Kowl (Kohlow) und deren Renten, die er von Betke Wale, einen Frankfurter Bürger, gekauft, und aus einer Urkunde vom 28. Mai 1361 ersehen wir, daß genannter Kuno seinen Besitz daselbst um zwei Hufen, die er von „Betkin und Adam Wal" erworben, vergrößert hatte. Mit diesen vier Hufen belehnte Markgraf Otto am 6. August 1367 den Michel Dunctmigut, einen Vetter des vorher Erwähnten. [4])

---

[1]) Riedel II., Band 2, Seite 406—408. Den am Schlusse der Bulle vorgeschriebenen Eid, der übrigens mild gefaßt ist, hat Ludwig schwerlich in einer öffentlichen Versammlung geleistet. Er unterschrieb das Formular, und es ging nach Rom. — [2]) Buchholtz V., Anhang, Seite 110. — [3]) Buchholtz II., Seite 443—444. — [4]) Riedel, Band 23, Seite 88, 89, 102.

Eine Urkunde vom 19. Februar 1366 betrifft das Städtchen Sandow. Sie lautet:

„Wir Ludwig der Römer, von Gottes Gnaden Markgraf zu Brandenburg und zu Lausitz &c. bekennen öffentlich mit diesem Briefe für uns und unsern lieben Bruder Markgrafen Otto. Weil wir das Gut zu Sandow, das da lieget in unserm Lande zu Drossen und zu Sternberg über der Oder, mit allem Zubehör und Mannschaft gewiesen haben an den ehrwürdigen Herrn Bruder Hermann von Werberg, Meister des Ordens vom St. Johannishospital zu Jerusalem und an den Orden nach der Sage (dem Inhalte) unserer Briefe, die wir an den Orden darüber gegeben haben; also weisen wir den ehrbaren Mann Heinrich (von) Klepzig und seine Brüder mit dem Gute, der Mannschaft, ob sie ein Recht dazu haben, und mit den Sachen, die er hat gegen die ehrbaren Knechte, die da heißen die Großen, unsere lieben Getreuen, um dasselbe Gut zu Sandow und mit den Gerechtsamen, die er dazu hat, an den Meister und den Orden, und wollen von dem ebengenannten Meister und Orden, daß sie ihn um das Gut behalten bei den Gerechtsamen, die er daran hat, und ihn fördern in den Sachen, die er hat gegen die Großen um das Gut. Wäre es, daß die von Klepzig wollten beeinträchtigen („verunrechten") und hindern mit Gewalt den Orden, so haben wir das befohlen Hasse von Wedel von Falkenburg, des Falkenburg ist, unsern getreuen Hofmeister, daß er führen soll, und den Orden von unsertwegen bei Recht behalten soll des Besten, das er immer vermag.

Zur Urkund dieser Dinge haben wir diesen Brief lassen versiegeln mit unserm anhangenden Insiegel. Dabei gewesen sind: der ehrwürdige Vater in Gott, unser Herr Bischof Heinrich von Lebus und die festen Mannen Hasse von Wedel von Falkenburg, des Falkenburg ist, unser Hofmeister; Peter von Bredow, unser Kammermeister; Hans von Wanzleben, Nickel von Köckeritz, Ritter Dietrich Mörner, der Propst von Bernau, unser oberster Schreiber, und andere ehrbare Leute genug. — Gegeben in dem Kloster zu Chorin, nach Gottes Geburt im 1366. Jahre, des Freitags nach St. Valentin, des heiligen Märtyrers (19. Februar).[1])

[1]) Riedel, Band 19, Seite 143—144.

Allem Anscheine nach waren damals auch die Vermögensverhältnisse des Johanniterordens nicht sehr glänzend; denn am 5. März 1366 gab das Generalkapitel zu Avignon dem Priorat in Deutschland die Erlaubnis, behufs der Tilgung seiner Schulden die Stadt Tempelburg, Schöneck und Lagow nebst anderen Gütern zu verkaufen.[1] Lagow verblieb jedoch bei dem Orden bis zu seiner Auflösung (30. Oktober 1810).

An ihren Vorgängern in der Mark, den Askaniern, konnten die bayerischen Fürsten zur Genüge sehen, wohin die Zerstückelung des Besitzes führt; trotzdem ließen sie sich nicht warnen. Ludwig der Römer und sein Bruder Otto traten in die Fußtapfen der Markgrafen Johann und Otto: sie theilten die Mark. Der Letztere und seine Erben sollen behalten: das ganze Land über der Oder mit allen Herrschaften, Mannschaften, Eigenthume und Lehen, geistlichen und weltlichen, nebst allen ihren Rechten, Freiheiten, Nutzungen, Einkünften, Gütern, Zöllen, Geleiten, und Gerichten, sowie allen Leuten, geistlichen und weltlichen, Edlen, Bürgern und Bauern. Unter den namentlich aufgeführten Städten, Festen und Schlössern, finden wir auch: Zielenzig, Königswalde, Lagow, Rampitz, Sandow, Reppen, Drenzig, Drossen, Sonnenburg, Küstrin, Königsberg, Landsberg.[2] Am Sonntage Jubilate (14. April) bestätigte Kaiser Karl der Vierte zu Pirna diese Theilung und Vereinbarung.

An demselben Sonntage, da man „singet jubilate in der heiligen Kirchen", verschrieben auch die Markgrafen Otto und Ludwig der Römer dem Kaiser Karl dem Vierten, als einem Könige von Böhmen, für den Fall, daß König Wenzel (dessen Sohn) ohne Erben bliebe und Schweidnitz und Jauer an Ottos Gemahlin Elisabet[3]) fallen würde, zum Ersatz für die Krone Böhmen, außer dem Lande Barnim und der Vogtei zu Lebus, ihre Städte und Lande über der Oder, so daß sich die Bewohner unserer knödelreichen Gegend darauf vorbereiten

---

[1]) Klette I., Seite 321.

[2]) Urkunde vom 12. April 1364 bei Riedel in dem Supplementbande, Seite 35—39. — Klette, Regesten I., Seite 310, irrt im Datum. 1364 fiel Ostern auf den 24. März, der Freitag nach Misericordias domini demnach auf den 12. (nicht 19.) April.

[3]) Ihre Mutter, die Kaiserin Anna, war eine Tochter des Herzogs Bolko von Schweidnitz und Jauer.

konnten, die edle Frucht mit den Czechen zu theilen.[1] Dies geht aus einer Urkunde, die Kaiser Karl der Vierte gleichfalls an dem Sonntage, da man jubilate singet, ausstellte, noch unzweideutiger hervor.[2]

Ein „Tiefenbacher", nur klüger als Napoleon der Dritte, suchte Karl aus jeder Schwäche seiner Nachbarn Vortheil zu ziehn. Er beutete eine Uneinigkeit des bayerischen zur künftigen Vergrößerung seines eigenen Hauses sehr schlau aus. 1361 war nämlich Ludwig der Ältere und 1363 sein einziger Sohn Mainhard ohne Erben gestorben.[3] Stephan, Herzog von Niederbayern, bemächtigte sich (unberechtigter Weise?) des erledigten Landes und gerieth dadurch selbstverständlich in einen harten Konflikt mit seinen Brüdern in der Mark. Karl suchte diese immer mehr auf seine Seite zu ziehen, was ihm 1363 durch eine sogenannte „Erbverbrüderung" gelang, die, weil in ihr den brandenburgischen Fürsten die Nachfolge in Böhmen nicht gesichert ist, eigentlich diese Bezeichnung nicht verdient.[4] Auch denen, welche den Markgrafen Ludwig und Otto nahe standen, fehlte der politische Scharfblick. Unterm 25. Juni 1364 bekennen die Mannen der Neumark — von Falkenburg, von Neuwedel, von Uchtenhagen ꝛc. — daß sie der Krone anheimfallen sollen, sobald die Fürstenthümer Schweidnitz und Jauer Otto und seiner Gemahlin Elisabet überantwortet werden. Dieselbe Erklärung geben ferner die Städte jener Mark ab, und ihnen folgten am 15. Juli die Städte im Lande Barnim. Ja, den 17. d. M. bestätigte sogar Wenzel, König von Böhmen, verschiedenen Vasallen der Mark Brandenburg unter ihnen: ..paske vinning, herrmann von 'Slaberndorff, herrmann, hanſs und conrad genantt dy Steinkeller, hanſs von Wyningen etc. für den Fall, daß sie an ihn gelange, ihre Freiheiten.[5]

Wenige Tage früher, am 2. Juli, erneuerten Abgeordnete des Königs Kasimir von Polen, des Hochmeisters von Preußen und des Johanniterordens einen Vertrag, der schon 1251[6]) über die Grenzen zwischen Polen, Preußen, der Neumark

[1]) Riedel II., Band 2, Seite 465—467. — Wedekind, Kreischronik, Seite 324—27.

[2]) von Raumer, Kodex I., Seite 19.

[3]) Margarete Maultasche starb 1366. Durch ihr Testament entzog sie das Erbland Tyrol dem bayerischen Hause und sicherte es den Herzögen von Österreich zu.

[4]) Schon Gercken hebt den Widerspruch hervor.

[5]) Riedel, Kodex II., Seite 469—473. — [6]) Siehe Seite 113!

und dem Lande Sternberg abgeschlossen worden war. Da sich besonders im sechzehnten Jahrhunderte darob arge Händel entspannen, die man bei genauer Kenntnis dieser beiden Urkunden leicht schlichten, überhaupt vermeiden konnte, so theil' ich einen Auszug mit. „Wenn man von hier aus diesen Weg verfolgt bis zur Grenze der Felder oder Hufen der Dörfer Neuendorf und Tempel, ein Weg, auf welchem wiederum ein eiserner Pfahl sich finden muß — und wenn man von diesem aus das Dorf Tempel und seine Fluren umschreitet, auf der linken Seite gerade aus nach dem Kalischer Berge zu hinein in die königliche Straße, welche von Reppen kommt, wo sich wiederum in einem hohlen Wege ein eiserner Pfahl finden muß, bei welchem immer die Besitzer von Sternberg die Kaufleute unter ihre heilsame Führung nehmen und von Meseritz bis Reppen geleiten und, heimkehrend wiederum nach Meseritz, bis zu dem genannten Pfahle zurückzubringen pflegen — dann wahrt auch der genannte Weg von Meseritz nach Reppen zu die Grenze bis zu dem Gebiete von Seeren, das sehr dicht an jenem Wege liegt, bis zu dem äußersten Grenzsteine bei Starpel, welcher das Ländchen Sternberg von Polen trennt und die Grenze bildet. — Diese Dörfer, nämlich Seeren, Tempel, Langenpfuhl und Burschen mit ihren anliegenden Fluren und Hufen, welche die Einwohner bis jetzt steuerpflichtig von den Kommendatoren in Lagow besessen haben, sind inbegriffen im Sternberger Gebiet, liegen darin und gehören dazu. Es hat aber das Haus Meseritz in den vorgenannten vier Dörfern gewisse Erträge und Einkünfte an Geldern, Weizen, Hafer, Eiern, Hühnern und Zehnten, welche Einige mit Geld zu erstatten pflegen, einzufordern, und es dienen jene Hufenbesitzer in der Weise, daß jeder jährlich zwei Tage Dünger ausfährt, zwei Tage Gras schneidet, zwei Tage dasselbe sammelt, zwei Tage Früchte einfährt, und es ist ein jeder von ihnen gehalten, immer in vierzehn Tagen einmal eine Fuhre Holz zur Küche nach Meseritz zu bringen. — Die Gärtner aber, d. h. diejenigen, welche nicht Hufen besitzen, sind gehalten, immer in vierzehn Tagen einmal zwei aus jedem Dorfe zu Fuße nach Meseritz zu kommen und dort einen Tag Dienste zu leisten, worüber hinaus aber die genannten Einwohner der vier Dörfer nicht weiter belästigt werden dürfen. Es verbleibt auch dem Hause Meseritz weiter kein Recht auf Herrschaft oder Gerichtsbarkeit in den genannten vier Dörfern, außer jenen oben aufgezählten (Rechten); sondern mit all' ihren Besitzungen

— einschließlich der Kopfsteuern, der Dienste, der Abgaben, der Kirchenlast, des Wegegeldes, der höheren und niederen Gerichtsbarkeit und der anderen Gerechtsame und Nutznießungen, welche jetzt bestehen und in Zukunft in diesen Dörfern erwachsen könnten, gehören sie zu den Brüdern des Johanniterordens. Die Einwohner der genannten Dörfer aber, welche ihren Verpflichtungen nicht genügen wollen und sie dem Hause Meseritz verweigern, sind vor dem Besitzer in Lagow anzuklagen und zu diesen Pflichten im Wege Rechtens anzuhalten."[1] Wie wenig man nicht blos auf der einen, sondern auch auf der anderen Seite diese Urkunden kannte, werden wir später sehen.

Ludwig der Römer starb 1365 kinderlos. Gallus[2] nennt ihn einen Schwachkopf. Milder beurtheilt ihn Heinel:[3] „Wenn sein Vater, der Kaiser, obgleich durch Erfahrung bereits gewarnt, sich immer wieder durch den Schein der Freundschaft blenden ließ, mit welchem Johann von Böhmen ihn zu bestechen wußte — wie hätte der Markgraf den Schlingen entgehen können, mit denen Johanns ungleich listigerer Sohn ihn von allen Seiten zu umgarnen wußte? Die mißlichen Umstände, unter denen er die Herrschaft in der Mark übernahm, machten ihm des Kaisers Schutz unentbehrlich, und der Zwist mit seinen Brüdern, den jener geschickt zu erregen, zu nähren und zu benutzen verstand, lieferte ihn völlig in die Gewalt des Verschlagenen." Stenzel und Buchholz[4]) heben des Römers Tapferkeit und Klugheit hervor.

Otto wird zur Genüge durch die Beinamen der Finner (d. h., wenn wir den bayerischen Ausdruck in's Hochdeutsche übertragen) der Faule charakterisirt. Selten hat es, sagt W. Pierson,[5]) einen schlafferen, nichtsnutzigeren Fürsten gegeben, als er, der nun von 1365—73 in der Mark den Kurhut trug. Wenn in Urkunden, z. B. vom 25. Juni 1364,[6]) von der hochgebornen Fürstin, Frau Elisabet, unsers Herrn Markgrafen „ehelicher Wirthin, unsers Herrn des Kaisers Tochter" die Rede ist, so könnten wir leicht glauben, die Vermählung habe bereits stattgefunden. Dies

1) Dieser Auszug, ursprünglich lateinisch, bei Bekmann, Johanniter, Anhang Seite 51 bis 52. Vollständig Riedel, Band 24, Seite 71—76. Wedekind, Neumark, Anhang. Ölrich, Beiträge, Seite 42—73. Gerken, Kodex III., Seite 252—266. — 2) Gallus I., Seite 317. — 3) Heinel II., Seite 432. — 4) Stenzel, Geschichte Preußens I., Seite 121. Buchholtz II., Seite 472. — 5) Preußens Geschichte, Seite 33. — 6) Riedel II., Band 2, Seite 469.

ist aber keineswegs der Fall. Sie unterblieb überhaupt. Der schlaue Karl fand es seinen Plänen angemessener, eine ältere Tochter, Katharina, die Wittwe des Herzogs Rudolf von Österreich, dem Wüstling Otto aufzudrängen; er berechnete nämlich, daß aus einer solchen Ehe — die frühere dauerte zwölf Jahre, war aber kinderlos — Leibeserben schwerlich entsprießen konnten. Die Verlobungsurkunde datirt vom 6., der Dispens des Papstes Urban des Fünften vom 23. Februar 1366.[1]) Drei Jahre später feierte man die prachtvolle Hochzeit. Der Brautschatz von 20 000 Schock großer Prager Pfennige, den Karl für Elisabet in Aussicht stellte, hätte dem Markgrafen Otto wol auf kurze Zeit wieder Mittel zu seiner maßlosen Verschwendung geboten; der Herzog Albrecht von Österreich, dem die junge Prinzessin 1368 die Hand reichte, wußte die Mitgift seiner Gemahlin indeß besser zu benutzen.

In einer Urkunde vom 24. Dezbr. 1367 erklärte Katharina, daß sie die Städte und Mannen, welche zu ihrem Leibgedinge verschrieben waren, in ihren Gerechtsamen nicht beeinträchtigen wolle. Es sind genannt: Frankfurt, Müncheberg, Drossen, alle Ritterbürtigen in den Vogteien Lebus und Drossen, Schloß Lagow, Henzel von Oinitz mit Rampitz, Hans von Waldow mit Königswalde Haus und Stadt, Uchtenhagen mit Sonnenburg Haus und Stadt, Petz von Lossow mit Drenzig, Bottschow und Radach ꝛc. Zwei Jahre später, am heiligen Christabende 1369, bestätigte sie den Genannten all' ihre Rechte und Privilegien.[2])

Obwohl Karl der Vierte es 1365 für rathsam fand, den neunzehnjährigen Otto, seinen künftigen Schwiegersohn, noch sechs Jahre unter Vormundschaft zu stellen, so schränkte er doch dessen loses Treiben nicht im geringsten ein; im Gegentheil leistete er demselben, wenn nicht direkt, so doch indirekt, Vorschub.

Ewig in Geldverlegenheit, hatten Ludwig der Römer und Otto die Niederlausitz (zwischen 1348—55) an die Markgrafen Friedrich, Balthasar und Wilhelm von Meissen verpfändet. Da sich ihnen nirgends eine Goldquelle öffnete, so gestanden sie dem Kaiser die Befugnis zu, das Land einzulösen; sie behielten sich nur das Recht vor, dasselbe wieder an sich zu bringen. Überdies empfingen sie für ihre

[1]) Riedel II., Band II., Seite 475—477.

[2]) Riedel, Kodex I., Band 20, Seite 238 — Gercken, Kodex VI., Seite 580—582.

Bereitwilligkeit 1000 Mark löthigen Silbers. Karl, der über reiche Mittel verfügte, säumte damit nicht lange.[1])

In seinem grenzenlosen Leichtsinne trug Otto kein Bedenken, das Münzrecht, eine der reichhaltigsten Quellen für den Schatz der Fürsten, den Städten, den altmärkischen für 5700, den mittelmärkischen sowie den Vasallen für 6500 Mark Silbers zu überlassen. In der Urkunde vom 24. Juni 1369[2]) erklärte er: Über Land und Leute sei eine schwere Zeit hereingebrochen; auch hätten die Städte Frankfurt, Berlin, Kölln, Spandau, Bernau, Eberswalde, Landsberg, Strausberg, Müncheberg, Drossen, Fürstenwalde, Mittenwalde, Wriezen und Freienwalde, die alle zum Münzzyser Berlin gehören, viel gelitten, sich auch öfter über die Landesmünze beschwert. Sie sollen darum Macht haben ewiglich und behalten, sich Münzen zu setzen, die ihnen und dem Lande nütze und bequem sind, nach Dicke und Schwere den stendalischen Pfennigen gleich, mit eigenen Abzeichen nach ihrer Willkür, wann und wie oft sie wollen. Außerdem stellt der Markgraf es den Städten und Mannen anheim, die Münzen zu bessern oder zu verschlechtern, bestimmt aber, daß nur Pfennige und Scherf- (halbe) Pfennige geprägt werden sollen, und zwar nirgends anders, als in Berlin und Frankfurt. Käme es vor, daß Jemand, gleichviel, ob Christ oder Jude, diese Münzen fälschte oder verzöge, den sollen die Rathmannen der vorgenannten Städte sonder Gefähr richten. Unter den Zeugen: die ehrwürdigen Väter in Gott, Herr Peter, Bischof zu Lebus; Herr Dietrich, Bischof zu Brandenburg; Klaus von Bismarck, markgräflicher Hofmeister; Gerhard von Alvensleben, Vogt über der Oder; Otto Mörner, der Hofrichter; die Rathmannen von Frankfurt, Berlin, Kölln, Müncheberg, Drossen, Fürstenwalde rc.

Der Verschwender ging noch weiter, oder, um es sprüchwörtlich auszudrücken: Auf das U folgte das W nach der Ordnung im ABC.

„Wir Otto, von Gottes Gnaden Markgraf zu Brandenburg rc., bekennen und thun kund öffentlich mit diesem Briefe allen denen, die ihn sehen oder hören lesen, daß wir mit wohlbedachtem Muthe (!), mit Rath unserer Edlen, Grafen, Herren

---

1) Vergleiche die Urkunden vom 28. Oktober 1363, 12. und 14. April 1364. Riedel II., Band 2, Seite 455, 460—464.

2) Buchholtz IV., Anhang, Seite 125—128. Gercken II., Seite 644—649. Riedel, Band 12, Seite 501—503. Goltz, Fürstenwalde, Seite 58 61.

und anderer unserer getreuen Unterthanen unbezwungen mit gutem freien Willen . . . dem durchlauchtigen Fürsten, Herrn Wenzlav, König von Böhmen, unserm lieben Schwager, seinen Erben und Nachkommen, Königen zu Böhmen und der Krone desselben Königreichs, recht und redlich und ewiglich verkauft haben, und ihn in rechten Käufers Weise hingeben und überantwortet haben und verkaufen, hingeben und überantworten wir ihm die Mark und das Fürstenthum zu Lausitz eigen als eigen, Lehen als Lehen rc. Unter den Städten und Häusern sind genannt: Luckau, Guben, Sommerfeld, die Klöster Neuzelle und Dobrilugk." [1])

Der Kaufpreis ergiebt sich aus folgender Urkunde vom 13. Januar 1368:

„Wir Otto, von Gottes Gnaden Markgraf zu Brandenburg rc., bekennen, daß wir dem hochgeborenen Fürsten Herrn Wenzlav, König zu Böhmen, unserm lieben Schwager, verkaufen . . . die Mark und das Fürstenthum zu Lausitz um einundzwanzigtausend Mark löthigen Silbers „erfordischs (erfurt'schen) Brandes und Gewichtes" und um zweiundzwanzigtausendachthundertundsechsundsechzig Schock großer Pfennige Prager Münze rc." [2])

Karl der Vierte verstand es meisterhaft, den trägen Markgrafen Otto so zu umgarnen, daß er ihm nicht mehr ausweichen konnte. Zuerst war er mit des Kaisers jüngerer Tochter Elisabet verlobt, heiratete dann aber nach des Vaters Wunsch die ältere Katharina. Als Witthum erhielt sie die Vogteien Drossen und Lebus. In den Besitz derselben ist die Fürstin niemals gelangt.

Das oben zuletzt genannte Kloster stiftete schon 1189 der Markgraf Dietrich der Dritte (aufgehoben 1543). Der Gründer des ersten ist Heinrich der Erlauchte (Glänzende, Prächtige), in zweiter Ehe mit Agnes von Böhmen, einer Tochter des Königs Ottokar, verheiratet (13. September 1267). Er schenkte zum Gedächtnisse und ewigem Heile seiner geliebten Gemahlin und all' seiner Voreltern mit Zustimmung seiner Söhne (Albert und Dietrich aus erster Ehe) mehrere Besitzungen, die im Umkreise einer Meile von einem Dorfe lagen, das man Starzeddel zu nennen pflegte. [3]) — Am 3. März 1370 verkaufte Niokolaus, der Abt dieses Klosters, dem Kaiser und dessen Sohne Wenzel die Stadt Fürstenberg nebst dem Dorfe

---

[1]) Urkunde vom 11. Oktober 1367, ausgestellt zu Guben. Vergl. zwei andere von demselben Datum. Riedel II., Band 2, Seite 482—486. — [2]) A. a. O. Seite 489, ausgestellt zu Nürnberg. — [3]) Stiftungsurkunde.

Vogelsang für 1600 Schock gute Prager Groschen. Der Vertrag ist unterzeichnet von dem genannten Prälaten, dem Prior Dittrich, dem Propste Johannes zu Beeskow, dem Subprior Johannes, dem Kellermeister Rudolf, dem Baumeister Johannes, dem Pförtner Johannes, dem Kustos Günther, dem Küchenmeister Friedrich und dem ganzen Konvente.[1]) Aus einer Konfirmation, welche Karl am 30. November 1370 dem Abte auf seinen Wunsch ertheilte, ersehen wir zugleich den damaligen Besitzstand des Klosters. Bei der Gründung (1248?) verlieh Heinrich der Erlauchte demselben Wellmitz, Steinsdorf, Seitwann, Streichwitz, Schwerzko, Kummero, Möbiskruge und Lawitz. Ferner schenkten: Landgraf Theodor von Thüringen 4 Hufen in Wellmitz, 4 Hufen in Bresinchen, das Dorf Bahro; Markgraf Johann von Brandenburg: Schiedlo sammt dem Neyskersee, desgl. Ratzdorf; Herzog Rudolf von Sachsen: Breslack, Bomsdorf und das Patronatsrecht zu Beeskow; Ludwig der Ältere: Pohlitz, Tschernsdorf und Schönfließ; Markgraf Friedrich zu Meissen: Riesen, den Werthowersee, Fünfeichen und Hörnchen (welches letztere allem Vermuthen nach zu dem Vorwerke Treppeln geschlagen wurde); Waldemar der Große: Reipzig. Trebitz, Ullersdorf und Henzendorf erwarben die Klosterbrüder aus eigenen Ersparnissen.[2]) Bei Schiedlo und Fürstenberg legten sie quer über die ganze Oder einen Biberbau, Lachs-, Aal- und Störfang an und hemmten dadurch die Schiffahrt.

Um Frankfurt, das ihm 1348 mit Erfolg Widerstand geleistet hatte, möglichst in seinem Handel zu schädigen, hielt sich Karl der Vierte unter dem Vorwande, der Ort gefalle ihm seiner Lage wegen ungemein, längere Zeit in Fürstenberg auf, umgab die Stadt mit einer starken Mauer, baute an der Oder ein festes Schloß und über diesen Strom nach dem jenseitigen brandenburgischen Ufer, „wo man in das Land Sternberg gelangte", eine Brücke. Im nordöstlichen Deutschland war damals Frankfurt die wichtigste Handelsstadt. Nur bei ihr, Breslau und Stettin, nicht aber auch bei Greifenhagen, Oderberg, Krossen und Glogau durfte man Kaufmannswaaren über die dort befindlichen Brücken führen. Man riskirte sonst die Wegnahme des Gutes, der Wagen und Pferde, sowie andere harte Strafen. Außerdem war oberhalb Frankfurts jegliche Schiffahrt auf der Oder verboten. Daß

[1]) Mauermann, Neuzelle, Seite 60. — [2]) A. a. O., Seite 60—61.

die Stadt aus solchen Begünstigungen erhebliche Vortheile zog, liegt wol auf der Hand, und ihr Bemühen, jede Verlegung und Schädigung der Straße, welche von Alters her über Reppen durch das Land Sternberg nach Polen führte, fern zu halten, ist sehr leicht erklärlich. Erst 1562 verordneten der Kurfürst Joachim der Zweite und der Markgraf Hans, daß alle Fuhrwerke, welche aus Schlesien, Böhmen und der Lausitz über Krossen kämen, fortan ihren Weg nach Frankfurt oder Küstrin über Ziebingen einschlagen sollten. Wenn auch seiner Zeit jener Schloß- und Brückenbau Aufsehen erregte, so wendeten doch die veränderten politischen Verhältnisse bald alle nachtheiligen Folgen ab, und heut' zu Tage erinnern nur der Name Burgwall, vereinzelte Spuren bei Ausgrabungen, auch neunzehn Pfähle, die man 1859 in dem Strombette entdeckte und auszog, an Karls des Vierten Plan.

Die Klagen der Frankfurter und die Vorstellungen seiner nahen Verwandten in Bayern rüttelten den trägen Markgrafen Otto ein wenig auf. Er befahl am 15. April 1371[1]) den Ständen der Neumark, seinem Neffen, dem gegenwärtigen Herzoge Friedrich von Bayern 2c. zu huldigen.

„Wir Otto, von Gottes Gnaden Markgraf zu Brandenburg — bekennen daß vor uns in unserer Gegenwart gewesen sind unsere Rathmannen und gemeinen Bürger der Städte Königsberg, Soldin, Arnswalde, Dramburg, Neu-Berlin (Berlinchen), Lippehne, Schönfließ, Morin, Bärwalde, Küstrin, Landsberg, Friedeberg und Woldenberg, und auch gemeinschaftlich all' unsere Mannen, Ritter und Knechte in unserem Lande „an diesseit der Oder besessen“, unsere lieben Getreuen, und haben uns mit aller und kundlicher Beweisung nach unsern Fragen vorgebracht und berichtet, wie sie vormals durch sonderliche Gebote und Geheiße des hochgeborenen Fürsten, Herrn Ludwig des Älteren, vormaligen Markgrafen zu Brandenburg, unsers lieben Bruders sel. Gedächtnis, dem hochgeborenen Fürsten und Herrn, Herrn Stephanus dem Älteren, Herzog zu Bayern, auch unserm lieben Bruder und seinen nächsten Erben männlichen Geschlechts gehuldigt und geschworen also unterschieden, ob derselbe Herr Ludwig der Ältere, Ludwig der Römer, unsere Brüder sel., und wir ohne eheliche Erben männlichen Geschlechts von dieser Welt schieden, daß

---

[1]) Nicht am 15. Mai, wie Spieker (Frankfurt, Seite 54) angibt. Ostern fiel 1371 auf den 6. April.

dann dieselben unsere Städte und Mannen den obengedachten Herzog Stephan, unsern Bruder und seine Erben für ihren rechten natürlichen Erbherrn halten und haben sollen. Darum so haben wir mit wohlbedachtem Muthe, mit gutem Willen und mit Rath unserer Räthe und lieben Getreuen nachgefolgt der menschlichen Sippe (Verwandtschaft) unseres natürlichen Blutes und haben den vorgenannten unsern Städten und Mannen und Unterthanen gemeinschaftlich geboten und geziehen, daß sie dem hochgeborenen Fürsten und Herrn Friedrich, Herzog zu Bayern, unserm lieben Vetter und Erbnehmer des obengedachten Herzogs Stephan und desselben seines Vaters, seiner Brüder und auch seiner selbst wegen gehuldigt und geschworen haben in der Weise, ob wir ohne eheliche Erben des Mannesstammes abgingen und stürben, als vorgeschrieben ist, das Gott wende, also sollen sie denselben unsern Vetter und dessen Erben männlichen Geschlechts für ihre rechten Erbherren haben und halten, als ehrbare Leute zu Recht thun sollen. Und darum so haben wir dieselben unsere Mannen, Bürger und Untersassen besonders damit besorget und geloben auch ihnen in diesem Briefe, käme es zu schulden, daß sie in künftigen Zeiten um dieser vorgenannten Huldigung von Jemand beschuldigt, beleidigt oder beschweret würden, dies sollen und wollen wir ihnen mit ihrer Hülfe und (ihrem) Rathe abnehmen und bei ihnen bleiben Liebes und Gutes wider aller männiglich, Niemand ausgenommen.

Deß zur Urkunde haben wir diesen Brief mit unserem anhangenden Insiegel versiegelt. Gegeben zu Soldin nach Christus Geburt dreizehnhundert Jahr, darnach in dem einundsiebzigsten Jahre, am Dinstage vor dem Sonntage Misericordias Domini." [1])

In Folge dieses Schrittes erklärte der Kaiser schon am 22. Juni dem Markgrafen den Krieg. „Wenn Du," sagt er, „wider Deines Bruders des Römers seligen und Deine Briefe und wider die Eide, Huldigungen und Briefe, die unsern Kindern und dem Markgrafen von Mähren, unserem Bruder und seinen Kindern von Deinen Städten und Landen nach des ehegenannten Deines Bruders, des Römers, und Deinem Geheiß geschehen ist und in dem von demselben Deinem Bruder aufgetragen ist von dem Reiche in Gegenwart der Kurfürsten, hast heißen

[1]) Riedel II., Band 2, Seite 508—509.

huldigen Deine Städte und Landsleute aus der Mark zu Brandenburg Herzog Stephan von Bayern und seinen Kindern, darum müssen wir um solches Unrechts Dein Feind sein und wollen uns gegen Dich bewahret haben. Gegeben zu Prag an dem nächsten Sonnabende vor St. Johannistag zur Sonnenwende, unseres Reiches im 25. und des Kaiserthums im 17. Jahre."

Im Auftrage des Kaisers unterzeichnete die Kriegserklärung Heinrich von Otbing.[1])

Als Karl im Juli mit seinem Heere die Grenzen der Mark überschritt, brach ein wilder, greuelvoller Sturm über das arme Land herein. Zwei Monate lang wütheten die Böhmen mit Feuer und Schwert. Obwol Christen, zeigten sie sich ebenso unmenschlich, wie vor fünfundvierzig Jahren die heidnischen Littauer. Zu einer Entscheidung kam es aber nicht; denn die Bürger vertheidigten sich tapfer, auch war der Kaiser nicht sicher, daß seinem Gegner aus Ungarn und Bayern Hülfe komme. Er wählte deshalb den Weg der Unterhandlung. Mit Ludwig von Ungarn und Polen verabredete er eine Heirat zwischen dessen Tochter Marie und seinem zweiten Sohne Sigismund. Auch Otto sah sich weiter nach Bundesgenossen um. Der König Waldemar von Dänemark und der Herzog Friedrich von Bayern vermittelten einen Vertrag mit Kasimir von Pommern-Stettin.[2]) Am 16. Oktober 1371 schlossen die feindlichen Parteien einen Waffenstillstand bis Pfingsten 1373.[3]) Hinsichtlich der Städte Müncheberg und Göritz wurde festgesetzt, daß sie auch während desselben in den Händen der Markgrafen von Meißen verblieben. „Auch sollen alle Bürger und Einwohner derselben Städte in Zeit desselben Friedens wandern auf Landen und auf Straßen, in Kaufmannsgeschäften und aller andern Nothdurft gleich allen andern Städten der Mark Brandenburg und soll und mag man ihnen zuführen Getreide, Kost und alle Nothdurft, gleich anderen Städten, als vormals gewöhnlich ist gewesen, und soll sie daran Niemand hindern ohne Gefahr. Nach dem Frieden, oder wenn etwa in dieser Zeit der Markgraf Otto stürbe (da Gott lange für sei!), sollen die beiden Städte dem Kaiser und seinen Erben, sowie dem Erzbischofe von Magdeburg und seinen Nachfolgern, „oder wenn sie das empfehlen", in ihrem bisherigen Zustande wieder übergeben werden."

---

[1]) Riedel II., Band 2, Seite 511—512: — [2]) Abgeschlossen am 20. Juli Seite 514 bis 515. — [3]) Seite 516—517.

Für die Erfüllung des vorstehenden Vertrages Seitens des Kaisers, seiner Helfer und Diener gegen den Markgrafen Otto und seinen Anhang leisteten die Landstände und Städte der Lausitz Bürgschaft. Es sind genannt: „Henrich von Kitlicz, Fridhelm von Solgast, Hans von Bukkensdorf, Conrad Czerrengibil, Balthasar von Rotenstock, Kunel von Eyla, Geylfrit von Wiltperg, Hans von Seben, Heinich Lange, Hans von Botfelde — die Städte Gubyn und Luckaw.“ [1])

Angeblich als Pfand für ein Darlehn von 200 000 Gulden übergab Otto dem Herzoge Friedrich unterm 31. Mai 1373 die Altmark und Priegnitz und befahl den Ständen dieser Lande, dem jungen Fürsten die Erbhuldigung zu leisten; auch sprach er es offen aus, daß er, selbst kinderlos, seinem Neffen und dessen Nachkommen und Brüdern die Erbfolge in der ganzen Mark zuerkenne. [2]) „Daran thut ihr uns sonderliche Beheglichkeit und gar wohl zu Danke“ lautete der Schluß dieser Erklärung.

Durch dieselbe ward der Vertrag vom 18. März 1363, [3]) der dem Könige Wenzel von Böhmen und den andern Söhnen des Kaisers die Erbfolge in Brandenburg sicherte, selbstredend aufgehoben. Leugnen läßt sich nicht, daß Otto einen günstigen Augenblick wählte; denn Ludwig von Ungarn hatte vollauf mit den wilden Türken zu thun, die ungestümer als je die Grenzen seines Reiches bedrohten. Dessenungeachtet stand Karl vollständig gerüstet da. Er zählte die Herzöge von Sachsen, Pommern und Mecklenburg zu seinen Bundesgenossen. Auch der Erzbischof von Magdeburg war unter diesen; ja er durfte sogar in der Mark auf einen bedeutenden Anhang rechnen. Rasch, wie der Strom von den Bergen rollt, brach er zum Kampfe hervor. Schon um Pfingsten [4]) schlug er bei Fürstenberg a. O. sein Lager auf. Durch den unvermutheten Angriff bestürzt und überrascht, suchte Otto, wie einst sein Bruder Ludwig der Ältere, hinter Frankfurts Mauern Schutz:

[1]) Riedel II., Band 2, Seite 519—521. Urkunde gleichfalls vom 16. Oktober.

[2]) Riedel II., Band 2, Seite 532.

[3]) Riedel II., Band 2, Seite 445—447.

[4]) Heinel II., Seite 442, nennt den 4. des Heumonds (Juni), Buchholz II., Seite 480, den Freitag nach Pfingsten. Dies wäre, da 1373 Ostern auf den 16. April, also Pfingsten auf den 4. Juni fiel, der 9. Wohlbrück I., Seite 585, bemerkt: Vom 6. bis 22. Juni stand der Kaiser bei Fürstenberg. Er stützt sich auf viele in Pelzels Geschichte Karls IV., Band 2, Seite 863 ff., angezeigte Urkunden. Vergl. Riedel II., Band 2, Seite 532—538.

es fehlte ihm aber dessen Heldengeist. Als die Stadt Karls Angriffe muthig zurückwies, hielt dieser es für besser, weiter zu gehen. In Lebus, bekanntlich dem Bischofe (damals Peter dem Ersten) gehörig, befand sich wahrscheinlich eine brandenburgische Besatzung, die nach Kräften Widerstand leistete. Nur daraus läßt es sich erklären, daß der Ort gänzlich zerstört, seine Umgebung schauerlich verwüstet, selbst die Kathedralkirche, allerdings nur ein Lehmgebäude auf einem unbewohnten Berge, in einen Pferdestall verwandelt wurde (22. Juli). Für die Vermuthung des Historikers Buchholtz (Band II., Seite 495), der Prälat sei ein treuer Freund des Hauses Bayern gewesen und habe sich dadurch den Zorn des Luxemburgers zugezogen, fehlen stichhaltige Gründe. Eine Urkunde, die Näheres über die „militärische Wirthschaft" der Böhmen in Lebus enthält, folgt im dritten Theile unserer Geschichte. Dort findet sich ferner der Nachweis, daß die Angabe, es geriethen außer einigen Domherren auch dreihundert bischöfliche Vasallen in Gefangenschaft, auf einer falschen Lesart beruht.[1]

Unter den obwaltenden schwierigen Verhältnissen verzagte Otto; den edlen Fürstenstolz, der lieber das Leben, als die Herrschaft opfert, kannte er überhaupt nicht. Mehr Muth besaß freilich sein Neffe Friedrich; er mußte sich indeß auch sagen, welchen Ausgang ein Kampf, in dem viele brandenburgische Ritter mit ihren Mannen dem Kaiser zueilten, nehmen würde. Sollte nicht Alles verloren gehen, so erschien ein gütlicher Vertrag als das einzige Auskunftsmittel. Ein solcher kam am 15. August im Lager bei Fürstenwalde zu Stande. Die wesentlichen Punkte desselben enthält folgender Bericht des Bischofs Lampert an die Stadt Straßburg (vom 18. August 1373):

„Wir lassen euch wissen, daß unser Herr der Kaiser mit Markgraf Otto von Brandenburg und Herzog Friedrich von Bayern freundlich übereingekommen und gerichtet ist also, daß an unserer Frauen Tag der Scheidung[2]) derselbe Markgraf Otto zu ihm kommen in sein Heer vor Fürstenwalde und Friedrich vorgenannt mit ihm, und hat der Markgraf dem hochgeborenen Wenzlav, König von Böhmen,

---

[1]) Bucholtz II., Seite 495. Ohne Prüfung nachgeschrieben von Dr. Wedekind (Neumark, Seite 161). Vergl. Wohlbrück I., Seite 506. Von einer Eroberung Frankfurts ist 1373 ebensowenig die Rede, wie 1348.

[2]) Mariä Himmelfahrt, 15. August.

und seinen Brüdern die Mark zu Brandenburg mit allen Rechten und Herrschaften, nur die Kur und das Erzkämmereramt zu seinen Lebtagen ausgenommen, abgetreten und an sie erblich und ewig und an ihre Erben gewiesen; und darum giebt ihm unser Herr, der Kaiser, hinwieder etliche Lande und Schlösser in Bayern, als hiernach geschrieben steht: Floße, Hirsawe, Sultzbach, Rosenberg, Buchperg, Lichtenstein, Liechtenegge, Braitenstein halb, ein Theil von Richeneg, Nitstein, Herspurg und Louff, ob er Erben gewinne männlichen Geschlechts; geschähe aber das nicht, so mögen sie und ihre Erben Könige von Böhmen dieselben Schlösser nach seinem Tode wieder einlösen von den Herzögen von Bayern um hunderttausend Gulden. Er gibt ihm auch dreitausend Schock jährliche „Gülte“ (Rente) von Böhmen, die auch ledig werden (wegfallen), wenn er stirbt ohne Erben männlichen Geschlechts, und zweihunderttausend Gulden auf „Täge“ (an Jahrgeldern), als das begriffen ist, und Pfandschaft für hunderttausend Gulden, und reitet jetzt und der König mit ihm und nimmt Huldigung von Herren und von Städten ein.

Gegeben zu Fürstenwalde in der Mark, am Donnerstage nach unserer Frauentag, dem vorgenannten.“ —

In der Verschreibung des Kaisers (vom 17. August) finden wir im wesentlichen dieselben Bestimmungen. Am folgenden Tage verzichtete auch Herzog Friedrich von Bayern für sich, im Namen seines Vaters und seiner Brüder, gegen 30 000 Goldgulden auf alle Ansprüche an die Mark Brandenburg. König Wenzel verpfändete zur Sicherheit mehrere Städte (Nördlingen, Dinkelsbühl ꝛc.); Prag, Pilsen, Mies und Glatau aber leisteten Bürgschaft. Es fragt sich jedoch, ob die oben genannten Summen regelmäßig und vollständig abgetragen worden sind; die bayerischen Fürsten klagten wenigstens später, daß Karl nicht einmal die Glockenstränge in der Mark bezahlt habe.

Am Bartholomäusabende (23. August) machte Markgraf Otto bekannt: „Durch sonderliche Zuversicht, Freundschaft und Liebe haben wir mit berathenem Muthe, williglich und „von rechtir wissen“ die Mark zu Brandenburg, alle ihre Städte, Lande, Leute und Güter mit aller Zubehörung, nichts ausgenommen, mit allen Rechten und Nutzungen unserm lieben Herrn und Vater, Herrn Karl, römischen Kaiser, dem durchlauchtigen Herrn Wenzlav, König von Böhmen, unserm lieben Schwager, seinen Brüdern und all' ihren Erben übergeben und überantwortet.“ Otto verzichtete gänzlich auf seine bisherigen Rechte; auch ertheilte er dem festen Hasse von Wedel von Uchtenhagen volle Gewalt, alle Städte, Ritter, Knechte, Bürger, Bauern und Einwohner der Mark Brandenburg den neuen Herren, als den rechten und natürlichen Markgrafen, zu überweisen. Herzog Friedrich leistete an demselben Tage in ganz ähnlicher Weise Verzicht.[1])

Otto blieb etwa noch ein Jahr am Hofe seines Schwiegervaters. Dann zog er sich auf die Burg Wolfstein an der Isar, unweit Landshut, zurück. Von jeher ein Wüstling, setzte er hier sein schamloses Treiben fort. Es kann uns gleichgültig sein, ob die schöne Grete, in deren Armen er sich am wohlsten fühlte, die Frau eines Müllers oder eines Bäckers war. Solche Hetären (Buhlerinnen) verdienen nicht einmal den Staub, welchen die Vaterlandsfreunde im gerechten Unwillen von ihren Füßen schütteln. Kaum zweiunddreißig Jahre alt, starb Otto 1379. „Sein thaten- und ruhmloses Leben aber geht wie ein trauriges Gespenst durch die ewigen Hallen der Geschichte, die Fürsten der Erde mit ernster Warnung an ihren heiligen Beruf mahnend."[2])

„Die Geschichte der Söhne Ludwigs des Bayern zeigt wie Familien sinken, wenn sie uneinig sind; denn es fehlt nie an Solchen, die das zu benutzen wissen.[3]")

Milder urtheilt Gallus:[4]) „Das bayerische Haus hatte fünfzig Jahre über Brandenburg, nicht zum Vortheile der landesherrlichen Macht, aber auch nicht zum Schaden der Unterthanen geherrscht. Der berühmte Fürst ist nicht immer der gute, der unwichtige nicht immer der schädliche. Der Regent kann Länder gewinnen, die Einkünfte vermehren, die Schatzkammer anfüllen; aber vielleicht seufzet der Kaufmann in seinem Komtoir, wimmert der Handwerker in seiner Werkstätte, weint der Bauer hinter seinem Pfluge. Was nützt es den Unterthanen, daß ein paar tausend Menschen mehr eben demselben Herrn gehorchen, wenn ihnen dadurch der Quellen des Unterhalts immer mehrere verstopft werden? Welcher Trost für ihn, daß seines Gebieters Haus durch Blut mächtiger wurde, da indeß sein eigenes durch Untergrabung des Wohlstandes sinkt? Welche Beruhigung kann es ihm gewähren, daß sein Oberer schwelgt, während deß er selbst hungert? Fürstenruhm und Landesglück —

---

[1]) Riedel, Kodex II., Band 3, Seite 8—18. — [2]) Heinel I., Seite 343. — [3]) Stenzel I., Seite 126. — [4]) Gallus I., Seite 325—326.

o wie zwei ganz verschiedene Dinge sind die! Unter den bayerischen Regenten wurden die Grenzen geschmälert, Provinzen verloren, Einkünfte vergeben, die Domänen verringert; aber dies schadete den Unterthanen nichts. Der Herrscher wurde arm, der Beherrschte blieb reich; jener darbte, dieser sammelte."

Professor Spicker hebt bei Frankfurt hervor: Einzelne Personen und Familien (Lichtenberg, Hockemann, Nymeck, Murow, Rakow, Erdmann) und ganze Innungen (Gewandschneider, Fleischer, Kürschner rc.) stifteten 16 Altäre in der Marienkirche und bereicherten sie mit ansehnlichen Einkünften von 10—15 Talenten, 30, 60, 80 brandenburgische Mark Silbers, 4 Hufen Land, Weinbergen rc. In der Gubener Vorstadt wurde das reiche Spiritushospital gegründet, das schon 1335 von Thyle Lossin (Lossow) Heinrich Calebergs Mühle vor Tzschetzschnow mit aller Bede und den darauf haftenden Diensten für 10 Mark Silbers kaufte.[1])

Vergessen wir auch die ungeheuren Abfindungssummen nicht, welche die bayerischen Fürsten an die verschiedenen Prätendenten zahlen mußten.

Sie betrugen:

| | | | |
|---|---|---|---|
| 1. | an die Herzöge von Mecklenburg . . . . | 32 500 | Mark, |
| 2. | „ den König von Böhmen . . . . . . | 20 050 | „ |
| 3. | „ den Herzog Rudolf von Sachsen . . . | 16 000 | „ |
| 4. | „ den Markgrafen von Meissen . . . . | 11 000 | „ |
| 5. | „ den Erzbischof von Magdeburg . . . . | 10 000 | „ |
| 6. | „ die Grafen von Lindow . . . . . . | 10 000 | „ |
| 7. | „ den Landgrafen von Hessen . . . . . | 10 000 | „ |
| 8. | „ die Herzöge von Pommern . . . . . | 6 000 | „ |
| 9. | „ den Herzog von Braunschweig . . . . | 5 450 | „ |
| 10. | „ die Herren von Bredow . . . . . . | 2 500 | „ |
| 11. | „ die Fürsten von Werle . . . . . . | 800 | „ |
| 12. | „ den Grafen Heinrich von Schwarzburg . | 500 | „ |
| | Summa | 124 800 | Mark. |

Rechnet man die Mark nach damaliger Währung zu 12 Thalern (36 Mark nach heutiger), so gibt dies 1 503 600 Thaler. Wie viel mögen die Kosten für die unaufhörlichen Kriege betragen haben?

---

1) Spicker, Seite 59.

Schließlich theil' ich aus einem Verzeichnisse der Kosten des markgräflichen Hofhaltes bei den Reisen Ludwig des Römers (1344 und 1345) Folgendes mit:

Am Donnerstage vor Kilian (8. Juli) waren die Lehnsleute aus dem Gerichtsbezirke Straußberg im Dorfe Röder versammelt und verbrauchten an Brot, Bier und Fuhrlohn 18 Schillinge 2 Groschen.

Desgleichen am Montage und Dinstage nach Margareten (15. Juli) besorgte ein Rechtsbeistand dem Herrn Markgrafen von Seiten des Hofmeisters in Frankfurt a. O. 14 Maß Bier weniger 1 Tonne, das Maß für 26 Schillinge gekauft, im Ganzen 18 Pfund weniger 1 Schilling. An Brot 37 Scheffel für 2 Pfund 6 Schillinge 3 Groschen.

Desgleichen vom Montage nach Margareten (17. Juli) bis zum Sonntage vor Laurentius (10. August) verbrauchten die mit den Lehnsleuten zum Gericht berufenen Brüder auf der Reise nach Polen zu und auf dem Rückwege 14 Maß 2c. 8 gekauft in Berlin für 8 Pfund, die anderen 6 gekauft in Frankfurt und in Drossen für $7^1/_2$ Pfund 6 Schillinge, das Maß gekauft für 26 Schillinge. Stroh 5 Schillinge 4 Groschen. An Brot 56 Scheffel für $3^1/_2$ Pfund. Desgleichen an trockenem Fleisch, Fischen, Salz und anderen nothwendigen Bedürfnissen 5 Pfund 3 Schillinge. Desgleichen für Hufeisen und Hufnägel 26 Schillinge.[1])

Über die hier genannten **Münzen** bemerk' ich: Schillinge wurden in der Mark nie wirklich ausgeprägt; sie gehörten, wie jetzt in England das Pfund Sterling (20,24295 Mark) zu den Rechnungsmünzen. 1 Schilling = 12 Pfennig; 20 Schillinge Anfangs 1 Mark oder 1 Pfund (Talent) brandenburgischen Silbers. Allmählich stieg die Anzahl der Schillinge, so daß man im 13. Jahrhundert schon 20 25 und zur Zeit des Landbuches (1375) sogar 40 Schillinge oder 2 Pfund Pfennige auf die Mark rechnete. Das letztere Verhältnis blieb beinahe einhundert Jahre.

---

1) Riedel III., Band 1, Seite 20.

Sechstes Kapitel.

## Das Land Sternberg unter den Luxemburgern.

„Karolus, du hast's errungen!" konnte der Kaiser ausrufen. Nicht das Schwert, sondern die List, seine kluge Berechnung führte ihn zum Ziele. Wer es mit dem Sprüchworte hält: „Die Welt will betrogen sein", findet allerdings in solchen Schlangenwindungen nichts Tadelnswerthes; ein gerader, aufrichtiger Deutscher dagegen spricht: „Unrecht Gut kommt nicht an den dritten Erben."

Im Lande Sternberg war Drossen die erste Stadt, welche (am 24. August 1373) dem Könige Wenzel huldigte, und zwar nach einem von ihr am genannten Tage zu Frankfurt a. O. ausgestellten Bekenntnisse.[1] Ferner ist eine Urkunde wichtig, welche den Johanniterorden in der Mark Brandenburg bestätigt.

„Wir Karl, von Gottes Gnaden römischer Kaiser, zu allen Zeiten Mehrer des Reiches, und wir Wenzlav, von derselben Gnade König zu Böhmen, Markgraf zu Brandenburg und Herzog in Schlesien 2c. bekennen und thun kund öffentlich mit diesem Briefe allen denen, die ihn sehen oder hören lesen, daß wir haben bestätigt und bestätigen mit diesem Briefe unsern lieben andächtigen Bernhard von der Schulenburg, Kommendator zu der Gartow St. Johannisordens und allen Häusern desselben Ordens, die in unserer Mark Brandenburg gelegen sind, all' ihre Gerechtigkeit, Freiheit, gute Gewohnheit und all' ihre Lehen, Erben und Güter, und auch all' ihre Briefe über ihre Lehen, Eigen, Pfandschaft und Güter, über ihre Freiheit, Gerechtigkeit und gute Gewohnheit, die sie haben von allen unsern Vorfahren, Fürsten und Fürstinnen stet und ganz zu halten und ihnen die nicht zu ärgern und zu kränken sonder (ohne) Arglist.

Mit Urkund dieses Briefes versiegelt mit unsern anhangenden Insiegeln: Aktum zu Straußberg nach Christi Geburt dreizehnhundert Jahre, darnach in dem dreiundsiebzigsten Jahre, am St. Johannistage Dekollatio (der Hinrichtung Johannis des

[1] Wohlbrück I., Seite 586.

Täufers) unserer Reiche des vorgenannten Kaisers Karl im 28. und des Kaiserthums im 19. Jahre, und unsers Königs Wenzlaws vorgenannten Königreichs im 11. Jahre."

Am 2. Oktober 1373 belehnte Karl seine Söhne Wenzel, Sigismund und Johann mit der Mark Brandenburg; für den Fall aber, daß diese keine männlichen Erben hinterließen, sollte sie an Johann von Mähren, seinen Bruder, bezw. dessen Nachkommen fallen.[1])

Eine Urkunde vom 7. Juni 1374, in die eine andere vom 28. Juli 1329 aufgenommen und damit bestätiget wurde, enthält eine ziemlich genaue Angabe der Grenzen der damaligen Feldmark Reppen.

Als Grenzlinien sind genannt: Die Lübbichower Mühle, die Ylang (Eilang) aufwärts bis zur Stadt, wo das Tornower Fließ in jene mündet, die bebauten Äcker von Tornow und Bottschow, die Wildenhagener Mühle, die Äcker von Wildenhagen und Reins(Reichen)walde, die Pleiske, welche durch den See Lymar (Leinert) geht, der Papensee, das Troye- (Wehr- oder Rohr-) Fließ, die Trenziger und die Lübbichower Äcker bis an die zuerst erwähnte Mühle. Alles was an Wald, Büschen, Bruch, Wiesen, Seen 2c. innerhalb dieser Grenzen lag, konnten die Bürger benutzen, auch die Zeidelheide; ausgenommen war indeß die Fischerei auf der Eilang.

In der Urkunde sind auch die Spring- und die Zimpelmühle (von der letzteren bezog die Stadt einen Wispel Roggen) genannt. Sie dürfen nicht mit der Heide-, der Auen-, der neuen oder der Augustenmühle verwechselt werden. Nr. 1 entstand im 16., Nr. 2 und 3 im 17., Nr. 4 erst im 19. Jahrhundert.[2]) Auch haben wir, sagt Markgraf Ludwig der Ältere, den Bürgern die Juden gegeben mit Recht, daß sie ihrer genießen (!!). Dazu lassen wir Alle, die von Reppin sein, von dem Zolle zu Lypenbergk (Landsberg?) frei. So haben wir auch den getreuen Bürgern, weil sie (früher) viel Anfechtung erlitten, den Zins gegeben von den vier Gewerken, und zwar jährlich, von den Gewandschneidern 18 Pfennig, den Fleischern 5 Schilling, den Bäckern und den Schuhmachern je 6 Pfennig. Auch dürfen sie die Zinsen von den Märkten verwenden „nach unsers Landes Gewohnheit."

---

[1]) Riedel, Kodex II., Band 3, Seite 19—22. — [2]) Berghaus, Band III., Seite 260.

Nach dem Landbuche des Kaisers Karl gehörte Reppen unmittelbar dem Landesherrn, mithin nicht mehr Johann von Waldow, dem es 1353 vom Markgrafen Ludwig dem Römer verliehen wurde. An denselben entrichtete die Stadt 24 Mark oder 27 Schock 12 Groschen Orbede und 100 Schock Groschen Zoll.

Als am 21. Mai 1374 die Städte der Mark, unter denen außer Berlin und Kölln auch Frankfurt a. O., Müncheberg, Landsberg a. W., Königsberg, Drossen und 32 andere genannt sind, ihre Zustimmung zur Erbeinigung mit der Krone Böhmen erklärt hatten, gab Wenzel mit seinen Brüdern (28. Mai) die Versicherung, daß eine Trennung der bezeichneten Lande, eine Schmälerung der Rechte, Freiheiten und guten Gewohnheiten der Fürsten, Grafen, Mannen und Städte nie eintreten solle. In einer feierlichen Versammlung zu Tangermünde bestätigte nun Kaiser Karl (am 29. Juni) diese Erbeinigung; zugleich verzichtete er auf Ersatz der Pfandschaften und Geldsummen, welche er für die Mark bisher verwendet hatte; auch wolle er sie in ihrer früheren Größe wieder herstellen.[1])

An gutem Willen fehlte es ihm nicht. Wir werden indeß sehr bald sehen, was die Ausführung seiner wohlgemeinten Pläne hinderte.

Zunächst machte er sich um Brandenburg dadurch verdient, daß er in den Jahren 1376—1377 eine Beschreibung des Landes aufnehmen ließ. Wir finden in derselben vermerkt: Die Zahl der Hufen an jedem Orte (ob herrenlos, wüste, steuerfrei ꝛc.), die Abgaben von jeder (Zins, Zehnten, Bede), desgleichen von den Krügen und Mühlen; die Namen der Besitzer, denen die Gerichtsbarkeit und die Dienste zustanden u. s. w. Leider ist die ganze Neumark sehr stiefmütterlich bedacht worden. Das Land Sternberg wird als der andere Theil des Landes Lebus, jenseit der Oder gegen Morgen, bezeichnet.[2])

In demselben lagen damals folgende befestigte Plätze und Städtchen (municiones et oppida):

| | Namen. | Besitzer. |
|---|---|---|
| 1. | Sternberg . . . . . . . | der Landesherr. |
| 2. | Drossen . . . . . . . | desgl. |

---

[1]) Riedel, Kodex II., Band 3, Seite 36—47.

[2]) Alia pars transoderana versus Orientem, que territorium Sternberg appelatur.

| | Namen. | Besitzer. |
|---|---|---|
| 3. | Roppin (Reppen) . . . . | der Landesherr. |
| 4. | Lagow . . . . . . . . | Johanniterorden. |
| 5. | Czulenzk (Zielenzig) . . . . | desgl. |
| 6. | Sandow . . . . . . . | Ritter Johann Sak. |
| 7. | Rampitz . . . . . . . | Ritter H. von Diniz. |
| 8. | Goritz (Göritz) . . . . . | Bischof von Lebus. |
| 9. | Sonnenburg . . . . . . | Ritter Otto von Bockenrode. |
| 10. | Kunigiswalde (Königswalde) . | Johann von Waldow. |
| 11. | Drentzk (Drenzig) . . . . | Petz von Lossow. |
| 12. | Botzschow (Bottschow) . . . | Herren von Lossow. |
| 13. | Koltzschyn (Költschen) . . . | desgl. |
| 14. | Radechow (Radach) . . . . | desgl. |

Nr. 6, 7, 9—14 als fürstliche Lehne.

Sehr reich war in der Neumark die Familie von Wedel begütert. Sie besaß: Schibelbeyn (Schievelbein), Falkenburg, Wedel (Neuwedel bei Reetz), Tütz, Corana (Korane), Neu-Fredelant (Märkisch-Friedland), Uchtenhagen, Retz (Reetz), Czantach (Zantoch), Nurenberch (Nörenberg), Meln (Mellen), Freyenwalde (Freienwalde).

Die Orbede betrug aus dem Lande jenseit der Oder insgesammt 272 Mark; für Drossen und Reppen allein 48 Mark oder 54 Schock 24 Gr. Die Mühle in Reppen hatte wöchentlich 5 Scheffel abzuliefern. An Zoll waren daselbst 100 Schock zu entrichten.

Die Mark zählte damals 1094 Dörfer und 171 Städte und Schlösser. Ein Scheffel Weizen galt 16, Roggen und Gerste 10, Hafer 5 Pfennig. Landeseinkünfte: 6500 Mark (48700 Thaler).

Ein weiteres Verdienst erwarb sich Karl durch seine unnachsichtliche Strenge gegen die Räuber.[1]) Er ließ sie ohne Weiteres an den Bäumen aufknüpfen.

[1]) „Stegreifjunker" nennt Herr Oskar Schwebel („Oderzeitung" 1887, Nr. 196) die räuberischen Edelleute des Landes. Das Wort „Raubritter", sagt er, sollte man der Billigkeit halber für immer in die Rumpelkammer werfen. Denn den Rittergürtel, das edle cingulum militare, welches zu jeder christlichen Tugend, zur Barmherzigkeit insonderheit, sowie zum Schutze

Bei seiner Anwesenheit in Tangermünde hielt er selbst die Hofgerichte. Damit er stets an seine Pflicht erinnert werde, bekam jeder Justizbeamte einen Siegelring mit der Inschrift: „Richtet recht, ihr Menschenkinder!"

Wenzel, am Freitage vor Okuli (26. Februar) 1361 geboren und schon seit 1363 König von Böhmen, wurde am 10. Juni 1376 zum römischen Könige gewählt (auch Otto der Faule stimmte für ihn) und 11 Tage später zu Aachen gekrönt. Kaiser Karl theilte nun seine Länder unter seine drei Söhne und zerstörte auf diese Weise das Werk seines Lebens wieder. Wenzel bekam mit der Kaiserkrone Böhmen und Schlesien; Sigismund (geboren 14. [15.] Februar 1368) mit der Kurwürde Brandenburg; Johann, erst neun Jahre alt, mit dem Herzogstitel die Stadt und das Land Görlitz, die Niederlausitz, die Neumark und das luxemburgische Stammland.

Unterm 11. Juni 1378 wies König Wenzel nicht blos die Städte und Mannen des Havellandes und die Stände der Altmark, sondern auch die Stände des Landes Lebus und Sternberg an seinen Bruder Sigismund.

Die betreffende Urkunde lautet:

„Wir Wenzlav, von Gottes Gnaden römischer König, zu allen Zeiten Mehrer des Reiches, und König zu Böhmen, bekennen und thun kund öffentlich mit diesem Briefe allen Denen, die ihn sehen oder hören lesen, daß wir mit wohlbedachtem Muthe, mit Rath unserer Fürsten und lieben Getreuen die Bürgermeister und die Räthe und die Bürger gemeiniglich der Städte zu Frankfurt, Müncheberg, Fürstenwalde, Lebus, Falkenhagen, Drossen, Sonnenburg, und alle Ritter und Knechte, die in dem Lande zu Sternberg, zu Lebus und um die ehegenannten Städte gesessen sind, aller solcher Huldigung und Gelübde, die sie uns als von der Mark

---

der Wittwen und Waisen verpflichtete, trugen diese rohen Gesellen, die das Land nach damaliger Sprachweise „schädigten", fast nie. So war z. B. um 1390 im Lande Sternberg ein Edelmann gesessen, Junker Albrecht von Lossow, mächtigen und uralten Geschlechtes. Der Volksmund hatte seinen Vornamen Albrecht zu dem Kose- und Schmeichelnamen „Petz" verstümmelt ꝛc. Herr Schwebel erzählt nun, wie die Bürger von Frankfurt, Reppen und Drossen das Schloß Bottschow zerstörten (siehe Seite 43 der „urkundlichen Geschichte"). Die Leser mögen selbst urtheilen, ob der Ritter aufhört ein Ritter zu sein, wenn er jenen Gürtel ablegt. Ich bemerke nur: Wie Oskar nicht der Kosename von Zacharias ist, so hieß dieser Wegelagerer ursprünglich nicht Albrecht, auch nicht Ursinus (Bär), sondern Peter.

zu Brandenburg wegen gethan haben, ledig und losgelassen, und haben sie an den hochgeborenen Sigismund, unsern lieben Bruder und Fürsten gewiesen, und weisen sie auch an ihn, seine Erben und Erbeserben Mannesgeschlechts mit Kraft dieses Briefes. Und geschähe es, daß der genannte unser Bruder Sigismund, Markgraf zu Brandenburg, abginge und stürbe und nicht Erben Mannesgeschlechts gewönne, so soll dieselbe Mark zu Brandenburg mit all' ihren Zubehörungen an den hochgebornen Johann, Herzog zu Görlitz, unsern lieben Bruder und Fürsten, und seine Erben Mannesgeschlechts ohne alle Hindernisse fallen, und so das geschieht, so soll das Herzogthum zu Görlitz und was er in der Mark zur Lausitz hat, mit aller Herrschaft, Städten und Zubehörung lediglich und ohne alle Hindernisse wieder an uns und unsere Erben und Nachkommen, Könige zu Böhmen fallen. Wäre aber gethan,[1]) daß die ehegenannten unsere Brüder beiderseits, da Gott vor sei, stürben und Erben Mannesgeschlechts nicht hinterließen, so soll die ehegenannte Mark zu Brandenburg mit aller Herrschaft, Städten, Landen und Leuten und Zubehörungen lediglich und ohne alle Hindernisse wieder an uns, als einen König von Böhmen, unsere Erben und Nachkommen, Könige und die Krone zu Böhmen fallen.

Mit Urkund dieses Briefes, versiegelt mit unserem königlichen Majestätssiegel, der gegeben ist zu Prag nach Christi Geburt 1378. Jahre an dem nächsten Freitage nach dem heiligen Pfingstfeste, unserer Reiche des böhmischen im fünfzehnten und des römischen im zweiten Jahre."[2])

Am 14. Juni 1378 stellte der neue Fürst der Mark folgende Versicherung aus:

„Wir Sigismund, von G. G. Markgraf zu Brandenburg und des heiligen römischen Reiches oberster Kämmerer, bekennen vor Allen, die diesen Brief sehen oder hören lesen, daß wir all' unsern Mannen, Bürgern und allen andern Insassen in unsern Landen der Mark Brandenburg, geistlichen und weltlichen, unsern lieben Getreuen, verheißen und gelobt haben, und verheißen und geloben auch in diesem Briefe, daß wir ihnen und besonders auch jeglichen Bischöfen, Grafen, Freien, Herren, Rittern, Knechten, Bürgern und Bauern, und auch sonderlich jeglicher Stadt all' ihre Gerechtigkeit, Freiheit und gute Gewohnheit, die sie haben und zuvor von

---

[1]) Wenn aber der Fall eintritt, daß 2c. — [2]) Buchholz V., Anhang, Seite 152—153. Riedel II., Band 3, Seite 67.

unseren Vorfahren gehabt haben, sie seien geschrieben oder nicht geschrieben, bestätigen wollen, sobald („alzschire") als wir in die Mark zu Brandenburg kommen und die Huldigung, die sie uns verheißen und gelobt haben, von ihnen nehmen werden, und wollen ihnen und einem jeglichen besonders unsere Briefe darüber geben in aller Weise und Form, als ihnen diese unsere Vorfahren, Markgrafen zu Brandenburg, und darnach die allerdurchlauchtigsten Fürsten und unsere lieben gnädigen Herren, Herr Karl, römischer Kaiser, zu allen Zeiten Mehrer des Reiches, unser allerliebster Herr und Vater, und Herr Wenzlav, römischer König und König zu Böhmen, unser allerliebster Bruder, über dieselbe Gerechtigkeit, Freiheit und Gewohnheit zuvor gegeben haben, und wollen ihnen dies nicht versagen noch verzögern in keinerlei Weise. Deß zur Urkunde haben wir ihnen unsern Brief gegeben, versiegelt mit unserm anhangenden Insiegel.

Gegeben zu Prag nach Gottes Geburt dreizehnhundert Jahr, darnach in dem achtundsiebzigsten Jahre an dem Montage vor St. Viti und Modesti Tage der heiligen Märtyrer." [1])

Einen Beweis von dem guten Willen, den Sigismund Anfangs zeigte, liefert auch folgende Urkunde:

„Wir Sigismund, von Gottes Gnade Markgraf zu Brandenburg -- bekennen -- daß wir von besonderer Gunst und Gnade wegen Freiheit und Friede auf der Oder gegeben haben den gemeinen Kaufleuten mit allem ihren Gut, daß sie darauf fahren mögen, sie seien Gäste oder unsere angesessenen Mannen und Leute, sie seien, wer sie seien, daß sie sollen und mögen sich selber oder ihr Gut allezeit führen die Oder auf und nieder, Leibes und Gutes sicher, vor uns und all' den Unsern, die durch unsern Willen thun und lassen wollen. Und wäre es auch wol, daß unsere Vögte, Amtleute oder unsere Mannen Aufläufe, Krieg oder Aufstöße gewönnen — mit unsers Oheims, des Herzogs von Stettin Vögten, Amtleuten oder Mannen, oder wir selber mit unserm Oheim kriegen würden, das Gott nicht gebe, so sollen doch alle Kaufleute, sie seien Gäste oder unsere Mannen, mit ihrem Gute und Habe sicher und ungefährdet sein Leibes und Gutes vor Allen, die durch unsern Willen thun und lassen wollen, die Oder auf und nieder. Und wenn wir die Freiheit

[1]) Riedel II., Band 3, Seite 67—68.

nicht länger gönnen wollen, es sei im Frieden oder im Kriege, so sollen wir und wollen den Frieden und (die) Freiheit der Oder mit unsern Briefen aufsagen vierzehn Tage zuvor, und das sollen wir und wollen thun dem Rathe der Stadt zu Stettin, und desselbengleichen soll uns wiederum geschehen von unserm Oheim, dem Herzoge von Stettin, zu unserem Rathe unserer Stadt Frankfurt.

Mit Urkunde dieses Briefes versiegelt mit unserm anhangenden Insiegel.

Gegeben zu der Neustadt nach Christi Geburt dreizehnhundert Jahre, darnach in dem neunundsiebzigsten Jahre des Dinstags nach der Theilung der Apostel unseres Jesu Christi." (19. Juli.)[1])

Zu einer außerordentlichen Steuer (Stura sive Landbete) trugen 1377 bei:

| | | |
|---|---|---|
| Landsberg a. W. . . . . . . . . . . . . . . | 250 | Mark, |
| Königsberg (N.=M.) . . . . . . . . . . . | 200 | " |
| Arnswalde . . . . . . . . . . . . . . | 200 | " |
| Friedeberg . . . . . . . . . . . . . . | 120 | " |
| Soldin . . . . . . . . . . . . . . | 120 | " |
| Woldenberg . . . . . . . . . . . . . | 100 | " |
| Schönfließ . . . . . . . . . . . . . . | 100 | " |
| Bärwalde . . . . . . . . . . . . . . | 80 | " |
| Berlinchen . . . . . . . . . . . . . . | 70 | " |
| Dramburg . . . . . . . . . . . . . . | 50 | " |
| Morin . . . . . . . . . . . . . . | 50 | " |
| Drossen . . . . . . . . . . . . . . | 50 | " |
| Lippehne . . . . . . . . . . . . . . | 15 | " |

Einen sichern Anhalt für die Leistungsfähigkeit dieser Städte überhaupt und an sich ergibt diese Nachweisung nicht. Bei der Anlage der Steuer berücksichtigte man nämlich den Besitzstand außerhalb derselben, auch vorübergehende Nothstände und zufällige Verhältnisse.

In seinem dreiundsechzigsten Jahre, am 29. November 1378, starb Kaiser Karl der Vierte. Mit Recht nennt ihn Maximilian der Erste des heiligen römischen Reiches Stiefvater. Ein Zeitgenosse, der Florentiner Matthäus

[1]) Riedel II., Band 3, Seite 71.

Villani, entwirft von ihm folgendes Bild: „Karl war nur von mittlerer Größe und etwas verwachsen, so daß sich Kopf und Hals weit vorwärts drückten. Das Gesicht war breit, die Augen groß, die Backen dick, Bart und Haar schwarz, das Vorderhaupt kahl. Seine Kleidung war von gutem Tuche, in der Regel ein zugeknöpfter bis auf die Kniee reichender Rock ohne Stickerei und Besatz. Seine beständige Gesundheit wurde nur ein Mal in seinem Leben durch eine kurze Krankheit unterbrochen. In seinem sechsundfünfzigsten Lebensjahre verlor er den ersten Zahn, der ihm alsbald nachwuchs. Bei Reden und Vorträgen, die an ihn gehalten wurden, pflegte er Weidenstäbe in kleine Stücke zu zerschneiden und seine Augen von einem der Anwesenden zum andern zu werfen, nur nicht auf den Redenden, von dessen Worten ihm jedoch keines entging."

In der Bibel außerordentlich belesen, schrieb er auch mehrere Auslegungen über verschiedene Abschnitte. Wollte er sich von Staatsgeschäften erholen, so pflegte er die von ihm am 6. April 1348 in Prag gestiftete Universität zu besuchen und an den gelehrten Streitigkeiten der Professoren und Studenten Theil zu nehmen.

Pelzel, sein Biograph, bemerkt außerdem, daß er stets eine besondere Neigung zu Schnitzwerk hatte, daß noch jetzt einige seiner Arbeiten (Kreuze, Betstühle, Marienbilder) in der Burg Karlstein aufbewahrt würden.

Nicht lange vor seinem Tode ermahnte der Kaiser seinen Nachfolger: „Lieber Sohn, nimm wahr und lerne Weisheit von mir, und siehe, wie ich thue, also thue auch Du hernach. Habe Deine Freunde und Güter lieb; denn die Güter haben Dich zum Herrn und obersten Könige gemacht. Sei friedsam, und was Du durch Güte erlangen kannst, das suche nicht durch Krieg. Erweise Jedermann Ehre und habe den Papst, die Priester und die Deutschen zu Freunden, so wirst Du desto besser in Frieden leben." —

Dem „lieben Sohne" Wenzel fehlte aber des Vaters Umsicht und Klugheit. Und doch wäre sie ihm in einer geistig und politisch aufgeregten Zeit vor allen Dingen nothwendig gewesen. Von früher Jugend auf König genannt und zu einem solchen erzogen, blieb er roh, üppig, wollüstig, jähzornig, und zeigte bald das strikte Gegentheil des Lobes, das Karl der Vierte von ihm in die Welt posaunt hatte. Anfangs regierte er zwar leidlich, nach Art schwacher Thronfolger, die noch einen Vorrath guter Lehren und einige Vorsätze und Rührungen mitbringen; allein nach kurzer Zeit setzte er sich über alle Pflichten hinweg; ergab sich einer grenzenlosen Faulheit, den Freuden der Tafel und sittenlosen Weibern. Außer dem Scharfrichter gehörten Hunde zu seinen Lieblingen, und einer von den letzteren soll 1386 die Königin Johanna (eine Tochter des Herzogs Albrecht von Bayern) im Bette erdrosselt oder zerrissen haben. Es wird bezweifelt, daß er Johann von Pomuk (Nepomuk) in die Moldau stürzen ließ, weil er ihm die Beichte der Königin Sophie nicht offenbaren wollte;[1]) andere Grausamkeiten sind indeß nicht abzuleugnen. Er

[1]) Die Geschichte kennt nur einen Johann Pomuk, Märtyrer für gewisse Freiheiten der römischen Kirche, nicht aber für das Beichtsiegel. Sigismund Huber, der Unterkämmerer des Königs Wenzel, demnach der angesehenste Rechts- und Verwaltungsbeamte in Böhmen, gerieth mit Johann von Jenstein, Erzbischof von Prag, über weltliche und geistliche Gerichtsbarkeit in Streit und wurde deshalb von ihm in den Bann gethan; ja der Prälat ließ ihn sogar durch seinen Offizial Nikolaus Puchnik und dessen Vikar Johann Pomuk vor sein Gericht laden. Überdies hatte er auch in einer dem Könige eingereichten Beschwerde den Hofmarschall und andere Hofleute „Gottes und der Kirche größte Feinde, des Teufels Handlanger und des Antichrists Botschafter" genannt. In Bettlern (Zebrak), wo er damals gerade residirte, von diesen Vorgängen in Kenntnis gesetzt, gerieth Wenzel in die größte Wuth. Er eilte sogleich nach Prag und ließ den Kirchenfürsten vor sich rufen. Dieser hatte sich jedoch bereits mit den genannten Geistlichen aus der Stadt geflüchtet. Der König schickte ihm ein kurzes Billet nach, das wörtlich so lautete: „Du, Erzbischof, gib mir Raudnitz nnd meine anderen Schlösser wieder und packe Dich fort aus meinem Böhmen, und wenn Du etwas gegen mich und meine Leute unternimmst, so will ich Dich ersäufen und so den Streit beendigen. Komm nach Prag!" Der Prälat erschien zwar, schützte sich aber in seinem Palaste durch zahlreiche Bewaffnete. Puchnik, Pomuk und andere Geistliche nahm Wenzel gefangen. Er verfuhr mit ihnen nach seiner gewöhnlichen Art: dem Offizial und seinem Vikar drohte er gleich Anfangs, er werde sie ins Wasser werfen lassen; einen Domherrn mißhandelte er mit eigener Hand. Dann verlangte er von ihnen, sie sollten eine Schrift unterzeichnen, in welcher sie des Königs Ansehen anerkannten und sich von dem Erzbischofe lossagten. Nur zwei von ihnen willfahreten diesem Befehle; Puchnik und Pomuk verweigerten standhaft ihre Unterschrift. Sie leisteten sie selbst dann nicht, als sie auf die Folter gespannt wurden und Wenzel die Fackel des Henkers ergriff, um sie selbst zu brennen. Dies brachte den ohnehin jähzornigen Fürsten vollends in Wuth. Er ließ den Offizial barbarisch quälen, den Vikar aber so knebeln, daß er sich nicht rühren konnte und ihn dann (angeblich am 16. Mai, nach Anderen schon am 21. März, 1383) Nachts von einer Brücke hinab in die Moldau werfen, wo der Unglückliche ertrank. Gleich darauf bereute Wenzel seine Heftigkeit. Er bot Johann von Jenstein die Hand zum Frieden, der freilich nur kurze Zeit dauerte. Puchnik aber wurde durch die erzbischöfliche Würde von Prag entschädigt, Huber dagegen als Urheber des Streites enthauptet. — Dies ist auch ein charakteristisches Bild aus der guten alten Zeit, zumeist nach Schlosser (Weltgesch. VIII. 542—43). Ein Freund der Wahrheit, sieht er zwar verschiedene Frevel Wenzels als Märchen und Übertreibungen an; er gibt aber zu: „In Folge seiner zügellosen Jagdliebe und seiner unmäßigen Trunksucht steigerte sich die Wildheit und der Jähzorn dieses sonst freundlichen, gewandten und gerechten Fürsten zu einem solchen Grade, daß er einem reißenden Thiere glich."

übte die Tyrannei mit Witz. Einen Mönch erschoß er im Walde, da er ja kein Mönch, der ins Kloster gehöre, sondern ein Wild sein müsse. Einst lud er den ganzen böhmischen Adel ein und empfing ihn bei Willamow unter einem schwarzen, einem rothen und einem weißen Zelte. Er selbst saß im ersten. Hier mußte einer nach dem andern erklären, welche Güter er von der Krone besitze. Diejenigen, welche dieselben freiwillig hergaben, wurden ins weiße Zelt geführt und bewirthet, alle übrigen im rothen sogleich enthauptet.

Ein ander Mal befahl er Bürgermeister und Rath der Prager zur Tafel. Bevor man sich setzte, erschien der Scharfrichter mit blankem Beile. „Warte nur," rief ihm Wenzel zu, „nach Tische wirst du Arbeit bekommen."

Die Rathsherren mußten nun in Todesangst essen und trinken und sodann, um wenigstens ihr Leben zu retten, des Königs Wünsche bewilligen. Einen Koch, der den Braten verbrannt hatte, ließ er selbst an den Spieß stecken. Auf einem Warnungszettel: „Wenzeslaus alter Nero", schrieb er: „Si non fui adhuc ero" (etwa: „bin ich's nicht gewesen, werd' ich's sein anhero"). Kurz: Den Deutschen, um die er sich nicht kümmerte (wer ihn sehen wolle, könne nach Prag kommen, spottete er), erschien er als ein Narr, den Böhmen als ein Wütherich.

Sigismund war allerdings ein milderer Charakter, aber keineswegs ein Vater seiner Länder. Nur ein Mal (1381) kam er nach der Mark. Er ließ sie durch Hauptleute verwalten, die weder Macht noch Ansehen besaßen. Sie mußten ihm die Einkünfte derselben nach Ungarn schicken. Hier weilte er am Hofe seines künftigen Schwiegervaters, des Königs Ludwig, der auch über Polen herrschte. Dieser starb am 11. September 1382 zu Tyrnau. Als Erben blieben nur zwei Töchter: Maria und Hedwig. Der Geschichtsschreiber Dlugosz sagt, daß in beiden der Anstand die Gestalt, die Würde den Liebreiz, die Tugend noch die Schönheit, die Sittsamkeit den Glanz, Bescheidenheit und Anmuth die Macht weit übertrafen.

Maria, seit ihrer Kindheit mit Sigismund verlobt, indeß durch die Ränke politischer Parteien ihm wieder entfremdet, konnte endlich nach vielem Mißgeschick, das ihrer Mutter Elisabet das Leben, ihr selbst aber auf einige Zeit die Freiheit raubte,[1]) dem Bräutigam (im Oktober oder November 1385) die Hand zum Ehebunde reichen.

Um dieselbe Zeit als Königin von Polen gekrönt, mußte Hedwig (Hadwiga) dem Freunde ihres Herzens, Wilhelm von Österreich, entsagen und am 15. Februar 1386 den Großfürsten Jagiel von Littauen heiraten, der am Tage zuvor bei seiner Taufe durch den Erzbischof von Gnesen die Namen Wladislaus Jagello angenommen hatte. Die Weihe zum Christenthume erfolgte bei seinem Volke sehr summarisch. Mit neuen weißen Wollenkitteln bekleidet, wurde es in Haufen von Hunderten vom Priester mit Wasser bespritzt; außerdem bekamen diese nach der Kalenderreihe ihre Namen auf ein Mal.

Der leichtsinnige, verschwenderische Sigismund brauchte viel Geld. Die Quellen versiegten leicht; er gerieth tief in Schulden. Von der reichen Beute der brandenburgischen Kriegsscharen, die auf seine Veranlassung 1383 unter Arnold von Waldow aus dem Sternbergischen, Krossenschen und Züllichauischen in das widerharige Polen einfielen, floß ihm wahrscheinlich Nichts zu. Gern füllten die Ritter ihre eigenen Taschen. Die trostlosen Zustände der „guten alten Zeit“ können wir u. a. aus einer Urkunde ersehen, die der Kurfürst für Frankfurt a. O. ausstellte.

Sie lautet:

„Wir Sigismund von Gottes Gnaden Markgraf zu Brandenburg, des heiligen römischen Reiches oberster Kämmerer, bekennen und thun kund mit diesem offenen Briefe allen Denen, die ihn sehen, hören oder lesen, daß wir den Bürgern und den Räthen unserer Stadt zu Frankfurt a. O., erlaubet und geheißen haben, befehlen und heißen ihnen mit Ernste, daß sie sollen richten über alle Räuber, Diebe, Mörder, Mordbrenner und über alle Missethäter und über alle Diejenigen, die die Lande angreifen und beschädigen wollen. Das sollen sie richten und damit verfahren, das Recht ist.

---

[1]) Ein Ritter Blasius Forgacz (Forgatsch) hatte auf Elisabets Veranlassung Karl von Neapel, der am Silvestertage 1385 zum Könige von Ungarn gekrönt wurde, bei einem fröhlichen Mahle den Kopf gespalten. Johann von Horwath, Ban von Kroatien, eilte racheschnaubend herbei, überfiel Elisabet und ihre Tochter auf einer Lustfahrt, ließ den Mörder vor ihren Augen in Stücke hauen, sie selbst trotz allen Flehens ersäufen und die bebende Maria nach der Festung Krupa bringen (1386). Heinel, II. Seite 400. Etwas abweichend Böttiger, Weltgeschichte, IV., Seite 421.

Zur Urkunde des Briefes versiegelt mit unserem anhangenden Insiegel. Gegeben zu Frankfurt nach Gottes Geburt tausend Jahre dreihundert Jahre in dem achtundsiebzigsten Jahre an dem nächsten Sonnabende nach unserer Frauen Tage Assumptionis“ (20. August; denn Mariä Himmelfahrt, 15. August, fiel auf den Montag).

„Ganz Rom ist feil, wenn sich nur ein Käufer findet,“ sagte einst Jugurtha, der Kronräuber in Numidien. Ähnlich stand es damals um die Mark Brandenburg. Sigismund betrachtete sie als ein bloßes Nebenland; denn in Ungarn war er vollauf beschäftigt, einen Antheil an der Regierung zu erringen, den ihm die großen Herren streitig machten. 1386 ermöglichte er seine eigene Krönung, und schon im folgenden Jahre führte er seinen Vorsatz, sich des entfernten Besitzthums zu entäußern, ohne Bedenken aus. Unter Zustimmung seiner Brüder Wenzel und Johann verpfändete er die Kurwürde und die Mark an seinen Vetter Jobst (Jodokus) von Mähren gegen eine bedeutende Geldsumme.[1]) Das Recht der Wiedereinlösung behielt er sich nur auf die nächsten fünf Jahre vor.

In Folge dieses Vertrages übernahm Herzog Johann die Regierung seines Landestheiles; doch schon unterm 4. Juni machte er auch den Edlen von Hakeborn, von Wulkow, von Lossow, von Bockenrode, von Waldow, von Oynitz und allen Bürgermeistern, Rathmannen und der ganzen Gemeinde der Städte Frankfurt a./O., Drossen, Müncheberg und Reppen, sowie allen Mannen und Städten in den beiden Vogteien Sternberg und Lebus bekannt, daß die Mark Brandenburg mit seinem Wissen und Willen an die Markgrafen von Mähren, Jobst und Prokop, seine Oheime, verpfändet worden sei.[2])

Zu der Pfandsumme hatte Jobst, ein geiziger, hartherziger Mann, jedenfalls den größten Theil beigetragen. Darum nahm er auch die Huldigung in Person an.

Die Verfallzeit lief Pfingsten 1393 ab. Von einer Einlösung der Mark konnte Sigismund bei seinen zerrütteten Finanzverhältnissen nicht denken. Sie wurde unter diesen Umständen Eigenthum des Markgrafen Jobst. Er betrachtete sie wie

---

[1]) Der Geheimrath Dr. Riedel hat aus mährischen Archiven nachgewiesen, daß die Pfandsumme 565 263 Gulden betrug. Vergl. die Urkunden, Kodex I., Band 3, Seite 95—102.

[2]) Riedel, II., Band, Seite 102—5. Huldigungsbefehle ergingen auch an die Stände des Havellandes, der Altmark, die Städte Berlin, Kölln, Straußberg, Altlandsberg, Köpenick, Bernau &c.

einen Schwamm, der ihm zum ewigen Auspressen übergeben sei.[1]) Abermals streckten, wie nach dem Erlöschen der Askanier, die habgierigen Nachbarn die Hände möglichst weit aus: die Herzöge von Pommern und von Braunschweig; auch der Erzbischof Albrecht von Magdeburg fehlte nicht. Die Statthalter standen zumeist dem Raubgesindel ohnmächtig gegenüber. Lippold von Bredow gerieth sogar in die Hände des genannten Prälaten, der ihn in „Bestrickung" hielt und anfänglich von einem Lösegelde nichts wissen wollte, bis er ihn endlich (1397) gegen eine Entschädigung von 600 Schock böhmischer Groschen wieder in Freiheit setzte. Die kurze Zeit (1395—98), in der Wilhelm von Meißen, Schwager des berüchtigten Jobst, unter dem Namen eines „obersten Verwesers und mächtigen Vorstehers der alten und neuen (Mittel-) Mark" die Feinde bändigte, glich nur einem flüchtigen Sonnenstrahle in kalten, sturmvollen Wintertagen. Als überdies (wie Einige behaupten) der siebzigjährige Landeshauptmann Lippold von Bredow sein lästiges Amt (mit Einwilligung des Landesherrn [?]) seinem Schwiegersohne Hans von Quitzow übertrug, konnte man sagen: das heißt den Bock zum Gärtner setzen! Zahlreiche Güter wurden an den Adel des Landes verpfändet. Mit seiner Macht wuchs auch der Trotz. Die Gebrüder Dietrich und Hans von Quitzow (über Konrads Tod vergleiche Seite 60!), welche auf der Raubburg Klötze hausten nnd daneben Plaue, Kremmen rc. besaßen, erwarben außerdem Köpenick, Saarmund, Rathenow, Friesack (überhaupt 24 Schlösser). Zu ihnen gesellten sich Hans von Putlitz in Lenzen, Wichard von Rochow in Potsdam; Arnim in Angermünde, Liebenwalde, Biesenthal u. s. w.

Das ruchlose Treiben dieser „kleinen Herren" schildert wahrheitsgetreu der Direktor von Klöden in seinem gediegenen Werke: „Die Quitzows und ihre Zeiten." (4 Bände. Preis 12 Mk.)

Auch im Lande Sternberg tauchten solche Straßenhelden auf; Peter von Lossow in Bottschow und seine beiden Söhne (Seite 43). Die tapferen Bürger von Frankfurt, Drossen und Reppen leuchteten sie aber heim, und sie konnten Gott danken, daß man ihnen nicht ein sehr unbehagliches Quartier in einem finstern, feuchten Burgverließe anwies. Die Ritter Heinrich von Oynitz auf Rampitz und Nikolaus von Waldow leisteten für ihr künftiges Wohlverhalten Bürgschaft.

---

[1]) Pauli, I., Seite 609.

Von Jobst nicht im mindesten geschützt, blieb den Bürgern kaum etwas anderes, als die Selbsthülfe übrig. Am 2. Februar 1393 schlossen Alt- und Neu-Brandenburg, Berlin und Kölln und fünfzehn andere Städte einen Vertrag, in dem sie bekennen, daß sie sich vereinigt haben gegen Diejenigen, welche auf den Heerstraßen rauben, schinden und des Nachts pochen und einbrechen und sich nicht am Rechte wollen genügen lassen. Jeder Räuber in dem Gebiete einer dieser Bundesstädte gilt als Feind des Ganzen. Wer ihn beherbergt, speist, hilft, mit Rath unterstützt oder ihm auf andere Weise Vorschub leistet, wird nicht in den Städten geduldet, es sei denn, daß er sich in dem Gefolge des Landesherrn befindet oder dieser für ihn Geleit verlangt. Letzteres soll man ihm auf drei Tage gewähren. Erhebt Jemand wider einen Einwohner wegen Raubes oder dessen Begünstigung Klage, so muß sich der Betreffende, wie es der alte Brauch erfordert, binnen eines Monats rechtfertigen; unterläßt er dies, dann betrachtet man ihn als überführt. Wer einen Räuber kennt, soll ihn den Städten anzeigen und zu seiner Verhaftung mitwirken. Die Kosten, welche deshalb erwachsen, trägt der ganze Bund. In demselben Sinne faßt er auch jedes Unrecht auf, das eine geistliche oder weltliche Macht einer dieser Städte zufügen will. Für einen solchen Fall wird die Zahl der Mannschaften, die jedes Glied des Bundes zu senden hat, bestimmt. Die „Einigung" soll drei Jahre dauern. Sie wurde unterm 9. Juni 1399 erneuert.[1])

Es stellten:

| | | | | | | | | |
|---|---|---|---|---|---|---|---|---|
| Alt- und Neu-Brandenburg | 8 | Gewappnete | mit | 24 | Fußknechten, | 3 | Armbrustschützen, |
| Berlin-Kölln . . . . . | 5 | " | " | 15 | " | 2 | " |
| Nauen . . . . . . . | 3 | " | " | 9 | " | 2 | " |
| Spandau . . . . . . | 3 | " | " | 9 | " | 2 | " |
| Bernau . . . . . . | 3 | " | " | 9 | " | 2 | " |
| Strausberg . . . . . | 3 | " | " | 9 | " | 2 | " |
| Drossen . . . . . . | 3 | " | " | 9 | " | 2 | " |
| Treuenbrietzen . . . . | 3 | " | " | 9 | " | 2 | " |
| Rathenow . . . . . . | 3 | " | " | 9 | " | 2 | " |

[1]) Riedel, I., Band 2, Seite 66; Band 24, Seite 393. Fidicin, diplomatische Beiträge II., Seite 123—125., IV., Seite 95—98. Berghaus, III., Seite 247.

| | | | | | | |
|---|---|---|---|---|---|---|
| Eberswalde . . . . . | 2 Gewappnete mit | | 6 Fußknechten, | | 1 Armbrustschützen. | |
| Fürstenwalde . . . . . | 2 | „ „ | 6 | „ | 1 | „ |
| Wrietzen . . . . . . | 2 | „ „ | 6 | „ | 1 | „ |
| Mittenwalde . . . . . | 2 | „ „ | 6 | „ | 1 | „ |
| Beliz . . . . . . . | 2 | „ „ | 6 | „ | 1 | „ |
| Altlandsberg . . . . . | 1 | „ „ | 3 | „ | 1 | „ |
| Müncheberg . . . . . | 1 | „ „ | 3 | „ | 1 | „ |
| Potsdam . . . . . . | 1 | „ „ | 3 | „ | 1 | „ |
| Oderberg . . . . . . | 1 | „ „ | 3 | „ | 1 | „ |
| Summa . . . | 48 Gewappnete mit | | 144 Fußknechten, | | 28 Armbrustschützen. | |

Ohne Weiteres dürfen wir wol nicht behaupten, daß diese Zahlen einen sicheren Anhalt für die damalige Größe der Städte liefern. Frankfurt, das in dem Verzeichnisse fehlt, fühlte sich vielleicht stark genug, den Feind ohne die Hülfe von Bundesgenossen abzuwehren.

Ein Privilegium vom 15. Januar 1392 gibt manchen Aufschluß über die Verhältnisse in Zielenzig.

Dasselbe lautet:

„Wir Bruder Berndt von der Schulenburgk, Ordens St. Johannes des heiligen Hospitals zu Jerusalem gemein Gebietiger in Sachsen, in der Mark, in Wendland, in Kassuben und in Pommern, bekennen öffentlich in diesem Briefe, daß wir haben angesehen mancherlei schwere Schäden, Raub, Brand, Armut und Ärgerungen unserer Stadt Zielenzig, daß sie in langen Zeiten inbegriffen ist gewesen und noch täglich innen ist begriffen, und haben nach Rathe Heinrich von Alvensleben zu Lagow, Johann Boden zu Lietzen Komthur unseren lieben getreuen Rathmannen und gemeinen Bürgern und Bauern unserer vorgeschriebenen Stadt Zielenzig geben und vergeben durch Festung und Besserung und Mehrung willen der Bürger, die darin wohnen oder wohnen werden, in zukünftigen Zeiten diese Gnade, Gerechtigkeit und Freiheit gethan und gegeben, thun und geben mit diesem Briefe.

Zum ersten, daß der Rath der vorbenannten Stadt mit Rathe und Gegenwärtigkeit des Komthurs von Lagow von Jahr zu Jahr andere Rathmannen in ihre Stelle zu kiesen und setzen mögen, die die Stadt und Gemeinde und der Stadt

Gut und Gerechtigkeit mit Treuen und in Ehren vorstehen, als das in anderen Städten gewöhnlich ist und nach guter alter Gewohnheit, Gesetzen und Rechten ist gefunden.

Fortmehr gönnen wir denselben Rathmannen, so des Nachts Jemandes Gemüthe Unruhen aber (oder) Ungefug in der Stadt von ihren Bürgern geschehe, daß sie deß mächtig mögen sein, zu berichten nach unserem Rathe, also doch, daß die Berichtigung unserem Rathe und Gerichte unschädlich sei und nicht verhindere; wäre aber die Sache so groß, daß sie ginge an Haut und den Hals, darin eines Schöppen Urtheils um dürfe, das soll der Richter richten, oder man Klage an jene suchte. Auch soll der Rath setzen und haben allerlei Maße und Gewichte, als gleich denen von Drossen.

Fortmehr sollen die Rathmannen zwingen ihre Bürger, allerlei Stadtrecht, Markttage und Gesetze zu halten auf der Stadt Bestes, also, daß in der Stadt vor Alters hier gewest ist und gehalten, und als wir sind angewiesen, daß der Richter pflichtig sei, gleich seinen Nachbarn an Schoß, an Wachen und den dritten Pfennig zu geben, zu dem Kaufhause zu bauen und den Scharnen, da er wieder vor hat den dritten Pfennig an den vier (Ge) Werken. Das lassen wir bei der Gewohnheit bleiben, als wir das haben gefunden.

Fortmehr soll die Stadt behalten alle ihre Hufen, allen Acker, gewonnen und ungewonnen, Berge, Gründe, alle ihre Scheiden und Grenzen, Gärten und Werder, Hölzer, Büsche, Jagden, Zeidelweiden, Wiesenwerder, Wasser, Seen, Fließe, Pfühle, Fischereien mit einem Gezeuge auf dem Teiche, alle Nutz, Frucht und Rente außer der Stadt und darin, und gemeinlich alle Gerechtigkeit, Freiheit, Gnade, Zubehörung und Zulegenden, als zu der Stadt von Alters ihr gelegen haben, wie man die genümen[1]) möge. Auch soll die Stadt haben die Walkmühle, die zu bessern und zu bauen, wie die Mühle deß noth ist, sonder Schaden und Ärgerung unserer Mühle und Dämme, und sollen unsere lieben getreuen Rathmannen, gemeine Bürger und Bauern, geboren und ungeboren, ihre Erben und Erbeserben, sich der vorgeschriebenen Gerechtigkeit, Freiheit, Gnade und gesetzten Güter und Zubehörungen geruhiglich und friedlich ewiglich gebrauchen und die haben und behalten, in allermeist,

[1]) In der Bestätigung von 1569: „genennen“.

als vor ist geschrieben, sonder alle Hinder- und Ärgernisse, unser, alle unser Komthur und Bruder unsers Ordens und alle unsere Nachkommen. Also doch, daß wir unsere Orbede, sechzehn alte Pfund brandenburgischen Geldes, auf alle St. Martinstage und unseren Hufenzins, aber dieselbige Stadt und einen Hof darin mit dem obersten und niedrigsten Gerichte und mit der Mühle davor uns und unsern Orden ewiglich behalten. Und der Müller soll halten Pferd und Wagen, die der Mühle aus der Stadt und wieder darin auf- und zuführe.

Und haben zur Urkund und Befestung mit Bewußt unser Siegel hangen lassen an diesen Brief, der gegeben ist zu der Lietzen nach Gottes Geburt dreizehn Hundert Jahr, darnach im zweiundneunzigsten Jahre des nächsten Dinstags nach dem achten Tage nach der heiligen drei Könige." [1]) —

Ein Friedensvertrag, am 25. Mai 1399 zu Költschen abgeschlossen, zeigt, daß die Stadt Landsberg a. W. nicht blos den Willen, sondern auch die Macht hatte, Eingriffen von außen kräftig entgegenzutreten.

„Wir Ruprecht von Gottes Gnaden Herzog in Schlesien, Herr zu Liegnitz und Vormund der Fürsten und Herren zu Glogau und Sagan, und wir Johann, Heinrich, Heinrich und Wenzeslaus Gebrüder [2]) von derselben Gottes Gnaden auch in Schlesien Herzöge, Herren zu Glogau und Sagan, bekennen und thun kund öffentlich mit diesem Briefe allen denen, die ihn sehen oder hören lesen, daß alle Kriege, Brüche und Zweiungen, die zwischen uns und unsern Landen eines Theils und den ehrbaren und weisen Rathmannen und der ganzen Gemeinde der Stadt zu Neuen-Landsberg, die jetzund sind und nochmals künftig werden, anderen Theils entstanden, ganz und gar geschlichtet und berichtet seien, in allen Punkten, wie hernach stehet geschrieben: Also daß alle Gefangenen, die auf beiden Theilen gefangen sind und der Gefangenen Gedinge-[Löse]geld und unter andern Lindenbergs [3]) und alle ihre Gedingnisse los und ledig sein sollen. Auch sollen alle Schäden, die an beiden Theilen mit Raub, Brand, Morden, oder wie sie geschehen und begangen sind, sie seien geistlich oder weltlich, aus und ewiglich geschlichtet und berichtigt sein, und an keinem Theile Niemand etwas zu bekümmern noch anzugreifen

[1]) Riedel, Kodex I., Band 24, Seite 91. — [2]) Vergleiche Tabelle I., Nr. 24—27. — [3]) Wahrscheinlich eine angesehene Familie in Landsberg.

und ohne Arg wegen derer, welche auf beiden Theilen umgekommen oder todt sind. Auch sollen unsere Mannen, Städte und Leute Niemanden behausen und fördern in keiner Weise, der ehegenannte Landsberger argen oder beschädigen wollte, unbeschadet jedoch unseres römischen und böhmischen Königs Gebot. Ob uns der geböte, sie zu bekriegen, so wollen wir uns drei Tage vor der uns gestellten Frist bewahren ohne Arg. — Und wäre auch Sache, daß die Landsberger Jemand in Schulden haben würden, der der Unsrige wäre, es wäre, um Raub, Behausung oder Förderung, das sollen sie unserm Hauptmanne, in welchem Gebiete der gesessen wäre, zu wissen thun mit ihrem Briefe. So soll denn unser Hauptmann denselben unsern beschuldigten Mann, Bürger oder Bauer bringen gen Königswalde vier Wochen nach dem Tage, an welchem es zu wissen gethan wird, und dann von beiden Theilen zuziehen von den Freunden und den Unsern. So soll sich denn der beschuldigte Mann rechtfertigen selbdritte, der Bürger selbfünfte und der Bauer selbsiebente.[1]) Wäre auch die Sache, daß der beschuldigte Mann, Bürger oder Bauer flüchtig würde und sich nicht rechtfertigen wollte, so soll man ihn in unsern Landen ächten und jagen mit ganzer Folge [Strenge] als einen Beschädiger der Lande; und ob derselbe flüchtige Mann Gut zurückließe, so soll man dem beschädigten Manne zu seinem Schaden verhelfen und gleich das verlassene Gut demselben ohne Arg abschreiben. — Denselben vorhergeschriebenen Entscheid und Sühne hat verhandelt der edle Herr Fredhelm von Mesenberg, dazu Gehülfen gewesen sind der ehrwürdige Herr Anno von Heimburg, Komthur zu Lagow, Herr Swinthen Beyloben, Heinrich von Korbis, Johann und Nikolaus von Waldow, Heidam von dem Möstchen, Johann Lange und die ehrbaren und weisen Rathmannen zu Frankfurt, zu Drossen, zu Krossen und zu Schwerin. Daß alle oben geschriebenen Sachen und Berichtigungen uns und ewiglich mit Worten und mit Werken stet, ganz und unverbrüchlich gehalten werden, deß zur Sicherheit haben wir unser Insiegel lassen hängen an diesen Brief. Gegeben und geschehen zu Költschen am nächsten Sonntage nach dem Pfingsttage nach Christi Geburt dreizehnhundert Jahre und im neunundneunzigsten Jahre.[2])

---

[1]) Das heißt: Der Ritter brauchte zwei, der Bürger vier, der Bauer aber sechs Zeugen zu seiner Rechtfertigung. So schrieb es überhaupt der Brauch jener Zeit vor.

[2]) Riedel, I. Band 18, Seite 415—16.

Am 8. April 1401 vereinigte Markgraf Jobst das ganze Dorf Czernow (Tschernow) mit allen Einkünften und Zubehörungen, insbesondere mit der Lehenshoheit und dem Patronate, dem Bisthume Lebus. Es gehörte in der Mitte des vierzehnten Jahrhunderts der Familie von Uchtenhagen, später dem Johann von Wulkow. Von diesem kaufte es 1401 der Bischof Johann der Vierte von Borschnitz.[1])

Für das Städtchen Drossen im Lande Sternberg (in terra Sternbergensi), das von langer Zeit her vom Bisthume Lebus zu Lehen ging, trat Jobst die Dörfer Steinhöfel, Tucheband und Friedrichsdorf ab.[2])

Der genannte Bischof war einige Jahre oberster Verweser und Hauptmann der Mark Brandenburg. Wahrscheinlich in dieser Eigenschaft ertheilte ihm Jobst 1403 die Erlaubnis, in der Stadt Reppen (Reppyn) oder deren Nähe zur Sicherheit für die Umgegend einen Burgfrieden zu erbauen. Über die Zerstörung des alten Schlosses fehlen alle Nachrichten. 1404 wies er ihm 300 Schock Groschen auf die Zollgefälle in Reppen und Kohlow an.[3])

Zum Schutze, Schirme und Nutzen der neuen Mark bestellte Jobst am 24. November 1403 mit seiner Herren, Mannen und Städte Rath, Wissen und Vollmacht die Grafen Heinrich und Günther von Schwarzburg zu Vögten und Amtleuten. Für deren „Schaden, Kosten und Zehrungen" leisteten an demselben Tage die Landstände Bürgschaft. Von denselben sind u. a. genannt: Johannes, Bischof von Lebus; Otto, Bischof von Havelberg; Anno von Heimburg, Komthur von Lagow; Lippold, Peter und Bertram von Bredow; Nikolaus und Kaspar von Waldow; Luther von Lossow; Heinrich von Ögnitz; die Städte Brandenburg, Berlin und Kölln, Frankfurt, Drossen rc.[4])

Auf Veranlassung seines Bruders Sigismund, den Jobst von Mähren, Wilhelm von Meißen und der Herzog Albrecht von Österreich unterstützten, wurde Wenzel am 8. Mai 1394, als er im Kloster Beraun das Mittagsmahl halten wollte, überfallen, nach dem Prager Schlosse und, als Johann von Görlitz zu seiner Befreiung

[1]) Riedel, I. Band 20, Seite 246—47.

[2]) Riedel, Band 20, S. 247—48.

[3]) Wohlbrück III., 422.

[4]) Riedel II. Band 3, S. 165—67. Gercken, Codex, P. 6, p. 587 ff.

herbeieilte, nach Burgen der Herren von Rosenberg und von Starhemberg geführt. In den ersten Tagen des Augusts erlangte er jedoch seine Freiheit wieder. Da Wenzel den Bürgermeister und einige Prager Stadträthe unter Verletzung aller Rechtsformen hinrichten ließ, so entspann sich ein neuer Streit zwischen ihm und den böhmischen Großen. Zum Hauptmann des ganzen Königreichs ernannt, suchte Johann zu vermitteln; bei der argen Erbitterung der Gegner konnte er aber den Frieden nicht herstellen. Der dankbare Bruder entsetzte ihn deshalb seines Amtes und hielt ihn in Prag als Gefangenen fest. Darob entstand ein Aufruhr, den der Wütherich dadurch dämpfen wollte, daß er in Begleitung des Scharfrichters, seines „lieben Gevatters", durch die Stadt ritt und einige Bürger auf der Schwelle ihrer Häuser enthaupten ließ. Endlich rief er Sigismund, den geheimen Anschürer der bisherigen Wirnisse, zu seiner Hülfe herbei. Dieser erschien auch Mitte Februar 1396, und am 1. März — war Johann von Görlitz in Folge beigebrachten Giftes eine Leiche. Daß er auf diese Weise im Kloster Neuzelle seinen Tod gefunden habe,[1]) ist sehr unwahrscheinlich. Unstreitig gab es unter Mönchen „böses Gewürm"; man soll ihnen aber nicht ein Verbrechen, das Andere verübten, ohne Weiteres aufbürden. Johann führte angeblich ein unwürdiges, von Lastern aller Art entstelltes Leben.[2]) Das erscheint ebenso unwahr; denn der gleichzeitige Historiker Eberhard Windek schreibt: Er war ein ehrbar göttlicher, frommer, wahrhaftiger Herr, und als man sagte, daß er um die rechte Wahrheit von seinem Bruder und seinen Vettern verhaftet wurde und darum also jung sterben mußte, von Vergift wegen rc.[3]) Wenngleich mit Richardis, einer mecklenburgischen Prinzessin und Schwester des Königs Albrecht von Schweden vermählt, hinterließ der Herzog von Görlitz keine Kinder;[4]) die beiden Brüder schlossen deshalb schon an seinem Todestage einen Vertrag ab, nach welchem, wenn auch Wenzel kinderlos sterbe, Sigismund Erbe der Krone Böhmens sein sollte. Der letztere wurde einige Wochen später zum Verweser und Generalstatthalter im ganzen römischen Reiche ernannt;

---

[1]) Grosser, Denkwürdigkeiten der Oberlausitz. II, 100.

[2]) Fischer, Geschichte der brand.-pr. Staaten, S. 186.

[3]) Mauermann, S. 63.

[4]) Buchholz II., 559.

in Deutschland kümmerte sich indeß Niemand um ihn, und es gelang ihm nur zwischen Wenzel und Jobst, seinem geheimen Verbündeten, Frieden zu vermitteln, und der grenzenlosen Willkür dadurch, daß dem Könige ein Rath aus den vornehmsten geistlichen und weltlichen Herren zur Seite trat, einiger Maßen Schranken zu setzen. Als aber Sigismund gegen die Türken ziehen mußte, ließ Wenzel seiner Rache wieder freien Lauf. Zu Jobst, den er auf dem Karlsteine besuchte, sprach er: „Du hast mich, Deinen rechtmäßigen Herrn, gefangen und in den Kerker geworfen; es ist billig, daß Dir dasselbe geschieht!“ Ohne Bedenken ließ er ihn nebst sechs seiner Begleiter verhaften, nach wenigen Tagen ihn jedoch wieder auf freien Fuß setzen. Auch trat er seinem Vetter, der ihn freilich erst mit einem Kriegsheere bedrohte, Görlitz, Bautzen, die ganze Niederlausitz, Luxemburg und die Elsassische Landvogtei auf dessen Lebenszeit ab.[1]) Stürbe Jobst ohne Kinder, so sollte Alles, einschließlich der verpfändeten Mark Brandenburg, wieder an Böhmen fallen.

Vier Räthe — Burghard von Janowitz, Stephan von Opoczna, Stephan Poduska von Martinitz und Markold von Worutitz (Großmeister des Johanniterordens), die sich angeblich gegen sein Leben verschworen hatten, ließ Wenzel durch den Herzog Johann von Troppau und dessen Helfershelfer niederstechen (11. Mai, 2. Pfingsttag 1397). Der unruhige und ränkevolle Jobst ward nach Mähren verwiesen; die Prager mußten die Mauer, die Thürme und die Thore zwischen der alten und neuen Stadt niederreißen, 6000 Schock Groschen Strafe zahlen und ihre Waffen ausliefern.

Da Wenzel sich im Reiche gar nicht mehr sehen ließ, beantragte schon 1397 der Erzbischof Johann von Mainz, ein Nassauer, mit dem Pfalzgrafen Ruprecht eine Änderung der Regierung. 1398 erschien der längst Ersehnte in Frankfurt am Main und brachte wenigstens einen Landfrieden auf 10 Jahre zu Stande. Mit Karl dem Sechsten kam er in Rheims zusammen, um dort zu berathen, wie die Kirchenspaltung zu schlichten sei. Er stimmte der Absetzung beider Päpste (Bonifazius des Neunten in Rom und Benedikt des Dreizehnten in Avignon) während eines tüchtigen Rausches zu. Fürchtend, seine Pfründe, in der ihn bis jetzt der zuerst genannte Oberhirt geschützt hatte, bei veränderten Verhältnissen zu verlieren, schloß

---

[1]) Urkunde vom 14. Septbr. 1401. Riedel II., 3. Band, Seite 149—50.

der Mainzer Prälat am 2. Juli 1399 zu Marburg mit Köln, Pfalz und Sachsen einen Kurverein, dem im September zu Mainz auch Trier beitrat. Auf dem Fürstentage zu Frankfurt a. M. brachte Rudolf von Sachsen seinen Schwager Friedrich von Braunschweig, einen tapferen und tüchtigen Fürsten, in Vorschlag; dieser ward aber am 3. Juni bei dem Dorfe Kleinenglis unweit Fritzlar von dem Grafen Heinrich von Waldeck mit überlegener Mannschaft angefallen und, weil er sich nicht gleich dem sächsischen Kurfürsten als Gefangener ergab, durch Friedrich von Hartingshausen ermordet. Der Anführer der Bande gehörte zu den Verwandten des Mainzer Erzbischofs, seine Gehülfen standen in dessen Diensten; darum blieb der Verdacht, dieser sei der eigentliche Urheber des Bubenstückes, trotz aller Versicherungen vom Gegentheil, auf ihm haften.

Einen Tag nach dem Morde, am 4. Juni 1400, luden die vier in Frankfurt zurückgebliebenen Kurfürsten Wenzel zur Rechtfertigung seines Regimentes auf den 11. August nach Oberlahnstein vor. Selbstverständlich erschien er nicht. Er ward deshalb am 20. August „als ein unnützer, versäumlicher, unrechtbarer Entgliederer und unwürdiger Inhaber des heiligen Reiches“ abgesetzt. Johann von Mainz verkündigte diesen Spruch allen Fürsten, Herren, Rittern, Knechten, Städten, Landen und Leuten. Am folgenden Tage wählten die drei römischen Kurfürsten den vierten, Pfalzgrafen Ruprecht, zum römischen Könige. Da Aachen seine Thore verschloß, so fand die Krönung am 6. Januar 1404 in Köln statt. Viele Fürsten und auswärtige Mächte erkannten aber noch Wenzel an.

Arges Mißgeschick traf auch Sigismund in Ungarn. Von den Rebellen gefangen, saß er unter der Aufsicht seiner ärgsten Feinde, der Gebrüder Gava, in Zollnock. Da sammelte Jobst ein Heer; die Widersacher sahen sich genöthigt, ihn der Haft zu entlassen. Nun kehrten sich die Pfeile des Hasses gegen Wenzel und Prokop. Sigismund stachelte so lange, bis die Böhmen aufs neue ihren König der Freiheit beraubten und ihn, damit er dieselbe nicht so leicht wieder erlange, dem Herzoge Albrecht von Österreich in Wien übergaben. Aus seinem Schlosse Prezdinzy mit List zu einem Gespräche herausgelockt, ward Prokop ergriffen und, da er jegliche Zugeständnisse verweigerte, an einen Mauerbrecher gebunden, so daß er Gefahr lief, auf jammervolle Weise durch seine eigenen Leute das Leben zu verlieren. Man führte ihn endlich nach Brünn. Hier starb er 1402, nach Einigen durch

Gift, nach Anderen im Hungerthurme.[1] Nunmehr unumschränkter Herr in Böhmen, drückte der tief verschuldete Sigismund durch Steuern, Erpressungen und Plünderungen das Land sehr hart. Das Volk sehnte den sonst verrufenen Wenzel zurück, und als er am Ende des Jahres 1403 aus seinem österreichischen Gefängnisse entwichen war, nahm es ihn mit Freuden auf.

Während der traurigen Zeit der Pfandherrschaft ging die Neumark, die bekanntlich nach Johanns Tode an Sigismund gefallen war, geradezu in fremden Besitz über. Schon 1384 hatte der deutsche Orden in Preußen mit Wenzel's Einwilligung Schievelbein erkauft. Für 17 500 ungarische Gulden veräußerte der neue Herr später die Stadt und das Gebiet Dramburg und 1402 für 63 200 das noch übrige Land an den Hochmeister Konrad von Jungingen. Sigismund, Wenzel oder Jobst sollten bei ihren Lebzeiten das Recht des Wiederkaufs besitzen, dann aber eine höhere Summe zahlen.[2] 1429 gab der erstere dieses Recht vollständig auf, nachdem er noch 80 000 Gulden von dem Orden empfangen hatte.

Am 24. Januar 1403 schrieb Jobst von Brünn aus den Einwohnern der Mark, daß er nach Lichtmessen bei ihnen sein werde, um mit ihrem Rathe alle Sachen zu einem guten Ende zu bringen.[3] Am 18. August war er in Luckau, am 28. Oktober in Tangermünde, in der Zwischenzeit in Berlin, am 24. November auch daselbst, am 5. Dezember aber bereits zu Freiberg in Sachsen.[4] Wenngleich dieser Miethling nicht einmal wie der römische Kaiser Tiberius dachte: „ein guter Hirt darf seine Schafe zwar scheren, aber nicht schinden", so können wir doch alles Übel, das die Mark traf, nicht einzig und allein auf seine Rechnung schreiben. Einzelne Städte reichten dem Raubgesindel, das unter der Leitung der Gebrüder Quitzow stand, öfter die Hand. Statt ihnen mit aller Macht entgegenzutreten, wollten die Stände der Mittelmark an Dietrich und Johann jährlich 800 Schock böhmische Groschen zahlen, wenn sie den Schutz dieses Landes übernehmen würden. Ein solch Abkommen ging nicht blos den Bürgern von Brandenburg, den Rochows und anderen Mannen und Städten, sondern sogar dem geldgierigen Jobst über den

---

[1]) Gallus I., 367. Buchholz II., 555.
[2]) Verschiedene Urkunden über diesen Verkauf bei Riedel II. Band 3, S. 153—55. 170, 173.
[3]) Riedel II. Band 3, Seite 160—61.
[4]) Heidemann, Seite 46.

Strich. Der Eid eines Dietrich von Quitzow, er wolle der Mark in allen Nöthen treu sein und derselben wider all' ihre Feinde Hülfe und Rath mittheilen[1]), gewährte gerade so viel Bürgschaft, als etwa ein ewiger Friede, den Talleyrand schloß, ein Diplomat, dem die Sprache nur dazu diente, seine Gedanken zu verbergen. — Schon Seite 64 erwähnte ich, daß Dietrich das Gefolge des Statthalters Günther von Schwarzburg an der Elbe plünderte. Nach Klöden (II. 134) geschah Dies am 10. Januar 1404. Weder Angelus noch Haftitz nennen einen Tag; wenn aber ihre Notiz, der Hauptmann habe sein Amt bald darauf übergeben, richtig ist, so fand der Frevel in einer späteren Zeit statt; denn am 14. Juli 1405 fungirten Heinrich und Günther von Schwarzburg noch als „Vorstendere der Marcke zu Brandenburg", und erst am 8. Mai 1406 übertrug Jobst den Grafen Ulrich und Günther von Lindow den Schutz derselben, und zwar bis Weihnachten unter Überlassung der landesherrlichen Einkünfte aus der Mittelmark.[2])

Um eine Zusammenkunft des Markgrafen Hans von Mecklenburg mit Jobst von Mähren, der im Herbste 1407 wieder in Berlin weilte, zu verhindern, überfielen die sauberen Brüder jenen Fürsten in der Nähe von Liebenwalde und brachten ihn als Gefangenen nach dem Schlosse Plaue. Er ward sehr hart gehalten, und wenn nicht die Bürger zu Brandenburg nöthigen Unterhalt verschafft hätten, wäre er an der Quitzowschen Barmherzigkeit gestorben.[3]) Ein Fluchtversuch, mit Hülfe eines Bäckerknechtes unternommen, mißglückte leider. In einer Fehde mit Kuno von Wulfen verlor dieser sein Leben, Hans von Quitzow ein Auge. Dies hinderte ihn nicht, im Oktober 1408 ins Stargardsche einzufallen. Hier fand er indeß seinen Mann an dem Herzoge Ulrich. In Lychen erhielt nun der Raufbold Zeit über seine vielen Streifzüge und Frevelthaten nachzudenken. Um Weihnachten ward er gegen den Herzog Hans von Mecklenburg ausgewechselt.

Im Jahre 1406 verkaufte Jobst die Stadt Fürstenberg an der Oder, die Karl der Vierte 1270 erworben hatte[4]) für 500 Schock böhmische Groschen an den Abt Hermann den Zweiten von Neuzelle.[5])

---

[1]) Heidemann, Seite 48.

[2]) Heidemann (nach Riedel) Seite 47.

[3]) Buchholz, II. 560.

[4]) Seite 205. [5]) Mauermann Seite 66. Urkunde vom 3. Mai (Kreuzerfindung).

Je länger er die Mark besaß, desto mehr mußte er sie auspressen. Wundern wir uns also nicht, daß er am 13. Januar 1409 dem Herrenmeister Reimar von Güntersberg und dem Johanniterorden das Schloß Zantoch, die Stadt Reppen und die Vogtei des Landes Sternberg für 2700 Schock böhmische Groschen verpfändete!

„Wir Jost, von Gottes Gnaden Markgraf zu Brandenburg und zu Mähren, bekennen für uns, unsere Nachkommen, Markgrafen zu Brandenburg, und thun kund öffentlich in diesem Briefe allen Denen, die ihn sehen oder hören lesen, daß wir dem ehrwürdigen Herrn Reymer von Güntersberg, St. Johannesorden des heiligen Hauses des Hospitals zu Jerusalem in der Mark, in Sachsen, im Wendenlande und in Pommern Meister und gemeinen Gebietiger, seinen Nachkommen und seinem Orden unsere Schloß Zantoch, unsere Stadt Reppen und die Vogtei unseres Landes Sternberg mit allen Gerechtsamen, Rechten, Dörfern, Jahresrenten, Orbeden, Zinsen, Diensten, Pflichten, Vorwerken, Äckern, Wiesen, Wäldern, Büschen, Holzungen, Wassern, Seen, Fischereien, Mühlen, Zöllen, Geleiten auf dem Wasser und auf dem Lande und gemeinlich mit allen und jeglichen Zubehörungen, wie die genannt seien, Nichts ausgenommen, wie wir diese bisher besessen und gehabt haben, und dazu vierundzwanzig Schock unserer jährlichen Orbede zu Drossen zum Pfande überantwortet und eingethan haben für siebenundzwanzighundert Schock guter böhmischer Groschen Prager Münze, die wir an „gereiten Gelde" von ihm gezahlt und bezahlt genommen und die unserm und unserer Herrschaft Nutz und Frommen „kuntlich gekart und gewant haben." —

Die weiteren Bestimmungen des Vertrages sind entsetzlich breitspurig gefaßt. Dreizehn Mal kommt der Ausdruck vor: „uns, unsere Erben und Nachkommen, Markgrafen zu Brandenburg", und vierzehn Mal: „dem Meister, seinen Nachkommen und seinem Orden." Ich hebe deshalb nur die wesentlichen Punkte aus. Die Johanniter haben keine Rechnung zu legen. Für die genannte Summe kann die Einlösung erfolgen; es soll indeß eine sechsmonatliche Kündigung vorangehen. Dem Schuldner bleibt freigestellt, ob er in Frankfurt oder in Lagow zahlen will. Im Kriege müssen die Mannen und Städte Hülfe leisten, wie sichs gebühret; nöthigenfalls darf Zwang eintreten. Der Orden ist befugt, alle geistlichen Stellen, ohne

Ausnahme zu besetzen, desgleichen weltliche Lehen, die durch den Tod der bisherigen Inhaber erledigt werden und deren Werth nicht zehn Schock Groschen erreicht, zu verkaufen oder sie Anderen zu überweisen; es liegt ihm jedoch auch die Pflicht ob, der Unterthanen Rechte und Gewohnheiten treulich zu beschützen und zu schirmen. Bei Zantoch und Reppen behält sich der Landesherr für all' seine Noth, Kriege und Geschäfte das Öffnungsrecht vor. Sollte das Schloß oder die Stadt etwa in die Hände eines Feindes fallen, so will der Markgraf nicht eher Frieden schließen, bis das Verlorene wieder gewonnen ist, oder er wenigstens in einem halben Jahre Schadenersatz geleistet hat; auch mit seinen Hauptleuten, Herren, Mannen und Städten jeden Angriff auf die Pfandobjekte und alle Schädigung derselben abwehren helfen. Die Rückgabe soll erst erfolgen, wenn die 2700 Schock vollständig bezahlt worden sind.

Am 12. Dezember 1410 vereignete Jobst das Schloß und das Städtchen Sonnenburg mit der Fischereigerechtigkeit in dem benachbarten Warthebruche, desgleichen die Dörfer Priebrow (Pribrow), Mauskow (Musikow), Ögnitz (Oyniz), Gartow und Meeckow (Mechow), die der Bischof Johann der Vierte (von Borschnitz) von den Vormündern des minderjährigen Hans Fockenrode (Bockenrode) gekauft hatte, dem Bisthume Lebus; auch schenkte er demselben die Dörfer Kriescht und Limmritz (Kresuy, Lumeriz), die ihm als eröffnetes Lehen anheimgefallen waren.[1])

Der König Ruprecht (Pfalzgraf am Rhein und Herzog in Bayern) war am 18. Mai 1410 zu Oppenheim kinderlos gestorben. Erzbischof Johann von Mainz schrieb, wiewol Wenzel noch lebte, auf den 1. September einen Wahltag nach Frankfurt a. M. aus. Als Bewerber trat Sigismund auf, den zwar der geistliche Herr nicht wünschte, der aber, weil der Pfalzgraf am Rhein, der Erzbischof von Trier und der Burggraf Friedrich von Nürnberg (als Gesandter des Bewerbers) für ihn stimmten, trotzdem am 20. September den Sieg davontrug. Zehn Tage später wurde freilich von Mainz, Köln, Böhmen, Sachsen und Brandenburg-Mähren Markgraf Jobst gewählt. Da dieser schon am 17. Januar 1411 starb[2]) und am

---

[1]) Urkunde datirt: Brünn, 12. Dezbr. 1410. Riedel I., Band 20, Seite 250—51.

[2]) Vergl. Heidemann, P. 82. Angelus nennt als Todestag den 20. März, K. A. Menzel den 8. Januar, Bolm den 14., die Magdeburger Schöffenchronik den 20. Jobst, 89 (nach Anderen nur 59) Jahre alt, fand seine letzte Ruhestätte zu Brünn im St. Thomaskloster.

21. Juli alle Kurfürsten sich für Sigismund erklärten, so entstanden im deutschen Reiche keine weiteren Verwickelungen. Der Volkswitz, der ein Jahr früher spottete: „Zu Frankfurt hinterm Chor haben gewählt einen König ein Kind und ein Thor" [1]) verstummte auch allmählich.

Jobst hinterließ den Nachruhm, sein Lebelang der Unruhen viel, des Löblichen aber Nichts gestiftet zu haben. Von dem Reiche der Deutschen genoß er weiter keinen Vortheil, als daß er im Königsschmucke begraben worden ist. [2]) Mähren und Luxemburg fiel an Wenzel, Brandenburg aber an Sigismund. Zugleich von einem Gegenkönige befreit, hatte dieser nun ernstlich zu erwägen, wie am besten den trostlosen Zuständen in der Mark abzuhelfen sei. Wenn er auch kein ausgezeichneter Geist war, so traf er doch in diesem Falle ohne Zweifel die beste Wahl. Er lenkte seinen Blick auf einen Mann, der ihm bisher schon in verschiedenen Fällen ausgezeichnete Dienste geleistet hatte: auf Friedrich den Sechsten, Burggrafen von Nürnberg. Mit ihm bricht für Brandenburg das Morgenroth einer besseren Zeit an.

Ich schließe darum diesen Abschnitt, der kaum etwas Anderes, als schwarze Wolken an uns vorüberziehen ließ. In dem verwüsteten und ausgeplünderten Lande lagen viele Dörfer in Schutt und Asche, und die unbebauten Felder versandeten, erzeugten Heidekraut und wildes Gestrüpp. Den Fluren glichen in vieler Beziehung die Bewohner. Nicht blos unter den Rittern, selbst unter den Priestern, welche die Träger eines edleren Sinnes sein sollten, tauchten grobe Verbrechen auf. Bei allem grenzenlosen Elende herrschte doch eine auffällige Genußsucht, die sich in Ausschweifungen aller Art breit machte. Natürlich! Sind nämlich Leben und Eigenthum unsicher, so wirft sich der Mensch den Freuden des Augenblicks leichtsinnig in die Arme. Schulen existirten höchstens in den größeren Städten. Statt fleißig zu lernen, zogen indeß die „Bakchanten" mit ihren (Abc=) „Schützen" im Lande umher, stahlen Obst, Hühner und Gänse. Schon in der Brust des Knaben wucherte demnach die Sittenlosigkeit. Das waren die Früchte der Luxemburgischen Herrschaft!

[1]) Der Erzbischof hielt die Bartholomäuskirche verschlossen; man wählte deshalb auf dem Kirchhofe hinter dem Hauptaltare. Der Pfalzgraf war noch jung, der Prälat von Trier dagegen sehr alt.

[2]) K. A. Menzel V., 162.

Siebentes Kapitel.

## Das Land Sternberg unter den Hohenzollern bis zum Jahre 1440.

Bevor ich über den Retter in der Noth Näheres mittheile, cracht' ich es für billig, Einiges von seinen Vorfahren zu sagen. Auf einem edlen Stamme wachsen keine wilden Zweige.

Die ältesten Ahnherren, die sich mit Bestimmtheit nachweisen lassen, sind Burghard und Wetzel (Wezilen) von Zollern, die 1061 in der Schlacht bei Rheinfelden fielen. Im schwäbischen Kreise reich begütert, hatten sie doch vor den übrigen Geschlechtern des Landes keinen Vorrang. Sie nannten sich nach ihrem Stammschlosse auf dem Zollern, der wahrscheinlich diesen Namen seines söllerförmigen höchsten Gipfels wegen trägt. Unerschütterlich treu gegen die Hohenstaufen, wurden die Herren jener Burg im zwölften Jahrhundert mit der Grafschaft belehnt. Die Vereinigung des Grundbesitzes und der obrigkeitlichen Gewalt entwickelte sich dann im Laufe der Zeit wie in den übrigen deutschen Bezirken zur eigentlichen Landeshoheit. 1623 erhob der Kaiser die schwäbischen Grafen von Zollern zu Fürsten von Hohenzollern.

Durch die Verheiratung mit Sophie, der einzigen Tochter Konrads von Rätz, erwarb Friedrich der Dritte (um 1192) die Allodialbesitzungen seines verstorbenen Schwiegervaters; zugleich erhielt er vom Kaiser Heinrich dem Sechsten, dessen treuer Rath er war, die Belehnung mit den Reichsregalien. Von seinen beiden Söhnen folgte ihm Friedrich in der schwäbischen, Konrad in der fränkischen Herrschaft. Noch im Jahre 1273 besaßen die Burggrafen zu Nürnberg nichts weiter als ein Schloß, ein unansehnliches Städtchen und zwei Dörfer; um 1415 jedoch schon ca. 120 Quadratmeilen. Klugheit, Energie, haushälterischer Sinn gingen mit der Theilnahme an den Reichsgeschäften Hand in Hand. Friedrich der Dritte sah den jungen Konradin noch wenige Wochen vor dessen verhängnisvollem Zuge nach Italien bei sich als Gast. Später setzte sein Einfluß bei den Kurfürsten die Wahl Rudolfs von Habsburg durch. Er brachte selbst seinem Freunde die frohe Nachricht in das Lager vor Basel. Im Rathe wie im Felde stand er ihm stets zur Seite und trug in der Schlacht an der March, die dessen Hausmacht begründete, die Reichssturmfahne. Er war es endlich, der dem greisen Helden mit tiefer Trauer den Ausspruch der Ärzte, die an der Rettung des kaiserlichen Lebens verzweifelten, ankündigte.

Einen ähnlichen Platz, wie Friedrich der Dritte bei Rudolf von Habsburg, nahm sein Sohn Friedrich der Vierte an der Seite Ludwigs von Bayern ein. Siegfried Schweppermann war burggräflich nürnbergischer Lehnsmann, und sein Herr trug in Person nicht wenig zur glücklichen Entscheidung bei Mühldorf bei. Die bayerischen Geschichtsschreiber pflegen freilich diesen Umstand mit Stillschweigen zu übergehen; auf dem Münchener Wandgemälde, das jenen Sieg verherrlicht, sucht man die Gestalt Friedrichs vergeblich. So lange er lebte, war er der eigentliche Träger der kaiserlichen Politik, und nach seinem Tode († 1332) fanden die römischen Anmaßungen keinen Widerstand mehr.

Johann der Zweite, einer von den drei Söhnen des Vorgenannten, heiratete Margarete, die Tochter Karls des Vierten. Seinem Schwager Sigismund, dem Könige von Ungarn, leistete er in den Kämpfen gegen die andringenden Türken tapferen Beistand; in einer Schlacht soll er ihm sogar das Leben gerettet haben. Friedrich der Sechste half ihm die Hindernisse, welche ihm die Stände seines Reichs bereiteten, mit Klugheit und Mäßigung beseitigen. Nicht minder war Deutschland diesem weisen, einsichtsvollen Fürsten zu großem Danke verpflichtet; denn während der Regierung Ruprechts von der Pfalz (1400—1410) führte er öfter die Reichsgeschäfte mit großer Umsicht und Kraft; nach dessen Tode wirkte er aber nicht blos in Frankfurt a. M., sondern auch bei der zweiten Wahl (21. Juli 1411) für Sigismund und verschaffte ihm insbesondere die Anerkennung Wenzels, der sich noch immer, wiewohl abgesetzt, als rechtmäßigen deutschen König betrachtete.

Viele Geschichtsschreiber sagen außerdem, Sigismund, stets in Geldverlegenheit, habe zur Betreibung seiner Wahl von dem sparsamen und reichbegüterten Burggrafen 100 000 Goldgulden geliehen, er sei indeß außer Stande gewesen, sie wiederzuerstatten, so daß er seinen Gläubiger durch ein Pfand — die Mark Brandenburg — möglichst sicher stellen mußte.

Bevor ich auf eine andere Ansicht von dieser Sache näher eingehe, bemerk' ich, daß Sigismund zunächst eine Deputation der märkischen Stände nach Ofen kommen ließ. Die Ritterschaft sandte Kaspar Gans von Putlitz, jede Stadt einige Rathsglieder. Die Herren trafen am 1. Mai 1411 dort ein, wurden vom Könige sehr herablassend behandelt und blieben bis Ende Juli daselbst. Daß sie dem fernen Herrscher die Noth ihrer Heimat lebhaft schilderten, versteht sich von selbst. Sie brauchten gar Nichts aufzutragen. Das Elend war in Wahrheit groß genug. Wie ließ sich demselben aber abhelfen? Der auserkorene Retter, Burggraf Friedrich der Sechste, befand sich auch in Ofen. Das Weitere ist aus folgender Urkunde ersichtlich.

„Wir Sigismund, von Gottes Gnaden römischer König, zu allen Zeiten Mehrer des Reichs und zu Ungarn, „Dalmatien, Kroatien, Ramen, Servien, Gallizien, Lodomerien, Comanien und Bulgarien König", Markgraf zu Brandenburg, des heiligen römischen Reiches Erzkämmerer und des Königreichs zu Böhmen und zu Luxemburg Erbe, bekennen und thun kund offenbar mit diesem Briefe allen Denen, die ihn sehen oder hören lesen, da wir von göttlicher Vorsehung und nicht von unserem Verdienste über solche sorgfältige Bürde und Arbeit, die uns bisher in Ausrichtung unserer Königreiche, Lande und Leute angelegen sind, zu des heiligen römischen Reiches Vorstand nun gerufen sind, da von uns Nothdurft ist, daß wir zu solcher Bürde und Arbeit Helfer und Mitträger suchen und unsere und des heiligen Reiches Fürsten zu uns rufen, durch die solche unsere Lande, die wir mit unserer eigenen Person nicht regieren mögen, gleich wol versehen und unsere Sorgfältigkeit und Bürde einiger Maßen geringert werden ꝛc."

Insbesondere, so führt diese Urkunde weiter aus, liege dem Könige die Wohlfarth der Mark Brandenburg, seines väterlichen Erbes, dessen Herrschaft ihm zuerst zugefallen, am Herzen, und es sei ihm deshalb nothwendig erschienen, diesem Lande einen Verweser zu geben, der an seiner Statt dasselbe klüglich zu beherrschen und zu beschützen wisse; denn nur auf solche Weise dürfe er hoffen, daß der Zustand der Mark und ihrer Bewohner sich bessern werde. Nach reiflicher Erwägung und in Betracht der lauteren Liebe und Treue, welche der hochgeborene Burggraf

Friedrich von Nürnberg, sein geliebter Vetter, Fürst und Rath, ihm vielfältig erwiesen und noch erzeige, und in der Hoffnung, daß seine Klugheit und Rechtschaffenheit sich am meisten dazu eigene, um mit Gottes Hülfe die Mark aus ihrer jammervollen Lage zu erretten und sie zu ihrem früheren Wohlstande zurückzuführen, übergebe und überlasse er demselben, mit Beirath seiner Edlen und Getreuen die gedachte Mark Brandenburg und verordne ihn zu einem obersten Hauptmanne, Verweser und Statthalter des gesammten Landes und zwar in der Art, daß ihm und seinen Erben alle und jede Einkünfte, Gerechtsame und Befugnisse eines wirklichen Landesherrn vollkommen zustehen sollten. „Wir geben ihm auch unsere ganze und volle Macht und Gewalt, dieselbe unsere Mark mit allen und jeglichen ihren Herrschaften, Landen, Leuten, Eigenthum, Lehnschaften, geistlichen und weltlichen, Wildpennen, Festen, Schlössern, Städten, Märkten, Dörfern, Höfen, Wüstungen, Feldern, Äckern, Wiesen, Wäldern, Sümpfen („Wunnen"), Weiden, Gewässern, Wasserläufen, Fischweiden, Teichen, Mühlen, Mahlstätten, Münzen, Bergwerken und mit allen Ehren, Würden, Gerichten, Bußen, Gefällen, Steuern, Diensten, Zöllen, Geleiten, Renten, Zinsen, Gülten (Schulden), Nutzungen, Rechten und Zubehörungen von Christen und Unchristen, über der Erde und in der Erde, besuchten und unbesuchten, und mit aller Vollkommenheit zu haben und zu halten .... und daß er auch alle und jegliche Amtleute setzen und wieder entsetzen möge, wenn und wie oft ihm dies gefällt, alle und jegliche Lehen, geistliche und weltliche verleihen ꝛc." Weiter heißt es: Nur die auf dem Lande haftende Würde eines Kurfürsten und Erzkämmerers behalte Sigismund sich und seinen Erben vor. „Und darum, daß derselbe Friedrich unser oberster Verweser und Hauptmann der vorgenannten Mark zu Brandenburg, dieselbe Lande und Leute .... aus solchen krieglichen und verderblichen Wesen, darin sie lange Zeit, daß wir kläglich schrieben, gewesen sind, desto besser bringen möge, und er dies auf seine Kosten und Schaden nicht thun und dienen dürfe, haben wir ihm dazu zur Hülfe und zur Beisteuer und auch von solcher nützlichen getreuen Dienste wegen, die er uns, als vorgeschrieben steht, mannichfaltig, getreulich und köstlich gethan hat, täglich thut und auch ferner zu thun, getreuen und ganzen Willen hat, recht und redlich versprochen und bezeuget, versprechen und bezeugen mit diesem Briefe für uns, unsere Erben und Nachkommen an dem vorgenannten Markgrafthum zu

Brandenburg ihm und seinen Erben zu geben und zu bezahlen hunderttausend guter rother ungarischer Gulden, die sie auch auf der jetzt genannten Mark zu Brandenburg und ihrer Verwesung und Hauptmannschaft und allen ihren Landen, Leuten, Schlössern, Städten, Märkten, Dörfern und Zubehörungen, Nichts ausgenommen, als vorgeschrieben steht, haben sollen in solchem Maße, wäre es, daß wir oder unsere Erben oder Nachkommen Markgrafen zu Brandenburg die vorgeschriebene Mark, Verwesung und Hauptmannschaft von ihm oder seinen Erben ... heischen und wiederhaben wollten, so sollen wir ... dem vorgenannten Friedrich oder seinen Erben die Summe von hunderttausend Gulden ganz und redlich bezahlen ohne allerlei Abzüge." — „Darum ist unsere Meinung und gebieten auch allen und jeglichen Prälaten, Fürsten, geistlichen und weltlichen, Grafen, Freien, Edlen, Rittern, Knechten, Burggrafen, Vögten, Amtleuten, Richtern, Bürgermeistern, Schöffen, Räthen, Bürgern und Gemeinden aller und jeglichen Städte, Märkte und Dörfer und sonst allen und jeglichen des vorgenannten Landes Einwohnern, in welchen Wesen, Ehren und Würden sie sind, ernstlich und festiglich mit diesem Briefe, daß sie dem vorgenannten Friedrich und seinen Erben zu solcher vorgeschriebenen Verwesung und Hauptmannschaft in allen und jeglichen vorgeschriebenen Punkten, Stücken und Artikeln und in allen Dingen und Sachen unterthänig, gehorsam und gewärtig sind und ihm auch darauf Huldigung thun sollen, als lieb ihnen sei, unsere schwere Ungnade zu vermeiden." — Mit Urkund dieses Briefes versiegelt mit unserm römischen königlichen Insiegel, weil unserer königlichen Majestät Insiegel noch nicht bereit war, da wir diesen gegenwärtigen Brief dem vorgenannten Friedrich gaben. Und zu mehrer und fester Sicherheit und Zeugnisse haben wir an die allerdurchlauchtigste Fürstin, Frau Barbara, römische Königin und zu Ungarn &c. Königin, unsere liebe Gemahlin, die ehrwürdigen Johannes zu Gran, Erzbischof und ewiger Span des heiligen römischen Stuhles Legat, unsern in dem heiligen römischen Reiche Kanzler, und Eberhard, Bischof zu Agram, unsern in dem Königreiche zu Ungarn obersten Kanzler, begehrt, daß sie und ein jeglicher sein eigen Insiegel zu dem vorgenannten unsern Insiegel diesen Brief gehangen haben, daß wir dieselben Barbara und auch Johannes und Eberhard also bekennen und haben darum unsere Insiegel mit unserem Wissen gehangen an diesen Brief, der gegeben ist zu Ofen nach Christi Geburt vierzehnhundert Jahre und darnach in dem elften Jahre des nächsten Mittwochs nach St. Ulrichs-Tag [8. Juli] unserer Reiche des ungarischen in dem 23. und des römischen in dem 1. Jahre.[1])

Der Geheimrath Dr. Riedel sucht in seinem Werke: „Zehn Jahre aus der Geschichte der Ahnherren des preußischen Königshauses" nachzuweisen, daß Sigismund nicht seiner Schulden halber die Mark Brandenburg dem Burggrafen Friedrich übergeben habe, die genannten 100 000 Gulden vielmehr nur eine Beihülfe zu den Kosten gewesen seien, die er voraussichtlich auf die Kultur des verwahrlosten Landes, auf die Einlösung verpfändeter Schlösser und Städte 2c. werde verwenden müssen.

Daß Sigismund tief in Schulden steckte, läßt sich nicht wegdisputiren; denn der Verkauf der Neumark und viele Urkunden liefern die Belege. Friedrichs treffliche Eigenschaften, insbesondere seine Sparsamkeit, kann auch Niemand bestreiten. Wenn er nun die Mittel besaß und sich stets bereitwillig zeigte, dem bedrängten Reichsoberhaupte durch größere Vorschüsse zu helfen, so folgt daraus noch nicht, daß er gleichsam wie ein Wucherer spekulirt habe. „Was nützte dem Statthalter eine Beihülfe, die nur auf dem Papiere stand?" Ich glaube, der Burggraf verliert sammt seinem Hause kein Jota, wenn wir die ältere Ansicht: Sigismund übergab die Mark seiner Schulden wegen — auch festhalten. Man vergleiche endlich den Huldigungseid![2])

Im Jahre 1412 kam Friedrich in die Mark. Aller gesetzlichen Ordnung abhold, sahen ihn die „kleinen Herren", die „Zaunkönige" mit höchst mißtrauischen Augen an. Sie nannten ihn „Nürnberger Tand", und die Quitzows prahlten: „Wenn es auch ein ganzes Jahr Burggrafen regne, so sollte in der Mark doch keiner aufkommen." Der Himmel brauchte aber nicht ganze Wolken voll auf die heimatlichen Fluren zu schütten, es war an diesem einen Friedrich schon genug. Er berief auf den 10. Juli einen allgemeinen Landtag nach Brandenburg, der damaligen Hauptstadt des Kurfürstenthums. Aus dem Lande Sternberg erschienen

---

[1]) Vollständig ist dieses für die vaterländische Geschichte so wichtige Dokument abgedruckt bei Riedel II, Band 3, Seite 178—81. Ein lateinischer Text, vielleicht aber nur eine spätere Übersetzung des deutschen, Buchholtz V, 174.

[2]) „Sigismund war ohne Zweifel dem Burggrafen entweder noch die oben erwähnten 100 000 Gulden oder einen neuen Posten schuldig und jene Bezeichnung eine schonende Form für den erlauchten Schuldner." Lancizolle, Geschichte der Bildung des preußischen Staates. I. Seite 253.

dort die Abgeordneten seiner Städte und der Ritterschaft. In derselben Weise leisteten die Städte der Mittelmark Gehorsam; auch die Ritterschaft aus Lebus und Teltow fand sich ein. Von allen Herren aus der Altmark und der Priegnitz kam aber nur Kaspar Gans Edler von Putlitz, um zunächst zu erforschen, wie der Wind wehte. Der Verweser ließ die oben angeführte Urkunde vom 8. Juli 1411 verlesen. Alle, auch die Bischöfe von Lebus und Brandenburg, waren bereit, den vorgeschriebenen Eid zu leisten: „Wir huldigen und schwören Herrn Sigismund und seinen Erben Markgrafen zu Brandenburg eine rechte Erbhuldigung und huldigen und schwören Herrn Friedrich und seinen Erben Burggrafen zu Nürnberg eine rechte Huldigung zu seinem Gelde (!) nach Ausweisung seiner Briefe, ihnen getreu, gewärtig und gehorsam zu sein, ohne Gefährde, als uns Gott helfe und die Heiligen.[1]) Gans von Putlitz verweigerte eine bestimmte Erklärung; er wünschte eine Abschrift jener Urkunde, erhielt sie und zog mit derselben heim.

Diese unerfreulichen Vorgänge berichtete der Statthalter an den König nach Ungarn. Um die Mannen und Städte, auf deren Bereitwilligkeit er rechnen durfte, durch wirkliche Eidesleistung zu verpflichten, trat er ohne Zögern seine Rundreise durch die Lande Zauche, Teltow, Barnim, Lebus und Sternberg an. Am 12. Juli sehen wir ihn in Belitz, am 13. in Treuenbriezen, am 14. in Mittenwalde, am 20. in Müncheberg, am 22. in Frankfurt, am 23. in Drossen, am 24. (Sonntag am St. Jakobsabende) in Reppen, an den beiden folgenden Tagen wieder in Frankfurt ꝛc. Die erste Bewirthung kostete dieser Stadt 68 Schock und 19 Groschen. „Spende hat gestanden 1 Schock 37½ Gr.“[2])

Daß Friedrich überall feierlich empfangen wurde, ist leicht erklärlich; Niemand aber glaube, daß z. B. in Drossen Alles buchstäblich so herging, wie es Herr Oskar Schwebel in Nr. 196 der „Frankfurter Oderzeitung“ (1887) erzählt: „Wie sonntäglicher Sonnenschein liegt es (am 23. Juli) über der Stadt. Die Häuser und die freilich nur aus Lehmwandungen bestehenden Ringmauern sind festlich mit Gewinden von Birkenlaub und Fichtenbüscheln geschmückt. Auf den Wehrgängen der Ringmauer, wo sonst nur der Platz der behelmten und geharnischten Bürger ist, weilt heute, wenigstens an der Frankfurter Seite, allerlei fröhliches Volk, plaudernd

[1]) Heinel II. 509.
[2]) Staius, Riedel IV. 1, Seite 323.

der kommenden Dinge wartend. Und nun wallt's heraus aus dem Thore, ein langer Zug; voran die Geistlichkeit mit den ruhig herabwallenden, buntgestickten Kirchenfahnen und den blitzenden Vortragekreuzen; dann die Schulknaben; die Jüngferlein waren damals noch „frei" hier zu Lande von dem Zwange der düsteren Schulstube, sie ziehen in weißen Kleidern, mit grünen Kränzen geschmückt, vor den erwachseneren Jungfrauen der Stadt dahin, Kränze und Maienbüsche tragend. Dann folgt der Rath in den schwarzen Feiertagsgewändern und endlich, ein Zeichen für Drossens Wehrhaftigkeit, eine Schar gewappneter Bürger. Er aber, der das Haupt der Stadt in diesem Jahre ist, der Bürgermeister, trägt einen silbernen Becher in der Hand, gefüllt nicht etwa mit Gold, sondern mit böhmischen Groschen, dem nahenden Hohenzoller zur ehrenden Gabe. Sagt man doch bereits in den märkischen Landen, daß dieser Fürst nicht auf die Höhe der Gabe sieht, sondern auf die Weise, in welcher sie dargebracht wird! — Doch die Ausziehenden verschwinden allmählich in der hohen Heide, welche dicht bis an die Stadt herantritt. Und nun gilt es, sich zu gedulden, aber nicht allzulange; denn Hohenzollern lassen nicht warten. Plötzlich tönt es vom St. Jakobsthurme -- ein hellschmetternder Trompetenstoß, und jetzt, jetzt fallen die Glocken ein, feierlich-freudig ertönend wie Friedensgeläute. Er ist gekommen; sie haben ihn dort in der Heide gesprochen und gegrüßt, die treuen Männer von Drossen! Unvergeßlich muß ihnen für die Zeit ihres Lebens gewesen sein, was er gesprochen hat von dem Wohle des Vaterlandes und von seiner alten Ehre, von seiner Bürger Rechten und Pflichten. Jetzt schimmert's auch am Waldesrande; jetzt wird die hohe Gestalt des Burggrafen sichtbar, welcher den Fürstenhut und ein Gewand von golden-glänzendem Damast trägt! Tausendstimmiger Jubel erfüllt die Luft; denn der Heerweg nach Frankfurt ist mit Landleuten dicht besetzt. Welch' edelschöne Züge trägt dieser Mann! Ja, sie zeugen unwiderleglich dafür, daß er es gut meint mit dem Lande und Volke, und daß er der Mark zu helfen gewillt ist. Und doch! Ein tiefer Ernst lagert auf seinem Antlitze. „Schütze ihn Gott!" Und nun, da er durchs Thor reitet, noch ein Mal ein kräftiges „Brandenburg! Brandenburg! Brandenburg!" — Also wurde Friedrich von den Drossenern empfangen!" — —

Die Quelle für diese Schilderung ist — -- des Herrn Verfassers Fantasie. Welch' freien Spielraum er derselben gestattete, geht schon daraus hervor, daß er den Bürgermeister aus eigener Machtvollkommenheit einsetzte. Bei Knuth, den Herr Schwebel freilich nicht kennt,[1]) heißt es nämlich (S. 32): „Der alte Chronist Schönberg sagt Kapitel 4, §. 1, daß der erste Bürgermeister Paul Landsberg war, der im alten Privilegio der hiesigen Tuchmacher von anno **1483** noch als Rathsherr aufgeführt wird: Rathmanne der Stadt Drossen, die itzund den Stuhl der Radis besitzyn, waren Stephan Kruske, Paul Landsberg, Merten Sywart, Matthias Schelte, Peter Lenzenberg, Hans Schwed, Andreas Gernewitz. Daß vorher keiner von diesen den Namen eines Bürgermeisters gehabt, beweisen einige Dokumente über Einrichtung der Gewandschneidergilde von anno 1415 am St. Barbaratage, in der keines Bürgermeisters gedacht wird. Laut der Unterschrift dieses Briefes hießen die „Radisverwandte“ (die Mitglieder des Magistrats): Jakob Gartzyn, Nikolaus Winter, Klaus Gerlach, Michael Rothmuth, Simon Congnetz, Jakob Voit, Klaus Cruse, Lütke Heinrich. Die Kollegen des ersten Bürgermeisters, die nachher diesen Titel auch bekamen, waren Nickel Krüger und Peter Torno.“ —

An der Spitze des widerspenstigen Adels standen die Gebrüder Quitzow, der schon öfter genannte edle Herr zu Putlitz, Wichard von Rochow und Achim von Bredow. Sie verbanden sich mit einem Eide und verweigerten die Huldigung. Wir wollen, sagten sie, zuvor zu unserm Erbherrn, dem Könige in Ungarn schicken und also mit Ehren thun, was wir wollen. „Sie fürchteten den löblichen Fürsten Herrn Friedrich, daß er als ein Liebhaber der Gerechtigkeit die Beschwerung und Unterdrückung der armen Leute nicht leiden würde, schickten derowegen aus Petrus Grochwitz, Notar, mit Briefen zum Könige in Ungarn, daß er ihnen heimlich und unvermerkt wieder Antwort einbringen sollte.“ Nur der Adel im Havellande ließ sich durch Heinrich Stich, Abt in Lehnin, bewegen, den Huldigungseid in Berlin zu leisten.

Dr. Riedel erklärt die Sendung des Notars für einen Akt offenen Ungehorsams, namentlich seitens des Kaspar Gans zu Putlitz. Heidemann aber bemerkt[2]): So ganz klar und zweifellos waren die Anordnungen Sigismunds hinsichtlich der Mark nicht, um eine solche Anfrage überflüssig zu machen; denn nachdem 1411

[1]) Eine Chronik von Drossen ist noch nicht geschrieben. Es hat eine solche überhaupt keine der sternbergischen Städte. Oderzeitung Nr. 197. 1887. Beilage. Berichtigung Nr. 200.

[2]) Seite 86.

Friedrich zum obersten Verweser und Wend von Ileburg zum Unterhauptmann der Mark ernannt waren, bestellte der König, was eigentlich nur dem Burggrafen zukam, noch zu Michaelis Kaspar Gans zu Putlitz mit einem Gehalte von 100 Schock b. Gr. zum Hauptmanne der Priegnitz. Abgesehen von dem persönlichen Ehrgeize des mächtigen Edelmannes, konnten unter solchen Verhältnissen wohl Zweifel darüber entstehen, ob er königlicher oder burggräflicher Beamter und betreffs der Priegnitz Wend von Ileburg neben- oder untergeordnet sei.

„Da nun der genannte Herr Friedrich sah, daß er wenig Folge und Hülfe hätte und die Quitzow mit ihrem Anhange stolz und mächtig waren, zog er als ein weiser und verständiger Fürst die anderen von dem Adel und den Städten an sich mit mancherlei freundlichem Erzeigen; er lud sie öfter zu Gaste, zog auch die Quitzow anderen vor, ob er vielleicht ihre feindseligen Gemüther hierdurch erweichen, brechen und zur Huldigung bewegen möchte. Wiewol er ihnen aber alles Gutes erwies, ließen sie doch ihre Hinterlist und Falschheit nicht, sondern verübten durch ihre Knechte mancherlei Räubereien, ließen es auch an Büchsen, Schanzgräben und anderen Kriegsrüstungen nicht fehlen, auf daß sie den genannten Herrn Friedrich erschrecken, ihm die Mark verleiden und ihn aus derselben verjagen möchten."

In der Schlacht am Kremmer Damme (24. Oktbr. 1412), die keineswegs so unbedeutend war, wie Dr. Riedel sie darzustellen sucht,[1]) fielen u. a. Johann Graf zu Hollach (Hohenlohe), Krafft von Leuchtersheim und Philipp von Utenhofen, „um welcher Tod der Verweser nicht wenig bekümmert und mit seinem ganzen Hofe betrübt gewesen ist."

„Da aber der löbliche Fürst sahe, daß durch seine Güte die Quitzow nicht gebessert, sondern je mehr und mehr mit ihrem Anhange ihr boshaftes Gemüth wider ihn ausgossen, hat er als ein gütiger Beschützer und Beschirmer seiner armen Unterthanen einen großen Muth und ein männlich Herz in Gott dem Herrn gefaßt und mit Rath weiser Herren bedacht und berathschlagt, wie er der Mark, die auf so mancherlei Weise durch die Quitzows und ihren Anhang beschwert, rathen und helfen möchte. Und anfänglich hat er wohl und weislich bedacht, daß Freundschaft und Vereinigung mit den benachbarten Fürsten und Herren nicht eine geringe Hülfe

---

[1]) Zehn Jahre. I. 108. Märkische Forschungen. Band 7, Seite 224—29.

hierzu sein würde, derohalben er sich mit ihnen zu befreunden höchlich beflissen und also in Vereinigung derselben Bündnis einen festen Zaun der Beschirmung gemacht und um die Mark gezogen.[1])

Es erfolgten Verträge am 1. August 1413 zwischen der Mark Brandenburg und den Herzogthümern Glogau und Krossen wegen Räubereien und gewaltsamer Übergriffe, am 19. Novbr. zwischen dem Burggrafen und dem Herzoge Wratislav von Stettin, am 8. Dezbr. mit dem Erzbischofe Günther von Magdeburg zur gemeinschaftlichen Unterwerfung der Gebrüder von Quitzow und Wichards von Rochow, zur Schleifung der Festen Plaue und zur Eroberung von Rathenow, Golzow, Friesack und Beuthen; am 14. März 1414 mit dem Bischofe Albrecht von Halberstadt und dem Herzoge Bernd von Braunschweig und Lüneburg.[2])

Anfangs Februar 1414 zogen die Verbündeten vor die Raubburgen. Zuerst fiel Friesack (nach Hafftitz am 10. Febr., wahrscheinlich aber schon einige Tage früher), und Dietrich von Quitzow flüchtete; dann mußte sich Plaue mit reichen Vorräthen (100 Seiten Speck, Fleisch, Wein, Bier 2c.) ergeben. Eine große Büchse[3]), von dem Landgrafen von Thüringen, einem Schwager des Magdeburger Erzbischofs geliehen, zertrümmerte selbst die vierzehn Fuß dicken Mauern. Von seinem jüngsten Bruder Henning (Heinrich), der in Paris Theologie studirte, und einem Knechte Schwalbe begleitet, ergriff auch Hans von Quitzow das Hasenpanier; er wurde aber von den Brandenburgern erkannt, in Schmitsdorf bei Rathenow von dem dortigen Schulzen (nach Anderen von den Knechten Heinrichs von Schwarzburg, eines Bruders des Magdeburger Kirchenfürsten) festgenommen und in sichere Verwahrung auf das Schloß Kalbe gebracht. Goschke Brederlow, sein Hauptmann in Beuthen, übergab unter der Bedingung des freien Abzuges diese Burg an Johann von Torgau und Paul Möring (letzterer zur Zeit Hauptmann in Trebbin).

Auch Rochows Burg Golzow, welche der Herzog Rudolf von Sachsen belagerte, fiel. Die Männer schlangen Stricke um den Hals, die Frauen zogen weiße

---

1) Hafftitz bei Riedel IV. 1. 51.

2) Urkunden bei Riedel II. Band 3, Seite 207, 209, 210—12, 214—16.

3) Angeblich nannten die Bauern das große Geschütz, das sie weiterschaffen mußten, seiner Schwerfälligkeit wegen „die faule Grete“. Dieser Spitzname kommt aber weder bei Angelus noch bei Hafftitz vor.

leinene Bußkleider an; fußfällig baten alle den Fürsten um Gnade. Sie wurde ihnen zu Theil; doch ließ ihnen Friedrich nur eins von ihren Schlössern. Bis zum Juni 1414 hatte er in der ganzen Mark die Ruhe hergestellt. Auf dem Landtage in Tangermünde empfingen die Empörer ihr Urtheil; er setzte einen allgemeinen Landfrieden fest. Den Städten, die ihn treu und kräftig unterstützt, erneuerte er ihre alten Privilegien zumeist kostenlos. Nur vereinzelt kamen seitdem noch Übergriffe unruhiger Köpfe vor. 1430 z. B. entspann sich eine Fehde zwischen Heinrich von Grünberg auf Laubow und dem v. d. Marwitz (siehe Seite 49).

Wichtige Fragen, die schon lange der Entscheidung harrten, riefen auch den Burggrafen im August nach Kostnitz (Konstanz). Nach dieser Stadt, die damals etwa 40 000 Einwohner zählte, hatte Sigismund einen Reichstag der deutschen Fürsten und eine allgemeine Kirchenversammlung der ganzen abendländischen Christenheit berufen. Friedrich übertrug einstweilen die Statthalterschaft seiner Gemahlin, der „schönen Else“ (Elisabet, Tochter des Herzogs Friedrich von Bayern-Landshut, Schwester Heinrichs des Reichen). Es unterlag wol keinem Zweifel, daß der Burggraf als Kurfürst von Brandenburg dem deutschen Könige noch mehr nützen könne, als der „oberste Hauptmann und Verweser der Mark“. Dieser hatte auch inzwischen seinem stets geldbedürftigen Freunde wieder 250 000 Dukaten zur Reise nach Spanien geliehen. Unter solchen Verhältnissen finden wir es leicht erklärlich, daß Sigismund dem Burggrafen Friedrich die Mark Brandenburg mit der Kur- und Erzkämmererwürde erblich, wenn auch wiederauslöslich, übertrug. Die Urkunde datirt vom 20. April 1415. Da uns, heißt es in derselben, nach der Gnade des allmächtigen Gottes so viele und so weite und breite Königreiche zu verwesen befohlen sind, daß wir, um die alle löblich zu regieren, engelgleicher Kräfte bedürften, unsere Menschlichkeit und nothdürftige Kraft das aber ohne trefflichen Rath und Beistand nicht vermag, und wir ganz besondere Liebe zu dem Kurfürstenthume der Mark Brandenburg haben, nämlich weil wir dasselbe aus unserer väterlichen Erbschaft zuerst besessen, deshalb wollen wir ihr und ihren Einwohnern immer gern guten Frieden, Gemächlichkeit und Ruhe verschaffen. Nachdem solche unsere besondere Liebe, unser königliches Gemüth vormals bewogen hatte, daß wir den hochgebornen Friedrich, Burggrafen zu Nürnberg, unserm lieben Oheim und Fürsten in Ansehen und Betracht seiner Redlichkeit, Vernunft, Macht, Festigkeit und anderer seiner Tugenden, mit denen der allmächtige Gott ihn mannichfach geziert hat, insbesondere aber seiner lauteren und bewährten Treue, die er gegen uns hat, aus eigener Bewegung zu unserm rechten Obristen, Verweser und Hauptmann über die Mark bestellt haben — nachdem aber weiter unsere Sorge und Arbeit für die heilige Kirche, das heilige Reich und zum allgemeinen Frommen sich also vermehrt haben, daß wir uns nicht vermessen können, selber in die Mark ziehen zu wollen — da nun auch landkundig ist, daß gedachter Friedrich durch seine Vernunft mit seiner Macht, Arbeit und Wagnis, sowie auch mit großen Aufwendungen und Kosten, die er aus seinem eigenen Vermögen entnommen hat, die Mark in einen so trefflichen Zustand des Friedens und guter Ordnung gebracht, Räubereien und Unthaten in derselben ausgerottet — da es uns denn auch billig zu sein dünkt, daß wir uns für solche Arbeit ihm dankbar erweisen und daß ihm seine Kosten wieder erstattet werden — aus allen diesen Gründen und auch in Erwägung seiner willigen, nützlichen und getreuen Dienste, die er uns unverdrossen gethan hat und täglich thut — dazu endlich in der Absicht, daß der Friede und die Besserung in der Mark erhalten bleiben und zunehmen, haben wir dem vorgenannten Friedrich und seinen Erben die Mark und das Kurfürstenthum mit dem Erzkammermeisteramte und mit allen und jeglichen Würden, Ehren, Rechten, Landen 2c. gnädiglich gegeben und ihn zu einem wahren und rechten Markgrafen darüber gemacht." — Der zweite Theil der Urkunde bestimmt, daß Sigismund und seine männlichen Erben, auch falls letztere nicht vorhanden sind, König Wenzel und dessen männliche Erben, berechtigt sein sollen, gegen Zahlung der oben genannten 400 000 ungarischen Dukaten die Mark Brandenburg wieder zurückzufordern.

Unterm 3. Mai 1415 sicherte Friedrich auf seine fürstliche Ehre und mit guter Treue an Eides Statt dem Könige das Wiederauslösungsrecht zu; auch wolle er und seine Erben mit sammt derselben Mark wider Sigismund, dessen Bruder Wenzel und ihr jegliches Erbe, auch gegen die Krone von Böhmen nimmer sein, noch die Krone wider ihn, sondern sie sollen beiderseits mit Hülfe, Rath und Diensten bei einander allezeit getreulich bleiben. Nicht nur allein mit der Mark, sondern mit Allem, was er vermöge und jetzund habe und gewinnen werde, wolle er bei Sigismund in jeglichen des Reiches und anderen Sachen festiglich und getreulich bleiben, auch dessen ehelichen Leibeserben allezeit rathen und helfen das

Veste, das er vermöge, und in allen Sachen bei ihnen bleiben, insonderheit bei der Wahl eines jeglichen römischen Königs den Erben Sigismunds und Wenzels, soviel er es mit Gott und Ehren thun möge, allzeit nachfolgen und mit ihnen einhellig kiesen. Dies Alles soll sowol von ihren, als auch von des Burggrafen Erben gelten.[1])

Sigismund entließ unterm 8. und 9. Mai 1415 alle Fürsten, geistliche und weltliche, Äbte, Prälaten, Grafen, Freiherren, Ritter, Knechte, Amtleute, Vögte, Mannen, Bürgermeister, Räthe, Städte und Gemeinden, sowie alle anderen Einwohner in Brandenburg — der ihm als Markgrafen geleisteten Huldigung.[2])

Vom 9. Mai datirt auch folgende Urkunde: „Wir Sigismund, von Gottes Gnaden römischer König ꝛc. entbieten dem ehrsamen Reimar von Günthersberg, Meister des St. Johannsordens, unserm lieben Andächtigen, unsere Gnade und alles Gute. Ehrsamer, Lieber, Andächtiger! Da wir dem hochgebornen Friedrich, Burggrafen zu Nürnberg, unsern lieben Oheim und Fürsten und seinen Erben die Mark zu Brandenburg mit ihrer Kur, Erzkammermeisteramt und allen anderen ihren Würden, Rechten und Zubehörungen gegeben und verschrieben und sie auch zu Markgrafen zu Brandenburg gemacht haben, nach Ausweis unserer Königlichen Majestät Briefe darüber gemacht; darum weisen wir dich an sie und heißen dich befehlen und gebieten dir auch ernstlich und festiglich mit diesem Briefe, daß du ihm darauf nach Laut (Inhalt) der jetzt genannten unserer Briefe gewöhnlich Gelübde und Huldigung thun sollst; da wir dich darauf solcher Gelübde und Huldigungen, damit du uns als einem Markgrafen der vorgenannten Mark verbunden gewesen bist, ledig und los gesagt haben und sagen mit diesem Briefe. — Gegeben zu Kostnitz, nach Christi Geburt vierzehnhundert Jahre und darnach in dem fünfzehnten Jahre an unsers Herrn Auffahrtstage, unserer Reiche des ungarischen in dem 29. und des römischen in dem 5. Jahre.[3])

Zu jener unterm 30. April 1415 ertheilten „Gabe und Verschreibung“ erklärten als Kurfürsten ihren guten Willen und Verhängnis (Genehmigung, Konsentation) am 16. Mai Ludwig, Pfalzgraf bei Rhein; am 27. Erzbischof Dietrich von

[1]) Vollständig bei Riedel II. Band 3, Seite 226—29.
[2]) Ebendaselbst Seite 229—31.
[3]) Riedel II. Band 3, Seite 232.

Köln; am 3. Juni Werner von Trier; am 5. Johann von Mainz; am 20. Novbr. Herzog Rudolf von Sachsen.[1])

Schon unterm 10. Mai 1415 erklärte Sigismund die Herzöge Otto und Kasimir von Pommern, Stettin, Garz und Strasburg, sowie zahlreiche Vasallen der Uckermark wegen ihres Ungehorsams gegen den Burggrafen von Nürnberg in die Acht, und zeigte dies an demselben Tage den Ständen des Reiches an. Am 11. Juli erneuerte er seinen Befehl, Friedrich als Markgrafen zu huldigen, und er lud alle Säumigen zu ihrer Verantwortung an den königlichen Hof.[2]) Bei den Widerspenstigen lagen wol andere Beweggründe, als rechtliche Bedenken vor. Letztere konnten allerdings bei Denen aufsteigen, welche sich daran erinnerten, daß Karl der Vierte seine Söhne Wenzel, Sigismund und Johann in guten Treuen und an Eides Statt geloben ließ, nie die Mark von dem Königreiche Böhmen scheiden zu wollen, und daß in diesem Falle die brandenburgischen Stände ihrer Pflichten gänzlich erledigt sein sollen (28. Mai 1374) — eine Bestimmung, die Karl als römischer Kaiser (am 29. Juni) förmlich bestätigte.[3])

Um sich als Landesherr huldigen zu lassen und den Ständen ihre altverbrieften Rechte und Freiheiten zu bestätigen, begab sich Friedrich von Kostnitz wieder nach der Mark. Am 18. Oktober 1415 traf er in Berlin ein, am 20. fand im „hohen Hause"[4]) die feierliche Handlung statt. Johann von Waldow, der Probst daselbst, las den versammelten Ständen die Briefe des Kaisers vor. Dies Mal lautete der Eid: „Wir huldigen und schwören Herrn Friedrich und seinen Erben, Markgrafen zu Brandenburg, eine rechte Erbhuldigung, als unserm rechten Erbherrn, nach Ausweisung ihrer Briefe, getreu, gewärtig und gehorsam zu sein." Der wohlwollende Fürst trug kein Bedenken, allen ihre Freiheiten, Rechte und Gewohnheiten durch Wort und Unterschrift zu bestätigen und zu verbürgen. —

Am 29. Oktober nahm er die Huldigung zu Frankfurt und den Städten der Lande Lebus und Sternberg an. Jener kostete die „Auslösung" (Bewirthung)

---

[1]) Riedel II. Band 3, Seite 235, 36, 37, 43.

[2]) Ebendaselbst Seite 237—39.

[3]) Schmidt, Geschichte der Deutschen. Band 9, Seite 135.

[4]) So hieß damals das Haus in der Klosterstraße (jetzt Lagerhaus), in welchem die Markgrafen abzusteigen pflegten.

78 Schock Groschen.[1]) Bei seinen Reisen richtete er stets sein Augenmerk darauf, die Treuen an sich zu fesseln, die Schwankenden für sich zu gewinnen, durch Milde und festen Willen Ruhe und Ordnung immer mehr und mehr zu sichern. So keimte die Saat, die er unter Mühen und Beschwerden ausstreute! Damit aber nicht Andere, sondern seine Nachkommen die Früchte ernteten, suchte er seine Stellung möglichst zu befestigen. Gegen Ende des Jahres 1416 reiste er abermals nach Kostnitz. Hier ward er am 18. April 1417 mit der **Mark Brandenburg**, der **Kur- und der Erzkämmererwürde feierlich belehnt.**

„Es war zu diesem Zwecke auf dem Markte, an dem Hause, genannt „zum hohen Hafen", eine weite und breite Stiege über das Gewölbe bis an die Reigen gezimmert, oben aber ein Platz, da wol vierzig Mann stehen konnten, hergerichtet und mit goldgestickten Tüchern gedeckt, desgleichen oben und an den Seiten behangen. Daselbst stand ein hoher Sessel mit goldenen Kissen, und neben demselben befanden sich zwei etwas niedrige sehr lange Sitze. An dem genannten Tage nun mit der Sonnen Aufgang, zogen durch die Stadt zwei prächtige Ritter, der eine tragend ein Panier auf einem Speer mit dem Wappen der Marken von Brandenburg, der andere des Burggrafen Schild von Nürnberg, begleitet von allen Dienstleuten des Fürsten und vieler ihm befreundeter Herren, deren jeder ein rothes wollenes Fähnlein in der Hand hielt, unter dem Spiele aller Posauner und Pfeifer von Kostnitz, an drei Stunden lang. Beim dritten Ritte gegen neun Uhr versammelten sich noch viele Fürsten und Herren, die dem Burggrafen dienen wollten, mit ihrem Gefolge vor seiner Herberge am Fischmarkte, und jeder bekam einen Stecken mit einem rothen wollenen Fähnlein in die Hand, und sie ritten mit ihm alle zusammen, die beiden Panierträger vor sich her, nach dem oberen Markte, wo das Gerüst stand. Es waren der Rosse so viel, daß kaum die großen Herren vor dem Gedränge am Markte bleiben konnten, und alle Häuser und Dächer sah man voll Leute, geistlich und weltlich, Frauen und Männer, Juden und Jüdinnen. Doch geschah in dem Gedränge Niemanden Leides. Als nun der Burggraf am Markte still hielt, betrat der römische König von einer Fensterthür aus das Gerüst und setzte sich auf den Sessel in der Mitte, und zwei Kardinäle und drei Bischöfe, die ihn begleiteten (nicht weil er ihrer

[1]) Spieker Seite 87.

zur Belehnung bedurfte, sondern weil sie das große Schauspiel sehen wollten) hieß er auf den Sitzen neben sich Platz nehmen, den obersten Kanzler aber, der einen besiegelten Brief mit zwei großen Insiegeln hielt, hinter den Kardinälen zur Rechten sich stellen. Nachher gingen noch ein Kardinal, fünf Erzbischöfe und andere Bischöfe Zusehens wegen hinauf und setzten sich um die Bühne herum. Es hatte der König auf seinem Haupte eine goldene Krone und war übrigens angethan als ein Evangelier, wie er in der Kirche das Evangelium vom Kaiser Augustus abzusingen pflegte, um den Hals einen Umhang von Pelzwerk. Da ward zuerst hinauf gerufen Herzog Ludwig von Bayern, Pfalzgraf am Rhein, angethan als ein Letzgener (Vorleser), ebenfalls einen Umhang tragend. Er hielt in seiner Hand den Reichsapfel und das Zepter, stellte sich hinter den Kardinal, der zur linken Seite saß, und streckte das Zepter hervor. Dann ging Herzog Rudolf von Sachsen, ebenso angethan, mit dem Reichsschwerte hinauf und stellte sich hinter den Kardinal zur Rechten, zwischen den König und den Kanzler. Ferner stieg hinauf der Burggraf Friedrich von Nürnberg mit seinen beiden Panierträgern. Auf der obersten Stufe knieten sie alle drei nieder, standen aber wieder auf und schritten bis vor den Thron, wo sie aufs neue niederknieten. Da hieß der König den Kanzler den Brief lesen, der da besagte, was er dem heiligen römischen Reiche verbunden wäre zu thun und was er schwören sollte, und es hielt während dieses Lesens und des nachfolgenden Schwures der Herzog von Sachsen das bloße Schwert hoch empor, die Spitze auf des Königs Haupt in den Scheitel gerichtet. Als nun der Kanzler geendet hatte, sprach der König: „Herr Kurfürst des heiligen römischen Reiches und lieber Oheim: wollet ihr das schwören?“ Da antwortete der Burggraf Friedrich: „mächtiger König, gern!“ — Es herrschte eine so tiefe Stille, daß man Alles wie sehen, so auch hören konnte. Nach Ableistung des Eides nahm der König dem einen Ritter das Panier von Brandenburg und gab es dem Burggrafen, darnach das Zepter mit dem Reichsapfel und dem Kreuze aus der Hand des Pfalzgrafen, endlich auch das Panier mit dem Wappen von Nürnberg. Hierauf nahm auch der Herzog von Sachsen das Schwert und legte es ihm in den Schoß. Und alle Pfeifer und Posauner fingen an zu blasen, daß Niemand sein eigen Wort mochte hören. Zum Beschlusse dieser Feier bewirthete der neue Kurfürst den römischen König, alle Kurfürsten, Herzöge, Grafen, Freiherren, Ritter und Knechte, desgleichen die Erzbischöfe, Bischöfe und gelehrten

Leute und alle Geistlichen, mit Ausnahme der Kardinäle, die (wahrscheinlich streitigen Ranges wegen) mit keinem weltlichen Herrn aßen. Auf ähnliche Weise empfingen nachmals der Erzbischof von Mainz, der Pfalzgraf Ludwig, der Herzog Rudolf von Sachsen, der Herzog Ludwig von Bayern-Ingolstadt, der Herzog Heinrich von Bayern-Landshut, die bayerischen Herzöge Ernst und Wilhelm zu München und die anderen Reichsfürsten ihre Lehen, nur daß es nicht so köstlich war und so große Herrschaft, und daß der König nicht bei Allen in seiner Majestät saß.[1]) — Also ward an dem Tage, da Burggraf Friedrich von Nürnberg die brandenburgischen Marken aus den Händen des römischen Königs Sigismund des Luxemburgers zu Lehen empfing, das Glück des Hauses Hohenzollern zu dem größeren des Hauses Brandenburg!

Die Urkunde über die Belehnung lautet: „Wir Sigismund, von Gottes Gnaden römischer König . . . bekennen und thun kund offenbar in diesem Briefe allen Denen, die ihn sehen oder hören lesen, da wir seit der Zeit, als wir zum römischen Könige erkoren sind, allezeit betrachtet haben, daß uns und dem heiligen römischen Reiche unbequem wäre, wenn die Zahl der sieben Kurfürsten, sintemal diese desselben Reiches vorderste Glieder und als feste Säulen, darauf es gebaut ist, unerfüllt (nicht vollzählig) bleiben sollte, und da wir den hochgebornen Friedrich, Markgrafen zu Brandenburg, des heiligen römischen Reiches Erzkämmerer und Burggrafen zu Nürnberg, unsern lieben Oheim und Kurfürsten, so redlich, fest, biderb, vernünftig und getreu in allen Sachen allezeit erkannt und befunden und auch solch gute, ganze und unzweifelhafte Zuversicht zu ihm haben, daß wir zu Gott hoffen und ganz vertrauen, er sei des vorbezeichneten Kurfürstenthums, der Mark zu Brandenburg, seiner Kur und Zubehörung wohl würdig und werde und möge die auch redlich, vernünftig und rechtlich ausrichten, verwesen und um uns und das Reich verdienen. Darum die vorgenannte Zahl der Kurfürsten wieder zu erfüllen und angesehen und gütlich betrachtet des heiligen römischen Reichs, dessen gemeinen Hof

[1]) Aus naheliegenden Gründen wollt' ich die farbenreiche Schilderung der Belehnung den Lesern nicht vorenthalten. Ich bemerke aber, daß sie keineswegs nach der eigenen Fantasie — wie wir dies häufig bei Dlugosz und Herrn Oskar Schwebel finden — ausgemalt, sondern dem Berichte eines Augenzeugen, Namens Eberhard Dacher (Siehe Hermann v. d. Hardt, Geschichte des Konzils, Buch V, Seite 183 ff.) fast wörtlich entnommen ist.

wir jetzund in der Stadt Konstanz bei dem heiligen Konzilio, das daselbst in Einigkeit des heiligen Geistes versammelt ist, gegenwärtig halten, Ehre, Nutzen und Bestes, und auch des jetzt genannten Friedrichs Redlichkeit, Biederkeit und Vernunft und sonderlich seine willigen, unverdrossenen, nützlichen und getreuen Dienste, die er uns und dem Reiche lange Zeit gethan hat, täglich thut und fürbaß thun soll und mag in künftigen Zeiten, haben wir, als wir in unserer königlichen Majestät zu Konstanz saßen, mit wohlbedachtem Muthe, gutem und einhelligem Rathe dieser nachgeschriebenen (nachbenannten) unserer und des Reiches Kurfürsten, Fürsten, geistlichen und weltlichen, Grafen, Edlen und Getreuen den vorgenannten Friedrich zu dem vorgenannten Kurfürstenthume auserkoren und ihn auch dazu gefordert und gerufen und ihm also das vorgenannte Kurfürstenthum, die Mark zu Brandenburg, mit sammt der Kur dazu gehörig und sonst auch mit allen und jeglichen ihren Herrlichkeiten, Würden, Ehren, Rechten, Mannschaften, Gerichten, Wildpennen, Zöllen, Geleiten, Städten, Schlössern, Dörfern, Äckern, Wiesen, Gewässern, Waldungen, Weihern, Wunnen, Werdern, Landen, Leuten, Zinsen, Gülten, Renten, Nutzungen, Gütern und Zubehörungen, wie man denn dieß mit besonderen Worten benennen mag, Nichts ausgenommen, als dann das von uns und dem Reiche zu Lehen rühret, gnädiglich und mit solcher Zierheit, wie sich dann das gebühret hat, auf diesen Tag, als dieser Brief gegeben ist, im Namen der heiligen Dreifaltigkeit verliehen, was wir ihm dann von Gnaden und Rechts wegen verleihen sollten, die künftig ihm und seinen Erben von uns und dem Reiche zu Lehen zu haben, zu halten und zu genießen, als denn des Kurfürsten und der vorgenannten Mark Lehen, Rechte und Herkommen sind, von aller männiglich unbehindert. Uns hat auch der vorgenannte Friedrich gewöhnlich Gelübde und Eid darauf gethan (geleistet), uns und dem Reiche getreu, gehorsam und gewärtig zu sein und zu thun und zu dienen, wie denn des Reiches getreuer Kurfürst seinem rechten Herrn, dem römischen Könige, zukünftigen Kaiser verpflichtet ist zu thun ohne alle Gefährde. Und dieser vorgeschriebenen Sache sind Zeugen und haben uns auch zu thun gerathen: die ehrwürdigen Johann, Erzbischof zu Riga, Georg zu Passau, Raban zu Speier, Albrecht zu Regensburg, Nikolaus zu Merseburg und Johann zu Lebus, Bischöfe, und Johann, erwählter zu Brandenburg, und die hochgebornen Rudolf, Herzog zu Sachsen und zu Lüneburg 2c. des heiligen römischen Reiches Erzmarschall, unser lieber Oheim und Kurfürst; Albrecht, Herzog zu Sachsen und zu Lüneburg; Ernst und Wilhelm Gebrüder und Heinrich, alle drei Pfalzgrafen bei Rhein und Herzöge in Bayern, und Friedrich, Markgraf zu Meißen und Landgrafen in Thüringen, unsere lieben Oheime und Fürsten; die Edlen Ludwig, Graf zu Öttingen; Graf Günther zu Schwarzburg, Herr zu Ranys; Eberhard, Graf zu Nellemburg; Graf Konrad von Freiburg, Herr zu Welsch-Neuenburg; Graf Hans von Luppfen, Landgraf zu Stulingen ꝛc.; Albrecht Schenk von Landsberg, Herr zu Sydow; Haupt von Pappenheim, unser und des Reiches Erbmarschall, und viele Andere, unsere und des Reiches Edle und Getreue. Mit Urkund dieses Briefes versiegelt mit unserer königlichen Majestät Insiegel. Gegeben zu Konstanz nach Christi Geburt vierzehnhundert Jahre und darnach in dem siebzehnten Jahre an dem achtzehnten Tage des Monats April, unserer Reiche des ungarischen ꝛc. in dem 31. und des römischen in dem 7. Jahre.[1])

Wiewol Friedrich im eigenen Lande genug Arbeit fand, ernannte ihn doch Sigismund, der mit „ganzem menschlichen Fleiße erstrebte, Friede und Gnade der ganzen Christenheit zu schaffen", mit wohlbedachtem Muthe, gutem Rathe und rechtem Wissen am 2. Oktober 1418 zum Statthalter und Verweser des deutschen Reiches und hoffte, daß er als solcher nach seinen besten Kräften wirken werde.[2])

Wenn ihm auch der gute Wille nicht fehlte, so waren auf der anderen Seite, besonders in den letzten Jahren, doch so arge Mißgriffe vorgekommen, daß er allein die tiefeingewurzelten Schäden nicht zu heilen vermochte. Wir können von jener Zeit sagen: „Krank ist die ganze Menschheit, an Päpsten leidet sie." Es gab damals drei Statthalter Christi, und jeder behauptete, er sei der wahre. Indeß schreibt der gelehrte Karthäuser Werner Rolewinck: „Wer von Urban dem Sechsten bis auf Martin den Fünften Papst gewesen ist, das weiß ich nicht." — Je länger man mit einer „Reformation der Kirche an Haupt und Gliedern" zögerte, desto lauter erhoben sich allerwärts Stimmen für dieselbe.

Viel Anklang fand Johann Hus. Über ihn, seine Lehre und seine Verurtheilung durch das Konzil zu Kostnitz herrscht noch bei Vielen auffällige Unklarheit. Man sollte sich vor allen Dingen merken, daß die sogenannten Ketzereien des

---

1) Riedel II. Band 3, Seite 255—56. In einer lateinischen Übersetzung Buchholz V. 182.
2) Riedel II. Band 3, Seite 257—58.

böhmischen Reformators allermeist nur den Vorwand zu den Anklagen, die gegen ihn erhoben wurden, bildeten. Im Hintergrunde lauerte rechts und links persönliche Rache.

In Prag hatten die Bayern, Sachsen und Polen in den Universitätsangelegenheiten drei Stimmen, die Böhmen, wiewol Inländer, aber nur eine. Daraus entstanden oftmals Reibungen. Von Hus beeinflußt, kehrte der König Wenzel das Verhältnis um (13. Oktober 1409). Sehr viele Fremde (die Zahl 15 000 mag übertrieben sein) verließen deshalb Prag und wanderten nach Leipzig, Ingolstadt, Krakau 2c. Dazu kam der Schulstreit zwischen Nominalisten und Realisten, der sich hauptsächlich um die allgemeinen Begriffe (Universalien) drehte.[1]) Solche gelehrte Marotten übersteigen freilich in der Regel den Horizont der gewöhnlichen Menschenkinder, wenn diese auch Mutterwitz besitzen; aber gerade deshalb werden sie noch heutigen Tags von den Buchgelehrten mit der größten Hartnäckigkeit vertheidigt; auch dürfte wol jeder Geschichtskenner Friedrich Wilhelm dem Dritten zustimmen: „Es gibt einen Haß, den man den theologischen nennt, und man sagt von ihm, daß er der böseste sei.“ Hus war Realist; seine Gegner gehörten zu den Nominalisten.

Im Vertrauen auf den Allmächtigen, der durch den Mund des weisen Sirach (4, 33) spricht: Vertheidige die Wahrheit bis in den Tod, so wird Gott der Herr für dich streiten! — reiste er nach Kostnitz. Überdies hatte die Universität Prag sein Glaubensbekenntnis für echt-katholisch erklärt; auch der päpstliche Ketzerrichter in Böhmen, der Bischof Nikolaus von Nazareth, eine Urkunde ausgestellt, daß er

[1]) Die Nominalisten erklärten die allgemeinen Begriffe (Universalien) für bloße Namen, denen nichts Wirkliches entspräche; nur den Einzeldingen legten sie Wirklichkeit (Realität) bei. Die Realisten nahmen gerade für diese Begriffe die echte Wirklichkeit in Anspruch und gestanden solche den Individuen nur wegen ihrer Theilnahme an der Realität der Gemeinbegriffe zu. Der allg. Begriff „Mensch“ hat nach ihnen höhere Realität als der einzelne Mensch, während nach den Nominalisten nur dieser wirklich sachlich vorhanden ist, jener Begriff aber lediglich im Geiste des Erkennenden. Man faßte die beiden entgegengesetzten Ansichten auch in die Formeln: Universalia ante res (die allg. Begriffe vor den einzelnen Dingen: Realist), Universalia post res (die allg. Begriffe nach den Dingen: Nominalist). Vermittelnde Lehrer gaben dann die dritte Formel: Universalia in rebus (die allg. Begriffe in den Dingen.) — Pädagogisches Lexikon von Sander, Seite 389. — Wer nichts Besseres zu thun weiß, kann noch jetzt, wie vor vierhundert Jahren darüber disputiren, ob ein Unterschied sei zwischen den Sätzen: In Rom wird Pfeffer verkauft — und: Pfeffer wird in Rom verkauft.

Hus in wiederholten Unterredungen als rechtgläubigen Lehrer gefunden. Der Kaiser gab ihm einen Geleitsbrief. Dieser lautete:

„Wir Siegmund, von Gottes Gnaden Römischer König, zu allen Zeiten Merer des Reichs 2c Entbietend allen und yeden Fürsten geistlichen und weltlichen, allen Herzogen, Marggrafen, Graffen, Freyen 2c. und allen unsern und des Heyligen Reiches underthonen und getrüewen, zu denen diese gegenwärtige Brieff komnend, unser K. gnad und alles guts 2c. Als der ersame M. Johannes Hus, heyliger Gschrift Baccalaureus und Meister der Freyen Künsten 2c. zeyger dieser gegenwärtigen Brieffen von dem Reich zu Böhem auf das Concilium, so in der Stat Costenz gehalten, nechster Tage fürreysen wird. Den wir auch in unsern und des Heyligen Reichs Schirm und Sicherheit empfangen und aufgenommen habend, demselbigen wollend wir auch allen und yedem besunder mit vollkommen Anmut befohlen haben. Und begerend von euch, das ir selbigen M. Joh. Hussen, so er zu euch kommen wird, willigklich empfahen, günstigklich halten, und ihm in allen dem, so ihm zu Förderung und sicherheit auf dem Wege gedienen mag, zu land und zu Wasser euwern förderlichen und guten Willen erzeygen wöllend und söllend. Auch ihm mit seinen Knechten, Pfärden, Wägnen, troß, Plunder und allem und yetlichen andern sinen Dingen, durch yetlichen Paß, Porten, Bruggen, ärdtrich, Herrschaften, Zwing Gericht, stett, fläk, Dörfer, Schlösser und durch alle eure andre Oerter an eynich Bezalung der Schatzung, Fußgelts, Zoll-Tributs, und yetlicher andrer burdin der Bezalung: und gänzlich an alle verhinderung fürziehen, stan und wandeln, wonen, und frei wieder keren lassind. Auch im und den seinen, so es not sein wurde, um frey sicher Gleydt verhelfen, und sy damit versorgen söllend und wöllend. Alles zu eeren unsrer Küniglichen Majestät 2c. Datum Spyr Anno Domini 1414 am 12. Tag Octobris, unserer Reich des Hungarischen im XXXiij und des Römischen im fünften.“ [1])

Der Papst hob den Bann auf und erklärte: „Wenn Hus meinen leiblichen Bruder erwürgt hätte, soll ihm Nichts widerfahren, so lange er in Kostnitz ist.“

[1]) Aus: „Des großen gemeinen Conciliums, zu Constanz gehalten, kurze, doch grundtlichere und vollkommnere, dann vor nie in Teutsch gesähen Beschreybung, was täglich von einer Session zu der andern in geistlichen und weltlichen Sachen, darinn und darneben gehandelt ist 2c. durch Johann Stumpffen (1541).

Trotzdem wurde er 24 Tage nach seiner Ankunft (am 28. November) verhaftet und gleich einem gefährlichen Verbrecher eingekerkert. Die Anklagen gingen hauptsächlich aus von Stephan Palecz, seinem früheren Freunde, und von Michael de Causis, einem ehemaligen Prediger zu Prag, der aber wegen Schurkereien (Unterschlagung königlicher Gelder) aus Böhmen entfliehen mußte.[1]) Zu seinen Gegnern gehörten ferner die Bischöfe Johann von Leutomischel und Johann der Vierte von Lebus, Dr. Moritz, Professor der Theologie, der frühere Universitätsdirektor Dr. Hoffmann in Prag, der Abt Petrus der Erste von Neuzelle.

Was hatte Hus eigentlich verbrochen? Diese Frage ist, wenn wir seine Lehre und sein Verhalten mit Anderen vergleichen, nicht so leicht zu beantworten. Als Mitglied der Kommission, welche 1403 die vielfach gepriesenen Wunder des Blutes in Wilsnack untersuchte, wies er nach, daß der lahme Fuß des Knaben nicht besser, im Gegentheil schlimmer geworden war, daß die beiden Frauen, welche angeblich ihr Augenlicht wieder erhielten, es überhaupt nie verloren hatten. Gereicht ihm dies etwa zum Vorwurf? Nein; denn 1447 bezeichnete auch der Kardinal von Cusa die ganze Sache als einen Betrug. Hus behauptete ferner, ein sittenloser Priester könne die Sakramente nicht, wie es sich gebühre, verwalten. Die Kirchenversammlung in Kostnitz dürfen wir unstreitig als einen Spiegel der guten alten Zeit ansehen. Man zählte daselbst auch 346 Schauspieler und Gaukler aller Art; 700 gemeine Frauen in Häusern, der heimlichen wol ebensoviel; die schlechtesten lagen in Badstuben und Ställen.[2]) Als einst die Mönche und andere Geistliche sich bei dem Könige Wenzel beschwerten, sprach dieser: „So lange Hus wider uns Laien predigte, freutet ihr euch mehr als billig darüber; jetzt, da er euch angreift, mögt ihrs euch gefallen lassen!“ Das Konzil in Trident erklärte in seiner zweiundzwanzigsten Sitzung: „Das Leben und der Wandel der Geistlichen ist ein stets fortgesetzter Unterricht für das christliche Volk und die kräftigste Anleitung zur Frömmigkeit und Gottesfurcht. Auf sie, die Lehrer und Vorsteher der Christengemeinden, sind Aller Augen geheftet. Ihr Leben ist ein Spiegel, in welchem Alle das Bild echter Tugend und wahrer Gottseligkeit schauen möchten, um es nachahmen zu können. Darum ist es Pflicht für sie, ihr Leben und ihre Sitten so zu ordnen,

---

[1]) Pfister III. 397.

[2]) Pfister III. 389. Röhrs kritische Predigerbibliothek. Band 16, Seite 929.

daß sie in ihrem ganzen Betragen Nichts als nachahmungswürdige Tugend und Gottesfurcht wahrnehmen lassen, und mit äußerster Behutsamkeit auch den geringsten Schein des Bösen, der ihnen schon als Verbrechen gedeutet würde, zu vermeiden, damit ihr reiner, tadelloser Wandel (ihr ganzes Thun und Lassen) ihnen die gebührende Hochachtung und das nöthige Zutrauen des Volkes verschaffe und sichere." [1])

Hus sprach sich gegen den Ablaß aus, den Johann der Dreiundzwanzigste in Böhmen verkündigen ließ, um Mittel zu einem Kriege gegen Ladislaus von Neapel zu gewinnen. Voll Ärgers darüber, daß man ihn und sein Land plündere, ließ Wenzel die Reformatoren gewähren und äußerte zu dem Erzbischofe Sbinko (Zbynek): „Diese Gans legt mir goldene Eier und ist mir nützlicher, als ihr Kapaunen, die ihr darüber kräht." [2])

Von den Ablaßhändlern, die sich in ihrem Geschäfte nicht im geringsten stören ließen, fortwährend gereizt, griff Hus sie und ihre Hintermänner freilich nicht mit Sammthandschuhen an. Er beschrieb den Antichrist: „Das Haupt ist der Papst, die Haare sind die fleischlichen Lüste, der Rumpf die Mönche, die Arme die Legaten, die Füße die Bettelmönche." [3]) Den „wahren Antichrist" nannte auch König Sigismund Johann den Dreiundzwanzigsten, und als dieser ungeachtet seines Eides als Stallknecht verkleidet aus Kostnitz entflohen war, ließ er eine Erklärung gegen ihn anschlagen, in der es u. a. heißt: „Dieser Balthasar Cossa hat erzbischöfliche und bischöfliche Würden wie Schweine auf dem Markte verkauft." [4]) Warum, fragte Bernard Batisti, ein Benediktinerabt aus der Gascogne, in einer feurigen Strafrede vor dem Konzile über das Gleichnis vom Pharisäer und Zöllner, warum sucht der römische Hof keine Schafe ohne Wolle? Weil er nicht ein Hof Gottes, sondern des Teufels ist. [5]) Der Kanzler Johann (Charlier aus) Gerson nannte die drei Päpste eine „abscheuliche Dreieinigkeit." [6])

---

[1]) Wessenberg IV. 88—89.

[2]) Husso heißt auf böhmisch eine Gans. Wolfg. Menzel, S. 480. Sbinko, der Wikless Schriften verbrennen ließ, lernte als Erzbischof erst lesen. Kirchengeschichte (Calw) S. 140.

[3]) Wolfgang Menzel, Deutsche Geschichte S. 480.

[4]) Bresler, S. 110, 158.

[5]) Wessenberg II. 187. Vergl. das. S. 65 die Äußerung eines Kardinals über Johann XXIII!

[6]) Pfister III. 391.

Man lese ferner, etwa bei Bresler und Michael Ignaz Schmidt[1]), nach, wie außer Gerson („Frankreichs Adler und Hammer der Abweichenden") Peter d'Ailly, Erzbischof von Cambray, Nikolaus von Clemangis, Heinrich von Langenstein, Dietrich von Niem u. A. gegen die unersättliche Herrschsucht, gegen die Habgier, Üppigkeit, Sittenlosigkeit der Geistlichen überhaupt donnerten.

Vergessen wir endlich nicht, wie entschieden das Konzil gegen Johann den Dreiundzwanzigsten auftrat! Über siebzig Klagepunkte, die es wider ihn aufstellte, vereideten die ernannten Richter vierunddreißig Zeugen, lauter angesehene Männer. Doch fanden es die Herren der Kirche angemessen, nur vierundfünfzig Anschuldigungen öffentlich zu verlesen; denn die übrigen enthielten solche Abscheulichkeiten, daß sie glaubten, dieselben unterdrücken zu müssen.[2]) Auf Anordnung der Kirchenversammlung wurde er durch den Burggrafen Friedrich von Nürnberg in Freiburg verhaftet, unter militärischer Bedeckung nach Radolfszell gebracht, dort (am 17. Mai) in einen Thurm gesperrt, bald darauf (am 25.) der vierundfünfzig Klageartikel schuldig erklärt und abgesetzt, auch am 29. das Urtheil bestätigt und feierlich bekannt gemacht. Ein ähnliches Loos traf am 26. Juli 1417 Benedikt den Dreizehnten († am 29. November 1424).

Unter der Obhut des Pfalzgrafen Ludwig lebte Balthasar Cossa zwei Jahre ganz behaglich auf dem Heidelberger Schlosse und später in Mannheim. Der neue Papst Martin der Fünfte (Otto Colonna), am 11. November 1417 gewählt, befreite ihn 1418 durch drei Tausend Dukaten, die er an jenen Fürsten zahlte, aus seiner Haft und ernannte ihn zum Vorsteher des ganzen Kardinalkollegiums. Er

---

[1]) Bresler I. 69. Schmidt, Geschichte der Deutschen IX. 106—111.

[2]) Vergiftung seines Vorgängers, Alexanders des Fünften; Ehebruch mit seiner Schwägerin; Schändung von 300 Nonnen, die er dann auf Abteien und Priorate setzte; Päderastie und Sodomie: Läugnung des ewigen Lebens und der Auferstehung ꝛc. Pfister III. 395. Balthasar Cossa war eine Zeit lang Seeräuber. Wessenberg II. 64. Der Kanonikus Ulrich Reichenthal, der zur Zeit des Konzils in Konstanz lebte, erzählt in seinem „Diarium" folgende Äußerungen des Papstes auf der Reise: „Da er herauskam auf den Artlenberg, fiel der Wagen, und er lag unter demselben im Schnee. Die Diener und Hofleute eilten hinzu und sprachen zu ihm: Heiliger Vater, gebricht eurer Heiligkeit ichts (etwas)? Da antwortete er ihnen in Latein: Jaceo hic in nomine diaboli! Das ist zu Deutsch: Ich liege hier im Namen des Teufels! Da er nun wieder aufkam und er dies Land anschauete und den Bodensee, Bludenz und das Gebirge, da scheinet es herab, als ob es in einem Thale liege. Und er sprach in Latein: Sic capiuntur vulpes! Das ist zu Deutsch; So werden die Füchse gefangen!

starb am 22. November 1419, und die Republik Florenz ließ ihn mit besonderer Feierlichkeit beerdigen.

Wie aber erging es Hus? Ohne jeglich Verhör wurde er eingekerkert. Dabei hatten dieselben Herren, welche zwei Päpste absetzten, ihre Hände im Spiele. Sie überredeten den schwankenden Kaiser, er brauche einem Ketzer nicht Wort zu halten, vergaßen aber, zuvor den Nachweis zu führen. Aus demselben Grunde verweigerten sie dem Halbverhungerten einen Rechtsbeistand, überzeugten ihn nicht von etwanigen Irrthümern, sondern überschrien ihn nur am 5. Juni, deuteten dann sein Schweigen als Zugeständnis, schnitten am 7. Albert Varrentrapp, der die Beschuldigung, Hus habe den Ruin der Universität Prag herbeigeführt, klarstellen wollte, das Wort ab und legten ihn am 8. neununddreißig Sätze aus seinen Schriften vor, welche aber weniger die Glaubenslehren, als den Papst, den Klerus und die Kirchenreformation betrafen, Sätze, von denen manche verstümmelt, andere ganz unterschoben waren. Schon zwei Stunden vor Tagesanbruch erschien am 6. Juli der Bischof von Riga mit einer Schar, die Spieße, Schwerter, Stangen trug, um den Gefangenen aus dem Barfüßerkloster abzuholen. Er mußte zuerst auf dem Kirchhofe vor dem Dome stehen, damit er als Ketzer nicht die Messe entweihe. Nach Beendigung der letzteren führte man ihn ins Gotteshaus. In dessen Mitte stand ein hoher Tisch, auf dem ein Priestergewand lag. Vor demselben wies man Hus seinen Platz an. Ein Bischof hielt eine lange Predigt über Römer 6, 1: „Was wollen wir hierzu sagen? Sollen wir denn in der Sünde beharren?" Der Sprecher ermahnte die Versammlung, den verstockten Ketzer zu verbrennen. Ein anderer Prälat verlas die Akten der früheren Verhöre. Als Hus das Wort zur Vertheidigung ergriff, rief ihm der Kardinal d'Ailly zu: „Halte das Maul, bis Alles verlesen ist; dann antworte!" Auch dazu kam es nicht; denn auf Befehl des Bischofs von Florenz hinderten ihn die Schergen an jeglicher Erwiderung. Trotz seiner ausdrücklichen Frage erfuhr er nicht einmal den Namen des Doktors, der gehört haben wollte: Hus lehrte vier Personen in der Gottheit. Der päpstliche Richter, ein alter Mann mit einer großen Glatze, verlas das Todesurtheil. Er mußte das Meßgewand anlegen; sieben Bischöfe entweihten ihn als Priester, nannten ihn wiederholt einen verfluchten Judas und befahlen seine Seele den Teufeln. „Und ich befehle sie meinem Herrn Jesu Christo!" sprach der Mann Gottes, den der

Ritter von Chlum, einer von seinen drei Begleitern aus Prag, nicht zwei Mal zu ermuntern brauchte: „Sei getrost, Meister, lasse lieber das Leben, als die Wahrheit!" — Sigismund befahl nun dem Herzoge Ludwig von Bayern, Hus dem Scharfrichter zu überliefern und ihn zur Hinrichtung zu begleiten. Wenngleich er auf seinem Haupte eine papierne Mütze trug, die mit drei großen Teufeln bemalt war und die Aufschrift: Erzketzer (Haeresiarcha) trug — das Volk versicherte wiederholt: er sterbe unschuldig. Nur ein Frommer konnte in Andacht beten: „Herr, in deine Hände befehl' ich meinen Geist; du hast ihn erlöset, du getreuer Gott." Die Menge ließ sich in ihrem Urtheile auch nicht durch den Kaplan zu St. Stephan beirren, der in einem grünen, rothgefutterten Rocke zum Zeitvertreibe unter derselben umherritt und in seiner Weisheit sprach: „Auf Ketzer muß man nicht hören, liebe Leute! Die Kirche kann ihnen auch keinen Beichtvater geben; sie kann sie doch nicht absolviren." — Es ist streitig, wo der Scheiterhaufen errichtet wurde (nach Einigen auf einer kleinen Insel im Rheine, nach Anderen im sogenannten Paradiese, einer Vorstadt von Kostnitz[1]); so viel aber steht fest, daß Johann Hus dem Herzoge Ludwig und dem Marschalle Grafen von Pappenheim, die ihn noch im letzten Augenblicke zum Widerrufe bewegen wollten, ganz bestimmt erklärte: „Ich habe mich Zeit meines Lebens bemüht, Christum Jesum, den Weltheiland, wie seine Apostel gethan, mit apostolischer Einfalt zu predigen und seine Lehre auszubreiten. Nun bin ich bereit, sie mit meinem Blute zu besiegeln." —

So starb der Edle an seinem dreiundvierzigsten Geburtstage (Sonnabend, den 6. Juli 1415, Mittags 11 Uhr). — „Ich wünsche Nichts, als daß meine Seele, wenn sie dereinst von diesem Körper scheidet, dahin komme, wo die Seele des vortrefflichen Briten weilt" — antwortete er einst, als man ihm bemerkte, Wiklef sei

[1]) Herr Laselli erzählte, wie Hus auf dem sogenannten Döbeli (dem Schindanger) verbrannt wurde, welches zu jener Zeit an den alten Graben bei dem Breul gestoßen. Im Jahre 1826 fand daselbst am 9. März bei Eröffnung eines Grabens der Gemüsegärtner Dominik Einhart ein Stück Stein, in welchem die halb verwitterten Worte: Johann Hus und der obere Theil der Jahreszahl 1415 deutlich zu lesen waren. An dem unteren Theile zeigten sich Reste von Buchstaben, die sich nicht entziffern ließen. Der Bürgermeister befahl, diesen Stein auf die Kanzleistube zu bringen: hier zerschlug ihn aber im folgenden Jahre der alte Kanzlist K. mit einer Holzaxt, und zwar aus Verdruß darüber, daß häufig Fremde nach demselben fragten. Die Stücke warf er in dem vorüberfließenden Jesuitengraben. Röhrs Predigerbibliothek, Band 16, S. 931. Aus Menschen und Gegenden von Karoline von Woltmann. I.

für einen Ketzer erklärt und weile in der Hölle. — Wenn auch die Fanatiker die Asche des frommen Mannes in den Rhein warfen; wenn sie selbst am 30. Mai 1416 seinen Freund Hieronymus und zwei Jahre später Wiklefs Gebeine den Flammen übergaben — es bleibt dennoch wahr: „Ob ihr des Freien Leib in Ketten schlagt, ob ihr des Freien Geist dem Tode weiht: hat sein Gedanke groß und schön getagt, dann wird er leben für die Ewigkeit." [1])

In einem Briefe an den König von Frankreich machen die Nominalisten kein Hehl daraus, daß Hus durch ihre Partei gefallen sei[2]). Desgleichen bezeugt Johann Franz Poggio Bracciolini, zuerst päpstlicher Sekretär, nachher florentinischer Kanzler, der als Kardinal unter den Richtern des Hieronymus saß: hauptsächlich waren es Pariser Theologen, welche die Ermordung betrieben. Er schrieb eine glänzende Darstellung der letzten Schicksale des böhmischen Märtyrers, und diese nahm Äneas Silvius Piccolomini, als Papst Pius der Zweite, in seine Übersicht der böhmischen Geschichte auf: „Hieronymus zeigte sich als einen muthigen, unerschütterten Mann, der den Tod nicht allein nicht fürchtete, sondern sogar suchte, so daß man ihn einen zweiten Kato nennen darf. Wie sehr bewundere ich den Mann, der eines ewigen Andenkens werth ist! Ich billige freilich nicht, daß er viele Einrichtungen der Kirche tadelte; allein ich bewundere seine umfassende Gelehrsamkeit, sein tiefes Denken, seine Beredsamkeit, seine Milde im Vortrage, seinen Scharfsinn im Antworten." — Ein redlicher Schweizer, Heinrich Reuchlin, meint: „Es sind viele Pfaffen zu Kostnitz gewesen; aber den frömmsten haben sie verbrannt." W. F. Wilcke sagt: „Hus benahm sich auf der Synode als ein standhafter, wahrheitsliebender Mann; doch ging sein Muth in beharrlichen Eigensinn über. Von dem Glauben seiner Kirche entfernte er sich nie." [3])

Nach Heinrich Leo reizte und quälte Hus die orthodoxen Deutschen durch das Verständige, das er in Wiklefs Lehre hervorzuheben wußte. Er bezeichnet ihn und seine Freunde als religiöse Querköpfe, sklavische Gelehrten, bei denen ein wahrhaft allgemeines hohes Interesse des Geistes fehle. „Daß Jemand für seine Überzeugung sterbe, wenn an diesem Tode die ganze Bedeutung des vorangegangenen

[1]) Wolfgang Müller.
[2]) Pfister III. 399.
[3]) Kirchengeschichte, Seite 371—72.

Lebens hängt, ist das Geringste, was man von einem Manne erwarten kann; das Mehrere ist, daß er auf die persönliche Auszeichnung verzichte und sich zur Erreichung des allgemeinen Besseren den Besseren seiner Zeit anschließe. Dies hat Johannes von Hus nicht gethan, und, ungeachtet das Konzil in dem, was wirklich die Hauptsache war, sich unendlich kräftiger aussprach, als er selbst, nicht gethan.[1])

Wenn uns auch die Städte Prag und Kostnitz fern liegen — die Vorgänge daselbst ergreifen jeden Menschenfreund aufs tiefste. Dazu kommt, daß zwei Männer aus der unmittelbaren Nähe des Landes Sternberg mehr oder minder zu jenen Gewaltstreichen die Hand boten.

Der Bischof Johann der Vierte von Lebus erhielt am 28. November 1414 nebst dem Bischofe von Castello und dem Patriarchen von Konstantinopel vom Papste den Auftrag, die Anklage gegen Hus aufzunehmen und sie von seinen Gegnern eidlich erhärten zu lassen. Diese drei Herren der Kirche legten ihm auch die für ketzerisch erachteten Artikel im Gefängnisse zu seiner Rechtfertigung vor. Wie viel ließ sich hier noch zum Besten wenden! Es unterblieb. Der Lebuser Prälat sollte auch die deutsche Nation als Bevollmächtigter vertreten, wenn Johann der Dreiundzwanzigste seine Abdankung nicht in Person erkläre. Auch hieraus sehen wir, daß er zu den einflußreichen Personen auf dem Konzile gehörte.[2]) — Vom Abte Peter in Neuzelle wird berichtet, er habe für Hus' Verurtheilung eine rege Thätigkeit entfaltet.[3])

Vierhundertzweiundfünfzig Edle, unter ihnen des Kaisers Statthalter in Mähren, verwandten sich bei der Kirchenversammlung sehr nachdrücklich für den frommen, unerschrockenen Zeugen der Wahrheit. Vergeblich! Solche Rücksichtslosigkeit mußte auch wenig erregbare Gemüther erbittern, wievielmehr nicht Herzen, in denen alte Roheit, von unwissenden, sittenlosen Priestern nie bekämpft, tief wurzelte. Wundern wir uns also nicht, daß sie gleich einem krebsartigen Geschwüre wieder hervorbrach!

In der Brust Johanns von Trocznowa (seines einen Auges wegen Ziska genannt) brannte der Haß gegen die römischen Geistlichen schon deshalb sehr

[1]) Geschichte des Mittelalters I. 710—13.
[2]) Wohlbrück II. 35—36.
[3]) Wedekind, Kreischronik, S. 107.

# Tabelle III.

| Nr. | Namen. | Beinamen. | Sohn von | Gemahlin. | Söhne |
|---|---|---|---|---|---|
| 1. | **Ludwig,** geb. 13. April 1229. | der Strenge, der Ernsthafte. | Otto IV. † 1253. | Mechthilde, Tochter des Kaisers Rudolf von Habsburg. | 2 Söhne |
| 2. | **Ludwig IV.,** geb. 1. April 1282 (nach Dr. Brinkmeier S. 304 1284). | | Nr. 1. | 1. Beatrix von Schlesien (Glogau). † 1323.<br>2. Margarete von Holland und Seeland. † 1356. | 6 Söhne<br>6 Töchter |
| 3. | **Ludwig,** geb. 1313. | der Ältere. | 2. | 1. Margarete von Dänemark, Tochter Christophs II.<br>2. Margarete Maultasche. | 1 Sohn, Meinhard, Graf von Tirol |
| 4. | **Ludwig,** geb. 1328 in Rom. | der Römer. | 2. | 1. Kunigunde von Polen? Kletke I. 288. Buchholz II. 467. 473.<br>2. Seit 1353 Ingeburg von Mecklenburg, später vermählt mit einem Grafen von Holstein (Landbuch 1375). | kinderlos |
| 5. | **Otto.** | der Finner, der Faule. | 2. | Seit 1366 Katharine von Luxemburg, Tochter Karls IV., Witwe des Herzogs Rudolf von Österreich. Mauermann S. 58. | kinderlos |

## Haus Bayern.

| Besitz. | Gestorben. | Bemerkungen. |
|---|---|---|
| erzog in Oberbayern und Pfalzgraf. | 2. Febr. 1294. | Sein Bruder Heinrich war Herzog in Niederbayern. |
| og in Oberbayern, seit 20. r. 1314 deutscher Kaiser (Ge- t: zu Aachen am 26. Nov. l: zu Mailand 21. Mai 1327; Rom 17. Januar 1328.) | 11. Oktbr. 1347 beim Kloster Fürstenfeld auf der Bärenjagd; beigesetzt in der Frauenkirche zu München. | Sein Bruder Rudolf stiftete die Kurpfälzische Linie. † 1319. |
| hut 24. Juni 1324. Bis Markgraf von Branden- , dann Herzog in Oberbayern. | Nach Heinel II. 420 im Herbste 1361; nach Bolm 18. September 1361. | Brüder: Stephan mit dem Haft, 1349 Herzog in Niederbayern; Wilhelm (seit 1358 wahnsinnig, † 1378) und Albrecht († 1404), Grafen von Holland. |
| arkgraf von Brandenburg. | Ende 1364 oder Anfang 1365; beigesetzt im Kloster Seligenthal unweit Landshut. | |
| arkgraf von Brandenburg bis 15. August 1373. | 1379 (Böttiger IV. 61. Heinrich III. 821) beigesetzt in Seligenthal. | Seit 1363 verlobt mit Elisabet, Schwester seiner späteren Gemahlin, aber nicht mit ihr verheiratet. |

# Tabelle IV.

| Nr. | Namen. | Beinamen. | Sohn von | Gemahlin. | Kinder. |
|---|---|---|---|---|---|
| 1. | **Johann,** geb. 1296. | der Blinde. | Sohn des deutschen K. Heinrich, † 1313. | 1. Elisabet von Böhmen, † 1330.<br>2. Seit 1334 Beatrix von Bourbon. | 3 Söhne. |
| 2. | **Karl IV.,** geb. 13. (14. 16.) Mai 1316. | des römischen Reiches Stiefvater; Pfaffenkönig. Böttiger IV. 377. | Nr. 1. | 1. Blanka von Frankreich, Helfeborn I. 110.<br>2. Anna, Tochter des Pfalzgrafen Rudolf v. Bayern, † 1352.<br>3. Anna, Tochter des Herzogs Bolko v. Schweidnitz u. Jauer. Mauermann, S. 57. Pachaly I. 103, 138.<br>4. Elisabet von Pommern. | 3 Söhne.<br>2 Töchter |
| 3. | **Wenzel,** geb. 26. Febr. 1361 (am Freitage vor Oculi). | | 2. | 1. Seit 1370 Johanna, T. des Herzogs Albrecht von Bayern; von Hunden im Bette erdrosselt oder erbissen. Böttiger IV. 16.<br>2. Seit Mai 1392 Sophie v. Bayern. Menzel V. 113. | kinderlos. |
| 4. | **Sigismund,** geb. 14. (15.) Febr. 1368 (nach And. 28. Juni). | | 2. | 1. Marie, Königin von Ungarn, Tochter des Königs Ludwig von Ungarn und Polen, † 17. Mai 1392 an der Abzehrung. Böttiger IV. 419, 20, 25.<br>2. Seit 1406 Barbara von Cilley, die römische Messalina. A. Menzel V. 288. | kinderlos. |
| 5 | **Johann.** | | 2. | Richardis, Tochter des Königs Albrecht von Schweden. Buchholz II. 554. | kinderlos. |

# Haus Luxemburg.

| Besitz. | Gestorben. | Bemerkungen. |
| --- | --- | --- |
| urch seine Gemahlin 1311 König von Böhmen. | fällt am 26. August 1346 bei Crecy. Pachaly I. 102. | |
| Rhense zum deutschen Kaiser ählt 11. Juli 1346; gekrönt Bonn am 26. Novbr., in Aachen Juli 1349; in Mailand 6. Ja r 1355; in Rom 4. April 5; in Avignon 5. Juni 1365. | 29. Novbr. 1378 in Prag. Vergl. Buchholz II. 533! | Brüder: 1. Johann Heinrich, Markgraf v. Mähren † 12. Novbr. 1375. Dessen Söhne: Jobst († 8. Jan. 1411 in Brünn im 60. Jahre) und Prokop (verhungerte im Gefängnisse daselbst. Gallus I. 367). 2. Wenzel, Graf von Luxemburg † 1383. |
| 3 Markgraf v. Brandenburg; ı römischen Könige erwählt Juni, zu Aachen gekrönt Juni 1376; folgt seinem Vater Novbr. 1378; abgesetzt 20. August 1400. | 16. August 1419 vom Schlage getroffen (Anfall von Zorn und Wuth. Böttiger IV. 72). | Mehr über Wenzel findet sich bei Pelzel (Lebensgeschichte), Lindner (Geschichte des Deutschen Reichs). Weizsäcker (Reichsakten). |
| 8 Kurfürst von Brandenburg; 10. Juni 1386 König von garn; zum deutschen K. erwählt Septbr. 1410, 21. Juli 1411; lachen gekrönt 8. Novbr. 1414; Mailand 25. Novbr. 1431; Rom als Kaiser 31. Mai 1433. nig von Böhmen seit Wenzels Tode. | am 9. Dezbr. 1447 in Znaim; in Großwardein zu Füßen des heiligen Ladislaus begraben. | Aschbach, Geschichte K. Sigismunds. Bezold, K. Sigismund und die Reichskriege gegen die Husiten. |
| erlausitz, Görlitz, Schweidnitz. | 1399. Gallus I. 366. 1395 oder Anfang 96. Vergiftet? Heinel II. 465. Böttiger IV. 24. | |

# Tabelle Va.

| Nr. | Namen. | Sohn von | Geboren. | Gestorben. | Begräbnisstätte. |
|---|---|---|---|---|---|
| 1. | **Friedrich I.** | Burggraf Friedrich V. von Nürnberg. | 21. Septbr. 1372, wahrscheinlich aber 1—2 Jahre früher. | 21. Sept. (St. Matthäustag) 1440 auf der Kadolzburg. | Kloster Heilsbronn. |
| 2. | **Friedrich II.,** der Eiserne, Eisenzahn. | Nr. 1. | 19. Nov. 1413 im Schlosse Tangermünde. | am 10. Febr. (n. A. am 11. Novbr.) auf der Plassenburg. | Kloster Heilsbronn |
| 3. | **Albrecht Achill.** | 1. | 24. November 1414 in Tangermünde. | 11. März 1486 im Predigerkloster zu Frankfurt a. M. (Reichstag). | Dominikanerkloster in Heilsbronn. |
| 4. | **Johann Cicero.** | 3. | 2. August 1455 in Franken. | 9. Januar 1499 in Arneburg. | nach Haftitz in Berlin, nach And. im Kloster Lehnin. |
| 5. | **Joachim I. Nestor.** | 4. | 21. Febr. 1484. | 11. Juli 1535 in Stendal. | Kloster Lehnin, später in Berlin. |
| 6. | **Joachim II. Hektor.** | 5. | 9. Januar 1505 in Berlin. | 3. Januar 1571, früh 4 Uhr, im Schlosse Köpenick. | Dom in Berlin. |
| 5. | **Markgraf Hans von Küstrin.** | 5. | 3. August 1513, Nachm. 3—4 Uhr, in Tangermünde (Angermünde, Peitz, Küstrin?) Kutschbach S. 40. Kletke III. 18—20. | 13. Januar 1571, früh 3 (n. A. 5—6) Uhr, in Küstrin. | 1. Febr. „fürstlich beerdigt“ in Küstrin. |
| 8. | **Johann Georg.** | 6. | 11. Septbr. 1525, Mitt. 1 Uhr. | 8. Januar 1598, früh 8 Uhr in Berlin „ruhig und selig“ entschlafen. | Dom in Berlin. |
| 9. | **Joachim Friedrich.** | 8. | 27. Januar 1546, Nachm. 5 Uhr. | 16. Juli 1608 in der Nähe von Köpenick am Schlagflusse. | desgl. |

# Haus Hohenzollern.

| Wahlspruch (Dr. Hermann Hoffmeister). | Kurze Charakteristik (zumeist nach Dr. Zurbonsen). | Größe □ Meilen (nach Fix und Freudenberg) | Bevölkerung. | Bemerkungen. |
|---|---|---|---|---|
| Wer Gott vertraut, den verläßt er nicht. | „Gottes schlichter Amtmann am Fürstenthum.“ Staatsklug, energisch und gewissenhaft. | 423<br>Franken 112<br>535<br>Fr. 381 | 180 000 | |
| Es will uns nicht geziemen, daß wir andern Reichthum suchen, denn Ehre, Macht und Land und Leute. | Ausdauernd, besonnen und milde. | 608<br>Altmark 143<br>464<br>Fr. 571 | 294 000 | Stiftete 1440 den 29. Septbr. den Schwanenorden unserer lieben Frauen Kettenträger. Dankte 1470 ab; bezog eine jährliche Rente von 12 000 Gulden. |
| Nirgends kann ich rühmlicher sterben, als auf dem Schlachtfelde. | Ritterlich („Achilles“) und glanzliebend, dabei ein kluger Regent. | 734<br>Krossen 34<br>768<br>Fr. 602 | 309 000 | Hausgesetz (dispositio Achillea) vom Tage der heiligen Zwölfboten Matthias (24. Febr.) 1473. |
| All' Ding' ein' Weil'. | Gelehrt („Cicero“), sparsam und ordnungsliebend. | 660<br>Fr. 608 | 313 000 | |
| Klug und gerecht. | Gebildet und beredt („Nestor“), rechtlich und streng konservativ. | 692<br>Fr. 641 | 330 000 | Universität Frankfurt a. O. eingeweiht am 26. April 1506. Städteordnung 1515. Kammergericht 1516. Rechtsbuch (Constitutio Joachimica) 1527. |
| Wohlthäter sein für Alle, das ist Fürstenart. | Gutmüthig, milde und friedlich, dabei aber prachtliebend. | 450 | 224 000 | Hektor wegen seiner Tapferkeit als Kurprinz gegen die Türken. Abendmahlsfeier in Spandau 1. Nov. 1539. Nicht vergiftet von dem Israeliten Lippold. |
| Durch Stillesein und Hoffen werdet ihr stark sein. Sola spes mea Christus. (Meine einzige Hoffnung ist Christus). | „Der Frommen Schutz, der Bösen Scheu, Deutschlands Trost, des Reiches Treu.“ | 242 | 118 000 | In der Neumark beginnt die Einführung der Reformation schon 1536. Polizeiordnung: für das Land Sternberg 6. Novbr. 1537, für die Neumark 1540. 1561. |
| Gerecht und mild. | Wirthschaftlich und einsichtig, streng und rauh in seinem Wesen. | 716<br>Fr. 676 | 400 000 | Kirchenordnung 1572. Visitations- und Konsistorialordnung 1573. |
| Die Furcht Gottes ist aller Weisheit Anfang. | Gebildet und thätig. | 716<br>Fr. 666 | 400 000 | Gründete das Joachimsthalsche Gymnasium; eingeweiht am 23. August 1607. |

| Nr. | Namen. | Sohn von | Geboren. | Gestorben. | Begräbnisstätte. |
|---|---|---|---|---|---|
| 10. | **Johann Sigismund.** | Nr. 9. | 8. Novbr. 1572, Abends 6 Uhr, in Halle a. S. | 23. Dezbr. 1619 im Hause s. geh. Kämmerers Anton Freitag (Poststraße). | Dom in Berlin. |
| 11. | **Georg Wilhelm.** | 10. | 3. Novbr. 1595. | 1. Dezbr. 1640 in Königsberg (Preußen) am hitzigen Fieber. | am 1. März in der Schloßkirche, am 11. März 1642 im Dome. |
| 12. | **Friedrich Wilhelm,** der große Kurfürst. | 11. | 6. (16.) Febr. 1620 im Residenzschlosse zu Köln a. d. Spree. | Am S. Misericord. D. (29. April, 9. Mai) 1688, Morg. 9—10 Uhr, an der Wassersucht, mit den Worten: Ich weiß, daß mein Erlöser lebt. | Am 1. Mai einstweilen beigesetzt in der Schloßkirche, dann bei dem feierlichen Leichenbegängnisse am 12. (22.) Septbr. im Berliner Dome. |
| 13. | **Friedrich III.,** als König: **Friedrich I.** | 12. | 12. Juli 1657 in Königsberg. | 25. Februar 1713, Nachm. 1 Uhr, im Berliner Schlosse an der Abzehrung (weiße Frau). | am 2. Mai im Dome. |
| 14. | **Friedrich Wilhelm I.** | 13. | 4. (5.) August 1688 in Berlin, getauft 23. August vom Hofprediger Johann Bergius. | 31. Mai 1740, Nachm 1—2 Uhr, in Potsdam am Podagra. | 7. Juni in der Garnisonkirche daselbst. |

| Wahlspruch (Dr. Hermann Hoffmeister). | Kurze Charakteristik (zumeist nach Dr. Zurbonsen). | Größe □ Meilen (nach Fix und Freudenberg). | Bevölkerung. | Bemerkungen. |
|---|---|---|---|---|
| Dem Rechte getreu und meinem Volke. | Gewissenhaft und ausdauernd, doch nicht durchweg energisch. | 716<br>Preußen: 657<br>Kleve: 99<br>1472<br>Fr. 1444 | 900 000 | Er trat am Weihnachtsfeste 1613 zur reformirten Kirche über. Die Söhne folgten ihm. Gemahlin und Töchter blieben lutherisch. Am 23. Novbr. 1619 dankte er ab. Die Furcht vor der weißen Frau trieb ihn aus dem Schlosse. |
| Anfang bedenk' das End'. | Wohlmeinend, aber schwach und unselbständig. | 1472<br>Fr. 1444 | 850 000 | Adam von Schwarzenberg. |
| Mit Gott! | Groß als Mensch, Staatsmann und Feldherr. „Sein Name Friedrich Wilhelm, wie nennt ihn der so gut! Wol war er reich an Frieden, der auf dem Sieg beruht." | 2013<br>Fr. 2046 | $1^1/_2$ Mill. | Reiterstatue auf der langen Brücke am 11. Juli 1703 aufgestellt. |
| Jedem das Seine (suum cuique)! | Gutmüthig und ehrenhaft, doch unselbständig und prachtliebend. Friedrich II.: „Groß in kleinen und klein in großen Dingen." | 2044<br>Neuchatel: 14<br>2030<br>Fr. 2078 | 1 731 000 | Krönung am 18. Januar 1701 in Königsberg. Seine Fußbildsäule, von Schlüter modellirt, von Jacobi in Erz gegossen, am 12. Mai 1728 auf dem Molkenmarkte aufgestellt, ließ Friedrich II. 1744 entfernen; seit 1802 in Königsberg. |
| Ich stelle die Krone auf einen ehernen Felsen. | Einfach, praktisch, streng und rauh. | 2160<br>Fr. 2100 | 2 485 000 | Als Text für die Gedächtnispredigt wählte er selbst 2. Tim. 4, 7—8: Ich habe einen guten Kampf gekämpft. Gesungen wurde: Wer nur den lieben Gott läßt walten. |

| Nr. | Namen. | Sohn von | Geboren. | Gestorben. | Begräbnisstätte. |
| --- | --- | --- | --- | --- | --- |
| 15. | **Friedrich II.**, der Große. | Nr. 14. | 24. Januar (Sonnt.) Mitt. $11\frac{1}{2}$ Uhr, im Berliner Schlosse, getauft 31. Jan., Nachm. $3\frac{1}{2}$ Uhr, in der Schloßkapelle vom Bischofe Ursinus. | „Seine Seele verließ die abgenutzte Hülle" am 17. August 1786, früh 2 Uhr 20 M., in Sanssouci (Brustwassersucht). | Am Sterbetage, Ab. 8 Uhr, nach dem Potsdamer Schlosse gebracht: am 18. Aug., Ab. 8 Uhr, in der Garnisonkirche beigesetzt; feierl. Leichenbegängnis am 9. Septbr. |
| 15 a. | **August Wilhelm.** | 14. | 9. August 1722. | 12. Juni 1758, früh $3\frac{1}{4}$ Uhr, in Oranienburg aus Gram; in Folge eines Sturzes; an der Kunst der Ärzte. Preuß II. 62. | 11. Juli Abends im Dome. |
| 16. | **Friedrich Wilhelm II.**, der Vielgeliebte. | 15 a. | 25. Septbr. 1744, getauft 11. Novbr. im kgl. Palais durch den Hofprediger Sack. | 16. November 1797, früh 8 Uhr 47 M., im Marmorpalais (in der sog. blaulackirten Kammer) bei Potsdam (Brustwassersucht). | Im Morgendunkel des 18. Novbrs. bei Fackelschein im Berliner Dome. |
| 17. | **Friedrich Wilhelm III.** | 16. | 3. August 1770 (n. d. Voss. Ztg. Morg. $\frac{1}{4}3$, nach der Spenerschen um 6 Uhr), in Potsdam in dem Eckhause des neuen Marktes und der Schwertfegergasse, getauft 8. August durch den Hofprediger Cochius. | 7. Juni (1. Pfingsttag) 1840, Nachm. 4 Uhr, in Berlin; Grippe. | 11. Juni, Abends 11 Uhr im Mausoleum in Charlottenburg. |
| 18. | **Friedrich Wilhelm IV.** | 17. | Donnerstag, 5. Oktbr. 1795, früh 5—6 Uhr, im kronpr. Palais in Berlin; getauft am 28. Oktbr. vom Oberkonsistorial-Rathe Sack. | 2. Januar 1861, früh 12 Uhr 40 M., in Sanssouci; Gehirnerweichung. | 7. Januar in der Friedenskirche zu Potsdam; Herz im Mausoleum. |
| 19. | **Wilhelm I.** | 17. | Mittwoch, 22. März 1797, Nachm. 1—2 Uhr, im kronprinzlichen Palais; getauft 3. April vom Oberkonsist.-Rathe Sack. | 9. März 1888, früh $8\frac{1}{2}$ Uhr, im kgl. Schlosse in Berlin; Alterschwäche. | 16. März, Nachm. 4 Uhr, im Mausoleum in Charlottenburg. |

| Wahlspruch (Dr. Hermann Hoffmeister). | Kurze Charakteristik (zumeist nach Dr. Zurbonsen). | Größe □ Meilen (nach Fix und Freudenberg). | Bevölkerung. | Bemerkungen. |
|---|---|---|---|---|
| Es ist nicht nothwendig, **daß ich lebe, wol aber, daß ich thätig bin.** | Groß als Regent, Feldherr und Staatsmann. „Er war ein Mann, nehmt Alles nur in Allem; wir werden nimmer seines Gleichen sehen." „**Es wird kein Sohn sich nach Dir nennen; doch ein Jahrhundert heißt wie Du.**" | 3540 (Schlesien 688) | 5 659 000 | Text: 1. Chronik 18,8: Ich habe Dir einen Namen gemacht rc. „Dein sind wir Gott in Ewigkeit". Reiterstatue in Berlin, unter den Linden, modellirt von Christian Rauch, feierlich enthüllt am 31. Mai 1851. |
| | | | | Denkmal in Rheinsberg durch den Prinzen Heinrich. „Viro veritas." (dem Manne der Wahrheit). Soll an einer Gehirnentzündung gestorb. sein. Vossische Ztg. Nr. 156. 1888. 1. Beilage. |
| **Mein Wille ist rein; das Weitere geb' ich der Vorsehung anheim.** | Mild und gutmüthig, aber unselbständig und genußliebend. | 5588<br>ab am Rhein 45<br>5543 | 8 687 000 | Das einzige Denkmal in Neuruppin. Am 21. August 1787 brannten 2/3 der Stadt ab. Unter Beihülfe des Königs wurde sie schöner aufgebaut. |
| **Meine Zeit in Unruhe; meine Hoffnung in Gott.** | Pflichttreu, verständig, sparsam, ordnungsliebend. | 1806: 5621<br>1807: 2870<br>1820: 5086<br>1840: 5096 | 10 658 833<br>5 011 179<br>11 274 482<br>14 991 200 | Gedächtnisfeier am 19. Juli (dem Sterbetage der Königin Luise). Text: Jak. 1,12: Selig ist der Mann. Denkmäler in Stettin (3. Aug. 1849); im Berliner Thiergarten, Potsdam, Köln, Königsberg. |
| Ich und mein Haus wollen dem Herrn dienen. | Mild, geistreich und fromm; echt deutsch gesinnt. | 1856: $5103,_{43}$ | 17 178 081<br>1861:<br>18 491 220 | Gedächtnisfeier am Sonntage Invokavit (18. Febr.). Text: Matth. 10, 32. Wer mich bekennet vor den Menschen. |
| Gott die Ehre! | Pflichttreu, ausdauernd und von entschlossener Thatkraft; eine königliche Preußennatur. | $6392,_{792}$<br>(348 258 qkm) | 1867:<br>24 019 387<br>1880:<br>27 280 000 | Geburtstag 1848! Seit 23. Oktbr. 1857 Stellvertreter des erkrankten Königs; seit 7. Okt. 1858 Prinzregent; am 18. Okt. 1861 in Königsberg gekrönt; am 18. Januar 1871 in Versailles als deutscher Kaiser proklamirt. Gedächtnisfeier 22. März. Text: Offenb. 14,13. Selig sind die Todten. |

# Tabelle Vb.

| Nr. | Kurfürsten resp. Könige. | Gemahlin. | Geboren. |
|---|---|---|---|
| 1. | **Friedrich I.** | Elisabet von Bayern-Landshut, Tochter des Herzogs Friedrich, Schwester Heinrichs des Reichen. „Die schöne Else". | 1385? |
| 2. | **Friedrich II.** | Katharina von Sachsen, Haus Meißen, Tochter des Kurfürsten Friedrich des Streitbaren. | 1429. |
| 3. | **Albrecht Achill.** | 1. Margarete von Baden, Tochter des Markgrafen Jakob I. | um 1431. |
| | | 2. Anna von Sachsen, Tochter Friedrichs des Sanftmüthigen. | 7. März 1436 zu Meißen. |
| 4. | **Johann Cicero.** | Margarete von Sachsen, Tochter Wilhelms III. | 18. April 1453 in Weimar. |
| 5. | **Joachim I.** | Elisabet von Dänemark, Tochter des Königs Johann, Schwester des vertriebenen Christian II. | 1485 in Kopenhagen. |
| 6. | **Joachim II.** | 1. Magdalene von Sachsen, Tochter Georgs des Bärtigen. | 7. März 1507. |
| | | 2. Hedwig von Polen, Tochter Sigismunds I. | 1513. |
| 7. | **Hans von Küstrin,** Markgraf. | Katharine von Braunschweig und Lüneburg, Tochter Heinrichs des Jüngeren. „Mutter Käthe." | 1517 |
| 8. | **Johann Georg.** | 1. Sophie von Liegnitz, Tochter Friedrichs II. von Liegnitz und Brieg. | 1525 |
| | | 2. Sabine von Brandenburg-Ansbach, Tochter des Markgrafen Georg. | 12. Mai 1529 (Mittwoch vor Pfingsten). |
| | | 3. Elisabet von Anhalt, Tochter des Fürsten Joachim Ernst. | 15. September 1563. |
| 9. | **Joachim Friedrich.** | 1. Katharine von Küstrin, Tochter des Markgrafen Hans. | 10. Aug. 1549 (nicht 41). |
| | | 2. Eleonore von Preußen, 2. Tochter des Herzogs Albrecht Friedrich. | 12. August 1583 in Königsberg. |
| 10. | **Johann Sigismund.** | Anna von Preußen, ältere Schwester der Vorigen. | 3. Juli 1576. |

## Haus Hohenzollern.

| Vermählt. | Kinder Söhne | Kinder Töchter | Gestorben. | Bemerkungen. |
|---|---|---|---|---|
| 18. September 1401. | 4 | 7,1 † | 13. Novbr. 1442 in Ansbach. | |
| 11. Juni 1441. | 2,2 † | 2 | 23. August 1476. | |
| 1443 verlobt: 12. Novbr. 1446 vermählt (Dispens des Papstes wegen Verwandschaft im 4. Grade). | 4,3 † | 3 | 24. November in Ansbach. | |
| 12. November 1458. | 5,3 † | 8,1 † | 31. Oktober 1512 in Neustadt bei Heilsbronn. | |
| 25. August 1476. | 3,1 † | 3,1 † | 13. Juli 1501 in Spandau. | |
| 10. April 1502 in Stendal durch den Erzbischof Ernst von Magdeburg (in Berlin die Pest). | 2 | 3 | 8. (10.) Juni 1555 in Spandau. | Flüchtete in einer dunkeln Nacht (25. März 1528) zu ihrem Oheim Johann von Sachsen. |
| 6. Novbr. 1524 in Dresden. | 5,3 † | 2,1 † | 27. Januar 1535 (Schrecken durch eine Feuersbrunst). | |
| 1. Septbr. 1536 in Krakau. | 1 | 3 | 7. Februar 1583 auf dem Schlosse Ruppin, beigesetzt im Dome zu Kölln. | verunglückte 7. Jan. 1551 im Jagdschlosse Grimnitz. |
| 2. Januar 1537 (Hänsler 16. Mai). | — | 2 | 16. Mai 1574 in Krossen a. O., beigesetzt in Küstrin. | Ehesteuer 20 000 Fl. Klette, Regesten III. 59,82,83. |
| 15. Februar 1545. | 1 | — | 5. Febr. 1546 (9 Tage nach der Geburt ihres Sohnes Joachim Friedrich). | |
| verlobt 16. Dezbr. 1547, verm. 12. Februar 1548 in Ansbach. | 3,3 † | 8,5 † | 2. November 1574. | |
| 6. Oktbr. 1577 auf dem Jagdschlosse Letzlingen. | 7 | 4 | 25. September 1607 in Krossen a. O. | Sieben Kinder todtgeboren, demnach im Ganzen 18. |
| 8. Febr. 1570 (Buchholz III. 535. 8. Januar). | 7,3 † | 2 | 20. Septbr. 1602, Abends 8—9 Uhr, in Berlin. | |
| 31. Oktober 1603. | — | 1 | 31. März 1607 im Wochenbette. | |
| 20. Oktober 1594. | 4,2 † | 4,1 † | 30. März 1625. | |

| Nr. | Kurfürsten resp. Könige. | Gemahlin. | Geboren. |
|---|---|---|---|
| 11. | **Georg Wilhelm.** | Elisabet Charlotte von der Pfalz, Tochter Friedrichs IV. | 7. September 1597. |
| 12. | **Friedrich Wilhelm,** der große Kurfürst. | 1. Luise Henriette v. Nassau-Oranien, Tochter des Prinzen Heinrich Friedrich.<br>2. Dorothea von Holstein-Sonderburg-Glücksburg, Tochter des Herzogs Philipp (von 1653—65 Gemahlin des Herzogs Christian Ludwig von Braunschweig-Celle). | 17. November 1627 in Gravenhaag.<br>28. September 1636. |
| 13. | **Friedrich III. (I.)** | 1. Elisabet von Hessen-Kassel, Tochter des Landgrafen Wilhelm IV.<br>2. Sophie Charlotte („die philosophische Königin"), Tochter des Kurfürsten Ernst August von Braunschweig-Lüneburg.<br>3. Sophie Luise von Mecklenburg, Tochter des Herzogs Friedrich zu Grabow. | 1661.<br>20. Oktober 1668 auf Schloß Iburg.<br>16. Mai 1685. |
| 14. | **Friedrich Wilhelm I.** | Sophie Dorothea, einzige Tochter des Königs Georg I. von Großbritannien und Kurf. von Hannover. | 27. März 1687. |
| 15. | **Friedrich II.** | Elisabet Christine, ältere Tochter des Herzogs Ferdinand Albrecht II. von Braunschweig-Bevern. | 8. November 1715 in Braunschweig. |
| 15a. | **August Wilhelm.** | Luise Amalie, Schwester der Vorigen. | 29. Januar 1722. |
| 16. | **Friedrich Wilhelm II.** | 1. Elisabet Christine Ulrike, Tochter des Herz. Karl von Braunschweig-Wolfenbüttel.<br>2. Friederike Luise von Darmstadt, Tochter des Landgrafen Ludwig XI. | 8. November 1746.<br>16. Oktober 1751 in Prenzlau. |
| 17. | **Friedrich Wilhelm III.** | 1. Luise Auguste Wilhelmine Amalie, Tochter des Herzogs Karl Ludwig Friedrich von Mecklenburg-Strelitz.<br>2. Auguste, Gräfin von Harrach, Tochter des österr. Grafen Ferdinand v. H., Fürstin von Liegnitz und Gräfin von Hohenzollern. | 10. März 1776 in Hannover.<br>30. August 1800. |
| 18. | **Friedrich Wilhelm IV.** | Elisabet Ludovike, Tochter Maximilians I. von Bayern. | 13. November 1801 in München. |
| 19. | **Wilhelm I.** | Augusta Marie Luise Katharina, Tochter des Großherz. Karl Friedrich von Sachsen-Weimar. | 30. September 1811. |

| Vermählt. | Kinder |  | Gestorben. | Bemerkungen. |
|---|---|---|---|---|
|  | Söhne | Töchter |  |  |
| verlobt seit 1605, vermählt 14. Juni 1616 in Heidelberg. | 2,1 † | 2 | 16. April 1660. |  |
| 7. Dezember 1646. | 5,4 † | 1,1 † | 18. Juni 1667. |  |
| 14. Juni 1668 auf dem Schlosse Grüningen bei Halberstadt. | 4 | 3 | 8. August 1689 in Karlsbad. |  |
| 13. August 1679 in Potsdam. | — | 1 | 27. Juni 1683 an den Kinderblattern. |  |
| 28. September 1684 in Herrenhausen. | 2,1 † | — | 1. Febr. 1705 zu Hannover (Diphtheritis?), 28. Juni in Berlin bestattet. |  |
| 19. November 1709 in Schwerin. | — | — | 29. Juli 1735 in Schwerin. | Litt an religiösem Wahnsinn. |
| 28. November 1706 in Berlin. | 7,3 † | 7,1 † | 28. Juni 1757 im Schlosse Monbijou, 4. Juli in der neuen Domkirche still beiges. |  |
| verlobt 10. März 1732 in Berlin, vermählt 12. Juni 1733 in Salzthal. | — | — | 13. Januar 1797 in Berlin. |  |
| verlobt in Salzthal; vermählt 6. Januar 1742. | 3,1 † | 1 | 13. Januar 1780. |  |
| 4. Juli 1765; geschieden 21. April 1769. | — | 1 | 18. Februar 1840 in Stettin. | Die älteste unter allen Hohenzollern in Preußen. |
| 14. Juli 1769 in Charlottenburg. | 5 | 3,1 † | 25. Februar 1805 in Berlin. |  |
| verlobt 24. April 1793 in Darmstadt; vermählt 24. Dezember in Berlin. | 5,1 † | 5,1 todtgeb. 1 † | 19. Juli 1810 in Hohenzieritz, am 23. Dez. beigesetzt im Schloßg. Charlottenburg. | Gedächtnisfeier 5. August. Luisenstiftung in Berlin. |
| 9. November 1824 in Charlottenburg. | — | — | 5. Juni 1873 in Homburg; beigesetzt im Mausoleum in Charlottenburg. |  |
| verl. 2. Sept. 1823, Trauung durch Prokuration 16. Nov. in München, 29. Nov. in Berlin durch den Bischof Eylert. | — | — | 13. Dez. 1873, Nachts gegen 12 Uhr, in Dresden: Lungenentzünd.; beiges. 21. Dez. in der Friedensk. in Potsdam. | Trat 1829 zur evangelischen Kirche über. |
| 11. Juni 1829. | 1 | 1 |  |  |

heftig, weil einer derselben seine Schwester, eine Nonne, entehrt hatte. Als man bei einem Umzuge die Husiten verhöhnte und vom Rathhause aus auf einen Priester, der den Kelch trug, mit Steinen warf, schäumte der Zorn über. Dreizehn Rathsherren, lauter Deutsche, stürzten die Wüthenden zum Fenster hinaus. Ziska ließ die Karthäusermönche, mit Dornen gekrönt, durch die Straßen schleppen. Als Wenzel diese und ähnliche Greuel erfuhr, erschrak er so heftig, daß er vom Schlage gerührt starb (16. August 1418[1]).

Nach den früheren Verträgen besaß Sigismund unstreitig die Berechtigung, seinem kinderlosen Bruder zu folgen. Allein die Böhmen wollten von einem Wortbrüchigen, der dem braven Hus zuerst freies Geleit zusicherte, ihn dann aber als Ketzer verbrennen ließ, durchaus nichts wissen. Überdies hatte er am 6. März 1418 an dreiundzwanzig Bürgern in Breslau ein Exempel statuirt. Sie wurden vor seinen Augen von acht Henkern enthauptet; man spießte ihre Köpfe auf die Thürme der Stadtmauer und begrub ihre Leichname ohne jegliche Feierlichkeit auf dem Gottesacker zu St. Elisabet unter die großen viereckigen Steine, auf denen man vom Ringe in die Kirche geht, damit Alle, die des Weges wandelten, oft an sie denken und sie mit Füßen treten sollten.[2])

Sigismunds Versuch, die Böhmen mit den Waffen zu zwingen, mißlang aus naheliegenden Gründen. Um Pfingsten 1419 versammelte sich eine große Volksmenge, geleitet von Nikolaus von Hussinecz, auf dem Hradistin im Kreise Bechin. Sie nannte sich das Volk Gottes, den Berg Tabor und ihre katholischen Nachbarn Moabiter, Amalekiter, Philister ꝛc. Zum Oberanführer gewählt, durcheilte „Johann Ziska vom Kelch, Hauptmann in der Hoffnung Gottes der Taboriten", das Land, nicht blos, um seine Kriegsscharen zu vermehren, sondern auch um Klöster zu zerstören, Priester und Mönche zu ermorden. Man sagt, er habe alle „Pfaffen" in Pechtonnen verbrennen lassen und bei ihrem Geschrei gerufen: sie singen meiner Schwester Hochzeitlied. Andererseits vergalten die Anhänger Roms Gleiches mit Gleichem. Deutsche Bergleute stürzten 1600 Husiten in die Gruben zu Kuttenberg. Der Bürgermeister Pichel in Leutmeritz ließ seinen eigenen Schwiegersohn als Husiten

[1]) Daß man ihn, wie einst den Kaiser Tiberius, mit Gewalt erstickt habe, läßt sich nicht nachweisen.

[2]) K. A. Menzel, Schlesien S. 127.

ersäufen. Das Flehen der Tochter rührte ihn nicht. „Ich werde Dir einen andern Mann geben", erwiderte er. Sie aber sprach: „Du wirst mich nicht mehr verheiraten", sprang ihrem Gatten nach in die Elbe, suchte den Gebundenen zu retten, vermochte es jedoch nicht und ertrank mit ihm.

Als im Juni 1420 Sigismund endlich nach Prag kam, trat er wie in Breslau als Tyrann auf: vierundzwanzig Husiten wurden in der Moldau ersäuft. Wiewol sein Heer, durch Brandenburger, Sachsen und Österreicher verstärkt, gegen 100 000 Mann zählte, vermochte er doch nicht, Prag zu erobern. Drei böhmische Mädchen vertheidigten einen Zugang mit männlicher Tapferkeit, bis sie, wie die Spartaner bei Thermopylä, der Übermacht erlagen. Den bedrängten Ziska rettete ein Priester, der, mit dem Kelche in der Hand, an der Spitze des fanatisirten Volkes aus den Thoren hervorstürzte. Die Deutschen wichen. Am 15. Juli räumten sie sogar ihr Lager. Reiche Beute fiel den Siegern in die Hände. Aus Rache zerstörten die unbändigen Taboriten alle Klöster in Prag; nur die Kirchen schonten sie noch. –

Im Herbste kam es zu neuen Kämpfen bei der Hauptstadt. Ziska, ein ganzer General, wenngleich nur ein halber Christ, hatte die Bauern bewaffnet, freilich nicht mit Säbeln und Spießen, sondern nur mit Dreschflegeln, deren Hiebe durch einen Eisenbeschlag noch unwiderstehlicher wirkten. Daß Sigismund diese Armee Flegler nannte, war ihr sehr gleichgültig. Sie ließ sich auch nicht schrecken, wenn die Feinde schrien: „Ha, ha! Hus, Hus! Katzer, Katzer!" wenn sie sogar wie die Hunde heulten. Der Kaiser, der noch vor Kurzem die mährischen Ritter feige Memmen schalt, floh. Nunmehr ohne Schutz, mußte sich an demselben Tage der Wischerad ergeben. Die große, prachtvolle Burg, in deren Mauern allein dreizehn schöne Kirchen standen, ging in Flammen auf. — Neue Bauernhaufen sammelten sich bei Ledecz auf einem Berge, nannten denselben Horeb und sich die Horebiten. Nikolaus von Hussinecz hatte im Winter von 1420—21 in Folge eines Sturzes mit dem Pferde das Leben und Ziska bei der Belagerung von Raby durch einen Splitter von einem Baume, den eine Kanonenkugel zerschmetterte, auch sein anderes Auge verloren. Wenngleich nun blind, führte er seine Heere nach wie vor. Wehe Denen, welche ihm nicht blind, ohne Widerrede folgten! In Prachatiz verschonten die Soldaten aus Mitleid 83 Greise; er ließ sie verbrennen.

Die gemäßigte Partei, auf einem Landtage in Czaslau versammelt, stellte vier

Artikel auf und nahm dieselben an: 1. freie Predigt; 2. das Abendmahl in beiderlei Gestalt; 3. Armut der Priester und Einziehung aller geistlichen Güter; 4. Ausrottung aller Sünden. Ziska erklärte zwar, ein freies Volk brauche keinen König; man wählte aber Koribut, einen Sohn des littauischen Großfürsten Witold; die Gesandten Sigismunds dagegen wies man mit harten Vorwürfen über die Treulosigkeit ihres Herrn ab. In dem heißen Kampfe bei Deutschbrot (8. Januar 1422) schlugen die Husiten ihre Feinde gänzlich aufs Haupt. Auch in Mähren vermochte sich Herzog Albrecht von Österreich, des Kaisers Schwiegersohn, gegen Prokop (Rasus oder Holy, der Geschorene, einen entsprungenen Mönch) nicht zu halten. Im Mai 1422 erschien Koribut in Prag; Ziska's Partei und der überwiegende Theil des Adels, der eine Versöhnung mit Sigismund wünschte, erkannte ihn indeß nicht als König an. Leider hatte inzwischen der Pöbel, wüthend über die Hinrichtung eines fanatischen Priesters, Johann des Prämonstratensers, das Rathhaus sowie das große Kollegium in Prag gestürmt, wobei Karls des Vierten kostbare Bibliothek verbrannte.

Der Kaiser betrat jetzt einen anderen Weg, um die Macht der Husiten zu brechen. Am 5. September 1422 ernannte er den Markgrafen Friedrich von Brandenburg zum Oberfeldherrn. In der bezüglichen Urkunde kann er nicht umhin, dessen Redlichkeit, Vernunft und Festigkeit und besonders die bewährte Liebe und Treue zu rühmen, mit welcher derselbe dem christlichen Glauben, ihm, als dem römischen Könige, und dem Reiche gedient habe. Er gibt ihm volle Gewalt, theils mit den Waffen gegen die Wiklefiten, die man Husiten nenne, Krieg zu führen, theils mit allen Edlen, Bannerherren, Rittern, Knechten und Einwohnern aller Städte, Schlösser, Märkte und Dörfer, welche zum Gehorsam und zur Unterthänigkeit gegen Sigismund, ihren rechten Erbherrn, zurückkehren wollten, zu unterhandeln, ihnen Frieden, Geleite und Sicherheit zu geben, oder wenn sie in ihrem Unglauben blieben, sie an Leib und Gut zu strafen, zu peinigen und zu tödten, allerlei Brandschatzung ihnen aufzulegen und damit zu thun und zu lassen, was er wolle — ihnen die Freiheit zu schenken oder sie gefangen zu halten und mit allen Menschen, geistlichen und weltlichen, edlen und unedlen, so zu verfahren, als ob er, der König, es selbst gethan hätte. — Hierauf wird Allen ohne Unterschied befohlen, dem Feldherrn in den vorgenannten Sachen getreulich beiständig, gewärtig und gehorsam zu sein.[1]) Der Papst, der die vollständige Ausrottung der „Husitischen Ketzerei" mindestens ebenso sehnlich wünschte wie der Kaiser, hatte ein geweihtes Panier, mit einem Kreuze geziert, übersandt. Am 8. September überreichte der Kardinal Branda dasselbe in der St. Sebalduskirche zu Nürnberg Sigismund, der es sodann dem Markgrafen Friedrich übergab. Die anwesenden deutschen Fürsten versprachen viel, blieben aber, als der Oberbefehlshaber um Michaelis bei Tirschenreut ein Lager bezogen hatte, zumeist aus, oder riethen, wie z. B. der Bischof von Würzburg[2]), ganz entschieden von weiteren Unternehmungen ab. Unter solchen zerfahrenen Verhältnissen konnte Friedrich noch von Glück sagen, daß sich die Böhmen zu einem Waffenstillstande auf ein Jahr geneigt zeigten.

Auch in anderer Beziehung erntete der Markgraf für seine Treue gegen den Kaiser und das Reich wenig Dank. Als im November 1422 Albrecht der Dritte von Sachsen gestorben und mit ihm die wittenbergische Linie des askanischen Hauses erloschen war, forderten zwar die Gebrüder Otto und Friedrich von Schlieffen im Namen ihrer Partei den Brandenburger auf, recht bald von dem Kurlande Besitz zu ergreifen;[3]) jedoch schon unterm 6. Januar 1423 übertrug Sigismund das erledigte Lehn dem Markgrafen Friedrich von Meißen (der Streitbare genannt[4]). Dieser glich im Vereine mit dem Erzbischofe Günther von Magdeburg, dem Pfalzgrafen Wilhelm und Heinrich bei Rhein und anderen Reichsfürsten am 23. Mai 1426 in Wien die Mißhelligkeiten zwischen dem Luxemburger und dem Brandenburger aus.

Die bisherigen Erfahrungen hatten zur Genüge bewiesen, daß mit zusammengerafften, zuchtlosen Leuten gegen die fanatisirten Husiten keine Siege errungen

---

[1]) Riedel II. Band 3, Seite 418—20.

[2]) Ebendaselbst Seite 421, 25, 30.

[3]) Riedel II. Band 3, Seite 457. Friedrichs ältester Sohn Johann war mit Barbara, einer Tochter Rudolfs III. vermählt, und Sigismund hatte ihr 50000 Gulden Heiratsgut verschrieben (Riedel II. Band 3, Seite 184—87). Ihre beiden Brüder fanden sammt sechs Pagen und dem Hofmeister ein frühes Grab. Ein Thurm, der in Lochau (Andere nennen Schweinitz) einstürzte, erschlug sie. Der Vater blieb 1419 im Husitenkriege. Ihm folgte sein Bruder Albrecht III. Bei den zerrütteten Finanzen (der Vorgänger liebte einen unverhältnismäßigen Aufwand) herrschte an seinem Hofe fast Armut. Gewöhnlich konnte er sich nur einen Diener halten. Vom Nürnberger Reichstage zurückgekehrt, übernachtete er auf der Jagd in einem Bauernhause der Lochauer Heide. Dasselbe gerieth in Brand, und es gelang ihm kaum, seine Gemahlin Eufemia (Offka) den Flammen zu entreißen. Schreck oder Verletzung zog ihm nach wenigen Tagen den Tod zu. Böttiger, Sachsen I. 310. — [4]) Riedel II. Band 3, Seite 457.

werden könnten; man müsse ein festes, besoldetes Heer schaffen. So nachdrücklich auch der Markgraf Friedrich seine Ansicht geltend machte — die Ritter sträubten sich, den gemeinen Pfennig oder Ketzergroschen zu entrichten, indem sie betonten, sie seien wol verpflichtet, dem Reiche und der Kirche mit ihrem Leibe, nicht aber mit ihrem Gelde zu dienen. Diese Uneinigkeit vereitelte die Feldzüge 1427 und 1428.

Ziska war am 12. Oktober 1424 an der Pest gestorben. Er soll befohlen haben, seine Haut über eine Trommel zu spannen und dieselbe in jeder Schlacht mächtig zu rühren, damit die Feinde sofort das Hasenpanier ergriffen. Allerdings nahmen die Preußen 1743 eine Trommel, welche man für die bezeichnete ausgab, aus Glatz nach Berlin; sie besaßen aber für die Echtheit derselben ebenso wenig Beweise, wie etwa die Priester für das Wunderblut in Wilsnack.

Anders steht es mit der eisernen Keule, die man in der Kirche zu Czaslau, wo Ziska seine letzte Ruhestätte fand, aufbewahrte, und die dem Kaiser Ferdinand dem Zweiten, wiewol er sich an Grausamkeit mit diesem Böhmen messen konnte, solchen Schreck einjagte, daß er ein anderes Nachtquartier wählte und das Grabmal zerstören ließ. Die Eiche, unter welcher der später allgemein gefürchtete Held das Licht der Welt erblickte, fällten 1785 umwohnende Schmiede. Die abergläubischen Meister meinten neue Kräfte zu gewinnen, wenn sie auch nur einen Splitter von dem heiligen Baume an ihrem Hammer hätten.

Über die weiteren Streif- und Raubzüge der Husiten will ich nur noch Einiges aus Brandenburg und den nächsten Grenzbezirken mittheilen. Wenngleich die Stände der Niederlausitz 1429 ein Bündnis mit dem Erzbischofe Günther von Magdeburg schlossen und dieser versprochen hatte, den Abt Petrus und das Konvent in Neuzelle in seinen Schutz und Schirm zu nehmen, auch der Landvogt Hans von Polenz Alles aufbot, den Feinden Widerstand zu leisten, so fielen diese in dem genannten Jahre doch ein. Am Sonnabende Simon und Juda (28. Oktober) eroberten und zerstörten sie Guben, metzelten Alles nieder und verwandelten die Stadt in einen Steinhaufen, so daß sie, wie ein alter Geschichtsschreiber sagt, zum Grabe all ihrer Einwohner wurde. Das Jungfrauen- und das Mönchskloster gingen in Flammen auf. Die Insassen des letzteren marterte man aufs grausamste. Von den beiden verheerten Dörfern in der Heide, Chelmen (Cholm) und Niemaschkleba, erhob sich nur das zweite wieder aus dem Schutt. Joh. Christian Loocke erzählt außerdem folgende Anekdote:[1]) Als die Husiten in Guben einfielen, trug sich eine seltsame Geschichte zu. Ein armes altes, listiges Weib vor dem Klosterthore ersann ein lächerliches Mittel, um sich und das Ihrige zu erhalten. Es glückte in jener Zeit, da die Menschen voll Aberglaubens waren. Sie hatte ein einziges Kalb, das sie vor dem Feinde gern retten wollte. Sie verschleierte dasselbe, band es und legte es in eine Wiege. Als nun die Kriegsleute hereinkamen und den Spektakel hörten, erschraken sie und riefen: „Eiligst zurück, in diesem Hause haben die Teufel Jungen, denn ein altes Weib schon einen jungen Teufel wiegt!" Außer dem armen Mütterchen soll kein einziger Mensch am Leben geblieben sein. Loocke vermuthet aber, daß die damaligen Bürger, aufgehetzt von den Priestern, durch ihren Widerstand das schreckliche Blutbad veranlaßten.

Sämmtliche Geistliche des Klosters Neuzelle, unter denen sich auch der Abt Petrus befand, wurden von den Husiten aufs grausamste verstümmelt und ermordet, nachdem sie die Abtei sammt der Kirche entheiligt, Alles ausgeplündert und verwüstet, auch die Gebäude und das Gotteshaus in Brand gesteckt hatten. Einem Laienbruder, Namens Koch, der sich auf dem Kirchboden verborgen, gelang es jedoch, das Feuer, das bereits in den dürren Sparren knisterte, wieder zu löschen. Aus Dankbarkeit befreite man das Gut seiner Verwandten in dem nahen Dorfe Schlaben, dem er entstammte, von allen Diensten, die es früher dem Kloster leisten mußte. Nach der Überlieferung sollen die an Händen und Füßen verstümmelten Leichname der Mönche bei den im genannten Orte erbauten kleinen Kapellen aufgefunden worden sein.[2])

Eine Horde Husiten belagerte Krossen, konnte aber die wohlbefestigte Stadt nicht erobern, sondern bereicherte sich nur in der Umgegend durch ansehnliche Beute, mit der sie nach Böhmen zurückkehrte. Ein anderer Theil des Heeres fiel in das Land Sternberg ein und verübte auch hier, wenngleich Einzelheiten nicht bekannt sind, verschiedene Greuel. Der Versuch, Frankfurt a. O. mit Sturm zu nehmen, mißglückte; dagegen hatten Lebus und die umliegenden Orte viel zu leiden. Eine Rotte überfielen die tapferen Frankfurter und verfolgten sie bis Guben. In der Kämmereirechnung heißt es 1429: „Für Kriegsrüstung dies Jahr wider die Ketzer

[1]) Geschichte der Kreisstadt Guben, S. 192.

[2]) Mauermann, Seite 69—70.

angewandt 342 Schock 13 Gr. Verzehrt, wie man den Ketzern nach Guben nachgezogen, 82 Schock 5 Gr. 2 Pf. mehr 53½ Schock 10 Gr.[1])

„Anno Christi 1431, den 25. Juli, ist zu Nürnberg ein Reichstag gehalten, auf welchem ein Zug wider die böhmischen Husiten beschlossen und Markgraf Friedrich, Kurfürst zu Brandenburg, zum Feldobersten des ganzen Reichs verordnet worden. Mittlerweile aber sind die Böhmen mit ganzer Macht in die Mark gefallen und (haben) gleich, wie auch in anderen Ländern, mit Raub, Mord, Brand und Verheerung, Niemand schonend, großen Schaden gethan." Besonders gossen sie 1432 ihren „Grimm feindselig und grausamlich aus". Feuerflammen und Angstgeschrei ging vor ihnen her. Viele Landleute und die Vorstädter flüchteten nach Frankfurt. Am Sonntage Judika (6. April) verbrannten sie die Gubener Vorstadt und das Karthäuserkloster, erlitten aber harte Verluste und zogen nach Müllrose. Dort von den Frankfurtern Nachts in ihrem Lager überfallen, büßten sie 300 Mann und viel Hab und Gut ein. Von der Beute flossen zwanzig Schock Groschen in die Kämmereikasse. Prokop Rasus zog jedoch Verstärkungen an sich und schwur, die Oderstadt der Erde gleichzumachen. Es gelang ihm nicht, so gewaltig er auch am Palmsonntage (13. April) stürmte. Über vierhundert Husiten verloren ihr Leben. Am folgenden Tage plünderten die wilden Horden Lebus, das sie wahrscheinlich des gleichen Namens wegen für die Residenz des ihnen verhaßten Bischofs hielten. Den 17. April eroberten sie Müncheberg, verübten dort arge Grausamkeiten, legten es in Asche und trieben ihre barbarische Wirthschaft in der ganzen Umgegend. In einer Urkunde des Bischofs Friedrich von Lebus, 1476 am Tage der Heimsuchung Mariä zu Fürstenwalde ausgestellt, in welcher er die Stiftung des Altars St. Barbarä in der Kirche zu Müncheberg erneuert, heißt es ausdrücklich, daß die Husiten die Stadt durch Brand schrecklich verwüsteten, das dortige Gotteshaus beraubten und seine Ornamente den Flammen übergaben. Nicht minder ließen sie ihren Haß gegen Obersdorf, Trebnitz und Sieversdorf aus. Der zweite der genannten

[1]) Staius bei Riedel IV. 227. Ist im 1420. (Jahre) Alles geschehen, sagt eine alte, jedenfalls aber unrichtige Marginalbemerkung; denn 1439 ist notirt: „Dies Jahr noch mehr auf Kriegsrüstung gewendet, wie die Ketzer im Lande gewesen, 143 Schock 33 Gr. Des Raths und der Stadt abgeschickten Kriegsleuten wider die Ketzer, als dieselben über die Gebürge kommen, 317 Schock 28½ Groschen zur Folge dem Markgrafen in Böhmen auf die Ketzer."

Orte zählte noch 1460 nur einen Hof, der keine Zinsen entrichtete, und der dritte mußte nunmehr aus der Reihe der Dörfer scheiden und erhielt den Beinamen: das wüste.[1] — Außer Strausberg und Alt Landsberg wurde auch Drossen heimgesucht. Staius bemerkt: Die Frankfurter verzehrten in solchen Lärmen 53 Schock $16^1/_2$ Gr., wie die Ketzer vor Drossen gelegen $22^1/_2$ Schock 20 Gr., 20 Schützen haben verzehrt, da die Ketzer dagelegen, 7 Schock $12^1/_2$ Gr.[2]) — Auch Fürstenwalde, zum Widerstande zu schwach, nahmen die Taboriten ein. Die Bürger kauften sich jedoch durch eine Brandschatzung von dreihundert Gulden frei. Gegen die Güter des Bischofs und den Dom kannten die erbitterten Feinde kein Erbarmen. Sie zerstörten den letzteren, raubten die Zieraten und die heiligen Gefäße aus demselben und freuten sich auch dieser Beute.[3]) — Bernau, am 22. April angegriffen, vertheidigte sich mit allen ihm zu Gebote stehenden Mitteln; selbst die Frauen, durch das Beispiel der Bautzener angespornt, gossen heißen Brei auf die Köpfe der Taboriten, so „daß sie mit Schanden haben müssen abziehen und nicht weiter streifen dürfen".[4]) Durch die Lausitz kehrten sie nach ihrer Heimat zurück.

Im Jahre 1433 hausten sie besonders in der Neumark von Soldin bis Küstrin mit Feuer und Schwert. Vor Königsberg langten sie am Sonnabende vor Johannis (20. Juni) an, zogen aber, ohne erheblichen Schaden verursacht zu haben, am folgenden Tage wieder ab. Die umliegenden Dörfer verheerten sie desto ärger. Einige Chronisten (Angelus, Haftitz, Kehrberg u. a.) behaupten zwar, daß sie sich hier niederließen und neue Ortschaften gründeten; wenn aber auch der Volksmund jetzt Wubiser, Zäckerik, Gabow, Altrüdnitz Ketzerdörfer nennt, so ist dies nichts weiter, als eine Entstellung von Kiezer (d. h. Fischer-) Dörfer, zumal dieselben, wie sich urkundlich nachweisen läßt, schon lange vor den Husiten bestanden.[5])

[1]) Dr. Goltz, Chronik von Müncheberg Seite 12.

[2]) Staius bei Riedel IV. S. 328.

[3]) Dr. Goltz, Chronik von Fürstenwalde, S. 82.

[4]) Bei Haftitz (Riedel IV. S. 61) findet sich keine Notiz über die Hülfe, welche der Kurprinz Johann (nach Anderen Friedrich) dem bedrängten Bernau geleistet und durch sie den Abzug der Feinde aus der Mark bewirkt habe. Vergl. Kirchner, Die Kurfürstinnen ꝛc. I. Seite 46. Nationalzeitung 1871, Nr. 305, Beilage 3.

[5]) Neumann, Königsberg, Seite 69—70.

Heinrich der Zehnte, Herzog von Krossen (1430–67), hatte durch einen gütlichen Vertrag, nach welchem er sie durch Naturallieferungen befriedigte, die beutesüchtigen Böhmen bisher von seinen Grenzen ferngehalten. Als er indeß säumte, den Tribut zu entrichten, erschienen sie 1434 auch vor Krossen. Sie zündeten die Vorstadt Rosenthal an, ruinirten das St. Georgenhospital und marterten die Bewohner der Dörfer und Vorstädte, welche nicht rechtzeitig Schutz hinter den festen Mauern gesucht hatten, aufs entsetzlichste. Einen Dominikaner, der ihnen vor dem Glogauer Thore in die Hände fiel, sargten sie ein und verbrannten ihn sodann. Zur muthigen Vertheidigung der Stadt trugen die Ordensbrüder des Unglücklichen wesentlich bei. Der Prior Martin legte sammt seinen Mönchen die Rüstung an und rief den Bürgern, welche furchtsam durch die Gassen schlichen, trutziglich zu: „Wollt ihr euch nicht wehren, will ich es thun!“ Glücklicher Weise theilte Krossen nicht das traurige Loos vieler anderen Städte. Herzog Heinrich brachte noch rechtzeitig Geld und Proviant auf und veranlaßte dadurch die Husiten zum Abzuge.

Durch viele Niederlagen kam Sigismund endlich zu der Einsicht, es sei das Beste, mit seinen Gegnern Frieden zu schließen. Dieselbe Überzeugung gewann auch in dem Konzile, das seit dem 23. Juli 1431 in Basel tagte, die Oberhand. Zu diesem Zwecke wählte man den Weg der Unterhandlung; der Markgraf Friedrich bewilligte als Vertreter des Kaisers den Abgeordneten der Böhmen behufs ihrer Sicherheit (sie dachten an Hus' Schicksal) sogar Geiseln. Unter ungeheurem Zulaufe des Volkes zogen jene am 9. Januar 1433 auf dreihundert Rossen in Basel ein, an ihrer Spitze Prokop Holy, der mit seiner Habichtsnase und seinem schwarzen Gesichte die Kinder schreckte; ferner Johann Rockiczana, erster Geistlicher der Prager, Nikolaus Peldrzinowski (genannt Biscupek, der kleine Bischof), das Haupt der Taboriten, Ulrich, erster Prediger der Waisen u. A. Die Herren der Kirche empfingen sie sehr höflich. Wenngleich man aber fünfzig Tage lang disputirte, so kam man doch, wie zumeist bei allen theologischen Streitigkeiten, zu keinen befriedigenden Resultaten. Als sie der Bischof Johann von Ragusa in der Hitze des Gefechts einmal Ketzer nannte, verließen die Husiten Basel. Eine glänzende Gesandtschaft folgte ihnen jedoch bald, und in Prag einigte man sich über vier Artikel: 1. das Abendmahl soll unter beiderlei, aber auch unter einer Gestalt geduldet werden; 2. es darf frei gepredigt werden, indeß nur von verordneten Priestern; 3. Geistlichen ist der Besitz, doch nicht die Verwaltung von Gütern untersagt; 4. die Sünden sind auszurotten, allein blos von der gesetzlichen Obrigkeit. — Die milderen Kalixtiner (Kelchner), welche diese sogenannten „Kompaktaten" annahmen, erhielten jetzt vom Konzile den Ehrentitel: „die ersten Söhne der Kirche"; die strengen Waisen und Taboriten widersprachen natürlich. Nach dem Grundsatze des schlauen Kaisers Augustus: „Divide et impera!" (theile und herrsche) benutzte Sigismund die Uneinigkeit der Parteien möglichst zu seinem Vortheile. Friedrich von Brandenburg, der schon früher darauf hinwies, die Husiten würden so lange mit Erbitterung unüberwindlich kämpfen, als man sie „Ketzer" nenne, mahnte immer wieder zur Nachgiebigkeit. Am 30. Mai 1434 fielen Prokop der Große und der Kleine in der Schlacht bei Hezib unweit Böhmisch-Brod. Meinhard von Neuhauß lockte nämlich durch verstellte Flucht die Taboriten aus ihrer Wagenburg und schlug dann das Fußvolk; Czapek, ein anderer Führer, entwich hier aus Haß gegen Prokop mit der Reiterei und ging später zu den Siegern über. „Um die Rasse der Unbändigen auszutilgen", ließ Neuhauß, obwol er ihnen das Leben zugesichert hatte' zwei Tage nach jener Entscheidungsschlacht alle Gefangenen in Scheunen sperren und sie elendiglich verbrennen.

Nachdem Sigismund die ihnen vorgelegten Bedingungen — Bestätigung der Kompaktaten, Duldung des husitischen Gottesdienstes, Amnestie rc. — genehmigt hatte, erkannten ihn die Böhmen in Iglau als ihren König an (1436, 5. Juli). Am 23. August hielt er zu Prag seinen feierlichen Einzug. Es herrschte zwar allgemeine Freude; aber 100 Städte, 1500 Dörfer lagen in Schutt und Trümmern!! Und wer zählt die Tausende, welche in den sechzehn Jahren, oft unter den gräßlichsten Qualen, umkamen?! Bei der einen wie bei der anderen Partei zeigt sich auch hier wieder: „Die Menschen sind nie unmenschlicher, als wenn sie sich einbilden, für die Sache des Himmels zu streiten.[1])

Der gesicherte Besitz Böhmens hatte ohne Zweifel für Sigismund einen höheren Werth, als die von ihm gewünschte Krönung durch den Papst. „Mit vielen Sorgen, wenig Leuten und großer Armut" kam er im November 1431 nach Italien. Die Verhandlungen mit Eugen dem Vierten zogen sich sehr in die Länge. Fast ein

---

[1]) Hellseborn I., Seite 124.

Jahr mußte er, obgleich ungern gesehen, in Siena bleiben. Endlich ward er nach Rom beschieden. Die Krönung daselbst geschah am ersten Pfingsttage (31. Mai) 1433 unter den herkömmlichen, wie es scheint, von der italienischen Weisheit absichtlich zur Erniedrigung der fremden Titularkaiser ersonnenen Formen. Von diesen erzählt der Augenzeuge Windeck manches Seltsame. Sigismund wurde zuerst vor dem Altare des heiligen Mauritius zum Kanonikus der Peterskirche geweiht und mit einem bunten, hornförmigen Hute, wie diese Prälaten zu tragen pflegten, geschmückt. Als er hierauf dem Papste gegenüber unter seinem Tabernakel saß, trat der, welcher ihm die Krone aufsetzen sollte, mit der Frage an ihn heran, ob er ein eheliches Kind, ein frommer Mann und ein rechter Herr sei. Der Kaiser, den eine solche Frage verdroß und der zugleich in dem Betreffenden einen der übelberüchtigsten römischen Bösewichter, vielleicht von Kostnitz her, erkannte, antwortete: „Ja, ich bin es; aber du bist nicht fromm und tauglich, einem römischen Kaiser die Krone aufzusetzen, denn du hast einer Frau die Brüste abgeschnittten." In der That übernahm ein Anderer die Krone und setzte sie dem Könige aufs Haupt, aber schief. „Da hub der Papst seinen rechten Fuß auf und rückte dem Kaiser die Krone gerade, als es Recht und Gewohnheit ist." [1]) — Sicher fühlte Sigismund die Erniedrigung, als — — es zu spät war. Mußte es indeß erst soweit kommen, bis ihm über Rom die Augen aufgingen? — —

Außer vielen anderen Erfolgen hatte Sigismund dem klugen, umsichtigen Kanzler Kaspar Schlick es auch zu danken, daß seine einzige Tochter (aus erster Ehe) Elisabet und deren Gemahl, der Herzog Albrecht von Österreich, die Krone Böhmens, nach welcher die ränkevolle Kaiserin Barbara trachtete, nicht wieder verloren. Sein nahes Ende fühlend, verließ er, mit dem vollen Kaiserornate bekleidet, Haar und Bart gekräuselt und das Haupt mit einem Lorbeerkranze geschmückt, unter vielen Thränen der Bürger (er selbst weinte mildiglich) die Stadt Prag. Zu Znaim in Mähren machte er Halt. Als Albrecht und Elisabet angekommen waren, ertheilte er ihnen seinen Segen, die böswillige Gattin dagegen übergab er dem österreichischen Gefolge. Im vollen Kaiserschmuck hörte er am 9. Dezember die Messe. Dann sprach er: „Nun thut mich an, wie man mich begraben wird!" Auch begehrte er, daß man

[1]) K. A. Menzel, VI. 73—74. Wolfgang Menzel, Seite 494.

ihn zwei oder drei Tage stehen lasse, „damit alle Welt sehen möge, wie der Herr der Welt gestorben und todt sei.“ So entschlief der Letzte des Hauses Luxemburg! — Seine Leiche führte man nach Großwardein in die Grabstätte der ungarischen Könige. An Witz, Beredsamkeit und Leutseligkeit fehlte es ihm nicht. „Wo er hinkam, waren ihm die meisten Leute hold; denn es war ihm Niemand zu arm, er bot ihm freundlich die Hand.“ Er nannte Jedermann Er, Keinen Du. Leider verstand er seine Zeit nicht, und noch weniger wußte er seinen Leichtsinn zu zügeln.

Kehren wir nun wieder zu dem Kurfürsten Friedrich dem Ersten und seinem Wirken und Schaffen in der Mark, besonders im Lande Sternberg, zurück!

Am 8. Dezember 1421 überließ der Herzog Wenzel zu Krossen und Schwiebus dem Herrenmeister Busso von Alvensleben und dem Johanniterorden das Eigenthum von Selchow und Grunow sammt allen Gerechtsamen, die er in beiden Orten bis dahin besessen hatte.[1])

Unterm 20. Juni 1426 fanden sich der Kurfürst Friedrich und sein Sohn Johann (seit dem 13. Januar genannten Jahres stellvertretender Regent) „mergklicher Sachen wegen“ bewogen, das Schloß und die Stadt Sonnenburg mit allen und jeglichen Nutzen, Zinsen, Renten und Zubehörungen, obersten und niederen Gerichten, geistlichen und weltlichen Lehen und Angefällen, wie Solches der Ritter Heinrich von Qinitz und vor ihm die Fockenrode von der Markgrafschaft Brandenburg inne gehabt und besessen hatten, dem Herrenmeister Balthasar von Schlieben und dem Johanniterorden wiederkäuflich für neunhundert Schock böhmische Groschen (etwa 120 000 Mark, 40 000 Thaler) zu überlassen. Zahlung wollen die Fürsten auf dem Schlosse Lagow oder dem Hofe zu Lietzen leisten. Auch wird dem Orden gestattet, bis zu einhundert Schock auf Bauten zu verwenden. Die Einlösung erfolgte nicht, denn schon am 18. Mai 1427 übergab Johann den Johannitern das Schloß Sonnenburg mit dem Städtlein davor, der Mühle, dem Kieze und den sechs Dörfern Priebrow, Limmritz, Kriescht, Mauskow, Ögnitz und Gartow, wie diese Güter Heidenreich Fockenrode vormals gehabt und an den Ritter Heinrich von Quinitz vererbt hatte, als unbeschränktes Eigenthum und zwar für einen Nachschuß von 1900 Schock Groschen, so daß der ganze

[1]) Wohlbrück, I. 40.

Kaufpreis 2800 Schock betrug. Die Bestätigung ertheilte der Kurfürst am 3. Juni zu Würzburg.[1])

Während der Kurfürst durch die fortgesetzten Kriege gegen die Husiten öfter in Geldverlegenheit gerieth und deshalb zu Verpfändungen und Verkäufen seine Zuflucht nehmen mußte, stand der Johanniterorden mit jenen nicht auf feindlichem Fuße. Er gewann auf diese Weise auch die Mittel, seine Besitzungen zu vergrößern. Am 16. Juni 1431 (Dinstag nach dem Johannistage) kaufte er von den Gebrüdern Heinrich und Hans Schenken von Landsberg, Herren zu Teupitz, den Hof und das Dorf Rampitz, sowie die Ortschaften Kloppitz (Cloppet), Melschnitz (Melsenitz), Matschdorf und Gräden.[2]) Da Heinrich von Arnim, ein Mitglied jenes Ordens, demselben 200 Schock Groschen zugewendet und dieser sie zu seinem Nutzen verbraucht hatte, so verschrieb der Herrenmeister Balthasar von Schlieben zum Seelenheile des Gebers den Priestern und den armen Schülern zu Sonnenburg zu Almosen zehn Schock jährlicher Rente aus dem Dorfe Limmritz.[3])

Unterm 28. Oktober 1434, dem Tage Simon und Juda, verbanden sich die Städte Alt- und Neu-Brandenburg, Berlin, Kölln, Frankfurt a./O., Treuenbrietzen, Spandau, Bernau, Neustadt-Eberswalde, Strausberg, Drossen, Reppen, Wriezen, Mittenwalde, Nauen, Rathenow, Belitz und Potsdam wider die westfälischen Vehmgerichte und Freigrafen (vergl. Seite 138!). Würde ein Bürger dieser Städte vor ein solch Gericht geladen, so sollte er nicht Folge leisten, der Kläger vielmehr sicheres Geleit erhalten, damit er in der betreffenden Stadt sein Recht suchen könne. Die Achtserklärung wollten sie unbeachtet lassen und Kosten, die durch eine beim Reiche angebrachte Beschwerde entstünden, gemeinschaftlich tragen. Drossen verpflichtet sich zu sechs, Reppen zu vier Gulden.[4]) Die Vehmgerichte wirkten in der ersten Zeit unstreitig viel Gutes; denn sie wußten den Bösewicht, der sich durch seine Vettern oder andere Mittel der Strafe zu entziehen suchte, allermeist zu finden; später schlichen sich allerdings verschiedene Mißbräuche ein.

---

1) Vergl. Riedel I., Band 19, S. 148—49, auch S. 157 dieser urk. Geschichte. v. Raumer, Kodex I. S. 108—111. — Andere rechnen: Ein böhmischer Groschen = 70 Pf., 1 Schock demnach 14 Thlr., 42 Mark, 900 Schock = 12 600, 1900 Schock = 26 600, Summa demnach 39 200 Thlr., ein Preis, der allerdings sehr niedrig erscheint.

2) Raumer, Kodex I., S. 116—19.

3) Wohlbrück, III. S. 1451. Dithmar, S. 51. — 4) Riedel, Supplementband, S. 279 ff.

Im Jahre 1435 unternahmen zwei Söhne des Kurfürsten, Johann und Albrecht, eine Pilgerfahrt nach dem heiligen Lande. Die religiöse Schwärmerei, welche zu den Kreuzzügen Anlaß gab, hatte sich freilich sehr abgekühlt; im Geiste jener Zeit sahen aber Viele in einer solchen Reise ein Opfer frommer Dankbarkeit. In seiner Anzeige an die Bürgermeister und Rathmannen der Stadt Berlin (vom 25. Februar 1435) sagt Johann ausdrücklich, daß er nach dem Willen seines lieben Herrn und Vaters zu Rathe geworden, mit Hülfe des allmächtigen Gottes eine Ritterfahrt übers Meer zu machen. Die jungen Markgrafen reisten in Begleitung vieler Personen aus den angesehensten Familien Frankens und des reußischen Voigtlandes, zum Theil auch aus Bayern, am 21. März von Nürnberg ab und kehrten nach 174 Tagen am 25. September wohlbehalten dahin zurück. Die genannte Stadt schenkte dem Markgrafen Johann einen vergoldeten schweren Becher von 5 Mark Gewicht für 48 Gulden und 12 Schillinge und seinem Bruder einen eben so theuren von 3 Mark 13 Loth. Aus dem brandenburgischen Adel hatte sich nur Heinz Kraft der Wallfahrt angeschlossen. — Auch der Graf Friedrich von Zollern, mit dem Beinamen der Öttinger, der schwäbischen Linie angehörig, ergriff weltmüde den Pilgerstab und starb am 30. September 1443 in Palästina.

Im Geiste der Zeit lag auch die Zersplitterung der Länder, die zu der höchst beklagenswerthen deutschen Zwergwirthschaft führte.[1]) Auch die Mark Brandenburg blieb mit derselben nicht verschont. Laut der Bestimmungen, welche Friedrich am 7. Juni 1437 auf der Plassenburg traf[2]), sollte sie an seine beiden gleichnamigen Söhne fallen, nach sechzehn Jahren aber das Loos entscheiden, wer von ihnen das Land Sternberg, die Neu- (Mittel-) und die Uckermark erhalte. Die Kur- und die Erzkämmererwürde verblieben in jedem Falle dem älteren Sohne (der jüngste, 1422 — nach Andern erst 1431 — geboren, war noch minderjährig.[3]) — Das Testament, am 18. September 1440 auf der Kadolzburg verfaßt,[4]) änderte an jenem Vertrage Nichts. Nach demselben wünschte Markgraf Friedrich „in schlechter demüthiger

[1]) In der „goldenen Zeit", die Viele zurückwünschen, gab es in Deutschland 324 reichsständische und 1475 ritterschaftliche Gebiete. — [2]) Riedel, III. Bd. 1, S. 213—32.

[3]) Der Geh. Archivrath Märker suchte in der Sitzung des Vereins für die Geschichte von Brandenburg vom 10. April 1861 aus einer durch das germanische Museum aufgefundenen Rechnung nachzuweisen, daß Friedrich der Jüngere (Fette) nicht 1422, sondern 1431 geboren wurde.

[4]) Riedel, III. Bd. 1, S. 335—37.

Form in leinem Tuche, ohne große prächtge Pompei, die nicht zu göttlicher Ehre dient", im Kloster zu Heilsbronn begraben zu werden. „Liebe Söhne," sprach er zu diesen in Gegenwart seiner Gemahlin, der alten Räthe und des Ritters Ludwig von Eyb, „ich befinde, daß meines Lebens nicht mehr sein will. Darum hab' ich mein Geschäft in Schrift gesetzt, das findet man beim Pfarrer, dem Sesselmann. So thue ich vor euch Allen ein offenbares Geschäft: daß ihr eure Ritterschaft in Ehren und Liebe haltet; an der geb' ich euch den schönsten Schatz. Auch daß ihr nimmer so nöthig (bedürftig) werdet, daß ihr von euren Erblanden etwas verkauft oder verkümmert, und daß ihr eure Küchen und Keller offen laßt für die Ritterschaft; das ist der Sold, den wir ihnen geben."

Friedrich der Erste starb am St. Matthäustage (21. Septbr.) ungefähr im achtundsechzigsten Lebensjahre auf der Kadolzburg. Im Kloster Heilsbronn fand er seine letzte Ruhestätte. Schon 1414, also nicht lange nach dem Antritte seiner Statthalterschaft, schrieb ein brandenburgischer Volksjänger: „Hy ist ein Fürste von hoger art: hen und hen, wo he sick kardt, hy sy leie oder wolgelardt: die loben alle synen namen." Seine Zeitgenossen urtheilten über ihn: „Na Striden jagete hy gar sachte — nach Frede stund all syn Beger." - Ladislaus Sundheim, Domherr zu Wien, sagt in seiner Anleitung zum Geschichtsunterrichte für den späteren Kaiser Maximilian den Ersten: „Friedrich war ein Spiegel der Sittlichkeit und Rechtschaffenheit, ein Morgenstern unter den ihn umgebenden Nebelwolken; er verbreitete weit um sich die Strahlen seiner frommen Handlungsweise, beichtete jeden Tag, da er Gott beleidigt zu haben glaubte, ehrte die Geistlichkeit, schützte Wittwen und Waisen und war ein Wohlthäter der Armen."

Auf das Urtheil seines Schwagers, des Herzogs Ludwig von Bayern (wir finden es u. A. bei Wolfgang Menzel, Geschichte der Deutschen, S. 499) ist schwerlich ein besonderes Gewicht zu legen; denn es kam ohne Zweifel aus einem sehr erregten Herzen. Die betreffenden Händel berühren zwar nicht das Land Sternberg, ja nicht einmal die Mark Brandenburg; auf die vielgepriesene „gute alte Zeit" werfen sie aber ein äußerst trübes Licht.

Herzog Heinrich von Bayern, ebenso unbändig als geizig, hatte seinem Bruder Ludwig das Land geraubt, ihn während des Konzils in Kostnitz auf offner Straße verwundet, dem Ritter Kaspar von Terring aus Privatrache die Burg verbrannt, der Gemahlin desselben die Geschmeide vom Leibe gerissen 2c. Wenngleich offenbare Gewalt vorlag, so fanden beide doch bei dem Kaiser Sigismund keine Hülfe (man schrieb dies dem Einflusse des Markgrafen Friedrich zu) Sie wandten sich darum an den Freistuhl zu Dortmund. Dieser fand ihr Recht sonnenklar, lud den Herzog Heinrich vor und erklärte ihn, da er nicht erschien, für „vervehmt und verurtheilt aus der rechten Zahl in die unrechte Zahl, von allen Rechten abgeschieden, gewiesen von den vier Elementen, die Gott den Menschen zum Troste gegeben hat, rathlos, rechtlos, friedlos, ehrlos, sicherlos, lieblos, und daß man mit ihm verfahren mag, wie mit einem andern Missethäter und ihn noch lästerlicher behandeln soll, weil, je höher der Stand, um so tiefer ist und schwerer der Fall."

Durch ein Abkommen mit ihren Söhnen Johann und Albrecht auf eine Einnahme von 5000 rheinischen Gulden beschränkt, lebte Elisabet etwa noch ein Jahr auf der Kadolzburg, dann trat sie aber in die Haushaltung des letzteren zu Ansbach. Hier starb sie am 13. November 1442, etwa 57 Jahre alt, und wurde neben ihrem Gemahl im Kloster Heilsbronn beigesetzt.

## Achtes Kapitel.

## Das Land Sternberg unter Friedrich dem Eisernen, Albrecht Achill und Johann Cicero (1440--99).

In den folgenden Zeiträumen dürfte es weniger als bisher nothwendig sein, einzelne Begebenheiten aus der brandenburgischen Geschichte, die häufig im Dunkeln gelassen oder einseitig aufgefaßt werden, ausführlich zu beleuchten. Ich kann und will mich deshalb kürzer fassen, von dem Wirken der Regenten nur eine Übersicht geben und einige charakteristische Züge hervorheben und mich dann möglichst auf das Land Sternberg beschränken.

Friedrich der Zweite glich keinem schwankenden Rohre, das der Wind hin und her wehet; er war ein charakterfester Mann. Daher erklärt sich wohl am leichtesten sein Beiname: der Eiserne (mit den eisernen Zähnen[1]). 1446 bot ihm eine Gesandtschaft die Krone Polens an. Gar Mancher (nicht blos

[1]) Man sollte ihn den Großmüthigen oder Mäßigen nennen, bemerkt Buchholtz III. 151.

Heinrich III. von Frankreich, der „Fürst der Finsternis", und August der Starke von Sachsen) hat nach ihr eifrig gefischt. Friedrich lebte bis zum Tode seiner Braut, der Prinzessin Hedwig († am 8. Dezbr. 1431 zu Krakau) an dem dortigen Hofe; er kannte mithin die schwankenden Verhältnisse des ruhelosen Landes. Diese reiflich erwägend, lehnte er die Krone selbst dann ab, als ihm die Nachricht zuging, er sei in aller Form zum Könige gewählt worden. Auch nach Böhmens Diadem gelüstete ihn nicht (1468).[1]) Seinem Bruder Albrecht schrieb er bei dieser Gelegenheit: „Ihr lieber seliger Vater würde freilich solche Anerbietungen nicht zurückgewiesen haben, wenn er auch noch so alt gewesen."

In Brandenburg ging er keineswegs auf Rosen. Die Dornen, welche ohnedies denselben nie fehlen, spitzten nicht blos die „Zaunkönige", von denen mehrere prahlten, wir lebten früher als die Hohenzollern in der Mark, sondern auch die Bürger, welche sich in den Wirren der Vorzeit verschiedene Rechte angeeignet hatten. Berlin und Kölln, die sich dem Bau einer Burg und anderen seiner Anordnungen widersetzten, ließ Friedrich (1442—48) empfindlich fühlen, daß er der Eiserne sei.[2])

Richtete der Vater einst seine Bemühungen hauptsächlich darauf, den Trotz des Adels mit Gewalt (durch die „faule Grete") zu brechen, so suchte der Sohn, der erkannte, „daß aufrichtige Besserung des Lebens und fromme Zuflucht zu Gott und seinen Heiligen stets das bewährteste Mittel gewesen, die Welt aus Verwirrung, Zwietracht und Irrthum zu reißen," den Sinn für wahre Ehre in diesem Stande neu zu beleben. Zu diesem löblichen Zwecke stiftete er den „Schwanenorden unserer lieben Frauen Kettenträger."[3]) Die erste Urkunde datirt vom 29. September 1440. In der Marienkirche auf dem Harlunger Berge bei Brandenburg, wo die heidnischen Slaven im Havellande zuerst das Wort vom Kreuze hörten, wurde am 15. August 1443 die Stiftungsfeierlichkeit vollzogen. Das Ordenszeichen bestand aus einer silbernen Doppelkette, deren Glieder nicht Ringe, sondern kleine Sägen bildeten, je zwei und zwei mit den Zacken einander zugekehrt und ein kleines Herz von Rubin einschließend. An der Kette hing ein Stern, in dessen Mitte sich das Bild der Maria mit dem Christuskindlein befand und unter jenem ein Schwan

---

[1]) Riedel, III. Bd. 1, S. 327—29, 33.

[2]) Man rechnet, daß die Städte 37 300 Gulden und 400 Schock Groschen Geldbuße zahlen mußten. Heinel, II. 620. —.[3]) Urkunden Riedel, III. Bd. 1, S. 238—40, 257—69, 331—32.

mit einem silbernen Ringe. Das von den Sägen gefaßte Herz sollte vergegenwärtigen, wie Lust und Leid der Welt des Menschen Brust verwunden, die strahlende Gottesmutter mit dem Heilande dagegen die Quelle alles Friedens und der Schwan, von dem man glaubte, er sterbe singend, ein freudiges Scheiden von dieser Erde abbilden. Herren und Damen fürstlichen, gräflichen und adligen Standes konnten, wenn sie das Gelübde der Ehre, Frömmigkeit und Verschwiegenheit ablegten, Mitglieder der religiösen Genossenschaft werden. Wir finden die Häuser Alvensleben, Arnim, Bredow, Jagow, Schulenburg, Seckendorff, Waldow 2c. vertreten. — Zu Kölln an der Spree erbaute Friedrich einen Dom, zu Stendal ein Kloster (siehe S. 294). 1453 pilgerte er nach dem heiligen Grabe.[1]) Obwol ein Freund der Kirche, ließ er sich doch durch die Priester seine Hoheitsrechte nicht schmälern.

Im November des Jahres 1449 erlangte er durch einen gütlichen Vergleich, abgeschlossen im Kloster Zinna, daß der Erzbischof von Magdeburg der Lehnshoheit über die Altmark und die Zauche entsagte. Brandenburg trat mehrere streitige Orte ab: Jerichow, Sandow, Milow, Buckow, Altplatow, Wolmirstädt, Alvensleben 2c. — Am Freitage nach Petri Stuhlfeier (22. Februar) 1454 schloß Friedrich von Polenz, Komthur von Sachsen, im Auftrage Ludwigs von Erlichshausen, Hochmeisters des deutschen Ordens, zu Kölln an der Spree mit Friedrich dem Zweiten einen Vertrag, nach welchem dieser für die Summe von 40 000 rhein. Gulden das Land über der Oder (die Neumark), welche der tiefverschuldete Sigismund 1402 preisgegeben hatte (siehe Seite 239!) mit allen Schlössern und Städten nebst allen Nutzungen, Zinsen, Renten, Gerechtigkeiten und allen Zubehörungen, geistlichen und weltlichen, an sich nehmen, von Mannen, Herren und Städten sich huldigen, Treue, Gewehr und Gehorsam angeloben und versprechen lassen und von ihm und seinen Erben nicht wieder abtreten oder einem andern Herrn das Land übergeben, es sei denn, daß ihm oder seinen Erben die genannte Summe wieder genügend und wohl zu Dank zurückgezahlt werde. Dem Markgrafen Friedrich stehe es zu, überall sein Banner auszuhängen und damit Land und Leute, Schlösser und Städte zu vertheidigen, zu schützen und zu schirmen, wie andere seine Herren, Mannen und Städte in der Mark Brandenburg.[2])

---

[1]) Riedel, III. 1. Nr. 189. 190. 197.

[2]) Riedel II. 4. 483. 5, 15—17. Gercken, Codex P. 5. 261. 1443 hatte Friedrich II. allen Ansprüchen auf die Neumark gegen 30 000 Gulden völlig entsagt.

Unterm 21. Oktober 1455 befahl der Hochmeister allen Neumärkern, die es bis dahin unterlassen, dem Kurfürsten zu huldigen.[1])

Fortwährend in Geldverlegenheit, hatte Sigismund 1422 die Niederlausitz als eine „Landvogtei" an Johann von Polenz, jedoch mit dem Vorbehalt der Wiedereinlösung für 16 000 Schock Groschen verpfändet. Auf Empfehlung des Kaisers folgte zwar sein Schwiegersohn Albrecht von Österreich, auch in Böhmen und Ungarn. Er starb indeß schon am 29. Oktober 1439; und 1457 sank dessen Sohn Ladislaus (Posthumus, erst nach des Vaters Tode geboren) ins Grab.[2]) Unter der nun folgenden unsicheren Herrschaft in Böhmen glaubte Nikolaus von Polenz (Polentzky), ein Vetter des oben Genannten und zugleich Vormund der beiden Söhne desselben, er könne seine Pfandsumme einbüßen. Deshalb schloß er 1441 mit Brandenburg einen Schutzvertrag. Richard von Kottbus verkaufte 1443 seine Herrschaft für 5500 Schock Groschen und Johann von Waldau Peitz für 6000 rhein. Gulden an Friedrich. Im Oktober 1448 überließen sogar Jakob der Ältere und Jakob der Jüngere von Polenz für die Pfandsumme all' ihre „Rechte an Herren, Mannen, Städten und Landschaft des Landes zu Lausitz" und überdies für 10 000 rhein. Gulden die Stadt Lübben dem Kurfürsten. Er empfing als oberster Vogt und Verweser die Huldigung. Georg Podiebrad[3]), damals noch Ladislaus Vormund, bestätigte den Vertrag 1449; auch Anna, des unmündigen Königs Schwester, Gemahlin Friedrichs des Sanftmüthigen von Sachsen, ertheilte ihre Einwilligung. Dessenungeachtet brachen Streitigkeiten, insbesondere mit Böhmen aus, wo Podiebrad selbst den Thron bestiegen hatte. Nach mehrjähriger Fehde kam am 5. Juni 1462 zu Guben ein Friede zustande. Brandenburg erhielt nur die Herrschaften Kottbus, Peitz, Teupitz mit Wusterhausen, das Land Beerfelde und den Hof „Großenlübben" als böhmische Lehen, sowie die Anwartschaft auf die Herrschaften Beeskow und Storkow.

„Anno Christi 1463, am Tage Franzisci oder Donnerstag darnach (wie Etliche meinen) ist zu Arneberg gestorben Markgraf Friedrich mit dem Zunamen der Feiste [Fette], Markgraf Friedrichs des Ersten, Kurfürsten von Brandenburg, jüngster Sohn, der die Altmark inne hatte und zu Tangermünde an der Elbe bei

[1]) Klette, Regesten II. 228. — [2]) Diem taliter qualiter clausit extremum = „Er starb so, wie er starb", d. h. wie? ist Gott bekannt.

[3]) sprich: Podjäbrad.

22 Jahren Hof gehalten.[1]) Des Kurfürsten älterer Bruder Johann der Goldmacher (Alchymist), der bei der Theilung das Voigtland bekam, beschloß am 16. November 1464 sein stilles Leben zu Beiersdorf in Franken und fand die letzte Ruhestätte in Heilsbronn.[2])

Der Tod des Herzogs von Pommern Otto des Dritten († 1464 an der Pest, wie sein Vater Joachim; er war unverheiratet) veranlaßte neue Streitigkeiten mit der Linie Wolgast. Laut eines Vertrages, vom Markgrafen Ludwig dem Ersten, geschlossen, sollte im vorliegenden Falle Brandenburg Erbe sein. Als aber der Bürgermeister von Stettin, Albrecht von Glinden, Helm und Schild des Entschlafenen in die offne Gruft mit den Worten warf: „Da leit unsere Herrschaft von Stettin!" sprang der Ritter Lorenz von Eikstetten eiligst nach und holte die bedeutsamen Zeichen wieder herauf. „Nein, nicht also!" rief er, „wir haben noch erbliche geborene Herrschaft, die Herzöge von Pommern-Wolgast, denen gehört Schild und Schwert zu!" Friedrich griff zu den Waffen, eroberte mehrere Städte und belagerte Uckermünde. Hier kam jedoch Mangel und Elend über das Heer, und ein sonderbarer Zufall vermehrte die Noth. — In der Stadt befand sich nämlich ein schwarzer (Augustiner-)Mönch, wohlerfahren in der Kunst, die Donnerbüchsen geschickt zu richten und sein Ziel genau zu treffen, also daß das verwunderte Volk ihn schier für einen Zauberer und Schwarzkünstler hielt. Er feuerte einst mit seinem Geschoß nach dem Zelte des Kurfürsten, als dieser eben an der Tafel saß. Krachend zerschmetterte die Kugel den Tisch und das Geräth; der geübte Schütze aber drohte, jetzt habe er dem Herrn nur das Essen geraubt, bald gedenke er ihm mehr zu nehmen.

„Weil er gesehen, daß er Nichts hat schaffen können, ist er nach ungefähr vier Wochen abgezogen. Darauf sind die beiden Herzöge Erich (II.) und Wratislaw (Wertzlaw [X.]) wieder in die Mark gefallen, haben dieselbe jämmerlich verheert, daß man hin und wieder im Lande wüste Kirchen und Felder hat stehen sehen. Es schlug sich aber Kasimir der Dritte, König von Polen, darein, versöhnte die streitenden Parteien und schaffte also Friede." [3])

---

[1]) Haftitz bei Riedel IV. 67. In Tangermünde gründete Friedrich II. als Damm gegen die geistliche Macht 1560 ein Landgericht, das jeden Mittwoch vor der Schloßbrücke Sitzung hielt. — [2]) Riedel, III. Bd. 1, Nr. 253. — [3]) Haftitz bei Riedel S. 68.

Besonders wichtige Ereignisse aus unserer engeren Heimat sind während der Regierung dieses Kurfürsten nicht zu verzeichnen. Oft in Geldverlegenheit, verpfändete er am 7. November 1447 den Johannitern und ihrem Herrenmeister Nickel Thierbach für 6000 rhein. Gulden das Schloß Zantoch, die Stadt Reppen, die Vogtei des Landes Sternberg mit allen Gerechtsamen, Gerichten, Dörfern, Jahresrenten, Orbeden, Zinsen, Diensten, Vorwerken, Äckern, Wiesen, Wäldern, Gewässern, Seen, Fischereien, Mühlen, Zöllen, Geleiten und allen sonstigen Zubehörungen und Gerechtsamen, dazu 24 Schock der jährlichen Orbede in Drossen. Der Orden wird ermächtigt, alle geistlichen und weltlichen Lehen zu vergeben, auch die Lehen, welche zurückfielen, zu verkaufen oder wiederum zu verleihen. Der Kurfürst behält sich das Öffnungsrecht für das Schloß und die Stadt vor, verspricht aber, falls sie etwa in einem seiner Kriege verloren ginge, nicht eher Frieden zu schließen, als bis er sie dem Orden wieder erworben habe, oder ihn, wenn er binnen eines halben Jahres das Darlehn nicht zurückzahle, in anderer Weise zu entschädigen.[1])

Staius schreibt: Dies Jahr (1450) am Tage Purificationis Apostolorum (der Apostel Scheidung, 15. Juli) haben die Polen und Preußen die Stadt Frankfurt berennt, ihr Schaden zugefügt: (sie sind aber wieder vom Markgrafen Friedrich, dem Kurfürsten, abgetrieben und derselben über 3000 Mann erschlagen worden). Näheres ist über diesen Streifzug, den Dlugocz ganz unerwähnt läßt, nicht zu ermitteln. Der Historiker Pauli glaubt, der Kurfürst Friedrich von Sachsen, der den Brandenburger damals befehdete, habe mehrere polnische und littauische Große zu einem Einfall im Rücken seines Gegners veranlaßt.[2])

Die Polen lebten mit den Neumärkern sehr oft auf feindlichem Fuße. Wo sich irgend eine Gelegenheit bot, beraubten sie sich gegenseitig. So beklagt sich Peter von Samter (Schamotuli), Kastellan von Posen und Generalkapitän von Großpolen, bei Friedrich dem Zweiten über Beschädigung polnischer Unterthanen, indem er u. a. erwähnt, daß Kaufleute aus Krakau und Ilkusch auf ihrer Rückreise von Stettin in der Neumark auf offener Straße überfallen und geplündert und

---

[1]) Riedel I. 19. 157—59.

[2]) Staius bei Riedel, IV. 333. Haftitz ebendas. Seite 65. Dieser Streifzug ist fraglich. Wohlbrück II. 196—97. Philippi, Frankfurt, Seite 9.

ihnen elf Pferde genommen worden seien. Besonders arg triebe es der Hauptmann von Zantoch, der in die Waldungen Polens eingedrungen, dort geplündert und Menschen tödtlich verwundet, sogar Räuber und Diebe beschützt habe. - Ganz ähnliche Klagen erhebt aber auch unterm 11. Januar 1467 Nikolaus Barwegh bei dem Kurfürsten über polnische Söldner, die unter ihrem Hauptmann Schrank von Rossing an der Landesgrenze um Dramburg und Schievelbein Gewaltthaten verübten.[1])

Verursachten nicht die Feinde Unruhen, so sah das abergläubische Volk in einem Kometen, einer Sonnenfinsternis rc. Unglücksboten. Haftitz führt zahlreiche Beispiele an. „In diesem Jahre (1448) am 1. September ist die Sonne am hellen lichten Tage um 6 Uhr verfinstert worden. Darauf großer Krieg und Blutvergießen gefolgt in England, Flandern, Hispanien, Italien. Desgleichen Mord, Raub, Aufruhr, Empörung, Verwüstung und arglistiger Adel. Es geschah auch den Griechen von den Türken große Überlast.[2])

Ohnehin durch die Verluste in Pommern sehr niedergeschlagen, wurde Friedrich der Zweite durch den Tod seines einzigen Sohnes Johann (er starb wahrscheinlich 1469) noch tiefer gebeugt. Seine Klage gegen Mathias Korvinus von Ungarn, er sei ein alter kranker Mann, können wir uns leicht erklären. Unter dem Beirathe seiner Gemahlin stiftete er als ein Opfer des Dankes gegen den Allmächtigen am 15. August 1469 ein Augustiner-Nonnenkloster in Stendal zu Ehren der heiligen Dreifaltigkeit und der Heiligen Katharina, Andreas, Barbara, Maria Magdalena. Die lieben Jungfrauen, welche sich dahin begeben würden, und alle ihre Nachfolgerinnen sollten darin dem allmächtigen Gott getreulich dienen, ein keusches und reines Leben führen und für den Kurfürsten und seine Herrschaft mit Fleiß beten, wofür er und seine Nachkommen sie treulich beschirmen, schützen und vertheidigen, auch gnädig, günstig und gewogen sein wollten. -- Die folgenden Kurfürsten gründeten keine Klöster.

An redlichem Willen fehlte es Friedrich dem Zweiten keineswegs; sehr oft trat ihm aber ein „gewappneter Mann“ -- Armut, hindernd entgegen. Seine jährlichen

---

[1]) Riedel I. 24, 192 ff. III. 1, 409. 417.

[2]) Haftitz bei Riedel, Seite 64. 'Im Jahre 1454 (29. Mai) eroberten bekanntlich die Türken unter Muhamed II. Konstantinopel, 53 Tage nach dem Beginn der Belagerung. So endete auch das oströmische Reich, wie 476 das weströmische! Schlosser, Weltgesch. IX. 113—121. Ersch und Gruber I. Band 19, 172—174.

Einkünfte beliefen sich auf nicht mehr als 17 500 rheinische Gulden. Von Schwermut geplagt, übergab er „aus brüderlicher Liebe, Treue und Freundschaft“ die Mark an Albrecht Achill. In der betreffenden Urkunde vom 2. April 1470 heißt es: Er habe das Land länger als dreißig Jahre „mit großer überschwänglicher Mühe, Sorge und Arbeit von mancherlei schwerer, anstoßender Kriege und Fälle wegen getreulich und nach höchstem Fleiße Gott dem Allmächtigen, seinem Schöpfer, der ihm das bescheret und durch seine göttliche Mildigkeit darein gesetzt, zu Ehren und Lobe, auch seiner Herrschaft zu Gute geübet und getragen, so daß er an seines Leibes Vermöglichkeit nicht empfinden möge, dem Regimente länger vorzustehen![1])

Albrecht überwies ihm im Fürstenthum Baireuth das Schloß Plassenburg mit allen dazu gehörigen Ämtern und allen Gerechtigkeiten 2c. Bei der Jagd werden die Krammetsvögel und die Eichhörnchen nicht vergessen! Jährlich sollte er 6000 rhein. Gulden entweder baar oder theilweise in Naturalien erhalten. Die damaligen Preise der letzteren interessiren jedenfalls die Leser. Es wurden berechnet: Zu 1 Gulden ein Fuder Hafer, zu 2 ein Fuder Heu, Hanf und Korn, zu $2^1/_2$ ein Fuder Gerste, Erbsen und Wein; zu 3 ein Zentner Karpfen, zu 5 ein Zentner Hechte.

In Betreff Katharina's lesen wir in jener Urkunde: „Seine Liebe läßt die hochgeborene Fürstin, sein Gemahl, unsere liebe Schwester, in der Mark; die sollen und wollen wir bei seinem Leben halten in fürstlichem Stand und Wesen und aller Nothdurft, als sie seine Liebe selbst gehalten und versehen hat, ohne Gefährde. Und ob die gemeldete, sein Gemahl, seine Liebe überleben würde, das Gott lange wende, sollen wir sie bei ihrer Leibzucht bleiben lassen.“ — Albrecht verpflichtete sich auch, jährlich aus der Mark nach der Plassenburg zu schicken: 2 Last Heringe, 1 Last Hechte, 20 Tonnen Lachse, 2 Tonnen Störe, 1 Fäßchen Neunaugen, 2 Rauhhirsche, dieweil sie Kolben tragen, 2 feiste Hirsche, einen nach dem andern, 4 eingesalzene Hirsche für den Winter, wo sie ungesalzen nimmer taugen, und 4 fette Schweine mit den Köpfen.

Anfangs Juni 1470 wurden die Beamten der Mark für Albrecht und seinen Sohn Johann von Friedrich dem Zweiten persönlich in Eid und Pflicht genommen. In der Neumark geschah dies Mitte Juli zu Soldin. Johann, geb. am 2. August 1455, mithin noch nicht volle fünfzehn Jahre alt, übernahm die Regierung. Katharina,

---

[1]) Vergl. Riedel, III. Band 1, Nr. 369—72, 374, 85, 86.

mehrere brandenburgische Räthe und fränkische Ritter unterstützten ihn. Seit dem September weilte Friedrich in Franken. Dort gedachte er Ruhe zu finden. Sie ward ihm bald im Grabe beschieden. Nach kurzem Krankenlager starb er am 10. Febr. 1471. Seiner Bestimmung gemäß trugen am 17. März bei der Bestattung im Kloster zu Heilsbronn ein Hundert Geistliche den Sarg.[1] Katharina konnte der Trauerfeierlichkeit, an der gegen fünf Tausend Theil nahmen, nicht beiwohnen. Martini 1471 verzichtete sie auf die eigene Verwaltung der zu ihrem Leibgedinge gehörigen Städte und Schlösser: Spandau, Trebbin, Britz, Belitz, Bernau 2c. Sie erhielt dafür die nöthigen Zimmer für sich und ihren Hofstaat (etwa 20 Personen) im Schlosse zu Cölln, Unterhalt, freie Wäsche und eine Summe baaren Geldes (276 Schock Groschen märk. Währung à 6,16 Mark), schrieb aber unterm 16. August 1473 an ihren Schwager Albrecht, sich ihrer und ihrer Tochter Margareta im Elende anzunehmen. Ob der Unterhalt nicht regelmäßig einging oder zu dem nöthigen Aufwande nicht ausreichte, bleibt fraglich. Sie starb den 23. August 1476 in den Armen der genannten Tochter. Am 9. Februar 1474 hatte der Abt Gallus von Lehnin versprochen, einst ihre sterbliche Hülle in seinem Kloster zu bestatten und für sie eine ewige Messe anzuordnen.

Von dem Kurfürsten Albrecht entwirft Haftitz folgende Charakteristik: „Er ist von Jugend auf in freien Künsten, guten Sitten und Gesetzen, welche dieser gemeinen Sozietät Meisterin und Regiererin sind, wohl und fleißig auferzogen, ist ein gottesfürchtiger, weiser und verständiger Fürst gewesen, der Wahrheit und guten Künste Liebhaber, der Gerechtigkeit, Zucht und Ehrbarkeit besonderer Schutzherr und Förderer, hat gelehrte Leute und ihre Studien geehrt, lieb und werth gehabt, welches daraus zu erweisen und augenscheinlich, als er nach seines Vaters Absterben 1441 im Frankenlande ist zur Regierung kommen, daß er mit gelehrten Leuten und Räthen, welcher Geschicklichkeit und Hülfe er zu seinem Studiren und Regimente gebraucht und mit deren Gesprächen und Konversation er sich sonderlich belustiget, einen wohlbestellten Hof gehabt hat. Daher in ihm eine sonderliche Vorsichtigkeit, großer heroischer Muth, Aufrichtigkeit, Bescheidenheit, Gerechtigkeit, Mäßigkeit, Gnade und Gütigkeit sich erreget und erzeuget. Und ob er wohl daneben von Jugend auf zum

[1]) Riedel, III. Bd. 1, Nr. 391.

Kriege wie anderen Ritterspielen erzogen, so hat er doch die Bellicas virtutes und Artes militares mit den Studiis und Artibus humanioribus, die sonsten von Natur von einander geschieden seien, conjungirt.[1]) und die Gerechtigkeit und Billigkeit geliebt, seine Unterthanen vor Gewalt geschützt und gerächt und die Übelthaten und Mißhandlungen heftig und ernstlich gestraft, öffentliche Räuberei nicht verstattet, sondern bei grausamen harten Strafen verboten, geeifert und verfolgt. Summa Summarum: Er ist mit großen Gaben des Gemüths und Leibes begabt gewesen, welches in hohen fürstlichen und heroischen Personen sonderliche und vortreffliche Anzeigungen seiner adligen Natur, sintemal in ihm nicht allein die kriegerische Tugend und Künste, die ein Kriegsfürst, Oberster und Feldherr wissen soll, wo er anders seine Unterthanen wider öffentliche Gewalt schützen will, mit sonderlicher Verwunderung geleuchtet, sondern auch sein adliges Gemüth, große Länge und Stärke des Leibes, großer heroischer Muth, Suavität mit Gütigkeit temperirt[2]), und Friedsamkeit ihn fast beschrieen und rühmlich gemacht haben, wie ihm Äneas Silvius in sua Europa (seiner „Europa")[3]) dessen stattlich Zeugnis gibt. — Als er nun nach Absterben seines Bruders Friedrichs des Zweiten zum Frankenlande die Kur und Mark Brandenburg zu verwalten bekommen, hat er beide Länder allein mit großer Bescheidenheit, Lob und Gunst seiner Unterthanen und der benachbarten Fürsten rühmlich verwaltet, seines Landes Grenzen männlich beschützt, zum öfteren gegen seine Feinde heftig gestritten; er ist in vielen Kriegen und Scharmützeln von Jugend auf gewesen, mehr als andere Fürsten seiner Zeit damals gethan haben. Er hat einen schweren und heftigen Krieg geführt mit den Nürnbergern, in welchem Tumult das ganze Deutschland ist rege gewesen.[4]) Kaiser Friedrich der Dritte ist zu allen Dingen still gesessen, hat sie zu beiden Theilen mit Heereskraft kämpfen und fechten lassen. Sie haben neun Mal mit einander geschlagen, und hat doch Markgraf Albrecht fast allezeit das Feld behalten, ohne ein Mal, da er die Schanze versehen. Hat doch nicht Friede

[1]) .... so hat er doch kriegerische Tugenden und Ausbildung im Heerwesen mit den Bestrebungen in Wissenschaft und Kunst .... verbunden.

[2]) Liebenswürdigkeit mit Gütigkeit gemischt.

[3]) Äneas Silvius Piccolomini, geboren 1405 zu Corsini; als Papst (erwählt am 19. oder 27. August 1358) Pius II., starb am 15. oder 16. August 1464. Sehr wissenschaftlich gebildet, schrieb er u. a. eine Geschichte von Europa während der Regierung Kaiser Friedrichs III.

[4]) Von 1448—50. Vergl. Kirchner I. 132—33.

begehrt, bis die Äcker verwüstet, die Dörfer zerstört, das Vieh weggetrieben, die Bauern erschlagen und es zu beiden Theilen an Vorrath und Geld gemangelt; da ist auf Gutdünken Markgraf Albrechts Friede gemacht worden. In diesem Kriege hat er fast alle deutschen Fürsten auf seiner Seite gehabt; aber den Nürnbergern haben die Reichsstädte Hülfe gethan (geleistet), und dieser Krieg hat fast zwei Jahre lang gewährt. — Damit ichs aber kurz möge geben, hat er Krieg geführt in Polen, in Schlesien gestritten, sein Heerlager aufgeschlagen in Preußen und Pommern, die Feinde in Böhmen erlegt, mit den Sachsen, Meißnern und Thüringern hat er gekriegt, und ist fast kein Ort in Deutschland gewesen, da er nicht ein stattlich Gedächtnis seiner streitbaren Thaten nach sich verlassen. Er hat viele und gefährliche Heerzüge gethan, die grausamen Feinde erlegt, feste Städte erobert. Wenn es zum Treffen gekommen, ist er der Vorderste an der Spitze in der Schlacht gewesen; aus der Schlacht ist er als ein Siegesfürst am letzten abgezogen. Wenn man Städte gestürmt, ist er oftmals der Erste auf der Mauer gewesen. Wenn er von seinen Nachbarn zum Duell und sonderlichen Kampfe ist herausgefordert, hat ers nicht versessen (abgelehnt) und doch allezeit die Übermacht erhalten. Im Rennen, Stechen, Fechten, Turnieren, Kämpfen und anderen Ritterspielen ist er allein gefunden, der niemals den Sattel geräumt hat. Im Turnier hat er allezeit gewonnen und siebzehn Mal blos ohne Harnisch, allein mit einer Sturmhaube und einem Schilde bedeckt, den Sieg erhalten. Und kürzlich davon zu sagen, ist er ein überaus männlicher, rittermäßiger, tapferer, muthiger, streitbarer, heroischer, gerechter, beständiger, aufrichtiger, wahrhaftiger, rechtmäßiger, ernster, ansehnlicher, gütiger, freundlicher, milder, freigebiger und überaus wohlthätiger Fürst gewesen, und wegen diesen und anderen vielfältigen kriegerischen und heroischen Tugenden hat er bei allen andern Nationen einen solchen Namen, Lob, Ruhm und Gunst bekommen, daß er nicht unbillig des deutschen Achilles oder Ulysses Zunamen (welche unter allen andern griechischen Fürsten vor Zeiten für die männlichsten und vortrefflichsten sind gehalten worden) mit Jedermanns Frohlocken erlangt, gleichwie er auch um seiner kriegerischen und tapferen Thaten willen billig hätte sollen genannt werden, wie Alexander, der König in Makedonien, Karl, König in Frankreich, und Kaiser Otto der Erste wegen ihrer heroischen Tugenden und vortrefflichen Thaten sind die Großen genannt worden. — Darum haben auch Äneas Silvius, welcher hernach zum Papst zu Rom erwählt und

Pius der Zweite ist genannt worden, sowol als Antonius Sabellicus,[1]) beide Italiener und beschrieene Historiker, dieses Markgrafen Albrecht Lob und tapfere Thaten hochgerühmt, ungeachtet daß dieselben von Natur fremden Nationen nicht so gar günstig und zugethan sind und ihre Historien und tapfere Thaten schwerlich zu erzählen, viel weniger zu loben pflegen."

Bald nach seines Bruders Tode begann Albrecht wegen des Fürstenthums Stettin Krieg mit den Herzögen in Pommern. Im Auftrage des Kaisers sollten der Bischof von Augsburg und sein Marschall die Sache in Güte beilegen. Obwol sie bei der Zusammenkunft in Kerkow allen möglichen Fleiß anwandten, die Parteien zu versöhnen, „haben sie doch leeres Stroh gedroschen", und sie mußten unverrichteter Sache wieder abreisen.[2]) Glücklicher war Albrechts Schwager, Herzog Heinrich (der Fette) von Mecklenburg. Durch seine Vermittelung kam im Juni 1472 zu Prenzlau ein Vergleich zu Stande. Nach demselben sollte Brandenburg Alles, was Friedrich der Zweite von Pommern erobert hatte, behalten, das Übrige jedoch den Herzögen ohne weitere Einwendungen überlassen; indeß müßten sie ihm die Lehnspflicht durch einen Handschlag und die Unterthanen die Erbhuldigung durch einen Eid leisten. Kaiser Friedrich der Dritte bestätigte den Vergleich und bedrohte Alle, welche Albrecht an seinen Rechten kränken würden, mit einer Strafe von tausend Pfund löthigen Goldes. Neue Unruhen entstanden nach dem Tode des friedliebenden, redlichen Erich des Zweiten (1474). Seinen Sohn Bogislav den Zehnten, dessen Erziehung die Mutter (Sophie) so vernachlässigte, daß er zu Rügenwalde in zerrissenen Kleidern mit den Gassenjungen umherlief, ja nicht einmal lesen und schreiben lernte, bis sich ein reicher Bauer in Lanzke, Hans Lange, des verwahrlosten Prinzen annahm,[3]) hetzte der Oheim Wratislav auf, so daß er sich zu einer Lehensunterwerfung durch Handschlag nicht verstehen wollte. In Pyritz wäre Bogislav jedenfalls in Albrechts Hände gefallen; ein Landmann trug ihn jedoch mit Lebensgefahr durch einen Sumpf. Als der Kaiser dem Kurfürsten von Brandenburg den Oberbefehl über das Reichsheer gegen den Herzog Karl den Kühnen von Burgund anvertraute, und der Statt-

[1]) Marcus Antonius Coccius Sabellicus † 18. April 1506 als Professor und Bibliothekar in Venedig, ausgezeichnet als Stilist und Kritiker.

[2]) Haftitz bei Riedel, S. 69—71.

[3]) Buchholtz III. 193. Ersch und Gruber I., Band 11, Seite 310—14.

halter Prinz Johann den Krieg gegen Pommern fortsetzen sollte, vermittelten die mecklenburgischen Fürsten Magnus und Balthasar abermals einen Waffenstillstand, der bis zu Albrechts Rückkehr (1476) dauerte. Über die Beilegung der Streitigkeiten verhandelte man in Prenzlau. Mit den (scherzhaften?) Worten: „Lieber Oheim, hiermit verleihe ich Euch Land und Leute!" reichte Albrecht dem Herzoge die Rechte. Dieser aber gerieth in heftigen Zorn. „Nein, Markgraf", rief er, „es ist nicht so geredt; da sollen noch die sieben Teufel durchfahren!" Augenblicklich wandte er den Rücken und ritt zu seinem Oheim Wratislav. Dieser stellte ihm vor, wie „finanzisch und übermüthig die Hohenzollern stets gegen die Herzöge von Pommern gehandelt" hätten und forderte ihn auf, sein Kriegsglück als ein Mann weiter zu versuchen. Wiederum gelang es den Mecklenburgern, mit ihren Friedensvorschlägen durchzudringen. Bogislav kehrte nach Prenzlau zurück. „Herr Oheim, ihr habt einen Hitzkopf und lasset Euch bald irren," sprach Albrecht zu dem Versöhnten. „Ja, Oheim," antwortete dieser, „ich bin also nicht gut zu flechten."

Durch eine Heirat wollte der Kurfürst weiterem Streite mit Pommern möglichst vorbeugen. Seine Nichte Margarete, die jüngste Tochter Friedrichs des Zweiten, mußte Bogislav die Hand zum Ehebunde reichen (Ende 1477). Er täuschte sich. Da ihm seine Gemahlin keine Kinder schenkte, glaubte der argwöhnische Pommer, „man habe ihm die Fürstin durch Arzeneien so zugerichtet, daß sie kein Geschlecht konnte bekommen", damit das Land desto eher an die Märker falle. Um jeglichen Vorwand zu einer Klage zu beseitigen, schickte Albrecht seinen Leibarzt Dr. Fritz. Durch die Ränke des Stettinischen Hauptmannes Werner von Schulenburg,[1]) der allen grundlosen Gerüchten sein Ohr lieh, kam dieser jedoch in den Thurm und verhungerte in demselben. — Der geschworene Feind der Märker, Herr Wratislav, war inzwischen (am 13. Dezember 1478) gestorben; sein Neffe erkannte endlich, daß das Land und die Kasse sehr erschöpft sei. Er ging auf einen Vergleich ein (2. Juli 1479 zu Prenzlau abgeschlossen). Nach demselben verzichtete Albrecht auf Pommern, Stettin erwarb aber zugleich die Erbfolge über Wolgast und gewann Löcknitz und Vierraden.

---

[1]) Wie bei der Nachlässigkeit dieses Langschläfers durch Berthold Brusenhawer die feste Stadt Garz überrumpelt wurde, siehe bei Heinel II. 666—68, Buchholz III. 197.

Durch eine andere Heirat entspann sich gleichfalls ein sechsjähriger blutiger, der sogenannte märkische Krieg. Albrecht verlobte am 30. Juli 1472 zu Kölln a. d. Spree sein Töchterchen Barbara (geboren den 30. Mai 1464) mit dem Herzoge Heinrich dem Elften von Glogau, Freistadt und Krossen, der ihr 50 000 Dukaten für die Hochzeit und, falls er ohne Kinder stürbe, seine Länder als Erbe versprochen haben soll.[1] Schwach an Körper und geringen Verstandes, durfte der Bräutigam auf kein langes Leben rechnen. Die Diplomatie, welche die Vergrößerung eines Staates nie aus den Augen verliert, spielte auch hier eine Rolle. Schon nach zwei Jahren schwankte Heinrichs Gesundheit derartig, daß Albrecht, um nicht alle Vortheile zu verlieren, seine Tochter nach Krossen sandte. Von hier ließ sie ihr künftiger Gemahl nach Freistadt abholen und vollzog mit ihr das Beilager. Er soll sie zärtlich geliebt, sie auch, wie Einige wollen, vor seinem Tode († am Aschermittwoch, 21. Febr. 1474) durch ein förmliches Testament zur alleinigen Erbin seiner Lande und Herrschaften eingesetzt haben. Alsbald traten die Stände in Freistadt zusammen. „Da man im währenden Betrübnis, allgemeinem Leid und Sorgfältigkeit rathschlagte, wie das Regiment ferner zu bestellen, hörte man allda vieler Herren und Fürsten Abgesandte, so alle um das Fürstenthum warben. Und erstlich brachten Königs Matthias (von Ungarn) Abgeordnete vor, daß das Fürstenthum durch Abgang Herzog Heinrichs, weil er keine Erben verlassen, an den König, als den Herrn des Landes Schlesien, gefallen. Vor das Andere zogen die markgräflichen Abgesandten Herzog Heinrichs sel. Testament an, in welcher er seiner gelassenen Wittwe das ganze Land beschieden. Vor das Dritte drang Wladislaus, König von Böhmen, auf sein Recht, als der nach empfangener Krönung nunmehr ordentlicher König in Böhmen sei. Zum vierten wandte Hans von Sagan ein die Blutsverwandtschaft, damit ihm der verstorbene Herzog zugehörig, denn Herzog Heinrich sei seines Vaters Bruders Sohn, darum er billig in Achtung zu halten. — Die

[1]) Vergleiche Tabelle I. Nr. 32! — Nach Georg Wilhelm v. Raumer verhält sich die Sache anders. Im Lehnsarchive befindet sich der bezügliche Heiratsbrief, ausgefertigt am Donnerstage nach St. Kilian 1472. Es geht aus demselben hervor, daß damals von einem dereinstigen Angefälle des Landes Krossen an das Haus Brandenburg noch nicht die Rede war, vielmehr die Markgräfin Barbara nur zur Sicherheit ihres Eingebrachten, das nicht 50 000, sondern blos 6000 Fl. betrug, und der Wiederlage und Morgengabe in lebenslänglichem Besitz des gedachten Landes verbleiben sollte.

Stände gaben nach Berathschlagung der Sachen die bescheidene und vernünftige Antwort: „Sie stellten diesen Streit auf unparteiisch ordentlich rechtlich Erkenntnis und wollten den für ihren Herrn erkennen, welchem Urtel und Recht beifallen würde. Dabei ward für ratsam und billig geachtet, daß die Wittwe bis zur Erörterung des Streites das Fürstenthum innebehalten sollte.“ [1])

Otto Schenk auf Teupitz kam nun, um das Land im Namen der Wittwe zu verwalten, nach Glogau. Hans von Priebus, der Rauben und Stehlen für keine Schande erachtete, der seinem Bruder Balthasar das Herzogthum Sagan entzog, ihn selbst aber im Hungerthurme verschmachten ließ, seine Schwester ins Elend, die Herzogin Margarete durch ganz pöbelhafte Mittel aus Glogau trieb, hatte durch die Einfälle in Polen, wo er gegen 600 Dörfer und Städte verwüstete,[2]) den König Wladislaus verhindert, seinen Gegner Matthias von Ungarn kräftig anzugreifen, und sich dadurch des letzteren Gunst erworben. Sagan verkaufte er am 12. Dezbr. 1472 für 50 000 Dukaten an die Herzöge Ernst und Albert von Sachsen. Wenn er jetzt Ansprüche auf Heinrichs des Elften Erbe erhob, so vergaß er, daß sein Vater Johann der Erste sich bei der Theilung des Fürstenthums Glogau (1396) gänzlich von seinen Brüdern absonderte und demnach auf jegliche Miterbschaft Verzicht leistete. Dessenungeachtet unterstützte ihn Matthias. Im Hintergrunde schwebte bei diesem freilich ein anderes Projekt: er wollte seinen unehelichen Sohn Johann Korvin mit dem genannten Fürstenthume versorgen. Unumwunden erklärte er deshalb Albrecht Achill: „Er könne den Herzog Johann als seinen Unterthanen nicht verlassen und bezeuge vor Gott und den Menschen, daß er daran unschuldig sein wolle, wenn der Kurfürst die Seinen lieber mit Krieg verfolgen lasse, als mit ihm und den Seinen Frieden und Freundschaft behalten wolle.“

Albrecht verfolgte einen andern Plan. Barbara, die jungfräuliche Wittwe, sollte den König Wladislaus heiraten. Am 20. August 1476 ward zu Frankfurt der Verlobungstraktat geschlossen. Prokuratorisch ließ sie der Vater auch durch den Bischof von Lebus der königlichen Würde zur Ehe nach christlicher Ordnung geben und vermählen. Die Hochzeitfeier, zu der man bereits alle Vorbereitungen traf,

[1]) Curäus (Schickfuß) II. 93.

[2]) Am 18. Oktober 1472 griff er Meseritz an, eroberte, unterstützt durch seine Artillerie, Stadt und Schloß, und fügte zur Plünderung auch noch die Brandstiftung.

sollte auf Fastnacht 1477 stattfinden. Inzwischen besann sich aber der wankelmüthige Bräutigam; denn er schrieb unterm 3. März, der Kurfürst möge die Tochter selbst besetzen (anderweitig versorgen)[1]. Mehrere Bemühungen, die heikle Angelegenheit zu einem erwünschten Ende zu führen, blieben erfolglos. Man sagt, er habe eine jüngere Tochter Dorothea (geb. 12. Dezbr. 1471, gestorben am 30. Oktbr. 1492 im Klarissinnenkloster zu Bamberg) zur Ehe begehrt. 1507 entschied der Papst, jenes Ehegelöbnis sei ungültig.

Die Charakterlosigkeit tritt aber nicht blos bei dem Polen, sondern auch bei den glogauischen Ständen zu Tage. Am 27. August 1476 erklärten sie in Freistadt: „Wir geloben König Wladislaus von Böhmen, unserer Herzogin Ehegemahl, getreu und gewärtig zu sein, so viel unsere Fürstin an uns berechtigt ist." Schon am 9. Dezbr. huldigte indeß die Ritterschaft im ganzen Lande, selbst die Stadt Glogau, die sich ihm früher am feindseligsten gezeigt hatte, dem Herzoge Hans. Jetzt suchte er zunächst die widerspenstigen Bürger zum Gehorsam zu zwingen. Ohne erhebliche Schwierigkeiten gelangte er in Sprottau, Freistadt, Grünberg, Züllichau, Schwiebus, Sommerfeld[2]) zum Ziele. Vor Krossen erschien er am 14. Dezember, und, obschon er „Donnerbüchsen" mit sich führte, mußte er doch unverrichteter Sache nach drei Tagen wieder abziehen, während welcher Zeit er nicht allein die Vorstädte in Brand gesteckt, sondern auch die ganze Gegend umher geplündert und verwüstet hatte. Es „waren aber die Bürger mannhaft, mit Pickelhauben, Harnisch, Schwertern und Armbrüsten wohl versehen und fielen oft aus, also daß sie Herzog Hansen viel Leute tödteten und stießen sie seine Leitern mit eisernen Haken um, schossen auch sonderlich von den Thürmen und Basteien. Und waren seine Böhmischen gar wüthig Volk, raubten und mordeten sehr. Mußte Herr Hans zuletzt abziehen, obschon er gelobt, binnen dreier Tage darin zu sein. Und hat man darauf den Spruch gehabt: „Herzog Hans, ohne Lüt und Land, hat sich vor Krossen das Maul verbrannt" — so man allenthalben gesungen, da Herr Hans sich durch seine Hartlichkeit in gar üble Rede gebracht.[3])

---

[1]) Riedel, Kodex, Hausangelegenheiten II. S. 183, 189.

[2]) Daß Sommerfeld zur Niederlausitz, also nicht zu Heinrichs Erbtheil gehörte, kümmerte Hans gar nicht.

[3]) Matthias, Bürgerbuch S. 136, nach einer alten Handschrift.

Hier liegt die Frage nahe: Warum geschah von Brandenburg so wenig zur Erhaltung der neuen Erwerbung? — Albrecht hatte Ende August 1476 die Mark verlassen, allerdings auch seinem Sohne Johann ans Herz gelegt, das Recht der Schwester möglichst geltend zu machen. Bekanntlich gehört aber zum Kriege: erstens Geld, zweitens Geld und drittens wieder Geld. Dies fehlte leider. Als der Kurprinz einmal um Hülfe bat, antwortete ihm der Vater: „— ihr habt nicht mehr denn einen Fürsten zum Feinde, da ein König und siebzehn Fürsten unser Feind waren und wir wol zehn Städte und Schlösser verloren hatten, auch unsere Ritterschaft dreißig Sitze, und lagen mit vier Herren auf uns; der König von Böhmen an einem Ende, der von Bamberg, Pfalz und Herzog Otto am anderen Ende, auf dem Gebürge, die bayerischen Herren am dritten Ende und der Bischof von Würzburg und die böhmischen Söldner am vierten Ende und hatten alle an den vier Enden ob [über] vierzig Tausend Menschen im Sold, so hatten unsere Freunde am Rhein ein Schlagen [eine Schlacht] verloren und lagen im Stocken und mußte unser Bruder seliger von uns reiten, und war all' unsere Macht nicht über tausend Pferde und fünf Tausend zu Fuß der Unsern, denn die anderen alle in Städten und Schlössern mußten sein, die zu bewahren — nach dem half Gott, daß wir eine ehrliche Richtung erlangten und wollte eher todt sein, denn daß wir eine schändliche Richtung aufgenommen.“ [1])

Des Winters wegen trat bis zum April 1478 ein Waffenstillstand ein. Zwar verstärkte Hans seine Truppen; doch gelang es ihm auch diesmal nicht, das Schloß in Freistadt zu erobern. Nur die Brandenburger, welche Sigismund von Rothenburg befehligte, mußten aus der Stadt weichen. Ebenso zerstreute er das böhmische Hülfsheer, das Wladislaus dem Kurprinzen sandte. Dagegen scheiterte seine Kriegskunst aufs neue vor Krossen. Desto heftiger wüthete er in der Umgegend. Die tapferen Bürger fielen am 24. Juli in das Grünbergische Gebiet (hier hatte Hans, der racheschnaubende Herzog, Unterstützung gefunden) und kehrten nach vier Tagen mit reicher Beute zurück; sie mußten dieselbe aber, von ihren Verfolgern im Walde von Großlessen eingeholt, wieder fahren lassen. Überdies blieben 60 todt auf dem Platze und 150 geriethen in Gefangenschaft, aus der sie sich nur durch ein ansehn-

[1]) Stenzel, I. S. 241—42.

liches Lösegeld befreien konnten. — Die streitenden Parteien verabredeten einen Waffenstillstand, der vom 31. Juli bis zum 16. Oktober (dem Gallustage) dauern sollte. Hans brach sein Wort. Er mißhandelte in Freistadt mehrere Bürger, die ihm als brandenburgisch gesinnt verdächtig schienen, nahm Züllichau und Schwiebus sammt der Burg ein, entbot hierher alle Vasallen des Herzogthums und warf sich dann auf Beutnitz. Die Böhmen, welche das Schloß besetzt hatten, ließen Roß und Rüstung im Stiche. Mit den 100 Pferden begnügte sich der Habgierige nicht; er legte das Schloß und das Städtchen in Asche, so daß es seitdem sich nicht mehr zu erheben vermochte. Ein gleiches Loos traf das Dorf Berg vor Krossen; die Stadt selbst war auf ihrer Hut. Der Herzog richtete nunmehr seine Räuberaugen auf Frankfurt a. O. Der Markgraf Johann hatte nur eine geringe Mannschaft zur Verfügung. Im Vertrauen auf die braven Bürger, welche ihm tapfer beistehen wollten, zog er in der Morgendämmerung des 5. Oktobers über die Brücke nach den Höhen von Kunersdorf, wo der Feind lagerte. Er mußte jedoch vor der Übermacht nach der Stadt zurückweichen. 350 Kampfgenossen geriethen in einen Hinterhalt und damit in Gefangenschaft. Der Verlust war bedauerlich genug, wenn auch nicht so empfindlich, wie am 12. August 1759 bei Friedrich dem Großen. Hans verbrannte die Brücke, die zahlreichen Holzhaufen und die Dammvorstadt, plünderte die Umgegend, trieb viele Herden weg, wagte jedoch der starken Befestigung wegen keinen Sturm. — Vor Drossen traf ihn (im Oktober) ein eigenthümliches Geschick. Die Stadtmauer bestand zwar nur aus Lehm; als die Feinde dieselbe aber übersteigen wollten, schütteten ihnen die Bürger heißen Brei, welchen die Frauen in Braupfannen kochten, auf die Köpfe. Ob der Oberst von Kuhmeise, der die Vertheidigung leitete, den Rath ertheilte, solch' ein drastisches Mittel anzuwenden, bleibe dahingestellt. Dr. Wedekind erzählt, (Chronik S. 118) auch Reppen sei mit stürmender Hand eingenommen, ausgeplündert und niedergebrannt worden; Wohlbrück (II. 200), der Jobst, Haftitz, Engel und Pol (Jahrbücher der Stadt Breslau) als Quelle angibt, weiß jedoch von einer solchen Verheerung nichts.[1])

[1]) Ein märkischer Poet, Hermann Marggraf (geboren 14. Septbr. 1809 zu Züllichau, gestorben 11. Febr. 1864 in Leipzig) feiert die Drossener Frauen: „Was Männer nicht erfochten, han Weiber wohl vermocht, die han in Topf und Kessel siedheißen Brei gekocht und gießen von der Mauer so manchen schönen Guß, darin Herr Hans von Sagan beinah' ertrinken muß." —

„Nach Verrichtung dieser Sachen kam Hans den 17. Weinmonats wieder zu Lande und thät seinen Haufen, welcher gute Beute davon brachte, abdanken.“ (Euräus IV. 202). Betreffs der gefangenen Frankfurter schloß er am 26. Februar 1478 mit der Stadt einen Vertrag, nach welchem dieselben mit 7500 rhein. Gulden (nicht 14000 Dukaten, wie Pauli I. S. 340 behauptet und Wedekind S. 118 ihm nachschreibt) ausgelöst werden sollten.[1])

Im Februar und April 1478 rief Albrecht von Ansbach aus Friedrichs des Dritten Hülfe an, indem er diesem vorstellte, daß seine Tochter elendiglich wider Gott, Ehre und Recht aus ihrem Vermächtnis ausgestoßen und „ihr das Brot von dem Maule abgeschnitten sei.“ Der Kaiser möchte sich das erbarmen lassen der willigen treuen Dienste wegen, welche er ihm all' seine Lebtage gethan habe und die er auch in seine Kinder pflanzen wolle.

Es heißt jedoch: selbst ist der Mann. Der Kurfürst kam sammt zahlreichen Truppen nach Brandenburg mit dem ernsten Vorsatze, den pommerschen wie den märkischen Krieg zu beenden. Parteigänger des Herzogs erhoben sich wieder, drangen rasch vor, plünderten und verwüsteten. Unter diesen nimmt der Böhme Hans Kuck eine hervorragende Stellung ein. Mit List überrumpelte er am Markus-Jahrmarktstage (25. April) die Stadt Belitz unfern Berlin, ließ alle Männer niederhauen, alle Frauen verjagen, wirthschaftete auch sonst abscheulich und machte Miene, sich hier festzusetzen. Bald erschien jedoch der Kurprinz Johann; mit Hülfe der Bürger aus

---

Wollen die Damen das Gedicht ganz lesen, es vielleicht gar unter Klavierbegleitung singen — die Musik wird ja im Seminare liebevoll gepflegt, — so finden sie dasselbe u. a. in Müller's und Kletke's Ehrenspiegel S. 54. Vergl. auch Nr. 13. 1849 des Trossener Wochenblattes und Knuth's Chronik S. 18—20! — Möglich ist es, daß man auf dem Rathhause als Andenken einige Töpfe mit Brei aufbewahrte; ob jedoch der letztere sich über ein Hundert Jahre erhalten konnte, will ich der Beurtheilung derjenigen Leser, welche in der Kochkunst gründlich bewandert sind und deshalb auch ihren lieben Hausfrauen öfter ins Handwerk pfuschen, gern überlassen. Es wird nämlich erzählt, daß der nachherige Bürgermeister Johann Heinrich (nicht Heimroth, wie ihn Wedekind S. 118 nennt) vor dem großen Stadtbrande (12. Mai 1596) jene Erinnerungszeichen an der Mütter Heldenthaten mehrere Mal sah und in Händen hatte. Vielleicht verwandelte im Sommer 1540 die Sonnenglut, welche nach Haftitz (S. 104) an vielen Orten nicht blos die Gewässer sehr austrocknete, sondern auch die Wälder entzündete, dafür aber köstlichen herrlichen Wein, wie seither noch nie, gedeihen ließ, jenen Brei in eine Art brandenburgischen Pumpernickel.

[1]) Das Nähere siehe bei Spieker S. 98—100. Bischof Wedigo Gans von Havelberg am 4. Juni 1477 in Gefangenschaft gerathen, mußte 1000 Dukaten zahlen.

Brandenburg und Treuenbrietzen schloß er die Mordbrenner drei Wochen lang ein, zündete, da sie verzweifelten Widerstand leisteten, die Stadt am 7. Mai (Donnerstag vor Pfingsten) an und nahm Kuck sammt 150 Mann gefangen. Der Räuberhauptmann wurde in Berlin auf offenem Markte vom Scharfrichter enthauptet.[1]) Dieser gewaltige Schreckschuß veranlaßte Hans, um einen Waffenstillstand zu bitten. Er dauerte von Pfingsten bis Ende August. Während dieser Zeit sammelte der ruhelose Geist neue Banden, mit denen er zunächst Krossen angriff. Sieben Tage stürmte er, aber ohne Erfolg. Des höchsten Unmuths voll, verbrannte er die Oderbrücke, ließ die Weinstöcke (die Gärten dehnten sich damals auf dem ganzen Kamm der Berge bis Hundsbelle aus) niederhauen und alles umliegende Land verwüsten. Ein ansehnlicher Theil seiner Truppen mußte Krossen beobachten; mit dem andern streifte er nach dem Kottbuser Gebiete. Hier trat ihm Albrecht entgegen. Wenngleich ihm die Vereinigung glückte, so nahm er doch schleunigst seinen Weg nach Freistadt. Sehr bald eingeholt, war es ihm (am 10. November) unmöglich, einer Schlacht auszuweichen. Hansens Volk, erzählt Prokopius,[2]) ist von den Markgräfischen geschlagen worden im weiten Wege von Rußdorf an bis gen Gersdorf und im Plauischen Bruche, da denn noch heutigen Tags alte Harnische und Wehren, Hirnschalen und Gebeine von Menschen und Rossen gefunden, ausgegraben und ausgepflügt werden." Mit Mühe und Noth entrann der Herzog seinem gänzlichen Untergange.

Hans fand an Matthias indeß noch immer eine Stütze. Er schickte ihm unter dem Hauptmanne Zelini 1800 Hülfstruppen (Husaren). Schlesische Vasallen, am zweiten Weihnachtstage aufgerufen, vergrößerten die Schaar (Glogau allein stellte 300 Mann). Es gelang, Sommerfeld, Beeskow, sogar Krossen zu erobern, wo die Banden bis zum Mai 1479 arg hausten.

Von den Türken bedrängt, zog Matthias jene Söldner aus der Mark, schloß mit dem Kurfürsten einen Waffenstillstand und mit dem Könige Wladislaus am 7. Dezember 1478 zu Ollmütz Friede. Stets bemüht, seinem natürlichen Sohne Johann Korvin Glogau zuzuwenden, bequemte er sich, der Herzogin Barbara für ihre Ansprüche 50 000 Dukaten zu zahlen, ihr auch, so lange Dies noch nicht ge-

---

[1]) Nach Anderen wurde er bei der Verfolgung erschossen.

[2]) Johann Prokopius, Rektor in Krossen, kam 1518 in den Rath, † 1552.

schehen sei, die Nutznießung eines noch näher zu bestimmenden Landes mit all' seinen Gnaden und Gerechtigkeiten einzuräumen. Der letzte Punkt gab Hans Anlaß zu neuem Hader. Nach langen Verhandlungen setzte endlich am 7. Juni 1481 Matthias' Gesandter Georg von Stein im Namen seines Herrn zu Glogau fest, daß der Kurfürst für die oben genannte Summe als wiederkäufliches Pfand Krossen, Schwiebus und Züllichau erhalten; Hans dagegen auf Lebenszeit mit Glogau, Freistadt, Sprottau, Grünberg, Polkwitz, Schlawe und Bobersberg belehnt werden solle.[1])

Mit den Bestimmungen dieses Vergleichs unzufrieden, erhob Hans neue Schwierigkeiten. Er zögerte, Schwiebus und Züllichau zu räumen. Die Verhandlungen wurden jedoch zu Hainburg bei Preßburg fortgesetzt. Inzwischen ging am 27. Juli 1482 fast ganz Krossen in Flammen auf. Die Notiz bei Curäus, „daß nicht ein Häuslein stehen blieb", enthält eine Übertreibung. Das Feuer wüthete nur innerhalb der Ringmauer. Mit großen Anstrengungen rettete man das Schloß und das freistehende Dominikanerkloster.[2]) Die Volksstimme beschuldigte den Herzog Hans, der Vagabunden begünstigte, der Brandstiftung. Albrecht drang jetzt ernstlich in Matthias, daß er des Störenfrieds wegen die Unterhandlungen zu Ende führe. Dies gelang am 16. September 1482 zu Kamenz. Der Kurfürst trat Schwiebus an den Herzog ab, dieser aber gab das Ländchen Bobersberg zurück, und weil dasselbe den Verlust nicht vollständig deckte, so fügte der König von Ungarn, kraft seiner Lehnshoheit, die Herrschaft Sommerfeld in der Lausitz hinzu. In dem bezeichneten Friedensschlusse heißt es, „daß die Frau Barbara, weiland Herrn Heinrichs seligen in Schlesien Ehegemahl, und Herr Albrecht, Markgraf und Kurfürst, und Seiner fürstlichen Gnaden Söhne, Markgraf Hans und Markgraf Friedrich vor ihrer Gerechtigkeit haben und innenehmen sollen die Städte, Schloß, Weichbild und Ländichen, nämlich Krossen, Schloß und Stadt mit sammt dem Bobersbergischen Ländichen, Züllichau, Schloß und Stadt, Sommerfeld, Schloß und Stadt mit sammt aller Verschreibung, Brief, Siegel und Gerechtigkeit, die Herr Johannes davon gehabt mit

[1]) K. A. Menzel, Schlesien, S. 224.

[2]) In den Kellern sind viele Menschen, jung und alt, verfallen und umgekommen. Die Kirche ist auch zu Grunde gegangen; allein die Dresekammer (Sakristei), darob sich zu verwundern, ward erhalten, als man das Blut von einem Kalbe, das man eilends abstechen ließ, darin gegossen. Curäus.

allen und jeglichen ihren Zubehörungen, Märkten, Dörfern, Vorwerken, Mühlen, Wassern, Seen, Fischereien, Mannschaften, Lehnschaften, geistlichen und weltlichen Gerichten, Diensten, Pflichten, Zöllen, Geleiten zu Wasser und zu Lande, Wildbahn, mit aller andern Herrlichkeit, Gerechtigkeit, Nutzbarkeit, gar nichts ausgenommen, vor fünfzig Tausend Gulden ungarisch wiederkäuflich von Matthias, König zu Ungarn und Böhmen und Seiner Gnaden, Erben und Nachkommen, und weil er dem Markgrafen benannte 50,000 Gulden füglich nicht bezahlet, welches zu Frankfurt oder Krossen geschehen soll, die benannten Städte und Huldigung doch stets auf den Fall und im Namen bemeldeter Wiederkaufsweise innenehmen und innehaben und nach ihrem Besten und Bequemsten gebrauchen sollen und mögen; doch keiner anderen Meinung, denn vor ihnen andere Fürsten gebraucht, daß die von Brandenburg zuvor Beschaffung thäten, daß die von Krossen Königlicher Majestät Erbhuldigung leisteten, auch daß ehegenannte Frau Barbara, verlobte Königin zu Böhmen, geborene Markgräfin zu Brandenburg, Herzogin in Schlesien zu Krossen die ehrbare Mannschaft der Weichbilde zu Krossen, Bobersberg und die ganze Gemeinde der Stadt Krossen ihre Huldigung, Glaube, Eid und Pflicht, die sie ihrer Liebe zum Leibgedinge gethan, ledig und losgeben solle und wiederum eine andere Huldigung, als auf Wiederkauf, annehmen, auch der Herzog Hans sich aller Gerechtigkeit an ehegenannten Städten, Schlössern und Ländichen vorzeihen [enthalten] und aller Huldigung ihm unterthänigst von denselben geschehen, erlassen sollte, und hiermit alle Fehde, Krieg, Sporn und Zwietracht ganz aufgehoben und ab sein, eine Partei die andere mit den Ihren treulich meinen, fördern und freundlich halten und ferner nicht befehlen, noch beschädigen, auch die Gefangenen beiderseits loszugeben.[1])

Hans und Barbara entbanden nun die Unterthanen ihrer Pflicht. Sie huldigten hierauf Matthias, als dem Könige von Ungarn und Böhmen, sodann aber den zeitweiligen Inhabern der Länder, Krossen also (am Montage nach Mariä Empfängnis 9. Dezember 1432) der Herzogin Barbara „im Namen eines rechten Wiederkaufs wie Recht und Gewohnheit". Als Vertreter der Fürstin war Eitel Fritz, Graf von Zollern, erschienen.

Matthias starb am 4. April 1490 in dem eroberten Wien, und zwar aus Zorn

[1]) Die vollständige Friedensurkunde siehe u. A. Wedekind (Sommerfeld, S. 332).

über italienische Feigen, die er beim Anbeißen wurmstichig fand.[1]) Bald folgte ihm Wladislaus von Böhmen auch in Ungarn. Dieser versprach in seinem zu Ofen am Montage nach Mariä Geburt 1493 (10. September) ausgefertigten Briefe dem damaligen Kurfürsten Johann Cicero, er wolle während dessen und seiner Söhne Lebzeiten Krossen nicht einlösen. Trotzdem verlieh er dieses Recht am Sonntage Okuli (19. März) 1514 seinem geheimen Rathe, dem Herzoge Karl von Münsterberg. Barbara hatte schon 1510 vor dem Kaiserlichen Landgerichte des Burggrafthums Nürnberg ihre 50,000 Gulden dem Markgrafen Kasimir von Brandenburg zedirt, der 1524 erklärte, er leiste, weil er von Joachim II. befriedigt worden sei, auf alle Ansprüche an Krossen Verzicht. In einem Vertrage, abgeschlossen am Donnerstage nach Elisabet (22. Oktober) 1537 erklärten endlich die Herzöge von Münsterberg — Joachim, Heinrich, Hans und Georg -- daß König Wladislaus zu Ungarn und Böhmen ihrem Vater, Herrn Karl, das Schloß und die Stadt Krossen, das Städtlein Züllichau sammt dem Burglehn mit allen geistlichen und weltlichen Lehen, Klöstern, Kirchenlehen, oberen und niederen Gerichten, Herrschaften und Mannschaften, wie dieselben Herrschaften Herzog Heinrich in Schlesien zum Sagan und Krossen und seine Vorfahren innegehabt und nach Abgang desselben Herzogs Heinrich in Lehnsweise an König Wladislaus, als König zu Böhmen und obersten Fürsten in Schlesien rechtlich kommen und gefallen — zu rechtem Lehnrecht gegeben und verliehen hat", daß sie „ihres merklichen Nutzens und Bestens willen solch' obengemeldetes erbliches Recht und Gerechtigkeit an Krossen und Züllichau zu rechtem Lehnrecht dem hochgebornen Fürsten, Herrn Joachim, Markgrafen zu Brandenburg rc. verkauft haben. Joachim, der älteste der Brüder, sollte von den Bisthümern Brandenburg und Lebus das zuerst erledigte erhalten; den anderen wurde eine „Sumgelder", in einer besonderen Beschreibung ausgedrückt, zugesichert.[2]) Das Domkapitel in Lebus erklärte aber nach dem Tode des Prälaten Georg (1550, 25. September) ganz entschieden, daß es „einen ungelehrten Herrn und einen erklärten Schismatiker, wie der Herzog von Münsterberg sei, der weder Priester weihen, noch die Absolution ertheilen, noch irgend eine andere bischöfliche Handlung verrichten dürfe", nicht zum Oberhaupte haben wolle.

[1]) K. A. Menzel, Schlesien S. 234.

[2]) Urkunde vollständig Wohlbrück II., S. 314—16.

Die Urkunde vom 22. Oktober 1537 schloß mit der Klausel, daß der neue Besitzer „den Römischen Königl. Majestät Ferdinand als regierenden König für seinen rechten Landesherrn und König zu halten und zu erkennen habe", und durch den Verkauf der Lehnschaft, Obrigkeit ꝛc. des Königs nichts vergeben sei. — Kurfürst Joachim II. und Markgraf Hans nahmen nunmehr das schlesische Krossener Wappen an, und sie erhielten 1538 von Ferdinand die feierliche Belehnung zu Bautzen in eigener Person mit großem Gepränge. Unter Friedrich dem Großen beseitigte der schlesische Krieg auch die Lehnshoheit.

Barbara starb am 4. September 1515. Sie wurde im Kloster Heilsbronn begraben. Nach der religiösen Feierlichkeit übernachteten dort 230 Personen, über welche der Abt Gallus klagt, daß sie nicht Gott, sondern dem Bakchus dienten.

Durch das Streben, seinen drei Schwiegersöhnen, den Herzögen von Münsterberg, die Nachfolge in Glogau zu sichern, gerieth Hans nicht blos mit Matthias, sondern auch mit den Bürgern in argen Konflikt. Unter dem Vorwande, er habe ihn bei dem Könige, der gegen ihn rüstete, angeschwärzt und dadurch den Krieg ins Land gelockt, setzte er den Stadtrath in Glogau ab, ließ die Mitglieder desselben nebst den Schöppen und Zunftmeistern (am Sonnabende vor Okuli, 8. März 1488) in die Thürme werfen, entzog der Stadt alle Privilegien, erklärte ihre Güter für sein Eigenthum. Am folgenden Tage ernannte er aus dem gemeinen Volke einen neuen Rath, unverständige und gottlose Leute, sagt Curäus, die ihm ohne Bedenken huldigten, auch sonst seine Wünsche erfüllten. Als der Bürgermeister, ein langer hagerer Gerber, einwendete, er sei zur Verwaltung des gefährlichen Postens zu einfältig, antwortete Hans angeblich: „Eben solche Pinsel will ich haben; die vorigen Buben waren mir zu klug!" Die Schöppen und Zunftmeister erhielten bald ihre Freiheit wieder, die Rathsherren dagegen blieben im Schloßthurme. Hier verschmachteten sie vor Hunger und Durst: Anton Knappe am 14. August, Johann Köppel, Matthias Kellner, Johann Prüfer und Kaspar Schores (Scherer) bald nachher, Bernhard Dreißigmark am 25., Nikolaus Günzel am 26. September.[1])

Diejenigen, welche den bei seinen Zeitgenossen verrufenen Herzog gern von

[1]) Vergl. das Tagebuch dieser Unglücklichen, von Joh. Köppel mit Dinte, die er aus Lichtputzen bereitete, geschrieben. Geschichte von Groß-Glogau I., Seite 456—63. Pachali II., Seite 228—34.

diesen und ähnlichen Greueln weiß zu waschen suchen,[1]) schieben die Schuld auf seine Günstlinge: Busch (Buskus), einen polnischen Edelmann, der ihm beim Brande von Kiesel das Leben rettete, und Opitz von Kolo, von dem Pachali (II. 211) bemerkt: „Er besaß Verstand genug, ganz Schlesien zu verwirren, und nicht weniger Bosheit des Herzens, es zu unternehmen."

Ich will zugeben, daß bei einigen Ausschreitungen des Herzogs die Farben aus Parteirücksichten etwas schwarz aufgetragen sind; von Habgier und Bosheit, zwei verteufelten Leidenschaften, läßt er sich aber schwerlich freisprechen. Sie zeigen sich im Großen auf seinen vielen Raubzügen und in dem ungerechten Verfahren gegen Einzelne. Hier nur ein Beispiel. Es betrifft eine Familie, von der einige Glieder noch jetzt im Lande Sternberg leben. Die reichen Gebrüder von Zobeltitz besaßen einen großen Strich Landes an der Oder: die Herrschaften Kontopp und Wartenberg. Bruno und Kaspar wurden am 21. Oktober 1482, eines Montags, da viel Landvolk zum Jahrmarkte nach Glogau strömte, während der Mahlzeit von den Stadtdienern (Schickfuß[2]) sagt: auf Befehl des Königs Matthias) überfallen. Man brachte den einen gefänglich auf das Rathhaus, den andern in den Thurm. Flugs eilte Hans mit wenigen seines Hofgesindes nach Freistadt, rüstete schleunigst 200 Mann, kam in der Nacht nach Wartenberg, überrumpelte hier Christian, den dritten Bruder, schickte ihn als Gefangenen nach jener Stadt, bemächtigte sich auch des Schlosses in Kontopp und zwang am nächsten Tage die Bürger und den Adel, ihm zu huldigen. Hans brauchte Geld zum Kriege. Selbst ein großer Räuber, verdächtigte er doch die Gebrüder von Zobeltitz als Wegelagerer. Wenn es heißt: Man fand in ihren Schlössern eine Menge köstlicher Kaufmannsgüter, Gold- und Silberwaaren, Sammt, Gewürz, Pelzwerk, besonders Zobel und ein ganz Faß mit Scher-

[1]) Zu diesen gehört auch Wedekind, Züllichau S. 115: Er behauptet, die Priester hätten, (weil er nicht, wie sein Bruder Balthasar, ein rechtgläubiger Katholik war, sondern zur Lehre des Hus neigte) ihm Vieles angedichtet. Vergl. Ehrhardt's Abhandlung vom verderbten Religionszustande in Schlesien, S. 210—14. Sehr richtig ist die Bemerkung von Hellseborn (I. S. 192), die auch K. A. Menzel (S. 226) aufgenommen hat: „Die strengsten wie die schwächsten Fürsten sind fast immer so glücklich, daß ihnen das Gute, ihren Ministern aber das Böse ihrer Regierung beigemessen wird."

[2]) IV. S. 201. — Vergl. K. A. Menzel; S. 226. — Die Geschichte von Glogau (S. 254) nennt das Jahr 1481. — Dr. Georg Schmidt (Prediger in Leuna bei Merseburg), Die Familie Zobeltitz. Seite 26—27.

messern — so übertreibt wahrscheinlich die Sage auch hier, wie bei den Vettern von Winning auf Sternberg. (Siehe Seite 66—67!). Der Vater derer von Rechenberg hat sein Vermögen „frommlich, ohne Stehlen und Rauben erworben“ — dessenungeachtet will Hans dasselbe den Söhnen vorenthalten.[1])

Doch „jede Schuld rächt sich auf Erden!“ Er mußte 1489 (4. April) das Fürstenthum Glogau an Johann Korvin abtreten.[2]) Für seine Ansprüche bekam er 40,000 Gulden, zu welchen die Herzöge von Oppeln 18,000 als Strafgelder erlegen sollten. Die letzteren empfing er jedenfalls nicht; denn er klagte, in Noth gerathen, auf dem Fürstentage zu Breslau wider sie, wurde jedoch abgewiesen. Seine Gemahlin Katharina, eine Tochter des Herzogs Wenzel von Steinau, erhielt zwar das Erbe ihres Vaters wieder, jedoch unter der ausdrücklichen Bedingung, daß ihr Gemahl stets fern bleibe. Seine Verwandten, die Herzöge von Sachsen, reichten ihm blos Geschenke. Ähnlich ging es ihm in Polen. Eine Zeit lang genoß er durch Johann Ciceros Großmuth in Frankfurt a. O. Gastfreundschaft.[3]) Zuletzt (1498) finden wir ihn als Besitzer von Wohlau und Winzig, das ihm nach seinem Testamente (datirt acht Tage nach Himmelfahrt 1501) durch den Tod Konrads des Achten zugefallen war. Er hatte nun Einkünfte genug, um bequem leben zu können. Stets nach dem Mammon trachtend, versuchte er Geld zu machen; schmelzte aber, wie Curäus sagt, aus seinen eingeschmelzten Ländern und Städten wenig Gold. Mit den Bürgern ging er sehr leutselig um. Die Erzählung von der Armut und dem Elende seiner letzten Lebensjahre gehört ins Reich der Dichtung. Zu einem Jubelfeste pilgerte er sogar 1500 nach Rom; da ihn aber der Papst durch eine Audienz und den Fußkuß ehren wollte, gab er die frivole Antwort: er sei nach einer solchen Leckerei nicht lüstern.[4]) Eiligst kehrte er heim. Er starb am 22. September 1507, nach Pols Jahrbüchern so von Reue durchdrungen, daß er beinahe würdig gewesen sei, unter die Heiligen versetzt zu werden. Den Heuchler wußte er schon sehr gut

---

[1]) Pachali II., S. 212.

[2]) Ein Spottvers aus jener Zeit lautet: „Wer bürgerlichen Krieg anstift, denselben das Unglück wieder trifft, und muß das Sein mit dem Rücken ansehn, wie Herzog Hansen ist geschehn.“ Schickfuß IV., S. 233.

[3]) Haftitz bei Riedel, S. 79.

[4]) Hellseborn, I., S. 201.

zu spielen, als es darauf ankam, die Wittwe Anna von Zilley aus dem Schlosse Glogau zu verdrängen. An heiligen Tagen ließ er nicht schießen. Mit Thränen beichtete er und beklagte sich, daß er genöthigt sei, Krieg zu führen. (Hellseborn I. S. 195). Vor dem Altare der Kirche in Wohlau fand er seine letzte Ruhestätte.

Opitz von Kolo, des Herzogs Zechbruder, wurde aus Schlesien (wenn auch nur auf kurze Zeit) verbannt, Busch aber von den gereizten Bürgern in Freistadt als Urheber des Todes der Glogauischen Rathsherrn enthauptet. Georg von Stein entging nur durch Zufall der Rache der Breslauer. 1497 soll er in Berlin gestorben sein. Die Stimmung seiner Seele bezeichnet zur Genüge der Ausruf vor dem Schlosse zu Bautzen: „Der Mensch denkt, Gott lenkt, der Teufel beschmutzt es; für wen hab' ich dich erbaut?“ [1])

Kehren wir nach Brandenburg zurück! Bevor wir von Albrecht scheiden, ist noch sein berühmtes Hausgesetz (Dispositio Achillea) vom 24. Februar 1473 zu erwähnen, das Kaiser Friedrich der Dritte unterm 23. Mai dess. J. zu Augsburg bestätigte. Nach demselben sollen: 1. die brandenburgischen Lande nebst allen bisherigen und künftigen Erwerbungen in Verbindung mit der Kurwürde und ungetheilt dem ältesten Sohne des Fürsten und dessen männlichen Nachkommen stets nach dem Rechte der Erstgeburt zufallen; 2. in den fränkischen Ländern aber höchstens zwei Herren regieren; 3. die jüngeren Söhne in den geistlichen Stand treten und, so lange sie mit Bisthümern nicht versorgt sind, jährlich je 1000 Gulden zum Studiren; 4. Töchter, die in ein Kloster gehen, 2000 Gulden als Leibgedinge, solche jedoch, die sich verheiraten, außer ihrer Ausstattung 10000 als Heimsteuer erhalten. — Jede Verpfändung oder Veräußerung an Land und Leuten, Schlössern und Städten ist aufs strengste untersagt. Sämmtliche Mitglieder des Fürstenhauses müssen sich nach zurückgelegtem achtzehnten Jahre eidlich verpflichten, diese „Ordnung und Satzung“ in allen Punkten fest und unverbrüchlich zu halten.[2])

Speziell aus dem Lande Sternberg dürfte Folgendes hervorzuheben sein. Am Montage nach dem heiligen Christtage (30. Dezember) 1472 werden die Gebrüder Paul und Michel, Lütke-Heinrich genannt,[3]) belehnt: mit dem Gerichte zu

[1]) K. A. Menzel, S. 234—35.

[2]) Buchholz III., S. 212—14.

[3]) Lütke-Heinrich = kleiner Heinrich. Der Familienname war Gruist. Wohlbrück II. 176—77.

Drossen, das jährlich ein Schock als Ertrag abwirft, mit 8 Schock Hufenzinsen, $5\frac{1}{2}$ Wispel Mühlenpacht und 1 Schock von den Gerichtsgefällen; ferner mit dem Zolle zu Drossen, der, da für 1 Pferd 1 Denar zu entrichten ist, jährlich 1 Schock eintragen mag; endlich mit dem Zolle zu Reppen, der jährlich 12 Schock bringt. Sie erhalten also im Ganzen $28\frac{1}{2}$ Schock zu Lehen und sollen dafür zu Sebastiani (20. Januar) 26 Schock zahlen. Unterm 14. März 1478 klagen jedoch die Genannten, von denen der erste als Kustos (Domküster) zu Fürstenwalde, der andere als Bürger zu Drossen bezeichnet ist, dem Markgrafen Johann, der Zoll werde ihnen oft entzogen und sie hätten nicht allzeit Knechte und Pferde, die Defraudanten zu verfolgen. Deshalb erbitten sie die Genehmigung, der besseren Kontrolle wegen Zeichen (Marken) einzuführen. In Anbetracht der fleißigen und willigen Dienste, die sie und ihre Eltern dem Hause Hohenzollern mannichfach erzeugt haben und noch thun sollen und mögen, bewilligt der Fürst das Gesuch.[1] — Thews Günther, Bürger in Frankfurt a. O. wird am 31. Dezember 1472 mit den Dörfern Zerbow und Schmagorey, die 19 resp. 21 Schock jährlichen Zins bringen, nebst den obersten und untersten Gerichten, auf ein Schock angeschlagen, belehnt.[2] Im Jahre 1472 besaßen die Winninge außer dem Städtchen Sternberg die Dörfer Wallwitz, Pinnow, Görbitsch und 21 Hufen in Ziebingen.[3] Unter den Anordnungen, welche Albrecht bei seiner Abreise aus der Mark trifft, bestimmt er u. A. am 14. März 1473, daß man mit den 20 märkischen Gulden, welche der Gemahlin des Markgrafen Johann als Heiratsgut zufielen, das Land Sternberg löse.[4] Am 15. April 1478 vereignete der Markgraf Johann dem Herrenmeister Richard von der Schulenburg und dem ganzen Johanniterorden Heinersdorf, zwischen Drossen und Zielenzig, mit allem Zubehör und mit den Gerichten, wie dasselbe Nickel Lossow bis dahin besessen hatte.[5]

Auf die Rechtspflege in jener Zeit werfen nachstehende Notizen ein beachtenswerthes Licht. Am 15. April 1484 urtheilt der obengenannte Richard von der Schulenburg als erwählter Schiedsrichter, daß die von Neu-Landsberg an Stephan Goszlow, Thorwärter zu Drossen, zwei Schock Groschen brandenb. Währung zu zahlen haben, weil seine Schwester daselbst „bei nachtschlafender Zeit ist abgemordt

[1]) Riedel I., 19, S. 164—65. [2]) Ebendas., 23, S. 261. [3]) Ebendas., 19, S. 163.

[4]) Siehe oben S. 293. — Riedel III., Bd. 2, S. 93—95.

[5]) Riedel I., Bd. 19, S. 165.

und weggebracht worden", und zwar wegen seiner Ansprüche an eine Hofstelle, welche sie daselbst besessen.[1] Markgraf Johann verspricht am 27. August 1486 Otto Sacks nachgelassenen unmündigen Söhnen zur Sühne des Todtschlags ihres Vaters durch ihren Vetter Klaus Sack das nächste Angefälle im Werthe von 300 Gulden, das in der Neumark zur Erledigung komme. Zugleich ertheilt er Ottos Bruder Klaus die gesammte Hand an diesem Angefälle. In einer Nachschrift zu dieser Urkunde steht die Bemerkung, daß die Söhne (Hohen-) Lübbichow (Kreis Königsberg) erhielten.[2] Selbst Innocenz der Achte, ein Papst, der sechzehn uneheliche Kinder hatte, die er möglichst zu bereichern suchte, gestattete in seiner „Leutseligkeit" die Sühne schwerer Verbrechen durch Geld. Sein Kämmerer sprach: „Gott will nicht den Tod des Sünders; sondern daß er zahle und lebe."[3]

Albrecht Achill fühlte sich in der Mark nicht wohl. Er lebte darum zumeist in Franken. Es mag sein, daß dort eine größere Bildung herrschte. Trotzdem bleibt es im höchsten Grade auffällig, wenn er bei der Huldigung in Salzwedel (November 1471) die brandenburgischen Adligen, die Herren von der Schulenburg, v. Bartensleben, v. Alvensleben, v. Bülow, v. Jagow, v. d. Knesebeck u. A. vor dem Schornsteine (am Kamine) stehen läßt, während die Franken an reichbesetzten Tafeln schmausen.[4]

Obgleich bereits so schwach, daß er sich in einem Sessel mußte tragen lassen, fehlte der Kurfürst doch nicht auf dem Reichstage in Frankfurt a. M. Sein Einfluß trug viel dazu bei, daß man am 16. Februar 1486 den trefflichen Maximilian, den Sohn des „einbeinigen Kaisers"[5] zum römischen Könige wählte. Hier starb er am am 11. März. Ihm folgten in der Kurmark Johann, in Franken Friedrich, der mit seinem Bruder Sigismund gemeinschaftlich regierte.

„Fassen wir die Geschichte der drei ersten Hohenzollern in Brandenburg unter bestimmten Gesichtspunkten zusammen, so sehen wir, daß sie sämmtlich alle ihre

[1] Klette, Regesten II., S. 312.

[2] Riedel, Kodex I., Bd. 19, S. 100.

[3] Pfister III., S. 643. — Vergl. Smets III., S. 67.

[4] Gallus II., S. 151—53.

[5] Böttiger, Weltgesch. 5, S. 27. Zuweilen ward sein Wagen statt der fehlenden Rosse mit Rindern bespannt. Selbst diese Erniedrigung beugte ihn nicht. Lächelnd soll er ausgerufen haben: „Sehet, durch Gott! Man führet das heilige römische Reich mit Ochsen im Lande umher. Heinel II., S. 676. Pfister, II., S. 573. Schlosser, Bd. 10, S. 252.

Herrschaft gegen die Nachbarn ausdehnten und ihre Regierungsgewalt im Innern vergrößerten. Der erste Friedrich legte den Grund zur Bändigung des Adels, der zweite brach die Freiheiten und großen Vorrechte Berlins und konnte nun in seinem Hauptsitze ungehinderter als andere Fürsten in ihren größeren Städten wohnen und herrschen. Albrecht Achilles endlich fing an, die Stände mit außerordentlichen Steuern und Zöllen zu bedrängen und verstand seinen Willen durchzusetzen.[1])

Des Letzteren Regierung bietet uns ein ziemlich vollständiges Bild der Fürsten am Ende des Mittelalters. Auf der einen Seite ungemeine, bis zur Üppigkeit und Verschwendung gehende Pracht und durchgreifende Gewalt, auf der anderen Armut, Schulden, Elend und Schwäche. Dort sehen wir den Vater in Franken mit zahlreichem, prächtigem Gefolge, bei glänzenden Festen; hier finden wir seinen Sohn, den Statthalter der Mark, in großer Verlegenheit, nur wenige Hundert Gulden längst verfallener Zinsen der früheren Schulden zu bezahlen, wie er in Mangel ist an Teppichen, Bettgewand, Laken, Sammetpolstern, Tischtüchern und Silbergeschirr, weil er Alles seinem Vater geschickt. Er weiß vor Dürftigkeit nicht, wie er seine Muhme, die Herzogin Dorothea von Lauenburg, die ihn besuchen will, aufnehmen soll. Er muß seine Verheiratung mit der Prinzessin Margarete von Sachsen von 1474 bis 1476 aufschieben, da es auf beiden Seiten an Geld fehlt.[2]) Wir schätzen, schreibt er an seinen Vater, die Herren von Mecklenburg mit den Söhnen und Frauen (die man Alle als Anverwandte zur Hochzeit bitten müßte) auf 400 Pferde zum wenigsten; Sachsen, Lauenburg (dessen Herzog Friedrichs II. älteste Tochter Dorothea geheiratet hatte) und Salzwedel (wo Friedrichs des Jüngeren Wittwe wohnte) auf 150 Pferde. Wir möchten viel lieber 700 oder 800 Personen von anderer Lande Art, zum Exempel aus Meißen, Thüringen oder Franken Aus-

---

[1]) Viel böses Blut verursachte die „Bierziese" (ein Groschen von jeder Tonne, die gebraut und von jeder, die verkauft würde). Solche Abgabe laufe gegen die Rechte und Freiheiten des Landes, erklärten die Stände. Sie bewilligten endlich 100 000 Gulden, die sie in vier Jahren zu bezahlen versprachen. 20 000 übernahm Albrecht selbst, 30 000 die Geistlichen und die Ritterschaft, 50 000 die Städte. „Damit auch die Fremden zahlen müßten", wollte der Kurfürst, um seinen Beitrag aufzubringen, im ganzen Lande einen neuen Zoll auf Lebensmittel einführen. Er setzte, wiewol es dieserhalb an einigen Orten zu blutigen Auftritten kam, mit Gewalt seinen Willen durch. Heinel II., S. 651—52.

[2]) Stenzel I., S. 245—246.

richtung geben, als 550 Niedersachsen. Die von Braunschweig bringen zum mindesten auch noch 200 Pferde. Die Mecklenburger und Braunschweiger lassen sich nicht an Kost, Futter und redlicher Auslösung genügen, wie andere Leute thun, welches Eure Liebe in Prenzlau bei (den Friedensschlüssen) wohl empfunden hat. Und allen diesen Leuten Ausrüstung zu thun mit aller Nothdurft und Zugehörung, nachdem der Hafer sehr theuer ist, das versteht Eure Liebe besser, denn wir das schreiben können, wo das hinauslaufen will, zumal da wir keinen Pfennig dazu irgend woher zu nehmen wissen. Wir sind in der ungezweifelten Hoffnung, Eure Liebe werde selbst zu uns kommen; denn wenn das nicht geschieht, so weiß ja Eure Liebe, was wir von Silbergeschirr hier inne haben[1]) und wir würden derhalben ganz bloß erfunden. So haben wir auch von süßem Wein, sammtnen Polstern und Teppichen, als sich bei solchen Gelegenheiten zu haben geziemet, nichts, und können auch das hier nicht zu Wege bringen, weshalb wir Eure Liebe bitten, uns mit solchen und anderen zur Nothdurft dienenden Sachen väterlich zu bedenken, und von dem, was wir sonst für unseren Leib und zum Hofgewande brauchen, wollen wir Eure Liebe durch einen unserer Knechte zum förderlichsten benachrichtigen lassen.“ — Genug über die eingeschränkte, kümmerliche, ärmliche Hofhaltung des Kurprinzen!

Albrecht lebte über alle Maßen glänzend, prächtig, prunkvoll. An Festtagen trug er Sammtkleider „und auch von goldenem Stück“, seine Gemahlin seidene Kleider, über und über mit Perlen und den theuersten Juwelen gestickt, sowie auch von Brokat; ihr Kopf war mit hohen Hörnern aufgesetzt, mit einem dünnen Flortuch bedeckt und blitzte von Edelsteinen. Niemals fehlte es an Ergötzlichkeiten. Daher strömten Fürsten und Gesandte, Fremde und Deutsche an den fränkischen Hof und hielten sich, um die feineren Sitten zu lernen, gewöhnlich sehr lange an demselben auf. Christian der Erste, durch seine Gemahlin mit ihm verwandt, besuchte Albrecht 1473, blieb vierzehn Tage mit seinem ganzen Hofstaate dort und reiste durch die Altmark zurück. Der Vater schrieb daher an seinen Sohn: „Es ist unser Befehl, daß Ihr den König von Dänemark, so er in Euer Land kommt, Ehre beweiset; denn wir fast einen freundlichen Schwager an ihm haben, der uns zugesagt hat, sein Leib und Gut wider Jedermann zu uns zu setzen.“ — Kaiser Friedrich III. traf

[1]) Es waren, wie aus einem anderen Schreiben hervorgeht, nur zwölf Löffel.

um eben diese Zeit in Ansbach ein; böhmische, polnische, sächsische Gesandte mehrten den Glanz des Hofes. Jener blieb acht Tage, die übrigen weilten mehrere Wochen; Ritterspiele, Turniere, Jagden waren tägliche Belustigungen. Am prächtigsten zeigte sich Albrecht 1475 bei der Hochzeit des Herzogs von Bayern-Landshut mit der polnischen Prinzessin Hedwig. Er, seine Gemahlin und der zweite Sohn Friedrich hatten 1300 Pferde und 27 Wagen, in denen die Frauen saßen, zum Gefolge. In zwei vergoldeten fuhr die Kurfürstin Anna[1]) nebst ihren vornehmsten Hofdamen. Hinter denselben ritten auf Zelterpferden vierzehn Hoffräulein mit hohen Hüten, geschmückt mit Federbüschen und einem Strauße von Diamanten. Der Kurfürst trug einen rothen Atlasrock, der Prinz Friedrich ein seidenes, mit großen Perlen besetztes und auf den Ärmeln mit Buchstaben oder Devisen gesticktes Kleid. Seinen Hut zierte ebenfalls ein Diamantenstrauß mit einem Federbusche. Die Reitpferde waren mit rothem Sammt bedeckt und die Pagen, deren der Prinz allein zehn hatte, liefen in rothseidenen Kleidern neben denselben her. Die mitgebrachten adligen Frauenzimmer, über 100 an der Zahl, übertrafen die anderen weit durch ihre Schönheit, obgleich viele Prinzessinnen, Gräfinnen und Fräulein aus Österreich, Bayern, der Pfalz, Sachsen und den vornehmsten deutschen Häusern mit dem Kaiser, seinem Sohne Maximilian und den übrigen Reichsfürsten zugegen waren." — Bedarf es noch weiterer Beweise, daß die Behauptung: „In früherer Zeit lebten die Menschen viel einfacher, sittenreiner, entfernt von Mode- und Genußsucht" — eitel blauer Dunst ist?

Trotz des Mangels, der ihn nicht ohne die Schuld seines Vaters oft drückte, zeigte Johann doch gegen denselben die größte Hochachtung und kindliche Bescheidenheit. „Wir bitten Eure Liebe, schrieb er einst, da er ihm einen wohlgemeinten Rath ertheilt hatte, uns und unsern Räthen dergleichen Vorschläge und Betrachtungen für keine Vermessenheit oder Eigendünkel hoher Weisheit anzurechnen, da wir und jene Räthe wohl wissen, daß Eure Liebe durch eigene Klugheit und durch große Übung in den Geschäften die ganze Lebenszeit hindurch bis auf die jetzige Zeit in dem kleinsten Knie mehr zu betrachten und auszuführen weiß, als wir und sie in allen unsern Köpfen und Leichnamen." —

[1]) Margareta von Baden starb am 24. November 1457.

Obwol im Alter von fünfzehn Jahren bereits zum Stellvertreter des Vaters in der Mark ernannt (wenn auch unter Leitung des Bischofs Friedrich Sesselmann von Lebus), mußte Johann doch dem Leben ziemlich fern bleiben, schon deshalb, weil ihm das Geld fehlte. Damit er nun seine Anschauungen etwas erweitere und „in Erkenntnis der Fürsten komme", bat er 1473 den Vater um die Erlaubnis, den Reichstag in Augsburg zu besuchen. Denn, fügt er hinzu, hier innen im Lande sehen und lernen wir nichts, als allein Dies, daß wir zu Zeiten um Lust und Versüßung der Zeit willen nach Rehen und anderem Wilde jagen. Daher versitzen wir uns ganz, sehen nichts, lernen nichts und wissen auch nicht, wir wir uns gegen Fürsten und Andere mit Ehrerbietung und mit Reden verhalten sollen; wie ein niederländischer Landesfürst und Jäger, der seine Tage nichts gesehen und gehört hat und ihm selbst, seinen Landen und Leuten wenig Nutzen schafft. Wir haben uns deswegen vorgenommen, uns zu Eurer Liebe mit siebzig Rittern, darunter vier oder fünf Grafen befindlich sein werden, aufs rüstigste in einer Farbe hinzuverfügen, den Montag nach Galli (6. Oktober) aufs längste in zehn oder zwölf Tagen gen Kadolzburg zu reiten und mit Euch als Euer Diener und als Euer Hofgesinde den Reichstag zu besuchen. Wir wollen uns mit den Unsern mit Aufwartung in den Kirchen, auf den Straßen und an allen Enden bei Eurer Liebe dermaßen verhalten, daß wir uns getrauen zu behaupten: Ihr sollt gutes Gefallen daran und Ehre von uns haben. Wir wollen in unserm Abwesen unsere Sachen hier innen durch unsern Freund von Lebus bestellen lassen. — Wenn es aber Eurer Liebe und Gefallen nicht sein sollte, welches wir jedoch nicht verhoffen [befürchten], so möget Ihr uns bei Tage und bei Nacht ohne Säumens wissen lassen; alsdann wollen wir uns gehorsamst darnach richten und wider Euren Willen nicht außer Landes reiten; ja eher wollen wir unser Lebtage nicht verreisen, wenn es wider Euch sein sollte.[1]) — Gewiß muß es befremden, daß der Vater die billige Bitte seines einsichtsvollen Sohnes nicht erfüllte.

Aus einer Geschichte, welche Haftitz[2]) mittheilt, sucht man Johanns Beinamen Cicero herzuleiten. Der hochgelehrte Philipp Melanchthon hat oft, wie der

---

[1]) Gallus I., S. 155—56.

[2]) Riedel, S. 76—77.

Kurfürst Johann Friedrich von Sachsen erzählte, in seinen Vorlesungen [wahrscheinlich um den Zuhörern das Studium der lateinischen Sprache und Beredsamkeit zu empfehlen] mit großer Lust Folgendes von Johann Cicero rezitiret und bezeuget. Als die Könige Matthias von Ungarn und Kasimir von Polen wegen des Besitzes von Schlesien gegen einander zum Kriege rüsteten, haben die beiden Häuser Sachsen und Brandenburg als besondere Liebhaber des Friedens und der Einigkeit zur Rettung und Beschirmung des Vaterlandes ihre Streitkräfte verbunden, auch die benachbarten, ihnen befreundeten Fürsten zu sich gezogen, und sind darauf die beiden Kurfürsten Ernst von Sachsen und Markgraf Johann mit 6000 Pferden vor Breslau gezogen, woselbst sie der König von Ungarn eingenommen hat, während der von Polen sein Lager davor aufschlug.[1]) Als Gesandte und Vermittler haben sie beiden Königen vorgestellt, wie sie nicht unter sich möchten Krieg führen, weil sie beide verbunden, dem Türken großen Abbruch thun und dem ganzen Europa heilsam und ersprießlich sein könnten. Kasimir, von Natur freundlich, sanftmüthig und friedliebend, willigte sogleich in die Vorschläge; Matthias, etwas unruhiger und störrischer, gab auch endlich nach, da er sahe, daß, wenn die Deutschen mit den Polen zusammenhielten, er ihnen das Gegengewicht nicht würde halten können. Nachdem nun die Vorbereitungen zur Vergleichung einige Tage gedauert hatten, hob der Kurfürst Johann, dieses wichtigen Handels Orator, Angesichts der drei Heere in einer ansehnlichen und zierlichen Rede, die fast vier Stunden dauerte, alle Umstände dermaßen ordentlich und richtig hervor, daß man damals urtheilte, obwol viel vortreffliche, gelehrte, weise, verständige und wohlberedte Leute allda vorhanden gewesen, daß doch mit größerem Ansehen und zu Jedermanns Verwunderung diese Sache von keinem Andern besser an den Tag hätte gegeben werden können, als eben vom Kurfürsten Johann. So ist Deutschland in Ruhe und Friede gesetzt und erhalten worden!“ —

[1]) Die Zusammenkunft fand am 15. November 1474 in dem Dorfe Großmochbern bei Breslau statt. Die Parteien erfüllte solche Erbitterung, daß sie sich nicht einmal die ersten Höflichkeitsbezeugungen erweisen wollten. Unter dem Vorwande, es sei sehr kalt, hatte sich Kasimir mit so vielen Pelzen behängt und so auffällig ausgestopft, daß es ihm unmöglich war, sich vor seinem Gegner zu verbeugen. Matthias trug auf seinem Haupte einen Rautenkranz. Auf solche Weise brauchte er seinen Hut nicht abzunehmen. Der Unterredung folgte ein heiteres Mahl und ein Waffenstillstand, der 30 Monate, bis Pfingsten 1477, dauern sollte. Pachali (I. S. 192) bezweifelt die Richtigkeit der obigen Erzählung.

Sicher erscheint es nicht nutzlos, bei diesem Berichte an ein Wort Friedrichs des Großen zu erinnern: „Ein Fürst, der Streitigkeiten durch die Gewalt der Waffen entscheiden kann, ist allemal ein großer Redner, ein Herkules, der seinen Worten durch die Keule Nachdruck gibt.“

Im Jahre 1488 am Tage Apolloniae (19. März) wurde das erste Ziesegeld von den Städten der Mark auf neun Jahre bewilliget: von jeder Tonne in- oder ausländischer Biere zwölf Pfennige. Davon hat der Kurfürst acht und die Städte zu ihrer Besserung vier Pfennig genommen. Jedoch sind die Prälaten und die von der Ritterschaft, als Grafen, als Freiherren und die vom Adel von dieser Biersteuer befreit gewesen. Weil aber die Stadt Stendal hierin nicht willigen wollte (sogar die Räthe des Kurfürsten erschlug), nahm sie dieser in gebührliche Strafe.[1]) Sie zahlte 2000, Seehausen 1500 rheinische Gulden.

Im Lande Sternberg sind, so viel bekannt, der obigen Steuer wegen, Konflikte nicht vorgekommen. Die Bewohner waren von jeher loyale Unterthanen. Am 16. Juli 1486 bestätigte der Kurfürst dem Johanniterorden seine Besitzungen, namentlich die Lehen, welche die Scheffe (Vorfahren der heutigen Grafen von Schaffgotsch) hier innehatten. Eine besondere Urkunde (vom 25. Oktober g. J.) bezieht sich auf Sandow. Wir Johannes ꝛc. bekennen und thun kund mit diesem Briefe ... Als wir glaublich befunden haben, daß Sandow, das Städtchen, und das Dörfchen Barch[2]) mit allen ihren Zugehörungen an Mühlen, Zöllen, Heiden, Diensten, Zinsen, Gerichten, nichts ausgenommen, vor alten langen Zeiten des Ordens St. Johanns Eigenthum gewesen und noch sei, die etliche ehrbare Leute, die Scheffe genannt, und Andere von dem genannten Orden und Meistern zu Lehen gehabt und noch haben, daß wir mit Rath und Willen unserer Räthe und Zuneigung, so wir zu Gottesdienst und den Orden tragen, auch aus sonderlichen Gnaden und treuer

---

[1]) Haftitz bei Riedel S. 77.

[2]) Barth (statt Barch = Bergen) ist bei Riedel und Klетke offenbar ein Schreib- oder Druckfehler. Unter den Gütern, welche am 24. Dezember 1350 der Orden von der Familie von Klepzig kaufte, gehörten auch Sandow, Bergen und Sierzig, (Riedel, B. 19, S. 137 Urk.-Gesch. S. 185); allein schon im Landbuche von 1375 heißt es, daß Sandow der Ritter Johann Sack vom Landesherrn zu Lehen trage; auch kommt weder dieses Städtchen, noch Bergen und Sierzig in der Bestätigung der Ordensgüter vom Jahre 1460 (Mittwoch nach Allerheiligentag) vor. Dithmar, S. 57—59.

Dienste willen, die uns der würdige Herr Richard von der Schulenburg, des genannten Ordens in der Mark, Sachsen rc. Meister, unser Rath und lieber Getreuer, oft und dick [viel] gethan hat, hinfürder williger thun soll und will, dem genannten Herrn Richard, seinen nachkommenden Meistern und dem ganzen Orden der Ballei zu Brandenburg solch Eigenthum aber vereignet und bestätigt haben, vereignen und bestätigen ihm und seinen nachkommenden Meistern dazu des genannten Ordens Güter, die von unseren Vorfahren und uns vereignet und bestätiget sein, sich der genannten Güter als ihres Eigenthums zu ewigen Zeit zu gebrauchen und zu genießen, als Eigenthums Recht und Gewohnheit ist, ohne alle Gefahr, für uns, unsere Erben und nachkommenden Markgrafen zu Brandenburg ganz ungehindert rc. Aktum am Mittwoch nach Severini 1486.[1])

Im Jahre 1486 (das Datum fehlt) genehmigte der Kurfürst, daß Kunz, Nickel, Bartusch, Heinrich und Hans von Winning, Vettern und Gebrüder, dem Lorenz Günther, damaligen Bürgermeister der Stadt Frankfurt, für sein Gut Hildebrandsdorf Bau- und Brennholz aus der Sternberger Heide verkaufen. 1437 besaß in diesem Orte eine Wittwe Thierbach vier, eine Wittwe Lusitz sechs und der Richter zwei Freihufen. In der oben gedachten Urkunde von 1460 ist derselbe Hildebrandshof genannt. Ob er inzwischen bis auf wenige Häuser abgebrannt und deshalb viel Holz zu neuen Gebäuden erforderlich war, läßt sich bei dem Mangel an sicheren Nachrichten nicht feststellen.[2]) Erhebliche Kosten erwuchsen Johann durch den Besuch der Reichstage. Er verpfändete deshalb, wiewol das Hausgesetz seines Vaters dies untersagte, 1489 die Herrschaften Kottbus und Peitz für 32 000 rhein. Gulden an den Fürsten Georg von Anhalt. Indeß erfolgte schon 1511 die Einlösung. (Riedel, ausw. Angelegenh. V. S. 465). Dagegen kaufte er 1490 zu Ofen für 16 000 rhein. Gulden die kleine Herrschaft Zossen von dem oben erwähnten Georg von Stein.

Anno Christi 1496 sind die Oder und andere Wasser ungewöhnlicher Weise angelaufen und haben sich grausam ergossen. Auch ist zu Kottbus in der Niederlausitz eine geschwinde Pest gewesen, daran über zwei Tausend Menschen umgekommen.[3])

---

[1]) Riedel, Bd. 19, S. 166—67. — [2]) Ebendas. Auf ein Privilegium, das der Herrenmeister Georg von Schlaberndorf am 2. April 1494 der Stadt Zielenzig bestätigte, komm' ich bei dem Jahre 1548 zurück.

[3]) Haftitz, S. 78.

Ein Freund der geistigen Bildung, sorgte Johann auch nach besten Kräften dafür, daß die Brandenburger derselben nicht fern blieben. 1488 errichtete Joachim Westphal eine Buchdruckerei zu Stendal, die erste in der Mark.[1]) In demselben Jahre gab der Berliner Magistrat Hans Zehnder ein Privilegium, eine Apotheke erblich zu besitzen und versprach ihm zu deren Förderung einen Wispel Roggen, freie Wohnung, auch Freiheit von allem Schoß, allen Wachen und bürgerlichen Lasten 2c. Am Tage Pauli Bekehrung (25. Januar) 1491 bestätigte der Kurfürst dieses Privilegium und befahl, daß der Inhaber sich gegen ihn, sein Gemahl und Herrschaft getreulich darin halte, allen Schaden abwenden, wie ihm von Amts und Pflicht wegen gebühre.[2])

Von ansehnlicher Statur (daher sein Beiname: der Lange), litt Johann Cicero an Fett-, wahrscheinlich aber an Wassersucht. Jede Bewegung fiel ihm schwer. Nur auf dringende Vorstellung des Kaisers nahm er 1498 an dem Reichstage in Freiburg (Breisgau) Theil, fand es aber, da sich trotz ärztlicher Hülfe seine Krankheit verschlimmerte, gerathen, in die Heimat zu eilen. Er kam nur bis Arneburg in der Altmark. Hier starb er am 9. Januar 1499. Zuerst setzte man ihn im Kloster zu Lehnin, wo mehrere Askanier ruhten, später im Dome zu Berlin bei. Ein metallenes Denkmal in der Nähe des Altars, ein Meisterstück des Nürnberger Rothgießers Peter Vischer, bezeichnet diese Stätte.

Seinem Sohne Joachim soll er seinen letzten Willen schriftlich hinterlassen haben. Es fragt sich jedoch, ob das Schriftstück echt ist. Dasselbe lautet: Herzlich geliebter Sohn, Ich habe niemals gezweifelt, daß Ihr in Eures Vaters Fußtapfen treten, und sowol Euch selber, als die nach meinem Tode Euch gebührenden Lande wohl regieren würdet, weil Ihr bereits hierzu einen glück- und geschicklichen Grund gelegt habet. Doch hab' ich nöthig erachtet aus brünstiger Liebe zu Euch und zu

---

[1]) In Breslau geschah dies 1503. Zu den ersten Druckwerken gehörte hier die Legende von der heiligen Hedwig.

[2]) Nach Möhsen, Geschichte der Wissenschaften in der Mark, Seite 379. Die obige Notiz ist nicht ganz korrekt. Georg Wilhelm von Raumer, einst Besitzer des mir vorliegenden Exemplars, bemerkte deshalb auf dem Rande: In Cap. 15 des Lehnarchivs steht ein Dipl. von 1482, worin Markgraf Johann ein Dipl. de 1481 des Rathes zu Berlin bestätigt, nach welchem dieser Johann Tempelhoff, der schon unter Friedrich II. Apotheker gewesen, als solchen aufnimmt. Bereits 1430 war ein Apotheker in Stendal. Gerken, C. d. 7, S. 320.

meinem Unternehmen eine treuväterliche Vermahnung zu hinterlassen, damit Ihr desto weniger fehlen oder von bösen und untreuen Räthen Euch möget verleiten lassen. Zwar die Erinnerungen sind Jedermann leicht und die Vollziehungen schwer; doch hoff' ich, es werde Euch meine Lehre, weil sie von einem liebreichen Vater herrühret und die letzte ist, die Ihr von mir hören werdet, nicht unangenehm sein. Kluge Fürsten sehen allezeit auf ihrer werthen Kinder und Länder Wohlfahrt; doch sind sie alsdam am sorgfältigsten, wenn sie aus diesem Leben wandern und Das, so ihnen lieb gewesen, Andern übergeben sollen. Ich will Nichts vor Euch geheim halten, sondern Alles in Euren Schoß ausschütten. Ihr aber werdet es gebührend aufnehmen und meine letzte Abschiedsrede in festem Gedächtnis behalten. — Vor Allem stellt Euch mein geführtes Leben zu einem Exempel der Nachfolge, als der ich mich auch bemühet, in meinem ganzen Leben meinem Vater, dem glorwürdigen Kurfürsten Alberto nachzufolgen. Ich habe alle meine Rathschläge zum Nutzen meiner Unterthanen gerichtet und darf das ganze Land, auch meine Diener, zu Zeugen rufen, daß ich mich nicht als einen Regenten, sondern als einen Vater gegen sie erwiesen. Ihr selbst, mein Prinz, werdet Euch erinnern, wohin meine Handlungen und consilia (mein Rath) gezielet. Darum tretet in Eures Vaters und Großherrn-Vaters löbliche Fußtapfen! — Es stehen Viele in dem Wahne, man erweise sich alsdann recht fürstlich, wenn man die Unterthanen beschwert und durch gewaltsame Zwangsmittel ihr Vermögen erschöpfet; hierauf prasset man lustig und beflecket die anererbte Hoheit mit schändlichen Lüsten; man führet wol königliche Pracht und verwickelt sich in verderbliche Kriege. Hierdurch aber werden die väterlichen Reichthümer verschwendet; man verliert die Liebe und das Vertrauen der Unterthanen; man führet nicht mehr das süße Amt eines lieben Vaters, sondern eines furchtbaren Tyrannen. Ich kann nicht begreifen, was ein solcher Fürst für Ehre habe, und kann mich Niemand bereden, daß er in Sicherheit sitze.[1]) Es ist eine schlechte Ehre, über arme Bettler zu herrschen, und viel ruhmwürdiger, wenn man Reichen und Wohlvermögenden befehlen kann. Darum wollte der belobte Fabricius[2]) lieber der Reichen Herr als

[1]) Der Fürst ist der reichste, der „in Wäldern, noch so groß, stets sein Haupt kann kühnlich legen jedem Bürger in den Schooß" — so sagte Eberhard mit dem Barte von Württemberg. Vergl. das bekannte Gedicht von Justinus Kerner!

[2]) Cajus Fabricius Luscinus, ein Römer, der um 280 v. Chr. lebte. Über seine Redlichkeit und Unbestechlichkeit gab es nur ein Urtheil.

selbst reich sein. — Vom Kriegeführen halt' ich Nichts; sie bringen nichts Gutes. Wo man nicht zur Beschützung des Vaterlandes und eine große Unbilligkeit abzuwenden, den Degen ziehen muß, so ist es besser, davon zu bleiben. Lasset Euch, mein Herzenssohn, die Gottesfurcht befohlen sein; aus selbiger wird viel und alles Gute auf Euch zufließen. Ein Gottesfürchtiger denkt allezeit, daß er Gott von seinem Thun in kurzer Frist werde Rechnung abstatten müssen. Wer Gott fürchtet, wird niemals mit Vorsatz etwas begehen, was ihn gereuen könnte. — Die Armen nehmt in Euren Schutz; Ihr werdet Euren Fürstenthron nicht besser befestigen können, als wenn Ihr den Unterdrückten helfet, wenn Ihr den Reichen nicht nachsehet, daß sie die Geringeren überwältigen, und wenn Ihr Recht und Gleich einem Jeden widerfahren lasset. — Vergesset nicht, den Adel im Zaume zu halten; denn dessen Übermuth verübet viel Böses! Strafet sie, wenn sie die Gesetze und Landesordnungen übertreten, und lasset ihnen nicht zu, daß sie Jemand wider die Gebühr beschweren können. — Hätte Euch Jemand bisher beleidiget, so bitte ich, daß Ihr es vergessen wollet. Es steht keinem Fürsten wohl an, wenn er eine im Privatstande empfangene Unbilligkeit rächen will. — Hingegen strafet die Schmeichler, die Euch Alles zu Liebe und nicht zu des Landes Wohlfahrt reden wollen. Werdet Ihr ihnen folgen, so werdet Ihr Eure klugen Räthe verlieren und Euch in große Gefahr vieler schädlichen Neuerungen stürzen. Des Schmeichlers Rede gleicht dem Schlangengifte, welches im süßen Schlafe zum Herzen dringet und den Tod wirket, ehe man es gewahr wird. Liebster Prinz, ich verlasse Euch ein großes Land; allein es ist kein deutsches Fürstenthum, in dem mehr Zank, Mord und Grausamkeit im Schwunge geht, als in unserer Mark. Wehret doch solchem Unwesen und schaffet, daß Eure Unterthanen liebreich und sanftmüthig bei einander wohnen mögen! Zu diesem Ende bitt' ich Euch, Ihr wollet an einem wohlgelegenen Orte eine Universität aufrichten, in welcher die Jugend wohl unterwiesen und zu guten Sitten und Künsten angeführt werde. Mein seliger Herr Vater hat mir gleichen Befehl hinterlassen; allein die Kriegsunruhe und der frühzeitige Tod haben mich an dessen Erfüllung gehindert. Jetzo hab' ich meiner lieben Mark den Frieden zuwege gebracht, und Ihr werdet die bequemste Gelegenheit haben, diesen meinen letzten Willen mit allernächstem zu vollstrecken. Ihr werdet hierdurch Gottes Ehre und Eure eigene befördern und Euren Landen großen Nutzen schaffen. Vergesset Dieses ja nicht, mein Prinz! Es ist ein kaiserlicher Befehl und im jüngsten Reichsschluß versehen worden, daß die Kurfürsten in ihren Landen hohe Schulen aufrichten sollen.[1]) Die hierzu nöthigen Geldmittel hab' ich bereits zusammen gebracht und übergebe Euch solche in meinem Testamente, bitte Euch aber herzlich, daß Ihr solche zu keinem andern Anschlage verwendet, oder diesen meinen letzten Willen ändern wollet. — Jetzo werd' ich, liebster Sohn, zu meinen Vätern versammelt werden. Lebet Ihr glücklich und regieret wohl, so werden Euch die Frommen lieben und die Bösen fürchten; Ihr werdet von den Gegenwärtigen geehrt, von den Abwesenden aber gelobt, und wenn Ihr diese meine Vatertreue zu Herzen nehmen und folgen werdet, mit unsterblichem Nachruhme gekrönt werden. — Arneburg in der alten Mark, im Januar 1499."

Johanns Gemahlin hatte nach dessen Hinscheiden in Spandau ihren Wohnsitz genommen. Hier lebte sie noch 2½ Jahr. Ihren Tod zeigten die Brüder Joachim und Albrecht dem Markgrafen Friedrich dem Älteren in Franken mit folgenden Worten an: „Unsern freundlichen Dienst und was wir Liebes und Gutes! Hochgeborner Fürst, freundlicher lieber Vetter und Bruder! Wir verkündigen Eurer Liebe mit betrübtem Gemüthe, daß die hochgeborne Fürstin, Frau Margarete, geborne von Sachsen, Markgräfin zu Brandenburg, unsere liebe Frau Mutter, heute in der Morgenstunde mit den heiligen Sakramenten nach christlicher Ordnung versehen in guter Vernunft und sonderlicher Andacht von diesem Jammerthal als eine christliche Fürstin geschieden. Der allmächtige Gott geruhe ihrer Gnaden Seele durch seine milde Barmherzigkeit gnädig zu sein. Das haben wir Eurer Liebe aus sonderlicher Zuversicht nicht verhalten wollen, die wir freundlich bitten, Eure Liebe geruhe, in den Stiftern, Klöstern und Pfarrkirchen in Eurer Liebe Landen zu verfügen, ihre Liebe mit Vigilien und Seelenmessen fleißiglichen zu begehen und andächtlich für ihre Seele zu beten, als wir deß freundliche Zuversicht zu Eurer Liebe tragen, der wir freundlichen in Gleichem und Anderen Willen geneigt sind. Datum zu Kölln an der Spree am Tage Margarete im XV. C(entesimo, Jahrhundert) und ersten Jahre [13. Juli 1501].[2]) Von Gottes Gnaden Joachim und Albrecht Gebrüder.

[1]) Dies geschah 1495 auf dem Reichstage in Worms.

[2]) Die Notiz bei Buchholtz III. S. 253, daß Margarete bis 1511 lebte, ist darnach zu berichtigen. Auch darf es nicht, wie bei Kirchner, I. S. 211, heißen: Nach der Vermählung ihres ältesten Sohnes (die am 10. April 1502 in Stendal erfolgte) zog sie sich nach Spandau zurück.

## Neuntes Kapitel.

## Das Land Sternberg unter Joachim dem Ersten und dem Markgrafen Hans.

Haftitz[1]) entwirft von Joachim dem Ersten folgende Charakteristik. Er kam im vierzehnten Jahre seines Alters zur Kur und Regierung und war ein mächtiger und prächtiger Fürst, überaus beredt, gelehrt, weise, verständig und mit allen heroischen Tugenden hochbegabt, daß es unverholen sein Rath, Geschicklichkeit, Fleiß und Hülfe sei in hohen wichtigen Sachen, die nicht allein dem heiligen römischen Reiche, sondern auch der ganzen Welt angegangen, für viele andere Herren gesucht und gefunden worden. Er pflegte zu sagen: Der Adel ist mein Haupt, die Städte sind mein Herz und die Bauern meine Füße. Besonders sah er nach der vierten Lehre seines Herrn Vaters dem Adel auf die Schanze und er griff, wo dieser die Grenzen des Rechts überschritt, ohne Ansehen der Personen oder des Geschlechts ihm an die Haube, ließ das Schwert weidlich schneiden und den hohen Bäumen die Gipfel dermaßen verhauen, daß sie ihm nicht über das Haupt wuchsen. |Gleichwie er aber ein hochbegabter Fürst gewesen, hat er auch seine Mängel und Gebrechen gehabt, sintemal Niemand so engelrein und glasschön in dieser gebrechlichen Natur gefunden wird, der nicht sollte straucheln und fallen können. Einmal, daß er das Papstthum[2]) vertheidigt und heftig darüber geeifert, ungeachtet, daß bei seiner Regierung die lutherische Lehre angefangen und von den protestirenden Ständen Anno 30 die Augsburgische Konfession Karl dem Fünften ist übergeben worden. Fürs andere, daß er sich der Nigromantie[3]) sehr beflissen und damit belustiget, weswegen er auch viele Diener und Offiziere, Geistliche und Weltliche gehabt, die

[1]) Riedel, S. 79. Der eingeklammerte Abschnitt fehlt in vielen Handschriften.

[2]) In der Urschrift steht ein viel härterer Ausdruck.

[3]) Nigromantie, verderbt aus dem griechischen Nekromantie, indem man für νεκρός nekros, Todter, das lateinische niger (schwarz) hineinlegte, also die angeblich schwarze Kunst, Zauberei und Wahrsagung mit Hülfe böser Geister.

darin wohl erfahren und geübt gewesen, die er dazu gebraucht hat. Fürs dritte, daß er aus dem Geschirr geschlagen, besonders im Alter, weshalb er auch nicht geringe Ursache gegeben zu seinem frühzeitigen Tode, und daß sein gottesfürchtiges und tugendreiches Gemahl wegen des Herrn unzeitigem Wesen mit den Beiforderungen aus Rath ihrer Verwandten zur Verhütung weiterer Angelegenheit ihm heimlich entzogen und in der Stille unvermerkt im Jungfrauenkloster zu Prettin, hart bei Dommitsch, vom Kurfürsten zu Sachsen fürstlich unterhalten worden, bis endlich ihr Herr Sohn Joachim der Zweite, Kurfürst zu Brandenburg, etliche Zeit nach des Vaters Absterben sie mit 500 Pferden seinem Gemahl und seiner jungen Herrschaft von dannen abgeholt und in ihr Leibgedinge zu Spandau eingesetzt, da sie viel Jahre hernach Hof gehalten."

Dem Kurfürsten und seinem Bruder Albrecht wurde gehuldigt: am 7. März 1499 zu Königsberg, am 9. zu Soldin, am 12. zu Friedeberg und Arnswalde, am 14. zu Dramburg und Schievelbein, am 16. auch zu Dramburg, am 21. zu Küstrin.[1])

Bekannt ist, daß Joachim sehr scharf gegen die Raubritter vorging, daß er in einem Jahre siebzig Herren und Knechte dem Henker überlieferte, ja selbst des Geheimen Rathes Wilkin von Lindenberg nicht schonte, von Otterstedt aber so frech war, an die Thür des fürstlichen Schlafzimmers zu schreiben: „Jochimkin, Jochimkin, höde dy! Wo wy dy krygen, hangen wy dy.[2]) Wenn Dr. Wedekind (Kreischronik S. 121) sagt: „Wir machen daraus dem Adel keinen Vorwurf; denn es liegt in der Natur der Sache, daß Jeder, der die Gewalt hat, diese zu seinem Vortheil in Ausübung bringt" — so könnte man erwidern: dann ist auch Joachim nicht zu tadeln, sobald er empfindliche Strafen verhängt, z. B. den Körper des genannten Otterstedt viertheilen und seinen Kopf auf dem Köpenicker Thore in Berlin auf eine eiserne Stange stecken läßt. Und dennoch beschweren sich die Standesgenossen der Buschklepper bei dem Markgrafen Friedrich von Ansbach![3]) Sie richteten allerdings Nichts aus;

---

[1]) Riedel, III. Bd. 2, S. 449—42.

[2]) Ein Bauer verhütete durch rechtzeitige Anzeige, daß sich die Verschworenen im Walde bei Köpenick des Fürsten bemächtigten.

[3]) Er war nicht Joachims Vormund. Nach einer Urkunde des großen Waldemar von 1310 ist ein Markgraf von Brandenburg nach zurückgelegtem zwölften Jahre majorenn. Möhsen, Geschichte der Wissenschaften S. 106 Note.

der gerechte, unerschrockene Regent entgegnete vielmehr: „Ich habe kein adliges Blut vergossen, sondern nur Schelme und Räuber nach Verdienst gestraft."

In der Regel beruft man sich auf Joachims Jugend, um die Dreistigkeit der Wegelagerer zu erklären. Sie machte sich aber auch anderwärts breit, wo ältere Herren das Zepter führten. Pachali[1]) erzählt: Im Jahre 1502 wurden viele Placker vom Adel mit ihren Knechten aufgeknüpft, mit dem Vorzuge der Ritter,[2]) daß man sie mit den Sporen, die Knechte aber ohne dieselben hängen ließ. Die Chronik von Bunzlau erwähnt in diesem Jahre einen berüchtigten Räuber, den man den schwarzen Christoph nannte, mit den Worten: „Dieser war ein Edelmann, aber ein arger Straßenräuber." Er plünderte die reichen Kaufleute, verschonte aber die Gelehrten. Der Beweis der Gelehrsamkeit, den er verlangte, bestand darin, daß sie eine Schreibfeder schneiden und etwas lesen mußten. Er berief sich, als man ihn gefangen nahm, auf den ihm von einigen Fürsten versprochenen Schutz und sang unter dem Galgen: nolite confidere in principibus (verlasset euch nicht auf Fürsten)! Der Knecht des schwarzen Christoph hatte gleiches Schicksal, ungeachtet er, heißt es in der Chronik, sehr um sein Leben bat und sich erboten hatte, auf der Festung zu arbeiten oder ein Weib zu nehmen."

Von der Hinrichtung eines Straßenräubers durch die Frankfurter, sowie von dem Racheakte bei dem Dorfe Spiegelberg gegen Bürger dieser Stadt, war schon oben (Seite 58--66) ausführlich die Rede.

Die Unsicherheit der Straßen läßt sich nicht leugnen. Als Beweis dient u. a. folgende Urkunde vom 27. Oktober 1505: „Von Gottes Gnaden wir Joachim ꝛc. bekennen und thun kund öffentlich mit diesem Briefe vor allermänniglich, daß wir dem würdigen unsern Rat und lieben Getreuen Herrn Liborius Schapelow, Komthur zu Lagow, den Kaufmann und Fuhrmann mit sammt ihrer Habe und ihren Gütern, so unsere Landstraßen gegen Polen bauen, bis gen Meseritz zu geleiten befohlen, uns auch deshalb mit ihm vertragen haben, und befehlen ihm Solches auf geschriebenen Vertrag, wie hernach folgt, in Kraft und Macht dieses Briefes, also, daß er durch sich selbst oder seine Diener für uns oder bis zu unserm

---

[1]) Pachali, I. S. 210—11.

[2]) Vor Zeiten durfte in Rußland der Edelmann nur auf einem Teppich geprügelt werden.

Gefallen und Auffagen den Kaufmann und Fuhrmann zusammt ihren Gütern, so oft er von ihnen zu Lagow darum angesucht, getreulich und mit Fleiß bis gen Meseritz geleiten und führen soll, auch sonst allenhalben gut Aufsehen haben, nach seinem besten Vermögen also versorgen, daß sie nicht beschädigt, sondern sicher mit ihren Gütern durchkommen mögen. — Wiederum soll der Kaufmann und Fuhrmann auf ein jeglich Pferd, so der Komthur zur Nothdurft des Geleites haben oder schicken wird, zu jeglicher Zeit, es sei theuer oder wohlfeil, eine Nacht neun märkische Groschen zur Zehrung geben und darüber von ihnen mit Keinerlei beschwert noch angelangt werden, sie auch mit Pferden ohne Noth nicht überlegen, inmaßen er uns Das also, wie oben steht, zu halten und getreulich nachzusetzen gelobt und zugesagt hat. So wollen wir ihm oder seine Mühe und (seinen) Fleiß alle Jahre, dieweil er das Geleit also bestellet, auf Martini siebzig Gulden an Münze geben und seiner Person halben, auch seinen Knechten, so sie in solcher Geleitung geschlagen oder gefangen werden, vor redlichen Schaden stehn; aber Pferdeschaden sollen wir ihm zu Geld nicht schuldig sein — Alles getreulich und ungefährlich &c. Gegeben zu Frankfurt am Abende Simonis und Judä 1505.[1])

Einen ähnlichen Vertrag schloß der Kurfürst am 10. Februar (am Dinstage nach Apolloniä) 1517 mit Balzer Buntzsch auf Biberteich Er bestimmte ihm jährlich als Dienstgeld vierunddreißig Gulden, mit denen er ihn auf die Bierziese zu Drossen verweist, und für seine Person ein Hofkleid.[2]) Dem Nickel Selchow auf Lindow verspricht er unterm 1. September 1522 jährlich fünfzig rheinische Gulden, die gleichfalls aus der bezeichneten Steuer fließen sollen.[3])

Wie bereits angedeutet wurde, trieben Räuber nicht blos in Brandenburg, sondern auch in den Grenzländern ihr unheimliches Wesen. Aus diesem Grunde schloß Joachim mit dem Prinzen Sigismund von Polen, einem Bruder des Königs Wladislaus, der damals auch das Herzogthum Glogau beherrschte und als Statthalter die Niederlausitz mit verwaltete, am 17. April 1506 zu Kottbus einen Vertrag. Derselbe wurde am 22. Februar 1514 im Schlosse Falkenwalde bei Königswalde, sowie im Kloster Blesen erneuert und erweitert. Zuerst vertraten Brandenburg der Oberhofmeister Heinz von Redern, Hans von Pannewitz und der Pfarrer zu Kottbus,

---

[1]) Riedel, Band 19, S. 169. — [2]) Ebendas., II. Bd. 6, S. 273. — [3]) III. Bd. 3, S. 300.

Hieronymus Schulz, Polen aber Albrecht von Schreibersdorf und Kaspar von Köckeritz; später der Bischof Dietrich von Lebus, Werner von der Schulenburg, Kaspar von Köckeritz und der Kanzler Dr. Sebastian Stüblinger resp. der Bischof Johann, der Woiwode Niklas Lubratzki und der Kastellan Lukas Gorka zu Posen. Sie verglichen sich dahin: „Alle Befehdungen sollten von beiden Seiten verboten sein. Wer von den Unterthanen des Andern beleidigt wird, hat es seinem eigenen Landesherrn zu klagen, auf daß die Sache mit Recht ausgeführt werde, bei Verlust aller Güter und bei Gefängnisstrafe. Zwei vornehme Personen, ein Geistlicher und ein Weltlicher, von jeder Seite als Grenzrichter verordnet, kommen des Jahres zwei Mal zusammen, und zwar am Montage nach Misericordias Domini zu Meseritz und am Montage nach Franziskus zu Drossen. Hier hören sie die streitigen Sachen zwischen polnischen und märkischen Grenznachbarn und entscheiden nach Recht und Billigkeit. Außerdem stellte man auch eine Prozeßordnung und Vorschriften für Zeugen, Notarien und deren Verfahren in Erbschaftssachen, Diebstählen und anderen Fällen fest, nach welcher in diesen Grenzgerichten verhandelt werden sollte.[1])

Aus Ursachen, die wir nicht näher kennen, fiel der Komthur Veit von Thümen 1517 in das Gebiet des Kastellans zu Meseritz. Auf Grund des vorigen Vertrages forderte die Krone Polen Genugthuung; sie erhielt auch eine Entschädigung von 2000 rheinischen Gulden.

Das Jahr 1507 nennt Haftitz die silberne Zeit in der Mark. Es war nämlich so wohlfeil, daß die Bestellung der Äcker mehr kostete, als sie Ertrag gewährten. Ein Scheffel Roggen galt 21, ein Scheffel Gerste 16 und ein Scheffel Hafer 11 märkische Pfennige, eine Tonne Wein 30, eine Tonne Bier 14, ein Pfund Wachs 4 märkische Groschen. Auch an anderen Dingen herrschte ein sehr großer Überfluß, und sie wurden entsprechend wohlfeil. Übersehen wir aber eine Bemerkung von Leutinger[2]) nicht! Auf das Gerücht hiervon suchten täglich zahlreiche Fremde die Mark auf und gründeten sich in der äußersten Noth den ersehnten Hafen. Daher kommt die hergebrachte Armut des Landes, weil Arme von anderwärts in dieselbe einwandern und sehr leicht Aufnahme finden, auch nachher, wenn sie noch ärmer geworden, darin wohnen bleiben.

---

[1]) Riedel, II. 6, 258—63. Buchholtz, III. 321—22. Kletke, II. 403—4.
[2]) Buch II. § 10. Seite 64.

Über die Verfolgung, welche Joachim 1510 wider die Juden verhängte, möge Haftitz[1]) erzählen. „Den 14. Juli d. J. sind in Berlin (auf dem neuen Markte) achtunddreißig Juden beisammen und ein Christ, der ihnen die konsekrirte Hostie verkauft, sonderlich verbrannt und zwei getaufte Juden, als Jakob, der hernach Georg, und Joseph, der Paul getauft, enthauptet worden (sind beide christlich gestorben), darum, daß sie konsekrirte Hostien mit Messern und Pfriemen durchstochen, davon noch heutigen Tags der Tisch und das Messer, darauf und damit sie Dies geübt, im hohen Stift zu Brandenburg vorhanden und das Blut, so aus den gestochenen Hostien geflossen, zu sehen ist, und daß sie bekannt, sieben Christenkinder mit Nadeln und Pfriemen jämmerlich gemartert und umgebracht zu haben. Das Haus, in welchem sie verbrannt sind, aus Holz vier Gemach (Stockwerke) hoch wie ein großer runder Thurm gebaut gewesen, darin man sie von unten auf bis zu oberst rings umher an den Streben und auf den liegenden Söllerbalken angeschmiedet hat, und sind zu diesem Spektakel viele hundert Menschen von weit abgelegenen Örtern gen Berlin kommen. Der Rädelsführer dieses Spiels hat Salomon Jude geheißen und zu Spandau gewohnt, wo auch das Sakrament (wie man's im Papstthum geheißen) ist gemartert Donnerstag vor Fastnacht, und er hat's von einem Kesselflicker bekommen, der es aus einer Kirche im Dorfe Knoblauch genommen. Ein Theil aber ist in einen Märzkuchen verbacken, der andere Theil, so zurückgeblieben, gen Berlin gebracht und allda feierlich mit der Prozession eingeholt und in Herrn Hieronymus, Bischofs zu Brandenburg, Hof in seine Kapelle getragen worden."

Professor Bekmann bemerkt zu diesem „Spektakel": „Die Nachricht hiervon ist im folgenden Jahre 1511 zu Frankfurt in unvernehmlichem Deutsch gedruckt und mit Holzschnitten versehen worden, woraus Angelus seine Nachrichten genommen, welche er hiervon im 3. Buche S. 269 gibt. Das Urtheil von dergleichen Beschuldigung und Verfahren wird billig der gescheiten Welt überlassen; das ist aber gewiß, daß man heut' zu Tage, da die christliche Welt klüger worden, weder von blutigen Hostien, noch von Aufhaschung und Erkaufung der Christenkinder das Geringste mehr hört. Daher sich denn gar leicht abnehmen läßt, daß die blutigen Hostien nichts anders, als Erfindungen sind, mit denen man die ... Transsubstantiation

---

[1]) Riedel, S. 83—84.

zu unterstützen suchte, obwol deswegen die Mißhandlung der Hostien nicht gebilligt werden kann." [1])

Die Verfolgung der Juden muß um so mehr auffallen, da Joachim ohne Zweifel ein für seine Zeit sehr wissenschaftlich gebildeter Fürst war. Aus der Mark vertrieben, sollen sie einen getauften Israeliten, Johann Pfefferkorn, für 100 Fl. erkauft haben, ihn und seinen Bruder Albrecht zu vergiften. Da beide nicht so lange zusammenblieben, wie der Arzt und angebliche Priester glaubte, so verfehlte er seinen Zweck, wurde aber, durch die Folter zum Geständnis gebracht (!!), 1515 auf dem Judenkirchhofe in Magdeburg verbrannt. Wenn man jedoch für diesen Mordversuch auch so schwache Beweise hat, wie für einen früheren (durch Zauberei, erzählte man, fuhr Pfefferkorn in ein Fenster des erzbischöflichen Palastes, traf aber nur den Hofnarren im Zimmer, der ihn mit den Worten anherrschte: wie führt dich der Teufel zum Fenster hinein?) — dann sehen wir auch hier, zu welchen Ausschreitungen Aberglaube und Fanatismus verleiten.

Als Joachims Lehrer wird öfter Dietrich von Bülow, von 1490—1523 Bischof von Lebus, ein Freund der Kunst und Wissenschaft, genannt; es fragt sich aber, ob diese Nachricht, welche sich ohne Angabe einer Quelle zuerst bei dem Geschichtsschreiber Pauli findet, zuverlässig ist.[2])

Den wiederholten Einladungen folgend, kam 1505 der gelehrte Abt Johann Tritheim (Johann von Heidenberg, aus dem Kloster St. Martin zu Sponheim) nach Berlin und weilte hier neun Monate. Joachim ließ sich von ihm täglich vier Stunden in der Geschichte, der Mathematik, im Lateinschreiben und der griechischen Sprache unterrichten. Bei seiner Abreise empfing Tritheim ein sehr ansehnliches Geschenk (300 Dukaten), dem später noch 500 Goldgulden, sowie jährlich goldene und silberne Becher, zuweilen auch einige Tonnen Lachse, Störe, Heringe 2c. folgten. — Weshalb er die Mark wieder verließ, können wir aus einem Briefe, den er an einen Rechtsgelehrten schrieb, leicht ersehen: „Das Land ist gut und fruchtbar, es fehlt aber an fleißigen Arbeitern; denn es ist weitläuftig und groß. Die wenigen Bauern, die es hat, sind sehr faul und ziehen den Trunk und Müßiggang der Arbeit vor.

[1]) Bekmann, I. S. 191.

[2]) Wohlbrück, II. S. 250.

Man kann von den Märkern sagen, daß sie durch die vielen Festtage und durch ihre Faulheit zur Armut gebracht werden, und daß sie durch das viele Fasten und dann wieder durch das arge Saufen ihren Tod beschleunigen; denn in beiden Stücken übertreffen sie die übrigen Deutschen. Sie sind von Natur zur Faulheit geneigt, und die vielen Festtage der Heiligen verhindern sie an der Arbeit; daher sind die Landleute arm, und das Verdienst, welches sie sich durch die strenge Beobachtung der Fasten bei Gott erwerben, wird durch die Schmausereien und das häufige Trinken wieder aufgehoben. Das Leben in der Mark besteht in Nichts als in Essen und Trinken.[1])" Der Leser möge selbst entscheiden, inwieweit dieses Urtheil noch heute zutrifft.

Um mehr Kultur zu verbreiten, schob Joachim die Universitätsangelegenheit nicht länger auf. Als Sitz der Hochschule wählte man Frankfurt a. O. Die gesunde, anmuthige Lage, die schönen Umgebungen, die vielen geräumigen Häuser, die Nachbarschaft von Pommern, Schlesien, Lausitz und Polen und der blühende Handel empfahlen diese Stadt vor vielen anderen Orten zum stillen Sitz der Musen. Nicht blos der Papst Alexander der Sechste, sondern auch der Kaiser Maximilian der Erste (letzterer unterm 26. Oktober 1500) hatten ihre Genehmigung ertheilt, und schon 1499 begann der Bau des sogenannten Fürstenkollegiums (jetzt Gebäude des Realgymnasiums) zum Theil auf Kosten des Landesherrn, allermeist aber aus den Mitteln der Stadt. Bei der inneren Einrichtung der Universität war Simon Pistorius (Pistoris, Pistor), Professor der Medizin in Leipzig, besonders thätig. Er gerieth mit seinem Amtsgenossen Martin Pollich (Mellerstadt) in heftigen Streit über die Syphilis (venerische Seuche), die, wie anderes Unheil aus Frankreich nach Deutschland eingeschleppt, damals Viele dem schwarzen Fürsten der Schatten überlieferte.[2]) — Die Einweihung der Hochschule fand am 26. April 1506 statt. Mit dem Kurfürsten war sein Bruder Albrecht und eine große Zahl von Grafen, Rittern, Prälaten und hochgestellten Beamten nach Frankfurt gekommen. Als Kanzler fungirte der Bischof Dietrich von Lebus; als erster Rektor der Doktor der Theologie

---

[1]) Gallus, II. Seite 250—51.

[2]) Pistoris behauptete, diese Krankheit pflanze sich nur durch fleischliche Berührung fort; sein Gegner sah in derselben eine Strafe für das gottlose Fluchen. Pollich wirkte mit Eifer in Wittenberg (1502).

Konrad Koch (Coquus, Cocus) aus Buchen (von dem letzten Wohnorte seines Vaters, Wimpfen in Franken, Wimpina genannt); als erster Dekan der philosophischen Fakultät Magister Johannes Lindholz aus Müncheberg, später Doktor des kanonischen Rechts und Pfarrer zu Frankfurt. Andere Lehrer wurden theils aus Leipzig, theils aus Tübingen berufen. Zu den im ersten Jahre eingeschriebenen Studenten (928, von denen 110 aus der Stadt) gehörte auch Ulrich von Hutten, der deutsche Demosthenes voll glühenden Eifers für Wahrheit, Recht und Freiheit. In einem lateinischen Gedichte besang der achtzehnjährige Jüngling den Stiftungstag, und oft sah man ihn mit seinem Freunde Konrad Celtes, dem Kaiser Friedrich der Dritte 1491 zu Nürnberg den Dichterkranz gereicht hatte, am plätschernden Quelle sitzen, der aus dem Berge hinter dem Karthausgarten herabfloß. Das Einkommen des Rektors und der Professoren war verhältnismäßig nur dürftig.[1]) Zur „Aufbesserung" desselben erhielt Wimpina zwei Kanonikate an den Hochstiftern Brandenburg und Havelberg. Einen Beweis von seiner gründlichen Gelehrsamkeit lieferte er in einer Streitschrift gegen Thoribäus; er stellte nämlich die Zahl der Ehemänner der heiligen Anna, Christi Großmutter, fest. Ihm folgte im Rektorat Johann Blankenfeldt vom Berliner Stadtadel. Schon im achtzehnten Jahre seines Alters zu Bologna Doktor der Rechte, erwarb er sich den Namen des deutschen Weisen, ward 1517 Bischof in Dorpat, 1523 Erzbischof in Riga und starb in Spanien, bei Karl dem Fünften gegen Verfolger Schutz suchend, um 1533 zu Torquemada. — Wimpina verließ 1531 Frankfurt und kehrte nach seiner Heimat zurück, wo er bald hochbetagt ins Land des Friedens einging.[2])

[1]) Eberhard Guttenberg, der Weltweisheit und Arzneigelahrtheit Doktor und Professor in Frankfurt, auch seit 1512 Joachims Leibarzt, mußte sich als solcher verbindlich machen, dem Kurfürsten und seiner Gemahlin und ihrer fürstlichen gnädigen Herrschaft und Kindern, wie auch dem Markgrafen Albrecht von seiner Behausung zu Frankfurt aus, so oft er gefordert würde, mit seiner Kunst der Arznei zu aller ihrer Fürstl. Gnaden Nothdurft, Anliegen und Schwachheiten getreulich und fleißig zu dienen und auch zu sorgen, daß gute Materialien in der Apotheke vorhanden wären. Er verspricht ferner, des Kurfürsten und der Herrschaften Geheimnis, so ihm anvertraut oder sonst von ihm erfahren würde, bis in seinen Tod zu verschweigen. Dagegen wollte der Kurfürst ihm die Zehrung, Futter und Mahl, sowol unterwegs als am Hofe reichen lassen, nebst einer Besoldung von vierzig Gulden jährlich, die ihm auf dem Biergelde zu Frankfurt angewiesen wurden. — Dr. Franz Warmann erhielt gleichfalls 40, Dr. Werner Undergänger Anfangs 100, später, auf Lebenszeit angenommen, jährlich 150 Gulden. Möhsen, I. 455—57.

[2]) Über Wimpina, Lindholz, Blankenfeldt vergl. Seidel (Küster), Bildersamml., S. 33, 36, 29!

Der Wunsch des Kurfürsten Johann Cicero, daß man in Brandenburg liebreich und sanftmüthig bei einander wohne, „die Jugend wohl unterwiesen und zu guten Sitten und Künsten angeführt werde“, erfüllte sich durch die Universität Frankfurt nicht. Sie wechselte zwei Mal wesentlich ihre Farbe. Zuerst traten die Professoren der Theologie für den Katholizismus, später für das strenge Lutherthum, endlich für die Lehren der reformirten Kirche in die Schranken. Auch soll es, wie Professor Dr. Spieker in der Beschreibung und Geschichte der Marien- oder Oberkirche (Abschnitt I., Kap. 6. Note 120) nach dem Historiker Nikolaus Lentinger berichtet, in ganz Europa keinen Lehrsitz gegeben haben, wo eine größere Roheit herrschte, als zu Frankfurt. Wem die Gesundheit seiner Kinder und eine anständige Bildung am Herzen lag, schickte sie auf auswärtige Universitäten. Gar mancher gefährliche und blutige Streit entspann sich zwischen den Bürgern und den Studenten, die bei den Bierkrügen der Karthause handgemein wurden. In einer Berathung mit dem Magistrate und der Universität am 6. Februar 1562 sagte der Professor und Generalsuperintendent Muskulus: „Man hat die Bursche so roh gemacht, daß beide, die Professoren und Bürgerschaft, ihres Leibes und Lebens nicht sicher sind, lieber im Böhmer Walde sitzen möchten. Das junge Volk wird in aller Schande und Sünde aufgezogen, nachdem keine Disziplin, Zucht und Ehrbarkeit gehalten.“ — Leider zählte Andreas Muskulus selbst zu den ärgsten Kampfhähnen, wie Dies sein Streit mit Abdias Prätorius (Gottschalk Schultz) über das Verdienst der guten Werke, welche im Weinrausche bei einem freundschaftlichen Mahle begonnen hatten und mit der größten Erbitterung fortgesetzt wurden, zur Genüge beweist.[1])

Ganz abgesehen von den theologischen Zänkereien hemmten noch andere Vorfälle eine segensreiche Entwickelung der Universität. Der Pest wegen mußte sie 1516 nach Kottbus und zehn Jahre später nach Fürstenwalde wandern. 1536 herrschte dieselbe Zerrüttung, und die Zahl der Studenten belief sich nur auf 40 und einige, während sie von 1516 ab gewöhnlich zwischen 80 und 100 schwankte. Ich habe jedoch schon vorgegriffen, und gehe darum auf 1506 zurück.

---

[1]) Wer sich für dergleichen Dinge, die allerdings die gute alte Zeit charakterisiren, besonders interessirt, lese u. a. Lebensgeschichte des A. Muskulus — ein sehr gehaltvolles Buch des Dr. Spieker. Prätorius vertheidigte die Lehre: Zur Seligkeit sind auch die guten Werke unbedingt nothwendig; sein Gegner bestritt dies hartnäckig.

Am 26. April, also am Tage der Eröffnung der Hochschule, wurde Albrecht, Joachims Bruder, geboren am 28. Juni 1490, durch den Bischof von Lebus in der Marienkirche zum Priester, und am 14. Mai 1514 durch denselben (er erhielt in einem Schreiben, 9. Januar, vom Papste Leo dem Zehnten den besonderen Auftrag) im Dome zu Magdeburg zum Erzbischofe geweiht. Der Kurfürst hatte ihn mit 200 Edelleuten nach dieser Stadt begleitet; auch waren zwei Markgrafen des fränkischen Hauses, Johann und Albrecht (letzterer als Hochmeister des deutschen Ordens) zur Feier erschienen; die Städte des Landes versprachen ihm als gutwillige Verehrung und Schenkung innerhalb zweier Jahre („unschädlich an ihren bisherigen Rechten und Freiheiten") 7440 Gulden zu zahlen. Eine größere Summe wäre ihm sicher, um seine Schulden zu decken, angenehmer gewesen.

Im Jahre 1514 starb der Erzbischof und Kurfürst von Mainz, Uriel von Gemmingen, nach zweijähriger Regierung. Sein Vorgänger hatte den Krummstab auch nicht länger geführt. Dadurch entstanden sehr ansehnliche Ausgaben; denn ein Pallium für Mainz kostete in Rom 30 000 Dukaten. Die Domherren sahen sich nun nach einem reichen Kandidaten um. Einen solchen glaubten sie in Albrecht gefunden zu haben; sie wußten oder bedachten aber nicht, daß gerade er sehr häufig mit Geldverlegenheit kämpfte, so daß sein Bruder, mit dem es leider nicht viel besser stand, schon öfter die Hand aufthun mußte. Sie wählten ihn am 9. März 1514. Er nahm die neue Würde, die ihn auch zum Kurfürsten und Erzkanzler des deutschen Reiches erhob, unter der Bedingung an, daß er mit Erlaubnis des Papstes Magdeburg und Halberstadt behalte. Leo der Zehnte fragte wenig nach den Bestimmungen des Kirchenrechtes. Rom zeigte ja von jeher das Bestreben, nur Anderen, niemals sich selbst, Gesetze vorzuschreiben. Albrecht lieh die 30 000 Dukaten von den reichen Fuggern in Augsburg, deren Vorfahren zu den Leinwebern gehörten. Am 27. Oktober 1514 ging er nach Mainz ab und nahm von dem Erzbisthume Besitz. Ulrich von Hutten begrüßte ihn in einer glänzenden Rede.

Angeblich[1]) zum Bau der Peterskirche schrieb der Papst einen Ablaß aus. Der

[1]) Das Gerücht sagte, ein Theil des Erlöses sei vom Papste seiner Schwester, die mit dem Genueser Franz Cibo, einem Sohne Innozenz des Achten, verheiratet war, zugedacht, und dadurch fiel auf die Verkündigung ein gehässiges Licht. Wessenberg, III. S. 33. — Die Peterskirche, in Form eines lateinischen Kreuzes gebaut, ist 622 Fuß lang, im Querschiff 461 breit, ihr Mittel-

neue Kurfürst von Mainz benutzte diese günstige Gelegenheit, selbst ein erkleckliches Sümmchen zu verdienen, um seine Schulden zu vermindern. Zu diesem Zwecke ließ er sich für die Diözesen Mainz, Magdeburg und Brandenburg zum päpstlichen Nuntius und Kommissar ernennen. Mit der Verbreitung des Ablasses betraute er u. A. den Dominikaner Johann Tetzel (eigentlich Dietz, Dietzel), den Sohn eines Goldschmiedes aus Leipzig. Er war ein roher, lüderlicher Mönch, den der brave Kaiser Maximilian wegen Ehebruchs in Insbruck wollte ersäufen lassen. Man kann von ihm, wie der Wandsbecker Bote Matthias Claudius von Goliath, sagen: „Er hatte eine freche Stirn, auch ein entsetzlich großes Maul, jedoch ein klein Gehirn." Schon früher trieb er das gedachte Geschäft mit Erfolg. 1504 finden wir ihn in Sorau;[1]) 1507 schwatzte er binnen zwei Tagen den armen Bewohnern von Freiberg im Meißnischen zwei Tausend Gulden ab. Er brachte es dabei soweit, daß er einen Unterkommissar, den Dominikaner Bartholomäus, ernennen konnte. Beide stützten sich auf jene Theorie, nach welcher Christus und die vielen Märtyrer und Heiligen der Kirche soviel Überfluß des Verdienstes bei Gott erworben, daß daraus ein Schatz entstanden, den der Papst an andere Gläubiger, die zu wenig Verdienst oder gar schwere Sündenlast haben, verschenken oder verkaufen darf. Wie sich eine solche Theorie ausbeuten läßt, sieht man auf den ersten Blick. — Jede Sünde hatte bei Tetzel ihren Preis.[2]) Er pflegte für Meineid und Kirchenraub 9,

schiff 150, ihre Kuppel von Innen 130 Fuß hoch. Sie bietet Raum für ca. 80 000 Personen. Bis zum Jahre 1694, also ohne die neue Sakristei, betrugen die Kosten 46 896 000 Scudi (à 4—4,7 M.). Die Erhaltung erheischt jährlich die Summe von 30 000 Scudi.

[1]) Magnus, Sorau Seite 11.

[2]) Ein Ablaßschein war auf Pergament geschrieben. Man sah auf demselben einen Dominikaner, der vor sich ein großes Kreuz hielt und über dessen Kopfe die Dornenkrone und ein feuriges, von Strahlen umgebenes Herz war. Außerdem erblickte man in den oberen Ecken eine aus Wolken hervorragende Hand, in den unteren einen Fuß des Erlösers, beide mit einem Nagel durchbohrt. Auf der einen Seite des Zettels standen die Worte: „Papst Leo X. MDXVII. Gebet. Das ist die Länge und Weite der Wunden Christi, der heiligen Seiten. So oft sie Einer küsset, so oft hat er sieben Jahre Ablaß"; auf der andern: „Das Kreuz zu vierzigmal gemessen, macht die Länge Christi an seiner Menschheit. Der es küsset, der ist sieben Tage behütet vor dem jähen Tode, auch vor hinfallender Krankheit und vor dem Schlage." Die Worte, welche die Zusicherung des Ablasses enthielten, lauteten natürlich nach den Umständen verschieden; bei „vollkommenem Ablaß" wie folgt: „Unser Herr Jesus Christus erbarme sich deiner und spreche dich los durch die Verdienste seines allerheiligsten Leidens! Ich kraft der mir anvertrauten apostolischen Macht spreche dich los von allen geistlichen Zensuren, Urtheilssprüchen und Strafen, die du verdient hast, überdies von allen be-

für Mord 8, für Vielweiberei 6, für Zauberei 2 Dukaten zu fordern, änderte die Taxe aber nach Umständen. Am Schluß der gedruckten Patente, die er an die Kirchthüren anschlagen ließ, heißt es zwar: „Den Armen mag der Ablaß auch umsonst ertheilt werden um Gottes willen"; Friedrich Myconius, früher Mönch, später Superintendent in Gotha, bezeugt jedoch aus eigener Erfahrung, daß Tetzel umsonst keinen Ablaßzettel gab. Aus seinen Reden, mit denen er die Unwissenden anzulocken suchte, den letzten Groschen zu spenden, werden von Ohrenzeugen haarsträubende Behauptungen erzählt. Vielleicht ist Manches übertrieben, Anderes wol auch erdichtet, z. B. die Anekdote[1]) nach welcher ein Herr von Hacke sich einen Ablaßzettel für 30 Thaler löste, um bald darauf den Krämer mit Schlägen weidlich zu traktiren und ihm seinen Geldkasten („die himmlische Fundgrube") abzunehmen. Unbestritten bleibt jedoch: Tetzels Treiben rief bei allen Vernünftigen den größten Unwillen hervor, und wir würden der katholischen Kirche Unrecht thun, wenn wir ihre Lehre vom Ablaß nach dieses Kommissars Prahlereien beurtheilen wollten.[2]) Erasmus von Rotterdam, den freilich Heinrich Bulliger in seiner Reformationsgeschichte (I. 352) einen Achselträger schilt, der, weil er sich auf die Einladung zum Religionsgespräche in Baden mit Kränklichkeit entschuldigte, Gott und zugleich dem Teufel diene, sagt in einem Briefe an Johann von Botzheim, Domherrn zu

---

gangenen Exzessen, Sünden und Verbrechen, wie groß und schändlich sie sein mögen und um welche Sache es sei, auch für die unserm allerheiligsten Vater, dem Papste, und dem apostolischen Stuhle reservirten Fälle. Ich lösche jeglichen Makel der Untüchtigkeit, alle Zeichen der Ehrlosigkeit, die du dabei erhalten haben magst. Ich erlasse dir die Strafen, die du im Fegefeuer hättest erdulden müssen. Ich gestatte dir wieder die Theilnahme an den kirchlichen Sakramenten. Ich einverleibe dich wieder in die Gemeinschaft der Heiligen und setze dich in die Unschuld und Reinheit zurück, in der du zur Stunde deiner Taufe gewesen bist, so daß im Augenblick deines Todes das Thor an den Orten der Qualen und Strafen verschlossen bleibt und das zur Freude des Paradieses sich öffnet. Solltest du nicht bald sterben, so bleibt diese Gnade unveränderlich bis an dein Lebensende. Im Namen Gottes, des Vaters, des Sohnes und des heiligen Geistes. Amen. Bruder Tetzel, Kommissarius, hat es eigenhändig unterzeichnet." Sonst pflegte sich dieser Ablaßprediger auch zu nennen: „Johann Tetzel, Prediger Ordens des Konvents zu Leipzig, der Gottesgelahrtheit Bakkalaureus, ketzerischer Bosheit Untersucher und Unterkommissarius durch die Lande der Markgrafen zu Brandenburg."

[1]) Wedekind, Neumark, S. 307—8. Sachse, Frankfurt S. 51. Buchholtz, III. S. 288.

[2]) Das tridentinische Konzil hat in seiner 25. Sitzung den Handel mit Ablaß streng verboten. Baumgarten, Martin Luther — eine sehr gediegene Schrift — Seite 49. Vergl. Heinrich Richter, Kirchenlehre, S. 160—67. Prof. Böhmer, II. 308. Walter, Kirchenrecht, §295, S. 534—36.

Konstanz (vom 13. August 1529): „Die päpstlichen Ablasse nahm das Volk ehrerbietig an, so lange sie Maß und Ziel hielten. Sobald aber Krämer und Mönche des Wuchers wegen sie mit großem Pomp feilboten, an den Himmel erhoben und sie zu Gegenständen ihrer Habsucht machten; sobald alle Kirchen voll von Opferstöcken und päpstlichen Kreuzen waren, an allen Säulen das päpstliche Wappen und die dreifache Krone erblickt wurde; sobald man sogar die Leute zwang, den Ablaß zu kaufen, wie das in Spanien der Fall sein soll — so wurde auch hier das Band bis zum Zerreißen gespannt.[1]) Der berühmte Prediger Geiler von Kaisersberg, von 1478 bis zu seinem Tode, 10. März 1510 in Straßburg, behauptet geradezu: „Der Papst habe nicht Gewalt, Ablaß zu geben ohne ehrliche gute Ursache, denn Gott besiegle ihn sonst nicht.“ — Felix Hemmerlin schrieb heftig gegen die Vorstellungen und Wirkungen vom Jubelablaß, meinend, man könne alle Tage zu Hause Ablaß verdienen, ohne ihn in Rom zu holen. Schon der Kardinal Nikolaus von Cusa († 11. August 1464) betonte, als er in Deutschland den Jubelablaß Nikolaus des Fünften verkündigte, die Kirche habe keine Lossprechung von göttlichen Strafen durch den Ablaß zu ertheilen gelehrt, und einem Prediger zu Hannover, der behauptete, daß bei jeder Ablaßmesse eine Seele aus dem Fegefeuer springe, ließ er nur die Wahl zwischen öffentlichem Widerruf oder Amtsentsetzung.[2])

Dem frommen Martin Luther, seit 1508 Professor und seit dem 19. Oktober 1512 Doktor der Theologie in Wittenberg, „entbrennt das Herz gar sehr, als Tetzel so verderbt die Lehr'“. Er hörte zuerst auf einer Visitationsreise in Grimma von ihm. „Nun will ich, sprach er, ob Gott will, der Pauke ein Loch machen!“ Alsbald forderte er die benachbarten Bischöfe von Meißen und Lebus, Johann von Saalhausen und Dietrich von Bülow, auf, den ärgerlichen Handel in ihren Sprengeln nicht zu dulden. Allein die Prälaten schwiegen. Seit drei Jahren im Mainzischen, dann im Halberstädtischen, Magdeburgischen und Anhaltischen umherziehend, rückte Tetzel im Herbste 1517 ganz in Luthers Nähe vor. Er kam von Berlin und schlug in Jüterbog seinen Sitz auf. Viele Wittenberger holten von dort (denn die Meißner Diözese dürfte er nicht betreten) Ablaßbriefe und Beichtzettel. Sie beriefen sich auf dieselben, wenn Luther, gemäß der heiligen Schrift, Reue und Buße forderte und

---

[1]) Wessenberg, Die großen Kirchenvers., III. S. 32. — [2]) Ebendas. S. 35.

ihnen die Absolution verweigerte. Tetzel drohte Alle, „die sich wider den Allerheiligsten, den Papst, und seinen allerheiligsten Ablaß legten“ zu verbrennen, und damit Niemand daran zweifele, zündete er mehrere Mal auf dem Markte ein Feuer an. In seinem „Sermon vom Ablaß und der Gnade“ sucht Luther das offenbar Schädliche aus jenem zu entfernen; nur am Schlusse erklärt er sich etwas kühner gegen den Dominikaner: „Ob Etliche mich nun einen Ketzer schelten, denen solche Wahrheit sehr schädlich ist im Kasten, so acht' ich doch solch' Geplärr nicht groß; sintemal das nur thun etliche finstere Gehirne, die die Biblien nie gerochen,[1] die christlichen Lehren nie gelesen, ihre eigenen Lehrer nie verstanden, sondern in ihren thörichten und zerrissenen Opinionen [zerfahrenen Meinungen] vielmehr verwesen. Denn hätten sie die verstanden, so wüßten sie, daß sie Niemanden sollten lästern unerhört und unüberwunden. Doch gebe Gott ihnen und uns rechten Sinn! Amen.“

„Wie Solches für den Ablaßpartirer kommt, der römische Briefe und Siegel an gute Groschen und Gulden stach, fängt er an zu fluchen und zu schelten und Dr. Luther als einen Erzketzer zu verdammen.“[2] Jetzt kündigte dieser dem Dominikaner Fehde an, wie damals die Gelehrten, das Beispiel der Ritter nachahmend, zu thun pflegten. Der Kriegsmann warf den Handschuh hin und schickte dem Feinde einen Absagebrief; der Gelehrte schlug Streitsätze an und forderte den Gegner heraus, dieselben in einem öffentlichen Kampfe zu widerlegen. Also ließ auch Luther am 31. Oktober 1517, am Tage vor Allerheiligen, Mittags 12 Uhr, fünfundneunzig Sätze an die Thür der Schloßkirche zu Wittenberg anschlagen. Wer behauptet: Er sagte sich schon jetzt von der römischen Kirche los, hat sie jedenfalls gar nicht oder nur unaufmerksam gelesen.[3] Wessenberg's Ansicht[4]) von der vorliegenden Sache erscheint höchst beachtenswerth. „An dem weichlichen, überverfeinerten und in weltlichen Sorgen versenkten päpstlichen Hofe konnte man einen Charakter, wie der Mönch von Wittenberg war, nicht begreifen. Man sah in ihm

---

1) Silvester Pierias, päpstlicher Palastvorsteher zu Rom, einer von Tetzels Hintermännern, sagte, der Ablaß habe zwar die Autorität der heiligen Schrift nicht für sich; das Ansehen der Kirche und der Päpste sei aber viel größer als jene. Wessenberg III. 36.

2) Johann Mathesius, Prediger in Joachimsthal. 6. Aufl. von Schubert S. 11.

3) Sie finden sich u. a. vollständig bei Dr. Bresler, I. 254—64. Luther und dessen Reformation. Stuttgart 1829. Seite 71—85.

4) Ebendas., III., S. 36—38.

nur einen gewöhnlichen Scholastiker [Schulgelehrten], dessen Verstand sich in der Spekulation gleich vielen Anderen vor ihm verstiegen habe. Von der Tiefe seines Gemüthes, von dem Ernste seines Willens, von seiner unbeugsamen Entschlossenheit, von seiner furchtlosen Begeisterung für das, was ihm Wahrheit schien, hatte man dort keine Ahnung, noch weniger davon, daß bei der Denkart und Stimmung im deutschen Volke solch' ein Charakter damals eines zahlreichen und bedeutenden Anhanges versichert sein konnte. Seine ausschließlich der Theologie zugewendeten Studien und sein Mangel an genauerer Kenntnis der Welt und der verborgenen Triebwerke ihrer Angelegenheiten dienten nur dazu, seinen Enthusiasmus zu bestärken. Mit der Schlangenklugheit, welche Christus empfiehlt, war Luther wenig, mit dem Geiste einer ruhig forschenden Philosophie gar nicht befreundet. Aber all' seine geistigen Kräfte hatten sich in dem Gefühle von der unabweislichen Nothwendigkeit einer Grundverbesserung des christlichen Unterrichts wie in einem Brennpunkte gesammelt. Doch war dieses Gefühl noch weit entfernt, sich zu einem klaren und umfassenden Gedanken zu erheben. Luther hatte Ideen; aber kein deutlicher Entwurf stand vor seiner Seele. Ein Entgegenkommen von Seiten Roms mit offener Anerkennung, daß den schändlichen Mißbräuchen in Bezug auf Ablaß und Bußanstalten mit Ernst gesteuert werden solle, hätte gleich im Anfange Luthern besänftigen, ja gewinnen können. Leugnete er doch in seinen Streitsätzen (Nr. 71 und 72) den Grund des kirchlichen Ablasses nicht, sondern drang nur darauf, daß derselbe nicht durch Verkehrtheiten seiner Verkünder der wahren Buße hinderlich werde, und sein Sinn ging im Ganzen dahin, daß der Ablaß auf seine ursprüngliche Natur zurückgeführt werden sollte. (Nr. 35).[1]) Weil aber die Verfechter des Ablasses (Tetzel, Hochstraaten,

---

[1]) Nr. 71. Wer wider die Wahrheit des päpstlichen Ablasses predigt, der sei ausgeschlossen und vermaledeiet. Nr. 72. Wer aber über die muthwilligen und frechen Worte des Ablaßpredigers besorgt und bekümmert ist, der sei gebenedeiet. Nr. 35. Diejenigen lehren unchristlich, die da vorgeben, daß die, welche Seelen aus dem Fegfeuer befreien oder Beichtzettel lösen wollen, keiner Reue bedürfen. — Die 95 Sätze waren in lateinischer Sprache geschrieben, also nicht für das Volk bestimmt. Luther beabsichtigte zur Zeit nicht im entferntesten eine Trennung von der römischen Kirche. Noch in seinem Briefe an den Papst (vom 3. März 1519) sagt er: „Nun, heiligster Vater! Ich bezeuge vor Gott und all'-seinen Kreaturen, daß ich die Gewalt der römischen Kirche und Eurer Heiligkeit nie auf irgend eine Art antasten oder mit irgend einer List untergraben wollte, noch heutigen Tags will. Ja, ich bekenne aus vollem Herzen, daß die Gewalt dieser Kirche über Alles gehe und ihr Nichts, weder im Himmel noch auf Erden, vorzuziehen sei, außer allein

Eck 2c.) die Unbeholfenheit hatten, auch seine Auswüchse in Schutz zu nehmen, Luthers Äußerungen dagegen sogleich als ketzerische Angriffe auf den päpstlichen Stuhl zu deuten, so nahm der Streit bald eine für diesen sehr gefährdende Wendung."

Am Allerheiligenabende 1517 richtete Luther einen Brief an den Erzbischof Albrecht von Mainz, in dem er rührend und demüthig bat, seine Disputationes (die 95 Sätze) anzusehen, auf daß Euer Hochwürden „vernehmen, wie die Meinung vom Ablaß eine gar ungewisse Sache sei, davon den Ablaßpredigern träumt, als wäre sie ganz gewiß". Der Prälat antwortete nicht einmal. Nur der Bischof von Brandenburg, Hieronymus Scultetus[1]) (eines schlesischen Dorfschulzen Sohn) nahm sich der Sache an. Er sandte den Abt des Klosters Lehnin mit dem freundlichen Ersuchen, die Ausgabe seiner Beweisgründe und aller Schriften, wenn er noch mehr habe, einstweilen aufzuhalten und die deutsche Predigt vom Ablaß nicht weiter ausgehen oder verkaufen zu lassen. Ich aber bin, schreibt dieser an den Hofprediger Spalatin, ganz beschämt, daß so ein großer Abt und so ein großer Bischof so demüthig und blos um dieses Stückes willen zu mir schickte und habe gesagt: Ich bin es wohl zufrieden; ich will lieber den Ruhm von Gehorsam haben, als Wunder thun, wenn ich gleich könnte, und dergleichen mehr, was meine Ergebenheit bezeugen möchte. Denn (sagt er) er sehe wohl keinen Irrthum darin, sondern fände Alles katholisch, verwürfe auch selbst die allzu unbedächtige (wie er es nannte) Verkündigung des

Jesus Christus, der Herr über Alles. Deshalb wolle Eure Heiligkeit jenen Lästermäulern nicht glauben, die etwas Anderes über Luther im Schilde führen. Und was ich allein in dieser Sache thun kann, will ich gern Eurer Heiligkeit versprechen, nämlich jene Materie vom Ablaß gänzlich fallen zu lassen und mit Stillschweigen zu übergehen, wenn nur auch meine Widersacher mit ihren leeren und aufgeblasenen Worten an sich halten; zudem will ich eine Schrift unter das Volk ausgehen lassen, wodurch sie erkennen und bewogen werden, die römische Kirche aufrichtig zu ehren und ihr die Unbesonnenheit jener Menschen nicht beizumessen, auch meine Schärfe nicht nachahmen, die ich gegen die römische Kirche gebraucht, ja mißbraucht, und wobei ich gegen jene Wäscher das Maß überschritten habe, ob doch etwa durch Gottes Gnade oder diesen Fleiß die erregte Zwietracht wieder gestillt werden könnte. Denn ich habe dies Alles gesucht, daß nicht durch die Abscheulichkeit fremder Habsucht die römische Kirche, unsere Mutter befleckt, noch die Völker in Irrthum geführt und die Liebe dem Ablaß nachsetzen lernen würden. Das Übrige alles acht' ich geringer, weil es weder nützt noch schadet. Wenn ich aber mehr thun kann oder verstehe, werd' ich ohne Bedenken ganz bereit dazu sein. Der Herr Jesus wolle Eure Heiligkeit ewiglich erhalten!" — Stang, S. 55. Bresler, I. S. 415—16.

[1]) Scultetus „war ein fürtrefflicher Redner, konnte drei Stunden lang Orationes halten, so er einen guten Rausch hatte und auch wenn er nüchtern war." Angelus.

Ablasses, — hielte aber doch, daß man um des Ärgernisses willen, etwas schweigen und innehalten müßte.

Auch der Bischof von Würzburg, Lorenz von Bibra, nahm Anfangs Luthers Reformeifer in Schutz. Dieser weise, wohlwollende Herr, der oftmals zu den Adligen sagte: „Lieber gib deiner Tochter einen Mann, gib sie nicht ins Kloster; bedarfst du des Geldes dazu, so will ich dir leihen," schrieb an den Kurfürsten von Sachsen: „Euer Liebden wollen ja den frommen Dr. Martinum nicht wegziehen lassen; denn ihm geschieht unrecht." Der Ablaßprediger dagegen, der im November 1517 eine „Vorlegung, gemacht von Johann Tetzel, Prediger-Ordens-Ketzermeister, wider einen vermessenen Sermon von zwanzig irrigen Artikeln, päpstlichen Ablaß und Gnade belangende, allen christgläubigen Menschen zu wissen von Nöthen" herausgab, fühlte bald das Bedürfnis eines gelehrten Beistandes und erkor zu diesem Dr. Wimpina. Er mußte im Dezember zwei Reihen Thesen für ihn verfassen. Die erste Gruppe, 106 Sätze, bekämpfte Luthers Lehre vom Ablaß; die zweite, 50 Sätze, verklagte ihn als Rebellen gegen den Papst. Die letztere schloß mit den Worten: „Woraus ein Jeder leichtiglich erkennen wird, welch' ein Ketzer, Schismatiker, Halsstarriger, Verstockter, Ungläubiger, Aufwiegler, Verbrecher und Verleumder Luther ist. Jedes Thier aber, welches den Berg anrühret, soll gesteiniget werden (2. Mos. 19, 13)."

Über diese Sätze wurde am 20. Januar 1518 zu Frankfurt a. O. disputirt. An dreihundert Geistliche erschienen aus den umliegenden Städten und Klöstern, um dem Glaubenstriumphe beizuwohnen. Mit einigen benachbarten Mönchen, von Wimpina und Tetzel als Opponenten angenommen, hatten sie leichtes Spiel. Unerwartet trat jedoch ein anderer Gegner auf: der Franziskaner Johann Knipstrow, zur Zeit Student in Frankfurt. In der Bibel wohl bewandert und der lateinischen Sprache vollkommen mächtig, erwog er Luthers Sätze allseitig und fand sie mit der heiligen Schrift im herrlichsten Einklange. Freimüthig und gründlich griff er Tetzel und Wimpina an und trieb Beide so in die Enge, daß jener ganz verstummte und dieser unter dem Vorwande, die Zeit sei bereits verstrichen, die Disputation schnell abbrach. Tetzel empfing den Doktorhut, Knipstrow aber wurde mit Zustimmung des Kanzlers der Universität in das Kloster Pyritz gebracht und zugleich dem Vorsteher die geheime Weisung ertheilt, ihn streng zu beaufsichtigen und besonders Luthers Schriften von ihm fern zu halten. Er ging 1523 nach Stargard. Seit 1535 Generalsuperintendent in Vorpommern, trug er dort sehr viel zur Ausbreitung der Reformation bei.

Tetzel blieb ein halbes Jahr in Frankfurt, aber zum Nachtheil der Universität.[1]) In einer Vorstadt verbrannte er, der Ketzermeister, feierlich Luthers Sermon vom Ablaß. — Von diesem Augenblicke an predigten die Dominikaner, denen damals die Kanzeln, die Lehrstühle und die Glaubensgerichte anvertraut waren, mit tobender Wuth gegen den Augustiner, und dieser blieb ihnen (das muß man zugeben) durchaus nichts schuldig. Wer wollte seine Grobheit leugnen?[2]) Wenn aber jemals, wie unsere Genies am Ende des achtzehnten Jahrhunderts behaupten, die Grobheit eine „göttliche Tugend" war, so ist es die Lutherische. Wir können sie das Schwert nennen, welches den Knoten zerhieb, den des Erasmus höfisch-schmeichelnde Sprache, auch Melanchthons Sanftmuth und Nachgiebigkett niemals gelöst hätte. Das fühlte auch Kaiser Maximilian; denn er fragte den kursächsischen Geheimrath Pfeffinger: „Was macht Euer Mönch? Wahrlich, seine Positiones sind nicht zu verachten; er wird ein Spiel mit den Pfaffen anfangen." Luther verließ sich auf den Schutz seines Landesherrn und auf die Überzeugung von seiner Rechtgläubigkeit. In der mit vieler Mäßigung abgefaßten Antwort auf Tetzels Widerlegung seines Sermons vom Ablaß schreibt er: „Hier bin ich zu Wittenberg, Doktor Martinus Luther, und ist etwa ein Ketzermeister, der sich Eisen zu fressen und Felsen zu zerreißen bedünkt, dem laß ich wissen, daß er hab' sicheres Geleit, offene Thor, frei Herberge und Kost darin durch gnädige Zusage des löblichen und christlichen Fürsten Herzog Friedrichen, Kurfürsten zu Sachsen. Dabei auch die Schriftlästerer merken mögen, daß derselbe christliche Fürst, wie sie in ihren letzten trunkenen Positionen gerne lügen und schmähen wollen, der sei, der christlichen Wahrheit zu Nachtheil, mich oder Jemand in ketzerischen Fürnehmen auch in diesen Dingen, da Ketzerei nimmer inne sein mag, schützen wollte."

Tetzel stellte sich natürlich in Witttenberg nicht. Bald traten aber drei andere Gegner auf: Sylvester Pierias; Jakob von Hochstraaten, Professor und Ketzerrichter in Köln, in ganz Deutschland übelberüchtigt wegen seines hämischen Verfahrens gegen den edlen und gelehrten Reuchlin; Johann Eck, Professor der

[1]) Leutinger, I., S. 53. 150.

[2]) Z. B. gegen Heinrich VIII. von England und Heinrich von Braunschweig.

Theologie in Ingolstadt, ein Mann, mit dem sich im Disputiren kaum Jemand messen konnte. Ob Leo der Zehnte, den Luther einen trefflichen Papst nannte, von dessen Aufrichtigkeit und Gelehrsamkeit Jedermann mit Vergnügen rede,[1]) sagte: „Der Bruder Martin hat einen trefflichen Kopf!“ bleibe dahingestellt. Karl von Miltitz konnte durch seine Freundlichkeit und seine Schmeichelei nicht völlig gut machen, was Kajetan durch Grobheit verdorben hatte. Noch weiter wurde Luther auf dem einmal betretenen Wege in Leipzig bei der Disputation (Juni 1519) getrieben; Eck, der leidenschaftliche Streber nach Würden und Pfründen, mußte in ihm, da er die Todesurtheile der Kirchenversammlung in Konstanz über Hus und Hieronymus mißbilligte, unbedingt einen Ketzer erblicken, der eine gleiche Strafe verdiene. Es kam zu offenen Kriegserklärung. „Die Zeit des Schweigens war vergangen und die Zeit des Redens erschienen.“ Luther wandte sich (August 1519) an die „Großmächtigste Kaiserliche Majestät und an den christlichen Adel deutscher Nation“, ob Gott wolle seiner Kirche durch den christlichen Laienstand helfen, die Noth und Beschwerung, die alle Stände der Christenheit, zuvor Deutschland, drückt, ob Gott Jemand den Geist geben wolle, seine Hand zu reichen der elenden Nation.“ — Er wünschte Posaunen, die Mauern Jerichos umzuwerfen. Ebenso mächtig erschallte seine Kriegstrompete in den Schriften: „Von der babylonischen Gefangenschaft“ (der Hierarchie), „Von der Freiheit eines Christenmenschen.“ und: „Wider die Bulle des Endchrists“ (Anti-, Widerchrists). Man höre: „Dich Leo den Zehnten und Euch, Ihr Herren Kardinäle, und Euch Alle, die Ihr in Rom etwas geltet, verklage ich hiermit und sage Euch frei ins Angesicht: wenn in Eurem Namen diese Bulle ausgegangen ist, so werd' auch ich meine Vollmacht gebrauchen, mit welcher ich in der Taufe durch Gottes Barmherzigkeit ein Kind Gottes und Miterbe Christi geworden bin, gegründet auf dem Felsen, der die Pforten der Hölle nicht fürchtet, und ermahne Euch in dem Herrn, daß Ihr in Euch gehet und diesen teufelischen Lästerungen Einhalt thut, und das schleunig; wo Ihr das nicht thut, so wisset, daß ich und alle Diener Christi Euren vom Satan selbst eingenommenen Sitz für den Sitz des Antichrists halten, welchen wir als den Erzfeind Christi verfluchen. Wir bitten, daß Ihr uns nimmermehr absolviret; ja wir erbieten uns freiwillig bis zum Tode, daß Ihr Eure blutige

---

[1]) 1510 in der Erklärung seiner 95 Sätze. Werke, Band 18, S. 290.

Tyrannei an uns vollmachen möget. Im Namen des Herrn Jesu Christi, welchen ihr verfolget. Amen."

Bekanntlich verbrannte Luther die Bannbulle (Exsurge Domine, Stehe auf, Herr!) sammt einem Exemplare des kanonischen Rechtes am 10. Dezember 1520 vor dem Elster- (damals: Kreuz-)thore zu Wittenberg mit den Worten der Schrift: „Weil du den Heiligen des Herrn betrübt hast, so betrübe und verzehre dich das ewige Feuer!" (Josua 7, 25). Es war eine sinnbildliche Handlung. Sie bekundete: Nunmehr ist die letzte Brücke der Gemeinschaft zwischen mir und der römischen Kirche abgebrochen. Der großen entscheidenden Bedeutung wegen, die unstreitig in diesem kühnen Schritte liegt, schlug Friedrich Schleiermacher vor, das Reformationsfest lieber am 10. Dezember, als am 31. Oktober zu feiern. Wenn die evangelische Kirche darauf nicht einging, so zog sie in Erwägung, daß sich die zweite ohne die erste That nicht verstehen läßt.

Am 18. April 1521, vertheidigte Luther seine Lehre in Worms vor Kaiser und Reich. Er kann und will nur widerrufen, wenn man ihm aus der heiligen Schrift oder mit sonstigen hellen, klaren Gründen einen Irrthum nachweist. Dies vermögen die Gegner nicht. „Wie schön hat Pater Martin geredet! Er war muthig, vielleicht zu muthig!" sagte sein Landesfürst zu dem Hofprediger Spalatin. Der Herzog Erich von Braunschweig übersandte ihm zur Erquickung einen Trunk Eimbecker Bier in einer silbernen Kanne.

Wie aber verhielt sich Joachim von Brandenburg, der auch zu den sechs Kurfürsten gehörte, welche außer den 24 Herzögen, 8 Markgrafen, 30 Bischöfen rc. auf dem Reichstage anwesend war? Er suchte den Kaiser zu bewegen, dem Manne, der sich vor dem Feuer und dem Teufel nicht fürchtete, das freie Geleit zu entziehen, ein Rath, der selbst den katholischen Kurfürsten Ludwig von der Pfalz so aufbrachte, daß es zwischen beiden Herren fast zum Handgemenge gekommen wäre.[1]) Wenn auch Karls des Fünften Wort: „Ich will nicht wie Sigismund, mein Vorgänger, erröthen", der geschichtlichen Beglaubigung ermangelt; so verschloß er doch den Einflüsterungen: „einem Ketzer brauche man nicht Wort zu halten" Ohr und Herz. Als Junker Jörg fand Luther zehn Monate Schutz auf der Wartburg. Es kann für uns ziemlich

[1]) Oberheim, Reformation, S. 20—22. Dr. Adolf (Schott) Müller, Reformation, Seite 124.

gleichgültig sein, ob Friedrich der Weise oder dessen Bruder Johann ihn hier in Sicherheit bringen ließ.[1] Er benutzte seine unfreiwilligen Mußestunden, das neue Testament ins Deutsche zu übersetzen. (Die ganze Bibel erschien erst 1534). Joachim verbot in seinen Landen dasselbe, wie auch des Reformators Kirchenlieder, gestattete aber das Machwerk von Hieronymus Emser († 8. November 1527). Jedenfalls war es ein sehr seichter Witz, wenn man, als Luther sich am 13. Juni 1525 mit der früheren Nonne Katharina von Bora verheiratet hatte, sagte: Das große Werk ende (gleich einem Romane) mit einer Hochzeit. Selbst Voltaire, sonst in vieler Beziehung ein Spötter, urtheilt: „Das Gesetz der Gerechtigkeit nöthigt mich, dem größten Theile der Mönche, welche ihre Kirchen und Klöster verließen, um sich zu verheiraten, Recht zu geben. Es ist wahr, sie erhielten die Freiheit wieder, die sie aufgeopfert hatten; sie brachen ihr Gelübde, aber sie waren keineswegs ausschweifend, und man kann ihnen keine unanständigen Sitten zum Vorwurfe machen. Mit der nämlichen Unparteilichkeit muß man anerkennen, daß Luther und andere Mönche, als sie für den Staat nützliche Heiraten schlossen, ihr Gelübde nicht mehr verletzten, als die, welche sich verbindlich gemacht hatten, arm und niedrig zu sein, und doch ungeheure Reichthümer zusammenrafften und besaßen." — Justus Möser, ein Patriot von echt deutschem Schrot und Korn, berechnete, daß der wieder eingeführten Priesterehe 10 bis 15 Millionen Menschen ihr Leben verdanken.[2]

Wenn der in neuerer Zeit viel genannte ultramontane Schriftsteller Johannes Janssen behauptet, Luther habe die Kultur, welche unstreitig wieder zu Ende des Mittelalters herrlich aufblühte, zertreten; wenn Friedrich Schlegel, der, wie Zacharias Werner, nach vielen Irrfahrten in den Hafen der römischen Kirche segelte, die Reformation als „Glaubenstrennung"[3] bezeichnet: so dürfen wir uns darüber schwerlich wundern. Daß aber auch protestantische Schriftsteller Luther als einen Devastator (Zerstörer) hinstellen[4], beweist wiederum, wie weit der Eigensinn der Gelehrten oft vom richtigen Wege abführt, den klaren Blick verdunkelt.

Gern schiebt man auch mit Joachim dem Ersten den Bauernkrieg, der in

---

[1] L. Flathe, Gustav Adolf, I. S. 98.

[2] Stang, S. 237. Böttiger, Weltgeschichte, V. S. 101.

[3] Schlegel's Vorlesungen über die neuere Geschichte, S. 290.

[4] Kirchmann, Reform der evangelischen Kirche, S. 29—31.

den Jahren 1524—25 besonders in Thüringen sehr viele (100 000) Opfer forderte, der kirchlichen Bewegung in die Schuhe. Das ist entschieden falsch. Wer die traurigen Verhältnisse des „armen Mannes“ in jener Zeit etwas genauer kennt, weiß auch, daß lange vor 1517 Bauern sich gegen geistliche und weltliche Herren empörten. Noch nicht wie später durch Fürstenmacht in Schranken gehalten, konnte der Landadel seinen „Eigenmann“, der ihm steuer-, vogt-, reis-, zins- oder gültbar war, und unter den verschiedensten Namen, als Pflugschatzung, Viehschatzung, Fräuleinsteuer, Herbst-, Fastnacht-, Gült-, Vogt-, Hühner-, Käse- und Ölzins, Besthaupt, Ehrschatz u. s. w. Abgaben entrichten mußte, nach Willkür drücken, und er that es um so mehr, als er mit seltenen Ausnahmen, ohne Geistesbildung und blos dem Kriege, der Jagd und dem Volltrinken obliegend, roh war und nur gegen die Standesgenossen zu einem statutenmäßigen, adeligen Verhalten verbunden zu sein glaubte.[1]) Die Plagen, die das arme Landvolk außerdem von den Söldnern, schwarzen Haufen rc. im Frieden wie im Kriege zu erleiden hatte, überstiegen alle Grenzen. Der schwäbische Bund lehnte daher auf dem Reichstage zu Frankfurt (1492) die Anforderung der königlichen Hülfe und der zu Koblenz zugemutheten Beschatzung der Unterthanen ab; denn „in dieser Art und im Lande Schwaben haben die Dinge die Gestalt, daß die Unterthanen ihren Herrschaften schon so mit Gülten und Zinsen verpflichtet sind, daß in derselben Vermögen nicht stehet, einige fernere Schatzung oder Geld zu geben, oder die Herrschaften müßten ihre jährliche Zinse, Renten und Gülten verlieren; etliche Unterthanen sind gefreit, und gemeiniglich die Gewohnheit in Schwaben, daß es in der Obrigkeit Vermögen nicht steht, sie weiter als um die gewöhnlichen Renten, Gülten und Zinsen anzulegen; wollten die Bundesstände dieses dennoch thun, so würden sich die Ihrigen wider ihre Herrschaft setzen, abwerfen und bei Anderen Rücken suchen.“ Nicht Luther war es, der 1517, sondern Hans Böheim (Pfeiferhänslein genannt) der schon 1476, nachdem er seine kleine Pauke, mit der er sonst bei Bauerntänzen aufspielte, verbrannt hatte, die Gläubigen aufforderte, allen Schmuck, silberne Schnüre, spitzige Schuhe u. dgl. abzulegen, und zu Niklashausen, wo allein Ver-

---

[1]) Johann Truchseß Graf zu Sonnenberg war seinen Unterthanen mit Frohndiesten „recht hart“, erhielt aber doch den damaligen sittlichen Ehrennamen eines frommen Mannes. Ein Herr von Adel unterzeichnete sich auf einer Fehderolle im Städtekriege mit Wohlgefallen „Baurenfeind“. J. Ch. Schmid in Ersch und Grubers Enzyklopädie, I. Bd. 8, S. 178—79.

gebung der Sünden und Ablaß zu erhalten sei, die heilige Jungfrau zu verehren; sie habe ihm befohlen zu predigen, daß hinfüro kein Kaiser, kein Fürst, kein Papst, keine weltliche und geistliche Obrigkeit mehr, sondern Jeder des Andern Bruder sein, sein Brot mit eigener Hand gewinnen und Einer so viel als der Andere haben soll; Zinse, Gülten, Besthaupt, Handlohn, Zoll, Steuer, Beth (Bede), Zehnt und andere Abgaben sollen aufhören und Wälder, Wasser, Brunnen und Weiden allenthalben frei sein. Sein Anhang wuchs aus der Nähe und Ferne schnell zu Tausenden an. Handwerksgesellen liefen von ihren Meistern, Bauernknechte vom Pfluge, Grasemägde mit ihren Sicheln, ohne Zehrung, ernährt durch die Wohlthätigkeit Solcher, die gleich ihnen das neue Gottesreich erwarteten, nach Niklashausen. Opfer fielen in Menge. Aus der Zottelkappe des Propheten suchte jeder Wallfahrer ein Fäserchen als Heiligthum zu erhalten. Als er einst die Schar auf eine neue Zusammenkunft, bei der die Männer bewaffnet erscheinen sollten, bestellte und sich bei 34 000 Menschen eingefunden hatten, wurde der Haufe mit Gewalt zerstreut, der „heilige Jüngling“ gefangen genommen und trotz aller Bemühungen seines Anhangs verbrannt.[1])

Der alte Spruch: „Ein Edelmann mag Vormittag zu Acker gehen und Nachmittag im Turniere reiten“ galt längst nicht mehr. Feldarbeit sah man als Knechtsarbeit an. Das „Schinden und Schaben“ nahm kein Ende.

Der Bauernkrieg begann mit dem Aufstande der durchaus katholischen Landleute des Grafen von Lupfen in der Landgrafschaft Stühlingen, welche ausdrücklich erklärten: Lediglich die große Bedrückung sei der Grund ihrer Empörung; Niemand von ihnen wolle evangelisch werden. Zur Frohnde hatte die Gräfin leere Schneckenhäuser aufsuchen lassen.[2])

Die Greuel, welche die Bauern verübten, z. B. gegen den Grafen von Helfenstein und seine Gemahlin, erinnern lebhaft an Schillers Wort: „Vor dem Pöbel, wenn er die Kette bricht, vor dem freien Manne erzitt're nicht.“ Man sollte aber niemals vergessen, was demselben, oftmals unter dem Deckmantel des Rechts, vorangegangen, wie das Volk entsittlicht worden ist. Welche Schandthaten knüpfen sich an das jus primae noctis (ich mag's nicht übersetzen[3]). Das Papier müßte erröthen. „Thomas Münzer mit dem Schwerte Gideonis“ und andere Querköpfe bestärkten

[1]) Schmid a. a. O. Seite 179—80.

[2]) Rotteck und Welcker, Staatslexikon, II. S. 283. — [3]) A. a. O. X. S. 495—98.

die Bauern in ihrem Wahne, und als Luther mit seinen Donnerkeilen dazwischen fuhr, war es schier zu spät.

Der Bauernkrieg, sagt ein Geschichtsschreiber desselben, Sartorius in Göttingen, stellt ein unverwerfliches Beispiel auf, was für Folgen entstehen, wenn man die Billigkeit vergißt und die Stimme des Volks nicht achtet, wenn die Regenten und das Volk ihre wechselseitigen Pflichten und Rechte vergessen. Die Kenntnis dieser Pflichten und Rechte des Regenten und des Volks zu verbreiten, liegt jedem Menschen ob. Aus dieser allgemein verbreiteten Kenntnis (und aus beharrlichen aufopfernden Bestrebungen auf allen gesetzlichen Wegen) erwarten wir Aufhebung der Mißbräuche und die Vervollkommnung der bürgerlichen Gesellschaft, nicht aber aus den Händen eines tumultuirenden Pöbels.[1])

Leibeigenschaft im gewöhnlichen Sinne des Wortes hat sich in Brandenburg überhaupt nicht eingewurzelt; am wenigsten durfte das Landvolk im Herrenmeisterthum Sonnenburg über schwere, fast unerträgliche Lasten klagen. Die Ordensregierung sah den Kommendatoren scharf auf die Finger und duldete etwanige Übergriffe derselben nicht. Dunklere Seiten zeigte auch hier die Priesterherrschaft. Dietrich (Theodorich) von Bülow, der am 1. Oktober 1523 starb und in dem Dome zu Fürstenwalde neben den Brüdern von Waldow, seinen Vorfahren, beigesetzt wurde, hinterließ dem Stifte eine Schuldenlast von 11 000, der Nachfolger Georg von Blumenthal († 25. September 1550) sogar von 30 000 Gulden.[2])

Luther sagt: „Es hätten die päpstlichen Bischöfe sich nur darauf gelegt, daß sie möchten Geld und Schätze zusammenbringen, und darin wäre sonderlich der Bischof von Lebus ein Meister. Denn er hätte die Gewohnheit (andere haben's nicht besser gemacht), daß er von allen Priestern und Mönchen seiner Diözese, dazu auch Frankfurt gehört, den Konkubinenzins, sie möchten gleich H.... halten oder nicht, alle Jahre richtig einfordern ließ, ohne alle Barmherzigkeit.[3]) Durch Prachtliebe, Verschwendung an Schmeichler, Nepoten, Kebsweiber und Kinder mußte sich die Achtung gegen die Prälaten immer mehr vermindern; es brauchte gar nicht, wie bei dem Bischofe Sigismund, Herzog von Sachsen, zu heißen: Sein Vater und seine

[1]) Rotteck und Welcker, Staatslexikon, II. S. 270.

[2]) Wohlbrück, II. S. 267, 312.

[3]) Kortum, I. S. 10.

Brüder widmeten ihn deshalb dem geistlichen Stande, weil er in der Vernunft irrig und ungeschickt war.[1])

Unter geordneten Verhältnissen hätte gewiß Nikolaus von Minkwitz auf Sonnenwalde es nicht gewagt, sich am 9. Juli 1528 auf listige Weise in Fürstenwalde einzuschleichen und, da ihm der Bischof entwischte, das Schloß desselben, die Wohnungen der Domherren rc. seiner Bande zur Plünderung preiszugeben. Der Streit, welcher sich ob eines widerspenstigen Schäfers, der seinen achtzigjährigen Herrn Heinrich Queiß zu Plössin mißhandelt hatte, entspann, bot dem Minkwitz nur einen Vorwand; im Hintergrunde schlummerten aller Wahrscheinlichkeit nach andere Motive, die wir aus einer späteren Äußerung des Ritters leicht errathen können. Wegen Landfriedensbruch vom Reichskammergerichte in die Acht erklärt, deshalb zu Leipzig verhaftet und nach Schloß Pirna gebracht, bald aber gegen Bürgschaft wieder entlassen, versöhnte sich Minkwitz auch mit dem Kurfürsten Joachim, der früher, einen Kostenaufwand von 50 000 Gulden nicht achtend, ein Heer von 6000 Reitern und 40 000 Mann zu Fuß gegen ihn angeworben. Auf die Frage, was er wol mit dem Bischofe, wenn er ihn in seine Hände bekommen, angefangen, antwortete er: „Ich hätte ihn kastriren lassen, damit er besser singen konnte.“[2])

Es läßt sich füglich nicht annehmen, daß Joachim seine Augen, wenn es sich um die Gebrechen der Kirche handelte, absichtlich verschloß. Die Abneigung gegen Luther und sein Werk wurzelte, wie bei Georg von Sachsen, zumeist in persönlichen Verhältnissen. Der Reformator griff nicht blos (um mit Erasmus von Rotterdam zu reden) dem Papste an die dreifache Krone und den Mönchen an die faulen Bäuche; er fuhr auch auf den Erzbischof Albrecht, des Kurfürsten Bruder, sehr unsanft los, z. B. in der Schrift: „Wider den neuen Abgott zu Halle.“ — Auf dem Reichstage zu Augsburg (1530) trat Joachim als Wortführer der katholischen Partei auf und stellte u. a. den Protestanten vor, daß die Meinung, die sie angenommen, offenbar gegen das Evangelium und alle apostolischen Schriften streite, daß großes Verderben, auch Blutvergießen und anderer Unrath der deutschen Nation daraus folgen werde.[3])

---

[1]) Ersch und Gruber, VIII. S. 180. Note.

[2]) Besagten Überfall erzählt Dr. Goltz in der Fürstenwalder Chronik, S. 155—62, nach Wohlbrück ausführlich. Vergl. Buchholtz, III. S. 442.

[3]) K. A. Menzel, Deutsche Geschichte, I. S. 406. Sleidanus, I. S. 480—84.

Nach Verlesung der „Augsburgischen Konfession", mit deren Inhalt sich alle Christen vertrauter machen könnten, als es bisher geschehen ist, erklärte ein Herzog von Bayern: „Ich sehe wol, die Lutheraner sitzen in der Schrift und wir daneben", und der besonnene Bischof von Augsburg, Christoph von Stadion, äußerte, Luthers Lehren griffen nicht den Glauben, sondern die Mißbräuche der katholischen Kirche an. Darob gerieth Joachim wieder so in Hitze, daß er Scheltworte gegen den Prälaten ausstieß. „Man schlug sich beinahe auf die Mäuler.[1]) Gewaltthätigkeiten verhinderte nur der Erzbischof von Mainz. In Folge einer Drohung, die katholischen Fürsten wollten in Gemeinschaft mit dem Kaiser Leib und Gut daran setzen, bis dieser Handel geendet sei, schlossen bald darauf (27. Febr. 1531) die evangelischen zu Schmalkalden einen Bund auf sechs Jahre zu gegenseitigem Beistande, wenn einer von ihnen etwa der Religion wegen angegriffen werden sollte.

Was erreichte Joachim durch sein schroffes Auftreten? Gerade das Gegentheil von Dem, was er bezweckte. — Er zerfiel mit seiner Gemahlin Elisabet, die sich Ostern 1527 auf dem Schlosse zu Kölln von einem Geistlichen aus Wittenberg das heilige Abendmahl unter beiderlei Gestalt reichen ließ, so arg, daß sie in der Nacht vom 24. zum 25. März, da ihr Gemahl sich nach Braunschweig begeben hatte, begleitet von dem Hoffräulein Ursula von Zedwitz und dem Thürknechte Joachim von Götz (nicht: von Tölzig) die Flucht nach Sachsen ergriff. Hier nahm sich der Kurfürst Johann ihrer an, und trotz alles Drängens auf Auslieferung erfolgte diese nicht. Auch in dem vorliegenden heiklen Falle zeigte sich, daß er der Beständige war. — Zuerst lebte Elisabet in Torgau, später in Wittenberg, wo sie ohne Zweifel häufig mit Luther verkehrte, endlich bis 1545 auf dem Schlosse Lichtenburg.

Wenn auch Joachim, als er 1524 das Wormser Edikt zum zweiten Male in seinen Landen bekannt machen ließ, die Drohung hinzufügte, er werde die Übertreter ohne alle Gnade strafen und Niemands schonen, so brauchen wir noch nicht anzunehmen, Elisabet habe aus Furcht, eingemauert zu werden, die Flucht ergriffen. Es wirkten wol noch andere Beweggründe mit. Im Sinne der Kirche erscheint ihr Gemahl freilich rechtgläubig; gegen seine eheliche Treue walten aber gerechte Bedenken ob. Haftitz deutet dies mit den Worten an: „er ist aus dem Geschirr geschlagen",

[1]) K. A. Menzel, Deutsche Geschichte, I. S. 368.

und in einem Briefe vom 2. April 1528 an den Herzog Georg von Sachsen bemerkt die Kurfürstin: ihres Herrn Gemüth und Wille sei, vielleicht auf Anstiften böser Leute, darauf gerichtet gewesen, mit ihr dermaßen zu handeln und zu gebaren, daß ihrem Gewissen, dem Heil der Seele, auch der Ehre und der Gesundheit beschwerlicher, unüberwindlicher und unerträglicher Nachtheil erwachsen mußte; sie hätte aber auch noch mehr genugsame Ursachen, die sie dem Herzoge nur im Vertrauen mittheilen könne. — Der Geheime Rath Riedel bezweifelt, daß Erasmus Branburg oder Bramburg, der, nachdem er höhere Kirchenämter bekleidet, im Jahre 1509 als Abt des Klosters Lehnin starb, ein unehelicher Sohn des Kurfürsten Friedrichs des Zweiten gewesen sei;[1]) er gibt aber zu: Achatius von Brandenburg, 1516 geboren und später Scholastikus im Stifte St. Viktor zu Mainz ꝛc., galt allgemein als unehelicher Sohn Joachims des Ersten[2]). Es braucht Niemand ein so ausschweifendes Leben zu führen, wie August der Starke von Sachsen, von dem als Mätressen Aurora von Königsmark, Kessel, Esterle, Fatime, Lubomirska, Kosel, Dubarc, Duval, Dönhoff, Osterhausen, Dieskau u. s. w. bekannt sind, und dem man 352 Kinder zuschrieb[3]) — schon zwei oder drei können eine „fromme Gemahlin“ zur Trennung veranlassen. —

Merkwürdiger Weise gibt es Einige, welche der edlen, unglücklichen Fürstin alle Schuld des höchst beklagenswerthen Zerwürfnisses aufbürden. Von dem Konvertiten Andreas Fromm, der sich unter der Maske eines alten Mönches verbarg, darf es uns freilich nicht wundern, wenn er in der sogenannten Lehnin'schen Weissagung jammerte: „Doch gar traurige Pest bringt jetzt dem Lande ein Weibsbild, sie, von dem Gift berührt der frisch erwachsenen Schlange, und wird währen dies Gift bis zum elften Stamme hinabwärts.“ Wie aber Helwing[4]) Elisabet als eine Frau verurtheilen kann, die in unweiblicher Weise ihre Stellung verkannt, die Unterthanen ihres Gemahls zur Widersetzlichkeit angeregt, das Gemüth ihrer Kinder dem Vater-

[1]) Vortrag, am 8. Januar 1862 im Vereine für Geschichte der Mark Brandenburg gehalten. Nationalzeitung Nr. 21, 1862. Vergl. Buchholtz, III. S. 152. Vortrag des Schulvorstehers Budczies am 12. Mai 1886. Vossische Zeitung Nr. 245.

[2]) Dr. Riedel, Kurfürstin Elisabet von Brandenburg, S. 13.

[3]) Böttiger, Sachsen, II. S. 283.

[4]) Geschichte des preußischen Staates, II. S. 607.

herzen entfremdet, kurz die Pflichten der Fürstin, Gattin und Mutter mit Füßen getreten habe — Dies begreife, wer es vermag!

Wie viele Andere mußte auch Joachim erfahren: das Rad der Zeit läßt sich nicht rückwärts drehen und das Licht nicht auf die Dauer verdunkeln. Schon während seiner Regierung schlug, besonders in den Landestheilen, die seit 1535 seinem Sohne Hans gehörten, die Reformation mehr oder weniger Wurzel. Am zweiten Sonntage nach Ostern 1525 (30. April) theilte Magister Heinrich Hamm in Krossen a. O. das Abendmahl unter beiderlei Gestalt aus. Auf die Zahl der Kommunikanten läßt sich daraus schließen, daß bei dieser Feier sechsundvierzig Quart Wein erforderlich waren. Der Stadtschreiber Johann Puchner, ein junger, muthbeseelter Mann, unterstützte den evangelischen Prediger mit seinem ganzen Einflusse. Beide mußten aber 1527 die Stadt verlassen. — Wie groß das Verlangen war, den kühnen Mönch zu sehen, zeigte sich nicht blos in Worms, wo man auf die Dächer stieg, das Rathhaus (Andere nennen den Bischofshof) förmlich belagerte. Auch in Züllichau lebte ein Bürger, der alte Bergmann, der, um den theuren Gottesboten zu hören und ihn von Angesicht zu schauen, einzig zu diesem Zwecke gleich im Anfange der Reformation zu Fuße bis nach Wittenberg wanderte. Der Chronist Bruchmann[1]) kannte ihn noch als ein „eisgraues Männlein, fast hundert Jahre alt." — Es ist auch sehr erklärlich, sagt der verstorbenene Superintendent Wegner in Züllichau (Vorrede zur Lebensgeschichte des Markgrafen Johannes von Brandenburg, Seite 7), daß der Enthusiasmus für die evangelische Freiheit bei uns früher, als in anderen Städten erwachen und steigen mußte, da ein schon damals bedeutender Tuchhandel der Stadt jährlich Viele nach Leipzig führte, welche, wie noch in mehreren alten Bibeln vermerkt worden, die neue Lehre in ihre Häuser und Familien zurückbrachten, ja über Wittenberg reisten, um Luther zu sehen und von ihm erzählen zu können." Das Amt eines Konsuls (Bürgermeisters) verwaltete um das Jahr 1527 in Züllichau Peter Grimm. In Schwiebus geboren, hatte er in Leipzig, sein gleichnamiger Sohn aber in Frankfurt a. O. und Wittenberg studirt. Dieser wurde mit Luther näher bekannt und predigte, nach seiner Vaterstadt zurückgekehrt, evangelisch. Als er am Pfingstfeste (9. Juni) 1527 die Gemeinde aufforderte, das Lied: „Nun bitten wir den heiligen

[1]) Züllichau, Kap. 27, Seite 146.

Geist um den rechten Glauben allermeist" zu singen, stand sein Vater auf und verließ mit den Worten: „Ja, nun bitten wir den Teufel!" das Gotteshaus. Ob er jedoch in seinem Herzen noch so fest dem Papstthume anhing, steht sehr dahin. Vielleicht nahm der Bürgermeister Grimm nur zum Schein eine grimmige Amtsmiene an, um als erste verantwortliche Magistratsperson sich nicht großen Unannehmlichkeiten auszusetzen. Daß sein Sohn, der sich bald verheiratete, aus Züllichau vertrieben worden sei, wie Magister Hamm aus Krossen, ist nirgends erwähnt. Wahrscheinlich brachte Joachim, dem sich Klugheit keineswegs absprechen läßt, seine Abneigung gegen die Protestanten im Herzogthume Krossen-Züllichau, das erst seit 1482 zu Brandenburg gehörte (siehe Seite 308!) weniger zur Geltung. Geschichtlich steht nämlich fest, daß er in diesem (zunächst pfandweise) neu erworbenen Landestheile das Verbot, die deutsche Bibel, Luthers Schriften überhaupt, zu lesen[1]) nicht bekannt machen ließ.

Wie arg in einer Zeit, in welcher die heilige Schrift den meisten Christen ein mit sieben Siegeln verschlossenes Buch war, der Aberglaube die Köpfe verwirrte, sehen wir aus vielen Beispielen bei Angelus, Leutinger, Haftitz. Aus dem letzteren notir' ich hier nur drei. „Den 21. Februar 1525 ist vor dem Untergange der Sonne ein heller Stern am Himmel gesehen worden, der hernach soll heruntergefallen sein" — „Den 15. Juli, als Joachim der Erste durch seinen Astronomen (Carion?) heimlich verwarnt, daß ein grausam Wetter würde ankommen, und deshalb zu besorgen sei, beide Städte, Berlin und Kölln, möchten untergehen, ist er mit seiner Gemahlin, der jungen Herrschaft und den vornehmsten, geliebten Offizieren auf den Tempelhof'schen Berg bei den Köllnischen Weinbergen gerückt, den Untergang beider Städte anzusehen. Als er aber lange daselbst gehalten und Nichts daraus geworden, hat ihn seine Gemahlin, weil sie eine überaus fromme und gottesfürchtige Fürstin gewesen, gebeten, daß er doch wieder möchte hineinziehen und neben seinen Unterthanen abwarten, was Gott thun würde, weil sie es vielleicht nicht allein verschuldet hätten. Nachmittags um 4 Uhr kehrte er wieder nach Kölln zurück. Bevor er jedoch ins Schloß kam, erhob sich plötzlich ein Wetter, und als er mit der Kurfürstin unter dem Thore war, fuhr ein Blitz nieder und tödtete vier Pferde sammt dem Wagenknechte; alle Anderen blieben

[1]) Riedel, III. Bd. 3, S. 302.

unbeschädigt.[1]) — Den 11. August ist ein schrecklicher Komet erschienen, dergleichen zuvor nicht gesehen worden. Des Morgens um vier Uhr hat er sich bewiesen und über 5/4 Stunden fest gestanden. Sehr lang, groß, gelbroth oder blutfarbig, hatte er an einem Orte die Gestalt eines krummen Armes und in der Hand ein gewaltiges Schwert, an dessen Seiten und Spitze drei große Sterne standen, von welcher sich ein breiter wolkenattiger Schwanz weit ausstreckte; auch erschienen auf den Seiten viel kleine Sterne als lange Spieße, dazwischen aber kleine Schwerter von blutrother Farbe und nicht wenig Feuerflammen, darunter sich hin und wieder viele grausame Angesichter mit rauhen Häuptern und Bärten haben sehen lassen. — Im Jahre 1529 beunruhigten vier Kometen, „die ihre Schwänze gegen die vier Enden der Welt ausstreckten," abergläubische Köpfe. Und was folgte daraus? Ein unfruchtbarer Sommer und eine siebenjährige Theurung!! —[2])

So sehr wir Joachims Verhalten in den religiösen Bewegungen seiner Zeit auch bedauern müssen — der Sinn für Recht und Gerechtigkeit läßt sich bei ihm nicht leugnen. Zur Genüge bekunden Dies: die von ihm 1515 erlassene Städteordnung, die auch gleiches Maß und Gewicht festsetzte; das im folgenden Jahre ins Leben gerufene Kammergericht; das 1527 erschienene Rechtsbuch (Constitutio Joachimica). Für seine Zeit hochgebildet, wäre er bei längerem Leben vielleicht auch zu der Überzeugung gelangt, welche Friedrich der Große in folgenden Worten ausspricht: „Betrachten wir das Werk der Reformatoren, so müssen wir gestehen, daß der menschliche Verstand ihren Bemühungen einen Theil seiner Fortschritte zu verdanken hat. Sie befreiten uns von einer Menge Irrthümer, welche den Verstand unserer Väter umnebelten; sie zwangen ihre Gegner zu mehr Vorsicht, verhinderten dadurch, daß neue Arten von Aberglauben aufkeimten, und sie wurden, weil man sie verfolgte, tolerant. Nur unter der geheiligten Freistatt der in den protestantischen Staaten eingeführten Duldung konnte sich die menschliche Vernunft entwickeln; hier bearbeiteten die Weisen der Nation die Philosophie; hier erweiterten sich die Grenzen unserer Kenntnisse. Hätte Luther auch weiter nichts gethan, als daß er die Fürsten und die Völker aus der Sklaverei errettete, in welcher der römische Hof sie gefesselt hatte,

[1]) Bekmann, I. S. 510. Wie mag sich der Kurfürst und sein abergläubisches Gefolge den angekündigten Untergang gedacht haben?

[2]) Riedel, IV.. S. 94.

so verdiente er schon deshalb, daß man ihm, als dem Befreier des Vaterlandes, Altäre errichtete. Hätte er auch den Vorhang des Aberglaubens nur zur Hälfte zerrissen, wie vielen Dank wäre ihm nicht die Wahrheit dafür schuldig."[1])

Mehrere behaupten, daß Joachim durch frühere Ausschweifungen seine Lebensjahre verkürzt habe. Seine beiden Söhne ließ er auf dem Todtenbette schwören, stets dem Glauben der Väter treu zu bleiben. Der älteste wurde 1524 mit Magdalene, einer Tochter des erzkatholischen Herzogs Georg von Sachsen verheiratet, die aber schon am 27. Januar 1535, mithin wenige Monate vor ihrem Schwiegervater starb. Der jüngere sollte einer Spanierin, der Marchese von Zenetti, die Hand reichen, und als der Kaiser eine bessere Partie in Aussicht stellte, sein Wort indeß nicht einlöste, hielt man es gerathen, den erst sechzehnjährigen Prinzen mit Katharina von Braunschweig-Lüneburg, der Tochter eines unversöhnlichen Protestantenfeindes, zu verloben.[2]) Wachenfeld behauptet in einem Artikel über die politischen Beziehungen zwischen Brandenburg und Hessen-Kassel bis zum Augsburgischen Religionsfrieden[3]), Kurfürst Joachim der Erste habe seinem Sohne Johann — gegen die Bestimmung der goldenen Bulle und gegen die Hausordnung Albrechts — die Neumark, das Land Sternberg, das Herzogthum Krossen und die Herrschaften Kottbus und Peitz gegeben und zwar deshalb, weil er ihm hinsichtlich des Glaubens am meisten zutraute.

Joachim der Erste entschlief am 11. Juli 1535. Als Sterbeort nennen Haftitz und Leutinger Kölln an der Spree, Angelus Berlin, Loccelius Stendal.

Bei Ausführung der testamentarischen Bestimmungen (vom 22. Oktober 1534[4]) kam es, wiewol sie mit Zustimmung der Stände getroffen waren, zwischen den beiden Brüdern zu verschiedenen Streitigkeiten, bei denen besonders Herzog Heinrich von Braunschweig-Lüneburg zu vermitteln suchte[5]). Markgraf Hans sollte u. a. 30 000 rhein. Gulden in sechs Jahren nach einander erhalten. Auf dem Lande lasteten Schulden, „fast schwer, hoch und wichtig". — Als Städte und Städtlein im Lande Sternberg (sieben Meilen lang) nennt Jobst[6]): Drossen, Reppen, Spiegelberg,

[1]) Dr. Schütze, Die Stimme Friedrichs d. Gr., II. S. 280—81. Preuß, III. S. 180.

[2]) Klette, Regesten, II. S. 22—23.

[3]) Programm der höheren Bürgerschule in Kassel, 1873, S. 16.

[4]) Riedel, II. Bd. 3, S. 293—405. — [5]) Ebendaselbst, S. 416—22. — [6]) Kapitel 12, Seite 140.

Göritz (dem Bischofe von Lebus gehörig), Sandow, Königswalde mit Schloß, Sternberg. Der Johanniterorden besaß Zielenzig (Sulentium, Leutinger).

Die verwittwete Kurfürstin Elisabet, die zur Zeit in Torgau weilte, trug um so mehr Bedenken, sofort nach Brandenburg zurückzukehren, da der römische König (spätere Kaiser) Ferdinand unterm 1. September 1534 Joachim den Zweiten aufgefordert hatte, seine Mutter nicht eher wieder in die Mark aufzunehmen und in ihr Leibgedinge einzusetzen, bis sie sich verpflichtet habe, zur katholischen Kirche zurückzukehren und mit ihren Unterthanen in derselben zu verbleiben.

„„Gezwungener Eid ist Gott leid —“ erfüllte sich auch an Joachims des Ersten Söhnen. Von innen und außen getrieben, konnten sie den Schwur, welchen sie dem Vater leisten mußten, nicht halten; sie folgten beide dem Beispiele der frommen Mutter, der jüngere sehr bald, der ältere etwas später.

Wir sehen hier vorzugsweise auf Hans. Er schlägt sein fürstliches Hoflager nicht in Soldin, der bisherigen Hauptstadt der Neumark, sondern in Küstrin auf, läßt es befestigen und daselbst ein prächtiges Schloß nebst einer Kapelle erbauen. Wenn auch schon 1535 der evangelische Prediger Heinrich Frame an seinem Hofe lebte, so erhielt sich die alte Kirchenverfassung doch noch einige Jahre; denn bis 1538 sind in dem alten Stadtbuche die Renten auf die Meßaltäre eingetragen. Noch unzweifelhafter ergibt sich Dies aber aus folgender Urkunde[1]): „Von Gottes Gnaden Wir Johannes von Brandenburg bekennen und thun kund öffentlich mit diesem Briefe, nachdem unser Marschall, Rath und lieber getreuer Kurt Burgsdorf hiervon anstatt und von wegen des hochgebornen Fürsten Herrn Joachims, unsers gnädigen und freundlichen lieben Herrn Vaters sel. Gedächtnis, dem andächtigen unserm lieben getreuen Ern Matthiä Schmidt die Vicaria in der Kirche und Kapelle auf unserm Schlosse allhier zu Küstrin nach Absterben Simon Theinpelhofens sel., welche der letzte Besitzer gewest, verliehen und ihm darauf gebührliche Präsentation gegeben, wie er deshalben brieflichen Schein hat; daß Wir aus besondern Gnaden gedachten Ern Matthiä Schmidt solch' Verleihung und Präsentation, darauf er auch die Investura und Besitz des Lehns erlangt, gnädiglich konfirmirt und bestätigt haben, und thun das gegenwärtig in Kraft dieses Briefes, daß gedachtem Ern

[1]) Konsistorialrath Seyffert, Annalen von Küstrin, S. 132—34.

Mathiä Schmidt alle und jegliche Zinsen und Alles, was derselben Vicaria zugehörig, wie vor Alters herkommen ist, zu gebührlicher Zeit gegeben werden soll. Wiederum und dagegen soll er Matthias Schmidt alle Gottesdienste und divina officia die sich mit Messehalten, Predigen und Andern zu thun gebühren, auch in allewege ohne Versäumnis, wie von Alters herkommen, halten, thun und bestellen. Weil auch die Kirche auf benannten unserm Schlosse jetzo eingebrochen, so soll er solchen Gottesdienst und divina officia in der Pfarrkirche zu Küstrin, wie auf dem Schlosse geschehen sollte, halten, thun und bestellen, so lange bis wir die Kapelle auf unserm Schlosse wiederum zurichten und erbauen lassen, wie er uns deshalb Zusage gethan, getreulich und ungefährlich. Zu Urkund u. s. w. Küstrin Freitags nach Octav. Corp. Christi 1536.

Hiernach scheint es, als sei 1536 in den Bürgern Küstrins noch kein besonderes Verlangen nach dem Evangelium erwacht. Es muß aber bald darauf geschehen sein; denn schon 1538 wird erwähnt, daß Hans den Prediger Wenzeslaus Kielmann von Küstrin nach Soldin versetzte. Hier bestand seit 1288 ein Domstift, vom Markgrafen Albrecht zur Ehre Gottes, der Jungfrau Maria und der heiligen Apostel Petrus und Paulus errichtet und sehr reich mit Gütern dotirt. Hans befahl den Mitgliedern, damals nur sechs (ursprünglich zwölf), sich mit Luthers Katechismus bekannt zu machen und das Volk aus demselben zu unterrichten. Zu dieser Neuerung verspürten sie geringe Lust; noch weniger zeigten sie Neigung, einer zweiten Anordnung, nur nach der in Wittenberg eingeführten Weise zu singen, nachzukommen. Sie verließen darum das Land, empfingen aber noch mehrere Jahre ihre Einkünfte durch den zurückgebliebenen Propst Bartholomäus Krembkow. Sein Nachfolger Cyriax Tamme, sowie Magister Kerstian Büssow, Johannes Erttmer, Paulus Neumann und alle residirenden Domherren des Stifts überließen am 13. Januar 1543, weil ihre Unterthanen sich vielfältigen Ungehorsam und Muthwillen erlaubten, von Tage zu Tage sich widersetzlicher zeigten, dem Markgrafen für drei Tausend Gulden auf ewige Zeiten alle Kapitelsgüter: Rosenthal, Schöneberg, Brügge, Mietzelfelde, Staffelde, Neuenburg [1]. — Der noch 1548 in Soldin lebende katholische Priester Johann Erdmann bemerkt in einem Briefe spöttelnd, „daß der Herr Markgraf einen großen Hunger und

[1] Riedel, I., Band 18, S. 518–23.

Durst nach den geistlichen Gütern bekommen und durch seine Gesandten alles goldene und silberne Kirchengeräth habe wegnehmen und als Werkzeug des Aberglaubens dem Volke aus den Augen bringen lassen." – Wenzel Kielmann wurde 1541 nach Küstrin zurückberufen. Hier wirkte er noch einundzwanzig Jahre. Er starb am 19. August 1572.

In dem Jahre 1525 — so beginnt Nikolaus Klempzen in seinem „Buche vom Pommerland und dessen Fürstengeschlechtbeschreibung" eine lange Erzählung von einem wunderlichen Abenteuer, zu Landsberg in der neuen Mark geschehen. Ein schwarzer Mönch, für einen gelahrten und frommen Mann gehalten, ging den Wolfssteig und predigte von Anbetung der heiligen Möncherei und anderem Gaukelwerke. Der Bürger Thewes (Matthäus) Hase, schon halb lutherisch gesinnt, nannte ihn einmal: „Wolf, Heuchler!" Denn so pflag man, bemerkt der Chronist, gewöhnlich zu dieser Zeit, die Pfaffen und Mönche anzuschreien. Er berichtet nun ausführlich über die Possen, welche der Dominikaner dem Ketzer spielte. Endlich an seiner Glatze erkannt und auf seinen Schleichwegen ertappt, fand der Teufelsbündner Schutz bei Joachim dem Ersten, der längst Lust gehabt, die schwarze Kunst zu wissen." Durch seine Bemerkung: „Man sagt: wenn der Markgraf mit seinen Unterthanen Landtag gehalten, oder sonst andere Handlungen gewesen sind, soll er oft dabei gewesen sind und gesehen und gehört haben, was beredet und beschlossen worden, so daß ihn Niemand gesehen" — will Klempzen jedenfalls beweisen, daß der „kleine Faust" an dem Kurfürsten von Brandenburg einen gelehrigen Schüler fand. Nach einer Sage schlug Johann Tetzel auch in Landsberg a. W. sein Zelt auf und pries in demselben den Ablaß mit den Worten an: „Sobald das Geld im Kasten klingt, die Seele aus dem Fegfeuer springt!" — Am 1. November 1537, dem Allerheiligentage, wurde in der Pfarrkirche daselbst das Abendmahl nach evangelischem Ritus ausgetheilt. Durch wen, konnt' ich nicht ermitteln. Als ersten Inspektor an dieser Marienkirche nennt Bekmann und der Superintendent Oberheim[1]) Georg von Waltershausen, eingeführt am Sonntage Quasimodogeniti (1. April) 1543, gestorben am 23. Dezember 1564.

[1]) Jener in seinem Manuskripte, dieser in seiner Geschichte der Reformation, S. 130. Georg von Waltershausen war schwerlich ein Adliger. Im Lexikon von Zedlitz-Neukirch kommt wenigstens diese Familie nicht vor. Vergl. Haftitz bei Riedel, S. 96—97. Engelien und Henning Geschichte von Landsberg, Seite 78—85.

Obgleich ein katholischer Orden, nahmen doch auch die Johanniter im Lande Sternberg ohne Bedenken an der Reformation Theil. Wie Luther, als er die berühmten 95 Sätze bekannt machte, seiner eigenen Erklärung nach noch „toll und voll vom Papste war“, so glaubten auch Anfangs viele Andere nicht an eine völlige Trennung von der katholischen (allgemeinen) Kirche, sondern nur an eine seit Jahrhunderten (wiewol vergebens) geforderte Verbesserung derselben. Hieraus erklärt sich leicht, daß der Herrenmeister Veit von Thümen (1524—47) in der Ordenskirche zu Sonnenburg statt des bisherigen katholischen Pfarrers mit sechs Gehülfen 1538 den evangelischen Prediger Johann Jakobitz und einen Kaplan anstellte. Noch mehr als sie wirkten Johann Fabricius aus Beeskow und sein Amtsbruder Johann Stegemann aus Küstrin, später Jakob Freybecker.

Veit von Thünen verwandelte nach dem Tode des Johannes Roll 1535 die Propstei Ostrow in ein Pastorat, und der Nachfolger des Verstorbenen Mätthäus Buchner (Bötticher) siedelte als Pfarrer nach Zielenzig über und verwaltete zugleich das Amt eines Ordensinspektors. Durch fleißiges Studium der Schriften von Luther soll er zur Erkenntnis der Wahrheit gekommen sein. Er starb 1551. Kaspar Benediktus, aus Bautzen stammend, zuerst Kantor in Guben, dann Geistlicher in Limmritz, wurde von dem Kommendator Andreas von Schlieben 1540 als Propst nach Ostrow und 1552 nach Zielenzig berufen.

Zwei Kommendatoren, Melchior von Barfus, seit 1527 zu Mirow, dann zu Quartschen und nach dem Tausche am 15. Juni 1540 zu Schievelbein[1]), und Andreas von Schlieben, 1529—71 auf Lagow, letzterer Erbherr auf Tammendorf und Trebichow, Kreis Krossen, auch kaiserlicher und kurfürstlicher Feldmarschall, waren nicht blos evangelisch, sondern sogar schon verheiratet. (Jener mit Esther von Damitz, dieser mit Klara von Schlieben, deren Vater Belitz bei Reppen und Wusterhausen besaß[2]) Sie sollten deshalb ihre Komthureien verlieren „aus der Ursache, daß sie auf ihre Weiber und Kinder Alles, was sie von den armen Ordensleuten aufbringen könnten, legen und die Ordensgüter unverbessert und unbebaut liegen lassen würden.“ Zur Regelung dieser heiklen Angelegenheit reiste der Komthur zu Mirow, Sigismund von der Marwitz, nebst dem Ordenssekretär zu dem General-

[1]) Dithmar, S. 68—70. Riedel, I. 18, S. 277—79.

[2]) Kletke, Regesten III., S. 106. Wedekind, Kreischronik, S. 270.

kapitel nach Speier. Auf Verwendung des Markgrafen Hans blieben indeß von Barfus und von Schlieben unangefochten in ihrem Besitze.[1])

Im Pfarrarchive zu Lagow befindet sich zwar ein Rechnungsbuch, das mit 1511 beginnt. Es enthält aber keine einzige Notiz über die letzten katholischen Priester. Muthmaßlich waren sie Schloßkapläne, im Mittelalter „Burgpfaffen" genannt. In einem Inventarium aus dem letzten Viertel des sechzehnten Jahrhunderts heißt es: „Die Kirche zu Lagow hat gar Nichts, weder von Land, Wiesen, Fischereien oder Benefizieneinkommen, sondern was man benöthigt, so in der Kirche, gibt der Herr Komthur vom Hofe." Als evangelische Prediger sind genannt: 1553 Florian Daul, 1572 Urbanus Plon. Zu seiner Zeit war Magister Sebastian Wecker (seit 1569 Pfarrer in Drossen, wo er 1610, 104 Jahre alt, starb) „des Sternbergischen Weichbildes Superintendent." —

Daß die Bürger von Reppen dem Markgrafen Hans ihren Forst abtreten mußten, wird urkundlich berichtet, und ich theile darüber in diesem Kapitel noch das Nähere mit; über die Einführung der Reformation enthält jedoch keine mir zugängliche Quelle auch nur eine Andeutung. Dasselbe gilt von Königswalde und Sternberg, desgleichen von Spiegelberg, Döbbernitz, Großgandern und Sandow — Dörfern, die man damals noch zu den Städten rechnete.

In Drossen hielt sich schon seit 1532 ein lutherischer Geistlicher, Magister Johann Mangold im Stillen auf. 1537 zum Pfarrer gewählt, führte er im nächsten Jahre die Reformation völlig ein. Ein merkwürdiges Naturereignis förderte wesentlich seine redlichen Bemühungen. Am 21. Mai (Dinstag nach Kantate) schlug nämlich der Blitz in den Kirchthurm; ein Platzregen aber löschte die Flammen und rettete dadurch die Stadt von einem Brandunglücke (wie sie von einem solchen erst 1517 heimgesucht worden, da am 21. Mai, dem Himmelfahrtsfeste, in Kaspar Luthers Hause Feuer ausbrach und Alles, die Pfaffengasse ausgenommen, in Asche legte). Mangold schrieb Dies seinem und der Evangelischen Gebete zu. Am folgenden Morgen hielt er über Jesaias 44, 8: Ist auch ein Gott außer mir? eine Predigt, die ohne Zweifel von Herzen kam und darum auch zu Herzen ging. Das Papstthum bekämpfend, entflammte er seine andächtigen Zuhörer so, daß sie nach beendigtem

[1]) Dithmar, Seite 70.

Gottesdienste alle Nebenaltäre und andere Erinnerungen an den Katholizismus niederrissen. Füglich hätten sie sich an Luthers Donnerwörte gegen die Bilderstürmer in Wittenberg erinnern und Gott in besserer Weise danken können. Seit 1541 wirkte in Drossen auch ein Diakonus, Melchior Broll. Auf Verwendung des Bischofs von Lebus bezog der frühere römische Stadtpfarrer Urbanus Hundertmark bis an seinen Tod ein Gnadengehalt aus der Kirchenkasse. — Auf Mangold, der 1552 starb, folgten: Kaspar Cnemiander, Georg Wagner, Johann Tecler bis 1571, Magister Sebastian Wecker (siehe vorige Seite!).

Feuer, das jedoch zum Ausbruch kam, bahnte auch in Schwiebus der Reformation den Weg. Der Bürgermeister Magister Bartholomäus Sauer, der 1534 an des Rathes Spitze stand, spannte alle Segel an, die römische Kirche zu schützen.[1]) Martin Vechner (Fechner), der Sohn eines dortigen Bürgers, studirte in Wittenberg und befreundete sich, wie Peter Grimm und tausend Andere mit dem Protestantismus. In seine Vaterstadt zurückgekehrt, durfte er es freilich nicht wagen, evangelisch zu predigen. Hinderte ihn auch nicht der Bürgermeister Grimm, so doch das ultramontane Haupt, das einen ähnlichen abschreckenden Namen führte. Vechner ging deshalb nach dem Dorfe Stentsch. Hier trat ihm Niemand entgegen. Wer vielleicht zuerst aus Neugierde kam, überzeugte sich später von der Wahrheit der neuen Lehre, die, recht verstanden, die ursprünglich christliche war. Es fruchtete nun nichts mehr, wenn Sauer Schwiebuser Bürger, die den Gottesdienst in Stentsch besucht hatten, mit Gefängnis oder auf andere Weise hart bestrafte. Doch auch bei diesem unverständigen Eifer hieß es: bis hierher und nicht weiter! — Am Donnerstage nach Jubilate (12. Mai 1541), Vormittags 10 Uhr, brach in Schwiebus Feuer aus. Es griff mit so rasender Schnelligkeit um sich, daß in drei Stunden die ganze Stadt sammt der Kirche und dem Rathhause ein Raub der Flammen wurde. Nur das Schloß, das Glogauer Thor und die Vorstadt dieses Namens blieben verschont. Sauer, jedenfalls bereits schwer erkrankt, fand zwar Freunde, die ihn von der unheimlichen Stätte hinwegtrugen; Schreck und Angst beschleunigten aber seinen Tod; er starb unter dem Thore. Der Pfandinhaber der Burg, Sebastian von Knobelsdorff, rief jetzt den Prediger Vechner zurück. An Sauers Stelle trat Paul Diestorf

---

[1]) Manuskript vom Konsul Gottfried Dreher, Seite 75.

als Bürgermeister, von dem wir nirgends lesen, daß er in Religionsverfolgung seinem Vorgänger nachstürmte. Wir können wol sagen: In Schwiebus erlosch 1541 mit der Glut der verwüsteten Häuser auch der Eifer für den Katholizismus. Überdies haßte der damalige Bischof in Breslau, Balthasar von Promnitz, wie der 1539 verstorbene Jakob von Salza „alle hitzigen Anschläge" und jeglichen Gewissenszwang.[1]) Außerdem verwaltete die Statthalterschaft im Fürstenthume Glogau der Herzog Friedrich der Zweite von Liegnitz und Brieg, ein duldsamer, dem Reformationswerke ergebener Fürst. Daß König Ferdinand nicht dachte, wie sein Bruder, Kaiser Karl der Fünfte, der, wenn ihm nur die Türken freien Spielraum gegönnt, Luthern gern das Ende des edlen Hus bereitet hätte, sei nebenbei bemerkt.

Im Jahre 1536 kehrte Heinrich Hamm und zwei Jahre später der Stadtschreiber Puchner nach Krossen zurück. Auch die katholischen Geistlichen Stephan Krause und Simon Merke bekannten sich hier zum Protestantismus. Am Sonntage Lätare, da man sonst zur Erinnerung an den Sturz des Heidenthums gesungen hatte: „Nun treiben wir den Tod aus!" stimmte man eine Parodie dieses Liedes auf die päpstliche Lehre an. Sie war, wie es die Zeit der Gährung mit sich brachte, nicht frei von Übertreibungen und schiefen Ansichten. 1545 übersandte man sie dem ehrwürdigen Dr. Martin Luther nebst einem Viertel Rebensaft als Geschenk.[2]) Den Dank des großen Mannes, bei dem bekanntlich ein Spruch lautete: „Wer nicht liebt Wein, Weib und Gesang, der bleibt ein Narr sein Lebelang" hat uns die Chronik leider nicht aufbewahrt. Wol aber erzählt sie einen rührenden Zug von einem Krossener Fuhrmanne. Er sollte ein für die Marienkirche bestimmtes Altarbild, das man bei dem berühmten Maler Lukas Kranach, einem Freunde des Reformators, aus Wittenberg abholen. Da es bereits verpackt war, konnte er sich an seinem Anblicke nicht mehr erfreuen. Auf dem Rückwege traf ihn nicht blos das Unglück, daß er umwarf, eines seiner Pferde brach ein Bein. Sein Mißgeschick beklagend und zugleich bemüht, den Wagen wieder aufzurichten, sah er auf einmal (die Hülle hatte sich verschoben) das wunderliebliche Bild der Mater dolorosa (der gebeugten Mutter des gekreuzigten Christus). Dies erfüllte ihn mit so wunderbarer Stärke, daß er ausrief: „Ei du liebe Mutter Gottes, zürne nicht auf meine Kleingläubigkeit! Nun bin

[1]) K. A. Menzel, Chronik von Breslau, Seite 434—37. 518.

[2]) Matthias, Bürgerbuch, Seite 170.

ich wieder getrost, und ein edler Rath in Krossen wird mir wol wieder zu einem Pferde helfen." — Selbstverständlich ging sein Wunsch in Erfüllung.[1])

Im ganzen Stifte Neuzelle, zu dem damals mindestens 25 Dörfer und die Stadt Fürstenberg gehörten, blieben nur sechs dem Glauben ihrer Väter treu — ein klarer Beweis, wie wenig Mönche die alleinseligmachende Kirche zu erhalten vermögen. Dies war die schmerzlichste, härteste Prüfung für den damaligen Abt Matthias (1540—50). Wie hätte es ihm, dem treu ergebenen Sohne der Kirche, gleichgültig sein können, wenn er sah, daß der größte Theil der Katholiken, vom Strome der Zeit mit fortgerissen, der sorgsamen Mutter den Rücken kehrte und sich durch Scheingründe täuschen ließ![2]) 1543 wurde das Zisterzienserkloster Dobrilugk und 1563 das Benediktinerkloster in Guben aufgehoben.[2])

Wenngleich für uns der Markgraf Hans in erster Linie steht, so dürfen wir doch seinen Bruder, den Kurfürsten, nicht ganz aus dem Auge verlieren. Mehr als vier Jahre vergingen, ehe bei ihm alle Bedenken, die ihn zurückhielten, sich öffentlich als Protestant zu bekennen, gänzlich schwanden. — Am 1. September 1535 verheiratete er sich mit Hedwig von Polen, und es wurde für dieses Ehebündnis ausdrücklich festgestellt, daß Joachim in Zukunft bei dem alten Glauben verharre. Was führte nun trotzdem eine Änderung herbei? Der französische Geschichtsschreiber Maimburg behauptet, die Stände hätten versprochen, des Kurfürsten Schulden zu bezahlen, falls er dem Lande die lutherische Lehre und Kirchenordnung gewähre. Das ist aber nichts weiter, als ein Stücklein von den vielen „Quinten und französischen Winden". Sagte der Verfasser: Im Erzbisthum Magdeburg gestattete der Kardinal Albrecht gegen eine jährliche Abgabe den protestantischen Gottesdienst — so wäre seine Notiz richtig. Es steht nur fest, daß auch in der Kurmark mehrere adlige Herren sich verbanden, die Reformation nach besten Kräften zu fördern. In dem Hausbuche der Familie von Schwanebeck (inzwischen ausgestorben) findet sich von einem Mitgliede derselben, Matthias, dem Erblehnrichter zu Teltow, Folgendes verzeichnet: „Als der hochwürdige Bischof, Herr Matthias von Brandenburg, Anno 1539 im Heimzuge von Kölln in Teltow gewesen, haben sich die Edlen und Festen Junker

---

[1]) Matthias, Bürgerbuch, S. 171.

[2]) Mauermann, S. 88—89. In Fürstenberg a. d. O. wurde Pfingsten 1539 die Reformation eingeführt.

aus dem Teltow in meines seligen Vaters Hause fleißig zu ihm versammelt und sich mit ihm wegen der reinen göttlichen Lehre berathschlagt und sind alle eines Sinnes und Willens gewest, selbige anzunehmen und standhaft zu bekennen, auch daß sie ihre Pfarrer und Plebanen, die sich sperren wollen, zwar nicht durch Gewalt verjagen und verfolgen, sondern ihnen Unterhalt reichen und sich inmittelst nach Predigern der reinen Lehre umthun wollten. Dies haben sie alle in einem vorgelegten Revers bezeuget, unterschrieben und besiegelt. So geschehen am 18. April 1539. Die Namen heißen: Jochen von Schwanebeck zu Teltow, Jochen von Hacke zu Sand-Machenow, Jochen von Schlaberndorf zu Schloß Beuthen, Hans von Berne zu Großberne (Großbeeren), Christoph von Berne zu Schönow, Karl Sigismund von der Liepen zu Blankenfelde, Otto von Britzke zu Britzke, Christoph von Spiel zu Dalen, Sigismund von Otterstädt zu Dalwitz, Heinrich von Thümen zu Leuenbruch. — All' diese Junker und Landsassen sind am 31. Oktober des benannten Jahres nach Spandau gereist, wohin mein seliger Vater mich hat mitgenommen nnd haben Tags darauf nach dem Vorgange des durchlauchtigen und hochgebornen Kurfürsten Herrn Joachim des Jüngeren, Löblichen Gedächtnisses, in der dasigen Pfarrkirche das reine Evangelium öffentlich bekannt und das heilige Sakrament von gedachtem Herrn Bischof Matthias empfangen."

Über die denkwürdige Abendmahlsfeier in Spandau (1. November 1539) finden sich in mehreren Geschichtswerken wesentliche Irrthümer.[1]) Die Predigt hielt der Propst Buchholzer. Sang man auch deutsch, so wurde doch die evangelische Messe mit wenigen Abänderungen nach dem katholischen Ritus gehalten. Ein gründlicher Forscher, der Archivrath Adolf Friedrich Riedel[2]) hat nachgewiesen, daß die verwittwete Kurfürstin Elisabet in Spandau nicht zugegen war, sondern noch (bis 1545) in Lichtenburg weilte. In seiner „urkundlichen Geschichte" der genannten Festung führt der Gymnasiallehrer Dr. Otto Kuntzemüller (Seite 277—78) zwar verschiedene Einzelheiten an; sie vermögen aber, meines Erachtens, Riedel nicht zu widerlegen. Haftitz sagt Nichts von der Abendmahlsfeier der fürstlichen Familie, und wenn der Reisebericht des Kardinals Commendonus vom Jahre 1561 nicht

[1]) Vergl. Spieker, Reformationsgeschichte, S. 163. Müller, S. 185—86. Stenzel, I. Seite 306.

[2]) Kurfürstin Elisabet von Brandenburg in Beziehung auf die Reformation, S. 26.

offenbare Unwahrheiten enthält, so müssen wir annehmen, daß die Kurfürstin Hedwig katholisch blieb.[1]) Joachim der Zweite trennte sich überhaupt nicht völlig von der alten Kirche. Zwischen Sachsen und Brandenburg bestand in dieser Beziehung ein erheblicher Unterschied. Wer etwa glaubt, der Gottesdienst, die Taufe, das heilige Abendmahl sei damals gerade so gehalten worden wie jetzt, befindet sich in einem gewaltigen Irrthume.[2]) Unter sehr großer Betheiligung fand am 2. November die Abendmahlsfeier im Berliner Dome statt.

In Frankfurt a. O. nahmen bereits 1535 mehrere Rathsverwandte und Kaufleute (die Winsen, Rieben, Affen ꝛc.) Andreas Ebert aus Grünberg in Schlesien auf eigene Kosten zum evangelischen Prediger an. Im folgenden Jahre ereignete sich die „wunderbarliche, seltsame, unerhörte und doch wahrhaftige Geschichte" mit der Lebuser Magd, Gertraud Matzke, die allerwärts Geld erwischte, es verschlang u. s. w. Die Beschwörungen des katholischen Priesters Stephan Krause aus Krossen blieben erfolglos. Ebert bat Luthern, ihm seinen getreuen Rath aus Gottes Wort mitzutheilen. Er antwortete, es wäre ihm ein seltsam, unerhört Ding; man möge die Magd in die Predigten führen und den Herrn für sie bitten, so würde es mit der Zeit wol besser werden. Wenngleich sie öfter Störungen des Gottesdienstes verursachte, den Prediger sogar einen Lügner schalt, hat sie doch, sagt der Chronist Wolfgang Jobst (S. 18) durch das gemeinsame christliche Gebet Hülfe erlangt. — Von den Katholiken heftig verfolgt, mußte Ebert aus Frankfurt weichen. Als Pfarrer in Wriezen heiratete er noch in seinem 66. Jahre und starb dort 1557.

Am 9. November 1539 folgte Frankfurt a. O. dem löblichen Beispiele Berlins. Der damalige Bürgermeister Petersdorff schrieb darüber in eine alte Bibel Folgendes: „Nachdem S. K. Durchlaucht Joachimus II. Markgraf zu Brandenburg, von Kölln an der Spree sub dato den 9. November nun gedachten 1539. Jahres an den hiesigen Rath ein ernstlich Mandat ergehen lassen, den Prediger Herrn Kaspar Schultzen oder Krahmern genannt, nicht allein öffentlich das Predigtamt zu verbieten, sondern auch denselben ganz seines Dienstes zu entsetzen, ingleichen alle Kleinodien im Kloster und was sonst an Ornat vorhanden in gute Verwahrung zu nehmen, hat darauf der Magistrat unseres Ortes, als Peter Petersdorff und Lorenz

[1]) An einem etwanigen Übertritte nach 1561 zweifelt Kirchner, I. S. 336—38.
[2]) Näheren Aufschluß geben die Kirchenordnungen. Mylius I. 6, Seite 248.

Schreck, sammt den Kämmerern noch an selbigen oben gemeldeten Tagen gehorsamster Maßen Alles ins Werk gerichtet und zugleich die päpstliche Messe aufgehoben und gänzlich abgeschafft, daß also am 9. November, war der Sonntag vor Martini, solche allerletzt in eines Wohledlen Rathes Gebiete, soweit sich selbiges erstreckt, ist gehalten worden. — Nachmals am 11. November selbigen 1539. Jahres, als am Tage Martini, geschah auf abermaligen Befehl Kurfürstens Joachimi II. am hiesigen Senat die erste evangelische Messe, und zwar durch den würdigen Herrn Magister Johann Lüdeken, der Geburt nach von Stettin.[1]) Ihm diente oben zum Altare die würdigen Sebastian Ulrich, zur selbigen Zeit Pfarrer, und Herr Andreas, damals Obrister Köster. Bei dieser ersten Messe ist Burgemeister Petersdorff als ein regierender Herr und Haupt der Stadt am ersten zum hochwürdigen heiligen Abendmahle Christi gegangen, welche sodann viele andere Bürger und Bürgerinnen nachgefolgt sein. Gott wolle ihnen und uns Allen, die wir das Nachtmahl Christi gehalten und noch halten werden, seliglich gebrauchen lassen, auf daß wir durch die christliche Liebe gegen unsern Nächsten also handeln, wie Christus gegen uns gehandelt hat. Das helfe uns der Vater aller Gnaden und mehre in uns den Glauben, die Hoffnung und die christliche Liebe, auf daß wir seliglich an seinen Geboten hangen!"[2]) — Lüdeke (Ludecus) wurde bald darauf als Hofprediger nach Berlin berufen und später zum Generalsuperintendenten der Altmark bestellt. Er starb am 11. August 1559 zu Stendal.

Um die Ordnung der kirchlichen Angelegenheiten in der Neumark machten sich außer dem Markgrafen Hans besonders zwei Männer verdient: Andreas Althammer, Pfarrer zu Ansbach, und Jakob Stratner, Hofprediger und nachheriger Generalsuperintendent in der Kurmark. Sie richteten in verschiedenen Städten den Gottesdienst nach evangelischem Ritus ein, ordinirten tüchtige Prediger, nahmen aber selbst in der Neumark kein Amt an.

„Nachdem und als der allwaltende, barmherzige Gott, heißt es in der Einleitung zu der am 1. März (Montag nach Okuli) 1540 erlassenen Kastenordnung, uns aus besonderer gnädiger Vorsehung und Güte und der Erkenntnis seiner göttlichen

---

[1]) Lüdeke war der Sohn eines Stellmachers. Als er zur Universität ging, konnte ihm sein Vater nur 18 Pfennig mitgeben. — Johann Muscovius, zuletzt Oberpfarrer in Lauban, erhielt von seinem Vater ein Vierkreuzerstück (16 Pf.). Köhler, Oberlausitz, Seite 232.

[2]) Spieker, Frankfurt, S. 126—27.

Wahrheit und rechtem christlichem Glauben des heilvollen reinen Evangeliums gnädiglich berufen, wodurch wir verursacht worden, das reine Evangelium und das klare Wort Gottes nach Form der apostolischen Lehre ohne Verfälschung durch menschliche Zusätze in allen unsern Landen frei und öffentlich predigen zu lassen, uns auch befleißigen, etliche gottesfürchtige, treuherzige und gelehrte Männer zu gewinnen, damit auch allen insgesammt und besonders das Wort Gottes hell und klar vorgetragen und der Weg zur Seligkeit gewiesen werde. Desgleichen haben wir auch durch unsere Superintendenten und Visitatoren eine Ordnung anfertigen und feststellen lassen, wie es mit den Zeremonien in den Kirchen, damit nach Paulus' Lehre in der Kirche Alles ehrbar, züchtig und ordentlich zugehen möge, soll gehalten werden." —

Diese Kastenordnung enthält Bestimmungen über 1. die Stiftungen, Zinsen, Güter und Diener der Kirche, 2. die Verwaltung der Kirchen und Hospitäler durch die betreffenden Vorsteher, 3. die Inventarien, Kleinodien, die Einnahmen und Ausgaben, sowie die Renteien, 4. die Schulen, Gebäude, Kirchen, Fenster, das Übermaß der Intraden und andere dergleichen Kirchensachen.[1])

Die meisten Schwierigkeiten verursachte dem Markgrafen bei seinem Reformationswerke der Bischof von Lebus, Georg von Blumenthal. 1490 in der Priegnitz geboren, war er schon in seinem siebzehnten Jahre Sekretär Dietrichs von Bülow, 1513 Rektor der Universität Frankfurt und 1520 Bischof von Havelberg. Joachim der Erste, der die Wahl anfocht, veranlaßte ihn, diesem Amte zu entsagen; dagegen versprach er ihm nicht blos Lebus, sondern auch seine Empfehlung für Ratzeburg. Jenes erhielt er 1523, dieses schon ein Jahr später. Zur Charakteristik dieses Prälaten mögen folgende Worte eines seiner Lobredner (Kornelius Snekanus) vom Jahre 1534 dienen: „Als einen rechten Bischof beweisest Du Dich, indem Du das Dir anvertraute Häuflein aus dem reichen Quelle evangelischer Wahrheit sorgfältig nährest und aus dem herzlichen Eifer für den christlichen Glauben jenen Nichtevangelischen, jenen Verdrehern des Evangeliums, den lutherischen Ketzern nicht erlaubst, in Deinem Gebiete ihre Lehren auszubreiten. Was sag' ich: ihre Lehren auszubreiten? Denen Du selbst den Aufenthalt darin nicht verstattest, und die sich nirgends in den

[1]) Mylius, I., Abtheilung 1, Seite 249—64.

Dir vertrauten Weinberg einwühlen dürfen, diese lutherischen Füchschen, deren Antlitz wol bisweilen verschieden, die mit den Schwänzen aber eng verschlungen sind.[1]) Luther bezeichnet den Bischof von Lebus als einen Meister in der Kunst, Geld und Schätze zusammenzuschlagen. Auch Melanchthon, den Joachim wie Hans öfter zu Rathe zogen, schildert in einem Briefe an Justus Jonas den religiösen Zustand der Mark: „Das Volk dürstet wunderbarlich nach der heiligen Lehre; ein großer Theil des Adels begehrt ihrer, und der Fürst billigt'sie, indem er nämlich nicht ohne Gründlichkeit über sie urtheilt und seinem Volke die Hoffnung erhält, daß er die Kirche reformiren werde. Es widerstreben aber die kleinen Priester, deren das Land eine große Menge hat, und die ich nirgends verderbter und dümmer, ich möchte sagen: barbarischer gefunden habe. Sie sind unwissend, roh, anmaßend, widerwärtig, von unglaublicher Halsstarrigkeit und aufgeblasen durch die außerordentliche Meinung über ihre Weisheit und Gelehrsamkeit. Sie sind es, die theils mit offenbarer Gewalt, theils mit List widerstehen und der Verbreitung der Wahrheit Hindernisse zu bereiten suchen.[2])

Ein Freund und Rathgeber Joachims des Ersten, erfreute sich Georg von Blumenthal auch anfänglich des Vertrauens der beiden Söhne dieses Fürsten. Als Hans jedoch sich der evangelischen Kirche zuwandte, trat ihm der dadurch erzürnte Prälat überall in den Weg. 1550 ließ der Markgraf durch Wenzel Kielmann in Lande Sternberg eine Kirchenvisitation halten, von der auch die lebusischen Stiftsgüter nicht ausgeschlossen blieben. So erfuhr er, daß zu Göritz noch ein wunderthätiges Marienbild vorhanden sei, und daß zu demselben häufig Wallfahrer, besonders aus Polen, pilgerten.[3]) Er forderte den Bischof auf, dasselbe in der Stille

[1]) Wohlbrück, I., Seite 298.

[2]) Adolf Müller, Seite 175.

[3]) Selbst die verwittwete Kurfürstin Margarete, Joachims I. Mutter, pilgerte 1499 zu diesem Marienbilde (Staius bei Riedel, S. 346). — Nach der Zerstörung des Domes (angeblich 1326 durch die Frankfurter, s. oben S. 57!), erzählt Kortum (II. S. 23), fand man noch in einem Gewölbe etliche Karren Krücken, desgleichen ein Wachsbild und einen aus köstlichem Zeuge gefertigten Kinderrock, den man auch später als ein Heiligthum besuchte, wodurch die Bürger gute Nahrung erlangten, wie denn die Fährleute, besonders des Sonntags, sehr in Anspruch genommen wurden. Des vielen Volkes wegen stand auch diesseit der Oder lange ein Armenstock. Der Dom führte den Namen „von unser lieben Frauen“, weshalb die Stadt auch Mariengöritz hieß. Vielleicht verehrte man jenes Bild früher bei Frauendorf. — Wenn Einige, z. B. Kortum und Heinrich Schmidt, auch Sternberg in der Neumark einen Wallfahrtsort nennen, so verwechseln sie dasselbe mit dem gleichnamigen Städtchen in Mecklenburg.

zu entfernen; dieser aber erwiderte trotzig, er habe es nicht in die Kirche gebracht, durch ihn solle es auch nicht beseitigt werden. Weder eine mündliche Unterredung, noch längere schriftliche Auseinandersetzungen stimmten den ultramontanen Herrn um. Der Markgraf wollte mit Gewalt nicht vorgehen; er versuchte zunächst ein anderes Mittel. Es bot sich ihm in der vor zwei Jahren erbauten Windmühle dar. Indem er dem Bischofe den bedingungsweisen Gebrauch derselben versprach, erhielt er nunmehr die Zusicherung, daß jenes Bild fortgeschafft werden solle. Bevor letzteres geschah, starb jedoch Georg von Blumenthal (25. September 1550) im sechzigsten Jahre seines Alters und im siebenundzwanzigsten seines Amtes. Er hinterließ viele Schulden (30 000 Gulden), von denen das Kapitel nichts wußte. Seine Leiche ruht im Dome zu Fürstenwalde. — Auf die Vorschläge des Kurfürsten Joachim des Zweiten, der auf seine Prinzen Friedrich und Sigismund sowie auf den Herzog von Münsterberg hinwies, gingen die vier Domherren nicht ein;[1]) sie wählten vielmehr den Dr. Johann Horneburg aus Braunschweig. Ohne diesen weiter zu befragen, ertheilte der Markgraf dem Hauptmanne des Landes Sternberg, Hans von Minkwitz auf Lieben, den Befehl, das Wunder- und Gnadenbild mit Denen von Drossen und Göritz abzuholen und dasselbe nach dem Schlosse in Küstrin zu schaffen. In der Nacht zum St. Veitstage zog der Hauptmann mit einigen Trabanten und Drossener Bürgern nach Göritz. Unterwegs gesellten sich ihnen mehrere Bauern zu, welche die letzten Stunden eines scheidenden Sonntages in den Schenken gefeiert hatten. Mit einer Schaar von etwa vierzig Personen gelangte von Minkwitz am 15. Juni, Morgens 3 Uhr, bei der Marienkapelle an. Aus dem Schlafe geweckt, verabfolgte der Präzentor (Aufseher) unweigerlich die Schlüssel. Kaum war das Heiligthum geöffnet, so fiel der ungeschlachte Haufe über die beiden Bilder her, denen er noch vor Kurzem göttliche Ehre erwiesen hatte. Das kleinere, aus Holz geschnitzt, stürzte er ohne Schwierigkeit vom Altare; bei dem größeren, aus Marmor, wandte er Hebe-

[1]) Friedrich, geboren 12. Dezember 1530, wurde 1551 Erzbischof von Magdeburg, im folgenden Jahre auch Bischof von Halberstadt, starb aber schon am 3. Oktober und zwar als Katholik. Ihm folgte sein Bruder Sigismund, geb. am 2. Dezember 1538, von einem Protestanten, Magister Paul Prätorius, erzogen. am 26. Oktober 1552 vom Domkapitel einstimmig gewählt, leistete der Reformation Vorschub, ließ sich öfter vom Superintendenten Magister Sebastian Boëtius auf der Moritzburg eine Predigt halten; trat kurz vor seinem Tode († 13. September 1566) zur evangelischen Kirche über.

bäume an, beraubte es zuerst des Kopfes, zerschlug es dann in unzählige Stücke. Die Meßgewänder, Altardecken und Trauerfahnen wurden zerrissen oder gestohlen, die Bildnisse von den Wänden und Pfeilern, die Schnitzwerke an den Kirchenstühlen und Chören 2c. in frechem Übermuthe zerstört. Der Hauptmann, der dem Volke alle Gewaltthätigkeiten streng untersagt hatte, rettete nur mit genauer Noth die goldenen und silbernen Kirchengefäße. Später ließ sie der Markgraf dem Domkapitel in Fürstenwalde, also dem Patrone der Marienkapelle in Göritz, zustellen. Dieses hatte unterm 21. Juni über die Vorgänge beim Kurfürsten eine Beschwerde eingereicht. Er übersandte sie seinem Bruder. Hans beantwortete sie schon am 5. Juli, berichtete den ganzen Verlauf der Sache und sagte, wie der verstorbene Bischof oft, aber vergebens aufgefordert worden sei, „daß er den Götzen und Baal, damit grausame und erschreckliche Abgötterei im Tempel zu Göritz getrieben, hinwegthun sollte, in Ansehung, daß es wider das erste Gebot Gottes, darzu wider prophetische und apostolische Schrift, geistliche und weltliche Gesetze wäre; denn wir solche grausame und höchst sträfliche Abgötterei in unsern Fürstenthümern keineswegs zu dulden wissen. Unaufgefordert habe er Befehl gegeben, sich nach den Thätern zu erkundigen und dieselben einzuziehen; daraus männiglich abzunehmen, daß er an solchem Frevel keinen Gefallen finde". „Die muthwilligen Drossener" wurden mit Gefängnis bestraft. Anscheinend ging der „Pöbel, der aus einigen Orten mitgelaufen" leer aus, jedenfalls, weil man die betreffenden Subjekte nicht ermitteln konnte.

Horneburg beschwerte sich über die Visitation seiner Priester durch den markgräflichen Kommissar, forderte den Fürsten im gebieterischen Tone zur Rückkehr in den Schoß der alleinseligmachenden Kirche auf und lehnte die Einladung, sich um Pfingsten auf dem Schlosse in Küstrin einzufinden, entschieden ab. Wie es in den Wald hineinschallte, so schallte es wieder heraus. Der Markgraf warf dem Bischofe nicht blos seine Unbescheidenheit, sondern auch sein sittenloses Leben vor, und erklärte unumwunden, er werde von nun an vollen Gebrauch von seinem Rechte machen und seinen Unterthanen, wie andere der augsburgischen Konfession verwandte Stände des Reiches bereits gethan, rechtschaffene, evangelische Prediger geben.[1]) — Zumeist verließen bei der vorhin erwähnten Visitation der Kirchen die katholischen Priester in

[1]) In den Denkwürdigkeiten der Mark Brandenburg, Jahrgang 1798, Seite 898 ff., sind beide Schreiben abgedruckt. Wohlbrück, II. S. 332—35.

den bischöflichen Dörfern des Landes Sternberg ihre Parochien. Dr. Johann Hornburg, den Melanchthon seinen Gönner und einen Bischof, der sich durch Weisheit und Tugend auszeichne, nennt, starb am 12. November 1552 in Storkow. Trotz seiner fleißigen alchymistischen Studien war es ihm nicht gelungen, unedles Metall in Gold zu verwandeln; im Gegentheil hinterließ er wie sein Freund Graf Albrecht von Schlick, Landvogt der Niederlausitz, welcher derselben Liebhaberei nachhing, bedeutende Schulden (16 000 Gulden).

Zum Bischofe von Lebus wurde nun der brandenburgische Prinz Joachim Friedrich, ein Sohn des Kurprinzen Johann Georg (geb. den 27. Januar 1546), gewählt. Die Verwaltung übernahm der Vater. Um die vielen Schulden zu decken, verkaufte dieser am 8. Dezember 1555 die Herrschaften Beeskow und Storkow für 45 000 rheinische Gulden an den Markgrafen Hans.

Thorheit wäre es, den reichen Segen der Reformation zu bestreiten. Wir dürfen aber auch um der Wahrheit willen nicht verschweigen, daß die evangelische Kirche zur Zeit ihrer inneren Verbesserung in den meisten Ländern ihr reiches äußeres Gut verlor und dadurch in Armut sank, ein schweres Übel, an dem sie noch heutigen Tages krankt. Erfreuliche Ausnahmen finden wir allerdings. Johann Friedrich von Sachsen verwendete gleich nach seinem Regierungsantritte (1532) die bisherigen Einkünfte mehrerer Klöster dazu, die ärmlichen Besoldungen der akademischen Lehrer zu Wittenberg zu erhöhen und die Einkünfte der ganzen Universität zu erweitern. Derselbe Sinn zeigt sich auch in späterer Zeit, da ihm der Kaiser das Kurfürstenthum entzogen hatte, bei Stiftung der Universität Jena (1547) und anderer wissenschaftlicher Anstalten. Er sowohl wie Philipp von Hessen konnten 1540 den von Karl dem Fünften erhobenen Vorwurf, sie hätten widerrechtlich und selbstsüchtig Kirchengüter an sich gerissen, im Bewußtsein ihrer Unschuld sehr würdevoll und kräftig zurückweisen.[1])

---

[1]) Wir wissen, daß dergleichen Fabeln von Übelwollenden im Volke ausgesprengt werden, um die Sache, welche wir betreiben, zu entstellen. Denn da die Gegner, welche ihrer eigenen Sache mißtrauen, nicht im Stande sind, die Lehre, welche in unsern Kirchen vorgetragen wird, mit stichhaltigen Beweisen wankend zu machen, so nehmen sie ihre Zuflucht zu diesen Klagen; sie schreien, das Vermögen der Klöster und anderer Kirchengemeinden werde mit Beschlag belegt. — Es steht aber fest, daß keiner von uns jemandem irgendeinen Theil fremden Gebiets genommen oder zu nehmen versucht hat. — Keiner von uns in Deutschland hat irgendeinem Bischofe einen Theil seines Bereichs geraubt. Der kirchlichen Gerichtsbarkeit haben sie, nachdem sie aufgehört hat, einträglich zu sein, sich selbst entledigt und vermögen nicht einmal, sie auszuüben.

Selbst der durch sein zweideutiges Handeln bekannte Moritz von Sachsen eignete sich vom Klostergute nicht das Geringste an; er stiftete die noch heute blühenden Fürstenschulen Pforta, Meißen und Grimma. Gleiches Lob verdient in dieser Beziehung Herzog Ulrich von Württemberg. Anders war es in Brandenburg. Hier drückte in Folge der verwirrten Finanzverwaltung eine große Schuldenlast. Adlige Herren hatten ansehnliche Vorschüsse geleistet. Möhsen zählt Seite 477—79 eine ganze Reihe von Klöstern auf, die deshalb in ihren Besitz übergingen. Des Kurfürsten geheimer Kammerrath und Rentmeister Thomas Matthias (zugleich Bürgermeister in Berlin) bekleidete einen schweren Posten, indem er bei so sehr verminderten Einkünften zu allen Ausgaben, Verschenkungen und Anweisungen auf Kassen und Renteien Rath schaffen sollte. Denn Joachim wies alle Leute an ihn, um sich selbst von dem Anlaufe der Gläubiger und ihren Bittschriften loszumachen. Sein Haus war beständig von Solchen besetzt, die Forderungen und Anweisungen hatten und wenn er ausging, so geschah es fast niemals ohne deren Begleitung, was er als ein sanftmüthiger, höflicher Mann aus Liebe zu seinem Fürsten willig ertrug und ihnen mit guten Worten und Vertröstungen die Geduld empfahl.[1])

Luther schreibt in seinem gerechten Zorn: „Die meisten Schösser und Amtleute lassen sich bedünken, daß die Pfarrherren und Kirchendiener nicht werth sind, daß sie auch eine Stunde und zwei leben oder einen Bissen Brots essen sollten. Und sie verhehlen auch ihre Urtheile nicht, sondern sie sagen öffentlich: Man könne in Dörfern und Städten keiner Hirten oder auch keines Büttels und Stadtknechts entrathen; aber eines Pfarrers und Schulmeisters bedürfe man gar nicht. Der rohe Haufen, sonderlich Junker Hans vom Adel, lassen sich dünken, keines Pfarrherren noch Predigers mehr zu bedürfen. Daher kommt es, daß sie nicht allein ihre Pfarrherren und Seelsorger geringer und unwerther halten, denn irgend einen Stallbuben, sondern auch ihr Amt und ihre Predigt verachten.[2]) — Siehe doch die Pfarrherren auf den Dörfern hin und wieder an, wie ihrer so viele vor Hungers und Durstes halber schier verschmachten müssen, haben oft nicht, daß sie ihren Kindlein ein Hemd kaufen. Der Adel reißet die Kirchengüter hin, nicht allein der Klöster, sondern auch der Pfarren.[3]) — Die Kunst wissen unsere Widersacher auch fein, daß sie können

[1]) Möhsen, Seite 379.

[2]) Luthers Werke (Walch), III. 2829. — [3]) Ebendaselbst, II. 1812.

zu den geistlichen Gütern greifen, Klöster und Bisthümer einnehmen und ein jeglicher Bauer, der nur fünf zu zählen weiß, der reißet Äcker, Wiesen, Hölzer zu sich von den Klöstern nnd treibt allen seinen Muthwillen, wie er selbst will, unter dem Scheine des Evangeliums.[1])

Im Lande Sternberg konnte man Nester mit goldenen Eiern nicht plündern; denn es gab hier keine Klöster. Zielenzig mußte aber das Silber aus der Kirche dem Herrenmeister Veit von Thümen ausliefern. 1542 forderte Markgraf Hans die in der Jakobikirche zu Drossen befindlichen silbernen Kreuze, Marienbilder, Monstranzen ꝛc., an Gewicht 42 Pfund (84 Mark) 12 Loth. Um deren Rückgabe bat 1572 der Magistrat den Kurfürsten Johann Georg, wahrscheinlich nicht vergeblich. 1544, Mittwoch nach Gallus, nahm Hans das Kirchensilber der Stadt Krossen an sich und ließ Düttchen daraus prägen. Diese wurden sehr gesucht, weil man ihnen, als aus geweihtem edlen Metall gemünzt, eine geheime Kraft zuschrieb. Sie verschwanden deshalb auch sehr bald aus dem Verkehr. Für dieses Silber überließ der Markgraf jedoch der Kirche 800 Fl., die ihm der Rath schuldete, so daß die Stadtkasse fortan 48 Fl. Zinsen an den Kirchenkastner zahlen mußte.

In den ersten Jahren nach Einführung der Reformation, wahrscheinlich bis 1555, bildete Topper, Kreis Krossen, gegenwärtig den Erben des am 17. Juni 1885 in Karlsbad verstorbenen Feldmarschalls Edwin von Manteuffel gehörig (vergl. Seite 30!) mit Kunersdorf eine Parochie. „Es ist aber", heißt es in einer Verhandlung vom 8. Oktober 1585, „wegen entstandener Uneinigkeit zwischen Hansen von Schlichting (dem Patrone des letzten Ortes) und dem damals gewesenen Pfarrherrn das Filial davon kommen und derselbe Pfarrherr durch Andreassen von Schlieben, Komthur zu Lagow seligen, gegen Spiegelberg genommen, die Pfarre zum Topper abgebrochen und dahin gebaut und aus der Mater ein Filial gemacht und Korritten dazu gelegt worden." — Der Eigensinn oder ein einziger Machtspruch änderte in jener Zeit öfter die kirchlichen Verhältnisse einer Gemeinde. — Christoph von Zobeltitz auf Topper eignete sich, wiewol der andere Patron, der Ordenskanzler Balthasar Römer, widersprach und Beschwerde führte, eine der Kirche gehörige Gärtnernahrung an. Die

[1]) Luthers Werke (Walch), II. S. 1821.

Kirchenvorsteher, welche seinen anderen Wünschen nicht nachkommen wollten, schlug er mit einem Knebelspieße.[1])

In einer Verhandlung, am 24. September 1680, von dem Inspektor Mag. Elias Loccelius zu Drossen aufgenommen, heißt es: „An Meßkorn soll der Pfarrer (zu Radach) laut des Visitationsprotokolls vom 1. Juni 1591 jährlich 65 Scheffel haben, von 65 Hufen, die im Dorfe sind, wie der Inspektor Herr Magister Wecker eigenhändig schreibet, hat aber bisher nur 54 bekommen, und also jährlich 11 Scheffel entbehren müssen, und ob er zwar Anno 1666 u. folg. darum beständig angehalten, haben doch die Herren Patrone mit dieser Exkusation [Ausflucht], daß sie bishero noch nicht erforschen können, wo die übrigen 11 Scheffel geblieben, die Sache bis auf eine anderweitige Unterredung verschoben, itzo aber sich resolviret, daß sie so lange, bis sie darin einen Stand nehmen könnten, dem Pfarrer mit dem Hirten- und Schmiedelohne übertragen und inmittelst fleißig Nachfrage, wo die 11 Scheffel stecken mögen, anstellen wollten." -- „Item an Gelde zwei Thaler jährlich Zins, so er von den Junkern empfängt, von den 50 Thlrn., so wegen der Lipentze zur Pfarre geschlagen worden. NB. Daran fehlen noch 8 Groschen; denn in der Visitation stehen 2 Thlr. 8 Gr., und hat man nicht erfahren können, bei wem solche 8 Gr. gestecket." —

Nicht selten drängten adlige Herren ihre Kammerzofen den Geistlichen als Frauen auf. Nur unter dieser Bedingung erhielten sie die Stelle. Aus solchem Unfuge schreibt sich der Spitzname „Schürzenpfarren". — Auch die Gemeinden glaubten oft aller Bande quitt und los zu sein, versagten ihren Predigern die Gebühren und wollten von der Kirchenzucht nichts wissen. Selbst in Städten, wie Frankfurt a. O., entstand um Kleinigkeiten der bitterste Zank. Verschiedene Briefe von Andreas Muskulus, seinet- und der nothleidenden Kapläne wegen an die wohlweisen Väter der Stadt geschrieben, beweisen dies zur Genüge.[2])

Mit vollem Rechte beklagten sich Bürger und Bauern vor Luther über die Sittenlosigkeit der römischen Priester. Man hob deshalb den Zölibat auf, den besonders Papst Gregor der Siebente[3]) mit Gewalt, unterstützt vom Adel, durchzu-

[1]) Aus den betreffenden Akten.

[2]) Spieker, Muskulus, Kap. 7—9.

[3]) Er erlaubte dem Adel, die Frauen der Geistlichen als Sklavinnen zu verkaufen. Ob des Ehe-

führen suchte. Wer nun aber der Ansicht ist, daß da, wo ein verheirateter Pfarrer das Amt übernahm, in kurzer Zeit auch Sittenreinheit erblühte, aller Aberglauben verschwand, irrt sich gewaltig. Im Gegentheil nahmen Wundergeburten, Hexenprozesse und andere traurige Verirrungen nach der Reformation mehr zu als ab. Die katholischen Geistlichen, welche zur evangelischen Kirche übertraten, sagt Dr. Möhsen in seiner Geschichte der Wissenschaften, (Seite 505), hatten den Aberglauben mit der Muttermilch eingesogen und ließen ihn nicht gänzlich fahren.

Dazu kam, daß die Häupter der Protestanten keineswegs makellos dastanden. Argen Staub wirbelte die Doppelehe des Landgrafen Philipp von Hessen auf. Konnte dieser Potentat seine sinnlichen Triebe nicht soweit zähmen, daß ihm seine Gemahlin Christine von Sachsen genügte? Nein, er mußte sich am 4. März 1540 noch das schöne siebzehnjährige Fräulein Margarete von der Saal zur linken Hand antrauen lassen. Mindestens eben so sehr befremdet, daß Luther, Melanchthon, Bucer und fünf andere Geistliche unter der Bedingung, die Sache solle geheim bleiben, ihre Genehmigung ertheilten. „Philipps Doppelehe, schreibt Julius Köstlin, ist der größte Fleck in dem Leben Luthers und in der Reformationsgeschichte.“ Derselbe hängt, bemerkt Dr. Baumgarten, mit einem tiefgewurzelten Irrthume zusammen, nämlich, daß die heiligen Männer der alttestamentlichen Zeiten für wiedergeborene Menschen anzusehen sind, ihre Sünden also auch mit dem Christenstande verträglich gehalten werden müssen.

Von seinen Hoftheologen in der Ansicht, selig werde der Mensch nicht durch seine guten Werke, sondern nur durch den Glauben, stets bestärkt, lebte Joachim der Zweite gleichfalls in dem Wahne, die Freuden des Bechers und der verbotene Umgang mit Frauen seien erlaubt. — Durch Muskulus ließ er zwar gegen die Pracht, die seine Unterthanen trieben, schreiben: „Vom zuluderten, zucht- und ehr-

verbotes wäre der Erzbischof von Mainz von zornentbrannten Priestern beinahe gesteinigt worden. Bei Artik. 23 der Augsburgischen Konfession fragte Karl V. den Kardinal Albrecht, ob Dies wahr sei. Er konnte es nicht leugnen. Maximilian I. schrieb an den Papst: „Zu dieser Zeit findet man kaum einen unter vielen römischen Priestern, der ein keusch Zölibat führte; fast alle sind offenbar Hurer, zum Ärgernisse des Volkes.“ — Dagegen erklärt der Jesuit Coster, es sei eine viel geringere Sünde, wenn ein Priester eine Konkubine halte, als wenn er in die Ehe trete. Vergl. Anton und Augustin Theiner, Die erzwungene Ehelosigkeit der Geistlichen. Altenburg 1826. Hofbuchdruckerei. Ein sehr lehrreiches, wie es aber scheint, fast ganz vergessenes Buch.

verwegenen, pludrichten Hosenteufel Vermahnung und Warnung";[1]) auf seinen Befehl mußten auch drei reiche Bürgersöhne, die in dergleichem Beinkleide, zu dem man über 100 Ellen Zeug brauchte, um das Schloß in Berlin stolzirt waren, des abschreckenden Exempels wegen öffentlich zur Schau in einem großen Käfig, einem vergitterten Narrenhäuslein stehen, auch Musikanten vor ihnen zum Hohne den ganzen Tag aufspielen — er selbst liebte jedoch einen verschwenderischen Hofhalt. Bei einem Dankfeste, gefeiert im Jahre 1569 wegen Erlangung der gesammten Hand am Herzogthum Preußen, ritt er auf einem goldfarbenen Rosse, bekleidet mit einem Mantel aus Goldtuch, überdies mit Zobelpelz verbrämt, zum Hochamte, das bis Nachmittag 3 Uhr dauerte. Um den Glanz der Prozession zu erhöhen, hatte er alle Dorfpfarrer drei Meilen im Umkreise aufbieten lassen. Jeder trug in der einen Hand den Kelch, in der andern die Patene. — Von den Mätressen, die auch an Joachims Hofe nicht fehlen — seine Gemahlin Hedwig brach am 7. Januar 1551 in einem oberen Zimmer mit der Decke durch und verletzte sich durch diesen Fall schwer — gewann die „schöne Gießerin" Anna, geb. von Sydow, die Wittwe des Stückgießers und Artilleriehauptmannes Michael Dietrich den größten Einfluß. Sie mischte sich sogar in Regierungsgeschäfte und besetzte Stellen. Ihre Ränke vermochte selbst der Kanzler Lampert Distelmeyer, der geniale Sohn eines Schneiders aus Leipzig, mit vollem Rechte „das Auge und das Licht der Mark" genannt, nicht immer zu durchkreuzen. Wundern wir uns nicht, daß bei des Kurfürsten Tode die Schuldenlast 2 600 000 Thaler betrug! Dabei hatte der Krieg verhältnismäßig wenig verzehrt. Er liebte es, zwischen dem Kaiser und den verbündeten Protestanten den Vermittler zu spielen. Wenn es ihm nun auch gelang, den Kurfürsten Johann Friedrich von Sachsen vom Tode zu retten, so mußte er doch sehen, daß man den Landgrafen Philipp von Hessen, der sich gegen das schriftliche Versprechen, er solle „weder an Leib und Gut noch mit einigem [ewigem!!] Gefängnis, Bestrickung oder Schmälerung des Landes" bestraft werden, freiwillig gestellt hatte, nach Beendigung eines Gastmahles verhaftete. Was half es, wenn Joachim zornig vom Sessel aufsprang, wider den Herzog Alba (nach Anderen gegen Granvella, den Bischof von Arras) den Degen zückte und erklärte, solch' Verfahren sei in den Augen aller redlichen

[1]) Vergl. Scheible, Schaltjahr, I., S. 140 ff. Spieker, Muskulus, Kap. 10. Auch S. 338—39

Deutschen ein Böswichtsstück?! Philipp saß bald darauf zu Mecheln in einer nur zehn Fuß langen Kammer mit vernageltem Fensterlein; er mußte eine sehr harte Behandlung erdulden und konnte seinem Gott danken, daß Karl der Fünfte den jesuitischen Rathschlägen, ihn durch Gift aus der Welt zu schaffen, nicht sein Ohr lieh.

Eine Schrift, in der auf Veranlassung des Kaisers der brandenburgische Hofprediger Johann Agrikola,[1] der Bischof Julius von Pflug in Naumburg und der Weihbischof Michael Helding (Sidonius) in Mainz feststellten, wie es einstweilen in den streitigen Religionsartikeln gehalten werden sollte, befriedigte keine Partei. Es hieß: „Das Interim, das Interim hat den Schalk hinter ihm." Markgraf Hans wies dasselbe in dem damals üblichen derben Stile zurück.[2] Weshalb schlug man den wohlgemeinten Rath Cigalas, des Bischofs von Albenga, in den Wind? „Die Geschichte zeigt, daß das Verdammen einer Lehre sie nie vertilgt, sondern ihre Bekenner noch halsstarriger gemacht hat. Wenn sich Luther Anfangs, wie so Viele, dem Ausspruche der Kirche unterwarf, so ist dies nur eine ehrfurchtsvolle Art sich auszudrücken, welcher man würdig entgegenkommen, nicht aber die Sache auf eine Spitze treiben muß, wo jene Äußerung allemal ihre Bedeutung verliert und zurückgenommen wird. Am besten stellt sich die Einigkeit her, wenn man alle Ansichten duldet und mit Mäßigung vertheidigt; wogegen jede verderblich wird, sobald Haß und Leidenschaft hinzutreten."

Scharf blies der Wind erst aus der entgegengesetzten Seite, als der „Krauskopf", der schlaue Kurfürst Moritz wider Erwarten den Spieß gegen den Kaiser wendete. Wenn es auch eine unverbürgte Anekdote ist, daß dieser als alte Frau ver-

---

[1] Von seinem Landsmanne Luther des Trunkes wegen öfter der „Eislebener Bierbruder" genannt.

[2] Als das Interim am 15. Mai 1548 im Saale zur Unterschrift zirkulirte und zum Markgrafen kam, warf er die Feder unwillig mit den Worten weg: „Nimmermehr werd' ich dies giftige Gemengsel annehmen, mich auch keinem Konzil unterwerfen. Lieber Schwert als Feder, lieber Blut als Dinte! — Da ihn der Kaiser zornig ansah und ihm befahl, die Versammlung zu verlassen, ritt er noch an demselben Tage von Augsburg ab. In Küstrin schrieb er an seine Stubenthür: „Wiltu Gott dienen allezeit, schick dich zum Creutz und Traurigkeit; in Anfechtung halt fest, dich drück, hab guten Muth, weich nicht zurück: in steter Hoffnung leb und trag, waß dir auff Erden begegnen mag; bey Gott halt an mit Gebeth und Gnad, der gibt dir Trost, Stärk, Hülff und Rath: denn gleich wies Gold durchs Feur probirt, also auch Gott sein Volk regiert, bewahrt es durch Angst, Noth und Pein, die doch sein liebste Schäflein seyn; drum thu dich denselben ergeben, der hilfft stets auf zum ewigen Leben!" — Kutschbach, S. 66—72.

kleidet auf einem Hobelwagen bis Lermos kam, hier aber, von einer Dirne erkannt, wieder nach Insbruck umkehrte, so läßt sich doch seine Flucht und Demüthigung nicht leugnen. — Es folgte der Passauer Vertrag (31. Juli — 2. August 1552). Durch denselben erhielt der Landgraf Philipp die längst ersehnte Freiheit wieder; ferner wurde die Religionsangelegenheit einem Reichstage überwiesen und zugleich festgesetzt, daß, wenn hier kein Beschluß zu Stande komme, die Rechte und Freiheiten, der Glaube und Kirchenbesitz den Protestanten auch ferner gesichert bleiben sollten.

Ferdinand, des Kaisers Bruder, eröffnete den in Aussicht gestellten Reichstag am 12. Februar 1555 in Augsburg. Nach langem Streite setzte man am 25. und 26. September folgende Friedensbestimmungen fest: Niemand soll künftig seines Glaubens wegen beunruhigt oder mit Strafen belegt werden. Die geistliche Gerichtsbarkeit gegen die Augsburgischen Konfessionsverwandten (die Reformirten sind überhaupt ausgeschlossen) hört auf, und sie bleiben im ungestörten Besitz der erworbenen Kirchengüter. Niemand darf Unterthanen eines Anderen von ihrer Religion abdringen oder gegen ihre Obrigkeit in Schutz nehmen; wol aber können sie gegen billige Nachsteuer ihres Glaubens wegen in andere Lande oder Städte ziehen. Ändern Prälaten ihr altes Bekenntnis, so verlieren sie zwar nicht ihre Ehre, jedoch ihre Ämter und Würden, „worüber sich aber beide Religionsstände nicht haben vergleichen können" (kirchlicher Vorbehalt). Reichsritterschaft und Reichsstädte sind mit in diesen Frieden eingeschlossen.[1])

Moritz von Sachsen, der, wenn auch nicht ohne Frankreichs Einmischung, den Protestantismus vom Untergange rettete, trat schon zwei Jahre früher vom Schauplatze ab. Sein früherer Kampfgenosse, nunmehr sein Gegner, der wüste Rauf- und Trunkenbold Albrecht von Brandenburg-Kulmbach (der deutsche Alkibiades) unterlag zwar am 9. Juli 1553 in der blutigen Schlacht bei Sievershausen (im Lüneburgischen Amte Peine); eine Kugel, angeblich mit Speck umwickelt und vielleicht aus Moritz eigenem Gefolge von einem jungen Edelmanne (von Karras), den er beleidigt hatte, abgefeuert, durchbohrte aber das Rückenstück seines Panzers; zwei Tage darauf starb der merkwürdige Fürst im 33. Jahre.[1])

[1]) Vergl. Dr. Schilling, Quellenbuch zur Geschichte der Neuzeit, Nr. 53, Seite 93—96!

[2]) Böttiger, Geschichte Sachsens, I., Seite 517, 551. — Karl V. seufzte: O Absalom, mein Sohn, mein Sohn!"

War auch der äußere Friede hergestellt, im Inneren des Protestantismus dauerte der Hader fort. Geister, die lutherischer sein wollten, als der Reformator selbst, schürten fortwährend das Feuer. Sie verbitterten dem sanften Melanchthon das Leben. Als auch ihm der Todesengel nahete (er starb am 19. April 1560), sprach er: „Der Herr wird mich erlösen von der Streitwuth der Theologen.“

Von ihr blieb leider Joachim der Zweite nicht frei. Einer Seits erklärte er: „Es ist genug, daß wir im Worte, in der Lehre, in den Sakramenten und in den Hauptstücken, daran die Seligkeit gelegen, einig sind. In Mitteldingen, als in Zeremonien, will ich so wenig an die Wittenbergische Kirche, wie sie an die meinige gebunden; das soll frei sein.“ Anderer Seits legte er indeß auf die letzteren, die er doch selbst für gleichgültig ansah, ein sehr großes Gewicht, und er wies jeden Antrag auf Änderung in seiner Kirchenordnung[1]) hartnäckig zurück. Den Geistlichen drohte er mit dem Papste und dem Bischofe von Lebus. In ihren Augen waren beide gleich arg; darum gaben die meisten nach.[2])

Noch mehr erhitzte die Gemüther der Streit über die guten Werke. Andreas Muskulus behauptete: zur Seligkeit des Christen sind sie nicht nothwendig. Abdias Prätorius (Gottschalk Vogt oder Schulz) bestritt Dies. Bei jenem lautete der Wahlspruch: Hinweg mit dem Gesetze Moses an den Galgen! Schon in dem Namen seines Gegners fand er einen Beweis, daß dieser ein Schalk und Gotteslästerer sei. Aus Gründen, nach denen wir nicht lange zu suchen brauchen, trat der Kurfürst auf Muskulus' Seite. Im Jahre 1563 wollte er den Hofbeamten und Geistlichen sein Testament vorlesen. Unter den letzteren befand sich auch der Domprobst Georg Buchholtzer, ein um die Reformation sehr verdienter Mann, aber ein Anhänger des Prätorius. „Ich habe bisher euch oft predigen hören, redete Joachim die Versammlung an; nun will ich euch einmal predigen!“ In seinem Eifer erhob er den Stock gegen Buchholtzer und rief: „Wenn Luther wieder aufstünde, so würde er euch und euren Anhang mit Keulen zu Tode schlagen.[3]) Herr George, ich will bei der Lehre des Muskulus bleiben, befehle meine Seele nach dem Tode unserm Herr

---

[1]) Mylius, I. Seite 5—238, also sehr umfangreich.

[2]) Gallus, III. Seite 29.

[3]) Dies möchte doch starken Zweifeln unterliegen! Vergl. Spieker, Muskulus, Seite 161. 337!

Gott, eure aber mit eurer Gottschalkischen Lehre dem Teufel." Nicht genug! Buchholtzer wurde 1565 (22. Juli, am Tage Maria Magdalena) seines Amtes entsetzt. Im folgenden Jahre erlöste auch ihn der Herr von der Streitwuth der Theologen.[1])

Nicht blos gegen die Pluderhosen, auch gegen andere Auswüchse des Luxus, der besonders unter den Bürgern immer mehr um sich griff, erließ Joachim oftmals Verordnungen. Sie hätten jedenfalls mehr gefruchtet, wenn der Hof mit besserem Beispiele vorangegangen wäre.

Auf den Vertrag, nach welchem 1618 das Herzogthum Preußen an Brandenburg fiel, wies ich schon oben Seite 380 kurz hin. Hier ist noch ein anderer zu erwähnen: die Erbverbrüderung mit Friedrich dem Zweiten von Liegnitz, Brieg und Wohlau, geschlossen am Freitage nach Gallus (19. Oktober) 1537. Zu mehrerer Befestigung ließ der schlesische Fürst auch seine beiden Söhne Friedrich den Jüngeren und Georg „mit ihren eigenen Händen unterschreiben und schwören." Dies sollte auch von den brandenburgischen Markgrafen Johann Georg und Friedrich geschehen, sobald sie zu ihren mündigen Jahren gekommen." Laut eines Kontraktes vom 18. Oktober 1537 heiratete Johann Georg 1545 Friedrichs Tochter Sophie, die aber schon im folgenden Jahre (am 5. Februar, neun Tage nach der Geburt des Prinzen Joachim Friedrich) starb; desgleichen Georg der Zweite von Brieg des Kurfürsten älteste Tochter Barbara.[2])

Eine „Befestigung" erschien unter den obwaltenden Verhältnissen allerdings nothwendig. Sie sind durchaus nicht so klar, wie sie manche Geschichtsschreiber hinstellen. König Wladislaus von Böhmen, ein sehr gutmüthiger Herr, gab 1510 den Ständen die Versicherung, es solle der Krone nichts entfremdet werden; dem Herzoge Friedrich ertheilte er jedoch auch 1511 ein Privilegium, kraft dessen ihm das freie Dispositionsrecht über seine „Städte, Land und Leute" zustehe, so daß er sie mit allen ihren Obrigkeiten, Freiheiten, Zinsen, Renten und Einkommen, soviel er deren hat, ein Theil oder auch ganz, auf dem Todtenbette oder testamentsweise, wie er am besten zu Rathe wird, vergeben, verkaufen, versetzen, verschaffen und verwechseln mag, wann er will, und in aller Maß, wie er dieselben gehalten, gebraucht und genossen."

[1]) Seidel-Küster, Seite 40—43. Er starb am 31. Mai 1566.

[2]) Riedel, Kodex II, Band 6, Nr. 2553 und 54. Heiratsvertrag III. Band 3, Nr. 322 und 23. Vergl. Tabelle Vb. Pachali, I., Tabelle 6. K. A. Menzel, Seite 469.

Selbstverständlich widersprach eins dem andern; denn sobald der Fall eintrat, daß die genannten Herzogthümer an Brandenburg fielen, wurden sie der Krone Böhmen entfremdet. — König Ludwig hatte zwar jenes Verfügungsrecht 1522 und 1524 erneuert, sein Nachfolger Ferdinand auch 1529 alle Privilegien Friedrichs II. bestätigt; nach langem Streite erklärte er jedoch am 18. Mai 1546 den Erbvertrag für nichtig und unkräftig, und wiewol ihn der Herzog noch kurz vor seinem Tode († 17. September 1547) in allen Punkten anerkannte, ertheilte jener doch dessen Söhnen, erst als sie Verzicht geleistet, die Belehnung. Reverse mußten auch all' ihre Nachfolger ausstellen.[1])

Joachim der Zweite starb am 3. Januar 1571. Man sollte sich fast wundern, schreibt Gundling, der Biograph des berühmten Kanzlers Lampert Distelmeyer, wie es gekommen, daß der Kurfürst den dritten Christtag im vorigen Jahre nach Köpenick gereist, daselbst einer Wolfsjagd beizuwohnen, da denn dessen hohes Alter und die damalige strenge Kälte dieses zu mißrathen schienen. Es hat Christoph Sparre [nachher Oberhofmarschall, Vater des berühmten Helden], wie man weiß, diese Wolfsjagd auf die Bahn gebracht, daß also damalen auf die Gesundheit des Kurfürsten nicht gehörige Obacht gegeben worden ꝛc. Als er auf das Haus Köpenick zurückgekommen, setzte sich selbiger zur Tafel, bei welcher auch der Kanzler gewesen. Der Diskurs ging von geistlichen Sachen, und mußte ein Page etliche Stunden lang in den Predigtbüchern Dr. Luthers sehr Vieles ablesen, worauf nach Mitternacht der Kurfürst aufgestanden und sich zu Bette legen wollen. Er zeichnete vorhero auf einer Tafel Christum am Kreuze und begab sich zu Bette; allein als er kaum einige Stunden geruht, überfiel ihn eine Pressung auf der Brust mit einer starken Ohnmacht, daß die Kammerdiener den Kanzler und die übrigen vorhandenen Räthe aufgewecket. Doch kam der Kurfürst wieder zu sich selber, so aber nicht lange gewähret, indem das Übel bald noch ärger geworden, daß also selbiger in Erwägung eines biblischen Spruches: „Das ist je gewißlich wahr" im Beisein des Kanzlers im 66. Jahre seines Alters und im 30. seiner Regierung den Geist aufgegeben."

Joachim hinterließ ein durch seine Verschwendung erschöpftes Land. Merkwürdig ist die fromme Einfalt, mit der die damaligen Chronikenschreiber sich deshalb

[1]) „Wenn unsere Privilegien erst Rehsersen (Reverse) bekommen, so werden sie bald davonlaufen." Wortspiel des Herzogs Friedrich II. Breslauer Chronik, S. 333.

zu getrösten bestrebten. Einer derselben, Sebald, sagt in seinem historischen Brevier: „Ob nun zwar seine Kurf. Durchl. ein sehr gottseliger und hochberühmter Potentat gewesen, so haben Sie sowol als König David, der ein Mann nach dem Herzen Gottes genannt wird, Actorum (Apostelgesch.) 13, Ihre menschlichen Fehler gehabt, sonderlich auch in Dem, daß Sie sehr milde gewesen, den Beamten zuviel nachgelassen und selten Rechnung gefordert, daher denn dem Lande, sonderlich wegen der Gebäude [Bauten], ziemliche Schulden aufgebürdet worden, dabei denn eingerissen allerhand Lasten, hohe Schösse, neue Bierziesen und dergleichen, welche Lasten sonder Zweifel die Unterthanen mit ihren Sünden verdienet, weil sie bei der wahren christlichen wieder hervorgesuchten Lehre nicht gebührlich-christlich, sondern oft sehr ärgerlich gelebt, wie treue Lehrer darüber hin und her schwere Klagen geführet."

Wenden wir uns nun wieder dem Markgrafen Hans und dem Lande Sternberg zu! Wenige Jahre nach seinem Regierungsantritte begannen die Händel mit den Polen. 1538 ließ der Starost in Meseritz, Mirkowski, Ordensunterthanen Nachts auf freier Straße Pferde, Wagen und Getreide wegnehmen. Der Komthur Andreas von Schlieben eilte mit seinen Leuten den Strolchen nach, und da es ihm nicht gelang, ihrer noch auf brandenburgischem Gebiete habhaft zu werden, so überschritt er ohne Bedenken die Grenze und nahm ihnen auf polnischem Boden den Raub ab. Der Herrenmeister Veit von Thümen sollte sich deshalb in Posen vor dem Kastellan verantworten. Er bestritt die Kompetenz dieses Beamten und bat, den Kläger Mirkowski an das zuständige Gericht zu verweisen. Es erging aber vom Posenschen Landgerichte Anfangs ein Zwischenbescheid, welcher die Seite 200 gedachten Verträge bei diesen Gütern und Wirthschaften, da sie unter der Herrschaft und Gerichtsbarkeit des polnischen Reiches stünden, für nicht anwendbar erklärte. Am Montage nach Bartholomäus 1539 (25. August) erfolgte ein endgültiger Bescheid, der den Ordensmeister zu einer sehr hohen Strafe (zehn Tausend polnische Mark) verurtheilte. Über eine Zahlung derselben ist Nichts bemerkt.

In einem Schreiben an den König von Polen bittet auch Markgraf Hans, den Übergriffen des Starosten Schranken zu setzen, widrigenfalls er dem Herrenmeister würde Beistand leisten müssen. Mit einem polnischen „Abgesandten" fanden nun Unterhandlungen statt; dieselben zeigen aber, daß man, unbekannt mit dem Vertrage vom 2. Juli 1364, auch in Brandenburg annahm, die vier Dörfer Tempel,

Seeren, Burschen und Langenpfuhl lägen auf polnischem Gebiete. Aus dieser falschen Voraussetzung erklärt sich leicht der Tadel gegen den Herrenmeister, er sei nicht berechtigt, ohne Einwilligung des Bischofs in diesen Orten die lutherische Lehre einzuführen.

Am Abende des Johannistages 1539 nahm der Zöllner in Meseritz unter dem Vorwande, er habe die betreffende Abgabe nicht entrichtet, einem Ölmüller acht Ochsen und drei Kühe weg. Veit von Thümen schickte zwei Kommissarien an den Hauptmann daselbst. Angeblich wußte dieser von der Konfiskation gar Nichts; er wies sie an den Kastellan in Posen. Seinem Zorne gab er in einem Schreiben Ausdruck: Man möge ihn mit dergleichen Drohbriefen verschonen; bediene man sich noch ein Mal der deutschen Sprache, so werde er polnisch antworten. Ganz denselben Übermuth bewies auch der Kastellan. Er hob außerdem hervor, daß nach Aussage des Oberzöllners das Vieh mit allem Rechte genommen sei.

Am Tage Kreuzeserhöhung (15. September) 1545 wurden unter dem schon erwähnten Vorwande Besitzern aus den vier Dörfern 36 Ochsen konfiszirt. In Folge eines Schreibens des Herrenmeisters an den König von Polen verordnete der letztere eine „Kommission, welche in contumaciam gehalten wird".

Bevor ich die polnischen Chikanen weiter beleuchte, will ich hier einen Irrthum, der sich in mehreren Geschichtswerken findet, berichtigen. Wohlbrück, sonst zuverlässiger als hundert Andere, gibt II. 498 an, Andreas von Schlieben habe sich als Komthur von Lagow von 1539—75 gefunden. Beide Zahlen sind nicht richtig, wenn sie auch in der seinem Sohne Adam gehaltenen und 1628 in Frankfurt a./O. gedruckten Leichenpredigt stehen sollten. Er starb, wie auf seinem Grabsteine in der Kirche zu Lagow vor ihrem Umbau ganz deutlich zu lesen war, am Tage der heiligen drei Könige 1571.[1]) Nach dem Inventar dieses Gotteshauses legte der Kommendator Abraham v. Grünberg (der Ältere) 1572 — die Ziffern sind sehr deutlich geschrieben — für den Pfarrer Urbanus Plon noch einen halben Malter Mehl aus der Buchmühle zu.

[1]) Die Grabschrift lautet: „1571 am Tage der heiligen drei Könige ist selig entschlafen der ehrwürdige, gestrenge, edle und ehrenfeste Herr Andreas von Schlieben, markgräflich brandenburgischer Rath, Komthur auf Lagow, zu Tammendorf erbsessen, als er 73 Jahre alt gewesen und die Komthurei in das zwei und vierzigste Jahr wohl regiert hat. Dem und allen Christgläubigen Gott eine selige Auferstehung durch Christum verleihen wolle. Amen."

Wegen der ungewöhnlichen Dienste, welche der Hauptmann von Meseritz von den Grenzdörfern forderte, entstand 1570 neuer Streit. Er ließ einige Pferde pfänden. Der Komthur vergalt Gleiches mit Gleichem. Graf Martin von Hohenstein, seit 1569 Herrenmeister, wandte sich in dieser Angelegenheit an den König von Polen, erholte sich auch Raths bei dem Markgrafen Hans. Aus den bezüglichen Schreiben vom 11. Oktober 1571 ꝛc. geht aber wieder hervor, daß beide Staaten noch immer an der irrigen Ansicht festhalten: die vier Dörfer sind in der Krone Polen belegen. Deshalb entspinnen sich, wie wir in dem folgenden Kapitel sehen werden, neue Händel.

Leutinger sagt von dem Markgrafen: „Er sei zum Zorne geneigt gewesen, nach welchem er nicht leicht Denen seine Gnade zugewendet, vor welchen er einen Ekel bekommen." Sein Verfahren gegen den Herrenmeister Franz Neumann rechtfertigt dieses Urtheil vollständig. — Dieser, der älteste Sohn eines Bürgermeisters in Sagan, um 1518 Rektor, 1519—20, 25, 27—36 auch Stadtschreiber, 1526 Bürgermeister in Krossen, wurde seiner besonderen Fähigkeiten wegen zuerst Schreiber, sodann Geheimsekretär des genannten Fürsten.[1]) Durch dessen Gunst gelangte er 1547 nach Melchiors von Barfus' Tode zur Komthurei Schievelbein, 1564 sogar zum Herrenmeisterthum in Sonnenburg. Schievelbein hatte Hans gegen Quartschen und Neudamm, „weil sie seiner Hofhaltung in Küstrin ganz dienstlich und wohlgelegen war", von den Johannitern eingetauscht.[2]) Etwas Ähnliches versuchte er mit Friedland. Ohne Einwilligung des Kapitels wollte und konnte es Neumann füglich nicht gegen eine Summe Geldes abtreten. Darob verfiel er in des Markgrafen Ungnade. Auf seine persönliche Sicherheit bedacht, mied er den Hof in Küstrin und lebte zuerst in Sonnenburg, dann aber in Friedland, das unter böhmischer Hoheit stand. Als er einmal in Rampitz, einem Ordensdorfe in der Nähe des Klosters Neuzelle, weilte, wurde er auf fürstlichen Befehl von dem Hofmarschall Johann von Seifertitz, dem Kommandanten von Küstrin, Kaspar von Otterstädt, Sigismund von Schlichting und einigen anderen adligen Herren aufgehoben. Nach Sonnenburg in festes Gewahrsam gebracht, entfloh er indeß mit Hülfe seiner Tochter durch ein ge-

[1]) Karl V. erhob ihn in den Adelstand. Um 1556 kaufte er das Gut Mosau bei Züllichau. Statt Neumann kommt auch die Form Naumann vor.

[2]) Urkunde: Küstrin am Dinstage Viti 1540. Dithmar, S. 68—75.

heimes Gemach und gelangte glücklich bis nach Schwiebus. v. Seifertitz, v. Löben, der Magistrat und mehrere angesehene Bürger Züllichaus sollten ihn zwar herauslocken; der Rath, an dessen Spitze damals noch der Konsul Bonaventura Schickfuß stand, ließ aber die Häscher gar nicht ein. Nur von der Mauer herab redete der Verfolgte zu ihnen. Unverrichteter Sache mußten sie heimkehren. Überdies befahl der Kaiser Maximilian der Zweite, ein gerechter, milder Monarch, der Stadt Schwiebus, Neumann zu schützen. Da sie aber trotzdem unangenehme Berührungen mit dem erbitterten Markgrafen fürchtete, so suchte sie den Herrenmeister zu bewegen, eine sichere Zufluchtsstätte zu wählen. Er begab sich über Troppau nach Prag, wo er in der Neustadt bei einer Wittwe Christiane Bostovo wohnte. Hier starb er am 24. August 1568 an der Ruhr. Am 26. setzte man die Leiche feierlich in der Haupt- und Pfarrkirche der Altstadt bei.

Hans ließ nun seinen Zorn allerdings nicht direkt gegen Schwiebus, desto heftiger aber gegen Andere aus.

Der Kommandant von Sonnenburg, ein Hauptmann Bastian von Winning, erlag den Schmerzen der Folter. Neumanns Schwiegersohn, Christoph von Döberitz, des Markgrafen Geheimsekretär, beschuldigte man, er habe dem Gefangenen Mittheilungen zugehen lassen. In Peitz peinlich verhört, bekannte er Nichts, wahrscheinlich weil er Nichts wußte. Er sollte gegen Kaution freigelassen werden; allein die Verwandten weigerten die Zahlung derselben; sie ließen es sogar an Drohungen nicht fehlen. Dafür mußte der beklagenswerthe von Döberitz mit dem Leben büßen. Unbekümmert um das Urtheil der Geschichte, die hier einen sehr dunklen Punkt zeigt, ließ der Markgraf ihn enthaupten.[1])

Wie zornig er in manchen Fällen dazwischenfuhr, ergibt sich auch aus einer Bekanntmachung vom Jahre 1565. In derselben heißt es: Albert Winsius, erster Konsul in Frankfurt a./O., habe den Tod verdient. Jeder, der ihm denselben bereite,

---

[1]) Nach Leutinger, Buch 12, Seite 440 ff. und Buch 17, Seite 578—84. Dithmar, Nachrichten, Seite 77—78. Buchholtz, III., Seite 437—38. Pauli, III., Seite 175—88. In den „Staatsmaterialien", Band 1, Seite 18—41 und den Jahrbüchern der preuß. Monarchie 1799, Band 3, veröffentlicht Hausen aus dem Krause-Häusler'schen Manuskript über Hans — sie benutzten das Küstriner Kammerarchiv — verschiedene Aktenstücke. Aus denselben ergibt sich, daß nicht der Markgraf, sondern vielmehr die Krone Böhmen nach einigen Gütern des Johanniterordens, namentlich nach Friedland getrachtet habe. Vergl. Klette, Regesten III., S. 386, 401—2, 4, 8—10, 12.

solle nicht als Mörder bestraft werden; bringe er ihn lebendig, so erhalte er 3000 Gulden als Belohnung.[1])

Hans konnte jedoch auch nachsichtig und langmüthig sein, ja sogar Begnadigungen eintreten lassen. Den George von Rammin hatte, weil er den Müller Kaiser getödtet, der Schöppenstuhl in Brandenburg zum Tode verurtheilt. Da reformirte der Markgraf die Sentenz folgendermaßen: „Dieweil die Sachen zwischen George Rammin und des Entleibten Freundschaft auf vier Hundert Thaler ausgeführt, auch von Kurfürstinnen und Fürstinnen allerlei Vorbitte geschehen, so wollen wir denselben auf solche Maße zur Sühne verstatten und Gnade bewilligt haben. Soll George von Rammin ein Tausend Thaler sammt fünfzig Thaler Zinsen in Küstrin der Kirche zum besten erlegen und daraus von uns quittiret werden. Und überdem das Alles soll derselbe angeloben, hinfüro und Zeit seines Lebens zu einem ewigen Gedächtnisse keinen Dolch, Stoßdegen oder andere dergleichen kurze Gewehre zu tragen. Und überhaupt Dies schuldig sein, den 9. März, als auf den Tag erboten worden ist, sich in Küstrin in ein öffentliches Wirthshaus jährlich einzustellen, sich bei Hofe ansagen zu lassen und allda in der Herberge zwei volle Tage und drei Nächte innezuhalten.“ [2])

Um sich mit eigenen Augen zu überzeugen, ob man seine Verordnungen, an denen er es nicht fehlen ließ, auch pünktlich befolge, reiste Hans öfter, aber verkleidet, in der Neumark umher. Einmal kam er im Lande Sternberg als dänischer Soldat uniformirt in einen Krug[3]) und befragte die Wirthin im Laufe des Gesprächs über Dies und Jenes. Sie gerieth in Eifer, zog gewaltig über den Markgrafen her, tadelte den kostspieligen Festungsbau in Peitz und Küstrin, die Bierziese, den Geiz und die Habsucht des hohen Herrn. Dieser hatte den Besitzer des Ortes rufen lassen, und aus dessen ehrfurchtsvollem Benehmen konnte die Frau sehr bald schließen, daß der ihr Unbekannte mehr als ein gewöhnlicher Kriegsknecht sei. Endlich ihrem Irrthume entrissen, fiel sie vor Schrecken dem Geschmähten zu Füßen und flehte unter vielen Thränen um Gnade. Hans lachte; denn er sah ein: in anderer Weise

---

[1]) Kletke, Regesten, III., Seite 395.

[2]) Kutschbach, Seite 54—55.

[3]) Ist der Name des Gutsherrn — v. Löben — richtig überliefert, so war es im Dorfe Ziebingen.

würde er schwerlich die Wahrheit erfahren haben. — Auf einem Spazierritte in der Gegend von Quartschen wäre es ihm bei einem Haar übler ergangen. Indem er sich für einen Fleischer ausgab, wollte er einen Schäferknecht überreden, ihm heimlich einige gute Hammel zu verkaufen. Der ehrliche Mann weigerte sich aufs entschiedenste, einen solchen Handel abzuschließen. Da ihn der Schacherer dafür nicht blos mit Schimpfworten, sondern sogar mit Stockschlägen lohnte, sodann aber eiligst das Weite suchte, warf er ihm eine kleine Axt, die er bei sich trug, kräftig nach. Glücklicher Weise traf sie nicht den Reiter, sondern nur den Sattel, in dem sie stecken blieb. Zum Andenken ließ der Markgraf Beides in seinem Marstalle aufbewahren.

Seine vielgerühmte Sparsamkeit artete in Geiz aus. Es ist vielleicht zu entschuldigen, wenn er seinem Rathe von Mandelsloh[1]) vorhält: „Barthel, ich habe auch seidene Strümpfe; aber ich trage sie nur an Festtagen." Unwillkürlich muß man jedoch lächeln, wenn man liest: Der Kammerdiener antwortete auf die Frage, ob sein Herr auf der Frankfurter Messe viel Geld ausgegeben habe: „Ich sehe auf der Rechnung nicht mehr verzeichnet, als 18 Pfennig, und 4 Pfennig, um Ihrer Durchlaucht Hosen zu flicken!" — Als sein Schwager Julius von Braunschweig und andere Herren bei ihm zum Besuche waren, führte er sie eines Tages in die Hofapotheke und verzehrte dort mit seinen Gästen für — 19 Groschen Wein nebst Mandeln und Rosinen. Bei der Bezahlung sagte er: „Das heißt einmal schlampampert!"[2]) — Am grellsten tritt seine Gewinnsucht in dem Verhältnisse zu Tage, welches er in seinen letzten Lebensjahren (1569) mit dem Könige Philipp dem Zweiten von Spanien einging. Die Grausamkeiten, durch welche dieser fürstliche Finsterling seinem Namen eine traurige Berühmtheit in der Geschichte erworben hat, seine abscheulichen Ketzergerichte und die blutigen Gewaltschritte, mit denen er die Religionsfreiheit der

[1]) Seit 1562 Gutsbesitzer in Biberteich, ist Berthold (Barthold) von Mandelsloh, geb. 25. Januar 1421, ein Sohn des braunschweig-lüneburgischen Hauptmanns Kurt von Mandelsloh und der Sophie von Bülow, gest. 9. März 1593 in Küstrin kinderlos, nicht mit Bartholomäus von Mandelsloh, einem andern Rathe des Markgrafen, zu verwechseln. Dieser, geb. 1517, starb am 1. April 1580 als Amtshauptmann in Kottbus. Wahrscheinlich bezieht sich obige Anekdote auf den zweiten. Wohlbrück, III., S. 474. — Ein Balthasar Erdmann von Mandelsloh verheiratete sich am 11. August 1717 mit der verwittweten Marianne Polixena von Knobelsdorf in Topper, geborenen von Bornstädt aus Kalzig bei Züllichau. 1730 war sie bereits wieder Wittwe. Kirchenbuchnotiz.

[2]) Kutschbach, Seite 115.

Niederländer zu unterdrücken suchte, mußten dem Markgrafen ebenso bekannt sein, wie die fühllose Henkernatur des Herzogs Alba, der in seinem blinden Wahne 18000 Protestanten hinrichten ließ. Die Niederländer, ein frommes, kräftiges Volk, schreckten vor dem Riesenkampfe gegen die unerhörte Tyrannei nicht zurück, und der Gott, der im gerechten Kriege hilft, verlieh ihrer heiligen Sache endlich den Sieg. Es wundert uns nicht blos, nein, es schmerzt uns tief, daß sich Hans durch lockende Aussicht auf zweideutigen Gewinn verblenden ließ, gegen ein Jahrgeld von fünf Tausend Thalern „als Rath von Hause" in Philipps Dienste zu treten. Waren auch die Bedingungen günstig, so verpflichtete sich doch der deutsche evangelische Fürst hauptsächlich zum Kriegsdienste des katholischen Herrn von Spanien. Hierbei meinte der Markgraf sein Gewissen vollkommen rein zu erhalten, wenn er sich vom Könige die Zusicherung geben ließ, niemals gegen seine Glaubensgenossen, der Religion wegen kämpfen zu müssen. Überhaupt suchte er auf jede Weise Geld zu sammeln. Er scheint deshalb selbst im Bezahlen von Rechnungen säumig gewesen zu sein. Dafür spricht u. a. folgender Brief seines Büchsenmachers in Nürnberg: „Guten Tag, Herr Markgraf! Eure Büchse ist fertig. Schickt Ihr mir das Geld, so schick' ich Euch die Büchse. Schickt Ihr mir das Geld nicht, so schick' ich auch die Büchse nicht. Hiermit Gott befohlen!" Hans, ein leidenschaftlicher Nimrod, sandte das Geld und erhielt selbstverständlich die Büchse.[1])

Wie er sich die Werthgegenstände der Jakobikirche zu Drossen und das Kirchensilber in Krossen aneignete, wurde schon auf Seite 377 berichtet.

In der liebwerthen Stadt Reppen haben zwar in neuerer Zeit Rechnungen erweislich drei Mal nicht gestimmt; gegen einen Fall in der früheren steigen aber erhebliche Zweifel in mir auf. „Zu wissen — so lautet eine Verhandlung — nachdem und als zwischen dem Hochgeborenen und Herrn, Herrn Johann, Markgrafen, und dem Bürgermeister und Rathmann zu Reppen von wegen der Geschoß und allerhand Rechnungsirrung und Gebrechen zugetragen und befunden worden, daß genannter Bürgermeister und Rath der Einnahme desselbigen Schosses etwas weiter, denn ihnen gebühret und zuständig gewesen, sich unterfangen und angemaßt und in der Rechnung zu vielen Stücken nicht bestehen können, derohalben dann Sr. Fürstl. Gnaden

[1]) Kutschbach, Seite 45.

sie zu strafen und in Abtrag zu nehmen wohl befugt, auch gegen ihnen mit Recht zu verfahren Vorhabens gewesen; demnach haben sich Bürgermeister und Rathmänner in Betrachtung ihrer Verwirkung heute dato zu Ihrer Fürstl. Gnaden verfüget und durch vielfältige ihre unterthänige und hochfleißige Bitte Sr. Fürstl. Gnaden von solcher Rechtfertigung abwendig gemachet und frei gutwillig Ihre Fürstl. Gnaden ihre Heyden, Wälder und Püsche erb- und eigenthümlich für sich und ihre Nachkommen mit allen ihren Nutzungen und Zugehörigkeiten, Rechten und Gerechtigkeiten Nichts davon ausgeschlossen, sammt der Loh- und Schneidemühle gänzlich und unwiderruflich abgetreten, zugeeignet und traduiret. Deß zu mehren Urkund, nach stetiger und aufrichtiger Festhaltung haben die genannten Bürgermeister und Rathmannen an diesen Brief ihr Secret wissentlich thun drucken. Geschehen zu Reppen, Donnerstags nach Miseri (cordias Domini, 20. April) 1553.[1])

In neuerer Zeit versuchte man, die Sache in einem andern, günstigeren Lichte darzustellen. Man behauptete nämlich: Im Forst hauste allerlei Raubgesindel, das sehr häufig das Eigenthum und das Leben der umliegenden Bewohner gefährdete. Der Rath fühlte sich außer Stande, den nothwendigen Schutz zu gewähren und übertrug darum freiwillig den Wald dem gestrengen Hans.[2])

Wer da weiß, wie der hohe Herr anderwärts z. B. in Drossen, Friedeberg, Woldenberg verfuhr, sagt freilich nicht ohne Weiteres Ja und Amen.

Wie man damals dachte, geht aus einem Berichte hinreichend hervor.

Durchlauchtigster Kurfürst!

Ew. Kurfürstlichen Gnaden sind unsere unterthänigen Dienste mit Fleiß zuvor bereit.

Gnädiger Kurfürst und Herr, Ew. Kurfürstliche Gnaden gnädiges Schreiben und Befehl, so Sie auf derer von Reppen unterthäniges Ansuchen und übergebene Artikel um Bericht an uns anhero fertigen lassen, mit Befehl Ew. Kurfürstl. Gnaden, unser Bedenken dabei zu vermelden, haben wir mit unterthänigster Reverenz empfangen, welche Artikel Ew. Kurfürstl. Gnaden wir hiermit um Erinnerung willen unterthänigst wiederum übersenden.

[1]) Wedekind, Kreischronik, Seite 137, nach einer Abschrift aus dem Rathhaus-Archive. Das Original mußte 1719 der neumärkischen Kammer eingereicht werden.

[2]) Berghaus, III., Seite 261. Bericht aus den Neuendorfer Etablissements.

Was dann derer von Reppen Heide, Büsche und Wälder sammt ihrer angeheftet unterthänigen Bitte, des freien Bau- und Brennholzes halben betrifft, haben wir zu mehrerer Nachrichtigung ihre Cession und Übergabsbrief, welchen sie in Abtretung derselben ihrer Gerechtigkeiten etwa haben von sich gegeben, allhier in Ew. Kurfürstl. Gnaden Kanzleiverwahrung aufsuchen und davon eine Abschrift machen lassen, die Ew. Kurfürstl. Gnaden wir hierbei verwahret, unterthänigst zu schicken, darauf Sie sich und Ursachen, warum diese Übergabe von ihnen gefordert, gnädiglich zu ersehen.

Und obwol in diesem Punkte unser unterthäniges Bedenken, daß die begangene Verwirkung des Bürgermeisters, noch eines oder mehr Rathspersonen nicht genugsam Ursache sein konnte, daß derethalben eine ganze Stadt und Gemeinde sich das Ihrige für sich und alle ihre Nachkommen verlustig gemacht, oder dessen entgelten, sondern daß vielmehr Jeder die Strafe seiner eigenen Verwirkung und was er verbrochen ohne Schaden und Entgelt eines Andern und sonderlich einer ganzen unschuldigen Gemeinde, billig selbst tragen sollen. Und gleichwol aus der guten Leute von Reppen unterthänigstem Gesuche nichts vermerken, daß sie die geschehene Übergabe gedächten anzufechten, sondern bitten allein des Bau- und Brennholzes halben, so wäre unser unterthäniges Bedenken, Ew. Kurfürstl. Gnaden hätten ihnen darin gnädigsten Willen erzeiget, das Bauholz doch auf Anweisung neben dem Brennholze vergönnet und nachgegeben in Betrachtung und Sachen Gelegenheit, und daß sie gleichwol gar unschuldig darum kommen sind.

Das würde bei den armen Leuten auch einen guten Willen machen, die Stadt etwas besser zu erbauen, auch Ew. Kurfürstl. Gnaden mit der Zeit in Ihrem Einkommen etwas zutragen.

Doch stellen wir Solches zu Ew. Kurfürstl. Gnaden gnädigstem Gefallen und haben Deroselben Solches für unser unterthänigstes Bedenken auf Deroselben gnädiges Begehren nicht vorhalten sollen.

Datum Küstrin, den 19. Juni 1571.

Statthalter und Räthe daselbst.

Die Mühlen, wenngleich gänzlich und unwiderruflich abgetreten, bekam die Stadt später zurück.

Auch dem Rathe in Drossen wurde 1562 die ihm von Alters her gehörige Heide nebst dem Polenziger Busche vom Markgrafen entzogen. Die Gründe, welche hier herhalten mußten, können schwerlich erheblich gewesen sein; denn der Kurfürst Johann Georg glich 1599 die Sache wieder aus.

An den genannten Monarchen wandten sich auch die Friedeberger und baten um die Rückgabe des Marienlandes, „etlich Land auf dem Stadtfelde vor dem Birkholzer Thore gelegen, ungefähr 300 Morgen groß" — das sonst die Bürger von der Kirche in Pacht genommen und davon ihre Steuern gegeben hätten, und auf dem nun Veit von Tobel, der Hauptmann zu Driesen, sich unternommen, ein Ackerwerk (Vorwerk) aufzurichten. Es sei dies zwar mit der Zusage geschehen, daß solches nur auf eine Zeit gebraucht werden sollte; allein dabei wäre es geblieben, und die arme Bürgerschaft könnte ohne ihren unverwindlichen Schaden des Landes, eines Almosen von den Vorfahren der Kirche gegeben und zum besten derselben verpachtet, nicht entrathen.

Außerdem erhoben die Woldenberger schwere Klagen. Markgraf Johann hatte sich nämlich 400 Morgen vom Hufenschlage der Stadt, „der rothe Graben genannt", angeeignet und darauf ein Vorwerk und eine Mühle angelegt, die zugesagte Entschädigung aber nicht gewährt. Nun weigerten sich auch die Amtshauptleute, ihnen das Holzungs- und Hütungsrecht auf der Driesener Heide, das ihnen doch laut eines Privilegiums zustehe, weiter zu gestatten; ja kurfürstliche Jagdbediente wehrten ihnen die Benutzung der eigenen Stadtheide, und man zwang sie, von jedem Pferde einen Scheffel Heidehafer zu entrichten.[1])

Schon oben (S. 390) wurde nebenbei auf die Festungen Küstrin und Peitz hingewiesen. Bei jener begann der Bau 1537. Alle Bewohner des Landes hatten von der Hufe im ersten Jahre 12, im zweiten, dritten und vierten je 8 Groschen und zwar acht Tage vor Katharina (25. November) bei Vermeidung der Pfändung und die Städte ihren „Anpart in guter, harter, grober Münze" zu entrichten.[2]) Bereits 1543 waren die Hauptwerke vollendet; doch mußte 1550 Jedermann im Lande Sternberg acht Tage lang am Walle arbeiten, auch jeder Bauer zwei Scheffel

---

[1]) Treu, Geschichte von Friedeberg, Seite 158.

[2]) Drossen hatte 1152$^1/_2$, Reppen 399, Zielenzig 196$^3/_4$, Krossen 1801, Züllichau 1137, Küstrin 761, Peitz 37 Hufen.

Hafer für die dort beschäftigten Pferde mitbringen, und noch 1572 erging der Befehl, daß jeder Hüfner zwei Mandeln große Feldsteine anzufahren, jeder Wirth 8 Tage lang Wallarbeit und sämmtliche Ziegelfuhren zu leisten habe. Wenn die Krügerfrau in Ziebingen ihren Mißmuth nicht verhehlt — wer will es ihr verargen? — Nach Häusler verwendete der Markgraf auf die fürstlichen Gebäude innerhalb der Werke 42458 Gulden, auf die Zeughäuser von 1538—54 84284 Gulden 18 Sgr., bis 1559 3991 Gulden 5 Sgr., auf das Kupfer zur Bedachung des Schlosses 7734 Gulden.

Peitz, an der Malx, nahe der Spree und dem nach diesem Flusse benannten Walde, 1562 angelegt, war als Festung nie von Bedeutung. Am Tage nach der Schlacht bei Zorndorf (25. August 1758) konnte sie der Oberst Bröfike gegen 12000 Mann unter Laudon nicht behaupten. Im folgenden Jahre dagegen hielten sich 45 Invaliden gegen 10000 Österreicher unter Seckendorf äußerst brav. Sie übergaben dieselbe nur gegen freien Abzug. Friedrich der Zweite ließ Peitz schleifen, und das ganze Festungsgebiet nahm 1767 die Bürgerschaft in Pacht.

Für die Festungsarbeiter wurden kleine Münzen mit einem halben Hahn geprägt (daher Hähnchen genannt). An beiden Orten traf man die Einrichtung, daß die in Küstrin ausgezahlten Geldsummen gegen Überlassung der täglichen Lebensmittel an diese wieder in die fürstliche Kasse flossen.[1])

Im Jahre 1567 gerieth der Markgraf mit dem Kurfürsten der Zölle wegen in Streit. Er ließ alle möglichen Vertheidigungsanstalten treffen. In den Sternen, die er durch seine Astrologen Peter Hosemann und Martin Kemnitz oft befragte, stand aber Nichts vom Bruderkriege.

Hans litt in früheren Jahren an einem offenen Schaden am linken Schenkel. Diesen hatte er gegen den Rath seiner Ärzte Wigand und Knoblöch zuheilen lassen. Als sich Ende 1570 das Übel erheblich verschlimmerte, sandte Joachim seinen Leibarzt Dr. Paul Luther, den dritten Sohn des Reformators, nach Küstrin. Es war leider zu spät. Die Nachricht von des Bruders unerwartetem Tode beschleunigte auch sein Ende. Er starb am Sonnabend, den 13. Januar 1571.[2]) — Der Generalsuperintendent

[1]) Kutschbach, S. 81. Preuß, II., S. 166. Riehl und Schen, S. 613.

[2]) Die Todesstunde wird verschieden angegeben, früh 3, 4, 5—6 Uhr. Klette, Regesten, III., Seite 429.

Dr. Georg Cölestin berichtet: der Markgraf habe oft gebetet und gerufen: Hilf, Gott! Hilf, o barmherziger Gott! Komm, lieber Herr! Komm, o Herr Jesu Christ! Du hast mich erlöset, Du Gott der Wahrheit! In Deine Hände befehl' ich meinen Geist!

Am 1. Februar wurde die Leiche unter feierlicher Begleitung des Kurfürsten Johann Georg und des damaligen Administrators des Erzstiftes Magdeburg Joachim Friedrich, sowie eines ansehnlichen Hofstaates in einem schon 1555 verfertigten Gewölbe unter dem Altare der großen Pfarrkirche in Küstrin beigesetzt. Cölestin hielt eine Rede über den vom Verstorbenen selbst gewählten Text Psalm 31: Gelobet sei der Herr, daß er mir hat eine wunderliche Güte bewiesen in einer festen Stadt ꝛc. In derselben sagte er u. a.: „Es seind (Joachim und Johann) solche zween Herren gewesen, ob welcher Weißheit, gaben und verstand, sich Geistlich und Weltlich, Keyser, König, Fürsten und Herren haben verwundern müssen.“ Peter Fuchsius (Vox) rühmt von ihm: Er „ließ sich weder Lieb' noch Leid bezwingen; ließ Glück ihm nie kein Stolz erwecken, auch Unfall nie sein Herz erschrecken, sondern war jederzeit gleich Muths.“ — Am Küstriner Altare findet sich folgende Inschrift: „Hac parva magnus requiescit Marchio in urna, Marchio, quem pietas luget et alma fides. Imperio quantus fuerit tu quaerere noli, herois titulas vesper et orbes habent.“ (Der große Markgraf schläft in dieser kleinen Kammer, die Gottesfurcht und Treu' beweinen ihren Jammer. Du darfst, wie groß er war dem Reiche, gar nicht fragen, es kann dir Ost und West die Heldennamen sagen.)

Es ist nicht Alles Gold, was glänzt. Auch Johann macht keine Ausnahme. Gewiß aber geben ihm selbst seine Widersacher das Zeugnis: „Im heiligen Ehestande ist er ein keuscher und gottesfürchtiger Mann und Hausvater gewesen, hat seine Gemahlin und seine Kinder herzlich geliebt, das Gegentheil heftig gehasset und gestraft.“[1])

„Mutter Käthe“, „ein hocherleuchtet fürstlich Bild, christlich, züchtig, demüthig, mild“, nahm ihren Wittwensitz zu Krossen a. O. Dort starb sie schon am 16. Mai 1574. „Sie hat groß Lob hinterlassen, die Schulen und Apotheken erbaut[2]) und wohl eingerichtet, liebte das Predigtamt und war allen armen Leuten mit Arznei und Almosen ganz in allen Gnaden dienlich. Wie sie denn nicht allein bei ihren Lebzeiten ein vortrefflich schwarzsammtenes Altartuch mit einem weißen Kreuze von

[1]) Cölestin.

[2]) Auch die Apotheke in Drossen.

Atlas in die Kirche verehret, darauf das brandenburgische und lüneburgische Wappen reich mit Gold und allerhand Seide gesticket und a. 1573, am dritten Sonntage des Advents den Hausarmen Lazarum gestiftet, sondern auch die Kirche und das Hospital in ihrem Testamente wohl bedacht und ihre kostbare und neue Apotheke der gemeinen Stadt verehret."[1]) — „Der ehrbaren Mannschaft des Herzogthums Krossen, Züllichau und Kottbus bescheiden Ihr Durchlaucht Dero erkaufte Sandow, Neuendorf und Drenzig mit aller Ein- und Zugehörung, sammt allem Vorrath an Vieh, Getreide und anderem Hausgeräthe, mit aller Gerechtigkeit, daß sie dasselbe erblich innebehalten und ihrer gnädigen, getreuen Herrschaft dabei gedenken sollen, doch andergestalt nicht, denn daß sie alle dieselben Einkommen einnehmen und zu ihrer künftigen Noth haben und gebrauchen sollen."[2])

„Der Durchlauchtigste Hochgeborne Fürst und Herr Johannes Markgraf zu Brandenburg hat in seinem Absterben 1571 an baarem Gelde 24 Wispel Soldinisch Neumärkisch Maßes an alten Dütchen verlassen; jedes Dütchen hat jener und dieser Zeit gegolten 2 gute Reichsgroschen und 3 Pfennig; eine Metze gestrichen Geld an kahlköpfigen alten Dütchen hat in ihrem richtigen Maß 528 Thaler, thut ein Scheffel 8448 Thaler. Ein Wispel 202752 und vierundzwanzig 4866848 Thaler."[3])

Hans erließ verschiedene Verordnungen, die seine Rechtsansichten charakterisiren. Ich nenne hier nur: 1. Polizeiordnung für das Land Sternberg vom 6. November 1537. 2. „Eine gemeine Polizei, wie es allenthalben in dessen Landen und Fürstenthümern, in der Neumark, Krossen, Laußnitz und Sternberg gehalten werden solle — vom 1. März 1540. 3. Eine Hof- und Kammergerichtsordnung vom 6. Juli 1548, in verbesserter Form vom 1. Januar 1561. Nach derselben war er für die Neumark die höchste und letzte Gerichtsinstanz, doch stand es denen, welche mit dem Urtheile nicht zufrieden sein wollten, frei, die Akten an die Juristenfakultäten zu Leipzig, Heidelberg, Ingolstadt, Wittenberg oder Frankfurt a. O. zu verschicken. 4. Die Drossensche Korn-, Brau- und Ziesеordnung vom 8. Februar 1554. 5. Landesordnung für das Land Sternberg, am 1. Januar 1562 mit Bewilligung der Mann-

[1]) Jakob Wernicäus, Prediger in Gersdorf bei Krossen.

[2]) Aus dem Testamente. Sandow kaufte die Markgräfin 1572 von ihrem Hofmeister Sebastian von Löben.

[3]) Kutschbach S. 103 aus den alten Nachrichten von Soldin.

schaften und des Rathes der Stadt Drossen erlassen. 6. Eine Holzordnung vom 1. Januar 1566, nachdem er die Montags nach Andreä 1551 aufgerichtete einer Revision unterworfen hatte.

Des ohnehin beschränkten Raumes wegen können diese zumeist sehr umfangreichen Gesetze hier nicht vollständig mitgetheilt werden. Die wichtigsten Bestimmungen soll der dritte Theil der „urkundlichen Geschichte" enthalten.

Als Hauptmann im Lande Sternberg wird 1540, 1541, 1548 Kaspar von Waldow auf Königswalde genannt, der am 9. Mai 1536 dem Markgrafen Hans Lehnspflicht leistete. Ihm folgte Hans von Minkwitz auf Lieben und Drenow im Krossenschen (1550, 1551, 1553, 1556, 1557), worauf jener auf kurze Zeit wieder das Amt verwaltete. Er starb 1565 und hinterließ drei Söhne: Hans, Christoph und Wolf, von denen aber der zweite keinen Antheil in Königswalde erhielt. Der älteste, Nachfolger seines Vaters als Hauptmann, sank früh ins Grab, zwei Söhne, Kaspar und Sebastian hinterlassend. Aus dem Eisenhammer, den 1580 Wolf für 1100 Thaler an Tobias von Bschorn verkaufte, entstand das Dorf Neuköltschen (heut zu Tage: Hammer).

Nach einem Verzeichnisse von 1565 waren im Lande Sternberg zu Roßdienst (70 Pferde) verpflichtet: Der Herrenmeister sammt dem Ordensamte (nicht Komthurei) Rampitz. Dessen Lehenleute: von Schöne, Abr. von Grünberg, Baltzer von Löben zu Döbbernitz; Falkenhagen, Thierbach, Horn zu Wandern; Selchow zu Lindow, Hans von Winning in Buchholz; Martin Ilow von Klein-Gandichow (Gandern). Der Komthur von Lagow; die Winninge von Sternberg, die Lossow von Gandern, Botschow und Reichenwalde; Kaspar von Waldow auf Königswalde; Melchior und Baltzer von Löben zu Radichow (Radach); die Löben zu Ziebingen; Wolf von Rauendorff zu Görbitsch; Kaspar und Melchior von Grünberg zu Balkow, Peter von Sydow zu Groß- und Klein-Lübbichow, Friedrich und Joachim von Ilow zu Schmagorey; die jungen Ilow, Söhne des (1560 verstorbenen) Hartmann von Ilow zu Klauswalde; Jakob von Buntsch zu Biberteich; Hans von Buntsch zu Schönwalde; Liborius von Schlieben und Andreas von Selchow zu Belitz und Lieben, die jungen Grünbergs zu Tornow; Liborius von Schlieben zu Zschwellen.[1]) Außerdem

[1]) v. Eickstedt, Beiträge zu einem neueren Landbuche, Seite 38—39. Zschwellen ist wahrscheinlich ein Schreibfehler.

hatte die Neumark 230, Kottbus $57^1/_2$, Züllichau und Krossen $103^1/_2$, Beeskow 21, Storkow 20 reisige Pferde zu stellen. Summe 502.

Schließlich will ich noch ein wichtiges Privilegium der Ordensstadt Zielenzig mittheilen und zwar nach einer hinreichend beglaubigten Kopie aus dem Anfange des siebzehnten Jahrhunderts. Das Original war nicht aufzufinden; vielleicht ist es überhaupt verloren gegangen.

„Wir Bruder Thomas Runge, St. Johannsorden des heiligen Hauses Hospitals zu Jerusalem, der Mark, Sachsen, Pommern und Wendland Meister und gemein Gebietiger, bekennen und thun kund mit diesem unseren offenen Briefe vor uns, unsere nachkommenden Meister und Orden und sonst allermänniglich, die ihn sehen oder hören lesen, daß vor uns kommen sind die ehrsamen, weisen und lieben getreuen Bürgermeister, Rathmanne und ganze Gemeinde unserer und unseres ritterlichen Ordens Stadt Zielenzig und uns vorgebracht, vorgeleget und gegeben haben einen versiegelten Brief, gut an Schrift, Pergament und Siegel, so ihnen unser lieber Herr und Vorfahr, Ern Berndt von der Schulenburgk seliger Gedächtnis, die Zeit Meister St. Johanns Ordens, versiegelt und gegeben, und uns fleißig und demüthiglich gebeten, daß wir ihnen solch' Privilegium, Begnadigung und Befreiung gnädiglich konfirmiren und bestätigen wollten, wie das von Wort zu Wort nachfolget:

Wir Bruder Berndt von der Schulenburgk, Ordens St. Johannes des heiligen Hauses Hospitals zu Jerusalem gemein Gebietiger in Sachsen, in der Mark, in Wendland, in Kassuben und in Pommern, bekennen öffentlich in diesem Briefe, daß wir haben angesehen mancherlei schwere Schäden, Raub, Brand, Armut und Ärgerungen unserer Stadt Zielenzig, daß sie in langen Zeiten inbegriffen ist gewesen und noch täglich innen ist begriffen, und haben nach Rathe Heinrich von Alvensleben zu Lagow, Johann Boden zur Lietzen Komthur unseren lieben getreuen Rathmannen und gemeinen Bürgern und Bauern unserer vorgeschriebenen Stadt Zielenzig geben und vergeben durch Festung und Besserung willen und Mehrung willen der Bürger, die darin wohnen oder wohnen werden, in zukünftigen Zeiten diese Gnade, Gerechtigkeit und Freiheit gethan und gegeben, thun und geben mit diesem Briefe:

Zum ersten, daß der Rath der vorbenannten Stadt mit Rathe und Gegenwärtigkeit des Komthurs von Lagow von Jahr zu Jahr andere Rathmannen in ihre Stelle zu kiesen und setzen mögen, die die Stadt und Gemeinde und der Stadt

Gut und Gerechtigkeit mit Treuen und in Ehren vorstehen, als das in anderen Städten gewöhnlich ist und nach guter alter Gewohnheit, Gesetzen und Rechten ist gefunden.

Fortmehr gönnen wir denselben Rathmannen, so des Nachts Jemandes Gemüthe Unruhen aber (oder) Ungefug in der Stadt von ihren Bürgern geschehe, daß sie deß mächtig mögen sein, zu berichten nach unserem Rathe, also doch, daß die Berichtigung unserem Rathe und Gerichte unschädlich sei und nicht verhindere; wäre aber die Sache so groß, daß sie ginge an Haut und den Hals, darin eines Schöppen Urtheils um dürfe, das soll der Richter richten, oder man Klage an jene suchte. Auch soll der Rath setzen und haben allerlei Maße und Gewichte, als gleich denen von Drossen.

Fortmehr sollen die Rathmannen zwingen ihre Bürger, allerlei Stadtrecht, Markttage und Gesetze zu halten auf der Stadt Bestes, also, daß in der Stadt vor Alters hier gewest ist und gehalten, und als wir sind angewiesen, daß der Richter pflichtig sei, gleich seinen Nachbarn an Schoß, an Wachen und den dritten Pfennig zu geben, zu dem Kaufhause zu bauen und den Scharnen, da er wieder vor hat den dritten Pfennig an den vier (Ge) Werken. Das lassen wir bei der Gewohnheit bleiben, als wir das haben gefunden.

Fortmehr soll die Stadt behalten alle ihre Hufen, allen Acker, gewonnen und ungewonnen, Berge, Gründe, alle ihre Scheiden und Grenzen, Gärten und Werder, Hölzer, Büsche, Jagden, Zeidelweide, Wiesenwerder, Wasser, Seen, Fließe, Pfühle, Fischereien mit einem Gezeuge auf dem Teiche, alle Nutz, Frucht und Rente außer der Stadt und darin, und gemeinlich alle Gerechtigkeit, Freiheit, Gnade, Zubehörung und Zulegenden, als zu der Stadt von Alters ihr gelegen haben, wie man die genümen[1]) möge. Auch soll die Stadt haben die Walkmühle, die zu bessern und zu bauen, wie die Mühle deß noth ist, sonder Schaden und Ärgerung unserer Mühle und Dämme, und sollen unsere lieben getreuen Rathmannen, gemeine Bürger und Bauern, geboren und ungeboren, ihre Erben und Erbeserben sich der vorgeschriebenen Gerechtigkeit, Freiheit, Gnade und gesetzten Güter und Zubehörungen geruhiglich und friedlich ewiglich gebrauchen und die haben und behalten, in allermeist, als vor ist geschrieben, sonder alle Hinder- und Ärgernisse, unser, alle unser Komthur und Bruder unsers Ordens und alle unsere Nachkommen. Also doch, daß

[1]) In der Bestätigung von 1569: „genennen“.

wir unsere Orbede, sechzehn alte Pfund brandenburgischen Geldes, auf alle St. Martinstage und unsern Hufenzins, aber dieselbige Stadt und einen Hof darin mit dem obersten und niedrigsten Gerichte und mit der Mühle davor uns und unserm Orden ewiglich behalten. Und der Müller soll halten Pferd und Wagen, die der Mühle aus der Stadt und wieder darin auf und zuführe.

Und haben zur Urkund und Befestung mit Bewußt unser Siegel hangen lassen an diesen Brief, der gegeben ist zu der Lietzen nach Gottes Geburt dreizehn Hundert Jahr darnach im zwei und neunzigsten Jahre des nächsten Dinstags nach dem achten Tage nach der heiligen drei Könige." —

Und als denn auch bemeldeten unsere und unsers ritterlichen Ordens Stadt, Rath und Unterthanen Zielenzig von Alters her jährlich mit zwei Jahrmärkten, als nämlich den ersten auf St. Johannes Baptista Tag und den anderen auf den Sonntag nach Exaltationis Crucis [Kreuzeserhöhung] und sonsten mit Wochenmärkten, die darin gehalten werden, versehen; zudem die Lohe- oder Schustermühle, vor der Stadt gelegen, auch ihr eigen ist und in dem vorgeschriebenen Privilegium solche ihre alten hergebrachten guten Gerechtigkeiten darin nicht beschrieben noch ausgedrückt sein.

So haben wir obbemeldeter Bruder Thomas Runge, St. Johannsordens Meister, solche ihre alten guten, hergebrachten Gerechtigkeiten auf ihr fleißiges unterthäniges Bitten auf ihre willigen und unterthänigen Dienste, die sie unseren Vorfahren und unserm ritterlichen Orden gethan, und damit sie Solches hinfürder dies baß thun können, sollen und mögen, angesehen und die den bemeldeten unsern lieben getreuen Bürgermeister, Rathmannen und ganzer Gemeinde unserer Stadt Zielenzig solch' ihr Privilegium, Begnadung und Gerechtigkeiten mit den jetzt bemeldeten zwei Jahrmärkten, alle Wochenmärkte, auch mit der Lohe- oder Schustermühle, wie nach einander in diesem Briefe vermeldet, gnädiglich konfirmiret und bestätiget, konfirmiren und bestätigen ihnen dies hiermit in Kraft und Macht dieses Briefes also, daß sie sich deß sollen mögen hinfürder gebrauchen, genießen und geruhlich besitzen, in aller Maßen, wie denn dieser Brief innehält und besaget, sonder einerlei Verhinderung unser, unser nachkommenden Meister und Orden, ohne alle Gefährde.

Deß zu wahrer Urkund und Bekenntnis haben wir unser Insiegel mit wohlbedachtem Muthe und Gute wissentlich an diesen unsern offenen Brief lassen hängen, der gegeben ist auf unserm Schlosse Sonnenburg nach Christi unsers lieben Herrn Geburt im fünfzehnhundertsten und im acht und vierzigsten Jahre, Montags nach Annuntiationis. (Mariä Verkündigung — 26. März.) —

In der Bestätigungsurkunde des Herrenmeisters Martin Grafen von Hohenstein findet sich hinter den Worten: „— auch mit der Lohe- oder Schustermühle, wie nach einander in diesem Briefe vermeldet, gnädiglich konfirmiret und bestätiget" folgender Zusatz:

„Wir haben auch ihnen auf ihre unterthänige Bitte aus sondern Gnaden gewilliget und nachgegeben, eine freie Schäferei vor der Stadt zu halten, zusammt einer freien Viehtrift und Weide auf der Stadt Grund und Boden, neben dem Werder, so vor Alters zum Stadthofe gehört hat, und dabeiliegende Wiesen, welche man die Briesewiesen nennt. So sollen auch die Brauerben, deren jetzo ungefähr fünf und fünfzig und vor Alters Brauerben gewesen sein, bei ihrer Braugerechtigkeit vor andern bleiben, dabei geschützet und erhalten werden. Und so Jemand der Brauerben eines erkaufen oder an sich bringen würde, der soll gemeiner Stadt zum besten nach wohlhergebrachter Gewohnheit der von Drossen ein märkisch Schock dem Rathe zu erlegen schuldig und verpflichtet sein, auch sollen alle und jede Bürger und Einwohner zu Zielenzig, ausgenommen den Bürgermeister und Rathspersonen, welche Pferde, Wagen und Ausspannung haben, sowohl die anderen mit der Handarbeit auf Erfordern des Rathes jeder Zeit gemeiner und zum besten ihre Dienste unweigerlich thun und leisten, wie je sonsten an anderen Örtern auch dermaßen gebräuchlich. Wer auch darin säumig und solche Fuhre anderer seiner Verhinderung und Geschäfte halber nicht thun könnte, soll nichts weniger auf vorgehende Entschuldigung bei dem Bürgermeister auf eine andere Zeit solche Fuhre zu ergänzen und nachzuholen verpflichtet sein, die Muthwilligen, Ungehorsamen und Ausbleibenden aber von Pferd und Wagen zwölf Groschen und so mit der Hand arbeiten mit vier märk. Groschen unnachlässig gestraft werden." —

Schluß wie oben: „Deß zu wahrer Urkund und Bekenntnis haben wir unser Insiegel mit wohlbedachtem Muthe und guter Wissenschaft an diesen unseren offenen Brief lassen hängen, der gegeben ist auf unserem Schlosse Sonnenburg nach Christi unsers lieben Herrn und Seligmachers Geburt im 1569. Montags Omnium sanctorum" (Allerheiligen, 7. November).

Eine dritte Bestätigung der Privilegien lautet:

„Von Gottes Gnaden, Wir Friedrich Markgraf zu Brandenburg, in Preußen, zu Stettin, Pommern, der Kassuben und Wenden, auch in Schlesien, zu Krossen und Jägerndorf Herzog, Burggraf zu Nürnberg und Fürst zu Rügen, des ritterlichen St. Johannsordens in der Mark, Sachsen, Pommern und Wendland Meister, urkunden hiermit für Uns und Unsere Successoren [Nachfolger] regierende Meister am ritterlichen Orden, daß für Uns erschienen Unsere und Unseres Ordens liebe getreue Bürgermeister und Rathmanne Unserer Stadt Zielenzig und produziret etliche Privilegia und Konfirmationes, so Unsere Vorfahren regierende Meister ihnen mitgetheilet, mit unterthäniger Bitte, Wir möchten von Obrigkeitswegen dieselben ferner zu konfirmiren, sie auch dabei zu schützen gnädiglich geruhen. Wann denn angesehen worden ihre billige Bitte, auch treue und gehorsame Dienste, so sie Unsern Antecessoren [Vorgängern] und Orden bishero geleistet, auch ferner Uns und unserm Orden thun und leisten wollen und sollen, als ist solchem ihren unterthänigen Suchen gnädiglich deferiret, [bewilliget], und kraft dessen konfirmiren und bestätigen Wir alle ihre habende Stadtgerechtigkeit und rechtmäßige Gebräuche von tragenden Amtes halben, insonderheit das Privilegium, so ihnen anfänglich Herr Berndt von der Schulenburgk, folgendes Herr George von Schlabrendorff, nach dem Herr Thomas Runge, dann Herr Franz Neumann und endlich Herr Martin Graf von Hohenstein, unsere Vorfahren regierende Meister am Orden, Anno 139? Dinstags nach dem achten Tage der heiligen drei Könige, Anno 1494 Mittwochs in den heiligen Ostern, Anno 1548 Montags nach Annuntiationis Mariae, Anno 1565 Freitags nach Judika, Anno 1569 Montags nach Omnium sanctorum, zusammt den Abschieden, so zwischen ihnen und der Gemeinde zu Zielenzig von wohlgemeldetem Grafen den 19. März Anno 1591 ertheilet, und wollen sie von Obrigkeits wegen jederzeit gnädiglich dabei schützen und handhaben. Nebst diesen haben Wir ihnen aus sonderen Gnaden auch gewilliget, weil sie wenig Einkommen und gleichwol mengliche [in Menge] Ausgaben haben, daß von jedem Haupt Vieh, so in Jahrmärkten nach Zielenzig zu Markte zu verkaufen gebracht wird, vier Pfennige dem Rathhause zu Gute Zoll gegeben werde, ausgenommen die Kaiserischen (Kaiserlichen) und Polen, so acht Pfennige entrichten, und in ihre Stadtrechnung gebracht werden, die Bauern auch in Ordensdörfern, so ihr Bier von Zielenzig zu holen gewidmet, ihr Getreide nirgends anders wohin, als in die Stadt Zielenzig zu verkaufen verführen sollen, und ermeldeter Rath mit Versetzung des Bieres in der theuren und wohlfeilen Zeit sich nach der Stadt Drossen zu richten haben möge, ingleichen daß dem Pfarrherrn in Zielenzig, wie bishero gepflogen, die Holzung auf der Meeckower Heide verbleiben, weswegen man sich allemal Unsern Befehl, Unsern Heideläufern ertheilet, zu verhalten hat.

Dessen zu Urkund haben Wir Unsern fürstlichen größeren Ordensinsiegel wissentlich zu Ende an diesen Brief hängen lassen, der gegeben ist auf Unserer Ordensresidenz Sonnenburg am elften Dezember nach Christi Unsers Erlösers und Seligmachers Geburt im ein Tausend sechs Hundert und zehnten Jahre.

Friedrich, Markgraf zu Brandenburg.

D. Geiseler, Kanzler.

---

## Zehntes Kapitel.

## Das Land Sternberg unter den Kurfürsten Johann Georg, Joachim Friedrich und Johann Sigismund. 1571—1619.

Hans hinterließ nur zwei Töchter: 1. Elisabet, geboren am 29. August 1540, vermählt am 26. oder 28. Dezember 1558 mit dem Markgrafen Georg Friedrich von Ansbach und Baireuth, von 1577—1603 Vormund des geisteskranken Albrecht Friedrich von Preußen und Administrator des Herzogthums. Sie begleitete ihren Hausherrn auf der Reise, starb aber unterwegs am 8. März 1578 in einem polnischen Dorfe bei Warschau nach 20jähriger kinderloser Ehe und wurde am 28. gen. Monats in Königsberg beigesetzt. 2. Katharina, geb. am 10. Aug. 1549 (nicht 41), verheiratet am 8. Januar 1570 mit dem damaligen Erzbischofe von Magdeburg Joachim Friedrich, seit 1599 Kurfürst. Von dieser klugen, frommen Frau, die in vieler Beziehung ihrer trefflichen Mutter glich, wird im Folgenden noch die Rede sein.

Unter solchen Verhältnissen fiel die Neumark wieder an das Kurfürstenthum zurück. Einige spätere Versuche, sie von demselben abermals zu trennen, scheiterten glücklicher Weise.

Johann Georg fühlte sich am Hofe seines Vaters nicht wohl. Er lebte darum meist zu Letzlingen, Zechlin und Wittstock, öfter auch bei seinem Oheim in Küstrin. Hätte er von diesem nur die Sparsamkeit gelernt, so müßten wir es loben; er wandelte ihm aber auch in der Härte nach.

In Folge einer ganz grundlosen Beschuldigung, der Arzt, Kammerdiener und Münzmeister Lippold habe Joachim den Zweiten durch ein Glas Malvasier vergiftet, auch Zauberei getrieben, ließ er den Israeliten verhaften, foltern, endlich 1573 mit glühenden Zangen zwicken, rädern und viertheilen. In einer Maus, die unter dem Schaffot hervorlief, erkannte der blinde Pöbel, der bei einer solchen grausenerregenden Exekution nie fehlen durfte, den Teufel, der von dem vermaledeiten Missethäter ausgefahren sei. Nicht genug! Das „Hamansgesindelein" mußte schleunigst die Mark verlassen, und erst der große Kurfürst, der ruhiger urtheilte und gerechter handelte, erlaubte 1671 die Rückkehr. — In Lippolds Hause lagen sehr viele (angeblich 11—12000) Pfänder. Schon der zehnte Theil genügte, die Flammen des Hasses derartig zu schüren, daß man ohne Bezahlung Quittung erlangte.[1])

Die schöne Gießerin wanderte nach Spandau ins Gefängnis und wurde in demselben bis an ihren Tod (16. Novbr. 1575) sehr hart gehalten. Ihre Tochter, in Lippolds Rechnungen gewöhnlich das „Hurkind Magdeleinicken" genannt, erhob der Vater zur Gräfin von Arneburg und wollte sie mit einem Grafen von Eberstein verheiraten. Jetzt mußte sie diesen Titel ablegen und dem Amtskammersekretär und Rentenschreiber Andreas Kohl in Berlin die Hand zur Ehe reichen. Indeß erhielt sie eine ansehnliche Ausstattung, und — was jedenfalls mehr ins Gewicht

---

[1]) Furchtbare Greuelszenen, bekannt unter dem Namen Pariser Bluthochzeit oder Bartholomäusnacht, heraufbeschworen durch den Religionshaß, kamen auch 1572, am 24. August ff., in Frankreich vor. Mindestens 30 000 (Sully schreibt: 70 000) Reformirte (Hugenotten) verloren ihr Leben. Zur Ehre der Menschheit sei jedoch bemerkt, daß Karl der Neunte nicht überall blinde Werkzeuge fand. Einige Statthalter lehnten die Vollziehung der Blutordre ganz ab. Der Vicomte von Orthe in Bayonne schrieb dem Könige zurück: „Ich habe Euer Majestät Befehle den Einwohnern und der Besatzung kundgethan und unter ihnen nur gute Bürger und tapfere Soldaten, aber keinen einzigen Henker gefunden." — Auch der Scharfrichter Karl zu Troyes erklärte, sein Arm sei nur der Gerechtigkeit gewidmet. Der König aber schoß auf seine Unterthanen! Papst Gregor XIII. veranstaltete ein feierliches Dankfest, Philipp von Spanien Schauspiele. Das übrige Europa, besonders der edle deutsche Kaiser Maximilian der Zweite, des französischen Herrschers Schwiegervater, entsetzte sich!! Vergl. v. Rotteck in Ersch und Grubers Enzyklopädie, I., Band 7, Seite 450—54.

fällt — sie erwarb sich als wohlthätige und fromme Hausfrau die Achtung und Liebe der Mitbürger. Die „Bandelin" dagegen, ihre Halbschwester, eine Tochter des Michael Dietrich, verwies Johann Georg des Landes.[1])

Selbst der brave Rentmeister Thomas Matthias blieb mit einer strengen Untersuchung nicht verschont. Die zehn Gulden (mehr fand sich in seiner Kasse nicht vor) lieferten jedoch den klarsten Beweis, daß er stets recht und redlich gehandelt und für den sehr oft geldbedürftigen Fürsten sein eigenes Vermögen geopfert hatte. Dies konnte man wenigstens erwägen, als seine Wittwe und seine Kinder bittere Noth litten. Es geschah leider nicht.

Reiche Schätze heimste des Kurfürsten Leibmedikus Leonhard Thurneysser genannt zum Thurn für seine Kalender und sein „Prophetenwasser" (er untersuchte den Urin des Kranken) ein. Als „Orakel aller Welt" hielt er es unter seiner Würde, Denen, die nicht mindestens zehn Thaler ihren Anfragen beigelegt hatten, zu antworten. Trotz der hochgepriesenen Kunst und der großen Jupitertalismane (Sigilla solis), auf denen man den „Gott der Götter" wie einen wittenbergischen Professor mit Bart, Pelzrock und einem Buche, aus dem er dozirte, erblickte, gelang es ihm 1574 freilich nicht, den blödsinnigen Herzog Albrecht Friedrich von Preußen zu kuriren. Johann Georg zahlte ihm 1352 Thlr. Gehalt und für ein Manuskript „Die rheinische Kunst" (wie man rheinisches in Dukatengold verwandeln könne) neun Tausend.[2]) Mochten sich auch in seiner Kasse in kurzer Zeit zwölf Tausend Goldstücke angesammelt haben — seine dritte Frau, eine geborene Herbrot, die er 1580 in Basel heiratete, brachte ihn durch ihre Liederlichkeit bald um Ehre und Vermögen. Es entspann sich ein skandalöser Prozeß. Nach vier Jahren (im Mai 1584) verließ Thurneysser Berlin und suchte, wie Viele vor und nach ihm, den verlorenen Frieden des Lebens in der römischen Kirche, fand Schutz bei dem Oberhaupte derselben und starb 1595 unter ärmlichen Verhältnissen in einem Kloster bei Köln genau an dem Tage, auf den er sich selbst das Horoskop gestellt hatte. Leutinger und Haftitz, die ihn, da er noch in den Glückstopf schaute, als einen großen Arzt, gottseligen Mann, Liebhaber

---

[1]) Kuntzemüller, Geschichte von Spandau, Seite 352—53.

[2]) Dr. Johannes Major erhielt vom Kurfürsten August von Sachsen für ein Trostgedicht, das er ihm im Jahre 1585 nach dem Tode seiner Gemahlin überreichte, 1500 Thaler. Haftitz, IV., Seite 142.

und Beförderer gelehrter Leute priesen, brandmarkten ihn zuletzt als Zauberer, Atheisten und Wucherer.[1])

Einem Anderen, der an Johann Georgs Hofe eine Rolle spielte, fiel das Loos lieblicher: dem Ingenieur und Baumeister Grafen Rochus von Lynar, dessen Nachkommen noch jetzt die Standesherrschaft Lübbenau besitzen. Er hieß eigentlich Guerin, nannte sich aber nach seinem alten Stammschlosse in Toskana. Früher in französischen, später in sächsischen Diensten, kam er 1578 als General, Artillerieoberster, General-, Munitions-, Zeug- und Baumeister und geheimer Rath nach Berlin. Hier wirkte er achtzehn Jahre lang, bis zu seinem Tod († 22. Dezbr. 1596) auf verschiedenen Gebieten nach besten Kräften. Der Kurfürst zeigte sich gegen ihn sehr freigebig. Sein Gehalt betrug 10 000 Thlr. jährlich, Hofkleidung für acht Bedienten, zwei Mal des Jahres. Die Reisen wurden besonders bezahlt. Außerdem bekam er ein ansehnliches Deputat an Naturalien: 2 Wispel Weizen, 12 Wispel Roggen, 250 Tonnen Bier, 2 Fuder Rheinwein, 3 Fuder blanken und 1 Fuder rothen Landwein, 6 fette Ochsen, 50 fette Hammel, 25 Stück Heideschafe, 20 Sauger, 30 Kälber, 2 Tonnen Heringe, 2 Tonnen Rotscher (oder Stockfische), 20 Schock Schollen, 8 Zentner Karpfen, 100 Thaler zu frischen Fischen, Gewürz und Zucker, 4 Tonnen Butter, 6 Tonnen Käse, 4 Scheffel Hafergrütze, 2 Scheffel Hirse, 8 Scheffel Buchweizen, 8 Scheffel Erbsen, 6 Tonnen Salz, 1½ Schock Gänse, 8 Schock Hühner, 8 Zentner Talg, 50 Wispel Hafer und das Nöthige an Heu, Stroh und Holz. Dabei behielt er vom Kurfürsten zu Sachsen 500, vom Landgrafen zu Hessen, vom Fürsten zu Anhalt und vom Herzoge Kasimir (Pfalz) je 300 Thlr. jährlich. 1580 erhöhte ihm Johann Georg sein Gehalt auf 12 000 Thaler; außerdem schenkte er ihm 30 000 Thlr., jährlich mit 3000 an ihn oder seine Erben zu zahlen.[2])

Wenn nun auch diese reichen Spenden in eine Zeit fallen, da die bedeutenden Landesschulden in Brandenburg (2 600 000 Thlr., von denen die Neumark unter der Bedingung, daß auf ewige Zeiten in Küstrin Kammer, Regierung und Konsistorium verbleibe, 750 000 übernommen hatte) schon ziemlich getilgt waren, so vermissen wir doch die Sparsamkeit des Markgrafen Hans. — In Sachen des Protestantismus

[1]) Unparteiischer beurtheilt ihn Dr. J. C. W. Möhsen, Leibmedikus Friedrichs des Zweiten, der sein Leben schrieb.

[2]) Zedlitz-Neukirch, Adelslexikon, III., Seite 356.

kamen im September 1586 der Pfalzgraf Kasimir, Kurfürst Christian von Sachsen, die Herzöge Friedrich Wilhelm von Sachsen-Altenburg und Heinrich Julius von Braunschweig, Fürst Joachim Ernst von Anhalt &c. in Küstrin zusammen. Johann Georg nahm seine Gäste prächtig auf. Ihr Besuch kostete ihn 8000 Gulden. Für Feuerwerke, die Alle in Erstaunen setzten, bei denen man die Bildnisse des Zaren, des Sultans, des Papstes und des Tartarenchans den Flammen opferte, erhielt Meister Hans 6000 Gulden Honorar.[1])

Wiederholt (1580/94) erschienen Verordnungen gegen den Luxus, die aus naheliegenden Gründen zumeist ihren Zweck verfehlten. Daß es eine polnische Wirthschaft ist, bei Hochzeiten, Kindtaufen, selbst bei Leichenfeiern einige Tage herrlich und in Freuden zu leben, um in der anderen Zeit des Jahres am Hungertuche zu saugen, begriffen auch die Bürger nicht. So war es aber nicht blos in Brandenburg, sondern auch anderwärts. „Die Deutschen brauchen, um eine Dummheit abzuschaffen, immer zwei Jahrhunderte: eins, um sie einzusehen, das andere, um sie zu beseitigen.“ (Alexander v. Humboldt).

Der Kurfürst war wie sein Vater ein großer Freund der Jagd. 1579 meldete er einmal selbst dem Landgrafen Wilhelm dem Weisen von Hessen-Kassel: Es sind in diesem Herbste in der Mark Brandenburg an Wild gefangen und geschossen worden: 436 Hirsche, 139 Stück Wild, 4 Bären, 1363 Schweine, 150 Füchse, und ein Gehörn hat 18 Enden gehabt.“ — Übertretungen der Jagdverordnungen wurden hart bestraft. In den „Aufzeichnungen Berliner Stadtschreiber“ findet sich folgende Notiz: „1592, den 3. Januar, ist der Heidereiter von Waltersdorf, Hans Klingen Schwager, ausgestrichen und ihm ein Hase auf die Stirn gebrannt, Hans Klinge aber in den grünen Hut gesetzt worden. Den 21. ist letzterer nach Erlegung von 300 Thalern Strafe wieder losgezählt und des Landes verwiesen, da er sonst ausgestrichen und ihm ein Ochs und ein Hase auf den Backen gebrannt werden sollte.“[2])

Jetzt eifert man in gewissen Kreisen gegen die Todesstrafe überhaupt; damals trug man viel weniger Bedenken, sie zu verhängen. In Matthias Bürgerbuche heißt es Seite 183: „1575 ward Hans Schicke von Eichberg Beutelschneiderei wegen

[1]) Vergl. Haftitz bei Riedel, IV., S. 136. 310.

[2]) Haftitz, IV., S. 319. „1575, den 10. Juni, ist einem, so Kurf. Gnaden einen Hund gestohlen, ein Hund aufm Backen gebrannt worden.“ Seite 307.

aufgehangen .... und Jakob Kutsche aus Krämersborn, welcher, Zeuge eines Raubmordes, sein Schweigen für Geld und Kleidungsstücke verkauft hatte, als Hehler enthauptet. Auf dieselbe Weise verloren 1587 Urban Schneiders Weib wegen Ehebruchs und 1583 eine Diebin, Margarete Hille aus Schönfeld, die, wenngleich sie schon 1582 wegen nicht gehaltener Urphede zwei Finger eingebüßt und eine neue Ausweisung verwirkt hatte, wieder ins Stadtgebiet zurückgekehrt war." — Der Bürgermeister Treu erzählt in der Friedeberger Chronik (Seite 162): Im Jahre 1578 hatte ein Schlächter von hier, Kaspar Hartmann, in Landsberg sich auf einem Diebstahl betreten lassen. Deshalb verfolgt, gestand er die That ein, und auf die Anfrage des Raths vom 29. April um Rechtsbelehrung erwiderte der Brandenburger Schöppenstuhl: „so mag er derowegen mit dem Strange vom Leben zum Tode gebracht werden." Ein gleiches Urtheil fällte und vollstreckte man schon früher (1572) gegen eine Magd und Spinnerin, die ihrer Herrin 50 Gulden entwendet hatte.

Wie es Brandstiftern erging, sehen wir aus folgender Notiz: „1607, den 25. Februar, ist (in Topper) eine Magd, Gertrudt genannt, von Kähmen bei Krossen der Geburt, welche den Gornacken, und sonsten einen Kossäten die scheunen angestecket und abgebrand, hinwieder gerichtet und verbrennet worden, wie ihr urtheil und Recht zuerkennet".[1]) 1619, den 19. August, wurde eine Mannes- und Kindesmörderin, die überdies in sechs Jahren drei Mal Feuer angelegt, in Rothenburg (Schlesien) verbrannt, und am 7. Juni 1623 in Schadewalde am Queis ein Subjekt, das achtzehn Mordthaten verübte, gehängt und aufs Rad geflochten.[2]) Frauenzimmer, die ihre (in der Regel unehelichen) Kinder getödtet hatten, begrub man lebendig, stach ihnen einen spitzen Pfahl durchs Herz; ersäufte sie in einem Sacke, den sie selbst nähen mußten.[3])

Häufig behauptet man, erst durch den dreißigjährigen Krieg sei die Zahl der Verbrechen erheblich gestiegen. Dies muß ich nach allen mir vorliegenden Quellen ganz entschieden bestreiten. Schon vor jener Unglücksperiode herrschte, wie gewiß schon obige Beispiele zeigen, entsetzliche Roheit. Für Alle, welche etwa noch zweifeln, füg' ich mehrere Notizen aus dem Züllichauer Kirchenbuche bei. 1574 den 8. Januar wurde Michael Steinborner von Balzer Kalkreuter

1) Aus dem Kirchenbuche.

2) Mischke, Das Markgrafenthum Oberlausitz, Seite 178. 136.

3) Ebendas. Beispiele aus Lauban, Seite 141, 173, 174.

erschlagen,[1]) 1588 den 12. Mai Oswald von Glaubitz in Langenhermsdorf, ein Tyrann und Cyniker, in seinem Hause überfallen und erschlagen. 1588 den 23. Oktober erschlägt August Hirschfelder, Bruck genannt, mit einer Runge ohne Wortwechsel Matz Granden darum, daß er 1573 seinen Vater mit einem Brotmesser erstochen.[2]) An demselben Tage erschlägt Martin Moniller im Tzschicherziger Kruge Georg Tzapack mit einem Topfe. 1601, den 11. Januar, erstach im Kruge zu Palzig ein Bauernknecht den andern mit einem Brotmesser und entlief. Am 11. Sonntage nach Trinitatis erstach Michel Vetter zu Rackau des Junkers Gärtner Georg Lingener[3]). 1603 erschlug der Müller zu Nickern einen Mühlenknecht, und 1606 den 9. Februar erstach eine Müllerin im Kruge zu Kay einen Bauer. 1612 erschoß Konrad von Troschke den Stellmacher Jakob Becker in Pommerzig, der am 22. Januar 1612 begraben wurde. Im November 1614 erstach in Selchow der Schneider Christoph Nitzke den Junker Karl von Kalkreuth, des Rittmeisters von Kay Ohmen, und entrann. 1616 am Sonntage Exaudi wurde Hans Georg von Knobelsdorf auf Mosau von Friedrich von Jerißleben in Buckow so schwer verwundet, daß er bereits nach drei Tagen starb. Den 14. November erschießt ein Kriegsknecht Georg von der Schweinitz einen Soldaten Hans Hänsel meuchelmöderischer Weise, da er zu Tzschicherzig im Kruge schlafend auf der Bank liegt. 1617 ist in dem Kirchenbuche vermerkt: „Mord und Todtschlag täglich."

Enthauptet wurden: 1603 Sonnabend vor Estomihi, Martin Hans Lange, der Windmüller aus Mosau, wegen Ehebruchs. 1611 den 7. August Hans Jeschke aus Lochow. 1612 den 19. März Adam Filzmann aus Schweidnitz; den 28. März Christoph Hoffmann aus Ochelhermsdorf und aufs Rad gelegt. 1615 zu Radewitsch eine junge Bettel, die ihr Kind ermordet. 1616 den 6. Juli Hans Kosche aus Krauschow sammt seiner Schwiegermutter Katharina Ebert wegen Ehebruchs und Blutschande; 26. Juli Hans Moritz Groß aus Königssee wegen geschriebener Brandbriefe.

Gehängt wurden: 1607, 8. Januar Hans Klenke, Hans Ebert und Christ

[1]) Ein Baltzer v. Kalkreuth besaß 1565 Blumberg, Lochow und Grunow. Klette, Regesten, III., Seite 473.

[2]) Vergl. Dr. Wedekind, Züllichau S. 158.

[3]) „1602 den 17. März ist Gregor Bole, welchen Andreas Noack mit einem Brodmesser, am Sonntage Invocavit, war der 21. Februar, aufm Abend im Schulzengerichte erstochen, zur erden bestätiget worden, mit christlichen Ceremonien." Kirchenbuch von Topper.

Hirschberg, sonst Springerfeld; desgl. Hans Kober aus Langmeil und ein Beutelschneider gestrichen.

Durchs Rad hingerichtet: 1610, 12. Oktober Hans Rotscheid, ein Schmiedeknecht, der mit einer Vettel, Barbara aus Kalzig, zwölf Kirchen erbrochen; sie kam ins Gefängnis.

Verbrannt: Am 21. März 1612 Georg Arlet zu Golzen, der Christoph von Löben hat helfen die Scheune anzünden.

Vergessen wir hierbei nicht, daß es sich keineswegs um einen Zeitraum von 70—80 Jahren und um eine Provinz von mehreren Hundert Quadratmeilen, sondern nur um die Stadt Züllichau und die nächsten Dörfer handelt — einen Bezirk, von dem sich keineswegs nachweisen läßt, daß er durch sein wüstes Leben vor vielen andern berüchtigt gewesen ist!

Nicht blos gegen den Bürger und Bauer zog der Adel oft aus ganz geringfügigen Veranlassungen den Degen; die Kavaliere geriethen auch unter sich leicht in allerlei Händel. 1566 den 29. November leistete der in Frankfurt a. O. verhaftete Richard von Burgsdorff, Erbherr von Podelzig, welcher sich mit einem von Ilow gehauen, eidlich Kaution, sich auf Erfordern zur Untersuchung zu stellen. Die Studiosen Daniel Willike und Adrian Kanthburg begaben sich zu dem verwundeten Ilow, der jedoch Burgdorffs Verhaftung nicht verlangte, sondern sich das Faustrecht vorbehielt.[1]) 1574, 5. Mai, erschoß Adam von Sack den Paul von Wermsdorf. 1614 erstach einer v. Zedlitz einen v. Falkenhagen, kurz zuvor, als er mit v. York auf die Hochzeit reiten wollte.[2]) — Viele Beweise für die Händelsucht liefert die Beantwortung einer Beschwerde, welche Christoph von Zobeltitz auf Topper gegen seinen Gutsnachbar Balthasar Römer, Kanzler des Johanniterordens, in Berlin und Schwedt angebracht hatte. Ich wähle dieses Aktenstück, weil der letztere, wenn auch nur einige Jahre, eine Besitzung in Zielenzig hatte. Er kaufte nämlich 1588 von dem Rathe die Meierei am Mühlenthore mit vier Hufen, die früher einem Hans Spicker in Krossen gehörte.

Zobeltitz beklagte sich, daß Römer eine Schäferei angelegt, den Kirchwald ausgenutzt und einen eigenen Schmied angesetzt habe. Nachdem der Kanzler die beiden

---

[1]) Riedel, IV., Seite 1370. — [2]) Züllichauer Kirchenbuch.

ersten Punkte beleuchtet, sagt er betreffs des dritten: Einen Schmied setzte er nicht blos seiner Arbeit, sondern auch seiner armen Unterthanen wegen an; der alte förderte mehrere Jahre hindurch die Arbeit nicht, sondern wartete des Zobeltitz Dohnen und Fischerei. Die Bauern, welche ihn um Beschleunigung ersuchten, vergewaltigte er und schlug sie übel, so daß von Zobeltitz und Römer am 20. November 1581 auf der ganzen Gemeinde vielfältige Klagen hören mußten. Der Schulze, die Gerichten und Andere erhielten den Auftrag, die Sachen zu untersuchen und dem Schmiede seine Unbilligkeit ernstlich zu verbieten; dieser aber schlug auf den Schulzen nebst Anderen, saß bis über 10 Uhr im Kruge, was ausdrücklich verboten war. Am grünen Donnerstage schwelgte er sogar bis Nachts 2 Uhr, und als er sich total betrunken („voll gesoffen"), fing er mit dem Krüger Hader an, zerschlug demselben auf dem Hofe eine Kanne, ergriff bald darauf die Waare eines Fremden aus Krossen und ruinirte dieselbe, prügelte auf Römers Grund und Boden einen Seiler aus Schwiebus, verwundete ihn hart am Kopfe und verübte sonst allerlei Frevel und Muthwillen. Die ganze Gemeinde wünschte diesen Schmied abzuschaffen; Römer kündigte ihm selbst und durch den Schulzen; Zobeltitz nahm ihn aber fortwährend in Schutz. Der Letztere hatte den neuen Schmied, bevor er in Römers Dienste getreten war, auf öffentlicher freier Straße mit einem langen Rohre überfallen und ihn erschießen wollen; sein Begleiter von Bruningk verhütete es jedoch, indem er ihm die Büchse hielt. Er drohte auch, ihn Nachts zu überfallen und ihn mit Knebelspießen wohl abzuschlagen. Wenngleich der Krüger und der muthwillige Schmied mit Unterthänigkeit, Zinsen, Diensten, Eid und Pflicht beiden Herrschaften unterworfen waren, so maßte sich doch v. Zobeltitz die Jurisdiktion allein an und entschied die Sache parteiisch. Der Krüger trug am wenigsten Schuld, und er wies die Strafbarkeit seines Gegners durch Zeugen nach; trotzdem mußte er vierzehn Tage lang ins Gefängnis. — Zum Dritten, fährt der Kanzler fort, nahm v. Zobeltitz gemeldeten Krüger ohne Ursache neun Schock Heide sammt einigen Äckern. Im eigenen, wie im Interesse des Johanniterordens bat ich um Rückgabe, fand bei ihm aber kein Gehör und sah mich deshalb genöthigt, den Fall bei dem Verweser in Krossen, Grafen Botho von Reinstein, zur Anzeige zu bringen. Dieser befahl dem Zobeltitz zwar ernstlich, die Äcker und Heiden wieder herauszugeben. Es unterblieb nicht blos; sondern er überfiel den Krüger in seinem eigenen Hause, ließ ihn, nachdem er ihn mit einem Knebelspieße erbärmlich geschlagen, mit Händen und Füßen in den Stock setzen, nahm den Schlüssel an sich, zog davon[1]) und ließ den armen, unschuldigen Mann über vierzehn Tage lang in seinem eigenen Unflat sitzen und neben dem beschwerlichen Gefängnisse Hunger und Durst leiden. — Zum Vierten, heißt es weiter in Römers Entgegnung, hat von Zobeltitz meine Unterthanen, welche zu Kirchenvorstehern verordnet, auf seinen Hof fordern lassen, und da sie es nach seinem Gefallen nicht machen und was er begehret, geben wollen, dieselben gleichergestalt geschlagen, auch unlängst ohne mein Vorwissen und Willen die Kirche auf derselben Unkosten auswendig zu malen angedinget und die Kirchenvorsteher gezwungen, das Kirchenkorn zur Unzeit zu verkaufen und dem Maler Geld und Anderes zu geben, da doch die Kirche inwendig weder Flur, noch Boden, noch Anderes hat, darauf der Gottesdienst verrichtet und die hochwürdigen Sakramente gespendet werden können, und dasselbe zum nöthigsten und ersten zu bauen und zu fertigen. — Zum Sechsten hat er das Holz, das zur neuen Kirche im Kirchenwalde gefällt und von seinen und meinen Unterthanen angefahren worden und was sonst nachher zur Halle deputiret gewesen, seines Gefallens hinweggenommen und in seine Gebäude verbauen lassen, desgleichen vorm Jahre mit dem Holze, so ich zu meiner Nothdurft aus dem Walde rücken und bringen lassen, meiner unersucht auch gethan. — Zum Siebenten untersteht er sich ohne mein Zuthun und Rath mit der Pfarre Veränderung zu machen, hat auch allbereits ohne mein Zuthun und Bewilligung bei dem Kurfürsten zu Brandenburg Kommissarien und an S. Gn. Schreiben ausgebracht, da ihm doch das Kirchenlehen und die Jurisdiktion allein nicht gehört, sondern mir soviel daran zustehet als ihm, greifet mir also auch hierin vor. — Zum Neunten hat er den Schulzen, an welchem ich soviel habe als er, ungefähr vor sieben Jahren, wie er die Komthurei in Miethe gehabt, gedrungen, daß er ihm von seinem Lehenacker ein Stück, als ein Morgen Landes, und einen Kossätenhof im Dorfe auf meiner Seite zum Gericht gehörig abtreten müssen, darauf er einen Kossätenhof gebauet und den besetzt, daran dem Orden und mir unsere Gerechtigkeit entzog. — Zum Zehnten hat er einen Kossäten, so auch auf meiner Seite gelegen, welcher von Alters zur Kirche gehöret und anstatt der Dienste den Kirchwald gewartet, unter sich allein gezogen,

[1]) Dies heißt wahrscheinlich: er verreiste.

da ihm doch nicht mehr als die halbe Gerechtigkeit daran zustehet. — Und letztlich (17.) hat er mir mein Gesinde im Felde und sonst überfallen, darob ihn unser Herr Gott gestrafet, daß er mit einem Klepper gestürzet und hart gefallen, und sie dermaßen bedrohet, daß sie oft das Meine zu bestellen verhindert. — Schließlich beantragt der Ordenskanzler Schadenersatz. Ob die Behörde demgemäß erkannte, ist aus den Akten nicht zu ersehen. Muthmaßlich verkaufte Balthasar Römer, der fortgesetzten Gehässigkeiten müde, seinen Gutsantheil (früher I., jetzt II. benannt) in Topper an Christoph von Zobeltitz und erwarb, wie ich schon vorher andeutete, den Meierhof in Zielenzig. Seine Wittwe und die sonstigen Erben veräußerten denselben 1597 an Balzer Zeuschner.

Zu Ende des sechzehnten und zu Anfange des siebzehnten Jahrhunderts herrschte in Zielenzig gewaltiger Streit. Derselbe entspann sich über die Hütungs- und Braugerechtigkeit. Einer Beschwerde, welche am Pfingstmontage (4. Juni) 1593 die sämmtlichen Hüfner und Bürger wegen Pfändung gegen Balthasar Römer erhoben hatten, schlossen sich am 6. Dezember Bürgermeister und Rath an. Die Erbitterung muß arg gewesen sein; denn die letzteren sagten: Falls die Hütung auf der Saat fortdauere, könne kein Friede eintreten; es würden vielmehr die Schäfer sammt den Knechten erschlagen werden. Man verglich sich endlich dahin, daß gegen etliche Tonnen Bier die Hütung zur Winterszeit, da im Frost kein Schaden entstehe, gestattet sein, bei mildem Wetter jedoch Ersatz und willkürliche Strafe eintreten solle.

Die Gemeinde hatte nur eine Braupfanne. Die Berechtigten, welche diese (der Reihe nach?) benutzen wollten, erhielten vom Bürgermeister einen Schein. Barthel Kaulmann, jedenfalls von anderen unruhigen Geistern, zu denen in erster Linie Peter Breutler (auch Preutler) gehörte, vorgeschoben, beklagte sich in einem Schreiben (vom 24. September 1593) bei dem „Ehrenvesten und hochgelahrten Herrn Kanzler", seinem „insbesondere günstigen Herrn und Gevatter" wegen verweigerter Erlaubnis über den Bürgermeister Martin Hirsch und den Stadtschreiber Anton Bolle (der zugleich das Amt eines Organisten bekleidete). Jener sollte zu ihm geäußert haben: „Es nehme ihn wunder, daß ich mich der Kerles annehme, da er doch wüßte, daß sie mir aufs heftigste gehässig wären." Er spricht weiter von einem armen Stümper, den sie lange umhergetrieben. Wäre Dies, fügt er hinzu, manchem hitzen Kopfe begegnet, so hätte er, nachdem er genugsam geklagt, längst etwas Anderes vorgenommen. Die Stadt schwebe in größter Gefahr. Sie lasse sich durch Wachen, die man jetzt anordne, sicher nicht abwenden. Ein Mann aus Ostrow, wegen Tabakrauchens geschlagen und verwundet, stach einem Rathsherrn in den Schenkel. „Wir sitzen nicht zu Rom oder Venedig, daß wir einen geringen Schaden nicht achten!... „Sie geberden sich, als ob sie Gott im Schoße säßen, oder sonst einen großen Verlaß hätten." — Der Bürgermeister charakterisirt den Peter Breutler als „Meutemacher und Verhetzer", der ohne Vorwissen der Obrigkeit Versammlungen abhalte. Bei einem Feuer sagte er: „Das haben wir unserm Herrn zu danken, dem losen Marten! Halt, der Teufel soll euch holen!" — Am 3. Juni 1594 nannte Kaspar Karge ohne irgend eine Veranlassung vor ehrliebenden Leuten auf freiem Markte den Bürgermeister einen Schelm und Dieb, der ihn um das Seine gebracht, sein und seiner Kinder Verräther wäre. —

Von all' diesen Ausschreitungen erhielt zwar der Komthur in Lagow (Abraham von Grünberg der Jüngere) Kenntnis; er zögerte aber, eine Tagfahrt (einen Termin zur näheren Ermittelung) anzusetzen. Breutler, Kaulmann, Karge und Genossen wurden desto dreister. Der letztere schrieb sogar die beleidigenden Worte auf die Vorladung. Bei der Untersuchung, die endlich eintrat, warf man noch die Fragen auf, ob in Breutlers Sachen des Rathes Gegenbericht als ein famos Libell anzusehen; ob jener sich in Defensive (in der Lage berechtigter Vertheidung) befunden habe, und man deshalb die Injurien kompensiren könne. Trotz seiner Helfer und Hintermänner entging er jedoch der längst verdienten Gefängnisstrafe nicht.

Diesem Streite folgte noch ein Nachspiel. Ende September 1605 starb Marie Breutler. Der Oberpfarrer Adam Francke (erst seit zwei Jahren in Zielenzig und darum wol mit den früheren Wirren nicht hinreichend bekannt)[1]) hatte den Angaben, ihr lieb Männlein sei unschuldig verurtheilt und dadurch ihr selbst das Herz gebrochen worden, ohne Weiteres Glauben geschenkt. An ihren Namen anknüpfend, schilderte er (am 1. Oktober) in der Leichenrede das bittere Loos der Entschlafenen. Die Gräflich Hohensteinsche Ordensregierung nahm aber Veranlassung, gegen den Geistlichen einzuschreiten. Als Kommissarien fungirten der Kanzler David Geiseler

[1]) Merkwürdiger Weise kommt der Name in den betreffenden Akten nicht vor; aus anderen Quellen ergibt sich aber, daß es Francke und kein Anderer war.

und Joachim von Winterfeld (auf Sandow), die „um mehrer der Sachen Richtigkeit willen zu ihnen Ihro Gnaden Lehmann Hansen von Kettwigen" (damals Besitzer des Schulzengutes in Ostrow) erforderten. Sie befragten am 23. Oktober 1605 summarisch außer dem Richter Daniel Schulze, den Rathsverwandten Adam Frönlein, Hans Plone und Peter Horn den Bürgermeister Martin Kleppisch, den Jakob Hutwigk, Peter Sternbergk, Georg Mausigk, den Kantor Matthäus Sicanius und den Schulmeister Georgius Krüger, auch Balzer Römer (wahrscheinlich einen Sohn des Ordenskanzlers). Aus dem Protokolle heb' ich nur folgende charakteristische Stellen hervor: „Adam Frönlein saget: Er sei in der Leichenpredigt nicht gewesen; aber sein Weib habe ihm gesaget, sie hätte es in der Predigt gehöret vom Pfarrern, die Breutlerin habe den Tod davon, daß ihr Herr sei zur Unschuld eingesetzet worden." — „Baltzer Römer saget: Der Pfarr habe gesagt, Maria hieße bitter, und sie, die Breutlerin, hätte ihre Krankheit dahero, daß sie sich hätte zu Gemüthe gezogen, daß ihr lieber Herr wäre bei Ihro Gnaden angegeben und eingesetzet worden, wie denn die Küstrin'sche Regierung hätte seine Unschuld befunden. Zeuge hat nicht Alles behalten können." — Georgius Krüger, Schulmeister, saget: Der Pfarr hätte gesagt, es wäre eine Ursache ihrer Krankheit gewesen, daß Breutler wäre ins Gefängnis gelegt worden. Zeuge hätte eben geschlummert und auf Alles nicht Acht gegeben."

Den weiteren Verlauf dieser Sache ersehen wir ohne Kommentar aus folgendem Aktenstücke:

Öffentlicher Widerruf und Sündenbekenntnis des Pfarrers zu Zielenzig geschehen auf der Kanzel in der Kirche daselbst anno 1605.

„Ihr habt Euch sammt und sonders guter Maßen zu erinnern, daß ich für wenig Wochen der Peter Preutlerin, als dieselbe begraben, Ihre Leichenpredigt allhier gethan und unter andern ihr Leben beschrieben, daß sie nämlich viel Kreuz und Unglück auf dieser Welt ausgestanden, auch fast zuletzt eine Wärterin worden, indem sie sich darüber zu Tode gegrämet habe, daß ihr lieber Mann gefänglich eingezogen worden ohne Schuld und Ursache, wie denn die Kurfürstlichen Räthe, so folgends über der Sache gesehen, ihn nicht für Unrecht befinden können.

Zu solcher Predigt und Ansage bin ich dahero gerathen, daß gedachter Preutler mir Solches für wahrhaft berichtet, und ich nicht gedacht, daß solche meine Worte ichtes [etwas] Verfängliches auf sich hätten und Jemanden an Ehre und Glimpf zu nahe gingen. Nachdem aber der Hochwürdige und wohlgeborne Herr, Herr Martin Graf von Hohenstein, des ritterlichen St. Johanns Ordens in der Mark, Sachsen, Pommern und Wendland, Meister rc., Herr zu Vierraden und Schwedt rc. Unser gnädiger Herr, solcher meiner Predigt und derer Inhalt dieses Punktes halber kund worden und bei sich besser, als ich leider gethan, der Sachen und diesen Worten nachgedacht und treffliche gefährliche Absurta daraus befunden, daher Ihro Gnaden, durch derselben Räthe mich am jüngsten 24. Oktober im Beisein des hiesigen Rathes, Gerichte und etlicher Viertelsmeister aufs Rathhaus erfordern und auf mein eigen Bekenntnis mit sonderem Eifer und Ernste mir einhalten lassen, mit was Rechte, Fug und Billigkeit ich mich unterstehen durfte, Ihro Gnaden und Deroselben Gerichtszwang, also meine fürgesetzte Obrigkeit hinter ihrem Rücken gegen derselben Unterthanen in loco sancto et privilegiato öffentlich zu verunglimpfen und derselben mit lauter Unwahrheit dasjenige zuzumessen, so sich viel anders verhält und das Widerspiel öffentlich am Tage ist, daß nämlich Preutler nicht ohne Schuld und Ursache, sondern wohlverdienet gestraft sei, ja mehr in Gnaden, als nach Schärfe der Rechte, inmaßen sein eigen Reversbrief und Siegel vorhanden, darinnen er die Strafe gar gnädig acceptiret, erkennet und hinfürder mehr nicht als zu sündigen angelobet; darüber auch der Küstrin'schen Räthe und Assessores besiegelter Abschied vorhanden, in welchem er gar unrecht und höchst sträflich ertheilt ist, und Zuentfliehung der wohlverdienten, rechtlichen, ernsten Strafe gerichtliche und öffentliche Abbittte gethan, mit sonderem Flehen, daß man ja seine Missethat contoniren und mit Schärfe der Rechte wider ihn nicht verfahren möge, so dann geschehen und er darauf Zusage gethan, sich hinfürder solches und dergleichen Verbrechen zu enthalten.

Nach solcher Ihro Gnaden angehörten Meinung ist mir gedachten Preutlers Palinodia [Widerruf] wie gemeldet durch besiegelten Abschied genugsam notifiziret und kund gemacht, und habe damals selber mit sehenden Augen befunden, daß sich die Sache im Gegenspiel, als ich vormals gedacht und geglaubt, verhalte, dahero selbst sagen muß, daß ich hochgedachten meinem gnädigen Herrn und Seiner Gnaden Jurisdiktion zuviel und unrecht gethan, inmaßen mir denn auch ohnedies nicht gebühren wollen, solche Sachen auf die Kanzel zu bringen und die Unterthanen wider ihre Obrigkeit zu verhetzen, und weil schließlich hochgedachter mein gnädiger Herr mir dahero sowol auch meines sonsten ärgerlichen Lebens,[1]) davon ich, ob Gott will, abstehen will, durch gemeldte Ihro Gnaden Räthe mir den Pfarrdienst gegen Ostern aufkündigen und das Alles dem Rathe als in Acht zu nehmen befohlen lassen, also muß ich zwar mit meinem Gewissen sagen und bekennen, daß Solches mein rechter und verdienter Lohn sei und mir hieran gar nicht unrecht geschehe.

Nachdem ich aber gleichwol meine Sünde erkannt und mich meines gnädigen Grafen und Herrn gnädigen und väterlichen Herzens und großer Barmherzigkeit, die J. Gn. gegen ihre Unterthanen und Bußfertigen [fürnämlich aber gegen geistliche Personen[2])] auf demüthiges Suppliziren zu erzeigen pflegen, getröstet und um Gnade und Barmherzigkeit suppliziret, mit freiwilligem Erbieten, weil von mir hierinnen gröblich gesündiget ist, daß ich schuldigermaßen einen öffentlichen Widerruf von der Kanzel thun, mein Unrecht gegen männiglich bekennen und die Unterthanen wieder von der Rebellion[3]) zum schuldigen Gehorsam gegen Unsere Obrigkeit ermahnen, mich auch ferner alles ärgerlichen Lebens enthalten wolle, durch welches in Betrachtung meines, meines Weibes und armen Kinder elenden Zustandes, so wolle meines bußfertigen Herzens (wegen) hochermeldete Ihro Gnaden sich endlich [durch Vorbitte J. Gn. Gemahlin, meiner Gnädigen Frauen[2])] erweichen lassen und gnädiglich erkläret, wann ich diesem Allen nachlebte, die Strafe durch meine Erlaubung zu diesem Male nachzulassen.

Als erkenne ich hiermit öffentlich mein Unrecht, bereue es und bitte um Gottes willen um Verzeihung, ermahne auch einen Jeden (von) Amtswegen, daß er seiner Obrigkeit als Gottes Ordnung Gehorsam leiste, sie ehre und sich ja nicht durch Verleitung unruhiger Leute wider dieselbe setze, weil Gott ja über solche Ordnung gehalten haben will, und Diejenigen, so derselben entgegenleben, endlich zu ernster Strafe ziehet.

Ich meines Theiles will mich auch selbst nach dieser Regel richten und meinen Pfarrdienst hinfüro mit Lehre und Leben zu Gottes Ehren, der Obrigkeit Gehorsam, meiner Pfarrkinder Seligkeit und männiglichen zum guten Exempel anstellen. Das verleihe ꝛc."

---

[1]) In den bez. Akten ist auch nicht eine Thatsache angeführt, aus der man schließen könnte, Adam Francke habe sonst durch seinen Lebenswandel in der Gemeinde Anstoß, Ärgernis erregt.

[2]) Die eingeklammerten Stellen sind Randbemerkungen.

[3]) Im Texte ist das Wort Rebellion durchstrichen; auf dem Rande steht dafür „üblen Verleitung".

Auf der Rückseite: „Recantavit Pastor Zilentianus 22. Decbr. 1605, publicavit in Templo pro Concione.“ [1])

Unstreitig griff Andreas Muskulus den Magistrat zu Frankfurt a. O. viel härter an, als Adam Francke die „Gräflich Hohenstein'sche Regierung“. Trotzdem stand er bis zu seinem Tode (er starb am 29. Septbr. 1581) in der Gunst der Kurfürsten Joachim II. und Johann Georg und erhielt von beiden reiche Geschenke, hinterließ seiner Wittwe aber kein Vermögen, so daß mildthätige Bürger, um sie in den alten Tagen vor Noth zu schützen, ihr im Jakobshospital eine Stube nebst Schlafkammer einrichteten und für ihren kümmerlichen Unterhalt sorgten.[2])

Gegen Johannes Muskulus, des Genannten ältesten Sohn, schritt Joachim allerdings ein. Ein flotter Student, setzte er allem Anscheine nach sein Freudenleben als Prediger in der Lebuser Vorstadt und Pfarrer in Kliestow fort. Man beschuldigte ihn insbesondere, an dem letzteren Orte bei Austheilung „des hochwürdigen Sakramentes des Leibes und Blutes unsers Herrn Jesu Christi den Kelch vergossen und darauf mit Füßen getreten zu haben.“ [3]) Außer den Kirchenvätern wurden noch 134 Personen auf dem Frankfurter Rathhause darüber vernommen, „ob Muskuli Sohn dermaßen ein unordentlich Leben mit herrlicher Schlemmerei und Demmerei, dem heiligen Ministerium unrühmlich, treibe und führe, daß sich aus solchem ungebührlichen Übel der gedachte Unfall wohl erklären lasse“. Die Zeugen sagten zumeist ungünstig aus. Eine große Synode, welche am 20. Juli 1568 in Berlin auf des Kurfürsten Befehl zusammentrat, berieth acht Tage lang. Johannes Muskulus war nicht erschienen. Sein Vater suchte ihn möglichst zu entschuldigen; Joachim aber erwiderte: „Ich bin kein Tyrann oder Blutgieriger. Wenn er sich selbst gestellt, wollte ich ihn hören. Jetzt muß ich mich auf die Aussagen der Zeugen verlassen. Ihr Herren habt lange begehrt, den Bann wieder anzurichten; besorge mich, ihr sollt ihn in Privatsachen wohl nicht gebrauchen. Ja wol sollt ihr es anders machen, als die Papisten. Ihr könnt mich sonst zum Richter nicht leiden; zöge ich aber meine Hand von euch zurück, so würdet ihr nicht lange laufen, ihr und euer Haufen. Ich

[1]) Widerrufen hat der Zielenziger Pastor am 22. Dezember 1605. Verkündigt hat ers in der Kirche vor versammelter Gemeinde.

[2]) Spiecker, Seite 133.

[3]) Wörtlich aus dem Schreiben des Kurfürsten vom 3. April 1568 2c.

wollte wol gegen sechzig Kasus anführen, wo ihr in losen Sachen den Bann verfügt habt. Ein jeder Prediger ist jetzt ein Papst. Das muß anders werden!" — Das Urtheil über den Angeschuldigten lautete dahin, „daß er ihm selbst zur wohlverdienten Strafe und Andern zu einem abscheulichen Exempel hinfüro in Unsern Landen als ein Kirchendiener nicht soll geduldet werden, daß er auch Unser Land alsbald und ohne Verzug räumen, davon gänzlich ausgeschlossen und dasselbe ohne Unsere Erlaubnis nicht weiter berühren, noch sich darin finden lassen soll, so lieb ihm ist, eine höhere und Leibesstrafe zu vermeiden". — Über die „ganz neue Strafe" verwundert, bat der Vater, den „Geweihten des Herrn nicht aus der Kirche zu stoßen"; Joachim antwortete ihm jedoch: „Ihm ist kein Unrecht geschehen, im Gegentheil noch viel Gnade widerfahren, mehr, als er verdient. Das solltet ihr billiger Weise mit unterthänigem Danke erkennen und euch nicht beschweren. Du hast auch schuld; du hättest einen so jungen Laffen nicht sollen ins Amt setzen. Da haben wir nun den Sakramentschänder! Hätte ich nicht so hart über euch gehalten, eures Gebeins wäre nicht mehr. Doch sollt ihr euch keiner Ungnade versehen. Es thut mir auch euretwegen leid, daß eurem Sohne Solches schuldigermaßen widerfahren!" Wir müssen uns nach einer solchen Erklärung wundern, daß Johannes Muskulus sich im Sommer 1569 nicht blos bei seinem Vater aufhielt, sondern sogar am Weihnachtsfeste im Kloster (in der Unterkirche) predigte. Erst auf erneuerten Befehl verließ er Brandenburg. Weib und Kind blieben bei seinem Vater zurück. Nach vier Jahren ward er Prediger zu Teupitz in Sachsen.[1])

Magister Heinrich Hamm, schon bei Krossen (Seite 356) erwähnt, wirkte in Königsberg von 1542—53. Er besaß das Vertrauen des Markgrafen Hans, der ihn nebst seinem Hofprediger Kaspar Marsilius 1551 nach Wittenberg sandte, woselbst in Gemeinschaft mit Melanchthon und anderen Professoren Schriften für die Kirchenversammlung in Trident entworfen wurden. Bald darauf gerieth jedoch Hamm als Irrlehrer in Verdacht. Am Weihnachtsfeste 1552 behauptete er nämlich in einer Predigt, die Jungfrau Maria habe den Heiland mit Schmerzen geboren (Mariam cum doloribus esse enixam). Auf Befehl des Markgrafen kamen in der Fastenzeit 1553 alle Superintendenten der Neumark und des Herzogthums Krossen

[1]) Spieker, Muskulus, Seite 126—33.

in Königsberg zusammen, untersuchten diese Sache, und Hamm verlor sein Amt. Er starb 1560 als Pastor in Könnern.

Magister Johann Pontanus, von 1586—1613 Inspektor in Königsberg, sagt in der Leichenrede auf des Verfolgten Tochter Katharina, Nikolaus Schönebergs, Pfarrers in Nahausen, Ehefrau: Es ist aus fürnehmer und gelehrter Leute Schriften zu ersehen, daß Magister Heinrich Hammius ein gelehrter Mann gewesen. Es sei auch bekannt, daß er seine Söhne zu Nutzen und Frommen Christi und der Welt zum besten löblich und christlich erzogen habe". —[1])

Über den Geistlichen in Königsberg schwebte ein Unglücksstern. Dr. Peter Prätorius, Hamm's Nachfolger, der eine gewisse Beichtformel einführte, welche die Knaben in der Kirche vorlesen mußten, die aber Pontanus änderte, hielt sich bis 1564, wandte sich dann nach Sachsen und kam 1575 nach Danzig. Hier verdächtigte ihn Dr. Kittel als Kalvinisten; er habe auf reformirten Universitäten studirt und den Doktortitel in Basel erworben 2c. (!!) Tief betrauert von seinen Gesinnungsgenossen starb er 1588 „nach einer langwierigen, wunderbaren Krankheit." „Weil auch einige leichtsinnige Leute ausgesprenget, es hätte ihn der Satan leibhaftig geholt, so ließ man seinen Sarg beim Grabe eine geraume Zeit offen stehen."

Magister Petrus Fuchsius, ein gelehrter, frommer Mann, fiel als Opfer des Aberglaubens jener Zeit, der besonders in Königsberg viele Anhänger zählte. Er fand 1576 am 11. Sonntage nach Trinitatis (2. Septbr.) unter dem Altartuche, nicht weit vom Kelche, eine lebendige Eidechse, „so nach Etlicher Urtheil eine Zäuberin dahin gebracht, welche er sammt dem Altartuche fassete und wegtrug. Er ward aber darauf krank, schwoll sehr und starb am 3. Juli folgenden Jahres." [2])

Am 21. August 1583 begab sich eine aus acht Herren bestehende Kommission, an ihrer Spitze der Hofprediger Friedrich Hartwig, nach Landsberg a. W., um den Pfarrer Magister Jakobus Capito (Haupt) abzusetzen und den Dr. Wolfgang Peristerus (eigentlich Täuber) an Jenes Statt „wegen Kurfürstlicher Gnaden zu

[1]) Magister Peter Ernst Livius, von 1687—1701 Oberpfarrer in Schwiebus, sodann nach seiner Vertreibung durch die österreichische Regierung in Angermünde und von 1705—17 Inspektor zu Königsberg in der Neumark, behauptete gleichfalls in der Weihnachtspredigt 1716: „Maria habe Jesum allerdings mit Schmerzen geboren", wurde auch deshalb angefochten, vertheidigte sich aber mit Dr. Tannbauers Beistimmung erfolgreich. Ehrhardt, Presbyterologie, Glogau, Seite 467.

[2]) Kehrberg, Königsberg, Seite 183.

introduziren und zu konfirmiren." Der Chronist Haftitz erzählt: „Dieser Capito (daß ich ihn ein wenig abmale mit seinen gebührlichen Farben) war ein aufgeblasener und hochtrabender Geist und Ausbund von Kalvinisten, welcher die Kirche und Gemeinde Gottes hart betrübt und verunreinigt, einem Edlen Rathe und der ganzen Gemeinde nicht geringe Mühe gemacht, in große Unkosten und Geldsplitterungen geführt und durch sein falsches Einlappen den frommen, unschuldigen Bürgermeister Hans Winsen unverschuldeter Sache in Haft gebracht und an seinem unzeitigen Tode nicht geringe Ursache gegeben. Nachdem aber aus sonderlichem Verhängnisse Gottes seine unverschämten Lügen und Prätextus, damit er sich meisterlich losfeilen und, wie der Proteus bei Virgilius, in alle Formas transformiren konnte, zu Hofe nicht mehr gelten wollten, seine Schutzherren und Rückhalter zu Küstrin Hände und Füße gehen ließen und seinen Patronen zu Berlin und Kölln die Hände nicht mehr silbern konnte, ist er zur Verhütung weiteren Unglücks, Aufruhrs und Blutbades, das er gern gestiftet, wo ihm Gott nicht ins Spiel gegriffen und die Karten zerrissen hätte, derowegen er denn nicht unbillig von seinem Amte removirt, und hat bald darauf in Polen gar dienstlos mit seiner Handarbeit des Tuchmachens, das er doch nicht gekonnt und mit fremden Kräften bestellen müssen, sich elendiglich und kümmerlich erhalten, bis er endlich in großer Armut gestorben. Also bezahlet zuletzt Gott die Lästerer und Verächter seines Wortes; denn er läßt sich nicht spotten![1]) — Peristerus war, wenn wir nach einer Kanzelrede, die er über ein in Berlin am Himmel beobachtetes Wunderzeichen gehalten, urtheilen dürfen, ein geistreicher Mann; er fand jedoch (man sagt, seine zweite Frau Katharina Justevelin habe durch ihre Zank- und Rachsucht viel dazu beigetragen), nirgend eine bleibende Stätte, und die Landsberger warfen ihm vor, daß er am Neujahrstage 1586 nach dem Ausbruche der Pest Diejenigen, welche der Seuche wegen entwichen waren, hart angegriffen, auch sonst anzügliche Reden wider den Rath gehalten, Sünden verkleinert, andere vergrößert und in seinem Feuereifer öfter den Text verloren habe. 1592 ging Peristerus zur ewigen Ruhe. In der Leichenrede nennt Heinrich Lemrich, Pastor zu Friedeberg, folgende Städte und Länder, die er besuchte: Lübeck, Hamburg, Lüneburg, Rügen, Holland, Seeland, Liefland, England, Flandern, Frankreich,

[1]) Riedel IV., Seite 141. Haftitz charakterisirt von seinem streng-lutherischen Standpunkte aus und trägt sicher die Farben zu grell auf.

Schweiz, Trident, Padua, Venedig, Rom (wo er drei Mal war), Ferrara und Florenz.[1])

Dr. Joachim Garcäus, seit 1598 Superintendent in Sorau, genoß wegen seiner Gelehrsamkeit und Amtstreue viele Jahre große Achtung[2]); Kaiser Rudolf der Zweite, 1611 in der genannten Stadt anwesend, legte ihm und dem Landesbestallten Otto von Gersdorf vor der Ausfertigung den niederlausitzischen Majestätsbrief vor; auch bewunderte der Kardinal Clesel seine Fertigkeit in den morgenländischen Sprachen und seine Bekanntschaft mit den Kirchenvätern; als aber der geistliche Herr dem Landvogte Heinrich Anshelm von Promnitz versicherte, der künftige Schwiegersohn desselben werde ihm gewiß 9000 Thaler leihen, dieser jedoch über eine solche Summe nicht ohne Weiteres verfügen konnte, da erfolgte, wenngleich nur auf kurze Zeit, Enthebung vom Amte. 1617 fiel in Sorau der Rathhausthurm ein. Garcäus erblickte in diesem Ereignisse eine böse Vorbedeutung, weil — nach einem in der Kirche zu Glogau umgestürzten Pfeiler auch ein Unglück geschehen sei. Die

[1]) Engelien und Henning, Landsberg, Seite 90–91.

[2]) Wider Dr. Peter Streuber, den Vorgänger des Garcäus, der sich allen Zeugnissen nach durch Kenntnisse, Geistes- und Rednergaben auszeichnete, erhoben seine Gegner die härtesten Beschuldigungen. Sie behaupteten: In Frankfurt a. O., wo er studirte, versprach er einem Mädchen die Ehe, zog aber sein Wort zurück, weshalb die Unglückliche sich aus Schwermuth in einen Brunnen stürzte. Einem vornehmen Fräulein in Sorau, die sich in einen Barbiergesellen verliebt hatte, reichte er ein Tränklein, durch das sie ins Grab sank. Ferner bestach er den Hauslehrer des Superintendenten Rivander, früher in Forst, später in Bischofswerda, (der letztere gehörte zu seinen theologischen Gegnern) daß dieser den geistlichen Herrn sammt Weib und Kind durch einen Karpfen vergiftete. Endlich schwängerte er seine Magd, bekam darüber Hausarrest, entfloh indeß nach Böhmen, ward katholisch und erhielt eine Pfarrstelle in Brix. Aufgefangene Briefe ergaben jedoch, daß er sich später um das Primariat in Zittau bewarb. Er gerieth also in den Verdacht des Abfalls von der römischen Kirche. Bei einem Gastmahle gleichfalls vergiftet, verfiel er in Raserei und starb auf einem Misthaufen. Magnus, Sorau, S. 72–75. Der Superintendent Worbs, ein fleißiger, gewissenhafter Forscher, bemerkt: „An Streuber können wir sehen, wie gefährlich es ist, unter erbitterten Zänkern den Frieden herstellen zu wollen. Er zeigt sodann, wie unsicher die meisten Anschuldigungen sind. (Sorau, Seite 42--50.) Rivander war ein starrer Lutheraner, der allen Anhängern Kalvins und denen, die ihm solche zu sein schienen, heftig entgegentrat. Der Magister Tobias Müller in Zwickau, den er auch empfindlich angelassen hatte, nennt ihn in seiner Vertheidigung „den allerhohnreichsten Kalumniator [Verleumder] und mächtigsten Spötter dieser jetzigen Zeit", die Herren von Bieberstein aber seine Abgötzen und einfältige Leute. (Schneider, Chronik von Forst, Seite 246.) Wir sehen schon aus diesen Zitaten, daß man die Worte nicht auf die Goldwage legte.

Bürger theilten seine Ansicht nicht; ebensowenig schenkten sie einer andern Prophezeiung von einem allgemeinen Brande Glauben. Aus Verdruß hierüber nahm der Superintendent 1618 einen Ruf nach seiner Geburtsstadt Brandenburg a. H. an, las die Vokation von der Kanzel vor und zählte 130, sage: einhundertunddreißig Ursachen auf, die ihm sein ferneres Bleiben in Sorau verleideten. Dessenungeachtet suchte er im geheimen die Zünfte zu einer Petition für ihn zu überreden. Dies rief eine solche Erbitterung hervor, daß man ihm die Kanzel verbot, ja ihm nicht einmal erlaubte, eine Abschiedspredigt auf dem Kirchhofe zu halten. Es ging ihm der Befehl zu, die Stadt ungesäumt zu verlassen. In Brandenburg fiel ihm das Loos nicht lieblicher.[1])

Ein Beispiel aus dem Lande Sternberg beweist erfreulicher Weise, daß man nicht überall geneigt war, ohne triftige Gründe Geistliche abzusetzen. Martin Bunger aus Sonnenburg, von 1546—66 Prediger in Stentsch bei Schwiebus, sodann in Herzogswalde, unterschrieb 1579 die Konkordienformel, konnte mithin nicht als widerspenstig oder ketzerisch gelten. 1593 wollten ihn aber die Kirchenvisitatoren „variis accusatus delictis" (verschiedener Vergehen angeklagt) vom Amte entfernen und requirirten deswegen den Herrenmeister Martin Grafen von Hohenstein um seinen Konsens; aber die Herzogswalder Patrone (Herren von Waldow) kondonirten ihn seines hohen Alters wegen, und er blieb also hier bis an sein Ende.[2])

Wer will es leugnen, daß in der „guten alten Zeit" die Stellung der Geistlichen eine höchst abhängige, unsichere und schon aus diesem Grunde ihre Wirksamkeit sehr fraglich war! Die Sucht, mit Dominikanernasen Irrlehren auszuspüren, die gerade in den Jahren 1550—1618 auffällig hervortritt, fand sicher auch Anhaltepunkte in den Reden derjenigen Pastoren, die früher dem Handwerkerstande angehört hatten. An verschiedenen Orten im deutschen Vaterlande, nicht blos in Brandenburg, finden wir solche Verkündiger der neuen Lehre. In Weimar war ein Kaplan nebenbei Kürschner, im Gothaischen der Pfarrer zu Molschleben ein Knochenhauer. Ferner gelangten zum evangelischen Predigtamte: in Wiegleben ein Leinweber, in Warze ein Böttcher, in Trügleben ein Bader, in Kollm, Kreis Rothenburg, der Kürschner Martin Kisitz, in Hennersdorf bei Görlitz der Schuhmacher

[1]) Worbs, Sorau, S. 52—54. — [2]) Ehrhardt, Glogau, Seite 478.

Sartorius (von Luther ordinirt), in Meuselwitz der Stadtschreiber Johann Conradus aus Reichenbach, in Daubitz bei Rothenburg der Schullehrer Thomas Cernick (beide von Dr. Bugenhagen am 21. Septbr. 1541 resp. am Sonntage Judika 1546 ordinirt), in See 1547 Simon Opitz aus Muskau, Schreiber bei Christoph von Gersdorf, in Nordhausen der Böttcher Anton Otto und der Weißgerber Johann Nürnberger, in Trebnitz der Maurer Klemens Fornfeist, in Freienwalde der Schmied Heinrich Dubberke, in Woldenhagen (vom Generalsuperintendenten der Altmark ordinirt), der Kleinschmied Gregor Leberkoch u. s. w.[1])

Der Kurfürst Johann Georg sah sich deshalb genöthigt, in der Visitations und Konsistorial-Ordnung von 1573, Artikel 6, zu befehlen: „daß zum Predigtamte ferner, wie bis dahin geschehen, keine Schneider, Schuster und andere verdorbene Handwerker und Lediggänger, die ihre Grammatikam nicht studiret, viel weniger recht lesen können, und allein, weil sie ihres Berufs nicht gewartet, verdorben und nirgends hinausgewußt, Noth halben Pfaffen geworden wären, sollten gestattet noch angenommen werden, sondern hinfüro vermöge hochgedachtes unsers Herrn Vaters und unsers Mandates, die Pfarrer, Kapläne, Schulmeister und Gesellen vornämlich aus unserer Universität zu Frankfurt a. O., oder, da allda diesfalls Mangel sein würde, aus anderen unverdächtigen Universitäten, Schulen und Kirchen, vozieren. Wären auch Schulmeister oder Schulgesellen in Städten unseres Kurfürstenthums, die sich zu solchen Ämtern gebrauchen lassen wollen, die sollen vor Anderen in Acht gehabt und dazu gezogen werden. In Ansehung, daß die unserer Lande Kirchengebräuche wissen und daraus die vornehmsten Leute zu werden pflegen!“ — Und dennoch waren zwei Prediger, welche 1636 zu Stendal der Pest erlagen, vor Übernahme des Pfarramtes viele Jahre Bürger und Bierbrauer gewesen.

Lazarus Petrichin, der am 15. April 1556 als Kircheninspektor in Schievelbein starb, studirte in seiner Jugend fleißig und erwarb sich so viel Kenntnisse, daß er eine Schulstelle in Wollin verwalten konnte. „Als aber die Zeit der Änderung mit

[1]) Röhr, Grund- und Glaubenssätze, S. 159. — Mischke, Oberlausitz, S. 116, 120, 182, 202. „Ein Schuster, ein Schmied, ein Bauer, ein Jeglicher seines Handwerks Amt und Werk hat, und sind doch alle gleich geweihte Priester und Bischöfe, und ein Jeglicher soll mit seinem Amte oder Werke dem Andern nützlich und dienlich sein.“ Aus seinem Zusammenhange herausgerissen, kann dieses Wort Luthers leicht mißverstanden werden. Vergl. Konkordanz von Dr. Ernst Zimmermann, III., S. 997—1010!

der Religion in Pommern eintrat, besorgte dieser Lazarus, er werde sein ferneres Fortkommen nicht finden." Darum wandte er sich dem Maurerhandwerke zu und half, wie er selbst zu erzählen pflegte, an dem Schlosse zu Arnhausen seiner Zeit arbeiten. In seinen Freistunden nahm er jedoch fleißig lehrreiche Bücher zur Hand. Während seines Aufenthaltes in Stettin traf ihn einmal der Superintendent Paulus Rhoda, wie er, ganz allein in einer Kirche sitzend, die „Locos Theologicos Philippi" [1]) las. Auf die Frage, ob er das Buch auch verstehe, antwortete Petrichin: Ja, und aus dem weiteren Gespräche gewann der Geistliche die Überzeugung, daß der strebsame Handwerker wol zum Predigtamte befähigt sei. Er ermunterte ihn deshalb, sich von dem Ministerium prüfen zu lassen und verhieß ihm Promotion. Petrichin bestand, wurde ordinirt, verwaltete zuerst eine Stelle auf einem Dorfe, sodann aber mit Segen das Amt eines Inspektors in Schievelbein.[2])

Lorenz Schmeschkow, von 1590—1627 Diakonus in Krossen, hatte im achtzehnten Jahre seines Alters zu Tschausdorf noch die Kühe gehütet und war durch eine wunderliche Gelegenheit zum Studiren gekommen, auch aus keiner anderen Ursache, als wegen der wendischen Sprache befördert worden. Er konnte von der Bauernarbeit nicht lassen, und machte öfters Pfähle in seinem Hofe. Das sah die Kurfürstin Elisabet, die Wittwe Johann Georgs, wenn sie vom Schlosse über einen hölzernen Gang zwischen den Diakonathäusern in die Kirche ging, vermochte es ihm aber nicht abzugewöhnen, ungeachtet sie ihm zu verschiedenen Malen ganze Fuder Pfähle in seinen Weingarten kaufen ließ. Als sie einst in der glogauischen Gasse zum Taufessen war und Herr Lorenz die heilige Handlung verrichtet hatte, fragte sie ihn über Tische, ob er heute schon viele Pfähle gemacht. Die Antwort lautete: Gnädigste Frau, ich will Euch das Loch schon verpirren! Des folgenden Tags ließ er sich von seiner Magd Bretter zulangen und verschlug den Gang, daß die Kurfürstin nicht mehr konnte in seinen Hof sehen, welches sie jedoch mit großer Sanftmuth ertrug.[3])

Bei dem ohnehin geringen Gehalte der meisten Dorfpfarrer, das von Solchen, die von „Jesu Rock gern ein Stück haben wollten", überdies noch verkürzt wurde,

---

[1]) Ein berühmtes Buch von Melanchthon.

[2]) Bekmann's Manuskript (in der königlichen Regierungsbibliothek zu Frankfurt a. O.). Schievelbein, Seite 13.

[3]) Matthias, Bürgerbuch, S. 202. Als Todesjahr ist S. 501 1628 genannt.

darf es uns gewiß nicht wundern, wenn sie ihre Fortbildung vergaßen. Zeigten sich doch die Väter einer Stadt oft sehr kleinlich! Als Beweis diene ein Schreiben des Pfarrers der St. Gertraudkirche an den Bürgermeister Vollfraß zu Frankfurt a. O.: „Achtbarer, wohlweiser, großgünstiger Herr! Ich armer Mann, als der Pfarrer vor dem gubenischen Thore kann Euer Achtbaren wieder nicht verhalten, wie ich armer Mann mich gegen Ew. Achtbaren wieder so herzlich sehr beklage, daß ich doch kein Bissen Holz in meinem Hause nicht habe, und weiß auch nicht etwas zu bekommen, so bitte ich armer Mann Ew. Achtbaren doch fleißig und treulich, ihr wollet doch so wohl thun und mich armen Mann bedenken mit einer Ruthe Holz oder mit einem Baume, was Ew. Achtbaren würde gut deuchten, dieweil ich doch so fleißig und treulich bin bei der Stadt gewesen in diesen gefährlichen Zeiten. Zum Andern ist auch meine treuliche und fleißige Bitte an Ew. Achtbaren Würde, daß ihr doch wollet das Lohn von unserm Herr Gott nehmen und mich armen Mann doch auch ein wenig bedenken mit einem Winterzeuge, da ich doch ganz und gar wenig und nichts weiß zu bekommen und habe doch meinen besten Fleiß fürgewandt bei Arm und Reich, das muß auch eine ganze Vorstadt bezeugen, mit Predigen und Darreichen des Heiligen Sakraments und müßte nicht leicht sein, nachzuweisen, daß ja Einer versäumt worden wäre und wills auch heutigen Tags noch schaffen." Auf der Rückseite bemerkt der Stadtschreiber: „Des hinkenden Pfaffen Supplicationes.[1])

Schon 1541 beklagte sich der Kanzler Weinleben über die vielen Hindernisse, den Ungehorsam und die Eigenmächtigkeit des Adels, wodurch derselbe die kirchlichen Einrichtungen und die ausreichende Besoldung der Geistlichen sehr erschwerte. „Ich wollte lieber auf die Reichstage ziehen und zwanzig Wochen lang verhandeln, als acht Tage mit solchen widerspenstigen und ungeschlachten Leuten. Ja, wenn's zu zechen gäbe oder Jagd, so würden die Junker wohlauf sein; aber wenn's gilt, Gottes Wort fördern, Schulen anlegen und den armen Priestern ihr Stückchen Brot geben, dann haben sie harte Ohren und lose Mäuler." — Nicht milder urtheilt der sanfte Melanchthon, den der Markgraf Hans, daß er bei Einrichtung des evangelischen Kirchenwesens mit Rath und That behülflich sei, nach Küstrin entboten hatte.

[1]) Spieker, Muskulus, Seite 335—36.

In der Kirchenordnung von 1540 heißt es: „Dieweil auch zur Erhaltung christlicher Religion und guter Polizei aufs höchste von Nöthen, daß die Jugend in der Schule unterrichtet werde und die Schulen etliche Zeit her in Abfall kommen, wollen wir, daß die in allen Städten und Märkten[1]) wiederum eingerichtet, reformirt und gebessert 2c. werden."

Markgraf Hans befahl in seiner Verordnung über die Güter der Kirchen (1540) auch den Vorstehern derselben, dafür zu sorgen, daß vom Vermögen der Kirche und der Pfarre nichts verloren gehe. Wo für Kirchen, Schulen und deren Diener, sowie für arme Leute genug gesorgt ist, sollen von den Überschüssen Stipendien für fähige Bürgersöhne, welche Theologie studiren, gestiftet werden.

Die Generalvisitation im Jahre 1574, auf Anordnung des Kurfürsten Johann Georg von Andreas Muskulus, dem Juristen Dr. Bartholomäus Rademann, dem Geheimsekretär Joachim Steinbrecher, Joachim Lindholz und Christoph Sparre gehalten, führte u. a. zur Gründung und Organisation des Gymnasiums zum grauen Kloster in Berlin. Hier bestanden zwar bei der Nikolai- und Marienkirche Schulen. Man hatte sie seit der ersten Visitation schon einige Mal getrennt und wieder vereinigt, sie aber niemals auf einen grünen Zweig gebracht. Die Ursachen lagen nicht blos in den engen, dunklen Räumen und der geräuschvollen Umgebung. Der Rath wendete sich an die genannten Kommissarien und erlangte durch sie von dem Kurfürsten, daß er einen Theil des Franziskanerklosters zur Gründung einer Unterrichtsanstalt, die den höheren Forderungen der Zeit genügte, überweisen ließ. Die Räthe Simon Gottsteig und Joachim Steinbrecher sorgten mit den Bürgermeistern Mag. Thomas Hübner und Hieronymus Tempelhof für zweckentsprechende Wohn- und Klassenzimmer und die Berufung tüchtiger Lehrer. Zur Bestreitung der Kosten schenkte der Magistrat 4000 Thlr., der Geheimsekretär Steinbrecher 1000 Gulden, der Kanzler Lambert Distelmeyer 500 Speziesthaler; die fehlende Summe sammelten die Bürger unter sich. Kurz nach seiner Gründung zählte das „graue Kloster" bereits 600 Schüler.

Im Jahre 1600 verordnete Kurfürst Joachim Friedrich in einer Instruktion vom 9. Februar, daß die Kirchenvisitatoren in Betreff jeder Schule ermitteln sollten: 1. wie und mit wie vielen Gesellen die Schule bestellt; 2. ob und wie oft jährlich

[1]) Von Dorfschulen ist nicht die Rede. Sie traten erst nach dem dreißigjährigen Kriege ins Leben, fristeten dasselbe aber an vielen Orten höchst kümmerlich.

Examen gehalten und welchergestalt; 3. wie sich die Schulgesellen in ihrem Amte und Leben verhalten; 4. was sie für einen ordinem lectionum hielten; 5. ob sie auch mit nothdürftigem Unterhalte, Wohnung und Tischen versehen. (Diese Verordnung bezieht sich indeß nur auf die — lateinischen — Stadtschulen.)

Eine zweite Landesschule, ebenso wichtig und segensreich wie das graue Kloster, gründete der genannte Kurfürst 1607 zu Joachimsthal. Allem feind, was an den Katholizismus erinnerte, hob er auch das am Dome zu Kölln von Joachim dem Zweiten gestiftete und reich dotirte Domkapitel auf. Die Einkünfte verwendete er zum Theil zur Unterhaltung armer Studenten in Frankfurt a. O., zum Theil für jenes Gymnasium. Sein Haus in Joachimsthal unweit Eberswalde, zur Benutzung bei Jagden in dortiger Gegend erbaut, bestimmte er sammt der dabei belegenen Kirche, den Gebäuden, dem Vorwerke und den dazu gehörigen Äckern, Gärten und Wiesen für die Einrichtung und Unterhaltung der neuen Schule; übereignete derselben außerdem einige Klöster der Alt- und Uckermark, Seehausen bei Gramzow, Neuendorf und Dambeck nebst deren Einkünften, und verordnete endlich: Aus denselben sollen 120 Knaben, 10 vom neumärkischen Adel, 80 aus den Städten der Alt-Mittel- und Uckermark, 10 Söhne armer Hofdiener und 20 unvermögende Pfarrerkinder vier oder fünf Jahre daselbst frei erhalten und in der wahren, reinen Religion, in Künsten und Wissenschaften, sowie in guten Sitten erzogen werden. Nur für Betten, Kleider und Bücher mußten die Eltern sorgen. Außer den 120 Freischülern konnten andere auf eigene Kosten das Gymnasium besuchen. Zur feierlichen Einweihung, die am 23. August 1607 erfolgte, erschienen der Kurfürst, die Prinzen, mehre andere hohe Herren, viele Edelleute und Gelehrte. Der erste Rektor war Mag. Karolus Bumannus, dem frommen Joachim Friedrich so lieb, wie David dem Jonathan.[1])

Die Gehaltsfrage setzt noch immer viele Federn in Bewegung und interessirt vor allen Dingen. Deshalb will ich hier Folgendes anführen.

Nach dem Visitationsprotokolle vom 29. Juni 1592 bekamen in Zielenzig:

---

[1]) Der dreißigjährige Krieg zerstörte auch dieses Gymnasium. Dazu kam seine ungesunde Umgebung. Daher verlegte es der große Kurfürst 1655 nach Berlin, anfänglich in das Schloß, später nach der Burgstraße Nr. 21. Seit 1880 befindet es sich in einem neuen Gebäude unweit Charlottenburg auf der Feldmark Wilmersdorf.

der Rektor einen Freitisch, 20 Floren Stipendium, 10½ Floren Lichtgeld im Winter, 10 Gulden Begräbnisgeld.

Der Kantor 18 Floren märkisch Gehalt und Freitisch, 10½ Floren Lichtgeld, 10 Pf. für ein kleines (speziales), 1 Groschen für ein generales Begräbnis, 1 Groschen für einen bestellten Gesang bei dem Kirchgange der Sechswöchnerinnen, 1 Groschen für jeden Knaben pro Quartal, ausgenommen diejenigen Eltern, welche dem Lehrer einen Freitisch gewähren; 3½ märkische Floren Kollekte, 2 Floren märkisch Antheil von der zu Martini für die Lehrer gesammelten Kollekte; Holz, vom Magistrat geliefert.

Der Organist 10 Floren aus der Kirchenkasse: 1 Mdl. Gerststroh für Lichtgeld aus der Kirchenscheune; ein großes Wachslicht zu Weihnachten; ein Fuder Holz zu Weihnachten mit den Stadtpferden.

Der Küster (Äditus): Aus der Kirchenkasse 1 Floren 20 märkische Groschen Gehalt; 4 Scheffel Korn, 10 Pf. von jedem General-, 1 Groschen vom Spezialbegräbnisse; 6 Pf. von dem Kirchgange der Sechswöchnerinnen; 1 märkischen Groschen von jeder Trauung nebst einer Mahlzeit und 2 Quart Bier. Vom Magistrate 4 Floren, 4 Scheffel Korn, 4 Fuder Holz jährlich; 1 Floren von dem Mahnenregister[1]) zu lesen; 11 Groschen 2 Pf. zu einem Paar Schuhe.

In Sonnenburg erhielt 1592 der Schulmeister (damals Joachim Nawen) 14 Floren vom Hofe zur Besoldung; einen jeglichen Tisch zu Hofe, sammt 1 Quart Bier zum Schlaftrunk; 6 gute Pfennig von jedem Knaben[2]) in der Schule aufs Quartal.

Der Kantor (Paulus Gabler) 12 Floren an Geld zu Hofe, einen freien Tisch und Kost zu Hofe täglich; ein Quart Bier täglich zum Schlaftrunk; 6 gute Pfennig precium von jedem Knaben aufs Quartal.

Der Organist (Hans Pißka) 12 Floren, sonst ähnlich wie die beiden Vorigen. Es wurden auch die größten Knaben in den Schulen, so in der Kantorei zu Chore gebraucht werden, in der Woche des Sonntags, Dinstags und Donnerstags vom

---

[1]) Die Namen Derer, welche städtische und andere Abgaben schuldeten, wurden in jedem Vierteljahre in den Kirchen verlesen. Dies angenehme Geschäft lag dem Äditus ob. Daher obige Gebühr.

[2]) Für die Bildung der Mädchen wurde sehr wenig gethan. Die erste „Jungfernschule" errichtete Frankfurt a. O. 1556. Riedel, IV., S. 366.

Hofe herab gespeist, und alles Schnitt- und Tellerbrot, so in An- oder Abwesenheit unserer gnädigen Herrschaft gefällt zu Hofe vom Tische, wird unter klein und groß in den Schulen, die solches Almosen nothdürftig sind, ausgetheilt.

Um 1563 empfingen in Krossen an jährlicher Besoldung:

Der Rektor 50 Gulden und 2 Morgen Wiesenwachs; der erste Bakkalaureus 20 Gulden, der Kantor 20 Gulden, der Organist 22 Gulden, einschließlich 2 Gulden Holzgeld; der Küster 10 Gulden.[1])

Aus den Kämmereirechnungen von Schwiebus läßt sich die vierteljährliche Besoldung der Lehrer aktenmäßig nachweisen. Der Rektor (Schulmeister) anfänglich 5, seit 1594 6 Thaler; von 1623 ab 9 Mark 9 Groschen. Der Konrektor (1. Bakkalaureus) anfänglich 5 Floren und 2 Floren Tischgeld, seit 1594 $7^1/_2$ Floren; von 1623 ab 8 Mark. Der Kantor anfänglich 4 Floren, von 1623 ab 6 Mark 6 Gr. Der Bakkalaureus (Kollaborator) anfänglich 3, seit 1594 4 Floren; von 1623 ab 5 Mark 9 Groschen.

Bei dem geringen Gehalte ist der häufige Wechsel der Lehrer und Kirchendiener leicht erklärlich. Von 1541 bis zu Ende des 16. Jahrhunderts waren in Schwiebus acht, in Drossen von 1569 bis 1619 elf Rektoren. Matthias zählt in Krossen von 1518–90 zwanzig Rektoren und von 1540—95 zehn Konrektoren auf. Wahrscheinlich sind mehrere, deren Namen nicht zu ermitteln waren, ausgelassen. Öfter gingen diese Herren in andere Ämter über; Christoph Lindner aus Bayern, von 1562—75 Rektor in Schwiebus, trat 1573 als Stadtsekretär in den Rath, verwaltete jedoch sein Schulamt noch zwei Jahre. Franz Neumann in Krossen stieg, wie bereits Seite 388 erwähnt, zum Herrenmeister empor. Einer seiner Nachfolger, Kaspar Reher, war 1553 Organist und Hofrichter zugleich. Den Rektor Martinus Martini in Drossen wählte man 1584 zum Bürgermeister.

Armut der Kirchen und Schulen, Armut des Adels, Landplagen verschiedener Art sind Zeichen einer Zeit, in der fromme, aber ängstliche Seelen den Untergang der Welt ersehnten. Zu diesen gehörte auch Bartholomäus Ringwald, Prediger in Langenfeld.[2]) Das Lied: „Es ist gewißlich an der Zeit, daß Gottes Sohn wird

---

[1]) Matthias, S. 172.

[2]) Geboren 1530 zu Frankfurt a. O., gestorben 1598 in dem genannten Dorfe. Begraben in (nach Anderen: an) der dortigen Kirche. Eine Zeit lang Wittwer, heiratete er noch in seinem

kommen in seiner großen Herrlichkeit, zu richten Bös' und Frommen" schließt er mit dem Seufzer: „O Jesu Christ, du machst es lang mit deinem jüngsten Tage! Den Menschen wird auf Erden bang von wegen vieler Plage. Komm doch, komm doch, du Richter groß, und mache uns in Gnaden los von allem Übel. Amen." Dr. Erasmus Alberus, sieben Mal vertrieben, „weil er von der Wahrheit gezeugt hat", seit 1552 Mecklenburg-Güstrow'scher Generalsuperintendent in Neubrandenburg, zählt in dem Liede: „Gott hat das Evangelium gegeben, daß wir werden frumm" dreizehn Zeichen des nahen jüngsten Tages auf und glaubt, daß die Erde überdrüssig sei, solche Höllenbrände (Lügner, Diebe, Leuteschinder, Kirchenräuber ꝛc.) zu tragen.[1])

Der Bürgermeister Treu schreibt in der Friedeberger Chronik (Seite 189): „Viele Junker waren sehr verschuldet, und die Restverzeichnisse unserer Hospital- und Kirchenrechnungen weisen es genugsam aus, wie schwer es hielt, auch nur die Zinsen von ganz geringen Kapitalien von ihnen zu erlangen. Manche Junker (die Musterrolle von 1599 nennt sie uns) waren in die Stadt gezogen, hatten sich hier mit Äckern und brauberechtigten Häusern ansässig gemacht, und ihre Nachkommen suchten den adligen Stand so lange zu behaupten, bis sie verarmten oder Handwerker wurden und sich so ihrer Geburtsrechte entäußern mußten. Ihre weiblichen Abkömmlinge hatten sich auch an Nichtadlige schon verheiratet, und als Frauen von Rathsherren und „vornehmen Bürgern" hielten sie darauf, als adlig geboren bezeichnet zu werden. Die meisten Edelfrauen und „Frölen" — bei feierlichen Veranlassungen wol mit den wenigen uralten Familienkleinodien geschmückt und in seidenen Röcken gehend — mußten für gewöhnlich in der Wirthschaft zugreifen, und Anselm von Möhlen auf Hohenkarzig war wiederholt dabei betroffen worden, wie er mit seinen Töchtern heimlich aus dem Stadtbruche Hopfen geholt und manches Fuder Holz mit ihnen eingefahren hatte. Er selbst und noch mancher andere seiner Standesgenossen war oft mit einem „Tabal" (einem Kober) auf dem Rücken in die Stadt gekommen und hatte bei bekannten Bürgern zum mitgebrachten Brot und Speck sich einen Trunk gefallen lassen (Zeugenaussage vom 31. Oktober 1599 im Prozesse von Möhlen wider Friedeberg)."

62. Jahre ein junges Mädchen, an deren Seite er heiter und zufrieden lebte. Vergl. Koch, Geschichte des Kirchenliedes, II., S. 182—190. Heinrich Kurtz, Nationallitteratur, II., S. 63—65.

[1]) Schamelius, Liederkommentar, I., S. 392—97. Koch, I., S. 301—7.

Am 16. Februar 1608 erging an alle Landreuter, demnach auch an „Merten Grunewoldt" im Lande Sternberg, nachstehender Befehl: „Von Gottes Gnaden ꝛc. Joachim Friederich Marggraff zur Brandenburgk, und Churfürst, in Preußen Herzogk ꝛc. Lieber Getrewer. Es ist an Dich hiemit Unser ernstes Befehlich, Du wollest angesichts dieses Briefes übersitzen Und uns über nachfolgende Puncte ein richtiges und eigentliches vorzeichnus vorfertigen:

1. Wieuiel Großer und Kleiner Stette und Flecken in Deinem gantzen Beriette gelegen, Wieviel derer darunter, die Uns, der Herschafft, und wieuiel derer vom Adel zugehörigk.

2. Wieuiel Dorffer in Alles unter Deinem Beriette liegen, und wie ein Jeders mit Nahmen heiße, dabej auch austrugklich setzen, welches Unsere Ambtsdorffer, und zu welchem Ambte ein Jedes gehöre, Und dan welches der Herrn, Edelleute, oder Stette zustendige Dorffer sein.

3. Wieuiel underscheidliche Schlößer, Herrn, Ritter, oder Adelsitze in einem Jedern Dorffe oder Flecken, Item von Uns belehnter Schultzen, durch Dein gantzes Beriett vorhanden, Und wie ein jeder Junker oder Lehemann mit Nahmen heiße, der Itziger Zeit darauf wohnet, oder dieselben besitzet.

Und in diesem Allen, so lieb Dir Unsere Ungnade und Straffe zuvermeiden sei, durchaus nichts vergeßen, oder Außen lassen. Sondern sobald Du solchen Bericht so zum lengesten zwischen dis und Lactare geschehen muß, aufs Ordentlichste und Richtigeste in schrifften verfasset hast, Denselben an Niemandt anders, den bej Unserem Lehen Secretario Nickel von Kötterizschen nach Cölln an der Sprew einschicken, Und sonsten bej Deinen Uns geschwornen Eiden und Pflichten keinen dauon etwas melden oder offenbaren.

Dan ob wir wol deßen albereidt guete nachrichtunge haben, Begehren wir doch, erheblicher Ursachen halben, dis noch sonderlich von Dir hiemit endtlich zu wißen.

Daran thuestu Unseren Zuuerlessigen ernsten Willen und Meinungk. Datum Steinforde den 16. Februarij Anno 1608.

Post Scripta.

Auch lieber Getrewer, weil wir selbsten davor halten, das der bestimbte Termin Lactare zu einschickunge begerter Deiner Relation gar zu kurtz. So wollestu solche Deine Relation also verfertigen, das dieselbe zum lengesten in der Osterwochen gewiß alhier zustelle sei, bey Unserm Lehensecretario, durch einen eigenen Botten, dem aus Unserer Rentherey gelohnet werden soll, eingeantwortet werde.

Und alles zum Notturfftigsten und Deutlichsten darin verzeichnet sey.

Wie Wir Dir in Specie im schreiben anbeuohlen. Darnach Du Dich endlich zu richten.

Datum ut in literis.

Aus dem Berichte des Landreuters Merten Grunewoldt vom 18. März 1608 theil' ich alles Wesentliche mit, wähle aber, der besseren Übersicht wegen und um Wiederholungen zu vermeiden, in einigen Theilen die Tabellenform.

Große und kleine Städte sind dabei: Drossen und Reppen, so J. Kurf. Gnaden, Zielenzig, so dem Grafen und Herrenmeister zu Sonnenburg gehörig.

Schlösser und Flecken 6:

Sonnenburg, das Gräfliche Haus und Schloß sammt dem Flecken;
Lagow, Schloß und Flecken, Komthur Abraham von Grünberg;
Göritz, J. Kurf. Gnaden neben einem Vorwerk, ins Amt Lebus gehörig;
Königswalde, die von Waldow;
Sternberg, die von Winning;
Sandow, die von Winterfeld.

Dörfer sind 94: Aurith, Arensdorf, Biberteich, Breesen, Beelitz, Balkow, Bergen, Bottschow, Buchholz, Bischofssee, Kriescht (Chrischitz), Trettin (Drettin), Drenzig, Döbbernitz (Doberwitz), Coritten, Frauendorf, Gohlitz, Gräden, Grunow bei Lagow, Gartow, Gleißen, Großrahde, Görbitsch (Gorbitz), Grabow, Gandern, Grunow bei Drossen, Klein-Gandern (Gandekow), Groß-Lübbichow (Groß Lubechin), Heinersdorf, Hildesheim, Herzogswalde (Herzigen Waldo), Hammer (Klein Költzen), Klein-Lübbichow (Klein Lubichen), Kloppitz (Kloppet), Kunersdorf, Kirschbaum bei Drossen, Kunitz, Költschen, Klauswalde, Kirschbaum bei Lagow, Klein-Rahde, Kemnath, Kohlow, Limmritz (Lumeritz), Leissow, Lässig, Laubow, Lieben, Lindow, Langenfeld, Mauskow, Meeckow, Matschdorf, Malkendorf, Malsow (Malß), Mittenwalde, Neuendorf, Neulagow, Neuwalde, Ötscher, Osterwalde, Ostrow, Ögnitz, Polenzig, Priebrow (Preiburgk), Petersdorf, Pinnow, Reichen, Rauden, Radach (Radichow), Rampitz (Ramisitz), Reichenwalde, Reipzig, Storkow, Schwetig, Schmagorey, Schönow, Schönwalde, Spiegelberg, Spudlow, Seefeld, Säpzig, Stenzig, Tauerzig

(Taurzigk), Tornow, Trebow, Wildenhagen, Wallwitz (Walbitz), Wandern (Wanderin), Tschernow (Zernow), Zohlow, Zerbow, Zweinert, Ziebingen (Ziebigen).

Dörfer, zum Amte Lebus, deren Schulzen von J. Kurf. Gnaden belehnt worden: Göhlitz, Schulze Georg Liebus; Groß-Rahde, Georg Thieme; Klein-Rahde, Hans Thieme; Lässig, David Heinrich; Ötscher, Bartel Selle; Storkow „seindt auf dem schulzen Gerichte des Herrn Doctors Wolfrassen (Wolfraß) und Canzlers sel. zu Sonnenburgk Erben." Spudlow, Georg Grunzke; Seefeld, Merten Jan; Säpzig, Bartel Leudicke; Stenzig, Hans Weile; Tschernow, Georg Hene; Zweinert, Kaspar Zeideler. Neuendorf ist J. Kurf. Gnaden Amt; dazu gehört Drenzig.

In folgenden Dörfern wird der Adel von dem Herrenmeister und Grafen zu Sonnenburg belehnt:

| Namen der Dörfer. | Namen der Besitzer. | Zahl der Sitze. |
|---|---|---|
| Buchholz | Balzer und Thomas v. Winning sel. unmündige Erben . . | 2 |
| Bischofssee und Leissow | Hans Georg v. Wedel . . . . . . . . . . . . | 1 |
| Döbbernitz | Heinrich v. Löben . . . . . . . . . . . . . . | 1 |
| Gräden | Jakob v. Kettwig sel. unmündige Erben . . . . . . . | 1 |
| Grabow | Melchior v. Winning d. Ä., Christoph v. Falkenhagen und Georg v. Falkenhagen sel. unmündige Erben . . . | 3 |
| Gandikow | Melchior v. Lossow . . . . . . . . . . . . . | 1 |
| Hildesheim | Melchior v. Winning d. Ä. . . . . . . . . . . . | 1 |
| Matschdorf | Berndt v. Kettwig . . . . . . . . . . . . . | 1 |
| Schönow | Adam, Melchior, Abraham v. Horn und Kaspar v. Horn sel. unmündige Erben . . . . . . . . . . | 4 |
| Wandern | Kaspar und Wolf v. Tierbach, Karl und Christoph v. Schöneiche, Melchior v. Horn . . . . . . . . . . | 4 |
| Ziebingen | Christoph v. Löben d. Ä., Christoph v. Löben d. J., Georg v. Löben sel. unmündige Erben . . . . . . . | 3 |

Gräfliche Dörfer, in denen keine vom Adel wohnen:

Kriescht, Gartow, Heinersdorf, Kloppitz, Limmritz, Langenfeld, Laubow, Mauskow, Meeckow, Ögnitz, Priebrow, Rampitz, Trebow.

Folgen des gestrengen Herrn Komtors von Lago Dörffer:

Breesen, Korritten, Grunow bei Lagow, Malkendorf, Neulagow, Ostrow, Kirschbaum bei Lagow, Petersdorf, Reichen, Spiegelberg, Tauerzig.

Von Rechts wegen gehörten nicht blos zur Kommende Lagow, sondern auch zum Lande Sternberg die sogenannten polnischen Dörfer: Tempel, Seeren, Burschen und Langenpfuhl. Da aber, wie wir sogleich sehen werden, über diese vier Ortschaften arger Streit entstand und der brandenburgischen Regierung selbst die nothwendige Klarheit fehlte, so sind sie hier übergangen. Um 1608 waren Besitzer der Lehnschulzengüter: In Tempel: Hans Vorwerg und Hans Zeuschner; Seeren: Teweß (Matthäus) Waldow (1545 Hans Horn, zur Adelsfamilie dieses Namens gehörig, auch an Schönow und Selchow mitbelehnt; 1558 Hans v. Wermsdorf; 1588 die Gebr. Zacharias, Anselm und Maximilian v. Logau, deren Vater es schon besaß). Korritten: Henning v. Zittwitz seit 1592 (sein Vorgänger war Joachim v. Hohendorf zu Wohrin, des Herrenmeisters Diener. Das Kirchenbuch nennt als (Gerichts-?) Schulzen Jakob Röstel. Ostrow: Hans v. Kettwig (siehe S. 417!). Reichen: ein Herr v. Gersdorf. Spiegelberg: Martin Knospe, am Tage der heil. drei Könige 1624 begraben; Vorgänger Peter Heine, 30. Sept. 1581 begraben.

Zum schloßgesessenen Adel gehörten:

I. die Herren v. Waldow.

Flecken Königswalde: Kaspar v. W. d. Ä., Bastian v. W., Kaspars v. W. sel. unmünd. Erben, 2 Sitze.

Gleißen: Kaspar v. W. d. J., Bastian v. W., Kaspars v. W. sel. unmündige Erben, 3 Sitze. Ferner: Arensdorf, Herzogswalde, Kleinköltschen, Költschen, Mittenwalde, Neuwalde, Osterwalde, Rauden.

II. Die Herren v. Winning.

Flecken Sternberg: Melchior v. W. d. Ä., Melchior v. W. d. J., Hans v. W. d. Ä., Hans v. W. d. J., Klaus v. W., Thomas v. W. sel. unmündige Erben, 6 Sitze.

Außerdem die Dörfer Hildesheim, halb Pinnow, Kemnath, Wallwitz.

Vom Kurfürst belehnt, aber nicht schloßgesessen waren:

| Namen der Ortschaften. | Namen der Besitzer. | Zahl der Sitze. |
|---|---|---|
| Aurith | Lorenz, Abt zu Neuzelle . . . . . . . . . . . . . . | 2 |
| Biberteich und Beelitz | Bartel v. Mandelsloh . . . . . . . . . . . . . | 2 |
| Balkow | Karl, Lewin, Benno, Wolf und Zacharias v. Grünberg . | 2 |
| Bottschow | Balzer und Jakob v. Lossow . . . . . . . . . . | 2 |
| Görbitsch und halb Pinnow | Heinrich d. Ä., Melchior und Heinrich d. J. v. Nauendorff | 3 |
| Gr.-Gandern | David v. Lossow und Jakobs v. Lossow sel. unmünd. Erben | 2 |
| Gr.- u. Klein-Lübbichow | Hans v. Sydow zu Schönfeld in der Neumark . . . . | 2 |
| Kirschbaum bei Drossen | Friedrich v. Ilow und Hans, Wolf, Melchior Wolf, Christoph Wolf Gebr. v. Löben . . . . . . . . . . . | 2 |
| Klauswalde | Valentin v. Ilow . . . . . . . . . . . . . . | 1 |
| Kohlow | Joachim v. Ilow, Hauptmann zu Sonnenburg . . . . | 1 |
| Lieben | Hans und Melchior v. Selchow . . . . . . . . . | 2 |
| Malsow | Fabian v. Luck, Christoph v. Horn, Hans und Gottfried v. Buntzsch . . . . . . . . . . . . . . | 3 |
| Radach | Georg v. Schack, Georg v. Berfelde, Kaspar, Christoph und Melchior v. Löben . . . . . . . . . . . | 5 |
| Reichenwalde | Franz und Hans v. Lossow . . . . . . . . . . | 2 |
| Flecken Sandow u. Dorf Bergen | Dietrich v. Winterfeld, Landvogt zu Schievelbein, und Joachim v. Winterfeld, Hauptmann des Landes Sternberg . . | 2 |
| Frauendorf | Joachim v. Winterfeld, Hauptmann des Landes Sternberg | 1 |
| Schmagorey | Hans und Christian v. Ilow . . . . . . . . . . | 2 |
| Schönwalde | Hans und Gottfried v. Buntzsch . . . . . . . . | 2 |
| Tornow | Christoph v. Löben . . . . . . . . . . . . . | 1 |
| Wildenhagen | Joachim v. Lossow . . . . . . . . . . . . . | 1 |
| Zohlow | Bastian v. Wedel . . . . . . . . . . . . . . | 1 |
| Zerbow | Hans v. Kettwig und Kaspar v. Zschannewitz . . . . . | 1 |

Folgende Dörfer gehören den Städten:

Frankfurt a. O.: Trettin, Kunersdorf, Kunitz, Reipzig, Schwetig.

Drossen: Grunow, Polenzig.

Summe der Städte, Flecken und Dörfer 103.[1])

Sechs Besitzer in Sternberg, fünf in Radach, vier in Wandern, je drei in Malsow und Grabow!! Wie viel mochten die Jahreseinnahmen bei jedem betragen?

Die Noth der ohnehin schweren Zeit wurde noch durch verschiedene ansteckende Krankheiten und durch schreckliche Feuersbrünste gesteigert.

„Es ist fast unglaublich, wie oft früher Nachrichten von der Pest vorkommen. Vermuthlich hat man jede etwas verheerende Epidemie mit diesem Namen belegt; oder man war in der Heilkunde noch so weit zurück, daß man dem Tode eine reiche Ernte überlassen mußte".[2])

Über den englischen Schweiß, der 1529 grassirte, schreibt Magnus:[3]) „Es sanken viele Leute in einen sehr tiefen Schlaf und mußten endlich darin gar sterben. Wer sich aber desselben 24 Stunden lang enthalten konnte, ward meistentheils wieder gesund. Daher ließen sich bei uns viele Leute rütteln, schütteln, hin und hertragen, oder auch wol gar fahren. Der (katholische) Pfarrer zu Friedeberg in der Neumark gab Solches der neuen Lutherischen Lehre schuld; allein auch er selbst mußte an dieser Krankheit gar plötzlich sterben, da er doch dieser seligmachenden Lehre nicht zugethan war." — Der englische Schweiß forderte in Danzig 3000 (nach Anderen 6000), die Pest 1549 20000, 1564 24000 (nach Anderen 33885), 1620 16723, 1624 10536 Opfer. — Nach dem Manuskripte des Bürgermeisters Gottfried Dreher suchten im sechzehnten Jahrhundert Schwiebus fünf große Epidemien heim. Die erste Seuche herrschte 1510 während des ganzen Sommers; sie raffte so viele Menschen hin, daß man sie (angeblich) nicht mehr zählen konnte. „Es wurde aber die Stadt 1533 abermal durch eine Pest, darin 1900 Menschen gestorben, sehr mitgenommen und deren Einwohner durch das am Tage Bartholomäi entstandene schreckliche Donnerwetter und Erdbeben heftig erschreckt, indem, weil Blitze, Donner

---

[1]) von Eickstedt, Beiträge zu einem neueren Landbuche der Mark Brandenburg. Seite 252—57.

[2]) Hübner, Beschreibung der Stadt Salzburg, I., Seite 507.

[3]) Sorau, Seite 18—19.

und Erdbeben gleichsam mit einander stritten, sich Jedermann der Welt Ende vorhanden zu sein eingebildet." „Anno 1552 hat Schwiebus die dritte Pest ausstehen müssen, in welcher mehr als 2000 Menschen umgekommen." Zu diesen gehörte auch der Prediger Jakob Schickfuß.[1]) Um sich möglichst zu schützen, zogen Viele aufs Land. Er, ein gewissenhafter Seelsorger, harrte bei seiner bedrängten Gemeinde aus, mußte aber diese Treue mit seinem Leben bezahlen. Er starb am 29. August und fand seine letzte Ruhestätte in der Pfarrkirche, woselbst noch ein Leichenstein an ihn erinnert. — Schon 1566 trat die Pest zum vierten und 1598 zum fünften Male in Schwiebus auf. In dem zuletzt genannten Jahre dauerte sie zwanzig Wochen und raffte 150 Menschen weg.

In den Aufzeichnungen Berliner Stadtschreiber finden sich folgende Notizen: 1566 ist ein großes Sterben an der Pestilenz gewesen und sind eine große Anzahl Leute in beiden Städten Berlin und Kölln tödtlich abgegangen. „Dieses 1576. Jahr, im Monate Juni, hat die pestilenzische Seuche zu Berlin greulich zu rumoren angefangen, ist folgends auch gen Kölln kommen und hat fast bis zu Ende des Jahres regiert, also daß in beiden Städten beinahe in die 4000 Menschen jung und alt plötzlich gestorben und abgegangen, und wären von den Bürgern nicht eine so große Anzahl ausgezogen und zuvor entwichen, so würden ihrer zweifelsohne viel mehr auf dem Plane geblieben sein. — 1577 hat auch zu Potsdam und an andern Orten die Pest eben hart grassirt.[2])

Anno 1580 den 10. September zu Abend gegen der Sonnen Untergang, erzählt Bekmann[3]) nach Angelus, zeigten sich einige rothe und zum Theil feurige

[1]) Glücklicher war der Seite 427 genannte Diakonus Lorenz Schmeschko 1625 in Krossen. Während Alle in die Berge flüchteten, blieb er, seinem Gotte vertrauend, von den Geistlichen allein in der Stadt zurück. Er trug einen langen gewichsten Rock und einen breiten Gürtel. An den letzteren band er Speise und Trank, wenn er beides zur bestimmten Stunde von der Oderbrücke, wohin es der Bürgermeister Franz Speichert tragen ließ, abholte. 1625 starben an der Pest nach Angabe des Stadtschreibers Michael Dahlmann 1900, nach den Kirchenbüchern nur 1400, unter diesen 50 Tuchmacher. Matthias, Seite 222, 234. — Unstreitig wirkte der Aberglaube sehr viel zur Verbreitung der ansteckenden Krankheiten mit. Vergl. Seite 175! — Zu demselben gesellte sich die Nachlässigkeit. 1553 sonnte eine Frau in Lauban infizirte Kleider, die dreizehn Jahre lang verschlossen lagen. Aufs neue entstand die Pest. Vom 9. Juni bis 20. Dezember starben 2200 Personen, unter ihnen alle Mönche im Kloster bis auf zwei. Mischke, Seite 141.

[2]) Riedel, IV., Seite 308.

[3]) Brandenburg, Seite 456.

Wolken mit vielen gegen einander schießenden Strahlen, die es so licht machten, als wenn der Mond geschienen hätte. Man empfand auch einen von Brand und Schwefel vermengten Geruch. In Folge desselben entstand eine durchgehende Krankheit unter hohen und niedrigen Standespersonen. Die Leute litten an großer Hitze und heftigem Kopfweh, Beklemmung der Brust und Heiserkeit, einem beschwerlichen Husten. Es starben jedoch nur wenige; die meisten erholten sich nach vier Tagen. Diese Krankheit, spanischer, Nürnberger, auch Bremer Pips (Zipf) genannt, ließ sich weit leichter durch Schweiß, als durch Aderlaß heben.

Viel gefährlicher war die Epidemie, welche 1585 in der Mark, in Schlesien und Sachsen wüthete. Bartholomäus Ringwaldt erwähnt derselben in seinem Gedichte „Die lauter Wahrheit. Darinnen angezeigt, wie sich ein Weltlicher und Geistlicher Kriegsmann in seinem Beruff verhalten soll. Allen Ständen nützlich und zu jetziger Zeit fast nöthig zu lesen."[1]) „Was da belangt die Pestilenz, ist sie fürwahr

[1]) Das Buch ist Heinrich von Pogk auf Sommerfeld und Papitz und Nikolaus von Rottenburg auf Netkow und Göhren gewidmet. Der Verfasser sagt, er hoffe mit demselben den Teufel zu entrüsten und etlichen hartnäckigen und hochtrabenden Sündern eine Klette oder frische Leimpille in den Bart zu werfen, das ist: ihnen ins Gewissen zu reden und aufs wenigste bußfertige Gedanken zu machen. Eine zweite Auflage erschien 1588, eine dritte „zum Beschluß und letztenmale übersehen und gemehrt" 1592. Ich theile hier einige charakteristische Stellen mit. „O edler Fried', o höchstes Gut, wohl dem, der bei dir wohnen thut und fröhlich unter deinem Zelt sich mit den Seinen aufenthält! Weh' aber dem, der allda sitzt im Krieg, daß ihm die Seele schwitzt, wo Bruder Veit mit seiner Ruth' ankommen und regieren thut. — Darum, ihr Deutschen, unverzagt euch wie die Christen wohl vertragt, auf daß ihr nicht durch euren Streit selbst Ursach' eures Unfalls seid! Denn wenn ihr euch mit vielem Schlagen wollt selber aus dem Lande jagen, die Festen hin und her zerbrechen und euch wie Vieh zu Boden stechen, dazu die Rüstung sammt den Spießen verderben und all' Kraut verschießen, wie wollt ihr dann im Ungarland dem Türken thun ein Widerstand, wenn er mit seinen Säbeln schwer käm' wider euch gezogen her? — O frommer Gott, wie ist doch heut' im Reich so gar kein' Einigkeit, in allen Ständen hin und her: sie blicken Alle in die Quer. Ein Jeder zu dem Seinen sicht, getrauet seinem Nachbar nicht, besorgt, daß er ihm Spott beweis' und einen lahmen Possen reiß'. Und ob sie wol einander schreiben, wie Brüder fest beisamm'n zu bleiben, und das mit Worten hart verschränken, doch innerlich viel anders denken. Denn Ehr' und Treu' zu uns'rer Frist bei Jedermann gefallen ist. Wie mancher Mann in seinem Orden mit Schaden dess' ist wahr geworden. Wahrlich, wenn man dem Türken sagt, wie ihr euch selbst zu Boden schlagt und also Übel ärger macht, so sitzt der dicke Schelm und lacht, und denkt also: Das ist für mich! Nun hab' ich einen freien Stich wider die Christen, weil sie sich selber verderben jämmerlich. ... Darum ihr Brüder allzugleich, die ihr noch liebt das römisch Reich, seid einig wie die Christenleut', vermeidet den einheim'schen Streit, auf daß ihr euch nach einem Geist der brüderlichen Eintracht fleißt, und braucht nur euren Helm und Schild, wenn's wider Türk' und Heiden

in mancher Grenz' in diesem Jahr zu Bös' und Frommen als eine Ruth' von oben kommen, und hat zu Breslau, Guben, Krossen, zu Frankfurt, Landsberg, Reppen, Drossen, sowie zu Göritz und dergleichen viel feine Leut' gemacht zu Leichen." Bei dem unablässigen Regen im Sommer 1584 wurde das Getreide spät reif und verfaulte auf den Äckern. Natürlich litten auch die anderen Feldfrüchte erheblich Schaden. In der Theurung nahmen die armen Leute zu Melden, Eicheln, Baumrinde und ähnlichen ungesunden Nahrungsmitteln ihre Zuflucht. Daß Viele starben, ist leicht erklärlich! In Guben betrug die Zahl 1524. Über Krossen berichtet der Chronist: „Der Rath versorgte sich, sowie die Kirchen- und Schulbedienten mit Arznei und verkaufte all' sein Korn für 1 Mark 12 Groschen, sonst galt es 2 Gulden. Die Stadt litt großen Mangel an Holz. 11 Todtengräber sind gewesen, die haben 101 Mark Besoldung gehoben, ohne was ihre Arznei gekostet, davon sich ihrer sieben zu Tode gegessen. Ein neuer Barbier, Kaspar Schelling von Guben, ward angenommen und war der Weinessig sehr rar und theuer. Die Posessores (Besitzer) der Häuser und Güter veränderten sich sehr in diesem Jahre. Die Diener empfingen ihren Lohn mehrentheils auf ein Mal. Ein Todtengräber bekam anfänglich 12 Groschen, hernach 1 Gulden Wochenlohn, und wurde der Vincentimarkt 1586 ausgesetzt. Zuletzt fehlte es der Stadt an Korn, da Niemand davon einführte. Da versprach der Hauptmann von Sandow einem Edlen Rath zwölf Malter, hielt aber sein Wort, wie der Hund die Fasten; denn als man es in der Noth bedurfte, da hat man Nichts bekommen. Die große Betglocke wurde sechzehn Wochen geläutet." — Der Rath bestand zuletzt nur noch aus dem Bürgermeister Loth Koch, der standhaft ausharrte, dem Stadtschreibergehülfen Hans Licht und einem Apothekergesellen. Blasius Abraham mußte 5 Gulden Strafe zahlen, weil er sein sterbendes Dienstmädchen, damit sie nicht in seinem Hause verscheide, auf die Straße geschleppt hatte.[1]) — In Königsberg (Neumark) erlagen der Pest fast 1100 Personen, in Landsberg a. W. 1300, unter denen 50 Bürger, nämlich 30 Tuchmacher, 7 Bäcker, 2 Schlächter, 4 Schuster, 7 Schneider.

---

gilt, so wird das ganze Land gemehrt, dazu Gott und das Reich geehrt. Du siehst, wie groß, Herr Jesu Christ, der Lärm in allen Landen ist und Jedermann in Dorf und Stadt seinen Todtfeind an der Seite hat. Dazu die Lieb' bei Jung und Alt ist wie ein hartes Eis erkalt, und keine Beff'rung auf der Erd' zu hoffen, bis ein Ende werd'." — Ringwaldt glaubte, daß der jüngste Tag im Jahre 1584 anbrechen müsse.

[1]) Matthias Seite 194—195.

Außerdem sind noch genannt: Der regierende Bürgermeister Georg Jesche, der Rathsverwandte Christoph Schmidt, der frühere Bürgermeister Hans Wieß, der Bakkalaureus und Schulmeister Christoph Diezen, der Kastenherr und Tuchmacherhandwerksmeister Thomas Kiebel.[1]) Der vielen Todesfälle wegen setzte man in Drossen die Schule aus und verbot alle gesellschaftlichen Zusammenkünfte; auch unterließen es die Bürger, den Lehrern die Reihentische zu geben (aus Furcht vor Ansteckung oder aus anderen Gründen?) — Am 19. April brach die Pest in Frankfurt a. O. aus und hielt einige Zeit an. Seit dem Monate August hat sie auch in Berlin weidlich rumort. Die Kurfürstliche Rentei ward deshalb nach Spandau verlegt und erst am 23. Januar 1586 kehrte Johann Georg mit seinem Hofe wieder zurück.[2]) — In dem Städtchen Spiegelberg starben 1584 17, im folgenden Jahre 13 Personen, unter diesen (Oktober und November) die ganze Familie des Krügers Peter Witzlau, mit Ausnahme der Ehefrau; in Korritten 9, sonst 2—4. Sehr arg grassirte die Epidemie 1598 vom 15. August bis 10. Dezember in Topper. Allerdings stehen im Kirchenbuche nur 61 Personen verzeichnet;[3]) es folgt aber die Bemerkung: „Summe aller derer, so an der Pest gestorben sind 182. Darunter sind gewesen 25 Frembde, so sich in wehrender Pest inß Dorff begeben und also auch an der Pest gestorben." — Die mörderischen Krankheiten des Jahres 1598 wütheten zu Rathenow am heftigsten im Sommer und zu Anfange des Herbstes. In der ersten Hälfte des Jahres starben überhaupt nur 55; im Juli aber schon 49; im August 209; im September sogar 311; im Oktober 100; im November 42 und im Dezember 6, zusammen 772, ohne diejenigen, welche heimlich eingescharrt wurden. — 1613 regierte dort eine große schwere Hauptkrankheit, zu der sich die Pest gesellte. Im Ganzen zählte man 767 Opfer derselben.

Zu dem Alp, der das ganze Vaterland drückte, kamen in verschiedenen Städten der Neumark noch fürchterliche Feuersbrünste. Außer Drossen sind zu nennen: Soldin, 10. Juli 1539; Arnswalde, 10. Oktober 1540; Bärwalde, 1540 und 1558;

---

1) Engelien Seite 108.

2) Riedel IV. Seite 314 und 315.

3) Unter diesen der Schulze — Name fehlt — 2 Töchter und 3 Söhne desselben; außerdem der Krüger Hans Prestel sammt 2 Söhnen und 1 Tochter an einem Tage (9. September). Am 12. September starben 8, am 20. 6, am 11. Oktober 7 Personen. Dagegen wurden 1599 12 Paar getraut; am 22. April und 6. Mai je 3, am 28. Mai 2.

Schwiebus, 12. Mai 1541; Züllichau, 27. April 1557; Lippehne, 24. April 1563, 4. April 1564; Lagow 1569; Berlinchen, 7. April 1576, 25. Februar 1577; Kallies, 26. Mai 1577; Grünberg, 26. Juli 1582 zu zwei Dritttheilen; Sternberg, 2. August 1589, durch Blitz entstanden; Rathenow, 28. November 1575 116, Dinstag nach Kantate (26. April) 1676 64, am Tage Ägidii (1. September) 1591 75 Häuser, auch Scheunen und andere Gebäude; in dem letzten Brande kamen drei Frauen in den Flammen um; Sommerfeld 1597 197 Wohnhäuser. Über den großen Brand in Kottbus (das Feuer brach am 3. September 1600 bei dem alten Martin Maurer aus und verwüstete die ganze Stadt, neun Häuser ausgenommen, und einen Theil des Dorfes Sandow, philosophirt Leutinger[1]) also: „Es waren zwei Schneider in Kottbus, die ein übles, unzüchtiges Leben führten. Den ersten verhaftete der Magistrat; um einer größeren Strafe zu entgehen, erbot er sich jedoch, die damals baufällige Thurmspitze an der Pfarrkirche auf seine Kosten zu erneuern. Der Magistrat ging auf diesen Vorschlag ein. Er konnte nun den andern Schneider, welcher die Thurmspitze an der St. Katharinenkirche wollte ausbauen lassen, kaum abweisen. Weil aber, sagt der Chronist, Gott der Herr kein Hurenlohn in seinem Hause leiden wollte, und diese Deliquenten eine weit größere und Leibesstrafe verdient gehabt, so ist hernach geschehen, daß nicht allein diese neuen Thurmspitzen, sondern zugleich die ganze Stadt mit Kirchen, Schulen und anderen Gebäuden in Flammen aufging." — Vier Wochen vor dem großen Brande in Forst, am 29. August 1589, der durch die Unvorsichtigkeit eines Pferdeknechtes beim Häckselschneiden entstand und der fast die ganze Stadt in Asche legte, fiel während des Amtes ein Leuchter vom Altare. Flugs schüttelten Einige bedenklich die Köpfe und der Bürgermeister Adam Dranitz fragte den Superintendenten Rivander: Domine Doctor (Herr Doktor), was wird Das bedeuten? Dieser antwortete: „Sehet euch für! Die Kirche ist nicht mein; die mögen sie hüten, die der Kirche Herren sein."[2])

Wollte ich auf den Aberglauben jener Zeit näher eingehen, so könnte ich viele Bogen füllen. Er wich nicht überall so schnell, wie der Teufel in Hoppegarten bei Müncheberg, der in Gestalt eines kurz zuvor verstorbenen Weibes umging, zu

---

[1]) Buch IV. 69—71. — Schon 1566 brannten 29, im folgenden Jahre während der Ernte 218 Häuser ab. Bekmann, Manuskript.

[2]) Schneider, Chronik von Forst Seite 89.

Fremden und Freunden redete und auch sonst großen Unfug trieb. Der Chronist Elias Loccelius fügt hinzu: Die neue Abgötterei verlor sich zuletzt, da ihm die Prediger mit Gottes Wort hart zugesetzt haben.[1]) Weit mehr machten die vielen Besessenen in Spandau und Friedeberg zu schaffen. Über die Greuel der Hexenprozesse siehe das dreizehnte Kapitel!

Gehen wir nunmehr zu den polnischen Händeln über! — Auf Verlangen des Kurfürsten Johann Georg verschrieb der Herrenmeister Graf Martin v. Hohenstein am 15. April 1576 für den Todesfall des älteren Grünberg (auf Loß, kurbrandenburgischer Rath und Verweser von Krossen) die Komthurei Lagow dem gleichnamigen Sohne desselben mit der Bestimmung, daß dieser nach erlangter Volljährigkeit auch in den Orden aufgenommen werde. Wann es geschah, ist nicht bekannt. Der Vater starb schon am 16. März 1580. Auf Grund jener Anwartschaft folgte nun Abraham von Grünberg d. J. Andreas von Schlieben war 1561 in zwei Tausend Thaler Strafe genommen worden, weil er, dem Ordensstatut 1550 zuwider 1. Holz aus den Forsten zur Erbauung seines Schlosses gen Zettitz geschickt; 2. desgleichen nach Krossen zu Staken und Planken um die Weinberge; 3. fremden Dorfschaften die Heiden vermiethet, während die Ordensunterthanen es aufs theuerste bezahlen mußten; 4. dem Friedrich von Nostitz auf Wilkau mehr als zwei Schock Holz zu einem Schlosse gegeben, und zwar aus der Topper'schen Heide, die zum Tafelgute gehörte; 5. achtundvierzig Stück Bauholz in derselben Heide fällen und wegführen ließ; 6. im Walde Erlen und Eichen; 7. im Leichholze, so noch aufm Haus verfaulet; 8. Holz durch die Schneidemühlen verwüstet; 9. das Lindow'sche und Reichen'sche Holz vernichtet und ausgerottet; 10. die Komthurei (das Schloß), obwol sie ein Grenzhaus, sehr eingehen ließ.

Aus dem Abschiede vom 3. April 1594 ist ersichtlich, daß auf das Bittgesuch der Lagow'schen Unterthanen wegen der schweren Dienste, zu welchen sie der Komthur nöthigte, an diesen eine Verordnung ergangen war, sich bei zweihundert Thaler Strafe aller Übergriffe zu enthalten. Die Besitzer in Malkendorf und Petersdorf hatten Hagelschaden erlitten Der Herrenmeister erließ ihnen gnädig die Zinsen und andere Abgaben.

---

[1]) Dr. Goltz, Chronik von Müncheberg, S. 83.

Jene Drohung scheint wenig gefruchtet zu haben; denn 1603 erhoben die Unterthanen der vier Dörfer bei dem Hauptmanne von Meseritz über den Komthur Beschwerde. Sie beklagten sich gleichfalls, daß er sie mit vielen neuen Auflagen belaste, besonders aber den Templern den Quast nehmen wollte. Dies war ein Theil der Feldmark der früheren Ortschaften Giemel und Großdorf, für dessen Benutzung sie eine Landmiethe (von 300 Quadratruthen einen großen Scheffel) entrichteten. Aus ihrer Supplik geht hervor, daß sie

1. den sogenannten Pfingstochsen, den sie jährlich an das Haus Lagow abzuliefern hatten, als eine Kontribution erachten;
2. ihnen durch die Landmiethe schwere Kosten erwüchsen;
3. den Hafer nach Krossener Maß, sogar gehäuft, abliefern sollten;
4. mehr eggen müßten, als ihnen pflichtmäßig obliege;
5. das Brennnholz für Lagow nicht blos fahren, sondern auch hauen sollen.

Am merkwürdigsten in dieser Beschwerde ist der Umstand, daß sich die guten Leute, von polnischen Herren, die sich ihrer angenommen, animos gemacht, als Unterthanen der Krone Polen ansehen. Der Hauptmann bot natürlich gern die Hand. Er schickte die „Gravamina" „citissime" (die Beschwerden eiligst) an den Herrenmeister. Dieser ließ mittelst Reskripts vom 21. Mai die Betreffenden nach Lagow vorladen und gab ihrem unberufenen Protektor anheim, ob er mit zugegen sein wolle. Der Komthur, einer solchen Maßregel völlig zustimmend, bat zugleich, bei dieser Gelegenheit auch andere Irrungen wegen der Dienste mit abzuthun. Zum Termine selbst erschienen nur die Besitzer aus Langenpfuhl; alle anderen, sogar der Hauptmann von Meseritz, blieben fern.

In einem Schreiben vom 29. Juni 1603 betonten die Räthe der Ordensregierung: Wenn in vorigen Zeiten zwischen den Unterthanen der vier Dörfer und dem Komthure wegen der Dienstleistung etwas vorgegangen, seien die Hauptleute von Meseritz mit zugegen gewesen. Durch vier Deputirte gab jener Protektor in Lagow zu vernehmen, warum er nicht auf einen der Dörfer verschrieben worden. In der Erwiderung heißt es: Bei dergleichen Angelegenheiten hätten früher die Hauptleute sich entweder in Lagow oder in Sonnenburg stellen müssen. Jedenfalls wurde der Streit auf einer zweiten Tagfahrt nicht für die Dauer geschlichtet; denn es findet sich in den Akten die Notiz: Viel Lärmens wegen der Dienste von 1623—1625.

In Meseritz kamen der Kanzler Colasius und ein Herr Gawron mit dem General in Großpolen zusammen. Muthmaßlich richteten sie wenig aus. Die Bedrängten wandten sich sogar an den Kurfürsten Georg Wilhelm, und dieser, wenngleich Friedrich dem Großen sehr unähnlich, erließ unterm 3. Februar 1625 ein „ungnädiges Reskript“ an die Ordensregierung und der Herrenmeister an demselben Tage ein sehr hartes wider den Komthur.

Laut des Kommissions-Rezesses vom 28. Mai 1628 sollten die Unterthanen von den schweren Unkosten, welche vormals bei der Landmiethe darauf gegangen, befreit, dagegen die zu Burschen und Tempel verpflichtet sein, das Vorwerk in jenem Dorfe zu bestellen. Ferner wurde noch Folgendes bestimmt: Von den Bauern ist jeder nur schuldig, der Komthurei eine Post oder Abfuhr des Jahres zu thun; außer den bisherigen wenigen Diensten haben sie die jetzigen Vorwerke und auch die, welche man etwa noch künftig anlegt, mit Pflügen, Eggen, Ausführen des Düngers und Einbringen des Getreides zu bestellen und zu beschicken, oder für diese Arbeiten ein geringes Dienstgeld zu entrichten. Das letztere wurde in einem anderen Falle, beispielsweise für Ostrow, jährlich bei einem Bauer auf sechs, bei einem Kossäten (Gärtner) auf drei Thaler festgesetzt.

Die „Noth der schweren Zeit“, der Uebermuth der Polen und das Schwanken, die Rathlosigkeit der Ordensregierung zeigt sich noch deutlicher in weiteren Händeln.

Ein Herr von Gröben hatte angeblich eine Forderung an den Fürsten Jablonowski, und seiner Gemahlin standen, wie es scheint, die Abgaben zu, welche die vier Dörfer nach Meseritz entrichteten. Er beantragte bei der Ordensregierung die Beschlagnahme. Die Prinzessin dagegen beklagte sich bei dem polnischen Könige und auch bei dem Komthur. Der Ausgang dieses Streites ist aus den vorliegenden Quellen nicht ersichtlich. Die Händel, welche, von Zachert in seiner Chronik S. 20 und 21 erzählt, damit endeten, daß Fürst Stanislaus Johannes Jablonowski durch Vermittelung des Königs Kastellan von Krakau wurde, der verwittweten Katharina Przymska aber die Starostei Meseritz verblieb, fallen in eine spätere Zeit (1692).

Ein Maltheserritter Martin Sudo hatte am 11. Juli 1603 vom Könige Sigismund dem Dritten ein „Donatio hoc praesupposito“ über die vier Dörfer erhalten, mithin ein Geschenk in der Voraussetzung, daß dieselben in der Krone Polen gelegen, dahin auch gehörten und nur von einem Katholiken besessen werden könnten, jedoch sub hoc conditione (unter der Bedingung): er habe solche auf dem Wege Rechtens von dem Besitzer zu fordern und zu repetiren. Indem sie sich auf den schon öfter erwähnten Vertrag von 1251 resp. 1364 stützte, behauptete die Ordensregierung, daß Tempel, Seeren, Burschen und Langenpfuhl zu Brandenburg gehörten. Die hab- und raubsüchtigen Gegner bestritten Dies natürlich, und auch Sigismund machte geltend, solche Verträge könnten nur zur Anwendung kommen, wenn es sich um eine Frage zwischen dem Königreiche und dem Orden handle. Der Herrenmeister sowie Christoph von Seeren auf Starpel riethen dem Komthur, sich in Posen zu stellen und dort die Sache gütlich beizulegen. Als mündliche und schriftliche Verhandlungen zu keinem für ihn erwünschten Ziele führten, suchte Sudo sich mit bewaffneter Hand Recht zu verschaffen. Er raubte u. a. dem Komthur tausend Schafe, sieben Ochsen, Schweine, Hühner, Gänse, Getreide und einem Unterthanen zwei Pferde. Zur Vertheidigung aufgerufen, zeigten sich die Lehnsleute sehr saumselig. Einige im Lande Sternberg wandten ein, sie seien nur verpflichtet, dem Kurfürsten Kriegsdienste zu leisten, andere ihres Standes blieben mit denselben verschont, und auch die übrigen Kommendatoren rührten weder Hand noch Fuß. „Es ist aber remarquable (bemerkenswerth), daß auch Seine Kurfürstl. Durchlaucht Dero eigen Land dem Orden zu Hülfe aufgeboten." Dies beachtete jedenfalls der Lehngutsbesitzer in Ostrow (Hans von Kettwig?); denn er stellte sich mit einem Pferde und in voller Rüstung. Als der Befehl, die angeworbenen Soldaten zu verpflegen, an die Schulzen erging, widersetzten sich mehrere Gemeinden, insbesondere die Petersdorfer, und die Regierung in Küstrin ließ einige hartköpfige Bürger in Reppen gefänglich einholen (5. September 1607). Ihre Drohung, die Unterthanen ihres Eides gegen die Lehnsleute zu entbinden, kam nicht zur Ausführung. Sie legten sich aufs Bitten, versprachen allen Gehorsam und verlangten „Pardon."

Zur besseren Förderung seiner Angelegenheit bevollmächtigte Sudo einen Herrn Sokolowski. Er kam, wie der Prediger zu Seeren nach Lagow berichtete, in Begleitung von siebzehn Personen nach dem Dorfe und machte behufs eines Vergleiches mehrere Vorschläge. Auch der Abt zu Blesen zeigte sich in derselben Weise thätig. — Als Agent des Ordens fungirte in Polen ein Herr von Nadelwitz. Er ließ einmal einen Priester Mischlinczki (?) gehörig ablaufen.

Auf das Verhältnis seines Hofes zu Polen wegen Preußen hinweisend, rieth auch der Kurfürst zu einem Vergleiche: es möge der Komthur etwa durch Zahlung von zwei Tausend Thalern an Polen für die Zukunft alle Abhängigkeit zu heben suchen. Bei der Ablehnung all' dieser Vorschläge schob der Komthur den Herrenmeister und dieser wieder den Obermeister des Johanniterordens in den deutschen Landen vor. Der letztere aber befand sich zur Zeit bei dem Großmeister. Man hoffte, dort werde er durch seinen persönlichen Einfluß die heikle Sache so dirigiren und treiben, damit die angedrohte Besitzergreifung wieder kassirt und annullirt (aufgehoben) und also das heilige römische Reich und deutsche Priorat, sowie die Ballei Brandenburg ohne Diminution (Verminderung) und Schmälerung verbleibe.

Der Streit, aus dem ich hier nur die Hauptzüge hervorhob, dauerte von 1604 bis 1608. Ein Schreiben des Obermeisters Viperto soll endlich bewirkt haben, daß diese „so gefährlich geschienene Sache auf ein Mal hingefallen." Allem Anscheine nach war aber auch in Warschau keine Mauer so hoch, daß sie nicht ein mit Gold beladener Esel übersteigen konnte.

„Anno 1610 kamen vier vornehmer Herren Söhne mit vierzig Pferden nach Meseritz, das Winterbrot oder Hiberne (von hibernus, der Winter) zu holen. Aufgestachelt von polnischer Seite, überfielen sie das Dorf Burschen. Bei ihrer Rückkunft brachten sie eine Herde Schafe mit, welche sie einem gewissen Herrn Komthur von Grünberg geraubt hatten. Die Herde wollten sie mit Gewalt in die lutherische Kirche (zu Meseritz) treiben und hatten die Halle bereits aufgeschlagen. Die Bürger aber traten ihnen muthig entgegen und schlugen die Frevler zurück. Als die Herren Dies hörten, baten sie inständigst, der Soldaten zu schonen.[1])

Am 25. Oktober 1611 verklagte der Schulze in Seeren einen Polen Dobersitzki wegen verübter Gewaltthätigkeit.

In der Ansicht, daß die vier Grenzdörfer unzweifelhaft zu ihrem Gebiete gehörten, förmlich verrannt, forderten die Polen von ihnen auch die Stationsgelder (Hibernen). Da sie die Zahlung derselben verweigerten, so wurden 1613 den Tempelern 1500 Schafe weggenommen. Die Ordensregierung, welche Dies Anfangs sehr übel vermerkte und in einem Schreiben an den Hauptmann von Meseritz (11. März 1613) die Haiducken Landesverbrecher und Straßenräuber nannte, auch unbedingte

[1]) Zachert, Chronik S. 43.

Rückgabe forderte, rieth dennoch im Laufe der Verhandlung zur Zahlung unter Protest. — Zwei polnische Offiziere, Andreas Kozuchowski und Russian Johannes, drohten, falls man sie nicht freiwillig abliefere, die Stationsgelder mit Gewalt zu „extorquiren“ (erpressen).

In dieser Angelegenheit schrieb der Abt von Paradies an den Kommendator Abraham von Grünberg:

„Wohlwürdiger, edler, gestrenger und wohlbenannter,
Insbesonders großgünstiger Herr und freundlicher lieber Herr Nachbar!

Der Herr wird sich freundlich zurückerinnern, was ich durch Herrn Hieronymus Duligastowiski jüngst verschienenen Montags an Herrn treuherziger warnungsweise der anwesenden Kriegsleute halber schriftlich habe gelangen lassen. Weil ich darnach bei und nach der Abendmahlzeit von Ihnen vernommen, als sollte der Herr seinen Unterthanen davon vier Dörfer ihnen die Station zu reichen verboten und dazu mit dem Kurfürsten von Brandenburg gedroht haben, welches sie nicht wohl aufgenommen und sich verlauten lassen, dafern man sich mit ihnen gütlich nicht vertrüge, daß sie es dem ganzen Haufen zu wissen geben und die Dörfer selber besuchen wollten, welches, wenn es, was Gott abwende, geschehen sollte, würde es bei den vier Dörfern nicht verbleiben, sondern es wäre mir und anderen Benachbarten an den Gütern großer, unvermeidlicher Schade daraus zu besorgen.

Dem aber zuvorzukommen, wäre mein getreuer Rath, der Herr ließ mit Ihnen traktiren (mit sich verhandeln), wozu der Herr wohlgedachten Herrn Duligastowiski, auch da es von Nöthen, meine Person gebrauchen könnte.

Ich habe zwar nachdem des Herrn Person bei ihnen höflich entschuldiget und den Herrn aufs allerfleißigste commendiret (empfohlen) und schreibe darum nochmals getreuer, verwarnungsweise Solches dem Herrn zu allermaßen, wie die christliche Liebe und getreue Nachbarschaft Solches erfordert, und thu den Herrn Nachbar, dem ich angenehme Dienste zu erzeigen willig bin, göttlicher Protektion empfehlen.

Datum Paradies, den 21. März 1613.

Des Herrn getreuer Freund und Nachbar
Daniel Domaracki
Abbas Parad.“

Ein Vergleich kam wahrscheinlich nicht zu Stande. Vielmehr trat die Unverschämtheit der Polen immer kecker auf. Die Gefahr steigerte sich.

Kurz vor Weihnachten schrieb der Pfarrer in Tempel:

„Theuerster, achtbarer und hochgelahrter,
Besonders großgünstiger Herr Sekretarius!

Benebenst Erbietung meiner freiwilligen Dienste soll ich E. E. auf Befehlich ihrer gestrengen herausgesandten Hofleute schriftlichen Vermelden, daß wir heuten dato aus Meseritz gewisse citante (?) Post haben, von gewissen Leuten, daß die Obersten etlicher Sachen halben nach Posen verreiset, sobald sie aber wiederumb zurückkommen, und wollen sie, wie sie es hoch geschworen, die vier Dörffer überziehn und ihr Heil an denselben versuchen, der Hoffnung, daß sie etwas Sonderliches von Pferden zur Beute davon bringen werden, und so es gar nichts sein sollte, dennoch den Dörffern einen Schimpf beweisen. Wenn denn die Dörffer in höchster gefahr, als hat mir ganze Gemeinde in beisein der abgesandten Hofleute, bittlich von E. E. begehret, Solches an die Herrn Räthe gelangen zu lassen, und darauf bedacht sein, damit ein jedes Dorf mit ein 30 Mann versehen werden möchte. Denn was die eingewandte Entschuldigung der Zielenziger anlanget, ist ungründlichen, weil Niemand davon etwas Wissenschaft hat. Bittet demnach eine ganze Gemeinde zum unterthänigsten (weil sie ohne Consens der Obrigkeit nichts willigen kann, auch dem Orden nichts zu entziehen befuget), darob bedacht zu sein, damit sie bei ihrer Wohlfahrt möchten geschützet werden, und Solches in keinen Verzug zu ziehen. Hiermit E. E. göttlicher Allmacht befohlen!

Tempel, 22. Dezember 1613.

E. E. dienstwilliger
Christophorus . . . . . (Zuname unleserlich)
Pfarrherr."

Adresse: „Zeddell an den Ehrenvesten, achtbaren und wohlgelahrten Herrn Sebastianus Stern verordneten Sekretarius zu Lagow, meinen besonders großgünstigen Herrn und Beförderer."

In Folge dieses Schreibens wurde dem Rathe in Zielenzig aufgegeben, den Tempelern 50—70 Mann zu senden. Sie kamen aber zu spät. Weshalb, ersehen wir aus einem Berichte der geplagten Gemeinden.

„Es sind aber die Kriegsleute am Tage St. Stephani, den 26. Dezember abgewichenen Jahres, Morgens vor Tage um 5 Uhr, mit Gewalt angefahren in E. E. Dorf Seeren . . . . . mit gewappneter Hand und Kriegsrüstung und mit fliegender Fahne eingefallen, alsbald den alten sechsundsiebzigjährigen Pastor, auch einen Bauer und Gärtner jämmerlich danieder gehauen, viel Personen verwundet, Pferde, Rindvieh und Schafe mit großer Anzahl, sowol neun Personen gefangen und mit sich nach Meseritz weggetrieben. Im Dorfe große Gewalt mit Schießen, Hauen, Stechen, mit Aufschlagen der Kasten und Tische geübt, daraus sie Geld, Kleider, Leinwand und anderes mehr räuberischer Weise genommen, schwangere Frauen Salva reverentia (unbeschadet der Ehrfurcht) sind nicht verschonet worden und dieselben an die Pferde zu höfften in willens mit sich wegzuführen, wenn Sie Gott wunderlicher Weise nicht wiederumb errettet. Victualien und andere Eßwaaren haben Sie unter die Füße getreten, daß es, Gott sei es geklagt, der Erbfeind der Türcke, davor uns Gott behütte, nicht ärger hätte machen können.

Haben wir nun unsere gefangenen nachbarn und geraubtes Vieh nicht wollen vergessen, sondern los machen, sind wir vier Dörfer gezwungen worden, daß wir uns zu ihnen nach Meseritz verfügen und jeder Bauer 26 polnische Groschen Stationen ihnen zu geben, zusammen 2672 polnische Gulden. Auch haben wir zur Sicherheit Kaution stellen müssen!"

Zugleich beschwerten sich die Gemeinden über die zu ihrem Schutze angenommenen Soldaten, „die mit Prassen, Schwelgen, Saufen und Fressen, Ausjagen der Wirthe, Ausschlagen der Fenster, Schmähen, Schelten und Fluchen ein solch' sodomitisch Leben geführt, daß es nicht zu beschreiben sei." Trotzdem hätten sie den Komthur vergeblich um Abhülfe angerufen. Dieser aber beklagt sich über den Ungehorsam der Unterthanen; doch gesteht er ein, daß er sie nicht schützen könne.

In Zacherts Chronik heißt es Seite 87: „Anno 1613 auf St. Martin kamen 6000 Mann gerüstetes Volk unter der Regierung des Königs Sigismundi Augusti und des Großmeisters Albrecht von Brandenburg. Dies Volk bestand aus Polen und Deutschen; sie haben bis auf Pfingsten des folgenden Jahres hier gelegen, doch ist der Stadt kein Unheil widerfahren, als daß ein kleines Kind bei Thomas Leskeu vom Söller geworfen worden, aber keinen Schaden genommen. In der Christnacht fielen diese Völker stillschweigend in Seeren ein, erschossen den Pfarrherren und brachten sechs Bauern gebunden nebst vielem Vieh."

Die Abweichungen in dieser Notiz von jenem Berichte sind nicht wesentlich; wir ersehen aber aus derselben, daß sich, wie bei der Zerstörung Magdeburgs (1631, 10. Mai) Protestanten, so bei diesem Bubenstücke wahrscheinlich auch Deutsche betheiligten.

Einen ähnlichen Überfall verübten Kosaken, die in Meseritz standen, am Weihnachtsabende 1614 im Dorfe Stentsch. Sie ermordeten u. a. den Pfarrer Mag. Leonhard Pfeffer (Piperus), seit 1566 dort im Amte. Sein Sohn Joachim war von 1600—1616 Prediger in Seeren, bis 1614 in Buckow bei Züllichau, bis 1617 in Stentsch und endlich Diakonus in Schwiebus, wo er am 7. November 1627 starb.

Geplündert wurden:

1. In Seeren: Der Schulze, Teweß (Matthäus) Waldow, Simon Emmerich, alte Teweß Grünbergerin, Peter Zerbe, die Thomas Zerbin, Michael Binder, Georg Emmerich, Marten Schneider, Valten Glöcke, Teweß Binder, Gregor Binder, Samuel der Pfarrherr, der Schmied, der Krüger, Paul Malchow, Valten Grünberg, die Valten Grünbergin, Andreas Janisch, Hans Kreuffell, Teweß Binder, Daniel Binder. Der Werth des geraubten Gutes ist auf 1581 polnische Gulden berechnet.

2. In Tempel: Georg Rettig, Teweß Schüller, Hans Vorwerg, Scholz, Hans Tscheutschner, Scholz, Merten Bode jun., Krüger, Simon Bode, Andreas Reimer, Merten Bode sen., Valten Fitzke, Gregor Malße, Teweß Wandrei, Jakob Opitz, Simon Fabian, Hans Schubert, Lorenz Schmit, Balzer Weber, Hans Grünberg, Paul Wandrei, Jakob Rettig, Valentin . . . ., Hans . . . .[1]) Der Schaden ist auf 2732 Gulden berechnet.

3. Burschen nicht spezialisirt. Schaden 1004 polnische Gulden.

Im Ganzen also 5317 Gulden.

Nachträglich, am 5. Januar 1614, wurde dem Komthur aufgegeben, den vier Dörfern, da sie zu dergleichen Abgaben nicht verpflichtet seien, wider eindringende Gewalt durch die Ordenslehnsleute Hülfe zu leisten. Die polnischen Offiziere beharrten bei der bekannten Behauptung. Wiewol ihnen die Kapitulare (einen Herrenmeister gab es zur Zeit nicht; denn der Markgraf Ernst war am 18. September 1613 gestorben) vorhielten, daß sie unter den obwaltenden

[1]) Der Dintenflecke wegen unleserlich.

Verhältnissen mit dem bereits Empfangenen zufrieden sein und die „Leute ferner nicht beschweren möchten", forderten sie dessenungeachtet aufs neue Stationsgelder auf sechs Wochen. Einen Brief der Regierung in Küstrin nahmen die polnischen Helden gar nicht an, sondern warfen ihn weg. Nach einem Schreiben, das jene unterm 4. März 1614 erließ, hält sie sogar dafür, daß die vier Dörfer lieber polnisch als deutsch sein wollen, und es nicht groß achten, wenn sie gleich kontribuirten.

Den neuen Herrenmeister Markgrafen Georg Albrecht baten die Gemeinden, die Rückgabe des geraubten Gutes bewirken und sie gegen fernere Unbill schützen zu wollen. Sie berechneten, wie schon oben bemerkt, ihren Schaden auf 5317 polnische Gulden.

Als König Sigismund die sämmtlichen Starosteien am 26. Mai 1614 aufforderte, die Kriegsleute auszuheben und auszurüsten, begehrte Stanislaus Sokolowski von dem Komthur in Lagow, den Unterthanen der vier Grenzdörfer aufzugeben, sich vor ihm in Posen zu stellen, auch aus ihren eigenen Mitteln vier tüchtige ausgerüstete Fußknechte dorthin oder nach Meseritz zu senden. Jedenfalls war es nur auf eine neue Erpressung abgesehen. Der Komthur verhielt sich jedoch auch in dieser Sache sehr lau; deshalb ermahnte ihn der Herrenmeister, sich seiner Unterthanen nachdrücklicher anzunehmen und dem Sokolowski Nichts einzuräumen.

Am 4. Juli 1617 trat der Fürst Sigismund Karl Radziwill gegen Abraham v. Grünberg mit der Behauptung auf, der Großmeister des Johanniterordens in Malta habe „die Schenkung an Sudo für ungültig erklärt und dieselbe ihm überwiesen." Die Dreistigkeit machte sich sogar so breit, daß er seinen Diener Nikolaus Grabowski sandte, die vier Dörfer einzunehmen. Er wandte sich zu diesem Zwecke auch an den Kurfürsten Johann Sigismund und schwindelte dem Komthur vor, dieser habe ihm die bezeichneten Dörfer gleichfalls geschenkt. Der Herrenmeister verbot indeß unterm 4. Dezember 1617 die Huldigung und legte den Unterthanen ihre Eidespflicht ernstlich ans Herz. Da man wahrscheinlich dem mündlichen Berichte des Hauptmanns von Lagow, Wolff von Ungar, Radziwill „solle ein ziemliches Volk beisammen haben", ohne Weiteres Glauben schenkte, so erging, zumal da inzwischen ein hohes Reskript eingelaufen war, die Ordensregierung möge, weil Radziwill einen Einfall vorbereite, auf Widerstand bedacht sein, damit nicht durch ihre Schuld dem Kurfürsten Schimpf oder Schaden erwachse, an die Ordenslehnsleute sammt ihren Unterthanen der Befehl, sich mit der nöthigen Rüstung, Ober- und Untergewehr zu versehen und parat zu halten. Kaum waren einige Soldaten aufgebracht und in den märkischen Dörfern einquartiert worden, so liefen auch von den letzteren schon Beschwerden ein. Man mußte darum Veranlassung nehmen, „sie auf gewisse Artikel nach Kriegsmanier zu vereiden" und sie von aller Thätlichkeit gegen die Unterthanen zurückzuhalten, Verbote, die freilich den Unfug nicht im mindesten einschränkten. Merkwürdiger Weise verwarf der kurfürstliche Kanzler Christoph von Pruckmann jeden Widerstand mit den Waffen; er rieth vielmehr in einem Schreiben vom 24. Dezember zu einem gütlichen Vergleiche. Von einem solchen wollte jedoch der Herrenmeister Nichts wissen. Der Schulze in Trebow wurde noch an dem genannten Tage angewiesen, zwei Kossäten mit Bestellung der Posten zu beauftragen, auch dem Komthur an die Hand gegeben, in Polen vier Männer, so des Ortes kundig, zu halten, damit sie über Radziwills Treiben Bericht erstatten.

In einem Schreiben an den Kurfürsten vom 29. Dezember erbietet sich der General von Posen, Radziwill zu bestimmen, es auf eine gerichtliche Entscheidung ankommen zu lassen.

Am 30. Dezember berichtete der Hauptmann von Ilow (der Vater des am 24. Februar 1634 in Eger ermordeten kaiserlichen Feldmarschalls Christian von Ilow aus Schmagorey), daß bei der Musterung 500 Mann für kriegstüchtig befunden worden und man andere 300, sowie 100 Reiter noch anwerben wolle. Letzteres scheine ihm jedoch zwecklos, da man über Radziwill und die Stärke seines Heeres nichts Bestimmtes wisse.

Endlich übertrug man die weiteren Verhandlungen in dieser Sache einer Kommission, die Anfangs 1618 wegen Eröffnung des Warthestromes in Landsberg zusammentrat. Der Komthur erhielt zugleich unterm 12. Januar einen Wink, dem Kanzler v. Pruckmann, der bekanntlich die größte Energie gezeigt hatte, 200 und der Kanzlei 50 Thaler zu verehren. In einer besonderen Schrift setzte man zugleich (Gott weiß, zum wievielten Male!) auseinander, daß die vier Dörfer zur Mark gehörten und Radziwill sein angeblich näheres Recht auf sie ausreichend begründen möge.

Ein bestimmtes Resultat, aus jenen Verhandlungen in Landsberg hervorgegangen, fand ich nicht. Es heißt nur: In der Antwort auf den Bericht der

Kurfürstlichen Kommissarien vom 17. März 1618 bei den königlich polnischen Rationibus [Meinungen] begegnet und die Sache auch zur ferneren Beförderung rekommandirt [empfohlen] und zugleich betont, daß die in den Archiven befindlichen alten Abschriften statt eines Originals so lange gelten müssen, bis der Gegner ein Anderes bewiesen habe.

Im Jahre 1616 drohte Jürgen von Schlichting zu Hermersdorf in Polen wegen einer vermeintlichen Forderung an dem Gute Starpel, Rache an den vier Dörfern zu nehmen. Der Wohnsitz des adligen Herren ist schwerlich richtig angegeben. Ein Hermersdorf liegt bei Müncheberg. Zu Anfange des siebzehnten Jahrhunderts gehörte es nebst Wulkow bei Stargard in Pommern aber dem Hof- und Kammergerichtsrathe Johann von Kötteritz, der mit Charitas, der ältesten Tochter des brandenburgischen Kanzlers Lambert Distelmeyer, verheiratet war. Er starb am 12. Juni 1609 in Berlin. Die Güter erbten seine zwei Söhne, und da sie ohne männliche Erben blieben, fiel Hermersdorf 1619 an die Gebrüder von Pfuel. Wenn übrigens v. Schlichting etwas von einem Besitzer Starpels, das damals noch zu Schlesien gehörte, zu fordern hatte, so ist unerfindlich, mit welchem Rechte er sich an märkische (polnische) Dörfer halten will.

Am Schlusse dieses Kapitels mögen noch einige Notizen stehen, die, wenn sie auch nicht direkt die politischen Verhältnisse des Landes Sternberg betreffen, doch Beachtung verdienen.

Kurfürst Joachim Friedrich, der Gründer des nach ihm benannten Gymnasiums, (Seite 430) huldigte wie sein Vater dem strengen Lutherthume. In religiöser Beziehung harmonirte mit ihm seine Gemahlin Katharina, die jüngste Tochter des Markgrafen Hans (Seite 405). Ihr Glaube zeigte sich jedoch in Liebe sehr thätig: sie unterstützte stets die Armen, pflegte die Kranken. Joachim Friedrich starb am 18. Juli 1608 unvermuthet in seinem Wagen bei Köpenick. Von den vier Söhnen, die ihm überlebten, wurden zwei, Joachim Ernst und Johann Georg, Herrenmeister in Sonnenburg.[1])

---

[1]) Nach dem Vertrage in Gera (entworfen 1598, bestätiget am 28. April 1599 in Magdeburg — vergl. Fix, Territorialgesch., S. 85—87) sollte stets ein Prinz des Hauses Brandenburg durch das Herrenmeisterthum versorgt werden. Demgemäß erhielten dasselbe nach dem Tode des Grafen Martin von Hohenstein († 5. Mai 1609 als der letzte seines Stammes) fünf Markgrafen:

Der jüngste, Christian Wilhelm, seit 1598 Administrator des Erzbisthums Magdeburg, gerieth 1626 in die Reichsacht und bei der Eroberung der Stadt durch Tilly (10. Mai 1631) in Gefangenschaft, trat am 20. März 1632 in Wien zur katholischen Kirche über und starb, geistesschwach und fast der Sprache beraubt, am 1. Januar 1665 in Zinna.[1])

Johann Sigismund, der älteste der Brüder, mußte zwar als Kurprinz seinem Vater einen Revers ausstellen, daß er dem lutherischen Bekenntnisse stets treu bleiben wolle. Die klevische Erbschaft verwickelte ihn jedoch, wenn auch die Ohrfeige, welche er bei einem Gastmahle in Düsseldorf dem Pfalzgrafen Wolfgang Wilhelm von Neuburg gegeben haben soll, ins Reich der Sage gehört, in verschiedene Streitigkeiten. Da der Mitbewerber bei den Katholiken, seinen neuen Glaubensgenossen, Hülfe fand, so suchte sie der Kurfürst bei den reformirten Holländern. Durch seinen Übertritt zu den in Brandenburg verhaßten Kalvinisten (25. Dezember 1613) warf er aber einen Zankapfel ins Land, und wenn spätere mildere Ansichten Vieles ausglichen, so war es nicht Sigismunds Verdienst.[2]) Mehr als am Rheine gewann er in Preußen. Hier hatte der Herzog Albrecht Friedrich, dessen Geist

1. Friedrich, ein Sohn Johann Georgs, seit 30. Mai 1604 Koadjutor, gewählt am 11. März 1611, gestorben am 16. Mai desselben Jahres in Sonnenburg an der Schwindsucht, beigesetzt in der Pfarrkirche zu Küstrin. 2. Joachim Ernst, am 5. August 1611 gewählt, am 8. installirt, am 18. (19.) September 1613 zu Berlin gestorben, im Dome beigesetzt. 3. Georg Albrecht, siebenter Sohn des Kurfürsten Johann Georg, am 5. Mai 1614 gewählt, am folgenden Tage vom Ordenssenior Adam von Schlieben zum Ritter geschlagen, darauf installirt, den 19. November 1615 an den Pocken gestorben, in Küstrin beigesetzt. 4. Johann Georg (siehe oben!), erhielt 1603 das Herzogthum Jägerndorf, wurde den 29. Juli 1616 zum Herrenmeister gewählt, am 31. zum Ritter geschlagen, leistete in der verhängnisvollen Schlacht am weißen Berge (8. November 1620) dem Könige von Böhmen Beistand, verlor, deshalb geächtet, sein Land, starb am 2. März 1624 zu Leutsch in Ungarn und wurde in Kaschau beigesetzt. Der Vorsicht halber verwaltete man das Herrenmeisterthum im Namen des Ordens. 5. Joachim Sigismund, der älteste Bruder des Kurfürsten Georg Wilhelm, gewählt am 5. April 1624, zum Ritter geschlagen am 8., an einem Fußübel den 22. (23.) Februar 1625 in Kölln an der Spree gestorben.

[1]) Christian Wilhelm wurde am 28. August 1587 zu Wolmirstedt geboren. Vergl. Ersch und Gruber, I., Band 17, S. 95—98. Buchholz, III., S. 537. Schlosser, Weltgeschichte, Bd. 14, S. 285. Ammon, Gallerie, S. 305—306. — Daß er, wie die Magdeburger Chronik (Gruhl, II., S. 47) behauptet, dem protestantischen Glauben treu blieb, ist jedenfalls unrichtig.

[2]) Vergl.: „Wie Brandenburgs Fürsten reformirt wurden". Von Dr. Max Krenckel. — Markgraf Ernst, der Herrenmeister, trat schon 1610 zu der genannten Kirche über. Vergl. ferner Kurfürstl. Verordnung vom 24. Februar 1614. Mylius, erster Theil, Seite 323—26.

sich in Folge eines Mittels, das man ihm als Niederschlag der sinnlichen Aufregung reichte, immer mehr verdunkelte, von 1569—1618 nicht regiert, sondern nur vegetirt. Am 27. Dezember genannten Jahres starb der unglückliche Fürst. Sein Land fiel nun an Brandenburg.[1])

In Königsberg von einem Schlaganfalle heimgesucht, kehrte Johann Sigismund zwar im Juni 1619 nach der Mark zurück; in Danzig starb jedoch sein Liebling, der Zwerg Justus Bertram. Man glaubte um so mehr, der Kurfürst werde ihm bald nachfolgen, da man im Berliner Schlosse die weiße Frau gesehen habe.[2])

Am 23. November legte er die Regierung nieder, bezog, um dem unheimlichen Geiste möglichst auszuweichen, eine Privatwohnung im Hause seines treuen Kammerdieners Anton Freitag (Poststraße) und starb hier am 23. Dezember 1619.

Bei der Gewitterschwüle, die am 23. Mai 1618 in Prag zu einem sehr folgenschweren Exzesse führte, senkten sich auch in Brandenburg die Wolken bis zur Erde nieder; es regnete hier aber noch nicht.

---

## Elftes Kapitel.

# Das Land Sternberg unter dem Kurfürsten Georg Wilhelm. Der dreißigjährige Krieg.

Vor den Drangsalen des dreißigjährigen Krieges, die möglichst im Zusammenhange dargestellt werden sollen, sei von dem weiteren Hader mit den Polen die Rede.

Im Jahre 1619 erhob sich ein neuer Streit mit dem Hause Meseritz. Es war nämlich das Heu, das die Unterthanen der vier Grenzdörfer einfahren mußten, „versoffen“ — ob durch oder ohne ihre Schuld, sagt die betreffende Quelle nicht. Man verlangte nun von den Dienstpflichtigen Bezahlung. Gegen diese ungebührliche Zumuthung erhob die Ordensregierung nachdrücklich Widerspruch.

---

[1]) Heinel, II., S. 103 ff. Stenzel, I., S. 348.

[2]) Die weiße Frau war nach Einigen der Geist der schönen Gießerin, nach Anderen die Wittwe des Grafen Otto I. von Orlamünde, die, weil „vier Augen“ die Heirat hinderten, ihre beiden Kinder durch Nadelstiche ins Gehirn tödtete.

Unterm 10. April 1620 erfolgte ein Aufgebot der Lehnsleute gegen die Kosaken, welche nach Böhmen ziehen wollten. Es erging u. a. an die Stadt Zielenzig der Befehl, daß ein jeder Braueigen und Hüfner bei zwanzig Thaler Strafe mit einer Muskete versehen sein solle. Die Ordenshauptleute von Ilow und Stabenow musterten das Kriegsvolk. Der polnische Quartiermeister legte in die vier Dörfer Söldner; auch der Hauptmann von Meseritz ließ es nicht an allerlei Schererei fehlen. Polnisches Gesindel, Soldaten genannt, ebenso verrufen wie die „gardenden Knechte“,[1]) trieb sich hin und wieder an den Grenzen in Gehölzen und Wäldern umher, die öffentliche Sicherheit gefährdend.

Die Dörfer Tempel ꝛc. wandten sich an den Herrenmeister Johann Sigismund, der zwar von der Ordensregierung Bericht erforderte; nennenswerthe Abhülfe scheint aber selbst die Kommission, welche in Meseritz zusammentrat, nicht geschafft zu haben, denn 1625 reichten jene neue Beschwerden ein. An Verfügungen fehlte es keineswegs. Eine größere Zahl erging der Zielenziger wegen, über welche der Komthur sich sehr beklagte. — Ich theile hier nur zwei mit:

I. Besonders günstiger Herr und Freund — Ob dem Anschluß werdet Ihr mit mehreren zu vernehmen haben, was die kurfürstlich Brandenburgische Neumärkische Regierung zu Küstrin an Uns schriftlich gelangen lassen und daneben zu verordnen begehret.

Nun haben wir Euch Solches hiermit insinuiren wollen, anstatt Begehrende, Ihr wollet dieses überall eigentlich in Acht nehmen, auf allen Euren Dörfern unfehlbar Ordonanz, noch auch selbsten genauere Kundschaften anlegen, und was Ihr in Erfahrung bringet, zu fernerer Verordnung aufs schleunigste hierher avisiren lassen. Und Wir sind Euch ꝛc.

Datum Sonnenburg, den 23. Aprilis anno 1626.

Gräflich Schwarzenbergische verordnete Kanzler und Räthe daselbst.

„Ann den Herren Comptor zu Lagow.“

II. Unsern freundlichen Dienst zuvor.

Edle, ehrenfeste und hochgelahrte, insbesonders günstige gute Freunde!

Wir mögen Euch freundlich nicht bergen, daß des Orts um Zülchow herum, welches Euch ohne das wissend Kriegsvolk gelegt worden, und gehet die Rede, daß

[1]) Gegen diese „Menschenplacker“, angeblich abgedankte Soldaten, erschien endlich ein kurfürstliches Edikt: „jeder Bauer sollte ihnen 2, jeder Kossät 1 Pfennig geben; genüge ihnen Dies nicht, sie mit Prügel vertreiben“.

noch aus Polen etwas dazu geworben werde, daß man auch wider den Mansfelder etwas vorhätte, und die des Orts benachbarten Örter mit berührt werden möchten, und was dergleichen nachdenklicher Reden mehr,

Dahero die Nothdurft erfordert, daß man etwa mehr Pflicht als sonsten bei diesen Zeitläuften haben muß,

Zu dero Behuf haben Wir von unterschiedenen Örtern dort was von dergleichen Sachen vorfallen möchte Avisen von nöthen, unter anderm ist auch zu Züllich befohlen, daß man von einem und dem andern Verlaufe des Orts Bericht schleunig einschicken sollte.

Dieweil man aber nicht allerwege so viel Boten daselbst mächtig sein kann, und die Gefahr das angrenzende Sternbergische und also die Komthurei Lagow und den Orden des Ortes her mit betrifft,

So ersuchen Wir Euch hiermit, Ihr wollet beim Herrn Komptor zu Lagow die Beschaffung thun, da bei dieses Krieges Gefahr von Züllich aus zu Zeiten eine eilende Post bei ihm ankäme, daß er dieselbe eilends durch seine Unterthanen herüber befördern möchte,

Wie Ihr denn zur Sonnenburg und Priebrow verordnen könnet, daß dergleichen Schreiben in Eile herübergebracht werden. Da sich alsdann etwas befinden wird, daraus der Komthurei oder Orden Schaden erwachsen könnte, soll Euch dasselbe auch bald zu wissen gemacht werden. Sind Euch zu freundlichen Diensten geflissen.

Datum Küstrin, den 19. Aprilis 1626.

Kurfürstliche Regierung daselbst. Hanß von Benckendorff.

Am 1. Mai 1627 starb Abraham von Grünberg d. J. Er verwaltete die Kommende Lagow siebenundvierzig Jahre, mithin von allen Denen, welchen sie zufiel, am längsten, leider nicht am segensreichsten. Einige schreiende Uebelstände mögen in den wirren Zeitverhältnissen wurzeln; bei den meisten trägt sicher seine Schwäche die Schuld.

Schon im Juni machten polnische Kriegsvölker abermals Miene, in die vier Dörfer einzufallen. Nur dadurch, daß die Einwohner versprachen, 3560 (polnische) Gulden zu zahlen, konnten sie augenblicklich größere Plackereien abwenden. Der Kurfürst schrieb an den König von Polen, der Herrenmeister Graf Adam von Schwarzenberg an diesen und den General in Posen. Es gingen Entschuldigungsschreiben ein: man habe zu den Bedrückungen keinen Befehl ertheilt, ja nicht einmal Kenntnis von denselben. Anderer Seits eröffnete der Hauptmann von Meseritz dem

Zacharias von Grünberg, einem Sohne des verstorbenen Komthurs, daß die vier Dörfer entweder ihr Kontingent geben, oder ihre Gefahr ausstehen müßten. Weitere Beschwerden des Herrenmeisters, selbst bei dem römisch-deutschen Kaiser, änderten in der wirren Sache Nichts.

In einem sehr ruhigen Tone ist ein Schreiben des Generals von Posen (vom 15. Juni 1629) an den Kurfürsten von Brandenburg gehalten. Es wird zugestanden, daß die vier Dörfer im Lande Sternberg (also nicht in Polen) liegen, folglich auch unter Sr. Durchlaucht Hoheit stehen. Dies sei aus dem Grenzvertrage, von Boleslaus 1251 aufgerichtet und von Kasimir 1364 konfirmirt, ersichtlich. Derselbe finde sich in den königlichen Archiven und gewiß auch bei den Akten in Küstrin und Lagow.. Der General bittet Georg Wilhelm, Befehl zu ertheilen, daß der Komthur von Lagow seine Unterthanen dasjenige, „was von den alten königlichen und kurfürstlichen Vorfahren Gott und der Kirche gewidmet worden," zahlen lasse. Dem Gesuche wurde nach den näheren Ermittelungen wahrscheinlich entsprochen. Es kann nämlich kaum ein Zweifel darüber obwalten, daß die vier Dörfer nicht zum Bisthume Lebus, sondern zu Posen gehören, der Dezem rc. mithin den polnischen Prälaten zu verabfolgen ist.

Am 24. Dezember 1629, also wieder unmittelbar vor dem Weihnachtsfeste, drangen dreißig Kosaken in das Dorf Tempel ein, und da man hier dem Rittmeister Nichts zugestehen wollte, so machte er sich durch 700 Schafe und mehrere Rinder bezahlt. Der Komthur Konrad von Burgsdorf rächte sich durch einen Überfall an dem Abte in Paradies. Darob erhob sich allerdings ein gewaltiger Lärm; durch gegenseitige Rückgabe des Geraubten beschwichtigte man denselben aber.[1])

1630 erging an die oftgenannten vier Dörfer eine Vorladung des Generals in Posen, sich dort zu stellen. Die Ordensregierung protestirte, und von Burgsdorf suchte seiner Beschwerde an den Herrenmeister durch die Bemerkung, daß nach seinem Tode die Kommende zu dessen Tafelgütern gelegt werden solle, möglichst Nachdruck zu geben.

Neben dem Herrenmeister Adam von Schwarzenberg spielt der Kommendator Konrad von Burgsdorf im dreißigjährigen Kriege eine beachtenswerthe Rolle.

Niemand erwarte, daß hier die eingehende Schilderung dieses unheilvollen Kampfes folgen werde. Schon der Raum gebietet möglichste Beschränkung. Da sich

[1]) Vergl. Dr. Warminski, Urkundliche Geschichte von Paradies S. 115—116, 239—241.

jedoch auch auf historischem Gebiete einseitige, falsche Ansichten zuweilen wie eine ewige Krankheit forterben, so will ich es versuchen, dieselben in einigen wesentlichen Punkten zu berichtigen.

Sachgemäß lassen sich in den dreißig Jahren vier Kriege unterscheiden: der böhmisch-pfälzische von 1618—1625; der niedersächsisch-dänische von 1625—1630; der schwedische von 1630—1635 und der schwedisch-französische von 1635—1648.

Anfangs handelte es sich allerdings um die Lösung einer wichtigen religiösen Frage: Sind die Evangelischen den Katholiken gleichberechtigt? — Wenn auch der Kaiser Rudolf II. in dem Majestätsbriefe die Zusicherung gab: Es soll von dem heutigen Tage[1]) an zu rechnen „Niemand wie aus den höheren Ständen, also auch aus den Städten, Märkten und dem Bauernvolke weder von ihren Obrigkeiten, noch anderen geistlichen und weltlichen Standespersonen von seiner Religion abgewendet und zu des Gegentheils Religion mit Gewalt oder einiger anderer erdachten Weise gedrungen werden" — so herrschte doch bereits eine so arge Erbitterung, daß wir uns über die Szene im Prager Rathhause (23. Mai 1618), den Fenstersturz, keineswegs wundern dürfen. Nicht das erste Mal versuchten die Böhmen eine solche Exekution. Die Statthalter Jaroslaw von Martinitz und Wilhelm von Slawata, sowie der Schreiber Mag. Philipp Fabricius konnten froh sein, daß (so erzählte man sich wenigstens) „die Mutter Gottes" sie mit ihrem Mantel umhüllte und sanft zur Erde trug. Bald mischten sich Leidenschaften, die weder das evangelische noch das wahrhaft katholische Bekenntnis billigt, in den Streit; man vergaß die Warnung der Bibel: Rächet euch selber nicht, denn es steht geschrieben: die Rache ist mein, ich will vergelten, spricht der Herr! (Römer 11, 19). Bald nach Gustav Adolfs Tode (16. November 1632) verschwand die vielgerühmte Zucht auch im schwedischen Heere, und darum kamen von beiden Seiten „die Räuber zu Haufen." Man rede demgemäß nicht mehr von einem Religionskriege.

Verleitet von seiner ehrgeizigen Gemahlin Elisabet, einer Tochter Jakobs I. von England, nahm Friedrich V. von der Pfalz die unsichere Krone Böhmens an, war aber bei seiner Beschränktheit und Feigheit nicht im Stande, sie zu behaupten und stürzte dadurch Land und Volk ins tiefste Elend.

---

[1]) 11. Juni 1609. Auszug im Quellenbuche von Dr. Schilling S. 102—104.

Friedrich saß während der Schlacht an der reichgedeckten Tafel in Prag. Dann ergriff er so eiligst die Flucht, daß er seine Krone und die geheimsten Papiere zurückließ. Für die hochschwangere Gemahlin erbat er sich von Adam v. Schwarzenberg, dem Minister seines Schwagers Georg Wilhelm, einige Zimmer in Spandau oder Küstrin. „Ohne Befehl des Landesherrn, antwortete dieser, könne er solchem Gesuche nicht willfahren; ja selbst, wenn ein solcher vorauszusetzen wäre, würde man sich nicht zu rathen und zu helfen wissen. Spandau liege nur 5 Meilen von der sächsischen Grenze und enthalte kein einziges Gemach, welches zu einem fürstlichen Aufenthalte dienen könnte; Küstrin sei nicht hinlänglich vertheidigt, und die mit Eis bedeckte Oder könne für die Polen eine Brücke werden; endlich herrsche in Danzig die Pest, und diese könne man sehr leicht nach der Mark schleppen." — Auf den Bericht der Räthe erwiderte der Kurfürst: „Es würde ihm freilich dieser Besuch beim Kaiser und beim Könige von Polen viel Ungelegenheit bereiten; indeß müsse man sich der Pflichten der Menschenliebe die ein Christ dem anderen zu erweisen schuldig sei, erinnern. Man solle daher die Königin zu Küstrin gebührlich aufnehmen und mit Ausrichtung versehen. Auch könnten zu ihrer Sicherheit noch einige Soldaten in die Festung gelegt werden, etwa noch 5 oder 10 Mann von jeder Rottmannschaft des Obersten von Kracht." — Zuerst kam Friedrichs siebenjähriger Sohn durch Krossen; er reiste über Frankfurt a. O. nach Berlin weiter. Am 22. November folgte ihm die Mutter in Begleitung der Herzöge von Weimar und Holstein mit 300 Reitern. Sie wandten sich nach Küstrin. Den 18. Dezember bei grimmiger Kälte traf auch der „Winterkönig" ein. Selbst in Küstrin lebten die Flüchtlinge noch auf großem Fuße. Darob entstanden bittere Klagen. Als förmlicher Mangel sich nicht mehr abwenden ließ, gingen sie nach Berlin und von dort bald nach Dänemark und Holland.

Bis 1627 gelang es dem Kurfürsten Georg Wilhelm oder vielmehr seinem Minister Adam von Schwarzenberg, die Feinde von der Mark fern zu halten. In diesem Jahre rückte indeß der kaiserliche Feldherr Albrecht von Waldstein (gewöhnlich Wallenstein genannt) von Schlesien aus ein. Den Züllichauer und Sternberger Kreis besetzte General Porcus (auf deutsch Schwein) mit Wallonen. Ohne jegliche Übertreibung nennt sie der Chronist Bruchmann ein „abgerissenes, lahmes und sehr böses Gesindel." Es hauste noch ärger, als 1626 die Räuberbande des

Grafen Ernst von Mansfeld, der am 25. April von Waldstein an der Dessauer Brücke gänzlich geschlagen, sich mit etwa 5000 Mann nach Brandenburg warf, um sich durch neue Werbungen und Erpressungen zu stärken. Dies gelang ihm auch. Bald stand er an der Spitze von 15000. „Der losen Weiber und diebischen Jungen, die dem Heere folgten, war wol „drei Mal soviel als Soldaten." Sie plünderten die Kirchen, rissen das Zinn von den Taufsteinen, selbst das Eisen von den Wagen und Ackergeräthen ab. „Viele Menschen wurden von ihnen getödtet, verwundet, gegeißelt, gestocket und gepflocket." Die Beschwerden des Kurfürsten blieben unbeachtet. Mit 20000 Mann und 33 Geschützen brach der Mansfelder im Juli über Frankfurt nach Krossen auf. Um seine Verfolger abzuhalten, ließ er die Oderbrücke abbrennen und auf die Bürger, welche dieselbe zu retten suchten, schießen. Am 12. Juli schlug er sein Hauptquartier in Kay und Guhren auf. Dem Gutsherrn Valentin von Kalkreuth raubte der Artilleriegeneral von Karpzow sechs Pferde. Die Soldaten mähten alles Getreide zum Futter grün ab. Züllichau, Schwiebus und Sommerfeld mußte eine größere Zahl von Tuchen liefern. Selbstverständlich konnte sich Mansfeld gegen das viel stärkere kaiserliche Heer nicht halten. Waldstein trieb ihn bis in die Gebirge Ungarns. Bei Urakowitz in Bosnien ereilte ihn der Tod (20. [30.] Novbr. 1626).[1]) Jener kehrte wieder um und kam, wie schon oben erwähnt, bis an die Grenzen der Neumark.

Graf Porcus nahm sein Hauptquartier in Drossen. Einzelne Kompagnien verlegte er nach Reppen, Sternberg, Zielenzig, Schwiebus, Züllichau. Bei der strengen Kälte, die Anfangs Februar 1627 herrschte, erfroren viele auf den Pferden; andere hatten die Beine mit Stroh und Lappen möglichst dick umwickelt. Dies hinderte sie aber nicht, Rohheit und Greuel zu verüben. Der Bürgermeister Georg Myler in Drossen wurde sammt den übrigen Vätern der Stadt vier Wochen lang im Rathhause eingesperrt und angeschlossen, bis sie die Forderungen des Generals befriedigt hatten. Den Bürgermeister Rehfelder in Reppen, der sofort 16000 Thlr. zahlen sollte, traf dasselbe traurige Schicksal. Die Wallonen erpreßten in Züllichau 7777 Gulden, „ohne das, was ein Jeder im Quartiere verzehrt hatte."

---

[1]) Dorf zwischen Spaletro und Sarajo. Er starb, indem er sich auf zwei seiner Adjutanten stützte, im 46. Lebensjahre. Einige Monate vor ihm, 6. Juni, sank sein Kampfgenosse Christian von Braunschweig ins Grab. Ersch und Gruber, I., Bd. 17, S. 88—95.

Das Land Sternberg mußte allein an den Stab nach Drossen wöchentlich liefern: Für die Tafeln des Obersten Porcus nebst fünf anderen Tafeln je 2 Ochsen, 14 Tonnen Bier, 14 Scheffel zu Roggenbrot, für 16 Gulden Weißbrot, 14 Kälber, 30 Hühner, 12 Paar Tauben; täglich 6 Gerichte Fische, 6 Schock Eier, 40 Pfund Butter, für 2 Gulden Milch, 2 Schock gute Käse, 4 Pfund Wachs=, 20 Pfund Talglichte, 2 Scheffel Weizenmehl, 1 Buch Pastetenpapier, 1 Tonne Essig, 8 Loth Safran, 8 Loth gestoßene und 1 Loth ganze Nelken, 8 Loth Muskatblüte, 12 ganze Muskaten, 8 Loth Zimmet, 2 Pfund Pfeffer, 3 Pfund Ingwer, 4 Pfund Rosinen, 6 Hut Zucker, 10 Pfund Konfekt und Pfefferkuchen, 4 Pfund kleine Rosinen, 6 Pfund Backpflaumen, 6 Pfund Reis, 6 Pfund Kapern, 3 Eimer Wein, 3 Tonnen Reppener Bier (zu damaliger Zeit berühmter als jetzt das Sandower, Schönower, Zielenziger und Grätzer) und 50 Limonien und Zitronen.

Unwillkürlich erinnert ein solcher Lieferzettel an die heillose Wirthschaft am spanischen Hofe, wo man unter Philipp dem Vierten jährlich für 600000 Dukaten Wachslichte verbrauchte.[1])

Bruchmanns Chronik von Göritz gibt ausführliche Nachrichten über zwei große Brände, welche durch rohe Soldaten entstanden. Schon am 14. Dezbr. 1577 brach Feuer in Matthias Klempke's Gut aus und das ganze Städtlein ging in Flammen auf. Fünfzig Jahre später, am Sonntage vor Michaelis 1627, steckte ein Soldat die Seite an, wo damals die Hofmeisterei stand. Das gleiche Unglück traf am nächstfolgenden Mittwoch die andere, einschließlich der Kirche und des Thurmes. In Frankfurt a. O. hatte der kaiserliche Oberst Tiefenbach sein Quartier. Nach Göritz schickte er einen Korporal mit 40—50 Mann. Sie sollten sowol die Kontribution einfordern, als auch dafür sorgen, daß nicht Andere hier einrückten. Es standen nämlich zwei Kompagnien welsche Reiter in Spudlow und Seefeld, die durch verschiedene „glimpfliche Mittel hantirten und versuchten", Quartier in Göritz zu gewinnen. „Sie haben aber ein Convivium und Gastgebot zu Seefeld angestellt und den Korporal von den Tiefenbachschen zu sich gebeten und mit ihm heimlich konspirirt, ihm wol auch ein Stück Geld gegeben, Göritz anzuzünden." Das erste Feuer brach am Sonntage, Abends während des Kirmeßjubels (!!), das andere am

[1]) Böttiger, Weltgeschichte, V., S. 284. Deutsche Geschichte, VI., S. 169.

hellen Mittage in einer Scheune aus, vor der überdies eine Schildwache stand. Als das letztere aufging, nahmen Bürger wahr, daß zwei Soldaten, ein Sattler und ein Schmied, „in schneller Eile hinter den Zäunen nach Ötscher zu" flüchteten. Beide wurden jedoch ergriffen und nach der Brandstätte zurückgebracht. Unterwegs suchte sich der Meister in allerlei Erz und Eisen durch einen Sprung ins Wasser zu retten; man schlug ihn aber mit Rudern nieder, mißhandelte ihn aufs grausamste, warf ihn und seinen Spießgesellen in die Flammen, nahm auch an anderen Soldaten blutige Rache, so daß zwei von ihnen gleichfalls ihr Leben verloren. — Ein Bürger Salomo Tschetschonow, der angeblich bei dem ganzen Racheakte sehr thätig war, erzählte dem Pfarrer Bruchmann mehrere Einzelheiten. Wenngleich sie das wilde, rohe Treiben der Zeit charakterisiren, so will ich doch, weil sich die Haare sträuben, „den grausamen Spektakel" übergehen. Der alte Salomo behauptete außerdem, jener Sattler sei willens gewesen, sich mit einer Dirne, die bei der Frau (oder Wittwe) des Martin Schade wirkte, trauen zu lassen und habe die Wirthin gebeten, ihnen ein Hochzeitsmahl auszurichten; da er jedoch kein Gehör gefunden, zur Brandfackel gegriffen. Anderer Seits bestritt der Bürgermeister Martin Schmieden, den Bruchmann deshalb befragte, die Richtigkeit dieser Angaben. Es sei zur selbigen Zeit genug gewesen, dazu die Kirmeß; die Schade würde sich schwerlich geweigert haben, ihrer Dienerin eine Mahlzeit auszurichten, wenn deren Bräutigam Solches begehret. Der Bürgermeister hielt den Korporal von Tiefenbachs Schar für einen Schelm und Buben; denn als er bei ihm in Quartier lag, schüttete er einmal nach jener Zusammenkunft mit den welschen Reitern eine „ziemliche Menge Reichsthaler" auf den Tisch und fragte, ob sie auch alle gut wären [1]). Ferner zeigte er einen goldenen Ring, den er für zwei Thaler annehmen mußte. Seine hochschwangere Frau, die Schmieden als ein braves Weib bezeichnet, stand neben ihm, seufzte aber tief und sprach: „Gregor, Gregor, ihr werdet es gar schwer zu verantworten haben!" — Bald darauf entstanden die Brände.

Die oben erwähnte Dirne packte, als sich der Sattler aus dem Staube machte, all' ihre Habseligkeiten ein, flüchtete nach Frankfurt zu, wurde jedoch zu Wagen unweit Lebus eingeholt, nach Göritz zurücktransportirt, an eine Säule gebunden und

1) Zur Zeit der „Kipper und Wipper", der Münzverschlechterer, gab es viel leichtes Geld.

am entblößten Oberkörper mit Ruthen und Disteln so lange gepeitscht, bis sie gestand, ihr Bräutigam sei der Brandstifter. Fielen solche Greuelszenen nicht in eine schreckliche Zeit, so möchten wir zur Ehre der Menschheit glauben, daß Tschetschonow seine und Anderer Heldenthaten mehrfach ausgeschmückt habe.

Erst in der Mitte des Sommers 1628 verließen die rohen Kriegsscharen das Land Sternberg und zogen tiefer in die Mark. Ohne die Verpflegung berechnete sich Drossen diese Einquartierung auf 30 000 Thaler. Überdies mußte der Magistrat dem berüchtigten Porcus ein Zeugnis seines Wohlverhaltens ausstellen. Von Waldsteins Korps arg mitgenommen, hatte Bärwalde in 1 Jahr 7 Monaten 43 917 Thaler Kriegskontribution zu zahlen. — In den überfüllten Städten brachen Krankheiten aus. Diese rafften in Krossen 1500, in Sommerfeld gegen 1000 Personen dahin.

Waldsteins Truppen nahmen nun in Pommern und der Mark ihre Winterquartiere. So sehr sich auch die kurfürstliche Regierung dagegen sträubte (Georg Wilhelm war abwesend) — es half kein Bitten und Flehen. In Frankfurt a. O. lag der General Graf von Arnim mit neun Kompagnien, und die Stadt mußte monatlich 8—10 000 Thaler Verpflegungsgelder zahlen; in Krossen und Umgegend Balthasar Alexander mit zehn Kompagnien; im Lande Sternberg hausten fünf Kompagnien vom Regimente Dohna (der Stab in Drossen); in der eigentlichen Neumark trieb der General Montecuculi mit zwölf Kompagnien Reiter sein Unwesen (Hauptquartier Soldin), zu ihnen gesellte sich später noch das Regiment Puttlitz, (dessen Inhaber, Hans Christoph Gans v. P., wie Nikolaus von Wopersnow zu den märkischen Edelleuten gehörte). Das Kommando über das Ganze führte ein Italiener, der Generalwachtmeister Lorenz del Maistro. Zur Unterhaltung sollten monatlich gezahlt werden: für jeden Musketier 7, für den Reiter 12, für den Kürassier 15 Floren. Hiervon wollte man zwar die Proviantlieferung abrechnen, unterließ es aber gewöhnlich, oder taxirte sie nach Gefallen. Außerdem nahmen die Soldaten, besonders auf dem Lande, was ihnen gerade gefiel; auch ließen sie es nicht an Brand, Mord, Nothzucht fehlen. Furchtbar hart bedrückten die Quartiermeister oft die Pfarrer, Schäfer, Schmiede, Krüger, sowie die Besitzer einzelner Gehöfte. Trotz der Schutzgarden, die sie theuer bezahlt hatten, waren die Dörfer und Vorstädte nicht vor Plünderung und Flammen sicher. Am ärgsten trieb es Montecuculi nebst seinem Oberstlieutenant Pallant, der sich an des Meisters Befehle gar nicht kehrte. Er traf am 29. November in Königsberg ein und blieb dort bis zum 25. Januar 1628. Mit Recht heißt er der Schwelger der Neumark; denn er verlangte täglich für sich 40—60 Schüsseln und 6—12 für jeden seiner Offiziere. Von dem Landtage, welchen er auf den 10. Dezember ausschrieb, forderte er für seinen Stab und die 12 Reiterkompagnien monatlich 29 520 Gulden, ferner Tafelgelder: für sich 1200 Gulden, für jeden Obersten 600, außerdem für das Puttlitzische Korps 1940 und endlich 4800 Gulden Werbegelder. Nur mit Mühe und Noth vermochte man monatlich 29 720 Gulden aufzubringen. Durch seine bitteren Klagen bei dem Kaiser erreichte der Kurfürst wenigstens so viel, daß der saubere Montecuculi[1]) abziehen mußte. Wer wundert sich noch über wüste Städte und Dörfer, unsichere Landstraßen, schreckliche Armut, Mord und Todtschlag![2])

Am 27. Februar 1628 forderte Waldstein von Gitschin aus vom Markgrafen Sigismund, der in Brandenburg die Stelle des abwesenden Kurfürsten vertrat, Geschütz zur Belagerung von Stralsund. Der Statthalter gab den Behörden in Küstrin auf, dasselbe zu Wasser bis Schwedt und von dort mittelst Gespanns nach jener Festung zu bringen. Trotz dieser Willfährigkeit wurde Georg Wilhelm mit Absetzung bedroht. Als er beabsichtigte, sich für die bedrängten Herzöge von Mecklen-

[1]) Daß Ernst von Montecuculi auf dem nach ihm benannten Berge bei Königsberg (N.-M.) begraben sei, gehört in das Gebiet der Sage. Vermuthlich schlug er dort sein Lager auf. Neumann, Seite 79—80.

[2]) Unter Ferdinand II. hatte monatlich ein Oberst 825 Floren, ein Hauptmann 180, ein Lieutenant 50, ein Fähnrich 45, ein Feldwebel 11, ein Korporal 10, ein Pikenier als Doppelsöldner 9, ein Musketier 6 Floren. In Winterquartieren pflegte man auf einen Mann täglich 2 Pfund Brot, 1 Pfund Fleisch, auf ein Pferd 6 Pfund Hafer oder 4 Pfund Gerste oder Roggen, 10 Pfund Heu und 1/2 Bund Stroh zu rechnen. Es richtete sich jedoch Alles nach den Umständen. Man gab und nahm viel, wo man es fand. Als Tilly z. B. im Hannoverschen stand, war der Etat der Besatzung von Bleckede folgender: 1 Hauptmann monatlich 150 Thlr., 1 Lieutenant 50, 1 Fähnrich 40, 1 Feldwebel 24, 2 Führer à 14, 1 Unterschreiber 14, 1 Feldscherer 14, 1 gefreiter Korporal 14, 6 Korporale à 12, 6 Korporale à 10, 20 Gefreite à 8, 300 gemeine Knechte, einschl. wöchentlich jedem für Fleisch 15 Kr., für Zugemüse 5 Gr. monatlich (= 258 Thlr. 15 Gr.), Summe monatlich 8847 Thlr. 15 Gr. — Im schwedischen Heere waren die Löhnungsverhältnisse sehr geregelt. Monatlich erhielt 1 Oberst 184 Thlr., 1 Oberstlieutenant 80, 1 Oberstwachtmeister 61, 1 Quartiermeister 30, 1 Hauptmann 61, 1 Lieutenant und 1 Fähnrich je 30, 1 Sergeant 9, 1 Führer, Fourier, Musterschreiber und Rüstmeister je 7, 1 Tambour 4, 1 Korporal 6, 1 Rottmeister 5, 1 Unterrottmeister 4, 1 Musketier oder Pikenier 3 1/2, 1 Passevolant oder Knecht 3, 1 Feldprediger 18, 1 Auditeur 30, 1 Wundarzt 12, 1 Schreiber beim Kriegsgerichte 18, der Profoß 12, der Steckenknecht 3, der Nachrichter 7 Thlr. Handbibliothek für Offiziere, I., Seite 70, 71, 54, 55.

burg beim Kaiser zu verwenden, äußerte Waldstein: „Will der Herr Kurfürst von Brandenburg noch für Andere intercediren [vermitteln]? Er sollte froh sein, wenn er sein eigenes Land behält!" — Gewiß wäre er niemals in diese traurige Lage gekommen, sobald er und seine Rathgeber sich Stralsund zum Vorbilde genommen hätten. Hier zeigten die Bürger einen Muth und eine Ausdauer, die noch heute Bewunderung verdienen. Es mag fraglich sein, ob der Herzog von Friedland, am 21. April 1628 zum General des ozeanischen und baltischen Meeres ernannt, in seinem Zorne zu Prenzlau ausdrücklich erklärte: Stralsund müsse herunter und wenn es mit Ketten an den Himmel gebunden wäre; fest steht jedoch, daß er in Prag vor den Abgeordneten der Stadt mit der Hand über den Tisch strich und damit andeutete, er gedenke ihre Festung der Erde gleich zu machen; daß er in allen Briefen an Arnim, welche die Belagerung derselben berühren, stets schimpft, auch u. a. äußerte: „Die losen Buben müßten gezüchtiget werden; er hoffe, die canaglia mit Gottes Hülfe zum Gehorsam zu bringen." — Dänemark und Schweden sandten jedoch Unterstützungen an Mannschaften, Pulver 2c.; ein starker Regen ergoß sich, und die Kaiserlichen saßen „wie nasse Katzen" vor der Stadt. Selbst Stürme, die Waldstein persönlich leitete, mißlangen. Darum reiste er am 9. (19.) Juli wieder ab, und am 24. folgte ihm das Belagerungskorps. Stralsund war gerettet![1])

Von einer schrecklichen Plage blieb Brandenburg verschont: der sogenannten päpstlichen Reformation. Die Schlesier wissen über sie viele Klagelieder zu singen. Sie begann im Neisse'schen 1628 und wurde in den Erbfürstenthümern, zu denen auch Glogau und somit der Kreis Schwiebus gehörte, im folgenden Jahre fortgesetzt. „Die Hauptwerkzeuge, deren sich Fanatismus, Habsucht, Heuchelei und Ehrgeiz hier bedienten, waren der Burggraf Karl Hannibal von Dohna, früher Protestant

---

[1]) „Wie ein Stern in dunkler Nacht aus dem Meere, ein glänzender Bote des kommenden Morgens, auftaucht, so leuchtete das Beispiel der Stralsunder für Fürsten und Völker Deutschlands, die in Halbheit und schwächlicher Ergebung immer nur auf Wunder hofften und, selbst errstarrt, die Hand in den verweichlichten Schoß legten." Stenzel, I., S. 460. — Loccelius meldet, daß ein alter Konstabler zu Küstrin erzählte: Als er vor Stralsund dem Waldstein diente, dieser zu ihm und seinen Kameraden, wenn sie abprotzten, sagte: Triff zu, Bestie, oder ich laß dich henken! Es wurden einmal an einem Tage 375 Schüsse abgefeuert und in einer Nacht fünf Stürme unternommen. Alles ohne Erfolg!! — Nach dem genannten Chronisten blieben vor der Festung 16 800 Mann zu Fuß und 1200 Reiter. Unter den Soldaten ward es zum Sprüchworte: „Gehst Du vor Stralsund, verleihe Dir Gott eine selige Stund'!"

und ein Mann von sehr zweideutigem Rufe und hartem Sinne, ferner der Landeshauptmann von Glogau, Georg von Oppersdorf, der Landeshauptmann von Schweidnitz und Jauer, Freiherr von Bibran, früher auch Protestant, endlich das Regiment Lichtenstein'scher Dragoner, welches sich zwar vor dem Feinde keinen großen Ruhm, einen desto schrecklicheren Namen aber als Bekehrer, oder, wie sie allgemein genannt wurden, „Seligmacher", erwarb. Damit Nichts fehlte, liehen den geistlichen Arm die Jesuiten mit dem dazu sehr zweckmäßig gewählten Bischofe Karl Ferdinand von Breslau, dessen Vater, Sigismund der Dritte von Polen, als Katholik den schwedischen Thron verloren, der also an den Protestanten viel zu rächen hatte; endlich dessen Weihbischof Balthasar von Horn. Außerdem leisteten, wie es bei solchen Gelegenheiten gewöhnlich ist, eine Menge zum Theil früher selbst evangelisch gewesener untergeordneter Werkzeuge willkommene Hülfe, wäre es auch nur als Kundschafter, Angeber und Henker gewesen."[1])

Nicht genug also, daß man tausende der „Rebellen" mit dem Leben oder ihren Gütern büßen ließ — es sollte auch Alles zur alleinseligmachenden Kirche geführt werden. In Schwiebus vertrieben die Fanatiker die Prediger Johann Feyerabend und Mag. Baptista Gebelius, den Rektor Martini, den Konrektor Bruchmann, den Bakkalaureus Pfeffer u. A. Der Graf Dohna zitirte den Magistrat, die Gerichtsschöppen, die Stadtältesten und Handwerksmeister auf das Rathhaus und besetzte dann dasselbe mit Soldaten. Unter furchtbaren Drohungen erpreßte er von ihnen die Erklärung, daß sie durch Erleuchtung der heiligen göttlichen Dreifaltigkeit den wahren und alleinseligmachenden uralten römisch-katholischen und apostolischen Glauben freiwillig (!!) angenommen hätten.[2])

Zu Neustadt in Oberschlesien trieben Dragoner die Einwohner in die Messe; ein Jesuit theilte beim heiligen Abendmahle das Brot, der Hauptmann de la Morde in voller Uniform den Wein aus, und als dieser mangelte, sagte der Frevler zu ihnen, sie könnten zu Hause Bier oder Milch trinken, das sei ebensoviel![3]) In frechem Spotte

---

[1]) Stenzel, I., S. 466.

[2]) Knispel, Schwiebus, S. 128—133. Als der Landeshauptmann v. Bibran einen solchen Revers von den Bürgern in Jauer forderte, erwiderten sie: „Wir wollen schwören, nicht gezwungen worden zu sein, schwört aber zuerst, daß ihr uns nicht gezwungen habt." Man ließ sie unbehelligt. Stenzel, I., Seite 468.

[3]) Stenzel, I., S. 407, nach Fuchs, Materialien zur Religionsgeschichte in Oberschlesien.

rühmte sich Dohna, er habe mehr als der Apostel Petrus gethan, der einmal durch seine Predigt 3000 Menschen zum Christenthume gebracht. Er fand leider nur an äußerst wenigen Orten solchen Widerstand, wie Seitens der Frauen in Löwenberg, die, etwa 500 an der Zahl, vereint in den Rathhaussaal drangen und hier durch ihr „Getöse" dem Magistrate, dem Königsrichter und dem Geistlichen solche Furcht einjagten, daß diese durch eine Seitenthür in ihre Wohnungen flüchteten und von dem weiteren Drängen Abstand nahmen.[1])

Waldstein, am 26. Juni 1629 mit Mecklenburg förmlich belehnt, wollte an Dänemark einen getreuen Nachbar gewinnen. Durch seinen Einfluß erlangte darum Christian der Vierte im Frieden zu Lübeck (12. Mai 1629) sehr günstige Bedingungen: Der Kaiser gab ihm gegen das Versprechen, daß er sich nicht weiter, als ihm Holsteins wegen gebühre, in die deutschen Reichsangelegenheiten mische, die verlorenen Provinzen zurück. Mecklenburg überging man absichtlich mit Stillschweigen.

Gewissermaßen stand Ferdinand der Zweite auf dem Gipfelpunkte seines Glückes. Mit dem Restitutionsedikte (vom 9. März 1629) goß er abermals Öl in die Flammen. Dasselbe gebot zur wirklichen Handhabung des weltlichen und kirchlichen Friedens bei Strafe der Acht: 1. alle mittelbaren, seit dem Passauer Vertrage (1552,

---

[1]) Im Hinblick auf ein ähnliches Verfahren, das in Frankreich gegen die Hugenotten in Anwendung kam, schrieb Christine, die Tochter Gustav Adolfs, welche der Krone Schwedens entsagte und am 3. November 1655 in der Kathedralkirche zu Insbruck öffentlich zum Katholizismus übertrat, dem Ritter Terlon: Die Soldaten sind sonderbare Apostel und geschickter zum Tödten, zur Nothzucht und zum Diebstahl, als Ueberzeugung zu bewirken, und glaubhaften Berichten zufolge richten sie ihre Mission auch nach ihrer Art aus. Ich beklage Diejenigen, welche man ihrem Gutdünken preisgibt, beklage den Ruin so vieler Familien, so vieler braven Leute, die an den Bettelstab gekommen sind, und kann die jetzigen Ereignisse in Frankreich nicht ohne Mitleid betrachten. Ich beklage diese Unglücklichen, daß sie im Irrthum geboren sind, und wie ich um der Herrschaft der ganzen Welt willen an ihren Irrthümern keinen Theil haben möchte, so möcht' ich aber auch nicht Ursache ihres Unglücks sein. Frankreich ist eine Kranke, welcher man Arm und Fuß abnimmt, um sie von einem Uebel zu befreien, das ein wenig Geduld und Sanftmuth gänzlich geheilt haben würde. Aber ich fürchte auch, daß es sich verschlimmert und zuletzt unheilbar wird, daß dieses Feuer unter der Asche versteckt, einst stärker als jemals ausbrechen und die verlarvte Ketzerei nur desto gefährlicher werden wird. Nichts ist löblicher, als die Bekehrung der Ketzer und der Ungläubigen; aber die Art, die man anwendet, ist sehr neu, und da Jesus sich dieses Mittels nicht bedient hat, um die Welt zu bekehren, so kann es nicht das beste sein. Diesen Eifer und diese Staatsklugheit bewundere ich; aber sie sind mir zu hoch, ich begreife sie nicht und freue mich, daß ich sie nicht begreife." Ammon, Gallerie 138—39.

2. August) eingezogenen Stifte, Klöster u. a. Kirchengüter den Katholiken wieder einzuräumen; 2. alle unmittelbaren, gegen den geistlichen Vorbehalt reformirten Stifte sollen wieder mit katholischen Bischöfen und Prälaten besetzt werden; 3. den katholischen Reichsständen soll es unverwehrt sein, ihre Unterthanen zu ihrer Religion anzuhalten, oder, falls sie sich widersetzen, gegen gebührenden Abzug und entsprechende Nachsteuer aus dem Lande zu schaffen. Im Übrigen sollen 4. im Religionsfrieden nur die katholischen und die der unveränderten augsburgischen Konfession anhangenden Reichsstände begriffen sein, alle anderen Sekten (mithin auch die Reformirten, zu denen bekanntlich das brandenburgische Fürstenhaus gehörte) aber ausgeschlossen und im Reiche nicht geduldet werden.

Für unsere Länder betraf das Edikt die eingezogenen Bisthümer Brandenburg, Havelberg, Lebus und Kamin, obgleich diese Stifte nicht reichsunmittelbar gewesen waren; gewissermaßen auch Magdeburg, wiewol das Domkapitel an Stelle des geächteten Administrators Christian Wilhelm einen Sohn des sächsischen Kurfürsten Johann Georg, August zum Koadjutor, dann zum Erzbischofe gewählt hatte. Klöster gab es im Lande Sternberg bekanntlich nie; insofern wurde dasselbe von jenem Edikte nicht noch näher berührt. Wenn es sich aber überhaupt um die Frage handelte: Soll die evangelische Kirche in Deutschland ganz ausgerottet, die Freiheit seiner Fürsten vernichtet und die kaiserliche Gewalt im Hause Österreich erblich gemacht werden?[1]) so bedarf es wol kaum, um den hohen Grad des Unglücks zu kennzeichnen, noch der Bemerkung, daß bis zum Jahre 1630 Ferdinands Feldherren in Brandenburg 20, in Pommern 10, in Hessen 7, in Sachsen 9, in den freien Städten 25 Millionen erpreßt hatten. Und wer zählt die ungeheuren Summen in Mecklenburg, Holstein, Franken, Westfalen, Braunschweig und Anhalt?

Froh erhoben sich die Herzen und Hände der Protestanten gen Himmel, als es hieß: Aus Schweden kommt der Helfer in der Noth! Gustav Adolf landete am 24. Juni 1630 (gerade vor 100 Jahren fand die Übergabe der augsburgischen Konfession statt) mit 15000 auserlesenen Truppen auf der kleinen Insel Ruden (nicht Rügen). Schon am folgenden Tage besetzte er Usedom. „Da haben wir, spöttelte

[1]) Waldstein soll in dieser Zeit geäußert haben: Man bedürfe keiner Kur- und anderer Fürsten mehr, man müsse ihnen das Geschütel abziehen, und wie in Frankreich und Spanien ein König allein, also solle in Deutschland auch ein Herr allein sein. Pfister, IV., S. 475.

Ferdinand, halters wieder ein klein Feindl bekommen", und die Hofschranzen sekundirten: „die Schneemajestät werde bald von der kaiserlichen Sonne schmelzen." Es leuchteten freilich sehr wenig Hoffnungssterne; denn ein vielvermögender Trabant, Albrecht Wenzel Eusebius von Waldstein, Herzog von Friedland und Sagan, hatte, auf dem Reichstage in Regensburg von seinen Feinden, an deren Spitze Maximilian von Bayern stand, hart angegriffen, (Anfangs September 1630) den Abschied erhalten, und er verbarg den tiefen Groll seines Herzens in Gitschin. Wie er seiner Zeit äußerte: „Man muß den Schweden mehr auf die Faust, als aufs Maul sehen", so erkannte auch sein Nachfolger im Oberkommando, Tzerklas von Tilly, die Bedeutung des Gegners besser, als die hohen Herren in Wien. Gustav Adolf, der stets auf strenge Mannzucht hielt, drang in der Neumark immer weiter vor. Am 13. Januar 1631 schloß er durch seine Generale Horn und Bauer in Bärwalde einen Vertrag mit Frankreich. Wenn ihm das letztere auch eine jährliche Unterstützung von 400000 Thalern zusicherte, so wäre es doch jedenfalls besser gewesen, die Einmischung des katholischen Auslandes mit seinen Quinten und französischen Winden gänzlich fern zu halten. Den Kurfürsten Georg Wilhelm bestimmten selbst die nahen verwandtschaftlichen Verhältnisse[1]) nicht, sich mit Schweden zu verbinden. Viel klarer sah die alte Landgräfin Juliane von Hessen, die es schon am 5. Novbr. 1630 wagte, für ihren Sohn Wilhelm auf Gustav Adolfs Seite zu treten.

Jetzt stets verfolgt, bezeichneten die Kaiserlichen noch mehr als sonst ihre Wege mit Mord, Brand, Plünderung, so daß der Kurfürst befahl, alle Marodeurs aufzugreifen und ohne Barmherzigkeit zu tödten. Selbst der damalige Befehlshaber, General Graf Hannibal von Schaumburg, betheuerte Ferdinand dem Zweiten schriftlich, als redlicher Deutscher könne er das Kommando über solche Unmenschen und Barbaren, die sich durch keine Kriegszucht in Ordnung halten ließen, nicht weiter führen; lieber wolle er dasselbe niederlegen.

Tilly sicherte Frankfurt und Landsberg für seinen Herrn durch eine starke Besatzung und wandte sich dann gegen den General Horn, der weislich von seinem Hauptquartiere Soldin zuerst nach Pyritz und dann nach Stargardt zurückgegangen

[1]) Georg Wilhelms Schwester Marie Eleonore, geb. 11. November 1599, ward am 25. November 1620, freilich gegen den Willen ihres Bruders, Gustav Adolfs Gemahlin. Sie starb am 18. März 1655 in Schwermuth zu Insterburg.

war. In Neu-Brandenburg ließ er die schwedische Besatzung (600 Mann), obwol sie sich auf Gnade oder Ungnade ergeben hatte, niederhauen.

In Frankfurt befehligte die 5—6000 kaiserlichen Truppen der General Graf von Schaumburg; am 2. April 1631 traf noch der Generalquartiermeister Tiefenbach aus Wien ein. Tilly, am 14. Januar angekommen, war schon am 5. Februar nach Magdeburg, das sich der Ausführung des Restitutionsediktes nicht fügte, abgegangen. Gustav Adolf, seit seiner Vereinigung mit Horn 18000 Mann stark, lagerte am 1. April bei Lebus. Inzwischen ließ Tiefenbach die beiden Vorstädte, die Weinbergshäuser und Weinpressen abbrennen und die Thore sperren. Durch den Rauch geschützt, konnten die Schweden unbemerkt kolonnenweise heranrücken. Sie hielten am Palmsonntage (3. April) Vormittags zwei Mal Gottesdienst. Die Belagerten sahen dies für den Vorboten des nahen Abzuges an, hingen, um Solches dadurch spöttisch anzudeuten, eine wilde Gans an die Wälle und riefen: „Wo habt Ihr Eure Stücke? Sie sind gewiß im Kommiß verfressen!“ Doch mehrere Offiziere äußerten scherzhaft: sie hofften bald eine gute gebratene und mit einer kräftigen Brühe versehene kaiserliche Gans zu speisen. Unbekümmert vollendeten die Schweden ihrer Seits die Laufgräben, wobei sie gegen 150 Mann verloren. Gegen Mittag drangen sie bis in den Spitalgarten am Gubener Thore vor und drängten die Kaiserlichen bis in die Stadt zurück. Vor dem genannten Thore führten sie zwölf Kanonen auf, die der König selbst richtete. Bald konnten seine tapferen Soldaten hier und auf der Seite der Weinberge eindringen. Auch gelang es dem Lieutenant Auer, den Stadtgraben zu überschreiten und die Wache zu vertreiben. Nicht minder günstig leuchtete der Glücksstern der gelben und blauen Brigade am Lebuser Thore. Der Oberstlieutenant Buttler (derselbe, welcher später bei Waldsteins Ermordung eine Rolle spielte) warf sich diesen an der Spitze seines irländischen Regiments mit vollem Grimm entgegen. Erst als eine Kugel seinen Arm zerschmetterte, und eine Hellebarde seine Hüfte durchbohrte, ergab er sich. Die Erinnerung an das Blutbad in Mecklenburg feuerte die Rache der Schweden an. Mit dem Rufe: „Neubrandenburgisch Quartier!“ hieben sie jeden Kaiserlichen, der ihnen in den Wurf kam, nieder. — Tiefenbach, Schaumburg und Montecuculi flohen mit dem Reste der Besatzung der Oderbrücke zu. Die vielen Bagagewagen hemmten indeß den Übergang; nicht wenige stürzten unter diesen Verhältnissen in den Strom und fanden hier den Tod. Auch Tiefenbach soll mit seinem Pferde ertrunken sein. Die Obersten Voremund und Herbenstein wurden erschossen. — Um 5 Uhr Nachmittags durften sich die Schweden als Herren der Stadt betrachten. Sie erbeuteten 21 Kanonen, 26 Fahnen, 900 Zentner Pulver, 1200 Zentner Blei, viel Kriegsgeräth, 2 Korn- und Brotmagazine und eine Kasse mit 300000 Thalern und verloren etwa 300 Mann, die Kaiserlichen dagegen 1722 Todte (die man am 6. April beerdigte) und 800 Gefangene (unter den letzteren der Generalmajor Sparr, von Geburt ein Schwede, die Obersten Buttler und Morval, 7 Oberstlieutenants und 60 Offiziere). — Um die Soldaten bei gutem Muthe zu erhalten, gestattete ihnen der König eine dreistündige Plünderung. „Es kam eine Nacht, so schreckensvoll und grauenhaft, wie sie dieselbe nie erlebt hatte. Die Kriegsleute, durch ihr trauriges Handwerk an Morden und Blutvergießen gewöhnt, verübten Exzesse, über die sie bei kaltem Blute selbst erschraken. Viele von den Bürgern, erzählt Bekmann, auch die vornehmsten, hat man etliche Tage lang zerschlagen und zerhauen, barfuß, ohne Schuhe, Hut und Mantel, mit niedergeschlagenen Augen, voller Geschwulst, Beulen, Blut und Wunden, häßlich und abscheulich zugerichtet, auf den Gassen und in der Stadt umhergehen sehen; deren unterschiedene auch aus Schrecken oder von den empfangenen Wunden bald hernach gestorben sind.“ — Gegen 6 Uhr Morgens ließ der König durch Trommelschlag bekannt machen, daß die Plünderung augenblicklich aufhören solle. Die Soldaten achteten aber wenig darauf, bis Gustav Adolf und seine Begleiter mehrere mit Prügel und Degenstößen aus den Häusern trieben. Einen Kriegsknecht, der dem Küster in der Lebuser Vorstadt Leinenzeug stahl, ließ der Rumormeister [1]), der ihn ertappte, trotz der dringenden Bitten des Predigers Mag. Albinus, des Geschädigten und des umstehenden Volkes ohne Weiteres über der Thür aufknüpfen. Dem Generalsuperintendenten Dr. Pelargus, der zu den Reformirten gehörte und der jetzt den Verlust vieler Bücher aus seiner Bibliothek, damals die größte in der Mark, beklagte, erwiderte der streng-lutherische König zwar: Seht das als eine Strafe an, die euch der Himmel

---

[1]) Der Rumormeister gehörte nebst dem Generalauditeur, dem Generalgewaltigen und dem Generaltroß- und Wagenmeister zu denjenigen Beamten im schwedischen Heere, welche für die Erhaltung der Ordnung zu sorgen hatten. Er mußte beim Marsche stets vorn sein, die Vorausläufer zurückhalten, möglichst eine Plünderung der Quartiere vor Ankunft der Armee verhindern; auch war er berechtigt, den auf frischer That ertappten Missethäter ohne weiteren Prozeß gebührend zu strafen.

60*

sendet für die falschen Lehren, die ihr in der Kirche ausgestreut habt;" — aber er fügte auch hinzu: „Ihr sollt indeß eure Bücher wieder haben!" Und so geschah es! Schon nach drei Stunden besaß Pelargus mehr, als ihm ursprünglich gehörten.[1]) — Mit den Schweden hatte leider der Frankfurter Pöbel um die Wette geplündert und jene in die Häuser der Reichen geführt, Mancher sogar bei dieser Gelegenheit seinen Privathaß zu befriedigen gesucht. So wurde der Bürgermeister Krüger, aus Reppen gebürtig, von einem Nichtswürdigen (a quodam nebulone)[2]), den er einst hatte strafen müssen, tödtlich verwundet, und der Professor Franck schwebte fünf Mal in Lebensgefahr. Ein Soldat, angeblich ein kaiserlicher, warf ein brennend Licht in einen Haufen Stroh, und die Flammen verzehrten 22 Häuser am Ende der Oder- und Scharrnstraße. Schwedische Offiziere zeigten sich beim Löschen sehr thätig. Ihr König ließ zwar sieben Infanterieregimenter in Frankfurt einrücken, so daß fast jeder Bürger 20—30 Mann im Quartiere hatte; er milderte aber die Noth dadurch, daß er aus seinen Magazinen auch den Einwohnern Getreide und Wein verabfolgte. Nie gab er wieder Erlaubnis zu einer Plünderung.

Am 5. April gingen 2000 Mann zu Fuß, dann alle Reiterei und vier Kompagnien Dragoner nach Landsberg ab. Den 21. kehrte Gustav Adolf von dort zurück und blieb bis zum 29. in Frankfurt. Von hier wäre er gern der Stadt Magdeburg, die Tilly immer härter bedrängte, zu Hülfe geeilt; dies konnte indeß nur über die Dessauer oder Wittenberger Brücke geschehen. Die Kurfürsten von Brandenburg u. A. begriffen nicht, was zu ihrem und der gesammten Protestanten Heil und Frieden diente. Auf einem Konvente in Leipzig (12. April 1631) beschlossen sie, eine Mittelpartei zu bilden, die sich etwa zu den Schweden, wie der katholische Bund zum Kaiser verhalten sollte. Nur fehlte hier das umsichtige, energische Haupt, das die Liga in Maximilian von Bayern hatte.

Von Frankfurt aus ging Gustav Adolf über Fürstenwalde und lagerte sich bei Köpenick. Um die Gesinnungen seines Schwagers zu erfahren, ließ er ihn auffordern,

---

[1]) Spieker, Frankfurt a. O., S. 192. Dem damaligen Rektor der Universität, Neander, raubten schwedische Soldaten die beiden silbernen stark vergoldeten Zepter. Gustav Adolf ersetzte jedoch den Schaden. Sachse, S. 88.

[2]) Cyriakus Herdesianus, Professor der Rechte, beschrieb die Belagerung und Eroberung Frankfurts in lateinischer Sprache. Ins Deutsche übersetzt vom Gerichtsassessor Egbert Schaum.

mit ihm ein Bündnis zu schließen, seinen Truppen monatlich Sold zu zahlen und ihm die Festungen Spandau und Küstrin zu übergeben. Allein der Brandenburger zeigte sich wieder wie ein wankendes Rohr. Kurz entschlossen ging der König nach Berlin, nahm aber als Begleiter 1000 Musketiere und 5 Schwadronen Reiter mit. Eine Wache zog im Schlosse auf. Nicht mehr Herr im eigenen Hause, sah sich Georg Wilhelm gezwungen, einen Vergleich, nach welchem in Spandau bis zur Entsetzung Magdeburgs 500 Schweden verbleiben sollten, am 4. Mai abzuschließen. Als Gustav Adolf den schwermüthigen neuen Bundesgenossen ansah, äußerte er: „Ich kann es ihm nicht verdenken, daß er so traurig wird; es sind gefährliche Dinge, die ich begehre; aber ich verlange sie doch nicht mir, sondern ihm und seinem Lande und Leuten, ja der ganzen Christenheit zum Besten." Zu dem anwesenden Herzoge Hans Albrecht von Mecklenburg (Schwarzenberg war nicht zugegen; er befand sich auf einer Reise nach Holland und Westfalen) sprach er: „Ich will Magdeburg entsetzen, nicht mir, sondern euch Evangelischen zum Besten. Will mir Niemand beistehen, so zieh' ich von hier stracks wieder zurück und biete dem Kaiser einen Vergleich an. Ich weiß, er wird ihn eingehen, wie ich ihn verlange. Aber am jüngsten Tage werdet ihr angeklagt werden, daß ihr Nichts bei dem Evangelium habt thun wollen. Es wird euch auch hier vergolten werden; denn ist Magdeburg weg und ich ziehe davon, so sehet zu, wie es euch gehen wird!"

In ähnlicher Weise, wie Georg Wilhelm, zögerte der Kurfürst von Sachsen, von dem Witzbolde mit Recht sagten: „Dem Bierkönige seien seine Merseburger Fässer lieber, als das Frommen der Protestanten." Unter diesen Verhältnissen sahe sich Gustav Adolf in seiner Hoffnung, „er zweifle nicht, die Fürsten und Stände würden die Augen aufthun, die Hand Gottes erkennen und dem Willen desselben, welcher sie zu diesem Spiele gleichsam ziehe, länger nicht widerstreben" — aufs bitterste getäuscht. Am 10. (20.) Mai wurde in zwölf Stunden die große herrliche Stadt Magdeburg in einen Schutt- und Aschenhaufen verwandelt. Außer dem feuerfesten Dome und dem Liebfrauenkloster blieben nur 139 Häuser, zumeist Fischerhütten an der Elbe, von den Flammen verschont. Etwa 400 Bürger retteten das nackte Leben; gegen 30000 ihrer Leidensgenossen fanden aber in den Flammen oder durch die wuthentbrannten Soldaten, die einer Bande losgelassener Teufel glichen[1]), ihren

[1]) Geschichte der Deutschen, Seite 683.

Tod. Dr. Heinrich Leo in Halle und Karl Adolf Menzel in Breslau[1]) können Recht haben: Tilly trug an den Greueln, die sich an seinen Namen heften, keinen Gefallen; er befahl das Morden und Brennen nicht. Wenn wir jedoch die Berichte von Augen- und Ohrenzeugen[2]), des Oberstadtsekretärs Friese, des Predigers Christoph Thodänus und des Konstablers Pinzler, aufmerksam lesen und sie mit anderen Vorgängen aus dieser Zeit vergleichen, so dürfte kein Philosoph im Stande sein, die entsetzlichen Roheiten zu leugnen. Um den wunderlichen alten Junggesellen, der sich rühmte, niemals Wein getrunken, nie ein Weib berührt und nie eine Schlacht verloren zu haben, möglichst rein zu waschen, schob man die „magdeburgische Hochzeit" dem schwedischen Obersten Falkenberg, auch der Verzweiflung der Bürger in die Schuhe. Wie Jener dachte, geht aber zur Genüge aus dem Berichte hervor, den er nach Wien sandte. Voll Entzückens schrieb er, daß seit der Eroberung Jerusalems und Trojas keine größere Viktorie erfahren und erhöret worden, und bedaure dero Kaiserliche Frauenzimmer nicht selbst zu Zuschauern gehabt und von Ihnen den Ritterdank erhalten zu haben."[3])

Nach dem Falle Magdeburgs verlangte Georg Wilhelm die Festung Spandau zurück; allein Gustav Adolf, betrübt und erzürnt zugleich, erwiderte ihm kurz: „Ich werde sie behalten, so lange der Krieg dauert; mit der Neutralität hat es ohnehin jetzt ein Ende."

Tilly ging nunmehr mit großer Vorsicht zu Werke. Um gleichsam den Rücken frei zu machen, wandte er sich zuvörderst nach Hessen-Kassel, wurde aber aus diesem Lande, dessen Herrscher mit Gustav im Bunde stand, durch des letzteren Zug über die Elbe schnell wieder abberufen. Wenige Wochen später bemächtigte er sich einer

---

[1]) Leo, Universalgeschichte, III., Seite 388. Menzel, Neuere Geschichte der Deutschen, VII., Seite 290—307.

[2]) Chronik der Stadt Magdeburg, II., Seite 69—98.

[3]) Vergl. die betreffenden Schriften von Dr. A. Heising und Professor Wittich! — Ich mag mich nicht in einen neuen Streit einlassen. Ein früherer, in den ich wider Willen mit dem Redakteur Honorius Lorenz in Augsburg gerieth, (Organ des Vereins katholischer Schullehrer in Bayern, 1855, Nr. 9, 10, 13) konnte, trotz der Autoritäten, mit welchen der Verfasser des Artikels gegen mich ins Feld rückte, meinen „protestantischen Standpunkt" nicht im mindesten erschüttern. Auf die Behauptungen von Konvertiten (Gfrörer, Paul Lütkemüller, Nationalzeitung, Jahrg. 1856, Nr. 299, 307) und auf stockprotestantische Schriftsteller (Dr. Mebold) leg' ich jetzt noch weniger Gewicht als damals. Gindely, II., S. 194—95.

sächsischen Stadt nach der anderen und schrieb überall sehr hohe Kriegssteuern aus. Durch solch' ein willkürliches Verfahren fast außer sich gebracht, ersuchte Johann Georg nun den edlen König von Schweden, ihn von diesem argen Feinde so schnell wie möglich zu befreien. Gustav Adolf, jetzt seines früheren Verfahrens eingedenk, stellte ihm Anfangs harte Bedingungen; denn er verlangte nichts weniger, als die Übergabe Wittenbergs, einen dreimonatlichen Sold für seine Truppen, den Kurprinzen als Geisel und die Auslieferung der ihm feindlich gesinnten Räthe im sächsischen Ministerium. Allein später nahm er sie in der Überzeugung, daß Johann Georg es nunmehr treu meine, fast alle zurück. Kurz nachher vereinigten sich die Heere beider Fürsten mit einander. Die Nachricht über Leipzigs Fall, welche noch an demselben Tage eintraf, brachte den Sachsenfürsten so in Harnisch, daß er sich erbot, Tilly allein anzugreifen. „Nein, nein, Herr Kurfürst, die Schweden werden mit euch ziehen!" beruhigte ihn Gustav Adolf. So erfolgte denn zwei Tage später (17. September) die verhängnisvolle Schlacht bei Breitenfeld.[1]) Der zweiundsiebzigjährige Greis, eine hagere, eingeschrumpfte Gestalt, der auf dem hohen Spitzhute eine lange rothe Feder trug, hätte sie gern vermieden; es fehlte ihm seit jenem furchtbaren Brande Magdeburgs das Selbstvertrauen, das jeder Unternehmung eine überlegene Kraft verleiht; dagegen verfolgten ihn gleich Rachegöttinnen Schreckensbilder und schwarze Ahnungen. Nur Pappenheims ungestümer Muth riß ihn fort, so daß er bald darauf die Hände zusammenschlug: „Dieser Mensch wird mich noch um Ehre und Reputation und den Kaiser um Land und Leute bringen!" Nachdem er sein Heer, 21000 Mann zu Fuß und 11000 zu Roß, unweit Leipzig aufgestellt hatte, bestieg er in einer kurzen aufgeschlitzten Jacke von grünem Atlaß seinen Schimmel und erwartete still und in sich gekehrt die fast ebenso starke — 7000 schwedische und 4000 sächsische Reiter, sowie 8000 resp. 11000 Fußgänger — feindliche Macht. Sein Feldgeschrei war: Jesus Maria!

Gustav Adolf, der einen grauen Überrock und einen weißen Hut trug, ritt, ehe der heiße Kampf begann, vor den Seinen auf und nieder, redete sie bald ernst, bald freundlich an und fragte sie, ob sie auch entschlossen wären, alle Mühseligkeiten des heutigen Tages mit ihm zu theilen. Ein einstimmiges Ja und der Jubelruf: „es

[1]) Gindely, II., Seite 214—17. Geschichte des Kriegswesens, IV., Seite 185—210.

lebe der König!“ war die unzweideutige Antwort. Dann gab er das Feldgeschrei: Gott mit uns! — Um die Mittagszeit ließen die beiden großen Feldherren das schwere Geschütz gegen einander spielen. Da den Schweden der Staub und Pulverdampf in die Augen kam, so versuchte der König eine Schwenkung, die ihm auch gelang. Nun ging Tilly auf das Mitteltreffen der feindlichen Armee los, wandte sich aber, von der Artillerie übel empfangen, gegen die Sachsen und jagte diese nach einem geringen Widerstande in die Flucht. Weniger glücklich als er war Pappenheim. Sieben Mal hieb der berühmte Reiteranführer in den rechten schwedischen Flügel ein, den der König und der General Baner gemeinschaftlich befehligten, und doch vermochte er nicht die Mauer, welche ihm die nordischen Löwen entgegenstellten, zu durchbrechen. Ebenso tapfer stritt unter Gustav Horn der linke schwedische Flügel. Endlich marschirte der König, der nach Pappenheims Niederlage keinen Feind mehr hinter sich hatte, gegen diejenigen Anhöhen, auf welchen Tillys schweres Geschütz stand, nahm sie und entschied dadurch den Ausgang der Schlacht. Der größte Schrecken bemächtigte sich jetzt des ligischen Heeres. Nur fünf Regimenter Wallonen, lauter ergraute Häupter, die noch niemals einen Wahlplatz fliehend verlassen hatten, fochten noch fort, und zwar mit einer Ausdauer und Tapferkeit, die allein der Tod belohnen konnte. Selbst Tilly gerieth in die äußerste Lebensgefahr. Ein schwedischer Rittmeister, gewöhnlich „der lange Fritz“ genannt, war nämlich nahe daran, ihn, der zuletzt wie ein gemeiner Krieger gekämpft hatte, zu Boden zu strecken, als er selbst, von den Begleitern des Herzogs Rudolf von Sachsen-Lauenburg durch die Ohren geschossen, todt vom Pferde stürzte. Wol nie hatten die Schweden einen so glänzenden, vollständigen Sieg erfochten; denn die Feinde ließen ihnen gegen 100 Fahnen und Standarten, beinahe ihr ganzes Geschütz und sämmtliche Gegenstände ihres Lagers zurück. Todte zählten Schweden etwa ein, die Sachsen zwei und die Kaiserlichen sechs Tausend Mann. Noch auf dem Schlachtfelde dankte der fromme Monarch Gott für den herrlichen Ausgang des blutigen Kampfes. Nun erst erhoben die Evangelischen ihr Haupt, nahmen den Befreier Deutschlands, den „Jüngling von Mitternacht“ mit offenen Armen auf, und hofften zuversichtlich, die Katholiken bald in der Lage zu sehen, wie sie nach der Schlacht bei Prag gewesen waren.

Der karg zugemessene Raum verbietet, den Sieger auf seinem Zuge durch Thüringen und Franken nach Bayern zu begleiten. Nur Einiges sei hervorgehoben.

In Würzburg befahl er, die werthvolle Büchersammlung der Jesuiten einzupacken und an die Universität in Upsala zu befördern. Er übte nur das Vergeltungsrecht; denn 1622 hatte Maximilian von Bayern die Bibliothek in Heidelberg dem Papste geschenkt, „da er in frommer Ergebenheit den Wunsch des Oberhauptes der Kirche erfüllen zu müssen meinte."[1]) — Mit den Worten: „Das Glück ist stets ein Schutzengel der Tapferen", setzte Gustav Adolf am 5. April über den Lech. Tilly, der sein Heer zum Angriffe ordnete, wurde von einer Falkonetkugel über dem Knie tödtlich verwundet. Schon am 25. April 1632 starb er. Augsburg öffnete dem Beschützer der Protestanten bereitwillig seine Thore; er stellte den evangelischen Gottesdienst wieder her. Landshut, wo man einst wehrlose schwedische Gefangene barbarisch verstümmelt hatte, „verdiente für seine Grausamkeit mit Feuer und Schwert vernichtet zu werden"; der Held befleckte jedoch seinen Ruhm nicht; er begnügte sich mit einer Kontribution von 100 000 Thalern. Anfangs äußerte er, Magdeburg und München fangen mit den gleichen Buchstaben an; die bayerische Hauptstadt kam indeß mit 400 000 Thalern Brandschatzung davon. Als einen werthvollen Fund durfte er sicher 140 Kanonen betrachten, in deren Läufen überdies 300 000 Dukaten und viele andere Kostbarkeiten verborgen lagen. Den Baumeister des schönen Schlosses, den Kurfürsten Maximilian, hätte er gern nach Stockholm geschickt; davor mußte sich dieser aber weislich zu hüten. Auf sein Anerbieten, mit Gustav Adolf Frieden zu schließen, erwiderte dieser dem französischen Gesandten: „Ich kenne den Herzog von Bayern wohl und seinen Pfaffenschwarm. Er setzt mir leichtfertiger und betrüglicher Weise an, trägt eine doppelt Kassake und wendet bald das Blaue, bald das Rothe heraus. Wenn man eine Laus loben will, kann man wol zwanzigerlei sagen, was es für ein getreues und den Menschen nützliches Thier sei, welches ihm das böse Blut aus dem Leibe sauge. Allein diesmal soll er mich nicht betrügen, dieweil ich sein falsches Gemüth schon erfahren."

Ferdinand der Zweite mußte Waldstein, den er „ungern und ohne Gutheißen und mit Protestation an allem hieraus entstehenden Unheil vor Gott und der Welt unschuldig zu sein," einst abberufen hatte, das Oberkommando unter schweren Bedingungen („der Kaiser ward zum Knecht, der Knecht zum Herrn")[2]) wieder

[1]) K. A. Menzel, VII., Seite 85.

[2]) Der schwedische Geschichtsschreiber Chemnitz.

anvertrauen. „Das Auge Deutschlands“, wie Gustav Adolf die blühende Stadt Nürnberg gewöhnlich zu nennen pflegte, suchte er gegen die Verwüstungen der kaiserlichen Truppen zu sichern; er zog dort all' seine Streitkräfte zusammen. Der Sturm auf das stark befestigte Lager des Friedländers[1]) mißglückte jedoch. Zum Hunger, der ohnehin „des Teufels General“ ist, gesellten sich noch Krankheiten. Er gab seinen Plan auf und wandte sich der Donau zu. Die Feinde gingen, um den Kurfürsten Johann Georg von den Schweden zu trennen, nach dem wehrlosen Sachsen. Gustav Adolf folgte ihnen ohne Zögern. Wie vor einem Jahre empfing ihn das Volk auch wieder als seinen Retter und erwies ihm fast göttliche Ehre. Letzteres ergriff sein Gemüth aufs tiefste, so daß er (1. November) in Naumburg äußerte: „Wie leicht könnte uns der Herr um der Thorheit dieser Menschen willen strafen; doch er wird nicht zugeben, daß das angefangene gute Werk, die Befreiung seiner wahren Kinder von der Knechtschaft, unvollendet bleibe!“ — Dem Rathe in Erfurt empfahl er seine innigst geliebte Gemahlin Marie Eleonore. „Gott wird mit Dir sein, sprach er zu ihr beim Abschiede, und wenn wir in diesem Leben uns nicht mehr sehen, so werden wir doch im künftigen ewigen Leben einander wieder finden.“ Seine trüben Ahnungen erfüllten sich leider am 6. (16.) November 1632. bei Lützen.[2]) Nach mehrstündiger Berathung ordnete er hier mit dem frühen Morgen die Schlacht. Weil „Gott sein Harnisch“ sei, vermied er es, sich durch einen solchen zu schützen; er trug nur einen Koller von Elenfell. Auf seinem weißen Leibrosse ritt er die Reihen seiner muthigen Krieger entlang. Zuerst redete er die Schweden und Finnen an: „Ihr redlichen Brüder und Landsleute, haltet euch heute wohl, wie es tapferen Soldaten gebührt, stehet fest bei einander und fechtet ritterlich für euren Gott, für euer Vaterland, für euren König! Werdet ihr Solches thun, so werdet ihr von Gott und der Welt Gnade und Ehre haben, und ich will es euch redlich lohnen; werdet ihrs aber nicht thun, so schwör' ich, daß eures Gebeins nicht soll wieder nach Schweden kommen. Doch ich sehe an euren freudigen Geberden, daß ihr eher mit mir in den Tod gehen und männlich zu sterben, als dem Feinde den Rücken zu kehren und schändlich zu leben, entschlossen seid.“ Vor den deutschen Regimentern haltend, sprach er folgende Worte: „Ihr, meine redlichen Brüder und Kameraden,

[1]) Vergl. Gindely, II., Seite 263—64.
[2]) Plan bei Gindely, II., Seite 272—73.

ich bitte und ermahne euch bei eurem christlichen Gewissen, eigener Ehre, auch zeitlicher und ewiger Wohlfahrt, thut eure Schuldigkeit, wie ihr sie schon oft und noch vor einem Jahre nicht fern von diesem Orte bei mir gethan habt! Wie ihr damals dem alten Tilly und dessen sieghafter Armee einen herrlichen Sieg durch göttlichen Beistand abgedrungen, so zweifelt nur nicht, der heute uns gegenüberstehende Feind wird keinen bessern Markt haben. Ich will selbst euch vorangehen, euch den Weg zum Siege zeigen und mein Leib und Leben gleich wie ihr daransetzen. Werdet ihr fest bei mir stehen, wie ich in euch das gewisse Vertrauen setze, so wird uns der ewige Gott hoffentlich den Sieg verleihen und ihr sowol, als eure Nachkommen, dessen zu genießen haben; wo nicht, so ist es um eure Religion, Freiheit, Leib und Leben, zeitliche und ewige Wohlfahrt geschehen." – Nun ertheilte er ihnen denselben Schlachtruf wie bei Breitenfeld: „Gott mit uns!" Die Trompeter bliesen den Choral: „Ein' feste Burg ist unser Gott", und die deutschen Regimenter sangen: „Verzage nicht, du Häuflein klein, obgleich die Feinde willens sein, dich gänzlich zu vernichten."[1]) Als sich nach 10 Uhr der Nebel verzog, rief er: „Nun wollen wir in Gottes Namen dran! Jesu, Jesu, Jesu, lass' uns heute zur Ehre deines heiligen Namens streiten! Vorwärts!" — Im Laufe des heißen Kampfes — es war etwa Mittags 1 Uhr — drang er an der Spitze des Steenbock'schen Reiterregiments gegen den Feind vor; seine Kurzsichtigkeit führte ihn aber zu weit. Das Pferd erhielt einen Schuß; ein zweiter zerschmetterte ihm selbst das linke Armbein; ein dritter, abgefeuert von dem kaiserlichen Offiziere von Falkenberg, einem Bruder des Magdeburger Kommandanten, traf ihn, als der Herzog Franz von Sachsen-Lauenburg den schwer Verwundeten aus dem Gefechte bringen wollte, in den Rücken. Von seinen Begleitern verlassen, hatte der König nur noch eine schwache Stütze an dem Pagen August von Leubelfing. Endlich schossen kaiserliche Kürassiere, erzürnt, weil beide nicht sagen wollten, wer sie wären, den Fürsten durch den Kopf. Pappenheim, der mit acht frischen Kavallerieregimentern heransprengte, fragte sofort: wo kommandirt der König? Er suchte einen Todten und ward selbst eine Beute des schwarzen Fürsten. Leubelfing starb nach fünf Tagen. Unter Bernhards von Weimar umsichtiger Leitung

[1]) Dieser „Schwanengesang" ward nicht vom Könige selbst, sondern von dem „andächtigen, exemplarischen und geistreichen Prediger" Magister Johann Michael Altenburg gedichtet. Koch, II., Seite 115.

errang das schwedische Heer den Sieg. Gustav Adolf fand einen Tod, wie ihn der größte Feldherr dem längsten Leben vorziehen würde.[1])

In neuerer Zeit zeigte sich auch bei seiner Beurtheilung wieder: „Es liebt die Welt das Strahlende zu schwärzen und das Erhab'ne in den Staub zu ziehn." Die protestantisch-theologischen Geschichtsschreiber, behauptet man, haben ihn zu einem Glaubenshelden zurecht gefabelt, und sie nähren in dessen Namen eine Spannung zwischen den deutschen Konfessionen, über die der wahre Demokrat ebensoweit hinaus sein sollte, wie der wahre Staatsmann. Den „Löwen des Nordens" trieb Ländergier. Gleichgültig hatte er dem Kampfe in Deutschland zugesehen, so lange eine kräftige Hülfe ganz Deutschland hätte protestantisch machen können. Als aber der Bürgerkrieg erloschen und der deutsche Kaiser, vielleicht zum ersten Male seit Heinrich dem Dritten, in der Lage war, die organisirte Anarchie der Fürsten in eine Reichseinheit zu zwingen, da fachte er die Flammen wieder an als Helfershelfer des Hugenottenfressenden Kardinals Richelieu, der an unsern Westgrenzen schnupperte und wie Ranke nachgewiesen hat, als Werkzeug des Papstes, der vor der Einheit Deutschlands, auch unter einem guten Katholiken, zitterte. Pommern, sagte Oxenstjerna (sprich: Oksenschärna!) 1644 im Rathe zu Stockholm, und die Seeküste sind gleich einer Bastion für die Krone Schweden und besteht darin unsere Sicherheit gegen den Kaiser, und war die vornehmste Ursache, welche Seine Selige Majestät in die Waffen brachte.[2]) — Dagegen bemerkt Professor Ludwig Flathe:[3]) „Fürwahr, weder Unehre noch Unglück für Deutschland ist darin zu sehen, wenn ein ursprünglich schwedischer, aber doch germanischer Stamm, der noch obenein bald ein reindeutscher geworden, auf den kaiserlichen Thron sich verpflanzt hätte. „Es ist, soweit menschliche Vorausrechnung hier überhaupt gehen kann, nur zu vermuthen, daß das Gegentheil von Unglück eingetreten. Statt des elenden deutschen Reiches, das nach dem westfälischen Frieden ein Hohn, ein Spott und eine Beute der Fremden dasteht, würden wir durch Gustav Adolf ein starkes und bestimmtes Reich haben entstehen sehen. Deutsche Kraft hätte die schwedische, schwedische die deutsche gestützt und gestärkt."

---

[1]) Johannes von Müller, Sämmtliche Werke V. S. 211.

[2]) Vergl. Dr. Albert Heising, Die Politik Gustav Adolfs in Deutschland. Nationalztg. 1861 Nr. 423.

[3]) Gustav Adolf und der 30jährige Krieg, S. 874.

Die Nachricht über Gustavs Tod verursachte bei den Evangelischen eine allgemeine Bestürzung. In Madrid wurde zwölf Tage lang ein Drama gegeben, das dieses Ereignis in 24 Akten darstellte. Wer es nicht anhörte, galt als ein Feind des österreichischen Hauses! Sehr gemäßigt zeigte sich der Kaiser Ferdinand. „Gern hätt' ich, sprach er, dem Könige ein längeres Leben und fröhliche Rückkehr in sein Reich gegönnt, wenn nur Friede in Deutschland geworden wäre. Lasset uns in Demuth gehen und Gott auch ferner unsere Sachen empfehlen!"

Wenden wir uns nun zu den Kriegsunfällen im Lande Sternberg, über welche der Prediger Bruchmann in seiner Göritzer Chronik berichtet! Er gibt leider nicht immer Zahlen an, „weil den Leuten Solches unbewußt und sie die Jahre nicht so eigen und genau haben in Acht genommen."

In Stenzig und anderen Dörfern lagerte das Bernstein'sche Regiment. Es wollte sich gern in Göritz einlogiren; deshalb präsentirte sich eine Partei nach der anderen vor dem Städtlein. Man ließ aber keine hinein, sondern wies sie im Guten ab. Darüber kommt das ganze Regiment angezogen, legt sich des Abends ein und begibt sich des Morgens wieder von dannen, nimmt aber alle Pferde mit, auch Kleider und was es sonst erlangen konnte.

Nach diesem hat Peter Loyse, der Kroatenoberst, mit einer Kompagnie in Göritz, mit einer anderen in Säpzig gelegen.[1]) Unterdeß kommt ein schwedischer Werber, ein Kornet, nach Küstrin; es lassen sich alle jungen Burschen in Göritz von ihm unterhalten und verabreden einen Überfall. Mit der Örtlichkeit wohl bekannt, gehen siebzehn Personen der Angeworbenen, mit Feuerröhren bewaffnet und von dem Kornet angeführt, bei nachtschlafender Zeit nach Göritz, erschlagen die Schildwache, schießen vier Soldaten, die bei Michael Bache Quartier hatten, nieder, tödteten einen Kapitän-Lieutenant, der bei Adam Schade lag, auch zwei andere, plündern sodann den Obersten in der Hofmeisterei gänzlich, verschonen auch die übrigen Offiziere nicht. Reich beladen kehren sie nach Küstrin zurück. Unweit der Stadt fordert der Kornet die Burschen auf, ihre Beute vorzulegen, damit sie ordnungsmäßig getheilt werden könne; denn gleiche Brüder, gleiche Kappen! Was geschah aber? Er eignete sich das Meiste selbst zu und gab dem einen oder dem andern, was er wollte: sechs bis

[1]) Dieser Unfall gehört jedenfalls in das Jahr 1631; denn am 11. Juni schlossen Gustav Adolf und Georg Wilhelm einen Vertrag.

sieben Thaler! Der Oberst Loyse schätzte seinen Schaden über 5000 und forderte von den Bürgern Ersatz. Da diese aber keine Schuld trugen, so blieb auch seine Klage bei dem Hauptmanne in Lebus erfolglos.

Nachdem Waldstein am 11. Oktober 1633 bei Steinau an der Oder trotz der tapferen Gegenwehr des brandenburgischen Obersten von Burgsdorf den Grafen Thurn[1]) besiegt hatte, überschwemmte er die Niederlausitz, zog in Frankfurt ein, vermehrte die dortige Besatzung, streifte verwüstend durch die Mark bis vor Berlin und an die pommersche Grenze. Da indeß Bernhard von Weimar in Bayern Fortschritte machte, auch die kaiserlichen Staaten bedrohte, so hielt es der Friedländer für gerathen, sich nach Böhmen zu wenden. Der sächsische General Hans Georg von Arnim glaubte, er könne sich nunmehr Frankfurts, wo Manteuffel und Funck kommandirten, durch einen Handstreich bemächtigen. Es mißlang; der grimmigen Kälte wegen mußte er auch die Belagerung aufgeben. Weil die Einwohner angeblich den sächsischen Truppen Vorschub geleistet, ließ Manteuffel einen Theil von Tzschetzschnow, Kliestow und Booßen niederbrennen. Arnim stattete auch Göritz einen kurzen Besuch ab. Bei hellem Tage ging er mit 1500 Mann über das feste Eis der Oder. Die schwache Besatzung des Städtchens, 21 Reiter, flüchtete rechtzeitig und nur zwei fielen dem Feinde in die Hände. Bei Trettin machten sie Halt. Dies veranlaßte Arnim zur Rückkehr. Nach Göritz kamen nun drei Regimenter von den Völkern des Rudolf von Colloredo und des Grafen Sparr. Sie bemächtigten sich der Kirche, verschanzten sie und verbrannten in derselben Stühle, Bänke, Dielen 2c., leerten die Scheunen und verzehrten Alles, was frühere Raubscharen noch übrig gelassen hatten.

Nach diesem, berichtet Bruchmann weiter, ist Graf Peter Götze ins Land gekommen mit seinen Völkern, unter diesen auch (der Rittmeister von) Vorhauer. Bei Reitwein wollte der Kurfürst die Truppen besichtigen. Es fiel aber unverhofft Frost ein, so daß es seiner Seits unterblieb. Dem erhaltenen Auftrage gemäß ließ Götze Vorhauers Regiment bei Göritz die Revue passiren. Gern hätte der genannte Rittmeister es sich in der Stadt bequem gemacht; der Graf widersprach jedoch. Er

[1]) Gefangen genommen, wurde Thurn zum Ärger des Wiener Hofes wieder freigegeben; Denn Waldstein meinte: Im Felde nütze dieser Mann ihm mehr, als im Gefängnisse. Vergl. Gindely III. S. 17!

stellte sich nun, als wolle er weiter ziehen, kehrte aber, als er sicher zu sein glaubte, wieder um, logirte sich mit Gewalt ein, plünderte alle Scheunen, schlachtete das Vieh und stürzte den ohnehin armen Ort noch tiefer ins Elend.

Am 25. Februar 1634 endete Waldstein in Eger, und zwar durch Meuchelmord. Der Kaiser mag denselben nicht ausdrücklich befohlen haben; er billigte denselben aber und belohnte die Schelme reichlich. Mehr werd' ich über diese Katastrophe weiter unten bei dem Feldmarschalle Ilow mittheilen. Hier stehe nur ein charakteristisches Wort von Schiller: Der Friedländer fiel nicht als Rebell, sondern er rebellirte, weil er fiel.[1])

Während unter den meisten kaiserlichen Offizieren über den unerwarteten, wenn auch von anderer Seite schon längst geplanten Tod ihres bisherigen Oberfeldherrn die größte Bestürzung herrschte, griffen die Schweden unter dem Obersten Lesle und dem Grafen von Eberstein Landsberg an. Der Kommandant Graf Schlick mußte sich unter jeder Bedingung ergeben (25. März). Einzelne Abtheilungen des Belagerungskorps streiften ins Sternbergsche und verjagten die zerstreuten kaiserlichen Scharen. Mit den Schweden vereinigten sich brandenburgische Truppen unter dem Obersten von Burgsdorf. Es glückte ihnen, zwischen Frankfurt und Krossen den kaiserlichen Obersten Winsen aufzuheben. Auf demselben Wege erbeutete der Oberst von Vorhauer circa 140 Wagen, deren Bedeckung, 80 Kroaten, offenbar zu schwach war. Den Werth der Ladung berechnete man (vielleicht übertrieben) auf eine Tonne Goldes oder 100000 Thaler. Frankfurt blieb noch in den Händen der Kaiserlichen, die wiederholt mit Brand drohten. Zur Rettung erschien am 15. Mai Georg Wilhelm. Die mit ihm vereinigten Schweden (zehn Reiter- und zwölf Infanterieregimenter) befehligte der General Bauer. Das Gesammtheer betrug etwa 20000. Wenngleich die Besatzung der Stadt unter Manteuffel und Funck nur 1600 Mann zählte, schlug sie doch zwei Stürme tapfer ab und kapitulirte erst am 23. Mai (Abends vor Himmelfahrt) unter ehrenvollen Bedingungen.[2]) Die Verbündeten büßten über 300 Mann ein. Dem Kurfürsten, der sich dem heftigsten Feuer aussetzte, flog eine zehnpfündige Kanonenkugel dicht über dem Kopfe weg. Frankfurt fanden die Sieger wie ausgestorben. Schon in einer Antwort auf eine wiederholte bewegliche Bitte

[1]) Band 15, S. 256—257.

[2]) Spieker S. 197.

vom 19. Dezember 1633 sagte Georg Wilhelm: „Wir beklagen euren elenden und beschwerlichen Zustand von Herzen, hatten zwar mit euch gehofft, es werde Gott dem Allmächtigen gefallen haben, durch den versuchten Angriff unsere Stadt Frankfurt in unsere Gewalt zu bekommen, euch also wieder in das Eurige zu setzen und mit friedlichem Genießen dadurch zu erfreuen. Alldieweil es aber seiner göttlichen Allmacht auf diesmal noch nicht beliebet, die scharfe Strafe von unserm Lande abzuziehen, so müssen wir Solches seinem allmächtigen Willen heimgestellt sein lassen und dies Alles mit christlicher Geduld ertragen. Inmittelst aber wollen wir nicht unterlassen, mit allem Fleiße darauf bedacht zu sein, wie wir zur Räumung des Feindes aus unsern Landen gelangen mögen. Dabei aber insonderheit in Acht nehmen, daß die besorgte Anzündung der Stadt Frankfurt, davon ihr uns unterthänigsten Bericht thut, abgewendet und verhütet werde. Daß ihr sonst unterthänig ersuchet, wir möchten euch bei eurem betrübten Zustande noch weiter eine Zeitlang in unserer Feste Küstrin dulden, so bewilligen wir Solches gnädigst, wollen auch desfalls an unsern Obersten Befehl ergehen lassen.“ [1])

In Krossen lagen 800 Kaiserliche unter Maximilian von Steyken. Behufs der besseren Vertheidigung hatten sie einen großen Theil des Dorfes Berg, die St. Andreas- und die Fischerkirche niedergebrannt. Baner sandte den Obersten Drammont mit schwedischen und brandenburgischen Truppen gegen die Stadt. Nach einer Belagerung von acht Tagen ergab sich die Besatzung (2. Juni) unter der Bedingung des freien Abzuges mit weißen Stäben. Alle Waffen und sonstigen Kriegsgeräthe mußte sie nämlich zurücklassen; nur dem Kommandanten und seinen Hauptleuten verblieb so viel Bagage, als jeder auf einem Wagen fortzuschaffen vermochte. Gezwungen traten die Unteroffiziere und Gemeinen in schwedische Dienste.

Dem Kanzler Axel Oxenstjerna, als Staatsmann und Feldherr so umsichtig, daß ihn der verständige Papst Urban der Achte als ein Wesen höherer Art betrachtet haben soll, war es allerdings gelungen, mit den vier oberen Reichskreisen, dem fränkischen, schwäbischen und den beiden rheinischen, am 13. April 1633 den Vertrag zu Heilbronn abzuschließen, nach welchem ihm die Leitung der Kriegsangelegenheiten zustand; allein der widerharige Kurfürst Johann Georg bereitete ihm sehr viel

[1]) Spieker S. 194—195.

Schwierigkeiten. Gleichsam zum Danke dafür, daß die Schweden ihr Blut und ihren König auf den Schlachtfeldern in Sachsen geopfert hatten, war er allen Ernstes geneigt, mit dem Kaiser Frieden zu schließen. Nach der Schlacht bei Nördlingen (27. August alten, 6. September neuen Styls 1634)[1]) reifte jener Entschluß immer mehr. Hier erlebte Bernhard von Weimar, der sehr ungestüm mit 25 000 Mann unter Gallas angriff, den größten Schmerz, nicht blos gänzlich geschlagen zu werden, sondern auch den anderen Feldherrn in den Händen der Feinde zu sehen. Er selbst entkam nur dadurch, daß ihm statt seines schon ermüdeten Pferdes ein rüstigeres von einem Hauptmanne des Taupadelschen Dragonerregiments überlassen wurde. Von seiner Habe rettete er blos die Kleider, welche er trug; denn das gesammte Gepäck der Schweden, aus 4000 Wagen bestehend, gerieth mit 300 Fahnen, 80 Kanonen und aller Munition in die Hände des Feindes. Bernhards Papiere wurden zu Nerresheim von seinem Adjutanten Christoph von der Grün verbrannt, der auch von seinem Eigenthum zwei große Diamanten rettete. Als er am Abende einige Flüchtlinge um sich gesammelt hatte, klagte er wie ein Verzweifelter: „Ich, der unverständige Krieger, stehe hier, wo aber ist der weise Horn, der tapfere Feldmarschall? Ach, gefangen ist er, und ich bin beschimpft durch den Ausgang!" Die Schlacht kostete ihm überdies sein erst vor kurzem erobertes Herzogthum.

Johann Georg, der sich bereits mit dem Kaiser über einen Waffenstillstand (am 25. November 1634) zu Pirna insgeheim geeinigt hatte, schloß am 30. Mai 1635 den Frieden zu Prag.[2]) Er sollte ein allgemeiner sein; es traten demselben aber nur Wenige bei. Zu diesen gehörte auch der Kurfürst von Brandenburg (27. August). Mit vollem Rechte warf Oxenstjerna den Sachsen Treulosigkeit, sowie Bruch heiliger Versprechungen und der eingegangenen Verpflichtungen gegen Schweden vor (Schreiben aus Magdeburg vom 6. Juli 1635). Georg Wilhelm könnte eher Entschuldigung verdienen. Aus Geldnoth wollte er schon im Januar seine wenigen Truppen vermindern; denn die Kreise Sternberg, Krossen, Züllichau und Lebus, die 1633 200 000 und im nächsten Jahre 171 000 Thaler bewilligt hatten, waren so ausgesaugt, daß sie gar keine Steuern bezahlen konnten.

[1]) Gindely, III., Seite 40.

[2]) Der Hofprediger Hoë von Hohenegg, der auf den Kurfürsten einwirkte, erhielt 10 000 Thaler von Österreich. Ersch und Gruber, II., Bd. 9, S. 218.

Auch Schweden, hart mitgenommen, wünschte den Frieden. Johann Georg, der denselben vermitteln sollte, verlangte aber die Räumung Deutschlands bis auf Stralsund, und vom Kaiser erhielt Oxenstjerna nicht einmal eine Antwort. Trotzdem ließ der große geniale Mann, unterstützt von dem kriegerischen Talente Baners, den Muth nicht sinken. Bernhard von Weimar hielt in Süddeutschland das Feld; Leonhard Torstenson und General Wrangel erschienen aus Preußen mit Verstärkung. Baner schlug am 24. September 1636 die verbündeten Sachsen und Kaiserlichen bei Wittstock[1]) gewaltig aufs Haupt. Die Schweden rückten vor Berlin und forderten von den Ständen der Mittelmark 30 000 Thaler. Alle Vorstellungen des Statthalters, Markgrafen Sigismund (der Kurfürst war nach der Festung Peitz geflüchtet) blieben erfolglos; man mußte dem Feinde jene Summe theils baar entrichten, theils in Geschmeiden, Gold- und Silbergeschirr abtragen; außerdem erpreßte er, weil sich Georg Wilhelm weigerte, ihm Küstrin einzuräumen, viele Lieferungen an Lebensmitteln und Kleidungsstücken für das Heer. Die Pest, welche seit mehreren Jahren in Berlin gewaltig wüthete und eine so große Zahl von Einwohnern wegraffte, so daß bald über 150 Häuser leer standen, steigerte die Noth erheblich. Die Altmark wurde durch sie und durch die fortgesetzten Plünderungen der beutegierigen Söldner aufs ärgste ausgesaugt. Viele Dörfer lagen wüst; Städte standen leer; häufig blieben die Todten unbeerdigt; man gab sie den Hunden preis.

Am 10. März 1637 starb der Herzog Bogislav der Vierzehnte von Pommern. Der schwedische Gesandte Steno Bielke erklärte den Ständen, er könne nicht zugeben, daß Brandenburg sich jetzt in die Regierung des Landes mische. Einem Trompeter, der Patente von Georg Wilhelm, in welchem dieser die Huldigung forderte, überbrachte, drohte er, dieselben auf den Kopf nageln zu lassen; der zweideutige General Arnim, der jetzt auf seinem Erbgute Boitzenburg in der Uckermark lebte, wurde überfallen, aufgehoben und nach Stockholm geführt. Im folgenden Jahre entkam er indeß durch List und trat bald als Generallieutenant in kaiserliche und sächsische Dienste. Im Begriff, eine neue Armee zu entrichten, starb er am 18. April 1641 unvermählt in Dresden.[2]) Nach längerem Streite über die Regierung erhielt

---

[1]) Gindely, III., Seite 84.

[2]) Generallieutenant war damals mehr als Feldmarschall. Johann Georg von Arnim, 1581 in Boitzenburg geboren, vereinigte zwar in sich die Talente eines Feldherrn und Diplomaten,

Baner (April 1638) das Direktorium in Pommern; Johann Liliehök und Axel Lilie amtirten als Unterstatthalter.

Schon vor Bogislav, am 15. Februar, starb der Kaiser Ferdinand der Zweite. Sein gleichnamiger Sohn und Nachfolger, der Dritte, am 22. Dezember 1636 zum römischen Könige gewählt, stand ganz unter dem Einflusse des Beichtvaters Lamormain. Kein Wunder, wenn er öfter mündlich und schriftlich erklärte: „daß er eher der Krone entsagen, eher von Wasser und Brot leben, mit Weib und Kindern am Stabe ins Elend gehen, vor den Thüren betteln und sich in Stücke zerreißen lassen wolle, ehe er eine Gelegenheit, seine Religion zu erweitern, ungenutzt vorübergehen und die ketzerische zum Nachtheile der Katholiken in seinem Lande aufkommen lassen wolle." —

Anno 1637, erzählt Bruchmann, hat sich Harald Stark, ein schwedischer Oberst, in Sonnenburg mit einem Regimente einlogirt von stattlichem Volk und zwei Kompagnien hierher nach Göritz verlegt. Darauf sind die Brandenburgischen eingefallen, haben sie geschlagen und bis hinter Tschernow an das Sonnenburger Fließ getrieben. In Folge dieses blutigen Scharmützels lagen von Göritz bis an das genannte Fließ zahlreiche Leichen, die man hinter Tschernow so oberflächlich begrub, daß viele von Wölfen und Hunden wieder ausgescharrt und verzehrt wurden. — In diesem Gefechte nahm Stark zwar den Obersten Moritz von Rochow sammt zweihundert Mann gefangen; Hermann von Goldacker bereitete ihm aber das gleiche Loos.

„Dies geschah am 17. März, am Tage Gertrud, darüber dieses Städtlein von den Goldacker'schen ganz und gar ist ausgeplündert und preis gemacht worden." Bald darauf erfolgte die Auswechslung der Gefangenen.

Georg Wilhelm konnte seine Rechte auf Pommern gegen die Schweden nicht zur Geltung bringen; er schloß sich deshalb Ferdinand dem Dritten eng an. Den 12. Juni 1637 kam mit diesem durch den Rath Blumenthal ein Alliancevertrag zu Stande. Nach demselben sollte er 6000 Mann zu Fuß und 1000 Mann zu Roß

---

stand aber, besonders bei der schwedischen Partei, in dem Verdachte der Unredlichkeit. Heinrich v. Bülow (Gustav Adolf in Deutschland, kritische Geschichte seiner Feldzüge, I., S. 160) hält ihn, der äußerlich immer als eifriger Protestant auftrat, für einen heimlichen Jesuiten. List und Betrug sei der Zweck all' seiner Handlungen. Richelieu sagte bei der Nachricht von Arnims Tode: Der Welt sei der allerfeinste und zu Staatsgeschäften fähigste Kardinal geraubt, welchen der Stuhl zu Rom jemals hätte machen können.

anwerben, die, wenngleich in des Kaisers und des Reiches Pflicht genommen, unter seinem Oberbefehle stünden. Der neue Bundesgenosse versprach zu dem bezeichneten Zwecke 52000 Thaler baar und 2000 Musketen.

Die brandenburgischen Obersten Burgsdorf, Goldacker, Kracht, Rochow und mehrere Andere warben die neuen (kaiserlichen) Regimenter und bezogen, wenigstens zum Theil, doppelte Besoldungen. Außerdem machten sie sich, was damals freilich überall vorkam, großer Unterschleife schuldig. Bei der Musterung stellten sie zum Scheine Bauern, Hirten 2c. ein, die sie nachher wieder laufen ließen.

Anno 1637, erzählt Bruchmann ferner, kam Baner auf den Johannistag mit seiner ganzen Armee heruntergezogen und ging (23. Juni) bei Fürstenberg durch die Oder auf Landsberg zu. In Sonnenburg ward die Kirche geplündert, auch mußte sonst Alles in dem Städtlein herhalten. Auf der anderen Seite kam die kaiserliche Armee, welche das gleiche Ziel verfolgte. Sie zählte in die 100 000 Mann,[1]) so daß eine solche nicht bald gesehen worden. Baner getraute sich nicht, sie anzugreifen, und die Feinde (unter dem General Marozini) glaubten, ihn nunmehr ganz und gar im Sacke zu haben, daß er ihnen nicht entrinnen könne. Durch eine List rettete er sich. Er ließ das Gerücht aussprengen, daß er sich nach Polen wenden wolle, und auch wirklich einen Theil seiner Bagage dorthin aufbrechen. In der Dunkelheit der Nacht wendete er sich jedoch wieder nach der Oder und passirte dieselbe an einer seichten Stelle bei Göritz. Nachdem sich sein Heer auf den Buschwiesen gesammelt hatte, befahl er, eine Betstunde zu halten. Alle Trompeter bliesen. Man dankte Gott für die unerwartete Hülfe. Obwol nun, fährt Bruchmann fort, bei diesem großen Durchzuge der Armee Baners unserm Städtlein kein großer Schaden widerfahren, so ist es doch vor- und nachher geschehen. Ein Trupp der Kaiserlichen setzte durch die Oder, plünderte den Pfarrer Johann Appelius, sowie dessen Frau und Kinder, erbrach die Kirche, raubte den Leuten viel Vieh. Reiter ergriffen den Bürgermeister Martin Schmidt und brachten ihn zu Baner. Dieser fragte ihn, ob das ganze kaiserliche Heer durch Küstrin gezogen sei, und als er Dies bestätigte, schenkte ihm der Feldherr einen Dukaten zu Brot, indem er bemerkte, es mangele sicher bei ihm an demselben. Schmidt wurde bis Wriezen mitgenommen. So hatten

[1]) Ist übertrieben, es waren nur ungefähr 30 000. Henning, Seite 119.

die Feinde Baner wol im Sacke; es gelang ihnen aber nicht, wie er scherzend sagte, den Beutel zuzubinden!

Als acht Tage nach Johanni 1638 der brandenburgische Oberst Volkmann nach Schlesien ziehen sollte, machte er des ungestümen Regenwetters wegen drei Tage Halt in Göritz. Es fehlte überall an Vorrath. Viele verließen deshalb ihre Wohnungen. Inzwischen warfen die Soldaten und deren Weiber sich öfter mit Feuerbränden.

Solcher Muthwille war die Ursache, daß die Flammen, welche in Adam Schadens Gehöft ausbrachen, die ganze Häuserreihe bis zur Hofmeisterei abermals in Asche legten.

Nachdem Baner im Juni aus Schweden 14000 Mann Verstärkung erhalten hatte, operirte er zunächst in Pommern, zerstörte die Festung Garz bis auf die Kirche und Schule, drang in Mecklenburg und die Mark ein, plünderte Bernau aufs ärgste, so daß die Einwohner nach Berlin flüchten und dort auf den Gassen liegen mußten, schlug die Sachsen unter Marozini bei Dömitz und jagte Gallas über die Elbe bis an die böhmische Grenze. Auf diesem Rückzuge verübten die Kaiserlichen die schmachvollsten Greuel. In Perleberg, das überdies eine Schutzwache von Gallas hatte, erbrachen sie alle Häuser, Kirchen, selbst Gräber, nothzüchtigten Mädchen von zehn bis zwölf Jahren, sogar an heiliger Stätte, erpreßten durch Martern aller Art Geld. Ein Rittmeister, der an der Eroberung Magdeburgs Theil genommen hatte, gestand, es sei dort nicht so tyrannisch gegen Feinde gehaust worden. Der Hunger nöthigte nicht blos die Bürger, sondern auch die Soldaten zum Genusse der sonst ekelhaften Lebensmittel (Katzen, Mäuse, Ratten, Krähen ꝛc.). Arme Leute holten das Korn jenseit Salzwedels mit Schubkarren und vermischten es behufs der Zubereitung mit Eicheln, Spreu, zerschnittenen Kohlstrünken.[1])

Noch jammervoller gestalteten sich die Verhältnisse 1639 in der Neumark. Der schwedische General Liliehöck, der in Pommern befehligte, sandte den Obersten Niklas Kagge mit 300 Reitern und 500 Mann Fußvolk nach Landsberg, um es zu überrumpeln. Er nahm zwar eine Bergschanze; auch fiel der Hauptmann Klingenberg nebst 40 Mann in seine Hände. Da jedoch der Feind ansehnliche Ver-

[1]) Bekmann, Beschreibung von Brandenburg, Band II., Theil V., Buch I., Seite 246.

stärkung erhielt, so unterblieben weitere Angriffe. In der Mitte des genannten Jahres erschien Liliehöck mit 3300 Mann Infanterie und beinahe 13 Schwadronen Kavallerie. Wenngleich der General, da sein Wagen umstürzte, einen Beinbruch erlitt, so eroberten die Schweden doch am 27. Juli unter dem Obersten Erich Steenbock die Stadt, gewährten dem Oberstlieutenant Knöring und seinen tapferen Kämpfern freien Abzug ohne Fahnen und Waffen, ließen aber, als sie in einer Schanze auch verdeckte Granaten fanden[1], trotz des Vergleichs ihren Zorn, ihre Wuth gegen die Soldaten aus. Gegen 1000 mußten mit dem Leben büßen; der Kommandant erreichte, etwa von 50 Gemeinen begleitet, mit genauer Noth Küstrin. Erst am 17. Juli 1650, also fast zwei Jahre nach dem Abschlusse des westfälischen Friedens, zogen die Schweden aus Landsberg ab.

Nach Frankfurt a. O. kam am 28. Januar 1639 der schwedische Oberst Dargitz und blieb mit seinem Regimente sechs Wochen daselbst. Anfangs August folgten die Obersten Maul und Dewitz, die unterwegs auch Sonnenburg einnahmen und plünderten.[2] Mit diesen vereinigte sich am 26. gen. Monats das Reiterregiment des

---

[1]) Sie glaubten, die Kaiserlichen hätten die Granaten verborgen, um den Schweden zu schaden.

[2]) Oberst Sparr schrieb in Sonnenburg nachstehenden Küchenzettel aus. Für die Kompagnie wöchentlich: 60 Tonnen Bier, 3675 Pfund Fleisch, 542 Scheffel Hafer und 750 Mark (10500 Thlr.) für die Offiziere. Jeder Soldat erhielt nämlich täglich 3 Pfund Fleisch, ebensoviel Brot und 4 Quart Bier. — Ich reihe hier einen Speisezettel Waldsteins an. Täglich mußte für seine Küche geliefert werden: 2 gute Ochsen, 20 Hammel, 10 Heuer, 4 Kälber, 1 gutes Schwein, 2 Seiten Speck, 1 Tonne Butter, 1/4 Tonne ungesalzene Butter, 1/4 Salz, 40 junge, 15 alte Hühner; 4 italienische Hähne, 12 Gänse, 6 Schock frische Eier, 70 Maß Milch, 600 Leiblein Weiß-, 400 Leiblein Roggenbrot, 2 Scheffel Weißmehl, 8 Tonnen gutes Bier, 2 Tonnen Rheinwein für die fürstliche Tafel, 4 Eimer Frankenwein, 2 Eimer Wein-, 1 Eimer Bieressig, 1 Pfund Saffran, 2 Pfd. Pfeffer, 2 Pfd. Ingwer, 1 Pfd. Nägelein, 3 Pfd. Zimmt, 1 Pfd. ganzer Zimmt, 1 Pfd. Muskatbüte, 1/4 Pfd. Muskatnüsse, 20 Pfd. Reis, 10 Pfd. Mandeln, 3 Pfd. Spinellen, 3 Pfd. Mandeln in der Schale, 5 Pfd. Weinbeerlein, 5 Pfd. große Rosinen, 6 Pfd. Prounellen zu Torten, 5 Pfd. Zitronat, 6 Pfd. Oliven, 4 Pfd. Kapern, 10 Pfd. Baumöl, 20 Pfd. weißen, 20 Pfd. Küchenzucker, 6 Pfd. weiße, 6 Pfd. gelbe Wachslichte, 20 Pfd. Unschlittlichte, 10 Pfd. Seife, 2 Pfd. Stärke, 4 Pfd. blaue Stärke, 30 Stück frische Zitronen, 20 Pfd. gesalzene Limonien, 20 Pomeranzen, 20 Tafelpfefferkuchen, 5 Dutzend Nürnberger Lebzelter. Konfekt: 2 Pfd. überzogene Mandeln, 2 Pfd. Nägelein, 2 Pfd. Zitronen, 2 Pfd. Pomeranzen, 2 Pfd. Kümmel, 2 Pfd. überzogenen Ingwer, 2 Pfd. Koriander, 2 Pfd. Zimmt, 2 Pfd. Pistazien, 2 Pfd. Eis u. s. w. An Gartengewächs: Erbsen, Zwiebeln, weiße, gelbe Rüben je 1 Viertel; Petersilie, allerlei Salat, Kirschen, Erdbeeren, Artischocken, Erbsenschoten und sonst noch allerlei Obst. — 2 Wagen Kohlen, Holz nach Nothdurft, Töpfe, soviel von Nöthen. — Schon 1613 wurde Sonnenburg arg von der Pest heimgesucht (von

Generals Wrangel. Am 29. zog die ganze schwedische Armee über Krossen, das sie, weil die brandenburgische Besatzung sich geflüchtet hatte, leicht einnahmen, nach Groß-Glogau. In Schlesien befand sich schon seit dem Mai der General Stolhanß.[1]) Er setzte sich in Niederbeuthen an der Oder fest und eroberte Guhrau, Herrenstadt, Lüben, Parchwitz, Neumarkt, Sagan, Jauer, Löwenberg, Hirschberg. Überall mußten die katholischen Geistlichen weichen; die Protestanten durften wieder ihren Gottesdienst halten, was freilich nur so lange dauerte, bis die Kaiserlichen aufs neue einrückten. Hirschberg, von den letzteren grausam mißhandelt, nahm bereitwillig die Schweden auf und ließ Baners Gemahlin in Leitmeritz Schleier und feine Leinwand als Geschenke überreichen. Dies hinderte Stolhanß freilich nicht, vom Kreise 12000 Thaler zu erheben; jedoch schützte er die Stadt wiederholt gegen die erbitterten Feinde.

Berlin, von seiner schwachen Garnison (400 Mann) verlassen, mußte dem Obersten Erich Steenbock 20000 Thaler zahlen und 300 Pferde stellen. Auf Anordnung des Generals Stolhanß stark befestigt, konnte sich Krossen unter dem Obersten Gunn, einem Schotten, längere Zeit halten.

Bis zum Winter blieb in Frankfurt eine kleine schwedische Besatzung. Seltsamer Weise rückten Brandenburger nicht ein. Somit schutzlos, schilderten die Bürger unterm 9. Oktober 1639 dem Kurfürsten das in ihren Mauern herrschende Elend. „Es sind jetzt, schreiben sie, fünferlei Exekution allhier: der Herr Oberst von Burgsdorf, der Herr Oberstlieutenant von Wallenroth, der Hauptmann von Köckeritz und der Hauptmann Holstens. Etlichen Bürgern haben sie ihre Mäntel genommen, anderen die Büchsen, mit denen sie die Wache beziehen sollen, anderen das Handwerkzeug und das nöthige Hausgeräth, wieder anderen ziehen sie die Betten unterm Leibe weg. Dabei hören wir Nichts als Klagen, wie die Soldaten ihnen die höchste Schmach anthun, ihre Weiber prügeln und ihnen die nichtswürdigsten Schimpfnamen

---

361 Erkrankten starben 331), noch mehr aber vom Juni 1630 bis Juli 1631. Ohne die im Walde und auf den Rhenen Umgekommenen betrug die Zahl der Opfer 516, unter diesen der Diakonus Leske mit 6 und der Oberpfarrer Gloxinus mit 4 Familienmitgliedern. 1643 ist im Kirchenbuche bemerkt: In diesem Jahre haben wir sechs Mal exuliret und aus dem Städtlein wegen größester Kriegsgefahr entweichen müssen. Bei nicht wenigen Todesanzeigen, besonders von Personen aus der Umgegend, wird hinzugefügt: „von denen Soldaten hart geschlagen" und „vor Hunger umgekommen".

[1]) Stenzel, II., S. 523, bemerkt: So schreibt er seinen Namen selbst in vor mir liegenden Briefen.

beilegen. Vielen fehlt das Brot im Hause und sollen doch Andere satt machen. Des Jammerklagens ist so viel, daß es einen Stein erbarmen möchte, und wir nicht wissen, was wir anfangen sollen. An fernere Kriegskontribution ist nicht zu denken."[1]) — Selbstverständlich baten die Bürger um eine Schutzwache. Man konnte oder wollte sie ihnen nicht gewähren. Ohne Mühe vermochte daher am 2. Februar 1640 der schwedische Oberstlieutenant Joachim Radike (Radecke) sich der Stadt zu bemächtigen. Den 14. Juli ließ er an die Thore und die Kirchthüren eine Bekanntmachung anschlagen. Bei Strafe des Hochverrathes und der Konspiration dürfe Niemand Fremde aufnehmen oder einen verdächtigen Briefwechsel führen. Zwei Tage später zeigten sich bei den Ruhnen an 3000 neu angeworbene brandenburgische Truppen mit sechs Geschützen unter den Obersten Moritz August von Rochow, Isaak von Kracht, Volkmann, Georg Friedrich von Trotte, Balthasar von Marwitz und Hermann von Goldacker. Ihren Plan, Frankfurt durch einen Handstreich zu nehmen, vereitelte der tapfere Radecke der beutelustigen Schar. Auch die Bitten der Bürger und der Geistlichen, unter billigen Bedingungen zu kapituliren, änderte seinen Entschluß, sich bis auf den letzten Blutstropfen zu vertheidigen, nicht im mindesten. „Ihr sollt bald erledigt werden, antwortete er den Predigern. Gebt euch zufrieden und betet! Entweder müssen sie mich schlagen, oder ich breche ihnen die Hälse." Ein sicherer Schütze traf den Obersten Günther, der die brandenburgischen Truppen am Oderthore kommandirte. Dadurch entstand natürlich unter diesen Schrecken und Verwirrung. Radecke jagte den Feind in den Strom; viele ertranken; drei ergaben sich als Gefangene. Vom 19. bis 22. Juli beerdigten die Todtengräber 212 Leichen. Günthers Leiche, einstweilen in der Nikolaikirche beigesetzt, wurde mit allen kirchlichen Ehren, Gesang und Gebet nach Küstrin eingeschifft. Auch der schwedische Oberstlieutenant folgte ihr. Um 10 Uhr desselben Tages (18. Juli) sind die Belagerer, erzählt der Pfarrer Heinsius, mit den Stücken wieder ab und nach Küstrin gezogen, mehr nichts als blutige Köpfe geholt und dem Radecke einen Ruhm und stolzen Muth gemacht, wie er denn nach diesem so insolenter et impotenter [maß- und zügellos] regieret, daß er keine Herrschaft mehr geachtet und Jedermann vor ihm sich hat fürchten müssen. Zog auch dem Kurfürsten alle seine Intraden an Zöllen und anderen

[1]) Spieker, Seite 203.

Gefällen ein und steckte es in seinen Beutel. Die umliegenden Städte und Dörfer mußten ihm kontribuiren, oder er ließ ihnen alles Vieh wegnehmen. Er lag im Winckler'schen Hause am Markte — Oderstraße Nr. 34 —. Von der Besatzung [sie betrug angeblich nur 300 Mann] blieben acht Soldaten und ein Weib aus der Stadt, das sich auf der Niederlage nach den Kurfürstlichen hat umsehen wollen. Symbolum der Besatzung ist gewesen: „Gott im Herzen, Feind vor Augen, Schwert in Händen!" und das der Kurfürstlichen: „Hembd und Koller, gib kein Quartier, hau nieder!" — Aus ihren Worten sind sie gerichtet worden.

Erst am 16. Juli 1644, mithin nach vier Jahren fünf Monaten, verließ die schwedische Besatzung Frankfurt. Ohne nähere Angabe der Zeit bemerkt Bruchmann: Der Oberst Radecke war willens, das Städtchen Göritz, das man bei ihm der Überfuhren wegen sehr feindlich angegeben hatte, in Brand zu setzen. Nächst Gott wandte der Pfarrer durch seine Bitten das Unglück ab.

Goldacker kam in das Sternbergische, um die Verbindung von Liliehöck in Landsberg und Stolhanß in Krossen zu unterbrechen. Es glückte ihm zwar, ein feindliches Korps, das sich bei Döbbernitz verschanzt, zu schlagen, allein der Angriff auf das Schloß Lagow, das ein schwedischer Rittmeister besetzt hatte, scheiterte vollständig; er verlor 30 Gemeine und 7 Offiziere. Schon früher ließ jener Königswalde plündern und niederbrennen, soviel nämlich von dem Städtchen noch übrig war; denn in den Jahren 1637—38 hatte hier die Pest schrecklich gewüthet. Auch die alte feste Ritterburg, die auf dem sogenannten weißen Hofe stand, lag in Trümmern.

Am 1. Oktober 1640 suchte eine vierte Feuersbrunst in diesem unseligen Kriege Schwiebus heim. Wahrscheinlich entstand sie durch einen schwedischen Soldaten (den „Leibschützen des Kapitäns Kämpfendorf") in dem Gehöft des Tobias Rößner. In kurzer Zeit lagen 47 Häuser in Asche. „Was für Jammer dadurch angerichtet worden," fügt Knispel[1]) hinzu, „ist leicht zu erachten."

Auch in Berlin herrschte das größte Elend. Der Stadtrath wandte sich darum an den Kronprinzen (der Kurfürst hatte sich 1638 nach Preußen zurückgezogen) und stellte ihm vor: Freund und Feind machten das Land zur Wüste. Viele Offiziere leben herrlich und in Freuden, ohne die Mannschaften, für welche sie den Sold in

[1]) Geschichte der Stadt Schwiebus, Seite 61—62.

großen Summen ziehen, zu halten, während die Gemeinen verhungern oder fortlaufen. Vor den Kurfürstlichen Reitern sei kein Stück Vieh, ja kein Mensch sicher; deshalb kann der Ackerbau nicht betrieben werden; alle Geschäfte, alle Nahrung hören auf. Städte und Dörfer liegen wüst. Auf viele Meilen weit findet man weder Menschen noch Vieh, weder Hund noch Katze. Dennoch werden die Kriegssteuern gewaltsam beigetrieben. Den Bürgern hat man Häuser, Äcker, Gärten, Wiesen und Weinberge genommen und sie den Offizieren gegeben, die von Steuern frei bleiben, wodurch andere Bürger überlastet und genöthigt werden, zu entlaufen. Ganz abgesehen von dem Drucke durch die Schweden hat Berlin allein, ohne Kölln, in drittehalb Jahren für die Kurfürstlichen Völker und den Hofstaat beinahe siebzig Tausend Thaler bezahlt. Die Rathsdörfer sind Aschenhaufen. Beamte, Kirchen- und Schullehrer können nicht besoldet werden. Viele Bürger haben sich beeilt, durch Wasser, Strang oder Messer ihr klägliches Leben zu enden; die übrigen stehen im Begriff, mit Weib und Kind ihre Wohnungen zu verlassen und in das bitterste Elend zu gehen.[1]) Jedenfalls schilderte hier der Stadtrath nur der Wahrheit gemäß; dessenungeachtet trat keine Erleichterung ein.

Die Fürstenschule in Joachimsthal und deren Güter hatten die Kaiserlichen, die Schweden, insbesondere aber zuletzt die Sachsen völlig geplündert. Sie lag wie der Ort selbst wüst. Als Schwarzenberg im Dezember 1640 die brandenburgischen Stände aufforderte, sie wiederherzustellen, betonte er hauptsächlich: Seit langer Zeit hört man fast in keinen Schulen und Gymnasien der Mark weder eines Lehrers noch eines Schülers Stimme. Aus dem Verfall der Schulen sei aber oftmals der Untergang ganzer Königreiche und Fürstenthümer dergestalt erfolgt, daß nicht allein die Form der Regierung gänzlich umgestürzt und die vorige Herrschaft verändert, sondern auch Alles, in Polizei-, Gerichts- und Haushaltungssachen mit eitel Verwirrung und barbarischem Wesen erfüllt worden. — Die Stände sahen dies wol ein; weil aber die Kriegsflamme noch lichterloh brenne, wollten sie erst bessere Zeiten abwarten.[2])

Bernhard von Weimar, als Held besonders nach der Eroberung von Breisach gefeiert, war unter Gebeten am 8. Juli 1639 in Neuburg verschieden.

[1]) König, Berlin, I., Seite 227.

[2]) Cosmar, Schwarzenberg, Seite 360 und Beilagen, Seite 20.

Er selbst glaubte, daß er von Franzosen Gift empfangen habe. Sein Hofprediger sprach diesen Verdacht in der Leichenrede unverhohlen aus, und fast alle Schriftsteller jener Zeit theilen ihn.[1]) Wenn auch in seinem Heere damals eine ansteckende, schnelltödtende Krankheit herrschte, so ist damit noch nicht das Gegentheil klar bewiesen. Bei der Leichenöffnung fand man den ganzen Körper mit schwarzen Flecken bedeckt, am Halse und am Kinn einige theils schwarze, theils feurige Blattern. Hugo Grotius bezeichnet ihn in einem Schreiben an Oxenstjerna als denjenigen, quem prope unum Principis dignum nomine habebat Germania.[2]) Bei Heinrich von Bülow steht Türenne freilich höher: „Weimar führt Krieg wie ein umherschweifender Abenteurer, ohne bleibende Stätte, kein System, nichts Geordnetes, kein Zweck, kein Plan, allenthalben ein Chaos."

Am 1. Dezember 1640 starb, erst 45 Jahre 28 Tage alt, in Königsberg an den Folgen eines Beinschadens, den er zu wenig beachtet hatte, der Kurfürst Georg Wilhelm. Alles Unglück, das während seiner Regierung über Brandenburg hereinbrach, wollen wir nicht allein auf seine Rechnung setzen; doch wäre bei Energie und Selbständigkeit es ihm unstreitig möglich gewesen, sehr viel abzuwenden. Es ist traurig, wenn (um mit den sachsen-altenburgischen Gesandten Thumbshirn zu reden) das Streben der Menschen dem Flattern der Fledermäuse in der Finsternis gleicht!

Am 16. Februar 1620 zu Kölln an der Spree geboren, stand Friedrich Wilhelm (später mit Recht der große Kurfürst genannt) bis in sein fünftes Jahr unter der Leitung seiner Mutter. Dann überwachte Johann von der Borch und seit 1627, da er der Kriegsstürme wegen mit seinen beiden Schwestern in Küstrin weilte, Johann Friedrich Kalchun (Leuchtmar) seine Erziehung. Man legte auf das religiöse Element wol das größte Gewicht; denn Dr. Bergius und Mag. Magirus mußten abwechselnd eine Woche um die andere von Frankfurt nach Küstrin reisen, um Sonntags auf dem Schlosse eine Predigt zu halten. Für seinen Hofstaat war der Prinz auf gewisse Gefälle aus Landsberg angewiesen. Als die Kaiserlichen die Stadt besetzt hatten, richtete er ein Bittschreiben an Waldstein, in dem es u. a. heißt: „Unsers Herrn Vaters ganzes Land ist durch Durchzüge so verderbt, daß kein Ort

[1]) In Häberlins Reichsgeschichte, fortgesetzt von Senkenberg, sind Bd. 27 S. 363, Anmerkung, Zeugnisse von wenigstens zwölf Autoren zusammengestellt.

[2]) Der fast allein in Deutschland des Fürstentitels würdig war.

übrig, der uns Fürsten hätte zu unserm Unterhalte assignirt (überwiesen) werden können, als die ohnehin sehr verringten Gefälle dieses Städtchens." — Sonst als rücksichtslos verschrien, befahl der Friedländer diesmal dem Oberstlieutenant Perusi, sogleich Landsberg zu verlassen.' Der Oheim Gustav Adolf sah Friedrich Wilhelm wahrscheinlich bei seiner Anwesenheit in Berlin (Mai 1631) und gewann den körperlich und geistig frischen Knaben lieb; ja er soll ihm die Hand seiner damals fünfjährigen Tochter Christine zugedacht haben. 1633 stand er in Wolgast an der Leiche des so früh gefallenen Helden. Weilte er auf Schwarzenbergs Veranlassung von 1634 bis 1638 in Holland, so verlor er dadurch nicht das Geringste; im Gegentheil stählte sich hier sein Charakter. In dem prächtigen, üppigen Haag gab er sich nicht, wie sein Urenkel in Dresden, den Ausschweifungen hin. Ein guter Geist trieb ihn zum Prinzen Friedrich Heinrich in das Feldlager vor Breda. „Ich bin es meinen Eltern, meiner Ehre und meinem Lande schuldig!" Dieser klopfte dem braven Vetter auf die Schulter und sagte: „Eine solche Flucht ist heldenmüthiger, als wenn ich Breda eroberte. Ihr habt Das gethan, Ihr werdet mehr thun. Wer sich selbst besiegen kann, der ist zu großen Unternehmungen fähig." Die Prophezeiung erfüllte sich. Aus Holland zurückgekehrt, erkrankte der Kurprinz lebensgefährlich. Daß Schwarzenberg Gift gemischt habe, glauben höchstens Diejenigen, welche noch an der alten lächerlichen Sage, er wollte sich und seinen Sohn (Johann Adolf) auf den brandenburgischen Thron erheben, festhalten. Wieder genesen, reiste Friedrich Wilhelm mit seinem Vater nach Königsberg (August 1638).

Unter den bedenklichsten Verhältnissen trat er die Regierung an. Friedrich der Zweite sagt von ihm: „Herrscher ohne Land, Kurfürst ohne Macht, Erbe ohne Erbtheil." Die Mark war entmarkt; Berlin zählte nur 300 Bürger, die Grafschaft Ruppin (32 Quadratmeilen) 90 verheerte Dörfer; in der Priegnitz (57 Quadratmeilen) lebte blos ein Prediger (zu Plattenburg) der jährlich 4—6 Kinder taufte. Die westlichen Provinzen hielten die Spanier und Holländer besetzt; Preußen, noch am meisten verschont, betrachtete der König von Polen als sein Herzogthum. Dazu kam unter den wenigen Bewohnern Roheit, Laster, Verwilderung. Selbst in den Kirchen traten nach der Predigt Springer, Tänzer, Schauspieler, Fechtmeister, Bären- und Affenführer auf. Merkwürdig sind die Klagen über Modesucht, daß man „alle vier Wochen neue Façons und Muster wähle", deren närrische und seltsame Erfindungen gar nicht zu beschreiben wären, sowie über die Verkehrtheit des weiblichen Geschlechts. „Unsere Weiber, heißt es in einer Schilderung, die der Kanzler von dem Borne dem Kurfürsten entwarf,[1]) können ihren Vorwitz in dieser Vanität (Eitelkeit) nicht genug büßen, sogar, daß sie mit der natürlichen Gestalt und Farbe, die ihnen Gott der Schöpfer gegeben hat, nicht zufrieden sein, sondern, damit sie weißer und schöner angesehen werden mögen, waschen sie sich mit gemischten und wohlriechenden Wassern, schminken und streichen sich an mit Farben, streuen poudre de Cypre[2]) ins Haar und tragen hohe Sturmhauben auf dem Kopfe, nicht anders, als wenn sie Alles, was ihnen vorkommt, niederreißen wollten. Es seien auch unsere Weibsbilder hoc perverso seculo[3]) so delikat und verzärtelt worden, daß sie, zumal Diejenigen, so vor anderen etwas sein wollen, damit sie ihren Wollüsten nicht abbrechen und sich mit keiner Mühe beladen, sondern nur die ganze Zeit zur Pracht und Schmückung ihres Leibes anwenden mögen, es für eine Schande und Unehre achten, die Kinder an ihren eigenen Brüsten (die ihnen doch Gott und die Natur dazu gegeben) zu säugen und mit ihrer eigenen Milch aufzuziehen, sondern dazu oftmals leichtfertige und unzüchtige Bälge mit großen Kosten conduciren (miethen) und denselben die lieben Kinder zu lactiren (säugen) geben, aller natürlichen Liebe und Pflicht vergessend." Ferner klagt der Berichterstatter, „daß sie die Hauswirthschaft vernachlässigten, ihre häusliche Nahrung, worin sie doch von Gott ihren Männern zu Gehülfen gesetzt worden, zurücksetzten, und sich für glücklich schätzten, wenn sie ihre Zeit in Müßigang und Spiel, in Wollust und in Üppigkeit zubringen könnten. Darüber erweckten sie ihren Männern so großes Herzeleid, daß, wenn diese Frieden haben wollten, sie zur Erfüllung ihrer Weiber Begierden und Lüsten alles

[1]) König, Berlin I. S. 231. Die Bemerkung Dr. A. Zimmermanns, Geschichte des brandenburgisch-preußischen Staates S. 185: „Es scheint, als ob dies Bild doch mit etwas grellen Farben dargestellt ist", find' ich nach anderen zuverlässigen Quellen nicht zutreffend. Bald nach dem 30jährigen Kriege, sagt Biedermann S. 27, herrschte die schnödeste Kleiderpracht. Seidene Stoffe trugen selbst Tagelöhner, Knechte und Mägde. Alle Verbote blieben erfolglos. In Leipzig ging man soweit, die Mägde ihrer Tressen, Spitzen, Schleppen ꝛc. wegen auf das Rathhaus zu zitiren und ihnen dort den verbotenen Luxus vom Leibe reißen zu lassen, sodann das gleiche Verfahren bei den Frauen der Handwerker und zuletzt der Kaufleute anzuwenden. Auch Das half Nichts. Selbst Geistliche meinten, man möge es den Armen als Trost lassen.

[2]) Bronzepuder. (?)

[3]) In diesem verdrehten Jahrhundert.

Dasjenige, was sie mit ihrem sauren Schweiß erworben hätten, zu ihrer Pracht und Hoffart anwenden müßten und sich dadurch nebst ihren Kindern in die äußerste Armut stürzten. Aber es geschieht denselbigen nicht Unrecht, nachdem sie sich des Regiments Gewalt und Herrschaft, so ihnen Gott der Allmächtige über die Weiber verliehen, ganz verziehen und sich luxurie et mollitie[1]) den Weibsbildern zu leibeigenen Knechten und Sklaven ergeben, sogar, daß sie auch ohne derselbigen Rath und Konsens nichts thun oder vornehmen dürfen; wie dann, was nicht von den geringsten Korruptelen unsers seculi,[2]) daß den Weibern so große Gewalt und Macht eingeräumet und wider die Gewohnheiten unserer löblichen Voreltern in den Karessen (Schmeicheleien), so heutigen Tages von unsern weiblichen Kourtisanen [Hoffräulein, auch Buhlerinnen] und Kavalieren gebraucht werden, ihnen oftmals den Titul einer Königin und Göttin gegeben, ja Hand und Fuß geküßt wird, welches für eine große Galanterie und Geschicklichkeit gehalten wird."

Bei Friedrich Wilhelms Regierungsantritt waren in Brandenburg Festungen und feste Plätze: Küstrin, Spandau, Driesen, Peitz, Landsberg a. W., Oderberg, Frankfurt, Krossen und Löckenitz. Konrad von Burgsdorf in Küstrin, der schon 1636 dem Kaiser den Eid der Treue verweigerte, hatte inzwischen seine Gesinnung nicht geändert. Dagegen erklärten die Kommandanten Moritz von Rochow in Spandau, Hermann von Goldacker in Peitz, sowie Dietrich von Kracht in Berlin: „Ihre Scharen seien in des Kaisers Namen geworben und führten dessen Fahnen; sie selbst wollten an Kaiserlicher Majestät nicht zu Verräthern werden; bevor sie also der Kaiser ihres Eides nicht entbände, könnten sie, ohne meineidig zu werden, dem Kurfürsten allein nicht zuschwören."

Friedrich Wilhelm theilte nun Ferdinand dem Dritten mit, sein ausgesaugtes Land könne das stehende Heer nicht mehr erhalten; er müsse es deshalb vermindern. Wenn sich auch die Noth nicht leugnen läßt, so war es ihm doch zuvörderst darum zu thun, die unzuverlässigen Befehlshaber zu entlassen. Auf dem Landtage, vom 7. Juni bis 21. Juli, kam es zu folgendem Abschiede: „Es sollen 1. nur 2400 gemeine Knechte gehalten, alle anderen Regimentsstäbe und Kompagnien mit Ausnahme der Gefreiten und sonst Tüchtigen aber eingezogen; 2. nur zwei Kompagnien

[1]) Aus Üppigkeit und Weichlichkeit.

[2]) Verderbnissen unsers Jahrhunderts.

Reiter à 100 Einspännigen im Kurfürstlichen Dienste fortbestehen, alle andern der Kaiserlichen Majestät überwiesen; 3. in jedem Regimente die Oberstlieutenants (ausgenommen bei Burgsdorf), die Profosse, die Wagen- und die Quartiermeister, der Feldscher, Trommelschläger, bei der Kavallerie die Sattler abgeschafft; (der Scharfrichter bleibt auf Kosten der Stände); 4. auf eine Kompagnie a) zu Fuß 129 Knechte, 18 Gefreite, 3 Landspassanten, 1 Pfeifer, 3 Trommelschläger, 3 Korporale, und bei 2 Kompagnien 1 Feldscher, 1 Musterschreiber, 1 Kapitänd'armes 1 Gefreiter und Korporal, 1 Fourier, 3 Sergeanten, 1 Fähnrich, 1 Lieutenant 1 Hauptmann; b) zu Roß 100 Einspännigen, 2 Trompeter, 1 Schmied, 1 Feldscher, 1 Musterschreiber, 1 Quartiermeister, 3 Korporale, 1 Wachtmeister, 1 Kornet, 1 Lieutenant, 1 Rittmeister gerechnet werden. — Nur in den Festungen bleibt Militär; in Kölln und Berlin liegt den Bürgern die Thor- und Schloßwache ob. Die Offiziere erhalten 4 Monate Winter- und 8 Monate Sommersold, die gemeinen Knechte aber 6 Monate Winter- und 6 Monate Sommertraktament, dazu ein Kleid und 2 Paar Schuhe, oder, wenn jenes wegfällt, monatlich $3^1/_2$ Thaler. Die neumärkischen Stände mußten 30000 Thaler zur Erhaltung des Heeres, der Universität Frankfurt und der Fürstenschule in Joachimsthal spenden; im Ganzen hatte das Land 150000 Thlr. aufzubringen.

Schon am 24. Juli schloß Friedrich Wilhelm einen Waffenstillstand mit den Schweden auf zwei Jahre ab. Während dieser Zeit sollte jeder Theil behalten, was er augenblicklich besaß. Den 17. Oktober leistete er in Warschau, vor dem Könige von Polen knieend, den Eid der Treue, und setzte sich dann zur Seite desselben nieder. Das Projekt einer Vermählung mit Gustav Adolfs Tochter und Thronerbin schwebte noch; darum wich er einem andern — er sollte König Wladislaws Tochter und seine älteste Schwester Luise Charlotte den Prinzen Kasimir heiraten — dadurch aus, daß er dem Gesandten von Dönhof erklärte: „So lange ich mein Land nicht in Frieden regieren kann, darf ich mich nach keiner anderen Geliebten, als dem Degen umsehen."

Im Jahre 1642[1]) führte der schwedische Generalissimus Torstenson Georg Wilhelms Wittwe in Krossen ein; da indeß der Schloßbau noch nicht ganz beendet

[1]) In diesem Jahre raubten die Schweden unter Stolhanß die beiden Kirchenglocken in Korritten, angekauft 1589 und 1594.

war, so nahm sie erst 1650 ihren beständigen Wohnsitz daselbst und starb am 16. April 1660.

Die letzte blutige Schlacht fand am 23. Oktober (2. November) 1642 auf der Ebene bei Breitenfeld statt. Je tapferer die kaiserlichen Truppen unter Piccolomini fochten, desto glanzvoller war der Sieg, den Torstenson, gleichsam zum elfjährigen Gedächtnis seines ruhmgekrönten Meisters Gustav Adolf, feierte. Gegen 5000 Todte von feindlicher Seite bedeckten den Wahlplatz; eine gleiche Anzahl, unter ihnen mehrere Generale, gerieth in Gefangenschaft. Dazu erbeuteten die Schweden 180 Fahnen und Standarten, die meisten Kanonen, sämmtliche Kriegsvorräthe und die Bagage. Am 27. November ergab sich Leipzig durch Feigheit seiner Kommandanten, die nachher vom Kurfürsten zur Rechenschaft gezogen wurden. Die Stadt mußte das ganze schwedische Heer neu kleiden, auch die Plünderung mit drei Tonnen Goldes abkaufen. 7 Jahre 8 Monate, bis zum 1. Juli 1650, blieb sie in den Händen der nordischen Scharen.

Vom 27. Dezember 1642 bis 17. Februar 1643 vertheidigte sich die „Hexenstadt" Freiberg unter dem braven Hermann von Schweinitz aufs tapferste. Piccolomini drängte die Feinde in die Lausitz. Eine empfindliche Niederlage erlitten die Kaiserlichen durch Torstenson am 24. Februar 1645 bei Jankowitz (Jankau) in Mähren. Der Hetzer Hoe von Hohenegg starb am 4. März 1645; Dänemark schloß den 13. August mit Schweden den Bremsebroer Frieden; Johann Georg am 27. August den Vertrag zu Ketzschenbroda bei Dresden, nach welchem er zwar, gemäß seiner Reichspflicht, drei Regimenter zur Armee Ferdinands des Dritten stellte, doch auch den Schweden monatlich 11000 Thlr., einige Naturalien, freien Durchzug rc. gewährte.

Seiner Gesundheit wegen — vom Podagra geplagt, hatte er seine meisten Züge in der Sänfte machen müssen — kehrte Torstenson 1645 nach Stockholm zurück. Gustav Wrangel, der den Oberbefehl übernahm, wandte sich behufs seiner Verbindung mit den Franzosen nach Westen, fiel, von Türenne unterstützt, in Bayern ein und erzwang vom Kurfürsten Maximilian einen Waffenstillstand auf 6 Monate. Der Kaiser hatte das Kommando seiner Armee einem Reformirten, dem von der Landgräfin Amalie von Hessen geohrfeigten General Melander (Holzapfel), anvertrauen müssen. Er fiel nebst 2000 Mann am 29. Mai 1648 bei Zusmarshausen unweit Augsburg.

In dieser Zeit wandte sich der schwedische General Königsmark aus der Oberpfalz nach Böhmen, überrumpelte Prag (die Kleinseite) und erbeutete den königlichen Schatz. Der Pfalzgraf Karl Gustav von Zweibrücken, Gustav Adolfs Schwestersohn und Thronfolger in seinem Reiche, schickte sich eben an, die jenseitigen Pragerstädte zu erobern, als am 3. November ein Eilbote aus Münster verkündigte: es ist Friede! — So endete der Krieg da, wo er angefangen hatte!

Paul Gerhardt, damals noch Hauslehrer bei dem Kammergerichtsadvokaten Andreas Barthold in Berlin, sang: „Gott Lob! nun ist erschollen das edle Fried- und Freudenwort, daß nunmehr ruhen sollen die Spieß' und Schwerter und ihr Mord. Wohlauf und nimm nun wieder dein Saitenspiel hervor, o Deutschland, singe Lieder im hohen, vollen Chor! Erhebe dein Gemüthe zu deinem Gott und sprich: Herr, deine Gnad' und Güte bleibt dennoch ewiglich! — — Sei tausend Mal willkommen, du theure, werthe Friedensgab'! Jetzt sehn wir, was für Frommen dein Beiunswohnen in sich hat. In dir hat Gott gesenket all' unser Glück und Heil; wer dich betrübt und kränket, der drückt ihm selbst den Pfeil des Herzleids in das Herze und löscht aus Unverstand die goldne Freudenkerze mit seiner eignen Hand. Das drückt uns Niemand besser in unsre Seel' und Herz hinein, als ihr zerstörten Schlösser und Städte voller Schutt und Stein; ihr vormals schönen Felder mit frischer Saat bestreut, jetzt aber lauter Wälder und dürre, wüste Heid'; ihr Gräber voller Leichen und blut'gem Heldenschweiß, der Helden, derer gleichen auf Erden man nicht weiß."

Was kostet unser Fried'? O, wie viel Zeit und Jahre!
Was kostet unser Fried'? O, wie viel graue Haare!
Was kostet unser Fried'? O, wie viel Ströme Blut!
Was kostet unser Fried'? O, wie viel Tonnen Gut!
Ergötzt er auch dafür und lohnt so viel Veröden?
Ja. — Wem? — Frag' Echo drum. — Wem meint sie wol?
(Echo:) Den Schweden.

(Quellenbuch von Schilling S. 185).

Die wichtigsten Bestimmungen des Friedens zu Osnabrück und Münster (dort hatten die Gesandten des deutschen Reiches, unter denen insbesondere der Graf von Trautmannsdorf, von den Jesuiten spottweise Äskulap genannt, sich am thätigsten zeigte, mit Schweden, hier mit Frankreich verhandelt; nach vielen Querelen am 24. Oktober unterzeichnet[1]) sind folgende: 1. ewige Vergessenheit aller Feindseligkeiten für die Stände des Reiches; 2. Rückgabe solcher weltlichen und geistlichen Güter, die dieser oder jener Fürst 2c. während des Krieges verloren hatte; 3. Bestätigung des augsburgischen Religionsfriedens und vollkommene Gleichstellung katholischer, lutherischer und reformirter Christen; 4. Übergabe von ganz Vor- und einem Theile von Hinterpommern, der Insel Rügen und einigen Stiftern und Städten nebst 5 Millionen Thalern an Schweden; 5. Abtretung des Elsasses (des Erbes Bernhards von Weimar), ferner der Hoheitsrechte über die drei lothringischen Bisthümer Metz, Toul und Verdun an Frankreich. — Für Brandenburg verhandelten in Osnabrück der Freiherr von Löben und Peter Fritze, den später Matth. Wesenbeck ablöste, in Münster v. d. Heyden und Johann Portmann, in der Folge Johann Frommholt. An der Spitze stand der Graf Johann von Witgenstein. Es erhielt im Oktober 1649 Halberstadt (32 Quadratmeilen) und Minden (25), 1653 Hinterpommern (ca. 220) und Kamin (38), 1680 Magdeburg (104) 2c. Glogau, Sagan und Jauer (93 resp. 20, 60 Quadratmeilen), sowie Osnabrück, das es auch forderte, ward ihm nicht zu Theil.

Friedrich von Logau fragt in seinen Sinngedichten: „Was gab der deutsche Krieg für Beute?" Er antwortet: „Viel Grafen, Herren, Edelleute. Das deutsche Blut ist edler worden, weil so geschwächt der Bauernorden." Zum Beweise theil' ich aus der Geschichte des Klosters Neuzelle (vom Bischofe Mauermann, S. 121—123) eine Tabelle mit.[2])

| | Vor dem Kriege | | Nach demselben | | Weniger |
|---|---|---|---|---|---|
| | Bauern | Kossäten | Bauern | Kossäten | |
| 1. Bahro . . . . . . . | 6 | 7 | 3 | 1 | 9 |
| 2. Bremsdorf . . . . . . | 19 | 15 | — | 1 | 15 |
| 3. Breslack . . . . . . | 15 | 10 | 6 | 1 | 18 |
| 4. Bresinichen . . . . . | 8 | 17 | 3 | 5 | 17 |
| 5. Dielo . . . . . . . | 8 | 15 | 3 | 8 | 12 |

[1]) Der Reichsgesandte Volmar schrieb aus Osnabrück nach Münster: „Zum Erbarmen ists, daß Mainz, Bayern, Würzburg, Bamberg uns allhier lose Händel machen, zum Verderben des ganzen Katholizismus."

[2]) Ein Verzeichnis der im dreißigjährigen Kriege zerstörten Ortschaften findet sich in Schillings Quellenbuch Seite 183 bis 184. In Brandenburg 48 Schlösser, 60 Städte, 5000 Dörfer. In Schlesien 118 Schlösser, 36 Städte, 1025 Dörfer.

| | Vor dem Kriege | | Nach demselben | | Weniger |
|---|---|---|---|---|---|
| | Bauern | Kossäten | Bauern | Kossäten | |
| 6. (Groß) Drenzig . . . . . | 5 | 8 | 3 | 5 | 5 |
| 7. Fünfeichen . . . . . . . | 15 | 19 | 3 | 2 | 29 |
| 8. Göhlen . . . . . . . . | 12 | 10 | 3 | 2 | 17 |
| 9. Henzendorf . . . . . . | 7 | 10 | 1 | — | 16 |
| 10. Kieselwitz . . . . . . . | 14 | 4 | . | - | 18 |
| 11. Kobbeln . . . . . . . | 7 | 7 | 2 | 2 | 10 |
| 12. Koschen . . . . . . . . | 12 | 10 | 5 | — | 17 |
| 13. Krebsjauche . . . . . . | 14 | 41 | 2 | 1 | 52 |
| 14. Kummero . . . . . . . | 3 | 21 | — | 9 | 15 |
| 15. Kuschern . . . . . . . | 8 | 11 | 3 | 3 | 13 |
| 16. Lawitz . . . . . . . . | 10 | 25 | 2 | 4 | 29 |
| 17. Lahmo . . . . (Wirthe) | 60 | . | 3 | — | 57[1]) |
| 18. Möbiskruge . . . . . . | 21 | 18 | 5 | 1 | 33 |
| 19. Ossendorf . . . . . . . | 5 | 11 | — | 2 | 14 |
| 20. Pohlitz . . . . . . . . | 16 | 15 | 7 | 1 | 27 |
| 21. Ratzdorf . . . . . . . | 7 | 11 | 3 | 2 | 13 |
| 22. Rießen . . . . . . . . | 16 | 15 | 3 | 1 | 27 |
| 23. Schiedlow . . . . . . . | -- | 14 | -- | 12 | 2 |
| 24. Schlaben . . . . . . . | - | 42 | — | 9 | 33 |
| 25. Schönfließ . . . . . . . | 13 | 9 | 4 | 2 | 16 |
| 26. Schwertzkow . . . . . . | 5 | 4 | 4 | 2 | 3 |
| 27. Seitwann . . . . . . . | 8 | 17 | 2 | 4 | 19 |
| 28. Steinsdorf . . . . . . . | 9 | 9 | 1 | 1 | 16 |
| 29. Streichwitz . . . . . . . | 16 | 6 | 5 | 1 | 16 |
| 30. Trebitz . . . . . . . . | 5 | 14 | 1 | 2 | 16 |
| 31. Treppeln . . . . . . . | 8 | 9 | — | — | 17 |
| 32. Tschernsdorf . . . . . . | 8 | 12 | 1 | 3 | 16 |
| 33. Ullersdorf . . . . . . . | 7 | 9 | 2 | 3 | 11 |
| 34. Vogelsang . . . . . . . | 16 | 37 | 3 | 4 | 46 |
| 35. Wellmitz . . . . . . . | 30 | 36 | 9 | 22 | 35[2]) |
| 36. Ziltendorf . . . . . . . | 21 | 48 | 3 | 1 | 65 |
| Summe | 424 | 566 | 91 | 125 | 774 |

Letztgen. (91, 125) von der erstgen. Summe subtrahirt, ergibt weniger 333, bezw. 441.

[1]) 5 Häusler? — [2]) 18 Häusler.

Vorstehende Zahlen sind, wenn wir auch die angezeigten Druckfehler, die in dem Buche überhaupt vier Oktavseiten einnehmen, berücksichtigen, nicht ganz genau. Der Verfasser sagt am Schlusse: In Summa also 257 Bauern, 339 Kossäten und 23 Häusler weniger. Das Kloster zählte demnach in allen Dorfschaften mit Einschluß von Trebitz vor dem 30jährigen Kriege 983 ansässige Wirthe und 23 Häusler, nach demselben aber nur 196 Wirthe überhaupt, folglich waren 787 Wohnungen und 23 Häusler wüst. Außerdem bemerkt Mauermann: Fürstenberg hatte vor dem 30jährigen Kriege überhaupt 250 Bürgerhäuser, unter diesen 50 brauberechtigte, nach demselben nur noch 30 (10 brauberechtigte), folglich standen 220 leer.

Es wird behauptet, daß Deutschland im 30jährigen Kriege mindestens die Hälfte, wenn nicht zwei Drittel seiner Bewohner verloren habe. Mag auch betreffs des ganzen Reiches der Verlust übertrieben erscheinen — für die hart von der Kriegsfurie heimgesuchte Gegend bleibt er theilweise hinter der Wahrheit zurück. In Sachsen sollen binnen zwei Jahren 900 000 Menschen umgekommen sein. Die Chronik von Weck versichert, daß von 1631—34 in Dresden so viel Menschen an der Pest starben, daß kaum der fünfzehnte Hauswirth übrig blieb. Nach den statistischen Ermittelungen des Professors Brückner in Meiningen fanden sich in 19 thüringschen und fränkischen Dörfern von 1773 nur noch 316 Familien. Anno 1712 existirten in Sachsen noch 535 wüste Marken, die zum größten Theile aus dem genannten Kriege stammten. 1628 betrug die Grundsteuer 7 Millionen Schock, 1706 nur 5 Millionen. In Württemberg zählte man 1634 noch 13 000, anno 1689 nur 61 527, anno 1641 kaum 48 000 Einwohner, in der ganzen Pfalz 1636 noch 200 Bauern. 40 000 Morgen Weinberg, 248 000 Morgen Äcker und Gärten, 24 000 Morgen Wiese lagen dort unbebaut; 8 Städte waren zerstört, 36 000 Häuser niedergebrannt; in 22 Jahren hatte das Land einen Schaden von 118 Millionen Gulden. Im Nassauischen starben einzelne Ortschaften gänzlich, andere bis auf eine Familie aus. Schlesien verlor 200 000 Einwohner; gegen 400 Rittersitze waren wüst, ²/₃ der Dorfhufen unbebaut. In Schweidnitz standen von 1300 noch 118, in Guhrau von 699 sogar 587 Häuser leer. In Schmiedeberg lebte von 400 Ehepaaren ein einziges, in Ohlau nur ein Bürger. Die Herzöge von Brieg gaben 1649 an, daß von ihrem Fürstenthume ungerechnet viele Tonnen Goldes werth, die sie durch Plünderung, Brand und Verwüstung einbüßten, seit 1635 an baarem Gelde und Getreide 1 100 000 Gulden entrichten und auf die Fürstenthümer Brieg und Liegnitz 425 000 Gulden Schulden machen mußten. Die Dorfbewohner traf das härteste Loos. Sie kamen sehr oft im Elend um, verhungerten, starben an verheerenden Krankheiten. Schon 1634 sagte der alte Graf Thurn von Niederschlesien: man sehe dort eher ein Wild, als einen Bauer. Der Markgraf Sigismund schrieb seinem Neffen, dem Kurfürsten Friedrich Wilhelm: In Brandenburg sei so viel Wild, daß es bald die Bauern auffräße. Auf viele Meilen waren oft weder Menschen noch Vieh zu finden. Die Felder blieben unbebaut, weil es an den nöthigen Zugkräften fehlte und weil die Besitzer aus Angst die Flucht ergriffen hatten. Gras, Fleisch von gefallenem Vieh, ja von menschlichen Leichen dienten öfter als Nahrung. Bei der Belagerung von Breisach kostete eine Maus 1, ein Hundeviertel 7 Floren. — Eine besondere Schrift unter dem Titel: Excidium Germaniae (Deutschlands Untergang) enthält gräßliche Schilderungen von dem Kriegselende. „Man wandert bei zehn Meilen und sieht nicht einen Menschen, nicht ein Vieh, wo nicht an etlichen Orten ein alter Mann und Kind oder zwei alte Frauen zu finden. In allen Dörfern sind die Häuser voll todter Leichname und Äser gelegen, Mann, Weib, Kinder und Gesinde, Pferde, Schweine, Kühe und Ochsen neben und unter einander, von Pest und Hunger erwürget, von Wölfen, Hunden, Krähen und Raben gefressen, weil Niemand gewesen, der sie begraben." — Der sterbende General Heinrich Holk, ein Protestant († 9. September 1633), konnte weit und breit keinen Geistlichen finden, der ihm das heilige Abendmahl gereicht hätte. In Wahrenbrück blieb die Frau des Geistlichen allein übrig; nothgedrungen mußte sie selbst ihrem Gatten, den der Tod von allen Leiden erlöste, die letzte Ruhestätte bereiten.

Wie grausam die rohen Soldaten oft mit den Pastoren verfuhren, können wir aus einem lateinischen Briefe ersehen, den der Inspektor Mag. Kaspar Irmisch (Irmissus) am 15. Juli 1631 an seinen Amtsbruder David Rosenberg in Buckow bei Züllichau schrieb. Er folge hier in deutscher Übersetzung. „Gruß durch den Fürsten des Friedens! Verehrter Herr! Der Höchste hat mich dem Hiob nicht gleich gemacht, sondern mich höher gestellt als ihn. Hiob, seiner Güter beraubt, von Geschwüren gequält und seiner Kinder beraubt, beklagt weiter Nichts, als daß seine Seele den Tod erwählt habe und daß er von den Freunden verlassen sei. Ich habe mehr erduldet, denn mein Haupt und meine linke Hand sind von drei Wunden verletzt, mein linker Arm ist verrenkt, so daß Knochen von der Größe eines Daumens hervorragen; meine Seite und mein Rücken sind blau von der Geißelung, meine Hirnschale und meine Stirn mit Stricken zerschunden. Der Hals war mit einem Handtuche an einem Pfahle befestigt, und, was alle Grausamkeit noch übertrifft, meine Genitalien sind zerfleischt bis zur Geistesverfinsterung [1]). Meine Freunde glauben dies aber nicht und leisten keine Hülfe. Demnach ist hier Platz für das Sprüchwort: „δύστυχον ἀεὶ ἐστιν ἀβλαβές“ „Was sich im Unglück befindet, ist immer unschädlich.“ Dich erkenn' ich als den ersten unter aufrichtigen Freunden an, der Du allein mir zuerst Hülfe gebracht und auch ferner zu bringen versprochen hast. Fahre so fort, und Du sollst mich als dankbar erkennen! Ich würde an Herrn Dr. Tuchscherer schreiben und ihn um Stärkungsmittel bitten, die Geist und Herz aus ihrer Erschlaffung wieder erheben; er wagt es aber nicht, wie man sagt, Briefe in Empfang zu nehmen. — Benachrichtige Du mich und bitte zugleich, daß der Herr Doktor dem Herrn Bürgermeister und den Stadtverordneten in Meseritz eingebe, mich Schwachen und Kranken nicht zu verlassen, da ich nun einmal aus Liebe zur Kirche diese Streiche erduldet habe. Vor einem Jahr sind sie mildthätig gewesen zur Zeit der Pest; sie schickten Geld. Fleisch, Holz, Bier, Wein hab' ich nunmehr nöthig, damit ich nicht umkomme vor Durst und Hunger. Lebe wohl, mein geliebter Rosenberg, und fahre fort, mein Interesse bei Anderen wahrzunehmen!“ — Irmisch starb in Folge der grausamen Mißhandlungen am 20. August 1631. Nicht besser erging es dem polnischen Diakonus Michael Gleische. Er besaß ein ansehnliches Baarvermögen. Vermuthlich theilten dies Schelme dem Feinde mit. Um dasselbe zu retten, übergab er es seinem Sohne, der aber in Heinersdorf ergriffen und beraubt wurde. Beutegierige Soldaten vom Regimente des kaiserlichen Obersten Götz brannten dem Vater Schenkel und Füße mit Kien, schlugen ihm auch brennenden Kien unter die Nägel; sie richteten ihn durch Pein und Marter so übel zu, daß er am siebenten Tage (29. Juli) sterben mußte. Den Raub aus den Bürgerhäusern, dem Schlosse, dem Rathhause, den Kirchen führte man auf vielen Wagen nach Schlesien. Den Wein hat man, berichtet Bruchmann [2]),

---

[1]) Der lateinische Ausdruck, sehr zweideutig, kann auch heißen: bis zum Herabträufeln ihrer Seele.

[2]) Annalen von Züllichau, Seite 183. — In dem Hausbuche des Bürgermeisters Myler zu Drossen findet sich die Notiz: „Gott hatte mir etwas an Wein bescheeret, 15 Viertel, allein ich

weiter, mit Bornkannen haufenweis' aus dem Stadtkeller getragen. Meine selige Mutter erzählte mir, daß unter den Feinden sich auch ein geborener Züllichauer, der Tischlergeselle Matthäus Walter, befand. Während solcher Plünderung begegnete er, mit einer Kanne Wein in der Hand, der Frau, erkannte sie, redete sie an und ging mit nach ihrer Wohnung. Nach der Ursache der jämmerlichen Plünderung befragt, erklärte er: Dies geschehe, weil der Rath von Züllichau, der sich auf schwedische Hülfe verlassen, die Aufforderung des kaiserlichen Generals, ferner zum Unterhalte der Armee beizusteuern, trotzig beantwortet habe. Übrigens sei befohlen worden, Niemand Gewalt oder Leid anzuthun. — Wenn Dr. Wedekind[1]) behauptet: „Wirklich scheinen sich die Feinde auf die bereits erwähnten Grausamkeiten beschränkt zu haben", so mag Dies glauben, wer da will.

Der Pfarrer Georg Grundemann in Zielenzig, den 23. August 1624 als Nachfolger des verstorbenen Adam Francke vozirt (vergl. S. 416!), vorher sechs Jahre lang Rektor, sagt in einem Gesuche an die Ordensregierung (April 1649), sein Emeritengehalt betreffend: „In der Zeit der großen Durchzüge und Märsche bin ich um all' das Meinige kommen, indem mich die Kriegsgurgeln auf dem Kirchhofe gebunden herumgeführt und mit Schlägen mich jämmerlich traktirt, mich zwingen wollen, daß ich auf jedes Grab einen Speziesthaler legen sollen, welches dann noch von der Bürgerschaft vermittelt worden, daß ich 150 Thaler geben müssen. Auch sonsten, wie ich mich einmal nach Küstrin salviren wollen, sind mir von den Kroaten bei Langenfeld über 500 Floren an Gelde abgenommen worden und also von allen Mitteln, da ich jetzo in meinem hohen Alter mit den Meinigen von zehren sollen, abkommen." Während der Pest, 1631—32, starben in Zielenzig auch der Diakonus (Adam Leo, auf deutsch Löwe genannt?) und die beiden Schuldiener (Lehrer)[2]).

---

habe nicht davon genossen, weil die Landsknechte solchen Wein gelesen, hierauf auch frisch umsonst ausgesoffen; das Wenige, was ich an Wein ausgeschenkt oder als Most verkauft habe, habe ich zur Kontribution geben müssen."

[1]) Neue Züllichauer Chronik, Seite 203.

[2]) Nach der Urkunde des Oberpfarrers Gotthilf Gustav Uhden, die sich im Thurmknopfe vorfand, abgedruckt in Nr. 84—88 des polit. Wochenbl., Jahrg. 1888, war Adam Leo von 1618—42 Diakonus in Zielenzig und seit 1643 Christoph Tecler sein Nachfolger. Jedenfalls muß es statt 42 32 und statt 43 35 heißen. Vergl. Ehrhardt, Presbyterologie, Krossen, Seite 692, und die weiter unten folgende Beschwerde!

Grundemann hebt in einem früheren Gesuche (vom 4. März 1649) hervor: „Ich habe, wie es einem treufleißigen Seelenhirten gebührt, meine mir angehörende Schäflein mit gesunder Seelenspeise versorget und die Schularbeit mit fleißiger Unterweisung verrichtet, wie eine ganze löbliche. Bürgerschaft bei der ehrbaren Welt und für dem Richterstuhle Jesu Christi Zeugnis geben wird." — Seinem Amtsbruder, dem Diakonus Christoph Teeler, mußte er für jede Predigt 3 Groschen zahlen und ihm die Akzidentien überlassen, „welches mich denn so verarmet, daß ich mit Wahrheit das Thränenbrot esse und getrübtes Wasser trinke." — Bürgermeister, Rathmannen, Hofgerichte, Viertelmeister, Gilden und sämmtliche Gewerke, sowie die ganze Bürgerschaft „müssen bekennen, daß der Herr Georg Grundemann mit seinen treufleißigen Lehren und aufrichtigen Wohlverhalten" es aus großen und erheblichen Ursachen wohl verdiene, „ihm bis an sein seliges Ende alle Liebe und Freundschaft zu erweisen und die lieben Seinigen nach aller Möglichkeit zu befördern." — Die Ordensregierung ging jedoch auf diese billigen Wünsche nicht ein. In einem Briefe aus Sonnenburg vom 1. Juli 1649, gerichtet an den „wohlehrenwerthen, achtbaren und wohlgelahrten, insbesondere günstigen Herrn Magister und schwägerlichen verehrten Freund" sagt der ungenannte Absender, daß er aus Samuel Halle's Schreiben „mit höchster Befremdung des alten Pfarren zu Zielenzig seine große Bosheit und unverantwortliches Beginnen angemerkt habe, und er kann nicht anders meinen und dafür halten, als daß geregter Pfarr aus Anstiftung des bösen Geistes und etwa dessen Werkzeugen getrieben sein müsse, solch' lasterhaftes, verleumderisches und vergalltes Schreiben habe abgehen lassen." — Mit Berufung auf ihr Patronatsrecht ertheilte die Ordensregierung Denen, welche es gewagt hatten, ihr „ein gewisses Subjektum [den Feldprediger Johannes Magnus in Landsberg, der drei Mal in Zielenzig mit Beifall gepredigt] zum Pfarrherren vorzuschlagen und zu benennen" einen Verweis. Adjunkt wurde Magister Halle, bisher Rektor in jener Stadt. Unterm 20. März 1651 schlug er vor, in seiner Gemeinde, in der es noch viele Gottesignoranten gibt, zu gewisser Jahreszeit ein Examen und vor der Beichte eine Admonition [Warnung, Ermahnung] an die gesammten Beichtkinder zu halten." Seit 1664 Ordensinspektor in Sonnenburg, wirkte Magister Halle dort etwa dreißig Jahre.

Noch viel ärgere Mißhandlungen, als Georg Grundemann in Zielenzig, hatten andere Pastoren zu erdulden, z. B. der 84jährige Jakobus Salparius in Görlsdorf bei Müncheberg, Otto Kraatz in Fürstenfelde.[1]) Hunnen und Mongolen können kaum schamloser gewüthet haben. Johannes Frickius in Quilitz (jetzt Neuhardenberg), wo im Jahre 1631 der Pest 365 Menschen erlagen, nannte der traurigen Zeit wegen sein Söhnlein „Gott erbarme Dich!" — In Haynau wurde der alte Diakonus Balthasar Lipsius am Altare von den Kroaten so geprügelt, daß er nach acht Tagen starb.[2]) Zu Arnsdorf unweit Strehlen hing man einen Geistlichen im Schornsteine auf und machte Feuer unter ihn. Der Pfarrer Hoppius in Kesselsdorf mußte im bloßen Hemde des Nachts auf einer Eiche bleiben. In Schönwaldau zwang man den Prediger Ebersbach wie zu einer Hinrichtung niederzuknieen. Johann Aldus in Wernersdorf riß man aus dem Beichtstuhle und schleppte ihn an Pferden durch den Bober. Der Diakonus in Falkenhain, in einen Backofen gesteckt, rettete mit genauer Noth sein Leben.[3]) Stephan Holstein flüchtete aus Züllichau nach Posemuckel, wo er ein Vierteljahr verblieb.

Daß auch die Kaiserlichen den Schwedentrank anwendeten, um versteckte Schätze zu erfahren, geht aus dem Berichte eines Geistlichen hervor, den Dr. K. W. Böttiger in den Akten des Kgl. Sächsischen geheimen Finanzarchives fand. Magister Köhler schreibt: „Die Tyrannei ist groß und übergroß; wen sie ergriffen, den haben sie gereitelt, gefiedelt, einen schwedischen Trunk eingegeben; darum es also bewandt: Nach grausamen Prügeln und Schlagen haben sie die elende Person auf den Rücken geleget, einen Stab die Zwerch (Quere) in den Mund geleget und mehrmals etliche Kannen Mistpfütze eingeflößt. Wenn solche zurück ihnen wieder aus dem Munde zu laufen angefangen, so ist einer mit gleichen Füßen ihm auf die Brust gesprungen, durch welche Marter die Henkerbuben die Vorräthe finden wollen. Aber leider, Gott, dir sei es geklagt, die meisten Personen starben elendiglich ꝛc.[4])

Aus den Heeren ging die Roheit und Sittenlosigkeit in andere

---

[1]) Dr. Goltz, Müncheberg, S. 91, 93. Fürstenwalde, S. 256.

[2]) Scholz, Haynau, S. 121.

[3]) Hensel, Schlesische Kirchengeschichte, S. 284—55.

[4]) Sächsische Geschichte, II., S. 117. Deutsche Geschichte, VI., S. 77. — „Meine Hand weigert sich", sagt Heinrich Zschokke in der Geschichte Bayerns, „die Greuel niederzuschreiben welche den Namen der Schweden zum Fluche im Munde des deutschen Volkes verwandelt haben. Es ist gut, daß der Nachwelt das Gräßliche verschwiegen bleibe, damit ihre Bösewichter sich nicht trösten können, in der Vorwelt von noch größeren Ungeheuern übertroffen worden zu sein."

Stände, höhere und niedere, über. Die Abschwächung des geistigen Lebens der Deutschen durch den dreißigjährigen Krieg schildert der Professor Dr. Biedermann im dreizehnten Kapitel seiner lesenswerthen Schrift: „Deutschlands trübste Zeit.“ Heidelberg zählte 1626 nur 2 Studenten. Aus Helmstädt entflohen sämmtliche Professoren bis auf den freisinnigen Theologen Calixt. In Jena sank die Zahl um zwei Drittel. Angesteckt von den Sitten der fremden Soldaten und Abenteurer, hielten es viele Studenten, um mit den Worten eines Zeitgenossen zu reden, für eine „Bärenhäuterei“, fleißig zu sein, und für ein adelig Werk, sich närrisch, fantastisch, eselisch, flögelisch und röckelisch zu stellen.[1] — Galetti sagt: „Die Städte waren voll armer Wittwen, und Niemand sorgte für die Erziehung der Waisen. — In den meisten Schulen der kleineren und größeren Ortschaften mangelte es an Lehrern. Selbst in Wolfenbüttel erhielten Kirchen- und Schuldiener zwölf Jahre lang fast gar keine Besoldung, und nach zwölf Jahren der mühevollsten und brotlosesten Arbeit gab man ihnen nur Hoffnung zu einem Gehalte. Die Universität zu Helmstädt kam in Verfall, und unter den Wenigen, die daselbst noch studirten, herrschte ein so ausschweifendes Leben, als wenn hier für den Troß der Armee ein Seminar angelegt wäre. Selbst Prinzen gingen nicht mehr auf hohe Schulen. Alle Stände waren auf eine unglaubliche Art durch einander geworfen. Alle planmäßige Bildung und Fortschreitung in den Kenntnissen war unmöglich. Wer den Winter hindurch als Privatdozent im Griechischen und Hebräischen zu Helmstädt Unterricht gegeben hatte, saß mit dem kommenden Frühjahr als Dragoner zu Pferde, und wenn er nicht als Invalide früher nach Hause ging, so brachte ihn höchstens der einbrechende Winter zum Musensitze zurück. (Das Beispiel hierzu liefert der hannöversche Rektor Baring.) Spittler, S. 115[2]).

Ausschreitungen verschiedener Art traten auch in unserer Nähe zu Tage. Als der Oberpfarrer Albinus Colmann, von 1625—35 in Sommerfeld, dem Kantor Schindler im Beichtstuhle seine Sünden contra sextum praeceptum (gegen das sechste Gebot) nachdrücklich vorhielt, wollte ihn dieser mit einem Messer erstechen. Glücklicher Weise konnte der Geistliche entrinnen. Der Regierungsrath Dietrich v. d. Marwitz, von 1661—71 Verweser in Krossen, jagte im zweiten Jahre seiner Verwaltung den

[1]) Biedermann, S. 182.
[2]) Galetti, III. S. 269—70.

Kantor Hoffmann und den Syndikus Lüttke, welche sich sein Mißfallen zugezogen hatten, mit blankem Schwerte aus dem Schlosse und verfolgte sie bis in die Kirche, wohin sie aus Angst geflüchtet waren, und in der sie sich, um ihm nicht zu begegnen, mehrere Tage versteckt hielten.[1])

Viel Stoff zum Nachdenken liefern auch „Etliche spezifizirte Klagepunkte, so ein Edler Rath zu Zielenzig wider Herrn Christophorum Teclerum, verordneten Diakonus daselbst, einzuwenden hat, nachdem er in seinem Amte, damit er der Gemeinde etliche Jahre vorgestanden, unterschiedene Exzesse, so nicht wohl zu verantworten sein, mit unterschleichen lassen. Seithero des Abschieds, so anno 1639 ergangen.

Erstlich hat er sich mit einem vertriebenen Pfarrer, Namens Friedrich Schulz, auf der Schule und in loco sacro [an heiliger Stätte] geschlagen, welches der Umgegend ein großes Skandalum gewesen. Den 22. Februar anno 1639.

2. Hat er sich bald darauf mit dem Kantor Bartholomäus Böttcher[2]) auf der Schule geschlagen, da er einen ziemlichen Partikul Haare aus dem Barte verloren, ist auch unter seinem Gesichte so braun und blau geschlagen gewesen, daß er nicht vor Leuten kommen dürfen und sein Amt in der Kirchen auch in fünf Wochen nicht bestellen können, in eodem anno [in demselben Jahre].

3. Hat er sich gleichfalls mit dem Kantor Christian Fesselio[3]) auf der Schule geschlagen, in eodem anno.

4. Hat er den 14., 15. und 16. Januar keine Wochenpredigten noch Betstunden gehalten. Anno 1640.

5. Wie Rittmeister Bühre zu Zielenzig hat taufen lassen, ist zugleich dessen Schwager dabei kopulirct worden. Nachdem nun der Pfarrer Herr George Grundemann die Taufe verrichtet, ist er auch zugleich zur Kopulation erfordert worden. Wie er damit den Anfang machen wollen, ist er mit schimpflichen und verdrießlichen Worten vom beklagten Diakono angegriffen worden, daß er Solches in die Länge nicht mehr mit anhören können, sondern wider seinen Willen entweichen müssen. Da hat er allbereits, wie er bereits bene potatus [recht angetrunken] gewesen, seine Bücher holen lassen und auf die Traupredigt studiren wollen, hat er

[1]) Matthias, Seite 268.

[2]) u. [3]) Beide kommen in dem unvollständigen Verzeichnisse des Oberpf. Uhden nicht vor.

inter legendum [während des Lesens] immer poculis certiret [dem Becher zugesprochen] und hernachmals bei der Trauung solche ἀνόμιμα (Gesetzwidrigkeiten) begangen, daß er auch die annulos pronubos (Trauringe) an die Finger zu stecken und das Vaterunser zu beten vergessen, welches endlich Herr Jakobus Pittenius, Pfarrer zu Tempel, vollends verrichten müssen, den 22. März 1640.

6. Hat er bei öffentlichen Collationibus seinen Mitkollegen Herrn George Grundemann raptice aufgezogen[1]) und ihm viele schimpfliche Worte post tergum (hinterm Rücken) nachgeredet, ja er hats auch noch zum Überfluß auf der Kanzel gebracht, daß E. E. Rath auch endlich sich des Herrn Pfarrer annehmen und ihm es verweisen müssen. Anno 1640.

7. Wie Se. Kurf. Durchlaucht zu Brandenburg christmildester Gedächtnis Leichensermon von unserem Pfarrer gehalten, ist er gar zornig darauf worden, daß er die Predigt nicht thun müssen, ist auch gar impertinent, wie der Herr Pfarrer auf die Kanzel gestiegen, aus der Kirche gelaufen, sich bei Johann Prisern ins Bierhaus gesetzt, einen guten Rausch getrunken, auch noch dazu mit etlichen Soldaten, so auch dagewesen, Brüderschaft gemacht, den 1. Mai 1642.

8. Hat er sich mit dem Rektor Zacharias Schaffnero[2]) gezanket und mit großen Steinen an die Schule geworfen, daß die Thür zu Stücken gangen, den 5. Mai 1643.

9. Wie Michel Schulze seine Tochter ausgesteuert, hat sich seine Frau mit der Peselerin um die Oberstelle gestritten, welches ihn gar heftig verdrossen und sich darin gemenget. Dinstag darnach, wie er die Betstunde halten sollen, hat er nun immer auf der Kanzel gescholten, und [ist] mit großem Grimm wieder ohne das gebetete Vaterunser heruntergegangen.

10. Bei George Klempkes hat er sich im Kindtaufen mit Michel Sohren also gehadert und gezanket, daß es ein großer Greuel anzuhören gewesen, eodem anno.

11. Hat er auch Dominica post 7. trinit. vorgebracht, er hätte nach verrichteter Amtspredigt etliche 50 Seelen mit Darreichung des heiligen Abendmahls gespeiset; es wäre aber keiner unter ihnen so dankbar, daß er ihn als einen Seelsorger nicht zu Gaste bäte, sondern sie wären eben als die Säue, so in die Eckern getrieben würden und fräßen sie allein.

---

[1]) Versammlungen ..... nach Räuberart.

[2]) Fehlt bei Uhden.

12. Hat er auch Dom. 8. p. tr. vor dem Altar nach der Epistelabsingung den Chorkittel abgenommen, auf den Altar geworfen und ist aus der Kirche gelaufen und eine ziemliche Weile ausgeblieben, daß auch das Evangelium vor dem Altare nicht abgelesen worden, welches, so lange Zielenzig gewähret, von keinem Geistlichen geschehen, und also der ganzen Gemeinde nicht ein geringes Ärgernis gewesen; darauf sind kurz darauf die Viertelmeister und die vier Gewerke zu uns ins Rathhaus kommen und höchlich sich darüber beklaget, vorgebend, was sie sich recht besonnen hätten, so wollten sie haben die Kirchthür zuschließen lassen, er sollte sein Tage nicht mehr die Kanzel besteigen.

13. Richtet er auch gar viele Neuerungen an, so vor diesem und Alters hero nie bei uns in Brauch gewesen, indem er mit den Trauungs- oder Standsermonen keinen Unterschied der Person hält, es sei auch, wer er wolle, ja wenn auch ein Viehhirte zur Erde bestättiget wird, so macht er solche Orationes [Leichenreden], als wenn ein Vornehmer von Adel beerdiget würde, und solches Alles nur autoritatis ergo [des Ansehens wegen]; er schicket auch noch dazu bei die Leute in den Häusern ohne ihren Willen und Geheiß und müssen ihnen Abdankungsgelder schicken, wenn einer schon 4 oder 5 Wochen begraben ist, welches arme Leute nicht unterweilen ausstehen können. In Summe, es geschehen der Exzesse so viele, daß wirs nicht länger silentio praeteriren [mit Stillschweigen übergehen] können, und auch keine Besserung bei ihm vorhanden. Als haben wir nolentes volentes [nothgedrungen] Solches einer hochlöblichen Ordensregierung an die Hand geben müssen, thun also hierauf gebührlich Bescheides erwarten.

NB. Er übersetzet auch noch zum Überflusse die Leute wegen der Leichensermone, daß sie ihm mehr geben müssen, als sie zu thun schuldig sein.

14. Ist er aufs Land herum gezogen und [hat] sich nach anderen Gelegenheiten umgesehen, welches gar vielmals geschehen und also Spott und uns den Stuhl vor der Thür gesetzt.

15. Hat er den Dinstag nach Judika, wie unser Pfarrer einen Pastorem ex vicinia [aus der Nachbarschaft] vor ihm einen Leichensermon zu thun bestellet, die Kanzel zugeschlossen und selber hinaufgegangen, worüber dann dem fremden Pastorem nicht ein geringer Despekt geschehen, und also der Pfarrer keinen mehr bekommen kann, der vor ihn aufwartet und also gar schlecht bei unserer lieben Kirchen bestellet ist, indem ein Ärgernis nach dem andern vorgehet.

16. Hält auch die ganze Bürgerschaft an, daß dem Diacono von der Löblichen Ordentlichen Ordensregierung möchte insinuiret werden, daß er die täglichen langen Betstunden einstelle und es bei der alten Gewohnheit verbleiben lasse; denn er die Betstunden über anderthalb, auch zwei Stunden hält, und also sich der Handwerksmann in seiner Hantierung versäumen muß." — [1])

Teclers Verantwortung, sechzehn Seiten geripptes Papier umfassend, ist kaum zu entziffern; denn die Schrift hat höchst eigenthümliche Formen und sehr viel Kleckse. Eine Stelle pag. 12 lautet: „Sie wollen gern, daß ich der Welt Liedlein mitsingen solle; aber ich thue es nicht, so lieb mir Christus und meine Seligkeit. So klein die Stadt Zielenzig, so groß sind Schande und Laster." Seite 13: „In vierzehn Jahren hat weder der Pfarrer noch der Rath daran gedacht, daß in der Schulen ein Examen solle gehalten werden." — S. 14: „Landläufern wird zugelassen, Komödien zu spielen ... Die Herren des Raths lassen auf den wüsten Stätten des Sonntags unter der Vesperpredigt Nüsse abschlagen. Soll ich nun stille schweigen und mich fremder Sünden theilhaftig machen! Ich unterwerfe mich Ihrer Exzellenz ... Gott im Himmel und mein Gewissen wollen mir nicht zulassen!"

Über die Entscheidung der Ordensregierung fand sich in den Akten nichts Näheres. Aus dem Gesuche des Oberpfarrers Grundemann geht jedoch hervor, daß 1649 Tecler noch amtirte. Nach Ehrhardt[2]) war er ein Sohn des gleichnamigen Pfarrers in Frankfurt a. O. (zuerst an der Georgen-, dann an der Oberkirche), und, bevor er 1635 nach Zielenzig kam, Pastor in Linde (Lindow oder Lindenstadt?) bei Meseritz und 1620 in Schwerin a. W. Er gab u. a. heraus: Intrepida fidei Confessio, Standhaftiges Glaubensbekenntnis vom heiligen Abendmahle. Frankfurt a. O. 1643—44. 6 Bogen. Der ältere Bruder seines Vaters, Michael, von 1601—22 Superintendent in Züllichau, Vorgänger des oben (S. 509) erwähnten Kaspar Irmisch, verfiel in Melancholie, die zuweilen in Raserei ausartete, so daß man ihn durch Ketten und Banden möglichst unschädlich zu machen suchte. Er starb „bei gutem Verstande" 1625 an einem viertägigen Fieber. Auch sein Neffe hatte wol einen Stich.[3])

[1]) Aus den Akten des Ordensamtes Sonnenburg.

[2]) Presbyterologie, Krossen, S. 692.

[3]) Ebendaselbst. — Bruchmann, S. 35—38.

Hoffentlich sind die Leser durch dieses Kapitel, das ich, wiewol sich noch viele charakteristische Züge einfügen ließen, endlich schließen will, zu der Überzeugung gelangt: Das Lob der guten alten Zeit ist lauter blauer Dunst. Mit Recht sagt der Verfasser des „Versuchs einer historischen Schilderung der Hauptveränderungen der Religion ꝛc." (Berlin, 1792 I.): „Der Einfluß des dreißigjährigen Krieges übertrifft Alles, was die Geschichte je von einem verheerenden und zerstörenden Kriege ausgezeichnet hat. Die Menschen schienen sich vorgesetzt zu haben, sich selbst auszurotten und die Erde zur Wüste zu machen."

## Zwölftes Kapitel.

## Christian v. Jlow, Adam v. Schwarzenberg und Konrad v. Burgsdorf.

Soll, wie Schiller sagt, die Weltgeschichte das Weltgericht sein, so muß in ihren Urtheilen vor allen Dingen Gerechtigkeit zu Tage treten. Leider ist dies nicht immer der Fall; denn aus Gründen, die sich aber bei eingehender Prüfung keineswegs als stichhaltig erweisen, stellen die Historiker Manchen als einen Bösewicht, einen „Satansknecht" dar, während sie einen Andern gleichsam mit einem Heiligenscheine umgeben.

Hier hab' ich die schwere Aufgabe, zwei oft Geschmähte, die dem Lande Sternberg angehören, den Feldmarschall Christian von Jlow und den Herrenmeister Adam von Schwarzenberg, ins wahre Licht zu stellen, und sodann zu zeigen, ob der Kommendator Konrad von Burgsdorf ein braver Mann war, der an sich selbst zuletzt dachte.

Martin von Jlow auf Schmagorey, 1588 einer von den vier Musterherren im Lande Sternberg, kaufte von Adam von Schlieben das Gut Wittstock nebst dem Vorwerke Birkholz, Kreis Königsberg, und empfing 1598 die Belehnung. Aus seiner Ehe mit Margarete von Mörner stammte Christian von Jlow, den Schiller Jllo nannte, so daß man in Versuchung kommt, ihn etwa zu den Italienern oder Ungarn zu zählen. Er wurde um 1580 zu Schmagorey, nicht (wie v. Stramberg in Ersch' und Grubers Enzyklopädie angibt), zu Leichholz [1]) geboren. Wiewol Protestant, trat er im dreißigjährigen Kriege in kaiserliche Dienste, kaufte die Stadt Mieß (im böhmischen Kreise Pilsen) für 48 822 Schock 54 Groschen 5 Dreier und wählte 1628 Albertine, Tochter Christophs des Zweiten, Grafen von Fürstenberg, einer hussitischen Familie angehörig, zu seiner Gemahlin. Kaiser Ferdinand der Zweite erhob ihn in den Freiherrenstand. Angeblich von Waldstein, der zugleich alles Böse über ihn berichtet, ermuntert, suchte er beim Wiener Hofe ein Grafendiplom nach, erhielt jedoch abschlägigen Bescheid und wurde nun von dem Friedländer angespornt, auf alle mögliche Weise für solche Beleidigung Rache zu nehmen. So berichtet die mit Nichts bescheinigte Sage, in der man übersieht, daß Ilow von Geburt aus und auch durch seine Ehe mit einer Protestantin ein geschworner Feind des von Jesuiten gegängelten Erzhauses sein mußte, und daß es daher viel wahrscheinlicher ist, er selbst habe den Oberfeldherrn vom Kaiser abwendig gemacht, als daß dieser bemüht gewesen sei, ihn, das Geschöpf seiner Laune, auf verächtlichen Schleichwegen für strafbare Entwürfe zu gewinnen.

Im August 1632 stand Ilow vor Liegnitz und forderte den Herzog Georg Rudolf drohend auf, eine kaiserliche Besatzung aufzunehmen. Gesonnen, keiner Partei zu nahe zu treten, stellte dieser mancherlei Bedingungen. Jener zog nun ab, ließ jedoch zwölf eben erst angeworbene Kompagnien Reiter im übelsten Zustande zurück, welche alsbald von den verbündeten Sachsen und Schweden zersprengt wurden. In Reichenbach, wo sich allerdings die Bürger eigenmächtig erhoben, den Königsrichter, der sie grausam verfolgte, ermordet, den evangelischen Gottesdienst eingerichtet und sächsische Besatzung aufgenommen hatten, hausten Götz' und Ilows Truppen auf unmenschliche Weise. Von Frankfurt aus sandte Waldstein beide 1633 der Warthe zu. Der schwedische Wachtmeister Gustav Sabelli vertheidigte Landsberg 15 Tage lang sehr tapfer. Desto muthloser zeigte sich sein Nachfolger, der aus Preußen herbeigerufene Peter du Berge. Nachdem die Feinde bei dem Dorfe Hochzeit mit Fähren über den Fluß gegangen waren und die (noch jetzt sogenannte Schweden-) Schanze bei Zantoch genommen hatten, forderten sie Landsberg zur Übergabe auf. Sie erfolgte ohne die geringste Gegenwehr am 25. Oktober 1633.

[1]) Illow, ein festes Schloß in der oberungarischen Grafschaft Trentschin. In Leichholz war die Familie Ilow erst seit etwa 1730 angesessen.

Schon damals konnte ein Astrolog, wenn er anders die Sterne richtig zu deuten verstand, Waldsteins baldiges Ende prophezeien. Um sich der Treue und Mitwirkung der meisten und besten seiner Offiziere zu versichern, berief er sie (12. Januar 1634) unter dem Vorwande eines Kriegsrathes zu sich nach Pilsen und ließ ihnen, nachdem er mit einigen der vornehmsten bereits insgeheim verhandelt hatte, durch seinen vertrauten Ilow die Frage vorlegen, ob es möglich und räthlich sei, dem Verlangen des Kaisers gemäß die Winterquartiere außerhalb der Erblande zu nehmen, die Stadt Regensburg bei der jetzigen Jahreszeit zu belagern, 6000 Reiter von der Armee abzuzweigen. Da alle übereinstimmten, daß Dies unausbleiblich den Ruin des Heeres nach sich ziehen müsse, so benutzte Ilow diese Gelegenheit, sich näher zu erklären. Er schilderte ihnen die gefährlichen Absichten des Hofes, der ihrem Oberfeldherrn unmögliche Dinge zumuthe, blos um ihn zu entkräften und die Armee sammt der deutschen Freiheit zu Grunde zu richten. Der Kaiser sei ein Spielball der Jesuiten, die durch ihren gewöhnlichen Betrug unter dem Scheine der Religion alles aufgebrachte Geld verschickten. Die Räthe suchten die Aufmerksamkeit des Monarchen nur auf andere Sachen zu richten, damit sie während dessen um so freier schalten könnten; auch steckten sie voll Geizes und aller bösen Begierden, wie sie denn alle Kontributionen, die für die Armee bewilligt worden, an sich zögen und also den sauern Schweiß der armen Soldaten zu ihrer Hoffart verwendeten. Jetzt suchten sie sogar Gelegenheit, diesen die Hälse zu brechen. Wohin die Truppen kämen und Quartier verlangten, wolle man sie nicht haben und thäte, als obs Türken, Teufel oder Tartaren wären. Da nun Waldstein dies Alles wußte und seine Ehre und Reputation, die er sich durch achtundzwanzigjährige Kriegsdienste erworben, dabei in großer Gefahr stehe, er auch der Armee Das, was er vielmal versprochen, zu halten außer Stande sei, weil der kaiserliche Hof selbst sein Wort breche und über die konfiszirten Güter anders disponire, so sei er entschlossen, zu resigniren und die Armee zu verlassen, ehe er schimpflich zum zweiten Male abgesetzt und verstoßen würde. Nun aber, fügte Ilow noch hinzu, sollten sie bedenken, was für Gefahr und Schaden ihnen von Waldsteins Abgange zustünde. Sie hätten die Regimenter und Kompagnien meistentheils auf sein Zureden aus ihrem eigenen Säckel errichtet; dafür würden sie nun, wie für ihre treuen Dienste nicht das Geringste zu erwarten haben. Seiner Meinung nach sei der beste Rath, bei dem Oberfeldherrn um die Fortsetzung seines Generalats mit allem Fleiße anzuhalten.

Bei diesen Worten riefen Alle, daß man Waldstein nicht verlassen, sondern ihn bitten solle, länger bei ihnen zu verharren. Sofort wurde auch eine Deputation, aus Ilow und vier Obersten bestehend, an ihn abgeschickt, die endlich beim zweiten Male die Erklärung auswirkte, „daß er noch ferner bei der Armee bleiben wolle, um zu sehen, was für Unterhaltung und Bezahlung ihr künftig zugehen werde.“ Um den Eindruck, welchen dieser Bescheid hervorrief, möglichst zu benutzen, stellte Ilow den Befehlshabern vor, wie billig es sei, daß auch sie sich ihrer Seits gegen Waldstein verbindlich machten. Er legte ihnen deshalb ein von ihm und Terzky entworfenes Schriftstück vor, nach welchem sie sich dem General sammt und sonders eidlich verpflichten sollten, „bei ihm ehrbar und getreu zu halten, so lange er in des Kaisers Dienste verbleiben, oder der Kaiser ihn zu seiner Dienste Beförderung gebrauchen werde,[1]) sich von ihm auf keine Weise zu trennen oder trennen zu lassen, sondern Alles, was zu seiner und der Armee Erhaltung gereiche, nach äußerster Möglichkeit zu befördern und beinebens und für denselben all' das Ihrige bis auf den letzten Blutstropfen einzusetzen, wie sie denn auch, wenn einer oder der andere von ihnen diesem zuwiderhandeln und sich absondern würde, den oder dieselben wie treulose, eidvergessene Leute zu verfolgen und an dessen Hab und Gütern, Leib und Leben sich zu rächen schuldig und verbunden sein wollten.“ Dieser Revers wurde von allen anwesenden 49 Offizieren, größtentheils Obersten, unterzeichnet; denn Terzki erklärte Alle, die es mit Waldstein nicht halten würden, für meineidige Schelme. — Drei der angesehensten Feldherren, Gallas, Altringer und Colloredo, fehlten bei diesen wichtigen Unterhandlungen. Begreiflicher Weise beunruhigte Dies den Herzog von Friedland. Er lud sie gleichfalls nach Pilsen ein. Der zweite entschuldigte sich aber und kam nur bis Frauenburg. Der erste besprach sich mit seinem Freunde Piccolomini, und beide schickten im Geheimen einen Bericht an den Kaiser ab.

[1]) Daß ein Exemplar des Reverses mit obiger Klausel vor Tische verlesen, jedoch ein anderes ohne dieselbe nach Tische zur Unterschrift zirkulirt habe, wird in der nachmals gegen Waldstein aufgesetzten Anklage zwar behauptet, von Dr. Fr. Förster jedoch bezweifelt; denn dieser Umstand kommt im Laufe des Prozesses nicht vor; keiner der Angeschuldigten beruft sich zu seiner Entlastung auf denselben. — Dr. Bernhard Kugler glaubt: Obige Klausel stand nur im Entwurfe des Reverses. Waldstein strich sie. — Neuer Plutarch, Theil 10, Seite 122.

In einer Protestation vom 20. Februar 1634, gegen die schiefe Auffassung des Reverses vom 12. Januar gerichtet, erklären Waldstein und seine Anhänger ausdrücklich, „daß es Uns niemals in den Sinn gekommen, das Geringste so J. Kaiserl. Majestät, Dero Hoheit, noch der Religion zuwider zu gestatten, noch weniger selbst zu praktisiren, sondern daß wir einzig und allein auf unablässiges Bitten der Offiziere Ihro Majestät Dienst und der Armada zum besten bis Dato verblieben, jedoch wegen der vielfältig gegen Uns angestellten Machinationen Uns in guter Sicherheit zu erhalten in solchen Schluß gewilligt und thun solchem auch hiermit Unser voriges der Armada gethane Versprechen erwidern ꝛc.[1])

Unterzeichnet: A. H. z. F. — Julius Heinrich, Herzog zu Sachsen. Adam Treczka. M. Wales. Conzaga. Sparr. Ch. v. Ilow. Ew. Sparr. J. Ch. v. Marcin. Ch. Scharffenberg. G. v. Breuner. Torrent della Folle (Valle). Wilh. Terzky. Peter Lossy. Marcus Corpeys. Joh. Wangler. Adl. Heim. Cor. Balbiany. Bernh. Hämerle. F. M. v. Lamboy. Joh. Beck. Pallant v. Marini. Seb. Giosza. L. Tornete. Wildtberg. H. v. Wildenfels. H. Wezuschetz. Nic. Millidrasky. Paul Veriso. Stephan Gutnick.

Am 21. Februar schickte Waldstein von Pilsen aus den Obersten Mohrwald und am folgenden Tage den General Breuner an den Kaiser, beide mit Vollmacht, Alles zu unterzeichnen, was man von ihm begehre, und in seinem Namen zu erklären, „daß er bereit sei, das Kommando niederzulegen und sich zur Verantwortung zu stellen, wohin es S. Maj. befehlen würde.“ Was geschah aber? Piccolomini und Diodati hielten die Abgeordneten fest, so daß ihre Botschaft erst, als Waldstein schon ermordet war, an Ferdinand den Zweiten gelangte.

Dieser hatte bereits am 24. Januar ein Patent unterzeichnet, nach welchem Waldstein des Oberkommandos entsetzt wurde. Gallas und Piccolomini erhielt zugleich den Befehl, sich des Friedländers zu bemächtigen und ihn mit seinen vornehmsten Anhängern, dem Ilow und Terzky, in gefängliche Haft oder an solch sicheren Ort zu bringen, allda er gehört werden und sich über alles dieses genugsam defendiren und purgiren (vertheidigen und reinigen) möge, oder doch sich seiner lebendig oder todt zu bemächtigen.

---

[1]) Vollständig bei Förster. Seite 271—73.

Trotzdem blieb der Kaiser mit Waldstein noch 20 Tage, bis zum 13. Februar in Briefwechsel. In demselben findet sich auf keiner Seite eine Spur von Mißtrauen oder gereizter Stimmung. In Wien wußte man also den Mantel der Heuchler sehr geschickt umzuhängen! — Waldstein hat erst drei Tage vor seiner Ermordung, da er von Pilsen flüchtete, mit den Feinden verhandelt. Seiner eigenen Sicherheit wegen that er den verzweifelten Schritt.[1]) Von Mieß schickte Ilow reitende Boten an den Herzog Bernhard nach Regensburg und an den kaiserlichen Obersten Uhlefeld, der im Lande ob der Ens stand. Dem letzteren theilte er die (unwahre) Nachricht mit, „daß man sich allbereit mit dem Herzoge von Weimar so weit verglichen habe, daß er ihm den Paß an der Donau verstatten würde."[2])

Am 24. Februar brach Waldstein nach Eger auf. Der Kommandant, Oberst Gordon, ein schottischer Protestant, hatte erst kürzlich von ihm ein erledigtes Regiment erhalten. Buttler, ein Irländer, war Katholik. Hier erst erfuhren sie (und Lesli) vom Herzoge selbst, weshalb er sich seinen Feinden in die Arme werfen müsse. Gordon und Lesli gelobten, bei ihm zu bleiben, sobald er sie von dem Eide, den sie dem Kaiser geleistet, entbände. Als sie jedoch durch den Dritten von den Patenten des Kaisers,[3]) den Befehlen Piccolomini's, von den großen Belohnungen hörten, schwuren sie auf Gordons Zimmer mit gezücktem Degen, den Herzog und dessen Freunde bei einem Fastnachtsschmause, zu dem sie der Genannte einladen solle, niederzustoßen. Der Mord wurde am Abende des 25. Februar ausgeführt. Ilow zeigte sich bis an sein Ende treu und tapfer. Er, der Einzige, der zu seinem Degen gelangen konnte, wehrte sich wie ein Verzweifelter, bis man ihn hinterrücks erstach. Auf Waldstein, der im bloßen Hemde am Tische stand, fuhren die Undankbaren wie auf einen Schelm und Verräther los. Gallas ließ den zwölf Soldaten,

[1]) Förster, Seite 275. — [2]) A. a. O., Seite 178.

[3]) Dem Feldzeugmeister Sparr, einem Evangelischen, verheimlichte man die Patente. Die Italiener und Spanier hatten es besonders auf die Deutschen und Böhmen — Terzky, Ilow, Sparr, Lossy, den Herzog J. H. von Sachsen, Mohrwald, Schaffgotsch, Scharffenberg ꝛc., meistens Protestanten — abgesehen. — Unterm 20. Februar ertheilte der Kaiser dem Obersten Grafen von Puchheimb eine geheime Instruktion, „alle Friedländischen und Terzkischen Güter und Fahrnisse, wo dieselben zu bekommen oder zu finden, in Unserm Namen zu konfiszieren und bei einander in Bereitschaft zu bringen, da Uns selbe Güter durch nunmehr beider (Fr. u. T.) erfolgter meineidiger Rebellion und Flucht zum Feinde als dem höchsten königlichen Oberhaupte undisponirlich anheim fallen."

„so den Effekt gethan“, je 50, dem Oberstwachtmeister, der sie geführt, 200 und zwei Hauptleuten, die demselben assistirt, 1000 Thaler auszahlen. Der Oberst Teufel, einer der Ersten, der sich erboten, den Tyrannen zu ermorden, erhielt, weil der Kaiser „seine Tapferkeit und Redlichkeit gern vernommen“, ein Regiment; der Wittwe Waldsteins verblieb blos Neuschloß in Schlesien; seine einzige Tochter Marie Elisabet vermählte sich mit einem Grafen Kaunitz; alle Forderungen des Friedländers waren quittirt.

Schiller sagt in seiner Geschichte des dreißigjährigen Krieges am Schlusse des vierten Buches, Band 15, Seite 256—57, über Waldstein: „Sein freier Sinn und heller Verstand erhob ihn über die Religionsvorurtheile seines Jahrhunderts, und die Jesuiten vergaben es ihm nie, daß er ihr System durchschaute und in dem Papste Nichts, als einen römischen Bischof sah. Aber wie schon seit Samuels des Propheten Tagen Keiner, der sich mit der Kirche entzweite, ein glückliches Ende nahm, so vermehrte auch Waldstein die Zahl ihrer Opfer. Durch Mönchsintriguen verlor er zu Regensburg den Kommandostab und zu Eger das Leben. Durch mönchische Künste verlor er vielleicht, was mehr als beides, seinen ehrlichen Namen und seinen guten Ruf vor der Nachwelt. Denn endlich muß man zur Steuer der Gerechtigkeit gestehen, daß es nicht ganz treue Federn sind, die uns die Geschichte dieses außerordentlichen Mannes überliefert haben: daß die Verrätherei des Herzogs und sein Entwurf auf die böhmische Krone sich auf keine streng bewiesene Thatsache, blos auf wahrscheinliche Vermuthungen gründen. Noch hat sich das Dokument nicht gefunden, das uns die geheimen Triebfedern seines Handelns mit historischer Zuverlässigkeit aufdeckte und unter seinen öffentlichen, allgemein beglaubigten Thaten ist keine, die nicht endlich aus einer unschuldigen Quelle könnte geflossen sein. Viele seiner getadeltsten Schritte beweisen blos seine ernstliche Neigung zum Frieden. Die meisten anderen erklärt und entschuldigt das gerechte Mißtrauen gegen den Kaiser und das verzeihliche Bestreben, seine Wichtigkeit zu behaupten. Zwar zeugt sein Betragen gegen den Kurfürsten von Bayern von einer unedlen Rachsucht und einem unversöhnlichen Geiste; aber keine seiner Thaten berechtigt uns, ihn der Verrätherei überwiesen zu halten. Wenn endlich Noth und Verzweiflung ihn antreiben, das Urtheil wirklich zu verdienen, das gegen den Unschuldigen gefällt war, so kann dieses dem Urtheile selbst nicht zur Rechtfertigung gereichen.

So fiel Waldstein nicht, weil er Rebell war, sondern er rebellirte, weil er fiel. Ein Unglück für den Lebenden, daß er eine siegende Partei sich zum Feinde gemacht hatte — ein Unglück für den Todten, daß ihn dieser Feind überlebte und seine Geschichte schrieb."

Bei Anton Gindely, Geschichte des dreißigjährigen Krieges, heißt es in dem Vorworte S. 10: „Bezüglich des Verrathes, der Waldstein gegen den Kaiser zur Last gelegt wird, waren die ältesten Historiker mehr oder weniger von seiner Schuld überzeugt, und auch Schiller gibt dieser Überzeugung Ausdruck; doch bemerkt er am Schlusse seiner Erzählung, daß die gegen Waldstein vorhandenen Beweise nicht zwingend genug seien.[1]) In neuester Zeit hat nun Förster eine Ehrenrettung versucht und alle Anklagen gegen den berühmten Feldherrn in das Gebiet der Lüge verwiesen und nur zugegeben, daß er sich gegen den Kaiser im Jahre 1634 habe kehren wollen, als er die Überzeugung gewonnen, daß man seine Absetzung plane. Sein Verrath wäre demnach nur die Folge des wider ihn beabsichtigten Unrechtes gewesen und ihm förmlich aufgezwungen worden.

Dieselbe Überzeugung verficht ein zweiter bedeutender Waldsteinforscher Dr. Hallwich auf Grund eingehender Studien und zahlreicher neu aufgefundener Dokumente, während ein dritter Forscher, Dr. Schebeck, Waldstein sogar von jeder Schuld zu entlasten sucht. Ranke hält in seiner Biographie Waldsteins im Ganzen an der älteren Anschauung fest, gewinnt aber dem Verrathe des Feldherrn eine Lichtseite[2]) ab, indem er meint, derselbe habe durch seine Verhandlungen mit Sachsen aufrichtig einen Ausgleich zwischen den Glaubensparteien angestrebt. Ein endgültiges Urtheil über diesen Gegenstand wird erst möglich sein, wenn das ganze belastende und entlastende Urkundenmaterial, das zum Theil noch immer unbekannt ist und das meiner Darstellung zum Grunde liegt, veröffentlicht werden wird . . . Die von mir aufgefundenen Dokumente haben in mir die Überzeugung von der Schuld Waldsteins geweckt." — Gindely gibt jedoch selbst zu (S. 9), daß er zwar in den Archiven von Berlin, München, Dresden und Paris alles auf diesen Gegenstand (Gustav Adolf) Bezügliche erforscht, aber nach Schweden seinen Fuß nicht gesetzt habe.[3]) Wie

[1]) Der Leser urtheile selbst, ob Schiller Waldstein für schuldig hält!

[2]) Diese Lichtseite hebt schon Schiller hervor.

[3]) In Wien sagte ein hoher Herr an vornehmer Tafel zu Dr. Förster: Schaun's, hier bei

darum sein Urtheil über den unstreitig großen König dieses Landes ein ganz einseitiges ist, so nicht minder seine Behauptung (III. 134): Der Historiker Chemnitz, im schwedischen Solde stehend, lasse keinen Zweifel an Waldsteins Schuld durchblicken. Gerade der Genannte weist nach: Der Herzog wurde durch den kaiserlichen Hofkriegsrath, den er zu wenig respektirte, durch die Jesuiten, die er als Friedensstörer aus dem Reiche vertreiben wollte, durch den Kurfürsten von Bayern, der einen alten Haß auf ihn geworfen, und durch die Spanier, die er immer verachtete, gestürzt.[1])

Gindely gesteht ferner ein (III. 33): Aus Waldsteins Ermordung zog der Kaiser den denkbar größten Nutzen. Mit diesem einen Schlage wurde er Herr seines Heeres; denn nur der Graf Schaffgotsch versuchte noch an der Spitze seiner Truppen eine Erhebung, wurde aber bei diesem Versuche von Colloredo gefangen genommen und unschädlich gemacht. Das Heer war jetzt ein kaiserliches und blieb es in allen folgenden Zeiten. Dabei entledigte sich Ferdinand zugleich der Zahlungspflicht an seinen ehemaligen Feldherrn, dessen Rechnung zu begleichen ihm nach einem allfälligen Friedensschlusse kaum möglich geworden wäre. Wenn man sich darüber wundern wollte, daß die Armee, die man an das Loos des Friedländers gekettet glaubte, so plötzlich und so vollständig von demselben los machte, so dürfte die Verwunderung bald ein Ende nehmen, wenn man erfährt, daß fast alle Obersten und Generale durch das Versprechen großartigen Lohnes gewonnen und auf die Waldstein'schen Güter gewiesen wurden, die man konfisziren und sammt und sonders ihnen überlassen wollte. Eine derartige Beute befriedigte nicht nur ihre Soldansprüche, sondern stellte ihnen noch eine glänzende Bereicherung in Aussicht. Was Wunder, wenn die Betreffenden zwischen die Wahl gestellt, ob sie den Kaiser oder Waldstein verrathen wollten, den letzteren Preis gaben, da sie Dies mit mehr Sicherheit und geringeren Gewissensskrupeln thun konnten! Waldstein fiel einer wider ihn organisirten Gegenverschwörung zum Opfer. Er war ein Mann von großen Herrschergaben, dessen Thätigkeit die

---

uns, da finden Se halt nix; die ganze Verschwörung liegt in Stockholm; da hat sie der Neuperg (eine Zeit lang k. k. Gesandter daselbst) gesehen. — Konsul Lindblad, ein thätiger Geschichtsforscher, versicherte Förster jedoch, daß durchaus Nichts in schwedischen öffentlichen und Privatarchiven vorhanden sei, wodurch Waldstein verdächtigt werde Förster, S. 277.

[1]) Heinrich, Deutsche Reichsgeschichte, VI., S. 638.

tiefsten Spuren zurückgelassen hätte, weil zu jener Zeit die Völker noch aus weicherem Thon waren, der sich in beliebige Formen kneten ließ."

Dr. **Bernhard Kugler** entwirft[1]) von Waldstein ein Bild, in dem man nichts weniger, als einen Tyrannen erkennt. „Neue Bahnen in der Staatsverwaltung hat er nicht betreten; aber in den alten bewegte er sich mit ungemeiner Geschwindigkeit. Was er angriff, gewann unter seinen Händen sofort neue Gestalt. Erhielt er ein neues Territorium, so ordnete er in demselben, sauber von einander getrennt, Verwaltung und Rechtspflege, stellte tüchtige Beamte und Richter an, beseitigte eingewurzelte Mißbräuche, forderte einen kurzen und klaren Geschäftsgang und prüfte mit nie ermüdendem Eifer die Wirksamkeit jeder Maßregel. Tüchtigen Beamten spendete er freigebiges Lob, setzte ihnen hohe Besoldungen aus und erfreute sie bei festlichen Anlässen, Kindtaufen oder Hochzeiten durch ansehnliche Geschenke. Wehe aber den nachlässigen und untreuen Dienern!" (S. 45). Beim Land- und Hofgerichte in **Güstrow** sammelten sich während der Waldstein'schen Verwaltung die wenigsten Akten . . . Den Ständen kam er hier freundlich entgegen. Auch in seinen böhmischen Besitzungen machte er den Versuch, aus Edelleuten, geistlichen Würdenträgern und Vertretern der Städte einen vollständigen Landtag zu bilden. Von den Ständen verlangte er guten Rath, wie das Wohl des Landes zu fördern sei, und Jedem, der ihn unterstützte, war er ein dankbarer Gönner. Den Edelleuten erwies er so vielfache Gunst, daß er sich selber, nicht mit Unrecht, des Adels Freund nannte . . . Dem wirthschaftlichen Gedeihen der Territorien wendete er jederzeit die gespannteste Aufmerksamkeit zu. An vielen Orten erließ er auf Jahre hinaus Steuern und Frohnen. Zahlungsunfähigen Schuldnern gewährte er billige Rücksicht. Den Bäckern und Bierwirthen wurde befohlen, ihre Waren nicht zu vertheuern, „damit der arme Mann seine Nothdurft um ein Leidliches haben könne." **Bettler wurden nirgends geduldet; aber in Zeiten der Noth erhielten die Armen Geld, Brot und Getreide. Zur Unterhaltung der gänzlich Armen sollten in allen Kirchspielen Hospitäler „ordentlich und geräumig"** gebaut werden. Als einst die Pest viele Bauern hinraffte, befahl Waldstein sofort: „Wo die Leute ausgestorben seynd und Niemandts da ist, der das Getreid auf dem Feld einschneidt, soll es dem,

[1]) **Neuer Plutarch**, Theil 10.

der dasselbe einsammeln wird, auch bleiben; denn es ist besser, daß jemandts dessen genießt, als daß es verderben soll." Seine Briefe enthalten Vorschriften über die Fütterung von Fohlen und Kälbern, Schweinen und Schafen, sogar über die Pflege der „kranken Kapaune und Hühnlein." — Wenn Waldstein auch die Jesuiten begünstigte, so geschah Dies lediglich aus politischen Rücksichten. Anderer Seits schrieb er seinem Schwiegervater: „Bitt euch, man höre auf in Böhmen so erschrecklich wegen der Lutherischen zu prozediren. Das seien jesuvitische Inventionen (Kunstgriffe): wanns übel zugehet, Jesuiten finden ein anderes Kollegium, der Kaiser aber kein anderes Land." (S. 51). „Jahre lang war der Kanzler von Friedland ein Lutheraner. An der Spitze der mecklenburgischen Verwaltung standen nur Männer dieses Bekenntnisses, und die Verfassung der Kirche blieb daselbst völlig unangetastet. Sogar die Juden duldete er und gewährte ihnen bedeutende Unterstützungen." (S. 51).

Waldstein ließ protestantische Kirchen, z. B. in Sagan erbauen[1]) — eine Toleranz, die ihm die Jesuiten nicht verziehen. — „Er konnte niemals populär werden, wie Gustav Adolf es stets war. Seine heftige Laune, die oft in tobende Wuth ausartete, traf ohne Unterschied Jeden, der in seine Nähe kam. Die Extravaganzen seiner Rede, seine astrologischen Grillen, denen er nachhing, seine bizarren Gewohnheiten, z. B. jene Grabesstille, in der seine Umgebung ruhen mußte, riefen Scheu und Grauen vor seiner Person hervor. Sein Ruf schwankte zwischen zwei Extremen: daß er das wildeste Unthier sei, welches Böhmen hervorgebracht habe; oder der größte Kriegskapitän, desgleichen die Welt noch nicht gesehen." (S. 120). — Für den Protestantismus und die deutsche Nation war der Untergang Waldsteins ein schwerer Schlag; denn nun raffte sich die katholisch-habsburgische Hälfte Deutschlands zu neuer Energie empor, erfocht den blutigen Sieg bei Nördlingen und faßte darnach die Hoffnung, ihre alten kirchlich-politischen Pläne in vollem Umfange durchzuführen. Wir beklagen also in Waldstein einen Märtyrer der guten Sache; beim Rückblick auf sein Leben bleibt freilich, wie David Strauß von Voltaire sagt, ein Rest in Händen, der nicht reinlich ist." (S. 131).

Von Friedrich dem Großen um des Herzogs Schuld befragt, antwortete Joseph der Zweite, er könne seinen Vorfahren keine Ungerechtigkeit zutrauen.

---

[1]) Dr. Wedekind, Johanniterorden, S. 115.

Waldstein, sagt der französische Kardinal, Minister Richelieu, wollte durch seine Unterhandlungen wohl nur eine Stellung gewinnen, seine Rechte geltend zu machen. Keiner hat dem Kaiser so genützt, Keiner war von ihm so belohnt worden. Unzählige Dienste stehen fest; für Untreue spricht nur Verdacht, kein voller Beweis. Nach des Herzogs Tode mehrten sich die Anklagen. Ist der Baum gefallen, läuft Jeder herbei, die Zweige abzubrechen, und der Ausgang des Lebens bestimmt für die Meisten das Urtheil über guten und schlechten Ruf.

Das Stärkste schleudert gegen Waldstein, selbst nach Prüfung der von Dr. Förster bekannt gemachten Aktenstücke, Schlosser[1]): Er habe zu keinem anderen Resultate kommen können, als daß Waldstein, um zu prahlen, zu herrschen, zu tyrannisiren, bereit war, Freund und Feind zu verrathen und deshalb bei Niemand Glauben fand. Den Tod hatte er, wenn man auch blos jene Aktenstücke zu Rathe zieht, an Deutschland tausend Mal, am Kaiser nach der Schlacht bei Lützen nach eben den Aktenstücken vielfach verdient. Man muß es daher ganz allein der damals in Österreich herrschenden jesuitischen und italienischen Politik zuschreiben (sic!), wenn man den Kaiser dahin brachte, gleich dem türkischen Sultan einen Meuchelmord förmlich zu befehlen, selbst Alles dazu anzuordnen, Männer aus den ersten Familien seines Reiches dazu zu gebrauchen. Das Letzte ist eigentlich das einzig Neue, was aus diesen Aktenstücken deutlich hervorgeht. Auf Ferdinand fällt daraus Schatten, auf Waldstein wahrlich kein Licht."

Füglich darf man auf den Herzog das Wort anwenden: „Von der Parteien Haß und Gunst verzerrt, schwankt sein Charakterbild in der Geschichte."

Die Güter, bemerkt Wolfgang Menzel (Deutsche Geschichte, S. 700), wurden an seine Verräther vertheilt. Gallas erhielt Friedland, Piccolomini nur Nachod (weil er mit seinen wälschen Diebsfingern gleich Anfangs zu tief in Waldsteins Kasse und nachgelassene Schätze gegriffen hatte), Colloredo Opotschno, Altringer Töplitz, Trautmannsdorf Gitschin. Der Kaiser selbst nahm Sagan. Alles übrige Geld Waldsteins, sofern es Piccolomini nicht schon gestohlen hatte, wurde an seine Soldaten vertheilt, um diese zu versöhnen. Die deutschen Anhänger Waldsteins, wenn sie auch

[1]) Heidelberger Jahrbücher, 1838, Nr. 14, S. 216. In der Weltgeschichte (S. 256) tadelt er des Friedländers Verhalten gegen Maximilian von Bayern und behauptet, man erkenne in seinem ganzen Benehmen einen Stilicho oder Alarich wieder.

an seiner Politik ganz unschuldig, blos ehrliche Soldaten waren und Nichts verbrochen hatten, als daß wälsche Schurken sich in ihre Stellen drängen wollten, wurden jetzt geächtet, vierundzwanzig zu Pilsen hingerichtet, des Feldherrn beste Oberste und Hauptleute Sparr, Mohrwald, Uhlefeld, Wildberger, Hammerle ꝛc., lauter Deutsche. Dasselbe Schicksal traf auch den unglücklichen Grafen Schaffgotsch, einen der ausgezeichnetsten Edelleute Schlesiens, der dieses Land im Auftrage Waldsteins besetzt hielt und sich nicht früh genug den Jesuiten hingab. Man schlug ihm zu Regensburg die rechte Hand und den Kopf ab, wie ihm vorher geweissagt worden."

Die letzte Notiz ist nicht ganz klar. Was W. Menzel in der Anmerkung zur Erläuterung anführt, stimmt mit anderen zuverlässigen Nachrichten, besonders hinsichtlich des Wahrsagers, nicht überein. In mehr als einer Beziehung sind diese interessant. Zur Charakteristik jener bewegten, ja aufgeregten Zeit mögen sie darum hier folgen. „Als der Herr Hans Ulrich von Schaffgotsch am 25. März 1635 seinen gewöhnlichen Jahrestag beging, wozu er viele Adlige, seine und die benachbarte Priesterschaft eingeladen hatte, die sich ziemlich lustig bezeigten, so fing Mag. Johann Kaspar Thyme (Timäus), Prediger in Obergiersdorf, ein trefflicher Astronomus chiromanticus (der sich seine dreimalige Vertreibung aus der Pfarre jederzeit vorher prognostiziret) vom Laufe des Himmels und der Konstellation der Planeten zu reden an, wobei er meldete, daß bei der Geburt seines Patrons (Hans Ulrichs von Schaffgotsch) Saturn und Mars im vierten Hause der Sonne eingefahren und Opposition gehalten, welche ihm einen gewaltsamen Tod durch ein kaltes Eisen andeuteten. Er brach endlich in diese Worte aus: Wir wollen den Herrn des Himmels fußfällig bitten, daß er Alles zum Besten unseres gnädigen Herrn wende. Der Stallmeister, der nebst anderen Kavalieren dabei saß und Dies hörte, ergrimmte hierüber und sagte: Ich hätte nimmermehr geglaubt, daß in einem ehrwürdigen Geistlichen dergleichen fantastische Grillen stecken sollten, den Anfang und das Ende menschlichen Lebens erforschen zu wollen, womit man ins Kabinet göttlicher Geheimnisse zu schauen vermeine. Ich bitte Nichts mehr, als daß Magister Thym das Vorgemeldete Ihro Exzellenz sagen wolle." Alle Anwesenden erschraken und baten den Stallmeister, Ihro Exzellenz Nichts davon zu entdecken. Dies wurde versprochen. Alle Gäste gingen nun fröhlich auseinander. Gleich darauf ward der Stallmeister beim Auskleiden zum General gerufen, der ihn um alle Diskurse in der Gesellschaft befragte

Hier erzählte er dem Grafen das fatale Prognostikon des Magisters Thym. Jener lächelte und befahl, augenblicklich den Gästen nachzueilen und sie auf morgen früh wieder auf das Schloß Kynast zu laden. Da nun alle, wie befohlen, sich wieder einstellten, sagten Seine Exzellenz zu dem Prediger Thym: Er möchte doch gern wissen, ob der Herr Magister in Theologia und Philosophia dergleichen Dinge gelernet, um den Menschen einen fatalen Periodum verkündigen zu können. Darauf ließ er ein säugend Lamm von der Herde herbeibringen mit dem Befehle, der Magister möchte doch auch diesem Lamm die Nativität stellen. — Der Geistliche antwortete: Zwischen einem vernünftigen Menschen und einem vernunftlosen Thiere sei auch in dieser Beziehung ein wesentlicher Unterschied. Der Herr General wünschte aber dringend, daß er trotzdem seine Kunst zeige. Deshalb ersuchte Magister Thym, den Schäfer herbeizurufen. Nachdem er sich bei ihm genau erkundigt hatte, an welchem Tage und zu welcher Stunde das Lamm von seiner Mutter geworfen, berechnete er dessen Schicksal astrologisch und sagte endlich öffentlich: Dies Lamm wird der Wolf fressen! Alle Anwesenden lachten. Der Graf ließ seinen Jagdwagen anspannen und fuhr mit den Gästen in den Wald; im Geheimen jedoch befahl er dem Koche, das betreffende Lamm zu schlachten und ganz zu braten. Weshalb dies geschehen solle, theilte er ihm natürlich nicht mit. Nun war im Schlosse Kynast seit länger als einem Jahre ein zahmer Wolf, der, ohne jemals etwas davon zu fressen, die Braten am Feuer drehte. Was geschah aber jetzt? Der Koch hatte das Lamm an den Spieß gesteckt; er mußte indeß anderer Geschäfte wegen mit seinen Gehülfen die Küche verlassen, und ganz wider seine Gewohnheit verzehrte Meister Isegrimm das Lamm. Er bekam zwar eine derbe Tracht Prügel; der Koch konnte jedoch nicht wissen, welche Bewandtnis es mit jenem Thierchen hatte. Als Graf Schaffgotsch von der Jagd zurückkehrte und sich zur Tafel setzte, sprach er scherzweise zu seinen Gästen: Der Wolf hat das Lamm gefressen! Magister Thym erröthete nicht wenig. Viele andere Speisen trug man zwar auf; der Hauptbraten blieb jedoch aus. Auf Befragen erzählte der Koch seinem Herrn fußfällig, was sich zugetragen hatte. Alle erstaunten. Nur Graf Schaffgotsch blieb ruhig und legte das Messer auf den Tisch mit den Worten: „Pro patria mori decus est — es ist eine Ehre, sein Leben fürs Vaterland zu lassen; der Wille des Herrn geschehe! Ich weiß, daß ich jederzeit meinem Kaiser treu gedient und des Landes Bestes redlich gesucht, und Du, Herr, (setzte er mit gen Himmel erhobenem

Blicke hinzu) wirst meine Unschuld an den Tag bringen!" Ein Schauer durchlief seine Glieder. Er begab sich zu Bette. — So erzählt der Prediger Ehrhardt in der schlesischen Presbyterologie (3. Theil, Jauer, Seite 203—204) auf Grund der Lebensbeschreibung des Grafen von Schaffgotsch. Hamburg und Leipzig 1757, S. 3—9.

Schon nach drei Monaten, am 25. Juni 1635, ging dem General ein Befehl des Kaisers Ferdinand des Zweiten zu, sich in Regensburg zu seiner Verantwortung zu stellen. Wiewol ihn die Freunde unter Thränen baten, seines Lebens zu schonen, reiste er im Bewußtsein der Unschuld schon am folgenden Tage ab.

Kaum in jener Stadt angekommen, wurde er verhaftet. Man forderte ihm zugleich den Degen ab und verhörte ihn auf dem Rathhause besonders über drei Punkte: ob er mit Seiner Majestät Feinden, den Schweden, korrespondirt; Gelder, für eine Heeresabtheilung in Ungarn bestimmt, unterschlagen und dadurch die Soldaten zum Aufruhr gereizt; seine lutherischen Unterthanen im Geheimen zur Vertreibung der Katholiken aufgefordert habe und willens gewesen sei, sich zum Meister der böhmischen Grenze zu machen. Mit gutem Gewissen konnte er alle Fragen verneinen. Man legte ihm Briefe vor, die aus einer Jesuitenfabrik stammen mochten. Er erwiderte: „Wer diese Briefe geschrieben hat, mag deren Inhalt vor Gott verantworten; mir sind sie unbekannt." Selbst mit der Tortur verschonte man ihn nicht. Im Laufe der Verhandlungen bemerkte er mit Recht: Hätt' ich den Jesuiten gefolgt, so säß' ich nicht hier. Er verlangte den evangelischen Superintendenten. „Ihro Exzellenz thun recht daran, sagte ein Lieutenant; wer mit der Religion spielt, an dem ist selten etwas Gutes. Sie sollen einen Prediger nach Ihrem Wunsche haben. Ich hoffe, es sollen viel Katholische und Evangelische im Himmel anzutreffen sein!" Die Herren von der Gesellschaft Jesu richtete mit ihren Künsten bei der unerschütterlichen Glaubenstreue des Grafen Schaffgotsch gar Nichts aus. Seine Richter erklärten: Wir thun, was uns der römische Kaiser befiehlt! Auf dem Marktplatze in Regensburg, zur Heide genannt, wurde er am 23. Juli enthauptet. Jeder Unbefangene sieht, daß das Standrecht nur der Form wegen stattfand. So endete ein edler Mann, der in besseren Tagen als Lohn seiner Waffenthaten von Ferdinand dem Zweiten den seltenen Titel von Semperfreien des heiligen römischen Reiches erwarb! Er fiel, betont v. Zedlitz-Neukirch (Adelslexikon IV., S. 156) als ein Opfer des Konfessionshasses. Seine Gemahlin (seit 18. Oktober 1620), eine

Tochter des Herzogs Joachim Friedrich von Liegnitz und Brieg, starb bereits am 24. Juli 1631 zu Kemnitz; sein Sohn Christoph Leopold wurde katholisch erzogen. Dadurch gingen ihm wenigstens die beträchtlichen Güter des Vaters, die Herrschaften Trachenberg, Prausnitz, Kynast, Greifenstein, Kemnitz, Schmiedeberg, Giersdorf, Hertwigswalde und Rauske, nicht verloren! — —

Ist Waldsteins Schuld nicht nachgewiesen, so kann auch von Verbrechen seiner Freunde, die auf demselben Wege wandelten und bis zum letzten Augenblicke treu bei ihm ausharreten, nimmermehr die Rede sein. Hüten wir uns darum, auf Christian von Ilow einen Stein zu werfen! — —

Nicht minder einseitig, ja falsch, wie der Friedländer, wird auch der Graf Adam von Schwarzenberg beurtheilt. Gallus, der sich sonst um die brandenburgische Geschichte große Verdienste erwarb, sammelte mit emsigem Fleiße alle Vorwürfe, die mißgünstige oder leichtgläubige Zeitgenossen und deren gedankenlose Nachbeter gegen ihn erhoben..[1]) Zugleich trug er solche mit der Wärme und Gewandtheit eines öffentlichen Anklägers vor, und es gelang ihm durch solche Mittel, Schwarzenberg als eine ehrgeizige, hinterlistige, verrätherische Seele, als einen vollendeten Bösewicht hinzustellen. Er erzählt u. a., der Minister überredete den Kurfürsten, der sich Alles vorspiegeln ließ, seinen Sohn im fünfzehnten Jahre auf Reisen zu schicken. Georg Wilhelm fand Dies gut, obgleich der Krieg von einem Ende Europas bis zum andern mit beispielloser Wuth schon fast ein Menschenalter hindurch tobte, obgleich die Pest in mehr als einem Lande ganze Generationen hinraffte, obgleich auf allen Wegen tödtende Gefahren drohten. Der Prinz reiste nach Holland. Schwarzenberg hoffte mancherlei wichtige Vortheile von der Entfernung eines Jünglings zu ziehen, dessen reifender Verstand keinen Schwächling, keinen Georg Wilhelm verrieth. Zuvörderst konnte er nun ungehindert in der Mark tyrannisiren und schwelgen; dann verließ er sich auf die Hülfe einer Krankheit oder auf die Gewalt des Krieges, welche den Prinzen um Leben und Zepter bringen würde. Da der Zufall seine Anschläge nicht begünstigte, so machte er neue Entwürfe. Er fing die Briefe des Sohnes auf und verleumdete ihn beim Vater, um Herzen zu trennen, welche die Natur verbunden hatte. Er gab vor, daß der Prinz eine pfälzische Prinzessin

[1]) Mark Brandenburg, IV., Seite 45—50.

heiraten und die Regierung der Klevischen Länder eigenmächtig noch bei des Vaters Leben an sich reißen würde. Dabei schob er den gewöhnlichen Popanz, vor dem Georg Wilhelm bebte, das kaiserliche Schreckbild vor. Der Kaiser, hieß es, würde ein solch' Beginnen höchst mißfällig aufnehmen, weil der Prinz Alles unter dem Schutze der Niederländer, der kaiserlichen Feinde, ausführen wollte. Man sollte ihn daher lieber nach Wien senden. Dies letztere bedenkliche Vorhaben hintertrieb die Kurfürstin. Der Kurfürst selbst ließ sich zum Spielballe des Ministers brauchen; er glaubte dies ungereimte Zeug und rief seinen Sohn nach Hause, weil Schwarzenberg immer neue Projekte brütete und, ein zweiter Proteus, veränderte Gestalten annahm. Aber der Prinz fand seinen Aufenthalt in Holland zur Ausbildung seines Verstandes, seiner Sitten, seines kriegerischen Geistes sehr vortheilhaft. Darum bat er den Vater, länger hier zu verweilen. Die holländischen und klevischen Stände unterstützten das Gesuch. Der Herr von Schulenburg, der ihn abholen sollte, wendete sich auf ihre Seite, und der Prinz blieb. Schwarzenberg flüsterte dem Vater neue Verleumdungen ein, und dieser ward auffallend kälter gegen seinen Sohn. Der Prinz erfuhr Alles. Plötzlich entschloß er sich, nun zu thun, was er vorher nicht willens war. Er reiste unvermuthet nach Berlin zurück, um das giftige Gespinnst der Klätschereien zu zerstören. Schwarzenberg zitterte vor dem heldenmüthigen Jünglinge, und nach der Weise aller feigen Seelen entschloß er sich zum Meuchelmorde. Er versteckte gedungene Banditen, wenn der Prinz auf die Jagd ging, hinter Gebüsche. Alles vergeblich! Der Ewige wachte über die Tage eines Fürsten, der zum Glücke vieler Tausende bestimmt war. Selbst in seine Schlafkammer schloß der Verräther erkaufte Mörder ein; der Prinz ertappte einstens einen mit bloßem Degen unter seinem Bette. Da auch Dies nicht den Erfolg hatte, wie ihn der Graf Schwarzenberg wünschte, so sann er einen neuen Mordanschlag aus, der ihm nach seiner Meinung nicht fehlen konnte. Er veranstaltete den 18. Juni 1638 ein großes Gastmahl aus Freude über die Zurückkunft des Prinzen, wie er vorgab, in der That aber aus Begierde, ihn zu vergiften. Der Prinz traute dem boshaften Minister in keinem Stücke mehr; darum nahm er die Einladung nicht an. Schwarzenberg wiederholte seine Bitten; der Prinz gab ihnen um destoweniger Gehör, je dringender sie waren. Endlich steckte sich der ränkevolle Günstling hinter den schwachen Vater. Georg Wilhelm befahl seinem Sohne, zum Gastmahle zu gehen, und dieser ging. Gleich im ersten Bissen Brot empfing er Gift. Eine plötzliche Übelkeit, die ihn zur Entfernung vom Tische nöthigte, war das erste Zeichen davon, und eine schwere Krankheit, in die er nachher verfiel, die weitere Folge. Jedoch die Stärke seines festen Körpers und die Geschicklichkeit des Leibarztes Martin Weise rettete ihn vom augenscheinlichen Tode.[1]) Ein häßlicher Ausschlag blieb im Gesichte zurück, und erst nach einigen Jahren verlor er sich. Der Vater ahnte dennoch nichts Arges. Mit stumpfer Gleichgültigkeit fragte er nach keinen Regierungssachen mehr. Er übergab dem Grafen Schwarzenberg eine Menge Vollmachten, leere Papiere mit der kurfürstlichen Unterschrift, auf welche der Verräther nach Belieben Befehle hinfüllen konnte, wie sie ihm der Geist eingab. Mit einem dergleichen Blankett veranstaltete er die Wahl seines katholischen Sohnes zum Koadjutor des Herrenmeisterthums zu Sonnenburg wider alle Ordensregeln."

Viel günstiger urtheilt der Konsistorialrath Cosmar über Schwarzenberg.[2]) Er machte sich, hebt er hervor, um die Erwerbung von Jülich-Kleve für beide Prätendenten — den Kurfürsten Johann Sigismund und den Prinzen Wolfgang Wilhelm von Pfalz-Neuburg — sehr verdient. Kaiser Rudolf der Zweite erklärte deshalb (11. November 1609) ihn gleichfalls in die Acht. „Auch Du Adam Graf zu Schwarzenberg und andere ꝛc., weil ihr den gemeinen Ständen ab und beiden Fürsten zugefallen, denselben als Euren Herren Gelübde gethan, die auf dem Landtage einverstandenen Räthe, Herren, Ritter und Städte um deswillen, daß sie die gegen Unsere Befehle abgeforderten unziemlicher Handgelübde nicht thun wollen, wider alle Gebühr und Hergebrachte der Lande Freiheit eingesperrt und zu Düsseldorf wider ihren Willen aufgehalten und, den Fürsten zugefallen, die von den Ständen angenommenen Soldaten abgedankt und in der Fürsten Eid bestellt und zur Einnahme mehrerer Städte und Schlösser alle Hülfe geleistet, so werdet Ihr auf Klage des Fiskals verurtheilt in Acht und Aberacht, auch Verlust aller Habe, Güter und Lehen ꝛc."

Unstreitig besaß Schwarzenberg auf die mächtigen und wirksamen Parteien in Jülich großen Einfluß. Markgraf Ernst suchte ihn deshalb an das Haus Brandenburg

---

[1]) Über Weise vergleiche Seidels Bilderſammlung, Seite 191—95! Hier ist die Vergiftung nur als ein ausgebreitetes Gerücht bezeichnet.

[2]) Beiträge zur Untersuchung der gegen den brandenburgischen Geheimen Rath Grafen Adam zu Schwarzenberg erhobenen Beschuldigungen. Berlin, 1828. Naucks Buchhandlung.

zu fesseln. Er verlieh ihm 1610 den Titel Oberkammerherr, gab ihm 1400 Thaler Gehalt (andere Räthe erhielten höchstens 1000, die bürgerlichen nur 4—600), freien Tisch für seine Person am Hofe und für sechs Diener, Futter für acht Pferde. Als Ernst am 19. September 1613 gestorben war, vertrat er 1616 den Kurprinzen in Jülich; auch führte er, als Johann Sigismund (am 22. November 1619) die Regierung niederlegte, im Namen Georg Wilhelms das Wort.

Unleugbar vermittelte er die Verbindung Brandenburgs mit dem Kaiserhause, verhinderte die Alliance mit Dänemark, zog den Kurfürsten von den Schweden ab 2c. Cosmar fragt jedoch: Gesetzt, diese Politik sei unklug gewesen, war er deswegen ein Verräther? Im Grunde genommen lenkte er nur in die alte Heerstraße wieder ein, welche reichs- und verfassungsmäßig und eigentlich die rechte war, von welcher sich das Haus Brandenburg seit Jahrhunderten fast gar nicht entfernt, ja, auf welcher es seine Größe erlangt hatte. Sein System war kein anderes als das herkömmliche und gesetzmäßige, zu welchem der Reichsverband Haupt und Glieder verpflichtete und leitete. Man blicke zurück auf die Kurfürsten Friedrich den Ersten und den Zweiten, selbst auf Joachim den Zweiten, Johann Georg, Joachim Friedrich! Erst der Streit um Jülich führte kurze Zeit auf andere Wege; denn schon Georg Wilhelms drei Nachfolger wandelten wieder auf denselben.

Von dem Eifer für seinen Landesherrn beseelt, wollte Schwarzenberg weniger ein deutscher, als ein brandenburgischer Patriot, ein treuer Freund und Diener des Kurfürsten sein. Er glaubte zuversichtlich, daß für diesen bei dem gewaltigen Sturmgewitter, das Deutschland durchzog, mehr Heil und Sicherheit im Festhalten an dem Reichsoberhaupte zu finden sei, als in der Vereinigung mit den Freunden, die bei der Gelegenheit auch im Trüben zu fischen und in Deutschland Eroberungen zu machen suchten. — Die Frage: „Waren etwa die besonderen Staatsverhältnisse zur Zeit Georg Wilhelms von der Art, daß ihm Anschluß an das Reichsoberhaupt durchaus nur von einem verrätherischen Minister empfohlen werden konnte? verneint Cosmar ganz entschieden. Er verweist auf die Zwietracht, welche seit Beginn der Reformation zwischen Lutheranern und Reformirten herrschte, auf den Kurfürsten von Sachsen, der sich mit Ferdinand dem Zweiten verband und dadurch 1623 die Lausitz gewann; auf Jakob den Ersten, der für seinen Schwiegersohn, den „Winterkönig", gar Nichts that; auf Frankreich, das durch sein grausames Verfahren gegen die Hugenotten kein Vertrauen einflößen konnte; auf den launischen Bethlen Gabor von Siebenbürgen, der zwar das Schwert ergriff, es aber bald wieder niederlegte. Bringt man alle damaligen Verhältnisse in Anschlag, den Zusammenhang zwischen den Ständen und dem Oberhaupte des Reiches, die überlegene Macht des letzteren, die Ohnmacht, die Uneinigkeit seiner Gegner, die Schwäche und Unzuverlässigkeit ausländischer, doch nur auf Kosten Deutschlands, besonders Brandenburgs, gebotener Hülfe, die enge Verbindung Georg Wilhelms mit Polen und die Stimmung seines Volkes, so läßt sich die Berücksichtigung dieser Verhältnisse wol nicht für verwerflich erklären. Denn jedenfalls bieten diese Gründe dar, wichtig genug, um auch einen einsichtsvollen und redlichen Diener des Kurfürsten mehr für das Festhalten der althergebrachten Politik, als für eine in mancher Beziehung zwar vortheilhafte, aber auch sehr gefährliche und verfassungswidrige Neuerung zu stimmen.

Schwarzenberg legte in einer besonderen Schrift dar, wie wenig Brandenburg von Dänemark (dessen zügellose Soldaten u. a. Nauen in Brand steckten), wie viel es dagegen vom Kaiser zu erwarten habe, und sein Gegner, der Kanzler Pruckmann, milderte in diesem Aktenstücke, das 1626 den Ständen vorgelegt wurde, nur wenig. (Cosmar, S. 49). Der Kurfürst grämte sich sehr, daß man seine Lande so sehr verderbe, ihn so gering achte und verhöhne und er keinen habe, der ihm zur Seite stehe. Mit allen Räthen, äußerte er, sollte ich reden; aber sie sind so sehr auf deren Seite, die mich despotisiren und aufs äußerste ruiniren, daß ich darüber mehr erzürnt und betrübt, als getröstet und zu einer Resolution schlüssig werden könnte (S. 50, 51). Levin von Knesebeck, verständig und gemäßigt, hielt zwischen Schwarzenberg und dessen Gegnern eine gewisse Mittelstraße.

Sehr oft wird gegen Schwarzenberg der Vorwurf erhoben: er diente zwei Herren, dem Kurfürsten und dem Kaiser. Daß er zu den Räthen des letzteren gehörte, läßt sich durch keine Urkunde beweisen. Jedenfalls hätte man es 1625 in dem Schreiben, das ihm Georg Wilhelm behufs der Wahl zum Herrenmeister, in dem nicht blos seine eigenen, sondern auch die Verdienste seiner Vorfahren aufgezählt sind, erwähnen müssen. Den kaiserlichen Rath sucht man auch in der Vollmacht, die er 1636 für die Wahl Ferdinands des Dritten erhielt, vergeblich. Keine Adresse eines Privatbriefes weist ihn auf. Weder Cosmar noch sein Freund Klaproth fanden ihn in Archiven. — Dem brandenburgischen Kanzler von Götze verliehen die

Schweden die Dompropstei Magdeburg; er schwor ihnen deshalb den Eid der Treue. Schwarzenberg leitete gegen ihn einen Prozeß ein. Jener bestritt in seiner Vertheidigung mit vieler Bitterkeit, in schwedische Bestallung getreten zu sein. Wiewol es sehr nahe lag, sagt er doch keine Silbe von Schwarzenbergs Doppelstellung (S. 81, 82). Eine solche nahm dagegen, wie wir im letzten Theile dieses Kapitels sehen werden, Konrad von Burgsdorf ein. (Siehe Seite 543—47).

Alle Perioden der Verwaltung des angefochtenen Ministers liefern Beweise, daß er kein blinder Anhänger Österreichs war. Ein zum Korps des Generals Montecuculi gehöriger Trupp plünderte im Sommer 1638 ein Schiff und raubte bei dieser Gelegenheit kurfürstliche Kleinodien im Werthe von 60 000 Gulden. Schwarzenberg ließ drei dabei betheiligte Offiziere, zu denen der Oberstlieutenant Sydow gehörte, verhaften, leitete zu Spandau die Untersuchung gegen sie ein, verlangte Ersatz oder Vergütigung der Sachen, widrigenfalls sie wie Räuber am Leben gestraft werden sollten.

Auch in anderen Fällen schritt Schwarzenberg mit Energie ein. Unterm 10. Mai 1639 erließ er einen Steckbrief gegen Georg von Waldow, gewesenen Rittmeister beim Regiment von Schapelow, wegen Straßenraubes.[1])

Die Spanier belegten Schwarzenbergs Güter in Jülich mit Beschlag. In gleicher Weise verfuhr der Kurfürst von Sachsen mit des Ministers Silbergeschirr (30 000 Thlr.), das er 1630 vor den Schweden nach Wittenberg in Sicherheit gebracht hatte. Es ward eingeschmolzen und ihm trotz aller Bitten und Vorstellungen niemals Ersatz geleistet. In seinem Schreiben an Levin von Knesebeck (Kleve, 7. Dezember 1639) sagt Schwarzenberg: „Ich weiß mich nicht zu entsinnen, was der Kurfürst von Sachsen für Aktion [Klage] gegen mich hat, da er, als ich ihn zum letzten Male in Annaberg (1628 auf der Rückreise von Wien) gesehen, so gnädig von mir Abschied genommen und ich S. Kurfürstl. Durchlaucht ganz nüchtern drei so große Gläser auf der Treppe rein aus Bescheid gethan habe. Vermuthe auch, daß ich bei S. Kurf. Durchlaucht und Ihrem Herrn Bruder wol zehn Jahre von meinem Leben habe abgesoffen. Sollte mir nun das Silber genommen werden, so käme mir der Wein theuer zu stehen, da ich ihn mit Gesundheit und Silber bezahlen sollte" (S. 128).

[1]) Original im königl. Regierungsarchive zu Frankfurt a. O.

Wenn der schwedische Resident Camerarius 1626 an Oxenstjerna schrieb: „Möchte er (Schwarzenberg) am äußersten Ende Japans oder sonst wo sein, von wo das Heimkehren Niemand vergönnt ist" — so darf uns Dies nicht befremden; im Jahre 1631 erklärte ihm aber auch der Pfalzgraf von Neuburg ganz offen: „Man halte ihn in Wien für den Anstifter alles Bösen gegen den kaiserlichen Hof", und er antwortete, es sei ein Unglück, daß er es an keinem Orte recht machen könne (S. 131). In Wien hielt man ihn für einen lauen Katholiken; mehrere erblickten sogar in ihm einen Protestanten, Kalvinisten. Wenn man in diesem Punkte auch zu weit ging, so unterliegt es doch keinem Zweifel, daß ihn der Glaube an eine alleinseligmachende Kirche nicht begeisterte. Auf seine Verwendung durften Flüchtlinge aus Böhmen sich in brandenburgischen Städten aufhalten; sie empfingen sogar geringe Unterstützungen (S. 107). Auf dem Reichstage in Regensburg (1636) ließ er sich bei dem bayerischen und kölnischen Gesandten anmelden; beide wiesen ihn jedoch ab, weil — Mariä Himmelfahrt (15. August) sei (S. 141).

In Folge kurfürstlicher Ernennung (nur zum Scheine stand Hennig von Flans, Komthur von Werben, auf der Liste) ward Graf Adam von Schwarzenberg am 17. (27.) Juni 1625 zum Herrenmeister erwählt, am 19. von dem Ordenssenior Adam von Schlieben zum Ritter geschlagen und feierlich in sein Amt eingeführt. Er verpflichtete sich durch einen besonderen Revers: Im Herrenmeisterthume in Lehren und Zeremonien Nichts zu ändern, noch einiges Exerzitium der päpstlichen Religion in Kirchen, Schulen und Häusern einzuführen, oder auch dasselbe für sich selbst darin zu gebrauchen, noch Anderen zu verstatten, sondern es diesfalls allerdings (durchaus, in allen Stücken) so wie er es jetzt findet, zu lassen, indem eine Änderung hierin dem regierenden Landesherrn allein zustehe. Er leistete den Eid nach protestantischem Ritus, nicht: So wahr mir Gott helfe und seine Heiligen (S. 139).

Hierauf zeigte der neue Herrenmeister seine Wahl dem Großprior, Fürsten zu Heitersheim an und bat, einen Termin zu seiner Bestätigung anzusetzen. Der letztere wurde seinem eigenen Belieben überlassen, ihm aber zugleich aufgegeben, die rückständigen Responsgelder mitzuübersenden. Nachdem der kurfürstliche und gräflich Schwarzenbergsche Rath H. Herseler dieselben überbracht hatte, erfolgte nicht blos die Bestätigung der neuen Wahl, sondern auch die Konfirmation der fünf vorigen Herrenmeister (Markgrafen von Brandenburg, vergl. S. 457 der Urk. Gesch.!).

Wie Waldstein Geld zum Bau eines protestantischen Gotteshauses in Sagan spendete, so schenkte Graf Schwarzenberg der Ordenskirche in Sonnenburg einen Marmoraltar. Sein charakteristischer Brief lautet:

Veste, hochgelahrte Räthe und liebe Getreuen! Euch bleibet hiedurch unverhalten, daß vor etlichen Jahren allhie in der Schlos-Capellen ein schöner Altar von Marmel und Holz, fein ausgeschnitzet, abgebrochen worden. Wan dan derselbe nix mer an diesem Orte geachtet wirde, so hab ich ihn ausgebeten und werde denselben Altar auf zwei Rüstwagen bis gen Chistrin schicken, von dannen kan er zu Wasser vort gebracht werden. Als wollet etwa einen feinen bequemen Platz darzu aussetzen, wo dieser Altar stehen kann, etwa zu Sonnenburg oder zu Grunenberg oder zu Rawendorf in ,den Kirgen. Weiler aber Sonnenburg die rechte Residenz ist, so sollte ich am liebsten sehen, er werde allda aufgerichtet, da dann in der Kirgen wohl wirdt Platz zu vinden sein. Es kumpt mit der Baumeister und der Steinmetzer, die diesen Altar gleich aufrichten sollen, ir werdt inen so viel eysen zu Handt schaffen, als sie haben müssen, den Altar zu befestigen und so lange sie da sein, sollen sie gespeiset werden. Die Vererrung wil ich hie geben.

Collen an der Spree, am 27. Juli 1626. Adam, Graf von Schwarzenberg.

Nach der genannten Stadt wurde auf den 4. November 1630 ein Kapitel ausgeschrieben und in demselben wegen vieler den Orden bei damaligen Kriegs-Troublen betroffenen Unfälle berathschlagt, auch nach Absterben des Ordensseniors Adam von Schlieben der Kommendator und Landvogt zu Schievelbein, Georg von Winterfeld zum Ordenssenior erwählt und zugleich beschlossen, daß hinfüro allewege Derjenige, welcher der älteste im Orden und am ersten darin eingekleidet, aber auch ein residirender Komthur unter den vier nächsten angesessen sei, das Officium Senioris regulariter an sich zu nehmen schuldig sein solle.[1])

Versammlungen des Ordenskapitels fanden ferner statt: am 7. November 1631 und 12. Juli 1635 in Sonnenburg, am 16. April 1640 in Spandau. In der letzteren erschienen vier kurfürstliche Abgeordnete: Balthasar von der Marwitz auf Sellin, Baltzer von Dequeda auf Deetz, Sebastian Stripe und Matthias Wesenbeck. Bei den „gefährlichen Läuften" erachtete es Georg Wilhelm für nothwendig, einen

[1]) Dithmar, II., Seite 97—98. „Das Amt eines Ältesten regelrecht an sich zu nehmen —".

Koadjutor zu wählen. Er präsentirte des Herrenmeisters Sohn, den Grafen Johann Adolf von Schwarzenberg, Komthur zu Wildenbruch, und Burchard von Goldacker, Komthur zu Werben. Die meisten Stimmen erhielt der erste. Der Obermeister Hartmann von Thanne bestätigte ihn im November. Trotzdem wurde später diese Wahl mit Erfolg angefochten; der Wind wehte nämlich aus einer anderen Himmelsgegend. (Siehe Seite 548!)

Unter Adam von Schwarzenberg empfingen den Ritterschlag:

1625: Konrad von Burgsdorf, kurfürstl. brandenburgischer Oberkämmerer und Oberst, Kommendator zu Lagow; Burchard von Goldacker, Kommendator zu Werben;

1626: Georg Ehrentreich von Burgsdorf, kurfürstlicher Kammerherr, Oberst, Kommendator zu Supplingenburg;

1635: Johann Adolf Graf von Schwarzenberg; David v. d. Marwitz, Hauptmann zu Sonnenburg; Hennig von Grüssow, kursächsischer Oberst; Bastian von Waldow, schwarzenbergischer Hofjunker.

Nach dem Tode Georg Wilhelms (1. Dezember 1640) blieb Schwarzenberg auf ausdrücklichen Wunsch des neuen Kurfürsten, der sich vorläufig noch in Preußen aufhielt, Statthalter in der Mark. Er weilte jetzt fast ausschließlich in Spandau. Hier wurde er am Freitage, den 26. Februar (8. März) 1641, durch sechs Kapitäne des Regiments von Rochow, welche „mit starker Instanz" ihren Unterhalt begehrten, und durch ein Schreiben aus Regensburg, das ihn benachrichtigte, ein Oberster in Königsberg habe von einem vornehmen Diener Sr. Kurfürstlichen Durchlaucht erfahren, es stehe sehr übel um ihn, in solche Aufregung versetzt, daß er schwer erkrankte und nach sechs Tagen (14. März) in Gegenwart der Geheimen Amts- und Kammerräthe von Dequeda, von Waldow, Striepe und Fromhold verschied. Die Leiche wurde in der Nikolaikirche zu Spandau beigesetzt. Über der Gruft, welche sich unter dem Taufsteine befindet, ließ der Sohn des Verstorbenen eine bronzene Tafel mit dem gräflichen Wappen und folgender Inschrift anbringen:

„Anno 1641 den 4. Mart. ist weiland der Hochwürdige, Hochwohlgeborene Herr, Herr Adam, Graf zu Schwarzenberg, des ritterlichen St. Johanniterordens in der Mark, Sachsen, Pommern und Wenden Meister, des königl. Ordens St. Michaelis in Frankreich Ordensritter, Herr zu Hohenlandsberg und Gimborn, Kurfürstlich brandenburgischer Statthalter in der Kurmark, Geheimer Rath und Oberkammerherr auf der Festung Spandau in Gott selig entschlafen und hier in dieser Kirche beigesetzt. R. I. P." [1])

Der Gegner des einst höchst einflußreichen, zuletzt aber (wie es scheint) in Ungnade gefallenen Ministers war **Konrad von Burgsdorf**. Er stammte aus einer alten Adelsfamilie, die angeblich aus der Schweiz einwanderte. Sie nennt als den Sitz ihrer Ahnen das aus der Geschichte Heinrich Pestalozzi's bekannte Burgsdorf und theilte sich in drei Linien, die märkische, sächsische und schlesische. Konrad, der Schwiegersohn des alten Kanzlers von Löben auf Blumberg, gehörte der ersten und zwar dem Hause Ziethen an. Cosmar erzählt von ihm Folgendes: In jüngeren Jahren, etwa 1611, diente er in einem deutschen Reiterregimente, welches ein Graf von Witgenstein in französischen Diensten errichtet hatte. Unweit Paris in einem Gefechte drei Mal verwundet, blieb er auf dem Schlachtfelde liegen. Am andern Tage machte sich ein adliger Herr von den Rothhosen auf demselben zu schaffen, um unter den Blessirten vielleicht noch einen zu finden, von dem er eine gute Ranzion erhalten könne. Er stieß auf Konrad v. Burgsdorf und fragte ihn, wer er sei. Dieser antwortete: Marchico, ein Märker. Der Franzose nahm das Wort für Marchio, ein Markgraf. Er ließ ihn auf einem Wagen nach der Stadt bringen und mit großer Sorgfalt pflegen, so daß er geheilt wurde. Selbstverständlich täuschte sich Schlaumeier betreffs der Auslösungssumme.

In dem Sukzessionsstreite gegen **Hieronymus von Dieskau** auf Dieskau behauptete Burgsdorf das Feld. Seine feierliche Einführung als **Kommendator von Lagow** erfolgte am 12. Dezember 1627. Nach einem Vergleiche vom 11. Februar 1628 sollte er an Jenen pro redimenda vera [als eigentlichen Kaufpreis] drei Tausend Thaler in zwei Terminen auszahlen, Dieskau aber dann nicht blos alle Ansprüche auf Lagow fallen lassen, sondern auch, wenn er die ihm bereits

[1]) **Unrichtig** ist: Schwarzenberg starb am 4. Mai 1641 (**Wedekind**, Johanniterorden, Seite 118); er beschloß sein Leben in Wien (**Friedrich** II. in seinen brandenburgischen Denkwürdigkeiten, der ihn einen Verräther des Vaterlandes nennt); der große Kurfürst ließ ihn enthaupten (**Büschings** wöchentliche Nachrichten). Auf Veranlassung des Kommandeurs der Spandauer Garnison, des Obersten von Kalkreuth, wurde am 20. August 1777 die Gruft geöffnet. Dr. **Heim**, damals Stadtphysikus, fand alle Halswirbel unversehrt. Diese Hinrichtung gehört mithin ins Reich der Fabeln. **Kuntzemüller**, Seite 366—67.

verschriebene Komthurei Supplingenburg erhalte, die genannte Summe an den Herrenmeister entrichten. Auch die Grünberg'schen Erben verpflichteten sich (nach einem Vertrage vom 10. April 1628), an Konrad v. Burgsdorf 3000 Thaler zu zahlen, die er darauf verwenden mußte, die Komthureigebäude in Stand zu setzen.

Im Jahre 1633 Befehlshaber in Schweidnitz, schlug er drei Mal die Stürme Waldsteins zurück. Schon bei Georg Wilhelm stand er in hoher Gunst. Dessen Sohn beförderte den damaligen Kommandanten der Festung Küstrin zum Geheimen Rath und Oberkammerherrn, zum Kommandanten aller Festungen in der Mark und zum Dompropste in Halberstadt. 1646 schloß er für seinen Herrn die Heirat mit der Prinzessin Luise Henriette von Oranien ab. Auf dem Landtage vertrat er sehr nachdrücklich die Rechte der Stände gegen den Kurfürsten; insbesondere erklärte er sich gegen dessen Plan, zur Erhaltung eines stehenden Heeres von 4000 Mann einen eisernen Fond zu bewilligen. Er sah voraus, daß, wenn die Bewilligung nicht wie bisher jährlich erfolge, die Landtage bald überflüssig sein würden. Darob fiel er in Ungnade, und Friedrich Wilhelm verwies ihn auf den Rath seiner Gemahlin und des Hofpredigers Blasspiel aus Berlin, wo er in der Heiligengeiststraße ein Haus besaß, nach dem Gute Blumberg.

Über Burgsdorfs Sturz berichtet ein seltenes Buch: „Apophthegmata oder 274 scharfsinnige Verstandesreden von M. H. H. L.", Dresden 1705, in folgender Weise: „Von der Ungnad des Oberministers und Günstlings am Kurbrandenburger Hofe, des Herrn von Burgstorff unter Ihro Kurfürstliche Durchlaucht Friedrich Wilhelm. Dieser Minister war so hoch gestiegen, daß er Ihro Kurfürstl. Durchlaucht durfte auf die Achsel klopfen und von diesem großen Heldenfürsten für einen Vater gehalten ward. Wenn Hocherwähnte Kurf. Durchlaucht ein Kleid von 400 Reichsthalern angezogen, so mußte dieser Minister den folgenden Tag eins haben von 500. Aber wenn das Glück durch die Laster gegründet wird, so wird es bald baufällig. Dies geschah auch diesem Minister, welcher seine Güter und Herrschaften durch das Saufen prosperiret hatte; denn der vorhergehende Kurfürst war ein sonderlicher Liebhaber des Trunkes, und dieser Herr von Borgstorff konnte achtzehn Maß Wein in einer Mahlzeit kredenzen, ja ein ganz Maß in einem Zuge und gleichsam ohne Athemschöpfung verschlingen. Als nun der Kurfürst Friedrich Wilhelm hochlöblicher Gedächtnis mäßiger lebte, welches diesem Minister mißfiel, sagte er einmal bei der

Tafel: Gnädigster Herr, ich weiß nicht, wie Sie leben! Bei Ihrem Herrn Vater ging es viel lustiger her; da hat man tapfer herumgetrunken, und da war dann und wann ein Schloß oder Dorf mit Trinken zu gewinnen, und ich weiß mich noch wohl der Zeit zu erinnern, in welcher ich achtzehn Maß Wein bei einer Mahlzeit habe getrunken. Die Kurfürstin ... ein Spiegel aller Tugenden, nahm die Rede wohl in Obacht und sagte: Man hat schön gewirthschaftet, so viel Schlösser und Güter für das leidige und liederliche Saufen zu verschenken! — Diesem Fehler kam noch bei, daß dieser Minister dem Kurfürsten wollte persuadiren [einreden], nicht Dero hochfürstlichem Gemahl allein beizuwohnen, sondern auf die Galanterie sich zu verlegen, um nicht so viel rechtmäßige Prinzen und Erben zu haben, welche, seiner Aussage nach, nicht alle könnten mit Fürstenthümern versehen werden, sondern zum Theil Bettelprinzen werden müßten. Allhier ward das Sprüchwort bald wahr: „Ein schlechter Rath ist für den Rathgeber sehr schlecht." Denn die Kurfürstin ruhte nicht, bis dieser Kurfürstl. Minister von dem höchsten Ehrenamte des Hofes in einem Augenblicke und mit der größten Beschimpfung in der Kirche in Gegenwart einer großen Menge gestürzt und zum Bauernstande [?] versenkt ward. Nachdem ist er auf dem Lande ganz sinn- und trostlos [?] gestorben. Niemand hat ihn beklagt, „dieweil er getrachtet hatte, seinen Landesfürsten in ein gottlos, ärgerlich und liederlich Leben zu bringen."

Auch Cosmar nennt in seinen „Beiträgen" Burgsdorf den wahren Fallstaff der Mark Brandenburg: „Verschwender, Spieler, Aufschneider, Feigling, Säufer, Schlemmer." Wer dieses Urtheil anfechten will, betont: Der Verfasser wollte den Grafen Adam von Schwarzenberg möglichst in ein helles Licht stellen; er mußte darum auf seinen Gegner einen recht schwarzen Schatten werfen.

Hören wir noch den Geschichtsschreiber Gallus (IV., S. 43): „Die Schwäche des Kurfürsten Georg Wilhelm zeigte sich im Jahre 1637 ganz auffallend dadurch, daß er mit dem Kaiser auf Schwarzenbergs Zureden einen Vertrag schloß, der ihn, einen freien Fürsten, zum abhängigen Vasallen Österreichs erniedrigte. Er erklärte sich öffentlich gegen die Schweden als Feind und befahl all' seinen Truppen, all' seinen Befehlshabern in den Festungen, allen Anführern im Felde, dem Kaiser den Eid der Treue und des Gehorsams zu schwören. Was hieß Dies anders, als den Kaiser zum Herrn von ganz Brandenburg, zum Gebieter in den drei Festungen

(Spandau, Küstrin, Peitz), zum Regenten über Land und Leute machen? Der Verräther Schwarzenberg legte als Generalgouverneur aller Festungen und Marken zuerst diesen unerhörten Eid ab und nöthigte die Unterbefehlshaber, seinem Beispiele zu folgen. Sie thaten es. Nur ein einziger erhob seine Stimme gegen eine so unpatriotische Forderung: Konrad von Burgsdorf, Kommandant von Küstrin, besaß Muth und Vaterlandsliebe genug, sich den Befehlen, den Drohungen, den Verfolgungen des allgeltenden Günstlings zu widersetzen. Frei und furchtlos antwortete er: „Ich diene nur einem Herrn, und dies ist der Kurfürst! Ihm hab' ich Treue geschworen, und ich werde sie halten, selbst mit Verlust meines Lebens. Andere Herren kenn' ich nicht; anderen Gebietern schwör' ich nicht!"

Cosmar sieht dies Wort als eine spätere Erdichtung an, da man es passend fand, dem vermeinten Verräther und Erzfeinde des Vaterlandes einen echten Erzfreund und Patrioten entgegenzusetzen (S. 94—95). Friedrich Wilhelm erzählte öfter eine Geschichte, die dem Kommendator von Burgsdorf ein Jahr vor seinem Tode mit der weißen Frau begegnet sein sollte. Zum Jahre 1651 berichten die „Frankfurter Relationen": „Es ließ sich auch der Zeit zu Berlin die weiße Frau (welches ein Spektrum oder Gespenst, so sich vor Absterben Jemands aus dem Kurhause Brandenburg allezeit sehen lässet und jedesmal gewiß einen Todten von gedachtem Hause ankündigt) gar oft, auch bei hellem Tage auf dem kurfürstlichen Begräbnisse, auf dem Altane und an anderen Orten des Schlosses wiedersehen, weswegen man daselbsten sehr erschrocken, und zwar um so viel mehr, weil der einzige Erbe des Kurfürsten (Prinz Wilhelm Heinrich) vor einem Jahre (am 20. Oktober 1649, 18 Monate alt) gestorben und die kurfürstliche Gemahlin annoch nicht wieder schwanger war."

Burgsdorf, ein beherzter deutscher Mann, hatte zu verschiedenen Malen geäußert, daß er doch auch wünsche, die weiße Dame zu Gesicht zu bekommen. Als er nun eines Abends den Kurfürsten zu Bette gebracht und die kleine Stiege nach dem Garten, wohin er sein Pferd bestellt, hinuntergehen will, steht die weiße Frau vor ihm auf der Treppe. Anfangs bestürzt, faßt er sich doch bald und ruft ihr die Worte zu: „Du alte sakramentische Hure Du, hast Du noch nicht genug Fürstenblut gesoffen, willst Du noch mehr haben?" Die weiße Dame aber antwortet nicht, sondern faßt ihn beim Kragen und wirft ihn die Stiege hinunter, so daß, wie er versichert, ihm die Rippen gekracht, doch ohne weiteren Schaden. Der Kurfürst hörte das Poltern, schickte seinen Kammerpagen nach und erfuhr so, was sich mit Burgsdorf begeben hatte.[1]) — Beim Schloßbau unter Friedrich dem Ersten fand man 1709 ein weibliches Skelett. Das Volk hielt mit Gewißheit dafür, es sei die weiße Frau. Man begrub es auf dem Kirchhofe und hoffte, sie werde nicht mehr umgehen. Aber sie kam trotzdem noch zwei Mal unter Friedrich Wilhelm dem Ersten wieder. Stets nahm sie jedoch die Wache gefangen, und der König ließ sie öffentlich in die Fiedel einstellen. Das erste Mal war es ein Küchenjunge, den man im Kleide der weißen Frau auspeitschte; das andere Mal ein Soldat, der in diesem Gewande auf dem hölzernen Esel reiten mußte.

Nach Burgsdorf Tode (er starb am 1. Februar 1652; sein Bruder Hans Ehrentreich, kurbrandenburgischer Oberstallmeister, Kammerherr, Oberst zu Roß und Fuß, Gouverneur der Festung Küstrin, Amtshauptmann zu Zehden, Johanniter und Komthur zu Supplingenburg, am 2. März 1656) nahm der Ordenskanzler Christoph Stephani die Komthurei Lagow in Besitz. Sie sollte zum Tafelgute eines Herrenmeisters bleiben. Zu diesem Zwecke erfolgte wahrscheinlich die Visitation desselben durch Stephani und den Komthur Max von Schlieben aus Lietzen (1653). Der Plan kam indeß nicht zur Ausführung. Bei der Aufnahme des Inventars stellte sich heraus, daß an demselben 1051 Thaler fehlten, und da von der Wittwe nur 500. dafür präsentirt wurden, so erfolgte nach längeren Verhandlungen durch die Ordensregierung der Arrest auf die Einkünfte des Gnadenjahres.

Zugleich entspann sich wieder ein Sukzessionsstreit zwischen Sebastian von Waldow, erbsessen auf Königswalde und Gleißen, kurbrandenburgischen Oberkommissar in Preußen (geb. 1608, seit 12. Juli 1635 Johanniter, siehe Seite 542, vermählt mit Kunigunde von Schierstädt auf Haselitz, gest. 4. Mai 1682) einer und dem Grafen Georg Friedrich von Waldeck, sowie dem Freiherrn von Löben anderer Seits — ein Streit, der über dreißig Jahre dauerte.

---

[1]) War Burgsdorf ganz nüchtern, oder hatte er einen „Abendschoppen" genommen?

## Dreizehntes Kapitel.

## Das Land Sternberg unter dem großen Kurfürsten.

Im allgemeinen enthält das Dichterwort: „Sein Name Friedrich Wilhelm — wie nennt ihn der so gut; er war wol reich an Frieden, der auf dem Sieg beruht" eine kurze wahrheitsgetreue Charakteristik; jedoch gilt auch in mehreren einzelnen Fällen: „Es ist nicht Alles Gold, was glänzt."

Sehen wir zuerst auf sein Verfahren gegen Johann Adolf Grafen von Schwarzenberg. Bei der Wahl zum Koadjutor seines Vaters (16. April 1640) waren vier kurfürstliche Abgeordnete anwesend. Es läßt sich jedenfalls voraussetzen, daß sie gehörig kontrollirten. Sie erhoben keine Einwendungen; deshalb erfolgte auch im November die Bestätigung durch den Obermeister Hartmann von Thanne (Seite 542). — Kaiser Ferdinand der Dritte ersuchte durch einen besonderen Gesandten Justus Gerhardt den Kurfürsten, die Ungnade vom Vater nicht auf den Sohn zu übertragen, ihn vielmehr als Herrenmeister einführen zu lassen, und der Obermeister erklärte unterm 19. Februar 1642 dem Kapitel, es möge bei der 1640 erfolgten Wahl sein Bewenden haben.

Friedrich Wilhelm widersprach. Sein Geheimrath Erasmus Seidel führte in einem „gründlichen Berichte" aus, daß, so lange der Orden bestehe, noch niemals so viel Ränke und Unregelmäßigkeiten vorgekommen seien, als bei der betreffenden Wahl. Ferner betonte man: Schweden, das einen großen Haß gegen das Haus Schwarzenberg hege, versichere ausdrücklich, es würde, wenn Graf Adolf zum Herrenmeisterthume gelange, die gegenwärtig in seinem Besitz befindlichen Güter den Johannitern nie wieder zurückgeben. — Das Kapitel sprach sich am 7. Juli und 17. September 1646 in ähnlichem Sinne aus und wünschte eine Neuwahl. Nach langem Hader verzichtete Graf Schwarzenberg unterm 8. Oktober 1649 auf das Herrenmeisterthum. Mit Ausnahme der Herrschaft Neustadt und deren fünf Kirchspiele erhielt er all' seine Besitzungen, die im Brandenburgischen lagen, wieder und außerdem die bedeutende Summe von 300 000 Thalern.

In anderer Weise verfuhr der Kurfürst gegen Mecklenburg. 1593 hatte Johann Georg sich mit den Herzögen Karl und Ulrich dahin verglichen, daß sie die Komthurei Mirow, welche sie eingezogen, dem Herrenmeister wieder überlieferten,

Karl sie indeß gegen Erfüllung der bisher üblichen Leistungen für fünf namhaft gemachte Herzöge aufs neue empfangen, nach dem Tode der letzteren der Herrenmeister über dieselbe aber weiter verfügen solle.

Im Jahre 1646 starb Hennig von Grüssow, Inhaber der Komthurei Nemerow. Herzog Friedrich Adolf wünschte sie nun für seinen unmündigen Vetter Gustav Adolf von Güstrow; dieser solle in den Orden treten und Alles, was von Alters her gebräuchlich sei, unweigerlich und willigst abtragen und leisten. Dem Kurfürsten mußte bekannt sein, daß Mecklenburg bisher seinen Verpflichtungen sehr saumselig nachgekommen war. Dessenungeachtet ging er auf jenen Wunsch ein. Der junge Herzog blieb aber dem Orden fern, führte die Responsgelder nicht ab, unterließ auch die Erfüllung sonstiger Pflichten.

Im westfälischen Frieden wurde festgesetzt: „Zu mehrerer Satisfaktion [Entschädigung] des Hauses Mecklenburg sollen demselben die Komthureien des hierosolymitanischen Ritterordens St. Johannis Mirow und Nemerow, so in selbigem Herzogthum gelegen, vermöge der in Artikel V, § 9 oben angeführten Verordnung auf ewig übergeben werden, bis wegen der Religionsstreitigkeiten im heiligen römischen Reiche ein Vergleich wird getroffen sein, und zwar der schwerinschen Linie Mirow, der güstrowischen Linie aber Nemerow, mit dieser Bedingung, daß sie besagten Ordens Bewilligung selbst zu wege bringen und demselben, wie auch dem Herrn Kurfürsten zu Brandenburg als dessen Patron, so oft sich der Fall begeben wird, Dasjenige, so bisher hat pflegen geleistet zu werden, auch hinfüro leisten sollen."

Der oben angeführte § 9 Artikel V betrifft die vor 1624 eingezogenen geistlichen Güter, findet demnach hier keine Anwendung. Vergleiche ferner den „Gründlichen und unumstößlichen Beweis, daß die Herren Herzöge von Mecklenburg dem hochlöblichen Herrenmeisterthum der Mark Brandenburg die in dem Herzogthume Mecklenburg gelegenen Komthureien Nemerow und Mirow widerrechtlich vorenthalten, von Adam Friedr. Glaffey, kgl. polnischem und kursächsischem Hof- und Justizrathe!"

In Folge des westfälischen Friedens verlor der Johanniterorden auch die Komthurei Wildenbruch. Sie fiel an die Krone Schweden, wurde aber 1679 wieder an Brandenburg überlassen und bildet seitdem eine einträgliche Staatsdomäne.

Obwol der jüngere Schwarzenberg schon 1649 auf das Herrenmeisterthum verzichtete und das Kapitel eine Neuwahl beantragte, fand diese doch erst nach drei

Jahren statt. Es bewarben sich der Markgraf Christian von Kulmbach für seinen ältesten Prinzen Erdmann August und der ehemalige Administrator von Magdeburg, Christian Wilhelm (S. 457). Auf Empfehlung des Kurfürsten durch seine Deputirten Geheimrath Johann Friedrich Freiherr von Löben (Verweser zu Krossen) und Hof- und Kammergerichtsrath Johann Tornow gaben am 15. Juni 1652 in Sonnenburg die Komthure Georg von Winterfeld zu Schievelbein, Maximilian von Schlieben zu Lietzen, Georg Ehrentreich von Burgsdorf zu Supplingenburg und Hilmar Ernst v. Münchhausen zu Wietersheim ihre Stimmen dem Fürsten Johann Moritz von Nassau-Siegen, Grafen zu Katzenelnbogen, Vianden und Dietz. Adam Georg von Schlieben auf Papitz überbrachte ihm den Wahlbrief. Eingetretener Hindernisse wegen konnte die auf den 17. August angesetzte Installation erst am 9. Dezember stattfinden. Im Kriegsdienste durch Wilhelm von Oranien unterwiesen, hatte sich Moritz großen Ruhm in Brasilien gegen die Spanier und Portugiesen erworben. Seit 1636 war er dort (daher sein Beiname Americanus), seit 1646 Statthalter im Herzogthum Kleve. Der Ordenssenior von Winterfeld schlug ihn zum Ritter, die brandenburgischen Abgeordneten Geheimrath Joachim Friedrich von Blumenthal und die schon oben genannten Freiherr von Löben und Johann Tornow führten ihn am 9. Dezember in sein Amt ein. Der Ordensmeister bestätigte die Wahl.

Der „Sr. Exzellenz dem Grafen Moritz von Nassau" voraufgehende Fourierzettel lautete: „Ihre Exzellenz mit 13 Reitpferden, 1 Hofmeister, 1 Diener mit 2 Pferden, 2 Edelleute, 2 Diener, 1 Stallmeister, 1 Sekretär, 1 Ingenieur, 1 Kammerdiener, 2 Pagen, 1 Schneider, 1 Koch, 2 Lakaien, 4 Stallknechte, 6 Kutscher mit 13 Pferden, 1 Quartiermeister mit 1 Pferde, 1 Reitschmied, zusammen 30 Personen mit 29 Pferden. Lieferungen an Geld und Naturalien in den Ämtern Grünberg, Rampitz, Schenkendorf und Friedland ausgeschrieben: 22 Wispel 12 Scheffel Gerste, 7 feiste Ochsen, 38 fette Schweine, 200 Hammel, 34 Fässer Butter, 60 Schock Eier und 16 Viertel Wein. Außerdem an Getränken 7 Eimer Rheinwein, 1 Oxhoft Franzwein; 2 Faß Zerbster, 8 Faß Bernauer, 8 Tonnen polnisch Bier; 20 Viertel Land-, 27 Viertel rothen, 1 Viertel blanken Wein. Konfitüren hatte der Fürst in Berlin beim Hofkonditor bestellt und Betten in Küstrin gemiethet (das Schloß war abgebrannt). Der Kurfürst und seine Gemahlin, die man erwartete, erschienen nicht. Das Herrenmeisterthum mußte jährlich 324 Goldgulden Responsgelder an den Großmeister in Malta zahlen. Auf die 7452 Gulden Rückstände, während des dreißigjährigen Krieges aufgelaufen, entrichtete Moritz jetzt 1000 Goldgulden.

Vor vielen Herrenmeistern machte er sich sehr verdient. Acht Mal (1652, 53, 58, 1662 und 67) versammelte er das Kapitel. In elf feierlichen Ritterschlägen nahm er 75 Fürsten, Grafen und hochverdiente Adlige in den Orden auf.[1]) Durch Beschluß vom 4. und 5 April 1662 wurde das Amt Grünberg in eine Komthurei verwandelt und dasselbe aus Dankbarkeit gegen den Herrenmeister dessen Vettern Friedrich und Wilhelm Moritz auf Lebzeit verliehen. Laut Beschlusses vom 20. und 21. Mai 1667 sollten künftig Kinder Anwartschaften auf Komthureien nicht mehr erhalten.

Der neue Herrenmeister bemühte sich, die verwüsteten Ordensgüter wieder zu bevölkern und sie auch sonst in besseren Stand zu setzen. Die Bürger seiner Residenz, welche verpflichtet waren, Fuhren für die Beamten in der ganzen Umgegend bis nach Frankfurt a. O. zu leisten, befreite er (6. März 1653) gegen einen mäßigen Zins von ihrer bisherigen Dienstbarkeit, so daß sie nicht mehr den Bauern gleichstanden. Die gewöhnliche Abgabe von kleineren Häusern betrug ein Pfund Pfeffer (daher Pfefferer) oder 21 Groschen. Das von den Schweden niedergebrannte Schloß baute er durch Meister Rüquard von Grund aus neu, legte in demselben einen großen prachtvollen Rittersaal, die Kanzlei und das Archiv an, ließ es mit Gräben und Mauern umgeben.[2]) Die noch vorhandenen Rechnungen weisen 40803 Thaler Kosten nach. Moritz lieh zu diesem Zwecke von der Oberstallmeisterin von Burgsdorf 3000 Thaler, zahlte jährlich 180 Thaler Zinsen und bestellte das Gnadenjahr als Hypothek. — An den Ecken des gepflasterten Schloßplatzes, nach der Lenze zu, standen zwei Pavillons. Über diesen war ein Gemach mit 6 Fenstern, unter ihnen ein Gewölbe „vor die Deliquenten" (Missethäter). Außerdem legte der thätige Fürst an: einen Damm nach Priebrow, einen Kaninchen-, einen Lust-, einen Hopfengarten. In dem letzteren mußten die Hospitaliten, für die er auch ein bequemes Haus errichten ließ, den Hopfen pflücken. Die Fischer hatten in den beiden Weinbergen (der größere war hinter der Mühle an der Lenze) die Trauben zu lesen; sie bekamen dafür „einige, wenn sie nach Hause gehen." Die Geistlichen erhielten ein Viertel des

[1]) Ein Verzeichnis liefert Bekmann, Seite 270 ff.

[2]) Die Lenze floß damals von der Zielenziger Straße aus hinter dem Schlosse entlang und vereinigte sich mit dem Graben vor demselben.

rothen Rebensaftes „zu Sonnenburg erworben". Unentgeltlich lieferte er auch den Abendmahlswein für die Stadt und das Dorf Gartow. Das Gotteshaus ließ Moritz gleichfalls restauriren und es mit Zieraten schmücken, die früher der übertriebene Glaubenseifer aus dem Berliner Dome entfernt hatte. Zu beiden Seiten des Altars befestigte man Tafeln mit den Wappen und Namen der bisherigen Herrenmeister, über demselben aber ein kunstvoll gearbeitetes Kreuz und das brandenburgische Wappen mit der Inschrift: Patronus Ordinis (Ordenspatron). Des Fürsten Brustbild steht auf dem Schülerchor.[1]) Für alle Diener an seinem Hofe, in den Kirchen und Schulen sorgte er durch bessere Wohnungen und höhere Gehälter. Ein Hut, angenagelt an der Südwand der Kirche, zeugt davon, daß Moritz es verstand, ungeschliffene Leute angemessen zu hobeln. Ein Mann erdreistete sich nämlich, mit seinem Filz auf dem Kopfe ins Gotteshaus zu treten. Er wurde ihm abgenommen und als Warnungszeichen für Subjekte ohne jegliche Manieren am bezeichneten Orte aufgehängt!

Moritz starb am 20. Dezember 1679 zu Bergenthal bei Kleve und fand dort auch seine letzte Ruhestätte.[2])

Abermals trat eine zehnjährige Vakanz ein. Der Senior des Ordens, Graf Georg Friedrich von Waldeck-Pyrmont[3]) führte mit dem Kapitel die Ver-

---

[1]) Am 14. April 1814 wurden das Dach der Kirche (nicht auch ihr Inneres), der Thurm mit seinen schönen Glocken, sowie 62 Wohnhäuser ein Raub der Flammen.

[2]) Weit mehr, als hier gegeben werden konnte, bietet: Leben des Fürsten Moritz von Nassau-Siegen. Von Dr. Ludwig Driesen. Berlin, Decker.

[3]) Seinen vollständigen Titel enthält u. a. die Notiz: „Kirchenbuch, so bei hiesiger Kirchen in Spiegelberg ist geschafft, als auf gnädigsten Befehl und Verordnung des Hochwürdigen, Hochgeborenen Grafen und Herrens, Herrens Herrens Georgi Friedrich Grafens zu Waldeck, Pyrmont und Eulenburg (?), Freiherrens zu Tanna, Polandt, Wittchem, Werth und Wildenburg, Thumpropstes der Hohen Stiftskirchen zu Halberstadt, Herrens zu Landen, Linden, Kinsweiler, Lengelsdorf, Frechen, Bochum und Ahalm, kurf. Brandenburg. Geheimen Rathes, des St. Johanniterordens Rittern und Commendatoris zu Lagow Unsers gnädigsten Herrn, die Kirchenrechnung, so vorhin bei den drangseligen Kriegsläuften in eine Confusion war gerathen und lange Zeit nicht gehalten von Dero hochbestallten Gerichts- und Amtsverwaltern der Komthurei Lagow, als dem wohlehrenfesten, großachtbaren und hochgelahrten Herrn Johann Michael Zieritz und Zuziehung und verordnetem Commissario, dem auch Wohlehrwürdigen, Wohlachtbaren und hochgelahrten Herrn Melchior Sylvanus, Senioris, Pastoris und Inspectoris Magisterii vigilantissimi et dignissimi [in der sehr wachsamen und würdigen Herrenmeisterei] ist gehalten und in eine Richtigkeit gebracht worden. So geschehen in Lagow den 15. Augusti 1654."

waltung. Ein Sohn Volraths des Vierten (Eisenberg'sche Linie) und Enkel des tapferen Josias, wurde er am 10. Dezember 1652 zum Ritter geschlagen, auf Lagow designirt und nach Burgsdorfs Tode hier eingeführt. Im brandenburgischen Kriegsdienste zeichnete er sich sowol durch seine Tapferkeit als seine Klugheit aus. Er gehörte auch zu Denjenigen, welche mit dem Könige Karl Gustav von Schweden verhandelten und rieth seinem Herrn, die Souveränität in Preußen zu erwerben. In der Schlacht bei Warschau kämpfte er sehr muthig (auf dem linken Flügel) und trug auf diese Weise mit zu dem glänzenden Siege bei. Er hatte aber fast „gleichmäßige Fata", wie sein Vorgänger. Da er vorschlug, den „ganzen kurfürstlichen Hofetat in eine neue Form zu gießen", so suchten ihn die „anderen fürnehmen Hofbedienten bei der gnädigsten Herrschaft odieux [verhaßt] zu machen. Als der Graf sogar (unterm 29. Juli 1648) anzeigte, daß er in schwedische Dienste getreten sei, gewannen seine Feinde vollständig Oberwasser. Sie bliesen das Feuer so heftig an, daß der Kurfürst nicht blos (16. Oktober) die Dompropstei zu Halberstadt einziehen ließ, sondern auch (4. November) die Sequestration der Kommende Lagow anordnete. Man behauptete, „er habe sich selbst entsetzt." Durch Kapitelbeschluß wurde diese Sequestration aber kassirt und die Komthurei Johann Friedrich Freiherrn von Löben (am 10. Dezember 1652 zum Ritter geschlagen, Besitzer von Schönfeld, Schmachtenhagen, Schiedlow, Merzdorf ꝛc.) mit allen üblichen Formalitäten übergeben. Durch sorgfältige Studien und weite Reisen in allen Ländern Europas vorbereitet, amtirte er seit 1623 als kursächsischer Oberamtsverweser der Niederlausitz, seit 1630 als Landrichter dieser Provinz. Zwei Jahre später trat er in die Dienste des Kurfürsten Georg Wilhelm, der ihn zum Oberhauptmann und Verweser der Herzogthümer Krossen und Züllichau bestellte und ihn mit verschiedenen Gesandtschaften nach Regensburg, Nürnberg und Wien betraute. Im Namen seines neuen Herrn empfing er 1642 die brandenburgischen Reichs- und die böhmischen Lehne. Bei dieser Gelegenheit erhob ihn der Kaiser Ferdinand der Dritte in den Reichsfreiherrnstand. Ferner vermittelte er 1643 den Frieden zu Kopenhagen und zeigte sich thätig in Sachen der Königin Marie Eleonore von Schweden, sowie der Wittwe des Kurfürsten Georg Wilhelm (einer Schwester des unglücklichen „Winterkönigs"). Als brandenburgischer Bevollmächtigter fungirte er auch bei den Friedensschlüssen zu Osnabrück und Münster, bei der Vermählung der Prinzessin Henriette von der Pfalz mit einem Bruder des regierenden Fürsten von Siebenbürgen, Georg dem Ersten Racoczy, die 1651 in Krossen stattfand, endlich 1652 (15. Juni) mit dem Hof- und Kammergerichtsrathe Johann Tornow bei der Wahl des Herrenmeisters Johann Moritz von Nassau. In den folgenden Jahren ward er wieder zu mehreren Gesandtschaften verwendet, erhielt, wie bereits erwähnt, 1660 die Kommende Lagow und starb am 16. Mai 1667.

Der Regierungsrath Weitzmann nahm sie am 8. August für den Herrenmeister und den Orden in Besitz.

Auf Grund eines Kapitelbeschlusses vom 4. und 5. April 1662 trat nun der Graf von Waldeck, der nicht mehr in schwedischen, sondern seit dem Frieden von Oliva (1. Mai 1660) in niederländischen Diensten stand, wieder ein. Weil aber der Kurfürst dem Freiherrn von Löben bei der Einziehung der Kommende den Überschuß vom Inventar geschenkt hatte und dieser jetzt auf dasselbe in Anrechnung kam, so beschwerte sich der Sohn des Verstorbenen, Adolf Maximilian von Löben, bei dem Landesherrn, der ihn auch in Schutz nahm.

Ein Revers, am 13. März von dem Grafen verlangt, wurde ihm schon am 27. erlassen. 1682 vom Kaiser in den Reichsfürstenstand erhoben und den 9. April 1689 von den Kommendatoren Christoph Kaspar von Blumenthal zu Supplingenburg, Adam Georg von Schlieben, Ernst von Krockow zu Wittersheim und Christoph Bernhard von Waldow zu Werben als Herrenmeister gewählt, behielt er doch Lagow bei. Das Gratulationsschreiben, den gewöhnlichen Wahlbrief rc. überbrachte ihn sein Hauptmann Samuel Adolf von Winterfeld. Da er des französischen Krieges wegen in Person nicht erscheinen konnte, so erfolgte auf Wunsch des Kurfürsten am 4. Dezember die Installation per mandatarium. Stellvertreter war der Ordenssenior Adam Georg von Schlieben. Im Monate August 1692 zog sich der Fürst Schwachheits halber nach der Residenz Arolsen zurück und starb dort schon am 9. November, nachdem er kurz vorher Schreiben an den König von England und die Generalstaaten, in denen er für alle ihm erwiesenen Wohlthaten dankte, abgesandt hatte. Er ruht in der Gruft seiner Vorfahren zu Korbach. Es wird ihm das Lob beigelegt, und auch die Geschichte bezeugt solches, „daß er ein in der Kriegskunst sowol, als in den Staatsgeschäften sehr erfahrener und kluger, dabei auch großmüthiger, unerschrockener, arbeitsamer, wachsamer Herr gewesen, ein großer Eiferer für die gemeine

Wohlfahrt, liebreich und leutselig in seinem Umgange mit Jedermann, insonderheit mit hohen und niederen Offizieren, mit denen er als mit seines Gleichen umzugehen pflegte, durch welche vortreffliche Eigenschaften er sowol bei allen Potentaten in Europa sich in großes Ansehen gesetzt, als auch sonst bei Jedermann eine besondere Hochachtung und Liebe erworben hat." (Dithmar, S. 111—12.)

Bevor ich weiter gehe, will ich noch einen Streit berühren, der zwar zumeist die Stadt Meseritz betrifft, von dem sich jedoch auch eine Hauptszene in Zielenzig abspielte.

Der Chronist Zachert erzählt (Seite 83—85) im wesentlichen: „Anno 1684 entstand eine große Unruhe zwischen den Gesellen und Meistern der Tuchmacher. Jene verursachten einen Aufstand und zogen mit der Lade und den Privilegien von dannen. Die Veranlassung zu demselben gab Georg Kahle, Bürger und Tuchmacher. Diesen wollten die Gesellen (damals gewöhnlich Knappen genannt) nicht als Beisitzer dulden, ungeachtet er ihnen zu verschiedenen Malen aufgedrungen worden. Und was hatte er Schweres verbrochen? Sie beschuldigten ihn, daß er sich in dem Dorfe Tempel nicht Kahle, sondern Sauer genannt. Zu seiner Vertheidigung führte er an, er gehöre zu dieser Familie. Als ihnen bei ihrer Beschwerde, die im Lichte unserer Zeit lächerlich, wenn nicht närrisch erscheint, die Handwerksmeister Adam Röstel und David Ellert kein Gehör schenkten, verbanden und verschworen sie sich insgesammt, lauerten auf die Lade und bekamen sie auch, wiewol sie in dem Stübchen des Herbergsvaters Martin Wandrey wohl verwahret stand, am 26. Mai unversehens weg. Sie bedeckten dies ihr Heiligthum mit einem schwarzen Tuche, mehr als sechzig Knappen umringten dasselbe, und Morgens gegen sieben Uhr zog der aufgeregte weisellose Schwarm mit ihm über den Markt zum Mühlenthore hinaus nach Zielenzig. Ihre Fahne ließen sie jedoch in der Herberge, wo sie auch an die Tafel einige „Narrheiten" geschrieben hatten. Niemand hielt sie zurück oder nöthigte sie zur Umkehr. Nur vier, unter diesen die beiden Altgesellen, wanderten Anfangs nicht aus, erholten sich vielmehr Raths bei den Meistern; später eilten auch sie, damit keiner fehle, dem großen Haufen nach. Vorboten meldeten den Trupp in Zielenzig an, und da sie auf die Frage, ob man sie wol aufnehmen würde, von dem Magistrate eine günstige Antwort erhielten, so führten ihre Genossen „diese Vagabonds zu zweien und zweien in ihre Herberge".

Von der gastfreundlichen Stadt aus verhandelten sie nun der Rückkehr wegen mit den Meistern in Meseritz. Sie stellten an E. Rath und das löbliche Gewerk als erste Bedingung Georg Kahles Entfernung, als zweite Bezahlung für Speise und Trank, als dritte die freie, ungekränkte Rückkehr nach Meseritz. Die letztere erfolgte mit vielen Zeremonien nach einem Monate; in dieser Zeit hatten sie sich von ihrer Handwerksgrille ernüchtert. Schon der „Wegzug" kostete den Meistern nicht wenig; noch bitterer waren jedoch die Nachwehen. Da ein Theil von ihnen es mit Georg Kahle hielt, der andere aber in den Reihen seiner Gegner kämpfte, so setzte sich der Zank fort. Der Starost legte sich als Schiedsmann ins Mittel, schlichtete indeß, wie nach einer Fabel der Affe den Streit zweier Katzen ob eines Käses. Am 11. Oktbr. zog er mit einer Kompagnie Tartaren und Kosaken in Meseritz ein, bedachte alle Tuchmacher, die gegen Kahle agitirt hatten, mit 2—3 Mann und erklärte sie für Aufwiegler und Rebellen. Die vorlautesten ließ er beim Kopfe nehmen und einstecken.

Zwei von den Tuchmachern, Martin Giering und Georg Schmidt, verurtheilte der Rath auf Antrieb des Starosten zum Tode. Er mußte sogar noch weiter gehen, nämlich den Arrestanten die Hinrichtung ankündigen, zum Zwecke derselben vor dem Rathhause einen Sandhügel aufwerfen lassen, den Geistlichen Befehl ertheilen, sie auf ihr letztes Stündlein in angemessener Weise vorzubereiten. Erst in dem Augenblicke, da man die Missethäter, von denen Giering immer auf seine Unschuld trotzte, hinausführen wollte, schrie ein Diener des Starosten: Gnade! — — Jeder hatte „zur Rantion seines Hauptes" ein Hundert Thaler Geldbuße zu erlegen, und da Giering überdies seine Zunge nicht im Zaume halten konnte, bestimmte ihn sein Schutzherr, „sich von Meseritz zu machen". Er wandte sich nach Birnbaum und starb dort 1688. Schmidt blieb. Andere Meister wurden, je nachdem sie der unparteiische Pole für belastet erachtete, mit 10, 20, 30, 50, auch 100 Thalern bestraft. Anderthalb Wochen lagen die „Soldaten den Bürgern auf dem Halse". Selbstverständlich beanspruchten sie täglich gute Verpflegung. Am Ende dieser „Tragödie" zog auch der Herr Starost wieder ab. Die Gesellen gingen zwar straflos aus; doch trieb die Furcht die meisten auch von dannen.[1]

---

[1] „Der Aufstand der Tuchknappen" lieferte dem Oberlehrer, Professor A. Gäbel Stoff zu einer geschichtlichen Erzählung. Ein neuer Abdruck derselben erschien 1884 (Nr. 78 ff.) im Meseritzer Kreis- und Wochenblatte.

Blicken wir weiter auf eine andere Nachbarprovinz von Brandenburg: auf Schlesien, besonders den Kreis Schwiebus! In den Geschichtsbüchern lesen wir zwar sehr oft, der große Kurfürst nahm sich im westfälischen Frieden seiner Glaubensgenossen mit Wärme an und sicherte ihnen gleiche Rechte mit den Katholiken. Diese Angabe ist jedoch, wie manche andere, sehr einzuschränken.

Durch einen besonderen Abgeordneten durften die bedrückten Schlesier bei den Friedensverhandlungen sich überhaupt nicht vertreten lassen; es hieß immer, der Kaiser werde schon für ihr Bestes sorgen. Als sie 1647 den schwedischen Gesandten Salvius baten, sich ihrer Religionsfreiheit anzunehmen, antwortete er man könne dieses Winkels (Schlesiens) wegen die Unterhandlungen nicht verzögern. Jedenfalls hätte die Antwort günstig gelautet, wenn Schwedens Wunsch, die Provinz als Entschädigung für die Kriegskosten zu erhalten, in Erfüllung gegangen wäre. Er scheiterte aber an dem entschiedenen Widerspruche des Kaisers.

Man beschuldigte damals Schweden, daß es, um von weiterer Unterstützung der Vertriebenen abzustehen, von Österreich 600 000 Thaler empfangen habe. Der Reichshofrath Crane verrieth selbst das Geheimnis. Darüber näher befragt, gab Oxenstjerna eine unbefriedigende, verdächtige Antwort. Eine Beschwerde der Königin Christine stellte die Sache nicht in ein günstigeres Licht.[1])

Kein Verständiger wundert sich, daß unter solchen Verhältnissen betreffs der genannten Provinz nur Folgendes festgesetzt wurde:

1. Die mittelbaren Fürstenthümer Liegnitz, Brieg, Wohlau, Münsterberg und Öls, sowie die Stadt Breslau sollen alle Rechte und Privilegien, die sie vor dem Kriege hatten, behalten und in Ausübung des evangelischen Gottesdienstes nicht gestört werden. 2. In den unmittelbaren Fürstenthümern (Schweidnitz, Jauer, Oppeln, Troppau, Teschen, Jägerndorf, Glogau ꝛc.) sollen die evangelischen Grafen, Freiherren und Adligen und deren Unterthanen ihrem Gottesdienste in der Nachbarschaft und außerhalb des Landes obliegen dürfen. 3. In jeder der drei Städte Schweidnitz, Jauer und Glogau dürfen die Protestanten eine (Friedens-)Kirche, indeß nur außerhalb der Mauern, erbauen.

So sicherte man die Religionsfreiheit! — Daß sich Gott erbarme!

[1]) Heinrich, Deutsche Reichsgeschichte, VI., S. 798. — Pfister, Geschichte der Deutschen, IV., S. 645. — K. A. Menzel, Neuere Geschichte der Deutschen, VIII., S. 187—88.

Der Oberlandeshauptmann Georg Rudolf von Liegnitz (nach dem dreißigjährigen Kriege) besaß gerade so viel Muth und Eifer, sich seiner Glaubensgenossen anzunehmen, wie der schwedische Gesandte. Vielleicht verdankte er eben seiner Gleichgültigkeit jene Würde. Er bekannte sich zuerst zur reformirten, sodann zur lutherischen, endlich zur katholischen Kirche. In Liegnitz wird eine Kapelle gezeigt, in der er selbst Messe gelesen haben soll. Ist diese Nachricht begründet, so beweist sie Schwärmerei oder leichtsinniges Gespött.[1])

Welchen Eifer Ferdinand entwickelte, die Bestimmungen des westfälischen Friedens, soweit sie zu Gunsten der Evangelischen lauteten, auszuführen, sehen wir u. a. daraus, daß die Erbauung der Kirchen bei Schweidnitz, Jauer und Glogau drei Jahre lang verzögert wurde. Letztere durfte man 300 Schritt von der Stadt und nur aus Bindwerk aufführen, auch den Lehm nicht zu dick auftragen. Leicht erklärlich, daß sie schon vor Ablauf zweier Jahre wieder einfiel. Nach langer Zögerung endlich genöthigt, in Schweidnitz den Platz abzustecken, suchte man denselben soviel als möglich zu beschränken. Da warf der General Monteverques ein Mitglied der Kommission, seinen Krückstock kräftig von sich, indem er sprach: „Es ist ja nur Erde; da muß man lieber zugeben als abnehmen.“ Wo der Stock niedergefallen war, sollte die Grenze des Friedhofes sein. Vor der Kirche in Schweidnitz versammelten sich an manchem Sonntage 10 000 Menschen, und der Gottesdienst mußte vier bis fünf Mal abgehalten werden.

Am 3. Mai 1651 fand die Versiegelung der Kirche in Schwiebus statt. Der Stadtschreiber und spätere Rathssenior Martin Röhricht, ein Katholik aus Böhmen, zeigte sich bei diesem Akte besonders thätig. Wie lange Zeit verstrich, bevor man sie zum römischen Gottesdienste weihte, läßt sich nicht nachweisen. Als erster Erzpriester amtirte Georg Franz Willer. Die evangelischen Bürger wanderten an den Sonn- und Festtagen nach Merzdorf, Wilkau und anderen nahe belegenen Dörfern. Dort ließen sie auch ihre Ehen einsegnen und ihre Kinder taufen. Allein gar bald schob man ihnen einen Riegel vor. Am 18. Juli 1653 wurden auch die Kirchen auf dem Lande geschlossen. Die feierliche Protestation der Stände blieb unbeachtet, und selbst die dringende Verwendung der evangelischen Reichsstände in Regensburg vom 12. August 1653) hatte keine bessere Wirkung.

---

[1]) Helseborn und Klöber. Schlesien vor und seit dem Jahre 1740. Seite 342.

Soweit es den Kreis Schwiebus betrifft, theil' ich mit das

# Diarium

über die 164 im Glogauschen Fürstenthume liegenden Kirchen, welche laut westfälischen Friedensschlusses den Katholischen mußten restituirt und reduzirt werden.

Kommissarien waren: Im Namen des Kaisers Ferdinand des Dritten: Maximilian Adam Baron von Montani, Freiherr auf Wiesenberg, Kunzendorf, Heinzendorf und Sabor; im Namen des Breslauer Bischofs [Karl Ferdinand, polnischer Prinz]: Georg Fromholt, Dompropst zu Glogau, und Balthasar Machius, Dekan auf dem Dom daselbst, später introduzirter Stadtpfarrer.

| Tag, wann | Stunde, die Übergabe geschehen (März 1654) | Die Kirchen | Wo die Session gehalten wurde | Namen der lizentirten (verabschiedeten) Prädikanten. |
|---|---|---|---|---|
| 16. | früh 6 Uhr | Schmarse . . . . | beim Amtmann | Samuel Krause |
| " | " | Walmersdorf . . | beim Hrn. v. Kalkreuth | Chr. Priemann |
| " | " | Keltschen . . . . . | eben daselbst | derselbe |
| " | " | Oggerschütz . . . | bei v. Stentzsch | Chr. Janichius |
| 16. | früh 10 Uhr | Schwiebus . . . . | auf dem Rathhause | vor drei Jahren fort |
| 18. | " | Merzdorf . . . . | bei Hrn. v. Schlichting | vacat |
| " | früh 11 Uhr | Jehser . . . . . . | beim Vogte | vor 2 Jahr hinweggeloffen |
| " | Mittags | Koppen . . . . . | bei Herrn v. Rabenau | vacat |
| " | " | Rackau . . . . . . | bei Herrn v. Kalkreuth | Chr. Student |
| " | " | Rissen . . . . . . | beim Vogte | vacat |
| 19. | früh 10 Uhr | Riegersdorf . . . | b. Amtm. vom Kloster | vacat |
| " | Mittags | Kutschel (Kutschau) | bei Herrn v. Haugwitz | Joh. Rosatus |
| " | Mittags 2 Uhr | Rentschen . . . . | b. Amtm. vom Kloster | Johann Fendius |
| " | Abends | Dornau . . . . . | beim Amtmann | vacat |
| 20. | 2 Uhr | Skampe . . . . . | bei demselben | Johann Krusius |
| 21. | früh 7 Uhr | Lanken . . . . . . | bei eben demselben | vacat |
| " | früh 10 Uhr | Mittwalde . . . . | bei eben demselben | Balthasar Lemman |
| " | " | Steinbach . . . . | im Kretscham (Kruge) | — |
| " | 2 Uhr | Ulbersdorf . . . . | beim Amtmann | Kaspar Genge |
| " | Abends | Schönfeld . . . . | bei demselben | vacat |
| " | " | Niedewitz. . . . . | bei Herrn v. Lossow | Martin Roggius |
| 22. | 10 Uhr | Mühlbock . . . . | beim Amtmann | Martin Blockius |
| " | Abends | Birkholz . . . . . | bei demselben | Zacharias Prinne |

| Tag, wann | Stunde, die Übergabe geschehen (März 1654) | Die Kirchen | Wo die Session gehalten wurde | Namen der lizentirten (verabschiedeten) Prädikanten. |
|---|---|---|---|---|
| 23. | 10 Uhr | Möstchen . . . . | bei Herrn v. Sack | — |
| „ | 11 Uhr | Läsichen (Läsgen) | bei Herrn v. Stentzsch | vacat |
| „ | Mittags | Wutschdorf . . . | bei Hrn. v. Schlichting | — |
| „ | Abends | Neudörfel . . . . | beim Amtmann | vacat |
| „ | „ | Liebenau . . . . . | b. P. Petro auf Paradies | Martin Balthasar |
| 24. | früh 7 Uhr | Wilkau . . . . . . | bei Herrn v. Nostitz | Johann Rothe |
| „ | „ | Luga (Lugau) . . | bei demselben | vacat |
| „ | Mittags | Rinnersdorf . . . | bei der Scholzin | abivit (abgereist) |
| „ | „ | St. Annae-Kirche | vorm Kloster Paradies | — |
| „ | Abends | Leubnitz (Leimnitz) | beim Gerichtshofe | vacat |
| „ | „ | Gräz (Gräditz) . . | b. d. P. P. Zisterziensern | vacat |
| 25. | früh 10 Uhr | Rietschütz . . . . | beim Vogte | vordem verstorben |
| „ | 2 Uhr | Muschten . . . . | bei Hrn. v. Knobeldorf | Martin Plachius |
| „ | Abends | Stentsch . . . . . | bei Hrn. v. Hohendorf | Joachim Galliculus |
| 26. | Abends (?) | Kleindammer . . . | bei Hrn. v. Tschammer | vacat |
| „ | Mittags | Oppelwitz . . . . | beim Amtmann | Filia |
| 27. | früh | Prittag . . . . . | bei Frau v. Stentzsch | Zacharias Romke |
| 28. | „ | Starpel . . . . . | auf dem Hoffe. | — |

Ferner wird bemerkt: Walmersdorf, die Kirche gar eingefallen; Steinbach, die ganze Kirche ist ruinirt, ohne Fenster, ohne Dach; Riedewitz, der Pfarrer am Tage vorher fortgegangen und hat die Schlüssel mitgenommen; Möstchen, die Kirche war abgebrannt, hatte Mauern, der Gottesdienst wurde von den Evangelischen überm Pferdestall gehalten und war hierzu am Giebel ein Glöcklein; Wutschdorf, die Kirche war wie ein Taubenhaus und war wol mit hundert Körben angefüllt, weil sie weder Fenster, noch Thüren, noch nichts hatte. Wilkau, die Kirche hatte kein Dach, aber etliche Tausend Schindeln vorräthig. Starpel, hier wurden die Schlüssel nicht überantwortet, die Bauern setzten sich sammt Herrn von Grünberg auf'm Kirchhofe zu Waffen; doch wurde die Kirche am 6. Mai durch 20 Musketiere und 2 Unteroffiziere übernommen.

In der Geschichte der Parochie Prittag sagt der Pfarrer Oswald Frühbuß (S. 89—90): Wenzel Rudolf von Stentzsch glich an religiösem Ernste, kirchlichem

Eifer und Edelsinn sehr seinem Vater Johann Georg, obwol er nicht in gleichem Maße dessen Muth und Thatkraft besessen zu haben scheint. Bei seiner weicheren Gemüthsart konnte es nicht fehlen, daß die kirchlichen Wirren und Bedrückungen seiner Zeit ihn aufs tiefste erschütterten und beugten. Als am 27. März 1654 die Prittager Kirche, von seinem Vater mit großem Kostenaufwande erbaut, den Evangelischen entrissen wurde, scheint er sich dem Eindrucke dieses schmerzlichen Ereignisses dadurch entzogen zu haben, daß er sich an diesem verhängnisvollen Tage von Prittag wegbegab und es seiner Gemahlin überließ, die oben erwähnte Reduktionskommission auf dem herrschaftlichen Schlosse zu empfangen."

Zur Beurtheilung der traurigen Zeit theil' ich hier noch folgende Bemerkungen aus den Protokollen mit:

14. Januar 1654; Bielawe, es war die Kirche weggebrannt und hatte man viele Jahre in der Scheune gepredigt. 15. Januar, Liebenzig; die Kirche hatte nur ein halbes Dach; hier hatte der Prädikant den zinnernen Kelch vergraben auf dem Kirchhofe hinter der Kirche. 16. Januar, Kolzig; der Prädikant hat sich in der Dreßkammer [Sakristei] versperrt und vielleicht sich entleibet, wenn er nicht wäre verrathen worden. Herr Patron hat geweinet, da er die Schlüssel übergab. Am 29. Januar; in Schabenau wollte der Prädikant (Hans Heinrich) sich zerhauen lassen, ehe er die Schlüssel gebe. Er warf sie Abends den Kommissarien zum Fenster hinein und schrieb, bevor er sich entfernte, an die Kirchthür: „Tu quicunque Deo post hanc occluseris aedem, claudetur coelum, terra, fretumque tibi. Schließ', was du schließen kannst, und selbst Gott deinen Herrn, du weder kannst noch sollst sein Kirch' und Haus versperren. Versperren wird er dir den Himmel, Erd' und Meer. Wer Stachel fühlet an, dem wird es werden schwer." (Dieser Pfarrer wurde in Rauden ein Weber.) 24. März, Streidelsdorf: (der Pfarrer) ist hier weggeloffen, erst 5 Wochen dagewest. Oberherzogswalde, hier hat ein Student allzeit gepredigt. 25. März, Brunzelwalde, Herrn von Kottwitz gehörig, (der Pfarrer) war vor 1½ Jahr weggeloffen. In Langenhermsdorf (Besitzer v. Glaubitz) war er schon vor 12 Jahren weggegangen. 6. März, Ochelhermsdorf; der Prädikant Gottfried Scholz ist über 80 Jahre alt gewesen, die Kirche ohne Dach. Christian Helwig in Schweidnitz hielt die Valetpredigt auf dem Kirchhofe. Siegfried Libichen in Letnitz wurde wegen Kälte krank und starb. (Ehrhardts Presbyterologie, S. 169—74.)

In die Kommission für die zwei Erbfürstenthümer Schweidnitz und Jauer trat nach langem Bedenken Chorschwand, damals Besitzer von Titzdorf, gewesener kaiserlicher Oberstlieutenant. Er war ein Ausländer und seine Frau lutherisch. Mit ihm fungirten: Georg Steiner, Erzpriester und Stadtpfarrer in Striegau, und Sebestian von Rostock, Offizial auf dem Dome in Breslau. (Der Domherr Johann von Linderod machte sich durch Vorstellungen von der heiklen Arbeit bald frei.) Dem betreffenden Protokolle (abgedruckt in Hensels protestantischer Kirchengeschichte der Gemeinden in Schlesien, Seite 420—77) entnehm' ich Folgendes: „Schweinhaus den 3. Febr. (1654), hier fanden wir den Herrn des Ortes Hans von Schweinichen, einen Mann von 60 Jahren, der aber ein wunderlicher Humoriste war; er hatte keine Frau und ließ sich selten vor den Leuten sehen und lebte immer für sich allein. Dennoch kam er nicht allein zu uns, sondern ging auch selbst mit uns in die Kirche; er blieb gar bei der Messe in derselben und wünschte uns viel Glück zur Wegnehmung der Kirche, wobei er auch sagte: Er habe sich ohnedem bisher um den Prädikanten niemals sehr bekümmert, weil er ihn auch nicht vozirt habe, und fand sich also gar leicht in diese Veränderung der Kirche. Und Wolmsdorf, so eben diesem Schweinichen gehörte, folgte nach; die Glocken aber von der Kirche hatte dieser Herr verkauft; von den Einwohnern und Unterthanen wollte Niemand vor uns kommen (Seite 434). Reussensdorf gehörte zwei Herrschaften, einer Wittwe Anna Schliebitz, geb. von Kuhl, und einem Herrn Georg Heinrich von Schindel. An diesem Orte machte man uns allerlei Schwierigkeiten; das Volk bezeigte sich muthwillig gegen uns, und wir sahen uns genöthigt, von dem kaiserlichen Feldmarschall Sporck 10 Musketiere und 3 Reiter auszubitten, uns zum Schutze gegen Gewalt beizustehen, welche auch wirklich in dieser Nacht ankamen. Herr Schindel lebte itzo gleich in Altwasser und wollte nicht zu uns kommen; die Frau von Schliebitz aber weigerte sich, die Kirchenschlüssel ohne denselben uns zu geben. Weil nun die unkatholischen Einwohner es vielleicht gern gesehen, wenn wir Gewalt gebraucht und die Kirche aufgeschlagen hätten, so wollten wir doch Dieses nicht thun. Wir ließen also indessen die angekommenen Soldaten alle hier liegen, forderten den Herrn v. Schindel noch ein Mal auf, daß er kommen und die Schlüssel zur Kirche ordentlich geben sollte. Indessen zogen wir nach Weißbach, welches dem Herrn Samuel von Horn gehörte. Ein Theil dieses Dorfes war noch wüst; die Einwohner, sonderlich die Weiber und Kinder, heulten und schrien, daß wir es hörten; der Prädikant mochte auch noch mit Weib und Kindern im Dorfe sein; die Kirche wurde dem katholischen Pfarrer zu Lübau Pater Joachim Riesen gegeben, den Gottesdienst einzurichten. In Jauer hielten wir den 9. Februar eine Unterredung mit dem Herrn Landeshauptmann [Otto Freiherrn von Nostitz]. Sein Wille war erstlich, daß wir nunmehro in das Reichenbachsche uns zur Wegnehmung der Kirchen begeben sollten; allein wir stellten ihm mit allem Grunde und Höflichkeit vor, daß es itzo in dem Winter besser sei, in dem Gebirge fortzufahren, weil die Leute nicht in die Büsche könnten, denn wo wir bis auf die warme Jahreszeit damit verzögen, so würden bei unserer Ankunft die Leute nur in das Gebüsch laufen und sich kein Mensch sehen lassen. Da sich nun der Herr Landeshauptmann diese gegründete Vorstellung gefallen und uns Kommissarien also den Willen und gute fernere Einrichtung überließ, so zogen wir nach Blumenau den 10. Febr. Herr Ernst Friedrich von Zedlitz war Herr allhier, in dem Dorfe aber überall eine rechte Wüstenei. Gräbel, dem Herrn Adam von Sauermann gehörig, wüste und leer. Langenhelmsdorf, des Herrn Hermann von Zettritz Eigenthum. Hier fanden wir den Prädikanten noch am Orte. Weil er nun seine Krankheit vorschützte, so erlaubten wir ihm noch zwei Tage zu seinem Abzuge (Seite 934—36). In Arnsdorf „drungen sich mit uns etliche hundert Mann mit Weib und Kindern in die Kirche hinein; sie tumultirten grausam mit Springen, mit Laufen, mit Schreien und Heulen, daß uns die Haare fast zu Berge stunden (!!!). Also mußten wir, größer Unheil zu vermeiden, dieses Mal mit Schimpf und Schande aus der Kirche zurücktreten und konnten sie nicht reconciliiren [beruhigen], weil das harte Volk gar keine Vorstellung annahm. Wir begaben uns also, unverrichteter Sache diesen Ort verlassend, nach Lomnitz." (Seite 437.) Peterswaldau erreichten wir demnach den 8. März, am Sonntage. Der Besitzer Graf Ernst von Gelhorn kam uns entgegen mit seiner sehr starken ansehnlichen Hofstatt. Er führte uns auf sein schönes Schloß in ein Zimmer, wo wir allein und noch zwei katholische Geistliche da waren. Er sagte zu uns, daß er ein treuer Vasall und Diener des Kaisers wäre; da er aber auch ein Reichsgraf und mit herrlichen Vorzügen und Privilegien vor andern Landständen versehen sei, so würde er die begehrten Kirchenschlüssel nur per tertium aliquem [nur durch den Dritten] übergeben lassen. Nachdem wir aber zeigten, daß wir des Kaisers Person hier vorstellen sollten, so that er es endlich noch selbst. Wir funden also die Kirche

71*

und den Pfarrhof in gutem Stande und mit 100 Scheffeln Dezem versehen. Zu Mittage aber speisten wir bei dem Grafen. Bei der Tafel aber saß Niemand, als wir Kommissarien und der Graf. Wir wurden auch, weil es prächtig zuging, von Edelleuten bei der Tafel bedient. Die Geistlichen hatten in eben der Stube mit uns eine eigene Tafel unweit des Ofens; unsere Leute aber durften nicht bei uns sein. Der Graf trank über Tische stark und setzte uns auch nach der Tafel mit vielem Trinken zu und erklärte sich dabei, wenngleich die Dorfkirche katholisch wäre, so würde er doch als Reichsgraf auf seinem Schlosse einen Prädikanten halten und diesen seinen Schluß selbst an den Herrn Landeshauptmann berichten. Da wir nun endlich Alle ziemlich berauscht waren (!!) und Wein genug getrunken hatten, wurde der Graf zwei Mal gegen mich, Chorschwanden, in Worten sehr ungestüm, die ich kaum vertragen konnte, so daß nicht viel gefehlet, es wäre sehr bald zu Thätlichkeit zwischen uns gekommen. Daher mußte ich ihm frei sagen, er sollte Diskretion brauchen; denn ich wäre gar nicht sein Diener, sondern itzo kaiserlicher Diener und Kommissarius, und also wurde er wieder etwas höflicher und besann sich wieder. Es war aber Zeit, Abschied zu nehmen und noch in der Nacht nach Reichebach zu fahren." (S. 445—46.)

Aus einem Verzeichnis, das wahrscheinlich der Gutsbesitzer Kilian von Sommerfeld auf Wilkau und Möstchen entworfen hat, ergibt sich, daß im Jahre 1654 im Kreise Schwiebus zweiundzwanzig evangelische Parochien bestanden: 1. Schwiebus, 2. Liebenau mit Neudörfel, 3. Rinnerdorf (mit Lugau ?), 4. Leimnitz, 5. Skampe mit Dornau, 6. Rentschen mit Riegersdorf, 7. Mittwalde nebst Steinbach und Hammer, 8. Mühlbock mit Lanken, 9. Ulbersdorf mit Schönfeld, 10. Merzdorf mit Gräditz, 11. Rietschütz mit Jehser, 12. Oggerschütz mit Koppen, 13. Muschten, 14. Stentsch mit Kleindammer, 15. Schmarse mit Oppelwitz, 16. Walmersdorf mit Keltschen, 17. Nackau mit Rissen, 18. Kutschlau, 19. Birkholz, 20. Wilkau mit Möstchen und Wutschdorf, 21. Niedewitz mit Läsgen, 22. Starpel. — Wahrscheinlich hat sich in dieses Verzeichnis am Schlusse ein Irrthum eingeschlichen; denn nach einem andern bildete Wilkau eine Parochie für sich, und Möstchen war nebst Wutschdorf (und Heinersdorf?) mit Niedewitz verbunden. Es gehörten damals die unter 2—4 genannten Orte zum Kloster Paradies, 5—9 zum Kloster Trebnitz, die übrigen der Ritterschaft.

Nun wurden acht katholische Parochien gebildet: 1. Schwiebus, Salkau, Lugau, Grätz (Gräditz), Merzdorf, Birkholz. 2. Liebenau, Rinnersdorf, Leimnitz,

Oppelwitz, Neudörfel, Jordan. 3. Skampe, Rentschen, Riegersdorf, Dornau. 4. Mühlbock, Lanken, Mittwalde, Ulbersdorf, Schönfeld, Kutschlau, Steinbach, Hammer, Blankensee, Blankfeld. 5. Stentsch, Muschten, Kleindammer, Walmersdorf, Keltschen. 6. Schmarse, Rackau, Rissen. 7. Rietschütz, Oggerschütz, Koppen, Witten, Jehser. 8. Wilkau, Möstchen, Heinersdorf, Läsgen, Niedewitz, Wutschdorf, Starpel.

Wie viel diese katholischen Geistlichen in so umfangreichen Parochien wirken konnten, mag sich der denkende Leser selbst sagen. Sie waren um ihre Stellung in mancher Hinsicht zu beneiden; denn die Ritterschaft, mit ihren Beschwerden vom Reichstage in Regensburg abgewiesen, erleichterte ihnen die Arbeit so viel als möglich. Der Pfarrer Peisler in Stentsch z. B. beklagte sich beim Oberamte in Glogau, daß ihm Samuel von Kalkreuth auf Walmersdorf vier Thaler jährliches Opfer vorenthalte. Die Erwiderungen des Gutsherrn lassen sich zum Theil aus der Entschuldigung des Geistlichen entnehmen: Es erschien keine einzige Person jemals in der Kirche, und ich halte es für unnöthig, den stummen Stühlen, Bänken und Mauern zu predigen. Vielleicht antwortete Herr von Kalkreuth hierauf: Es sei offenbar des Priesters Schuld, daß die Kirche stets leer stehe; er müsse die Leute an sich ziehen.

Ein Befehl des Oberamtes, der auf Grund jener und anderer Klagen unterm 5. September 1659 erging, den vorgesetzten Pfarrern gehörigen Respekt zu erweisen, mag wenig gefruchtet haben. Wenn nämlich die Ehrerbietung erst förmlich dekretirt wird, sinkt sie in der Regel immer tiefer.

Höchst thätig, besonders in Eintreibung der Schulden, zeigte sich der Propst Mittelstädt in Schwiebus. Auf sein Gesuch erhielt er militärische Hülfe, mißbrauchte sie aber. Die Landstände beschwerten sich. Er ward angewiesen, mehr nach Billigkeit zu verfahren, und da diese Mahnung erfolglos blieb, zog das Oberamt 1666 jene Exekution ganz zurück.

Bald darauf starb der Propst Mittelstädt, und am 21. März 1667 trat Johann Karl Zahn sein Amt an. Der Eifer desselben für die katholische Kirche war nicht minder groß. Einen langen Streit, in dem es sich um Gelder für die Deputation nach Regensburg handelte (jede große Kirche gab 6, jede kleine 4 Thaler; diese forderten die römischen Priester zurück) beendeten die Kommissarien Adolf von Tschammer auf Kleindammer und Joachim von Kalkreuth am 11. Juli 1667 auf dem Landhause in Schwiebus durch einen Vergleich. Wohl oder übel mußte der Propst Zahn Ja sagen. Im folgenden Jahre jedoch überreichte er nebst den Pfarrern in Mühlbock und Möstchen den Landesältesten eine Beschwerde, hervorhebend, daß Seitens verschiedener Stände dem Vertrage nicht nachgelebt würde.

Um das religiöse Bedürfnis der bedrückten evangelischen Gemeinden einigermaßen zu befriedigen, wurden besonders im Brandenburgischen Grenzkirchen erbaut. Ihre Zahl betrug im Ganzen 23. Sechs lagen im Herzogthume Krossen-Züllichau: 1. beim Vorwerke Schlesisch-Drehnow (unter Siegmund Misietscheck von Wischkowo zum Theil aus Kollektengeldern, zum Theil aus eigenen Mitteln des Predigers Friedrich Reiche gegründet, daher später einige Mal sammt dem Pfarramte verkauft), 2. im Oderwalde bei Glauche (Anfangs nur ein Schuppen aus Reisig, sodann aus Holz errichtet), 3. in Lippen (der Kurfürst schenkte zu derselben ein Haus, das im Schloßgarten zu Krossen stand, eingeweiht 1668), 4. zu Rothenburg a. d. Oder (seit 1694; aus Jonasberg unweit Grünberg 1653 vertrieben, hielt der Pastor Reiche auf dem Vorwerke bei Polnisch-Nettkow einstweilen den Gottesdienst in einem Schafstalle), 5. in Trebschen (1674 erbaut, zu der sich die Protestanten aus Kleinitz, wol auch aus den Parochien Sabor, Loos und Milzig anschlossen), 6. im Tschicherziger Walde (1635 durch Wenzel Rudolf von Stentzsch auf Prittag für seine Gemeinde und für Sawade und Deutschkessel errichtet).

Über die letztere theil' ich noch Folgendes mit. Zacharias Textor (Weber), aus Großkauer in Schlesien vertrieben, flüchtete nach Klemzig. 1654 predigte er im Walde aus einer hohlen Eiche. Mit seiner Bitte, eine Kirche auf brandenburgischem Gebiete zu bauen, fand er bei der verwittweten Kurfürstin Elisabet Charlotte, die in Krossen residirte, sofort geneigtes Gehör. „Ihre Churfürstl. Durchlauchtigkeit erklehren sich hierauff gnädigsts, daß wie Sie in allerwege mit denen bedrengten Evangelischen Christen ein gnädigstes und Christliches mitleiden getragen, Und sie in Dero Landen gerne Auffgenommen und befördert gesehen, Also auch Ihre Churfürstl. Durchl. Ihnen das freie Religions Exercitium auf Dero grundt und boden in begehrtem Zicherschicher walde wo Sie es zu halten am bequemsten finden Können gnedigst gerne verstatten wollen, gestalt Dero Amtskastner in Züllich und andern bedienten Supplicanten an solchem orte die Sacra zu administriren, nicht allein zu verstatten, Sondern Ihnen auch dabei zu schützen, befehliget sein sollen. Urkundlich mit Ihrer

Churfürstl. Durchl. eigenen Handt Unterschrifft, Und vorgedrücktem Cammer Secret erteilet. Datum

Croßen den 16. September Anno 1654.

(L. S.) Elisabeth Charlotte."

In einem „Bauinventarium", das im Monate März 1797 M. Zernbach aufnahm, findet sich auch die Bemerkung: „Bei diesem Vorwerke (Stock) hat der ehemalige Kommendator Graf von Schwerin (installirt am 18. Januar 1693, gestorben am 8. Mai 1704) aus besonderem Mitleid für Beförderung des Gottesdienstes wegen der in Schlesien bedrückten armen Lutheraner eine Grenzkirche erbauen lassen, welche Inhalts Kapitelbeschlusses de dato Sonnenburg vom 30. Septbr. 1764 nach Neulagow, woselbst die Kirche abgebrannt, nebst dem Küsterhause transportirt werden sollen, so auch besage des Attestes vom 24. Dezember 1767 geschehen ist. Auch hat der erwähnte Graf von Schwerin im Dorfe Grunow neben dem Vorwerke ein von Holz geschrotetes Haus für den Grenzprediger erbauen lassen. Dieses Haus ist, nachdem die Kirche abgetragen worden, dem Einwohner Hämmerling zu Grunow für einen jährlichen Kanon von sechs Thalern zum Besitz und Gebrauch überlassen und muß derselbe solches nach dem ihm ertheilten Kontrakte vom 3. November 1766 auf eigene Kosten im baulichen Stande erhalten. Die Alienation [Veräußerung] ist auch mittelst Kapitelschlusses vom 30. Dezbr. 1767 approbirt [genehmigt] worden."

Bei der Scheidung des Karl Hämmerling (auch Hämmerlein) von seiner Ehefrau, Eva, geb. Drose, fiel das Freihaus der letzteren zu. Kinderlos und ohne nähere Erben, überließ sie es gegen freie Wohnung, Feuerung und Verpflegung am 19. Dezember 1791 dem Christian Ullmann. Gegenwärtig besitzt es dessen Enkel Reinhold Ullmann.

Als Prediger an dieser Grenzkirche, deren Fundament noch vor ungefähr vierzig Jahren bei dem Vorwerke Stock deutlich zu erkennen war, amtirten:

1. Martin Roggius (Rogge). Am 21. März 1654 aus Niedewitz vertrieben (Seite 559), wandte er sich zunächst nach Spiegelberg, wo er entweder von seinem eigenen Vermögen oder von den Unterstützungen seiner Freunde lebte. Oft vertrat er mit seiner Hausehre Anna Pathenstelle. 1684 wird er im Spiegelberger Kirchenbuche zuletzt genannt.

2. Löber 1706.

3. Gamm 1708.

4. Theodor Pfund 1718—23, kam als Prediger nach Schönow, wo auch sein Sohn und sein Enkel wirkten.

5. Johann Philipp Hartmann zog 1724 nach Zielenzig, scheint jedoch hier ohne Amt gewesen zu sein; denn er findet sich in Uhdens Verzeichnis der Geistlichen nicht.

6. Christoph Gerasch aus Tschausdorf bei Krossen. Wiewol seine Eltern dort in armseligen Verhältnissen lebten, ließ er sich doch nicht vom Studium zurückschrecken. Gönner unterstützten ihn in Halle und Jena. Als 1740 die Verhältnisse in Schlesien sich wesentlich änderten und die Verfolgung der Protestanten glücklicher Weise endete, predigte er öfter in Schwiebus, erhielt unterm 15. Juli 1753 seine Bestätigung als Pfarrer daselbst, wurde am 6. Oktober durch den Inspektor Becker aus Freistadt in sein neues Amt eingeführt und starb am 8. Februar 1769.

7. Christian Siegfried Heusinger und

8. Friedrich August Schmidt, beide Pfarrer in Lagow, letzterer seit 1752. Er bezog den Kanon von dem Freihause in Grunow, so lange er lebte († 29. April 1792).

Das Oberamt verbot unterm 29. Oktober 1669 den Besuch der Grenzkirchen. Drei Schwiebuser Bürger, Hans Ulmütz, Tobias Schultz und Sigismund Specht, wurden, weil sie ihre Kinder in Rickern hatten taufen lassen, mit Arrest und 20 Thaler Geldbuße bestraft. Der Landeshauptmann Georg Abraham von Dyherrn setzte alle evangelischen Rathmänner und Schöppen ab, mußte aber 1670 obiges Verbot zurücknehmen.

Als der Kaiser Brandenburgs Hülfe gegen die Türken beanspruchte, ergriff Friedrich Wilhelm die Gelegenheit, für die Evangelischen in Schlesien Duldung zu erwirken. Er schrieb ihm: „Euer Kaiserliche Majestät ersuch' ich, die Verfolgungen der Protestanten in Schlesien einzustellen, damit sie ihr Leben Ew. Majestät Dienste widmen können und nicht das Opfer fanatischer Geistlichen werden, welche sich erdreisten zu sagen: es sei besser, daß Ungarn den Türken überlassen würde und daß der Kaiser am Bettelstabe aus dem Lande gehe, als daß Protestanten in den Kaiserlichen Erblanden geduldet würden." In Wien hieß es aber: Lieber auf die Hülfe verzichten, als — — tolerant sein!! —

Bei der Verfolgung der Protestanten, die sich, ohne die Wahrheit zu verletzen, noch mit grelleren Farben schildern ließe[1]), verfuhr der römisch gesinnte Hof in Wien nach dem Grundsatze: cujus regio, ejus religio (Zur Religion der Regenten müssen sich auch die Unterthanen bekennen.) Auch bei evangelischen Fürsten machte er sich zuweilen geltend. Es läßt sich nicht leugnen, daß man seit Johann Siegismund in Brandenburg die Reformirten in vieler Beziehung begünstigte. Dadurch entstand der märkische Kirchenstreit, der seine Schatten auch nach dem Lande Sternberg warf.

Georg Kalixtus, Professor in Helmstädt, wirkte seit 1645 offen für eine Union der verschiedenen christlichen Bekenntnisse; er gerieth aber in den Verdacht, ein geheimer Kalvinist, ein Glaubensmenger, ein Synkretist zu sein. Friedrich Wilhelm erstrebte unverkennbar in seinem Staate eine Vereinigung der 1500 Reformirten mit den drittehalb Millionen Lutheranern; er vergaß jedoch, daß sich eine so bedeutende Mehrheit nie freiwillig vor der Minderheit beugt. Unter solchen Verhältnissen erscheint es gerathen, den Eifer, wenn er auch ein löblicher wäre, zu zügeln. Beschränktheit und Dummheit lassen sich nicht durch Gesetze vertreiben, wie etwa die Schatten der Nacht vor der aufgehenden Sonne entfliehen. Alles, auch die Entwickelung auf religiösem Gebiete, hat seine Zeit.

Als Beweise der Erbitterung zwischen Lutheranern und Reformirten will ich nur drei Fälle anführen. Der Berliner Rektor Johann Heinzelmann sagte in einer Predigt am Dinstage vor Pfingsten 1657: „Wir verdammen die Papisten, Kalvinisten und auch Helmstädter (Synkretisten). Mit einem Worte: wer nicht lutherisch ist, der ist verflucht." Der Prediger Schilling in Stendal ließ zu Wittenberg ein Schriftchen drucken, in dem es u. a. hieß: „Der Teufel pflege die Leute mit der kalvinistischen Partikularität (der Lehre von der Gnadenwahl) anzufechten und in Zweifel zu stürzen und alle Diejenigen würden verflucht, so wider die Heiligung des göttlichen Namens, Gottes Reich und dessen Wille wären, es möchten Papisten oder Kalvinisten sein." Jeden Widerruf ablehnend, ward Schilling seines Amtes entsetzt (1660). Der Rektor Jakob Hellwig, der Subrektor Rösner, der Konrektor Michael Schirmer (am grauen Kloster, Dichter des Liedes: O heil'ger Geist, kehr' bei uns ein!) verspotteten 1661 die Reformirten, insbesondere deren Lehre vom Abendmahle, in geistlichen Schulkomödien.

[1]) Man lese u. A. Hensels Kirchengeschichte. Worbs, Die Rechte der evangelischen Gemeinden in Schlesien, Seite 74—193.

Was nützte es, wenn den Theologen und Philosophen der Besuch der Universität Wittenberg verboten, wenn eine Zensur für ihre Schriften eingeführt wurde! Nach einer Verordnung des Konsistoriums vom 13. März 1662 sollten die Inspektoren sämmtliche Kandidaten des Predigtamtes vornämlich auf das Studium der heiligen Schrift hinweisen und ihnen eröffnen, daß diejenigen, „die geübte Sinnen in der heiligen Schrift erlangt hätten, daß sie mit den Worten Christi und der Apostel die nöthigen Punkte christlicher Lehre vom wahren Glauben und christlichen Leben darthun und befehligen, die Unwissenden unterrichten, die Betrübten trösten, die Nachlässigen warnen, mit einem Worte alle Hauptverrichtungen der christlichen Seelsorge ausüben könnten, mit guter Beförderung angesehen werden sollten, ob sie schon auf subtile Streit- und Schulfragen nicht eben zu antworten wüßten." [1]) Sehr wahr! Wer aber jene bewegte Zeit näher kennt, vernimmt in dieser Verordnung doch nur die Stimme eines Rufenden in der Wüste. Schenkt man ihr in unsern Tagen, nach mehr als zweihundert Jahren, etwa allseitig Gehör? — Unterm 2. Juni 1662 [2]) ward ein Edikt von 1614 erneuert, das alle Eiferer zum Lande hinausweist, das außerdem von den Geistlichen schon bei der Ordination (nicht erst bei ihrer Bestätigung) einen Revers fordert, in dem sie sich zum pünktlichen Gehorsam gegen die Verordnungen des Landesherrn verpflichten.

Da ausnahmsweise 1661 zwei lutherische und zwei reformirte Theologen aus Rinteln bezw. Marburg, zu einem sogenannten Religionsgespräche nach Kassel zusammen berufen, nicht wie die „Kampfhähne des Allmächtigen" gegen einander gefahren waren, sondern in Frieden sich getrennt hatten, so mochte der große Kurfürst glauben, der einen Ausnahme in Hessen werde die andere in seinem Lande folgen. Kurz: Am 16. August 1662 erließ er eine Verfügung an das Konsistorium zu Kölln, ein freundschaftliches Religionsgespräch zu veranstalten. Es sollten an demselben Theil nehmen: Seitens der Reformirten die Hofprediger Bartholomäus Stosch und Johann Kinschius, sowie der Rektor des Joachimsthalschen Gymnasiums Johann Vorstius, Seitens der Lutheraner aber sämmtliche Geistliche der drei Hauptkirchen in Berlin und Kölln (die Pröpste Lilius und Andreas Fromm, die Archidiakonen Sigismund Reinhart und Johann Buntebart, die Diakonen Martin Lubath,

[1]) Mylius, I., Nr. 19, Seite 374.
[2]) Ebendaselbst, Nr. 29, Seite 375.

Paul Gerhardt, Samuel Lorenz, Jakob Hellwig [!!] und Christian Nicolai); außerdem acht weltliche Herren, von denen ich nur den Geheimrath und Komthur zu Lagow, Freiherrn von Löben nenne. Über den Vorsitzenden, den Oberpräsidenten Freiherrn Otto von Schwerin bemerk' ich zunächst, daß er zwar Gelehrsamkeit und Geschmack besaß, indeß mit offenbar übertriebenem Eifer der reformirten Kirche anhing. Er schloß all' seine Kinder, welche dieselbe verlassen würden, vom Erbtheil aus, erbaute in Altlandsberg, seinem Gute, auf eigene Kosten ein Gotteshaus, zog von vielen Orten hier eine Gemeinde zusammen, wie heut' zu Tage etwa ultramontane Priester zu thun pflegen, weihte den Prinzen Friedrich, seinen Zögling, in die dunklen Geheimnisse der Theologie ein 2c.

Nach des Kurfürsten Willen sollte in der Konferenz freundschaftlich berathen werden: 1. ob in den reformirten Bekenntnissen, sonderlich in den im letzten Edikte benannten, etwas gelehrt oder bejaht werde, worin Der, so es lehret, glaubet und bejaht, nach göttlichem Gericht verdammt sei, oder ob 2. etwas darin verneint oder verschwiegen sei, ohne dessen Wissenschaft und Übung der höchste Gott Niemand selig machen wolle.

Jeder Unbefangene dürfte wol herausfühlen, daß eine Besprechung, wäre es auch eine freundschaftliche, über die beregten Punkte im günstigsten Falle sich im Sande verlaufen, im ungünstigen aber die Gegensätze noch mehr zuspitzen muß. Wie nun erst, wenn ein Eifer auflodert, der groß in kleinen Dingen ist?

Die köllnischen Geistlichen erklärten, an dem Gespräche Theil nehmen zu wollen, die Berliner dagegen überreichten schon in der ersten Versammlung ein Bittschreiben, in dem sie vorstellten, daß diese Angelegenheit die ganze märkische Kirche betreffe, und daß sie es nicht für verantwortlich hielten, „ohne derselben zu Rath gezogene reife Deliberation [Überlegung] sich einzulassen"; zugleich äußerten sie, „daß das berlinische Ministerium in solchen und dergleichen Fällen nicht die Erstigkeit habe, sondern gewissen anderen Ministerien hergebrachtem Brauche nach die Vorstelle gebühre.

Abgesehen von einigen weniger wesentlichen Punkten unterscheiden sich die Reformirten von den Lutheranern hauptsächlich in der Lehre vom heiligen Abendmahle. Jene feiern es als ein Gedächtnis der Leiden und des Todes, diese legen das meiste Gewicht auf die „mündliche Genießung des Leibes und Blutes Jesu Christi." — Bei diesen Lehren, die zuerst verhandelt wurden, hoben die Berliner

Geistlichen eine Menge von Unterscheidungen und Einschränkungen hervor, die auch den geduldigsten Zuhörer endlich ermüden mußten. All' ihre Äußerungen ließen die Meinung durchschimmern: Ja, die Reformirten lehren und glauben, was ihnen die göttliche Verdammung zuziehen muß. Paul Gerhardt gab am 19. Mai 1663 sein Gutachten dahin ab: Er räume zwar ein, daß unter den Reformirten Christen seien, aber daß die Reformirten als solche Christen und also seine Mitbrüder seien, Dies müsse er verneinen."

Durch ein Urtheil derselben über Luther gekränkt[1]), erklärten die Anhänger des Letzteren am 22. Mai: sie wären in keinem Punkte mit ihren Gegnern ganz einig und könnten überhaupt ohne Einwilligung der ganzen lutherischen Kirche Nichts beschließen. Demnach befand man sich jetzt genau auf demselben Punkte, wie in der ersten Sitzung. Am 29. Mai entspann sich sogar ein unerquicklicher Hader darüber, daß auf Schwerins Wunsch auch ein Schulkollege am Joachimsthalschen Gymnasium, Adam Gericke, an den Unterhandlungen Theil nehmen sollte. Archidiakonus Reinhart sah in dieser Zumuthung eine Beschimpfung. Der Vorsitzende brach das Religionsgespräch ab. In einem Reskript vom 30. Juli gab der Kurfürst dem Berliner Kirchenministerium, insbesondere dem Prediger Reinhart, seine Ungnade zu erkennen und befahl zugleich, die Verhandlungen mit anderen tüchtigen und friedfertigen Männern fortzusetzen. Jedenfalls war Schwerin in der Lage, solche mit der Diogeneslaterne zu suchen. Genug: mit der siebzehnten Sitzung endeten die „Liebesgespräche!" Hatten die Kämpfer seit einigen Monaten der erzwungenen Ruhe sich hingeben müssen, so brach ihr Eifer jetzt mit neuer Kraft los. Der Kurfürst erließ deshalb unterm 16. September 1664 ein ausführliches Edikt.[2]) Es untersagte sowol den reformirten als auch den lutherischen Pfarrern und Schulkollegen bei Vermeidung der Amtsentsetzung, nach Befinden der Umstände auch noch weiterer Strafe, den

[1]) Dasselbe lautete im wesentlichen: „Von Luther halten wir wie von anderen Menschen, daß er in sich Fleisch und Geist gehabt, und zwar bedeutend. Wenn der Geist in ihm die Oberhand gewann, so bewegte er ihn kräftig; wenn aber das Fleisch obsiegte, so stieß er greuliche Widersprüche aus, die wir aus heiliger Scheu gegen die Kirche gern zugedeckt lassen, so lange man uns nicht zwingt, davon etwas zu entblößen." Verglichen mit anderen Urtheilen von Heißspornen der römischen Kirche, z. B. des Pfarrers Weißlinger, der auch den Superintendenten Dr. Valentin Löscher den „heilverzweifelten Generalkujon von Dresden" nannte, ist das vorstehende sehr glimpflich. Röhr, Predigerbibliothek, X., Seite 614.

[2]) Mylius, Nr. 31, Seite 281—86.

anderen Theil durch Beilegung unchristlicher Lehren oder durch gehässige Folgerungen aus einzelnen Lehrsätzen seiner Kirche und durch ehrenrührige Beinamen auf den Kanzeln zu verunglimpfen. Zugleich wurde eine schon früher ergangene Anordnung erneuert, daß, wenn Jemand, er sei reformirt oder lutherisch, sein Kind ohne Exorzismus (Beschwörung des Teufels) taufen lassen wolle, der Prediger ohne weitere Anfrage die heilige Handlung in solcher Weise zu verrichten habe. Am Schlusse heißt es: „Wir gesinnen demnach an Unsers Statthalters Liebden hiermit Freund-Vetterlich, Unsern Oberpräsidenten und Geheimen-Räthen, wie auch Regierungen, Kanzlern, Vizekanzlern, Geistlichen, Konsistorien und dann Eingangs benannten Prälaten, Grafen, Freiherren, Landvögten, Verwesern, Hauptleuten, Ritterschaften und vom Adel, Kastnern, Schössern, Amtleuten, auch Bürgermeistern und Räthen in Städten, befehlen Wir hiermit gnädigst, über dieses Unser Edikt und Verordnung steif, fest und unverbrüchlich zu halten und keinem einzigen Pfarrer und Prediger, wer der auch sei, hiewider zu handeln zu verstatten, sondern vielmehr auf den widrigen unverhofften Fall, da einer hierwider zu handeln sich gelüsten ließe, solches alsofort an Uns oder in Unserm Abwesen an Unsern hinterlassenen Statthalter oder Geheime Räthe zur ferneren gebührenden Verordnung gehorsamst zu hinterbringen. Urkundlich haben Wir dieses Edikt mit Unserm Kurfürstl. geheimen Kanzleiinsiegel zu bekräftigen wohlwissentlich anbefohlen. So geschehen und gegeben zu Kölln a. d. Spree, am 16. September anno 1664." —

Alle angestellten Geistlichen sollten sich durch Unterschrift eines besonderen Reverses verpflichten, diesem Edikte nachzuleben. Derselbe lautete: „Ich Endesbenannter verspreche und zusage hiermit dem Kurf. Brandenburgischen Geistl. Konsistorio, daß ich mich mit Gottes Hülfe die Zeit meines Lebens in Lehren und Leben unsträflich halten und meinen anbefohlenen Schäflein keine böse Exempel geben, mich Vollsaufens, Hurens, Ehebrechens, Wucherns und was dergleichen öffentliche Laster mehr sein, (ent)äußern, in keinen Krug oder Wirthshäuser, allda zu saufen, zu spielen und zu sitzen gehen, mich auch in priesterlicher Kleidung und Sitten ehrbarlich erzeigen, desgleichen in der Lehre, im rechten Gottesdienst, mit Reichung und Administration der hochwürdigen Sakramente, auch im ganzen Kirchenamte bei dem reinen seligmachenden Worte Gottes, wie dasselbe in den prophetischen apostolischen Schriften gegründet und in den drei bewährten Hauptsymbolis und augsburgischer Konfession wiederholt bleiben. Mit keinem Kirchendiener noch jemand anders einiger Sachen halber auf dem Predigtstuhle vor der Gemeinde mich einlegen, hadern oder zanken, sondern solches Alles vor dem Kurfürstl. Geistlichen Konsistorio suchen und austragen; mein Weib, Kinder und Gesinde in aller Gottesfurcht und Zucht, auch Ehrbarkeit nnd Andern zum löblichen Exempel auferziehen, alle Leichtfertigkeiten gänzlich meiden, von der Pfarre Einkommen nichts entziehen lassen oder abhändig machen, sondern die Gebäude und dazu gehörigen Gärten verbessern und und nichts verringern will. Imgleichen zusage und gelobe ich, alle Sonntage Nachmittage oder wenn es sonsten am bequemsten ist, den Katechismus Lutheri fleißig zu treiben und denselben nicht allein lernen und rezitiren zu lassen, sondern auch aus dem Texte Lutheri in vernünftiger Weise Fragen zu machen, bei jedweder Lehre einen klaren Spruch aus der heiligen Schrift den Zuhörern bekannt zu machen und also Junge und Alte im Grunde des Christenthums zu üben und zu unterweisen. Endlich verpflichte ich mich auch nach Seiner Kurfürstl. Durchlaucht Edikt, mutuam Tolerantiam [gegenseitige Duldung] betreffend, als von anno 1614, welches a. 1662 und a. 1664 von Seiner Kurfürstl. Durchlaucht wiederholet und weiter erklärt worden, welches ich auch etliche Tage vor dem Examen, mich wohl zu bedenken, empfangen, auch im Kurf. Konsistorio, was es im Munde habe, wohl bedeutet bin, mich gehorsamst zu richten."

NB. Wenn Prediger, so schon im Amte sein, unterschreiben, so werden die Worte von dem Examen ausgelassen.[1])

Was enthält dieser Revers Bedenkliches? — Über zwei Hundert Pfarrer unterzeichneten denselben. Von einer gewissen Seite behauptet man: die meisten wol nur aus Rücksicht auf Weib und Kinder. „Schreibt, schreibt, liebe Herren, schreibt, auf daß ihr bei der Pfarre bleibt!" war angeblich zu jener Zeit ein Witzwort, das man den Ehefrauen der Prediger in den Mund legte.

Von Berlin aus zu einem Gutachten aufgefordert, erklärten die theologischen Fakultäten in Leipzig, Jena und Wittenberg, sowie das Kirchenministerium in Hamburg sich mehr oder minder entschieden gegen die Unterschrift; die Nürnberger sagten jedoch: Die Berliner Geistlichen könnten aus Ehrerbietung gegen

---

[1]) Mylius, Nr. 33, Seite 392.

ihren Landesherrn und aus Liebe zum Frieden das Edikt ohne Verletzung ihres Gewissens gar wol beobachten, wenn sie auf der Kanzel, so oft es der Text mit sich bringe, die Sachen vortrügen, wie sie wären, dabei aber alle Bitterkeit des Ausdrucks vermieden. Streitfragen brauchten sie bei der großen Menge der zur Besserung des Lebens dienenden Lehren ja nur selten zu berühren; sie müßten sie nicht in den Text hineintragen, sondern aus demselben entwickeln. So hätten sie es in Nürnberg gehalten, und ein solcher Elenchus (solche Widerlegung) sei von ihren reformirten Zuhörern, deren sie viele dort hätten, niemals übel gedeutet worden. Die Weglassung des Exorzismus, der ja nur bedingter Weise vorgeschrieben worden, sei unbedenklich, da dieser Ritus (Kirchengebrauch) an sich gleichgültig und in der Augsburgischen Konfession gar nicht vorgeschrieben, auch der Sinn dieser Formel nach der Ansicht angesehener Theologen viel besser, als der Ausdruck sei." — Ein Gutachten des Seniors Johann Bötticher in Magdeburg, das sich auch für die Unterschrift aussprach, suchten die Wittenberger zu widerlegen. Andere Schriften, die in diesem märkischen Kirchenstreite noch erschienen, übergeh' ich.

Der Kurfürst vermochte wahrscheinlich nicht zu begreifen, wie verständige Männer durch seine Verordnungen in ihrem Gewissen sich verletzt fühlen konnten. Er sah in ihren Schritten nur Eigensinn und Widerspenstigkeit. Laut einer Verfügung vom 25. April 1665 sollten die betreffenden Berliner Geistlichen sich am 28. vor dem Konsistorium einfinden, alle über sein Edikt ergangenen Gutachten zur Stelle bringen und bei Vermeidung der Amtsentsetzung den Revers ausstellen. Ein anderer Befehl, am 27. April an den Oberpräsidenten von Schwerin ꝛc. erlassen, forderte indeß nur unweigerliche Unterschrift von dem Propste Lilius und dem Archidiakonus Reinhart, den anderen Geistlichen gewährte er Bedenkzeit. Die beiden Genannten sträubten sich. Sie wurden ohne Weiteres ihres Amtes entsetzt. Mehrere Vorstellungen der Geistlichen und des Magistrats blieben erfolglos. Eine kurfürstliche Deklaration vom 4. Mai 1665[1]), in vielen Tausend Exemplaren verbreitet, versuchte Jedermann klar zu machen, aus welchen Gründen die beiden lutherischen Prediger ihre Entlassung erhielten. Reinhart wanderte nebst seiner Familie am 27. Mai aus Berlin, ging nach Leipzig, wurde dort noch in demselben Jahre

---

[1]) Mylius, Nr. 832, Seite 385.

Pastor an St. Nikolai, später auch Superintendent und Professor der Theologie. Am 27. Mai 1666 schickte er einen Valetgruß an seine hinterlassenen Freunde und Zuhörer als Ersatz der Abschiedspredigt, die er nicht halten durfte, nach Berlin. Laut seiner Erklärung würde er dazu den Text aus Jonas 1, 1—12 genommen haben. (Der Leser wolle diese Bibelstelle aufschlagen).

Dem greisen Lilius, dem man schließlich doch noch eine Bedenkzeit gestattete, stellte sein ältester Sohn Kaspar, damals Hofprediger und Superintendent, später Geheimer Rath und Minister in Baireuth, an dem Beispiele des augsburgischen Predigers Mylius vor Augen, wie thöricht ein Geistlicher handle, unwesentlicher Dinge wegen, deren Lauf er am Ende doch nicht aufhalten könne, Amt und Gemeinde im Stich zu lassen. „Der neue Kalender sei in Augsburg eingeführt worden, und Mylius habe in seinem Widerstreben gegen diese Einrichtung Nichts als den Namen eines Kalendermärtyrers verdient. Was werde ein fliehender Hirt, der seine Schafe in der Gefahr verlassen und dem Wolfe Preis gegeben, dereinst dem Erzhirten zu antworten vermögen? — Lilius unterzeichnete den Revers (er that, wie Koch — Kirchenlied, III. 332 — sich ausdrückt, „Petri Fall") unter dem Vorbehalte, bei erkannter und bekannter reiner lutherischer Lehre bis an sein Ende zu verbleiben. Durch Reskript vom 10. Februar ward er völlig und unbedingt wieder in sein Amt eingesetzt. Heftige Angriffe in mehreren Schriften brachen indeß dem siebzigjährigen Greise bald das Herz. Er starb schon am 27. Juli.

Der Schluß der Verfügung vom 10. Februar lautete: „Und weil Wir uns erinnern, daß noch mehr vorhanden, so den Revers nicht von sich gegeben, von denen insonderheit der Pfarrer zu St. Nikolai Paul Gerhardt die andern nicht wenig von Unterschreibung des Reverses desertiret (abgerathen), als befehlen Wir euch gnädigst, denselben vor euch zu fordern und zur Ausstellung des Reverses, daß er unsern Edikten gehorsamst nachkommen wolle, anzuhalten, und da er Solches zu thun sich verweigert, ihn gleichfalls mit der Remotion (Amtsentsetzung) zu bedrohen, welche ihr dann auch, da er solche beständig verweigern wird, in Unserm Namen anzudeuten."

Am 16. Februar mit Lilius zugleich vor das Konsistorium geladen, nahm Paul Gerhardt eine Bedenkzeit von acht Tagen, die man ihm zur Abgabe seiner Erklärung noch bewilligte, im ersten Augenblicke der Bestürzung an. Ein unzweideutiges Nein war seine Antwort am 23. Februar, damit jedoch auch seine Amtsentsetzung entschieden.

In dieser peinlichen Angelegenheit wendeten sich die Bürger und die Gewerke sofort an den Magistrat, und letzterer legte beim Kurfürsten eine dringende Fürbitte für den geliebtesten und berühmtesten seiner Geistlichen ein. Er hob seinen untadelhaften Wandel, seine friedfertigen Gesinnungen und seine besonderen Gaben hervor. Seine Kurfürstl. Durchlaucht selbst habe kein Bedenken getragen, Paul Gerhardts Lieder in das unter Ihrem Namen ausgegebene märkische Gesangbuch vom Jahre 1658 aufnehmen zu lassen; es werde auswärts ein sonderliches Nachdenken erregen, wenn ein so frommer, geistreicher und in vielen Ländern berühmter Mann diese Stadt verlassen müsse. Gegen die Reformirten habe er sich immer so friedfertig verhalten, daß es seinetwegen des Ediktes gar nicht bedurft. Es sei nicht Ungehorsam, sondern Ängstlichkeit, daß er die Unterschrift des Reverses verweigere, und man müsse doch auf ein ängstliches Gewissen einige Rücksicht nehmen, selbst wenn die Gewissensskrupel unerhebliche Dinge beträfen.

Noch immer gegen Gerhardt, der während einer Krankheit seine Amtsbrüder gewarnt hatte, den Revers zu unterschreiben, sehr eingenommen, erwiderte der Kurfürst (unterm 10. März von Kleve aus), daß der Genannte sich sowol bei dem Religionsgespräche, als auch bei anderen Veranlassungen heftig bewiesen; sei er ein stiller, friedfertiger Mann, so könne er den Revers um so eher unterzeichnen; wolle er Das aber nicht, so müsse es bei der Absetzung verbleiben. Der Magistrat habe auf ein tüchtiges Subjekt zu denken, das den Revers unterschreibe, widrigenfalls der Kurfürst selbst ein solches berufen werde.

Eine nochmalige Verwendung des Magistrats (vom 13. März) hatte keinen besseren Erfolg; vielmehr zog der spitze Schluß seiner Vorstellung: „Weil der Kurfürst die Bürger von den schweren Kriegslasten und Kontributionen, seinem Versprechen nach, nicht entbinden könne, so möge er sie doch wenigstens in diesem Punkte erhören" — den Vätern der Stadt eine ernste Rüge zu.

An Paul Gerhardt hing nicht blos seine Gemeinde, nicht blos die Einwohnerschaft Berlins — auf ihn war das ganze Land stolz. Die Abgeordneten der Geistlichen, Grafen, Herren, Ritter und Städte der Kur- und Mark Brandenburg nahmen sich nunmehr der Sache an. In einer sehr ausführlichen Vorstellung

(Kleve, den 27. Juli 1866) beantragten sie schließlich, Paul Gerhardt in sein Amt wieder einzusetzen und den Predigern überhaupt die Ausstellung der Reverse zu erlassen. Beiläufig beschwerten sie sich über das Konsistorium, das die Erwähnung der symbolischen Bücher in den Vokationen der Prediger nicht mehr gestatten wolle; außerdem baten sie den Kurfürsten, die beabsichtigte Bekanntmachung einer neuen Kirchenordnung bis zu seiner Zurückkunft auszusetzen. Endlich zeigten sie noch an, es sei zu Selchow im Kreise Sternberg durch eine gewisse Falkenrohin eine arianische Sekte[1]) entstanden. Die vorläufige Antwort des Kurfürsten (vom 30. Juli) erwähnt auffälliger Weise Paul Gerhardts Angelegenheit mit keiner Silbe. Nach seiner Rückkehr ließ er jedoch (am 9. Januar 1667) den Magistrat zu Berlin vor sich bescheiden und ihm durch den Oberpräsidenten von Schwerin eröffnen: Da er von Paul Gerhardt keine andere Klage vernommen, als daß er sich weigere, die Edikte zu unterschreiben, Seine Kurf. Durchlaucht aber dafür halten müßten, daß er die Meinung derselben nicht recht begriffen habe, so wollten Sie ihn in sein Amt völlig wieder einsetzen und ihm die Unterschrift des Reverses erlassen. Bei Mittheilung dieses Bescheides fügte der Geheimsekretär mündlich noch hinzu, Seine Durchlaucht lebten der gnädigsten Zuversicht, Gerhardt werde auch ohne Revers sich den Edikten gemäß zu bezeigen wissen. Abgesehen von diesem Zusatze, sagte sich der gewissenhafte Prediger, daß er den Inhalt und Zweck des Ediktes sehr wohl begriffen und deshalb seine Unterschrift verweigert habe. Er schrieb

[1]) Arius, Presbyter in Alexandria († 336), bestritt die Wesensgleichheit (Homousie) des Sohnes (Christi) mit dem Vater; er gab nur eine Wesensähnlichkeit (Homöusie) zu. Hier handelt es sich um die sogenannten neuen Arianer (Unitarier), welche statt der Dreieinigkeit die Einheit (Unitas) Gottes betonen, denen Christus nur ein zu göttlicher Würde erhobener Mensch ist. Von dem Juristen Lälius Socinus (geb. 1525 zu Siena, gestorben 1562 in Zürich) und dessen Neffen Faustus Socinus (geb. 1539 in Siena, gestorben 1604 in Polen) heißen sie auch Socianer. Studenten dieser religiösen Sekte verübten auf ihrer Hochschule Rakau Exzesse; ferner hielt sie es mit den Schweden. Aus beiden Gründen wurde 1633 die Kirche und die Universität aufgehoben. Sie mußten harte Verfolgungen erleiden. 1658 in Polen gänzlich unterdrückt, fanden sie in Brandenburg Schutz. (Preuß. Jahrb., I., 324.) Im Dorfe Kleingondern besaßen die Unitarier noch unter Friedrich II. einen eigenen Kirchhof. Das Gotteshaus ließ ein Gutsbesitzer, der denselben angehörte (Alexander Ernst von Oppen [?]), erbauen. Lehrer Krüger daselbst, der am 10. Dezember 1843 sein 50jähriges Jubiläum feierte, kannte persönlich eine Frau aus Sandow, die sich zu den Unitarien hielt. Die Angabe des Stadtrathes Friedel, daß sich in Griesel ein arianischer Kirchhof befunden habe, ist jedenfalls ein Irrthum, ganz bestimmt insofern, als dies Dorf nicht im Sternberger, sondern im Krossener Kreise liegt. Vossische Zeitung, Nr. 20 von 1884.

u. a. an den Magistrat (26. Januar): „Mein Gewissen will mir darüber voller Unruhe und Schrecken werden; was aber mit bösem Gewissen geschieht, das ist vor Gott ein Greuel und zieht nicht den Segen, sondern den Fluch nach sich, womit aber weder meiner Gemeinde noch mir würde gerathen sein.“ Auf seinem religiösen Standpunkte beharrend, konnte sich Gerhardt nur beruhigen, wenn ihm ausdrücklich gestattet werde, bei seinen symbolischen Büchern, namentlich bei der Konkordienformel, zu bleiben. In diesem Sinne wendete sich der Magistrat (unterm 4. Febr.) noch ein Mal an den Fürsten. Die Petition kam desselben Tages mit einem kurzen gemessenen Randbescheide zurück: „Wenn der Prediger Paul Gerhardt das ihm von Seiner Kurfürstlichen Durchlauchtigkeit gnädigst wieder erlaubte Amt nicht wieder betreten will, was er dann vor dem höchsten Gott zu verantworten haben wird, so wird der Magistrat in Berlin ehestens einige andere friedliche geschickte Leute zur Ablegung der Probepredigt einladen, aber selber nicht eher voziren, bis sie zuvörderst Seiner Kurf. Durchlauchtigkeit von deren Qualitäten [Fähigkeiten] unterthänigsten Bericht abgestattet haben.“

Paul Gerhardt glaubte, daß, wenn er unter den bezeichneten Bedingungen sein Amt wieder antrete, er den Schein auf sich lade, die erkannte und öffentlich bekannte Wahrheit vor Menschen verleugnet zu haben. Fortwährend von seinem Gewissen beängstigt, schrieb er zum letzten Male (das Datum fehlt) an den Kurfürsten; „— Sollte ich mich denn nun in Dasjenige, dessen ich mich hiebevor aus höchst dringender Noth entzogen, aufs neue wieder einlassen, würd' ich mir selbst höchst schädlich sein, und eben die Wunde, die ich vorher mit so großer Herzensangst von mir abzuwenden gesucht, nur, so reden, mit eigenen Händen in meine Seele schlagen. Ich fürchte mich vor Gott, in dessen Anschauen ich hier auf Erden wandle und vor welches Gericht ich auch dermaleinst erscheinen muß, und kann auf Dem, wie mein Gewissen von Jugend auf gestanden und noch stehet, nicht anders befinden, als daß ich, wo ich so wieder in mein Amt treten sollte, Gottes Zorn und schwere Strafe auf mich laden würde. Solches großes unaussprechliches Unheil zu vermeiden, werden Eure Kurfürstliche Durchlaucht mir gnädigst gestatten, daß ich mich des bisher in etwa wieder verrichteten Kirchendienstes enthalte, bis ich nach Gottes Willen und mit Ew. Kurfürstlichen Gnaden gnädigstem Zulassen mit besserem Gewissen, als jetzo geschehen kann, solches hohe, heilige und göttliche Amt, davon wir armen Leute dermaleinst schwere Rechenschaft geben sollen, antreten werde."

Friedrich Wilhelm betrachtete die Sache als erledigt. Da der Magistrat mit der Wiederbesetzung der vakanten Stelle zögerte, ernannte er (unterm 31. August 1667) den bisherigen Prediger zu Derenburg, Konrad Johann Adami, zu Gerhardts Nachfolger. Er gestattete jedoch, daß der Magistrat den Pfarrer Wolf aus Lebus berief. Was diesen veranlaßte, mit seinem Antritte bis tief in das Jahr 1668 zu zögern, ist nicht recht klar. Adami, von dem es in der Verfügung vom 31. August heißt, „daß derselbe unlängst eine Gastpredigt in der Niklaskirche gehalten und Zuhörern ein solches gutes Vergnügen gegeben, daß er von vielen wegen seiner guten Gaben gerühmt worden", gehörte zu den Männern von verdächtiger Sittlichkeit. Weshalb sollte gerade ein solcher den frommen Gerhardt ersetzen? — Wiewol der Kurfürst wünschte, daß Adami einstweilen das Diakonat bei St. Nikolai verwalte, verschloß ihm doch der Magistrat die Kirche. Die Lebuser Gemeinde muß weniger Energie gezeigt haben; denn sie nahm ihn als ihren Pfarrer an. Wir können nicht glauben, daß es bei ihr hieß: Was für Berlin nichts taugt, ist für uns noch gut genug! —

Inzwischen bezog Gerhardt das Beichtgeld und die Akzidentien. Von diesen Einnahmen und anderen freiwilligen Gaben der Gemeinde lebte er mit seiner Familie. Daß er Privatvermögen besaß, oder daß ihm aus der von dem Musikdirektor Georg Ebeling besorgten Ausgabe seiner Lieder ein nennenswerthes Honorar zufloß, ist nirgends erwähnt.

Bald nach Gerhardts Amtsentsetzung hob der Kurfürst (durch Reskript vom 6. Juni 1667[1]) die Verordnung wegen der Reverse gänzlich auf; nur den Wittenbergern und gleichgesinnten Theologen sollte die Ordination und Bestätigung versagt werden. Eine Erklärung vom 6. Mai 1668[2]) gestattete sogar den lutherischen wie den reformirten Predigern, die Lehren der Gegenpartei auf der Kanzel zu widerlegen und ihre Zuhörer über die Streitpunkte aufs beste zu unterrichten, nur solle es mit anständiger, christlicher Bescheidenheit, ohne Bitterkeit, Verketzerung und Verdammung geschehen. Anderer Seits verlangte der Monarch wieder

[1]) Mylius, Nr. 35, Seite 393.
[2]) Ebendaselbst, Nr. 36, Seite 395.

von seinen Hof- und Konsistorialräthen einen schriftlichen Revers, nach welchem sie auf die Beobachtung seiner nun gemilderten Edikte ernstlich halten und die Übertreter ihm anzeigen sollten. Jetzt stieß er bei den weltlichen Beamten auf ähnlichen Widerstand wie früher bei den Geistlichen. Der Oberhofmarschall und Oberkammerherr Raban von Canstein unterschrieb zwar, machte aber in einer Gegenvorstellung auf die Widersprüche zwischen den Edikten vom 6. und 7. Mai aufmerksam. Andere, unter ihnen die Räthe Reichardt, Seidel und Gabriel Luther, wurden wegen verweigerter Unterschrift ihrer Ämter entsetzt.

Von den Berliner Predigern, die in dem Kirchenstreite schwer zu leiden hatten, sind noch zu nennen: David Gigas (Reinharts Nachfolger) und sein Amtsbruder Lorenz, der jenen und den Propst Andreas Müller (Lilius' Nachfolger) ihrer Unterschriften wegen vom Beichtstuhle und vom Abendmahle ausschloß. Gigas erklärte hierauf, er habe sich versündiget. In der Neujahrspredigt sagte er dem Kurfürsten sogar: „Er möge nicht hören die Zedekias- und Doegsbrüder, die den Propheten Gottes aufs Maul schlagen. Gott wolle die Kirche beim Konkordienbuche erhalten!“ Gigas und Lorenz wurden aus der Mark gewiesen. Die traurigste und abenteuerlichste Rolle spielte aber Andreas Fromm, Inspektor und Propst an der Petrikirche. Mit dem reformirten Hofprediger Bergius lebte er in Frieden; er übernahm selbst, was damals als unerhört galt, Pathenstelle bei einem Kinde desselben. Auch auf Bergius' Nachfolger, dem Hofprediger Stosch, übertrug er diese Freundschaft, und er zeigte sich als einen Mann, „der nur aus äußeren Rücksichten sich in der Gemeinschaft der Reformirten für jetzt noch ducken müsse“; man beschuldigte ihn sogar, daß er bei dem hochfahrenden Stosch das keineswegs ehrenhafte Amt eines Postenträgers versehen habe. Als er jedoch merkte, wieweit die Beglückungsgewalt des Kurfürsten um sich griff, mit welcher Gewissensangst oftmals lutherische Geistliche, vor das Konsistorium zitirt, den vielbesprochenen Revers unterschrieben, gerieth er einmal bei Vertheidigung eines angeschuldigten, ihm aber befreundeten Predigers mit Stosch in Wortwechsel. „Ich kann,“ rief er u. a. aus, „nicht mehr länger schweigen. Die Lutherischen in der Mark erleiden Gewalt und zwar von den Reformirten. Denselben Vorwurf diktirte er zu Protokoll. Hierin erblickte die Gegenpartei eine Beleidigung des Landesherrn. Letzterer nahm an, Fromm's Sinnesänderung sei nur aus einer menschlichen Schwachheit entstanden. Der Propst hielt jedoch seine Erklärung aufrecht; er müsse bei ihr verbleiben, weil theologische Sachen allein Gott dem Herrn gehörten. Unterm 6. Juli 1666 befahl Friedrich Wilhelm Fromm nicht nur seiner Ämter zu entsetzen, sondern ihn auch nicht eher aus der Residenz weichen zu lassen, bis er sich seines ungebührlichen Betragens wegen gerechtfertigt haben werde.

Die Einleitung einer fiskalischen Untersuchung folgte auf dem Fuße. Fromm entzog sich derselben (20. Juli) durch die Flucht nach Wittenberg. Wie auffällig seine Gesinnung sich geändert hatte, ließ sich allerdings aus seinen Briefen an die Hofprediger Bergius und Stosch, die er in den letzten zehn Jahren geschrieben und die nun in Berlin durch den Druck veröffentlicht wurden, aufs unzweideutigste beweisen. In Wittenberg leistete er auch nach einer strengen Prüfung den vorgeschriebenen Religionseid und unterzeichnete die Konkordienformel. Die Superintendentur in Eisenberg, die ihm das Konsistorium zu Altenburg in Aussicht gestellt hatte, erhielt er aber nicht. Unter dem Vorwande, nach Regensburg zu reisen, ging er von Dresden nach Böhmen und trat Anfangs 1668 in Prag, bekehrt durch die Jesuiten, mit seiner Familie zur katholischen Kirche über. Nach etwa einem Jahre zum Priester geweiht, wurde er später Dechant zu Kemnitz und Generalvikar des Bischofs von Leitmeritz. Seine ehemaligen Glaubensgenossen verdammten oder bespöttelten Fromm's Konversion. Hatte doch schon früher ein hochgestellter Herr geäußert: „Der Kerl sieht aus wie ein Jesuit; er wird auch noch einer werden!“ Gerecht und mild urtheilt über ihn der oben erwähnte Konsistorialrath Seidel: „Wollte Gott, es wäre dieser Lizentiat Fromm mit Glimpf und göttlichen Mitteln bei unserer lutherischen Kirche behalten und von solchen Extremitäten [solchen äußersten Verlegenheiten] abgehalten worden. Ich muß ihm das Zeugnis geben, daß ihm Gott stattliche Gaben verliehen hatte, und mögen sich Andere an seinem Unfall wohl spiegeln.“ — Ist Fromm, wie Einige glauben, der Verfasser der sogenannten lehninschen Weissagung, so schrieb er nicht aus heiliger Begeisterung, sondern aus Rache gegen den „Zorn des großen Fürsten“. (Vergl. Seite 355!)

Magister Adam Sellius, den der große Kurfürst 1671 zum Inspektor (Superintendenten) in Züllichau ernannt hatte, gab heraus: Vox Oppressorum in Marchia Brandenburgica supplex [Demüthige Bitte der in der Mark Brandenburg Unterdrückten]: d. i. An Sr. Chrf. Durchlaucht zu Brandenburg unterthänigste

Supplicata der Märkischen rein-Lutherischen bedrengten Kirchen, und dehmüthigst zu übergeben fürgelegt Ao. 1674 um einen gnädigen Abschied über Dero unter Ihrem Chf. Nahmen ausgegangene Edicta Ao. 1662, 1664, 1668 den Kirchen-Frieden zwischen Lutherischen und Reformirten Religions-Verwandten betreffend." — Aus naheliegenden Gründen hatte er seinen Namen verschwiegen; er wurde aber, wie er in einem Briefe 1699 an Günther Heil bemerkt, von seinem Kollegen verrathen. Gleich dem Drucker Michael Schwarz mußte er nach der Festung Küstrin wandern und verlor natürlich sein Amt. Die theologische Fakultät in Wittenberg, deren Zensur das Buch passirt hatte, empfahl ihn nach Buchsweiler im Elsaß, wo er im Jahre 1700 noch lebte. — Viel Aufsehn erregte auch: Seculum Marchiae Brandenburgicae Evangelicum. d. i. Chur-Mark-Brandenburgisches Jubel-Jahr, der vor dem christl. Concordien-Buch Landüblichen Glaubens-Confession vom Hochheil. Abendmahl, auf Befehl und Genehmhaltung Sr. Chrf. Durchl. von Brandenburg Herrn Joh. Georgen glorwürdigen Ged. in gewisse auf Ja und Nein gestellte Frag-Artickul, allen Geistlichen zu unterschreiben und die Religions-Versicherung Dero Landen zu haben, fürgelegt 1575, anizo verdeutschet und renoviret, mit Anhang des Fundamental-Dissensus der Lutheraner und Reformirten, zur Erhaltung der Glaubens-Beständigkeit herausgegeben 1675.

Als der Propst Balthasar Bandovius am Berge vor Krossen am 8. September 1660 gestorben war, vozirte die Regierung (der Kurfürst befand sich zur Zeit in Kleve) den Prediger Christian Nikolas Kolkwitz, zuerst in Merzwiese, sodann in Stargard bei Guben. Hier hatte er 20 Jahre lang mit, auch ohne Exorzismus getauft, das heilige Abendmahl nach vorangegangener Privatbeichte, auch ohne dieselbe, mit Oblaten bei den Lutheranern, mit gebrochenem Brote bei den Reformirten (zu denen die Gutsherrschaft gehörte) ausgetheilt, nach dem lutherischen, auch nach dem Heidelberger Katechismus unterrichtet. Deshalb vom sächsischen Konsistorium entsetzt, trat er zu den Reformirten über. Einen solchen Propst sah die zahlreiche lutherische Gemeinde in Krossen mit großem Widerwillen. Trotzdem, daß man den Superintendenten Nikolaus Vogelhaupt mit 1000 Dukaten Strafe bedrohte, installirte er ihn nicht. Ganz entschieden weigerten sich auch die Pastoren Gottfried Schneeweis in Eichberg und Johann Nicolai in Jähnsdorf. Endlich erfolgte am Freitage vor Sexagesimä 1661 die Einführung durch den Regierungsrath

Weidner aus Küstrin, aber nur, weil man die Kirche verschlossen hatte, in der Propstei. Von weiteren Maßregeln nahm man Abstand. Die Pröpste hielten auf ihre Kosten lutherische Substituten, die in Rädnitz wohnten. Dies Verhältnis dauerte bis 1733.[1])

Überblicken wir den ganzen Kirchenstreit noch ein Mal! Es treten in demselben folgende charakteristische Züge hervor. Auf Seiten der lutherischen Geistlichen finden wir nicht immer frommen, heiligen Eifer und christliche Liebe, und bei dem reformirten Hofprediger Stosch vermissen wir Demuth und Aufrichtigkeit. Die Absichten des Kurfürsten, der Kirche den Frieden wiederzugeben, wären jedenfalls löblich. Der Weg zum Ziele lag ihm aber nicht klar vor Augen; daher seine Schwankungen und Mißgriffe, die Anwendung von Mitteln, welche Männer, die um ihres Herzens und Wandels willen ein besseres Loos verdienten, aus dem Amte und der Kirche trieben.

Wie wenig Friedrich Wilhelm und seine Rathgeber zuweilen vor ungehörigen Schritten zurückschreckten, beweist noch deutlicher das Verfahren gegen den Prediger Ägidius Strauch aus Danzig, den Schöppenmeister Hieronymus Rhode in Königsberg und den Amtshauptmann Christian Ludwig von Kalkstein in Oletzko. Hatte Strauch in seinen Predigten auch für die Schweden, mithin gegen den Kurfürsten Partei ergriffen, so gab Dies dem Letzteren noch nicht die Befugnis, den kühnen Redner auf einer Reise nach Hamburg aufgreifen und nach der Festung Küstrin bringen zu lassen.[2]) Rhode und Kalkstein vertheidigten Nichts weiter, als althergebrachte Rechte der Landstände in Preußen, wie später Jakob Moser in Württemberg. Dafür kam jener in ewiges Gefängnis nach Peitz, dieser ward sogar, von Ausländern (Nichtpreußen: den Oberburggrafen A. von Kalnein, dem Hofrichter M. E. von Kreutzen, den Hauptleuten A. von Leschgewand, D. von Wegener und H. von Schimmelpfenning) zum Tode verurtheilt, am 8. November 1672 in Memel hingerichtet. Ich führe diese Fälle nur kurz an, weil sie auch Licht auf Gerhardts und seiner lutherischen Gesinnungsgenossen Maßregelung werfen.[3])

---

[1]) In Jauernick bei Görlitz — es soll die älteste Kirche im Markgrafthum Oberlausitz sein — verrichtete der katholische Geistliche bei allen Evangelischen die Amtshandlungen nach evangelischem Ritus; ebenso erklärte der Lehrer den lutherischen Katechismus. Mischke, S. 104.

[2]) Seyffert, Küstrin 87—88.

[3]) Wer Näheres über sie lesen will, nehme Gallus IV., S. 132—40, Heinel IV., S. 14—58. Förster, Preußens Helden I., S. 236—88, Ferd. Schmidt, S. 570—78, 618—19, Stenzel II.

Die Erzählung, daß Paul Gerhardt mit Weib und Kind aus Berlin durch die märkischen Steppen wandern mußte, daß er im Garten eines Gasthofes zum Troste seiner betrübten Frau das herrliche Lied: „Befiehl du deine Wege“ dichtete und unmittelbar darauf vom Herzoge Christian zu Merseburg eine Berufung nach Sachsen erhielt, gehört ins Reich der Sage. Der Dichter Schmidt von Lübeck († am 28. Oktober 1849 als Bankdirektor in Altona) kleidete sie in ein poetisch-schönes Gewand. Auch dichtete er nicht, wie Feustling angibt, nach einem heißen Kampfe mit dem Fürsten der Finsternis am Altare der Lübbener Hauptkirche: „Wach auf, mein Herz, und singe“. Nachweislich wurde das Lied schon 1649 gedruckt. Ende Mai 1669 traf Gerhardt in Lübben ein, leistete am 6. Juni den Religionseid und trat am Trinitatisfeste sein Amt an. In der Hauptstadt der Niederlausitz ging er keineswegs auf Rosen. Am 7. Juni 1676 entschlief der „siebenzigjährige, liederfleißige, wohlverdiente Archidiakonus“ (nach Schamelius mit den Versen: „Kann uns doch kein Tod nicht tödten“). Seitwärts am Fuße seines Bildes liest man die merkwürdigen Worte: „Theologus in cibro Satanae versatus“ (Ein Theologe, der in dem Siebe des Satans hin und her getrieben worden ist), und unter demselben lateinische Verse (von J. Wernsdorf), zu deutsch: „Wie lebend siehst du hier Paul Gerhardts Bild, der ganz von Glaube, Lieb' und Hoffnung war erfüllt. In Tönen voller Kraft gleich Assaphs Harfenklängen, erhob er Christi Lob in himmlischen Gesängen. Sing seine Lieder oft, o Christ, in sel'ger Lust, so dringet Gottes Geist durch sie in deine Brust.[1])

---

S. 203—14, zur Hand. Der polnische Schriftsteller Zaluski zollt dem Schöppenmeister das beste Lob; preußische Zeitgenossen nennen ihn freilich „einen Bankeruttirer und ein Werkzeug der Warschauer Jesuiten.“ Der brandenburgische Gesandte von Brandt schrieb an Schwerin: Wenn man nicht die sichersten Beweismittel gegen Kalkstein gehabt, so würde es besser gewesen sein, „ihn ungezwackt zu lassen, da ein solcher Mensch leicht einen Stein in den Brunnen werfen könne, welchen ihrer zehn kaum auszuwinden vermöchten.“ Schwerin selbst räth für den vorliegenden Fall: „Es ist besser der Milde, als dem Zorne zu folgen.“ Stenzel, ein höchst besonnener Historiker, bemerkt (II., S. 213): „Der Prozeß gegen Kalkstein wurde gegen das preußische Landrecht einer Kommission von Ausländern übertragen. Diese verfuhren nicht nach den Landesgesetzen, sondern nach einer besonderen Instruktion und sprachen das Urtheil.“ Vergl. Baczko V., Seite 397.

[1]) Im Ganzen besitzen wir von Gerhardt 131 Lieder, von denen indeß 11 zu den bloßen Gelegenheitsgedichten zu rechnen sind. Die übrigen 120, sammt und sonders in deutsche Gesangbücher aufgenommen (im brandenburgischen Provinzial-Gesangbuch 36, in Knapps Liederschatz 70) bieten einen vielseitigen Inhalt. Vergl. Koch III., Seite 277—327.

Noch greller als in den theologischen Streitigkeiten treten die schwarzen Schatten der Zeit in den Hexenprozessen zu Tage. Diese Greuel übersteigen in manchen Bezirken des lieben deutschen Vaterlandes den 3506 Fuß (1141 m) hohen Gipfel des Brocken. In Quedlinburg z. B. starben 1589 an einem Tage 133 Personen, weil sie auf dem Blocksberge getanzt und dazu den Wein von vierzehn reichen Kellern ausgeleert haben sollten. (Stellten die scharfsinnigen Inquisitoren nicht fest, wie viel von Hans von Schweinichen stammten?) Herzog Julius von Braunschweig rühmte, daß vor dem Thore der Stadt Wolfenbüttel die Brandpfähle „dicht wie ein Wald ständen." Auch in der Neumark loderten die Scheiterhaufen. Unter der Regierung des Markgrafen Hans wurde Peter Lüddebecke, der „weiße Peter" genannt, in Küstrin hingerichtet. Der Superintendent Klingebeil führt in einem Artikel: „Aus Sonnenburgs Vorzeit" (Wochenblatt 1878, Nr. 10) an: Der verstorbene Kanzleirath Böhmer, der schon vor Auflösung des Ordens lebte, sah in seiner Jugend hier noch ein Aktenstück, enthaltend den Prozeß einer Hexe aus Zielenzig, die es einem Edelknaben angethan hatte, und vor dem Schlosse „unter einer grunen Linden" verbrannt wurde. — In der Geschichte der Stadt Krossen begegnen wir zuerst im Jahre 1618 einer Anklage wegen Hexerei. Sie richtete sich gegen „die alte Fleischerin aus Drenow". Diese erhängte sich aber während ihres Prozesses auf dem Rathhause im Gefängnisse. Da hat Michael Wermuth, der Hauptwächter, vor versammeltem Rathe ausgesagt, daß sie darauf in Gestalt eines alten Hasen mit Beelzebub, der sich als ein junger angestellt, immer um das Rathhaus gelaufen, und als er dem alten gefolgt, ihn zu schlagen, sei der Spieß zerbrochen, darob er gerufen habe: Hilf, Herr Jesu! worauf die Zauberei verschwunden sei. — 1620 ward die „schwarze Käthe" wegen Zauberei ertränkt. — Anno 1631 im Juni ward ein junger Mensch von den Schweden als ein Mordbrenner und Zauberer eingebracht. Der gab vor, er hätte von seiner Mutter hexen gelernt; dafern man ihn nun vom Wagen auf die Erde kommen ließe, würde er verschwinden und nicht können gehangen werden. Deswegen rückte man ihn mit dem Wagen dicht an eine Weide bei dem Hospital, und war der arme Sünder selbst sehr sorgsam, daß er die Erde nicht berühre. Also hing man ihn. Als man mit der Exekution fertig war, sagte einer der Schwedischen, so einer von Knobelsdorf[1])

[1]) Etwa aus Topper? — Christoph von Knobelsdorf, ein Sohn des Sigismund, der 1624 Antheil II. (später Rissmann) von Christoph von Zobeltitz kaufte, diente im schwedischen

war: „Wie wär's, wenn man den Tonrich dazu hinge? — Der Christian Tonrich aber konnte lesen und schreiben, ließ sich auch als ein Advocatus pauperum [Armenadvokat, Volksanwalt] gebrauchen und als Sequester in adligen Gütern. Er führte keinen guten Lebenswandel und eine üble Ehe, war aber sonst kein Verbrecher. Dazumal saß er Schulden halber in der Büttelei und wurde von seinen Feinden bezichtigt, er habe mit den Kaiserlichen korrespondiret und ihnen aus dem Gefängnisse bei der Belagerung mit dem Hute gewinkt, wo der Stadt am besten beizukommen. Das ward angenommen als eine Sünde, „so des Todes werth sei". Man ließ ihm nicht einmal Zeit für „seine Seele zu sorgen", sondern knüpfte ihn ohne Weiteres auf.[1])

In Krossen wurden, erzählt Dr. Wedekind, Züllichau, S. 225) in manchen Jahren fünf bis sieben, zu Grünberg in dem Zeitraume von 1661 bis 1668 vom neuen (katholischen) Rathe vierundzwanzig Hexen ermordet.[2])

In Züllichau ward 1687 Adam Vetter, weil er mit dem Satan einen Bund gemacht und neugierigen Leuten in seinem Zauberspiegel allerlei Gaukeleien, z. B. ihre künftige Ehegatten gezeigt hatte, beim Galgen auf dem Markte enthauptet. Als eine besondere Merkwürdigkeit bewahrte man diesen Spiegel, aus Messing, hell polirt und von der Größe eines Tellers, lange Zeit auf dem Rathhause.[3]) — 1590 wurde in Königsberg (Neumark) eine alte Zauberin gefänglich eingezogen

Heere und stieg bis zum Hauptmann. Er war, wie sein Vater, Landrath des Kreises Krossen; starb 1681 (begraben 28. April).

[1]) Matthias, Seite 210, 236—37.

[2]) Beweise für obige Zahlen finden sich, wenigstens bei Matthias, nicht. Auch scheinen die Notizen über Grünberg nicht ganz korrekt zu sein. Der Primarius O. Wolff berichtet Seite 92: „Im Jahre 1663 [also nicht 61] begannen in hiesiger Gegend die Hexenprozesse sich zu mehren. Einige vom Gutsherrn zu Schertendorf, Melchior von Landskron, eingezogene Weiber, der Hexerei beschuldigt und geständig, bezichtigten andere in der Stadt und auf den Stadtdörfern lebende gleichen Verbrechens, diese wieder andere u. s. w., so daß 10 der Unglücklichen zu Grünberg, 7 zu Schertendorf, 3 zu Platow, 2 zu Lawalde und 1 zu Polnisch-Kessel den Feuertod erlitten, oder in Folge der erduldeten Folterqualen, mit welchem man sie zum Geständnisse zwang, im Gefängnisse starben. Trat der letztere Fall ein, so hatte sie der Teufel erwürgt, und die Leichen wurden unterm Galgen verbrannt. Das Amt zu Glogau, besonders das Schöppengericht zu Löwenberg, einige Mal auch das zu Breslau, nahmen lebhaften Antheil an diesen die Menschheit empörenden Prozessen und erkannten immer frischweg auf Tortur und Scheiterhaufen. Endlich verwickelte man auch angesehene Frauen in die gräulichen Prozesse. Die Sache gelangte an den Kaiser. Er steuerte dem Unwesen. Mit 1665 hatte dasselbe sein Ende erreicht.

[3]) Wedekind, Seite 226.

und später in Küstrin verbrannt. Sie hatte angeblich ein armes Mädchen zu Hanseberg durch einen unsichtbaren Geist, der zu Zeiten mit dem Kinde redete, übel traktiret und gemartert.[1])

Die „wahrhaftige Geschichte der berühmten Stadt Sorau" von Magnus erzählt Seite 214 bei dem Jahre 1653, „in dem es im Sommer ganzer 16 Wochen nicht geregnet", von einer Wettermacherin unter den Bleichweibern, welche mit Worten, die ich Anstands halber nicht niederschreiben kann, sich gegen die aufsteigende Wolke wendete. Der Verfasser beruft sich auf einen „ehrlichen Bürger und Fleischhauer", der auf einem Spaziergange das Treiben „der alten Vettel" unweit eines Zaunes beobachtete. Als er der Hexe nachlief, verschwand sie vor seinen sichtbaren Augen. — 1657, den 2. März zu Nachts ließ sich der Teufel in Gestalt dreier Reiter mit drei Lichtern beim Rathhause sehen, sprengte auf der Treppe bei der Garküche hinauf und tummelte sich, so daß die Hufschläge der Rosse in den Stufen deutlich zu sehen waren (S. 234). 1661, den 12. Mai, Mittags 12 Uhr, brach Beelzebub dem alten Fuhrmann Christoph Walter in Schönwalde das Genick (Seite 237).

Am Tage Mariä Empfängnis (8. Dezbr.) 1550, erzählt Treu in der Friedeberger Chronik, Seite 150, war Valentin Freybeckers, eines Bürgers Ehefrau, auf die Beschuldigung, daß sie eine Zeit lang mit Zauberei umgegangen, durch den Rath gefänglich eingezogen und bald darauf eines Abends von 9 Schlägen an bis um 11 und am folgenden Morgen früh aufs neue mit Lichten gebrannt und gepeinigt worden, ohne daß sie ein Geständnis abgelegt hätte. Alle Bemühungen ihres Mannes, sie wieder auf freiem Fuße zu sehen, blieben erfolglos. Er wandte sich deshalb um Rechtsbelehrung an den Schöppenstuhl zu Brandenburg und stellte in seinem Schreiben vom 8. Septbr. (Mariä Geburt) 1551 ausführlich dar, daß der Rath die Verordnung des Markgrafen Hans ganz außer Acht gelassen. Sein Weib habe sich von Jugend auf so verhalten, daß ihr mit Wahrheit Niemand etwas Unrechtes nachreden könnte; nur durch böse und abgünstige Leute wäre sie verunglimpft und angegeben worden und hätte solche Pein erlitten, daß es schrecklich davon zu sagen. Obwol von ihr nichts zu erfragen gewesen, was zum Tode oder um sie ferner anzugreifen genügte, so sollte E. Rath doch damit umgehen, sie wieder auf ein neues

[1]) Kehrberg, Anhang, Seite 96.

anziehen und martern zu lassen. Da es nun nach erfolglos vorgenommener Peinigung augenscheinlich, daß seinem Weibe, die noch immer gefänglich eingehalten werde, große Gewalt und Unrecht, ihm und seiner Freundschaft aber ewiger Hohn und Schande zugefügt worden, und da ein Rath ihn auf den Hauptmann, dieser ihn aber auf jenen verwiese, und Jeder, wie Pilatus vermeinte, sich die Hände waschen und davon ziehen zu wollen, so bäte er um Rechtsbelehrung, ob er nicht den Rath in Friedeberg ansprechen und sich von ihm wegen des unüberwindlichen Schadens, den er an seiner Nahrung und sein Weib an ihrem Leibe erlitten hätte, erholen könnte, weil Solches in des Rathes Gerichten geschehen und der Fall wegen des Meßglöckleins schon vor vielen Jahren vertragen und entschieden wäre. Das Urtheil des Schöppenstuhls lautete, daß „da E. Rath zu Friedeberg euer Weib sonder vorhergehende Indizien zwiefach gepeinigt und von ihr Nichts hat erfragen können, so sprechen wir zu einer Belehrung des Rechtens, daß euer Weib mit der Peinlichkeit verschont und durch einen gewöhnlichen Urfrieden des Gefängnisses erledigt werden solle."

Wenngleich nun auf freien Fuß gesetzt, entging die unglückliche Frau ihrem tragischen Geschicke doch nicht. Bald darauf tauchte die Beschuldigung auf, sie habe in Gemeinschaft mit ihrem Ehemanne durch ihre Schwester in Rosenthal bei Königsberg die Gebrüder Jürgen und Tewes Küricke gedungen, Friedeberg in Brand zu stecken. Gütlich und peinlich befragt, gestand die Schwester, daß sie der Freybecker einen Brei aus Feldkümmel, wilder Salbei, Maikraut, Isop, Krausemünze, weißen Rauten, Rade, Wermuth und Essig zusammengerieben; mit diesem wolle sie es dem Bürgermeister in Friedeberg anlegen, daß er wie ein Espenlaub zittern und dann sterben sollte. Merkwürdiger, unglücklicher Weise war besagter Herr kurz vorher nach schweren Leiden verschieden. Konnte noch Jemand an der Wahrheit eines solchen Geständnisses zweifeln? Nein, man glaubte vielmehr, daß die Freybecker, „von langen Jahren her als eine rechte Meisterin der Zauberei verdächtig gehalten" worden. Gleichfalls gütlich und peinlich befragt, bekannten die vier Personen, welche mit ihr angeklagt waren, und erlitten „wegen Mordbrennerei und Rauberei" den Feuertod; keine Folterqual aber vermochte der Freybecker ein Geständnis zu erpressen. Der Schöppenstuhl in Brandenburg erachtete es jedoch „als billig", daß sie wie jene ihr Urtheil empfange. Und so geschah es!! — —

Ein grimmiger Hexenrichter war allem Anscheine nach der Bürgermeister Jakob

Jahn in Friedeberg. Die zum Feuertode verdammte Frau des Markus Preslau in Altenfließ hatte noch vier andere Weiber der Zauberei bezichtigt. Von diesen bekannte am 24. März 1587 „in der Güte“ Gerde Becker u. a., daß sie dem genannten findigen Stadtoberhaupte mit Unkraut, einem Schlangenkopfe und Haaren das Bier verdorben, und daß, wenn sie buttern wollte, mit dem Fasse stets nach dem Zorbenbruche (wo böse Geister hausten) gegangen sei; Sophie Mönnich, daß sie aus Mohrrüben, welche sie aus jenem Bruche geholt, aus Schlangen und Erdkröten „ein Gift“ für Jahn in seinem und des Teufels Namen gekocht und vor dessen Hausthür gegossen hätte, damit er verkrummen und verlahmen sollte, weil ihrem Manne und dem Thomas Becker von E. Rathe auferlegt worden, das Dorf Altenfließ geübter Friedbrüche halber zu räumen; daß sie „solche Gift“ von ihrer Mutter Schwester Öste (Esther) Bahnen aus der Karbe gelernt, die auch wegen Zauberei nach Friedeberg gebracht werden sollen, sich aber selbst entleibt hätte, und daß sie Donnerstags Abends den Teufel mit Milch und Semmel aus einem Messingkessel gespeist und ihn darauf in Bürgermeister Jahns Haus und Hof gewiesen, um den Mann zu ängstigen, zu quälen und sein Vieh zu tödten.

Ähnlichen Unsinn sagten Else Pesken und Anna Streblow aus. Jene lernte angeblich ihre Zauberkunst von Talke Quast aus Woldenberg, der dort vor einigen Jahren als Hexenmeister geendet hatte.

Wie gegen die Preslau, so lautete auch gegen die vier Frauen das Urtheil: Wenn sie mit ihrem Bekenntnisse vor dem peinlichen Halsgerichte verblieben, sollten sie wegen Zauberei mit dem Feuer zu Tode gebracht werden. Am 1. Mai 1587 hauchten alle fünf ihr armes Leben vor Friedeberg in den Flammen aus.

Am 30. April (mithin einen Tag vor ihrem Tode) beschuldigten sie noch drei Weiber, mit ihnen Zauberei getrieben zu haben, und bevor diese starben, nannten sie abermals eine große Anzahl ihrer vermeintlichen Genossinnen, von denen zwei 1589 den Scheiterhaufen besteigen mußten.[1])

Friedeberg erlangte wie Spandau einen weit verbreiteten Ruf durch seine Besessenen. Dort betrug ihre Zahl einmal 150. Der Pfarrer Mag. Heinrich Lemrich, Nachfolger des 1590 verstorbenen Johannes Winkelmann, suchte sie mit

[1]) Vergl. ferner Treu, Seite 170, 193, 204.

Gebet und frommer Beschwörung zu kuriren; es fruchtete jedoch Nichts, denn selbst in der Kirche erhoben sie gegen ihn ihre wüsten Schmähungen, schalten ihn einen Lügner, Kalvinisten und Schwager des Teufels. Darob gerieth er auf der Kanzel in die größte Aufregung, „redete Ungereimtes und Gottloses" und mußte endlich mit Gewalt heruntergeholt und fortgeschafft werden. Der Bericht, welchen Asmus von Grame, Hauptmann im Amte Driesen, dem Kurfürsten erstattete, fiel für die „Jahnschen" keineswegs günstig aus. Mit seiner Ehefrau nach Küstrin geladen und dort „gefänglich beigesetzt", zeigte er aber, wie klug ein Haushalter handelt, wenn er sich mit seinem Mammon Freunde erwirbt. Es gelang ihm, den Mag. Lemrich als alleinigen Anstifter des ganzen Unheils hinzustellen. Dieser verlor sein Amt, während die „Jahnschen" vollständig gerechtfertigt zurückkehrten. Unglaublich klingt es, daß der Kurfürst, um an dem Teufel ein rechtes Exempel zu statuiren, willens gewesen sei, ihn mit Feuer auszutreiben und zu diesem Zwecke Friedeberg an allen Ecken anzünden zu lassen.[1])

Daß Luther auf der Wartburg einmal mit dem Dintenfaß nach dem Fürsten der Finsternis geworfen habe, ist jedenfalls nur eine Erfindung ergrimmter Gegner, die auch seine Mutter eine Hexe nannten; es steht jedoch fest: Als er zu Dessau einen zwölfjährigen Kretin oder sogenannten Kilkropf sah, erklärte er, das sei ein Teufelskind, und man solle es nur ins Wasser werfen.[2])

Drei Teufel schenkten den Hexenprozessen ein so zähes Leben: der Aberglaube, der Haß und die Habsucht. Zu keiner Zeit war die letztere so tief in das Gerichtsverfahren eingedrungen, als im 16. und 17. Jahrhundert. Adalrich Zasius sagt: Die Gerichtsherren, statt auf das gemeine Beste zu sehen, strafen nur, um ihre Einkünfte zu vermehren. Ärgerlich ists, im voraus das Unglück der Menschen in Anschlag zu bringen, und verdammlich ist daher die Sitte, beim Verkauf der Güter, mit denen peinliche Gerichtsbarkeit verknüpft ist, die Strafen mit zum Bestande der Einkünfte zu rechnen." —

Hören wir noch, aus welchen Gründen der Lindheimer Richter Geiß das Vorgehen gegen die Hexen in einem Briefe an seinen adligen Herrn empfiehlt! Er sagt, „daß auch der mehren Theilß von Burggerschaft sehr darüber bestürzet und

[1]) Treu, Seite 175.
[2]) Luthers Werke, Walchs Ausg., XXII., S. 1155.

sich erbotten, wenn die Herrschaft nur Lust zum Brennen hätte, so wollte sie gern das Holz dazu und alle Unkosten erstatten und kendte die Herrschaft auch so viel bei denen bekommen, daß die Brügck wie auch die Kirche kendten wiederumb in guten Stand gebracht werden. Noch über, daß so kendte sie auch so viel haben, daß deren Diener inskünftige kendten so viel besser besuldet werden, denn es dürften vielleicht gantze Häußer und eben diejenigen, welche genung darzu zu thun haben, infociret (inficiret, angesteckt) sein." — „Besser besuldet zu werden" — das lag diesem gewissenhaften Pfleger der Gerechtigkeit vor allen Dingen am Herzen!

„Um die unglücklichen Weiber vor einer schrecklichen Barbarei zu sichern", trat zuerst Johannes Wier (Weyer, Piscinarius genannt, † 1558), Leibarzt des Herzogs von Kleve, in die Schranken. Kornelius Loos, ein katholischer Priester in Mainz, erklärte geradezu, der Hexenprozeß sei nur eine neue Art von Alchymie, vermittelst welcher man Gold und Silber aus Menschenblut mache. Zwei Mal kam der edle Mann ins Gefängnis, zwei Mal zwang man ihn durch Kerkerleiden zum Widerruf; er konnte es aber bis an sein Ende (1593) nicht lassen, für die armen Frauen zu bitten. Auch ein Jesuit, Adam Tanner in Ingolstadt, verfaßte ein theologisches Werk gegen die Hexenprozesse, in dem er mehr Einsicht, als sein finsteres Zeitalter zu begreifen vermochte, an den Tag legte. Ebenso enthüllte Friedrich von Spee, seit 1610 Mitglied des Jesuitenordens, in einem besonderen Werke, das 1631 unter dem Titel: Cautio criminalis (Richterliche Vorsichtsmaßregeln) ohne seinen Namen erschien, die grenzenlose Widersinnigkeit des Verfahrens gegen die Hexen mit solcher Klarheit, daß dieselbe auch dem verblendetsten Auge, wenn es nur sehen wollte, einleuchten mußte. Während seines Aufenthaltes in Würzburg (1627—28) lag ihm besonders ob, die Verurtheilten zum Tode vorzubereiten. „Feierlich schwör' ich, sagt Spee, daß unter den 200 Personen, welche ich wegen angeblicher Hexerei zum Scheiterhaufen begleitete, nicht eine war, von welcher man, Alles genau erwogen, hätte sagen können, sie sei schuldig gewesen. Aber behandelt mich, behandelt die Richter, die Kirchenobern so wie jene Unglücklichen, unterwerft uns denselben Martern, und ihr werdet in uns Allen Zauberer entdecken." Besonders redet Spee den Fürsten ins Gewissen und suchte sie aus ihrem Schlummer aufzurütteln. Von diesen beherzigte jedoch nur Johann Philipp von Schönborn, Bischof von Würzburg und Erzbischof von Mainz, dem sich Spee als Verfasser genannt hatte, die ernsten Mahnungen des edlen Jesuiten. Er war der erste deutsche Fürst, der in seinem Gebiete diese fluchwürdigen Prozesse abschaffte.

Die Protestanten schenkten Tanners und Spees Bitten noch weniger Gehör, als die Katholiken. Viel aufmerksamer achteten sie auf Benedikt Carpzov in Dresden — wegen seiner Autorität im kirchlichen und peinlichen Rechte der Gesetzgeber Sachsens genannt — wenn er in seiner Kriminalpraktik sagt: „Die Strafe des Feuertodes ist auch Denen aufzuerlegen, welche mit dem Teufel einen Pakt (Bund) schließen, sollten sie auch Niemanden geschadet, sondern entweder teuflischen Zusammenkünften auf dem Blocksberge angewohnt oder irgend einen Verkehr mit dem Teufel gehabt oder auch nur seiner Hülfe vertraut und sonst gar nicht weiter gewirkt haben." Fr. von Spee, dessen Haare aus Kummer über die Martern und den Tod der unschuldigen Frauen schon im frühesten Mannesalter — man sagt in einer Nacht — ergrauten, starb am 7. August 1635 in Trier an einem Lazarethfieber, das er sich bei Ausübung seiner geistlichen Pflichten zugezogen, nach einer anderen Nachricht an Wunden, die ihm ein Meuchelmörder beigebracht hatte.

Gottfried Wilhelm von Leibnitz, der, um mit Friedrich d. Gr. zu reden, „vom Himmel mit einer der bevorrechteten Seelen bedacht war, welche sich den Fürsten gleichstellen", der auch der Königin Sophie Charlotte von Preußen bewies, daß diese Welt unter allen Welten, welche Gott hätte schaffen können, für die möglichst beste gehalten werden müsse, erneuerte zwar in einem seiner philosophischen Werke, der Theodice, das Andenken Spees; für die Abschaffung der Hexenprozesse that er jedoch Nichts.

Der Geist des vernünftigen Denkens fand aber einen anderen Vertreter. Im Jahre 1691 ließ Balthasar Bekker, reformirter Prediger in Amsterdam, die „betooverte Wereld" (bezauberte Welt) drucken, ein Buch, das schon durch seinen Titel den Glauben an Zauberei als eine große, der Welt beigebrachte Bezauberung oder Bethörung kennzeichnete, und durch seinen Inhalt darzuthun bezweckte, daß dieser Glaube, wie er mit der Vernunft im schneidendsten Widerspruch stehe, ebensowenig mit der heiligen Schrift sich vereinbaren lasse; denn diese lehre, der Teufel liege mit Ketten der Finsternis ewig gebunden und könne daher nicht einmal auf der Erde gegenwärtig sein 2c. Das Werk wurde in die meisten europäischen Sprachen übersetzt. Die Geistlichen Hollands klagten jedoch den Leugner des Teufels an, sprachen auf

Synoden das Verdammungsurtheil über das Buch, erklärten den Verfasser, als er nicht widerrufen wollte, seines Amtes verlustig, und das Konsistorium in Amsterdam schloß ihn endlich von der Kirchengemeinschaft aus.[1]) Günstiger erwies sich dem Verfolgten der Magistrat der Hauptstadt; er besetzte Bekkers Stelle nicht, sondern ließ ihm bis zu seinem Tode (1698 oder 99, 11. Juli) deren Einkünfte.

In Deutschland vindizirte, wie Friedrich II. sagt, Christian Thomasius den Weibern das Recht, alt zu werden. Seit 1693 Professor an der neubegründeten Universität Halle, lenkte er die Aufmerksamkeit auf die „bezauberte Welt". Wie tief einen Schuldlosen die Verfolgung schmerzt, wußte er aus eigener Erfahrung; denn er hatte wegen seiner Freisinnigkeit unter dem Geläute des Armensünderglöckchens 1690 Leipzig verlassen müssen. Stets ein muthiger, unerschrockener Kämpfer für die Wahrheit, fiel es ihm dennoch bis 1698 nicht ein, den Glauben an Zauberei für ein blindes Vorurtheil zu halten. Da er aber im genannten Jahre als Referent in einem Hexenprozesse beantragte, die Angeklagte mit der Folter zu belegen, andere Fakultätsmitglieder jedoch wichtige Einwendungen wider die Aussagen der Zeugen erhoben, so fand sich Thomasius veranlaßt, tiefer mit seiner Geistesfackel in das dunkle Gebiet einzudringen und die Werke von Spee, Bekker u. A. zu studiren. Durch seine Forschungen gelangte er zu einer Überzeugung, die den früheren Ansichten gerade entgegengesetzt war. In Folge dessen ließ er 1701 unter seinem Vorsitze eine lateinische Abhandlung vom Verbrechen der Zauberei vertheidigen und dieselbe 1702 unter dem Titel: „Kurze Lehrsätze vom Laster der Zauberei", verdeutscht drucken. Er pflichtete zwar nicht allen Ansichten Bekkers bei, erklärte sich vielmehr für das Dasein des Teufels, bestritt indeß die bisherigen Vorstellungen über das Bündnis zwischen demselben und dem Menschen, da Derjenige, der willens sei, ein solches zu schließen, jenem schon gehöre. Die orthodoxen Theologen in Dresden riefen deshalb über ihn, als einen Zerstörer der Kirche Christi, ihr Wehe; jene Sätze, behaupteten sie, seien verfertigt worden, „um dem Ansehen nach den Hexenprozeß über den Haufen zu werfen, in der That aber vielmehr wider das Wort Gottes zu beweisen, daß keine Zauberei sei." Thomasius hatte jedoch am preußischen

[1]) „Als Semler aus der Welt den Satanas vertrieb, sprach Satanas, gelehnt auf seinem Wanderstabe: Mich dauert wahrlich diese Welt, wo ich so warme Freunde habe". Sinngedicht von Abraham Gotthelf Kästner. — Semler war der deutsche Übersetzer der „Bezauberten Welt".

Hofe zu mächtige Beschützer, um sich schrecken zu lassen. Er blieb im wesentlichen den zuerst aufgestellten Sätzen treu, vervollständigte dieselben zu einer neuen Untersuchung über den Ursprung und Fortgang des Inquisitionsprozesses wider die Hexen, die 1712 in lateinischer und deutscher Sprache erschien, und gab später Übersetzungen der gegen denselben Aberglauben gerichteten Schriften der Engländer Webster und Hutchinson heraus. Noch klarer kennzeichnen seinen Standpunkt: „Vernünftige und christliche, aber nicht scheinheilige Gedanken und Erinnerungen über allerhand gemischte philosophische und juristische Händel" (Halle 1723—25. 3 Bände).

Wiewol Thomasius die Hexenprozesse vorzugsweise von der rechtlichen Seite beleuchtete, blieben seine Bestrebungen bei den Gesetzgebern doch ziemlich unbeachtet. Kaiser Josephs des Ersten Halsgerichtsordnung (1707) behandelte die Zauberei noch als ein todeswürdiges Verbrechen. Auch in Brandenburg bestanden die Prozesse unter Friedrich III. (I.) fort. Erst 1714 legte der helldenkende Justizminister Ludwig Otto von Plotho dem Könige ein Gesetz zur Vollziehung vor, nach welchem bei Hexenprozessen mit der nöthigen Behutsamkeit zu verfahren sei, indem durch die Tortur Mancher unschuldiger Weise um Leib und Leben gebracht worden. Weil nun dem Könige obliege, darauf zu sehen, daß nicht unschuldiges Blut vergossen werde, solle der Hexenprozeß genau untersucht und verbessert, bis dahin die Erlaubnis zur Tortur und zur Todesstrafe vor der Vollziehung an den König geschickt, auch aller Gerichtshöfe und Fakultäten Gedanken wegen guter Einrichtung dieses Prozesses zusammengetragen und begutachtet werden. Dem Könige werde es zu gnädigem Gefallen gereichen, wenn Jemand etwas beizutragen vermöge, was zur Erreichung des heilsamen Zweckes dienen könne." Brandpfähle, von der Einäscherung herrührend, sollen entfernt und in Zukunft derartige Exekutionen unterbleiben.

Die Macht der alten blinden Vorurtheile war aber so groß, daß noch am 10. Dezember 1738 das Kriminalkollegium des Kammergerichts in Berlin gegen ein als Hexe zur Untersuchung gezogenes Mädchen ein Erkenntnis erließ, in dem es heißt: „daß die unverehelichte N. N. wegen Bündnisses mit dem Teufel zwar eigentlich mit dem Tode zu bestrafen, indessen wegen Ungewißheit der Sache und möglicher Verstandesverrückung besser lebenslänglich in das Spinnhaus nach Spandau zu bringen sei."

In verschiedenen Geschichtswerken findet sich die Notiz, daß die siebzigjährige Anna Renata Sengerin, Subpriorin des Klosters Unterzell bei Würzburg, am 21. Juni 1749 als letztes Opfer des „großen weltbetrügenden Nichts" im deutschen Reiche fiel; nach Bopp[1]) wurde aber 1754 in Bayern ein 13jähriges und 1756 in Landshut ein 14jähriges Mädchen, weil sie mit dem Teufel Umgang gepflogen, Menschen behext und Wetter gemacht hätten, und 1782 in dem reformirten Theile des Kantons Glarus in der Schweiz eine Magd, Anna Göldlin, die angeblich das Kind ihrer Dienstherrschaft behexte und (wie sich das Urtheil ausdrückt) „durch außerordentliche und unbegreifliche Kunstkraft" entherte, durch das Schwert hingerichtet.

In Ungarn und Polen loderten die Scheiterhaufen noch zu Ende des vorigen Jahrhunderts. 1823 nahm man zu Delden in Holland die Wasserprobe vor. Ja am 4. August 1836 erschlugen mehrere Fischer auf der Halbinsel Hela bei Danzig, aufgehetzt durch den Wunderdoktor Stanislaus Kaminski, die 51jährige Wittwe Ceynowo, weil jener berüchtigte Quacksalber behauptete, sie habe den Johann Konkel, der an der Wassersucht litt, behext. Der damalige Besitzer des Ortes, Herr von Below auf Rutzau, zahlte sämmtliche Gerichtskosten, die nicht weniger als 600 Thaler betrugen.

Wenn vor etwa zehn Jahren ein Artikel in der „Gegenwart" nachzuweisen suchte, es habe in der That ein Teufelsbund, eine Art Orden zur Ausrottung des Christenthums bestanden — so denk' ich mit Matthias Claudius: „Gelehrte treiben oft ihr Spiel mit dem bewußten Federkiel". Wer an den weitberühmten „Spuk in Resau" glaubt, findet vielleicht auch jetzt, wie einst unsere abergläubischen Ururgroßeltern, den Teufel „in den Burgen der Ritter, in den Palästen der Großen, auf jedem Blatte in der Bibel, in den Kirchen, auf dem Rathhause, in den Stuben der Rechtsgelehrten, in den Offizinen der Ärzte und Naturlehrer, in dem Kuh- und Pferdestalle, in der Schäferhütte" u. s. w.[2])

Auch auf diesem Gebiete stoßen wir wieder auf die ärgsten Widersprüche. Papst Innozenz der Achte, der in seiner Bulle: Summis desirantis allectibus (vom 4. Dezember 1484) den Hexen den Krieg erklärte, sorgte für die Sittlichkeit dadurch, daß er sechzehn Kinder im Konkubinat erzeugte, und Kaiser Maximilian der Erste,

[1]) Rottecks Staatslexikon, VII., Seite 747.

[2]) Horst, Zauberbibliothek, II., Seite 198.

der unterm 6. November 1486 diese Bulle genehmigte, hinterließ vierzehn. Der oben erwähnte Benedikt Carpzov feierte fast in jedem Monate das heilige Abendmahl und las bei überhäufter Arbeit 53 (sein Bruder August 24) Mal die Bibel durch, trug aber kein Bedenken, gegen zwanzig Tausend Missethäter zum Tode zu verurtheilen.[1])

Aus den entsetzlichen Wirren der Zeit können wir uns auch das höchst ungleiche Verfahren gegen wirkliche Verbrecher erklären. Einmal die größte Strenge, dann wieder die auffälligste Milde! Bendix Schwarze, ein Bürger in Friedeberg, trieb, weil er eine Forderung an den Rath zu haben glaubte, aus dem Vorwerke Schönfeld einige Ochsen weg, wurde für einen Dieb erklärt und endete am 30. Dezbr. 1642 am Galgen vor der genannten Stadt.[2]) Im April 1686 gerieth der Bürgermeister Wilhelm Strimesius in Krossen mit seinem Rathskollegen Konrad Ludwig Harring wegen der Einquartierung der herrschaftlichen Artilleriepferde in Streit und schlug ihm im Sitzungszimmer mit seinem schweren spanischen Rohre so über den Kopf, daß er leblos zu Boden sank. Harring erholte sich wieder, sein hitziger Gegner, der die Flucht ergriffen, kehrte zurück, vertheidigte sich, verlor aber sein Amt. Über eine weitere Strafe ist Nichts bemerkt.[3]) — Hans Gäbler, ein Fleischer in Woldenberg, tödtete 1674 im Zorn seine Ehefrau, ward zum Staupenschlag und zur Landesverweisung verurtheilt, auf Fürbitte der Gemeinde jedoch begnadigt mit dem Beifügen, daß er dem Rathe Urfehde zu schwören und dieser „ihn scharf zu vermahnen habe". — Der „tolle Wendt", der 1636 eines Morgens vor der Thür des Bürgermeisters Adam Lehmann „mit einem bloßen Degen aufgewartet", erzählte von dessen Hausfrau, sie habe auf ihrem Boden einen Teufel, der ihr alles Gut zutrüge. Dieserhalb von Offizieren und Reitern, die damals in der Stadt in Quartier lagen, arg angefeindet, verlangte Lehmann Genugthuung. Wendt schob nun die Schuld auf den Pfarrer Adam Mejov. Der Geistliche versicherte am 2. September 1638 auf dem Rathhause, „daß er Gottes Angesicht

---

[1]) Ersch und Gruber, I., Band 15, Seite 216. Vergl. über die Hexenprozesse überhaupt ebendas., II., Bd. 7, S. 342—59. Rotteck, Staatslexikon, VII., S. 740—52. Horst, Zauberbibliothek. 6 Theile. Die praktischen Folgen des Aberglaubens von Dr. Mannhardt. Heft 97/98 der deutschen Zeit- und Streitfragen, herausgegeben von Franz v. Holtzendorff.

[2]) Treu, Seite 238.

[3]) Matthias, Seite 254.

nicht schauen wolle, wenn so etwas aus seinem Munde gekommen wäre". Den ehrwürdigen Subdiakonus Melchior Ringwald warf Hans Wendt mit einem Steine, rannte ihn zu Boden, raufte ihm Haare aus rc. Und welche Strafe traf „den muthwilligen Rebellanten"? Entziehung des Bürgerrechts und Verweisung aus der Stadt![1]) — —

Im Jahre 1682 erschien ein Komet. Als diesen ein Rathsdiener in Küstrin beim Heraustreten aus der Apothekergasse erblickte, erschrack er so heftig, daß er auf der Stelle „ein dringendes Bedürfnis der Natur befriedigen mußte." Eines solchen „Skandals" wegen ward er zwei Stunden an den Pranger gestellt und hernach auf vierzehn Tage bei Wasser und Brot ins Gefängnis geworfen.[2]) — Der Weinmeister Peter Decker in Frankfurt a. O. verkaufte seit Jahren junge Bäume, grub sie aber des Nachts wieder aus und verhandelte sie auf diese Weise vier und mehrere Mal. Endlich auf der That ertappt, mußte er, an einen besonders dazu eingerichteten Karren gekettet, mittelst desselben den Straßenkoth aus der Stadt schaffen. Das Volk nannte den „Gartendieb" Dreckpeter. Seine Frau bat den Kurfürsten, da er einmal nach Frankfurt kam, fußfällig um Begnadigung. Friedrich Wilhelm hob zwar die eigenthümliche Strafe auf; indeß hatte sich Decker „aus dem Lande zu packen." [3]) — Den 15. Mai 1685 wurde der Goldmünzer Martin Gänke, ein Bürger aus Fürstenberg, in Drossen enthauptet und verbrannt, und 1687 die Kindesmörderin Orthe Höhne (Bothen Orthe) gesackt.[4])

Unter der Überschrift: „Offiziere als Raubmörder im Böhmerwalde" erzählt Temme in seiner Kriminalbibliothek S. 72—86 von dem kaiserlichen Lieutenant Hans Beier aus Wehrnika im Herzogthume Krain, dem kaiserlichen Kapitän-Lieutenant Christoph Richter aus Mecheln, dem kaiserlichen Oberstwachtmeister Wilhelm von Haitmar aus dem Linker (Lütticher) Lande und einem vierten, über dessen persönliche Verhältnisse in dem Referate nur gesagt ist: „Ich heiße M. W. von P. und bin aus D. bei Frankfurt a. O. Mein Vater hieß B. v. P. und meine Mutter Anna von Waldau aus dem Hause Garwitsch in der Mark

[1]) Treu, Seite 238.
[2]) Seiffert, Seite 90.
[3]) Spieker, Frankfurt, Seite 240.
[4]) Knuth, Seite 54.

Brandenburg. Ich war Page bei dem kaiserlichen Kommandanten in Wolfenbüttel, Herrn v. Rauschenberg, genannt Zitterich; dann diente ich in gleicher Eigenschaft bei dem General v. Wohl und wurde darauf wehrhaft gemacht. Ich diente als Musketier, Pikenier, Fourier, Fähndrich, Lieutenant und Hauptmann und vertheidigte, nachdem Neuhäusel am 25. September 1663 den Türken die Thore geöffnet hatte, als Oberstwachtmeister sieben Monate den Posten Gabello in der Walachei gegen die Türken. Ich war in dem Treffen bei Kanischa und St. Gotthard und stand bis zum letzten September (1668) in Mähren. Dann ging ich als Inspektor der Hohenstein'schen Güter nach Schlesien, pachtete später die adelige Landwirthschaft Eiderschütz in Mähren. Im Februar dieses Jahres (1669) ging ich nach Wien, um mir einen bestimmten Gehalt zu erbitten — ich wurde abgewiesen."

Die drei zuerst genannten Offiziere hatten verabredet, den Rittmeister Paul von Münch, der mit werthvollem Gute aus Venedig heimkehrte und mit dem sie zufällig zusammentrafen, zu erschießen und zu berauben. Dies geschah am Morgen des 23. April 1669 unweit Raitzenhain an der sächsisch-böhmischen Grenze. Der Reitknecht Philipp entkam jedoch. Einem Schwager und einem Verwandten des Ermordeten gelang es auch, die Schnapphähne am 6. Mai in Eisenach zu ergreifen. Die verwittwete Herzogin Marie Elisabet, welche zur Zeit regierte, lieferte sie dem Kurfürsten von Sachsen nicht aus. In der Untersuchung, bei der man auch die Folter anwandte, betheuerte v. P.: „Ich rufe die fünf Wunden Christi, Gott und die heiligen Engel als Zeugen an, daß ich nicht in den Tod oder die Beraubung des Rittmeisters gewilligt habe und in keiner bösen Absicht mit den Knechten geritten bin." Darauf erklärte Richter endlich: „Ich will den Herren offen sagen, daß P. in den Raubplan nicht gewilligt, vielmehr uns abgewehrt hat."

Das Endurtheil des Schöppenstuhls in Jena lautete: „Unsere freundlichsten Dienste zuvor! Ehrenwerthester, hochgelahrter, innigster, guter Freund! Als Ihr uns die wider Hansen Beiern, Wilhelm von Haitmarn, Christoph Richtern, M. W. v. P. und Michael Bergern ergangenen Inquisitionsakten fernerweit zugeschickt und Euch des Rechten darüber zu berichten gebeten, demnach sprechen wir für Recht: Haben Inquisiten gestanden und bekannt, und zwar Hans Beier, daß er den Rittmeister Johann Paul von Münch im Böhmerwalde vorsätzlich mit einem Karabiner erschossen, um ihn zu berauben; imgleichen Wilhelm von Haitmar und Christoph Richter bekannt, daß sie in diese Beraubung gewilligt, nach der Mordthat des Entleibten Pferde, Geld und andere Sachen genommen, in dem Dorfe Kulm um dieselben gewürfelt, und Jeder seinen Theil davon bekommen; wofern nun die Inquisiten in diesem ihren gethanen Bekenntnis vor öffentlich gehegtem Gericht freiwillig verharren, so werden sie wegen solcher begangenen und bekannten Mordthat und Beraubung, und zwar Beier mit dem Rade, Haitmar und Richter mit dem Schwerte vom Leben zum Tode gebracht und sodann, Anderen zum Abscheu und Exempel, ihre Körper auf die Räder gelegt. Weiter sind auch M. W. v. P. und Michael Berger anzuhalten, auf vorgehende ernste und scharfe Erinnerung und Warnung vor der schweren Strafe des Meineides vermittelst körperlichen Eides sich zu reinigen und zwar, daß von P. in oben gedachten Rittmeisters von Münch Ermordung und Beraubung nicht gewilligt, auch von den geraubten Sachen nur aus großer Furcht, damit er von den Anderen nicht um das Leben gebracht werde, mit ihnen würfeln und seinen Theil zu sich nehmen müssen, imgleichen Berger, daß er gar nicht anders gemeint, daß die drei Kaisergulden, die er von dem geraubten Gelde bekommen, sein Herr ihm solches auf sein Jahrlohn gegeben, zu beschwören, worauf auch ihrer Befreiung wegen, oder sonst ferner ergeht, was Recht ist. Von Rechts wegen."

Am 19. Juli erfolgte die Publikation des Urtheils, am 23. die Vollstreckung desselben. Vor der Hinrichtung entsagten Beier und Haitmar „den Irrthümern der papistischen Kirche." Sie genossen, wie Richter, das heilige Abendmahl nach protestantischem Ritus.

Tief ergriffen von der Todesnachricht, besuchte Anna von Rothhafft, die Braut des Ermordeten, mit dessen Schwester, Frau von Losse, nach etwa einem Jahre das Grab des unglücklichen Bräutigams in Wildenau, erkrankte aber auf der Rückreise in Marienberg und wurde ihrem Wunsche gemäß am 23. Mai 1670 an seiner Seite begraben.

Meine fortgesetzten Bemühungen, den Namen und Geburtsort des M. W. v. P. zu ermitteln, sind erfolglos geblieben. Eine Notiz, welche ich zu diesem Zwecke der „Frankfurter Oder-Zeitung" übersandte, wurde, weil sie durch dieselbe mit adeligen Familien in Konflikt gerathen könne, nicht abgedruckt. Vielleicht stammte der Betreffende aus Drossen; denn in Dahmsdorf, Demnitz, Diedersdorf, Döbberin, Döbbernitz, Dolgelin, Drenzig lebten nach den mir zugänglichen Quellen um diese Zeit Herren v. P. nicht.

Die unheilvollen Nachwehen des dreißigjährigen Krieges verschwanden keineswegs mit den Aschenhaufen der vielen zerstörten Ortschaften. Die Chroniken liefern dafür unzählige Beweise. Hier nur noch ein paar naheliegende Beispiele. Anno 1657 wurde Schmidt, Iltus und der Notar Johann Herrhoff zu Schwerin zum Landtage nach Schroda geschickt. — Auf der Rückreise überfiel sie bei Mlodaw unweit Posen ein Edelmann Severin Kęszicki nebst zwei seiner Unterthanen auf eine mörderische Weise. Schmidt und sein Kutscher wurden sofort niedergehauen; Herrhoff entkam, obgleich verwundet, und versteckte sich im Felde. Den Wagen, die Pferde und das Geld behielten die Räuber. Der Starost Leszczinsky, von dem Vorfall benachrichtigt, ließ Kęszicki auf das Tribunal zitiren; er blieb indeß aus. 1658 wollte er sich mit den Erben des Erschlagenen gütlich vertragen und schob die Schuld auf die Begleiter. Sein Versprechen, der Stadt Meseritz 2000 Fl. Strafe zu zahlen, auch zwölf Wochen im Posener Thurme zu sitzen, erfüllte er nicht. Darum erfolgte 1663 die Ächtung. Er verschwand aus seinem Dorfe.

Am 9. April 1666 entstand durch Verwahrlosung eines Towarzen, der zu Meseritz in der hohen Gasse bei Georg Schmiden quartierte, ein sehr großes Feuer. Diesem Oberst mußte die Stadt jeden Tag ein Frauenzimmer zur Bedienung in die Küche senden. Sehr angetrunken, wollte er an dem bezeichneten Sonnabende sie nothzüchtigen. Als sie sich losriß, warf er ihr einen Feuerbrand nach. Drei Heuwagen, die auf dem Hofe standen, geriethen in Brand. Bemüht, die Flammen zu löschen, eilte der Koch nach der Küche, ergriff aber statt der Wasserkanne ein Gefäß mit Öl. Überdies trieb ein starker Wind das Heu nach allen Seiten auf die Dächer. Innerhalb der Ringmauer sah man nach zwei Stunden nur Aschenhaufen. Von der ganzen Stadt blieben blos die Propstei nebst der Kirche und dem Thurme, sowie etwa 20 Häuser verschont. — Am folgenden Sonntage entstand auch ein heftiger Streit zwischen Juden und Christen. Sie schlugen sich gegenseitig die Fenster ein, soviel von denselben noch übrig waren.

Im Jahre 1658 wurde ein polnischer Rittmeister mit vier Dienern zwischen Tempel und Neuendorf von vier Räubern zu Pferde attakiret. Die Strolche erschossen den Offizier und einen Diener, verwundeten den Feldscher tödtlich und führten die beiden andern sammt der Beute (unter dieser sechs Pferde) mit sich weg.

Unterm 15. September 1663 überreichte zum Überfluß der Kanzler in Küstrin ein Memorial, in dem klar ausgeführt wird, was jeder Unbefangene aus dem Grenzvertrage von 1251 ohnehin aufs deutlichste ersehen konnte. Durch Resolution vom 30. genannten Monats erhielten daher Tempel, Seeren, Burschen und Langenpfuhl gleich anderen märkischen Dörfern und Unterthanen die Zollfreiheit für Getreide, das sie nach Frankfurt a. O. führten; nur die Akzise von den Krügern blieb vorbehalten.

„Alldieweil es nun den Polen noch immer glücket, daß sie den Unterthanen der vier Dörfer etwas abpressen können, so versuchen sie auch noch 1673 ihr Heil und wollen mit einer Fahne zu Pferde in dieselben einfallen und das Rauchgeld nebst der Kopfsteuer durch Exekution einziehen, da die Leute in langer Zeit Nichts gegeben." Die Ordensregierung reskribirte weitläuftig an den Amtmann Lucanus zu Lagow, und berichtete zugleich an die kurfürstliche Regierung in Küstrin. Letztere erwiderte, daß, bevor Se. Durchlaucht Antwort nicht eintreffe, den Polen Alles zu verweigern sei; es müßten die Einwohner vielmehr bei ihrer Freiheit geschützt und den Gegnern nöthigenfalls jeder mögliche Widerstand geleistet werden (21. Juni). Friedrich Wilhelm, entschiedener als sein Vater, befahl, Gewalt mit Gewalt zu vertreiben; das umherstehende Militär habe zu diesem Behufe Ordre erhalten (23. Juni); im übrigen hoffe man, daß die an den König von Polen, den Großkanzler und den Reichsfeldherrn gerichteten Schreiben ihre Wirkung nicht verfehlen würden. Man hatte sich nicht getäuscht. Schon unterm 15. Juli erließ der polnische Feldmarschall an seine Offiziere eine allgemeine Verfügung, von weiteren Schritten abzustehen und die bisherigen Unkosten zu erstatten.

Bedarf es noch einer näheren Begründung, daß die Übel, unter denen unsere Vorfahren so oft seufzten, in ihrer Trägheit, Unwissenheit, Parteilichkeit und Roheit wurzelten? Statt rechtzeitig die Hände zu regen, sahen sie in Mißwachs, Theurung, ansteckenden Krankheiten, Feuersbrünsten, Hagel 2c. nur die strafende Hand des Herrn. Heuschrecken nannten sie „die entsetzlichen Heere Gottes". Über die letzteren berichten die Chronisten, besonders bei den Jahren 1680—82. Bekmann (I., S. 835) schreibt: „Diese recht schädliche Kreaturen haben sich Anfangs anno 1679 zugleich mit der Pest hervorgethan, nicht blos in Brandenburg, sondern auch in Polen und Österreich. Sie sind eine Frucht des vorangegangenen sehr heißen und trockenen, wiewol sonst nicht unangenehmen Jahres gewesen. 1680 haben sie sich dieser Gegend immer mehr genähert und zumal im Züllichauischen[1]) großen Schaden angerichtet, allwo auch ein fleißiger Mann und Prediger daselbst eine eigene Schrift davon abgefasset und unterschiedene von den dortigen Begebenheiten dabei erzählet.[2]) Anno 1681 aber haben sie ihre größte Macht auf die Frankfurtische und die benachbarten Gegenden gewandt. Insonderheit war nicht ohne Verwunderung mit anzusehen, wie sie Sonntags in der Margaretenmesse, den 15. Juli Nachmittags von 4–5 Uhr und länger, in großen Haufen über die Stadt weg von Süden nach Norden flogen, doch nicht so dick, daß sie das Sonnenlicht verdunkelt hätten, wie damals wol in den Zeitungen geschrieben wurde. Reisende, die an diesem Sonntage zur Messe kamen, meldeten auch, daß dieselben sie unterwegs sehr beunruhiget und besonders in der Nacht zuvor ihnen häufig auf die Wagen und die Kleider gefallen wären. Nicht weniger aber erregte es Verwunderung, daß sie den Sonntag darauf, als den 22. Juli, zu eben der Nachmittagszeit, wiewol etwas weniger, ihren Rückweg über die Stadt von Norden nach Süden nahmen. Jedoch haben sie nicht so sehr dies- als jenseit der Oder Schaden gethan. Es war gewiß recht kläglich anzusehen, daß man oft am Abende die schönsten Weizen-, Roggen- und Gerstenfelder in dem herrlichsten Wachsthume verließ, am folgenden Morgen aber aller Ähren beraubt und gänzlich ruinirt wiederfand. Man versuchte auch verschiedene Mittel dagegen, und als man bemerkte, daß ihnen die Staare nachsetzten, verbot man, die Jungen dieser Vögel auszunehmen. Andere vermeinten, sie durch Feuer und Rauch abzuwenden; es reichte jedoch nicht hin, ein so großes Heer zu vertreiben. Viele Sorgen verursachte die Furcht, daß aus den unzähligen Eiern, die sie während des Herbstes in die Äcker legten, im folgenden Jahre eine Brut entstehe, welche, falls sie zu Kräften komme, den Landbau völlig ruiniren und eine große Theurung herbeiführen werde. Der Kurfürst ordnete deshalb an, jeden Nachmittag in den Dörfern und Städten Betstunden zu halten, damit Gott der Herr das große drohende Unglück

[1]) Dr. Wedekind, der sich auf den alten Chronisten beruft, setzt (Kreischronik, Seite 162): im Sternbergischen. Eine Quelle für seine Korrektur führt er nicht an.

[2]) Der Pastor Daniel Gräve in Kalzig hielt am Feste Mariä Heimsuchung eine Predigt über die Worte Luk. 1, 51 52: Er übet Gewalt mit seinem Arm. Unter dem Titel: Ερπιλλοχορδορία, d. i. „Heuschrecken- oder Sprengerplage“ ließ er sie drucken. Ein Anderer schrieb in die Kurrende: Frugibus infestas extingue Jehova Locustas (lateinischer Hexameter, zu deutsch: Vertilge, o Herr, die den Feldfrüchten feindlichen Heuschrecken). Wilke, Seite 168.

abwende. Als die Brut im Mai 1682 sich wirklich zeigte und, weil flügellos, in den Brachfeldern in großer Menge umhersprang, so daß es hier wie in einem Ameisenhaufen wimmelte, traten ganze Dorfschaften zusammen. Die Männer zogen lange und tiefe Gräben, die Frauen und die Kinder trieben die Heuschrecken hinein. Lagen sie etwa eine Viertelelle hoch, so bedeckte man sie mit Erde. Es blieb indeß fraglich, ob dies Mittel ausgereicht hätte, zumal da es nicht allerwärts in Anwendung kam; ein anderes bereitete aber all' diesen Kreaturen ein unvermuthetes Ende. Gott der Herr schickte den 21., 22., und 23. Juni etwas kältere Nächte, als sie in dieser Jahreszeit in der Regel zu sein pflegen. Die Feldfrüchte, schon verblüht, litten keinen Schaden; den Heuschrecken aber fehlten die Kräfte, Halme und Körner zu versehren; ihr großes entsetzliches Heer verlor sich bald gänzlich. So zeigte Gott dadurch an, wie leicht es ihm ist, selbst durch ein kleines Lüftlein ein allgemeines Landverderben abzuwenden! —

Auch bei Reppen, fügt Dr. Wedekind[1]) dem Berichte von Bekmann hinzu, waren die Heuschrecken in so großer Menge, daß sie das ganze Sommergetreide verzehrten und die Stadt nicht eine Mandel Stroh gewann. In dem folgenden milden Winter konnte man aber das Vieh die ganze Zeit hindurch weiden. Bekmann zählt 1683 und 84 unter den ziemlich warmen Jahren auf. In jenem mähte man den Weizen schon zwei Tage vor Johanni (a. St.). Ich erinnere mich auch, bemerkt er ferner, daß es am 25. Juni im Universitätsgarten, und zwar ohne Zwang der Gläser, reife Weintrauben von der Art gab, die man frühzeitige blaue Franztrauben nennt. Da die Wespen so häufig auf sie fielen, mußte er sie schon in der Margaretenmesse abnehmen lassen.[2])

Im Sommer 1684 regnete es nur ein Mal. Es entstand eine Theurung. Der Scheffel Roggen galt in Krossen 3, in Züllichau 2, der Weizen dort 4 Thlr., die Gerste hier 1 Thlr. 12 Gr.[3]) — Ein angenehmer warmer Regen am 22. April 1685 hob alle Besorgnisse, welche sich an den trockenen Frühling knüpften. Man kaufte den Scheffel Roggen um 8 bis 9 Groschen.[4])

[1]) Kreischronik, Seite 163.

[2]) Brandenburg, I., Seite 527.

[3]) Matthias, Seite 266. Wilke, Seite 171.

[4]) Aus der „revidirten Krossen'schen Bäckerordnung vom 27. März 1686" theil' ich hier einige Notizen mit:

Am 29. Juli 1683 rückten 200 000 Türken unter dem ehrgeizigen, aber talentlosen Kara Mustafa vor Wien, um die kaiserliche Residenz zu belagern. Die Feinde waren des Sieges gewiß; denn Wälle und Mauern befanden sich in einem schlechten Zustande. Der Kommandant Ernst Rüdiger Graf von Starhemberg hielt sich aber tapfer. Als Retter in der Noth erschien rechtzeitig der Polenkönig Johann Sobieski. „Ihr kämpft für Gott, nicht für mich!“ rief er seinem Heere zu. „Mein einziger Befehl ist heute der: folgt meinem Beispiele!“ Der Herzog Karl von Lothringen gebot einen allgemeinen Sturm auf den rechten Flügel der Türken. Nach 6 Uhr Abends sprengten diese in wilder Flucht von dannen, alle kostbaren Schätze, Lebensmittel und 370 Kanonen zurücklassend. Kaiser Leopold, ein guter Kegelspieler und ausgezeichneter Musiker, konnte sich nicht bequemen, den „Wahlkönig“ mit offenen Armen als „Retter des Reiches“ zu empfangen.[1]) — Wegen dieses herrlichen Sieges ward am 30. September in Brandenburg ein Dankfest gefeiert (Text: Psalm 66, 5; Psalm 117).

Gehen wir neunundzwanzig Jahre zurück! 1654 richtete der König von Polen ein Schreiben an seinen Herrn Bruder in Schweden. Dem polnischen Titel waren

---

| | |
|---|---|
| Preis eines Scheffels Weizen: | Gewicht der Dreipfennigsemmel: |
| 10 gGr. mit 4 Gr. Unkosten | 1 Pfund 16 Loth 2 Quentch. |
| 11 „ | 1 „ 3 „ — „ |
| 12 „ | 1 „ — „ — „ |
| Preis eines Scheffels Roggen: | Gewicht des Dreipfennigbrotes: |
| 8 gGr. mit 3 Gr. Unkosten | 1 Pfund 31 Loth |
| 9 „ | 1 „ 24 „ rc. |

Solche Ordnungen verfehlten schon damals wie auch in neuerer Zeit ihren Zweck. Dasselbe gilt mehr oder weniger von den Erlassen gegen den Luxus. (Vergleiche Seite 501!) Nach einer Deklaration vom 18. Dezember 1667 suchten auch die Stadtbehörden in Trossen denselben durch Besteurung zu beschränken. Für die übliche Mahlzeit sollte ein junger Meister höchstens ausgeben: der Tuchmacher 12 Thlr., der Schuhmacher 10, der Schneider 6, der Bäcker, Fleischer, Schmied, Tischler und Garnweber 4. Ferner wird bestimmt: Nach der Trauung sollen die Brautleute ihren Gästen an 4 Tischen à 10 Personen 5 Gerichte geben, am anderen Tage aber nur einige der nächsten Freunde zum Frühstück einladen, und an demselben Abende mit ziemlicher Mahlzeit die Feier beenden, damit Niemand die Hochzeiten auszehre und zu Hause das Seine zugleich versäume. Alle, welche zuwider handelten, verfielen in eine Strafe von 20 Thalern, ebenso auch Diejenigen, welche beim Begräbnisse ein Gastmahl veranstalteten. Dieselbe Deklaration bestimmte auch, daß nur 5 Gevattern geladen werden durften; auch soll man den Frauen blos einen Trunk Bier oder Wein und etwas Semmel reichen.

[1]) W. Menzel, Seite 809, 810.

drei, dem schwedischen nur zwei ꝛc. beigefügt. Dieser an sich höchst geringfügige Umstand diente als Vorwand zum Kriege. Am 17. Januar 1656 schloß der Kurfürst Friedrich Wilhelm mit dem Könige Karl Gustav einen Vertrag zu Königsberg, nach welchem er das Herzogthum Preußen von seinem Bundesgenossen zu Lehen nahm und für die Dauer dieses Krieges Neutralität versprach. 40 000 Polen und Tartaren erlagen in der Schlacht bei Warschau (28.—30. Juli) der Tapferkeit und Umsicht der Alliirten. In erster Linie zeichneten sich Sparr und Derfflinger aus.

Nach Dr. Wedekind (S. 168) unternahmen die Polen schon im Anfange des Jahres 1656 Streifzüge nach dem Lande Sternberg. Damals soll die Stadt gleichen Namens viel gelitten haben, der Kreis aber später verschont geblieben sein. Sicherer ist die Nachricht, daß bald nach der Schlacht bei Warschau der General Czarnetzky in die Neumark einfiel. Mit gewohnter Barbarei hausten hier seine Tartaren und Kosaken. Nach dem Gefecht bei Ragnit flüchteten sie jedoch vor dem Korps des Generals Otto von Sparr. Dem Herzogthume Krossen-Züllichau, dem Wittwensitze der Kurfürstin Elisabet Charlotte, wurde sowol von Polen wie von Schweden Neutralität zugestanden. Als aber brandenburgische Truppen unter Derfflinger das Kloster Priment gestürmt und die Stadt Bomst geplündert hatten, wollte der Starost von Meseritz auch hier Vergeltungsrecht üben. Die Kurfürstin wußte indeß den König von Polen zu besänftigen. Er gab ihr einen Schutzbrief:

„Wir Kasimirus Johannes, von Gottes Gnaden König in Polen ꝛc. entbieten Allen und Jedem, den dieses Unser Patent vorkommen wird, vornämlich aber Unsern der Armeen des Reichs Generalen, Obersten, Oberstlieutenants, Rittmeistern, Hauptleuten, Vizerittmeistern und Vizehauptleuten und allen anderen Offizieren, als insgemein allen der polnischen und deutschen Nation Reitern und Fußknechten und Eigensöldnern, die im Dienste der polnischen Republik stehen: auch die hochgebornen Subbankazy, Aga, Orka, Bratogoden, Obersten und seinen Murzis, Beis und Agis für Uns tapfer streitenden, Unsern lieben Getreuen, Unsere königliche Gnade: Liebe Getreue, weil es recht und billig ist, wider dieselben, welche nach gebrochenen göttlichen und weltlichen Rechten des Krieges Anfang gemacht und unsäglich Elend und Unheil Uns, Unserm Reiche und Unseren Herrschaften zugefügt haben, sich feindselig zu erweisen, so halten Wir es auch der Gerechtigkeit und Unserer königlichen Gnade angemessen, Unschuldige, die weder mit Rath noch That den Bundbrüchigen zugethan sind, zu rächen oder mit Ungnade zu verfolgen.

Nun ist uns aber bekannt, daß die Durchlauchtigste Frau Elisabet Charlotte, Markgräfin und Kurfürstin zu Brandenburg und Herzogin zu Krossen und Züllichau, über diesen unsern Schaden und Aufruhr herzlich betrübt, in Ruhe gesessen und daher in sicherer guter Hoffnung von Uns und Unserer Republik bittlich gesuchet, daß sie, durch Hülfe Unserer Schreiben wider Unfall und Kriegsfeuer beschützet und bewahret, möchte ihrer Freiheit und Ruhe genießen. Wir derowegen, durch ihr bittliches Suchen und Wittwenstand bewogen, thun Allen und Jedem hiermit zu wissen, daß wir mit Rath der damals anwesenden Herren Reichsräthe dem Herzogthum Krossen und Züllichau zugleich mit den Städten Krossen, Züllichau, Bobersberg, Sommerfeld, wie auch dem Sternberg'schen Kreise mit allen Vorwerken, Meierhöfen, Unterthanen, Ackerleuten und allen Anderen auf die allerbeste Art und Weise, als Wir können, behülflich zu sein, bei Uns beschlossen. Wie Wir denn durch gegenwärtiges Patent Allen und Jeden gebieten und verbieten, daß keiner unter Unsern Mannen und Mitgehülfen die genannten Herzogthümer und Städte und alle dahin gehörigen Güter anzufallen, mit Kontribution, Einquartierung oder Rauben und Plünderung auszusaugen und in Verderb zu versetzen sich unterstehen, sondern ein Jeder sich aller Feindseligkeiten wider Hochgeborne Durchl. Herzogin Elisabet Charlotte, Markgräfin und Kurfürstin zu Brandenburg, und Ihre Unterthanen und alle derselben Herzogthümer und Örter und Kreises-einwohner gänzlich enthalte. Hiernach werden sich zu halten wissen Diejenigen, so Uns mit Hülfe Beistand leisten ihrer Freundschaft nach; mehrere Unterthanen aber bei Vermeidung Unserer Ungnade und der wider Unseres Mandats Verbrecher in öffentlichen Rechten und sonderlich in Unsers Reiches Kriegsartikeln beschriebener Strafe. Zu Unserer Bekräftigung dessen haben wir dieses mit eigener Hand unterschriebene Patent mit Unsers Reiches Insiegel bekräftigen lassen.

Gegeben im Lager bei der Stadt Kamin am 21. Tage Septembris 1656.

L. S. Johannes Casimirus Rex.

Andreas Olzowsky.

Daß diese gegenwärtige deutsche Version dem von Sr. Königl. Majestät in Polen eigenhändig unterschriebenen und mit des Reiches Insiegel bekräftigten lateinischen Patent im Originale eigentlich und ganz gleichförmig von mir aufs fleißigste collationiret und auscultiret, bezeige ich zu Enden benannter Kaiserlicher offenbarer und vereideter

Notarius, Kraft dieser meiner Hand; habe auch um mehrerer Bekräftigungen willen mein Signetum legale supprimiret ad hoc specialiter et debito modo officii ratione equi dictus et rogatus.[1])

So geschehen zu Drossen am 22. die Novembris Anno 1656.

Johannes Christophorus Contius,
Notarius Publ. Caesarius in fidem majorem.[2])

Im September 1657 erschien Czarnetzky zum zweiten Male in der Neumark. Aber der Vertrag zu Wehlau (19. September), am 6. November zu Bromberg beschworen, in welchem Polen, wie schon früher Schweden zu Labiau (Liebau in Kurland), die Unabhängigkeit (Souveränität) Preußens für Brandenburg bestätigte, endete diese Feindseligkeiten. Nach Karl Gustavs Tode († 23. Februar 1659) wurden die streitenden Parteien — Schweden, Polen und Brandenburg — der fortgesetzten Kämpfe endlich müde. Am 3. Mai 1660 schlossen sie im Kloster Oliva bei Danzig Friede. Den 16. Oktober 1663 konnte der Kurfürst die Huldigung der preußischen Stände in Königsberg entgegennehmen.

Auf die Händel, welche Ludwig der Vierzehnte anzettelte, in denen Brandenburg den Holländern Hülfe leistete, später auch auf Seiten des Kaisers stand, kann ich hier nicht näher eingehen.

Um sich an Friedrich Wilhelm möglichst zu rächen, ließ die „Sonne Frankreichs" ihr Licht in Schweden leuchten. Während jener noch am Rheine weilte, fielen am 27. Dezember 1674 16000 der nordischen Scharen in Brandenburg ein. Ihr Oberbefehlshaber, der Feldmarschall Gustav Wrangel, erklärte in einem Schreiben an Johann Georg von Anhalt, den Statthalter der Mark, ausdrücklich: „Sein König wolle dieses Einrücken als keinen Friedensbruch betrachtet wissen, sondern habe dabei blos die Absicht, den Kurfürsten zu vermögen, sich von der Partei der Verbündeten zu trennen. Sobald dieser Zweck erreicht sei, würde er auch das Gebiet des Kurfürsten sogleich wieder verlassen."

Der Statthalter konnte über etwa 7000 Mann verfügen, von denen 1200 auf Berlin kamen. Was sollte er unter solchen Verhältnissen thun? Er schickte einen

---

[1]) Amtssiegel darunter gedrückt, da ich für diesen besonderen Zweck und nach schuldiger Amtspflicht, wie es recht und billig, ernannt und aufgefordert worden bin.

[2]) Öffentlicher Kaiserlicher Notar zur größeren Glaubwürdigkeit.

Eilboten an den Kurfürsten. Als dieser die Nachricht empfing, sagte er (so wird wenigstens erzählt) in größter Ruhe, ja mit heiterem Antlitz zu seiner Umgebung: „Die Schweden sind in die Mark eingefallen; auf die Art könnte ich ganz Pommern erhalten!"[1]) — Er befahl, durch keinerlei Feindseligkeiten den angeblichen Freund zu reizen, die Städte zu verschließen, jedoch, wenn sie gewaltsam geöffnet würden, den Eindringenden keinen Widerstand zu leisten rc. Dergleichen zwitterartige Anordnungen sind heute noch nicht Jedermann verständlich; wie mag es damals gewesen sein?

Am 29. Januar schickte der Oberst Wangelin von Landsberg aus nach Krossen und verlangte von der Stadt Geld, Proviant und Öffnung der Thore für die etwa dorthin kommenden Schweden. Wiewol nur auf sich selbst angewiesen, schlugen die braven Bürger Alles ab, traten unter Waffen, patrouillirten fleißig Tag und Nacht, brachten auf der Oderbrücke noch eine zweite Zugbrücke an; kurz: sie setzten die Stadt möglichst in Vertheidigungszustand. Der feindliche Besuch ließ auch nicht sehr lange auf sich warten. Am 7. März erschien der schwedische Rittmeister Ernst von Garzken nebst 150 Mann auf dem Berge und quartierte sich dort mit diesen ein. Eine Woche später kam endlich als Kommandant der kurfürstliche Generalmajor von Sommerfeld und am 21. März der Hauptmann Pfuhl sammt einer Kompagnie der Leibgarde zu Fuß. Von beiden unterstützt, wagten nun die Bürger einen Ausfall, vertrieben die Feinde und zogen jubelnd mit einiger Beute wieder heim. Die Schweden kehrten zwar am 28. März zahlreicher zurück, nahmen auch ihre alte Stellung ein, schienen ferner einen Angriff auf die Stadt zu beabsichtigen, räumten aber endlich am 21. April den ganzen Kreis.

Am 15. Februar (heißt es in Wilkes Chronik von Züllichau S. 164) ist bei damaliger unvermutheter schwedischer Invasion der Oberst Buchwald mit vier Kompagnien zu Pferde, deren jede in 125 Gemeinen bestanden, nebst vielem Troß allhier eingezogen, und, nachdem er folgenden Tages eine Kompagnie in die nahen Ortschaften Krauschow, Krummendorf und Oblath verlegt, mit den übrigen drei Kompagnien sammt dem Stabe und prima plana (den ersten höheren Offizieren) bis

[1]) Dagegen schreibt S. Chr. Wagener (Denkwürdigkeiten der Stadt Rathenow, S. 240): „Die Schweden (sagte er mit verbissenem Schmerze zu den Anwesenden, unter denen sich auch die Kurfürstin befand) sind in meine Länder eingefallen und spielen den Herrn. Man muß sie jetzt schon machen lassen. Die Reihe wird auch an mich kommen, das Vergeltungsrecht zu üben."

zum 21. April hier verblieben und hat der Stadt vermöge ihrer Liquidation 10698 Thlr. 20 Gr. 7½ Pf. gekostet. Für die übrige Landschaft wurde eine Kontribution ausgeschrieben: 16000 Thlr. baares Geld, 40 Ochsen, 1000 Scheffel Mehl, 3000 Scheffel Roggen, ebensoviel Gerste und Hafer, 1000 Scheffel Grütze, 100 Scheffel Erbsen, 460 Scheffel Hopfen und 50 Tonnen Salz. „Der Magistrat, erzählt Wilke weiter, wurde mit 8 bis 10 Reitern zur Exekution belegt. Bei dem Archidiakonus Mag. Tobias Josephi quartierte sich der Feldprediger ein, welcher ihn lehrte Fleisch essen, so ihm vorher zuwider war. Dieser Geistliche gab sein baares Geld her, das er früher in Sicherheit gebracht, und rettete die Stadt von der Brandschatzung. (Nachher hielt es gewiß sehr schwer, von den Einzelnen die Auslagen wiederzubekommen.) Endlich bemerkt der Chronist, daß die schwedische Einquartierung sich sehr furchtsam zeigte und viele ihre Wirthe baten, sie nicht im Schlafe umzubringen. Beim Abzuge vergaßen sie ihre Standarten. In dem letzteren Umstande erblickten natürlich die Kriegspropheten jener Zeit ein übles Omen. Sicher traten sie mit dieser Deutung um so zuversichtlicher auf, nachdem die Schweden geschlagen worden.

Als diese sahen, wie wenig der Kurfürst eilte, sich von seinen Verbündeten zu trennen, so schritten sie, unablässig von dem französischen Gesandten Vitry (Vitrius) gedrängt, obwol augenscheinlich ungern, zu wirklichen Feindseligkeiten. Da der sehr menschenfreundlich gesinnte Feldmarschall erkrankte, übernahm sein Stiefbruder Waldemar Wrangel den Oberbefehl. Lebhafter auf die Absichten der Franzosen eingehend, rückte er in die Mittelmark und bemächtigte sich mehrerer kleiner Ortschaften. Das meiste Vieh und Getreide hatte der Statthalter vom platten Lande in die festen Plätze bringen lassen. Es ist daher leicht erklärlich, daß, indem die Schweden Mangel litten, die Mannszucht sich löste und ein Parteigängerkrieg entstand, der von beiden Seiten mit mehr Erbitterung, als hervorragender, lobenswerther Tapferkeit geführt wurde. Der Adel und die meisten Bürger huldigten dem österreichischen Systeme: immer langsam! Dagegen bildeten die patriotischen Bauern des Havellandes, von Heidewärtern und Flurschützen angeführt, Kompagnien. Jede trug eine Fahne von weißer Leinwand, in welcher über einem rothen Adler, den ein grüner Kranz umschloß, die Buchstaben F. W. und unter demselben die Worte standen:

„Wir sind Bauern von geringem Guth und dienen unserm Gnädigsten Churfürsten und Herrn mit unserm Bluth.“

Von der Grausamkeit der Schweden entwerfen einige Geschichtsschreiber, z. B. Gallus,[1]) die schwärzeste Schilderung; Andere, wie Buchholtz und Stenzel, bezweifeln die Wahrheit derselben. Es scheint, als ob man geflissentlich dem ganzen schwedischen Heere in die Schuhe geschoben hätte, was einzelne rohe Söldner, gereizt oder aus frechem Übermuthe, verübten. Wenigstens trifft, so arg auch der französische Gesandte auf Brand hetzte, den Feldmarschall Wrangel keine Schuld. Auch dem Obersten Wangelin bezeugt der alte Geschichtsschreiber Loccelius, geistlicher Inspektor in Drossen, daß er daselbst, überhaupt in der Neumark, die beste Mannszucht gehalten. Ferner bemerkt G. A. Matthias (in der Krossener Chronik Seite 249) folgenden charakteristischen Zug. Mit dem Mittagbrote, das ihm sein Wirth reichte, nicht zufrieden, hatte ein Reiter in Zettitz dasselbe verunreinigt. Der schwedische Befehlshaber (jedenfalls der genannte Wangelin; denn er stand vor Krossen), über den Frevel unterrichtet, ließ neben die Schüssel einen Strick legen; somit blieb dem Kerl nur die Wahl zwischen dem Galgen und der kothigen Speise.

Auffällig erscheint, daß der Kurfürst so lange am Rhein verweilte, da doch eigentlich dort für Deutschland wenig zu gewinnen war. Allerdings fesselte ihn die Gicht einige Wochen ans Bett, ans Zimmer; ferner wollte er die Verbindung mit Holland und Dänemark fester knüpfen, was ihm auch insofern gelang, als beide Staaten Schweden den Krieg erklärten. Gedenken wir jedoch jener Äußerung: „— auf die Art könnte ich ganz Pommern erhalten!" so dürfte noch ein anderer Grund auf die Zögerung eingewirkt haben. Stenzel (II. 341—421) hebt deshalb hervor: „Es ist gar nicht unwahrscheinlich, daß er den von den Schweden gethanenen Schritt gern sah und ihn selbst einiger Maßen durch sein Verfahren beförderte, um dadurch eine offenbar gerechte Veranlassung zur Ausführung seiner früher schon, nur durch Frankreich verhinderten Entwürfe zu haben und, indem er seine Bundespflicht erfüllte, zugleich eigentlich für sein unmittelbares eigenes Interesse zu kämpfen; denn falls er das Elsaß früher verlassen, ja wenn er nur, anstatt in Franken zu verweilen, sich bald nach der Mark zurückgezogen hätte, so würden unstreitig die Schweden gar nicht in dieselbe gegangen sein, oder sie doch sogleich wieder geräumt haben — was der Kurfürst aber sicher nicht einmal beabsichtigte.

[1]) Band IV., Seite 154—55. Vergl. den Brief eines Prenzlauer Bürgers. Wagener, Denkwürdigkeiten der Stadt Rathenow, Seite 248.

Mit gewohnter Thätigkeit und Schlauheit traf er noch alle Anstalten, um jetzt seine Pläne zu verwirklichen, in denen er dann, erbittert über das schonungslose Verfahren der Schweden in der Mark, noch bestärkt wurde."

Mit seinem Heere, durch Werbungen bis auf 15000 Mann vermehrt, zog Friedrich Wilhelm (am 26. Mai) von Schweinfurt über Schleusingen, Ilmenau, Arnstadt, Klein-Neuhausen, Heldrungen nach Staßfurt, wo sich das Hauptquartier am 10. Juni befand. Den 11. traf er in Magdeburg ein; den 12. hielt er dort Kriegsrath, verhaftete den Kommandanten Schmidt, der mit dem Feinde in Verbindung gestanden hatte, und setzte noch an demselben Abende seine Truppen, 6000 Dragoner und 1200 Musketiere, über die Elbe (sie führten auf 146 Wagen Kähne mit sich). Im Morgengrauen des 15. Juni überrumpelte Derfflinger Rathenow. Oberst Wangelin, der nebst seiner Gemahlin Alles (16000 Thlr. an Werth) verlor, kam als Gefangener nach Peitz.

In der Schlacht bei Fehrbellin (18. Juni, dem Todestage seiner Gemahlin Luise Henriette, † 1667), kämpften 5600 brandenburgische Reiter gegen 11000 Schweden. Jene zählten 500 Todte und Verwundete (Oberst Mörner, Stallmeister Emanuel von Froben — die Oberstlieutenants Hennig, von Strauß, von Sydow u. A.), diese etwa 2400 Mann und 200 Gefangene.

Die Szene mit dem Prinzen Friedrich von Hessen-Homburg, der, weil er auf eigene Faust zu früh angegriffen, nach der Strenge der Kriegsgesetze den Tod verdient hätte, dem der Fürst aber Angesichts eines so glorreichen Sieges Gnade für Recht ergehen ließ, ist gar nicht vorgekommen. Den klarsten Beweis liefert ein Brief des Genannten (vom 19. Juni) an seine (zweite) Gemahlin, eine Prinzessin von Kurland.[1]) Dieser war keineswegs ein aufbrausender Jüngling, sondern ein besonnener Mann von 42 Jahren, der trotz seines einen Beines (das andere verlor er 1658 bei der Belagerung von Kopenhagen und ließ es durch ein silbernes ersetzen) an Kriegserfahrungen alle Generale der kurfürstlichen Armee, Derfflinger ausgenommen, übertraf. Ohne Frage steht aber fest: „Dem redlichen Landgrafen (schreibt des Kurfürsten eigene Schwester am 19. Oktober an den Oberpräsidenten von Schwerin) ist nicht Eins gedankt vor dem, das er bei Fehrbellin gethan; also geht es in der Welt, die Pferde, die den Haber verdienen, bekommen am wenigsten.[2])

[1]) Dr. Schwartz, Bilder aus der brandenb.-preuß. Gesch. S. 26—60. [2]) Ebendaselbst S. 57—58.

Treu sich seinem Dienste hingebend, fiel der Stallmeister Emanuel von Froben in der Schlacht bei Fehrbellin an der Seite des Kurfürsten. Dieser ritt einen Schimmel, den die Feinde aus der Ferne erkannten und ihn zu ihrer Zielscheibe wählten. Dies sind Thatsachen, durch gleichzeitige Berichte überliefert. Spätere schmückten Verschiedenes aus. Gundling erwähnt zuerst (1708) in seiner Geschichte des großen Kurfürsten, die sich als Handschrift auf der Berliner Bibliothek befindet, den Pferdetausch. Die arge Gefahr erkennend, soll der Stallmeister dem Monarchen gleichsam seinen Braunen aufgedrängt, alsbald den Schimmel bestiegen und wenige Augenblicke darauf seinen Tod gefunden haben. Pöllnitz und Friedrich II. erzählen in ganz ähnlicher Weise. Sie sind indeß für den Geschichtsforscher keine vollgültigen Zeugen. Alte Goblins im königlichen Schlosse zu Berlin vom Jahre 1693, jetzt in Monbijou, stellen die Aktion bei Fehrbellin so dar: Der Kurfürst sprengt auf einem Schimmel fort, während Froben auf einem Braunen daneben zusammengebrochen liegt. Ein Pferdetausch fand freilich statt, nur nicht Seitens des Stallmeisters, sondern des Leibjägers Uhle (nicht Uhse). Herr Direktor Dr. W. Schwartz, „der Vater der Sage," hat Dies aus alten Nachrichten, die Feldmann, Doktor und Senator in Neuruppin, mit großer Sorgfalt zusammenstellte, so gründlich nachgewiesen, daß Zweifel dagegen kaum noch Raum gewinnen können.[1])

Uhle war der Sohn eines Oberförsters in Thüringen. Er versuchte, weil er noch viele Brüder hatte, sein Heil auf Reisen und kam auch nach Berlin. Friedrich Wilhelm sah ihn auf der Wachtparade und nahm ihn zum Leibjäger an. Bei Fehrbellin ward ihm wenige Minuten nach dem Wechsel der Schimmel unter dem Leibe erschossen. Wegen dieser Treue verlieh ihm der Monarch den Landjägerdienst zu Altruppin. „Etliche und vierzig Jahre alt, starb er hier Ende 1699 oder Anfang 1700."

„Ihm, dem Überlebenden, hat es der dankbare Kurfürst lohnen und dem jungen Manne — denn das war er, wie wir gesehen — eine einträgliche, gute Stelle geben, jenem (Froben) aber nur mit ehrenvollem Begräbnisse (im Dom) gedenken können. Wenn aber das preußische Volk an der Stätte, wo auf märkischem Sande der Grund

[1]) Das Militärwochenblatt versucht zwar eine Widerlegung des Dr. Schwartz; die Gründe erscheinen jedoch nicht stichhaltig. Märkische Forschungen Band 15, S. 289. Auch Ferdinand Schmidts Notizen auf der letzten Seite seines Werkes: „Preußens Geschichte in Wort und Bild" befriedigen den Kenner nicht.

gelegt ist zum preußischen Staate, in idealem Drange dem Gefallenen die Sieges- und Ruhmespalme, nach der auch er gestrebt, gereicht hat, so muß die Geschichte doch gerecht sein und jedem das Seine geben.[1])

Unter dem Glockengeläute und Jubelrufe des Volkes hielt der Kurfürst am 23. Juni, Mittags 11 Uhr, seinen feierlichen Einzug in Berlin, kehrte indeß schon am folgenden Nachmittage zu seinem Heere zurück. Er ließ auf die Schlacht bei Fehrbellin zehn Denkmünzen, große und kleine, prägen. Eine trägt die bezeichnende Umschrift: Dormiendo vigilo (im Schlafe wach' ich).

Es war die erste offene Feldschlacht, in welcher die Brandenburger allein kämpften, der erste Sieg, den sie allein gewannen, doppelt ehrenvoll, da er gegen die besten Truppen des Nordens, mit geringer Anzahl gegen große Übermacht, nicht durch einen der unberechenbaren Zufälle des Glücks, sondern durch Umsicht in der Anlage, Schnelligkeit in der Ausführung, Beharrlichkeit in der Verfolgung, Tapferkeit auf dem Schlachtfelde und geschickte Leitung überall erstritten wurde; aber „dreifach ruhmvoll, weil er nicht für andere Interessen, sondern im einzig rechtmäßigen Kriege für die Vertheidigung und Rettung des vom Feinde überfallenen, verheerten und mißhandelten Vaterlandes auf heimischem Grund und Boden über Fremde erfochten wurde."

Von patriotischer Gesinnung beseelt, ließ im Jahre 1800 Friedrich Eberhard von Rochow, Besitzer von Rekahn bei Brandenburg und Domherr in Halberstadt, auf der Höhe bei Hakenberg (von hier aus leitete der Kurfürst die Schlacht) ein schlichtes Denkmal aus märkischem Gestein errichten. Es kostete etwa 1000 Thaler. Im Laufe der Zeit war aber dasselbe sammt seinen Inschriften so verwittert, daß 1857 dem Kriegervereine eine Erneuerung nothwendig erschien. Die Mittel spendete zumeist Herr von Bredow auf Briesen. Gemäß dem Wunsche Friedrich Wilhelms des Vierten wurde das Denkmal ganz so wie früher hergestellt, jedoch mit einem eisernen Gitter umgeben. — Die Inschriften lauten:

---

[1]) Dr. Schwartz S. 105.

Nord- (Front-) Seite:

FRIEDRICH WILHELM
DER GROSSE
KAM, SAH U. SIEGTE
DEN XVIII. JUNI
MDCLXXV.

---

Westseite:

FRIEDRICH, LANDGRAF v. HESSEN.
v. TREFFENFELD.
v. STRAUS.
v. SYDOW.
v. ZABELTITZ.

---

Südseite:

HIER LEGTEN
DIE BRAVEN BRANDENBURGER
DEN GRUND
ZU PREUSSENS GRÖSSE.

---

DAS ANDENKEN
AN DEN HELD
UND SEINER GETREUEN
ERNEUERT DANKBAR
MIT JEDEM FREUNDE
DES VATERLANDES
FRIEDR. EBERHARD VON ROCHOW
AUF REKAHN.
MDCCC.

---

Ostseite:

DÖRFLINGER.
v. GÖRZKE.
v. LUTKE.
v. GÖTZ.
v. CANOFSKY.

---

v. MOERNER.
FROBEN.

---

An der Vorderseite des vier Fuß hohen Gitters steht ein Schild, das die Worte enthält:

ERNEUERT UND BEWEHRT
DURCH DEN KRIEGER-VEREIN
ZU FEHRBELLIN.
1857.

---

Ungefähr ein Kilometer südlich von diesem alten erhebt sich auf dem sogenannten Kurfürstenberge ein neues, aus Staatsmitteln erbautes Denkmal. Den Grundstein legte 1875 der Kronprinz (der spätere Kaiser Friedrich der Dritte); die Enthüllung fand am 2. September 1879 statt. Der Siegessäule in Berlin nachgebildet, besteht es aus einem achteckigen Unterbau, auf dem sich ein Aufsatz in Form eines abgestumpften, 9,7 Meter hohen Kegels, der mit einer Viktoriafigur gekrönt ist, erhebt. Im Innern des Denkmals kann man auf einer Wendeltreppe, die 114 Stufen zählt, bequem emporsteigen. Die vergoldete Viktoria, aus Bronze gegossen und 40 Zentner schwer, ist 4,15, das Ganze 31,5 Meter hoch. Die Büste des großen Kurfürsten, vom Professor A. Wolff in Berlin entworfen und vom Bildhauer Vigonet aus einem Block karrarischen Marmors gearbeitet, steht in einer Nische, die aus drei Platten von polirtem schwedischen Granit gebildet wird. Unter derselben befindet sich eine Tafel mit der Inschrift: „Zur Erinnerung an den Sieg Kurfürst Friedrich Wilhelm des Großen von Brandenburg. Fehrbellin, den 18. Juni 1675."

In einer Nische der Kirche zu Hakenberg lagern 42 Kugeln, die auf dem

Schlachtfelde gesammelt wurden. Auch bewahrt man hier ein Album mit etwa 2000 Autographien von Mitgliedern des Königlichen Hauses, Ministern und anderen hohen Staatsbeamten, Offizieren, Geistlichen, Lehrern rc.[1])

Die Familie von Zobeltitz (Zabeltitz) ist zwar noch im Lande Sternberg (Spiegelberg, früher auch in Selchow), sowie in der Niederlausitz (Eichow) und Schlesien (Gustau und Gleinig bei Guhrau) angesessen. Diesen Linien gehörte aber der auf dem Denkmale genannte Held nicht an. Trotz der sorgfältigsten Nachforschungen ermittelte Dr. Georg Schmidt nur, daß von Mülverstedt in seinem Werke: Die brandenburgische Kriegsmacht unter dem großen Kurfürsten (Magdeburg 1888) eines Wolf Friedrich von Zabeltitz aus dem Hause Benzen (Lüneburg) erwähnt. Korporal in der Kompagnie zu Pferde des Oberstwachtmeisters v. Klitzing, wurde er 1656 zum Derfflinger'schen Korps kommandirt. Anfragen des Dr. Schmidt in Bremen blieben resultatlos. (Vergl.: „Familie von Zabeltitz [Zobeltitz]", S. 185!)

Joachim Henning von Treffenfeld stammte aus einer Bürgerfamilie der Mark Brandenburg. Er begann seine Laufbahn als gemeiner Soldat, zeichnete sich aber durch unerschrockene Tapferkeit aus. In der Schlacht bei Fehrbellin wurde er schwer verwundet. Auf der Stelle, wo er blutete, erhob ihn Friedrich Wilhelm unter dem Namen von Treffenfeld in den Adelstand. Sein Diplom ist datirt Amtshaus Fehrbellin, den 18. Juni 1675. Bald darauf belohnte der Kurfürst den tapferen Mann mit den ansehnlichen Kalben'schen Gütern in der Altmark. Er starb als Generalmajor von der Kavallerie 1689. Seine Leiche, eine Mumie, ist in dem Dorfe Könnigde bei Bismark noch zu sehen.

Eines anderen adeligen Herrn sei hier gleichfalls gedacht: Des „weiland Hoch- und Wol-Edelgebornen, Gestrengen, Vesten und Mannhafften" Kaspar Sigismund von Knobelsdorff, „Dero Röm. Kayserl. auch zu Ungarn und Böhmen Kön. Meytt. Truchsaßes, Königl. Mann-Gerichts zu Groß Glogau Assessoris, gewesener Hauptmann zu Schwibußin und Erbherrn auff Ogerschitz." „Als er den 19. Martii (1675) Todes verblichen, und den 4. Aprilis in der Kirchen zu Ogerschitz Adelichem und Catholischem Gebrauche nach beerdiget" wurde, hielt Matthias Josephus Plach, zur Zeit „Parochus in Ritzschitz und Ogerschitz", die Leichenrede. Einige charakte-

[1]) Die Inschriften sind ganz treu von dem Herrn Lehrer Bensch in Hakenberg kopirt worden; Abweichungen bei Berghaus I. 415. Dr. Schmidt S. IV. Dr. Schwartz.

ristische Stellen aus derselben mögen hier folgen: „Ich erinnere mich, was ich in Speculo mundi gelesen: Als einsmahls der König in England ein ansehnliches Torniament und prächtige Zusammenkunfft seiner Ritterschafft gehalten, derer von Adel treue Dienste zu erforschen, haben sothane Ritterliche Gemüther ihre beim König und Vaterland geleisteten Meriten der Welt und allen Spectatoribus aufs genaueste wollen zu verstehen geben, und dahero die eigene Thaten auff ihre Schilde mahlen lassen, wie nämlich einer den andern excedire. Hat dieser anzeigen wollen sein Hoch Adeliches Herkommen, Stamm und Geblüht, und Ursprung des Lebens, trug auf seinem Wapen einen Cumulum Aloës; Ein anderer zeigte auf seinem Scuto einen Korn Myrren der Standhafftigkeit; Jener praesentirte das Gewächs oder Rauchwerk Storax, womit er alle verständigte, gleich wie solcher Geruch, wann er geräuchert, die gantze Lufft erfüllet, also wäre sein rühmlicher Nahm durch die gantze Welt ausgebreitet; Dieser praesentirte auf seinem Schilde den Balsam der Frey-gebigkeit; Und dann ein anderer führete abgemahlet den Galbam, wodurch er anzeigen wollte, sein Historisches Gemüht in Ritterlichen Thaten, gestritten pro Aris et focis. Letzlich aber kommt der Hertzog von Britannien, beschauet mit Verwunderung seiner Mittbrüder Wapen, Victorialische und Lobwürdige Schilde, Contempliret die Personen, erforschet die Thaten und zehlet die Meriten, erwischet alsobald eine gantze Hand voll solcher aller Speecreyen und Gewürtzes, nimmt einen Pinsel, mahlet solche alle auff sein Scutum, mit dieser Überschrifft: In me omnia, in mir alles. Was will aber solche Metamorphosis, suchen dann diese hohe Grandes eitele Ehre, oder wollen sie jene Worte adimpliren: Sic luceat lux vestra coram hominibus (Matth. 5: Also soll scheinen euer Licht vor den Menschen, daß sie sehen eure gute Werke). — Hoch Adeliche Zuhörer, wisset ihr auch meine Gedanken, ich wollte gern den von Knobelsdorff dem Hertzog von Britannien assimuliren und auch nicht zu viel reden, denn kein König, Fürst, Graf, Freyherr war Er nicht, in Diensten nur ein Fendrich, dem Stande nach ein Edelmann. — Ich wage es doch, und nehme dessen Ehren-Schild, schreibe hinauff: In me omnia, in mir alles. In ihm der köstliche Aloës des Adelichen Herkommens, dann über etliche hundert Jahr zehle Ich sein Geschlecht, und von zwey und dreyßig Adelichen Ahnherren ist Er gestammet. In Ihm der Storax des guten Geruches Seines Nahmens, Sein Adelicher Nahme beim Römischen Kayser, sein Nahme beim Kön. Ambte zu Groß Glogaw, Sein Nahme beim Könige in Dennemark, Sein Nahme in dem weitberühmten Closter und Fürstl. Gestifft zu Liljenfeld Cisterciensor Ordens in Unter-Österreich, Sein Nahme in der Todten Brüderschafft zu Groß Glogaw ad St. Stanislaum; Und sein Nahme wird unsterblich bleiben in dieser Kirchen, welche er testamento versehen. —— Ach Herr von Knobelsdorff, lasse aus deinem finstern Grabe mit einer hellklingenden Trompeten heraußblasen: Bonum certamen certavi: Ich habe einen guten Kampff gekämpffet, 2. Tim. 4. Damit dieser Schall unsere Ohren gewehne, jenen Klang zu erdulden: Surgite mortui, venite ad judicium: Stehet auff ihr Todten, kommet fürs Gerichte. 1. Thess. 4. Und sage uns, daß zum hohen Adelichen Stande gehöre, die Seeligkeit zu gewinnen. — „Saget mir, Ihr Hoch-Adelichen Zuhörer und Wandersleute, bey wem ist wol solche Prophezeyung, so Abraham geschehen [Gehe aus deinem Vaterlande] seithero auch wahr worden, als bey Unserm dem von Knobelsdorff! Sein Eingang in dieses wanderliche Leben ist Schwibußin Anno 1623 den 10. August; Seine Auferziehung außer Landes; Sein Wolstand sol gewesen sein Schwibußin; Und seines Lebens Endung ist allhier in Ogerschitz; O wie recht kann gesagt werden: Egredere de terra tua: Gehe aus deinem Vaterlande, und von deiner Freundschaft, und aus deines Vaters Hauße; Gehe aus Schwibußin und komm in Ogerschitz. O Knobelsdorff? O Knobelsdorff? Plus ultra, noch weiter: Gehe auch wieder aus Ogerschitz aus deinem Hauße, und gehe in diese Gruft; Qui habet aures audiendi, audiat: Wer Ohren hat zu hören, der höre, Matth. 13. O höret doch ihr grossen Herren Possessores: es heist: Egredere, Egredere, fort, fort, Wir haben hier keine bleibende Stadt; und du solt gesegnet seyn. O wer seelig stirbt, ist genugsam gesegnet!"

Des Verstorbenen „Herr Vater ist gewesen der weiland Hoch- und Wohl Edelgeborne, Gestrenge, Veste und Hochbenahmte Herr Johann Georg von Knobelsdorff, Hauptmann auf Schwibußin und Erbherr auf Muschten. Sein Herr Großvater vom Vater war weyland Herr Maximilian von Knobelsdoff, der römischen Kaiserl. Majestät Kammerrath in Ober- und Niederschlesien, Erbherr auf Rückersdorf, Sagnisch Kipper und Kote, auch Hauptmann zu Schwiebus" († 1609 im 69. Jahre; sein Sohn am 23. November 1637). Wann Kaspar Sigismund zur katholischen Kirche übertrat, ergibt sich aus der Leichenrede und anderen Quellen nicht.

Etwa sechs Monate nach der Schlacht bei Fehrbellin, am 21. November 1675, starb zu Brieg an bösartigen Pocken Georg Wilhelm, der letzte Herzog von

Liegnitz. Zu seiner Charakteristik will ich einige Züge mittheilen; sie werfen nicht blos ein Licht auf ihn, sondern auf die ganze Zeit. Bei seiner Belehnung in Wien (vermuthlich von einem Beichtvater) befragt, welche er für die beste Religion halte, antwortete er: Gott und dem Kaiser treu sein.[1]) Im Herbste des Jahres 1675 ließ sich in Schlesien auf der großen Heide von Kotzenau, die seit dem Kriege wieder wüst und öde stand, ein fremdes, unheimliches Thier sehen, und zwar von der Art, welche in grauer Vorzeit mit ihrem Geweihe die schlesischen Gebüsche zerrissen hatte, damals, als die ersten Piasten mit dem Jagdspieße und Federspiele durch die Wälder zogen. Und oben im Fürstenschlosse zu Liegnitz feierte der letzte Piastenherzog mit seinem Adel den Tag seiner Geburt. Als das seltene Wildpret auf die Tafel kam, klang der jubelnde Ton der Trompeten über die Stadt, und die Kanonen donnerten, sobald man des neuen Herzogs Gesundheit trank. Aber den bedächtigen Leuten im Lande graute vor dem Unthiere, das sich in ihre Wälder und zu ihrem jungen Herrn wie eine unförmliche Mahnung aus alter Zeit verirrt hatte, und sie schüttelten den Kopf und prophezeiten Unheil. Das letzte Elen, das man in Schlesien erlegte, war die letzte fröhliche Mahlzeit des Piastenenkels. Wenige Tage später rief ihn der schwarze Fürst der Schatten von dieser Welt. Als man seinen Sarg am Abende durch die Straßen von Liegnitz führte, die Pechkränze an allen Ecken brannten und viele Hunderte schwarzgekleidete Knaben mit weißen Wachskerzen vor dem todten Herrn herzogen, da betrauerten die deutschen Schlesier in dem letzten Sproß den Untergang des großen slavischen Dynastengeschlechts. Es gab Polen 24 Könige und mehrere Fürsten, Schlesien aber 123 Herzöge.[2])

Kaiser Leopold der Erste zog die Herzogthümer Liegnitz, Brieg und Wohlau für Österreich ein. Der große Kurfürst war 1675 hinreichend mit dem Feldzuge gegen Schweden beschäftigt. Es schien ihm gerathen, seine Ansprüche in einer günstigeren Zeit geltend zu machen.[3]) Als es geschah, erhielt er unter der

---

[1]) Menzel, S. 468. Hellseborn, S. 346.

[2]) Der Freiherr August von Liegnitz, ein Sohn des Herzogs Johann Christian aus zweiter Ehe, vom Kaiser in den Grafenstand erhoben, aber nicht erbberechtigt, starb 1679 ohne Erben.

[3]) Bei den Verhandlungen, die endlich zum westfälischen Frieden führten, schlug, nachdem der Graf Trautmannsdorf die Abtretung Schlesiens mit den Worten: „Der Kaiser wolle lieber seinen Augapfel als dies Land verlieren", Schweden vor, den Kurfürsten von Brandenburg durch die schlesischen Fürstenthümer Glogau, Sagan und Jägerndorf für Pommern zu entschädigen. Friedrich

Bedingung „der sonderbaren Befremdung des Kaisers über so unstatthafte Forderung“ eine kurze abschlägige Antwort. Man hatte den „neuen König der Vandalen“ an der Eroberung Pommerns gehindert; noch weniger war man in Wien geneigt, den „Ketzerpatron der Augsburgischen Konfessionsverwandten“ festen Fuß in Schlesien gewinnen zu lassen. Diese vielfachen Kränkungen veranlaßten Friedrich Wilhelm, sich von Österreich ab- und Frankreich zuzuwenden, ein Schritt, der jedoch weder ihm, noch Deutschland zum Segen gereichte. Der Räuber jenseit des Rheines wußte die Zwietracht allseitig auszubeuten. Wir können nur den Kopf darüber schütteln, daß Brandenburgs Kurfürst, der, als er (29. Juni 1679) im Frieden von St. Germain alle Früchte des heißen Kampfes Preis geben mußte, ausrief: „Exoriare aliquis nostris ex ossibus ultor!“[1]) — jetzt, im Jahre 1682, mit Ludwig dem Vierzehnten ein Bündnis schloß, in welchem er die Wegnahme Straßburgs anerkannte. Ja, am 15. August 1684 erkauften Kaiser und Reich von Frankreich einen Waffenstillstand auf zwanzig Jahre für einen entehrenden Preis. Der letzteren Macht wurde der Besitz aller bis zum 1. August 1681 reunirten (wiedervereinigten) deutschen Reichslande, Straßburg, „die wunderschöne Stadt“ eingeschlossen, ohne Weiteres zugestanden.

Von den Türken bedroht, suchte Leopold die Hülfe Brandenburgs. Dessen Kurfürst vergaß frühere Unbill. Auf diese Weise hoffte er, endlich die schlesischen Fürstenthümer zu erhalten. In der Hauptsache verrechnete er sich jedoch. Der Geheime Rath Freidag von Gödens, der Ende 1685 von Wien nach Berlin kam, merkte sehr bald, daß im kurfürstlichen Hause Zwietracht herrschte.

Friedrich Wilhelms erste Gemahlin, Luise Henriette von Oranien, war am 18. Juni 1667 gestorben.[2]) Ludwig der Vierzehnte ließ ihm eine Prinzessin seines

---

Wilhelm lehnte jedoch den Vorschlag ab: ihm sei durch schlesische Provinzen nicht gerathen, weil er dadurch aus einem unmittelbaren Reichsstande zu einem Landstande des Königs von Böhmen werde; ferner habe er keine Ansprüche auf Schlesien, außer auf Jägerndorf; auch wolle er nicht die Ursache sein, daß der Kaiser etwas von seinen Erbländern veräußern müsse. (Menzel, Schlesien, Seite 445.)

[1]) Vergil, Aeneis, IV., S. 625. Einst wird aus meiner Asche ein Rächer erstehen!

[2]) Ihre trefflichen Eigenschaften, zu denen auch die aufrichtige Frömmigkeit gehört, wird Niemand bestreiten; daß sie, die fast ausschließlich holländisch und französisch sprach und schrieb, auch einige deutsche Lieder (Jesus, meine Zuversicht und mein Heiland, ist im Leben. Ich will von meiner Missethat zum Herren mich bekehren. Gott, der Reichthum Deiner Güter, dem ich Alles schuldig halt. Ein Ander stelle sein Vertrauen auf die Gewalt und Herrlichkeit) gedichtet habe,

Hauses, Mademoiselle de Monpensier antragen. Karl der Zweite von England aber irrte sich nicht, wenn er an seine Mutter schrieb: „Soviel ich den Kurfürsten kenne, glaub' ich nicht, daß derselbe Lust haben werde, einen solchen Kuirassier, wie la Grand-Demoiselle, in seine Familie aufzunehmen." Friedrich Wilhelm verheiratete sich am 14. Juni 1668 zu Grüningen (im Fürstenthume Halberstadt) mit Sophie Dorothea, seit drei Jahren Wittwe des Herzogs Christian Ludwig von Lüneburg-Celle. Eine geborne Prinzessin von Holstein-Glücksburg, brachte sie keineswegs Glück in das Haus. Ihrem Gemahl zu Liebe trat sie zwar von der lutherischen zur reformirten Kirche über; sie mischte sich aber oft in die Politik, und man beschuldigte sie, daß sie vor dem nachtheiligen Frieden zu St. Germain als Geschenk 100 000 Thlr. baar und einen Diamantenschmuck von Ludwig dem Vierzehnten annahm. Um den Häuserzins zu beziehen, legte sie auf dem sandigen Grund und Boden eines ihr gehörigen Vorwerks in Berlin die Dorotheenstadt an. Auf einem andern Vorwerke vor dem Spandauer Thore ließ sie, auf eine üble Gewohnheit der Hamburger Fuhrleute spekulirend, einen ausgedehnten Wein- und Bierschank betreiben. Die Beschwerden der Bürger blieben unberücksichtigt. Wenngleich der Kurfürst angeblich einmal dieser Gemahlin seinen Feldherrnhut vor die Füße warf und ihr sagte: da sie Alles kommandiren wolle, so möge sie statt der friedlichen Nachthaube diese kriegerische Kopfbedeckung wählen — ihm fehlte der Muth des griechischen Kaisers Theophilus,

---

ist jedoch im höchsten Grade unwahrscheinlich. Ich lasse K. A. Menzels Urtheil (Deutsche Geschichte, VIII., S. 413): „Jesus, meine Zuversicht ꝛc., sei ein Gesang, dem an kräftiger Wirkung kein anderes Dichterwerk gleichgekommen ist", ohne Einschränkung gelten; daß aber der Berliner Buchdrucker Christoph Runge in der Vorrede zu dem Gesangbuche, das er 1653 herausgab, ausdrücklich erklärt, Luise Henriette habe das betreffende Lied selbst gedichtet, folgt aus der mir vorliegenden Stelle keineswegs. Knapp setzt deshalb in seinem evangelischen Liederschatze zwei Fragezeichen, und selbst Koch, IV., S. 169) räumt ein: Die vier Lieder scheinen jedenfalls, sei's nun, daß die Kurfürstin sie ursprünglich durchweg mit holländischen Rede- und Ausdrucksweisen vermischt allbereits in deutscher Sprache verfaßt habe, später von einem der Poesie kundigen Deutschen in die Sprachform gebracht worden zu sein, in der sie 1653 dann zum Druck kamen, und in der wir sie jetzt noch haben. Er weist auf den Oberpräsidenten v. Schwerin und auf Christoph Runge hin. Die Behauptung des Magisters Gottfr. Balthasar Scharf in Schweidnitz, Hans (Johann) von Assig (Oßieg) und Siegersdorf, von 1691 (nach Konrad von Troschke auf Koppen) bis zu seinem Tode († 5. Aug. 1694) brandenburgischer Hauptmann, Burg-, Lehns- und Kammeramtsdirektor der Schloßgüter in Schwiebus, habe „Jesus, meine Zuversicht" gedichtet, verdient keinen Glauben. Er wurde am 8. März 1650 in Breslau geboren, dieses Lied aber schon drei Jahre später gedruckt. (Vergl. Knispel, S. 191!)

der, weil er es nicht blos für unschicklich, sondern auch für ungerecht hielt, wenn eine Fürstin ihren Unterthanen die Nahrung entziehe, ein Handelsschiff seiner spekulativen Hausehre zu verbrennen befahl.

Dem Kurfürsten schenkte seine zweite Gemahlin sieben Kinder, von denen ihn vier Söhne und zwei Töchter überlebten. Für deren zeitliches Wohl sorgte die Mutter aufs eifrigste. Ihr Geiz und ihre Herrschsucht lassen sich nicht leugnen; ob und inwieweit aber die Beschuldigung des Volkes, Dorothea habe ihre Stiefkinder durch Gift aus dem Wege schaffen wollen, begründet ist — weiß der ewige Richter allein.

Der hoffnungsvolle Kurprinz Karl Emil starb während des französischen Feldzuges in dem blühenden Alter von 19 Jahren am 28. November 1674 in Straßburg, man sagte: an einem hitzigen Fieber. Sein Bruder Friedrich, zwei Jahre jünger, verwachsen, kränklich und schwächlich, zerfiel mit der Stiefmutter. Um ihren Ränken auszuweichen, begab er sich heimlich zu seiner Tante, der verwittweten Landgräfin Hedwig Sophie, nach Kassel. Darob höchlichst erzürnt und von seiner Gemahlin weiter beeinflußt, beschränkte Friedrich Wilhelm in seinem Testamente seinen ältesten Sohn auf Preußen und das Kurland. Die Hausordnung Albrecht Achills vergaß er ebenso wie Joachim der Erste (Seite 359). 1679 vermählte sich der Thronfolger wider den Willen seiner Stiefmutter mit Elisabet Henriette von Hessen-Kassel. Nach Berlin zurückgekehrt, wohnte er theils hier, theils in Köpenick. Im folgenden Jahre lud ihn Dorothea einmal zu einem Gastmahle. Nach dem Genusse einer Tasse Kaffee überfiel ihn eine heftige Kolik. Man trug ihn für todt in sein Zimmer. Ein Brechpulver, das ihm seine Schwiegermutter in Kassel für alle möglichen Fälle eingehändigt hatte, und das ihm jetzt sein Hofmeister, der spätere Minister Dankelmann, reichte, rettete ihm das Leben. Drei Jahre darauf starb die Kurprinzessin plötzlich im zweiten Wochenbette. — 1684 heiratete Friedrich die schöne und geistreiche Sophie Charlotte von Hannover. Der erste Prinz erreichte nur ein Alter von fünf Monaten (1686), der zweite, von dem sie auf der Reise nach ihrer Vaterstadt in dem Hause eines Dorflehrers zu früh entbunden wurde, kam todt zur Welt (1687). Der Volksglaube schrieb all' diese Unglücksfälle der Kurfürstin Dorothea zu; er nannte sie eine Giftmischerin, die „brandenburgische Agrippina". Der Geschichtsschreiber Gallus (IV., S. 179) bemerkt indeß: Dies sind blos Sagen, vom Hasse erfunden und von der Verleumdung verbreitet, denen es an allen Beweisen fehlt. Ein erfahrener und glaubwürdiger Arzt behauptet vielmehr lange nach dem Tode der Kurfürstin, wo er keine Ursache mehr hatte, die Wahrheit zu verschweigen, daß der Kurprinz, der überhaupt schwächlich war, durch Unverdaulichkeit krank geworden und die Kurprinzessin an einem Fleckfieber gestorben sei." — Genug über diese dunkeln, höchst unerquicklichen Verhältnisse!

Auf die Zwietracht in der kurfürstlichen Familie baute Freidag von Gödens, ein gewandter, schlauer Österreicher, seinen Plan. Das Testament Friedrich Wilhelms, datirt vom 16. Januar 1686, setzte den Kurprinzen zum Erben aller Verlassenschaft ein, sie sei Feudal oder Allodial. Es sollten ihm und seinen männlichen Erben alle Kurfürstenthümer, Herzogthümer und Länder übergeben werden, allein mit der ausdrücklichen Bestimmung, „daß die jüngeren Herren Söhne und zwar 1. der Markgraf Ludwig das Fürstenthum Minden, 2. der Markgraf Philipp Wilhelm das Fürstenthum Halberstadt, Rheinstein und Hohenstein, 3. der Markgraf Albrecht Friedrich die Grafschaft Ravensberg als regierende Herren zugetheilt erhalten und als regierende Fürsten auf Reichs- und Kreistagen sitzen und Stimmen auf der weltlichen Fürstenbank haben, so die Stände dieser Fürstenthümer aber dem Kurfürsten als obersten Regenten, und den Markgrafen als regierenden Fürsten huldigen sollten. Für die beiden jüngsten Söhne, die Markgrafen Karl Philipp und Christian Ludwig, bestimmte das Testament Besitzthümer von geringerem Umfange. Bei Lichte betrachtet, ist diese letztwillige Verordnung schon deshalb eine Thorheit, weil sie wieder zerstreut, was in den heißen Kämpfen vieler Jahre gesammelt worden.

Knispel theilt Seite 71—77 mehrere Urkunden mit, die nähere Bestimmungen hinsichtlich der Übergabe des Kreises Schwiebus an Brandenburg enthalten. Sie erfolgte mit den üblichen Förmlichkeiten am 14. August 1686. Als brandenburgische Kommissarien fungirten: Christoph von Brand, wirkl. Geheimrath und Kanzler in Küstrin; Johann Friedrich Rheez, wirkl. Geheimrath; Ludwig von Brand, Geheimrath und Verweser in Krossen; Scultetus, Hof-, Legations- und Kammerrath, Majirus, kurf. Archivar; — als kaiserliche: Graf Wenzel von Nostitz, Glogauischer Landeshauptmann; Franz Friedrich Pauschner; Freiherr von Schlegenberg, Breslauer Oberamtskanzler; Baron von Neidhardt, kaiserl. Kammerherr; Baron von Frankenberg, kaiserl. Oberamtsrath; Felbiger, Glogauischer Amtssekretär.

Eine Urkunde vom 12. Juni 1686, nach welcher der Kurfürst gegen Rückgabe des Kreises Schwiebus allen sonstigen Ansprüchen auf Schlesien entsagt, ist abgedruckt in Försters Handbuch, III., S. 366—68. Der ganze Akt, auf ewig abgeschlossen, war eigentlich nur ein Schauspiel; denn der Kreis, welchen der Vater jetzt in Besitz nahm, wollte der Sohn seiner Zeit wieder an Österreich zurückgeben. Unter der letzteren Bedingung hatte Freidag von Gödens dem Kurprinzen versprochen: der Wiener Hof werde das für ihn so nachtheilige Testament seines Vaters nicht bestätigen. Der Revers des Thronfolgers lautete:

„Wir Friedrich, Kurprinz von Brandenburg, urkunden und bekennen hiermit: Demnach Kaiserliche Majestät Unseres Herrn Vaters des Kurfürsten zu Brandenburg Friedrich Wilhelms Gnaden bei der nächsthin neu geschlossenen Allianz auf Unser absonderliches bewegliches Nebensuchen und Bitten dem im Herzogthum Schlesien und Fürstenthum Glogau gelegenen Schwiebusischen Kreis lehensweise gnädigst überlassen haben: so verbinden Wir uns hingegen in Kraft dieses Unseres Reverses, geben auch Kaiserl. Maj. hiermit völlige Macht und Gewalt, daß dieselbe nach Unseres Herrn Vaters, Gott gebe noch lange nicht erfolgendem Todesfall, solchen anjetzo obengenanntermaßen überlassenen Schwiebusischen Kreis ohne unser ferneres Zuthun wiederum in Possess (Besitz) nehme und reunire (vereinige), doch daß nach wirklichem Zurückfall Kaiserl. Majestät Dero uns gethanen allergnädigstem Versprechen gemäß, auch gehalten sein sollen, Uns entweder die Fürstl. Schwarzenbergische Herrschaften Neuerstadt und Gimborn zuwege zu bringen und abzutreten, oder aber anstatt derer einhundert Tausend Reichsthaler Spezies in baarem Gelde innerhalb Jahr und Tag abführen zu lassen. Im übrigen hat es bei der zwischen Kaiserl. Majestät und unseres Herrn Vaters Gnaden obenerwähnter geschlossener Allianz (welche Wir hiermit genehm halten und durchgehends approbiren), wie auch bei der darin enthaltenen vollkommenen Renunziation aller und jeder von Unseres Herrn Vaters Gnaden formirten, von derselben aber nie zugestandenen Prätensionen sein unverbrüchliches Bewenden.

Aktum Potsdam, den 28. Februar ꝛc. 1686.

Daß Wir innenvermeldete Reunion und Rückfall des Schwiebusischen Kreises, Allianz und Renunziation durchgehends in allem genehm halten, wird mit dieser Unserer eigenhändigen Schrift, Unterschrift und Petschaft bekräftiget.

Datum wie oben.

(L. S.) Friedrich, Chur-Printz zu Brandenburg.

Während des dreißigjährigen Krieges hatte der Bauernstand sehr gelitten.[1]) Friedrich Wilhelm sorgte deshalb in erster Linie für denselben. Zum weiteren Anbau rief er fleißige Kolonisten nach seinen Landen, Oldenburger nach der Wische, Holländer nach den Brüchen der Havel und Warthe ꝛc. Er befahl, daß Jeder hinter seinem Hause einen Garten anlege, und wer nicht zuvor wenigstens sechs Eichen und sechs Obstbäume gepflanzt hatte, durfte nicht heiraten. Auch sorgte er dafür, daß Zucht und Ordnung im Lande wieder hergestellt werde. Neben arbeite stand bete geschrieben. Darum segnete Gott sein Wirken; Sümpfe schuf man in grüne Wiesen, Öden in fruchtbare Kornfelder um. Aus dem Schutt und der Asche entstanden neue Dörfer. Hut-, Tuch-, Wollen-, Tapeten-, Seidenmanufakturen erblühten im ganzen Staate. Um den Handel und die Gewerbe noch mehr zu fördern, führte der Kurfürst 1658 durch Michael Matthias die Posten ein[2]) und ließ von 1662—68 den Kanal graben, der seinen Namen trägt. Welch' eine Freude war es ihm, nachdem er auf dem Boden desselben ein Mahl gehalten, die Schleusen öffnen und die Gewässer, welche Oder und Elbe verbinden sollten, hineinströmen zu lassen! Bald sah man Breslauer und Hamburger Fahrzeuge einander in Berlin begegnen.

Die Kriegsarbeiten scheinen ihn mehr angetrieben als abgehalten zu haben, der allgemeinen Bildung seine Aufmerksamkeit zuzuwenden. Inmitten der Gefahren stiftete er für seine westlichen Länder die Universität Duisburg, die, weil sie in späterer Zeit fast eben so viele Lehrer als Schüler (50 Studenten) zählte, 1804 aufgehoben wurde. Von seinem Feldlager in Jütland verfügte er die Anstellung des ersten Bibliothekars (Johann Rave) in Berlin. In Frankfurt a. O. gründete er eine Ritterakademie. Am 22. April 1667 unterzeichnete er ein „Gründungspatent für die neue brandenburgische Universität der Völker, Wissenschaften und Künste", das allen Nationen und Sekten, auch Juden, Muhamedanern und Heiden, wenn sie ihre

[1]) Dr. Wedekind bemerkt (Kreischronik, S. 159): „Es ist eine bekannte Thatsache, daß ein Lehnschulzengut im Sternbergischen, welches jetzt (1853) mindestens einen Werth von 10000 Thalern hat, im Jahre 1651 für — einen Käse verkauft wurde." — Warum hat der Verfasser den Ort nicht genannt? Trotz verschiedener Nachfragen ist mir es nicht gelungen, denselben zu ermitteln. Nur bei Mischke (Oberlausitz, Seite 167) fand ich eine ähnliche Notiz: Ein dem Dominium Pfaffendorf gehöriger großer Wald soll zur Zeit einer argen Hungersnoth um sieben Brote an das Dominium Schönbrunn veräußert worden sein.

[2]) Kutschbach, S. 145. Knuth, S. 52. Der erste Postmeister war in Krossen der Stadtschreiber Martin Thielckau. Matthias, S. 262.

Irrthümer für sich behielten und als ehrliche Bürger lebten, in dieser neuen Stadt, dem „Sitz der Musen, Tempel der Wissenschaften, Werkstatt der Künste, Zufluchtsort der Tugend und Königssitz der erhabensten Herrscherin der Welt, der Weisheit," gleiches Bürgerrecht, republikanische Verfassung und ewigen Frieden verhieß. Die Prophezeiung des schwedischen Reichsrathes Benedikt Skytte — er regte diese Idee an — ging nicht in Erfüllung; weder Gelehrte noch Reiche strömten nach der Mark wie nach einem gelobten Lande. — Die Ausbildung der unteren Volksklassen fehlte zwar nicht ganz; doch war sie unzulänglich, um alle Übel, welche die Unwissenheit erzeugt, zu verbannen. Früher nur als Arznei gebraucht, kam der Branntwein in die Stadtkneipen und Dorfkrüge. Die eingewanderten Holländer kannten den Anbau und Gebrauch des Tabaks. Anfangs schämten sich die Brandenburger, das „edle Kraut" zu schmauchen, oder zu trinken, wie sie es nannten. Ein Mohr, so erzählt man, begleitete den Kurfürsten auf der Jagd. Unterwegs war dem Schwarzen ein Bauer behülflich. Aus Dankbarkeit wollte er dem Landmanne einen großen Genuß verschaffen: er reichte ihm eine Pfeife Tabak. Dieser aber wies sie mit den Worten: „Ne, gnädige Herr Düvel, ick freete keen Füer" ohne Weiteres zurück.

Friedrich Wilhelm war ein Mann von natürlicher Einfachheit. In seinem Küchengarten pfropft er das aus der Ferne gebrachte Reis mit eigener Hand. In Potsdam hilft er im Weinberge die Trauben lesen, im Teiche die jungen Karpfen fischen. Wenn er über den Markt geht, kauft er wol ein Paar Nachtigallen, die man feil bietet; denn er liebt Singvögel in seinen Gemächern. Aber in dieser Einfachheit hält er auch auf einen gewissen Glanz in der äußern Erscheinung; gern schmückt er sich mit dem Orden, der ihn von allen seinen Unterthanen unterscheidet. Der damaligen Mode angemessen, trägt er das ins Dunkle fallende Haar in langen Locken, oder auch, besonders in den letzten Jahren, bei feierlichen Gelegenheiten eine Allongeperrücke. Die Adlernase, sowie ein kleiner Stutzbart geben seiner ganzen Gesichtsbildung jenen Ausdruck von Entschlossenheit und Kühnheit, der seinem ritterlichen Wesen so wohl anstand. Wenn er in Preußen oder Geschäfte halber in Polen war, kleidet er sich polnisch. Sonst trug er Kleider mit weiten Ärmeln und großen Aufschlägen, einen sammtnen verschiedenfarbigen Hut mit einer Feder, ein kostbares Wehrgehenk, eine Schärpe von schwarzer und weißer Seide und anfänglich kurze spanische Stiefel mit großen Stulpen, später liebte er sie bis ans Knie gehend.

Für seine Gemahlin verschreibt er den kostbarsten Schmuck aus Paris oder den Niederlanden. Er nimmt es beinahe übel, wenn ihn Jemand an die Kosten, welche eine seiner Liebhabereien verursachen könne, erinnert; denn er lebe nunmehr so, daß ihn Niemand nach seinem Aufwande fragen dürfe. Seine Beschäftigung mit der Alchymie (Goldmacherkunst) entschuldigt er damit, daß er jetzt viel weniger im Spiele verthue. (Die „afrikanische Handelsgesellschaft" konnte ihm nur Goldstaub liefern. Der Schacher mit Sklaven machte ihr keine Ehre.) Hat der Kurfürst einmal den Wunsch geäußert, etwas zu kaufen, so läßt er sich durch die Forderung nicht mehr davon abschrecken. Aus seinen starken Gesichtszügen, welche die Stimmung des Gemüths in einem langen Leben noch mehr ausprägte, leuchtete — wie seine Bildnisse zeigen und wie Die, welche ihn näher kannten, versichern — eine seltene Verbindung von Ernst und Wohlwollen, von Güte und Majestät hervor. Diese Eigenschaften waren ihm keineswegs gleichsam angeboren. Von Natur jähzornig, gerieth er leicht in Aufwallung, und gar Mancher hat seine aufbrausende Hitze empfunden. Dagegen wohnte ihm auch wieder eine gewisse Weichheit des Gemüths inne, die ihn für fremde Einflüsse zugänglich machte. Er besaß einen scharfen Verstand, tiefe Gedanken, reiche Erfahrung; doch ist es vorgekommen, daß er eine Meinung, die er bereits ergriffen hatte, im versammelten Rathe, sobald er sich überzeugte, daß eine andere besser sei, wieder fallen ließ. Seine Grundsätze waren: wohl überlegen, rasch ausführen; wo die Noth vorhanden, da gilt kein Privilegium. Bei ihm half kein Widerstreben, und wenn die Zünfte auch erklärten: „sie würden denen Exekutoribus die Hälse brechen" — die Steuern, welche man sonst „aus Treue und gutem Willen", nicht „aus Pflicht" bewilligt hatte, mußten sie doch zahlen. In Fällen, die er zur gemeinschaftlichen Berathung nicht für geeignet hielt, schrieb und verfügte er Alles eigenhändig. Auf seinen Feldzügen nahm er stets das neue Testament und die Psalmen mit. „Es ist gut, daß man fromm ist, aber man muß auch gerecht sein," antwortete er Denen, die ihn einst durch falsch angebrachte religiöse Beweggründe zu einer ungerechten Handlung verleiten wollten. Zwei Mal, 1661 und 68, lehnte er, um nicht von dem Bekenntnisse, in dem er seiner Seligkeit versichert sei, zu weichen, die polnische Königskrone ab. Unter dem Feldgeschrei: „Mit Gott!" griff er bei Fehrbellin die Schweden an. „Man sieht, daß Gottes Hand mit uns ist!" rief er (1675) nach Eroberung des festen Schlosses zu Wolgast aus. „Herr, thue mir kund den Weg, darauf ich gehen soll!" lautete sein Wahlspruch.

Friedrich Wilhelm hatte sich durch die Beschwerden im Felde die Gicht zugezogen, die ihn seit dem französischen Kriege nicht mehr verließ. Am 17. April 1686 hielt er noch bei Deutsch-Sagar unweit Krossen eine glanzvolle Heerschau über die 8000 Mann, welche er unter dem General Hans Adam von Schöning wiederum dem Kaiser gegen die Türken sandte.[1]) Im Anfange des Jahres 1688 ging die Gicht in Wassersucht über. Bald eröffneten ihm die Ärzte, daß auf Genesung nicht zu rechnen sei. In einer feierlichen Sitzung am 28. April nahm er von den Anwesenden, dem Kurprinzen, den Ministern, den Mitgliedern des Geheimrathes, als Landesvater Abschied. Seine Regierung, gestand er, sei voll gewesen von Mühe und Sorge für ihn und durch die vielen Kriege voll Übel für seine Unterthanen. Gern hätte er die Lasten des Volks vermindert; die Ungunst der Zeit habe es jedoch verwehrt. Alle Welt wisse, wie er den Staat nach dem Tode seines Vaters gefunden und wie er ihn jetzt hinterlasse, in ziemlichem Wohlstande und großem Ansehen, gefürchtet von den Feinden, geachtet bei den Freunden. Seinen Räthen dankte er für die treuen Dienste und forderte sie auf, in derselben Weise seinem Sohne beizustehen. Alle weinten. Nachdem er auch von seiner Familie Abschied genommen und mit den Hofpredigern gebetet hatte, war er bereit zu sterben. „Ein Mal muß geschieden werden, und Einer muß der Erste sein," sagte er gefaßt zu seiner Gemahlin. Am Sonntage Misericordias Domini $\left(\frac{29.\text{ April}}{9.\text{ Mai}}\right)$ früh 9 Uhr, entschlief er sanft mit den Worten: „Christus ist mein, und ich bin sein — Ich weiß, daß mein Erlöser lebt."[2])

---

## Vierzehntes Kapitel.

# Das Land Sternberg unter Friedrich III. (I.) und Friedrich Wilhelm dem Ersten.

In der brandenburgisch-preußischen Geschichte sehen wir öfter, daß der Sohn nicht in die Fußtapfen des Vaters tritt.

Friedrich Wilhelm legte in seinen Abschiedsworten dem Kurprinzen warm ans

[1]) Matthias, Seite 250—51.

[2]) Seine irdische Hülle ruht jetzt im Berliner Dome. „Zur langen Brücke bei dem Schloß, da hält der große Kurfürst hoch zu Roß." Das feierliche Leichenbegängnis fand erst am 12. Sept. statt. Seine Gemahlin Dorothea starb schon den 6. Aug. 1689 in Karlsbad. Ihre Leiche ward nach Berlin gebracht.

Herz, den ererbten Ruhm zu wahren und zu vermehren. Inwieweit er sich diese Mahnung als Richtschnur dienen ließ, werden wir sehr bald sehen.

Das Testament seines Vaters wurde kassirt. Der Kaiser erinnerte ihn nicht sofort an die Rückgabe des Schwiebuser Kreises. Er bedurfte sowol seiner Stimme bei der Wahl Josephs des Ersten zum römischen Könige, als auch seines Heeres in dem Feldzuge, den er gegen die Türken eröffnete. Friedrich unterstützte jene Wahl (9. September 1689) und stellte nach einem Vertrage vom 24. Dezember 1690 ein Hülfskorps von 6000 Mann unter dem General Johann Albrecht von Barfus zu dem bezeichneten Kriege. Die wesentlichen Artikel des Vertrages lauteten: 1. Der Kaiser verspricht nach Ausgang des Feldzuges dem Kurfürsten 150 000 Thaler zu zahlen. 2. Die Truppen stehen unter dem Oberbefehle des kaiserlichen höchsten Feldherrn in Ungarn und werden sich dem Ruhme der brandenburgischen Tapferkeit gemäß bezeigen. 3. Der brandenburgische Feldherr soll dem Kriegsrathe beiwohnen und in allen Fällen der Hülfsvölker Richter sein. 4. Die Türken, welche die Hülfsvölker zu Gefangenen machen, gehören ihnen zu, so auch die Beute und die Kanonen, welche unter achtzehn Pfund schießen.[1]) 5. Wenn dem eigenen Lande Gefahr droht, kann der Kurfürst seine Truppen zurückrufen.

„Wie Brandenburger" fochten dieselben am 19. August 1691 in der siegreichen Schlacht bei Salankement; von des Kaisers Dankbarkeit zeigte sich aber keine Spur. Mit Ungestüm forderte er vielmehr den Schwiebuser Kreis. Es kam zu öffentlichen Erklärungen. Seine Minister sprachen Friedrich von jeder Verpflichtung, die er als Kurprinz eingegangen sei, frei. Ihm habe damals weder das Recht noch die Macht zugestanden, über die Provinzen des Staates zu verfügen. Sie betonten außerdem, „daß dieser Revers allen Hausverträgen entgegen, wie nicht minder wegen dabei vorgefallenen Umständen und Ränken weder in natürlichen Rechten noch Gesetzen vor verbindlich geachtet werden möchte." Hierauf legte der Kurfürst die feierliche Erklärung nieder: „Ich muß, will und werde mein Wort halten; das Recht aber an Schlesien auszuführen, will ich meinen Nachkommen überlassen; sie werden schon wissen und erfahren, was sie desfalls dereinst zu thun und zu lassen haben."

[1]) Am 29. Oktober 1690 wurde der Bediente des Lieutenants Pleschwitz, ein siebzehnjähriger Türke, den er aus Ungarn mitgebracht hatte, von dem Inspektor König in Züllichau getauft und Ernst Christian genannt. Er blieb jedoch seinem Herrn nicht treu, „sondern echappirte mit dem Pferde, als ihn derselbe mit zu Felde nehmen wollte." (Wilke, Seite 175.)

Die Verhandlungen über die Rückgabe des Kreises zogen sich mehrere Jahre hin, und der zweideutige Geheimrath Freidag von Gödens fand Gelegenheit, sein Diplomatentalent weiter zu entwickeln. Er schloß am 6. März 1693 in Berlin einen neuen Vertrag, 6000 Mann Hülfsvölker zum Türkenkriege betreffend. Der General von Brand zog sie in Krossen zusammen, und der Kurfürst musterte dieselben, um sie den kaiserlichen Bevollmächtigten zu übergeben. Von diesen erschien jedoch nach längerer Zögerung nur der Graf von Schaffgotsch. Die schriftliche Versicherung Leopolds des Ersten (nach dem zuletzt genannten Vertrage sollte der Kurfürst als Entschädigung für die im Interesse des Reiches im Kriege gegen die Schweden aufgewendeten Kosten die Anwartschaft auf Ostfriesland und Limburg in Franken erhalten) brachte er selbstverständlich nicht.

Der leeren Versprechungen müde, war Friedrich schon willens, seine Truppen zu entlassen; die Beredsamkeit des Österreichers verhinderte aber die Ausführung dieses Entschlusses. Über ihre Kriegsthaten bis zum Karlowitzer Frieden (26. Jan. 1699) Näheres zu berichten, liegt der Geschichte des Landes Sternberg zu fern.

Ende des Jahres 1694 drohte der Kaiser allen Ernstes, den Kreis Schwiebus durch militärische Gewalt zu nehmen. Es kam nunmehr ein Vertrag zu Stande. Von den betreffenden Urkunden theil' ich folgende mit:

„Nachdem die römisch Kaiserliche, auch zu Ungarn und Böhmen Königliche Majestät bei Sr. Kurfürstlichen Durchlauchtigkeit zu Brandenburg wegen Retradition des Schwiebusischen Kreises, welche dieselbe vermöge eines gewissen Reverses von diesem versprochen, Erinnerung thun lassen, Seine Kurf. Durchlaucht sich auch willig dazu erklärt, als ist zwischen beiderseits dazu bevollmächtigten unten benannten Ministern und Räthen abgeredet und verglichen worden, daß auf den 31. Dzbr. 1694 (10. Januar 1695) bei Erfüllung der verabredeten und von Ihrer Kaiserlichen Majestät gnädigst bewilligten Gegenpostulationen besagter Schwiebuser Kreis an Ihre Kaiserliche Majestät in den Stand, wie solcher anno 1686 Dero Herrn Vater Kurf. Durchlaucht Christmildesten Andenkens tradirt und cedirt worden, wieder abgetreten, die Stände und Unterthanen ihrer bisherigen Pflichten entlassen und zu solchem Ende Spezialkommissarien ernannt, auch alle bisher in Händen gehabte Zessionen und Briefschaften, welche diesen Kreis angehen, wieder extradiret, auch die Gefälle von jetzt bevorstehendem Quartal Luciä anzurechnen für Ihre Kaiserliche

Majestät erhoben werden sollen. Was die ergangenen Rechtshändel, gefällte Sentenzen und ertheilte Abschiede betrifft, bleiben selbige in ihrer rechtlichen Kraft, unabgethanene Sachen aber werden, wie vor diesem, apud judicem competentem und in foro ordinario [vor dem kompetenten Richter -- vor dem gewöhnlichen Gerichte] abgethan und einem Jeden unparteiische Justiz administriret, und weil Seine Kurf. Durchlaucht keinen Theil an dem Schwiebuser Kreise mehr haben werden, als wollen Sie sich auch des bishero geführten Titels von Schwiebus sowol für sich, als Ihre Successores [Nachfolger], Herren Gebrüder und Vettern begeben und selbigen nicht mehr gebrauchen, dahingegen versprechen Ihro Kaiserliche Majestät, daß Sie Seiner Kurf. Durchlaucht und deren Successores den Titel eines Herzogs in Preußen auf allen Kanzeleien [jedoch ohne Präjudiz des deutschen Ordens] sofort ertheilen lassen wollen. Zu Urkund dessen 2c. So geschehen und gegeben zu Kölln an der Spree den 10./20. Dezbr. 1694. G. von Kolowrath. F. von Meindert. Paul von Fuchs. E. von Dankelmann."

Die Summe von 255 000 Gulden, welche dem Kurfürsten als Entschädigung gezahlt wurde, ist zwar in der Verzichturkunde nicht genannt; wir kennen sie aber aus dem Empfangsscheine, den der brandenburgische Bevollmächtigte Gottfried von Schmettau darüber ausstellte: „Daß mir Endesunterschriebenem zur Reluirung des Schwiebusischen Creyses aus einem hochlöblichen Herren Fürsten und Stände General-Steueramt, als den 8. und 23. Dec. des verlittenen 1693. Jahres 212 900, den 11. Oct. 22 000 und endlich den 20. Nov. 3000 Fl. Also zusammen 255 000 Gulden Rhein. in Currenten Gelde baar und richtig seynd, zugezahlt und bezahlt worden, thue hiermit bester Maaßen quittiren. Breßlau, den 25. Nov. 1694. Gottfried von Schmettau." Der Kurfürst stellte nun eine eigenhändige Verzichtleistung aus, in der er sich zwar nicht mehr Herr von Schwiebus, aber — was mit größerem Nachdrucke später geltend gemacht wurde — „in Schlesien und zu Krossen Herzog" nannte. Gegen diesen Titel erhob Österreich keinen Einspruch.

„Wir Friedrich der Dritte von Gottes Gnaden Markgraf zu Brandenburg, des heil. römischen Reiches Erzkämmerer und Kurfürst in Preußen, zu Magdeburg, Kleve, Jülich, Berg, Stettin, Pommern, der Kassuben und Wenden, auch in Schlesien und zu Krossen Herzog, Burggraf zu Nürnberg, Fürst zu Halberstadt, Minden und Kamin, Graf zu Hohenzollern, der Mark, zu Ravensberg und Ravenstein und der

Lande Lauenburg und Bütow ꝛc. Urkunden und bekennen hiermit gegen männiglich, absonderlich denen es zu wissen nöthig, wes Gestalt Wir Uns mit Ihrer röm. Kaiserl. Majestät kraft eines sub dato den 10./20. Dezbr. dies laufenden Jahres aufgerichteten Rezesses dahin verglichen und versprochen, Denselben des Unsers in Gott ruhenden Herrn Vaters Gd. hiebevor a. 1686 cedirten Schwiebusischen Kreis hinwiederum zu überlassen und abzutreten. — Wenn wir dann zu solcher Retradition Unsere wirklichen Geheimen und Geheimen Kriegs- und Kammerräthe, Lehnsdirektoren und neumärkischen Kanzler Paul von Fuchs, Ludwig von Brand, Friedrich Bogisl. Freiherrn von Dobrzensky und Dobrczeniec und Joachim Skultetus sammt und sonders autorisirt und bevollmächtigt, dieselben auch zu dem Ende mit einer absonderlichen Instruktion versehen, als geloben und versprechen Wir hiermit und kraft dieses bei Unserem Kurfürstl. Wort und Glauben, daß Wir dasjenige, was jetzt gedachte Unsere Räthe und Kommissarien sammt und sonders sothaner Instruktion gemäß verrichten, thun und handeln werden, jederzeit genehm, fest und unverbrüchlich halten, solchem nicht kontraveniren, noch den Unsrigen dergleichen verstatten, die Kommissarien dabei allezeit vertreten und schadlos halten wollen, Alles getreulich und sonder Gefährde. Dessen zu Urkund haben Wir diese Vollmacht eigenhändig unterschrieben und mit Unserem Insiegel bedrucken lassen. So geschehen und gegeben zu Kölln an der Spree, den 24. Dzbr. 1694."

Diese Bevollmächtigten übergaben daher das Land an Österreich. Der Schluß der betreffenden Urkunde lautet: „Zu Urkund dieses also wirklich geschehenen Retraditionsaktus ist gegenwärtiges Bescheinigungsinstrument zu Papier gesetzt und unter vorbenannten kurfürstl. bevollmächtigten Kommissarien Handunterschriften und vorgedruckten Insiegeln verfertigt und der hierzu verordneten Hochlöblichen Kaiserlichen Kommission zugestellt, auch den Landständen zu ihrer Nachricht im Publikum ab- und vorgelesen worden. So geschehen und gegeben in der Stadt Schwiebus auf offenem Kreistage den 31. Dzbr. 1694 [10. Januar 1695]."

Unter brandenburgischer Herrschaft genossen selbstverständlich die Evangelischen volle Religionsfreiheit. Daß 1686 ihre Herzen freudig schlugen, darf wol kaum gesagt werden. Schon am 18. August ließ Kilian von Sommerfeld in Wilkau auf seinem adligen Hofe durch einen Studiosus Simon Johann Arnold — später, von 1695—1710, Oberpfarrer in Sonnenburg — eine evangelische Predigt halten.[1]) Am Neujahrstage 1687 verkündigte das Wort des Herrn der Inspektor Magister Kaspar König aus Züllichau auf dem Rathhause. Er empfahl gelegentlich der lutherischen Gemeinde seinen Stiefsohn, Peter Ernst Livius, Rektor in Landsberg a. W. Dessen Probepredigt am Sonntage Jubilate gefiel. Den 14. Mai zum evangelischen Pfarrer berufen, wurde er am 1. Juli in Küstrin ordinirt und am 8. Sonntage nach Trinitatis in sein neues Amt eingeführt. Mit Ausnahme des Stadtschreibers Gottfried Dreher bestand damals der ganze Rath aus Katholiken. Doch schon 1688 folgte dem Bürgermeister Theodor von Sommerfeld sein evangelischer Schwiegersohn Jakob Rudolph. Fünf seiner Glaubensgenossen fungirten als Gerichtsassessoren. Auch gründete die Gemeinde eine Schule und berief den Kantor Georg Schmidt aus Sonnenburg. Das Küsteramt verwaltete der Bürger und Tuchmacher Friedrich Schneider. Kurfürstliche Kommissarien wiesen am 15. Juli 1690 einen Platz zur Erbauung des Gotteshauses an; der Verweser in Krossen Ludwig von Brand legte am 30. Juni 1691 den Grundstein zu demselben, und am 2. Sonntage nach Trinitatis 1692 hielt Livius eine öffentliche Predigt auf der neuen Kirchstelle. Benachbarte Gemeinden und Gutsbesitzer leisteten bereitwillig Fuhren oder schenkten Bauholz. Am 6. Sonntage nach Trinitatis [18. Juli] 1694 konnte die Einweihung des Gotteshauses stattfinden.

Die römischen Geistlichen in Paradies wollten den Evangelischen in Liebenau, Neudörfel, Rinnersdorf und Leimnitz die Taufe, das Abendmahl, überhaupt die Ausübung der Religion nach den Vorschriften ihres Glaubens nicht gestatten. Ein Kurfürstliches Reskript vom 16. Novbr. 1686 beseitigte diese Beschwerden. Leider enthielt es den Zusatz, daß die Stolgebühren nach wie vor an die katholischen Priester zu entrichten seien. Die Einwohner von Rinnersdorf, damals fast alle lutherisch, nahmen beständig am Gottesdienste in Schwiebus Theil. Die meisten adligen Herren beriefen wieder evangelische Prediger. In einem Verzeichnisse vom Pfarrer Livius [14. Juni 1694] werden genannt: Elias Haber für Stentsch und Kleindammer;

[1]) Knispel irrt, wenn er Seite 156 bemerkt, Arnold sei „der reformirten Religion zugethan gewesen“. Vergl. Ehrhardt, Glogau, S. 459. Note o. Er schrieb seitenlange Berichte über Welthändel, auch über auswärtige, in das Sonnenburger Kirchenbuch. Seine Schrift: „Clerus Sonnenburgensis“ konnte ich nirgends erhalten.

Georg Löber für Muschten; Melchior Pirscher für Oggerschütz und Koppen; Samuel Crusius für Schmarse; Samuel Martini für Walmersdorf und Keltschen; Samuel Schmidt für Merzdorf und Jehser; Laurentius Reiche für Wilkau und Möstchen; Christoph Finke für Mühlbock; Georg Finke für Steinbach und Niedewitz. Nach einer Beschwerde der römischen Geistlichen bei dem kurfürstlichen Hofe wider die Landstände sollten zu jener Zeit im Schwiebuser Kreise 12 000 Katholiken wohnen; höchst wahrscheinlich ist diese Zahl arg übertrieben; denn in der Antwort heißt es: falls es zur Untersuchung käme, würde man finden, daß nicht 30 angesessene Personen katholischer Religion auf allen Dörfern zu finden seien. Nur zwei Geistliche blieben in den adligen Ortschaften zurück. Die anderen waren entweder gestorben, oder sie übergaben freiwillig den Patronen die Schlüssel.

Der Sohn und Nachfolger des großen Kurfürsten strebte vor allen Dingen nach der Königskrone. Dazu bedurfte er des deutschen Kaisers. Kein Wunder, daß er sich verpflichtete, den Schwiebuser Kreis wieder an Österreich abzutreten! Stadt und Land erhielten zwar in Folge ihrer Vorstellungen von ihm, überdies in den gnädigsten Ausdrücken, die schriftliche Versicherung, „daß ihnen das freie Religionsexerzitium konserviret werden sollte.“ Die nächsten Jahre lehrten jedoch das Gegentheil.

Seit der Rückgabe dieses Kreises standen die Protestanten wie auf einem feuerspeienden Berge, der jeden Augenblick auszubrechen droht. Geraume Zeit verstrich in bangen Befürchtungen. In demselben Jahre (1701), da Friedrich sich in Königsberg eigenhändig die Krone aufsetzte, elf Tage vor seinem pomphaften Einzuge in Berlin, wurde die evangelische (Friedrichs-) Kirche in Schwiebus abermals versiegelt. Am 25. April, Montag nach Kantate, vollzogen den Akt die kaiserlichen Kommissarien: Oberamtsrath Graf von Schlegenberg und Assistenzrath Graf von Mykrowsky. Gegenwärtig waren außerdem drei katholische Rathmänner und der oben genannte Theodor von Sommerfeld. Bei der großen Hauptthür angekommen, sprach letzterer zu seinem Eidam, dem Bürgermeister Gottfried Dreher: „Herr Sohn, vollziehe er seinen Befehl!“ Dieser, evangelischen Glaubens, erwiderte: „Nein, das läßt mein Gewissen nicht zu!“ Auch an der anderen beharrte er bei seiner Weigerung, worauf ihm der edle Schwiegervater die tröstenden Worte zurief: „Nun, so kostet es ihm sein Hab und Gut!“ — „Darnach frag' ich nicht!“ entgegnete

80*

Dreher, wandte den Rücken und eilte nach Hause. Will ihm deshalb Jemand einen Stein nachwerfen? Wo Gewalt für Recht geht, da hat das Recht keine Gewalt.

Unterstützt von einem Diener der kaiserlichen Kommissarien, nahm Herr von Sommerfeld selbst die Versiegelung vor. Dreher ward seines Amtes entsetzt. Der Prediger Livius und der Kantor Dumpfius (Dumpf, Schmidts Nachfolger) mußten binnen vierzehn Tagen die Stadt verlassen. Ersterer wandte sich zunächst nach Züllichau. Begleitet von einer großen Menge Volks hielt er am 3. Mai in der Nähe von Kutschlau seine Abschiedsrede über Amos 8, 11: „Siehe, es kommt die Zeit, da ich einen Hunger ins Land schicken werde ꝛc.“ Wer zählt die Thränen, welche man hier und in den Dörfern, die ein gleiches Mißgeschick traf, vergoß? Eine duldsame Regierung hätte sie ihren Unterthanen nimmer ausgepreßt. Mehr über die unsäglichen Leiden evangelischer Gemeinden in Schlesien bietet u. a. Worbs.[1])

Hätte der Kurfürst Friedrich der Dritte, wie Professor Dr. Spieker behauptet,[2]) während seiner ganzen Regierung auch den Sieg des Protestantismus über den Katholizismus verfolgt, so mußte er bei Rückgabe des Schwiebuser Kreises auch die Religionsfreiheit der Evangelischen für immer kräftig wahren. Dies geschah nicht. Livius wurde später erster Pfarrer zu Angermünde in der Uckermark und Dumpfius Kantor in Karge (Unruhstadt).

Drei Mal öffneten sich die verschlossenen Kirchthüren in Schwiebus, nicht durch ein Wunder, sondern weil die Mauern des baufälligen Gebäudes wankten. Endlich wollte kein Verschließen mehr helfen. Man konnte durch die Risse einsteigen. Öfter, besonders zur Zeit der Heuschreckenbetstunden, benutzten die Evangelischen diesen allerdings unbequemen Weg und verrichteten trotz der Warnung des Propstes Bögner ihre Andacht in dem alten lieben Heiligthume.

Im Jahre 1700 entstand ein Krieg zwischen Schweden einer, sowie Dänemark, Rußland und Polen anderer Seits. Hier hatte August der Starke von Sachsen, nachdem er den evangelischen Glauben abgeschworen (23. Mai, 2. Juni 1697 zu Wien [?] [3]), die Krone erlangt.

Der Schwedenkönig Karl der Zwölfte, tapfer und fromm wie sein Ahnherr

[1]) Die Rechte der evangelischen Gemeinden, Seite 119—193.

[2]) Frankfurt, Seite 252.

[3]) Dr. Böttiger, Sachsen, II., S. 190—92. v. Baczko bei Ersch und Gruber, I., S. 377—79.

Gustav Adolf, stattete ihm einen unliebsamen Besuch ab. In Schlesien schaute er das Elend, welches durch die Glaubensverfolgung entstanden war, mit eigenen Augen. Er glich nicht Denen, welche Bittende gern mit süßen Worten vertröstten, ihre heiligen Zusicherungen aber nach wenigen Stunden schon wieder vergessen. In den spanischen Erbfolgekrieg verwickelt, hatte Kaiser Joseph der Erste alle Ursache, des nordischen Herrschers möglichst zu schonen. Er ließ sich deshalb bewegen, in der zu Alt-Ranstädt, einem Dorfe zwischen Leipzig und Merseburg, am 11. (22.) August 1707 abgeschlossenen Konvention (Übereinkunft) den Protestanten erhebliche Zugeständnisse zu machen.[1]) Alle Kirchen, welche man ihnen in den Fürstenthümern Liegnitz, Brieg, Wohlau, Münsterberg, Öls und in der Stadt Breslau seit dem westfälischen Frieden entrissen hatte, sollten sie wieder zurück-, auch Zutritt zu öffentlichen Ämtern erhalten; ferner nicht gezwungen werden, dem katholischen Gottesdienste beizuwohnen rc. Joseph erfüllte seine Zusage treulich. Er hätte vielleicht noch mehr gethan; denn er erwiderte dem päpstlichen Nuntius: „Ich weiß nicht, was geschehen würde, wenn Karl darauf bestände, daß ich selbst lutherisch werden sollte.“[2])

Man räumte den Protestanten wieder 118 Gotteshäuser ein; ja der Kaiser erlaubte gegen ein Geschenk von 90000 Gulden und ein Darlehn von 250000 die Erbauung von sechs neuen evangelischen (Gnaden-) Kirchen in Freistadt, Sagan, Hirschberg, Landeshut, Militsch und Teschen.

Aus der Alt-Ranstädter Konvention zogen leider die Evangelischen im Kreise Schwiebus keinen erheblichen Gewinn. Es ging auch hier, wie es häufig geschieht: Der Eifer der „Streber“ suchte die Früchte möglichst zu verkümmern. Obgleich sich ein begüterter Kaufmann Martin Tiebel erbot, die baufällige lutherische Kirche, um ihren gänzlichen Einsturz zu verhindern, auf eigene Kosten repariren zu lassen, so ward sein freundliches Anerbieten doch abgeschlagen. Ein katholischer Urgroßvater oder eine Urgroßmutter mußte oft den Vorwand bieten, Greisen und Matronen den Katholizismus aufzuzwingen. Das Gesuch um freie Religionsübung, selbst von dem katholischen Bürgermeister Langer und den vier Rathmännern aufs wärmste unterstützt, ließ Kaiser Karl der Sechste (1723 — sein Bruder Joseph der Erste war am 17. April 1711 an den Pocken gestorben —) unberücksichtigt.

[1]) Text der Konvention lateinisch bei Worbs, S. 333—36. Deutsch bei Hensel, S. 503.
[2]) Worbs, Seite 200.

In Ausbreitung ihres Glaubens scheinen die Geistlichen des Klosters Paradies am eifrigsten gewesen zu sein. Ihnen, in erster Linie dem dicken Pater Wilhelm, gebührt das Verdienst, fast alle Einwohner von Leimnitz, Neudörfel, Lugau und Rinnersdorf in den Schoß der heiligen Mutter Kirche zurückgeführt zu haben. In Leimnitz, wo 1710 mit dem Schulzen der Anfang gemacht wurde, reizte eine Tonne Bier Viele zur Nachfolge. Diese Notiz, der Chronik von Knispel (S. 174—175) entlehnt, klingt freilich etwas fabelhaft. Wenn jedoch nach einem Sprüchworte (in vino veritas) im Weine Wahrheit liegt, warum nicht auch im Biere?[1])

Bei den Bewohnern von Gräditz und Oppelwitz scheiterten die Bekehrungsversuche. Es scheinen dort keine durstigen Seelen gewesen zu sein.

Mit dem Ende des Jahres 1740 trat endlich sowol auf politischem wie auf religiösem Gebiete ein erfreulicher Wendepunkt ein. Darüber im fünfzehnten Kapitel.

Unstreitig legte Friedrich Wilhelm der Große zu Allem, was Preußen in den letzten Jahrhunderten mächtig gemacht hat, den Grund; er verspürte aber nicht die geringste Neigung, sich mit neuen Titeln und Würden zu bekleiden; im Gegentheil lehnte er, da Ludwig der Vierzehnte von Frankreich nach dem Frieden von St. Germain ihn aufmunterte, das Kurfürstenthum zu einem Königreiche zu erheben, den Antrag ab.

Anders wie er, dachte sein Sohn. Als 1689 Wilhelm von Oranien die englische und acht Jahre später August von Sachsen die polnische Königskrone erworben hatten, ließ er die Unterhandlungen, welche er in Wien schon früher anknüpfte, desto nachdrücklicher betreiben. Angeblich beseitigte ein Jesuit, der Pater Wolff, (Baron von Lüdinghausen), da ihm der Geheime Rath Bartholdi 200000 Gulden zukommen ließ, alle Bedenken des Kaisers. Besonders fiel aber auch der Tod des spanischen Königs Karl des Zweiten — er starb trotz seiner 24 Leibärzte am 1. Novbr. 1700 zu Madrid — ins Gewicht. In seinem Testamente setzte er Philipp von Anjou, den Enkel des oben erwähnten Ludwig, zum Erben ein.

[1]) Als 1705 die Schweden bei dem Kloster Paradies lagerten, entdeckten die Soldaten das Bild Luthers an einem unsauberen Orte. Sie meldeten Dies ihren Offizieren. Bei den weiteren Nachforschungen fiel ohne Zweifel der meiste Verdacht auf den Pater Wilhelm; wenigstens wurde er genöthigt, das Bild des Reformators sammt dem Teufel, der ihn an einer Kette hielt, hinunterzuschlucken. Von einem alten Bürger befragt, behauptete er freilich, es sei nicht das Bild Luthers, sondern der Stadt Augsburg gewesen. Knispel, Seite 175.

Leopold, mit Karl aus einem Hause, dem habsburgischen, stammend, glaubte ein näheres Recht auf Spanien zu haben, als die französische Sonne. Schon am 16. Novbr. schloß Österreich mit Brandenburg einen Kronvertrag, nach welchem das letztere u. a. während des bevorstehenden Krieges 8000 Hülfstruppen auf eigene Kosten stellen wollte.

Über die Vorbereitungen zur Krönung und über die glanzvolle Feier selbst theil' ich nur das für unsere Zwecke zunächst Liegende und einige besonders charakteristische Züge mit. Die Kurfürstin Sophie Charlotte fuhr ihr galanter Schwager Markgraf Albrecht Friedrich, der Herrenmeister zu Sonnenburg, in eigener Person trotz Frost und Unwetter — die Reise nach Königsberg dauerte vom 17. bis 29. Dezember — vom hohen Bock herab die Zügel führend, in gesticktem Sammetrocke, mächtiger Perrücke und seidenen Strümpfen. — König in Preußen nannte sich Friedrich zunächst, weil durch den neuen Titel in dem Verhältnisse seines Staates zum deutschen Reiche Nichts geändert werden sollte, sodann weil er nicht ganz Preußen, sondern nur den östlichen Theil desselben besaß.[1]) Während des Weihnachtsfestes wurde in allen Kirchen des Landes gebetet, Gott möge die Reise des Monarchen segnen. Er selbst hatte die Texte für die Predigten gewählt; Vormittags Psalm 89, 21. 22; Nachmittags Daniel 2, 20. 21. Beim heiligen Abendmahle in der Schloßkirche theilte der reformirte Bischof von Bär die Hostien, der lutherische von Sanden den Kelch aus. Der neue König wünschte nämlich eine Union (Vereinigung) dieser Kirchen. Bei der Rückkehr aus dem Gotteshause nach dem Schlosse warf der Geheime Kammerdiener Hofrath Stosch vom Pferde herab für 10000 Thlr. goldene und silberne Krönungsmünzen unter die Zuschauer. Sie trugen die Umschrift: Prima meae gentis ex me mea nata corona (Meine von mir geschaffene Krone, die erste für mein Geschlecht). Auch das rothe Tuch überließ man dem Volke. Um 2 Uhr fand das Krönungsbankett im moskowitischen Saale bei verhängten Fenstern und angezündeten Kerzen statt. Der König und seine Gemahlin saßen unter Thronhimmeln in der Mitte, zur Rechten der Kronprinz und der Markgraf Albrecht, zur Linken die Herzogin von Kurland und der Markgraf Christian. Hinter Friedrichs Stuhle standen die Reichsräthe und andere hohe Beamte; hinter Sophie Charlotte die Herzogin von Holstein und die Hofdamen. Siebenundzwanzig Kammerjunker, sämmtliche Oberst-

[1]) Als Friedrich der Zweite bei der ersten Theilung Polens 1772 auch Westpreußen erhielt, nannte er sich König **von** Preußen. Manso, Geschichte des preuß. Staates, I., S. 36.

lieutenants und Hauptleute bedienten die Tafel. Nach spanischer Sitte ging ein jeder der goldenen Teller, bevor er den Majestäten vorgesetzt wurde, durch zehn Hände; auch feuerten bei einem Toast draußen die Kanonen.

Nachdem die königlichen Majestäten sich erhoben hatten, wurden „die Minister, Kavaliere, Stände, Kollegia und Corpora an (20) unterschiedlichen Tafeln magnific [herrlich] gastiret."

Einen ganzen Ochsen, auf einem freien Platze am Spieße gebraten und mit Schafen, Rehen, Hasen, Hühnern ꝛc. „als Zeichen von Sr. Majestät sich über Alles erstreckenden Herrschaft" gefüllt, gab man dem jubelnden Volke preis. Zu beiden Seiten desselben befanden sich künstliche Brunnen, aus denen der schwarze preußische Adler weißen, der rothe brandenburgische aber rothen Wein an die durstige Menge reichlich spendete. „Der, so des Ochsen Kopf erbeutet, worüber er einige Schnitte bekommen, ist von Ihrer Majestät mit Geld beschenkt worden."

Selbstverständlich hatten die Bewohner von Königsberg ihre Stadt glänzend erleuchtet und mit Tannenzweigen geschmückt. Unter dem Geläute aller Glocken fuhr Friedrich um 7 Uhr mit dem ganzen Hofe in 60 Kutschen durch die Straßen und besah „mit sonderlichem Vergnügen die schönen Emblemata [Sinnbilder mit Überschriften] vor den Häusern."

Das große Werk war vollendet und in bester Ordnung, dem vorgeschriebenen Zeremoniel gemäß, vorübergegangen. Der Monarch durfte mit Zufriedenheit auf den Tag zurückblicken. Nur ein Moment hatte bei ihm ein unangenehmes Gefühl erweckt. Als ihm nämlich Sophie Charlotte auf ihrem goldenen Throne gegenüber saß und die Handlung sich etwas in die Länge zu dehnen schien, benutzte sie einen Augenblick, in welchem sie sich unbeachtet glaubte, um aus der zierlichen Dose, die sie jüngst von dem russischen Kaiser gegen die ihrige eingetauscht, eine Prise zu nehmen. Für eine solche hatte das Zeremoniel Nichts vorgesehen. Ein strafender Blick schoß deshalb unverzüglich zur Königin hinüber, und ein Kammerdiener, den der Herr Gemahl zu ihr sandte, mußte sie an die Gesetze des Tages erinnern. Noch mehr hätte jedenfalls der gravitätische Herr, der sich behufs der Kopfsteuer 1693 auf 1000 Thaler, nunmehr aber auf das Vierfache schätzte, gezürnt, wenn ihm eine Äußerung der hochgebildeten Sophie Charlotte, die ihr Friedrich der Zweite in den Mund legt, zu Ohren gekommen wäre: „es sei zum Verzweifeln, ihrem

Äsop[1]) gegenüber die Theaterkönigin zu spielen". An Leibnitz schrieb sie um die Zeit: „Glaubt nicht, daß ich diese Herrlichkeiten und diese Kronen, von denen man hier so viel Aufhebens macht, dem Reize der philosophischen Unterhaltung, welche wir zu Lützenburg gehabt haben, vorziehe."

Am 19. Januar war Präsentation und Handkuß, Vormittags für alle Hoffähigen, Nachmittags für die Fremden und Gesandten.

Jedem Verhafteten im Reiche, Schuldner, absichtliche Todtschläger und Beleidiger göttlicher und menschlicher Majestät ausgenommen, schenkte Friedrich die Freiheit; 1000 Thlr. bestimmte er für die Armen in Königsberg und 10 000 zur Erbauung zweier Waisenhäuser hier und in Berlin. Nur Einer, der überdies dem oft rathlosen Herrscher große Dienste geleistet hatte, blieb in freudloser Gefangenschaft — Eberhard von Danckelmann. Erst unter dem Nachfolger erhielt er die Freiheit und (statt 2000) 10 000 Thlr. Pension, keineswegs aber seine ohne Prozeß konfiszirten Güter.

Feste und Lustbarkeiten, Hetzjagden und Feuerwerke wechselten bunt und reich bis Ende Februar mit einander ab. Juden und Christen priesen in ihren Anreden und Predigten den neuen König als einen zweiten Salomo. Am 8. März traten die Majestäten die Rückreise nach Berlin an, aber nicht in der Stille, wie sie gekommen waren. Noch ein Mal bot man vielmehr Alles auf, um das letzte Schauspiel dem vorangegangenen möglichst würdig anzureihen. Der pomphafte Zug bewegte sich durch alle drei Theile Königsbergs — Altstadt, Löbenicht und Kneiphof. — In jeder hatte man eine besondere reichgeschmückte Ehrenpforte errichtet. Die Bürgerschaft stand in allen Straßen im Gewehr; Plätze und Häuser waren rings mit Tannenzweigen und den mannigfaltigsten Bildwerken geschmückt. Die Glocken läuteten, die Kanonen donnerten; von allen Thürmen erscholl feierliche Musik, als König Friedrich der Erste die Hauptstadt verließ. Am 17. März gelangte er bei Berlin

[1]) Äsopus (Äsop) war nach der einzig glaubwürdigen Nachricht des Herodot, II., S. 134, Sklave des Jadmon in Samos zur Zeit des Königs Amasis, also um die Mitte des 6. Jahrhunderts v. Chr. Angeblich starb er in Delphi eines gewaltsamen Todes. Der „Vater der Fabeldichtung" ward mit einem reichen Sagenkreise umgeben. Man ließ ihn mit dem reichen Könige Krösus und den sieben Weisen Griechenlands zusammenkommen. In Athen, dem Mittelpunkte des Witzes und der „Gescheutigkeit" mußte der witzige Dichter natürlich auch gewesen sein. Von Gestalt dachte man sich ihn höckerig und verwachsen; denn den von Natur Vernachlässigten pflegt ja bekanntlich zumeist der Stachel beißenden Mutterwitzes gegeben zu sein. Handbuch der klassischen Alterthumswissenschaften von Dr. Iwan Müller, VII., Seite 105–6.

an und begab sich, damit man hier alle Vorbereitungen zum Empfange vollenden und der ganze Hof sich gehörig sammeln könne, nach Potsdam und später nach Schönhausen, seine Gemahlin aber nach Lützenburg (jetzt Charlottenburg). Am 6. Mai erfolgte durch die St. Georgenstraße, die seitdem die Königsstraße hieß, der Einzug. Erst nach sechs Monaten, am 22. Juni, wurde in jedem Dorfe und in jeder Stadt die Krönungsfeier mit einem Dank-, Buß- und Bettage geschlossen. Zu desto stärkerem Beweise, daß er Gott einzig und allein Alles zuschreibe, hatte der König die merkwürdigen Worte Davids zu erklären verordnet: „Alle Menschen, die es sehen, die werden sagen, das hat Gott gethan, und merken, daß es sein Werk sei" (Psalm 64, 10). Aus den verschiedenen Provinzen trafen Abgeordnete ein, welche dem Könige Glück wünschten und Geldgeschenke überbrachten. Die Stände der Kurmark überreichten freiwillig, wie man sagte — 160 000 Thlr. als Kronsteuer. Zu dieser mußte Drossen 514 Thlr. aufbringen.

Der erste Monarch, welcher Friedrich zu seiner Erhebung gratulirte, war König August von Polen; drei Tage später (31. Januar) folgte ihm Wilhelm von Großbritannien, am 19. Februar Friedrich der Zweite von Dänemark. Ihnen schlossen sich an die Republiken Holland und die Schweiz, der deutsche Kaiser (dessen Gesandter, Graf von Paar, einen Brillantring von 15 000 Thlrn. an Werth als Geschenk erhielt), Peter der Große, die Markgrafen in Franken, Kurmainz und Trier (1703), Portugal (1704), Venedig (1710). Der spanische Erbfolgekrieg hinderte die Anerkennung von Seiten Frankreichs und Spaniens, die erst 1713 im Frieden zu Utrecht erfolgte. Karl der Zwölfte von Schweden, anfänglich unwillig über Friedrichs Verbindung mit Sachsen, Polen und Dänemark, ließ in Regensburg erklären: Man könne dem Kaiser nicht zugestehen, Könige von der Faust weg zu machen, sobald er wolle; gehe Das durch, so werde er dereinst auch seinen Schwager zum Könige von Schleswig erheben lassen, von dem dieser auch die Hälfte wie Friedrich vom preußischen Lande als Souverän (unumschränkter Herrscher) besitze. Später, als 1703 der nordische Krieg ausbrach, wurde diese Spannung beseitigt.

Widerspruch gegen die Annahme der Königswürde erhob (11. Febr. 1701) der Hochmeister des deutschen Ordens, Pfalzgraf Franz Ludwig von Neuburg, zuerst bei dem Kaiser; da dieser ihn jedoch abwies, wendete er sich an die katholischen Kurfürsten von Köln und Bayern, welche ebenfalls Protest einlegten. Der Papst verweigerte die Anerkennung rundweg. Er schrieb u. a. an Ludwig den Vierzehnten: „Wir Klemens XI. wünschen Unserm in Christo geliebtesten Sohne Wohlfahrt und apostolischen Segen. — Ob wir gleich davor halten, daß Ihro Majestät das der ganzen Christenheit zum bösen Exempel gereichende Vornehmen Friedrichs Markgrafen zu Brandenburg, da er sich unterstanden, sich des königlichen Namens öffentlich anzumaßen, keineswegs billigen; jedennoch damit es nicht scheine, als ob Wir Unserem Amte kein Genüge thäten, so können Wir mit Stillschweigen keineswegs übergehen, daß diese That den apostolischen Satzungen entgegen und dem hohen Ansehen dieses heiligen Stuhles zu nicht geringem Schimpf gereiche, indem ein unkatholischer Mensch nicht ohne Verachtung der Kirche den geheiligten königlichen Namen angenommen und gedachter Markgraf kein Bedenken trägt, sich einen König desjenigen Theils von Preußen zu nennen, welches doch dem deutschen Ritterorden von alten Zeiten zugehöret. Derohalben verlangen Wir, daß Ihro Majestät von Demjenigen, was wir Dero bekannten Großmüthigkeit entgegen zu sein, allbereits zur Genüge erkennen, auch in Ansehung Unserer Ermahnung abstehen und demjenigen keine königliche Ehre ertheilen, welcher sich derselben allzu unvorsichtig angemaßet; dergleichen Leute das göttliche Wort selbst straft und verwirft: Sie haben regieret und nicht durch mich; sie sind Fürsten geworden, und ich habe sie nicht erkannt.[1]) — Was aber Unsere Meinung hierüber sei, wird Unser Ehrwürdiger Bruder Philipp Anton, Erzbischof von Athen, Unsertwegen Ihro Majestät weitläuftiger erklären, welcher Wir die Fülle alles Glückes von Gott anwünschen und Unseren apostolischen Segen geneigt mittheilen. — Gegeben zu Rom bei dem heiligen Petro unter Unserm Fischerringe den 16. April 1701.[2])

Für Friedrich nahm Johann Peter Ludwig, Professor in Halle, das Wort. Er zeigte in einer besonderen Abhandlung: „Über das Recht, Könige zu ernennen", dasselbe stehe wol dem Kaiser, aber nicht dem Papste zu. In einer anderen Abhandlung: „Päpstlicher Unfug über das Recht, Könige zu ernennen," bekämpfte er mit ebenso großer Gelehrsamkeit als Bitterkeit die römischen Anmaßungen, welche selbst die meisten katholischen Gelehrten verworfen, bewies ferner, daß das Schreiben Klemens des Elften alle Könige, besonders aber die katholischen, beleidige und beleuchtete

[1]) Hosea 8 Vers 4.

[2]) Dr. Schilling, Quellenbuch, Seite 214—15.

endlich Stil und Inhalt desselben mit schneidendem Spott. Als Paul der Fünfte die Republik Venedig in den Bann gethan, habe sie ihm nur erwidert: Es ist das Wort eines Schmähenden, weiter Nichts. Daß der heilige Vater von den Fürsten, die er nicht ernannte, sage: sie herrschen, aber nicht durch mich, hielt der heilige Bernhard schon Eugen dem Dritten († 1155) in Beziehung auf die Päpste vor. Erst in einem Schreiben vom 5. April 1788 brauchte Pius der Sechste den Königstitel.

So war diese wichtige Angelegenheit zu Stande gebracht, welche so viel Widerspruch gefunden hatte, sowol in dem Staatsrathe Friedrichs, als an fremden Höfen, sowol bei Freunden, als bei Feinden. Es bedurfte einer Reihe günstiger Umstände zum Gelingen eines Unternehmens, das man anfänglich als Hirngespinnst betrachtete, von dem man aber bald eine andere Meinung gewann. „Der Kaiser sollte die Minister hängen lassen, die ihm einen so treulosen Rath gegeben," rief der Feldmarschall Prinz Eugen, als er die Anerkennung der preußischen Königswürde erfuhr. Und in der That zeigte sich Das, was Anfangs das Werk der Eitelkeit gewesen zu sein schien, nachher als ein großes Meisterstück; denn die neue Würde erledigte das brandenburgische Haus der Fesseln, mit welchen das österreichische Kaiserthum fast alle deutschen Fürsten zu seinen Sklaven machte. Sie war eine Lockspeise, welche der erste König Friedrich allen seinen Nachkommen hinwarf und bei welcher er ihnen gleichsam sagte: Ich habe euch einen Titel erworben, macht ihr euch desselben würdig; ich habe den Grund zu eurer Größe gelegt, ihr müßt das Werk vollenden!" — So lautet das Urtheil Friedrichs des Zweiten über die bedeutendste und folgenreichste That seines Großvaters.

Wer einen annähernden Begriff von der Prachtliebe, welche Friedrich zu entfalten pflegte, sich verschaffen will, lese u. a. die Beschreibung der Huldigung (am 4. Oktober 1699) in Küstrin bei Kutschbach Seite 157—66 und 401 nach. Als eine besondere „Rarität" fügt der Verfasser noch hinzu: Damals erfand der Prediger in der genannten Stadt aus des Kurfürsten Namen Fridericus tertius 76 Anagramme; auch brachte er heraus: nach der gewöhnlichen Kabala mache derselbe Name, wenn man die Buchstaben addire, 215 oder ebensoviel aus, als das kurfürstliche Symbolum: Suum cuique tribue; ingleichen, wenn man diesen Denkspruch ins Deutsche übertrüge: „Einem Jeden das Seine", käme die in dem Namen Friedrich der Dritte verborgene Zahl 127 richtig heraus, sobald man die Zahl 3, die des Kurfürsten Namen schon in sich faßt, dazusetzt. Geschenke von allen Seiten erfreuten den geistlichen Herrn so sehr, daß er in der Widmung seiner am Tage des Einzugs über Psalm 24, 7—10 gehaltenen Predigt bekennt, „daß er durch so große Kurfürstliche, ja Königliche Gabe außer sich gesetzt worden."

Noch weiter als dieser Pastor trieben Andere die Schmeichelei. Den Mittelpunkt der Hofschranzen bildeten: Johann Kasimir Kolbe, Graf von Wartenberg, früher Oberstallmeister des Pfalzgrafen von Simmern und dienstbarer Geist bei dessen verliebter Gemahlin; Alexander Hermann Freiherr von Wartensleben, der am 19. August 1702 als Generalfeldmarschall, geheimer Kriegsrath und Gouverneur von Berlin mit einem Gehalte von ca. 13 200 Thalern in preußische Dienste trat, auch am 29. März 1706 in den Reichsgrafenstand erhoben wurde; der Obermarschall Graf August von Wittgenstein, ein Neffe des brandenburgischen Gesandten bei den Friedensverhandlungen in Münster, hart, hochfahrend, beschränkt, mißtrauisch, selbstsüchtig.

Mit Recht nannte das bedrückte Volk dieses Kleeblatt das dreifache Weh. Sein ganzes Streben ging dahin, die eigenen Taschen zu füllen und das Land durch alle nur erdenklichen Steuern auszusaugen. Als die Perrücken und die Karossen nicht genug eintrugen, verfiel ein Genie auf die — Schweineborsten, und am 4. Septbr. 1708 erhielt der Kommerzienrath Creutz auf sechs Jahre das Privilegium, dieselben allein aufzukaufen.

Eine nicht minder unheilvolle Rolle spielte am Hofe des Königs die Gräfin Wartenberg, die Tochter eines Weinschenken Richers in Emmerich, die dort den kurfürstlichen Kammerdiener Biedecap angelockt und sich in kurzer Zeit durch List, Ränke und Unverschämtheit zur Mätresse des Königs emporgeschwungen hatte. Um ihr Treiben möglichst zu beschönigen, erzählten die von ihr abhängigen Kreaturen zwar, Friedrich gehe mit ihr nur in der Abenddämmerung täglich ein Stündchen spazieren; Jedermann aber, der hinter die Koulissen blickte, vermochte leicht zu erkennen, was für Thaten der Mantel der Liebe bedecken sollte. Es war im Staate Preußen gar Vieles faul.[1])

[1]) „Der Hof Friedrichs war, wie alle damaligen deutschen Höfe, unbeschreiblich widerlich; er war roh und frivol zugleich. Es gibt keine ekelhaftere Frivolität, als die bei unseren Vorfahren in der letzten Hälfte des siebzehnten Jahrhunderts. Dieser Vorwurf trifft den Hof Friedrichs in vollem Maße." So urtheilt der preußische Patriot B. G. Niebuhr.

Der Hofmarschall von Wengsen (Wensen), ein redlicher Mann, welcher dem Kurfürsten die Augen öffnen wollte, erntete des Kuckucks Dank; als ein boshafter Verleumder wanderte er nach Küstrin auf die Festung. Hier endete, aber verdienter Maßen, den 23. August 1709 an einem mit Goldpapier ausstaffirten Galgen ein Neapolitaner, der sich Graf Dominico Emanuel Caetano di Ruggiero nannte. Vor mehr als vier Jahren (29. Dezbr. 1705) wurde er am Hofe eingeführt, zum Titular-Generalmajor der Artillerie ernannt und mit Geschenken überhäuft. Er gab nämlich vor, daß er (wenn auch nicht gerade aus Häckerling) Gold machen könne. Ein solcher Wundermann mußte natürlich in Kreisen, denen stets das Geld mangelte, höchst willkommen sein. Selbstverständlich vermochte er sein Versprechen nicht zu erfüllen; er entfloh vielmehr nach Hamburg. Von dort nach Küstrin gebracht, wußte er doch abermals das Vertrauen des Königs zu gewinnen. Als er jedoch aufs neue entwich und zwar nach Frankfurt a. M., lieferte ihn der dortige preußische Resident aus. Zur Schande seiner Kunst und zur Beschämung Derer, die an sie glaubten, ward er aufgeknüpft.[1])

Auch das dreifache Weh entging seinem längst verdienten Schicksale nicht. Zwei Frevelthaten führten hauptsächlich seinen Sturz herbei. „Am 25. April 1708 brannte Krossen a./O. so rein aus, daß man saget, es sei kaum so viel Holz darin übrig blieben, als man brauchet, ein Gericht Fische zu kochen. Mit der ersten Post ging ein unterthänigster Bericht dieses großen Unglücks wegen nach Hofe ab. Darauf erhielten wir die allergnädigste Resolution, daß Se. Königliche Majestät große Commiseration [Erbarmung] mit den Abgebrannten hätten und der guten Stadt wieder aufgeholfen wissen wollten.“[2]) — Was geschah aber? Die vier Deputirten, welche in Gemeinschaft mit dem Verweser Karl Albrecht Freiherrn von Schönaich am 5. Mai nach Berlin reisten, wandten sich an den Grafen Wittgenstein, der die Aufsicht über die Feuerkasse führte. Auch diese war leer, denn man hatte Alles bei den vielen Festen verjubelt. Nicht genug, daß die Krossener für 7000 Thlr. Entschädigung auch nicht einen Pfennig bekamen; der ungerechte Haushalter überhäufte sie noch mit Flüchen, Drohungen, und sagte, es sei unverschämt von ihnen, Geld zu fordern, da sie doch wüßten, wie nöthig es der Hof brauche. Die Unglücklichen klagten ihre

[1]) Seyffert, Seite 96.
[2]) Der Chronist Möller.

Noth dem Kronprinzen. Aufs höchste entrüstet, säumte er nicht, seinem Vater solche Schändlichkeit zu schildern. Wohl oder übel mußte dieser einschreiten. Er befahl, von den ersten eingehenden Feuerkassengeldern nach und nach die rückständige Summe zu zahlen; auch wies er als einigen Ersatz für die Verzögerung der Stadt den ziemlich einträglichen Oderzoll auf mehrere Jahre an.

Noch trauriger ging es den Bewohnern der Provinz Preußen, besonders den Littauern. Pest und Hungersnoth rafften in wenigen Monaten 247 000 Menschen hin. Stellt nur, sagte der von Mitleid erfüllte Kronprinz, einige Tage und Abende eure Lustbarkeiten ein, so besitzt ihr die Mittel, Tausende zu sättigen. Die hartherzigen Minister blieben aber taub. Jener fand endlich an Paul Anton von Kamecke, dem Oberaufseher der königlichen Garderobe, der Friedrichs Gunst genoß, einen Verbündeten. Beim Schachspiel brachte er die Anklage gegen Wittgenstein so ernstlich zur Sprache, daß dieser noch an demselben Abende (27. Dezbr. 1710) von einem Lieutenant, der um 10 Uhr mit zwanzig Mann in seinem Hause erschien, verhaftet, ihm auch am folgenden Morgen vom General Gersdorf der schwarze Adlerorden abgefordert und er am 29. Dezbr. auf die Festung Spandau gebracht wurde. An diesem Tage hatte der bisher allmächtige Graf Wartenberg dem Minister von Ilgen die Siegel einzuhändigen. Auf des Königs Befehl mußte er sich nach Woltersdorf bei Berlin, dem einzigen Gute, das er in Preußen besaß, verfügen; durch seine tiefe Demüthigung erlangte er jedoch eine Jahrespension von 24 000 Thalern, bei welcher er in Frankfurt a. M. trotz seiner noch immer übermüthigen Frau schwerlich Noth litt. Am 4. Juli 1712 starb er in der genannten Stadt. Seinem Wunsche gemäß wurde er in Berlin begraben. Als der prachtvolle Leichenzug am Schlosse vorbeikam, brach der König in Thränen aus. Seine Wittwe setzte ihr üppiges, tolles Leben in Paris, später im Haag fort. Hier schied sie 1734, sechzig Jahre alt, aus dieser Welt, deren Freuden sie oft genug bis auf die Hefe gekostet hatte. Sie behauptete, man könne eher die Muscheln am Strande von Scheveningen zählen als ihre galanten Abenteuer. Beachtenswerth bleibt, daß August der Starke, der nicht im mindesten dem keuschen Joseph glich, dieses zudringliche Frauenzimmer doch abwehrte.

Graf von Wittgenstein, schon am 19. Mai 1711 aus Spandau entlassen, mußte 80 000 (nach Anderen nur 24 000) Thaler Strafe zahlen und Preußen meiden. Er ging zunächst nach Jüterbog zum Herzoge von Sachsen-Weißenfels, trat bald darauf als Geheimrath in kurpfälzische Dienste und starb 1735. Ein Jahr früher sank Wartensleben ins Grab.

Über die oben erwähnte Epidemie schreibt der Pfarrer Samuel Hellmann[1]): „In diesem Jahre (1708) hat die Pest in Polen grausam gewüthet, so daß viele Städte und Dörfer ausgestorben, als Thorn, Krakau, Lemberg, Lublin und viele andere ohne Zahl besten Örter mehr, welche Seuche sich allbereit immer mehr und mehr herumziehet. Ingleichen ist sie auch schon in Oberschlesien an unterschiedlichen Orten, als in Rosenberg und in Teschen herum. An unserem Orte merken wir Gottlob noch Nichts, und ist die gemachte Anstalt sehr gut, nämlich es ist Alles, was zu Polen gehört, von uns abgeschnitten, so daß Niemand einige Kommunikation mit den Einwohnern daselbst haben darf, daher auch auf dem Scheidewege Galgen aufgerichtet, daß, wer ohne Paß und aus verdächtigen Orten sich würde ertappen lassen, ohne eingeholtes Urtheil daran sollte geknüpft oder dabei todtgeschossen werden. Wir haben auf Verordnung unsers gnädigen Landesherrn alle Tage Betstunde, des Abends, wenn die Sonne untergehet, da die Gemeinde muß in der Kirche zusammenkommen, ein paar Bußlieder singen und ein gewisses Pestgebet auf den Knien dem Prediger nachsprechen, welches sowol in Städten und Dörfern genau observiret werden muß. Gott erhöre unser Gebet und bewahre unsere Grenzen vor der Pestilenz!"

Bei 1709 bemerkt Hellmann: „In diesem Jahre ist ein so starker Winter gewesen, unerträgliche Kälte, daß viele Menschen erfroren, viel Schnee gefallen, und hat die Kälte lange angehalten, wie bei Menschen Gedenken nicht geschehen ist. Auch hat die Pest in Polen immer weiter um sich gefressen, so daß von Posen bis Birnbaum alle Städte und Dörfer ausgestorben. Nachmals ist das Sterben in Birnbaum gekommen, daß darin über tausend Menschen und also fast alle daraus weggestorben, ohne wenige Familien, die sich nebst dem Herrn Starosten von Unruh reteriret und das bekannte Rezept gegen die Pest wohl in Acht genommen: „Mox, longe, tarde, cede, recede, redi".[2]) In Wollstein ist Alles nebst dem Prediger weggestorben. Es ist auch die Pest nach Morrn gekommen und hat daselbst viel Menschen weggerafft. Von da hat sie der Schwerin'sche Propst in die Stadt Schwerin gebracht, der auch daran gestorben und begraben worden, welchen aber

[1]) Költschener Kirchenbuch.

[2]) Bald zieh' ab, weich' weit zurück, kehr' spät erst wieder.

der Sukzessor (Nachfolger) in der Propstei hat aufgraben lassen, um dem Körper nach ihrer .... Kirchenart einige Zeremonien anzuthun, worauf aber die Pest sofort sich in die Anwesenden insinuiret, daß sechs Mönche und der Propst, wie auch der Küster von Trebitsch gestorben und noch Andere mit infiziret, daß in Schwerin die Pest noch ist." —

„Anno 1710 den 17. August, erzählt Zachert[1]), ist abermal (wie 1601, 1607, 1630, 38 und 56) eine große und allgemeine Pest gewesen. Es sind in selbiger 545 in der Vorstadt, in der Stadt 509 Personen gestorben. Der größte Theil der Einwohner ist auf die herumliegenden Dörfer, Wälder und Berge geflüchtet. Die Zahl der Verstorbenen war 1054 Christen und 1700 Juden. Sie sind theils durch die Todtengräber auf dem Pestkirchhofe, theils durch die Ihrigen oder andere Leute in den Häusern, den Gärten, den Winkeln und ledigen Flecken begraben worden. An dem Michaelistage ist die Kirche, weil die Pest sogar sehr gewüthet, zugeschlossen und in der Christnacht allererst wieder geöffnet worden. Inzwischen wurde der Gottesdienst auf freiem Markte gehalten.

Das preußische Sanitätskollegium gab (4. Novbr. 1709[2]) dem Könige unter den Ursachen zur Verbreitung der Pest an: die meisten Pestprediger seien unmoralische Menschen und die Pestärzte medicastri et empirici[3]); dazu komme die schlechte Justiz und Polizei. Bei uns, fahren die Herren fort, hat das Unrecht durch Verjährung das Bürgerrecht gewonnen. Euer Majestät können sicher glauben, daß die bei uns im Schwange gehende Justiz die Materie ist, welche sowol die pestilenzialische Seuche, als alle Landplagen erzeugt und ernährt. Wolle der König an der Wahrheit zweifeln, so möge er so gerecht sein, das Kollegium zu entlassen, andern Falls ihm die Leitung der Anordnungen übertragen.

„Im Jahre 1711 hat die Pest Gott Lob und Dank überall aufgehöret, so daß Schwerin, Meseritz, andere polnische Dörfer und Städte, wie auch in unserem Lande auf ein Mal alle Örter davon sind befreit worden, so daß man nicht weiß, wie sich Alles verzogen und Polen nun wieder offen geworden, daß man überall wieder reisen und seinen Verkehr haben darf. Jedoch ist das arme Schwerin im folgenden

[1]) Chronik der Stadt Meseritz, Seite 107.

[2]) Stenzel, III., Seite 188.

[3]) Quacksalber und bloße Erfahrungsmenschen.

Jahre (1712) ganz ausgebrannt, von den Moskowitern angesteckt. Ein Vierteljahr darauf hat Birnbaum eben dieses erleiden müssen" (S. Hellmann).

Die Verwaltung der Justiz zeigen u. a. folgende Exekutionen. 1705 den 15. Mai wurde Meister Friedrich Händel, Bürger und Schlächter in Drossen, enthauptet, weil er mit seiner einzigen leiblichen Tochter Blutschande getrieben hatte. Von den beiden Scharfrichtern hieb der Sohn zuerst zwei, der Vater das dritte Mal. Die Leiche lieferte man an die Anatomie in Frankfurt ab. Das Frauenzimmer gebar am 13. Januar 1706 ein Mädchen, das, von fremden Müttern genährt, bald starb. Aus Drossen verwiesen, wandte sich die Händel nach Berlin, woselbst sie angeblich einen Mann fand. — 1711 den 17. Januar endete Katharina Schultze, die Magd des Bürgermeisters David Bielitz, welche ihr Kind umgebracht hatte, durch das Schwert des Frankfurter Scharfrichters. Sie ward auf dem St. Gertrudskirchhofe am Zaune begraben.

In dem zuletzt genannten Jahre sahen die Drossener August den Starken mit 15000 Mann Kavallerie (Sachsen und Moskowitern), die nach Stettin zogen. Sie lagerten auf den Mühlen- und Schanzkaveln; der König quartierte im Posthause.[1])

Werfen wir nun wieder einen Blick auf den preußischen Hof! Friedrich hatte sich am 28. September 1684 in Herrenhausen mit Sophie Charlotte, der hochgebildeten Tochter des Kurfürsten Ernst August von Braunschweig-Lüneburg vermählt. Sie, die Freundin des Weltweisen Leibnitz[2]), empfand sehr oft zu Berlin im Kreise der Schmeichler Langeweile; wohler fühlte sie sich in dem nahebelegenen Dorfe Lützenburg, das sie möglichst verschönerte. „Eine gewisse Philosophie," schreibt sie bald nach der Krönung an Fräulein Pöllnitz, „spricht von einem Abscheu vor dem Leeren; ich habe ihn vor dem Vollen. Ich sah gestern an dem Kurtage zwei Damen, die B... und die J.., bei mir, dick bis an die Zähne, mürrisch bis zum Scheitel, Närrinnen bis zur Zehe. Glauben Sie nun, meine Liebe, daß Gott, indem er solche Wesen schuf, sie nach seinem Ebenbilde geschaffen? Nein, er machte ein besonderes Modell, um uns den Werth der Grazienschönheit im Vergleiche damit kennen zu lehren. Wenn Sie dies boshaft finden, so weiß ich nicht, an wen ich schreibe: à bon chat, bon rat [wie der Mann, so bratet man die Wurst]. Da nun mein Geist

[1]) Knuth, Seite 55. 57.
[2]) Vergl. Seite 593!

heute einmal boshaft gestimmt ist, so muß ich schon so fortfahren. Ich empfing zwei auswärtige Pinsel bei mir; wenn Gold, Ordensband und Fransen das Verdienst bezeichnete, so würde kein anderes das ihrige erreichen. Da ich aber vor dem Reichthume keine große Achtung habe, schätzte ich jene Herren nach ihrem wahren Werthe. Ich begreife, wie der Anblick der Großen den Geist einschüchtern und ihm die Leichtigkeit zu glänzen und sich zu zeigen, benehmen kann, und dann mache ich Muth. Wenn aber die Fadheit sich vordrängt und Vorurtheil und Thorheit die Anerkennung, welche dem wahren Verdienste gebührt, in Anspruch nehmen will, dann kenn' ich kein Mitleid und schone nicht. Wie schätzenswerth ist doch das Mißtrauen in Das, was Wir, von Gottes Gnaden, in Wahrheit gelten; allein wie selten ist diese Tugend! Glauben wir nicht immer ein paar Karat mehr zu gelten, als die Andern? Welche gemeine Sache ist doch der Stolz, und dennoch ist dieses Gefühl unser treuester Begleiter. Großer Leibnitz, der Du über diesen Gegenstand so viel Schönes sagst! Du gefällst, Du überredest, allein Du änderst Nichts! — — — Die Frau Kurfürstin (ihre Mutter) ist angekommen; was gibt es da wiederum für Etiketten zu beobachten! Nicht etwa, daß ich den Glanz hasse; ich verlange ihn nur ohne gêne — doch was verlang' ich nicht Alles! Vor Allen Sie, die ich so wesentlich vermisse. Man vertröstet uns auf irgend einen Prinzen — desto schlimmer oder vielleicht desto besser! Ich werfe mich in mein Bett. Adieu, gute Nacht, man ziehe den Vorhang zu, Deine Königin, Deine Freundin schläft ein." —

Diese edle geistreiche Fürstin sank früh ins Grab. Eine Reise nach Hannover zu ihrer Mutter verschlimmerte eine ohnehin schon schmerzhafte Halsgeschwulst. Am 28. Januar 1705 trat eine heftige Entzündung ein; ein Aderlaß und schweißtreibende Mittel milderten sie nicht; dem Prediger der französischen Gemeinde, de la Bergerie, der am 1. Februar zwischen 1 und 2 Uhr Morgens an ihrem Bette niederkniete, der sie ermahnte, „ihre Zuflucht zu dem Blute Christi und dessen Verdienst zu nehmen und Gott recht ernstlich um Verzeihung für ihre Sünden zu bitten," erwiderte sie: „Ich habe seit zwanzig Jahren der Religion ein ernstliches Studium gewidmet und mit Aufmerksamkeit die Bücher gelesen, die davon handeln; mir ist kein Zweifel übrig. Sie können mir Nichts sagen, was mir nicht bekannt wäre; ich kann Sie versichern, daß ich ruhig sterbe". — Zu ihrer lieben Freundin Pöllnitz, die nicht von ihrer Seite wich, sagte sie: Was weinen Sie? Meinen Sie etwa, ich sei unsterblich? —

Der Dienerschaft, die um ihr Bett kniete, ertheilte sie den Segen; dem Herzoge reichte sie die Hand: „Leb' wohl, mein geliebter Bruder, ich ersticke!" waren ihre letzten Worte. So starb sie eines glücklichen und sanften Todes". Die Leiche, am 9. März mit großem Trauergepränge aus Hannover geführt, traf erst am 22. März in Berlin ein. Die Zurüstungen behufs Ausschmückung des Domes dauerten fünf Monate. Während dieser Zeit brannten 3000 Kerzen am Sarge, der mit dem Katafalk gegen 80 000 Thaler kostete, in der Schloßkapelle. Charlottenburg und sein Park ist das Denkmal der philosophischen Königin!

Auf Rath der Wartenbergischen Partei vermählte sich Friedrich zum dritten Male, und zwar mit der dreiundzwanzigjährigen Prinzessin Sophie Luise von Mecklenburg-Grabow (27. November 1708). Genöthigt, die engen Verhältnisse mit behaglichen, ruhigen Tagen gegen den hohlen Flitterglanz des Berliner Hoflebens zu vertauschen, konnte sich die junge Königin unmöglich wohl fühlen; selbst dann nicht, als die hochmüthige Gräfin Wartenberg, die sogar durch Faustkampf die Frau des holländischen Gesandten zurückzudrängen suchte, das Feld räumen mußte. Dazu trat ein zweiter Übelstand: sie war streng lutherisch, Friedrich dagegen reformirt. In einem religiösen Streite mit ihm trug sie kein Bedenken, zu erklären, Niemand von seinem Bekenntnisse dürfe hoffen, selig zu werden. Seine Erwiderung, dann könne sie ja nach seinem Tode nicht sagen: der selige König, wollte sie mit der Bemerkung entkräften: ich würde sagen: „der liebe verstorbene König". Die Einsamkeit, in welcher die Fürstin lebte, trug unstreitig mit dazu bei, daß sie in tiefe Schwermuth verfiel; ja zeitweise traten bei ihr Anfälle von Geistesabwesenheit hervor. Besserung erfolgte auch dann nicht, als man die Grävenitz, ein frömmelndes Fräulein, aus Berlin verwiesen hatte, und August Hermann Francke, der Stifter des bekannten Waisenhauses und aller mit demselben verbundenen Unterrichts- und Erziehungsanstalten, nach Halle zurückgekehrt war. Eines Abends entschlüpfte Sophie Luise der Aufsicht ihrer Hofdamen, zerschlug eine Glasthür, drang auf den König, der, ohnehin nicht mehr wohl, in einem Lehnstuhle schlummerte, im Nachtgewande mit aufgelöstem Haare ein und rief mit hohler Grabesstimme: „Dein Ende naht, bekehre Dich!" — Friedrich erschrak heftig. Ins Bett gebracht, sagte er beim Niederlegen: „Ich habe die weiße Frau gesehen; ich werde nicht wieder besser!" Das Fieber verließ ihn auch nicht mehr. Nach sechs Wochen, am 25. Febr. 1713,

Mittags, entschlief er. Im Rückblick auf sein Leben — 55 Jahr 7 Monate 13 Tage — mußte er bekennen: „In der Welt ist's doch nur eine Komödie, die ist bald zu Ende; wer nichts Besseres hat als diese, der ist übel daran."

Bis zum 4. März ruhte seine Leiche auf dem Paradebette; dann trug man sie in einem prachtvollen Sarge unter „ernsten Feierlichkeiten" in die Schloßkapelle; erst am 2. Mai, nachdem alle Vorbereitungen beendet waren, erfolgte die Beisetzung im Dome. — Den Text zur Gedächtnispredigt: Psalm 75, 5. Denn du bist meine Zuversicht rc. hatte der König selbst gewählt.

Friedrich der Zweite schreibt bekanntlich über seinen Großvater: „er war groß in kleinen und klein in großen Dingen." Dr. William Pierson sagt: „Er starb aufrichtig betrauert von seinen Unterthanen, die den gutmüthigen Fürsten trotz seiner großen Schwächen liebten und nachsichtiger über ihn urtheilten, als die Nachwelt. Zur Ansicht der Späteren schadete es ihm, daß er „in der Geschichte zwischen einem Vater und einem Sohne steht, deren überlegene Talente ihn verdunkelten." Aber auch in das günstigste Licht gestellt, zeigt seine Regierung doch immer einen häßlichen Flecken: er vergeudete das Blut und das Geld seines Volkes in fremden Diensten. Gibt es für solchen Menschenhandel überhaupt eine Entschuldigung, so ist es nicht die Sitte der Zeit, sondern der Preis, den er bekam — die Königskrone für Hohenzollern, den Preußennamen für den Staat und neuen Kriegsruhm für das Heer."[1]) „Selbst darin wollte er es Ludwig dem Vierzehnten gleich thun, daß er an seinem Hofe eine Mätresse hielt; aber er that es nur zum Schein; in der Wirklichkeit sich oder seinen Hofleuten Ausschweifungen zu gestatten, war er viel zu religiös und sittlich. Er hatte zu der sogenannten Mätresse [der Gräfin Wartenberg] weiter kein Verhältnis, als daß er zu bestimmten Zeiten der Hofetikette gemäß mit ihr auf- und abspazierte.[2])

Hören wir noch einen Lobredner! „Wir haben von König Friedrich dem Ersten nun nichts mehr zu sagen, als daß er ein Fürst gewesen, bei dessen Andenken unsere Greise, die zu seiner Zeit gelebt, ganz lebendig werden. Freilich ist es grauen Häuptern gewöhnlich, die Zeiten ihrer Jugend zu loben. Allein Friedrich verdient es auch bei der Nachwelt. Er brauchte nichts mehr zu thun, als auf dem Plane

[1]) Preußische Geschichte I. 225.

[2]) Ebendaselbst S. 215.

nachzuarbeiten, den sein Herr Vater angefangen hatte, so mußte sein Zweck erreicht, sein Haus größer und sein Volk glücklicher werden. Und haben wir nicht beide im Wachsthum gesehen? Friedrich erntete, da Friedrich Wilhelm erst gesäet und kaum die Keime seiner Saat gesehen hatte. Wir brauchen aber nichts zu wiederholen. Genug: er war einer der größten, weisesten, besten und glücklichsten Regenten, die die Welt jemals gesehen und an ihm sonst keinen Tadel gefunden hat, als ein wenig zu starke Ehrbegierde und Neigung zur Pracht, und sonst kein Unglück, als Theuerung und Pest in Preußen und den an Polen grenzenden Ländern in den letzten Jahren seiner Regierung. Aber dieses, das einen kleinen Theil seiner Unterthanen betroffen, ihm zum Fehler anzurechnen, oder jenes, das doch in kein Laster ausgeartet, nicht zu gute zu halten, das würde sehr unbillig und von der menschlichen Natur zu viel gefordert sein. Ein Fürst ohne alle Fehler ist nicht für die Welt; die besten Fürsten über Menschen sind niemals andere, als die die wenigsten Fehler haben. Und wer hatte zur damaligen Zeit weniger als Friedrich?[1])

Wenn der Verfasser zumeist die Lichtseiten hervorhebt, blickte er wol besonders auf Ludwig den Vierzehnten, August den Starken, Friedrich den Vierten von Dänemark, Eberhard Ludwig von Württemberg u. a.

Sophie Luise, an welche ihr Gemahl noch auf seinem Krankenbette mit tiefer Wehmuth dachte, kehrte bald zu ihrer Mutter nach Grabow in Mecklenburg zurück. Ihr freudenloses Leben endete erst am 29. Juli 1735. Sie fand die letzte Ruhestätte in der Nikolaikirche zu Schwerin.

Während Friedrichs fünfundzwanzigjähriger Regierung wurden zwei seiner Stiefbrüder Herrenmeister des Johanniterordens: Karl Philipp und Albrecht Friedrich. Jener, von den kurfürstlichen Abgeordneten (dem Staatsminister von Fuchs, dem geh. Hof- und Kammergerichtsrathe von Wedell und dem Feldmarschall von Flemming, Komthur von Schievelbein) vorgeschlagen und von den Kapitelskomthuren (dem Senior Adam Georg von Schlieben zu Lietzen, Ernst von Krockow zu Wietersheim, Christian Bernhard von Waldow zu Werben und Otto Freiherrn von Schwerin zu Lagow) 1693 gewählt, nahm schon in seinem 23. Jahre fern vom Vaterlande ein trauriges Ende. Sein Halbbruder hatte ihn 1691 im Franzosen-

[1]) Buchholtz, IV., Seite 355—56.

kriege mit einigen brandenburgischen Regimentern nach Italien geschickt. Zu Turin ließ er sich heimlich mit der schönen Katharina Marie Balbiani, verwittweten Marquise von Salmour, trauen. Der Berliner Hof wollte ihn nöthigen, diesen Ehebund aufzulösen. Zu diesem Zwecke erschien 1695 ein brandenburgischer Offizier. Mit Gewalt ward die Dame in ein Kloster gebracht, ihr Gemahl aber, bei der Gegenwehr verwundet, regte sich so auf, daß er bald darauf (die Markgräfin von Baireuth behauptet: an Gift) starb (13. Juli). „Des Prinzen Karl von Brandenburg Historie (schreibt die Herzogin Elisabet von Orleans unterm 23. Juli 1695 aus Paris an ihre Schwester, die Raugräfin) ist eine wunderliche Begebenheit, wie die deutschen Komödianten also pflegen zu sagen." Buchholtz, Bekmann u. A. nennen als Todesursache ein „giftiges Fieber", das den Prinzen im Lager von Casal überfiel. Während seiner kurzen Regierung wurden neunzehn neue Ritter aufgenommen.

Ihm folgte als Herrenmeister sein älterer Bruder Albrecht Friedrich, geboren am 14. Januar 1672, gewählt den 17. März 1696, später „Statthalter in Hinterpommern, General zu Pferde und zu Fuße." Seine Güter lagen in der Kurmark zerstreut, die Herrschaft Westerburg aber im Halberstädtischen; durch seine Gemahlin Marie Dorothea, eine Tochter des Herzogs Friedrich Kasimir von Kurland (verheiratet seit dem 13. Oktober 1706) bekam er noch 1717 die Herrschaft Wisch in Zütphen. Dieser Markgraf starb plötzlich den 21. Juni 1731 an der Tafel zu Friedrichsfelde, seinem Sommeraufenthalte, mit dem Ruhme des rechtschaffensten Fürsten, Christen, Gemahls und Vaters."[1]) „Jnmaßen denn dieser Prinz durch eine besondere Generosité [Freigebigkeit], Gnade, Güte und andere hochfürstliche Tugenden sich in ein solches Ansehen gesetzt, daß alle Ambassadeurs [Botschafter] und andere von Distinktion [vornehme Personen] diesem Prinzen die Reverences [Beweise der Ehrerbietung] zu machen sich angelegen sein ließen, auch jedes Mal sehr gnädig und genereux [großmüthig] aufgenommen worden. Wie sich dieser Prinz des Ordens jederzeit angelegen sein lassen, erhellt aus den vielen unter derselben Regierung gemachten heilsamen Verfügungen."[2]) Von 1696—1731 traten 49 neue Mitglieder ein.

Marie Dorothea von Kurland, das letzte Glied des Hauses Kettler, starb am 17. Januar 1743, ihrer reinen Tugend wegen nicht blos vom Hofe,

[1]) Buchholtz, IV., Seite 180.
[2]) Dithmar, Seite 113.

sondern vom ganzen Lande betrauert. Wie hoch sie Friedrich Wilhelm der Erste schätzte, erhellt u. a. daraus, daß er angeblich oft, nach seiner vertraulichen Art zu sprechen, zu ihrem Gemahl sagte: „Vetter, wir beide haben doch die ehrlichsten Frauen in ganz Berlin.“ [1])

Der vierte Sohn des großen Kurfürsten, Markgraf Christian Ludwig, erhielt 1705 die Kommende Lagow. Über seinen unmittelbaren Vorgänger, den schon oben (Seite 567) kurz erwähnten Otto Freiherrn von Schwerin, Besitzer von Altlandsberg, Wildenhof, Wolfshagen, Zachan und Rothhausen, kurbrandenburgischen geheimen Etatsrath, Dompropst zu Brandenburg, Erbkämmerer der Kurmark und Verweser des Herzogthums Krossen und Züllichau, sei hier noch Folgendes bemerkt: In seinem Sukzessionsstreite mit dem Obersten von Ijselstein, für den sich selbst der König Wilhelm von England verwandte, erging die Entscheidung, daß er sub certis reservationibus (unter gewissen Vorbehalten, Einschränkungen) in die Komthurei eingeführt werde. Dies geschah am 18. Januar 1693. Sein Vater Otto von Schwerin stammte aus Pommern, studirte in Greifswald und Königsberg, trat zur reformirten Kirche über, verließ deshalb seine Heimat, ging nach der Pfalz in den Dienst der Kurfürstin Elisabet Charlotte und 1638 nach Brandenburg. Georg Wilhelm ernannte ihn zum Kammerjunker, dessen berühmter Sohn zum Hofkammergerichts- und Lehnsrathe, 1654 zum Erbkämmerer, 1658 zum ersten und obersten geheimen Staatsminister mit dem Titel Oberpräsident, 1662 zum Oberhofmeister der kurfürstlichen Prinzen. Als solcher besaß er großen Einfluß auf die Erziehung des späteren Königs Friedrich. Streng rechtschaffen und mit Eifer seinem neuen Bekenntnisse zugethan, diente er treu und redlich seinem Herrn, der ihn dafür glänzend lohnte, so daß er bei seinem Tode (14. Nov. 1679) ein großes Vermögen und eine Menge ansehnlicher Güter in der Mark, Kleve und Preußen hinterließ. Die Herrschaft Altlandsberg gewährte ihm allein 20 000 Thaler jährlicher Einkünfte. Friedrich der Erste kaufte sie 1709 zum Witthum seiner dritten Gemahlin um 350 000 Thaler. Wissenschaftlich sehr gebildet (er besaß eine stattliche Bibliothek), bewegte sich der Oberpräsident auf religiösem Gebiete doch in höchst engen Schranken. In seinem Testamente schloß er all' seine Kinder, welche etwa dem reformirten Bekenntnisse nicht

---

[1]) Buchholtz, IV., Seite 180.

treu bleiben würden, von der Erbschaft aus. Sein ältester Sohn, der Komthur, geboren am 11. April 1645, zum Ritter geschlagen den 17. April 1671, stiftete das Haus Wolfshagen (Uckermark), sein jüngerer, Friedrich Wilhelm, Walsleben (Kreis Osterburg). Von den Töchtern heiratete Eleonore den General, Oberkammerherrn und Gouverneur von Memel, Grafen Friedrich Dönhoff; Marie Dorothea, „eine der allerlobwürdigsten Frauen des ganzen Hofes", den General und Obermarschall, späteren Generalfeldmarschall und Gouverneur von Wesel, Grafen Lottum; die dritte den Geheimrath und Obristen Christoph Kaspar Baron von Blumenthal; die vierte einen Grafen Schönaich-Carolath in Schlesien; die fünfte einen andern aus demselben Hause; die sechste einen Baron von der Heyden; die siebente einen Baron Konrad von Strumkede zu Dörnenburg (Kleve); die achte einen Baron von Wittenhorst in Sonsfeld (ebendaselbst). — Wie sein Vater 1648 die reichsfreiherrliche, so erwarb er am 11. September 1700 die reichsgräfliche Würde, welche in demselben Jahre auch Brandenburg anerkannte. 1702 verlieh ihm der König den schwarzen Adlerorden. Das Ende des Restitutions-(Wiedererstattungs-)Prozesses, den 1686 die Gebrüder von Barfuß wegen der Prädikauer Güter gegen ihn anstrengten, erlebte er nicht mehr; er starb, 60 Jahre alt, am 8. Mai 1605 „an einer beschwerlichen Brust- und Fieberkrankheit."

In dem „Alphabetisch geordneten Verzeichnisse der in der Johanniterordenskirche zu Sonnenburg vorhandenen Wappentafeln" (von K. Mund) ist unter Nr. 567 auch der Reichsgraf Otto von Schwerin, am 7. April 1728 zum Ritter geschlagen, ein Sohn des Komthurs (und seiner Gemahlin Irmgard Marie, Freiin von Quodt zu Wickradt, durch welche er die Herrschaft Rothhausen erwarb) genannt und als ein Kommendator von Lagow bezeichnet. Diese letzte Notiz beruht auf einem Irrthum. Verwechslungen sind allerdings leicht möglich; denn im siebzehnten Jahrhundert blühte das in Rede stehende Adelsgeschlecht in vierundzwanzig verschiedenen Linien.

Bei der Einführung des Kommendators Markgrafen Christian Ludwig — er empfing den Ritterschlag am 16. Febr. 1694 — überreichte der Prediger Elias Völker aus Ostrow Namens seiner Amtsbrüder ein Gedicht (Carmen).

Der Titel desselben lautet: „Den dreyfach vereinigten Fürsten-Stand und daß dreyfach beglückte Ordens-Band ward, als dem Hochwürdigen und Durchlauchtigsten

Fürsten und Herrn, Herrn Christian Ludewig, Printzen in Preussen, Markgraffen zu Brandenburg, zu Magdeburg Cleve, Jülich, Berge, Stettin, Pommern, der Cassuben und Wenden, auch in Schlesien zu Crossen Hertzogen ꝛc. Wie auch des St. Johanniter Ordens-Ritter und nun mehro residirenden Commendatori zu Lagow, Unserm Gnädigsten Fürsten und Herrn, von den Gesambten Unterthanen der Commenthurey Lagow daselbst den 17. Juni 1705 unterthänigst gehuldigt ward, zur Beförderung allgemeiner Freude und zu Empfelung der unter der Commenthurey Lagow gehörigen Kirchen und derselben gesambten Prediger zu Dero Hochfürstl. Protection Huld und Gnade in diesen einfältigen und eylfertigen Zeilen doch mit gebührender Devotion entworffen von Ihro Königl. Hoheit Unterthänigen Diener und schuldigst getreuesten, Vorbitter Elias Völkern, Predigern zu Ostro. Taurzig und Malso." (In Crossen gedruckt bei Elias Strantzen).

Unter Beseitigung der veralteten Orthographie theil' ich nun auch das Carmen mit.

1.

Wie wächst der Johanniterorden,
Wie glänzt sein Ordenskreuz und Thron!
Denn es ist Mitregent geworden
Des großen Friedrich Wilhelms Sohn.
Ei Brenni, drei Söhne sind Häupter und Stützen,
Durch die Gott das Land und den Orden will schützen.

2.

Hieß eh'mals Friedrich Wilhelms Name
Protektor der Maltheserschar,
So ists und heißets nun seine Same.
Sein Friedrich ist, was er sonst war.
Sein Albrecht ist Ordens Herrmeister und Führer,
Sein Ludwig ist Comptor und Ordens Regierer.

3.

Gott läßt die Fürsten Götter nennen,
Sich selbst, Gott, der dreieinig sei.
Hier kann man Gottes Bild erkennen,
Da drei sind eins und eines drei.
Eins nach ihren Orden und Fürstengeblüte,
Drei nach ihrer Herrschaft und Ordensgebiete.

4.

Dies drei verein'gte Fürstenwesen
Prangt mit dreifacher Gottesart,
Die es zu seiner Kron' erlesen
Und als den besten Schatz bewahrt.
Man siehet an ihnen in aller Welt Grenzen
Gerechtigkeit, Tapferkeit, Frömmigkeit glänzen.

5.

Zwar jede dieser Brennenskronen
Hat solchen theuren Gottesschein
In seiner Brust und Seele wohnen,
Fromm, tapfer und gerecht zu sein.
Doch läßt sich ein Strahl wol für andern erblicken,
Durch welchen Gott suchet sein Land zu beglücken.

6.

Was König Friedrichs Wahlspruch lehret:
Thut recht! Das ist sein Königshut.
Drum er nicht Klein, nicht Großen höret,
Der Jeden nicht, wie recht ist, thut.
Er liebt, die recht lehren, regieren und kriegen;
Drum wächset sein Zepter, und Gott läßt ihn siegen.

7.

Wie Albrecht Friedrichs tapfere Thaten
Durch Gottes starke Beistandshand
Zu Venlo, Kaiserswerth gerathen,
Am Rhein und Maß, ist Gott bekannt;
Doch hält er sich, wie der Herr Vater verpflichtet,
Und dankt Gott, als welcher es durch ihn verrichtet!

8.

Soll Christian Ludwig nicht fromm heißen?
Der Nam', Geburt und Lebenszeit,
Die rühmen ja in Mark und Preußen
Uns dieses Prinzen Frömmigkeit.
Er liebt das Wort Christi im Zimmer und Tempel
Und giebt dem Lande ein frommes Exempel.

9.

Groß ist's, da die Frau Mutter plötzlich
Dem Hirsch ins Herz die Kugel trieb,
Was ist dem frommen Sohn ergötzlich?
Das Hirschblut Christi hat er lieb.
Er trifft mit des Glaubens andächtigen Pfeilen,
Da fließt das Blut auf ihn, die Seele zu heilen.

10.

Nun, theurer Prinz, Fürst dieser Lande,
Lies gnädig, was dein Knecht erzählt,
Weil Gott Dich hier im Comptorstande,
Auch hat zum Kirchenschutz erwählt!
Der Prediger Amt ist, für Fürsten zu beten,
Auch vor sie mit ihren Glückwünschen zu treten.

11.

Glück zu Dir, unsers Amtes Sonne!
Ruft alles Volk mit mir jetzt aus.
Der König sehe neue Wonne,
Gott segne Albrechts Fürstenhaus!
Und Christian Ludwig muß lange regieren
Und Dänemarks Christians Segen verspüren.

12.

So wird das Land dreifach erquicket
Durch diesen dritten Ordensheld,
Der Andre durch sein Glück beglücket
Und dem kein böses Thun gefällt.
Gott laß ihn im Volke die Sünde vertreiben
Und dreifach gesegnet dem Orden verbleiben!

Zum Verständnis dieses Gedichtes kann ich hier nur Folgendes kurz bemerken. Fürsten, Obrigkeiten überhaupt werden Götter (3,1) genannt: Psalm 82, 1.6; 97, 7.9; 138, 1. Ev. Joh. 10, 34.35; 1. Kor. 8, 5; besonders aber im zweiten Buche Moses 4, 16; 7, 1; 21, 6; 22, 8.9.28. — In 6, 1.2 liegt eine Anspielung auf den preußischen Wahlspruch: Suum cuique, Jedem das Seine! — Dorothea war zuerst mit Christian Ludwig von Lüneburg, „einem vortrefflichen frommen Herrn", vermählt (8, 1). Zu ihren Ahnen gehörte Christian (der Dritte), Herzog von Holstein, der 1533 zum Könige von Dänemark gewählt wurde. Sie schoß einmal einem Hirsche gerade durchs Herz (9, 1). Darüber hielt der Professor Dr. Bernhard Albinus in Frankfurt a. O. am 20. Novbr. 1686 eine „schöne Disputation." „Ein „Sinnreicher" ließ außerdem diese Geschichte abmalen." Das Bild trug die Unterschrift: „Miraculum Dorotheae Electoris Brandenburgicae. Dies durch der Fürstin Hand gefällte schnelle Wild ist Dorotheens Ruhm und giebt ein Wunderbild." Den Anhängern des gewaltigen Nimrod muß ich die Erklärung jenes Mirakels überlassen. Mit Rücksicht auf örtliche Verhältnisse will ich über den Verfasser des Gedichtes noch Folgendes anführen: „1706 Dominica Reminiscere (28. Februar) ist der Wohlehrwürdige, in Gott Andächtige und Wohlgelahrte Herr Elias Völker, ein treuer und wachsamer Seelsorger und eifriger Prediger in Ostro, Tauerzig und Malso, ach leider! gestorben, welcher war ein frommer und exemplarischer Mann, mein getreuer, aufrichtiger Freund, mein Jonathan, dem ich mein Hertz oft vertrauet, und Er auch sein Anliegen mir oft entdecket. Also habe in diesem Jahre nebst meinem liebsten Eheschatz drei Kinder, auch meinen besten Freund verloren! Gott erbarme sich meiner und hole mich auch selig nach, wenns ihm gefällt!" (Notiz des Predigers Samuel Hellmann im Költschener Kirchenbuche).

Der Gebäude wegen entspann sich ein Streit, und es mußte dieserhalb die verwittwete Gräfin von Schwerin von 5000 Thlrn. Pensionsgeldern 3334 dem Prinzen überlassen. Es erfolgte eine Besichtigung der Gebäude, und der Kostenanschlag belief sich, ohne den Vorderflügel des Schlosses, das märkische Thor und die Häuser der Diener, auf 2735 Thlr. Man scheint also in den zwölf Jahren von 1693 bis 1705 Vieles verabsäumt zu haben.

Wie flau es mit den Finanzen manches adligen Herrn in jener „guten alten Zeit" stand, sehen wir u. a. aus einem Gesuche des Karl Sebastian von Rotenburg in Spiegelberg.

Hochwürdigster, Durchlauchtigster Prinz,
Gnädigster Markgraff, Kommendator und Herr,

Ewr. Königl. Hohheit als meinen gnädigsten Fürsten und Herrn muß in tiefster Submission zu erkennen geben, wie mein itziges Gebäude dergestalt miserabel, daß dieselbe ohn sonderlicher Gefahr nicht länger stehen können. Wann dan zur anrichtung derselben wenige oder gar keine Mittel habe. Als habe Ewr. Königlichen Hoheit ich demüthigst anflehen wollen, Sie wollten gnädigst geruhen, mir mit etwas Holtz zu begnadigen. Ich werde vor sothane Hohe und gnädigste beschenkung zu Gott seufftzen und bethen, daß Er derselben eine überall glückl. Regierung und reichl. Vergeltung geben wolle. Der ich versterbe

Hochwürdigster und Durchl. Marggraff
Ewr. Königlichen Hoheit
unterthänigster Diener und Knecht
Karl Sebastian von Rotenburg.

Die Antwort, auf der Rückseite des Gesuches, lautet: Seiner Königl. Hoheit in Preußen Unser Gnädigster Herr Befehlen den Ambtman und Holtzförster Gnädigst Supplicanten zum Bau Ein halb Schock Holtz ohne entgelt folgen zu lassen und gehöriger masen in Rechnung zu bringen.

Lago, den 4. October 1712. (unterz.) Christian Ludewig.

Der Fähnrich Karl Sigismund von Rotenburg, ein Sohn des oben Genannten und der Elisabet Eger, Tochter des Pfarrers Friedrich Eger in Spiegelberg (aus Zielenzig), trat, weil er sich als Offizier besser zu helfen gedachte, seine Rechte auf das dortige „Lehngüthgen" an Hans von Zobeltitz auf Topper und Selchow gegen eine Entschädigung von nur zwei Hundert Thalern ab. (Verhandlung in Sonnenburg, 6. April 1738.) Seine Schwester Beate Luise heiratete am 2. Dezember 1734 den Meister Joachim Friedrich Schultze, Bürger und Tuchmacher in Zielenzig. Der Sattlermeister Ernst (Karl Hans) von Zobeltitz ist ein Urenkel jenes Hans.

Markgraf Christian Ludwig war Oberst eines Regiments zu Fuß, Propst zu Magdeburg und Halberstadt. Er starb unvermählt am 13. September 1734 zu Malchow bei Berlin. Das Schloß Lagow verdankt ihm viele Verschönerungen, ebenso das Innere der Komthureikirche. In jenem befindet sich noch sein Brustbild.

Friedrich Wilhelm war der einzige Sohn des ersten preußischen Königs und seiner zweiten Gemahlin Sophie Charlotte. Am 15. August 1688 geboren[1]), zeigte er von Kindesbeinen an einen robusten, kräftigen Körper, aber ein gar gewaltig widerspenstiges, fast trotziges Naturell und gar wenig Lust zum Stillsitzen. Der muntere Knabe ward der Abgott der Mutter und der Großmutter. Letztere ließ ihn

[1]) Eigentlich hatte er drei Geburtstage; sein wirklicher war der 4. August, der dann, als man einen Schalttag einfügte, auf den 5. und nach Einführung des neuen Kalenders auf den 15. fiel.

1691 auf Besuch nach Hannover kommen; dort blieb er jedoch nur zwei Jahre, denn er vertrug sich nicht mit seinem Spielkameraden, dem nachmaligen Könige Georg dem Zweiten von England; ja beide haben sich bis zu ihrem Tode gehaßt. Merkwürdig ist auch, wie frühzeitig die tiefe Abneigung gegen Pomp und Staat, den er bei seinem Vater sah, sich in ihm regte; sie gab sich beispielsweise zu erkennen, als er ein Schlafröckchen von Goldstoff, das er anziehen sollte, endlich ins Kaminfeuer warf. Dagegen bestrich er sich das Gesicht mit Fett und legte sich in die Sonne, um möglichst ein braunes martialisches Soldatengesicht zu bekommen. Er galt am Hofe für einen witzigen jungen Herrn, und Mancher fürchtete bereits, er werde nicht lange leben. Diese Eigenschaft führte ihn aber keineswegs dem Grabe nahe. Nur wollte er, obwol er ein außerordentliches Gedächtnis besaß, sehr schwer ans Lernen. Sein erster Lehrer, der Ephorus Friedrich Kramer, war ein kenntnisreicher, klassisch gebildeter Mann; der zweite jedoch, der Franzose Rebeur, ein trauriger Pedant. Er plagte den Prinzen, französische, lateinische, deutsche Auszüge und Aufsätze aus dem alten Testamente zu machen. Damit er sich austolle, ließ die Mutter dem Sohne zuletzt freien Lauf. Dieser beschuldigte sie später, ihn gänzlich verzogen zu haben. Er sprach darüber oft, und der gewöhnliche Eingang lautete: „Meine Mutter war gewiß eine kluge Frau, aber eine böse Christin."

Folgende Notizen über die Vermählung Friedrich Wilhelms mit Sophie Dorothea von Hannover (1706) geben auch Manches über die gute alte Zeit zu denken. Ihr geiziger Vater ließ, während seine Mutter, die pfälzische Prinzessin Sophie, in England um Pension bettelte, den ganzen Brautstaat seiner Tochter in Paris bestellen und durch die Herzogin von Orleans aussuchen. Ludwig der Vierzehnte fand dies höchst löblich und nachahmungswerth. Vierzig Karossen und Kutschen, 12 kurfürstliche Rüst- und 65 Bauernwagen waren im Gefolge der Braut. Auf jeder Post standen 520 Pferde bereit; auf brandenburgischem Gebiete überhaupt 870. Die Bedürfnisse der Küche und des Kellers deckten starke Lieferungen aus den Provinzen. Die Neumark mußte aufbringen: 640 Kälber, 7690 Hühner, 1102 welsche Hühner, 650 Gänse, 1000 Enten, 1000 Paar Tauben, 120 Schock Eier; Preußen 100 fette Ochsen rc.; Alles aber ohne jegliche Entschädigung![1])

---

[1]) Schlosser, Geschichte des neunzehnten Jahrhunderts, I., Seite 210.

Aus den Mängeln und Fehlern in dem Unterrichte und der Erziehung des Prinzen und aus dem Umstande, daß zu seiner Zeit das Wissen und die Gelehrsamkeit dem Leben völlig entfremdet waren, erklärt sich sein Haß gegen die Gelehrten; er betrachtete sie nur als Pedanten, Schmierer, Dintenkleckser, Salbader. Den großen Weltweisen Leibnitz, den Freund seiner Mutter, erklärte er für „einen selbst zum Schildwachstehen unbrauchbaren närrischen Kerl". Er wollte Leute haben, welche Urtheilskraft und die Fähigkeit, diese schnell zu gebrauchen, besaßen, und doch gewahrte er im Leben wie in den Büchern der Deutschen nur eine abgeschmackte Gelehrsamkeit, ein unfruchtbares Wissen und eine unsinnige Zitirwuth, die sein gesunder natürlicher Verstand in ihrem wahren Lichte betrachtete. Trotzdem sah er das Bedürfnis der praktischen Wissenschaft für seine Zeit recht gut ein. Er ließ daher auch die damals für Deutschland ganz unpassende Berliner Akademie, welche ein bloßes Schaugepränge und eine eitle Nachäfferei des an dem unsittlichen französischen Hofe herrschenden Wesens war, nur aus dem Grunde bestehen, weil sie zur Anfertigung der Kalender diente. Um die lächerliche Gelehrsamkeit und die gelehrte Titel- und Rangsucht zu verspotten, machte er seinen Zeitungsreferenten Jakob Paul (Freiherrn von) Gundling, der ein treues Abbild des herrschenden todten Wissens und der damit verbundenen Gemeinheit der Seele war, und den er wegen seiner Pedanterie, seiner seltsamen Sitten und seines schamlosen Betragens als eine Art von Hofnarren ansah, zum Präsidenten dieser Akademie und überhäufte ihn auch mit allen möglichen Titeln und Würden. So ernannte er ihn z. B. auf seinen Vorschlag, Maulbeerbäume in der preußischen Monarchie anzupflanzen, zum „geheimen Finanzrath" mit der Weisung an den vorsitzenden Minister, ihn feierlich in das Kollegium einzuführen und ihm das Departement aller „seidenen Würmer im ganzen Lande" zu übertragen. Außerdem war Gundling geheimer Oberappellations-, Kriegs- und Hofkammerrath, auch Hof- und Kammergerichtsrath und Historiograph.

Ferner wirft man dem Könige Roheit und Despotismus vor. Voltaire nennt ihn nur den „Vandalen". Aber die Roheit war damals eines Theils in Deutschland einheimisch, andern Theils schuf sie keine Müßiggänger, von denen die meisten deutschen Höfe wimmelten. Wir haben gar nicht nothwendig, nach Württemberg und dem tiefverschuldeten Sachsen zu schauen — hier antwortete der Premierminister auf die Frage seines Herrn: Brühl, hab' ich Geld? stets mit einem devoten Ja;

dort schaltete Friederike Wilhelmine von Grävenitz, ein freches, zuletzt häßliches, mit allen Lastern beflecktes Weib, später Joseph Süß Oppenheimer, der am 4. Februar 1738 am Galgen endete — ich führe einige, wahrscheinlich weniger bekannte Beispiele an. — König Joseph (als Kaiser von Deutschland Joseph der Erste) hatte, als er 1702 auf den Kriegsschauplatz an den Rhein reiste, ein Gefolge von 252 Personen, und unter diesen war auch nicht eine einzige, die man im Felde brauchen konnte. Wir finden unter ihnen einen Fischmeister, drei Ziergärtner nebst Gehülfen, drei Kellerdiener, einen Mundbäcker, einen Vizemundkoch, zwanzig Meister- und Unterköche. Außerdem sind erwähnt Geflügel-, Kammerheizer-, Tafeldeckerwagen, 6 mit Wein, 2 mit Ziergarten-Bagage beladene Fuhrwerke ꝛc. Die Königin, welche ihren Gemahl begleitete, hatte ein Gefolge von 170 Personen, und diese Hofhaltung mit ihrer Dienerschaft brachte man in 63 Chaisen und 14 Kaleschen von Wien aus an den Rhein, wo auf jeder Station 192 Wagen und 14 Rennpferde nöthig waren. — Der Bischof von Schönborn hielt in Würzburg und in Bamberg einen vollständigen Hofstaat, sowie am letzteren Orte wenigstens 30 Kammerherren und 16 Züge Kutschpferde. Seine Tafel zeichnete sich durch großen Prunk und feine Speisen aus. Einer von seinen Ministern[1]) vermochte in einem Tage zehn Maß Burgunder Wein zu trinken; er war aber nicht der einzige Virtuose in dieser Beziehung; es gab dort noch fünf oder sechs ähnliche Gurgelfritze.[2]) — Erzbischof Joseph Klemens von Köln hatte sogar 150 Kammerherren. Friedrich Wilhelm begnügte sich mit 4, 16 Pagen und 6 Lakeien. An seinem Hofe durften weder Säufer noch Schuldenmacher sich blicken lassen, oder Schranzen die sauer erworbene Habe der Unterthanen vergeuden; dagegen befanden sich, wie u. A. der Tourist von Loen bezeugt, an demselben die meisten gescheiten Männer. Unstreitig übertreibt des Königs Tochter Wilhelmine in ihren „Denkwürdigkeiten", wenn sie sagt: „In Berlin hatte ich nur die Qualen des Fegefeuers, in Wusterhausen aber die Pein der Hölle zu erdulden."

Leugnen läßt sich nicht, daß Viele des Königs Stock fühlen mußten, selbst seine Kinder. In den bekannten Zerwürfnissen mit dem Kronprinzen ergreifen jedoch die Meisten Partei für den Sohn. Mit Unrecht! Es fehlt hier an Raum,

[1]) Schlosser, Geschichte des 18. Jahrh. I. 226.

[2]) Ebendaselbst Seite 225.

diesen Punkt ausführlich zu erörtern. — Mit einigen Worten will ich noch den Geiz und die Soldatenliebhaberei des Königs beleuchten. Wenn er im Kabinette arbeitete, zog er, um das Kleid zu schonen, leinene Überärmel an und band eine Schürze vor. Tapeten, Teppiche, Polsterstühle sah man in seinen Wohnzimmern nicht; alle Tische und Bänke waren aus Holz. Von den Ministern, die unter seinem Vater königlichen Aufwand gemacht hatten, erhielt jetzt einer nur 2000 Thaler Besoldung. Seine Gemahlin dagegen bekam 80,000 (Sophie Charlotte, vergl. S. 650! nur 52,000), von denen sie aber noch ihre und der Kinder Kleidung, Wäsche für sich und den Gemahl, Pulver und Blei für die Jagden (!!) besorgen mußte. In ihrem Kabinette war sämmtliches Geräth aus Gold. — Die pommersche Kammer bat um 2463 Thaler zum Aufbau der Kirche in einem Amtsdorfe. Der König verfügte: „Albert (der Kassenbeamte) soll zahlen." 1722 stiftete er mit landesväterlicher Freigebigkeit das große Potsdamer Waisenhaus für 2500 arme Kinder. Als der bigotte und beschränkte Erzbischof Leopold Anton Freiherr von Firmian gegen 20,000 fromme, treue, fleißige Protestanten aus Salzburg vertrieb, nahm Friedrich Wilhelm, der allen Glaubenszwang haßte, sie mit offenen Armen auf, begrüßte sie, als der erste Zug am 30. April 1732 in Berlin eintraf, persönlich am Leipziger Thore als seine lieben Kinder und ließ sie auf verschiedenen Wegen nach Preußen, besonders nach Littauen, führen. (Etwa 15 Familien blieben in Berlin zurück und siedelten sich in der Friedrichsstadt an.) Auf die Wiederbevölkerung dieses Landes, das durch die Pest furchtbar Schaden genommen hatte, (Seite 647) verwandte er sechs Millionen Thaler; es wurden 60,000 wüste Hufen, 332 Dörfer, 59 Domänen, 6 Städte erbaut, 1160 Dorfschulen neu eingerichtet. Durch seine weise Fürsorge, rühmt Friedrich der Zweite, stieg Littauen in kurzer Zeit zu höherer Blüte, als je wieder empor. Außerdem kaufte er für 5 Millionen neue Krongüter und legte über 2 Millionen in Ländereien zu unabhängigen Einkünften für die Prinzen an. Er hinterließ einen Schatz von 8,700,000 Thalern. Des Königs Sparsamkeit und seiner Freude an Soldaten haben wir es hauptsächlich zu danken, daß nachher Norddeutschland unter seinem Sohne den großen Kampf gegen die Finsternis und den blinden Despotismus im Felde und im Kabinette so rühmlich bestand.

Neben der Sorge für ein tüchtiges Heer, das er von 30,000 bis zu mindestens

70,000 (nach anderen Angaben 89,000) Mann brachte, läßt sich freilich die Schwäche nicht leugnen, daß er für große Flügelmänner und für ein durch auffällige Körperlänge sich auszeichnendes Leibregiment (3 Bataillone zu je 800 Mann) jährlich nahe an 300,000 Thaler verausgabte. — Friedrich Wilhelm mußte, da seine Staaten viel zu klein (2160 Qu.-M.), die Sucht nach Hünengestalten aber viel zu groß war, bei den Werbungen nothgedrungen zum Auslande seine Zuflucht nehmen. Zu denen, welche den Menschenschacher geradezu als Gewerbe betrieben, gehörte u. A. der Steuer-, Kriegs- und Domänenrath Samuel Otto Wilcke in Züllichau. Von seinen Untergebenen mehr als der König gefürchtet, brüstete sich der Genannte, der Sohn eines Diakonus, in den Kreisen Züllichau, Krossen und Kottbus, denen er vorstand, wie eine Majestät, drückte und plagte die Unterthanen auf unerhörte Weise, wurde aber bei allen Beschwerden, die wider ihn einliefen, von dem Minister Grumbkow, bei dem er sich durch Lieferung großer Rekruten aus Polen äußerst beliebt machte, stets geschützt. Der König verlieh ihm sogar den Titel „Geheimrath". Erst als man ihn anklagte, er habe sich die Rekruten zu theuer bezahlen und sich außerdem Unterschleife zu Schulden kommen lassen, entbrannte des sparsamen Monarchen Zorn aufs heftigste. Der Generalfiskal Gerbett reizte ihn noch mehr wider Wilcke, und beide Kriminalkollegien in Berlin mußten ihr Gutachten über seine Verbrechen abgeben. Da sich keine eigentlichen Veruntreuungen erweisen ließen, so beantragten sie einige Jahre Festungsstrafe. Der König entschied darauf eigenhändig: „Obwohl ich berechtigt wäre, den S..., den Wilcke, hängen zu lassen, so will ich doch aus angestammter Huld Gnade vor Recht ergehen lassen, jedoch soll er noch heute das erste Mal vor der Hausvogtei, das zweite Mal vor dem Grumbkow'schen Hause, das dritte Mal vor dem Spandauer Thore von dem Schinder zur Staupen geschlagen und nachher zeitlebens in das infame Loch nach Spandau gebracht werden."

Bei den Werbungen ließen sich Exzesse kaum vermeiden. Nur über zwei, die an den Grenzen des Landes Sternberg stattfanden, will ich Näheres mittheilen. In dem Dorfe Wischen, damals zum Kloster Paradies gehörig, fiel der Schulze Bernhard Klinke durch seine Größe auf. Die Menschenjäger stellten ihm deshalb nach, und ihretwegen wechselte er öfter sein Nachtquartier. Ein Offizier erfuhr nun im Januar 1740, daß die Frau des Genannten „im Kindbett liege"; er vermuthete demnach, daß der Gatte während dieser Zeit gewiß zu Hause anzutreffen sein würde

84*

und machte hiervon seinem zuständigen Werbebureau Anzeige. Sofort wurden verkleidete Soldaten abgeschickt. Diese schlichen sich in die Nähe der Schulzenwohnung und brachen in der Nacht (zum 24. Januar) in dieselbe ein. Das Ehepaar ruhte zusammen in einem Bette. Die Soldaten fielen über den Mann, der sich widersetzte, her; man band ihn: allein in dem Getümmel und der Dunkelheit ergriff man statt seiner beiden Füße nur einen derselben und fesselte diesen an das Bein seiner Frau. Als man ihn dann aus dem Bette zog, riß man durch diesen Mißgriff zugleich die Wöchnerin mit heraus, die in Folge des Schreckens einige Stunden darauf verschied. Der unglückliche Gatte ward trotz seines Flehens fortgeschleppt." — An diesem Frevel betheiligte sich auch ein Grenadier Gottfried Brauer aus Zielenzig, 36 Jahre alt, der bei der Kompagnie des Oberstlieutenants von Friedeborn in Küstrin stand. Deshalb zur Rechenschaft gezogen, sagte er aus, damals sei er bei seiner Familie auf Urlaub gewesen und habe sodann einen Freund in Seeren besucht, dort aber einen „gerade auf Werbung kommandirten Soldaten Johann Gottfried Schreyer, von Sr. Hoheit Markgrafs Karls Hochlöblichem Regimente angetroffen", der ihn, weil einer von seiner Mannschaft, die acht Köpfe zählte, erkrankt war, gebeten, „er möchte ihm in seinem Vorhaben assistiren, indem er einen großen Kerl aus dem Dorfe Wischen in Polen holen wollte." Das Bedenken, er dürfe Dies schwerlich ohne Genehmigung seines Offiziers thun, beschwichtigte Schreyer mit der Versicherung, er habe durchaus Nichts zu fürchten, denn Seine Hoheit der Markgraf werde Solches bei dem Oberstlieutenant Friedeborn schon verantworten. In Folge dieser Zurede sei er „mit nach Wischen gegangen, woselbst sie auch den polnischen Kerl bekommen, welchen Schreyer den dritten Tag nach Berlin an Seine Hoheiten überschicket." — Ein Geistlicher aus Paradies reiste sofort mit einer Beschwerde des Abtes Görczynski nach dem preußischen Hofe, bekam jedoch von Friedrich Wilhelm gar keine und von dem Markgrafen Karl die scherzhafte Antwort, man solle ihm für den einen zwei dergleichen Leute geben. Der König von Polen verhielt sich auch sehr lau; nur ein den Ministern nahestehender Herr bemerkte, daß in solchen Fällen Leute aus der Mark Brandenburg zu nehmen und das jus retentionis (das Zurückhaltungsrecht) zu gebrauchen freistehe.

Das Letztere ließ sich der Abt nicht zwei Mal sagen. Züllichauer Bürger — 30 Personen, unter denen sich viele Frauen befanden — fuhren am Sonntage

Estomihi (28. Febr. 1740) auf neun Schlitten zum Jahrmarkte nach Brätz. Kaum hatten sie hinter dem Dorfe Oppelwitz polnisches Gebiet betreten, so wurden sie von einem Haufen bewaffneter und zumeist berittener Bauern (an ihrer Spitze stand der Bruder des Schulzen Klinke), die ganz unerwartet hinter einem Hügel hervorsprengten, festgenommen und, damit man schlesisches Gebiet nicht berühre, auf Umwegen zunächst nach dem Dorfe Altenhof gebracht. Am 29. Februar trafen gegen 5 Uhr früh dort von Paradies aus auch zwei Pater ein. Sie sahen die Arrestanten genauer an, behielten die Nadler Jeremias Kerger und Gottfried Wencke mit ihren Schlitten und den Waren zurück, setzten aber alle übrigen wieder auf freien Fuß. Diese zogen, mit Ausnahme der verwittweten Kaufmann Liessin, die nach Züllichau umkehrte, zum Jahrmarkte; jene führte man indeß nach dem Kloster. Hier wurde ihnen eröffnet, daß sie erst dann, wenn der Schulze Klinke entlassen sei, ihre Freiheit erhalten sollten. Die naheliegende Einwendung, daß sie dem beregten Exzesse ganz fern ständen, beachtete man natürlich nicht. Ebenso blieben die Verhandlungen, welche der Magistrat von Züllichau mit dem Abte Górczyński direkt anknüpfte, ohne Erfolg. Der Polizeireuter Christian Scheibel wurde bei ihm oder bei einem anderen geistlichen Herrn gar nicht vorgelassen, weil, wie er berichtete, sie eben Fastnacht gehalten, Musik gehabt und Alles lustig gewesen sei. Der „Klosterhoffmann oder Wirth" gestattete ihm jedoch, mit den beiden Nadlern, die sich in einem Seitengebäude[1]) in einer ziemlich bequemen Stube befanden, sich auch sonst einer guten Pflege erfreuten, etwa eine halbe Stunde zu sprechen. Kerger lag freilich im Bette und klagte, daß er von den (bei der Festnahme) „empfangenen harten und vielen Schlägen ganz miserabel und krank sei."

In dem Briefe, welchen Scheibel dem Magistrate einzuhändigen hatte, betonte der Abt, man sei unstreitig befugt, sich gegen ungerechte Angriffe zu vertheidigen; den Schutz der Staatsgesetze eines jeden Landes könnten nur Solche beanspruchen,

[1]) Also nicht in einem Keller, wie Knispel (Schwiebus, S. 316--17); berichtet. Im Übrigen faßt er sich ganz kurz: Ein Kommando preuß. Husaren und Grenadiere, die von Züllichau aus über Stentsch marschirten, trieben im Kloster militärische Wirthschaft und erledigten die Gefangenen, die sie bei ihrem Abzuge, der noch an demselben Tage (21. März) erfolgte, mit sich führten. — Nicht minder fragmentarisch hält sich Wilcke (Züllichau S. 208). Ein Artikel im „Illustrirten Sonntagsblatte" 1879 Nr. 31 ist in mehreren Punkten ungenau. Dr. Warminski dagegen (Kloster Paradies, S. 160--81) fußt überall auf Akten im geheimen Staatsarchive etc.

welche sich gegen die vorgeschriebene Ordnung des betreffenden Staates nicht vergangen hätten. Ich frage, fährt Górczynski fort, steht denn nicht Jeder in seinem Wohnhause und mitten in seiner Familie unter dem Schutze des Natur-, Völker- und positiven Rechts, und darf man nicht Denjenigen, der dieses Recht verletzt, gleichviel ob er Dieb, Einbrecher oder Räuber ist, auf Grund eben dieses Rechts tödten? Wie war es nun aber mit der Familie unsers Klosterunterthanen, des Schulzen in Wischen? Habt ihr das geheiligte Recht dieser Familie respektirt? Habt ihr es nicht vielmehr in entwegter und vermessener Nichtachtung aller grenznachbarlichen Verpflichtungen schnöde und frevelhaft verletzt? Euch soll es freistehn, in ein fremdes Gebiet gewaltsam einzudringen, den Landesfrieden zu stören, Raub und Diebstahl zu begehen, uns aber, den Einheimischen und Verletzten, soll es benommen sein, das Unsrige zurückzuverlangen? Saget, sind irgend je von mir oder meinen Unterthanen die grenznachbarlichen Verhältnisse gestört worden? Nein, gewiß nicht, dieselben haben wir stets in Ehren gehalten; Eurerseits aber sind unzählige Störungen des nachbarlichen guten Einvernehmens und Friedens vorgekommen." —

Durch den Magistrat in Züllichau von dem Vorfalle schleunigst in Kenntnis gesetzt, forderte Friedrich Wilhelm mittelst Kabinetsordre vom 12. März 1740 die neumärkische Kriegs- und Domänenkammer zum sofortigen Berichte darüber auf, „was es mit dem weggenommenen Schulzen von Wischen vor eine Bewandniß habe, und durch was vor eine Art Repressalien oder andere convenable Mittel die deshalb von dem Abte des Klosters Paradies aufgehobenen Bürger zu befragen sein möchten." — In einer anderen Ordre, an demselben Tage an die neumärkische Regierung gerichtet, bemerkte er, daß, wenn etwa wider Erwarten der Abt kein Gehör geben wollte, er selbst sich gezwungen sehen würde, zur Befreiung seiner Unterthanen aus dem Kloster nachdrückliche Mittel zu gebrauchen, die dem geistlichen Herrn unangenehm sein würden; er möchte sie darum nicht gern anwenden. Ein Schreiben der beiden Behörden (vom 18. März), das der Akziseeinnehmer Schramm in Drossen dem Polizeireuter Hoffmann in Zielenzig zur schleunigsten Beförderung an den Abt durch einen Expressen zustellte, kam mit dem Bemerken zurück, Adressat sei vor drei Tagen auf das Land gereist, um die Quartalgelder von den Handwerkern beizutreiben. Nunmehr erhielt der Landreuter Flaminius den Auftrag. Am 21. März gegen Abend gelangte er im Kloster an. Leider spielten sich hier schon am Vormittage Szenen ab, welche die so oft gerühmte „gute alte Zeit" wiederum zur Genüge charakterisiren.

Ohne seine Minister zu fragen, hatte Friedrich Wilhelm (muthmaßlich auf den Rath des Obersten von Camus) dem Lieutenant von Gröben befohlen, mit 24 Husaren aufzusitzen, nach Frankfurt a. d. O. zu reiten und dort erst eine schriftliche Ordre, die er ihm mitgab, zu öffnen. Zu nicht geringem Erstaunen ersah dieser an Ort und Stelle, daß er mit seinen Mannschaften sich auf die Güter der Abtei Paradies einlegen und um jeden Preis die beiden Züllichauer Bürger befreien, nöthigen Falls auch die preußischen Regimenter Schwerin und Schulenburg zu Hülfe rufen solle.

Am 21. März, früh 6 Uhr, rückte vor das Kloster Paradies „von denen brandenburgischen Völkern eine Compagnie Grenadiers, eine Compagnie Musquetirer und ein Corps Husaren, die zusammen nebst den aus Züllichau mitgelaufenen Bürgern und anderen Inwohnern weit über 400 Mann" zählten. Dem Militär folgten 21 Wagen, angeblich mit Granaten, Sturmleitern und anderen Kriegsgeräthen beladen. Der an der polnisch-österreichischen Grenze aufgestellte kaiserliche Wachtposten wurde „grausam durchgeprügelt", auch seiner Mütze und seines neuen Mantels beraubt. Durch Äxte, Mauerbrecher und sonstige geeignete Instrumente sprengte man die Thore, mißhandelte und verwundete mehrere Mönche und den Prior, konnte aber trotz aller Nachforschungen die „Kanaille, den Abt" nicht auffinden. In der Konventionsapotheke richteten die Soldaten erheblichen Schaden an, zertrümmerten, wie in den benachbarten Novizenzimmern, Thüren und Fenster, traktirten den Bruder Apotheker mit mehr Schlägen, als er zu ertragen vermochte, raubten die besten Arzneimittel und vorzüglichsten Gewürze, tranken die aqua vitae (den Gewürzwein) aus und ließen, was sie nicht mehr verzehren konnten, auf die Erde laufen. Selbst die Kirche verschonten sie nicht, hier befanden sich die meisten Mönche im Chore, beteten und sangen (sie feierten an diesem Tage das Fest des heiligen Benediktus). Zu ihnen mußte der Pater Provisor durch das Darmitorium (den Schlafsaal) einen Offizier in Begleitung eines Grenadiers führen. Auf Verlangen aus dem Chor gerufen, folgte der Subprior, der sich bei dieser „militärischen Wirthschaft" den größten Gefahren aussetzte, zum Hauptmanne. Er sollte ihm den

Aufenthalt des Abtes und des Priors nachweisen. Da er zur Zeit nicht im Stande war, darüber Auskunft zu ertheilen, so bemerkte der Offizier, „daß er einen Brief an den Prior geschrieben; er erwarte die Antwort; wenn sie also mit dem Abte nicht sprechen könnten, wüßten sie, was sie weiter machen würden." — Hierauf „erhob sich in der Kirche und auf der Abtei ein Geschrei. Der Pater Subprior eilte jener, der Pater Rivardus dieser zu. Den letzteren verfolgten die Soldaten bis in das Gotteshaus, jagten die Pater auf das Chor, trieben sie mit bloßen Säbeln und aufgepflanzten Bajonetten um die Altäre und in der Kirche hin und her, versetzten ihnen viele Streiche mit flachen Klingen und riefen jederzeit aus: bist du der Prälat oder Prior?" Ein Husarenoffizier, welchem eine brennende Hängelampe vor dem Altare auffiel, fragte den Pater Ambrosius nach der Bestimmung derselben. Als er den gewünschten Aufschluß erhalten hatte, zertrümmerte er sie durch einen Säbelhieb. Zwanzig Altarkerzen verschwanden in den Taschen der Soldaten. Endlich des Treibens müde, eskortirte man die Pater zu dem Hauptmanne, der sich in den oberen Gemächern des Klosters aufhielt. Er suchte den Subprior und die übrigen Geistlichen zu bestimmen, sich den Mannschaften für ihre Mühewaltungen im Kloster durch Verabreichung eines Frühstücks und Zahlung eines Gulden an jeden Soldaten erkenntlich zu zeigen. Die Mönche erwiderten, daß die Festmahlzeit noch nicht bereitet, auch ihre Kasse ganz leer sei; zu ihrem größten Bedauern könnten sie demnach weder den einen noch den andern Wunsch erfüllen. Schließlich sah der Hauptmann wol ein, daß sich hier Nichts mehr herausschlagen lasse. Er gab deshalb Befehl zum Aufbruch. Die Scharen stellten sich in Reihe und Glied, nahmen die beiden aus der Haft befreiten Züllichauer Krämer in ihre Mitte, marschirten unter dem Geschrei ab: „Viktoria! Sehet, was die Brandenburger können!" und zogen nach Züllichau resp. über Lagow nach Frankfurt a. O. Der Husarenoffizier versicherte zum Überflusse noch: „Werdet ihr noch ein Mal Repressalien gebrauchen, so werden wir bald wieder hier sein!" — Selbst dann, wenn man die Plünderung auf das Kloster beschränkt und nicht auch noch auf den nahen Vorwerken Paradies und Jordan Kälber, Schafe, Schweine, Geflügel, Kleidungsstücke, bedeutende Mundvorräthe 2c. mitgenommen hätte, dürfte jeder Unbefangene wol von solchen brandenburgischen Helden sagen: Euer Ruhm ist nicht fein! —

Über diese Klosteraffaire schüttelte man nicht blos in Warschau, sondern auch in Wien, Petersburg, Paris, London rc. sehr bedenklich den Kopf. Die drohenden Verwickelungen beunruhigten Friedrich Wilhelm nicht wenig; in seinem Zorn warf er einmal einen Tisch mit Allem, was auf demselben stand, nach dem Obersten von Camus um und verbannte ihn aus seiner Nähe; sonst suchte er den Gewaltstreich möglichst zu beschönigen und behauptete, der „böse, muthwillige Pfaffe“ habe den dem Könige „schuldigen Respekt nebst der Unterhaltung der Nachbarfreundschaft gänzlich außer Augen gesetzt“, und es sei ihm nur dieses ernste Mittel übrig geblieben, seine „vergewaltigte Unterthanen nebst derselben Waaren und Effekten zu liberiren“ (befreien).

Wir könnten einer solchen Entschuldigung vielleicht Glauben schenken, wenn der Fall vereinzelt dastünde. An Brandenburg grenzend, mußte Polen indeß am meisten durch die Werber leiden. 1723 entführten sie hier einen Brauer von einem Gute, das dem General Flemming, dem Bruder des sächsischen Ministers, gehörte. Seine Beschwerde blieb erfolglos; es kam darob zu verdrießlichen Händeln und zu einem Duell, in welchem der Lieutenant von Putlitz vom Regimente Schlippenbach erschossen wurde. Die Dreistigkeit der preußischen Werber ging in Polen so weit, daß einer von ihnen mit zwei großen Thürhütern des Königs, die, durch Wein und Geld bethört, sich ihm folgsam bewiesen, des Nachts aus dem Vorzimmer verduftete.

Damit ich nicht nöthig habe, im nächsten Kapitel noch ein Mal auf die Menschenjagd zurückzukommen, erwähn' ich hier einen Vorfall, der sich am 5. Dezember 1748, demnach unter Friedrich II., mit einem Unteroffizier Wallasch (vom Schwerinischen Regimente in Frankfurt a. O.) ereignete. Das tragische Ende desselben erzählt folgendes Gedicht, das ich auch deshalb mittheile, weil vor mehreren Jahren in Burschen nur noch ein Exemplar aufzutreiben war. (Die alte Orthographie ändere ich)

**Auf die von der Hochwaldischen Gemeinde an einem Königlich Preußischen Unteroffizier begangene schreckliche Mordthat.**

† † †

Ich unglücksel'ger Mensch! So muß ich nunmehr klagen,
da mich ein Bauernschwarm erbärmlich todtgeschlagen.
Ein Jeder, der mich noch im Sarge sehen können,
wird ohne Zweifel mich recht unglückselig nennen.

Ist Dir, mein Freund, das Ding noch etwa unbekannt,
so referir' ich Dirs, es war also bewandt:
Ich ging mit Etlichen ins Dorf nach Hochenwalde.
Kaum daß wir angelangt, so kam das Volk gar balde,
durch einer Glocken Schall zum Sturme allarmiret,
und vor das Haus, wo wir kaum eingekehrt, geführet.
Da ging die Wuth und Grimm der tollen Bauern an,
daß, wer es nicht gesehn, sich kaum vorstellen kann,
wie blind und rasend sie in dieses Wohnhaus fielen,
in Meinung, uns darin aufs ärgste mitzuspielen.
Allein wir suchten uns in Zeiten zu salviren,
besonders mußt' ich mich vor Andern retiriren.
Ich kroch aus Angst und Furcht in einen Dornenstrauch,
so daß Nichts weiter mehr, als Beine und der Bauch
noch unbedeckt blieb. Doch als Dies kaum geschehen,
hat der ergrimmte Schwarm mich also bald gesehen,
und kam mit Mordgewehr, mit Sensen, Spieß und Stangen,
mich nicht, wie sonst geschieht, zu greifen und zu fangen.
O nein! Dies Alles sollt' noch viel zu wenig sein,
wer schlagen konnt', der schlug ganz unbarmherzig drein.
Ich rief, ich schrie, ich bat: Ach, laßt mich doch nur leben!
Ich will mich williglich Euch zum Gefangnen geben.
Allein man ließ nicht ab, grausam auf mich zu schmeißen.
Ihr Losungswort war dies: Schlagt todt, schlagt todt
den Preußen!
Drauf, als ich leider sah, daß schon die Wuth zu groß,
und aus der Mörder Mund nur lauter Mordwort floß,
so schwieg ich gänzlich still. Alleine die Barbaren,
die ließen mich nun erst recht ihren Grimm erfahren.
Den rechten Arm hat man zu drei Mal durchgestochen;
das ganze linke Bein ist wie durchs Rad zerbrochen,
der Kopf drei Mal blessirt, der Unterleib durchbohrt;

am ganzen Körper ist kein ein'ger heiler Ort.
Mein Blut, das man also wie Wasser ausgegossen,
war mir auf Kleid und Leib recht ekelhaft geflossen.
Doch konnte Dieses nicht der Bauern Grimm besiegen;
sie gingen sämmtlich fort und ließen mich so liegen.
Sie waren unbesorgt, ob die verübte That
auch gut zu sprechen sei; doch endlich hielt man Rath
und ward darinnen eins, mich in ihr Dorf zu holen,
worauf mich auch ein Mann, dem solches anbefohlen,
zurücke in ihr Dorf zu einer Wittwe brachte,
die mir mein Sterbebett auf einer Streue machte.
Hier lag ich außer mir, von Kraft und Sinnen los;
mein Schmerz, ach ja mein Schmerz war unaussprechlich groß.
Ich bat hierauf das Weib, mit Branntwein mich zu reiben,
um, wo es möglich wär', die Ohnmacht zu vertreiben.
Und als sie Dies gethan, hat man nach dreien Stunden
mich auf der Lagerstätt' erblaßt und todt gefunden.
Drauf hat ein Zimmermann mir einen Sarg gemacht,
den sonst der schlecht'ste Kerl für sich zu wenig acht't,
und mit der Holzaxt blos denselben zugemessen.
Doch, Wunder! daß man sich hat überwinden können,
mir Todtgeschlagenen noch einen Sarg zu gönnen.
Nachdem man diese That ans Regiment gemeld't,
so wurde die Sentenz indeß also gefällt:
Die Burschner sollten mich aus Hochenwalde holen
und mich auf solche Art, wie es bereits befohlen,
auf ihren Kirchhofsraum zu meiner Ruhe bringen.
Dies ist nun auch vollbracht. Man hat mich unterm Singen
ins kühle Grab gesenkt. Jedoch eh' dies geschehn,
brach man den Sarg noch auf, und ließ Jedweden sehn,
wie ganz unmenschlich sich Hochwalde aufgeführet,
und wie barbarisch man mich armen Wurm traktiret.

Hier ging das Heulen an bei Großen und bei Kleinen;
Jedwedes sahe man recht bitt're Thränen weinen.
Drauf schlug man meinen Sarg mit Nägeln wieder zu
und brachte mich sodann zu meiner Grabesruh'.

† † †

Der listigen, gewaltsamen Werbungen wegen entstanden mit den Nachbarstaaten wiederholt Konflikte. Die sächsischen Behörden ertappten einen preußischen Offizier (nach Pöllnitz: den Hauptmann Natzmer), und sie verurtheilten ihn zum Tode. Friedrich Wilhelm eröffnete nun dem betreffenden Gesandten (von Suhm) durch den Kriminalminister Katsch, er werde, falls man das Urtheil vollstrecke, gegen ihn Wiedervergeltungsrecht üben. Besorgt, der König möchte diese Drohung wahr machen, floh Suhm über die Grenze nach Lübben. Wenn auch August der Starke ein solch Verhalten nicht vollständig billigte; er beschwerte sich doch über ein so völkerrechtswidriges Benehmen des preußischen Hofes. Inzwischen wahrscheinlich seine Hitze bereuend, versicherte Friedrich Wilhelm darauf, es sei ihm nicht in den Sinn gekommen, Herrn von Suhm, einen verdienstvollen und ehrenwerthen Mann, den er als Freund liebe und als Gesandten achte, gewaltthätig zu behandeln. Der Sache liege ein Mißverständnis zum Grunde; Katsch habe nicht von Wiedervergeltungsrecht, sondern nur von Verantwortlichkeit gesprochen. Nach einigen Unterhandlungen beruhigte sich Sachsen und ließ den Gefangenen frei; auch Suhm kehrte nach Berlin zurück und fand eine freundliche Aufnahme. — Ebenso kam es 1729 zwischen Preußen und Hannover zu sehr ernsten Irrungen; dem alten ehrwürdigen Feldmarschall Natzmer gelang es jedoch, das Herz des Königs, den der österreichische Gesandte von Seckendorf fortwährend aufstachelte, milder zu stimmen, und durch Vermittelung der verwandten Höfe Gotha und Braunschweig, die das Amt eines Schiedsrichters übernahmen, fand glücklicher Weise zwischen den Herren Brüdern „Sergeant und Komödiant" (Georg dem Zweiten) eine Aussöhnung statt.

Um die außerordentlichen Ausgaben für sein Riesenregiment zu bestreiten, gründete der König die Rekrutenkasse. Schon unter Friedrich dem Ersten bestand eine Chargen- und Vereinskasse, in welche ein jeder Zivilbeamte, bevor er seine Stelle antrat, eine Abgabe zahlen mußte. Sein sparsamer Sohn suchte die Einnahmen derselben dadurch zu erhöhen, daß er durch eine Verordnung vom 9. Dezember 1721 bestimmte, in Zukunft sollte Niemand die bisher gewöhnlichen Marine- und Chargengelder bezahlen, vielmehr Jeder, der ein Amt, ein geistliches oder weltliches Benefizium, Anwartschaft, Standeserhöhung, Privilegium, Indult oder einen andern Grad erhalte, von dem sonst jene Gelder entrichtet wurden, von jetzt ab eine leidliche Geldsumme erlegen, deren jedesmaligen Betrag zu bestimmen Seine Majestät sich vorbehalten. Anfänglich zahlten Alle bei ihrer Ernennung zu Beamten für die auf einen Stempelbogen ausgefertigte Bestallung eine festbestimmte Summe; später aber nahm der König Gebote von den Bewerbern an. Als das Generaldirektorium 1725 anfragte, ob eine Stadtkämmererstelle in Landsberg a. W. Einem, der für dieselbe 300 Thlr. spenden wollte, oder einem Andern, der bereits 100 Thlr. gezahlt habe und adjungirt sei, verliehen werden solle, antwortete der König: „wer das Meiste gibt!" — Auf eine 1736 eingegangene Vorstellung, „daß zwar Seine Majestät dem Rechtskandidaten Lippach die Anwartschaft auf die Bürgermeisterstelle in Kottbus für angebotene 200 Thlr. ertheilt habe, indessen ein Anderer 500 Thlr. biete, worauf der pp. Lippach noch 500 Thlr. mehr geben wolle", lautete der Bescheid Friedrich Wilhelms: „wer das Plus zahlt." — 1721 hatte er das Krossener Kämmereramt dem Advokaten Joachim Friedrich Köhler für 50 Thlr. verliehen und ihn auch bereits ernannt; da bot der Advokat Bernhard Giehra und ein gewisser Gottfried Anders je 100 Thaler für die Stelle. Unter Zurückstellung seiner 50 Thlr. erhielt Köhler sofort seine Entlassung, und die beiden Rivalen wurden zu weiteren Geboten ermuntert. Giehra zahlte endlich 200 Thlr. Noch bei seinen Lebzeiten erstand die Anwartschaft auf die Kämmererstelle Karl Heinrich Koch für 100 Thlr.; bei Giehras Tode 1740 mußte er aber 50 zuschießen. — Das Generaldirektorium zeigte 1734 an, „es hätten sich zu der Kontroleurstelle in Krossen Mehrere gemeldet, welche 500 bis 600 Thlr. zur Rekrutenkasse zu zahlen sich erboten, wogegen die Wittwe des verstorbenen Oberzollverwalters Großmann gebeten, diese Stelle ihrem ältesten Sohne für 200 Thlr. zu überlassen, in Betracht sie zehn unerzogene Kinder und ihr verstorbener Mann bereits 400 Thlr. für diese Stelle gezahlt habe." Der König schrieb eigenhändig auf den Rand: „Wer 600 Thlr. und mehr zahlt, soll haben." — Packträger, denen ihr Posten nicht mehr als 10 Thlr. monatlich einbrachte, entrichteten 600 für denselben, und bei einem öffentlichen Aufgebote ward eine Zöllnerstelle, deren monatliche

Einnahme nur in 7 Thlrn. bestand, bis auf 800 Thlr. getrieben. Einem solchen Handel begegnen wir in jener Zeit zwar in den meisten deutschen Staaten; nirgends wucherte er aber so üppig, wie in Preußen unter Friedrich Wilhelm dem Ersten. — Israeliten, welche heiraten wollten, mußten sich vorher bei 1000 Thlr. Strafe mit der Rekrutenkasse abfinden. Noch schlimmer war es, daß so mancher Reiche, der sich in einen faulen Prozeß verwickelt sah, dem Urtheile des Gerichts durch Zahlung einer namhaften Summe an diese Kasse zuvorkam.

Die Soldatenliebhaberei steht mit den Eigenschaften, welche den König unter allen damaligen Regenten auszeichneten, geradezu im grellsten Widerspruche. Für lange Kerle sendet er zwölf Millionen aus dem Lande; der gesammten Ritterschaft, allen Beamten und Unterthanen seines Staates aber verbietet er (1718, 19), fremdes Tuch zu verbrauchen, und er will den Verkauf jeder Elle mit zehn Thalern, die Verarbeitung derselben zum ersten Male mit fünfundzwanzig Thalern, dann mit dem Verluste des Innungsrechtes strafen. Er befiehlt seinen Gesandten an auswärtigen Höfen (1738), Alles, was sie zu ihrer Equipage, an Kleidung, Silbergeräth nothwendig haben, aus Berlin kommen zu lassen. Überhaupt huldigte er dem Grundsatze: Das Geld im Lande behalten, das ist die wahre Wohlfahrt für den Staat.

Wie erklären wir uns jene räthselhafte Liebhaberei? Bei einer Disputation, in welcher er (am 12. Novbr. 1737 in Frankfurt a. O.) durch seinen Hofnarren, Rath und Vizekanzler Magister Salomon Jakob Morgenstern[1]) den Satz vertheidigen ließ: „Gelehrte sind Salbader und Narren", sagte er zu dem Geheimrath, Direktor der Universität und Ordinarius der Juristenfakultät Johann

---

[1]) Morgenstern, der in Halle bei einem Glase Wasser und einer Pfeife Tabak vor lärmenden Studenten über Geographie und Geschichte Vorträge gehalten, auch für sein Staatsrecht des russischen Reiches von der Kaiserin Anna eine reichliche Belohnung empfangen hatte, wollte nach Moskau gehen, um dort eine Anstellung an dem neuen Gymnasium nachzusuchen. In Potsdam angekommen nannte er sich am Thore Magister legens (lesender Meister); auch fiel er dem wachthabenden Offiziere durch sein komisches Äußere auf. Der König brauchte gerade einen Vorleser in seinem Tabakskollegium; denn Faßmann war, weil er sich nicht länger als Narr den Mißhandlungen aussetzen wollte, im Jahre 1732 entflohen, und Graben vom Stein (Astralikus), zugleich Präsident der Akademie der Wissenschaften, gewöhnlich betrunken. Wohl oder übel mußte nun Morgenstern als Vorleser fungiren. Gemäß der Anordnung des Königs trug er bei der Disputation auf dem

Jakob Moser u. a.: „Jeder Mensch hat seinen Narren; ich habe den Soldatennarren.“ In diesen Worten liegt wenigstens ein Schlüssel zur Lösung des Räthsels. Größere Aufklärung gewährt des Monarchen Testament. „Mein ganzes Leben hindurch“, heißt es in demselben, „fand ich mich genöthigt, um dem Neide des österreichischen Hauses zu entgehen, zwei Leidenschaften auszuhängen, die ich nicht hatte: eine war ungereimter Geiz und die andere eine ausschweifende Neigung für große Soldaten. Nur wegen dieser so sehr in die Augen fallenden Schwachheiten vergönnte man mir das Einsammeln eines großen Schatzes und die Errichtung einer starken Armee. Beide sind da, und nun bedarf mein Nachfolger weiter keiner Maske.“ — Ob diese Gründe alle denkenden, vorurtheilsfreien Leser überzeugen werden? —

Bei dem Leichenbegängnisse seines Gründers (7. Juni 1740) paradirte das Riesenregiment zum letzten Male; Friedrich der Zweite löste es auf und formirte aus demselben den Stamm zu fünf neuen Regimentern. Um die Fronten nicht zu verderben, konnte er jedoch nicht alle langen Kerle unterbringen; 16 von ihnen wurden zu Heiducken gestempelt; sie erhielten hohe Mützen und weite Gewänder, in denen sie noch kolossaler erschienen, verrichteten Thürhüterdienste und trabten als Läufer vor den Staatskarossen her.

Wie Friedrich Wilhelm einerseits für gewisse Zwecke durchaus nicht geizte, so war er auch andererseits darauf bedacht, die Staatseinnahmen möglichst zu vermehren. Er folgte dabei oftmals seinem eigenen Kopfe und fragte gleich dem großen Kurfürsten sehr wenig nach den verbrieften Rechten. „Ich bin, sagte er, der Finanz-

Katheder ein blausammtenes Kleid mit sehr großen rothen Aufschlägen, auch eine rothe Weste. Die Silberstickereien an den Knopflöchern, den Taschen, den Beinkleidern und den Zwickeln der Strümpfe bestanden aus lauter Hasen. Eine gewaltige Perrücke bedeckte den Kopf und den ganzen Rücken Statt des Degens hatte er einen Fuchsschwanz an der Seite und statt der Federn Hasenhaare auf dem Hute. Der König rief den Studenten (183 brachten ihm am 10. November eine Abendmusik) bei dem „erlaubten Spaße“ zu: „Scheut euch nicht, Jungen; trete näher und beweist Morgenstern, daß er ein Narr ist!“ Der Tumult, welcher nun ausbrach, legte sich erst, als der Rektor erschien, der in der Eile die Perrücke eines Unteroffiziers aufgesetzt hatte. Moser entfernte sich; er wußte auch ohne Morgenstern, daß ein Quentchen Mutterwitz besser ist, als ein Zentner Universitätsweisheit. Zuerst opponirte der Professor Roloff, sodann der Hofrath Fleischer. Nach einer Stunde ließ der König die Disputation abbrechen, machte gegen seinen Hofnarren ein großes Kompliment, drehte sich um, pfiff und klaschte. Die Anwesenden stimmten natürlich ein.

mann und der Feldmarschall des Königs von Preußen; das wird den König von Preußen erhalten."

Am 5. Januar 1717 erschien eine Verordnung, nach welcher alle Adels-, Schulzen- und Bauernlehngüter im Lande in freies Eigenthum verwandelt werden sollten; die ferner das „Lehnpferd" aufhob und dafür einem jeden Rittergute eine feste Steuer von vierzig Thalern, einem jeden Schulzen- und Bauerngute eine verhältnismäßig geringere Abgabe auflegte. In der Ritterschaft entbrannte darob ein gewaltiger Unwille. Seit Errichtung des stehenden Heeres in doppelter Weise bevorzugt — sie trug nichts zu den Unterhaltungskosten desselben bei und fand allermeist Versorgung in den Offizierstellen — wollte sie ihre Vorrechte nicht ohne Weiteres fahren lassen. Die heiklen Unterhandlungen führten in der Mark noch am ehesten zum gewünschten Ziele. Der Adel im Herzogthum Magdeburg zeigte sich viel hartnäckiger. Er verklagte 1725 den König sogar bei dem Reichsrathe in Wien und erstritt auch ein günstiges Urtheil. Mit der Vollstreckung drohte zwar der Kaiser; dabei blieb es aber, und der rücksichtslose Monarch schickte seine Exekutoren.

Gegen den festen Hufenschoß, der an die Stelle anderer Steuern von schwankendem Ertrage treten sollte, protestirte der Feldmarschall Graf Dohna im Namen der ostpreußischen Landstände sogar in französischer Sprache (31. Januar 1717). Diese Abgabe sei „landesverderblich, höchst bedenklich für des Königs Interesse und unnützer Weise kostspielig (tout le pays sera ruiné). Spöttisch schrieb der König an den Rand: „tout le pays sera ruiné? Nihil Kredo, aber das Kredo daß die Junkers ihre Autorität Nie pos volam wird ruinirt werden. Ich stabilire die Souveraineté wie einen Rocher von Bronce." [1])

Die „allgemeinen Verhaltungsregeln", welche der König für die Generalhufenrevision den Kommissarien, Land- und Kammerräthen und den Deputirten der Kreise in der Neumark, Sternberg, Krossen, Züllichau und Kottbus vorschrieb,

[1]) „Das ganze Land wird ruinirt? Das glaub' ich nicht; aber das glaub' ich, daß die Junkers ihre Autorität: Ich erlaub' es nicht! wird ruinirt werden. Ich stelle die Souverainität fest wie einen Felsen von Erz." — Der König spielte mit diesen Worten auf das verhängnisvolle liberum Veto des polnischen Adels an: nie pozwalam = ich erlaub' es nicht. Der letzte Satz: Ich stabilire u. s. w. soll übrigens nicht vom Fürsten herrühren, sondern erst später hinzugefügt worden sein.

enthalten sehr spezielle Bestimmungen zur Ermittelung der Beschaffenheit der Äcker. Nach dem Ertrage derselben sind vier Klassen aufzustellen. Zur ersten Klasse sollen solche Orte mit gutem Kornboden gehören, in denen „sowol das Winter- und Sommerkorn gemeinigk zum 4. bis 5. Korn und darüber zuwächset, wobei nothdürftiges Heu, Weide und Holz befindlich und der Ort der Situation noch nicht weit von großen Städten und Strömen entlegen, wodurch der Zuwachs von Getreide wohl zu Gelde zu machen und mit geringen Kosten kann vollführt werden. — Die zweite Klasse, allwo selbst auch der Acker von vorgesetzter Güte vorhanden, hingegen das Holz weit geholt und zugekauft werden muß, es auch einigermaßen an Weide und Heuschlag ermangelt; in diese Klasse gehören auch diejenigen Örter, wo der Boden mittelmäßig und derselbe 3 und 3¼ Korn zuträgt und wobei andere Pertinentien, als gute Weide, Holz oder nothdürftiger Heuschlag befindlich. — Die dritte Klasse, woselbst mittelmäßiger Acker von vorgedachtem Zutrage vorhanden, hingegen die anderen Pertinentien, als Holz, Weide oder Heu zum Theil ermangeln. Zu dieser Klasse werden auch gerechnet diejenigen Örter, so nur schlechten Boden haben, hingegen vorstehende Pertinentien befindlich sein. — Die vierte Klasse, allwo nur schlechter Acker und dergleichen Nebenstücke ermangeln, oder doch nur schlecht zu konsideriren [berücksichtigen] sein." — Zu 4 Groschen Steuer sollte beitragen: die 1. Klasse 1 Gr. 7 Pf., die 2. 1 Gr. 1 Pf., die 3. 9, und die 4. 7 Pf., mithin im Verhältniß von 19 : 13 : 9 : 7.

Diese Verhandlungen bieten allgemeines Interesse und charakterisiren in vieler Beziehung die damalige Verwaltung. Da mir jedoch der Raum sehr sparsam zugemessen ist, so theil' ich nur folgende Aktenstücke mit:

1.

Allerdurchlauchtigster &c. Es haben Ew. Königl. Majestät vermöge Reskripti de dato Berlin, den 27. Januar 1718 dero sämmtlichen Neumärkischen Landräthen allergnädigst anbefohlen, daß sie den 16. Februar a. c. allhier in Berlin erscheinen und mit denen wegen Klassifizirung der Hufen verordneten königlichen Kommissarien wegen Einrichtung derer Präliminarien in Konferenz treten sollen. Diesen Befehl zur allergehorsamsten Folge haben sich der Sternbergische und die übrigen Landräthe der incorporirten Kreise am gemeldeten Termino allergehorsamst eingefunden. Da aber selbigen erinnerlich, daß die zwei Hinterkreiser Dramburg und Schievelbein ehemals mit den übrigen fünf neumärkischen Kreisen wegen Ungleichheit der Hufen in lite[1]) gestanden und das Ansehen fast gewinnen will, als wenn Sternberg und incorporirte Kreiser wegen der bereits im vorigen Seculo ratione[2]) dieser Sache auf Grund unter Ihnen geschwebter Differenzen mit eingeflochten werden wollten;

So finden wir uns genöthigt, Ew. Königl. Majestät in allerunterthänigster Submission[3]) vorzustellen, daß schon a. 1634 der Dramburgische und Schievelbeinische Kreis eine Commission gegen die übrigen fünf neumärkischen Kreise wegen Ungleichheit der Hufen extrahiret[4]), welche Commission auch ihren Fortgang genommen und unter Ihnen damals 1642 ein Vergleich geschlossen worden, vermöge welches vermeldete fünf neumärkische Kreise denen Dramburgischen und Schievelbeinischen 454 Hufen, incl. derer, so sie bereits vorher verlassen, abgenommen und mit übertragen helfen.

Nach der Zeit ist dieses Werk a. 1681 von neuem wieder unter ihnen rege gemacht und abermalen zur Commission gediehen, und ob es wohl geschienen, als wollten Sternberg und incorporirte Kreise litis zugleich mit denuncirt[5]) werden, so haben sie sich doch in dieser Sache niemals eingelassen, noch hiervon tanquam re inter alios acta[6]) Theil genommen, sondern sich protestando[7]) verwehret und allenfalls auf Verhör provociret, wie solches besagtes Commissionsprotocollum de a. 1681 den 4. Juni klärlich bezeiget, worauf unter ihnen Alles so geblieben und mentionirten[8]) Kreisen niemalen das Geringste zugemuthet worden; es hat auch Solches unmöglich geschehen können, maßen diese Kreiser nicht wegen der Hufenzahl incorporiret, sondern damals bei der mit großer Mühe gemachten Qualification gewisse Contingentia als zwei Quintas[9]) übernommen und also ratione quanti[10]) gänzlich mit denen übrigen neumärkischen Kreisen auseinandergesetzet seien, und nach dieser Proportion[11]) haben sie auch beständig die bisherigen Landesbürden, sowohl ordinäre als extraordinäre, getragen und abgeführt.

Wir ersuchen also Ew. Majestät in allertiefster Unterthänigkeit und alleräußerster Submission, selbige geruhen den Sternbergschen und übrige incorporirte

[1]) In Streit.

[2]) Jahrhundert bei Erwägung.

[3]) Demuth. [4]) veranlaßt. [5]) des Streitobjekts wegen auch herangezogen werden. [6]) als wenn die Sache unter Andern verhandelt wäre. [7]) durch Vorschützen. [8]) erwähnten. [9]) Grenzlande als zwei Fünftel. [10]) nach ihrer Größe. [11]) Verhältnis.

Kreiser fernerhin bei denen alten Landesverfassungen in Allerhöchsten Königlichen Gnaden zu schützen, und weil sie unter einander zufrieden und keine Querellen [1]) haben, mit Classificirung der Hufen allergnädigst zu verschonen.

Wir getrösten uns allergnädigst der Erhörung und ersterben mit allergehorsamster Devotion und unverrückter Treue

Ew. Königlichen Majestät

allerunterthänigste treugehorsamste Diener und Knechte

Joachim Bernhard v. Selchow, Alexander v. Rothenburg, v. Schenckendorf, v. Löben.[2])

2.

Aus einem Protokolle zum Berichte der neumärkischen Landräthe vom 1. März 1718, aufgenommen den 28. Februar in des Herrn Generalmajor von Blankensee Quartier in des Hofrathes Repkow Hause, ergibt sich u. a.

Nr. 3. Landsbergischer Kreis soll haben . . . . . 1874 1/2 Hufe,
Nach dem jetzigen Kataster und Dorfmatrikul aber werden nur versteuert . . . . . . . . . . . . . . . . . . 1819 3/4 Hufen,
fehlen also . . . . . . . . . . . . . . . . . . . . . 54 3/4 „
ratio soll eadem sein [3])

Nr. 8. Der Sternbergsche Kreis soll haben nach dem alten Katastro . . . . . . . . . . . . . . . . . 5207 Hufen.
Derselbe steuert aber zum Corpori der Neumark nicht eben nach den Hufen, sondern trägt jetzo quintam partem contributionum [4]), vorher aber, ehe Krossen, Züllichau und Kottbus dazu kommen, hat er quartam [5]) getragen. Nach einer alten Aussage soll er gehabt haben . . . . . . . . . . . . . . . . . . 5555 Hufen.
Bei der Untersuchung per Commissionem, den 12. Febr. 1659 vorgewesen, hat sich gefunden, daß er habe . . . . . . . 5119 Hufen,
die nach der Dorfmatrikul und dem jetzigen Katastro auch versteuert werden, und darnach ist er praegraviret ratione quinta [6]), auf 117 2/8 Hufen, sonst aber fehlen nach obigem Hufenstande . . . . . . . . . . . . . . . 88 Hufen.

Nr. 9. Krossensche Kreis soll haben . . . . . . . 2769 Hufen.

---

[1]) Streitigkeiten. [2]) Ort und Datum fehlen in der vorliegenden Abschrift. Die Genannten waren Landräthe in den Kreisen Sternberg, Krossen, Züllichau, Kottbus. [3]) Die Berechnung soll dieselbe sein. [4]) Ein Fünftel der Steuern. [5]) Ein Viertel. [6]) Belastet in der fünften Stufe.

Dieser Kreis gibt zur 5. der fünf incorporirten Kreise zu jeden 100 Thlrn., so aufgenommen werden müssen, 7 Thlr. 20 Gr. 9 Pf.

Das Geld bringt der Kreis zusammen von 1842 2/8 Hufen, 2 Gärtnern und 1 Büdner.

NB. Auf eine Hufe werden 3 Gärtner gerechnet, ingleich 6 Büdner, fehlen also . . . . . . . . . . . . . . . . . . . . . . 926 Hufen.

Nr. 10. Züllichausche Kreis soll haben . . . . . . 1099 Hufen; der trägt zur 5. von 100 Thlrn. 3 Thr. 10 Gr. 8 Pf., bringt das Quantum auf von . . . . . . . . . . . . . . . . . . 757 1/2 Hufe, fehlen also . . . . . . . . . . . . . . . . . . . . . . 341 1/2 „

Nr. 11. Kottbusischer Kreis soll haben . . . . . . 2690 Hufen; der trägt zu der 5. von 100 Thlrn. 8 Thlr. 16 Gr. 7 Pf., bringt das quantum contribuendi [1]) auf von . . . . . . . . . . . . 2276 1/4 Hufe, also fehlen . . . . . . . . . . . . . . . . . . . . . . 413 3/4 Hufen.

Landrath von Schenckendorf zeigt wegen der incorporirten Kreise an, daß sie die Hufenzahl nicht agnoscirten [2]), sondern ihre quotam nur zur 5. geben. Kommissarius hat dem Landrathe vorgestellt, daß sie nothwendig den Hufenstand, ehe ad commissionem [3]) geschritten werden könnte, richtig haben müßten, und zwar bei welchen Dörfern die Hufen abgegangen, denen sie wieder anzusetzen seien; dabei müßte dargethan werden, ob es Real- oder Schattenhufen gewesen und was für Gattung. Responderunt [4]) daß sie die alten Steuermatrikul zum Theil nicht hätten, solche auch nicht beibringen könnten, und wäre aus der Sache ohne Vermessung nicht zu kommen.

Herr Landrath von Podewils [Schievelbein] vermeinte, daß sich solche finden müßten, denn er ja seine gefunden, und würde er vielleicht auch noch wol von anderen Kreisen im Schievelbeinschen Archiv Nachricht finden.

3.

Allerdurchlauchtigster ꝛc. Ew. Königlichen Majestät allergnädigsten Befehl zu allerunterthänigsten Folge, haben wir uns den 20. d. hier in Berlin allergehorsamst eingefunden, der wegen der vorseienden Classification angeordneten Conferenz beige-

[1]) als Steuersumme. [2]) für richtig anerkennen.
[3]) zur Steuerauflage. [4]) Sie erwiderten.

wohnt, den Hufenstand der Neumark und zugehörigen Kreise nach Möglichkeit regulirct und den zu dieser Sache verordneten Commissarien auf den von uns abgestatteten Eid alle davon aufgefundenen Documenta und Nachrichten extradiret.[1])

Wir werden auch nicht ermangeln, denselben in den Kreisen bei dieser Sache nach aller Möglichkeit beförderlich zu sein, um dadurch zu bezeugen, wie wir auch in dieser Sache Ew. Königl. Majestät allergnädigsten Willen uns im allerunterthänigsten Gehorsam submittiren.[2])

Hierbei aber leben wir der allerunterthänigsten Zuversicht, Ew. Königl. Majestät werden uns in allerhöchsten Gnaden erlauben, daß wir derselben hierdurch nochmals in aller Unterthänigkeit und auf unserer Seligkeit anzeigen, wie wir vermöge unserer allerunterthänigsten Pflicht davor halten, daß ohne Vermessung der Äcker und Untersuchung der Qualität derselben die Classification mit einem rechten Grunde nicht werde geschehen können. Denn wie Quantitas und Qualitas[3]) der Felder den allerbesten und unfehlbarsten Grund des Ertrages gibt, also wird durch die bloße Aussage der Contribuenten, wenn auch Alles richtig angezeigt würde, so doch kaum zu glauben, nur dieses herauszubringen sein, was die gegenwärtigen Wirthe von ihren Nahrungen nach ihrem Fleiß bisher genossen.

Da nun aber die Cultur von allen nicht gleichbestellt wird, so werden, falls die Vermessung und Besichtigung der Felder bei der Classification nicht geschieht, wider Billigkeit die guten Wirthe die schlechten und nachlässigen übertragen müssen, dadurch aber zu Ew. Königl. Majestät und des Landes großem Schaden zum Ausfall gebracht werden und dannenhero noch mehrere Querellen, als vorhin geführt worden, entstehen.

Damit nun bei einem solchen Erfolge wir um so viel mehr gegen Ew. Königlichen Majestät geheiligten Person und unserer Posterität außer aller Verantwortlichkeit sein mögen,

So haben wir vermöge unserer unterthänigsten Pflicht dieses hierdurch nochmals in aller Unterthänigkeit vorstellen sollen. Wobei Ew. Königl. Majestät, was sie hierin allergnädigst ferner resolviren und verordnen wollen, wir allergehorsamst

---

[1]) vorgelegt, ausgehändigt.

[2]) unterwerfen.

[3]) Größe und Güte.

überlassen, zu Dero beharrlichen hohen Gnaden uns empfehlen und in allerunterthänigster Devotion und pflichtschuldigsten Treue ersterben

Ew. Königlichen Majestät
allerunterthänigste und allergehorsamste anwesende Landräthe
der Neumark und zugehörigen Kreise.
Tido Christoph von Hagen, Kurt Dietrich v. d. Marwitz,
Joachim Berndt von Selchow, Christian David von Sydow,
Hans Friedrich von Platen, von Rohwedel, von Löben, von Rothenburg,
von Schenckendorf.

4.

Zur allergnädigsten Resolution.

Die sämmtlichen Landräthe der neumärkischen Kreise, außer Dramburg und Schievelbein, haben das hier beigehende Memorial übergeben, in welchem sie zuvörderst contestiren [1]), wie Ew. Königliche Majestät allergnädigste Ordre und Willensmeinung bei der vorhabenden Classifikation der Neumark mit vollkommenem Gehorsam allerunterthänigst submittiren [2]), auch nicht unterlassen wollen, Alles beizutragen, was zur Erreichung des von Ew. Königlichen Majestät allergnädigst intendirten Zweckes diensam sein kann.

Sodann schreiben sie in folgenden Terminis.[3]) Sie müssen in aller Unterthänigkeit und auf ihre Seligkeit anzeigen, wie sie vermöge ihrer theuren Pflichten davor hielten, daß ohne Vermessung der Äcker und Untersuchung der Qualität derselben die Classifikation mit einem rechten Grunde nicht werde geschehen können, weil eigentlich die Quantität und Qualität der Felder, nicht aber die bloße Aussage der Contribuenten einen rechten und unfehlbaren Grund des Ertrages festzusetzen und zu Wege bringen kann.

Sie souteniren [4]) dabei, daß ohne dergleichen Vermessung die guten Wirthe, welche ihre Felder in tüchtiger Cultur haben, andere faule und nachlässige werden übertragen müssen, dadurch sie gleichfalls zum Ausfall gebracht und nachher mehr Querellen als vorher verursacht werden dürften.

Die Landräthe wollen dieses zu ihrer Justification [5]) und um künftig ohne

---

[1]) bezeugen. [2]) sich unterwerfen. [3]) Ausdrücken; in folgender Weise. [4]) behaupten. [5]) Rechtfertigung.

Verantwortung zu sein, allerunterthänigst angezeigt haben, und wir haben uns schuldig erachtet, Ew. Königl. Majestät davon gleichfalls allergehorsamst Nachricht zu geben. Dero allergnädigsten Resolution überlassen, was Sie dabei zu befehlen in Gnaden geruhen wollen.

Berlin, den 7. Mai 1718.

v. Grumbkow. v. Creutz. v.' Kraut.

Randbemerkung links vom Schlußsatze:
„Sollen mir in A . . . lecken, sollen bey ihrer Ordre bleiben. Friedrich Wilhelm.
Korrigirt: soll bey der Ordre bleiben.

5.

Bei den Akten befindet sich noch die Eingabe eines „Bauersmannes vor sich und seines gleichen." Sie beginnt mit dem naiven Geständnis, daß Landleute öfter sehr albern urtheilen, weil sie von gelehrten Sachen nicht viel verstehen. Der Betreffende bittet aber dennoch die „geheyligte Majestät", die Steuern möglichst so zu ordnen, daß die Bauern, allermeist ohnehin schon arm, nicht noch tiefer in Schulden gerathen, zumal da sie auch verpflichtet sind, die Geschwister und Eltern abzufinden. Der Schluß der Bitte lautet: „Doch een rechte milde Vater Hertz hat keenen sulchen Lewen Grimm an sich, es mestens de Diener an de Hand geben, daß ers nicht merkte, der besorglich och bey diesen Dahrleenen viel Kosten machen dürften: also vermuthlich viel Geld ziehn, daß bey de geringste Teuring de magazin geschlossen werd, oder Zoll un de Lasten darauf kommen, denn hahben die Nachbaren gewonnen, unde de eingeseßene nützen ihr bischen nicht 1 perzent, daß die freue negotie te 10 perzent ihnen gönte, an vorseiende Last unde noot zu tragen." —

Schließlich theil' ich noch ein Schreiben der „Ackersleute in Göritz" „an den Classificationscommissarios" mit.

„Wir Endesbenannte haben durch unsern Prediger und Seelsorger Herrn Johann Andreas Hortleder an gestern unterthänige Vorstellung thun lassen, wie wir bei der Verhörung vergessen, unsere Noth wegen der sehr großen und schweren Brüche auf unserer Grenze diesseit der Oder vorzustellen und wie wir oft und mehrere Wochen nach einander unsere Pferde zur Tammung und derselben Arbeit brauchen, auch oft einer in einem Tage zwei, auch wol bisweilen, wenn die Noth an Mann geht, gar drei Tage anspannen müssen, und zu dem Ende unterthänige Ansuchung thun lassen, uns ja mehr Pferde und Knechte, als wir nothwendig zu unserer Feldarbeit brauchen möchten, frei zu halten zu vergönnen, damit wir nicht in unserer Feldarbeit zu unserm großen Schaden möchten gehindert werden.

Es hat uns der Herr Prediger die frohe Post gebracht, daß seine Vorstellung stattgefunden und er zur Antwort bekommen, es sollte darauf reflectirt und uns geholfen werden, wir sollten diesen Umstand nur schriftlich erinnern und ad protocollum bringen, so wir auch hiermit gehorsamst haben bewerkstelligen wollen, und weil wir noch über dieses zwei andere Dienstpferde mit einem Knechte und Wagen auf königl. Vorwerk und Hofdiensten tagtäglich stricte halten, dafern und sobald es wieder aus der Erbpacht gesetzt wird, die wir ebenfalls von unserer Feldarbeit entbehren oder ja doch mit großen Kosten, und zudem müssen wir auf diesen Pferden viel mehr und wöchentlich zwei Scheffel Futterkorn ohne das Zubehör und aparten Knecht wenigstens von Michaelis bis Ostern reichen und solcher Gestalt schwere, ja sehr schwere Haushaltung führen, daß es nicht ohne zu attendiren[1]) ist; also flehen wir preßhafte[2]) Leute Seine Königl. Majestät hiermit ganz fußfällig und bitten in tiefster Demuth wehmüthigst, selbe wollen als ein christmilder Landesvater allergnädigst geruhen und in regard[3]) solcher schweren Tammen und anderer mühsamen Arbeit mehr Pferde zu halten in Königl. Gnaden möchte frei vergönnen, als uns sonst zu unserer gewöhnlichen Feldarbeit möchten adscribiret[4]) werden, deshalb wir gleichfalls unsere Herren Commissarien gehorsamst ersuchen, so bei Ueberschickung der Commissionsakten an Seine Königl. Majestät zu transmittiren[5]), wie wir bei unserer wahren Vorstellung und Beschaffenheit uns allergnädigst Deferirung getrösten[6]), so versprechen wir solches mit aller Ersinnlichkeit zu demeriren[7]), die wir verharren

Tit. pp.

Unsern Respect, Herren Commissarien unterthänige und gehorsamste
sämmtliche Ackersleute in Göritz.

Drossen, den 22. October 1718.

---

[1]) zu wagen. [2]) breßhaft, preßhaft = gebrechlich, leidend, gedrückt. [3]) in Anbetracht. [4]) zugeschrieben. [5]) überschicken. [6]) Erlaß des Betrages. [7]) Verdienen.

Über den Viehstand ist bemerkt: Ein Vierhüfner hielt: 8 Pferde, 4 Ochsen, 6 Rinder, 8 Kühe, 6 Stärken (Färsen), 15 Schweine, 8 Gänse. Die Aussaat betrug bei einem solchen: 15 Scheffel Weizen à 1 Thlr. 8 Gr., gaben das 5. Korn, 54 Schffl. Roggen à 18 Gr. das 4., 32 Schffl. Gerste à 20 Gr. das 5., 8 Schffl. Hafer à 12 Gr., 4 Schffl. Erbsen à 18 Gr., 1 1/2 Schffl. Wicken à 12 Gr., 1/8 Schffl. Buchweizen à 12 Gr., 1/2 Schffl. Lein je das 4. Korn. Das Dienstgeld betrug bei den 3 Sechshüfnern je 27, bei den 3 Fünfh. je 26, bei den 6 Vierh. je 25, bei 1 Dreieinhalbh. 23 und bei 1 Dreihüfner 22 Thlr.

In dem Projekt zur neumärkischen Landestaxe wurde berechnet: ein Scheffel Weizen 20 Groschen, Roggen und große Gerste 12, kleine Gerste 10, Erbsen 12, Hafer und Buchweizen 8, Wicken und Bohnen 12 Gr., Leinsamen 2, Hanfsamen und 1 Metze Hirse 1 Thlr. Ferner 1 Füllen 2—3 Thlr., 1 abgesogen Kalb 1 Thlr. bis 16 Gr., 1 Lamm 4, 1 Spanferkel 3, 1 Gans 3—4 Gr., 1 Huhn 18 Pf. bis 1 Gr., 1 Mdl. Eier 18 Pf., 1 Stück Garn 4—6 Pf.

An Lohn: Dem Haushalter und dessen Frau 16—20 Thlr., dem Großknechte 12, dem Mittelknechte 8—9, dem Jungen und der Magd einschließlich Leinen je 4 Thlr. Außerdem an Getreide: dem Haushalter 1 Wsp. Roggen, einem Knechte 10 Schffl., einer Magd oder einem Jungen 8; an Grützkorn (Erbsen, Gerste, Buchweizen, Hafer) auf jede Person je 1/2 Schffl.; an Trinkgerste auf jede Mannsperson 3—4 Schffl., auf eine Magd und einen Jungen 1 Schffl.

Nach einer Steuerrepartition aus dem Jahre 1690 für die neumärkischen Städte lassen sich dieselben leicht untereinander vergleichen. Es zahlten:

| | | | | | |
|---|---|---|---|---|---|
| 1. Landsberg . . . | 890 | Thlr. | 10. Sommerfeld . . | 440 | Thlr. |
| 2. Züllichau . . . | 876 | „ | 11. Woldenberg . . | 310 | „ |
| 3. Krossen . . . . | 861 | „ | 12. Soldin . . . . | 283 | „ |
| 4. Küstrin . . . . | 761 | „ | 13. Zielenzig . . . | 281 | „ |
| 5. Kottbus . . . . | 564 | „ | 14. Berlinchen . . . | 264 | „ |
| 6. Friedeberg . . . | 542 | „ | 15. Schönfließ . . . | 248 | „ |
| 7. Drossen . . . . | 514 | „ | 16. Dramburg . . . | 247 | „ |
| 8. Arnswalde . . . | 474 | „ | 17. Bärwalde . . . | 245 | „ |
| 9. Königsberg . . . | 470 | „ | Summe . . | 8270 | Thlr. |

| | | | | | | | |
|---|---|---|---|---|---|---|---|
| | Übertrag . | 8270 | Thlr. | 25. | Damm . . . . | 175 | Thlr. |
| 18. | Lippehne . . . | 219 | „ | 26. | Mohrin . . . | 170 | „ |
| 19. | Reppen . . . | 212 | „ | 27. | Sternberg . . . | 149 | „ |
| 20. | Neuwedel . . . | 208 | „ | 28. | Sonnenburg . . | 130 | „ |
| 21. | Schivelbein . . | 207 | „ | 29. | Reetz . . . . | 106 | „ |
| 22. | Falkenburg . . | 200 | „ | 30. | Bernstein . . . | 74 | „ |
| 23. | Driesen . . . | 191 | „ | 31. | Peitz . . . . | 70 | „ |
| 24. | Kallies . . . . | 176 | „ | | Summe . . | 10557 | Thlr.[1] |

Als nach dem schwedischen Kriege 1720 Preußen Stettin nebst dem größten Theile des bisherigen schwedischen Vorpommerns erhielt, ließ der König die Reparaturen der Festungswerke der genannten Stadt, sowie die Vertiefung des Oderbettes und der Swine in Angriff nehmen. Für diese „pommerschen Abfuhren" mußten die Städte der Neumark und der vier inkorporirten Kreise 1722 2901 Thlr. aufbringen. Nach der Einwohnerzahl entrichteten:

| | | | | |
|---|---|---|---|---|
| Züllichau . . . . . . . . | 220 | Thlr. | — | Gr. |
| Krossen . . . . . . . . | 170 | „ | — | „ |
| Kottbus . . . . . . . . | 170 | „ | — | „ |
| Drossen . . . . . . . . | 114 | „ | — | „ |
| Zielenzig . . . . . . . . | 113 | „ | 18 | „ |
| Reppen . . . . . . . . | 90 | „ | — | „ |
| Sommerfeld . . . . . . . | 90 | „ | — | „ |
| | 967 | Thlr. | 18 | Gr. |
| Die anderen neumärk. Städte | 1934 | „ | — | „ |
| Hauptsumme . . | 2901 | Thlr. | 18 | Gr. |

Nach einer „Spezifikation der fehlenden Handwerker", die in Folge eines Patentes vom 29. Novbr. 1718 aufgestellt wurde, fehlten in Zielenzig: ein Kammacher, ein Kammsetzer, ein Klempner, ein Goldschmied, ein Perrückenmacher; in Drossen: ein Riemer, ein Seifensieder, ein Nagelschmied, ein Glaser; in Reppen

[1]) Dr. Wedekind gibt in seiner Geschichte der Neumark S. 436 als Hauptsumme 105577 Thlr. an. Die letzte Ziffer ist zu streichen und bei Arnswalde statt 374 474, in der Sternbergischen Kreischronik S. 169 aber bei Damm 175 (nicht 146) Thlr. und bei Nr. 31 (Berlinchen, schon unter Nr. 14 genannt) Peitz zu setzen.

ein Riemer, ein Glaser; in Krossen ein Uhrmacher, ein Strumpfwirker, ein Bürstenbinder, ein Kammsetzer; in Sommerfeld ein Zimmermann, ein Riemer, ein Sattler; in Kottbus ein Kammacher, ein Uhrmacher, ein Rothgießer; in Landsberg a. W. ein Lohgerber, ein Italiener; in Königsberg ein Strumpfwirker, ein Messerschmied; in Küstrin ein Goldschmied, ein Bürstenbinder [1])

Aus einem Catastrum derer Handwerker, welche in dem Sternbergischen Creyse nach denen von Sr. Königlichen Majestät sub dato den 4. Junii 1718 publicirten Principiis regulativis und anderen Verordnungen auf den in denen Dörffern obgenandten Creyses bei der Untersuchung gefundenen alten Stellen verbleiben sollen. De dato Berlin, den 15. October 1722 ist Folgendes zu ersehen: Lauffschmiede gab es überhaupt nicht; ohne Wohnschmiede waren von 96 Dörfern 14, und zwar: Bergen, Grunow bei Lagow, Gartow, Gräden, Hildesheim, Kemnath, Kloppitz, Költschen, Leichholz, Leissow, Amt Neuendorf, Osterwalde, Priebrow, Rauden. Ferner: 23 Schneider in Beelitz, Biberteich, Döbbernitz, Görbitsch, Hammer, Kriescht (2), Kohlow, Költschen, Kunitz, Limmritz Leissow, Mauskow, Matschdorf, Reipzig, Rauden, Schwetig, Schönow (3), Trettin, Trebow, Ziebingen; 9 Garnweber in Biberteich, Bischhoffsee, Frauendorf, Gohlitz, Kriescht, Limmritz, Leissow, Reipzig, Trettin; ein Rademacher in Döbbernitz; 3 Zimmerleute in Költschen, Lagow, Rampitz. — „Vorstehende Handwerker haben Sr. Königl. Majestät in den Dörfern des Sternbergischen Kreises auf den alten Stellen beständig zu lassen allergnädigst resolviret, jedoch daß sie es mit den Gewerken der Städte, zu welcher jedes Dorf von Alters her gewidmet gewesen, bei nachdrücklicher Strafe halten, die übrigen Handwerker aber nach den Principiis regulativis theils aussterben, theils in die Städte verwiesen werden sollen. Anbei verordnen allerhöchst gedachte Se. Königl. Majestät, daß diejenigen Gerichtsobrigkeiten, es seien von Adel, Beamte oder andere, welche von neuem mehrere Handwerker, als in diesem Catastro enthalten, in ihren Dörfern ansetzen möchten, von jedem solchen neuen und unbefugten Handwerksmann quartaliter 4 Thlr. zu Dero Akzisekasse der nächsten Stadt so lange entrichten sollen, als sie selbigen im Dorfe dulden, worauf die Polizei- und Landreiter, wie auch die Gewerke in den Städten fleißig zu vigiliren und solches den Akzisekassen

[1]) Mylius V. II. 675.

alsofort anzuzeigen haben, damit die geordnete Handwerkssteuer von den contravenirenden Obrigkeiten beigetrieben werden könne.

Signatum Berlin, den 15. Oktober 1722.

Fr. Wilhelm.
(L. S.)
F. W. v. Grumbkow. [1])

Eigenthümliche Ansichten des Königs über die Erhaltung veralteter Rechte der Handwerker ergeben sich aus folgendem Patente, daß keine hölzernen Schuhe noch Pantoffeln mehr zu führen. Vom 6. Juli 1717. „Demnach Sr. Königl. Majestät in Preußen ꝛc. Unserm allergnädigsten Herrn, von den Schustern verschiedener Neumärkischen Provinzen allerunterthänigst geklaget worden, was maßen sie mit ihrem größten Schaden und Verderb bishero erfahren- und wahrnehmen müssen, daß von einigen refugirten Franzosen [2]), auch bereits einigen Deutschen sowol hölzerne Schuhe und Pantoffeln, als auch dergleichen Pantoffeln mit ledernem Überzuge verfertigt, und nicht nur auf dem Lande, sondern auch in den Städten öffentlich verkauft würden, welche so viel dreister geschehe, da gedachten französischen Refugirten durch eine den 17. Mai a. c. ergangene Verordnung vergönnt worden, dergleichen hölzerne Pantoffeln zum Verkauf auf die Wochen- und öffentlichen Jahrmärkte zu bringen.

Nachdem aber indessen wahrgenommen, daß die vorhin in hiesigen Landen unbekannt gewesenen Schuhe und Pantoffeln häufiger gemacht, die von vielen Zeiten her privilegirte Gewerke der Schuster aber in ihrer Nahrung unmerklich zurückgekommen, indem einige auf den Märkten, welche sie mit Aufwendung verschiedener Kosten an Zoll, Stättegeld, Fuhrlohn und dergleichen, besuchten, oft nicht ein Paar Schuhe verkaufen können, daher sie dann unterthänigst gebeten, auf ihre Conservation allergnädigst bedacht zu sein, und deswegen hinlängliche Verfügung zu machen, auch vorangezogene Verordnung vom 17. Mai wieder aufzuheben;

Und dann allerhöchst gedachte Seine Königl. Majestät dieses, was obgedachter maßen angeführet, so gegründet als erheblich gefunden, Dero allergnädigste Intention und Meinung auch dahin gerichtet, daß Dero lasttragende Bürger und Einwohner

---

[1]) Mylius V. II. S. 727—30.

[2]) Eingewanderten reformirten Franzosen.

in den Städten bei ihrer Profession und Wohnung conserviret und geschützt, nicht aber durch die neuerlich in hiesigen Provinzen bekannt gewordenen hölzernen Schuh- und Pantoffelmacher ruinirt oder ihnen die Nahrung entzogen werden solle: Als wollen Sie so gestalteten Sachen nach vorangezogene Verordnung vom 17. Mai a. c. nicht nur hiermit wiederum kassiret und aufgehoben haben, sondern verordnen auch hiermit, daß weder hölzerne Schuhe oder hölzerne Pantoffeln mit ledernem Überzuge in Dero Kurmark Brandenburg zum Verkauf ferner verfertigt, sondern derselben Debit und Verkauf hiermit gänzlich und bei Strafe der Konfiskation untersagt sein solle, zu welchem Ende den Land- und Ausreitern hiermit nachdrücklich anbefohlen wird, hierauf ein wachendes Auge zu haben, und wenn sie dergleichen Waaren entweder auf den Jahrmärkten oder außer denselben antreffen sollten, solche zu konfisziren, hinwegzunehmen und davon jedes Mal allerunterthänigst zu berichten.

Urkundlich unter allerhöchst gedachter Sr. Königlichen Majestät eigenhändigen Unterschrift und vorgedrucktem Insiegel.

So geschehen und gegeben zu Berlin, den 6. Juli 1717.

Fr. Wilhelm.

(L. S.)

F. W. v. Grumbkow. [1])

Order an das General-Finanz-Direktorium wegen der hölzernen Schuhe. Sub dato Berlin, den 31. Juli 1722.

Seine Königliche Majestät in Preußen ꝛc. Unser allergnädigster Herr, haben auf Dero preußischen Reise unter anderm in der Neumark im Amte Zehden wahrgenommen, daß die Bauersleute mit hölzernen Schuhen gehen, so aber ein Ruin vor die Unterthanen ist (!!!), wie auch zum Nachtheil der Akzise gereichet; derowegen befehlen Sie Dero General-Finanzdirektorio hiermit in Gnaden, die schleunigste Verfügung zu machen, daß in der ganzen Kurmark und übrigen märkischen Provinzen, Vor- und Hinterpommern, in dem Herzogthum Magdeburg und Grafschaft Mansfeld Magdeburgischer Hoheit, wie auch in dem Halberstädtischen und Hohensteinschen, daß in Zukunft keine hölzernen Schuhe ferner getragen werden und wegen der Amtsunterthanen die Kammerpräsidenten davor responsabel sein, und falls der Fiskus

---

[1]) Mylius V. Seite 669 Nr. 37.

anzeigen würde, daß dieser Order nicht nachgelebt worden, der Kammerpräsident 200 Dukaten Strafe zur Rekrutenkasse geben, dieser aber sich an seine Subalternen und Beamte, falls sie hierunter nicht genaue Acht haben werden, halten und nach Befinden selbige mit Leibesstrafen belegen sollen; betreffend aber die adeligen Stadt- und Kirchendörfer, deshalb sollen die Eigenthümer fleißig Acht haben, daß dieser Order strikte nachgelebt werde, widrigenfalls sie gleichfalls 200 Dukaten zur Rekrutenkasse erlegen sollen, und ist dieserhalb den Fiskalen aller Provinzen Order zu geben, dahin genaue Acht zu haben, daß dieser Order in Allem aufs genaueste nachgegangen werde.

Geben Berlin, den 11. Juli 1722.

Fr. Wilhelm. (L. S.)

Der König recitirte und wiederholte sothane Verordnung allen Ernstes unterm 7. Dezember. 1726. Würde Jemand mit den verfehmten Schuhen oder Pantoffeln betroffen, so habe er nach Befinden die Strafe des Halseisens oder Gefängnisses zu gewärtigen. Desgleichen sollten nachlässige Schulzen und Gerichtsobrigkeiten 200 Dukaten Strafe zahlen. [1])

Bei Friedrich Wilhelm ist es gar nichts Seltenes, daß er in kurzer Zeit Verordnungen ꝛc. erläßt, von denen eine der anderen widerspricht. So erschien am 21. Januar 1721 eine Zirkularorder an die kurmärkischen Land- und Steuerräthe, nach welcher die Leinweber, Schmiede und Rademacher in den königlichen Ämtern bleiben, die übrigen Handwerker aber in die Städte ziehen sollten, am 5. August aber schon eine andere, welche sie alle binnen 14 Tagen vom Lande weg in die Städte verwies. [2])

Gleich seinem Großvater mischte sich der König auch gern in religiöse Angelegenheiten. In der Instruktion, nach welcher „die kurmärkische Kriegs- und Domänenkammer bei ihren unterhabenden Departement sich alleruntertänigst" achten sollte, bestimmte § 24. „Wenn neue Kirchen gebaut oder alte Kirchen wieder repariret werden müssen, sollen in denselben keine Altäre, Lichter, Caseln [3]) oder Meßgewand gelitten, auch der Gottesdienst so gehalten werden, wie in Potsdam, Wusterhausen und in der Garnisonkirche zu Berlin, wonach sich in vorkommenden

[1]) Mylius V. II. Abth. S. 747—50. [2]) Ebendaselbst S. 699. 715.
[3]) Kämmerchen.

Fällen der Prediger des Orts bei den hiesigen Garnisons- oder übrigen Predigern der benannten Örter zu erkundigen hat. [1]) — Unterm 27. September 1736 befahl der König die Abschaffung aller Zeremonien, die ihm anstößig erschienen: das Absingen der Gebete und des Segens, der Einsetzungsworte des heiligen Abendmahls, den Gebrauch eines Altartüchleins bei der Austheilung desselben.

Auf Grund eines Reskriptes vom 16. Dezember 1717 durften 47 israelitische Familien, welche über ihre Vermögensverhältnisse und gute Aufführung glaubwürdige Zeugnisse beigebracht hatten, in 21 neumärkischen Städten verbleiben. Zehn wohnten in Landsberg, 5 in Friedeberg, 4 in Züllichau, 3 in Königsberg, je 2 in Woldenberg, Neuwedell, Berlinchen, Schönfließ, Arnswalde, Reetz, Bernstein und Soldin, je eine aber in Zehden, Nörenberg, Drossen, Reppen, Neudamm und Mohrin. Diese mußten, wenn sie Grundstücke nicht schon besaßen, solche ankaufen, ferner gemeinschaftlich aus dem Berliner Lagerhause jährlich für 8000 Thlr. Waaren gegen Baarzahlung entnehmen, außerdem ein Schutzgeld von 8 Thlrn. und für den ihnen bewilligten Silberhandel 1 Thlr. zahlen; endlich durften sie nicht mehr als 10 Prozent Zinsen nehmen. Jeder Lästerung Gottes, des Heilandes und des christlichen Glaubens sollten sie sich bei schwerer Strafe enthalten. Außer jenen 47 gab es noch 7 Judenfamilien, die aus früherer Zeit Schutzbriefe des Landesherrn besaßen. Ein Reskript vom 10. Februar 1719 änderte das oben erwähnte dahin ab, daß die Israeliten keine Baufreiheit, auch nicht mehr eigene Häuser haben, sondern nur zur Miethe wohnen, auch jeder, der Aufnahme wünschte, ein Baarvermögen von wenigstens 10 000 Thlrn. nachweisen sollte. Obwohl bekanntlich Moses allen strenge Speisegesetze vorschreibt, behelligte der König, wie viele Andere doch auch sie mit Wildschweinen, von denen zuweilen die „gewaltigen Jäger vor dem Herrn“ an einem Tage 3—400 erlegten. Sie mußten natürlich das Stück mit 3—6 Thlrn. bezahlen, und es blieb ihnen gänzlich überlassen, ob sie dasselbe wieder verkaufen oder an die Armen verschenken wollten.

In einer Notiz über Drossen heißt es: Anno 1725 haben Ihre Königl. Majestät in der Mark Brandenburg über 800 wilde Schweine gefället, von welchen die Stadt 24 Stück nehmen und für dieselben 45 Thlr. an die Königliche Kasse

[1]) Rödenbeck I. Seite 58.

nach Küstrin zahlen mußte." — Es unterliegt wol keinem Zweifel, daß bei solchen Verhältnissen die Bauern erheblichen Wildschaden hatten.

Dazu kamen die Heuschrecken, die 1729 zur Zeit der Roggenernte von Polen aus sich in unbeschreiblicher Menge auf den sogenannten Siebenruthenfeldern von Drossen lagerten. Der Diakonus und Rektor Samuel Holtzinger daselbst erzählt: „Sie fingen sogleich an zu fouragiren und thaten dem Sommergetreide großen Schaden. Im Herbste verloren sie sich, nachdem sie vorher ganze Säcklein Eier zur Besatzung in die Erde gelegt hatten. Des folgenden Jahres brachte die Sonne eine unbeschreibliche Menge junger Mannschaft und Rekruten hervor, welche Anfangs ganz still lagen, nachgehends aber wie kleine schwarze Fliegen umherkrochen. Nachdem sie aber ihren Balg fahren lassen und ausgemausert hatten, bekamen sie Flügel und allerhand Farben und wurden noch größer, als die Haferpferde, dergleichen man alle Jahre im Sommer auf dem Felde antrifft. Man bemühte sich dem allergnädigsten Königlichen Befehle gemäß diese schädliche Brut auszurotten, ehe sie fliegen konnte. Zu dem Ende wurden um die besäeten Felder breite und tiefe, auch mit vielen tiefen Löchern versehene Gräben gemacht, in welche sie gejagt wurden. Es mußte die Bürgerschaft täglich wider die Heuschrecken zu Felde ziehen. Ob nun gleich viele Millionen in die Gräben gejagt und daselbst begraben wurden, so konnte man sie doch nicht sämmtlich vertilgen; vielmehr kamen rückwärts immer mehr zum Vorschein, jemehr man vorwärts in die Gräben trieb. Nachdem das Wintergetreide abgemäht, verließen sie die ganze Gegend, in der sie ausgebrütet worden. Sie brachen auf ein Mal auf und setzten gleich einem großen Kriegsheere ihren Marsch nach der Stadt und zwar in guter Ordnung fort; denn nachdem sie in die Fahrwege gekommen, so blieben sie auch in denselben und folgten einander Schritt für Schritt nach. Sie näherten sich der Stadt je mehr und mehr, und es war recht fürchterlich anzusehen, als sie bei der St. Gertraudkirche in der Vorstadt in allen drei Fahrwegen in unbeschreiblicher Anzahl dahergezogen kamen. Weil nun die Vortruppen die Straßen nach dem Stadtthore bereits eingenommen hatten, so fingen die Einwohner der Vorstadt an, sich ihnen zu widersetzen. Es ward auch durch die Stadtdiener in der Stadt selbst Lärm gemacht und Befehl gegeben, daß man mit Schippen, Besen und Reisern vor das Thor eilen und verhüten sollte, daß die Sprenkeln nicht in die Stadt können. — Weil nun gar bald eine große Menge

Volks sich versammelte, so wendete man allen möglichen Fleiß an, diese ungebetenen Gäste zurückzutreiben; allein es war umsonst. Und weil man mit Besen und Reisern Nichts ausrichten konnte, so machte man in der Vorstadt auf beiden Seiten des Steinweges einen tiefen Graben, welcher bis an die Häuser sich erstreckte. Diesen konnten sie nicht überhüpfen, daher mußten alle, welche denselben passiren wollten, hineinfallen. Wenn ein Graben mit Heuschrecken angefüllt war, so hatte man hinter demselben schon wieder einen neuen gemacht. Allein der Marsch dieses großen Heeres nahm kein Ende, und Niemand konnte dieses ganz besondere Schauspiel ohne Erstaunen ansehen. Weil die Heuschrecken von den Menschen in ihrem Zuge beunruhigt wurden und die vordersten den hintersten nicht geschwind genug Platz machten, so fingen sie an, sich auszubreiten. Es setzten sich viele an die Häuser, welche den Gräben zur Seite standen, und man konnte nicht hindern, daß nicht viele tausend mal tausend in die übrigen Theile der Vorstadt eindrangen; ja man entschloß sich bei diesen Umständen, den übrigen Heuschrecken den freien Durchzug zwischen den vorhandenen Gräben zu erlauben. Damit sie aber nicht in die Stadt marschiren möchten, so wies man sie in den Schäferkiez, so daß sie bei jener vorbeimarschirten. Endlich machten sie Halt und kampirten in dem Gerstenfelde, welches jenseit der Stadt liegt. Dieses schöne Feld verwüsteten sie dergestalt, daß man von der reichen Aussaat an Gerste, Hafer, Wicken u. dergl. auch nicht ein Körnlein einernten konnte. Ob nun gleich die Heuschrecken nachher wegflogen und ihren Marsch über Frankfurt in die Gegend der königl. Residenzstadt Berlin nahmen, auch die zurückgebliebenen Invaliden größtentheis an dem Unkraute, das auf den Rainen steht, sich erhängten; so hatten sie doch ihren Samen zurückgelassen und ganze Säcklein Eier eben wie im vorigen Herbste in die Erde gelegt. Daher kam die schädliche Brut in dem folgenden 1731 Jahre wieder zum Vorschein. Weil man nun dieselbe gleich Anfangs, da sie noch wie kleine matte Fliegen sich sehen lassen, zu tilgen trachtete, so ward die Anstalt gemacht, daß täglich nicht allein eine gewisse Anzahl der Hüfner, sondern auch der übrigen Bürger, welche kein Getreide auf dem Felde stehen hatten, wider die Heuschrecken zu Felde ziehen mußte. Man machte Löcher und begrub sie; man legte Stroh um sie herum und verbrannte sie und bemühte sich, auf alle Weise sie zu vertilgen. Allein es war nicht möglich, daher gab man sich keine Mühe mehr. Ja es fanden sich Leute, welche sich ein Gewissen machten, die Heuschrecken zu tödten, weil Gott dieselben den Menschen zur Strafe gesendet hätte (!!). Endlich zeigte Gott, daß er allein das Vermögen habe, die Menschen von allem Übel zu erlösen; denn die Heuschrecken verloren sich von unseren Feldern so, daß kein Mensch wußte, wo sie geblieben waren! —

Sie suchten um diese Zeit das Land Sternberg, die Kreise Züllichau und Krossen und den größten Theil der Mittelmark bis an die Havel heim. 1726 kamen sie zu Lagow an und hielten dort 3 Jahre aus. Außerdem plagten sie Spiegelberg von 1726 – 31; Königswalde 1728—30; Zielenzig 1727—33; Ziebingen 1729—32; Göritz 1729; Schwiebus, Züllichau und die Frankfurter Gegend bis Beeskow von 1728—30; Müncheberg 1729—31. [1])

Der Pastor Samuel Hellmann (gestorben 6. Februar 1732 in Költschen) schreibt: In diesem Jahre (30) sind entsetzlich viel Raupen gewesen, dergleichen bei Menschen Lebzeiten nicht gesehen worden, welche aller Orten in allen Ländern alle Bäume dergestalt vergiftet, daß sie nicht nur allein sogleich im Frühjahr die Blätter abfraßen, sondern auch die Äste und Stämme infiziret und den Saft daraus gesauget, daß nirgends einiges Obst anzutreffen gewesen, es sei denn etwa in abgelegenen Orten. Viele Bäume sind ganz vertrocknet; die jungen aber, so noch ein wenig Saft behalten, haben erst gegen Michaelis angefangen auszuschlagen und Blätter bekommen. Es ließ ganz betrübt, daß die Bäume, so sonst schön grün gestanden, keine Blätter hatten und ganz erstarben in allen Gärten, Wäldern und Feldern im Zusehen." —

Im Jahre 1731, erzählt Hellmanns Nachfolger, Prediger Kratz, ist ein sehr starker Winter gewesen, häufiger und großer Schnee gefallen, der sich vor Weihnachten schon angefangen und kontinuirlich ohne Abwechslung so gedauert, daß ich noch am Sonntage Judika auf dem Schlitten nach Hammer gefahren bin. 1732 endete mit solcher Kälte und Frost, als in langen Jahren nicht gewesen ist. Am 1. Advent fing sich diese Kälte an, wobei sehr viel Schnee fiel und dauerte auch bis zu Anfange des Jahres 1733. Bei meiner Anzugspredigt (4. Advent), da ich an beiden Orten Abendmahl halten mußte, war es exzessiv [über die Maßen] kalt, so daß nicht blos einige Leute in der Kirche eine Ohnmacht bekamen, sondern der

[1]) Bekmann I. 727—42. Knuth S. 62—64.

Wein in Költschen auch glatt zufror, so daß ich Kohlenfeuer holen und denselben wieder aufthauen lassen mußte.

Das Jahr 1733 ist an unserem Orte recht fruchtbar gewesen, da doch an vielen Orten, als in Pommern und Schlesien, das Korn schlecht gerathen. Das Wasser war sehr klein, aber erschrecklicher Sturmwind im Herbste. 1736 den 14. Juli kam ein gar großes Wasser, das alle Wiesen so arg überschwemmte, wie es seit Menschengedenken nicht geschehen war. Zu Posen hat es fünf Ellen hoch auf dem Markte gestanden. In meinem Garten beim Hause stieg es bald bis oben herauf; nur 8—12 Schritt war es noch von der Thür entfernt. Der Schaden, den es verursachte, ist daraus leicht abzunehmen, daß alle Wiesen und Äcker an der Warthe, Oder rc. überschwemmt, die Dämme zu Küstrin, Frankfurt rc. durchbrochen und mehrere große Brücken weggerissen wurden. Das Lamentiren der Menschen und das Brüllen des Viehes klang entsetzlich. Es erfolgte auch große Theurung, so daß in Polen und Schlesien eine arge Hungersnoth entstand. Viele Menschen fanden in derselben ihren Tod. (Übertrieben ist wahrscheinlich, wenn der Berichterstatter hinzufügt: Am letzten Orte sollen sich die Menschen untereinander gar selbst geschlachtet und verzehrt haben). In unserm Lande stieg der Preis des Roggens auch etwas, so daß 1 Schffl. 1 Thlr. 6—10, 12 und 14 Gr. kostete; doch ist er noch aus weiser Fürsorge des gnädigsten Königs zu bekommen gewesen, indem dieser die Magazine öffnen und den Armen Brotkorn verabfolgen ließ. — Das Futter fürs Vieh würde auch wol überaus theuer geworden sein, wenn nicht Viele, die am Wasser wohnten, ihr Vieh theils geschlachtet, theils durch Seuchen verloren hätten, und wenn zweitens nicht ein sehr gelinder Winter gefolgt wäre.“ —

Von dem äußerst harten Winter 1739—40 entwirft Bekmann (I. 541—57) eine lange Schilderung. Ich entnehme derselben einige charakteristische Stellen. „Es fing bald nach Michaelis an frisch zu werden, daß man schon im Oktober der warmen Stuben sich bedienen mußte.“ „Am 25. fiel der Spiritus bis 29, 30, 32 Grad (Fahrenheit = 0 Reaumur); es fing an zu frieren und die Kälte unter beständigem Nord- und endlich Ostwinde bis zum 29. (48. Grad) zuzunehmen. Am 9. Januar über 80, am 10. 95; am 7. Febr. 102 Grad (die größte Heftigkeit). Selbst der 4. Mai brachte noch für die Gegend von Lebus, Göritz rc. einen so starken Schnee,

„daß die Pferde verklummet und hingefallen." Wein fror beim heiligen Abendmahle, auch während der Fahrt, das Wasser im Brunnen von 3 Klaftern Tiefe, die Dinte und das Bier am Fenster einer warmen Stube. Die Kälte drang anderthalb, auch wol zwei Ellen und an einigen Orten so tief ein, daß selbst die Todten nicht begraben werden konnten. Die Straßen in den Städten, besonders in Berlin, haben den April durch mit Eis, welches Ellen tief, bedeckt gelegen, und an den Pumpen reichte der Eisboden bis an die Röhre. Auf den großen Flüssen, der Oder und der Elbe, fand man Eis 1/4 bis 1 1/2, auch wol 2 Ellen Stärke. Der zuletzt genannte Strom stand 11 Wochen hindurch, vom Januar bis 20. März, fest, so daß die größten Lastwagen ihn ohne Gefahr passiren konnten. Zwischen Spandau und Potsdam ging die Heerstraße über die Havel. „Man würde auf diesen Flüssen ebensowol einen Feuerherd haben halten, einen Ochsen braten, Hütten und Wohnungen bauen, Gewerbe treiben, tanzen und allerlei Spiele vornehmen können, als man in den damaligen Zeitungen gelesen, daß es auf dem Rheine bei Mainz, auf der Donau bei Regensburg, auf der Themse bei London, auch anderwärts geschehen sei; und es hat an Nichts, als an einem Erfinder gefehlt, daß nicht auch eben wie in Moskau aus Eis Karthaunen gebohrt und Häuser aufgebaut worden sind." — Bekmann zählt eine lange Reihe von Unglücksfällen auf. Einem Prediger aus der Inspektion Stendal erfror, wiewol er sich am 10. Februar nur eine Viertel Stunde lang in der Kälte aufgehalten, auch sein Gesicht wohl verwahrt hatte, das Kinn; einem andern sprang das Blut aus dem Gesichte und den Ohren. Es kamen in der grimmigen Kälte u. a. um: ein Mann und ein Junge sammt den Pferden unweit Baiersdorf in der Neumark; der Bauer Zacharias Paulke aus Neulagow, der nach Rädnitz fahren wollte; der Sohn des Schäfers Martin Steige aus dem Herrenvorwerk bei Spiegelberg auf dem Korrittener Felde. — Die Weinberge der Mark lieferten ohnehin nicht reichen Ertrag; in dem bezeichneten harten Winter wurden sie fast gänzlich ruinirt. Nur höchst Wenige konnten mit der Stadt Straßburg rühmen: uns mangelte es nicht an Lebensmitteln, oder mit den Einwohnern von Tauche bei Wusterhausen: Der Winter fügte uns keinen Schaden zu. 1740 blühten die Bäume vier Wochen später als sonst, und die Ernte begann erst Ende August. Der Weizen wurde um 2—3, der Saatweizen um 4 und darüber, zu Arnswalde gar um 8 Thlr., der Roggen um 2 Thlr. bis 2 Thlr. 8 Gr., die Gerste um

1 Thlr. 12 Gr., der Hafer um 1 Thlr. 8 Gr., Linsen und Hirse um 2 Thlr. 16 Gr., die Mandel Eier um 6—7, das Pfund Butter um 6 Gr., 1 Schock Stroh, das sonst 1 Thlr., auch 1 Thlr. 8 Gr. kostete, um 10, auch 24 Thlr., an verschiedenen Orten ein Fuder Heu um 6, 9, 12 bis 20 Thlr. (sonst 1 Thlr. bis 1 Thlr 8 Gr.) verkauft. Die Wassermühlen froren ein, die Windmühlen reichten nicht aus, und man begnügte sich oftmals mit geschrotetem Getreide. Im Schievelbeinischen mischte man Spreu unter das Mehl. Ohne Zweifel würde die Noth sich noch gesteigert haben; des Königs Majestät öffnete jedoch die Magazine, ließ den Scheffel Mehl an Arme für 20 Gr. verabfolgen und erlaubte die Einfuhr von Getreide und anderen sonst verbotenen Lebensmitteln vom Auslande.

Unter dem großen Kurfürsten verhinderten zumeist die Streitigkeiten zwischen Lutheranern und Reformirten die Ausführung der Edikte, welche er zur Förderung des Volksschulwesens erließ. Sein Enkel gründete schon am 6. Juli 1713, mithin vier Monate nach seinem Regierungsantritte, ein evangelisch-reformirtes Kirchendirektorium, und unterm 24. Oktober desselben Jahres erschien eine „evangelisch-reformirte Inspektions- und Presbyterial-, Klassikal-, Gymnasien- und Schulordnung" für alle Provinzen seines Staates, Kleve, Mark und Ravensberg ausgenommen. Durch ein allgemeines Edikt vom 12. Oktober 1717 wurde den Eltern bei nachdrücklicher Strafe befohlen, ihre Kinder vom 5. bis zum 12. Jahre zur Schule zu schicken. Sie sollte im Winter täglich, im Sommer wöchentlich ein bis zwei Mal gehalten; für jedes Kind mußte pro Woche 2 Dreier und für Unvermögende aus der Ortsalmosenkasse bezahlt, das Edikt aber in jedem Dorfe angeschlagen werden. Patrone, Geistliche und Inspektoren hatten die Vollziehung derselben streng zu überwachen. Alle Rekruten empfingen noch bei ihren Regimentern Unterricht im Lesen, im Schreiben und im Christenthume. Allein mit bloßen Befehlen und Verfügungen von oben läßt sich nicht viel ausrichten, zumal wenn man unten auf allerlei Auswege sinnt. Dies erkannte auch Friedrich Wilhelm. Es griff deshalb in dieser Angelegenheit, besonders in den Provinzen Preußen und Littauen, möglichst scharf durch. Weniger geschah allerdings in den anderen Theilen der Monarchie. Weshalb, will ich hier nicht näher untersuchen. Der Generalschulplan (die principia regulativa) erschienen leider erst am 30. Juli 1736. Er bestimmt §. 1. Das Schulgebäude errichten und unterhalten die assoziirten (vereinigten) Gemeinden auf dem Fuße, wie die Priester- und Küsterhäuser. §. 9. Jedes Schulkind à 5 bis 12 Jahren incl. gibt ihm (dem Lehrer) jährlich, es gehe zur Schule oder nicht, 14 Gr. preuß. oder 4 gute Groschen. §. 10. Ist der Schulmeister ein Handwerker, kann er sich schon ernähren; ist er keiner, wird ihm erlaubt, in der Ernte neun Wochen auf Tagelohn zu gehen (!!) §. 19. Wird sich der Adel hiernach zu richten haben und zur gemeinschaftlichen Einrichtung der Schulen die Hand bieten, wiewol ihnen freisteht, die Sache nach ihrem besten Gefallen einzurichten, nur daß der Schulmeister seine Subsistenz habe und der von Sr. Königl. Majestät intendirte (beabsichtigte) Endzweck erreicht werde." —

Im Jahre 1741 waren viele Schulhäuser schon wieder baufällig. Hatte dies der Adel „nach seinem besten Gefallen" so eingerichtet, oder trugen Andere die Schuld? —

Wenn es noch heut' zu Tage Geister gibt, bei denen das erlogene Sprüchwort: „Der Bauer muß dumm bleiben, sonst gehorcht er nicht" — für Salomonische, Kant'sche, Hegel'sche oder Schopenhauer'sche Weisheit gilt, so bekunden sie damit nur, daß sie aus der Geschichte nicht das Geringste gelernt haben.

Wie Friedrich Wilhelm über Duelle und Selbstmörder zu urtheilen pflegte, ist aus folgenden Fällen leicht zu ersehen. Am 23. Juni 1722 fand in dem Zielenziger Stadtforst ein Zweikampf zwischen dem Lieutenant von Tschammer und einem Herrn von Kalckreuth eines Liebeshandels wegen statt. Der erstere fiel. Darüber ungewiß, wie er sich in dieser Sache zu verhalten habe, ließ der Magistrat die Leiche vorläufig in die Kirche vor dem Ostrower Thore [1]) bringen; durch einen Eilboten fragte er aber in Berlin bei dem Könige an, wo und in welcher Weise der getödtete Offizier beerdigt werden sollte. Der Bescheid lautete: „daß der Leichnam von zwei Soldaten bis vor die Kirchenthür zu bringen sei, alsdann möge ihn der Scharfrichterknecht auf seinen Karren laden und am Hochgericht vergraben." — Selbstverständlich führte die Behörde Dies pünktlich aus. — Am 14. Juni 1727 schnitt sich aus Schwermuth eine Magd in Frankfurt a. O., in einem Garten hinter dem Lebuser Kirchhofe den Hals ab. Noch lebend aufgefunden, empfing sie die Heilsmittel der Kirche und starb erst nach einigen Stunden. Der Magistrat und

[1]) Von ihr ist jetzt keine Spur mehr vorhanden.

die Universität vereinigten sich darüber, daß der Leichnam an einem abgesonderten Orte auf dem Lebuser Kirchhofe, weil dieser am nächsten lag, bestattet werde. Die Bürger dagegen wollten Dies nicht dulden. Um einen Tumult zu verhindern, bot man das Militär auf. Anscheinend mißbilligte auch der Kommandeur der Garnison das ganze Verfahren; jedenfalls ging aber dem Könige ein entstellter Bericht zu; denn am 24. Juni lief ein sehr ungnädiges Reskript bei dem Magistrate ein: Ohne die Allerhöchste Genehmigung dürfe auf einem lutherischen Kirchhof kein Selbstmörder beerdigt werden; da indeß der Rath Solches dennoch angeordnet habe, sollten die Mitglieder desselben eine Strafe von 2000 Thlrn. erlegen. Alle Bitten und Entschuldigungen änderten Nichts. Sie mußten die Summe aus eigenen Mitteln aufbringen und sie nach Berlin einsenden. Hier kam sie der Petrigemeinde für den Bau ihres Thurmes zu gute. — Nebenbei sei bemerkt: Als dieser eingestürzt war und Friedrich Wilhelm von dem gewaltigen Auflaufe, der darob entstand, Kunde erhielt, äußerte er: ich glaubte, der größte Flügelmann sei gestorben. — Am 4. Januar 1732 fand man den Tuchmachermeister Nantikow in Zielenzig hinter seinem Ofen an einer Stange erhängt. Da es als Entehrung galt, die Leiche eines Selbstmörders auch nur zu berühren, so ward der Scharfrichterknecht gerufen, der sie zum Fenster hinauswarf, mittelst der Stange auf den Karren schob und sie dann unter dem Galgen begrub. — Dr. Wedekind zählt die beiden Vorfälle in Zielenzig zu der „Barbarei der vergangenen Jahrhunderte“ [1])

Mich wunderts, daß er Friedrich Wilhelm nicht mit dem Kaiser Schi-hoang-ti von China vergleicht. Im Staatslexikon von Rotteck und Welcker (Band 14, Seite 529—30) charakterisirt Rutenberg dessen Regierung u. a. mit folgenden Worten: „Er wollte die Vergangenheit gänzlich vertilgen. Darum gab er den Befehl, alle Grundbücher, die Kings, sowie die Schriften des Confucius und anderer Weisen zu vernichten und nur die Bücher über Baukunst und Arzneiwissenschaft zu erhalten. Jene waren brauchbar, ließ er bekannt machen, als das Reich noch schwach und getheilt, der weisen Lehren bedurfte; jetzt aber werde Alles von dem weisen Geiste des Herrschers belebt und regiert. Überdies diene die Wissenschaft und Gelehrsamkeit zu weiter Nichts, als zur Erhaltung der Faulheit und des Müßig-

[1]) Kreischronik S. 175.

ganges; es bleibe dabei häufig der Ackerbau liegen, der doch die Quelle des Wohlstandes sei. Und endlich würde auch durch solche Bücher der Same des Mißvergnügens und der Empörung ausgestreut, weil die, welche sie läsen, unnöthige Vergleichungen anstellten zwischen Jetzt und Sonst, und sogar sich einbildeten, Verbesserer des Staates sein zu können." —

Friedrich der Große sagt über seinen Vater: „Er hinterließ einen Staat, der eine Art Zwitter war, und noch mehr von der Natur des Kurfürstenthums, als des Königreichs an sich trug." — Er hebt aber auch hervor: „Wenn es wahr ist zu sagen, daß man den Schatten der Eiche, die uns deckt, der Kraft der Eichel, welche sie hervorgebracht, zu danken hat: so wird die ganze Welt eingestehen, daß man in dem arbeitsamen Leben dieses Fürsten und in den klugen Maßregeln, die er ergriff, die Ursache des Wohlstandes findet, dessen sich das königliche Haus bei seinem Tode erfreute." —

Er starb am Dinstage, den 31. Mai 1740, Nachmittags gegen 3 Uhr, nachdem er zehn Stunden vorher der Regierung entsagt und sie dem Kronprinzen, der am 27. von Rheinsberg in Potsdam angekommen war, übergeben hatte. Bevor jedoch die Unterzeichnung der betreffenden Urkunde erfolgen konnte, stand, wiewol es der gebieterische Monarch aufs lebhafteste abzuwehren suchte, der Puls still. Seinem Wunsche gemäß wurde bei der Gedächtnisfeier gesungen: „Wer nur den lieben Gott läßt walten." —

## Fünfzehntes Kapitel.

## Das Land Sternberg unter Friedrich dem Großen.

An einem Sonntage, den 24. Januar 1712, Mittags 11½ Uhr, im Berliner Schlosse geboren und am 31. desselben Monats, Nachmittags 3½ Uhr, in der Kapelle vom Bischofe Ursinus getauft, war der Prinz ein Glückskind. Zu seinen Pathen gehörten: Kaiser Karl VI., Zaar Peter d. Gr., der Kanton Bern; Ruhm, Herrschergewalt und Freiheit standen sonach an seiner Wiege. Zunächst bewahrheitete sich der Volksglaube an ihm dadurch, daß ihm Gott das Leben erhielt, während die beiden älteren Brüder, Friedrich Ludwig und Friedrich Wilhelm, sehr früh ins Grab sanken. Der Vater haßte zwar die „Blitz- und Schelmfranzosen", übertrug aber trotzdem die erste Pflege und Erziehung seines Sohnes einer verwittweten Oberst von Recoulle, geb. du Val,[1]) und bestimmte Duhan de Jandun aus der französischen Kolonie zu seinem Lehrer. Als später die Liebe des Kronprinzen zur Musik und zur Wissenschaft arge Konflikte in der königlichen Familie verursachte, verbot der König seinem Sohne französisch zu sprechen. Über jene Auftritte wird sich freilich Niemand, der die Verhältnisse näher kennt, wundern. Welcher achtzehnjährige Jüngling, stammte er auch nicht aus einem königlichen Hause, erträgt wol auf die Dauer arge Beschimpfungen, Faust- und Stockschläge? Ohnehin schon gereizt, entbrannte der Zorn des Monarchen noch heftiger, als er, sparsam und sittenstreng, die Schulden (7000 Thlr.) und die Ausschweifungen seines Sohnes erfuhr. Ernstlich hätte er sich indeß fragen sollen: woher diese Exzesse? Er muthete dem Kronprinzen zu, seine sämmtlichen Ausgaben jährlich mit 600 Thlrn. zu bestreiten und spezielle Rechnung zu legen. An dem üppigen Hofe August des Starken trat Friedrich der berüchtigten Orselska näher (14. bis 17. Januar 1728), ein unerlaubtes Verhältnis, das sich bei dem Gegenbesuche in Berlin leider noch intimer gestaltete. Das Kind wurde bei dem französischen Richter Carrel in Frankfurt a. O. untergebracht.[2]) Öfter äußerte der König in seinem Zorn: „Du bist ein Prinz ohne Ehre; wäre mir so begegnet worden, ich wäre längst zum Teufel gelaufen!" — Ich kann jedoch auf Details nicht näher eingehen, sondern will, da man sie nicht allerwärts findet, nur einige Daten zusammenstellen.

Am 14. Juli 1720 entlarvte der englische Gesandte, Ritter Hotham, den Minister von Seckendorf als einen Verräther im Dienste und Solde Österreichs. Die Briefe, welche den Beweis lieferten, warf ihm aber der König ins Gesicht. Am folgenden Tage trat der letztere mit seinem Sohne eine Reise nach dem Rheine an. Sie ging über Leipzig, Meuselwitz (bei Altenburg, wo sich v. Seckendorf anschloß), Ansbach (8 Tage Aufenthalt), Augsburg, Ludwigsburg bei Stuttgart, Mannheim und Darmstadt nach Frankfurt a. M. Waldow und Buddenbrock mußten Friedrich scharf beobachten. Schon von Dresden aus wollte er nach Frankreich flüchten. August II. machte ihm indeß klar, daß sein Unternehmen thöricht sei. Wenn nunmehr das Ziel auch ein anderes sein mochte (ob England oder Wien, wo er zum

[1]) Sie war schon Erzieherin Friedrich Wilhelms I. Am 4. Oktober 1741 starb sie. Weitere Personalien siehe Rödenbeck Tagebuch I. 56.

[2]) Vehse III. 122.

Katholizismus überzutreten gedachte?), so versuchte er es auf der Rheinreise wieder und zwar drei Mal: in Ansbach, in dem Dorfe Steinfurth bei Heilbronn und in Mörs. Einen Brief an seinen Freund Katt, den er in Ansbach zur Post gab, überlieferte man dem Vater in Frankfurt. Am 8. August packte dieser auf dem Rheine den Sohn an der Brust und stieß ihm mit dem Stockknopfe die Nase blutig, so daß er schmerzerfüllt ausrief: „Nie hat das Gesicht eines brandenburgischen Prinzen solche Schmach erlitten!" In Wesel zog er am 12. August den Degen; doch verhinderte der Generalmajor von Mosel größeres Unglück. Den 27. kehrte Friedrich Wilhelm nach Berlin zurück und entfernte am 31. den Kronprinzen aus der Armee. Auf seinen Befehl trat am 2. September in Mittenwalde ein Kriegsgericht zusammen, und am 4. ward der „entlaufene Oberstlieutenant Fritz" nach Küstrin gebracht. Seit dem 5. saß er in dem dortigen Schlosse beinahe ein Viertel Jahr lang im schlechten blauen Rocke. Am 7. September peitschte man die Kantortochter Doris Ritter (später verehelichte Fiakerpächter Schomer in Berlin) zu Potsdam drei Mal aus und schickte sie nach Spandau ins Spinnhaus; der Vater verlor sein Amt. Dem Kriegsgerichte, das am 25. Oktober in Köpenick zusammentrat, präsidirte der alte Generallieutenant v. d. Schulenburg. Mitglieder waren: die Generalmajore von Schwerin, Graf v. Dönhoff, v. Linger; die Obersten v. Derschau, v. Steding, v. Wachholz; die Oberstlieutenants v. Schenk, v. Weyer, v. Milagsheim; die Majore v. Einsiedel, v. Leßwitz, v. Lüderitz; die Hauptleute v. Itzenplitz, v. Jeetz, v. Podewils; endlich die Juristen Mylius, Gerbet und der Auditeur des Regiments Gensd'armen. Der Gerichtshof erkannte bei Katt auf Festungsbau, bei Friedrich mit 16 gegen 2 Stimmen (Dönhoff und Schwerin) auf Tod. Der letzteren Strafe wegen schärfte der König auch das Urtheil gegen Katt, ließ es am 2. Novbr. in Wusterhausen ausfertigen und trotz aller Fürbitten am 6., früh 7 Uhr, in Küstrin vollstrecken [1]) Am 7. Novbr. legte der Prediger Müller dem Kronprinzen Katt's Testament vor. Dieser erkannte am folgenden Tage sein Unrecht und ergab sich ganz in des Vaters

[1]) Arnim nennt II. 212 das Urtheil gegen den Kronprinzen nur eine Komödie. Katt wurde von dem Major v. Asseburg rechtzeitig gewarnt, blieb aber, von einem Frauenzimmer umstrickt, noch eine Nacht. Die Hinrichtung fand übrigens nicht vor den Augen seines unglücklichen Freundes, sondern nach Seyffert (S. 101) hinter der Kanzlei auf dem Walle statt. Preuß I. 44—45. Gallus V. 241. 500. Die Notiz des Rektors Erich Neibel (Geschichtstafeln S. 24), man habe ihn erschossen, ist gänzlich aus der Luft gegriffen.

Willen. Hierauf erfolgte die Begnadigung (nach Vehse III. 148 am 10., nach Preuß I. 57 erst den 27. Novbr.). Friedrich leistete den ihm vorgeschriebenen Eid, nach Vehse und Preuß am 10., nach Gallus V. 243 am Sonnabende, 25. Novbr.). Zum ersten Male erschien er am 21. in der Sitzung der Kriegs- und Domänenkammer, in der er als jüngster Rath arbeiten sollte. (Aus den Akten, die mir vorlagen, hab' ich nicht die Überzeugung gewinnen können, daß er besonderen Fleiß zeigte. Vergl. auch Vehse III. 150!) Der Präsident von Münchow und der Direktor Hille mußten ihn stets kontroliren. Während des Winters trat eine gänzliche Veränderung in seinem Charakter ein. Am 3. Mai schrieb der König zum ersten Male wieder an seinen Sohn. Als er den 15. (nach Seyffert den 10.) August nach Küstrin kam, küßte ihm dieser die Füße. Im Oktober besuchte er den Grafen v. d. Schulenburg in Landsberg a. W., noch öfter aber die schöne und geistvolle Eleonore Luise von Wrech, die Erbin des Schlosses Tamsel bei Küstrin. Den 21. Novbr. schlug für ihn die Erlösungsstunde. Seine Schwester Friederike Sophie Wilhelmine vermählte sich nämlich mit dem Markgrafen Friedrich von Baireuth. Ihr Bruder wurde am 23. aus „seiner Galeere" abgeholt, von ihr aber in dem hechtgrauen Rocke nicht sogleich erkannt. Am 30. bekam er die Uniform wieder und nahm bei Seckendorf an einem Gastmahle Theil. Am 8. Dezbr. dankte er brieflich seinem Vater (Vehse III. 162). Im Januar 1732 plagte ihn das Fieber. Am 4. Febr. rückte jener in einem Briefe „an seinen lieben Fritz" mit dem Heiratsprojekte vor. „Ihr könnt wohl persuadirt [überzeugt] sein, daß ich habe die Prinzessinnen des Landes durch andere, soviel als möglich ist, examiniren lassen, was sie für Conduite und Edukation [Ruf und Erziehung] haben. Da hat sich denn die Prinzessin, die älteste von Bevern, gefunden, die da wohl aufgezogen ist, modeste [bescheiden, sittig, ehrbar] und eingezogen, so müssen die Frauen sein . . . Sie ist ein gottesfürchtiges Mensch, und dieses ist alles und comportable [erquicklich] sowol mit Euch als mit den Schwiegereltern. Gott gebe seinen Segen dazu und segne Euch und Eure Nachfolgers und erhalte Dich als einen guten Christ und habet Gott allemal für die Augen und glaubet nicht die verdammliche Particularglauben und seid gehorsam und getreu, so wird es Dich hier zeitlich und dort ewiglich gut gehen, und wer das von Herzen wünschet, der spreche Amen. Dein getreuer Vater bis in den Tod. Friedrich Wilhelm".

Am 10. Febr. (Seyffert am 18.) kam der Kronprinz nach Berlin zurück. Er richtete drei Briefe an Grumbkow, den falschen Mann, den er indeß schonen mußte, und erhielt am 20. endlich eine Antwort. Den 29. wurde er zum Obersten ernannt, den 10. Mai wider seine Neigung mit Elisabet Christine von Braunschweig-Bevern in Berlin verlobt und am 12. Juni 1732 in Salzthal mit ihr verheiratet. Bekanntlich blühte ihm in der Ehe nicht das Glück.

Es folgte das heitere Leben in Ruppin und in Rheinsberg. Als aber Friedrich die Regierung antrat, hatten die Possen, freilich zum Verdruß seiner lustigen Freunde, ein Ende. Sehr bald legte ihm der Tod des Kaisers Karl VI. (20. Oktbr. 1740) ernste Aufgaben vor. Sein Scharfblick richtete sich auf Schlesien. Durch Verhandlungen konnte er diese Provinz von Maria Theresia (die man ihm angeblich einmal zur Braut erkor) nicht erlangen; er griff darum zu den Waffen und ging am 16. Dezbr. bei dem Dorfe (Ober-) Läsgen unweit Grünberg mit 28,000 Mann über die schlesische Grenze. Den Sturz der großen Glocke in der Kirche zu Krossen, der ängstliche Gemüther beunruhigte (14. und 15. Dezember) deutete er mit Cäsars Geistesgegenwart: „Das Hohe (Haus Oesterreich) soll erniedrigt werden!“ Seinen Beistand suchte er bei dem Glück; er fand ihn auch bei den bisher bedrückten Protestanten. Schon am 11. Juni 1742 konnte er zu Breslau einen günstigen Frieden schließen. Er erhielt ganz Nieder- und Oberschlesien nebst der Grafschaft Glatz, Teschen, Troppau und Jägerndorf ausgenommen (642 Quadratmeilen).

Über den zweiten schlesischen Krieg sagt der König in der Geschichte seiner Zeit: „Schätzt man die Dinge nach ihrem wahren Werthe, so muß man gestehen, daß dieser Krieg in gewisser Hinsicht ein unnützes Blutvergießen verursachte, und daß eine Reihe von Siegen zu weiter Nichts diente, als Preußen im Besitz von Schlesien zu bestätigen . . . Er kostete dem letzteren Staate 8 Mill. Thaler, und bei Unterzeichnung des Friedens [am 25. Dezbr. 1745 in Dresden] waren 15,000 Thlr. die einzigen noch vorhandenen Geldmittel zur Fortsetzung des Krieges.“ —

In den folgenden zehn Jahren zeigte Friedrich seinem Volke, daß er mit allem Rechte seinen Namen trage. Zahlreiche Moräste und öde Felder, besonders an der Oder, ließ er urbar machen. Hier siedelten sich über 3000 Familien an.

Insgesammt entstanden 280 neue Dörfer. Ohne jegliche Erhöhung der Abgaben stiegen in Folge dessen die Staatseinkünfte in den älteren Provinzen bis 1756 um 1,200,000 Thaler, und die Einwohner vermehrten sich im Ganzen bis auf 5 Mill., verdoppelten sich also innerhalb 16 Jahren.

Abgesehen von dem mir sehr knapp zugemessenen Raume, will ich auch aus anderen Gründen mich bei dem .siebenjährigen Kriege (1756—63) nicht lange aufhalten. Wer sich für die blutigen Schlachten, von denen schon so oft die Rede war, noch besonders interessirt, findet sie hinreichend beleuchtet bei Archenholz, Tempelhoff, Stuhr, Förster und Preuß, noch mehr aber in dem fünfbändigen Werke: „Gespräche im Reiche der Todten" (Leipzig und Frankfurt a. O. mit vielen Plänen und biographischen Notizen). Wichtige neue Aufschlüsse vermag ich kaum zu geben. Es folge darum nur eine Übersicht mit einigen Anmerkungen.

| | Die Preußen siegten: | wurden geschlagen: |
|---|---|---|
| | 1756. | |
| 1. Oktbr. | Lowositz, Friedrich, die Österreicher (Feldmarschall Brown). | |
| | 1757. | |
| 6. Mai. | Prag, Friedrich, die Österreicher (Karl von Lothringen). Schwerin fiel. | |
| 18. Juni. | | Kollin, die Österreicher (Daun). Friedrich II. |
| 30. August. | | Groß-Jägerndorf, die Russen (Apraxin und Fermor) den Feldmarschall Lehwald. |
| 5. Novbr. | Roßbach, Friedrich die Franzosen (Herzog von Soubise) und die Reichsarmee (Prinz von Hildburghausen). | |
| 5. Dezbr. | Leuthen, Friedrich die Österreicher (Karl von Lothringen). | |

| | | |
|---|---|---|
| | **1758.** | |
| 28. Juni. | Krefeld, Ferdinand von Braunschweig die Franzosen (Graf von Clermont, Richeleus Nachfolger). | |
| 25. August. | Zorndorf, Friedrich die Russen (General Fermor). | |
| 14. Oktbr. | | Hochkirch, Friedrich von Daun und Laudon überfallen. |
| | **1759.** | |
| 23. Juli. | | Kay. Soltikoff gegen Wedell. General Wobersnow fiel. |
| 1. August. | Minden, Ferdinand von Braunschweig die Franzosen (Contades). | |
| 12. August. | | Kunersdorf bei Frankfurt a. O. Russen (Soltikoff) und Österreicher (Laudon) Friedrich. Ewald v. Kleist fiel. |
| 20. November. | | Der „Finkenfang bei Maxen"; Österreicher (Daun, Sincere, Brentano) nehmen den General von Fink gefangen. |
| | **1760.** | |
| 23. Juni. | | Landshut. Laudon nimmt den General Fouqué gefangen. |
| 15. August. | Liegnitz, Friedrich den General Laudon. | |
| 8. Oktbr. | | Russen und Österreicher in Berlin. Tottleben, Brigadier Hoffmann, Lascy. Die Zeitungsredakteure Krause und Kretschmer sollen Spießruthen laufen, werden aber begnadigt. |
| 3. Novbr. | Torgau, Friedrich (Ziethen) gegen Daun. | |

1761.

20. August bis 15. Septbr. Lager bei Bunzelwitz. 57,000 Preußen von 60,000 Russen (Butturlin) und über 70,000 Österreichern (Laudon) eingeschlossen. Baron v. Warkotsch ein Verräther.

1762.

5. Januar. Kaiserin Elisabet von Rußland stirbt.

17. Juli. Ihr Nachfolger Peter III. wird im Hause des Hetmanns Rusonowsky erdrosselt. Katharina II. seine Wittwe.

21. Juli. Burkersdorf (Gefecht). Friedrich (von Möllendorf und von Wiede) gegen Daun. Czernitscheff.

16. August. Reichenbach (Gefecht), Herzog von Bevern gegen Beck.

29. Oktbr. Freiberg in Sachsen, Prinz Heinrich gegen die Österreicher und die Reichstruppen unter dem Prinzen von Stollberg.

7. Novbr. Spechthausen am Tharandter Walde, letztes Gefecht. Oberstwachtmeister von Prittwitz von Ziethens Husaren.

1763.

15. Februar. Friede zu Hubertsburg. Preußen durch den Minister von Hertzberg vertreten.

Einige Bemerkungen.

1. Roßbach. In einem Volksliede aus jener Zeit heißt es: „Und wenn

der alte Friedrich kommt und klopft nur auf die Hosen, so läuft die ganze Reichsarmee, Panduren und Franzosen." — „Sie kamen, sahen und flohen", sagt Klopstock. Nur zwei Regimenter Schweizer zogen in Ordnung zurück.

2. Kay. Der König an v. Wedell: „Mihr hat es geahnet, das Ding würde Schüf gehn. Ich habe es Ihm auch gesagt, denn die Leute waren verplüft; nuhr nicht mehr daran gedacht, Sonder wohr der Succurs [die Verstärkung] zum ersten zustoßen kann, umb von neuen darauf zu gehn; es ist seine Schuld nicht, das die Schurken so schändlich davon laufen. — Der Kapellmeister Karl Heinrich Graun starb vor Schrecken über den Verlust der Schlacht bei Kay (8. August 1759). Preuß III. 482.

3. Kunersdorf. Hier vergaß Friedrich: „Einem fliehenden Feinde (den Russen) soll man eine goldene Brücke bauen." Als dieser sehr hart auf ihn eindrang, rief er aus: „Kann mich denn keine verwünschte Kugel treffen? — In der folgenden Nacht ruhte er in einer von den Kosaken geplünderten Bauernhütte im Dorfe Ötscher. An den Minister von Finkenstein in Berlin schrieb er (der Rücken des Rittmeisters von Prittwitz diente als Pult): „Rettet die Königin, die königliche Familie und Alles, was ihr könnt, nach Magdeburg!" Und einige Stunden später: „Die Folgen der Schlacht werden schlimmer sein, als die Schlacht selbst. Ich werde den Sturz des Vaterlandes nicht überleben." Den Oberbefehl übertrug er dem Generallieutenant Finck durch nachstehende Order (eigenhändig deutsch): Weillen mihr eine Schwehre Krankheit zu gestosen So übergebe das Commando Meiner Armén werender Krankheit bis an meine besserung an den general Fink und kann er, im Nothfal von des general Kleisten Corps im gleichen Dispohniren nach dehm es die umbstende erfordern in Gleichen von denen Magazins in Stetin, berlin, Cüstrin und Magdeburg." — „Nie hab' ich die preußische Armee in einem solchen Zustande gesehen", schreibt der General Tempelhoff. — Soltikoff an die Kaiserin: „Noch einen solchen Sieg, und ich bringe Dir die Botschaft mit dem Stabe in der Hand allein." —

Günstige Friedensbedingungen erlangte der König endlich, weil „er den letzten Thaler in der Tasche behielt." Wesentliche Dienste leistete ihm sein Münzmeister. Über die Grünjacken und Blechkappen machte sich freilich der Volkswitz oft genug lustig. Da sie absichtlich gut weiß gesotten waren, so reimte man auf sie:

„Von außen schön, von innen schlimm; von außen Friedrich, von innen Ephraim.“ Während man früher nach dem Edikte vom 14. Juli 1750 aus einer Mark feinem Silber 14 Thlr. oder 21 Gulden geprägt hatte, münzte man sie später zu 20 (genauer 19,74 Thlrn.) aus. Nähere Bestimmungen gibt u. a. Rödenbeck, Tagebuch II. 214. Am 5. März wurde der Hubertsburger Friede durch den Hofrath Schirrmeister, der auch bei der Huldigung des Königs als Herold fungirte, in Berlin öffentlich bekannt gemacht. (In Breslau geschah dies durch Lessing, den Sekretär des Generals v. Tauenzien). Den 30., Abends 8 Uhr, traf der Monarch in seiner Hauptstadt ein, die er seit dem 12. Januar 1757 nicht mehr gesehen hatte. Er „lenkte dem Triumphe aus.“ Die Erzählung, daß er sofort nach Charlottenburg eilte und dort das Te deum des Kapellmeisters und die Messe des Konzertmeisters Graun durch Benda in der Schloßkapelle aufführen ließ, ist eine Sage.[1]) Nach dem genannten Städtchen kam er erst Mitte Juli; und in der Zeit vom 13.—19. fand jene Feier statt, das öffentliche Dankfest im Lande aber schon am 4. April.

Der gewaltige Schaden, der dem Staate durch den Krieg erwuchs, läßt sich annähernd ermessen, wenn man erwägt, daß der König seinen Verlust im Heere auf 180 000 Mann (unter diesen mehr als 1500 Offiziere) berechnet, daß seiner Angabe nach 33 000 Einwohner in Preußen, Pommern und der Mark durch die Russen ihren Tod fanden. Auch Gram, Hunger und Seuchen rafften Viele weg.

Aus dem „Eingesandten Orginalverzeichnisse von den Vermögensumständen der Vasallen im Sternbergischen Kreise, welche nur noch ein Viertel von ihren Gütern haben“ (1767), läßt sich das Elend noch klarer ersehen. Zu meinem großen Bedauern kann ich hier nur sehr kurze Notizen geben. Es bezeichnet Nr. 1 den Namen, 2. den Besitzer, 3. den Werth des Gutes, 4. den Werth der Effekten, 5. das baare Vermögen, die Aktiva; 6. die Schulden, Passiva; 7. die Differenz zwischen den letzteren und dem halben Vermögen. Die Richtigkeit aller Angaben mußte eidlich versichert werden.

I. 1. Buchholz. 2. Otto Friedrich v. Winning. 3. 16 000 Thaler. 4. 200 Thlr. 5. 400 Thlr., die aber der Frau gehören. 6. 18237 Thlr. 2 Gr. 7. 10137 Thlr. 2 Gr.

[1]) Preuß II.346—47. Nationalzeitung Nr. 157. 1856. Beilage.

II. 2. Reichenwalde. 2. Hans Friedrich v. Winning, kgl. preußischer Landrath des Sternberg'schen Kreises. 3. 17 000 Thlr. 4. 500 Thlr. 5. 7232 Thlr. 6. 18 585 Thlr. 20 Gr. 7. 6219 Thlr. 20 Gr.

III. 1. Pinnow. 2. Marie Eleonore von Holle, geb. v. d. Schulenburg. 3. 14 000 Thlr., 1749 für 17 300 gekauft. 4. und 5. Nichts. 6. 15 513 Thlr. 7. 8513 Thlr.

IV. 1. Grabow. 2. Christoph Balthasar v. Unruh. 3. 5000 Thlr. 4. — 5. 6866 Thlr. 16 Gr. 6. 12 420 Thlr. 4 Gr. 8 Pf. 7. 6486 Thlr. 20 Gr. 8 Pf.

V. 1. Grabow. 2. Alexander von Unruh. 3. 7000 Thlr. 4. —. 5. 3420 Thlr. 6. 11 120 Thlr. 7. 9410 Thlr.

VI. 1. Schönwalde. 2. Friedrich von Sydow. 3. 16 000 Thlr. 4. 100 Thlr. 5. —. 6. 13 200 Thlr. 7. 5250 Thlr.

VII. 1. Wallwitz. 2. Marie Sophie Philippine v. Wahlen-Jürgaß, verwittwete v. Platen. 3. 4500 Thlr. 4. 200 Thlr. 5. —. 6. 16 858 Thlr. 16 Gr. 7. 14 508 Thlr. 16 Gr.

VIII. 1. Malsow. 2. Christoph Ludwig v. Gölnitz; 3. 14 000 Thlr. 4. 400 Thlr. 5. 500 Thlr. 6. 13 175 Thlr. 8 Gr. 2 Pf. 7. 5725 Thlr. 8 Gr. 2 Pf.

IX. 1. Arensdorf. 2. Theresia Beate v. Wedel, verwittwete v. Kalckreuth. 3. 16 000 Thlr. 4. 300 Thlr. 5. —. 6. 17 617 Thlr. 7. 9417 Thlr.

X. 1. Schönow. 2. Georg Heinrich Gottlob v. Schenckendorff. 3. 8000 Thlr. 4. —. 5. 3350 Thlr. 6. 8901 Thlr. 7. 3226 Thlr.

XI. 1. Klein-Kirschbaum. 2. Ernst Diederich Christjan v. Ilow. 3. 13000 Thlr. 4. 300 Thlr. 5. 203 Thlr. 18 Gr. 6. 11846 Thlr. 7 Gr. 4 Pf. 7. 5094 Thlr. 10 Gr. 4 Pf.

XII. 1. Döbbernitz. 2. Friedrich Wilhelm v. Jena. 3. 16000 Thlr. 4. 500 Thlr. 5. —. 6. 12 985 Thlr. 7. 4485 Thlr.

XIII. 1. Königswalde, Osterwalde und Dannenwalde. 2. Adolf Friedrich v. Waldow. 3. 45 622 Thlr. 16 Gr.; 20 000 Thlr. 4. 2400 Thlr. 5. —. 6. 46 450 Thlr. 7. 12 138 Thlr. 16 Gr.

XIV. Für den Fähnrich Karl Christoph v. Waldow (beim Czettritz'schen Dragonerregimente) auf Hammer und Költschen berechnet der Vormund Kurt Adolf von Ludwig auf Wandern den Werth der Güter nach dem Erbschaftsrezesse vom 9. März 1754 auf 34615 Thlr. 1 Gr. 6 Pf., dazu die Offizierequipage 2c 787 Thlr. 20 Gr. 5 Pf. = 35402 Thlr. 21 Gr. 11 Pf., die Schulden aber: an Kapitalien 32689 Thlr. 15 Gr. 7½ Pf., an rückständigen Zinsen 2392 Thlr. 18 Gr. 2 Pf. = 35082 Thlr. 9 Gr. 9½ Pf. Demnach bleibt nur die höchst unbedeutende Summe von 320 Thlr. 12 Gr. 1½ Pf. —

Frau von Holle schreibt: „Es ist bekannt, daß die erste Attaque oder Angriff bei Pinnow geschehen von den Kosacken oder Russen, und da nun auch zu zwei Mal die Wagenburg bei Pinnow von den Russen gestanden, alle Mal bei 6—700 Wagen, und ich zu vier Malen ausgeplündert und beraubt bin und dazu übel tractiret an Leibe, so daß ich kaum das Leben erhalten habe. Hierdurch bin ich in große Schuld und Armut gerathen; ich habe müssen vor das Dorf leiden und bezahlen, solches ist Gott und Menschen bekannt, was ich habe erlitten und ausgestanden. Indem ich meinen elenden Zustand hierbei Einer Königlichen Majestät melden muß.

Christoph Balthasar von Unruh sagt in seiner Eingabe vom 8. April 1767: „Dieses allerhuldreichste Circulare gehet auch fürnehmlich mich an. Ich bin von Geburth ein Polnischer Edelman und habe meinen Vater, der vor drittehalb Jahren aus Pohlen gezogen und sich mit den Ordens Guthe Grabow Sternbergischen Kreises, in Euer Königlichen Majestät Landen ansäßig gemacht hat, einen Antheil von diesen Guthe in verwichenem Jahre abgekauft. Dieses Antheil ist von allem Vieh Feld und Wirthschafts Inventario gänzlich entblöset, und bis an diese Stunde habe ich nicht mehr, als Zwei Pferde, und eine Kuh auf meinen Antheile. Allein auch dieses wenige Inventario habe ich in Grabow nicht funden; sondern auß Pohlen mitgebracht. Ich habe auch die Kurtze Zeit über, da ich in Grabow bin,. schon mein wohnhauß so weit in stand gebracht, daß ich darin wohnen kann, wie auch ein wirthschaft Gebeide. Es fehlen mir aber alle Stelle, namentlich der Ochsen, Schaaf Kuch und Schwein Stal, auch alle Scheinen. Alle diese Gebeide soll ich von Grund auf aufbauen, und einer noch darzu 12 Stück Ochsen, 6 Kühe und 400 Stück Schafe vor mein Geld anschaffen. — Hierzu weiß ich Keinen Rath, zu mahlen meine Schulden an 6486 Thlr. 16 Gr. 8 Pf. die Helfte des Werths meines Antheils Guths Grabow und übrigens Vermögens übersteigen; wie solches auß beyliegenden verschlossenen eydlichen Verzeichniß mit mehren erhellet. — Er liegt hierauß klar am Tage, daß ich Ew. Königlichen Majestät allergnädigten Hilffe besonders bedürftig bin; dannenhero ich auch alleruntertänigst bitte: Mier selbige aller huldreichst angedeigen zu lassen. Wogegen ich in der tieffsten Devotion ersterbe

Königliche Majestät
alleruntertähänigster treugehorsamster
Christoph Balthasar von Unruh
auß Pohlen, auf Antheil Grabow.

Christoph Ludwig v. Gölnitz: „Ich bin zu sehr von den Russen mitgenommen, Gebäude ruinirt und alles Vieh weggenommen, so daß, wenn mir mein Schwager, der Capitän von Luck, nicht unter die Arme gegriffen, ich bei meiner zahlreichen Familie nicht im Stande gewesen wäre, mich wieder zu erholen, umsomehr, da ich jetzo im Begriff stehe, mein Gut an Gebäuden hinwiederum zu retabliren." — Er hat das Gut am 24. Juni 1750 für 16000 Thlr. von seinen Schwägern gekauft. „Da ich aber von den Russen sehr ruinirt und fast alle Gebäude eingegangen und neu aufgeführt, auch der Überrest des Inventarii angeschafft werden muß, wozu noch Geld erfordert wird, so will ich diesen Bau und andere Kosten hiermit abziehen und das Pretium aestimatum [den abgekürzten Werth] auf 14000 Thlr. festsetzen.

Friedrich Wilhelm von Jena schreibt am 10. April 1767: „Ew. Königliche Majestät haben denen sämmtlichen neumärkischen Besitzern adelicher Güther, also auch mich, allergnädigst anzubefehlen geruhet — „da ich auf meinem Guthe Döbbernitz im vorigen Kriege eine enorme feindliche Verherung erlitten, auch anhero drei nacheinander folgender Jahre einen totalen Sprenkelschaden erleben müssen, so daß ich das sämmtliche Getreide zur Saat und Wirthschaftsconsumtion für baares Geld habe erkaufen müssen, welches harte Schicksal für allen andern neumärkischen Vasallen mich gewiß am meisten zu dieser Zeit betroffen hat, so habe ich hiernächst dennoch zur Melioration meines Guthes schwere Bauten vornehmen müssen, u. a. habe ich hierselbst seit ca. 1764 zwei große Wassermühlen von Grund auf neu erbauet, wozu viele Kosten erfordert wurden: Also, durch dieses und dergl. bin ich in Schulden vertieft worden; ich würde zwar wohl mich ganz gut wieder aufhelfen können, wenn ich durch einige Gnadenwohlthaten Sr. Majestät unterstützt würde." —

Es mögen hier noch drei Aktenstücke folgen.

I. Seine Königliche Majestät in Preußen remittiren anliegend an Dero Neumärkische Kriegs- und Domänenkammer die Vorstellung des v. Waldow auf Königswalde, woraus dieselbe Dasjenige, so er von den verschuldeten Umständen, seiner Güter anzeigen und zugleich wegen deren Retablissements und des ihm zu akkordirenden einländischen Debits seiner Alaun bitten wollen, mit mehreren ersehen wird; und da Seine Königl. Majestät von der wahren Situation der Umstände worin der von Waldow sich nunmehro befindet, und auf was Art demselben ohne eines dritten Präjustiz zu helfen sein möchte, zuvor informiret zu sein verlangen, so befehlen Allerhöchst Derselbe allergnädigst vorgedachten Neumärkischen Kammer, ihren pflichtmäßigen Bericht darüber mit Remittirung der Anlage Sr. Königlichen Majestät mit dem förderſamsten allerunterthänigst zu erstatten.

Potsdam, den 24. März 1769.

Friedrich.

An die Neumärkische Kammer.

praes. 30. März 1769.

II. Es hat der Adolf Friedrich v. Waldow auf Königswalde und Osterwalde unterm 18. huj. immediate angesucht, ihm an der Beihülfe aus denen dem Adel hiesiger Provinz bestimmten Gnadengeldern vorzüglichen Antheil wegen des auf vorgedachte seine Güter und dazu gehörigen Alaunwerke erlittenen feindlichen Schadens und dadurch überkommenen Schuldenlast nehmen zu wollen, und Seine Königliche Majestät haben über dessen Gesuch besage kopeilich anliegender allergnädigster Kabinetsordre unsern pflichtmäßigen Bericht erfordert.

Eine Hochlöbliche Neumärkische Regierung ersuchen wir demnach ergebenst, uns von den eigentlichen Vermögensumständen des pp. von Waldow, wie solche durch eidliche Bestärkung bei der unlängst gehaltenen Untersuchung von dem Werthe sämmtlicher adeligen Güter in der hiesigen Provinz und den darauf haftenden Schulden ausgemittelt und wie dabei etwa die feindlichen Schäden von Königswalde und Osterwalde eruirt und abgenommeu worden, ausführliche Nachricht gefälligst sobald möglich zukommen zu lassen, damit wir desfalls unsern allerunterthänigsten Bericht an Seine Königliche Majestät abstatten können.

Küstrin, den 28. März 1769.

Königl. Preuß. Neumärkische Kriegs- und Domänenkammer.

v. Brauchitsch. Gottberg. Pappritz. Müller (?). Lambrecht. Puttkammer.

An Eine Königliche Hochlöbliche Regierung

cito! allhier.

III. Einer Hochlöblichen Kriegs- und Domänenkammer haben wir auf Dero geehrtestes Schreiben vom 28. huj. wegen der Vermögensumstände des von Waldow auf Königswalde und Osterwalde hierdurch in ergebenster Antwort zu vermelden nicht ermangeln wollen, daß die Vermögensumstände des gedachten von Waldow durch eidliche Bestärkung folgender Gestalt ausgemittelt worden.

Nämlich es sind die neumärkischen Güter Königswalde und Osterwalde à 5 pro cent. nach einer gerichtlichen Taxe de 1754 zu 45,622 Thlr. 16 Gr. und das im Mecklenburgischen belegene Gut Dannenwalde auf 20,000 Thlr. Werth angegeben, die Effekten und Pretiosa zu 2400 und die Aktiva auf 600 Thlr. angerechnet, und es besteht solchemnach das ganze Vermögen in 68,622 Thlrn. 16 Gr.

Dahingegen sollen nach der eidlichen Angabe auf diesen Gütern und Vermögen 46,450 Thlr. Schulden haften, und solche übersteigen mithin den halben Werth mit 12,138 Thlrn. 16 Gr.

Was die feindlichen Schäden betrifft, so haben damals bei Absendung der Tabelle nach Hofe solche nicht mehr eruirt werden können. Vielleicht werden aber die bei Einer Hochlöblichen Kriegs- und Domänenkammer befindlichen Berichte derer Landräthe davon einige Auskunft geben.

Küstrin, den 30. März 1769.

Königlich Preußische Neumärkische Regierung.

vidi den 31. ej. v. Windheim.

citissime!

Im siebenjährigen Kriege, besonders von 1758—61, wurde die Neumark, demnach auch das Land Sternberg, von den Feinden, welche Friedrich II. mit den Bären verglich, hart mitgenommen. Der Prediger Christian Kratz in Költschen berichtet: „1758 kamen die Russen durch Polen in unser Land. Anfänglich wußte man nicht, wohin der Marsch gehen würde; allein es zeigten sich bald, da sie zwischen Königswalde und Gleißen [am 6. Juli] ihr Lager aufschlugen, auch etliche Tausend bei Hammer, nach der Plonitz zu. An 20,000 Pferde und darüber wurden zehn Tage auf unseren Wiesen gehütet. Da blieb Nichts von Gras übrig. Auch alles Heu wurde wegfouragirt, zum Theil auch das Getreide von den Feldern und aus den Scheunen. Nach Költschen kam ein General mit vielen Offizieren, der die Wirthe und auch das Vieh aufschrieb. Ich mußte, als der Prediger, auch aus dem Busche kommen von Balligs Werder [vermuthlich die Höhe, auf welcher später der Kalkofen stand], aber zu spät. Ein Major, Livländer von Wisbach, der hier zur Bedeckung der Pferde mit einem Kommando Infanterie stand, begegnete mir ganz höflich; ich mußte auch den Sonntag predigen; allein sie brachen desselben Tages auf, gingen nach Königswalde zurück und von da nach Landsberg. Wir glaubten nun sicher zu sein und daß es genug sein würde mit der Plünderung in den Häusern und Gebäuden, da sie mir Alles ruinirt, Federvieh gegriffen, ein Kalb geschlachtet, die Gärten spoliirt, das Heu und Getreide von den Ställen und Scheunen genommen. Jedoch nach einigen Tagen kam ein großes Kommando Kosaken von Landsberg, die das Stubbenhagen'sche Kuh- und Schafvieh, ingleichen das Neuwaldische und Neudorfsche Vieh alles wegtrieben, auch in unserm Busche das Vieh zusammen- und wegtrieben, darunter auch ich einen Ochsen und zwei Stiere verlor. Das größte Unglück war, daß sie sowol über der Warthe die Buden plünderten, als auch diesseit das Neuwaldische Kriegswaldhaus, in welchem die Frau Hauptmann mit dem Stubbenhagen'schen Herrn war, und unsere Bude auf dem Balligswerder aufsuchten und besonders uns Alles raubten, was wir hatten an Gold, Silber, Ringen, Perlen, Kleidern, Betten, die sie ausschütteten, Leinen, Kupfer und Zinn, so daß wir Nichts, als unser Schlafzeug behielten. Ein erbärmlicher Zustand war es, Nichts auf dem Leibe, Nichts im Leibe. Wir zogen darauf nach dem Pap'schen Werder [die Anhöhe, auf welcher später Scheiblersburg erbaut wurde]. Obgleich wir wenig verlieren konnten, durften wir doch nicht im Hause bleiben wegen der üblen Traktamente, da sie die Leute erbärmlich zerschlugen. Wir hielten uns einige Wochen auf diesem Werder auf, vergaßen auch hier unsern Gottesdienst nicht, da drei Mal unter einer Buche gepredigt wurde. Von Landsberg gingen sie dann nach Küstrin, welchen Ort sie [am 15. August] beschossen und rein ausbrannten, so daß Nichts, als die Garnisonkirche und einige Häuser in der Neustadt stehen blieben. Die Festungswerke sind gar nicht beschädigt, aber desto mehr Schaden ist in der Stadt angerichtet worden. Es war Alles aus diesem Kreise, aus der Neumark und auch anderen Provinzen nach Küstrin gebracht und dort theils verbrannt, theils gestohlen worden. Es sind viele Tausend Familien auf ein Mal zu Küstrin um all' das Ihrige gekommen, wie wir zuvor auf dem Balligswerder." —

Der Ort, wo die Russen bei Költschen zur Beaufsichtigung der vielen Pferde, welche auf den Wiesen weideten, ein Lager hatten, liegt nach der Überlieferung am Wiesenwege nach Hammer, und zwar auf einer Anhöhe, die jetzt zum früheren Schulzengute gehört. Zur Erinnerung an die zahlreichen Gewaltthaten führt sie den bezeichnenden Namen Plünderhügel.

Vieles von dem, was die Feinde übrig gelassen hatten, verzehrte in Königswalde das Feuer. Am 5. November 1758 brannten 30 Gehöfte ab.

Ein Angriff des Generals Tottleben auf Berlin (Oktober 1760) kostete der Stadt über 2 Millionen Thaler. Auf dem Rückmarsche nahmen die nimmersatten Scharen (unter Soltikoff, Fermor, Romanzow, Czernitscheff ꝛc.) ihren Weg über Zielenzig und Königswalde nach Polen. Kosaken schwärmten im ganzen Ländchen umher. Der Zielenzig-Drossener Post raubten sie an 1700 Thlr. Fermor, ein evangelischer Livländer, quartierte in Arensdorf, Soltikoff mit Stoffel in Zielenzig. Des entsetzlichen Wirrwarrs halber fiel am 20. Sonntage nach Trinitatis (19. Oktober) sogar der Gottesdienst aus. So arg trieb es nicht einmal der Oberst Guriele 1759 in Drossen. Wiewol er von der Stadt 30 000 Thlr. Brandschatzung zu erpressen versuchte, begnügte er sich schließlich mit 11 000. Ferner versprach er, dafür zu sorgen, daß weder den Kirchen noch den Predigern etwas genommen würde; nur die Stunde des Gottesdienstes solle man ihm anzeigen.

Abgesehen von den vielen Zerstörungen, raubten die Russen 1760 auf dem Alaunwerke bei Königswalde, das dem Johanniterritter Adolf Friedrich von Waldow gehörte, baares Geld, eine große Menge Alaun, Hüttengeschirr, Haus- und Wirthschaftsgeräthe. Unter solch traurigen Verhältnissen dürfte wol Jedermann ohne langen Beweis glauben, daß der Besitzer in seinem Antrage Nichts übertrieben hat. Wennglеich öfter wiederholt, blieb das Gesuch, weil man das Potsdamer Waisenhaus in seinen Privilegien zu schädigen glaubte, doch ohne nennenswerthen Erfolg. 1773 mußte von Waldow, falls er nicht an hundert Menschen „aus seinem Beutel nähren" wollte, den Betrieb des Werkes einstellen. [1])

Von den 235 000 Thalern, welche Friedrich II. 1769 den Rittergutsbesitzern in der Neumark überwies, erhielten u. a.

---

[1]) Cramer, Beiträge I. 82—95.

| | | |
|---|---|---|
| Major von Selchow auf Großgandern . . . . | 11 900 | Thlr. |
| Landrath von Winning auf Reichenwalde . . . | 5000 | „ |
| Gebr. von Kalckreuth auf Arensdorf . . . . | 7000 | „ |
| Major von Sydow auf Schönwalde . . . . | 1000 | „ |
| Landrath von Schlegel auf Kähmen und Morzig | 1000 | „ |
| Alexander von Schenckendorf auf Schmöllen . . | 3000 | „ |

In Pommern und der Neumark, sagt Friedrich selbst [1]), war der Adel ebenso sehr, als in Schlesien, heruntergekommen. Die Regierung bezahlte für ihn 500 000 Thlr. Schulden und fügte noch 500 000 Thlr. hinzu, um seine Güter in Stand zu setzen." Läßt sich auch der Wille des fürsorglichen Monarchen nicht verkennen, so glichen doch seine Unterstützungen bei Vielen nur einem Tropfen, der auf einen heißen Stein fällt, und sehr bald mußte man das Prinzip, nur der Adel dürfe Rittergüter besitzen, aufgeben. . Im Jahre 1804 schätzte man die letzteren in der Neumark, 513 an der Zahl, auf 14 Millionen.

Über die Urbarmachung des Oder-, des Netz- und des Warthebruches, aus welcher besonders dem Bauernstande ansehnlicher Gewinn zufloß, kann ich wegen der wiederholten Mahnung: „Schluß! Schluß!" nur einige Notizen liefern. Ausführliche Nachrichten über die Ansiedler ꝛc. soll ein anderes Werk enthalten.

Die ersten (auch gelungenen) Versuche zur Entwässerung des Oderbruches fanden schon unter dem sparsamen Friedrich Wilhelm um 1717 bei Küstrin statt. Sein Sohn und Nachfolger ließ 1746—53 unter Leitung des Majors von Petri einen Kanal von dem Dorfe Güstebiese bis Hohensaaten in ziemlich gerader Richtung graben. Dieser, am 2. Juli 1753 eröffnet, jetzt die neue Oder genannt, bildet gegenwärtig den Hauptstrom. Die alte versandet immer mehr. Der Finowkanal, 5 Meilen lang, verbindet die Oder mit der Havel und durch diese mit der Elbe. Ohne Übertreibung durfte Friedrich sagen: „Hier hab' ich eine neue Provinz erobert!" —

Die Entwässerung des Netzbruches durch mehrere Kanäle und durch Verwallung des Flusses geschah von 1761—67.

Im April des zuletzt genannten Jahres begann auch die Urbarmachung des Warthebruches. Am 31. August 1772 durchstachen die Prinzen Heinrich und Ferdinand den Hauptabzugsgraben in der Gegend von Kriescht. Derselbe erhielt

[1]) Hinterlassene Werke V. III.

deshalb den Namen Heinrichskanal. [1]) Durch die Melioration, zu denen die Kämmerei von Landsberg 138 662 Thaler zahlte, fielen dieser Stadt 20 000 Morgen zu. Mehrere adlige Güter, besonders das Ordensamt Sonnenburg, gewannen einige Tausend Morgen Land. „Seine Königliche Majestät haben die Warthe auf Dero Kosten bewallen lassen. Die Adligen gaben von dem Kapital, das auf ihre Gründe verwandt wurde, 2 Prozent; dem Herrenmeister [Prinzen Ferdinand, Friedrichs Bruder] aber haben Seine Königliche Majestät die Bewallungskosten, so über 20 000 Thaler betragen, geschenkt. [2])

Übersicht.

| Namen der urbargemachten Stellen | Größe des urbargemachten Landes | Zahl der neuen Dörfer, Vorwerke ꝛc. | Zahl der angesetzten fremden Familien | Seelenzahl | Kosten der Urbarmachung |
|---|---|---|---|---|---|
| Oderbruch | 132 955 M. 25 □ R. | 31 | 1160 | ? | 527 585 Thl. 7 Gr. 7 Pf. |
| Mittelmark | | 5 alte Dörfer durch Kolonien vergrößert | 18 | | |
| Netzbruch | | | | | |
| a. Driesen | 15 143 M. 61 □ R. | 36 | 690 | 3020 | ? |
| b. Friedeberg | 4574 M. — □ R. | 4 | 221 | 971 | ? |
| Warthebruch | 95 201 M. 139 □ R. | 94 | 1755 | ? | 1 027 915 Thl. 21 Gr. 4 Pf. |

Von der verkehrten Modesucht jener Zeit umgarnt, legte man, besonders im Warthebruche, den Kolonien und Etablissements französische oder englische Namen bei (Beaulieu, Korsika, Maryland, Quebek, Philadelphia, Savannah, Havannah, Annapolis, Saratoga, Jamaika, Pensylvanien, Hamshire, Florida, Newyork, Yorkstown, Charlestown ꝛc.).

Mit den ersten Ansiedlern aus der Pfalz, Württemberg, Mecklenburg, Polen ꝛc. hatte Friedrich kein Glück. Mehr als ein Mal konnte er von ihnen, wie sein Vater von den Ostpreußen sagen: „Das Volk ist sehr gottlos, faul und

[1]) Rödenbeck, Tagebuch II. 286. III. 63. —

[2]) Nach Johann Rembert Roden. Er zählte 1775 im Warthebruche 60 neue Dörfer mit 1670 Familien (7438 Seelen). Preuß IV. 444.

ungehorsam." [1]) „Die meisten dieser Leute, schreibt Dohm, [2]) ergaben sich der Trägheit und jeder Art von Liederlichkeit, machten sich den alten Landeseinwohnern gehässig und wurden ihnen durch Bettelei und Diebstahl höchst lästig, bis sie sich endlich gezwungen sahen, ihre elenden, tiefverschuldeten Hütten zu verlassen und vielleicht in anderen preußischen Provinzen sich noch ein Mal als Kolonisten annehmen ließen, dort abermals dieselben Vortheile erschlichen und die gleiche Laufbahn mit gleich unglücklichem Erfolge noch ein Mal endigten." Dohm kannte Dörfer, in denen kaum 20 Jahre nach ihrer Einrichtung in manchen Häusern bereits das vierte fremde Geschlecht vegitirte. Seiner Ansicht nach lag es viel näher, die Kolonien den jüngeren Söhnen der Bauern und Handwerker und den Kindern der im Auslande geworbenen Soldaten zu übergeben, als zweideutigen Fremdlingen.

Hier sei noch eines Mannes gedacht, der bei der Entwässerung des Netz- und Warthebruches besonders thätig war. Franz Balthasar Schönberg von Brenkenhoff, am 15. April 1721 zu Reideberg bei Halle, dem kleinen Gute seines Vaters, geboren, trat 1762 mit einem Vermögen von 20 000 Thalern, durch Handel, Lieferungen und glückliche Spekulationen erworben, als wirklicher Geheimer Oberfinanz-, Kriegs- und Domänenrath aus anhaltischen in preußische Dienste. Die Verwüstungen durch den siebenjährigen Krieg, welche er bei Driesen erblickte, konnten ihn muthlos machen; von dem Kriegsrathe Bayer aufgemuntert, schreckte er indeß nicht zurück. Durch rastlose Bemühungen gelang es ihm allmählich, bei Driesen und Friedeberg wie schon oben (Seite 722) angegeben wurde, 40 Kolonien mit 911 Familien (3991 Köpfen) einzurichten. [3]) Nach seinem Voranschlage erhielt Brenkenhoff zur Aufhülfe der neumärkischen Rittergüter und Dörfer 768 149 Thlr. baar, 6 342 Stück Zugvieh, 68 866 Schafe; zum Wiederaufbau von Küstrin 683 237 Thlr. 4 Sgr. 11 Pf.; der kleinen Städte Friedeberg, Woldenberg, Soldin, Arnswalde ca. 114 000 Thlr. In Breitenwerder, das er von einem Herrn von Unfried für 12 000 Thlr. kaufte, legte er eine Musterwirthschaft an. — Mit gleicher Umsicht und Energie wirkte Brenkenhoff in den 1772 erworbenen Theilen Polens.

[1]) Preuß III. 97.

[2]) Denkwürdigkeiten IV. 391.

[3]) Nach Spude (Erinnerungsblatt S. 11), der die Driesener Magistrats- und Rentamtsakten (1762—80) einsah, 35 Kolonien mit 818 neuen Familien (3720 Köpfen); nach Meißner 688 Familien mit 2937 Seelen.

So viel er vermochte, milderte er dort auch das höchst traurige Loos der Leibeigenen. Für den Bromberger Kanal berechnete er die Kosten auf 231 180 Thlr. 16 Gr.; sie betrugen aber thatsächlich nach dessen Vollendung in 14 Monaten 739 956 Thlr. 1775 konnten bereits 225 Schiffe und 1151 Holzflöße diese neue Wasserstraße passiren. Rußland trug Brenkenhoff ein solches Amt mit einem Gehalte von 12000 Silberrubeln (38 880 M.) an; er wollte sich aber von seinen Werken und seinem Könige nicht trennen, wiewol er von ihm nur 2000 Thlr. bezog und die Bewirthung der vielen Gäste (40—120) ihm sehr erhebliche Kosten verursachte. — Zu einem älteren Brustübel kam eine Erkältung. Ungeachtet aller Energie, mit welcher er die Krankheit bekämpfte, sah er doch mit Schrecken sein Ende nahen. In allen vier Winden war sein großes Vermögen zerstreut; die Rechnungen über mehrere Millionen, die ihm Friedrich II. zu seinen Unternehmungen anvertraut hatte, vermochte er nicht mehr gehörig zu ordnen. In einem Briefe, den er am 21. Mai 1780 unter den heftigsten Körper- und Seelenleiden diktirte, bat er den König, „dem Minister Michaelis Auftrag zu geben, die Meliorationen, die er noch zu realisiren habe, unter seiner alleinigen Direktion, ohne die Kammer darein zu meliren, auszuführen und dieserhalb mit den Vormündern, die er seiner Familie gesetzt, zu korrespondiren.“ — Noch an demselben Tage verschied Brenkenhoff auf seinem Pachtgute Hohenkarzig. Der König, damals gegen seine Beamten sehr mißtrauisch, ließ eine Untersuchung einleiten. Sie führte zur Beschlagnahme der Güter des Verstorbenen. Erst nach einigen Jahren erhielt die Familie sie im Gnadenwege größtentheils zurück. Vergl. Brandenb. Provinzbl. 1880 Nr. 7—10! Auch in einem besonderen Abdruck. Der Verfasser, Kaufmann Eduard Spude, starb als Rentner am 25. Januar 1887 in Driesen.

Am 18. September 1773 erfolgte durch Rußland, Österreich und Preußen die erste Theilung Polens. Friedrich II. erhielt Polnisch (jetzt West-) Preußen nebst Pommerellen (mit Ausnahme von Thorn und Danzig), Ermeland und den Netzdistrikt. Dieser Fall „verkündet mit Donnerstimme der zivilisirten Welt den völligen Umsturz des Gleichgewichts, die siegende Herrschaft der Gewalt, und sonach den Fall alles öffentlichen Rechts, und wenn nach Johannes von Müllers schwerem Wort „Gott damals die Moralität der Großen zeigen wollte“, so öffnet sich dadurch dem Denker die düstere Aussicht auf die unendliche Fülle des Jammers und auf die schaudervolle Reihe von Umwälzungen, welche da nöthig sein würden, um einen öffentlichen Rechtszustand wiederherzustellen." — [1])

Mit dem Netzdistrikte kam auch Schermeisel an Preußen. Der Ort war jedoch, wie Grochow, ein Dorf; erst 1805 erhielt derselbe auf Antrag des Herrn von Kalckreuth, der das Schutzgeld, welches die Juden zahlen mußten, sich nicht entgehen lassen wollte, die Rechte einer adligen Mediatstadt. Schermeisel ꝛc. gehörte von 1807—15 zum Herzogthum Warschau, das Napoleon dem Könige von Sachsen überwies; seit 1816 zum Kreise Sternberg.

Im Jahre 1767 starb der Bürgermeister Christoph May in Zielenzig. Sein Sohn, früher Regimentsquartiermeister, folgte ihm zwar, verzichtete aber schon 1770 auf sein Amt. Während des Streites, der wegen der Wiederbesetzung entstand, fungirte als interimistischer Justitiar der Advokat Bech. Dieser erscheint später in dem bekannten, ja weltberühmten Müller Arnold'schen Prozesse in einem mehr als zweideutigen Lichte. Er, nicht der vom Könige beauftragte Oberst Heucking (Garnisonregiment v. Natalis in Züllichau), untersuchte das Bett des Krebsfließes, von welchem der Müller behauptete, es liefere ihm, seitdem der Landrath (Georg Samuel Wilhelm) von Gersdorff in Kay einen Teich angelegt habe, nicht mehr das ausreichende Wasser; er sei deshalb außer Stande, dem Grafen von Schmettow auf Pommerzig die Pacht zu zahlen. Von der Regierung in Küstrin und dem Kammergerichte in Berlin abgewiesen, rief Arnold, der nebst seiner Frau, die über eine höchst geläufige Zunge verfügte, dem Könige bei Zorndorf anerkennenswerthe Dienste geleistet haben soll, ohne die dritte Instanz, das geheime Tribunal zu beschreiten, dessen Entscheidung an. Glaubte Friedrich, „das Federzeug versteht Nichts. Wenn Soldaten was untersuchen und dazu Ordre kriegen, so gehen sie den geraden Weg und auf den Grund der Sache, und da wissen sie immer einen Haufen daran auszusetzen" — [2]) dann ließ er sich von einem argen Vorurtheile leiten. Da er aus eigener Macht die Regierungsräthe in Küstrin, die Kammergerichtsräthe Friedel, Graun und Ransleben ihrer Ämter enthob, sie nach Spandau schickte, und sie außerdem zum Schadenersatze an Arnold verurtheilte; da

[1]) v. Rotteck, Allg. Geschichte (1848) Band 8, 280—81. Vergl. Joh. v. Müller, Sämmtliche Werke VI. 205—24.

[2]) Schreiben an den Minister von Zedlitz vom 28. Dezember 1779.

er außerdem den Landrath von Gersdorff und den Regierungspräsidenten Grafen von Finckenstein kassirte: so ist sein „ruhmwürdiger Eifer“ für Recht und Gerechtigkeit zwar nicht zu verkennen, jeder Besonnene wird aber unwillkürlich an das Dichterwort erinnert: „Zu wenig und zu viel, ist Beides ein Verdruß: so fehl ist überm Ziel, wie unterm Ziel ein Schuß.“ —

Ich habe die Akten, soweit sie den Landrath von Gersdorff betreffen, selbst genau durchgelesen und kopirt; ferner kenn' ich Preuß (III. 381—412; 489—526, Dohm (I. 267—79; 534—84, Schlözer's Staatsanzeigen (Heft 36. 41) und Nr. 50, 1879 des Sonntagsblattes zur Vossischen Zeitung; nirgends aber fand ich, daß die Kassirten parteiisch oder auch nur fahrlässig handelten. Bekanntlich plagte den König, als er am 11. Dezember 1779 den Großkanzler von Fürst, der übrigens das Justizdepartement der Neumark gar nicht verwaltete, und die drei Kamergerichtsräthe zur Verantwortung vorlud, die Gicht heftig; auch gestand er (am 9. oder 10. Juli 1780) dem Fürsten de Ligne, der ihm mehrere Verbindlichkeiten sagte, ganz offen: „Sie sehen nur meine schöne Seite; fragen Sie aber nur die Herren Generale nach meinem Eigensinn und meinen Launen, so werden Sie ein anderes Lied anstimmen.“ [1]) In seinem Testamente schreibt der König: „Ich habe mich entschlossen, nie den Lauf der Rechtspflege zu stören; in den Gerichten müssen die Gesetze sprechen und der König schweigen.“ [2])

Unter Friedrich Wilhelm dem Zweiten fand eine Revision des Arnold'schen Prozesses statt. Die Bestraften erhielten öffentliche Ehrenerklärung und reichen Ersatz. Von Gersdorff wurde nach dem Tode des Rittergutsbesitzers v. Angern auf Mohsau († 18. März 1788) aufs neue als Landrath gewählt und bestätigt. [3])

Zur Beurtheilung der „guten alten Zeit“, der man oft übermäßiges Lob spendet, mögen auch folgende Notizen, zumeist aus Drossen, dienen:

1765, den 14. Oktober suchte der Konrektor Friedrich Fechner, nachdem er einige Stunden vorher seinen Vetter, den Prediger Mack in Polenzig verlassen hatte, im Zeuschtsee seinen Tod. Am folgenden Tage fand der Fischer Guse die Leiche. —

[1]) Rödenbeck, Tagebuch III. 233.

[2]) Dr. Berner 375.

[3]) Vergl. K. O. vom 27. Juli 1787! Friedrich II. dachte wol auch an sich, wenn er zunächst in Bezug auf den Kardinal Richelieu schrieb: „Große Leute sind nicht zu allen Stunden und in allen Stücken groß.“ (Rödenbeck II. 200).

1771, 10. Februar endete der Bakkalaureus Philipp Heydemann im Schulhause durch den Strick sein Leben. — Auf die Ermordung des Postillons Sprenger (1772, 26. Juni) wies ich schon Seite 79—80 hin. — 1773 ersäufte sich der Zolleinnehmer Müller. — 1785, 11. Juni früh knüpfte sich der Polizeibürgermeister (Prokonsul) Karl Leopold Achtbauer (aus Prag) vor der Thür des (prozeßsüchtigen) Inspektors Johann Joachim Lachmann (aus Züllichau) auf. (Letzterer folgte auf den am 23. Juni 1778 verstorbenen Martin Jakob Riedel, wurde am 5. Sonntage nach Trinitatis (4. Juli) 1778 eingeführt und verwaltete sein Amt bis 1800). — In Sonnenburg erschlug der Böttcher Pritzel seine Schwiegermutter, die Wittwe Brätsch, mit einem Beile. 1778 deshalb hingerichtet, starb er angeblich reumüthig und ergeben, „zur großen Rührung aller Zuschauer", (die bei solchen Exekutionen nie fehlten), nachdem er inbrünstig gebetet und das Volk ermahnt hatte, sich durch sein Ende warnen zu lassen. —

In die Jahre 1778—79 fällt der bayerische Erbfolgekrieg, vom Volke auch Zwetschgenrummel und Kartoffelkrieg genannt. Er kostete Preußen 20 000 Mann und 20 Millionen Thaler. Friedrich achtetete auch ferner auf die Pläne Josephs des Zweiten. „Weil man diesen Mann nicht aus den Augen lassen müßte", hing das Bild des „Reformers", der oft den zweiten Schritt that, ohne den ersten unternommen zu haben, stets über des Königs Schreibtische.

Ob des sogenannten Fürstenbundes (23. Juli 1785) schlug man argen Lärm. Es ward darüber, wie in Deutschland stets geschieht, viel geschrieben und gedruckt; als aber Friedrich im folgenden Jahre starb, zersprang das ganze Machwerk desselben wie eine Luftblase, ohne daß man auch nur eine Spur weiter fand. [1])

Des kranken Königs Wunsch, bald der Sonne näher zu sein, ging am 17. August 1786, früh zwischen 2 und 3 Uhr, in Erfüllung. Was er, am Sarge des großen Kurfürsten stehend, von diesem sagte: „er hat viel gethan!" gilt im vollsten Maße auch von ihm selbst. Nur in einem Stücke macht er sich Vorwürfe. „Glaub' Er mir, äußerte er einst zum Großkanzler Carmer, meine schönste Bataille geb' ich darum, wenn ich unter meinem Volke Religion und Moralität wieder da haben könnte, wo ich sie zu Anfange meiner Regierung fand. Ich hätte mehr dafür thun sollen." — In der langen Reihe von 46 Jahren „ist er im Gehorsam gegen den

[1]) Schlosser, Geschichte III. 332. Dohm III. 1—153. Staatslexikon VI. 206—9.

göttlichen Willen ganz seinem hohen Berufe treu gewesen und hat mit einer nie ermüdenden Thätigkeit, selbst unter den großen Beschwerden und Schmerzen einer langwierigen Krankheit, all' seine königlichen Pflichten bis auf den letzten Tag seines glorreichen Lebens erfüllt; und obwol er ein mächtiger König war und einer der größten Herren auf Erden, so hat er sich doch seiner Gewalt nicht überhoben, sondern sich beflissen, gnädiglich und sanft zu regieren." [1])

Es wäre Verrath an der Geschichte, Friedrich in allen Beziehungen loben zu wollen; aber erwägt man, was er gewollt, was er gethan hat, so gedenkt man gern des Dichterwortes: „Er war ein Mann, nehmt Alles nur in Allem; wir werden nimmer seines Gleichen sehen" (Shakespeare [2]). „Es wird kein Sohn nach Dir sich heißen; doch Dein Jahrhundert heißt wie Du." (A. v. Maltitz).

## Sechzehntes Kapitel.

## Das Land Sternberg unter Friedrich Wilhelm dem Zweiten und Friedrich Wilhelm dem Dritten (1786—1840).

„Indem wir ihn, unsern großen und geliebten Landesvater [Friedrich den Zweiten] beweinen, so haben wir auch Ursache, bei einer so wichtigen Veränderung dem barmherzigen Gotte zu danken, daß er uns unsern Verlust so gnädiglich ersetzt und uns einen mit Weisheit, mit Erfahrung, mit tapferem Muthe und mit leutseliger Güte ausgerüsteten König, Regenten und Landesvater verliehen, nämlich den Allerdurchlauchtigsten Fürsten und Herrn, Herrn Friedrich Wilhelm, König von Preußen, Markgrafen von Brandenburg, des Heiligen Römischen Reiches Erzkämmerer und Kurfürsten 2c."

Schon der große Onkel erklärte: „Ich will keine Franzosen mehr; sie seind gar zu liederlich und machen lauter liederliche Sachen." Der Neffe entließ sie bald. Da er auch einige andere Übelstände beseitigte, so nannte man ihn, wie einst die Franzosen Ludwig XV., „den Vielgeliebten" und sang zu seiner Ehre: Heil dir im Siegerkranz! [3]) Die wenigsten Historiker stimmen jedoch dem obigen Urtheile

[1]) Aus der amtlichen Bekanntmachung seines Todes.

[2]) Böttiger, Weltgeschichte VI. 483.

[3]) Zuerst im Dinstagsblatte der Spener'schen Zeitung Nr. 151 vom 16. Dezbr. 1793 unter der Überschrift: „Berliner Volksgesang" erschienen. Dichter ist nicht Heinrich Harries, sondern Dr. Balthasar Gerhard Schumacher in Lübeck. Preußens Ehrenspiegel Seite 214—17.

in der amtlichen Bekanntmachung bei. Der Kürze halber muß ich auf Schlosser, Förster, Martin Philippson, Ludwig Häusser 2c. verweisen. Zwei günstige mögen hier noch ihre Stelle finden. Kant bezeichnet ihn (Vorrede zum Streite der Fakultäten S. VI.) als einen tapferen, redlichen, menschenliebenden und, von gewissen Temperamentsfehlern abgesehen, durchaus vortrefflichen Herrn. Der rühmlichst bekannte Minister von Stein sagt über Friedrich Wilhelm II., daß er „mit einem starken, durch Studium der Geschichte bereicherten Gedächtnisse einen richtigen Verstand, einen edlen wohlwollenden Charakter, aber auch einen großen Mangel an Beharrlichkeit vereinigte. Einen großen Theil der Fehler seiner Regierung muß man jedoch der Nation zuschreiben, die sogleich ohne Rückhalt und Anstand vor seinem Bischofswerder und Wöllner [dem „Laubfrosch" und dem „kleinen Könige"] und seinen Mätressen kroch, in der Folge seine besseren politischen Pläne vereitelte und seine Freigebigkei auf eine unwürdige Weise mißbrauchte." —

Zu den vielvermögenden und darum oft umwedelten Personen am Königshofe gehörte auch der Kämmerer Rietz, der Sohn eines Gärtners in Potsdam und der angebliche Gatte der Waldhornistentochter Wilhelmine Encke (am 30. April 1794 zur Gräfin Lichtenau erhoben), einer Schönheit, die schon dem Kronprinzen jährlich 30 000 Thaler kostete.

Die erste Handlung Friedrich Wilhelms II. an der noch nicht erkalteten Leiche seines Vorgängers war eine Umarmung seines Freundes und Günstlings mit den Worten: „Mein lieber Rietz, endlich kann ich Dich für Deine treuen Dienste belohnen; ich ernenne Dich zum Tresorier [Schatzmeister] meines Hauses und meiner Schatulle!"

Stets geneigt, auf den Reisen des Königs alle Kommissarien, besonders die Landräthe, zu tyrannisiren, wollte Rietz seinen Hochmuth auch einmal im Lande Sternberg auslassen. Er fand aber den rechten Mann, der ihn „mores lehrte." Als er wüthend aus dem Wagen gesprungen war, nach Pferden schrie, auf den Landrath, dessen Langsamkeit 2c. schimpfte, erschien dieser und rief im stärksten Baß: „Wer will hier Befehle ertheilen, außer mir? Dem soll ja der Teufel auf den Kopf fahren! Will der Schuhputzer wol in seinen Wagen!" — Rietz, sonst ein arger Poltergeist, schwieg mäuschenstill, setzte sich ganz unbemerkt (es war finster) wieder in den Wagen und fuhr fort. Selbstverständlich hütete er sich, den Landrath zu verklagen; der König hätte ihm voraussichtlich mit Fußtritten geantwortet.

Die Quellen, aus denen ich die vorstehende Anekdote schöpfte (Förster, Manso, Behse, Arnim), verschweigen den Namen des braven Beamten, der es unter seiner Würde hielt, sich vor dem allmächtigen Rietz zu beugen. Schon hieraus geht hervor, daß er nicht zu den sogenannten Sechsundachtzigern, deren Verzeichnis man in Zedlitz-Neukirch's Adelslexikon III. (Seite 1—3) nachlesen kann, gehörte. Es war Herr Karl Sigismund von Kalckreuth auf Arensdorf und Schönborn, später Landesdirektor der Neumark. Einem uralten, berühmten Adelsgeschlechte in Schlesien entsprossen, starb er am 14. Mai 1816 in Arensdorf, und hinterließ als Wittwe Erdmuthe Luise Amalie geb. von Zobeltitz. Ihr Vater, Karl Wilhelm (starb 18. Mai 1809 in Topper), zählte auch zu den „edlen, gestrengen, ehrenwerthen, wohlbenahmten" Herren, die, immer äußerst thätig und allezeit sparsam, Anderen ein leuchtendes Vorbild waren, deren Gedächtnis darum noch lange im Segen bleibt. — Die Szene zwischen Rietz und Kalckreuth fand wahrscheinlich 1793 statt; denn in diesem Jahre reiste Friedrich Wilhelm durch Drossen (nach Preußen)[1]).

Auf die Kriegszüge am Rheine, in Holland und Polen (zweite Theilung dieses Landes 1793, dritte 1795) kann ich hier nicht näher eingehen; ich bemerke nur, daß Diejenigen, welche Alles gern zum Besten kehren, behaupten, durch diese sei nicht blos der Staatsschatz Friedrichs des Großen gänzlich erschöpft worden, sondern auch noch eine Schuldenlast von 45 Millionen erwachsen. Hierbei übersehen sie offenbar die sehr erheblichen Ausgaben für die Sinnlichkeit, in welcher der Fürst nie Sieger blieb. Nachdem Julie von Voß (Gräfin von Ingenheim), des „Königs vierte Frau", am 25. März 1789 einem Zehrfieber erlegen war, segnete der Konsistorialrath Zöllner am 11. April 1790 in der Kapelle zu Charlottenburg eine neue Ehe Friedrich Wilhelms mit der Gräfin Sophie Juliane Friederike von Dönhoff zur linken Hand ein. Sie erhielt eine königliche Ausstattung, eine Mitgift von 200 000 Thlrn., die Mutter ein Geschenk von 50 000, die jüngere Schwester 20 000, ihr Onkel, Baron Langermann aus Mecklenburg

[1]) Knuth Seite 89.

40 000; das Haus des Ministers Heynitz, für sie angekauft, kostete 30 000 Thlr. Sie ward die Mutter des Grafen Friedrich Wilhelm von Brandenburg (seit dem 3. November 1848 preußischer Ministerpräsident, † 6. November 1850). Seine Schwester Julie verheiratete sich mit dem Herzoge Friedrich Ferdinand von Anhalt-Köthen, der am 23. August 1830 kinderlos starb. Beide traten 1825 zur katholischen Kirche über. Wegen Einmischung in die Politik wurde die Gräfin von Dönhoff 1792 vom Hofe entfernt. Die Encke (Rietz) wußte sich jedoch in der Gunst zu erhalten. Der König schenkte ihr die ehemals Brenkenhoff'schen Güter Lichtenau, Breitenwerder und Roßwiese, die eine Jahresrente von 4800 Thalern abwarfen, ansehnliche Summen in Juwelen und „weil es höchste Zeit sei, daß er ihr Sort mache" (ihr Glück sichere), 1796 eine halbe Million Thaler in holländischen fünfprozentigen Banknoten. Überdies bezog sie seit seiner Thronbesteigung monatlich 300 Louisd'or für ihre Haushaltung. Wie arg unter solchen Verhältnissen die Sittlichkeit in allen Ständen leiden mußte, scheint man nicht bedacht zu haben. Das Wöllner'sche Religionsedikt (vom 4. Juli 1788) förderte sie nimmermehr; es erzeugte nur Unzufriedenheit, Verleumdung und Heuchelei.[1]) Selbst Karl Adolf Menzel, der, wie Dr. Paulus Cassel, Friedrich Wilhelm II. möglichst im günstigen Lichte zeigt, verhehlt nicht, daß in den Fragen, welche nach der Anweisung des Predigers H. D. Hermes die Kandidaten der Theologie bei ihrem Examen beantworten sollten, „die Glaubens- und Sittenlehre der lutherischen Kirche in dieser von der Bornirtheit zugeschnittenen Uniform zu einem widrig-lächerlichen Zerrbilde und die Kirche selbst zur äußersten Knechtsgestalt erniedrigt wurde."[2]) Das Religionsedikt stand „ziemlich lange als Leiche über der Erde, bis es, als Friedrich Wilhelm III. den Thron bestieg, zu Grabe getragen wurde."[3])

Anerkennenswerth ist, daß nach Beseitigung verschiedener Bedenken das „Allgemeine Landrecht für die preußischen Staaten" mit dem 1. Juni 1794 endlich zur Einführung gelangte.

Verordnungen, den Schulunterricht besser zu gestalten, wurden allerdings auch erlassen; sehr viel lag jedoch in den Händen der Patrone, und wo diese glaubten: „Der Bauer muß dumm bleiben, sonst gehorcht er nicht", geschah höchst wenig.

[1]) Manso I. 192. [2]) Deutsche Geschichte 12a. 411. Heinel V. 65. [3]) Röhr, Predigerbibliothek VIII. 1085.

Seit dem polnischen Feldzuge von 1794 schwankte des Königs Gesundheit. Brunnenkuren in Pyrmont blieben ohne merklichen Erfolg. Es entwickelte sich bei ihm die Brustwassersucht. Am 29. September 1797, bei dem Empfange der ihm verwandten Erbprinzessin von Baden, sah er Berlin zum letzten Male. Er bezog das neue Schloß am heiligen See unweit Potsdam. Hier endeten seine Leiden am 16. November, früh 8 Uhr 47 Minuten. Im Morgendunkel des 18. fand bei Fackelschein die Beisetzung im Berliner Dome statt. Über eine Leichenrede ist Nichts bemerkt. Acht Tage später hielt aber der Domprediger Sack in Gegenwart des neuen Königs eine Gedächtnispredigt über Römer 13, 7: „Ehre, dem die Ehre gebühret![1]) Des Verstorbenen Andenken feierte man im Lande den 11. Dezember, an demselben Tage, da ihn vor 39 Jahren sein Oheim zum „Prinzen von Preußen" ernannt hatte.

Wenige Stunden nach seines Vaters Tode ließ Friedrich Wilhelm der Dritte „der Madame Rietz" durch den Obersten von Zastrow und den Major von Kleist, die mit einer Abtheilung des Garderegiments im Kavalierhause des neuen Gartens zu Potsdam erschienen, Arrest ankündigen. Auch ihre Wohnungen in Berlin und Charlottenburg wurden versiegelt und mit Wache besetzt. Ein gleiches Schicksal traf ihre Mutter, ihren zweiten Sohn Wilhelm (Rietz) und dessen Hofmeister, den Obersten Dampmartin. Die Untersuchung scheint keine Verbrechen gegen die Gräfin Lichtenau festgestellt zu haben; man verwies sie deshalb noch im März 1798 nach der Festung Glogau, ohne sie jedoch auf Zimmer und Haus zu beschränken, und setzte ihr ein Jahrgehalt von 4000 Thlrn. aus. Später übersiedelte sie nach Breslau, heiratete, wiewol bereits 50 Jahre alt, den 28 jährigen Theaterdichter Franz von Holbein, der sie jedoch bald verließ. Ihre „Apologie," zu deren Bearbeitung der Prorektor Schummel die Hand bot, erschien 1808 in Leipzig und Gera bei Wilhelm Heinsius. „Das durchaus gemeine und unverschämte, mit gemeinen und niederträchtigen Aktenstücken gespickte Buch will so viel wie möglich Alles rechtfertigen."[2]) — Ich habe mehrere Quittungen über die 4000 Thlr., deren Zahlungen 1807 und 8 stockte, im Originale eingesehen. Wilhelmine Gräfin Lichtenau war leserlich; bei dem Zusatze:

---

[1]) Gedruckt bei Georg Decker. Berlin 1797. Briefliche Mittheilung vom kgl. Geheimen Oberregierungsrathe und Oberbibliothekar Dr. Pertz 12. Juni 1862.

[2]) Schlosser, Geschichte des 18. Jahrh. IV. 465.

verehelichte v. Holbein ging aber die Schrift in Gekritzel über. — Die „preußische Pompadour" außer Dienst (geb. 1754) starb den 9. Juni 1820 in Berlin.

Unstreitig standen Friedrich Wilhelm der Dritte und seine Gemahlin Luise als Muster aller häuslichen Tugenden und echter Religiosität da. Für Viele schien darum die Sonne der Hoffnung, nachdem Wöllner und Bischofswerder nicht mehr das Land regierten, umsoheller. Sie übersahen freilich, daß von deren Kreaturen noch einige blieben (Haugwitz, Lombard, Lucchesini), und ihr verderblicher Einfluß auf Preußens Politik sich nicht verminderte.

Den Einwohnern von Költschen, die in einem Streite mit dem Major von Waldow auf Reitzenstein, den Küchensee betreffend, unbefugt zur Selbsthülfe gegriffen hatten und deshalb Festungs- resp. Zuchthausstrafe verbüßen sollten, erklärte Friedrich Wilhelm, damals noch Kronprinz, in Folge ihres Gesuches um Milderung (am 29. August 1797): „Auf jeden Fall kann ich die Supplikanten nur an die Person des Königs verweisen, da ich für meinen Theil zu bestimmt von allen Regierungsgeschäften ausgeschlossen bin, um eine Begnadigung offenbarer Vergehen nachsuchen zu dürfen." Die letztere erfolgte, als der Monarch erfuhr, daß die Bauern, deren Strafe er durch die Kabinetsorder vom 22. Dezember 1797 bereits für jeden auf einen Monat Festungshaft gemildert, sich derselben nicht blos willig unterwarfen, sondern auch die Berichtigung der Grenzen nicht abermals gehindert hatten.[1])

Am 16. Juni 1744 wurde in Zielenzig ein Mann geboren, der sehr bald zu einer einflußreichen Stellung gelangte, über den aber die Urtheile soweit auseinandergehen, wie über Konrad von Burgsdorf (S. 543—46). Ich meine den späteren Generallieutenant Karl Leopold von Köckeritz. Aus seiner Kindheit konnte ich Nichts ermitteln; wahrscheinlich gehörte er zu der in Zohlow angesessenen Adelsfamilie. Bis zu seinem siebzehnten Jahre im königlichen Kadettenkorps erzogen, eröffnete er 1761 seine militärische Laufbahn im Gardegrenadierbataillon und stieg nach und nach in demselben bis zum Hauptmann und 1793 bis zum Major und Oberstlieutenant. 1794 wurde er in die Suite des damaligen Kronprinzen versetzt und nach dessen Thronbesteigung Generaladjutant, 1808 Generalmajor und im folgenden Jahre Generallieutenant. „In seinem wichtigen Posten erwarb ihm sein

[1]) Kretschmer I. 164—170.

echter Biedersinn, der die feste Grundlage seines Charakters bildete, und seine treue Anhänglichkeit das volle Vertrauen seines Königs und die Achtung und besondere Werthschätzung der gesammten fürstlichen Familie" ꝛc.[1]) In ähnlicher Weise charakterisirt ihn von Cölln, Verfasser der „Vertrauten Briefe über die inneren Verhältnisse am preußischen Hofe seit dem Tode Friedrichs des Zweiten" (I. 102—3). — Dagegen stellen ihn im ungünstigen Lichte die „Denkwürdigkeiten eines Staatsmannes" dar. Auch der Minister von Stein („des Rechtes Grundstein, dem Unrecht ein Eckstein, der Deutschen Edelstein") schrieb kurz vor seinem Abgange (22. November 1808) an den König: „Eines der Hauptwerkzeuge der inländischen Kabale ist der General Köckeritz; er ist der Vereinigungspunkt, an den sich eine Menge, theils schwache, theils furchtsame, die Ruhe liebende — theils unter fremden Einflusse stehende Menschen anschließen. Er bringt ihre Meinungen an den Regenten, späht seine Entschlüsse aus; er hindert sehr oft den Zutritt der Wohldenkenden zu dem Regenten." —

Nach der unglücklichen Schlacht bei Jena und Auerstädt und der feigen oder verrätherischen Übergabe der meisten preußischen Festungen, zu denen auch Küstrin mit seinem sauberen Kommandanten von Ingersleben († 1814) gehörte, tauchten einzelne Parteigänger auf, die unstreitig dem Vaterlande nützen wollten, jedoch ihre Kräfte überschätzten. Ich nenne hier nur den Lieutenant Eugen von Hirschfeld. Sechs Mann von seinem Korps, das ca. 200 zählte, trafen am 22. Januar 1807 in Zielenzig ein und erbeuteten 13 französische Pferde. Am nächsten Tage folgte die ganze Schar. Sie führte u. a. mehrere Wagen mit Gewehren, die sie an der Warthe dem Feinde abgenommen hatte, mit sich. Über Sternberg und Topper zog sie weiter. Hirschfeld kam am 2. Februar, Vormittags 11 Uhr, nebst dem Lieutenant von Wedel, sowie ungefähr 20 Dragonern und Husaren durch das Oderthor in Krossen gesprengt und überfiel die ganz sorglose Besatzung, die 104 bayerische Reiter und 14 französische Fußgänger zählte. Wer den Preußen Widerstand leistete, wurde niedergehauen oder erschossen. Die Kanonenkugeln, welche in zwei kleinen Kähnen nach Küstrin gehen sollten, ließ der kühne Freibeuter sämmtlich in die Oder werfen, wobei ihm viele Krossener hülfreiche Hand leisteten. — Durch etwa 10 Parteigänger verstärkt, richtete der Wagehals Nachmittags 3 Uhr seinen Weg

[1]) Pantheon S. 183—84.

über Rickern nach Züllichau. Polnische Ulanen, welche dort gerade durch die Schwiebuser Vorstadt reiten wollten, jagte er ohne Weiteres auseinander. Einige verloren ihr Leben, andere ihre Freiheit. In Schwiebus entwaffnete ein Unteroffizier mit seinen beiden Kameraden zwei sogenannte französische Gensd'armen, Preußen, welche sich dazu hergegeben hatten, für die Feinde die Gelder und Lieferungen einzutreiben. Nur halb bekleidet konnten sie nach ihrer Heimat, Liebenau und Wallmersdorf, zurückkehren. Schuhe und Stiefel, für die Franzosen angefertigt, wurden, auf zwei Wagen geladen, unter Jubel zur Stadt hinausgebracht. Zwei Schwiebuser bestiegen die Gend'armenpferde und schlossen sich dem Hirschfeld'schen Korps an. Es war in diesen Leuten, sagt von Cölln (II. 68), viel Bravour, aber keine Kenntnis, viel Gemüth, wenig Verstand. Das Hauptkorps stand bei Naumburg (von wo es unkluger Weise Truppen nach Sagan und Sprottau geschickt und sich dadurch geschwächt hatte), als es durch eine Abtheilung Franzosen und Bayern angegriffen wurde. Es zog sich über die Boberbrücke nach Christianstadt zurück, woselbst sich die Infanterie befand, beging aber die Unvorsichtigkeit, die Brücke freizulassen, statt sie abzubrechen. Kein Wunder, daß es nun geschlagen und zerstreut wurde; die Kavallerie rettete sich jedoch in den Priebus'er Forst, vonwoaus der Lieutenant v. Rochow mit 18 Mann in Sagan 60 Bayern in kühnster Weise aufhob. Zwei Offiziere, Sohr und Wilhelmi, ließ der französische Kommandant am 26. Februar auf dem Hornwerke in Küstrin erschießen.

Die Notiz bei Wedekind (Kreischronik S. 197) und in der Beilage zum Krossener Wochenblatte Nr. 47. 1882: „Hirschfeld erwarb sich später als preußischer General einen ruhmvollen Namen", beruht auf einer Verwechslung Eugens mit seinen Brüdern Moritz und Adolf. Der erste trat hernach in englische und bald darauf in spanische Dienste. Am 15. Januar 1811 fand er in der Schlacht bei Plaa, einem Dorfe unweit Tarragona, als Führer der Avantgarde der Division des Generals von Sarsfield seinen Tod. — Moritz, seit 1815 im preußischen Heere, trug 1849 als Generallieutenant mit dazu bei, daß der Aufstand in Baden unterdrückt wurde. Er starb am 13. Oktober 1859 als Kommandeur des 8. Armeekorps in Koblenz. — Adolf, 1848 gegen die rebellischen Polen und im folgenden Jahre in Holstein thätig, entschlief am 11. Mai 1858 als General der Kavallerie a. D. in Gotha.[1])

[1]) Vergl. Erinnerungen an Eugen und Moritz von Hirschfeld aus Deutschland und Spanien. Zusammengestellt von einem 80jährigen Veteranen des York'schen Korps vom Leibregimente (von Holleben?) Berlin 1863. Mittler u. S.

Unter den obwaltenden Umständen ist es leicht erklärlich, daß Schwiebus die Schuhe und Stiefel noch ein Mal liefern mußte. In Sagan erschien eine kaiserliche Militärkommission, um zu untersuchen, ob der Magistrat und die Bürgerschaft, wie die Anklage lautete, bei Aufhebung jenes bayerischen Korps sich eines Verraths schuldig gemacht hätten. Man drohte, die Stadt niederzubrennen und den Bürgermeister zu füsiliren. Der Vorsitzende, General Monbrun und der Kommandant Oberst Lestocq, ein Deutscher, verhüteten aber solche Gewaltstreiche.

Übler erging es Krossen. Wegen seiner angeblichen Parteinahme für Hirschfeld ward am 8. Februar der ganze Magistrat vor ein Kriegsgericht gestellt. Es sprach indeß nur über den Hutmacher August Koch, der bei Auslieferung der Waffen den Karabiner eines getödteten bayerischen Kavalleristen verheimlicht hatte, das Schuldig aus. Er empfing hundert Hiebe.

Daß Napoleon ohne stichhaltige Gründe am 21. März 1804 den Herzog von Enghien [Angjäng] in Vincennes[1]) und am 26. August 1806 den Buchhändler Johann Philipp Palm aus Nürnberg in Braunau erschießen ließ, ist in vielen Geschichtswerken erzählt; Wenige wissen aber wol: Den 8. April 1807 traf ein gleiches Loos den Kämmerer Karl Friedrich Schulz und den Kaufmann Karl Friedrich Kersten in Kyritz. Der Geheimrath v. Stägemann schrieb am 2. August 1807 an den Bruder des zuerst Genannten: „Die Geschichte Ihres unglücklichen Bruders ist ein blutiges Blatt in unserer Dornenkrone; sie muß im Andenken der Deutschen nicht untergehen, (denn) nur in Deutschland kann der Rächer erwachen." Näheres theilt der Oberprediger H. Bauer in einer Denkschrift mit. (1845 im Verlage des Magistrats erschienen.)

Mancher rühmt die Humanität der Franzosen und betont, daß die Süddeutschen (Bayern, Badenser, Württemberger) weit mehr Exzesse als jene verübten. In einzelnen Fällen mag Dies zutreffen; so viel aber steht im allgemeinen fest, daß man die „Blitz- und Schelmfranzosen" mit schelen Augen ansah. Wer wundert sich noch über Selbsthülfe, wenn sie auch unbesonnen erscheint! So tödteten z. B. Einwohner

---

[1]) Vergleiche Sonntagsblatt zur Vossischen Zeitung Nr. 29. 1891. Thier's Geschichte des Konsulats und des Kaiserreichs. Übersetzt von Dr. E. Burckhardt, IV. Buch 18. — Auf Napoleons Frage: War denn der Tod des Prinzen Enghien ein Verbrechen? antwortete Talleyrand: Sir, die That war schlimmer, als ein Verbrechen; sie war ein Fehlgriff. Helmine v. Chezy, Erlebtes, S. 301.

des Dorfes Wandern sieben Soldaten und verscharrten die Leichen eiligst, weil bereits die Trommeln der Feinde wirbelten, in einer nahegelegenen Gruft. Niemand verrieth die eigentlichen Thäter. Ein französischer Kurier, der von Eylau nach Berlin reiste, fiel unweit Schermeisel durch einen Schuß. Auch hier lieferte die Untersuchung kein Resultat. — Eines ähnlichen Gewaltstreiches machten sich drei Bauern aus Rietschütz bei Schwiebus schuldig. Nach der Schlacht bei Eylau (7. und 8. Februar 1807) fanden häufig Truppenmärsche statt. Jene hatten schon Vorspann bis hinter Brätz geleistet; dennoch versuchten die Feinde, sie zu weiterem zu zwingen. Während zwei Franzosen auf dem Wagen schliefen, wurden sie von den Bauern ermordet und auf dem Rückwege Nachts im Bruche zwischen Brätz und Muschten versenkt. Bald aber mußten sie gleich Moses fragen: Wie ist Das laut geworden? Sie flüchteten; indeß ergriff man sie nach 14 Tagen und brachte sie in Meseritz hinter Schloß und Riegel. Jedermann rechnete mit Bestimmtheit auf ein Todesurtheil. Wider Erwarten begnadigte sie Napoleon. Es hieß, nach einem neuen glänzenden Siege (bei Friedland, 14. Juni?) könne er den Verlust zweier Soldaten verschmerzen. Die Strafe der Missethäter soll darin bestanden haben, daß man drei Tage vor ihrer Entlassung das Gefängnis überheizte, sie dann mit Brot und Hering speiste, ihnen aber keinen Trunk Wasser reichte. —

Der edlen Königin Luise, die ihrem Gemahl wie ein guter Engel stets zur Seite stand, brach das Unglück des Vaterlandes das Herz. Am 19. Juli 1810, fünf Minuten vor 9 Uhr früh, ging ihr letzter Seufzer: „Herr Jesu, kürze meine Leiden!" zu Hohenzieritz in Erfüllung. — Durch Edikt vom 8. Oktober 1807 hob Friedrich Wilhelm die Leibeigenschaft auf.[1]) Den 30. Oktober 1810 erschien ein anderes, das in vieler Beziehung in die Verhältnisse des Landes Sternberg eingriff. § 1. lautete: „Alle Klöster, Dom- und andere Stifter, Balleien und Kommenden, sie mögen zur katholischen oder protestantischen Religion gehören, werden von jetzt an als Staatsgüter betrachtet. §. 2 Alle Klöster, Dom- und andere Stifter, Balleien und Kommenden sollen nach und nach eingezogen, und für Entschädigung der Benutzer und Berechtigten soll gesorgt werden.

In einem Rezesse, am 31. Dezember 1810 zwischen der Krone und dem Herrenmeister, Prinzen Ferdinand abgeschlossen und am 23. Januar 1811 beiderseits

[1]) Kretschmer I. 531.

genehmigt, versprach der letztere, den Orden aufzulösen und sämmtliche Güter desselben dem Staate zu übergeben. Nach § 4 blieben alle Einnahmen und Ausgaben für Rechnung des St. Johanniterordens bis zum 1. Juni 1811, und nach § 8 erhielt der Kommendator v. Burgsdorf wegen Lagow eine jährliche Entschädigung von 5000 Thalern.

Auf den (Seite 656 erwähnten) Prinzen Christian Ludwig folgten als Kommendatoren: Adam Otto von Viereck (Vieregg, Vieregk) 1735, ein galanter, bequemer Herr, der im Hofkreise viele Freunde und Freundinnen hatte und endlich bis zum Minister stieg; starb 11. Juli 1758 in Berlin.

Friedrich Bernhard Freiherr von Morien, der jedoch nie von der Kommende Besitz nahm; † 24. März 1760.

Hermann Reichsgraf von Wartenberg seit dem 3. März 1761. Bei seiner feierlicher Einholung, erzählt Dr. Wedekind (Kreischronik S. 184), ritten ihm 50 Zielenziger bis Tauerzig entgegen. Da es jedoch in jener Zeit noch wenig Sitte war, Stiefel zu tragen, so saß ein Theil dieser Festdeputation in Schuhen und hellblauen Strümpfen zu Pferde, was einen komischen Anblick gewährte. Der Herr Komthur gab ein Geschenk von 50 Thalern, wofür sich die Kavalkade einen vergnügten Abend machte. —

Gustav von Münchow verzichtete; es folgte darum Friedrich Wilhelm v. Pannwitz, investirt am 12. Oktober 1765. Nach einem Kapitelbeschluß vom 13., 14. und 15. Dezember 1767 wurde Burschen mit Seeren, Tempel, Langenpfuhl und dem größten Theile des Buchwaldes abgezweigt. v. Pannwitz starb am 23. Januar 1790 in Schönfließ.

Friedrich Christoph Reichsfreiherr v. Seckendorff, ein Katholik. Schon seit seinem 22. Jahre (17. August 1736) Ritter, gelangte er erst im hohen Alter zur Komthurei. Er starb am 29. Juni 1795 auf seinem Gute Weingartgreuth bei Erlangen.

Friedrich Wilhelm Graf von der Schulenburg folgte 1790 dem Herrn v. Pannwitz in Burschen und 5 Jahre später in Lagow. Den 9. April 1796 entschlief er in Betzendorf bei Salzwedel.

Wilhelm, von Gottes Gnaden Landgraf zu Hessen-Philippsthal. Vom 25.—29. September 1797 übergaben ihm die Kommissarien, Ordenskanzler

Lothum und Ordensrath Stosch, das Inventar. Als holländischer General der Kavallerie und Kommandant von Sas van Gent stand er jedenfalls auf Seiten Napoleons. Er starb am 8. August 1810 in Kassel.

Johann (nicht Joachim) Friedrich Ehrentreich von Burgsdorf, seit dem 3. Juni 1808 Alexander Christophs von Münchow (ein Sohn des oben erwähnten Präsidenten in Küstrin, † 31. Oktober 1806 in Drossen) Nachfolger in Burschen, war Erbherr auf Ziebingen. Kurz nach seiner Einführung in Lagow erschien das Edikt vom 30. Oktober 1810. Mit einer Gräfin von Finckenstein aus dem Hause Trebichow (Drenow und Radenickel) vermählt, feierte er 1818 seine goldene Hochzeit. Am 29. Januar 1822 entschlief er in Ziebingen.

Die Zahl der von 1550—1764 aufgenommenen Ritter betrug im Ganzen 521. Von diesen kommen auf die beiden letzten Herrenmeister allein 247 (Prinz Karl 115, Prinz August Ferdinand 132). Dieser starb 1813, 3. Mai.

Friedrich Wilhelm III. stiftete durch die Kabinetsorder vom 23. August 1812 den königl. preußischen St. Johanniterorden. Sein Sohn und Nachfolger führte ihn dem ursprünglichen Zwecke wieder näher. (K. O. vom 15. Oktober 1852 und 31. Januar 1853). Aus den von den Kommendatoren (den acht Mitgliedern, die noch vor der Auflösung 1811 den Ritterschlag empfangen hatten) dem Könige präsentirten Herren wurde dessen Bruder, der Prinz Karl, zum Herrenmeister der evangelischen Ballei Brandenburg des ritterlichen Hospitaliterordens von St. Johannes von Jerusalem gewählt. Nach seinem Tode (1883 den 21. Januar) trat Prinz Albrecht, Regent von Braunschweig, ein.

Aus Rache gegen England, das sich vor ihm nicht demüthigte, verfügte Napoleon die Kontinentalsperre. Nach dem wahnsinnigen Dekrete aus Fontainebleau (vom 19. Oktober 1810) sollten alle englischen Waaren verbrannt oder in anderer Weise vernichtet werden.

Jene Sperre gab einen Vorwand zum Kriege mit Rußland. Der Marsch der „großen Armee" glich einer Völkerwanderung. Das Korps des Marschalls Ney, bei dem sich auch Portugiesen befanden, lag mehrere Wochen in Drossen im Standquartiere, der Feldpater bei dem Superintendenten Schramm. 10 000 Mann brachte man am Montage vor dem Bußtage in Schwiebus und den zum ganzen Kreise gehörigen Dörfern unter. Durch Verrath eines Bürgers aus Brätz wurden fünf Heeresflüchtige wieder eingeliefert, vor ein Kriegsgericht gestellt, und zwei von ihnen (unter diesen der Sohn einer Färberwittwe aus Laibach im Herzogthum Krain) zum Tode verurtheilt und da, wo jetzt auf dem Felde, die Haine genannt, ein Kreuz steht, erschossen. Das letztere könnte die Inschrift tragen: „Wanderer, verkünde es Allen, daß, Napoleons Blutbefehlen ungehorsam und von einem Deutschen verrathen, wir hier begraben liegen."

Auf den Eis- und Schneefeldern von Rußland schlug Gott die „Franzosen mit Mann und Roß und Wagen." Am sogenannten Lazarettfieber leidend, verbreiteten sie diese ansteckende Krankheit auch in Deutschland, und öfter starben ganze Familien aus.

Im Frühjahr 1813 erschien die Zeit, von welcher der Dichter Heun (Klauren) singt: „Der König rief, und Alle, Alle kamen!" Gern theilte ich ein Verzeichnis der Freiwilligen mit; bei dem Mangel an speziellen Quellen muß ich jedoch davon abstehen. Dr. Wedekind erwähnt auf Grund einer Notiz im Regierungsamtsblatte, daß, als man zur Bildung einer Landwehr schritt, die Gemeinden Breesen, Laubow und Tempel mit ihren Lehnschulzen Röstel, Wahrburg und Karney bei der Losung erklärten, sämmtlich eintreten zu wollen.

Interessant ist es, das Verzeichnis der Liebesgaben, das damals die Zeitungen (Voß und Spener) veröffentlichten, durchzusehen. Wedekind bemerkt S. 212 nur: „Die Schützengilde zu Drossen gab ihren Königsschmuck her: 7 gehenkelte Gold- und 48 Silberstücke. Die Vogelschützengesellschaft in Zielenzig sandte die seit dreißig Jahren an ihrem Königsbande gesammelten Goldmünzen und erhielt dafür eine ehrenvolle Anerkennung durch das Reskript vom 13. April 1813, das sie in ihrem Archive aufbewahrt."

In der Beilage zu Nr. 46 der Vossischen Zeitung vom 17. April 1813 fand ich folgende

Bekanntmachung.

Die rührenden Äußerungen der treuen Anhänglichkeit an König und Vaterland, welche wir zu unserer innigsten Freude in unserem Geschäftskreise zu vernehmen bisher schon die Gelegenheit gehabt haben, können nicht sämmtliche zur allgemeinen Kenntnis gebracht werden; in den meisten Fällen erhalten wir sie mit dem Wunsche, daß von den für das Vaterland dargebrachten Opfern durchaus Nichts bekannt gemacht werden möge. Ein schöner zarter Sinn, den sogar die leiseste Ahnung, es könne an der Reinheit des Beweggrundes irgend gezweifelt werden, stört!

Wenn wir jetzt ein Schreiben der Tuchmachergesellen in Zielenzig an uns ganz mittheilen, womit sie uns die zu ihrer Lade befindlichen Medaillen, 15 Loth 10 Gran schwer, für das v. Lützow'sche Freikorps übersandt haben, so geschieht Dies vorzüglich der Biederherzigkeit und Wahrheit wegen, womit ihrer Wünsche darin erwähnt wird, in welchen wir mit Allen, namentlich dem achtbaren Stande der Handwerker, von Herzen übereinstimmen, und dabei wünschen, daß die jetzige Zeit, wie für alle Stände, so auch für die Handwerker, von veredelndem Einflusse in jeder Rücksicht sein möge.

Berlin, den 13. April 1813.

Allerhöchst verordnetes Militär-Gouvernement
für das Land zwischen der Oder und Elbe.
v. L'Estocq. Sack.

Es ist auch uns ein herzerschütternder Gedanke, mitzuwirken zu den erhabenen Zwecken unseres geliebten Königs Friedrich Wilhelm des Gerechten und aller deutschen Patrioten: Handel und Gewerbe wieder blühend zu machen und die Handelsfreiheit wieder zu geben; dem Hausvater es wieder möglich zu machen, seine Familie zu ernähren und Dem zu genügen, was er Gott und seinem Könige schuldig ist; dem jungen Handwerker und Gesellen, daß er wieder hoffen darf, ein froher Gatte und Hausvater zu werden; dem wandernden Gesellen, daß er nicht mehr nöthig habe, um Arbeit zu betteln — nicht mehr muthlos werde auf seiner Wanderschaft; daß er überall Meister finde, die seiner bedürfen, und daß ihm nie mehr eine gute und frohe Brüderschaft fehle, welche stets im Stande sei, ihren leidenden Bruder zu erquicken — kurz: daß jene glückliche Zeit bald wieder zurückkehre, wo wir unseres Lebens wahrhaft froh sein konnten!

Wir bringen daher aus unserer Lade, was wir vermochten und das anliegende Verzeichnis enthält, und legen es auf den Altar des zu rettenden Vaterlandes nieder mit der innigsten Bitte, dasselbe zur Organisation des von Lützow'schen Freikorps oder der schwarzen Schar gefälligst und gnädigst verwenden zu lassen.

Wir hegen die Überzeugung, daß Gott, der Allwissende und Allgerechte, der guten Sache den Sieg verleihen und uns mit unsern übrigen deutschen Brüdern bald wieder in Freiheit, Ruhe und Zufriedenheit vereinigen werde, damit auch wir bald wieder mit vollem Herzen froh sein können.

Gering ist freilich nur unsere Gabe; allein auch unsere ganze Habe zeigt, daß es dem Despotismus Napoleons bald gelungen sein würde, uns zu Vagabonden zu machen. Gott wolle ihm Dies nicht gelingen lassen; darum verzweifeln wir auch nicht, sondern rufen mit jedem deutschen braven Manne: es wird bald besser mit uns werden, wenn Jeder zu diesem Besserwerden Das beiträgt, was er nach seinen Kräften vermag!

Der Gott der Liebe und des Friedens erhalte den König und alle Die, welche mit uns gleichen Sinnes sind!

Zielenzig, den 9. April 1813.

Wegener, Gewerksassessor. F. Genge, L. Matthes, Beisitzer bei einer löblichen Brüderschaft der Tuchmachergesellen. F. W. Köppe, H. Bernholt, als Altgesellen. F. Leidicke, Ladenschreiber.

1 Medaille gehenkelt A. R. B. 1793. 1 Loth 2 Quentchen 30 Gran. 1 dito A. D. Knospin 1779. 1 Loth 1 Quentchen 20 Gran. 1 dito M. E. Feschnerin 1779. 1 Loth 1 Quentchen 10 Gran. 1 dito J. C. L. 1797. 1 Loth 15 Gran. 1 dito 1766. 1 Loth 2 Quentchen. 1 dito B. L. Zertlingen 1782. 2 Quentchen 40 Gran. 1 dito Alles mit Bedacht. 1643. 2 Loth 10 Gran. 1 dito ein preuß. Thaler 1752. 1 Loth 1 Quentchen 10 Gran. 1 dito Zwanzigkreuzerstück 1809. 2 Quentchen. 1 dito eine österr. Münze 1699. 1 Loth 15 Gran. 1 dito eine russische Münze 2 Loth, wiegen zusammen 15 Loth 10 Gran; dazu kommt noch 1 preuß. Thaler von 1812.

Ferner fand ich notirt: Negociant Johann Friedrich Schwedler aus Zielenzig 2 St. Tuch; ein Ungenannter aus Zielenzig 22 Ellen Tuch in drei Farben. Der Oberkammerrath Kuhlwein in Biberteich spendete 30 Thaler zur Equipirung unbemittelter Freiwilliger; auch gewährte er einem solchen vom 1. Mai 1813 für die Dauer des Krieges eine monatliche Zulage von 8 Thalern. Der Landesdirektor von Kalckreuth auf Arensdorf sandte aus dem Sternberger Kreise 18 Pferde als ein patriotisches Geschenk an den Regierungsrath Wisselink in Königsberg, der sie an den Major und Kommandeur des 2. Leibhusarenregiments von Kall ablieferte;

der Lieutenant a. D. Perle in Griesel, Kr. Krossen, 11 Thlr. 2 Gr. baar, 3 Büchsen, 1 Jägergewehr, 2 Pistolen, 1 Säbel, 1 kompletten Sattel mit Schabracke (Spener 1813 Nr. 36, 38, 47).

Den Bürgern in Reppen ging von dem Major und Kommandeur des Husarenregiments Nr. 3, von Eicke, folgendes Schreiben zu: „Mit den wärmsten Gefühlen sag' ich hierdurch den biedern Bewohnern der Stadt Reppen in der Neumark Namens des ganzen mir untergebenen Regiments öffentlich den gerührtesten Dank für den so schönen und schmeichelhaften Beweis ihrer freundschaftlichen Erinnerung an uns, welche sie uns im Laufe der letzten Kampagne dadurch gegeben, daß sie dem Regimente durch den Herrn Stadtrichter Schröer in Reppen die bedeutende Summe von 63 Thalern zur Unterstützung der Blessirten und Kranken desselben gütigst zugeschickt haben. Schon während der kurzen Dauer unseres Kantonnements in dortiger Gegend vor Ausbruch des letzten Krieges waren wir so glücklich, die Überzeugung unseres Wohlwollens gegen uns zu erhalten; dieser neue und zugleich so rein patriotische Beweis davon macht ihr Andenken uns ewig und unvergeßlich. Potsdam, 19. März 1813.

Dankschreiben erhielten auch die Städte Zielenzig, Drossen und Beeskow für bereitwillig geleisteten Vorspann 2c.

Am Karfreitage (16. April) 1813 verbreitete sich in vielen Orten die Schreckenskunde: die Franzosen sind aus der Festung Küstrin ausgebrochen und und plündern die nächsten Ortschaften. Flugs sammelte sich der Landsturm, um die ebenso ohnmächtigen wie verhaßten Feinde zurückzutreiben, oder sie gefangen zu nehmen.

Die Zeitungen brachten Berichte aus Reppen, Drossen und Göritz. Ich theile den letzteren mit (19. April). „Wer kann der Versuchung widerstehen, seine Freude öffentlich an den Tag zu legen, wenn er sieht, wie Alles wetteifert, dem Verderber jeder Glückseligkeit entgegenzuarbeiten, und wie Alles, jung und alt, bereit ist, den großen Befreiungsplan unseres so geliebten Königs aufs kräftigste zu unterstützen. Am 16. d. M. that die schwache Garnison zu Küstrin einen Ausfall mit ungefähr 200 Mann auf der Landspitze der Küstriner Wiese. Da es nun unbekannt war, wie stark und zu welchem Zwecke dieser Ausfall geschah, so wurden die benachbarten Ortschaften beunruhigt, und da sie sich nicht einzig und allein auf die Kosaken, die hier zur Beobachtung postirt sind, verlassen wollten, so steckten sie die Lärmstangen an. In wenigen Augenblicken waren mehrere tausend Landleute mit Piken bewaffnet in Göritz und gingen dem Feinde mit solcher Begeisterung echter Vaterlandsliebe und kräftigem Muthe entgegen, daß derselbe übel weggekommen sein würde, wenn er sich nicht früh genug entfernt hätte. Der brave Unteroffizier Below wurde bei dieser Gelegenheit am Kopfe verwundet. Es war ein herzerhebendes Schauspiel, aus allen Richtungen Menschenmassen von Tausenden ankommen zu sehen, bereit, ihren bedrohten Brüdern Hülfe zu leisten. Es erschien Dies um so imponirender, da Alles in gleicher Art mit einer Pike, wozu schon früher der Kreislandrath [von Kalckreuth] die Veranstaltung getroffen hatte, bewaffnet war. Heil uns, die wir nun zu fühlen anfangen, daß wir Kraft besitzen, dem ausländischen Unterdrücker die Spitze bieten zu können!" —

v. K. (Kalckreuth?)

In Schwiebus war der Kantor Willmann der Erste auf dem Platze. Seinen früheren Studentendegen schwingend, rief er der begeisterten, mit Piken bewaffneten Schar zu: „Fällts euch zu schwer, ich geh' voran!" Schnellen Schritts zog sie durch die Kirchhofsgasse den Salkauer Mühlenweg hinauf nach Lugau. Hinter diesem Dorfe stießen die Landstürmer auf ein Regiment russischer Kavallerie. Mit dem Zwecke des Ausmarsches bekannt gemacht, versicherte der Kommandeur: er komme aus der Gegend von Küstrin; an einen Ausfall des Feindes sei nicht zu denken. Die Russen marschirten an dem Schießhause vorbei nach Meseritz. Der Landsturm kehrte natürlich zurück, und Jeder aß seinen Osterkuchen mit Freuden und trank seinen Wein mit heiterem Muthe. —

Mehr oder minder zeigte sich die patriotische Begeisterung auch an anderen Orten, z. B. in Züllichau, wo sich der Postmeister, Major von Heiden (ehedem in Halle beim Thadden'schen Regimente) an die Spitze stellte. Sehr rühmlich ist in dem Berichte (Spenersche Zeitung Nr. 49, 19. April) des Schulzen in Glauchow gedacht. Er hieß Johann Gottfried Hannetzky, war der Schwiegersohn seines Vorgängers Karl Gottlob Schulz († 10. Mai 1810), verwaltete sehr lange ehrenvoll sein Amt, schenkte 1843 der Gemeinde einen Thurm sammt zwei Glocken und starb am 2. Oktober 1850, 74 Jahr 4 Monate 13 Tage alt. „Zu seiner Zeit ein tüchtiger Mann" — bemerkt der Prediger Wiedemann im Todtenregister. (Nach Mittheilungen des Herrn Lehrers Rudolph in Glauchow und des Herrn Kreissekretärs Lutosch in Züllichau). Der angebliche Ausfall der Franzosen beschränkte sich darauf, daß sie am 16. April in der sogenannten Krampe Strauch zu Faschinen hieben. Es war mithin blinder Lärm,[1]) wie etwa im Oktober 1883 der „Sternberger Bär", der sich als ein Hund entpuppte.

Der Dichter Theodor Körner übertreibt nicht, wenn er sagt: „Das Volk steht auf, der Sturm bricht los, wer legt noch die Hände feig in den Schoß?" Selbst Jungfrauen, Charlotte Krüger, Dorothea Sawosch, Eleonore Prochaska (August Renz), griffen zu den Waffen. Eine so allgemeine Begeisterung hatte der König nicht erwartet. Wenn sie Ludwig Börne mit der „Drehkrankheit der Schafe" vergleicht, so läßt sich Dies bei einem Manne, dem überhaupt ein Herz für das deutsche Vaterland fehlte, leicht begreifen; wenn aber Göthe den Hofrath Körner, dessen Sohn Theodor neben Ernst Moritz Arndt, Friedrich Förster, Friedrich de la Motte Fouqué, Friedrich Rückert, Max von Schenkendorf, Friedrich August von Stägemann, Ludwig Uhland rc. einen ehrenvollen Rang einnimmt, deshalb, weil er mit vielen Tausenden auf bessere Zeiten hoffte, heftig anfuhr: „Ja schüttelt nur an euren Ketten! Der Mann (Napoleon) ist euch zu groß, ihr werdet sie nicht zerbrechen, sondern sie nur tiefer ins Fleisch ziehen" — so erklärt sich Dies wol aus der Hofluft, die er gern athmete.[2])

Durch „Blücher's Verwegenheit, Gneisenau's Besonnenheit und des großen Gottes Barmherzigkeit" ward mancher glänzende Sieg errungen. Tief zu beklagen ist, daß Gerhard David Scharnhorst, „der deutschen Freiheit Waffenschmied", am 2. Mai 1813 aus der Schlacht bei Groß-Görschen eine Wunde davon trug, die ihm schon am 28. Juni zu Prag das Leben raubte.[3])

Bei Leipzig brach der Marschall Vorwärts sammt Denen, die mit ihm tapfer kämpften, „den Franzosen das Glück und die Macht" (16.—19. Oktober).

---

[1]) Kutschbach, Küstrin S. 232.

[2]) Lewes II. 486. Vehse VI. 132. Vergl. Helmine von Chezy, Erlebtes 309. August Wilhelm Schlegel sagt von Göthe: „Seine Worte haben immer einen goldenen Klang." Das obige macht sicher eine Ausnahme; es klappert wie Blech.

[3]) Vergl. das Gedicht von Schenkendorf!

„Die Heere blieben am Rheine stehn:
Soll man hinein nach Frankreich gehn?
Man dachte hin und wieder nach;
Allein der alte Blücher sprach:
Generalkarte her!
Nach Frankreich gehn ist nicht so schwer.
Wo steht der Feind?
„Der Feind? Dahier!"
Den Finger drauf, den schlagen wir!
Wo liegt Paris?
„Paris? Dahier!"
Den Finger drauf, das nehmen wir!
Nun schlagt die Brücken übern Rhein;
Ich denke, der Champagnerwein
Wird, wo er wächst, am besten sein!" [1])

Der erste Rheinübergang fand in der Neujahrsnacht 1814 bei Kaub, eine entscheidende Schlacht einen Monat später bei La Rothiére unweit Brienne und am Tage nach dem heißen Kampfe auf dem Montmartre (31. März) der Einzug der Verbündeten (Friedrich Wilhelm der Dritte und Alexander) in Paris statt. Am 2. April des Thrones entsetzt, unterzeichnete Napoleon am 11. zu Fontainebleau seine Abdankung. Den 30. Mai kam der (erste) Pariser Friede zu Stande. Den französischen Thron bestieg Ludwig der Achtzehnte. Der ehemalige Kaiser, einst als „Heiland in grüner Uniform" fast vergöttert, behielt seinen Titel, 2 Millionen Franken Einkommen und die Insel Elba als Fürstenthum.

Nr. 5. der Vossischen und Nr. 7. der Spenerschen Zeitung 1815 brachten folgende Anzeige: „Am 27. April vorigen Jahres führte ich zum Besten der verwundeten Krieger ein Konzert in Zielenzig aus, dessen Einnahme (der Ort hat etwa 2000 Einwohner) 1 Dukaten und 91 Thlr. 18 Gr. Kurant war. Der Überschuß von 1 Duk. und 53 Thlrn. ward an den Frauenverein nach Berlin geschickt. Der Stadtmusikus aus Reppen, Herr Trenkler, spielte unentgeltlich. Vorzügliche

[1]) August Kopisch.

Aufopferungen dabei machten der Herr von Zobeltitz auf Selchow[1], Herr Martini zur Hammer'schen Glashütte und Herr Apotheker Schlicht in Zielenzig. Ein schöner rühmlicher Eifer für die Angelegenheit belebte im übrigen die Bewohner dieser Stadt, der Städte Drossen und Königswalde und das Land auf mehrere Meilen umher.

Den 30. Juni gab ich in Landsberg a. W. für die Verstümmelten des neumärkischen Dragonerregiments ein Konzert. Die Einnahme war 2 Friedrichsd'or und 88 Thlr. 8 Gr., der Überschuß 2 Friedrichsd'or und 74 Thlr. 4 Gr. Verdient darum machten sich der Herr Prediger Jablonski[2]) durch Beförderung der Unterzeichnung und der Herr Stadtmusikus Lehmann dadurch, daß er seinen Saal unentgeltlich zu dem Konzerte hergab und mit seinen Leuten unentgeltlich spielte, welchem löblichen Beispiele alle übrigen Musiker folgten. Der erwähnte Überschuß geht künftige Woche zu dem Regimente nach dem Rheine ab.

Den 11. August desgleichen in Frankfurt a. O. für die verstümmelten Krieger des Lebusischen Kreises. Die Einnahme war 1 Frd'or und 61 Thlr. 12 Gr., der Überschuß 1 Frd'or und 26 Thlr. 14 Gr., welche an den Landrath des Kreises und an den Magistrat abgeliefert wurden rc.

Königswalde bei Zielenzig, den 5. Januar 1815.

Kraatz, Privatgelehrter."

Ohne besondere Prophetengabe ließ sich voraussehen, daß, wenn Napoleon in Elba bleibe, der Friede nur von kurzer Dauer sein könne. Schon am 1. März 1815 landete der „Korse" wieder an der französischen Küste; sein Adler flog von einem Kirchthurm zum andern; am 20. März empfing Paris „Seine Kaiserliche Majestät" mit „rasendem Jubel." Die Herrlichkeit währte aber nur hundert Tage. Nach der Schlacht bei Belle-Alliance (Waterloo, Mont St. Jean, 18. Juni) war die „Bonapartistische Geschichte vorbei"[3]).

[1]) Der Hauptmann Johann Erdmann Leopold von Zobeltitz auf Selchow war ein ausgezeichneter Musiker, † 10. Januar 1858.

[2]) Ludwig Heinrich Jablonski, seit 1807 reformirter Prediger in Landsberg, wurde 1815 an die Parochialkirche in Berlin versetzt.

[3]) In der Kirche zu Leichholz befindet sich ein Andenken aus der Schlacht bei Belle Alliance; nämlich ein Stück von einem Bande des preuß. Schwarzen Adlerordens, den der Ulan Johann Gottlieb Liebhard und zwei seiner Kameraden erbeuteten. Der Behauptung, daß dieser Orden Napoleon I. gehörte, stehen viele geschichtlichen Zeugnisse entgegen. Wochenbl. 1862, Seite 287—88.

Die Bestimmungen des zweiten Pariser Friedens (20. Novbr. 1815) zeigten aber, wie wenig Blücher's berühmter Toast: „Was die Schwerter uns erwerben, laßt die Federn nicht verderben“ an maßgebender Stelle beherzigt wurde.

Am 18. Juni 1816 feierte man das Friedens- und in Folge einer königlichen Verordnung vom 25. Novbr. seit 1817 am letzten Sonntage des Kirchenjahres das Todtenfest. Dieses galt zunächst der Erinnerung Aller, die für König und Vaterland starben und deren Namen auf Gedächtnistafeln in den Kirchen stehen.

Die Theuerung, welche von 1816—17 schon am Rheine herrschte, drückte auch im folgenden Jahre, da selbst noch im Juni Frost eintrat, unsere Gegend nicht minder hart, wie 1771—72. Der Scheffel Roggen galt 7—8 Thlr. Über die letztere schreibt der Prediger Kratz in Költschen: „1771. Der Winter ließ sich recht schlecht an; von Neujahr ab stellte er sich mit starkem Froste und häufigem Schnee ein. Gegen Kleibe [Mariä Verkündigung, 25. März] schien es sich zu ändern; so daß die Warthe fortging und der Schnee sich verlor. Nach Kleibe aber fror es sehr stark; es fiel der Schnee fast eine Elle hoch und blieb bis nach Ostern liegen. Die Warthe setzte sich wieder, so daß die Leute darauf wandern konnten. Brot und Futter war theuer, und selbst fast für Geld Nichts mehr zu bekommen. Schafe und Rindvieh sind ziemlich darauf gegangen. Die Strohdächer haben herhalten müssen. Die Ernte ist schlecht gewesen. — 1772 war theure Zeit. Der Roggen stieg gegen den Ohst [die Ernte] bis 3 Thlr. Im Reiche, Sachsen und Böhmen ist es noch theurer gewesen und Nichts zu bekommen. Laut Zeitungen waren in Böhmen bis zum Septbr. 34000 Menschen mehr gestorben als geboren.“ (In Sachsen zählten die Todtenlisten 66000 mehr wie gewöhnlich.)

Schon seit Johann Sigismund, der am 24. Dezbr. 1613 (vergl. S. 457) zur reformirten Kirche übertrat, bestrebten sich die brandenburgischen resp. preußischen Fürsten, das Werk, welches 1529 in Marburg leider scheiterte, möglichst zu fördern. Friedrich Wilhelm III., bereits seit dem Anfange seiner Regierung dafür thätig, ließ sich noch durch die 300jährige Feier der Reformation besonders dazu anregen. Indem man von vielen Seiten auch die politische Einigung Deutschlands ersehnte, fanden die Friedenswünsche, welche er in der Bekanntmachung vom 27. Septbr. 1817 aussprach, fast allgemeinen Anklang. Es folgte 1821 eine Unionsagende, für welche der König selbst eine größere Zahl von Formularen gesammelt hatte. Sie erschien 1829 mit zweckmäßigen Verbesserungen, und im folgenden Jahre, bei einem zweiten Jubiläum — 1530, 25. Juni, Übergabe der augsburgischen Konfession — vereinigten sich bis auf eine fast verschwindende Minderheit die lutherischen und reformirten Gemeinden zu einer evangelischen (unirten) Kirche.

Unter den Separatisten machte sich besonders Pfarrer A. Kavel in Klemzig bei Züllichau bemerklich Da er ungeachtet aller Belehrung in seiner Einseitigkeit beharrte, so war es den besser Gesinnten ohne Zweifel ganz erwünscht, daß er am Bußtage (5. Mai) 1838 mit einem großen Theile seiner Gemeinde (100 Seelen), dem sich Andere, zumeist aus Ostritz, anschlossen, in Tschicherzig vier Oderkähne bestieg. Von Hamburg segelten 213 ab. Ein englisches Schiff brachte 197 am 18. Novbr. nach Südaustralien. (Sechzehn waren auf der Seefahrt entschlafen, „einige unter ihnen sehr freudig.") Sie ließen sich etwa 1½ Meile von Adelaide nieder, gaben ihren Vorsatz, über die Berge zu ziehen, auf und gründeten die Dörfer Klemzig, Hansdorf und Langmeil. Der englische Gouverneur gab diesen altlutherischen Ansiedlern wiederholt ein günstiges Zeugnis. Dasselbe gilt nicht von denen, welche seit 1848, rein von materiellen Interessen getrieben, die Kolonie füllten. Kavel starb im August 1862 in Langmeil.[1])

Sein Bruder, damals zweiter Lehrer in Sternberg, brachte auch, wie er wähnte, durch sein fleißiges Bibellesen, bei dem er selbst am Tage zwei Lichte anzündete, den Kantor Schnegula auf bessere Wege. Dieser schrieb eine lange Rechtfertigung seines Übertrittes zu den Altlutheranern und wollte sich angeblich jenen Auswanderern beigesellen. Es schien ihm aber gerathener, in Breslau zu bleiben. — Von den früheren unlauteren und zweideutigen Elementen gereinigt, und durch die Generalkonzession Friedrich Wilhelm IV. vom 23. Juli 1845 geschützt, bestehen jetzt altlutherische Kirchengemeinden in Zielenzig, Krossen, Züllichau, Schwiebus, Oppelwitz, Muschten ꝛc.

Auf Grund einer königlichen Kabinetsorder vom 8. Februar 1817 verfügte die Regierung zu Frankfurt a/O. (Wißmann, Troschel, von Seckendorf, Peschke, von Thadden) schon unterm 25. die Aufhebung des Klosters Neuzelle, dessen

---

[1]) Vergl. Albert Petri (jetzt Superintendent in Drossen), Gedenkblätter aus der Geschichte des Kirchspiels Padligar, Seite 64—76. — Ein beachtenswerthes Büchlein.

Stiftsurkunde Heinrich der Erlauchte, Markgraf von Meißen, am 12. Oktober 1268 ausgestellt hatte. Unter dem (41.) Abte Optatus (Paul) herrschten während der letzten Jahre grobe Unordnungen. Keine Mauer war zu hoch, die nicht ein wohlgenährter Mönch zu übersteigen vermochte. — Die Behörde vereinigte in Neuzelle zwei kleine Lehrerseminare: Luckau und Züllichau. Sie übertrug die Leitung der größeren Anstalt (90 Zöglinge) dem Direktor Pielchen. — Von den 40 Klostergütern (zusammen $8^{1}/_{8}$ Quadratmeile) liegt nur Aurith im Lande Sternberg. — Ganz ähnliche Veränderungen gingen in Paradies, wo gleichfalls Zisterzienser lebten, von 1834—36 vor. Vergleiche die betreffenden Schriften von Laurentius Mauermann, Gustav Spieker, Dr. Theodor Warminski und Heinrich Werner! —

Viel Aufsehen erregte auch der Hader, in welchen der Baron de la Rivalière, nach seinen Gütern, die ihm Friedrich Wilhelm III. 1815 verlieh, Baron von Frauendorf genannt, mit der Regierung und dem Oberlandesgerichte in Frankfurt a. O. gerieth. Seine Leidensgeschichte erzählt er in einem offenen „Briefe an Seine Majestät den König von Preußen", der, aus dem Französischen von Dr. K. J. Pinkert übersetzt, 1830 zu München in der M. Lindauerschen Hofbuchdruckerei und Verlagsbuchhandlung erschien. Er betont Seite 21: „Zwei Mal hab' ich mein Leben auf's Spiel gesetzt, indem ich gefährliche Missionen, die mir Ihr Premierminister anzuvertrauen mich würdigte, übernahm. Die Zeugen dieser Thatsachen sind in Ihrer Hauptstadt. Sire! Ich habe die Zahlung des Rückstandes der Ihnen auferlegten Kriegssteuer beseitigt, ein Umstand, von dem Preußens Schicksal abhing. Ich beweise Das durch Urkunden, deren Abschrift sich unter den Akten eines Pariser Notars vorfindet. Ich habe die entsetzliche Schlinge entdeckt, die Bonaparte der erlauchten Person Ew. Majestät gelegt hatte. Die Nachricht, welche ich darüber an den Fürsten Hardenberg gelangen ließ, bestimmte Ihre plötzliche Abreise nach Schlesien [22. Januar 1813], und der Kanzler, welcher mir seitdem so viele Beweise seiner Erkenntlichkeit für diese Entdeckung gegeben, der mir sogar gesagt hat, sie habe durch die wichtigen daraus entspringenden Folgen Preußen gerettet, hat Ew. Majestät den Namen des Entdeckers gewiß nicht verschwiegen. Bonaparte hatte ihn nicht vergessen. Man lese, was er bei seiner Rückkehr von der Insel Elba gegen mich in die Journale einrücken ließ! Mit Gefahr meines Lebens reiste ich damals von Wien ab, um Ihnen, Sire! noch ein Mal zu dienen und um jenem meine

Familie zu entreißen." — Seite 32 erzählt Rivalière, daß, als ihn das Oberlandesgericht wegen 18 Thlr. rückständiger Kosten verhaften wollte, der Präsident von der Reck diese Summe aus eigenen Mitteln deckte. — Er beklagt sich ferner S. 14: „Ich habe den Brandschaden des Schlosses Frauendorf, zweier anderen von den Flammen ganz aufgezehrten Meiereien, einer Ziegelbrennerei, einer Kirche, dreier Pfarrgebäude, eines ganzen großen Dorfes, zwei halber Dörfer und einer Menge anderer durchaus und absichtlich zur Herbeiführung meines Unterganges angelegter Feuer tragen müssen." —

Es befremdet, daß, als nach dem Befreiungskriege Bürger und Bauern wieder etwas zu Athem gekommen waren, auch in verschiedenen Orten des Landes Sternberg häufig Brände entstanden. Die Flammen verzehrten: 1814 am 14. April in Sonnenburg 62 Häuser, 200 Scheunen und Ställe, sowie den oberen Theil des Thurmes mit der Uhr und den schönen Glocken[1]); 1819 am 27. Januar fast das ganze Dorf Trettin, am 14. April 108 Wohnhäuser in Göritz, am 11. Mai sämmtliche Gebäude in Aurith, die Kirche und 3 Häuser ausgenommen. Am 30. August 1824 wurde Sternberg, wie schon 1725, bis auf wenige Häuser eingeäschert. Erst 1827 konnte man ein Schulhaus für zwei Klassen bauen, mußte aber noch bis 1832 Gottesdienst in den Räumen der Ottow'schen Ofenfabrik halten. — Eine Nachricht, die man 1824 in den Thurmknopf des Rathhauses zu Zielenzig legte, sagt: „Seit 1821 [bis zum 29. Juni 1828] war Pluto (der Feuergott) Regent über unsere Stadt." 1822 fanden nicht weniger als sechs Brände statt. Am 23.—24. März sanken 45, am 3. Oktbr. 16 Wohnhäuser sammt den Nebengebäuden und 61 Scheunen, im Ganzen während der oben näher bezeichneten sieben Jahre 99 Wohnhäuser und 69 Scheunen in Asche[1]). — Noch ärger und länger wüthete das verheerende Element in Drossen. Die Stadt verlor durch dasselbe mehr als 300 Wohnhäuser und 200 Ställe.

Erst seit 1848, als auf Antrag des Magistrats (Bürgermeister Berg) aus dem Stadtforst freies Bauholz nicht mehr verabreicht wurde, vernahmen die Bürger,

---

[1]) 1818 war Alles wieder hergestellt. Den 9. Juli 1847 schlug jedoch der Blitz ein und verwüstete das Innere des Thurmes. Der Amtmann Ritsch in Gölsdorf schenkte 1856 seiner Vaterstadt 3 neue Glocken.

[1]) Wedekind, Kreischronik 219—20.

welche seit 30 Jahren keine Nacht ruhig schlafen konnten, äußerst selten einen Feuerruf.[1])

Eine weit verzweite Diebesbande, mit allen erdenklichen Werkzeugen, auch mit falschen Pässen versehen, machte noch 1832 ff. die Neumark unsicher. Nicht blos in der Provinz Posen, auch im Lande Sternberg zählte sie Genossen. Mit kaum glaublicher Frechheit zog in der Nacht vom 1. zum 2. Juli 1828 der Langfinger Tiller (Magazin) dem Gastwirthe Grünberg im Vorwerke Wassinne bei Beutnitz von zehn Geldkatzen, welche ihm Schwarzviehhändler zur Aufbewahrung übergeben hatten, vier in der Schlafkammer unter dem Kopfkissen hervor.[2])

Großen Schaden richteten 1828 abermals die Heuschrecken an. Im folgenden Jahre kehrten sie zwar wieder, verschwanden jedoch bald.

Der Winter von 1829—30 trat im wahren Sinne des Wortes als ein harter Mann auf, und es entstand die ernste Frage: Wer nimmt sich doch der Armen an? Im Januar und Februar zeigte häufig das Thermometer 20 Grad unter Null. Noch im Mai fand man an Orten, auf welche die Sonnenstrahlen wenig wirken konnten, Eis und Schnee. Am 25. gen. M. brauste ein gewaltiger Sturm. „Er fegte die Felder, zerbrach den Forst", deckte Gebäude ab, oder warf sie wol gar um (wie in Drossen vier Scheunen). Der Aberglaube erblickte in ihm den Vorboten einer trüben Zeit. In der That zettelte das „Zänkervolk" am 25. Juli in Paris wieder eine Revolution an. Die Belgier und die Polen blieben nicht zurück.

Durch sein „unsinniges, unmoralisches Willkürregiment"[3]) dem Adel und jedem anderen Ehrenmanne verhaßt, wurde der Herzog Karl aus Braunschweig vertrieben und sein Schloß angezündet (7. Septbr. 1830). Ihm folgte sein Bruder Wilhelm († 18. Oktober 1884 in Sybillenort unverheiratet). — Aus Kassel entwich der Kurfürst Wilhelm I., ein Schwager des preußischen Königs, mit seiner geliebten

---

[1]) Knuth, Seite 104—9.

[2]) Temme, Kriminalbibliothek, Seite 303.

[3]) W. Müller, deutsche Geschichte, Seite 302. „Er hob die Verfassung wieder auf, verkaufte die Domänen, nahm den Staatsschuldentilgungsfonds weg, ließ Urtheile des Gerichtshofes zerreißen und führte mit seinen Gesellen Klindworth, Bosse, Fricke und Bitter ein solches Bubenregiment, daß die Stände beim Bundestage klagen mußten." Wolfgang Menzel, Vierzig Jahre, I., 358.

Gräfin von Reichenbach (Emilie Ortlepp) nach Frankfurt a. M., mußte aber nunmehr seinen Sohn Friedrich Wilhelm zum Mitregenten annehmen, der freilich sehr bald, wiewol er einst zum Schutze der unglücklichen Mutter gegen den despotischen Vater den Degen gezückt hatte, in dessen Fußstapfen trat. — Auch in Sachsen und Hannover fehlte es nicht an erheblichen Reibungen.

Die asiatische Cholera, wahrscheinlich von den russischen Soldaten am meisten verschleppt, ging 1831 an dem Lande Sternberg nicht vorüber. In Aurith starben laut Kirchenbuch im September 20 Personen, während des ganzen Jahres 70 = 45 mehr, als sonst durchschnittlich (Mittheilung vom Herrn Pfarrer Becker); in Drossen etwa 14 Personen. Die Furcht vor der „neuen Pest" war auch hier so groß, daß man für dieselben einen besonderen Begräbnisplatz anlegte. Alle Maßregeln, welche die Verbreitung hindern sollten, kosteten dem Staate viel Geld; sie erwiesen sich aber als völlig nutzlos.

Im Jahre 1831 trat in Krossen ein geschickter Uhr- und Instrumentenmacher, der dort seit 1828 unter dem Namen Karl Wilhelm Nauendorff ruhig lebte, mit der Behauptung auf, er sei der Dauphin, der Sohn des hingerichteten Königs Ludwig des Sechzehnten von Frankreich, und seiner Zeit von Freunden des Fürstenhauses gerettet worden. Wie über seinem Leben, so schwebt auch über seinem Tode ein merkwürdiges Dunkel. Die holländische Regierung gestattete neuerdings dem Sohne, den Namen Bourbon zu führen.[1])

Großes Aufsehen erregten in weiten Kreisen zwei höchst beklagenswerthe Vorfälle. Am 29. Januar 1835, früh gegen 10 Uhr, entstand zwischen August Ludwig Zernbach, dem Besitzer von Korsika, und seinem Vater, dem 74jährigen Michael Zernbach, Pächter des Domänenamtes Kriescht, in dem letzteren Flecken ein so heftiger Streit, daß jener diesen durch zwei Schüsse tödtlich verwundete. Als die Wirthschafterin Wilhelmine Mielenz herbeieilte, merkte sie sofort, was auch ihrer warte. Sie flüchtete darum in die Brauerei unter ein Bett, wurde aber von dem Hitzkopfe hervorgerissen, mit dem Oberkörper über eine Bank gezogen und ihr Hals mit einem stumpfen Küchenmesser so lange bearbeitet, bis sie den Geist aufgab. —

[1]) Vergl. Matthias, Bürgerbuch, S. 387—89. Fr. Bülau, Geheime Geschichten Band II.! —

Selbstverständlich erging ein verschärftes Todesurtheil. Am 29. Mai 1836 fand man indeß den Missethäter an der Schnur eines Vogelbauers in seiner Zelle zu Sonnenburg erhängt. Fama wollte allerdings wissen, man habe einen verstorbenen Zuchthaussträfling aufgeknüpft, den pp. Zernbach aber nach Amerika spedirt, von wo er u. a. im Herbste 1852 zurückkehrte und in Waldowstrenk erkannt wurde. Wenn ich jedoch daran erinnere, wie oft man im August, September und Oktober 1891 angeblich den Mörder Wetzel gesehen hat, so dürfte wol der Leser ermessen, daß jenes Gerücht wahrscheinlich ins Reich der Träume gehört, zumal der jüngere Zernbach seiner sonstigen Liebenswürdigkeit wegen viele Freunde besaß.

Am 25. April 1837 wurde der Fähnrich von Arnstedt aus Ballenstädt, ein Schüler der Divisionsschule in Frankfurt a. O., welcher im jugendlichen Trotze am 5. Dezember 1836 einen seiner Lehrer, den Lieutenant Wentzell, erschossen hatte, in der Nähe des Pulverthurmes hingerichtet. Friedrich Wilhelm III. schenkte mit Recht verschiedenen Fürbitten kein Gehör. (Amtsbl. 1836, S. 204; 1837 S. 153.)

Im Befreiungskriege stand Preußen an Deutschlands Spitze. Warum behielt es später diesen hohen, ehrenvollen Beruf weniger im Auge? Einen wichtigen Schritt zur Einigung des großen Vaterlandes mit seinen 39 Staaten dürfen wir indeß nicht übersehen: Die Gründung des deutschen Zollvereins (1833).

In die letzten Regierungsjahre des Königs fällt der Streit über die gemischten Ehen, provozirt von Klemens August Freiherrn von Droste zu Vischering, Erzbischof von Köln. Im Novbr. 1837 nach der Festung Minden abgeführt, gewann er dort Zeit, über seine Hartnäckigkeit nachzudenken. 1839 wanderte Martin von Dunin, Erzbischof von Posen-Gnesen, nach der Festung Kolberg.

Zur Erinnerung an die Einführung der Reformation in die Mark fand den 1. Novbr. 1839 ein Jubiläum statt.

Im Frühlinge 1840 wurde der König von der Grippe befallen. Bei seinem hohen Alter schwanden die Kräfte sehr bald. Am 26. Mai ordnete er, durch die letzte Kabinetsorder von Wichtigkeit, welche er erließ, auf den 1. Juni die Grundsteinlegung des Denkmals für Friedrich den Großen an. Er war jedoch schon so schwach, daß er der Feierlichkeit nicht mehr beiwohnen, sondern nur den Vorbeimarsch der Truppen am Fenster, auf einem Lehnstuhle sitzend, mit ansehen konnte. Am 1. Pfingsttage (7. Juni), Nachmittags 4 Uhr, entschlief er sanft im

Kreise seiner Familie.[1]) Nach dem Trauergottesdienste und der Feier im Dom ward am nächsten Donnerstage, Abends 11 Uhr, die Leiche ohne alles Gepränge nach Charlottenburg gebracht und im Mausoleum an Luisens Seite beigesetzt.

„Meine Zeit mit Unruhe, meine Hoffnung in Gott!“ Das sind die Worte des Testamentes (vom 1. Dezbr. 1827), durch welche der fromme König das Eigenthümliche seines Lebens und Strebens, seines Ringens und Kämpfens, seines Harrens und Leidens bezeichnen wollte. Und wahrlich, er hat mitten in der Unruhe der Zeit seine Hoffnung auf Gott bewährt, in seiner Demuth, in dem stillen Frieden seines Herzens in dem Herrn! In seinem Schmerz und in seiner Freude, in seinem muthigen Kampfe und in seinem glorreichen Siege ebensowol, als in seinem Unglück und in seiner Niederlage, in der Erhebung seines Triumphs über den stolzen Feind und in dem herrlichen Lohne, welchen er davontrug, nicht anders, als in den Anfechtungen des Kummers und der Demüthigung; nicht ist er abgewichen von Gott, nie hat er den Herrn vergessen, hat er sein Hoffen und Harren, sein Handeln und Leben nur in Gott geführt.“[2])

---

Siebzehntes Kapitel.

## Das Land Sternberg unter Friedrich Wilhelm dem Vierten, Wilhelm dem Ersten, Friedrich dem Dritten und Wilhelm dem Zweiten. 1840—91.

Der Kronprinz Friedrich Wilhelm ließ einst drei Pferde, ein blindes, ein lahmes und ein mageres, so lange vor dem Palais des Königs umherführen, bis dieser sie bemerkte und fragte, was Das zu bedeuten habe. Der Erbe des Thrones, der sich gerade in des Vaters Zimmer befand, versetzte: Das will ich Euer Majestät erklären. Das magere Pferd ist das Volk, das von Ihren schlechten Beamten ausgesogen wird; das lahme das Ministerium, das nicht zu handeln versteht, und das blinde stellt Euer Majestät selbst vor, die nicht sieht, wie man mit Allerhöchstderselben

[1]) Vergl. Temme, Erinnerungen 253—58!

[2]) Dr. August Schröder, Ober-Domprediger und Professor zu Brandenburg a. d. H., in der Predigt zur Gedächtnisfeier. Zimmermanns Sonntagsfeier 1840. Seite 784.

Blindekuh spielt." — Darauf, wird hinzugesetzt, sei zwar Arrest erfolgt; aber der König habe die Sache gemerkt und sie gebessert.[1])

Wenn sich die Richtigkeit dieser Anekdote auch nicht verbürgen läßt, so schenkten ihr doch Viele Glauben. Mit frohen Hoffnungen sah sich Friedrich Wilhelm IV. bei seiner Thronbesteigung von allen Seiten begrüßt. Es unterlag auch keinem Zweifel, daß er dieselben zu erfüllen gedachte. Erklärte er doch bei der Huldigung in Königsberg (Preußen) am 10. Septbr. 1840: „Ich gelobe hier vor Gottes Angesicht und vor diesen lieben Zeugen, daß Ich ein gerechter Richter, ein treuer, sorgfältiger, barmherziger Fürst, ein christlicher König sein will, wie Mein unvergeßlicher Vater es war. Gesegnet sei Sein Andenken! Ich will Recht und Gerechtigkeit mit Nachdruck üben, ohne Ansehen der Person, Ich will das Beste, das Gedeihen, die Ehre aller Stände mit gleicher Liebe umfassen, pflegen und fördern. Alle Konfessionen Meiner Unterthanen sind Mir gleich heilig; Ich werde allen ihre Rechte zu schützen wissen."[2])

Nicht minder bedeutungsvoll sind die Worte, welche er den 15. Oktbr. an die Vertreter aller Stände in Berlin richtete: „Ich gelobe, Mein Regiment in der Furcht Gottes und in der Liebe der Menschen zu führen, mit offenen Augen, wenn es die Bedürfnisse Meiner Völker und Meiner Zeit gilt; mit geschlossenen Augen, wenn es Gerechtigkeit gilt. Ich will, so weit Meine Macht und Mein Wille reicht, Friede halten zu Meiner Zeit — wahrhaftig und mit allen Kräften die hohen Mächte unterstützen, die seit einem Vierteljahrhundert die treuen Wächter über den Frieden Europas sind. Ich will vor Allem dahin trachten, dem Vaterlande die Stelle zu sichern, auf welche es die göttliche Vorsehung durch die Geschichte ohne Beispiel erhoben hat, auf welcher Preußen zum Schilde geworden ist für die Sicherheit und für die Rechte Deutschlands. In allen Stücken will ich so regieren, daß man in mir den echten Sohn des unvergeßlichen Vaters, der unvergeßlichen Mutter erkennen soll, deren Andenken von Geschlecht zu Geschlecht in Segen bleiben wird."[3])

Die Anordnung, am 6. August 1843 die tausendjährige Selbstständigkeit des deutschen Reiches zu feiern, erweckte gleichfalls den Glauben,

---

[1]) Vehse, VI., 267. Zielenziger Wochenbl. 1861. Seite 143.
[2]) Reden Sr. Majestät. S. 8.
[3]) Reden. S. 11.

daß in Friedrich Wilhelm dem Vierten die alte Prophezeiung: Barbarossa, bisher in dem Kyffhäuser schlummernd, solle einst wiederkommen und mit ihm des Reiches Herrlichkeit, endlich in Erfüllung gehen werde.

Wenngleich der König betonte, er liebe eine „gesinnungsvolle Opposition", so erfolgten doch viele Bücherverbote. Auch die „Vier Fragen, beantwortet von einem Ostpreußen", entgingen diesem Schicksale nicht. Wegen Majestätsbeleidigung und frechen Tadels der Landesgesetze leitete man gegen den Verfasser, Dr. Johann Jacoby in Königsberg, die Untersuchung ein, und das Kammergericht verurtheilte ihn am 5. April 1842 zu $2^1/_2$ Jahr Festungsarrest und zum Verlust der National=kokarde.

Grausen und Entsetzen ergriff die Herzen aller aufrichtigen Patrioten, als sich die Kunde verbreitete, Heinrich Ludwig Tschech, früher Bürgermeister in Storkow, habe am 26. Juli 1844 auf den König geschossen. Die Hinrichtung des Buben (am 14. Dezbr. dess. J.) erschien den Meisten als eine nicht ausreichende Sühne. Ein Namensvetter, Aktuar in Schwiebus, später Bürgermeister in Friedeberg (Neumark), hieß fortan Treu. — Leider folgte schon den 22. Mai 1850 ein zweites Attentat. Max Sefeloge, ein entlassener Unteroffizier der Artillerie, welcher an Geistesstörung litt, feuerte auf dem Perron der Berlin=Potsdamer Eisenbahn mit einem Pistol nach dem Könige. Glücklicher Weise traf die Kugel nur die Fleischtheile des rechten Oberarms. Sefeloge starb in der Irrenanstalt zu Halle. — Nr. 23 des Zielenziger Wochenblattes brachte mit der Überschrift: „Der König unter Gottes Hut" ein Gedicht von dem Assessor A. Kuntzemüller. Die vorletzte Strophe lautet: „Treue und Gehorsam walten; dankbar wir die Hände falten, Preußens Herz von Lieb' erglüht; nicht Parteiung soll uns trennen, Brüder wir uns Alle nennen; in der Einheit Friede blüht."

Eine mit 447 Unterschriften versehene Adresse wurde dem Monarchen über=sandt: „Allerdurchlauchtigster, Großmächtigster, Allergnädigster König und Herr! Tieferschüttert von dem verabscheuungswürdigen Verbrechen, wodurch Euer Majestät uns treuen Preußen so theures Leben abermals bedroht worden, nahen wir uns Allerhöchstdero Thron, um unseren Gefühlen durch schwache Worte Ausdruck zu verleihen. — Zuerst Gottes Gnade preisend, die Euer Majestät so wunderbar be=schützte, und uns unsern allgeliebten König und Landesvater erhielt, müssen wir unseren tiefsten Abscheu gegen eine That an den Tag legen, welche den preußischen Ruhm befleckt und jedes brave Herz mit dem bittersten Schmerze erfüllt. Möge es Gott gefallen, Euer Majestät Schmerzenslager nur ein kurzes sein und Allerhöchstdieselben zum Glück und zur Freude aller Gutgesinnten recht bald ganz hergestellt wieder erscheinen zu lassen. Euer Majestät beschwören wir aber, durch solche That nicht Ihr landesväterliches Wohlwollen Ihrem Volke zu entziehen — und überzeugt zu sein, wenn auch eine finstere Partei im Lande waltet,[1]) doch der größte Theil Ihres Volkes mit alter treuer preußischer Liebe an seinem Königlichen Herrn hängt und jederzeit bereit ist, durch die That Dies zu beweisen. — Gott schütze ferner das theure Leben unseres geliebten Königs und Herrn!

Ew. Königl. Majestät

allerunterthänigste Einwohner des Sternberger Kreises.

Im Jahre 1848 fehlte es auch hier nicht an Aufregung. Schon der blinde Lärm, die Polen kommen, angeblich durch das Sprengen von Feldsteinen im Forst von Lieben und Schmagorey verursacht, trieb am 10. Mai furchtsame Geister in verschiedenen Orten zu den Sturmglocken. Der Feldwebel Bethe in Zielenzig besiegelte seinen Patriotismus sehr oft mit den Worten: „Gegen Demokraten helfen nur Soldaten!"[2]) Sein Schwiegersohn dagegen, Lehrer Johann Arndt in Schermeisel, schon auf dem Seminare Neuzelle (1841—44) ein unruhiger Kopf, mischte sich in die politischen Händel, besonders in die Steuerverweigerung, und bekam dafür einige Jahre Zeit, in Sonnenburg über das Sprüchwort nachzudenken: „Was Deines Amtes nicht ist, da laß Deinen Vorwitz." Später ging Arndt nach Nord-Amerika und rumorte dort 1858 als Methodistenprediger.

Ein Erkenntnis vom 16. April 1849 verurtheilte auch Johann Gottlob Schmutter, den früheren Superintendenten in Arnswalde, seit 1826 Oberpfarrer in Sonnenburg, wegen Steuerverweigerung zu einjähriger Festungshaft, Verlust des Amtes und der Nationalkokarde. Er leitete sodann in der Stadt seiner sonst gesegneten Wirksamkeit eine freie Gemeinde. Die Bitte, wenigstens gleich einem

[1]) Politische Beweggründe lagen den beiden Attentaten gar nicht zum Grunde.

[2]) Nach der Insterburger Zeitung wurde am 15. Novbr. 1862 in einem öffentlichen Lokale folgender Toast ausgebracht: „Meine Herren! Den Demokraten geben wir einen Fußtritt, den Fortschrittsmännern hauen wir auf den Bauch, den Liberalen schlagen wir auf das Maul. Wer nicht darauf trinkt, ist ein Schurke!

Kandidaten zu predigen, wies der Kultusminister von Raumer ab. Über sein Begräbnis (am 24. Febr. 1868) berichtet die Neumärkische Zeitung Nr. 18 ausführlich. Vergl. außerdem Oderzeitung Nr. 22. 1887!

Ein Plänchen, auch den Lehrer und Küster Gustav Adolf Hudewenz in Zielenzig aus dem Sattel zu heben, mißlang. Es traten viele Zeugen für die Ehrenhaftigkeit des Mannes öffentlich auf. Vergleiche Kreisblatt 1848, Nr. 35!

Selbst 1849 und 50, als der Sturm sich merklich gelegt hatte, konnten sich drei Herren im Kreise über die „Märzschande" noch nicht beruhigen. In der 97. Sitzung der ersten Kammer (am 4. Januar 1850) erstattete die Petitionskommission Bericht über eine vom Assessor Kunzemüller in Zielenzig eingegangene Zuschrift des Inhaltes: Die Kammer möge bewirken, daß wir aus der Knechtschaft des Teufels wieder zur Kindschaft des himmlischen Vaters zurückkehren! „Nach Kenntnisnahme davon erfolgte allgemeines Gelächter, worauf die Petition, die wahrscheinlich ihres Gleichen noch in keiner Kammer des Erdbodens gefunden hat, still ad acta gelegt ward." Wochenblatt 1850. S. 11, 16, 18, 21. — Sehr scharf tadelte oft die liberale Presse den Baron Senfft v. Pilsach († 2. Novbr. 1882 in Sandow). Am 7. Juli 1862 sprach er im Herrenhause gegen die Aufhebung des Jagdrechtes und die Verbesserung der Lehrergehalte; nirgends sei das Landschulwesen so gut regulirt, wie in Preußen. Er hatte ferner berechnet, daß von 1848 bis zum Februar 1861 2379 neue Gesetze erlassen wurden Ein Flugblatt: „Schafft Euch eine billige Justizverwaltung", von dem preußischen Volksvereine 1862 kurz vor den Wahlen vertheilt, brachte sogar über 4000 heraus. — Vergl. ferner das Inserat in Nr. 48, 1858 des Wochenblattes: „Sandige Anschauungen", in welchem ein beredter Jurist (Staatsanwalt Goslich) den „alten grauen Kriegsknecht" kritisirt!

Ein dritter Herr, eifriges Mitglied des Preußenvereins und in verschiedenen Kommissionen thätig, wollte in Berlin nicht fehlen, wenn der geh. Obertribunalsrath Waldeck am Galgen ende. Als trotzdem am 3. Dezbr. 1849 dessen Freisprechung erfolgte, schob er die Schuld auf den Vorsitzenden des Schwurgerichts, den Geh. Justizrath Gustav Ferdinand Taddel — ganz mit Unrecht; denn dieser tüchtige Jurist, von 1815—21 Kreisjustizrath für Landsberg und Sternberg, verfuhr mit der größten Umsicht und der strengsten Unparteilichkeit († 20. Novbr. 1868 in Berlin). Vergl. den stenographischen Bericht (als Separatabdruck bei Decker in Berlin erschienen)!

Die Frage: Wen wählen wir? setzte die Köpfe oft ohne Noth in Hitze. Der Gemeinde Nessin bei Kolberg, welche sich sogar an Seine Majestät wandte, ging ein eigenhändiges Kabinetsschreiben zu. In demselben heißt es u. a.: „Fragt Ihr endlich, wen Ihr wählen und als Abgeordneten nach Berlin senden sollt, so hab' ich zwar darüber bestimmte Vorschriften nicht zu ertheilen und hoffe, daß Mein biederes und treues Volk seiner würdige Vertreter ausersehen wird; Meinen Rath aber will ich Euch nicht versagen. — Lenkt Eure Wahl auf Männer, die eine wahrhafte Liebe zum Vaterlande beseelt, vor denen Ihr aufrichtige Achtung wegen ihres ehrbaren und tadellosen Wandels hegt, die ein warmes Herz für die Noth der Armen durch Thaten bewährt, und genügende Einsicht und Willenskraft haben, um bei der Gesetzgebung des Staates zum Glück und Heil seiner Einwohner gedeihlich mitzuwirken. Solche Männer wählt, wo Ihr sie findet, unter Gutsbesitzern oder Bauern, unter Niederen oder Hohen; hütet Euch aber vor Denen, welche Euch mit unerfüllbaren Hoffnungen schmeicheln, welche Haß und Unfrieden säen und Euch Die verdächtigen, die Ihr Zeit Eures Lebens als zuverlässig und redlich kennen gelernt habt! Berlin, den 12. Januar 1849.

Friedrich Wilhelm.

Das Land Sternberg vertraten in Berlin der Geometer Born aus Sonnenburg und der praktische Arzt Dr. Kunz aus Kriescht; in Frankfurt a. M. der Kreisjustizrath Wilhelm Tannen, seit 1838, zuerst als Hülfsrichter, in Zielenzig. Der Erste bethörte die Menge durch ein Flugblatt, in welchem er besonders den Arbeitern ein Paradies in Aussicht stellte. Selbstverständlich sah keiner von ihnen auch nur einen Nagel in der Pforte desselben. Anderwärts war man noch leichtgläubiger und kurzsichtiger, verblendeter möcht' ich gerade nicht sagen. Man wählte z. B. in Liebenwerda, Löwenberg, Rothenburg und Neustadt (Oberschlesien) Gastwirthe; in Schievelbein und Osthavelland Brauer; in Ratibor, Belgard und Fischhausen Fleischer; in Friedland und Mohrungen Tischler; in Neustadt (O.-Schl.), Rosenberg, Lublinitz, Leobschütz, Hoyerswerda, Stallupönen, Beuthen, Großstrehlitz, Neustettin, Ortelsburg, Schönau und Züllichau Bauern; in Gleiwitz und Schlawe Gärtner; in Sprottau und Pleß Häusler; in Herford und Coesfeld Kolonisten; in

Kammin den Tagelöhner Pankow; in Rummelsburg den Brettschneider Repel. Daß unter solchen Verhältnissen die Berathungen der Abgeordneten nicht zu einem erwünschten Ziele führen konnten, liegt klar auf der Hand.

Der „Rentier" Born wurde zwar, wie viele Andere, welche dem Ministerium Brandenburg die Steuern verweigert hatten, unter Anklage gestellt; am 12. August 1850 sprachen indeß die Geschworenen in Berlin das Nichtschuldig aus (Wochenblatt S. 150).

Dr. Kunz starb am 16. Dezbr. 1851 in Kriescht an der Abzehrung, 55 Jahre alt. Gegen zwei Tausend, die sich aus allen Gegenden des Bruches eingefunden hatten, folgten am 21. seinem Sarge. In der Grabrede hob der Prediger Steinbart hervor, daß der Entschlafene schon als Jüngling (1813—15) an den Freiheitskriegen Theil genommen, als Arzt sehr oft den Armen und in den letzten bewegten Jahren mit Ausdauer und ernstem Willen nach seiner Überzeugung dem Vaterlande gedient habe.

Bei der Wahl eines Abgeordneten für das Erfurter Volkshaus erhielt am 31. Januar 1850 der Kreisgerichtsdirektor Tannen 79, der Generallieutenant von Canitz in Frankfurt a. O. 62 Stimmen.

In der „Proklamation Sr. Majestät des Königs" vom 15. Mai 1849 heißt es: „Ich habe auf das Anerbieten einer Krone Seitens der deutschen National-versammlung eine zustimmende Antwort nicht ertheilen können, weil die Versammlung nicht das Recht hatte, die Krone, welche sie Mir bot, ohne Zustimmung der deutschen Regierungen zu vergeben, weil sie mir unter der Bedingung der Annahme einer Verfassung angetragen ward, welche mit den Rechten und der Sicherheit des deutschen Staates nicht vereinbar war . . . Meine Regierung hat mit den Bevollmächtigten der größeren deutschen Staaten, welche sich Mir angeschlossen, das in Frankfurt begonnene Werk der deutschen Verfassung wieder aufgenommen. Diese Verfassung wird in kürzester Frist der Nation gewähren, was sie mit Recht verlangt und erwartet: ihre Einheit; dargestellt durch eine einheitliche Exekutivgewalt, die nach außen den Namen und die Interessen Deutschlands würdig und kräftig vertritt, und ihre Freiheit, gesichert durch eine Volksvertretung mit legislativer Befugnis . . . Das ist Mein Weg. Nur der Wahnsinn oder die Lüge kann solchen Thatsachen gegenüber die Behauptung wagen, daß Ich die Sache der deutschen Einheit aufgegeben, daß Ich Meiner früheren Überzeugung und Meinen Zusicherungen untreu geworden. Preußen ist dazu berufen, in so schwerer Zeit Deutschland gegen innere und äußere Feinde zu schirmen, und es muß und wird diese Pflicht erfüllen."

Zu den 290 Abgeordneten, welche am 28. März 1849 für die erbliche Übertragung der deutschen Kaiserkrone auf den König von Preußen stimmten, gehörte auch Tannen. Wiewol dieser Akt keinen Erfolg hatte, wünschte er doch „von Herzen ein geachtetes Deutschland und darin ein kräftiges Preußen." Erfurt führte bekanntlich nicht zum Ziele, und der Bundestag, der am 2. Septbr. 1850 unter Österreichs Präsidium wieder zusammentrat, noch weniger. Tannen konnte sich weder über den Sieg der preußischen Waffen in Schleswig-Holstein, noch über Königgrätz und Sedan freuen. Der brave, biedere Mann erlag am 25. Februar 1864 einem Nervenfieber. Auffälliger Weise erwähnt das „Wochenblatt" (Nr. 10) diesen Todesfall nur unter den Kirchennachrichten. —

Seit 1849 fielen die Wahlen im Kreise Sternberg, mit dem Anfangs der nördliche Theil von Guben verbunden war, in der Regel konservativ aus; denn zumeist gaben Rittergutsbesitzer, Schulzen, Förster ꝛc. ihre Stimmen ab. Nur 1858—62, da der Prinzregent das Ministerium Manteuffel entlassen und den Fürsten von Hohenzollern-Sigmaringen zum Präsidenten berufen hatte, erfolgte eine Schwenkung nach der liberalen Seite. Der Geh. Revisionsrath Ambronn, der Kreisgerichtsrath Grundmann, der Kreisrichter Ollenroth schlugen ihre Gegner (Landrath v. d. Hagen, von Waldow-Reitzenstein, Graf Finck von Finckenstein auf Ziebingen) aus dem Felde.[1]) Sehr stürmisch war die Vorversammlung am 5. Dezbr. 1861 zu Drossen, in welcher der Prediger Steinbart, unterstützt von dem Bürgermeister aus Göritz, die parlamentarische Thätigkeit des Landrathes scharf kritisirte.[2]) In neuerer Zeit bezeichnet sich die konservative Partei als die

---

[1]) „Im Sternberger Kreise war das Gerücht verbreitet, daß der konservative Kandidat Graf von Finckenstein erklärt habe, der Armenkasse 10000 Thlr. geben zu wollen, wenn er als Abgeordneter gewählt würde. Wir haben das Gerücht mitgetheilt, und erfahren nun aus einem merkwürdig abgefaßten Schreiben des Herrn Majors a. D. W. Finckenstein in Ziebingen, daß jene „Thatsachen" — grobe Lügen seien. — Berliner Volkszeitung vom 12. Febr. 1863. — „Liberal sind wir wol Alle, aber wählen thun wir schwarz", sagte ein Landmann in Bayern. Gartenlaube 1874. S. 304.

[2]) Wochenbl. 1858, Nr. 48; 61, S. 280; 62, S. 149.

„Reichstreuen". Man sollte aber nicht vergessen, daß auch Andere von Herzen singen und demgemäß handeln: „Deutschland, Deutschland über Alles, über Alles in der Welt!" — Bei den Wahlen zum Reichstage stellten die Liberalen ihre Kandidaten (Bauer Woike in Treplin, Stadtrath Witt in Charlottenburg (starb daselbst am 28. Septbr. 1890), Landesdirektor Rickert), gewöhnlich erst in der zwölften Stunde auf. —

Mit dem 1. April 1849 erfolgte eine wesentliche Änderung in der Rechtspflege; insbesondere wurden die Patrimonial-, sowie die Land- und Stadtgerichte aufgehoben. Ihre Stelle ersetzten im Lande Sternberg: Das Kreisgericht in Zielenzig; die Gerichtsdeputation in Sonnenburg; für Drossen und Reppen genügten je zwei Kommissionen; Sternberg und Lagow gingen leer aus. — Als Direktor des Kreisgerichts amtirte bis 1864 Wilhelm Eduard Tannen, nach ihm Weissenborn. — Die Staatsanwaltschaft vertrat ein Jahr lang bis 1. April 1850 Adolf Grundmann, vorher Stadtrichter in Reppen, sodann der Freiherr von Hertzberg (durch Ministerialreskr. vom 10. Febr. 1851 zum Rechtsanwalt und Notar ernannt. Er starb 1880 in Göttingen und wurde am 29. Juni in Lindow, unweit Schermeisel, wo er ein Gut hatte, beigesetzt); vom 15. Febr. ab der Assessor Hans Goslich († 2. Dezbr. 1890 als Rechtsanwalt in Berlin). Eine rege Thätigkeit gegen die liberale Presse entfaltete 1862 und 63 Herr Küchendahl. Bei größerer Besonnenheit hätte freilich der damalige Redakteur des „Politischen Wochenblattes", Alexander Koserowski, den meisten Verwarnungen und Anklagen leicht ausweichen können. Über einen persönlichen Konflikt mit den Staatsanwälten Seiffert und Franz, der am 10. März 1870 mit meiner Freisprechung endete, will ich nur bemerken, daß mir der Direktor Weissenborn behufs meiner Vertheidigung freien Spielraum ließ. Auch der Kreisrichter Schmohl folgte derselben aufmerksam.

Am 1. Oktober 1879 wurden die Kreis- in Amtsgerichte verwandelt. In gewissen Fällen, die das Gesetz näher bezeichnet, haben neben dem Richter zwei Schöffen Sitz und Stimme. Wie die Zahl der unehelichen Kinder nach Einführung der Zivilehe (1. Oktbr. 1874), und seitdem die Lokalblätter den Namen der Mutter verschweigen müssen, nicht abgenommen hat, so wenig find' ich auch seit Einführung der Schwur- und der Schöffengerichte eine Verminderung der strafbaren Handlungen. „Die Statistik ergiebt, behauptete der Abgeordnete von Buol am 30. Januar 1891 im Reichstage, daß innerhalb fünf Jahren sieben Millionen Deutsche gerichtlich bestraft sind. Die Ursachen sind zu suchen in der Trennung unserer Strafjustiz vom Strafvollzuge und in dem Vorherrschen der kurzen Freiheitsstrafen . . . Diese sind wirkungslos; sie haben aber fast ausschließlich die Herrschaft in unserer Justiz. Deutschland wird zur Abschaffung der kurzen Freiheitsstrafen bald Stellung nehmen müssen." Bekanntlich gehört der Redner zum Zentrum. Ob seine Ansichten einseitig sind, will ich dem Urtheile der geneigten Leser überlassen.

In dem Meineidsprozesse wider den Schneider August Krause, den Tischler Heinrich Rieckmann und den Fabrikarbeiter Ludwig Gemmer hob der Vorsitzende bei der Rechtsbelehrung der Geschworenen hervor, „daß die Heiligkeit des Eides in weiten Schichten des Volkes in schreckenerregender Weise immer mehr schwinde und man einer Zukunft entgegengehe, die nicht sehr erfreulich ist. Er habe die Überzeugung gewonnen, daß auch in diesem Prozesse eine Reihe von Meineiden geschworen, so kalten Blutes und mit solcher Überlegung, wie ihm in seiner langjährigen richterlichen Praxis noch nicht vorgekommen sei." (Vossische Zeitung Nr. 324, 1890.) — „Eine Abtheilung des Berliner Schöffengerichts hat gestern in $1^1/_2$ Stunde 41 Strafsachen erledigt, so daß auf jede einzelne Sache im Durchschnitt $2^1/_4$ Minute entfallen. Ebendaselbst Nr. 25, 1. Beilage vom 16. Januar 1891.

Am 1. April 1836 wurde die Strafanstalt in Sonnenburg vollständig eingerichtet (erster Direktor Hauptmann Hundt). Trotz der Arbeitercolonie in Friedrichswille bei Reppen, eröffnet am 13. Novbr. 1883, trotz der Sparkassen, Verpflegungsstationen, Altersrenten 2c. 2c., fehlte es nie an Bettlern, Landstreichern, arbeitsscheuen Subjekten, verrufenen Taugenichtsen. Nur einige Verbrechen, die viel Staub aufwirbelten, will ich hier kurz erwähnen. Am 31. März 1856 verhaftete man in Korritten, da man in ihm einen Falschmünzer vermuthete, den berüchtigten Böttcher August Heidler aus Züllichau. Später, weil er im Verdachte stand, die Predigerwittwe Nothnagel in Neuwedell ermordet und beraubt zu haben, von Zielenzig nach Königsberg (Neumark) transportirt, erhängt er sich dort im Gefängnisse. — Das Schwurgericht in Küstrin verhandelte vom 2. bis 14. Oktober 1862 gegen den Unmenschen Karl Maasch. Die Anklage legte ihm außer mehreren hundert Diebstählen dreizehn Morde zur Last. Zehn Morde nahm man als erwiesen an (Gerichtliche Bekanntmachung im Wochenbl. 1864, S. 246. Vergl. Nr. 43

und 48 vom J. 1862 und die besondere Broschüre!) Er ward im Juli 1864 hingerichtet Sein fast ebenso gesunkener Bruder und Genosse Martin starb am 15. Mai 1886 im Sonnenburger Zuchthause. — Der Studiosus der Theologie Paul Schöppe, Sohn des Pastors Friedrich Ludwig Schöppe in Baudach bei Krossen a. O., war schon als Gymnasiast in Züllichau ein Dieb und Schwindler. Für die Entwendung der Staatspapiere beim Grafen Blankensee in Berlin, wobei ihn vorgeblich „der Teufel berückte", galten 5 Jahre Zuchthaus, auf welche das Gericht am 10. Dezbr. 1862 erkannte, eigentlich als eine gelinde Strafe. Sein Vater, der sich bei dem Bankier Nathorff in Frankfurt a. O. als Freigutsbesitzer Santke aus Göhren bei Guben unterschrieb, durfte sich über 9 Monate Gefängnis auch nicht beklagen (Wochenbl. 1862, S. 421—22). 1869 sollte der saubere Dr. Paul Schöppe, in Carlisle (Pensylvanien) wegen Giftmordes zum Tode verurtheilt, am 22. Dezbr. gehängt werden. Eine Berliner Kommission (Gneist, Dr. Zimmermann, die Professoren Liman und Sonnenschein) konnten sich für ihn nicht verwenden (Wochenbl. 1869, S. 421). Wenn auch der Gouverneur die Vollstreckung des Urtheils seinem Nachfolger überließ, so hat jedenfalls der Missethäter ein trauriges Ende genommen. — Als im April 1883 der Müller Franz Schmalinski aus Griesel plötzlich verschwand, glaubte man, er sei nach Amerika ausgewandert; erst nachdem man im Januar 1884 den Leichnam desselben in einer Schonung zwischen dem genannten Dorfe und Krämersborn aufgefunden hatte, lenkte sich der Verdacht auf seinen Nachbar Ludwig Riesch. So gewann dieser Zeit zu entwischen. Ein Kriminalbeamter in Berlin brachte aber so viel Licht in die dunkle Sache, daß nunmehr die nordamerikanische Regierung kein Bedenken trug, den Mörder auszuliefern. Sein Versuch, zu entspringen, mißglückte. Vom 14. bis 16. Februar 1889 sollte das Schwurgericht in Guben gegen ihn verhandeln. In der vorangehenden Nacht knüpfte er sich indeß auf. Die Kosten, ca. 15000 Mk., trug der Staat, und die Wittwe des Schmalinski fristet nebst ihren beiden Kindern höchst nothdürftig das Leben.

Betreffs des Briefträgers Winnig aus Zielenzig, der am 21. Dezbr. 1883 unweit Breesen in fast kniender Stellung erhängt gefunden wurde, wiesen die ersten Nachrichten auf Mord, die späteren auf Selbstentleibung hin. Seine Beerdigung fand am 24. Dezbr. mit allen kirchlichen Ehren statt. — Darüber, daß man den

Vorarbeiter (Regimenter) Wilhelm Lorenz am 13. Dezbr. 1888 auf dem Wege nach Breesen erschossen und seiner Baarschaft (224 Mk.) bis auf 20 Mk. beraubt hat, kann wohl kein Zweifel obwalten. Wenn auch der Hülfsjäger Gustav Knobel aus Reichen noch unbestraft, mithin nicht so anrüchig war, wie sein Berufsgenosse Rostin aus der Oberförsterei Neuhaus, den das Schwurgericht in Küstrin nach einer sehr gründlichen Verhandlung vom 12.—20. Dezbr. 1855 wegen Todtschlags unter besonders erschwerenden Umständen (Förstertochter Emilie Otte) zu lebenslänglichem Zuchthause verurtheilte (Wochenblatt 1859, Nr. 17, 20), oder wie der Jäger Putlitz, der im März 1855 die Schneiderin Dorothea Storbeck in Berlin erdrosselte und darum auf dem Schaffot endete: so machte der oben Genannte sich jedenfalls durch seinen Selbstmord im Zielenziger Gefängnisse verdächtig. Allen Gründen, welche man neuerdings für Rostin's und Putlitz' Unschuld vorbrachte, kann ich kein Gewicht beilegen.

Hinrichtungen kamen in den letzten fünfzig Jahren, Gott sei Dank! äußerst selten vor. Am 5. Dezember 1842 fiel auf der Richtstätte bei dem Vorwerke Altenhof (am Wege nach dem Dorfe Hammer) das Haupt des Johann Gottlieb Kubsch, eines Schäferknechtes aus Reitzenstein. Er hatte die Magd Augustine Henriette Kühn ermordet. — Den 1. Mai 1843 köpfte bei Zielenzig der Scharfrichter Gast aus Fürstenberg a. O. den Hülfslehrer Johann Friedrich Wilhelm Honig, zuletzt mit 24 Thlrn. Jahresgehalt und freier Kost bei dem altersschwachen Kantor Christian Leisegang in Tempel. Den Genannten, welcher 1836 seiner vielen losen Streiche wegen das Seminar Neuzelle ohne Zeugnis verlassen mußte, begünstigte in Tempel auch die Lehnschulzenwittwe Penther. Die Folgen des verbotenen Umganges wollte er wahrscheinlich dadurch verdecken, daß er sie am 23. August 1840 während des Gottesdienstes in einem Gange bei einer Scheune erdrosselte und ihre Leiche an dem nahen Hollunderstrauche aufknüpfte. Der Mord erregte viel Aufsehen und gab Manchem Anlaß zu ganz verkehrten Urtheilen über einen Stand, dem der Missethäter dem Namen nach angehörte. Wer aber Honig genauer kannte, wunderte sich ebensowenig über seine Verruchtheit, wie über das Ende des ehemaligen Lehrers August Roß, den man am 6. Mai 1885 bei Bensch-Bude unweit Krossen a. O. mit zerschnittenen Pulsadern auffand. Diesen unsittlichen Patron geißelten schon 1845 seine Abtheilungsgenossen in Neuzelle u. a. durch ein Gedicht: „Der Schimmel." —

Vergl. Sternberger Kreisblatt 1843, S. 71 und Weststernberger Kreisblatt 1885, Nr. 41! — Der Schiffsknecht Georg Friedrich Gutsche aus Tschiefer bei Neusalz erschlug in Gemeinschaft mit dem Schneidergesellen Ebert (der auch gegen die Wittwe Nantikow in Drossen einen Raubmord verübte) in der Nacht vom 6. zum 7. Juni 1846 den 83jährigen Ausgedinger Sigismund Schulz daselbst mit einem Beile, nahm das in einem Tischkasten aufgefundene Geld, etwa 18 Pfennig, und zündete das Gebäude an. Die zuständigen Gerichte in Frankfurt a. O. erkannten gegen Gutsche auf Todesstrafe durchs Rad. Ein königliches Reskript milderte sie. Er ward am 24. Oktbr. 1851 bei Drossen geköpft. Kreisanzeiger Nr. 44. — Am 18. Juli 1885 endete der Vatermörder Frädrich in Landsberg a. W. durch den Scharfrichter Krauts.

Den 15. November 1848 verübte man in Beaulieu gegen den vielfach bestraften Arbeiter Klaus einen Akt der Volkjustiz. 400—500 Bewaffnete, die sich in der Nacht sammelten, sollen der Ansicht gewesen sein, „das Gesetz bestrafe seine Schandthaten doch nicht nach Recht und Gebühr; die Diebe, Räuber und Mordbrenner gingen jetzt leer aus, deshalb müsse man die Bestrafung selbst übernehmen.“ Klaus, der von dem Boden seines Schwagers sich durch Schüsse zu vertheidigen suchte, wurde selbst verwundet, hinabgeworfen und unten vollends getödtet. In welchen Punkten der Bericht über den Vorfall in der Vossischen und Stettiner Zeitung übertrieben ist, bezeichnet die Redaktion des Kreisanzeigers 1849, Seite 20, nicht näher.

Im Jahre 1810 kam das Landrathsamt von Drossen nach Zielenzig. Herr Sydow, auf den sich das Wort: „Ein kleiner Mann ist auch ein Mann,“ anwenden läßt, verwaltete dasselbe vom 1. Januar 1819 bis zum 15. Januar 1850. Seitdem fungirte bis zum März 1851 der Rittergutsbesitzer Otto v. d. Hagen auf Buchholz als Verweser. Bald nach der Ernennung ging sein und der gleichgesinnten Freunde Wunsch, Drossen wieder die alte Kreisstadt[1]) nennen zu können, zum

[1]) Der „Frankfurter Regierungsbezirk“, 1816 unter dem Namen „Neumärkisch-Niederlausitzsches Regierungsdepartement“ gebildet, bestand damals aus 18 landräthlichen Kreisen. Zu dem Frankfurter (9,87 Quadratmeilen, dem kleinsten) gehörten vom Lande Sternberg: Göritz, Tschernow, Stenzig, Spudlow, Ötscher, Lässig, Frauendorf, Gohlitz, Groß- und Klein-Rahde, Seefeld, Zweinert, Zerbow, Storkow, Leißow, Bischofssee, Trettin, Zohlow, Kohlow, Groß- und Klein-Lübbichow, Drenzig, Kunersdorf, Neuendorf, Schwetig, Reipzig und Kunitz. Im Osten wurden dem Sternberger Kreise, der immer noch der größte blieb (32,94 Quadrat-

Verdruß der Bürger Zielenzigs, die inzwischen mit erheblichen Kosten (auch für das Kreisgericht) ein neues Rathhaus erbauen ließen, Michaeli 1852 in Erfüllung. In den letzten Jahren fielen sicher die vielen amtlichen Arbeiten Herrn v. d. Hagen schwer; denn seine Augen verdunkelten sich auffällig. Vom 24. Mai 1872 bis 5. Februar 1874 fungirte der frühere Amtshauptmann Nickisch von Rosenegk als Vertreter. Die Theilung des großen Kreises (41,43 Quadratmeilen) erfolgte am 1. Juli 1873. Für Weststernberg wurde Herr Karl Bernhard Bohtz auf Schmagorey, für Oststernberg Wilhelm Gustav Adolf Noack auf Schönwalde ernannt. Jener, am 19. Mai 1891 durch den Tod seiner theuren Gemahlin, Charlotte geb. Bernhardi, tief gebeugt, ist noch rüstig und in allen Zweigen der Verwaltung sehr bewandert. Die Lehrer freuen sich stets, daß er auch regelmäßig an den Seminarkonferenzen in Drossen Theil nimmt. Herr Noack, Hauptmann a. D., wirkte zwar „mit großer Thätigkeit und Amtstreue erfolgreich"; seine finanziellen Verhältnisse verursachten ihm aber wol viele Sorgen. Von diesen befreite ihn der Tod schon am 18. April 1880 (Kreisblatt S. 89). Ihm folgte der Lehngutsbesitzer und bisherige Kreis-Deputirte Karney in Reichen (13. April 1881, Kreisblatt S. 91). Ein wahrscheinlich ererbtes Übel (seine Stiefbrüder Louis und Heinrich starben früh) suchte er durch eine jährliche Badekur zu heben; indeß erlag er in der Nacht vom 28.–29. Juni 1889 einem Herzschlage.

Man wählte sodann den Rittergutsbesitzer, Rittmeister von Vollard-Bockelberg auf Schönow (Bestätigung Amtsbl. Seite 169, 1890). — „Als Gutsbesitzer wird der Landrath ohne Weiteres der Vertrauensmann des Kreises" — betonte der Abgeordnete von Meyer-Arnswalde in der 59. Sitzung des Landtages am 16. März 1891. Voß Nr. 127.

Einige statistische Notizen über beide Kreise mögen hier noch folgen.

---

meilen), die Stadt Schermeisel, die Vorwerke Brückenhof und Niederhof und das Dorf Grochow, bisher zu Posen gehörig, zugelegt. Die Auflösung des Kreises Frankfurt erfolgte schon am 1. Januar 1827, und sämmtliche Ortschaften des platten Landes gingen an Lebus über, nach der Auflösung des Kreises Küstrin (1. Januar 1836) die neumärkischen aber (oben genannt) wieder an Sternberg zurück. Nach einer Kabinetsorder vom 31. November 1835 sollte Zielenzig auch ferner Kreisstadt bleiben. Amtsblatt 1836, Seite 3. Vergl. Topographisch-statistische Übersicht des Regierungsbezirkes Frankfurt a. O. 1820, Seite XXVII. Neumann's Brennenbuch (Berlin 1834) Seite 166!

Weststernberg 1142 Quadratkilometer = ca. 21⅓ Quadratmeile, 1890 mit 45004 Einwohnern.

| | 1888/89 | 1889/90 | 1890/91 |
|---|---|---|---|
| Einkommensteuer . . . . | 17 379,— Mk. | 17 923,50 Mk. | 18 459,— Mk. |
| Klassensteuer . . . . . | 32 059,— „ | 32 681,— „ | 32 466,25 „ |
| Gewerbesteuer . . . . | 15 065,33 „ | 15 180,15 „ | 15 193,99 „ |
| Grundsteuer . . . . . | 78 904,30 „ | 78 897,42 „ | 78 875,71 „ |
| Gebäudesteuer . . . . | 20 073,85 „ | 20 262,86 „ | 20 419,95 „ |
| Chausseebausteuer . . . | 30 334,50 „ | 30 746,14 „ | 30 941,52 „ |
| Landarmengeld . . . . | 12 465,95 „ | 12 549,02 „ | 17 835,89 „ |

Oststernberg 1103 Quadratkilometer = ca. 20⅔ Quadratmeile, 1890 mit 50449 Einwohnern.

| | 1888/89 | 1889/90 | 1890/91 |
|---|---|---|---|
| Einkommensteuer . . . . | 21 834,— Mk. | 23 256,— Mk. | 22 662,— Mk. |
| Klassensteuer . . . . . | 63 624,— „ | 63 501,— „ | 62 994,— „ |
| Gewerbesteuer . . . . | 15 556,— „ | 15 391,— „ | 15 433,— „ |
| Grundsteuer . . . . . | 72 659,61 „ | 72 664,25 „ | 72 663,94 „ |
| Gebäudesteuer. . . . . | 26 478,90 „ | 26 737,70 „ | 26 927,50 „ |
| Chausseebausteuer . . . | 20 330,55 „ | 20 463,40 „ | 20 420,54 „ |
| Landarmengeld . . . . | 14 595,83 „ | 24 539,58 „ | erlassen. |

In den Kirchen- und Schulverhältnissen hat sich seit 1840 gleichfalls Vieles geändert. Anfänglich bestanden nur zwei Superintendenturen. In Sternberg I. amtirten:

1. Karl Ludwig Viktor Schramm, zuerst Feldprediger an der galizischen Grenze, von 1808 ab in Drossen. Er feierte am 20. Oktober 1848 sein 50jähriges Dienstjubiläum und seine silberne Hochzeit, starb aber schon am 19. Juni 1849. Einen Nekrolog brachte das Drossener Wochenblatt, Juli 1849, Nr. 1.

2. Albert Friedrich Jungck, geb. 11. Juni 1810 in Bredow bei Nauen, wo sein Vater Pfarrer war. Im Januar 1850 von Kossenblatt bei Beeskow nach Drossen versetzt, wirkte er hier bis zum 1. April 1859, in der letzten Zeit unter Assistenz des Predigers Kümmel in Heinersdorf. Ostern des folg. Jahres zog er als Emeritus nach Frankfurt a. O. Hier erlöste ihn der Tod von seinen Leiden,

den Folgen eines Schlaganfalles, bereits am 4. Oktober. Sein jüngster Bruder Ernst war der erste evangelische Pfarrer in Sigmaringen. Die Wittwe, eine Tochter des Hofrathes Lindemann in Berlin, genießt ein ruhiges Alter bei ihrem Sohne, dem Prediger Ernst Jungck in Halenbeck unweit Freyenstein, Kreis Ostpriegnitz.

3. Albert Krahner, jüngster Sohn des Superintendenten Mag. Heinrich Krahner, von 1847 bis zum 1. April 1859 Amtsgenosse seines Vaters in Luckau. Er starb am 23. Septbr. 1868.

4. Hermann Franz Alexander Gensichen, aus einer bekannten Pastorenfamilie in Driesen stammend, kam den 1. Oktober 1869 von Neutrebbin nach Drossen; eingeführt am 10. Er war der Vater des talentvollen Dichters und Schriftstellers Otto Franz Gensichen (geb. 4. Febr. 1847) und ein Bruder des Superintendenten Friedrich Ernst Robert Gensichen in Krossen a. O. Kurz vor seiner Emeritirung starb er (14. März 1885). Seine Wittwe folgte ihm schon am 3. Juni.

5. Albert Petri, geb. 26. Septbr. 1839 in Weßnig bei Torgau, studirte in Halle a. S., lehrte 1862—63 am dortigen Pädagogium, kam sodann nach Biere und später nach Friedrichsstadt bei Magdeburg, war von 1871—76 Missionsinspektor in Berlin, bis Mitte August 1881 Pastor in Padligar, bis Ende Mai 1886 Superintendent in Bobersberg und ist vom 1. Juni ab in Drossen thätig.

Sternberg II. verwalteten:

1. Friedrich David Ernst Scherwinzky feierte am 16. Februar 1836 sein 50jähriges Amtsjubiläum und regte die Gründung des Rettungshauses an. Sein Sohn und Amtsgenosse Karl Friedrich, später Prediger in Jähnsdorf bei Bobersberg, wirkte eifrig für die Heidenmission.

2. Karl Ludwig Beppel, seit Juni 1827 Pfarrer in Drenzig, vorher in Ogrosen, Diöz. Kalau, 1842 schon Superintendentur-Verweser. 1846 ging er nach der Niederlausitz (Spremberg) zurück. Etwa zwei Jahre lang fungirte als Verweser Christian Ludwig Zillich, Oberpfarrer in Reppen.

3. Julius Schröder, ebenfalls Pastor in Drenzig, von 1848—53. Nach Königsberg N./M. berufen, gerieth er dort seit 1858 in einen argen Hader mit der Gemeinde, die sein Verhalten gegen den reformirten Prediger von Borne mißbilligte, die auch treu zur Union hielt und deren Rechte der betreffende Verein (Bürgermeister Catholy, Kreisgerichtsdirektor Sturm, Gymnasiallehrer Dr. Böger,

Apotheker Dr. Geiseler, Archidiakonus Schramm rc.) mit Erfolg vertheidigte. Schröder ward deshalb am 1. Oktober 1867 nach Libbenichen, Kreis Lebus, versetzt, wo er in Frieden seine Tage beschloß. Vergl. Protest. Kirchenztg. 1866 und 67! —

4. Gustav August Ludwig Wagener, Pfarrer in Ziebingen, ein Bruder und Gesinnungsgenosse des seiner Zeit oft genannten Redakteurs der Kreuz- (neuen preußischen) Zeitung, starb unerwartet am 2. Dezbr. 1866.

5. Robert Pfitzner, seit 1864 Oberpfarrer in Reppen, vorher an der Strafanstalt in Sonnenburg, gab Anfangs keine bestimmte Erklärung über seine Stellung zur Union ab; deshalb verzögerte sich seine Einführung bis zum 1. Septbr. 1869. Als ein Opfer seines Berufes (Krankenbesuche) starb er schon am 29. Mai 1876. Die Verwaltung der Diözese wurde einstweilen dem Prediger Ludwig Bonte in Lindow übertragen.

6. Rudolf Eduard Reichert, Oberpfarrer in Reppen, früher Lehrer in Friedeberg N./M. und Prediger in Gurkow. Seine Einführung erfolgte wegen des Neubaues der Kirche am 14. August 1877 auf dem Begräbnisplatze.

In Sonnenburg bestand bis zum Jahre 1813 ein Kirchendirektorium für den Ordensbezirk unter dem geistlichen Inspektor Karl Ludwig Rohleder. Er starb nach einem langen und schmerzlichen Krankenlager „an der Brustwassersucht im 68. Jahre seines überaus thätigen Lebens“ am 14. Septbr. 1813. (Todesanzeige von seiner Wittwe Charlotte geb. Schmidt in Nr. 113 der Vossischen und Nr. 114 der Spener'schen Zeitung.) Seit 1827 amtirte hier zwar der Superintendent Johann Gottlob Schmutter, vordem in Arnswalde, jedoch nur als Oberpfarrer. Leider hielt er sich von den Wirren des Jahres 1848 nicht fern; er wurde deshalb kassirt. (Siehe oben Seite 758!). — Eine selbstständige Diözese, zu welcher die Parochien Költschen, Kriescht, Limmritz, Luisa, Mauskow, Neudorf, Radach und Worfelde gehören, besteht in Sonnenburg seit Oktober 1850. Der erste Superintendent, Oberpfarrer Gustav Heydenreich, seit 1869 Ritter des rothen A.-O. 3. Kl. m. Schl., trat im Oktober 1870 in den Ruhestand und starb den 29. März 1884, 82 Jahre 4 Monate alt. Ihm folgte in beiden Ämtern Gustav Klingebeil, der mir bereitwillig mehrere Beiträge lieferte.

General-Kirchen- und Schulvisitationen fanden statt:

I. In der Diözese Sonnenburg vom 8. bis 15. Juli 1853 durch den General-Superintendenten Dr. Büchsel und die Pastoren Arndt aus Sieversdorf, Görke aus Zarben, Hoffmann aus Bagemühl und Kropascheck aus Nahausen.

II. In Sternberg II. vom 1. bis 15. Oktober 1858. Außer Büchsel waren Mitglieder der Kommission: Konsistorialrath Bachmann aus Berlin (für den in den letzten Tagen Seegemund aus Frankfurt a. O. fungirte), die Superintendenten Wagener aus Ziebingen, Kuntzemüller aus Havelberg und Schenk aus Groß-Wulkau, endlich die Pfarrer Greve aus Gütersloh und Ernst aus Behlow.

III. In Sternberg I. in den Jahren 1862 und 1874.

Die obengenannten Superintendenten und Verweser waren auch Kreisschulinspektoren. Schramm und Scherwinzky besaßen ohne Zweifel den schärfsten pädagogischen Blick. Sie fertigten gewöhnlich die Protokolle schon vorher aus. Hermann Gensichen gerieth, angeblich wegen der allgemeinen Bestimmungen des Ministers Dr. Falk, mit der königlichen Regierung in Konflikt. Sie übertrug die Aufsicht der Schulen dem Prediger Louis Tils in Ostrow († 27. Juli 1884 am Herzschlage).

Seit dem 1. Juli 1891 sind die beiden Inspektionen Sternberg getheilt, und es ist für III. der Oberpfarrer Dr. Reinhold Hoffmann in Zielenzig, für IV. der Prediger Gustav Schenk in Lindow ernannt worden. Dieser, Bonte's Nachfolger, amtirte vorher als Oberpfarrer in Klosterfelde bei Woldenberg, jener, nach Dr. Gustav Rolke (zur Zeit Superintendent in Landsberg a. W.) im August 1886 einstimmig gewählt, interimistisch an der Dankeskirche zu Berlin.

Nach mehreren Projekten, die aber nicht zur Ausführung gelangten, ward am 1. Juli 1864 ein Lehrerseminar in Drossen eröffnet. Es soll, wie der wirkl. Geheimrath Stiehl in seiner Rede betonte, ein königliches, ein preußisches, ein evangelisches und ein Seminar in Drossen sein (d. h. die Tugenden und das Glück der Bürger pflegen). In Neuzelle stand der Direktor F. A. Crüger, der überdies als ein sehr tüchtiger Schulmann galt, von 1824 bis 48 an der Spitze; in Drossen dagegen zählen wir in 25 Jahren vier Leiter der Anstalt: Fritze starb am 25. Oktober 1867; Karl Schultze ging am 1. Mai 1873 als Direktor nach Berlin an das Seminar für Stadtschulen; Gabriel im Mai 1886 als Regierungs- und Schulrath nach Posen; Roßmann, ein „im Dienste bereits bewährter Schulmann," kam aus Reichenbach (Oberlausitz). Die Zöglinge sahen den letzten Wechsel nicht ungern; denn die

„Seminarkarre" hatte zu verschiedenen mißliebigen Erörterungen, auch in der pädagogischen Presse (Preußische „Lehrerzeitung"), geführt. Leugnen läßt sich nicht, daß der Direktor Gabriel die Umgebungen der Anstalt, anfänglich fast nur eine Sandscholle, wesentlich verschönerte. — Aus der Geschichte des Seminars, welche Paul Vogler zum 25jährigen Jubiläum (1. Juli 1889) schrieb, ist der häufige Lehrerwechsel deutlich zu ersehen. Nach dem „Amtskalender" für 1891 bildeten das Kollegium: Direktor Roßmann, erster Seminarlehrer Dr. theol. Borrasch, die ord. Seminarlehrer Vogler, Hildebrand, Merk, Roy, Hülfslehrer Sommer. Der Letztere schied inzwischen schon wieder aus. Dagegen traten des Nebenkursus wegen als Hülfslehrer ein: Langer aus Niederschlesien und Derezinski aus der Provinz Posen.

Muthmaßlich in Folge des Karrenstreites siedelte Ludwig Fritze, von 1873 bis 85 erster Seminarlehrer, nach Köpenick über. Da er sich auch hier mit dem „Sanskrit", der Sprache Vorderindiens mit sehr reicher Litteratur, eingehend beschäftigte, erhielt er den Doktor- und den Professortitel. — Sicher erscheint es auffällig, einen Doktor der Theologie an einer Bildungsanstalt für Volksschullehrer zu finden. Nur Wenige wissen wahrscheinlich, daß der Betreffende einst zu den katholischen Staatspfarrern gehörte, als solcher aber nach vielen Anfeindungen weichen mußte und nun, wie der Schulrath Lauer, zur evangelischen Kirche übertrat. Ehre einem Manne, der kein Bedenken trug, seiner Überzeugung erhebliche Opfer zu bringen! — Karl Hildebrand, von 1842—45 mein Abtheilungs- und fleißiger Arbeitsgenosse in Neuzelle, verfechtet, wenn es sein muß, tapfer seine Ansichten, sehr oft mit Bibelsprüchen. Gustav Merk, in Koschmin und auf dem Institute für Kirchenmusik in Berlin vorgebildet, erntet nicht blos nach den Seminarkonferenzen, sondern auch anderweitig durch seine Konzerte reichen, wohlverdienten Beifall. — Jeder andere Seminarlehrer wirkt ebenfalls nach besten Kräften in seinem Berufe. —

Ein plötzliches, tragisches Ende nahm im Jahre 1880 am Tage nach seiner Hochzeit (21. Juli mit der Tochter des verstorbenen Kaufmanns Marbach in Drossen) der höchst begabte Lehrer Lucas. — Für den Selbstmord des Seminaristen L., Ende der ersten Woche des August 1891, kann kein Vernünftiger auch nur im entferntesten die Anstalt verantwortlich machen, zumal da er dieser erst seit dem 1. April angehörte. Er ging entweder aus Geistesstörung, die sich in der Familie vererbte, hervor, oder aus Leichtsinn, der die Sparsamkeit für das Leben höchst lau auffaßt, darum in einem Viertel Jahre mehrere Hundert Mark Schulden macht. (Preuß. Schulzeitung Nr. 214, 226.)

Unwillkürlich bin ich in der „Urkundlichen Geschichte des Landes Sternberg" an die Gräber gekommen. Ich könnte zwar zu Nutz und Frommen der Lebenden noch viel (z. B. von Amtsvorstehern, Standesbeamten, Überschwemmungen, Rinderpest rc.) erzählen. Es sei jedoch genug. Eine kurze Todtenliste bilde den Schluß.

Es starben:

1853 den 20. April in Kriescht die Hebamme Christine Luise Klatte geb. Sorge, 110 Jahre alt; beerdigt am 24. Bis ins hohe Alter konnte sie ihrem Berufe nachgehen. (Das Datum Septbr. 1851, Kreisanzeiger S. 168, ist falsch.)

1862 am 30. Oktober Dr. Ferdinand Devé, viele Jahre praktischer Arzt in Zielenzig. Nekrolog Wochenblatt Seite 385. — An demselben Tage in Berlin der Oberstlieutenant a. D. Friedrich Wilhelm Schönfeld, aus Reppen stammend, 69 Jahre 3 Monate alt.

1864, 25. Juni, Eduard Anton Karl Baath im Alter von 62 Jahren 9 Monaten, ein viel gesuchter Rechtsanwalt und Notar. — Am 2. Oktober in Moskau der Königswalder Riese, Champi genannt, mit seinem deutschen Namen Johann Friedrich Wilhelm Keßner.

1866, 12. Dezbr., der Rittergutsbesitzer Karl Simon auf Sternberg (Grundhof), in vieler Beziehung wie Karl Rißmann in Topper († 30. August 1862 im 80. Jahre, Wochenbl. S. 319) ein Original. Als sich z. B. auf einer Sammelliste ein Ackerbürger als Gutsbesitzer bezeichnet hatte, schrieb er zu seinem Namen: Großbauer.

1868, 19. April, in Spiegelberg Friedrich Gottlob von Zobeltitz, Rittmeister a. D. und Senior des eisernen Kreuzes, 80 Jahre 2 Monate 24 Tage alt. Ein Edelmann von echt-deutschem Schrot und Korn, lebte er seit 1819 mit seiner Gemeinde in größter, ich möchte sagen: patriarchalischer Eintracht. Wochenblatt S. 138—39.

Am 6. Dezbr. plötzlich in Grabow nach dem Gottesdienste Wilhelm Theodor Leopold Jacobi, seit 1832 Prediger in Sternberg, einer von den alten ehrenwerthen Pastoren, die Freunde und Gehülfen des Glaubens, nicht aber Herren der Gewissen sein wollen. In jüngeren Jahren gab er auch Jugendschriften heraus.

(Wochenbl. S. 408.) Sein Stiefbruder Karl Jacobi war der Fabrikant des „Königstrankes." Der Stadt Sternberg nützte er unstreitig mehr durch die 12 Straßenlaternen, welche er ihr schenkte, als der Welt durch das vielgepriesene, aber sehr zweifelhafte Universalheilmittel.

1871, 19. März, Ferdinand Werner Krüger, ein Gesinnungsgenosse des vorigen, seit 1827 Pfarrer in Schönow bei Lagow, Nachfolger des seines urkomischen Vortrages wegen bekannten Pastors Pfundt. Seine Predigten waren ebenso klar wie eindringlich; stets biblisch, aber nie überschwenglich. In seinem Umgange zeigte er sich immer freundlich, heiter, ungezwungen und aufrichtig. Er genoß deshalb auch die ungetheilte Liebe seiner Gemeinde und Amtsbrüder, insbesondere die Liebe der Lehrer, deren Konferenzen er mehrere Jahre hindurch leitete. Wochenblatt Seite 99.

1872, 7. Oktober, Heinrich Alexander Jahn, Prediger in Petersdorf, vorher Lehrer in Woldenberg, ein frommer, biederer, deutscher Mann, nicht reich an Schätzen für dies Leben, reich aber in dem edlen Streben, in Gott zu baun des Glückes Grund, Christ war er treu mit Herz und Mund. Schwiebuser Intelligenzblatt S. 373.

1877, 13. November, Richard Pappritz auf Radach und Kleinkirschbaum, Ritterschaftsrath und Kreisdeputirter, Ritter des Kronenordens 3. Kl. „Von der Liebe und Verehrung, die er in den weitesten Kreisen genoß, zeugen die vielen Ehrenämter, zu denen er in einem reichen und thätigen Leben berufen worden ist." Oststt. Kreisblatt Nr. 47.

1880, 9. Juli, ertrank sammt seinem Sohne Paul der Rektor Gustav Ehlers, vorher Lehrer in Zielenzig, bei Fürstenberg in der Oder.

Am 4. August in Zielenzig der Rentner Eduard Schwedler, früher Kaufmann, im 73. Jahre. 29. Mai 1892 Fr. Adelaide Schwedler geb. von Schlicht im 71. Jahre.

1881, 25. Februar, in Laubow während einer Leichenrede der Prediger Stephan Schmidt, von 1834—44 Rektor in Drossen, ein fleißiger Arbeiter (Theologie, Geschichte, Rechnen) bis an seinen Tod.

Am 16. Juni in Worfelde der königl. Ökonomierath und Rittergutsbesitzer Johann Friedrich Adolf Busch, 75 Jahre alt, wie der pp. Pappritz in vielen Kreiskommissionen thätig.

1882, 2. November, in Sandow Baron Senfft von Pilsach, vergl. S. 759 und Novemberrundschau!

1885, 6. Juli, der königl. Obersteuerinspektor a. D. Karl Friedrich Gröner, geb. am 27. August 1795 zu Dramburg, feierte am 27. August 1869 seine goldene Hochzeit, Ehrenbürger von Zielenzig. Wochenblatt Nr. 54.

1887, 25. Februar, Heinrich May, viele Jahre lang Beigeordneter und Schiedsmann in Zielenzig.

Am 6. September in Worfelde Rittergutsbesitzer Hermann Busch, ein Sohn des oben Genannten, erst 52 Jahre alt. Nachruf von den Mitgliedern des Amtsausschusses im Wochenblatt Nr. 108.

Am 21. März zu Berlin Ferdinand Hermann Barnim Tobias Graf von Haslingen, Rittergutsbesitzer auf Reichenwalde, geboren 28. Juli 1835 in Görlitz, wie sein Nachbar Senfft von Pilsach zur konservativen Partei gehörig.

1889, 19. Februar, im Schlosse Lagow Hugo Johann Ernst Richard Graf Wrschowetz Sekerka von Sedczicz, geb. 2. November 1809, stieg im preußischen Heere bis zum Oberstlieutenant und Kommandeur des zweiten Leibhusarenregiments in Posen, nahm aus Gesundheitsrücksichten seinen Abschied und kaufte 1856 von einem Herrn v. Arnim das Rittergut Lagow. Stets ein strebsamer, gewissenhafter, deutscher Edelmann, konnte er getrost dem Todesengel ins Auge blicken. Mehr über ihn und seine Familie, die aus Böhmen stammt, enthält ein Artikel in Nr. 21 des Schwiebuser Intelligenzbl. 1889.

Am 17. Dezbr in einer Irrenanstalt Neustadt-Magdeburg Karl Schimangk. Zuerst Lehrer, wollte er später als Direktor einer landwirthschaftlichen Schule in Senftenberg einem benachbarten Gutsbesitzer Konkurrenz bereiten, gerieth aber auch hier auf die schiefe Ebene und schrieb dann unter dem Namen Hans Hubert „Bauernbriefe" für die Frankfurter Oderzeitung (cfr. Nr. 298) und als Odon Balder Artikel für die landwirthschaftliche Beilage der preußischen Lehrerzeitung (Nr. 1, 1890). Sie waren oft mehr als populär.

1890 am 28. Januar wurde die Lehrerin Marie Simmer aus Zielenzig bei Hildesheim, wo sie sich seit Dezember zu ihrer körperlichen und geistigen Erholung bei Verwandten aufhielt, in einem Teiche todt aufgefunden. Öfter klagte sie mir ihre Noth. Ich glaube selbst, daß sie sich auf dem schlüpfrigen Wege nicht zu halten vermochte Wochenbl. Nr. 14.

Am 21. Februar der Bürgermeister Rudolf Sonnenburg, zuerst als solcher in Göritz, sodann in Zielenzig, hierauf in Nauen, endlich wieder zurückgerufen. Man hatte inzwischen trübe Erfahrungen gemacht, wenn auch nicht so bittere, wie neuerdings die gleichnamige Stadt mit ihrem Oberhaupte Falz. Trotzdem gab es noch Solche, die den humanen Mann weder in seiner Poesie, noch in seiner Prosa verstanden.

Am 5. März in Küstrin bei seinem Sohne der seit dem 1. Oktober 1889 pensionirte Amtsgerichtsrath Otto Stubenrauch, lange Zeit in Zielenzig thätig.

Am 11. März in Berlin der Abgeordnete Ferdinand Karbe, Rittergutsbesitzer auf Klauswalde und Sieversdorf. Da er unverheiratet war, so traten die Kinder seines Schwagers, des Chefpräsidenten der Oberrechnungkammer Benno Karl Ewald von Stünzner, als Erben ein (Oderztg. Nr. 61, 155; Voß Nr. 155). Im August kaufte der Rentner Lehmpfuhl Klauswalde für 345 000 Mk.

Am 13. Juni wurde in Lagow der in Marienbad verstorbene Rentner Metzlaff beerdigt. Er hinterließ der Stadt ein Wohnhaus, zwei Gärten ꝛc., ca. 12 000 Mk. an Werth.

Am 18. Oktober in Zielenzig Ludwig Jakob Dehms im 94. Jahre. Nr. 4 der Frankfurter Oderzeitung 1891 bezeichnet ihn als Führer der liberalen Partei im Lande Sternberg.

1891 am 4. Januar Elise, die elfjährige Tochter des Grafen Finck von Finckenstein auf Reitwein. Sie gerieth am Christfeste beim heiteren Spiele in Brand und erlag leider ihren Wunden.

Am 27. Januar in Vietz im Alter von 71 Jahren der Rektor Friedrich Emil Kieckbach, in Görbitsch geboren, auf dem Seminare Neuzelle vorgebildet, zweiter Lehrer in Sternberg, Organist in Sonnenburg, Rektor in Mohrin, Konrektor in Zielenzig, zur Reorganisation der Schule nach Vietz berufen. Ohne akademische Studien war es früher nicht so leicht, das Rektorexamen zu bestehen. Kieckbach überwand, wie Friedrich Adolf Hecht in Lebus und Friedrich Pechner in Birnbaum, alle Hindernisse und blieb bis an sein Ende höchst strebsam.

Am 9. Februar in Drossen nach kurzem Krankenlager der frühere Gutsbesitzer, Rentner Kolmar Thieme, der lange Jahre hindurch verschiedene Ehrenämter in der Stadt und der Kreisverwaltung bekleidete. Voß Nr. 71.

Am 15. Februar in Folge eines Herzschlages der Lehrer Adolf Ludwig Julius Zochert in Tempel, der dort, weil ihm Kopf und Herz fast immer eine richtige Antwort gaben und er alle Heuchelei haßte, zwanzig Jahre mit großem Segen wirkte. Er gehörte auch zu den Mitgliedern des Kreisvorstandes der Wittwen- und Waisenkasse für Lehrer.

Am 17. Juni in Drossen August Ferdinand Knuth, 9. August 1808 in Brenkenhofsfleiß geboren, ein Sohn des Lehrers August Friedrich Knuth (später in Meeckow), von 1828—31 im Seminare Neuzelle gebildet, seit 1. Juni 1831 in Drossen, zur Zeit, als die Lehrerwittwen bei 13—14 Thlr. Pension oft genug darben mußten, sammt dem braven Kantor Friedrich Feldt in Sonnenburg mit Erfolg für deren besseres Loos eifrigst bemüht, später auch als Redakteur des Drossener Wochenblattes (der Neumärkischen Zeitung) und für eine Chronik der Stadt thätig; am 1. April 1885 mit 1100 Mk. pensionirt.

Am 5. Januar 1892 in Leichholz, wo damals auch die Influenza herrschte, der Kantor Julius Kretsch. Als jüngster Sohn eines armen „Schulhalters", der ihm nur 40 Thaler hinterlassen konnte, den 6. August 1824 in Döbbernitz geboren, mußte er bei schmaler Kost und 12 Thalern jährlichem Gehalte von 1841 bis 1844 den kranken Lehrer Gierschner in Korritten unterstützen. Erst spät durfte er in das Seminar Neuzelle eintreten. Jedoch erfüllte sich an ihm: „Es ist ein köstliches Ding einem Manne, daß er das Joch in seiner Jugend trage". Um die Gemeinde, in welcher er seit 1849 treu wirkte, machte er sich nicht blos in der Schule, sondern auch auf anderen Gebieten verdient.

Im Jahre 1855 grassirte die Cholera wieder in Drossen, Sonnenburg und Göritz, auch in den Nachbardörfern Ögnitz, Lieben, Seefeld, in Hammer und Stuttgart, wo von 235 erkrankten 149 Personen starben. Der Fleck- oder exanthematische Typhus forderte vom Januar bis Mai 1868 in Pinnow 23, in Topper besonders unter den Eisenbahnarbeitern vom 23. März bis 28. Mai 13 Opfer.

Wollt' ich noch alle tapferen Männer, welche 1864, 66, 70 und 71 ihr Leben für das deutsche Vaterland hingaben, namhaft machen, so würden mehrere Bogen kaum ausreichen. Vielleicht bietet sich dazu an einem anderen Orte Raum. „Was sterbend — doch als Sieger — sie erwarben, o schütz' es als ein unantastbar Gut, den neuen Bund, für den sie jauchzend starben, der Einheit Bund, getauft in

Heldenblut! Reizt Thorheit dich auf's neu' zu innern Fehden, ruf' ihre Geister auf zum Volksgericht, daß zu den Lebenden die Todten reden! — Vergiß, mein Volk, die treuen Todten nicht!" (Ludwig Auerbach, Lieder zu Schutz und Trutz, Seite 167.)

Der ruhmgekrönte, aber stets demüthige Monarch bekannte nach dem ewigdenkwürdigen Tage von Sedan (1., 2. Septbr. 1870): „Sie, Kriegsminister von Roon, haben uns das Schwert geschärft; Sie, General von Moltke, haben es geleitet, und Sie, Graf von Bismarck, haben seit Jahren durch die Leitung der Politik Preußen auf seinen jetzigen Höhepunkt gebracht." —

Gott schützte des Kaisers Leben am 11. Mai und 2. Juni 1878 vor ruchlosen Mördern. Spät, am 9. März 1888, trat der schwarze Fürst der Schatten an sein Lager, und ganz Deutschland trauerte um seinen ersten Kaiser aus dem Hause Hohenzollern, der keine Zeit hatte, müde zu sein. Bereits schwer krank bestieg Friedrich der Dritte den Thron. Viele Millionen beteten brünstig für seine Genesung. Gott hatte es anders beschlossen. Schon nach 99 Tagen (15. Juni) rief er ihn ab. Wie er, mußten auch die Deutschen sich trösten: „Wenn der Herr ein Kreuz uns schickt, laßt es uns geduldig tragen! Dem, der betend auf ihn blickt, wird den Trost er nicht versagen. Drum es komme wie es will, in dem Herren sind wir still!" — Am 7. Januar 1890 neigte auch die Kaiserin Augusta ihr Haupt zur seligen Ruhe.

„Ewige Gerechtigkeit, hoch überm Meer der Zeit, die jedem Sturm gebeut", schütze Wilhelm den Zweiten und den edlen, werthen, gold'nen Frieden im deutschen Vaterland und in ganz Europa!" —

# Nachtrag zur Tabelle Va. und b.

**Kaiser:**

20. **Friedrich III.** (Wilhelm Nikolaus Karl), geb. 18. Oktober 1831 früh 10 Uhr zu Potsdam im neuen Palais; getauft am 13. November vom Bischofe Eylert; konfirmirt am 19. September 1848 im Charlottenburger Schlosse vom Oberkonsistorialrathe Dr. Ehrenberg; bezog im 17. Jahre die Universität Bonn; 13. Oktober 1870 zum Feldmarschall ernannt; vertrat vom 3. Juni bis 5. Dezember 1878 seinen verwundeten Vater in der Regierung; erkrankte seit Anfang 1887 an einem Halsübel; suchte vergeblich Genesung zu Toblach in Südtirol, Barena am Lago Maggiore und San Remo in der Villa Zirio; 9. Februar 1888 Luftröhrenschnitt; kam 11. März in Charlottenburg an; siedelte 1. Juni nach Potsdam über; starb im dortigen Schlosse schon am 15. Juni, Mittags 11 Uhr 12 Minuten; einstweilen beigesetzt am 18. Juni in der Sakristei der Friedenskirche, später im nahen Mausoleum; Gedächtnisfeier am 24. Juni; Text: Jak. 1, 12. Selig ist der Mann; Wahlspruch: Furchtlos und beharrlich.

21. **Wilhelm II.** (Friedrich Wilhelm Viktor Albert), geb. 27. Januar 1859 im kronprinzlichen Palais in Berlin; getauft 5. März durch den Oberhofprediger Dr. Strauß; konfirmirt 1. September 1874 in der Friedenskirche von dem Hofprediger Heym (Text: 2. Petri 1, 5—6); seit Oktober mit seinem Bruder Heinrich auf dem Gymnasium in Kassel; 25. Januar 1877 feierliche Entlassung der Abiturienten; Medaille; ging auf die Universität Bonn. Wahlspruch: Allweg gut Zollre.

**Kaiserinnen:**

19. **Augusta** (Marie Luise Katharina); Vater: Karl Friedrich, Großherzog von Sachsen-Weimar († 8. Juli 1853); Mutter: Marie Paulowna, Tochter des russischen Kaisers Paul (ermordet 23. März 1801); geb. 30. September 1811; vom Oberhofprediger Dr. Röhr in der Religion unterrichtet und auch konfirmirt; Eheversprechen mit dem Prinzen Wilhelm von Preußen 19. Oktober 1828; feierliche Verlobung 16. Februar 1829; Trauung 11. Juni im königlichen Schlosse in Berlin durch den Bischof Eylert; ein Sohn, eine Tochter; goldene Hochzeit 11. Juni 1879 (Rede von Dr. Rudolf Kögel über 1. Kor. 13, 13); starb 9. Januar 1890; beigesetzt im Mausoleum zu Charlottenburg.

20. **Viktoria** (Adelheid Marie Luise), älteste Tochter der Königin Viktoria von Großbritannien und des Prinzen Albert von Sachsen-Koburg († 14. Dezember 1861); geb. 21. November 1840 in London; konfirmirt 20. März 1856; verlobt 29. September 1855; getraut 25. Januar 1858 in der Kapelle des St. Jamespalastes durch den Erzbischof von Canterbury; Einzug in Berlin 8. Februar; vier Söhne, vier Töchter (Sigismund und Waldemar starben).

21. **Augusta Viktoria** (Friederike Luise Feodora Jenny); Vater: Herzog Friedrich von Schleswig-Holstein-Sonderburg-Augustenburg († 14. Januar 1880 in Wiesbaden am Herzschlage); Mutter: Adelheid, Prinzessin von Hohenlohe-Langenburg; geb. 22. Oktober 1858 im Schlosse zu Dolzig bei Sommerfeld; konfirmirt am 22. Mai 1875 in Primkenau bei Sprottau von dem Prediger Meißner (Spruch: Offenb. 2, 10. Sei getreu bis in den Tod); verlobt 14. Februar 1880 in Gotha mit dem Prinzen Wilhelm; proklamirt 2. Juni im Schlosse Babelsberg; Trauung 27. Februar 1881 vom Oberhofprediger Dr. Kögel im königl. Schlosse zu Berlin (Text: 1. Kor. 13 13); 6 Söhne; Psalm 128, 3—6. Deine Kinder werden sein wie die Ölzweige.

Druck von Ferd. Ashelm, Berlin C., Neue Grünstr. 32.

CPSIA information can be obtained
at www.ICGtesting.com
Printed in the USA
LVHW080813210123
737523LV00011B/92

9 780274 803927